U0681668

金石文獻叢刊

寰宇訪碑錄

外八種

【清】孫星衍等 撰

上海古籍出版社

圖書在版編目（CIP）數據

寰宇訪碑録：外八種 /（清）孫星衍等撰 . — 上海：上海古籍出版社，2020.5
（金石文獻叢刊）
ISBN 978-7-5325-9524-2

Ⅰ . ①寰… Ⅱ . ①孫… Ⅲ . ①碑文—題録—中國—古代 Ⅳ . ① K877.421

中國版本圖書館 CIP 數據核字（2020）第 054385 號

金石文獻叢刊
寰宇訪碑録（外八種）
［清］孫星衍　等撰
上海古籍出版社出版發行
（上海瑞金二路 272 號　郵政編碼 200020）
（1）網址：www.guji.com.cn
（2）E-mail：guji1@guji.com.cn
（3）易文網網址：www.ewen.co
江陰金馬印刷有限公司印刷
開本 787×1092　1/16　印張 50.25　插頁 5
2020 年 5 月第 1 版　2020 年 5 月第 1 次印刷
ISBN 978-7-5325-9524-2
K·2796　定價：248.00 元
如有質量問題，請與承印公司聯繫

出版説明

金文石刻作爲一種特殊的文獻形式，負載着中國古代文明的大量信息，是珍貴的文化遺産，其相關研究具有重要文化價值與傳承意義。金石專門研究興起於宋，而在清代達到鼎盛，名家迭出，先後撰寫了一批高水平的研究專著，其成果對於今天我們的歷史學、文學、文字學、考古學、古文獻學、古器物鑒定學、書法篆刻學等研究具有重要的參考價值。有鑒於此，本社特推出《金石文獻叢刊》，彙聚兩宋以降金石學重要著作，以期助益於相關研究。

本書爲《金石文獻叢刊》之一，收録《寰宇訪碑録》及相關續補校訂之作，分别爲：清孫星衍、邢澍撰《寰宇訪碑録》十二卷，以光緒十一年朱氏槐廬家塾刊本影印；羅振玉撰《寰宇訪碑録刊謬》一卷，以光緒十七年朱氏槐廬家塾刊本影印；劉聲木撰《寰宇訪碑録校勘記》十一卷，以民國十八年劉氏《直介堂叢刻》本影印；清趙之謙撰《補寰宇訪碑録》五卷附失編一卷，以同治三年沈氏刊本影印；羅振玉撰《補寰宇訪碑録刊誤》一卷，以光緒二十年朱氏槐廬家塾刊本影印；劉聲木撰《補寰宇訪碑録校勘記》二卷、《續補寰宇訪碑録》二十五卷，以民國十八年劉氏《直介堂叢刻》本影印；羅振玉撰《再續寰宇訪碑録》二卷，以光緒間面城精舍石印本影印；劉聲木撰《再續寰宇訪碑録校勘記》一卷，以民國十八年劉氏《直介堂叢刻》本影印。

上海古籍出版社　二〇二〇年四月

石刻文獻歷代研究述要（代序）

陳尚君

「人生忽如寄，壽無金石固。」古人感到生命短暫，常將重要的事件、著作和死者的生平銘諸金石，形成豐富的金石文獻。一般來説，金銀器上的銘文均較簡短，銅器銘文盛於商周時期，漢以後可資研究的僅有銅鏡銘文等。石刻文獻則興於漢，盛於唐，歷宋、元、明、清而不衰，存世文獻爲數極巨，爲研究古代歷史文化提供了大量記載，也爲研究古典文學者所寶重。

一、古代石刻的分類

古代石刻品類衆多，舉其大端，可分以下幾類：

一、墓志銘。多爲正方形石刻，置於死者墓穴中，記載死者生平事蹟。始於漢，盛於北朝和隋唐時期，宋以後仍相沿成習。南朝禁止埋銘，故甚罕見。近代以來，出土尤多。因深埋地下，所存文字多清晰而完整。

二、墓碑。也稱神道碑，是置於墓道前記載死者生平事蹟的長方形巨大石碑。舊時王公大臣方得立碑記德，故所載多爲歷史上有影響的人物。因其突立於地表，歷經日曬雨淋，人爲破壞，石刻多斷裂殘壞，磨蝕漫漶，不易卒讀。

三、刻經。可分儒、釋兩大類。儒家經典的刊刻多由官方主持，爲士人提供準確可信的經典文本。歷史上有七次大規模的刻經，即東漢熹平間、曹魏正始間、唐開成間、後蜀廣政間、北宋嘉祐間、南宋紹興間、清乾隆間。今僅開成、乾隆石經保存完整，其餘僅存殘石。佛教刻經又可分爲兩類：一類是僧人恐遭逢法難，經籍失傳，因而刻石收存，以備不虞。最著名的是房山石經，始於隋，歷唐、遼、金、元而不衰，現存有一萬五千多石。二是刻經以求福祐，如唐代經幢刻《尊勝陀羅尼經》，爲一時風氣。

四、造像記。佛教最多，道教稍少。受佛教浄土宗佛陀信仰的影響，信佛的士庶僧人多喜造佛像以積功德，大者連山開龕，小者可握於掌間。造像記記載造像緣由，一般均較簡短，僅記時間、像主姓名及所求之福祐庇蔭，文辭多較程式，可藉以瞭解風俗世情，有文學價值的很少。

五、題名。即是古人「到此一游」的記録。多存於山川名勝，多出於名臣、文士之手，雖較簡短，於考事究文，彌足珍貴。如長安慈恩寺題名：「韓愈退之、李翱翔之、孟郊東野、柳宗元子厚、石洪濬川同。」鍾山題名：「乾道乙酉七月四日，笠澤陸務觀，冒大雨，獨游定林。」均至簡，前者可考知韓、柳交游之始，知李翱另一表字，後者可見詩人陸游之風神。

六、詩詞。唐以前僅一二見，以雲峰山鄭道昭詩刻最著名。唐代始盛，宋以後尤多。詩詞刻石以摩崖和詩碑兩種形式爲多見。許多重要作家都有石刻詩詞留存。

七、雜刻。指上述六類以外的各種石刻。凡建橋立廟、興學建祠、勸善頌德、序事記游等，皆可立石以記，所涉範圍至廣。

此外，還有石刻叢帖，爲彙聚名家法書上石，供人觀賞臨習，其文獻價值與上述各種石刻有所不同，兹不贅述。

二、從石刻到拓本、帖本

石刻爲古人當時所刻，所記爲當時事，史料價值很高；所録文章亦得存原貌，不似刊本之迭經傳刻，多魚魯亥豕之誤，故前代學者考史論文，尤重石刻。然而石刻或依山摩崖，遠處荒山僻野，或形制巨大，散在各地，即便最優秀的金石學家，也不可能全部親見原石。學者援據，主要是石刻拓本。

拓本是由拓工將宣紙受濕後，蒙於碑刻之上，加以捶椎，使宣紙呈凹凸狀，再蘸墨拓成。同一石刻之拓本，因傳拓時間之早晚及拓技之精粗，常有很大不同。一般來説，早期拓本因石刻保存完好，文字存留較多，晚近所拓，則因石刻剥蝕，存字較少。如昭陵諸碑，今存碑石存字已無多，遠不及《金石萃編》之録文，而羅振玉《昭陵碑録》據早期精拓録文，録文得增多於《金石萃編》。即使同一時期所拓，也常因拓工之拓技與態度而有所不同。如永州浯溪所存唐李諒《湘中紀行》詩，王昶據書賈售拓録入《金石萃編》，有十餘處缺文訛誤；稍後瞿中溶親至浯溪，督工精拓，乃精好無損（詳《古泉山館金石文編》卷三）。至於帖賈爲牟利而或草率摩拓，或僅拓一部分，甚或竄改文字，以唐宋冒魏晋，則更等而下之了。

拓本均存碑石原狀，大者可長丈餘，寬數尺，鋪展盈屋，不便研習。舊時藏家爲便臨習，將拓本逐行剪開，重加裱帖，裝成册頁，成爲帖本。帖本經剪接重拼，便於閱讀臨摹，已不存原碑形貌。在拼帖時，遇原拓空缺或殘損處，常剪去不取，以致帖本文字常不可卒讀。原石、原拓失傳，僅靠拓本保存至今的石刻文獻，不是太多，較著名的有唐代崔鉉撰文而由柳公權書寫的《神策軍碑》。唐初著名的《信行禪師碑》，因剪棄較多，通篇難以卒讀。

現存最早的石刻拓本，大約是見於敦煌遺書中的唐太宗《温泉銘》和歐陽詢《化度寺碑》。宋以後各種善拓、精拓本，因流布不廣，傳本又少，藏家視同拱璧，書賈索價高昂。近現代影印技術普及，使碑帖得以大批刊布，許多稀見的拓本，得以大批縮印彙編出版，給學者極大方便。影響較大者有《漢魏南北朝墓志集釋》（趙萬里編，科學出版社一九五三年版）、《千唐志齋藏志》（張鈁藏，文物出版社一九八五年版）、《曲石精廬藏唐墓志》（李希泌藏，齊魯書社一九八七年版）、《北京圖書館藏歷代石刻拓本彙編》（中州古籍出版社一九八八年版）、《隋唐五代墓志彙編》（天津古籍書店一九九一年版）。重要的石刻拓本，在上述諸書中均能找到。

三、宋代的石刻研究及重要著作

南北朝至唐代，已有學者注意記載碑刻，據以訂史證文，但有系統地加以搜集研究，使之成爲專學，則始於宋代。首倡者爲北宋文學宗匠歐陽修。

歐陽修自宋仁宗慶曆五年（一〇四五）開始裒聚金石拓本，歷十八年，「集録三代以來遺文一千卷」（《六一居士傳》），編爲《集古録》，其中秦漢至唐五代的石刻約占全書的十之九五。參政之暇，歐陽修爲其中三百八十多篇碑銘寫了跋尾，對石刻文獻的史料價值作了全面的闡釋。其大端爲：一、可見政事之修廢；二、可訂史書之闕失；三、可觀書體之妍醜；四、可見文風之轉變；五、可訂詩文傳本之訛誤；六、可據以輯録遺文。這些見解，可説爲後代金石學的研究奠定了基礎。録一則如下：

右《德州長壽寺舍利碑》，不著書撰人名氏。碑，武德中建，而所述乃隋事也。其事蹟文辭皆無取，獨録其書爾。余屢歎文章至陳、隋不勝其弊，而怪唐家能臻致治之盛，而不能遽革文弊，以謂積習成俗，難於驟變。及讀斯碑有云：「浮雲共嶺松張蓋，明月與巖桂分叢。」乃知王勃云：「落霞與孤鶩齊飛，秋水共長天一色。」當時士無賢愚，以爲警絶，豈非其餘習乎！

《集古録》原書已不傳。歐陽修的題跋編爲《集古録跋尾》十卷，收入其文集，單行本或題《六一題跋》。其子歐陽棐有《集古録目》，爲逐卷撰寫提要，原書久佚，今存清人黄本驥和繆荃孫的兩種輯本。

北宋末趙明誠輯《金石録》三十卷，沿歐陽修之舊規而有出藍之色。明誠出身顯宦，又得賢妻之助，窮二十年之力，所得達二千卷之富，倍於歐陽修所藏。其書前十卷爲目録，逐篇著録二千卷金石拓本之篇題、撰書者姓名及年月，其中唐以前五百餘品，其餘均爲唐代石刻。後二十卷爲明誠所撰題跋，凡五百零二篇。趙跋不同於歐陽修之好發議論，更注重於考訂史實，糾正前賢和典籍中的誤説，録存重要史料，考訂也更爲細密周詳。

南宋治石刻學者甚衆，如《京兆金石録》《復齋碑録》《天下碑録》《諸道石刻録》等，頗具規模，惜均不存。存世者以下列諸書最爲重要。

洪适《隸釋》二十七卷、《隸續》二十一卷，前者録漢魏碑碣一百八十九種，後者已殘，尚存録一百二十餘品。二書均全録碑碣文字，加以考釋，保存了大量漢代文獻，許多碑文僅賴此二書以存。

陳思《寶刻叢編》二十卷，傳本缺三卷。此書彙録兩宋十餘家石刻專書，分地域著録石刻，附存題跋，保存史料十分豐富。

佚名《寶刻類編》八卷，清人輯自《永樂大典》。此書以時代爲序，以書篆者立目，記録石刻篇名、作者、年代及所在地，間存他書不見之石刻。

另鄭樵《通志》中有《金石略》一卷，王象之《輿地紀勝》於每一州府下均有《碑記》一門，也有大量珍貴的記録。後者明人曾輯出單行，題作《輿地碑記目》。

宋人去唐未遠，搜羅又勤，所得漢唐石刻見於上述各書記載的約有四五千品。歐、趙諸人已有聚之難而散之易之感歎，趙明誠當南奔之際仍盡攜而行，但除漢碑文字因洪适輯録而得保存較多外，唐人石刻存留到後世的僅約十之二三，十之七八已失傳。幸賴上述諸書的記載，使今人能略知其一二，其中有裨文學研究的記載至爲豐富。如唐末詞人温庭筠的卒年，史書不載。《寶刻類編》載有：「《唐國子助教温庭筠墓》，弟庭皓撰，咸通七年。」因可據以論定。再如盛唐文學家李邕，當時極負文名，《全唐文》録其文僅五十餘篇。據上述宋人記載，可考知其所撰文三十餘篇之篇名及梗概，對研究其一生的文學活動十分重要。

四、清代的石刻研究及重要著作

元、明兩代是石刻研究的中衰時期，可稱者僅有三五種：陶宗儀輯《古刻叢鈔》僅録所見，篇幅不大；都穆《金薤琳琅》，録存漢唐石刻五十多種；趙崡《石墨鐫華》存二百五十多種石刻題跋，「多歐、趙所未收者」（《四庫提要》）。

清代經史之學發達，石刻研究也盛極一時。清初重要的著作有顧炎武《金石文字記》、葉奕苞《金石録補》、朱彝尊《金石文字跋尾》。三書雖仍沿歐、趙舊規，但所録多前人未經見者，考訂亦時有創獲。至乾隆間，因樸學之興，學者日益重視石刻文獻，史學大家如錢大昕、阮元、畢沅等均有石刻研究專著。全録石刻文字的專著也日見刊布，自乾隆後期至嘉慶初的十多年間，即有翁方綱《兩漢金石記》《粵東金石略》、吴玉搢《金石存》、趙紹祖《金石文鈔》《續鈔》等十餘種專著行世。在這種風氣下，王昶於嘉慶十年（一八〇五）編成堪稱清代金石學集大成的著作《金石萃編》一百六十卷。

王昶自稱有感於洪适、都穆、吴玉搢三書存文太少，「愛博者頗以爲憾」，自弱冠之年起，「前後垂五十年」，始得成編。其書兼載金、石，但録自器銘者僅當全書百之二三，其餘均爲石刻。所録始於周宣王時的《石鼓文》，迄於金代，凡一千五百多種。其中漢代十八卷，魏晋南北朝十五卷，隋代三卷，唐五代八十二卷，宋代三十卷，遼金七卷。各種石刻無論完殘，均照録原文，務求忠實準確。遇有篆、隸字體，或照録原字形。原石殘缺之處，或以方框標識，或備記所缺字數，遇殘字也予保存。又備載「碑制之長短寬博」和「行字之數」，「使讀者一展卷而宛見古物焉」（引文均見《金石萃編序》）。同時，王昶又廣搜宋代以來學者的著録題跋，附載於各石刻録文之次，其本人也逐篇撰寫考按，附於篇末。《金石萃編》搜羅廣博，録文忠實，附存文獻豐富，代表了乾嘉時期石刻研究的最高水平。

王昶以個人力量廣搜石刻，難免有所遺漏，其録文多據得見之拓本，未必盡善。其書刊布後，大受學界歡迎，爲其續補訂正之著，也陸續行世，較重要的有陸耀遹《金石續編》二十一卷、王言《金石萃編補遺》二卷等。至光緒初年，陸增祥撰成《八瓊室金石補正》一百三十卷，規模與學術質量均堪與王書齊駕。陸書體例多沿王書，凡王書已録之石刻，不復重録。王書録文不全或有誤者，陸氏援據善拓，加以補訂，一般僅録補文。這部分份量較大，因陸氏多見善拓，録文精審，對王書的糾訂多可信從。此外，陸書補録王書未收的石刻也多達二千餘通。

清代學者肆力於地方石刻的搜録整理，也有可觀的成績。録一省石刻而爲世所稱者，有阮元《山左金石志》二十四卷（山東）、《兩浙金石志》十八卷（浙江）、謝啓崑《粤西金石略》十五卷（廣西）、胡聘之《山右石刻叢編》四十卷（山西）、劉喜海《金石苑》六卷（四川）等。録一州一縣石刻而重要者有武億《安陽縣金石録》十二卷、沈濤《常山貞石志》二十四卷、陸心源《吴興金石記》十六卷等。

五、近現代的石刻文獻要籍

近代以來，因學術風氣的轉變，漢唐石刻研究不及清代之盛。由於各地大規模的基建工程和現代科學田野考古的實施，地下出土石刻的總數已大大超越清代以前八百年間發現的石刻數量。大批石刻得以彙集出版，給學者以方便。

端方《匋齋藏石記》四十四卷，是清季最有份量的專著。端方其人雖多有爭議，但該書收羅宏富，題跋又多出李詳、繆荃孫等名家之手，頗多精見。另一位大節可議的學者羅振玉，於古代文獻的搜集刊布尤多建樹。其石刻方面的專著多達二十餘種，《昭陵碑録》和《冢墓遺文》（包括《芒洛》《廣陵》《東都》《山左》《襄陽》等十多種）以録文精確、收羅宏富而爲世所稱。

二十世紀三十年代，由於隴海路的施工，洛陽北邙一帶出土魏、唐墓志尤衆。其大宗石刻分別爲于右任鴛鴦七志齋、張鈁千唐志齋和李根源曲石精廬收存。于氏所收以北魏志石爲主，今存西安碑林，張、李以唐代爲主。其中張氏所得達一千二百多方，原石存其故里河南新安鐵門鎮，民國間曾以拓本售於各高校及研究機構，近年已影印行世。其中對唐代文學研究有關係者頗衆。曲石所得僅九十多方，但多精品，王之渙墓志最爲著名，今存南京博物院。

民國間由於各省組織學者編纂省志，也連帶完成了一批石刻專著。其中曾單獨刊行而流通較廣者，有《江蘇金石志》二十四卷、《陝西金石志》三十二卷、《安徽通志金石古物考稿》十六卷，頗多可觀。

二十世紀五十年代，趙萬里輯《漢魏南北朝墓志集釋》，收漢至隋代墓志六百五十九方，均據善拓影印，又附歷代學者對這些墓志的考釋文字，編纂方法上較前人所著有很大進步，是研究唐前歷史、文學的重要參考書。

二十世紀最後二十年間，學術研究空前繁榮，前述自宋以降的許多著作都曾影印或整理出版。今人纂輯的著作，以下列幾種最爲重要。

《北京圖書館藏歷代石刻拓本彙編》，收録了北圖五十年代以前入藏的所有石刻拓本，全部影印，甚便讀者。不足處是一些大碑拓本縮印後，文字多不易辨識。

陳垣《道家金石略》，收録漢至元代與道教有關的石刻文字，於宋元道教研究尤爲有用。

周紹良主編《唐代墓志彙編》及《續集》，收録一九九九年以前出土或發表的唐代墓志逾五千方，其中四分之三爲《全唐文》等書所失收，可視作唐文的補編。

趙超編《漢魏南北朝墓志彙編》，據前述趙萬里書録文，但不收隋志，補收了一九八六年以前的大量新出石刻。

《隋唐五代墓志彙編》，據出土地區影印墓志拓本約五千方，以洛陽爲最多，約占全書之半，陝西、河南、山西、北京等地次之。其中包括了大批近四十年間新出土的墓志，不見於上述各書者逾一千五百方。

進入新世紀，石刻文獻研究成爲中古文史研究之顯學，更多學者關注石刻之當時書寫與私人書寫之特殊價值，成爲敦煌文獻研究以後有一學術熱點。同時，新見文獻尤以墓志爲大宗，每年的刊布數也以幾百至上千方的數量增長。其中最重要的，一是《新中國出土墓志》，已出版十多輯，爲會聚各地文物部門所藏者爲主；二是《大唐西市博物館藏唐墓志》，所收皆館藏，整理則延請史學界學者；三是《长安高陽原新出土隋唐墓志》，將考古報告與新見墓志結合，最見嚴謹。其他搜輯石刻或拓本的尚有十多家，所得豐富則可提到趙君平的《秦晋豫新發現墓志搜逸》三編，毛陽光的《洛陽新見流散墓志彙編》，以及齊運通洛陽九朝石刻博物館編的幾種專書。還應説到的是，日本學者氣賀澤保規編《唐代墓志所在總合目録》，不到二十年已經出版四版，爲唐代墓志利用提供極大的方便。陝西社科院古籍所編《全唐文補遺》十册，所據主要是石刻，校點尚屬認真。

上海古籍出版社編刊《金石文獻叢刊》，主要收録宋、清兩代有關金石學的基本著作，本文前所介紹諸書，大多得以收録。如王昶《金石萃編》，將清後期的幾種補訂專書彙集在一起，陸增祥《八瓊石金石補正》之正續編合爲一帙，也便於讀者全面瞭解這位傑出金石學家的整體成就。書將付刊，胡文波君囑序於我，是不能辭。然時疫方熾，出行不便，未能通讀全編，率爾操觚，總難塞責。乃思此編爲彙聚宋、清兩代金石學之菁華，爲滿足當代以中古文史學者爲主之石刻文獻研究之急需，或可將二十四年前爲當時還是江蘇古籍出版社的《古典文學知識》所撰小文《石刻文獻述要》稍作潤飾增補，用爲代序，敬請方家諒宥。

目録

再續寰宇訪碑録

再續寰宇訪碑録校勘記

寰宇訪碑録

寰宇訪碑錄

嘉慶壬戌雕

丙集

光緒乙酉夏白堤八字橋朱氏槐廬家塾珎藏

寰宇訪碑錄序

金石之學始自漢藝文志春秋家奏事二十篇載秦刻石名山文其後謝莊梁元帝俱撰碑文見于隋經籍志酈道元注水經魏收作地形志附列諸碑以徵古迹而專書則創自宋歐陽修趙明誠王象之諸人其時出土之物尚少或以偏安未能遠致明宋濂作貞石志于奕正作天下金石志錄目漸廣但率据方志未見其碑尤多舛誤　本朝黃叔璥作中州金石志亦同其失且僅一方不足備當代掌故　國家統一車書拓地萬億山陬海澨吉金貞石之出世比之器車馬圖表瑞　清時曠古所未聞前哲所未紀矣

昔邵學士晉涵纂書　三通館檄取海內石刻進之
內廷編書以續鄭樵金石略錄其副本舉以相贈藏在行笈廿載有餘中間游學四方思以目見手摸為之增補蓋嘗西遊河華北集　神京東攬三齊南窮越紐所至山川城邑古陵廢廟或有殘碑斷碣無不懷墨握管拓本看題錄入茲編歲有加益其足迹不到之處又值同世通人名士搜奇好異郵示所獲擴其見聞若今王少寇昶錢少詹大昕翁閣學方綱馮編修敏昌阮撫部元黃司馬易武大令億趙明經魏何文學元錫皆為此學藉以訂正邵書又增倍蓰頃歸吳下獲交邢明府澍出以相質明府博學洽聞

藏書萬卷復據篋篋所有補其不備删其複重乃始成書刊以問世題爲寰宇訪碑錄既屬敘緣始不敢以謭陋辭此書之成前後閱廿年始于故學士邵君成于邢明府契闊之交幸有成說表而出之知撰述之苦心若夫金石之錄日出不窮非敢以此自足亦願來者之續成其志以備　石渠採擇云耳嘉慶七年春二月

賜進士及第分巡山東兗沂曹濟道孫星衍撰

光緒歲在閼逢涒灘國子監肄業生吳縣朱記榮校刊

寰宇訪碑錄卷第一

賜進士及第署山東提刑按察使分巡兗沂曹濟黃河兵備道陽湖孫星衍
賜進士出身浙江湖州府長興縣知縣階州邢澍　同撰

周

延陵鎮季子墓碑　孔子篆書 唐大歷十四年蕭定重刻有張從申跋　江蘇丹陽

附無年月古碑

峋嶁碑　篆書　湖南長沙

壇山刻石　篆書 太平寰宇記以爲周穆王時刻　直隸贊皇

比干墓題字　八分書 漢隸字原引石公弼跋云上世傳爲孔子　河南汲縣

國學石鼓文　篆書 唐韓愈云周宣王時金馬定國云宇文周時　直隸大興

秦

琅邪臺刻石　李斯篆書 二世元年　山東諸城

泰山刻石　李斯篆書 二世元年按全文早佚世所傳者僅二十九字舊置碧霞元君廟東壁乾隆戊午歲毀於火世間尚多拓本故錄存之近泰安府城内東嶽廟有翻刻本　山東泰安

嶧山刻石　李斯篆書 二世元年唐徐鉉摹本江南江寧山東鄒縣浙江會稽皆有摹本　陝西西安

會稽刻石　李斯篆書 二世元年元申屠駉摹本近時刻

秦十二字瓦 篆書無年月按瓦當文盡出關中其始載于宋人著錄如王闢之李好文皆以罕見爲喜然尚未及秦瓦也茲編錄秦漢瓦文數十種皆江浙好古者所得攜歸故里雖不盡屬一人聊舉其一以示欲得拓本者之助云 浙江會稽 浙江仁和趙氏家藏

衞字瓦 篆書 浙江仁和趙氏家藏

羽陽宮瓦 篆書重摹本 浙江仁和趙氏家藏

漢

魯孝王刻石 八分書五鳳二年六月 山東曲阜

海鹽甎文 八分書五鳳三年 江蘇儀徵阮氏家藏

祝其卿墳壇刻石 篆書居攝二年三月 山東曲阜

上谷府卿墳壇刻石 篆書居攝二年三月 山東曲阜

漢中太守鄐君開褒斜道碑 八分書永平六年 陝西褒城

侍御史河內溫令王稚子闕 八分書趙氏金石錄云元興元年雍正間沒於溝水中 浙江錢塘黃氏藏本

兗州刺史雒陽令王稚子闕 八分書元興元年 四川新都

官墼文 八分書永初七年原石已佚何夢華手摹刻于江西南昌縣學 浙江仁和趙氏藏本

漢祀三公山碑 八分書元初四年 直隸元氏

李昭碑 篆書元初五年三月疑是僞作 江蘇陽湖趙氏拓本

嵩山太室神道石闕銘 八分書元初五年四月 河南登封

嵩山少室神道石闕銘 篆書延光二年三月 河南登封

嵩山少室東闕江孟等題名 八分書無年月 河南登封

嵩山開母廟石闕銘 篆書金石文字記云延光二年 河南登封

嵩山太室潁川太守口口題名 八分書延光四年三月 河南登封

延光殘碑 八分書延光四年八月 山東諸城

孝堂山郭巨石室畫像 八分書無年月 山東肥城

孝堂山郭巨石室郃君善題字 八分書永建四年 山東肥城

西嶽廟神道石闕題字 篆書金石錄云永和元年五月 陝西華陰

敦煌太守裴岑紀功碑 隸書永和二年八月 甘肅巴里坤

逍遙山會仙友題字 八分書漢安元年四月 四川簡州

潁陽井劵 八分書漢安二年六月原石已佚 浙江仁和趙氏藏本

益州太守北海相景君碑 八分書漢安二年八月 山東濟甯

景君碑陰 八分書 山東濟甯

敦煌太守武班碑 八分書建和元年二月 山東嘉祥

武氏石闕銘幷畫像 八分書建和元年三月 山東嘉祥

司隸校尉楊孟文石門頌 八分書建和二年十一月 陝西褒城

魯相乙瑛置孔廟百石卒史碑 八分書永興元年六月 山東曲阜

益州刺史李孟初神祠碑 八分書永興二年六月 河南南陽

孔謙碣 八分書 永興二年七月 山東曲阜
孔君墓碑 八分書 永壽元年 山東曲阜
魯相韓勅造孔廟禮器碑 八分書 永壽二年 山東曲阜
禮器碑陰 八分書 山東曲阜
禮器碑兩側 八分書 山東曲阜
郎中鄭固碑 八分書 延熹元年四月 山東濟甯
倉頡廟碑 八分書 延熹五年正月 陝西白水
倉頡廟碑陰 八分書 陝西白水
倉頡廟碑兩側 八分書 陝西白水
淮源桐柏廟碑 八分書 延熹六年正月元至正四年二月吳炳重書 河南桐柏

泰山都尉孔宙碑 八分書 延熹七年七月 山東曲阜
西嶽華山廟碑 八分書 延熹八年四月原石已佚 浙江鄞縣范氏藏本
魯相史晨饗孔廟碑 八分書 建甯元年四月 山東曲阜
竹邑侯相張壽碑 八分書 建甯元年五月 山東城武
衛尉卿衡方碑 八分書 建甯元年九月 山東汶上
衡方碑陰 八分書 山東汶上
史晨奏祀孔子廟碑 八分書 建甯二年三月 山東曲阜
湻于長夏承碑 八分書 建甯三年六月明嘉靖四年摹本 直隸永平
陳德殘碑 八分書篆額 建甯四年三月原石在山東蘭山已佚 浙江錢塘何氏藏本

武都太守李翕西狹頌 八分書 建甯四年六月後列扶風呂國等十二人題名 甘肅成縣
李翕黽池五瑞碑 八分書 建甯四年六月 甘肅成縣
博陵太守孔彪碑 八分書 建甯四年七月 山東曲阜
孔彪碑陰 八分書 山東曲阜
李翕析里橋郙閣頌 八分書 建甯五年二月 陝西略陽
成陽靈臺碑 八分書 建甯五年五月按石已佚舊在山東濮州 浙江錢塘黃氏藏本
執金吾丞武榮碑 八分書 無年月按碑文當在建甯時 山東濟甯
司隸校尉楊淮表記 八分書 熹平二年二月 陝西褒城

司隸校尉魯峻碑 八分書 熹平二年四月 山東濟甯
魯峻碑陰 八分書 山東濟甯
熹平斷碑 八分書 熹平二年十一月 山東曲阜
韓勅碑陰項伯修題名 八分書 熹平三年 山東曲阜
元儒先生婁壽碑 八分書 熹平三年正月原石已佚此宋拓本 江蘇長洲蔣氏藏本
武都太守耿勳碑 八分書 熹平三年四月 甘肅成縣
熹平石經尚書論語殘字 八分書 熹平四年三月按碑已佚舊在河南洛陽此宋拓本 浙江錢塘黃氏藏本
聞憙長韓仁銘 八分書 熹平四年十一月 河南滎陽
嵩高山請雨銘 八分書 熹平四年 河南登封

豫州從事尹宙碑　八分書熹平六年四月　河南鄢陵
倉頡碑額衡口升題名　八分書熹平六年五月　陝西白水
漢殘碑　八分書首云口口口百春秋博覽云云凡十四行歲在辛酉三月趙渭川大令攷爲劉公幹之祠劉梁碑辛酉是光和四年也　河南安陽
校官潘乾碑　八分書光和四年十月　江蘇溧水
涼州刺史魏元丕碑　八分書光和四年原石已佚　浙江錢塘黃氏藏本
白石神君碑　八分書光和六年　直隸元氏
神君碑陰　八分書　直隸元氏
保子宜孫瓶文　八分書光和六年　陝西郃陽
尉氏令鄭季宣碑　八分書中平二年四月　山東濟甯
鄭季宣碑陰　八分書　山東濟甯

郃陽令曹全碑　八分書中平二年十月　陝西郃陽
曹全碑陰　八分書　陝西郃陽
幽州刺史朱龜碑　八分書中平二年原石在江蘇亳州今佚　浙江錢塘黃氏藏本　江蘇陽湖趙氏拓本
王君殘碑　篆書中平二年疑是僞作
蕩陰令張遷碑　八分書中平三年二月　山東東平
張遷碑陰　八分書　山東東平
小黃門譙敏碑　八分書中平四年七月舊在直隸棗強今佚　浙江錢塘黃氏藏本
圉令趙君碑　八分書初平元年十二月舊在河南南陽今佚　浙江錢塘黃氏藏本

養奮碑　八分書初平四年何夢華云此刻疑是僞作　廣西鬱林
郭巨石室泰山高令春題名　八分書建安二年　山東肥城
巴郡太守樊敏碑　八分書建安七年十月原石已佚　江蘇江都汪氏藏本
尹公石闕二　八分書無年月　浙江仁和趙氏藏本
侍中楊公闕　八分書無年月側有正書漫滅　浙江仁和趙氏藏本
仙人唐公房碑　八分書無年月泐　陝西城固
唐公房碑陰　八分書　陝西城固
豫州從事孔褒碑　八分書無年月　山東曲阜
魯王墓二石人題字　篆書無年月　山東曲阜

魯相謁孔廟殘碑　八分書無年月　山東曲阜
魯相謁孔廟殘碑陰　八分書　山東曲阜
漢殘碑　八分書無年月俗稱竹葉碑　山東曲阜
碑陰　八分書　山東曲阜
華陰廟武都太守殘碑陰　八分書無年月　陝西華陰
倉頡碑額間尹頎題字　八分書無年月　陝西白水
酸棗令劉熊殘碑　八分書無年月原石久佚歙巴儁堂有雙鉤本　江蘇江都汪氏藏本
漢殘碑　八分書無年月首云正直云云凡八行　河南安陽
漢殘碑　八分書無年月首云允字子游云云凡十二行　河南安陽

漢殘碑 八分書首云□遺孤奉承云云凡四行 無年月 河南安陽
漢殘碑 八分書首云自然之性云云 無年月 浙江錢塘黄氏藏本
漢高祖大風歌 世傳曹喜篆書 無年月 江蘇沛縣
天祿辟邪四字 篆書 無年月 江蘇嘉定錢氏拓本
中嶽廟前石人頂上刻字 八分書 無年月 河南登封
貞女羅鳳墓石 八分書 無年月 凡六字原石已佚何夢華摹刻于南昌縣學 浙江仁和趙氏藏本
廣都公乘伯喬殘題名 八分書 無年月 凡三行共十三字原石已佚何夢華手摹刻于江西南昌縣學 浙江仁和趙氏藏本
恭川李崧殘字 八分書 無年月 江蘇嘉定錢氏拓本

朱君長三字 八分書 無年月 山東濟甯
武梁祠堂畫像 八分書 無年月 凡三石 按趙氏金石錄列于元嘉之際今改列畫像之首以歸一類 山東嘉祥
孔子見老子畫像 八分書 無年月 原在嘉祥武宅山今移濟甯州學 山東濟甯
武氏祠祥瑞圖 八分書 無年月 凡二石 山東嘉祥
武氏祠前石室畫像 八分書 無年月 凡十五石 山東嘉祥
武氏祠後石室畫像 無題字 無年月 凡十石 山東嘉祥
武氏祠左石室畫像 八分書 無年月 凡十石 山東嘉祥
武氏祠南道旁畫像 無題字 無年月 山東嘉祥
武氏祠東北墓間畫像 八分書 無年月 山東嘉祥

劉村洪福院畫像 八分書 無年月 凡二石 山東嘉祥
元帝廟畫像 八分書 無年月 山東曲阜
顏氏樂圃畫像 八分書 無年月 山東曲阜
聖府後門畫像 無題字 無年月 山東曲阜
射陽石門畫像 八分書 無年月 乾隆間爲汪庸甫中所得 江蘇江都
焦城村畫像 八分書 無年月 凡四石 山東嘉祥
朱鮪石室畫像 八分書 無年月 山東金鄉
華林村畫像 無題字 無年月 凡二石 山東嘉祥
隨家莊畫像 無題字 無年月 凡二石 山東嘉祥
紙坊集壁間畫像 無題字 無年月 凡二石 山東嘉祥

七日山畫像 無題字 無年月 凡二石 山東嘉祥
湯陰山畫像 無題字 無年月 作諸人乘馬牽獸等狀 山東嘉祥
西鄉關帝廟畫像 無題字 無年月 凡四石 山東汶上
城垣畫像 無題字 無年月 凡二石 山東汶上
師曠墓畫像 無題字 無年月 山東新泰
白楊村關帝廟畫像 八分書 無年月 山東鄒縣
李家樓畫像 無題字 無年月 凡二石 山東濟甯
署東高氏門前畫像 無題字 無年月 刻神人異獸狀 山東嘉祥
普照寺畫像 無題字 無年月 刻車馬人物 山東濟甯
晉陽山慈雲寺畫像 無題字 無年月 凡六石 山東濟甯

兩城山畫像　無題字凡十六石　無年月　山東濟甯

長樂未央瓦　篆書　按瓦當文字俱無年月可考故附漢畫像後　江蘇嘉定錢氏家藏

長生無極瓦　篆書　江蘇陽湖孫氏家藏

長生未央瓦　篆書　江蘇青浦王氏家藏

與天無極瓦　篆書　安徽全椒俞氏家藏

億年無疆瓦　篆書　安徽全椒俞氏家藏

延年益壽瓦　篆書　江蘇嘉定錢氏家藏

延壽萬歲瓦　篆書　安徽全椒俞氏家藏

千秋萬歲瓦　篆書　安徽全椒俞氏家藏

仁義自成瓦　篆書　江西建昌顧氏家藏

萬物咸成瓦　篆書　山西陽曲申氏家藏

長毋相忘瓦　篆書　江蘇吳縣張氏家藏

永奉無疆瓦　篆書　安徽全椒俞氏家藏

卌字瓦　篆書　江蘇嘉定錢氏家藏

便字瓦　篆書　江西建昌顧氏家藏

飛廉瓦　篆書　安徽全椒俞氏家藏

朱鳥瓦　篆書　江蘇嘉定錢氏家藏

元武瓦　篆書　江西建昌顧氏家藏

鳳瓦　篆書　安徽全椒俞氏家藏

蘭池宮當瓦　篆書　江西建昌顧氏家藏

黃山瓦　篆書　安徽全椒俞氏家藏

狼千萬延瓦　篆書　安徽全椒俞氏家藏

鹿甲天下瓦　篆書　安徽全椒俞氏家藏

三雀瓦　篆書　安徽全椒俞氏家藏

上林瓦　篆書　江蘇嘉定錢氏家藏

宗正官當瓦　篆書　浙江仁和趙氏家藏

右空瓦　篆書　山西陽曲申氏家藏

都司空瓦　篆書　浙江仁和趙氏家藏

上林農官瓦　篆書　江蘇嘉定錢氏家藏

高安萬世瓦　篆書　江蘇嘉定錢氏家藏

有萬憙瓦　篆書　江蘇嘉定錢氏家藏

家當萬歲瓦　篆書　江蘇嘉定錢氏家藏

八風壽存當瓦　篆書　安徽全椒俞氏家藏

大萬樂當瓦　篆書　安徽歙縣程氏家藏

永壽嘉福瓦　篆書　江西建昌顧氏家藏

鬼氏冢舍瓦　篆書　江蘇嘉定錢氏家藏

飛鴻延年瓦　篆書　山西陽曲申氏家藏

長樂萬歲瓦　篆書　山西陽曲申氏家藏

大廐瓦　篆書　安徽全椒俞氏家藏

金廐瓦　篆書　安徽全椒俞氏家藏

右將瓦　篆書　山西陽曲申氏家藏

平樂宮阿瓦　篆書　安徽歙縣程氏家藏

甘林瓦　篆書　安徽歙縣程氏家藏

甘泉上林瓦 篆書 江蘇嘉定錢氏家藏
嬰桃轉舍瓦 篆書 安徽歙縣程氏家藏
宜富貴當瓦 篆書 安徽歙縣程氏家藏
衞屯瓦 篆書 安徽歙縣程氏家藏
揜依中庭瓦 篆書 安徽歙縣程氏家藏
方春蕃萌瓦 篆書 安徽歙縣程氏家藏
長樂長央鳳瓦 篆書 安徽歙縣程氏家藏
樂字瓦 篆書 山西曲陽申氏家藏
萬石君倉瓦 篆書 安徽歙縣程氏家藏
六畜蕃息瓦 篆書 江蘇吳江陸氏家藏
宣靈殘瓦 篆書 安徽歙縣程氏家藏

延年半瓦 篆書 安徽歙縣程氏家藏
萬年大吉瓦 篆書 浙江錢塘何氏家藏
長生未央甎文 篆書 一甎分五列每交縫處俱有此四字 安徽全椒俞氏家藏
長生未央甎文 篆書 字逕六寸下作花紋 江蘇嘉定錢氏家藏

魏

公卿上尊號奏 八分書 黄初元年 河南臨潁
受禪碑 八分書 黄初元年十月 河南臨潁
受禪碑陰 八分書 河南臨潁
魏封宗聖侯孔羡碑 八分書 黄初元年 山東曲阜
郃陽殘碑 八分書凡五石 黄初五年 陝西郃陽

膠東令王君廟門碑 八分書 黄初五年 山東濟甯
黄初瓦文 篆書 黄初□年 浙江錢塘何氏藏本
廬江太守范式碑 八分書 青龍三年 山東濟甯
范式碑陰 八分書 山東濟甯
東武侯王基碑 八分書 景元二年四月 河南洛陽
盪寇將軍李苞開閣道碑 八分書 景元四年十二月 陝西褒城

吳

吳太平甎文 八分書 太平六年趙秀才坦得於皐亭山中 浙江仁和趙氏家藏

永安甎文 八分書 永安二年趙秀才坦得於皐亭山中 浙江仁和趙氏家藏
寶鼎甎文 篆書 寶鼎二年 浙江海鹽
九眞太守谷朗碑 八分書 鳳凰元年四月 湖南耒陽
禪國山碑 篆書 天璽元年 江蘇宜興
紀功碑 篆書 天璽元年八月俗稱三段碑 江蘇江甯
衡陽太守葛祚碑 正書 無年月 江蘇句容
禹陵窆石題字 八分書 無年月 星衍按太平寰宇記會稽縣引輿地記云禹廟側有石船長一丈云禹所乘也孫皓刻其背以述功焉後人以皓無功可記乃覆船刻它字其船中折據此爲三國孫氏刻審矣 浙江會稽

晉

泰始二年甎文 八分書 泰始二年四月張明經燕昌所得

潘宗伯等造橋格題字 八分書 泰始六年五月 陝西褒城 浙江海鹽張氏家藏
任城太守羊口夫人孫氏碑 八分書 泰始六年十二月 山東新泰
太康甎文 八分書凡三種 太康元年 浙江仁和趙氏家藏
太康甎文 八分書 太康元年趙秀才坦得於皋亭山中 浙江仁和趙氏家藏
太康甎文 八分書 太康四年八月張明經燕昌所得 浙江海鹽張氏家藏
楊紹買冢地莂 行書 太康五年九月 浙江山陰
太康甎文 八分書 太康八年七月吳縣鈕布衣樹玉得於太湖中 江蘇嘉定瞿氏家藏
太公呂望表 八分書 太康十年三月 河南汲縣
呂望表碑陰 八分書 河南汲縣
呂望表碑側 八分書 河南汲縣
元康甎文 八分書 元康元年趙秀才坦得於皋亭山中 浙江仁和趙氏家藏
元康甎文 八分書 元康三年陳秀才豫鍾得於武康縣治蓬蒿菴 浙江錢塘陳氏家藏
虞天元甎文 八分書 元康四年八月陳秀才豫鍾得於武康縣治 浙江錢塘陳氏家藏
元康甎文 八分書 元康七年七月丁處士敬所得今歸趙上舍輯甯 浙江仁和趙氏家藏
元康甎文 八分書 元康八年星衍得於定遠旅店今置爲硯 江蘇陽湖孫氏家藏
湯猛甎文 篆書 元康九年八月 浙江海鹽張氏家藏
郭巨石室泰山高全明題名 八分書 永康元年 山東肥城
湻于口甎文 八分書 永甯元年六月張孝廉廷濟得於海上 浙江海鹽張氏家藏
郭巨石室庾其連題名 八分書 泰安二年 山東肥城
郭巨石室侯泰明題名 八分書 永興二年 山東肥城
永興甎文 八分書 永興二年八月張明經燕昌所得 浙江海鹽張氏家藏
永嘉殘刻 八分書 永嘉四年三月 浙江仁和趙氏家藏
陽武亭侯墓甎文 八分書 永嘉六年六月吳明經東發得於澉浦禣里山中 浙江海鹽吳氏家藏
建興甎文 八分書 建興三年八月趙秀才坦得於皋亭山中 浙江仁和趙氏家藏
建興甎文 八分書 建興三年 江蘇儀徵阮氏家藏
建興甎文 八分書 建興四年六月 江蘇儀徵阮氏家藏
建興甎文 八分書 建興四年陳秀才豫鍾得於武康大慈寺 浙江錢塘陳氏家藏
俞龍暐甎文 八分書 建武元年閏月陳秀才豫鍾得於武康縣學 浙江錢塘陳氏家藏

大興甎文 八分書 大興四年何夢華得於長興縣解 浙江錢塘何氏家藏

楊吉甎文 八分書 永昌元年六月張明經燕昌所得 浙江海鹽張氏家藏

太甯甎文 八分書 太甯□年陳秀才豫鍾得於武康大慈寺 浙江錢塘陳氏家藏

咸和甎文 八分書 咸和二年何夢華得於臨安道中 江蘇儀徵阮氏家藏

咸和甎文 八分書 咸和四年八月 浙江秀水錢氏家藏

義臺甎文 八分書 咸和四年 江蘇句容張氏家藏

建元甎文 八分書 建元三年張明經燕昌所得 浙江海鹽張氏家藏

永和甎文 八分書 永和四年何夢華得於臨平佛寺今贈郭上舍頻伽琢之爲硯 江蘇吳江郭氏家藏

升平甎文 八分書 升平二年趙晉齋所得 浙江仁和趙氏家藏

興甯甎文 八分書 興甯元年七月趙秀才坦得於臯亭山中 浙江仁和趙氏家藏

泰和甎文 八分書 泰和四年何夢華得於臯亭山中今贈袁上舍廷檮 江蘇吳縣袁氏家藏

甯泰甎文 八分書 甯泰□年何夢華得於龍井 浙江錢塘何氏家藏

杜氏甎文 八分書 太元四年趙秀才坦得於臯亭山中 浙江仁和趙氏家藏

太元甎文 八分書 太元四年何夢華得於臯亭山中佛寺今贈袁上舍廷檮 江蘇吳縣袁氏家藏

義熙甎文 八分書 義熙十三年九月陳秀才豫鍾得於武康今贈何夢華 浙江錢塘何氏家藏

征東將軍軍司劉韜墓志 八分書 無年月 河南偃師

驃騎將軍韓府君神道碑 八分書 無年月 浙江仁和趙氏拓本

光緒歲在閼逢涒灘國子監肄業生吳縣朱記榮校刊

寰宇訪碑錄卷第二

賜進士及第署山東提刑按察使分巡兗沂曹濟黃河兵備道陽湖孫星衍
賜進士出身浙江湖州府長興縣知縣階州邢澍 同撰

前秦

廣武將軍口產碑 八分書并額 建元二年十月 陝西宜君
口產碑陰 八分書 陝西宜君
鄧太尉祠碑 八分書 建元三年六月 陝西蒲城
白石神君碑陰主簿程疵家題名 八分書 燕元璽三年 直隸元氏

梁

天監甎文 八分書 天監八年 浙江仁和趙氏

石井欄題字 正書 天監十五年 江蘇句容
上清眞人許長史舊館壇碑 陶宏景撰正書 天監十五年 浙江鄞縣范氏拓本
安成康王蕭秀墓碑 正書 文已磨滅獨其額存 江蘇上元
蕭秀墓碑陰 正書 江蘇上元
始興忠武王蕭憺墓碑 徐勉撰貝義淵正書 年月泐 江蘇上元
吳平忠侯蕭景神道闕 正書反刻 無年月 江蘇上元
焦山瘞鶴銘 華陽眞逸撰正書 江蘇丹徒

後魏

中岳嵩高靈廟碑 寇謙之撰正書 太安二年 河南登封
嵩高靈廟碑陰 正書 河南登封
郭巨石室王太明題名 正書 太和二年 山東肥城
孫秋生等二百人造象記 孟廣達撰蕭顯慶正書 太和七年額題邑子像下方刻維那姓名題 景明三年五月 河南洛陽
洛州刺史始平公造象記 孟達撰朱義章正書 太和十二年九月 河南洛陽
造三級浮圖碑 正書 太和十二年 河南洛陽董氏拓本
郭巨石室廣陵王子元題名 八分書 太和十三年 山東肥城
孝文帝弔比干墓文 八分書 太和十八年十一月 宋元祐五年重刻 河南汲縣

比干墓碑陰 正書 河南汲縣
司馬解伯達造彌勒象銘 正書 太和間 河南洛陽
楊大眼爲孝文皇帝造象 正書 無年月額題邑子像殘字楊少詹云當在宣武初年 河南洛陽
魏靈莊薛法紹造象記 正書 無年月額云釋迦像字體似楊大眼記 河南洛陽
郭巨石室畫象題字 正書 景明二年 山東肥城
高樹解伯都等三十二人造象記 正書 景明三年五月 浙江仁和趙氏拓本
比邱法生造象記 正書 景明四年 河南洛陽
尼惠澄造象 正書 正始元年 河南洛陽

道民馮种育等造象記 正書 正始二年

蕩寇將軍王子平等造象 正書 正始二年 河南洛陽

楊小妃造釋迦象 正書 正始三年 河南洛陽

孫大口造象 正書 正始三年 河南洛陽

護軍府吏𦙍衆等造石象 正書 正始四年四月 河南洛陽

楊安族造釋迦象 正書 正始五年 河南洛陽

曹史張英等造象 正書 正始五年 河南洛陽

比邱惠合造象 正書 正始五年 河南洛陽

口府人等造彌勒象 正書 永平元年 河南洛陽

石門銘 王遠撰 正書 永平二年正月 陝西褒城

尼法文等造象 正書 永平二年 河南洛陽

法陵造象 正書 永平二年 河南洛陽

石門題字 正書 無年月 計七行 陝西褒城

嵩顯寺碑 正書 永平二年 江蘇青浦王氏拓本

比邱尼法行造定光石象 正書 永平三年 河南洛陽

法慶造彌勒象 正書 永平三年 河南洛陽

比邱尼惠智造釋迦象 正書 永平三年 河南洛陽

盜朔將軍司馬紹墓誌 正書 永平四年十月 河南孟縣

華州刺史安定王燮造象碑 正書 永平四年十月 河南洛陽

殿中將軍曹連造象 正書 永平四年 河南洛陽

法興造象 正書 永平四年 河南洛陽

㑆和寺尼道僧等造彌勒象 正書 永平四年 河南洛陽

清信女李口妃造象 正書 永平四年 河南洛陽

清信女尹伯成造觀世音象 正書 永平四年 河南洛陽

兗州刺史鄭羲碑 正書 永平四年 山東掖縣

鄭道昭論經書詩 鄭道昭撰 正書 永平四年 山東掖縣

鄭道昭登雲峯山觀海詩 鄭道昭撰 正書 無年月 金石錄云永平四年 山東掖縣

法盜造釋迦坐象 正書 在法興造象後 無年月 河南洛陽

雲峯山鄭道昭題字九種 正書 無年月 山東掖縣

大基山詩 鄭道昭撰 正書 無年月 山東掖縣

大基山銘告 鄭道昭撰 正書 無年月 山東掖縣

大基山石八題字 似鄭道昭正書 無年月 山東掖縣

白駒谷鄭道昭題名 正書 無年月 山東益都

劉洛眞兄弟造彌勒象 正書 延昌元年十一月 河南洛陽

劉洛眞造釋迦象 正書 延昌元年 河南洛陽

道士張相造天尊象銘 正書 延昌二年三月 陝西涇陽

郭巨石室口州建德口口題名 正書 延昌二年 山東肥城

揚州長史司馬景和妻孟氏墓志 正書 延昌三年正月 河南孟縣

信女劉口造象 正書 延昌三年 河南洛陽

郭巨石室口口題名 正書 延昌四年 河南洛陽

白方生造釋迦牟尼佛象 正書 延昌四年 河南洛陽

比邱尼法貴造彌勒象 正書 延昌四年 河南洛陽
尹顯房造象 正書 延昌四年 河南洛陽
涇州刺史齊郡王祐造象記 正書 熙平二年七月 河南洛陽
雒州刺史刁遵墓銘 正書 熙平二年十月 直隸南皮
刁遵碑陰 正書 直隸南皮
龍驤將軍臨青男崔敬邕墓誌銘 正書 熙平二年十一月 安平
比邱惠榮造彌勒象 正書 熙平二年 河南洛陽
惠珍造釋迦象 正書 熙平二年 河南洛陽
龍門老君洞銘 熙平二年 河南洛陽

杜遷等廿二人造釋迦象記 正書 神龜元年六月 浙江仁和趙氏拓本
清信女姜氏造无量壽佛象 正書 神龜元年七月 河南洛陽
兗州刺史賈思伯碑 正書 神龜二年六月 山東滋陽
賈思伯碑陰 正書 山東滋陽
門師張軫等七十八人造象記 正書 神龜二年 江西萬年
賷朋妻造象記 正書 神龜二年 河南洛陽
河閒王口羅口造象 正書 神龜二年 河南洛陽
杜匡安造象銘 正書 神龜二年 河南洛陽
楊善常造象 正書 神龜二年 河南洛陽

濟青相涼朔恆六州刺史高植墓志 正書 神龜三年 山東德州
邑師惠感等造彌勒象記 正書 神龜三年 河南洛陽
浮圖石蓋銘 正書 神龜三年 河南登封
比邱知因造象 正書 神龜三年 河南洛陽
平州刺史司馬昞碑 正書 正光元年七月 河南孟縣
滎陽郡從事劉顯明造象 正書 正光元年 河南洛陽
王仲和造象 正書 正光二年 河南洛陽
王永安造象 正書 正光二年 河南洛陽
口慧造象 正書 正光二年 河南洛陽
徐口和造象 正書 正光二年 河南洛陽

魯郡太守張猛龍碑 正書 正光三年正月 山東曲阜
張猛龍碑陰 正書 山東曲阜
袁口靳神子等造象記 正書 正光三年八月 陝西高陵
大統寺比邱慧榮造象 正書 正光三年 河南洛陽
比邱慧暢造彌勒象記 正書 正光三年 河南洛陽
比邱法畍造釋迦象銘 正書 正光四年 河南洛陽
比邱尼法照造彌勒象 正書 正光四年 河南洛陽
優婆夷李口造无量壽佛象 正書 正光四年 河南洛陽
校尉口口造象 正書 正光四年 河南洛陽
涇州刺史陸希道墓誌銘 正書 年月泐 武虛谷攷爲正光四年 河南孟縣

陳氏造觀音象 正書正光五年 河南洛陽
曹望憘等造象 正書正光六年三月 山東臨淄
道俗廿六人共造象 正書正光六年 河南洛陽
口替卷造觀音象 正書正光六年 河南洛陽
胡仁等造象 正書正光六年 河南洛陽
諸城題名 正書無年月 山東諸城
造彌勒觀音藥師象記 正書孝昌元年七月 浙江仁和趙氏拓本
比邱善法造象 正書孝昌元年 河南洛陽
口三餘造彌勒象堪記 正書孝昌元年 河南洛陽
滎陽太守元寍造象記 正書孝昌二年正月 河南洛陽
比邱尼僧達造釋迦象 正書孝昌二年 河南洛陽

同夫蓋造无量壽佛象 正書孝昌二年 河南洛陽
比邱汪璨造釋迦象 正書孝昌二年 河南洛陽
左藏令榮九州造象 正書孝昌二年 河南洛陽
清信願會造觀音象 正書孝昌二年 河南洛陽
丁辟邪造无量壽佛象 正書孝昌二年 河南洛陽
比邱尼智空造象 正書孝昌二年 河南洛陽
造彌勒觀音藥師象記 正書孝昌二年 河南洛陽
清信女黃僧造无量壽佛象 正書孝昌三年 河南洛陽
清信女朱景妃造釋迦象 正書孝昌三年 浙江仁和趙氏拓本
高貧生等造象 泰武元年 河南洛陽
懐令李超墓志銘 正書泰武二年正月 河南偃師

比邱尼道慧造石浮圖銘 正書建義元年 河南洛陽
沙門惠詥等造象 正書建義元年 河南洛陽
張敎造象 正書永安二年 河南洛陽
開國公李長壽造象 正書永安二年 河南洛陽
石窟寺造象 正書普泰元年 河南鞏縣
比邱尼道慧道盛造象二種 正書普泰元年 河南洛陽
比邱靜度造象 正書普泰二年 河南洛陽
比邱尼法光造象 正書普泰二年 河南洛陽
路僧妙造釋迦象 正書普泰二年 河南洛陽
樊道德造釋迦象 正書普泰二年 河南洛陽
陽烈將軍樊道德造象 正書永熙二年七月 河南洛陽

陵江將軍政機樹造无量壽佛象 正書永熙二年 河南洛陽
孫姬造象銘二種 正書永熙三年 河南洛陽
金剛般若經 正書無年月錢少詹大昕定爲北魏刻 江蘇嘉定錢氏拓本

西魏

石窟寺造象 正書大統四年二月 河南鞏縣
僧口演造象記 正書大統四年七月 陝西長安
黨屈蜀造象 正書大統四年 河南洛陽
曹績生造象記 正書大統五年二月 陝西富平
平東將軍蘇萬成造象二種 正書大統六年 河南洛陽

開國公伯韓道人造象 正書大統六年 河南洛陽
沙門曇亮造象 正書大統十年 河南洛陽
許社生等造象記 正書大統十三年 河南郟縣
司空周惠達碑 八分書大統十三年 陝西咸陽
造太上老君象記 正書大統十四年四月 江蘇嘉定錢氏拓本
吳神達等造象記 正書大統十五年 陝西涇陽
馮翊王國典祠令李和之造象銘 正書年月泐案文當在大統閒 浙江仁和趙氏拓本
岐法起造白石象記 正書大統十六年九月 陝西長安
法顯造玉石象記 正書大統十七年 江蘇吳縣畢氏
沙門璨造象記 正書大□□□年 河南洛陽

寍遠將軍趙果造象碑 正書無年月 河南洛陽
洛豫二州造立廣殿碑闕題名 正書無年月
法師惠猛墓志銘 正書年月泐 上二種仁和趙氏拓本
邑氏魏氏造象 正書無年月人各一象皆魏姓也 陝西富平
惠口造彌勒象銘 正書無年月中有惠言及僧顯字凡四面 陝西湻化
田僧敬造象記 正書無年月 陝西咸寍
車買等造象銘 正書無年月 河南洛陽
寍遠將軍趙口造象碑 正書無年月 河南洛陽
雒州刺史松滋公元萇振興溫泉頌 正書無年月

陝西臨潼

東魏

南秦州刺史司馬昇墓志 正書天平二年二月 河南孟縣
張法舜造四面佛象記 正書天平二年四月 河南登封
中嶽嵩陽寺碑銘 八分書天平二年四月 河南登封
嵩陽寺碑陰 正書 河南登封
長孫僧濟造象 正書天平二年 河南洛陽
比邱洪寶造象記 正書天平二年 河南登封
法顯等造須彌塔記 正書天平三年正月 河南偃師
石窟寺造象 正書天平三年三月 河南鞏縣
惠明造象 正書天平三年 河南洛陽

石窟寺造象 正書天平三年凡四種 河南鞏縣
比邱尼曇會等造象記 正書天平三年 河南洛陽
信女孫思香造象 正書天平四年正月 河南洛陽
龍洞王叔照造彌勒象題字 正書天平四年 山東歷城
曹敬容造象 正書天平四年 河南洛陽
惠相造象 正書天平四年 河南洛陽
齊州刺史高湛墓志 正書元象二年十月 山東德州
徂來山大雲寺胡元方等造象記 正書四面興和二年 山東泰安
敬使君顯儁碑 正書興和二年 河南長葛
敬顯儁碑陰 正書 河南長葛

渤海太守張府君碑 正書 興和三年三月 直隸靈壽

李仲璇脩孔廟碑 正書 興和三年十二月 山東曲阜

脩孔廟碑陰 正書 山東曲阜

碑側 正書 山東曲阜

濟州刺史誦德碑 正書 武定二年八月 江蘇嘉定錢氏拓本

王雙虎等造觀音石象記 正書 武定二年十二月 山東東阿

齊郡太守劉世明造象記 正書 武定二年十二月 山東益都

神通寺楊顯叔造象記 正書 武定二年 山東歷城

三駕寺路文助等造象記 正書 武定二年 山東萊陽

李洪演造象碑 正書 武定三年三月 河南獲嘉

朱永隆等七十人造象記 正書 武定三年七月 河南河內

比邱曇靜造象二種 正書 武定三年 河南洛陽

郭巨石室南青州刺史鄭伯猷題名 正書 武定三年 山東肥城

邑主造石象碑 正書 武定六年九月 河南偃師

延陵顯仲造白玉象記 正書 武定七年二月、 浙江仁和趙氏拓本

武德于府君義橋石象碑 正書 武定七年四月 河南河內

石象碑陰 正書 河南河內

張保洛等造象記 正書 武定七年十二月 上二種仁和趙氏拓本

法相造象 正書 武定七年

石佛背殘字 正書 無年月 清化

大覺寺碑 碑存篆額四字正面刻明人修儒學記其陰平漫金石錄云永熙中刻 河南洛陽

脩太公廟碑 穆子容撰 正書 武定八年四月 河南汲縣

脩太公廟碑陰 正書 河南汲縣

龍門山心經 正書 無年月 按龍門山造象及郭巨石室題名無年月可考者玩其筆致俱似魏人故錄于次 河南洛陽

比邱尼僧暉造象 正書 無年月 河南洛陽

橫野將軍吳安造象 正書 無年月 河南洛陽

段法智造象 正書 無年月 河南洛陽

道濟造象 正書 無年月 河南洛陽

曇宗造象 正書 無年月 河南洛陽

惠鑒造象 正書 無年月 河南洛陽

馮道志造象 正書 無年月 河南洛陽

伏寶等造象 正書 無年月 河南洛陽

強弩將軍掖庭令趙振造象 正書 無年月 河南洛陽

安定王爲女夫閭散騎造象 正書 無年月 河南洛陽

雍州王君意造象 正書 無年月 河南洛陽

黑僉生造象 正書 無年月 河南洛陽

僧力僧造无量壽佛象 正書 無年月 河南洛陽

大統寺比邱道緣造象 正書 無年月 河南洛陽

比邱尼化等造象 正書 無年月 河南洛陽

淮南公主造自在王佛象　正書無年月　河南洛陽
軀西口儀等殘碑　正書無年月　河南洛陽
清信士田道義造象　正書無年月　河南洛陽
抑常仕造象　正書無年月　河南洛陽
王奇奴造象二種　正書無年月　河南洛陽
趙元懷造象　正書無年月　河南洛陽
索惠造象　正書無年月　河南洛陽
趙州元氏縣張口貞造象　正書無年月　河南洛陽
楊義忠造象　正書無年月　河南洛陽
清信女劉造象　正書無年月　河南洛陽
楊婆造象　正書無年月　河南洛陽

楊婆等造象　正書無年月　河南洛陽
清信女可敦造象　正書無年月　河南洛陽
田小二造象　正書無年月　河南洛陽
阿維師等造象　正書無年月　河南洛陽
孔文昌造象　正書無年月　河南洛陽
福德長壽四字　正書無年月　河南洛陽
劉金仁造象　正書無年月　河南洛陽
甘大孃造象　正書無年月　河南洛陽
李共泰造象　正書無年月　河南洛陽
楊隱妻觀音造象　正書無年月　河南洛陽
沙門惠莞造象　正書無年月　河南洛陽

許昌令容胡造象　正書無年月　河南洛陽
河南靈臺鄉滈于口道造象　正書無年月　河南洛陽
駱思忠造象　正書無年月　河南洛陽
普光造象　正書無年月　河南洛陽
侯李五造象　正書無年月　河南洛陽
甘口仁造象　正書無年月　河南洛陽
王福昌造象　正書無年月　河南洛陽
呂忠造象　正書無年月　河南洛陽
韓婆奴造象　正書無年月　河南洛陽
王婆羅門造象　正書無年月　河南洛陽
羅臈月等造象　正書無年月　河南洛陽

王懷忠等造象　正書無年月　河南洛陽
張大孃等造象　正書無年月　河南洛陽
佛弟子探花等造象　正書無年月　河南洛陽
清信女楊寶勝等造象二種　正書無年月　河南洛陽
趙阿四造象　正書無年月　河南洛陽
王阿六等造象　正書無年月　河南洛陽
朱義造觀音象　正書無年月　河南洛陽
仇懷造象　正書無年月　河南洛陽
蘇孃口造象　正書無年月　河南洛陽
清信女張法香等造象　正書無年月　河南洛陽
清信女李前貴造釋迦文殊象　正書無年月　河南洛陽

司馬旦等造象 正書 無年月 河南洛陽
道萇造象 正書 無年月 河南洛陽
惠感等造象 正書 無年月 河南洛陽
李五德造七佛象 正書 無年月 河南洛陽
趙大孃造象 竹宏懿正書 無年月 河南洛陽
王永安造象 正書 無年月 河南洛陽
趙二孃造象 正書 無年月 河南洛陽
王妯胡智造象 正書 無年月 河南洛陽
郭宏富造象 正書 無年月 河南洛陽
辛六孃造象 正書 無年月 河南洛陽
心經殘刻 正書 無年月 河南洛陽

奚冬口造釋迦象 正書 無年月 河南洛陽
信女劉世海等造象 正書 無年月 河南洛陽
孟二孃等造象 正書 無年月 河南洛陽
李袁等造象 正書 無年月 河南洛陽
普會現生等題名殘石 正書 無年月 河南洛陽
夏義思造彌陀象 正書 無年月 河南洛陽
崔百紆口迴香造象 正書 無年月 河南洛陽
王江奴造象 正書 無年月 河南洛陽
比邱僧念造象 正書 無年月 河南洛陽
朱伏生造象 正書 無年月 河南洛陽
口知造象 正書 無年月 河南洛陽

張口和造象 正書 無年月 河南洛陽
張息貞造象 正書 無年月 河南洛陽
清信女李口爲身遇時患造象 正書 無年月 河南洛陽
李二口造象 正書 無年月 河南洛陽
信女杜口造象 正書 無年月 河南洛陽
張賓實等造象 正書 無年月 河南洛陽
王大孃造象 正書 無年月 河南洛陽
王文口忠造象 正書 無年月 河南洛陽
比邱尼堉荃造象 正書 無年月 河南洛陽
比邱尼智道造象 正書 無年月 河南洛陽
張搊造象 正書 無年月 河南洛陽

楊思禮造象 正書 無年月 河南洛陽
劉妙善造象 正書 無年月 河南洛陽
姚婆造象 正書 無年月 河南洛陽
清信女韓造象 正書 無年月 河南洛陽
韋六口造象 正書 無年月 河南洛陽
韓艮宰造象 正書 無年月 河南洛陽
清信女趙造象 正書 無年月 河南洛陽
王元慶造象 正書 無年月 河南洛陽
許阿難造象 正書 無年月 河南洛陽
比邱洪通造象 正書 無年月 河南洛陽
奚莫苟仁造象 正書 無年月 河南洛陽

尼妙暉造象　正書無年月　河南洛陽
惠晏造象　正書無年月　河南洛陽
魏口仙造象　正書無年月　河南洛陽
趙子道造象　正書無年月　河南洛陽
張元等造象　正書無年月　河南洛陽
田道義等造象　正書無年月　河南洛陽
張羅漢造象　正書無年月　河南洛陽
尼相光造象　正書無年月　河南洛陽
侯元貞造象　正書無年月　河南洛陽
法貞等造象　正書無年月　河南洛陽
董儒智等造象　正書無年月　河南洛陽

王二孃造象　正書無年月　河南洛陽
樊山隱造象　正書無年月　河南洛陽
清信女張寶玉造象　正書無年月　河南洛陽
仙弟子口口造象　正書無年月　河南洛陽
龐守一造象　正書無年月　河南洛陽
汝州長史楊文遇造象　正書無年月　河南洛陽
靖空等造象　正書無年月　河南洛陽
張姿女造象　正書無年月　河南洛陽
張阿四造象　正書無年月　河南洛陽
趙義成造象　正書無年月　河南洛陽
典書造象　正書無年月　河南洛陽

姚祚造象　正書無年月　河南洛陽
安州任大孃造象　正書無年月　河南洛陽
吏史市茱造象　正書無年月　河南洛陽
頁續祖造祖造象　正書無年月　河南洛陽
楊保順造象　正書無年月　河南洛陽
趙昱造象　正書無年月　河南洛陽
清信女宮造象　正書無年月　河南洛陽
周有意造象　正書無年月　河南洛陽
李大孃造象　正書無年月　河南洛陽
楊普會造象　正書無年月　河南洛陽
許州崔盛造象　正書無年月　河南洛陽

倲婆羅造象　正書無年月　河南洛陽
尼智景造象　正書無年日　河南偃師
郭巨石室杲安孫叔林題名　八分書無年月　山東肥城
目黎孫胡仁題名　八分書無年月　山東肥城
河閒中水縣軍史尹口口題名　八分書無年月　山東肥城
續祖昕題名　八分書無年月　山東肥城
甘延景題名　八分書無年月　山東肥城
崔徽侯題名　八分書無年月　山東肥城
元積吉題名　八分書無年月　山東肥城
韓聖口題名　八分書無年月　山東肥城
田升悳題名　八分書無年月　山東肥城

滎昕題名 八分書無年月 山東肥城
定州孫龍花題名 八分書無年月 山東肥城
成公般題名 八分書無年月 山東肥城
定州安喜人等題名 八分書無年月 山東肥城
元期題名 八分書無年月 山東肥城
董一朋題名 八分書無年月 山東肥城
廣陵尹都統直子口王買奴題名 八分書無年月 山東肥城
驃軍都將張安國題名 八分書無年月 山東肥城
齊北盧組題名 八分書無年月 山東肥城
太康王雙奴題名 八分書無年月 山東肥城
造象殘石 正書無年月惟都督等字可辨 河南魯山

興國寺造象殘碑 正書無年月首列盪逵將軍諸齊後題邑子姓名 河南魯山
興國寺造象殘碑 正書無年月惟側面存數十字凡稱齊主者數人 河南魯山

後齊

石窟寺造象 正書天保二年二月 河南鞏縣
石窟寺造象 正書天保二年三月 河南鞏縣
石窟寺造象 正書天保二年四月計四種 河南鞏縣
石窟寺造象 正書天保二年六月 河南鞏縣
石刻佛經 八分書天保二年 山西陽曲
龍花寺比邱口口造象 正書天保二年 河南洛陽

相國寺碑 正書天保三年 山西汾陽
王恩和等造象 正書天保四年 河南洛陽
張景暉造象記 正書天保五年七月 山東益都
清河王高岳造西門豹祠碑 八分書天保五年 河南安陽
西門豹祠碑陰 正書 河南安陽
報德象碑 燕州釋仙正書天保六年七月
豫州刺史劉口碑 正書天保八年 河南登封
趙郡王高叡碑 正書天保八年 直隸靈壽
銅雀臺石龕門銘 正書天保八年 河南安陽
比邱寶演造象 正書天保八年 河南洛陽
朱氏邑人等造玉象碑銘 正書天保八年 直隸慶雲

靜明勸化邑義垣周等造象銘 正書天保八年 河南登封
垣周等造象碑側 正書 河南登封
石窟寺造象 正書天保九年六月 河南鞏縣
郭巨石室茌平劉貴等題名 正書天保九年 山東肥城
比邱道朏造象記 正書天保十年 浙江錢塘黃氏
鄭述祖夫子廟碑 八分書乾明元年 山東曲阜
鄉老舉孝義雋敬碑 正書皇建元年十二月 山東泗水
雋敬碑陰 正書 山東泗水
維摩經碑 正書皇建元年 山東泗水
維摩經碑陰 正書 山東泗水
陽阿故縣村造石象記 正書河清二年五月 山西鳳臺

甘泉寺卜道權等造象記 正書 河清二年 山東鉅野
比邱明空等造象記 正書 河清三年三月 山東益都
石窟寺造象 正書 河清三年四月 河南鞏縣
在孫寺造象碑 正書 河清三年四月 河南登封
在孫寺造象碑側 正書 河南登封
重登雲峯山記 鄭述祖撰八分書 河清三年五月 山東掖縣
朱曇思等一百人造象記 正書 河清四年三月 山東口口
石佛寺佛經碑 八分書 河清口年 山東鉅野
碑側 正書 山東鉅野
石窟寺造象 正書 天統元年三月 河南鞏縣
天柱山銘 鄭述祖撰八分書 天統元年五月 山東平度
鄭述祖題雲居館石刻 八分書 天統元年九月 山東掖縣
姜纂造象碑 正書 天統元年九月 河南偃師
雲居館鄭述德題銘 正書 天統元年 山東掖縣
比邱法暈造象 正書 天統二年 河南洛陽
紀僧諮造象記 正書 天統三年正月 山東益都
造觀音象記 正書 天統三年二月 河南洛陽
韓永義造七佛寶堪碑 正書 天統三年三月 河南偃師
宋買等造象記 正書 天統三年四月 河南偃師
朱道威等造丈八大象頌 正書 天統三年五月 河南許州
造象碑陰 正書 河南許州
趙口造彌勒象記 正書 天統四年 河南洛陽

石窟寺造象 正書 天統七年四月 河南鞏縣
少林寺董洪達造象碑 正書 武平元年正月 河南登封
少林寺造象碑側 正書 河南登封
隴東王感孝頌 申嗣邕撰梁恭之八分書 武平元年正月 山東肥城
徂徠山佛號摩崖 八分書 武平元年 山東泰安
映佛巖佛經摩崖 八分書 武平元年 山東泰安
鐵塔寺薛匡生造象記 正書 武平二年 山東濟寧
馮暉賓等造象銘 正書 武平元年 河南登封
徂徠山大般若經 八分書 無年月 山東泰安
朱岱林墓志 子敬脩撰序 姪敬範撰銘 正書 武平二年二月 山東壽光
邑義僧道三百餘人造神碑尊象記 正書 武平二年五月 河南洛陽
造尊象碑陰 正書 河南洛陽
造尊象兩碑側 正書 河南洛陽
比邱僧道略共邑義三百餘人造象碑記 正書 武平二年九月 河南偃師
武城胡后造觀音石象銘 八分書 武平二年十一月 河南臨漳
伏波將軍石永興等造象記 正書 武平二年 河南登封
馮翊王高潤平等寺碑 八分書 武平二年 河南偃師

平等寺碑陰 無字有畫象 河南偃師
買都石象主記 正書 武平二年 河南偃師
邑義一百八造靈塔記 正書 武平三年十二月 山東滋陽
參軍趙桃等造象記 正書 武平三年 河南洛陽
青州刺史臨淮王象碑 八分書 武平四年六月 山東益都
南陽寺碑 八分書 武平四年六月 江蘇青浦王氏拓本
比邱尼法紬造象記 正書 武平四年九月 山東益都
朱長明等造象記 正書 武平四年 河南郟縣
等慈寺殘碑 正書 武平五年十月 河南汜水
法行寺造象記 正書 武平六年四月 河南汝州
比邱尼圓照等造彌勒象記 正書 武平六年五月

訪碑二

直隸慶雲
都邑師道興造象并古驗方 正書 武平六年六月
河南洛陽
游達摩等造象 正書 武平六年 河南洛陽
僧慶等造象 正書 武平六年 河南洛陽
尖山磨崖十種 八分書 武平六年 山東鄒縣
孟阿妃造象記 正書 武平七年二月 河南偃師
楊安都等造象記 正書 武平七年四月 河南偃師
韓叔子造象記 正書 武平七年九月
比邱道略等造象銘 正書 無年月中有天宮主韓叔子又道略見武平二年九月造象銘 上二種仁和趙氏拓本

會善寺宋始興等造象 正書 武平七年十一月 河南□□
造釋迦象記 正書 武平七年 河南洛陽
董洪達造象記 正書 武平九年正月 河南洛陽
馬天祥等造象記 八分書陽文 武平九年 浙江錢塘何氏拓本
張恩文佛座題記 正書 承光元年正月 山東諸城
石經峪金剛經 八分書 無年月 山東泰安
亞祿山宇文公碑 正書 無年月 山東掖縣
吳洛族供佛碑 正書 無年月 河南偃師
普照寺桓口造象碑 正書 無年月 山東濟寧
造象碑陰 山東濟寧
造象碑側 山東濟寧

訪碑二

普照寺造象 正書 無年月 山東蘭山
錢興等造象 正書 無年月 山東蘭山
許始等造象 正書 無年月 山東蘭山
縣學造象記 正書 無年月 河南偃師
韋平振等題名 八分書 無年月 山東鄒縣
韋子深等造象四面碑 八分書 無年月 山東鄒縣
晉昌王唐邕題名 八分書 無年月 山東鄒縣
韋太陽等造象碑 正書 無年月 山東鄒縣
洛州鄉城老人佛碑 正書 年月缺存大齋字 河南洛陽
聖壽寺富胡女造象 正書 無年月 山東嘉祥
水牛山文殊般若經碑 正書 無年月 山東寧陽

水牛山佛經摩崖 八分書 無年月 山東寍陽

後周

王妙暉等五十八人造象銘 正書 武成二年二月 陝西咸陽

皇甫景元等造千象碑 正書 武成二年四月陰刻元至正十一年觀音寺記 陝西長安

造千象碑側 正書 陝西長安

程憲等造七級浮圖記 武成三年 江蘇青浦王氏拓本

韓纂玉佛象銘 正書 保定二年 陝西長安

邑子同琋永樂等造象銘 正書 保定四年六月 陝西長安

聖母寺四面象銘 正書 保定四年九月 陝西蒲城

王叅生四面造象銘 正書 保定四年 陝西長安

少保豆盧恩碑 正書 天和元年 陝西咸陽

華岳頌 万紐于瑾撰趙文淵八分書 天和二年十月 陝西華陰

合邑卅人造象記 正書 天和二年 陝西涇陽

張祥造象銘 正書 天和三年四月 陝西長安

王口眞造觀音象記 正書 天和四年七月趙晉齋得于長安 浙江仁和趙氏

邑子造象記 正書 天和四年八月 陝西涇陽

宇文康等造象記 正書 天和五年六月 陝西咸寍

嚴迴達造象記 正書 天和五年十月 陝西長安

譙郡太守曹恪碑 正書 天和五年 山西安邑

費氏造四面象記 正書 天和六年五月 陝西長安

小鐵山匡喆刻經頌 匡喆撰正書 大象元年八月 山東鄒縣

小鐵山摩崖佛經銘 口威韜八分書 大象元年 山東鄒縣

小鐵山摩崖殘字八種 八分書 無年月 山東鄒縣

葛山摩崖二種 八分書 大象二年 山東鄒縣

岡山刻經四種 正書 大象二年 山東鄒縣

永樂縣口王口造觀音象座 正書 無年月橫刻于座 陝西長安

趙郡李巨敎磨崖題字 八分書 無年月 山東鄒縣

寍朔將軍孫洽等題名 八分書 無年月 山東鄒縣

宇文善等造象碑 正書 無年月 河南郟縣

魏姚樹等題名 正書四行 無年月 陝西高陵

比邱僧口道軌等十六人題名 正書三列 無年月 陝西高陵

杜禮等造象 正書二列 無年月 陝西高陵

杜阿暉等題名 正書二行 無年月 陝西高陵

邑師洪遵等題名 正書六列 無年月 陝西高陵

邑子任口等四面象題名 正書 無年月一面有至正十四年八字 陝西三原

趙建宗等造象題名 正書 無年月刻於佛座 陝西高陵

孫口造四面象碑 正書 無年月亡其下截題名多孫姓 陝西長安

王子詵齊洪超等造象龕題名 正書凡四列 無年月

吳法貴等造象龕題名 正書凡六列 無年月

造象碑側題名 正書 無年月不知何碑一有邑主胡仁等名一有邑主耿神翼等名
惠貴寺造象題名七列 正書 無年月
吳法貴等造象題名 正書 無年月
元常遂造象題名 正書 無年月
僧義通造象題名 正書 無年月 上七種仁和趙氏拓本
興國寺李早生等造象題名碑側 正書 無年月 山西安邑
惠言造玉彌勒象銘 正書四面滅其二 無年月 陝西湻化
王懷忠等六人造象題名 正書 無年月 陝西湻化
何文義造釋迦象銘 正書 無年月上有篆額 陝西湻化
王倫妻陳女姕造觀音象銘 正書九行 無年月 陝西湻化

趙振造象記 正書 無年月 河南洛陽
白馬寺造象幢 正書 無年月 河南洛陽
石佛背殘字 正書 無年月 河南洛陽
光州刺史宇文公碑 正書 無年月 山東掖縣
講經壇碑 正書 無年月 山東掖縣
大覺寺碑額 篆書 無年月 河南洛陽

隋

大都邑主等五百造象石幢 正書 開皇元年十月 河南洛陽
晉陽山口以遵妻殷蔡造象 正書 開皇元年十一月 山東濟寧

千佛山口口題名 正書 開皇元年 山東歷城
張興和等造四面象銘 正書 開皇三年五月 山東歷城
邑子六十人造四面象銘 正書 開皇三年五月 陝西三原
修老子廟碑 八分書 開皇二年六月 河南偃師武氏拓本
楊遵義造象銘 正書 開皇三年十二月 陝西涇陽
龍洞騎則苟題名 開皇三年 山東歷城
佛座記 王他奴正書 開皇四年九月 陝西長安
王府君夫人張氏墓誌 正書 開皇四年十月 江蘇嘉定錢氏拓本
淮安定公趙芬殘碑 正書 開皇五年 陝西長安
仲思那等造橋碑 八分書 開皇六年二月 山東鄒縣
造橋碑側 正書 山東鄒縣

石佛寺造象記 正書 開皇六年四月
石佛寺造象碑陰
石佛寺造象碑側 上三種仁和趙氏拓本
開府儀同三司韓祐墓誌銘 正書 開皇六年十一月 山西長子
龍藏寺碑 張公禮撰正書 開皇六年十二月 直隸正定
龍藏寺碑陰 正書 直隸正定
龍藏寺碑側 正書 直隸正定
比邱尼靜觀造象記 開皇六年 山東歷城
王忻造象記 正書 開皇七年七月 陝西長安
佛峪比邱尼靜元等造象 正書 開皇七年九月 山東歷城

千佛山鄧景口造象 正書開皇七年　山東歷城
千佛山時旹造象 正書開皇八年五月　山東歷城
邑子口元等造象碑 正書開皇八年　山東歷城
造象碑側 正書　山東歷城
韋仇禹生等造象碑 正書開皇九年　山東汶上
造象碑陰 正書　山東汶上
造象碑兩側 正書　山東汶上
千佛山李景崇造象 正書開皇十年八月　山東歷城
千佛山吳口造象記 正書開皇十年　山東歷城
車騎祕書郎張景略墓銘 八分書開皇十一年正月　河南安陽

張景略墓碑側 正書　河南安陽
口照禮造象 正書開皇十一年正月畢恬溪得於西安今歸初中丞彭齡　山東萊陽
南宮令宋君造象碑 八分書開皇十一年六月　直隸南宮
宋君造象碑陰 正書　直隸南宮
宋君造象碑側 正書　直隸南宮
許道等造象三種 正書開皇十一年　山東歷城
建安公搆尼寺銘 八分書開皇十一年
宋口造象記 正書開皇十一年　山東萊陽
造天尊象銘 正書開皇十一年　河南洛陽
杜乾緒等造象記 正書開皇十二年二月　河南葉縣

行唐邑龕觀世音普門品經 八分書開皇十二年二月　直隸曲陽
觀音臺造象殘刻 正書年月泐武虛谷攷爲隋開皇十三年三月　河南魯山
千佛山宋僧海妻張公主造象 正書開皇十三年　山東歷城
千佛山楊文葢造象 正書開皇十三年　山東歷城
陳思王曹子建廟碑 正書開皇十三年　山東東阿
廣福寺張洪亮等造象記 正書開皇十五年四月　山東益都
比邱尼脩梵石室銘 正書開皇十五年十月　山東益都

千佛山女花紅等造象 正書開皇十五年　山東歷城
千佛山口口題名 正書開皇十五年　山東歷城
邑子八十人造阿彌陀象銘 正書開皇十六年三月　陝西涇陽
澧水石橋纍文碑 八分書開皇十六年　直隸南和
宋文彪等造澧水石橋碑 八分書開皇十六年　直隸南和
安喜公李使君碑 八分書開皇十七年二月　陝西乾州
梁州使君陳茂碑 正書開皇十八年　浙江仁和趙氏拓本
行參軍裴悲明等造象記 正書開皇十口年　河南洛陽
白雲寺石幢 正書開皇口口年　陝西輩縣
雲門山造象十四種 俱正書開皇間刻　山東益都

海陵郡公賀若誼碑 正書無年月 陝西興平
諸佛舍利寶塔銘 八分書仁壽元年十月 陝西大荔
青州舍利塔下銘 孟弼八分書仁壽元年十月 山東益都
鄧州舍利塔下銘 正書仁壽二年四月 河南祥符
胡叔和造石象記 正書仁壽二年十一月 山西鳳臺
河東郡首山舍利塔碑 賀德仁撰正書仁壽二年 河南閿鄉
鄭州刺史李淵爲子造象記 正書大業元年五月
河南滎陽
李淵爲子祈疾疏 正書大業元年十一月 陝西鄠縣
大海寺造象記 正書大業元年 浙江仁和趙氏拓本
滎澤令常醜奴墓誌 正書大業三年八月 陝西興平

遵德鄉甎文 正書大業三年 山東濟寧
比邱僧智照造象記 正書大業三年 山東歷城
鷹揚郎將梁羅墓志 正書大業四年八月 陝西長安
終南山舍利塔銘 正書大業五年正月 陝西長安
南宮縣令宙明府石象碑 正書大業五年 直隸南宮
陳叔毅脩孔子廟碑 仲孝俊撰八分書大業七年七月 山東曲阜
左屯衛大將軍姚辯墓志 虞世南撰歐陽詢正書大業七年十月重摹本
浙江仁和趙氏
成都李子贇造象 正書大業十一年 河南洛陽
泰興梁伯仁造象記 正書大業十二年七月 河南洛陽
智永二體千字文 正草二書無年月 陝西長安

李靖上西嶽文 行書無年月明時重刻 陝西長安
又 行書宋崇寧三年陽大中模刻 山西潞城
沐澗魏夫人祠碑 八分書無年月 河南河內
齊太公廟碑 正書無年月錢少詹云是唐以前刻
山西芮城
佛說出家功德經 正書無年月 山東嘉祥
青州默曹殘碑 八分書無年月 山東益都
默曹碑陰 八分書 山東益都
王旿造无量壽佛象碑 正書無年月 山東益都
涅槃經碑 正書無年月 山東汶上
五峯山蓮花洞大像主鍾崔等五十四人題名 正書無年

月
山東長清
造象記 正書無年月 河南魯山
晉陽山慈雲寺薛子岫等摩崖題字 正書無年月
山東濟寧
晉陽山摩崖殘字 正書無年月 山東濟寧
元家樓造象殘碑二種 正書無年月 山東濟寧
梁王墓石題字 正書無年月 山東嶧縣
洪福院佛經 正書無年月 山東嘉祥
仰天山觀音洞畫鼎 無題字 山東臨朐
佛象石幢 無題字 山東曲阜

光緒歲在閼逢涒灘國子監肄業生吳縣朱記榮校刊

吳縣朱氏珍藏

寰宇訪碑錄卷第三

賜進士及第署山東提刑按察使分巡兗沂曹濟黃河兵備道陽湖孫星衍
賜進士出身浙江湖州府長興縣知縣階州邢澍　同撰

唐

秦王告少林寺主教　行書　武德四年四月　河南登封

觀音寺碣　陸德明撰正書　武德五年　河南汜水

宗聖觀記　歐陽詢撰序陳叔達撰銘八分書　武德九年二月　陝西盩厔

孔子廟堂碑　虞世南撰正書　武德九年十二月元至元間摹刻　山東城武

又　虞世南撰正書　武德九年十二月宋王彥超重刻　陝西長安

千佛厓僧沙棟造象記　正書　武德口年　山東歷城

隋皇甫誕碑　于志寧撰歐陽詢正書　無年月當在貞觀初　陝西長安

等慈寺碑　顏師古撰正書　金石錄云貞觀二年　河南汜水

龍門山石靜造象　正書　貞觀二年　河南洛陽

幽州昭仁寺碑　朱子奢撰正書　貞觀四年十月　陝西長武

贈徐州都督房彥謙碑　李伯藥撰歐陽詢八分書　貞觀五年三月　山東章邱

房彥謙碑陰　八分書　山東章邱

房彥謙碑側　八分書　山東章邱

化度寺邕禪師舍利塔銘　李伯藥撰歐陽詢正書　貞觀五年十一月重摹本　直隸大興翁氏

九成宮醴泉銘 魏徵撰歐陽詢正書 貞觀六年四月 陝西麟遊
九歌碑 歐陽詢正書 無年月 直隸豐潤
千字文碑 歐陽詢正書 無年月 直隸豐潤
汝南公主墓誌銘 虞世南撰行書 貞觀十年十一月重刻本 江蘇常熟
金枝寺殘碑 岑文本撰正書 貞觀十年 湖北襄陽
虞恭公温彥博碑 岑文本撰歐陽詢正書 貞觀十一年十月 陝西醴泉
龍門山明相等造七佛二菩薩象 八分書 貞觀十一年 河南洛陽
龍門山信女王吉祥造象 正書 貞觀十三年 河南洛陽
睦州刺史張琮碑 于志寧撰正書 貞觀十三年二月 陝西咸陽

左屯衛將軍姜行本紀功碑 正書 貞觀十四年閏六月 甘肅巴里坤
龍門山淄縣令顏千里造象 正書 貞觀十五年 河南洛陽
龍門山信女郭□造象 正書 貞觀十五年 河南洛陽
伊闕佛龕碑 岑文本撰褚遂良正書 貞觀十五年十一月 河南洛陽
褒國公段志元碑 正書 貞觀十六年 陝西醴泉
龍門山楊僧威造象 正書 貞觀十八年 河南洛陽
千佛巖僧明德造象記 正書 貞觀十八年 山東歷城
贈比干太師詔并祭文 薛純陁八分書 貞觀十九年二月 元延祐五年重刻碑陰有韓沖記可證 河南汲縣
龍門山韋崇禮造象 正書 貞觀十九年 河南洛陽

龍門山楊僧造象 正書 貞觀十九年 河南洛陽
龍門山洛陽宮留守閻武蓋造象 正書 貞觀十□年 河南洛陽
龍門山張世相造象 正書 貞觀二十年 河南洛陽
龍門山韓文秬造石龕記 正書 貞觀二十年 河南洛陽
龍門山嵩陽縣丞慕容敬造象 正書 貞觀二十一年 河南洛陽
龍門山新息縣令田宏道造象 正書 貞觀二十一年 河南洛陽
申文獻公高士廉塋兆記 許敬宗撰趙模正書 無年月碑云葬於貞觀二十一年正月 陝西醴泉

塋兆記碑側 正書 陝西醴泉
晉祠銘 太宗御製并行書 貞觀二十一年七月 山西太原
晉祠碑陰 正書 山西太原
屏風碑 太宗草書 無年月宋嘉泰間刻石 浙江餘杭
佛說般若蜜多心經 張功謹敬德監造正書 貞觀二十二年三月 浙江仁和趙氏拓本
龍門山思順坊老幼等造象記 正書 貞觀二十二年四月 河南洛陽
龍門山比邱□□爲師僧造象 正書 貞觀二十二年 河南洛陽
國子祭酒孔穎達碑 于志寧撰正書 貞觀二十二年 陝西醴泉

龍門山劉君解題名　正書　貞觀二十二年　河南洛陽

淤泥寺心經　正書　貞觀二十二年　江蘇青浦王氏拓本

蜀王師蓋文達碑　于志寍撰　李□□正書　貞觀二十三年　直隸衡水

蓋文達碑陰　正書　直隸衡水

蓋文達碑側　正書　直隸衡水

龍門山崔貴本等題名　正書　貞觀二十三年　河南洛陽

龍門山楊君雅造象　正書　貞觀二十三年　河南洛陽

晉州刺史裴□□碑　上官儀撰　正書　貞觀二十三年　陝西醴泉

隋文州總管陸讓碑　陳□□撰　郭儼正書　貞觀二十七年　浙江仁和趙氏拓本

龍門山□威等造象　正書　貞□□年　河南洛陽

梁文昭公房元齡碑　褚遂良正書　無年月　陝西醴泉

芮國公豆盧寬碑　李義府撰　正書　永徽元年六月　陝西醴泉

洛陽鄉望父老卅人等造象記　湝于敬一撰　正書　永徽元年　河南洛陽

癭陶縣令李府君清德頌碑　正書　永徽元年　浙江仁和趙氏拓本

龍門山孟惠造象　正書　永徽二年　河南洛陽

信女朱王年造象　正書　河南洛陽

房仁裕母李夫人神道碑　八分書　永徽三年二月　浙江仁和趙氏拓本

龍門山王貴造象　正書　永徽三年　河南洛陽

王寶英造象　正書　永徽三年　河南洛陽

信女趙善勝造象　正書　永徽三年　河南洛陽

王倫造象　正書　永徽三年　河南洛陽

楊行□造象　正書　永徽三年　河南洛陽

田□造象　正書　永徽四年　河南洛陽

王師亮造象　正書　永徽四年　河南洛陽

周智沖造象　正書　永徽四年　河南洛陽

趙寍造象　正書　永徽四年　河南洛陽

比邱尼德相造象　正書　永□□年　河南洛陽

三藏聖教序　太宗御製　褚遂良正書　永徽四年十月　陝西長安

東平太守□□碑　八分書　永徽四年十月　江蘇青浦王氏拓本

三藏聖教序并記　高宗御製　褚遂良正書　永徽四年十二月　陝西長安

萬年宮銘　高宗御製并行書　永徽五年五月　陝西麟遊

萬年宮碑陰諸臣題名　正書　永徽五年　陝西麟遊

龍門山邢阮造象　正書　永徽五年　河南洛陽

楊愛造象　正書　永徽五年　河南洛陽

信女韓敬□造象　正書　永徽五年　河南洛陽

參軍辛崇敏造象　正書　永徽五年　河南洛陽

頴川定公韓仲良碑　于志寍撰　王行滿正書　永徽六年三月　陝西富平

汾陰獻公薛收碑　于志寍撰　正書　永徽六年八月　陝西醴泉

田暕造象　正書　永徽六年　河南洛陽

龍門山僧□□造象　正書　永徽六年　河南洛陽

龍門山張元德造象　正書　永□□年　河南洛陽

千佛崖造象　王元□正書　永徽□年　山東歷城

中書令昭公崔敦禮碑 于志寧撰 于立政正書 顯慶元年十月 陝西醴泉
龍門山宋海寶造象 正書 顯慶元年 河南洛陽
李智海造象 正書 顯慶元年 河南洛陽
信女馮口造優塡王象 正書 顯慶元年 河南洛陽
王貴和造象 正書 顯慶元年 河南洛陽
龍門山遊弈造象 正書 顯慶元年 河南洛陽
信女趙善口造象 正書 顯慶元年 河南洛陽
化度寺僧海禪師方墳記 正書 顯慶二年四月 陝西長安
千佛崖齊州刺史劉元意造象記 正書 顯慶二年九月 山東歷城

三藏聖教序并記 太宗撰序 高宗撰記 王行滿正書 顯慶二年十二月 河南偃師
封曾客造象 正書 顯慶二年 河南洛陽
千佛崖南平長公主造象記 正書 顯慶二年 山東歷城
禮部尚書張允碑 李義府撰 正書 顯慶三年正月 陝西醴泉
衞景武公李靖碑 許敬宗撰 王知敬正書 顯慶三年五月 陝西醴泉
右監門將軍內侍王君碑 正書 年月泐 案碑文云貞觀間出使吐蕃蓋與李衞公同征吐谷渾者故附此
王居士磚塔銘 上官靈芝撰 敬客正書 顯慶三年十月 陝西長安
信法寺彌陀象碑 正書 顯慶三年 直隸元氏
龍門山造象 正書 顯慶三年 河南洛陽

千佛崖趙王福造彌陀象記 正書 顯慶三年 山東歷城
龍門山造象 正書 顯慶三年 河南洛陽
信女口口造彌陀象 正書 顯慶三年 河南洛陽
千佛崖僧明德造象 正書 顯慶三年 山東歷城
信女段婆造象 正書 無年月 山東歷城
慶感造象 正書 無年月 山東歷城
元毛德造象 正書 無年月 山東歷城
劉操造象 正書 無年月 山東歷城
王元亮造象 正書 無年月 山東歷城
李樹生造象 正書 無年月 山東歷城
張直方造象 正書 無年月 山東歷城

周世軌造象 正書 無年月 山東歷城
高道邱造象 正書 無年月 山東歷城
劉君操造象 正書 無年月 山東歷城
濟南沈君玉殘字 正書 無年月 山東歷城
鄂國忠武公尉遲敬德碑 許敬宗撰 正書 顯慶四年三月 陝西醴泉
漁陽郡君李氏造龕銘 正書 顯慶四年六月 河南洛陽
彬州司兵參軍王友方造象銘 正書 顯慶四年六月 浙江仁和趙氏拓本
紀功頌 高宗御製并行書 顯慶四年十月 河南氾水
紀功頌碑陰 正書 河南氾水
蘭陵長公主碑 李義甫撰 竇懷哲正書 顯慶四年十月 陝西醴泉

夫人程氏塔銘 正書 顯慶四年 陝西長安
龍門山王行寶造象 正書 顯慶五年四月 河南洛陽
河陽□令□賓墓誌 正書 顯慶五年十二月 河南孟縣
平百濟碑 正書 後半缺不見年月當在顯慶五年
江蘇嘉定錢氏拓本
龍門山造象 正書 顯慶五年 河南洛陽
龍門山劉□於等龕內造象 正書 顯慶五年 河南洛陽
龍門山楊君植造象 正書 顯慶五年 河南洛陽
龍門山內侍省事王令辭等造象 正書 顯慶五年
河南洛陽
龍門山信女徐大造象 正書 顯慶五年 河南洛陽

僧善德造彌勒象 正書 顯慶五年 河南洛陽
張公敢造象 正書 顯慶五年 河南洛陽
岱嶽觀郭行眞題名 正書 顯慶六年二月 山東泰安
龍門山劉典豐造象 正書 顯慶六年 河南洛陽
府□副□□造象 正書 顯慶□年 河南洛陽
石窟寺造象 正書 龍朔元年四月 河南鞏縣
龍門山張□造象 正書 龍朔元年 河南洛陽
信女段□造象 正書 龍朔元年 河南洛陽
李元奕造象 正書 龍朔元年 河南洛陽
六祖墜腰石題字 八分書 龍朔元年 湖北黃梅
六祖墜腰石題字 八分書 龍朔元年 廣東曲江

召窟寺造象 正書 龍朔二年五月 河南鞏縣
左監門將軍許洛仁碑 正書 龍朔二年十一月 陝西醴泉
龍門山程氏塔銘 正書 龍朔二年 河南洛陽
劉元禮造象 正書 龍朔二年 河南洛陽
李君懷造象 正書 龍朔二年 河南洛陽
主簿王元祚造象 正書 龍朔二年 河南洛陽
史福造象 正書 龍朔二年 河南洛陽
楊□造象 正書 龍朔二年 河南洛陽
左戎衛大將軍杜君綽碑 高正臣正書 龍朔三年二月 陝西醴泉
石窟寺造象 正書 龍朔三年五月 河南鞏縣
三藏聖教序并記 褚遂良正書 龍朔三年六月碑陰有宋人題名

陝西大荔
濟度寺尼法願墓誌 正書 龍朔三年八月 陝西長安
道因法師碑 李儼撰歐陽通正書 龍朔三年十月 陝西長安
龍門山□神遠造象 正書 龍朔三年 河南洛陽
騎都尉李文墓誌 正書 麟德元年二月 陝西大荔
越州都督于德芳碑 于志寧撰蘇季子八分書 麟德元年四月
陝西三原
白馬寺蘇寶才造象銘 正書 麟德元年六月 河南洛陽
僧思察造象記 正書 麟德元年七月 河南睢州
孫文才造石象記 正書 麟德元年九月 河南河內
會善寺造象記 郭智仁正書 麟德元年十月 河南登封

張君實造象 正書麟德元年 河南洛陽
龍門山内給事馮士艮造象 正書麟德二年 河南洛陽
陳貞口造象 正書麟德二年 河南洛陽
牛口德造象 正書麟德二年 河南洛陽
造象記 正書麟德口年 河南偃師
仰天洞王知慎等投龍設醮記 王行直正書乾封元年二月 山東泰安
仰天洞劉仁願等題名 正書乾封元年二月 山東泰安
燕公于志寧碑 令狐德棻撰子立政正書乾封元年十一月 陝西三原
贈泰師孔宣公碑 崔行功撰孫師範八分書乾封元年 山東曲阜

孔宣公碑陰 行書 山東曲阜
龍門山東臺主書牛懿德造象 正書乾封元年 河南洛陽
司列主事許大德造象 正書乾封元年 河南洛陽
紀國先妃陸氏碑 正書乾封元年十二月 陝西醴泉
隋桂州總管武康郡公令狐熙碑 子德棻撰口口秀正書乾封二年五月 陝西燿州
張開疆供佛碑 正書乾封二年九月 河南偃師
上柱國郭君殘碑 正書乾封二年 山西汾陽
龍門山口勝造象 正書乾封二年 河南洛陽
口德造象 正書乾封二年 河南洛陽
信女孟大孃造象 正書乾封二年 河南洛陽

孟口應造象 正書乾封二年 河南洛陽
孟乾緒造彌陀象 正書乾封三年 河南洛陽
石窟寺造象 正書乾封三年 河南鞏縣
石窟寺造象 正書乾封三年 河南鞏縣
石窟寺造象 正書總章元年四月 河南鞏縣
鄭太子廟碑 正書總章元年五月 浙江仁和趙氏拓本
信女陰口造象 正書總章元年 河南洛陽
王死㝵造彌陀象 正書總章元年 河南洛陽
王合造象 正書總章元年 河南洛陽
王尹農造象 正書總章元年 河南洛陽
信女王元口造象 正書總章元年 河南洛陽

法藏尚寺造地藏象 正書總章二年 河南洛陽
姜義琮造象 正書總章二年 河南洛陽
阶獨造象 正書總章二年 河南洛陽
朝請大夫雷口墓誌 正書總章二年 陝西長安
道安禪師塔銘 正書總章三年二月 陝西長安
左武衛大將軍淄川公李孝同碑 諸葛思楨正書咸亨元年五月 陝西三原
石窟寺造象 正書咸亨元年五月 河南鞏縣
李義豐等造象銘 正書咸亨元年十二月 河南偃師
隋故騎都尉司馬興墓誌 正書咸亨元年 河南孟縣
碧落碑 李訓誼篆書咸亨元年 山西絳州

內侍汶江縣侯張阿難碑 僧普昌正書 咸亨二年九月 陝西醴泉
龍門山王一孃造象 正書 咸亨二年 河南洛陽
石窟寺造象 正書 咸亨三年十月 河南鞏縣
少林寺金剛經 王知敬正書 咸亨三年十月 河南登封
三藏聖教序記并心經 僧懷仁集王羲之行書 咸亨三年十二月 陝西長安
鄭惠王造石塔記 釋洪滿撰行書 咸亨四年十月 山西長子
龍門山僧惠簡造彌勒象 正書 咸亨四年十一月 河南洛陽
龍門山薛仁貴造象 正書 咸亨四年 河南洛陽
大德寺碑 正書 上元元年秋 河南澠池
中書令馬周碑 許敬宗撰殷仲容八分書 上元元年十月 陝西醴泉
王思慶等造象記 正書 上元二年七月 河南郲縣
孝敬皇帝叡德碑 高宗御製并行書 上元二年八月 河南偃師
龍門山宣義郎周遠志等造彌陀象銘 正書 上元二年十二月 河南洛陽
薛公阿史那忠碑 正書 上元二年十二月 陝西醴泉
龍門山趙客師造象 正書 上元二年 河南洛陽
信女侯口造象 正書 上元二年 河南洛陽
王仁恪造象 正書 上元二年 河南洛陽
攝山棲霞寺明徵君碑 高宗御製高正臣行書 上元三年四月 江蘇上元

比邱口口造象 正書 上元三年九月 浙江錢塘何氏拓本
上柱國任恭碑 正書 上元三年十一月 山西汾陽
信女王婆造象 正書 上元三年 河南洛陽
趙婆造象 正書 上元三年 河南洛陽
龍大造象 正書 上元三年 河南洛陽
光孝寺菩提樹髮塔記 僧法立撰 儀鳳元年明人重刻 廣東番禺
周豫州刺史杜口墓誌 正書 儀鳳二年五月 河南寶豐
杜口碑陰 正書 河南寶豐
修孔子廟詔表 高祖高宗詔各一祭文一太子宏表一八分書 儀鳳二年七月 山東曲阜
贈太尉英貞武公李勣碑 高宗御製并行書 儀鳳二年十月 陝西醴泉
潤州仁靜觀魏法師碑 胡楚賓撰張德寧正書 儀鳳二年十一月 浙江仁和趙氏拓本
魏法師碑陰 正書
龍門山蘇州長史崔元久造象 正書 儀鳳二年 河南洛陽
陳外生造阿彌陀象 正書 儀鳳二年 河南洛陽
岱岳觀道士葉法善設醮記 正書 儀鳳三年三月 山東泰安
彭陽憲公令狐德棻碑 口口政正書 年月泐文稱高宗爲今上故列於此 陝西耀州
李万通造彌勒象記 正書 儀鳳三年七月 河南河內

清明寺尼八正造象 正書 儀鳳三年 河南洛陽
劉寶妻范口造藥師象 正書 儀鳳三年 河南洛陽
棲霞寺講堂佛鐘經碑 朱懷隱撰徐伯興八分書 儀鳳四年四月 山東魚臺
造象殘碑 正書 調露元年七月 山東濟甯
造象殘碑陰 正書 山東濟甯
造象殘碑兩側 正書 山東濟甯
高德崖造象題名 正書 調露二年 河南孟縣
龍門山元昭造象 正書 調露二年 河南洛陽
霰感仁等造象 正書 調露二年 河南洛陽
胡處貞造象 正書 調露二年 河南洛陽

李貞普造象 正書 調露二年 河南洛陽
李君瓚造象 正書 調露二年 河南洛陽
口口造象 正書 調露四年正月 浙江錢塘何氏拓本
散騎常侍褚亮碑 八分書 無年月 金石錄云高宗時立 陝西醴泉
省堂寺殘碑 正書 永隆元年四月 山東莒州
龍門山處貞造彌勒象 正書 永隆元年 河南洛陽
林因口造象 正書 永隆元年 河南洛陽
胡宏實造象 正書 永隆元年 河南洛陽
比邱尼眞智造觀音象 正書 永隆二年 河南洛陽
侯元熾造象 正書 永隆二年 河南洛陽

比邱尼智隱造象 正書 永隆二年 河南洛陽
崔懷儉造象 正書 永隆二年 河南洛陽
開業寺碑 李尚一撰蘇文舉正書 開耀二年二月 直隸元氏
建立經幢記 正書 永淳元年八月 河南偃師
永泰寺石幢 正書 永淳二年 河南登封
龍門山口口爲父任州北陽令造象 正書 年月泐 河南洛陽
覺意寺尼好因造象 正書 永淳二年 河南洛陽
千佛崖王万元等造象 正書 永淳二年 山東歷城
武后少林寺詩及書 王知敬正書 永淳二年九月 河南登封
晉陽府君精舍碑 八分書 缺年月 山東濟甯

造象殘碑 正書 缺年月 山東汶上
乾陵述聖記 武后撰中宗正書 文明元年八月 陝西乾州
龍門山趙奴子造象 正書 文明元年 河南洛陽
千佛崖趙昨造象記 正書 文明元年 山東歷城
新息令口君墓記 正書 光宅元年十一月 直隸沙河
趙克弼造阿彌陀象 正書 垂拱元年二月 陝西長安
奉仙觀老君石象碑 李審幾撰沮渠智烈正書 垂拱元年十二月 河南濟源
處士張達碣 正書 垂拱二年三月 河南濟源
王徵君臨終口授銘 王紹宗甄錄井正書 垂拱二年四月 河南登封
白鶴觀碑 正書 垂拱二年 山西長子

龍門山宋州司士魏莊造象 正書 垂拱二年 河南洛陽
左鈐衛將軍薛國史公造象 正書 垂拱二年 河南洛陽
張師滿造象 正書 垂拱二年 河南洛陽
蘇伏寶造象 正書 垂拱二年 河南洛陽
劉孝光造象 正書 垂拱三年 河南洛陽
戴婆造象 正書 垂拱三年 河南洛陽
僧思亮等造象 正書 垂拱二年 河南洛陽
張行忠造象 正書 垂拱三年 河南洛陽
朝請大夫劉志榮造龕 正書 垂拱三年 河南洛陽
徐節造觀世音象 正書 垂拱三年 河南洛陽
口孝節造阿彌陀象 正書 垂拱三年 河南洛陽

薛福造象 正書 垂拱三年 河南洛陽
兗州都督府曹路敬替造象 正書 垂拱三年 河南洛陽
沐澗魏夫人祠碑銘 路敬湣撰 僧從謙行書 垂拱四年正月 河南河內
魏夫人祠碑陰 刻宋元題名七段 河南河內
美原神泉詩序 韋元旦撰 尹元凱篆書 垂拱四年四月 陝西富平
美原神泉詩 徐彥伯等撰 尹元凱篆書 垂拱四年四月 郎前碑之陰 陝西富平
澤州主簿梁府君并夫人唐氏墓誌 鄭莊撰 朱賓正書 垂拱四年十一月 陝西長安
宣州刺史陶大舉德政碑 僧靈廓撰 陶德凱正書 永昌元年二月 安徽當塗

朝請大夫雷府君墓誌 正書 永昌元年 石存數十字惟額全 陝西長安
卭州刺史狄知愻碑 正書 載初元年正月 河南洛陽
右虞候副率乙速孤神慶碑 苗神客撰 釋行滿正書 載初二年二月 陝西醴泉
彌陀寺碑 正書 載初元年九月 浙江仁和趙氏拓本
岱嶽觀馬元貞投龍齋醮井造象記 正書 天授二年二月 河南洛陽
姜遐斷碑 正書 天授二年十月 陝西醴泉
金臺觀主馬元貞題名 正書 天授二年二月 在漢史晨碑後 按馬元貞題名同時有四 此外一在山東泰山 一在河

南嵩山及濟源也 山東曲阜
龍門山張元福造象 正書 天授二年 河南洛陽
蔡大孃造象 正書 天授二年 河南洛陽
羅口忠造象 正書 天授二年 河南洛陽
楊行韻造象 正書 天授二年 河南洛陽
考功主事成仁感造象 正書 天授二年 河南洛陽
侯文衍等造彌勒象銘 正書 天授三年 河南鄭州
懷州河內縣令口愷造象銘 正書 如意元年五月 浙江仁和趙氏拓本
龍門山丁君舜造象 正書 如意元年 河南洛陽
石窟寺造象 正書 延載元年二月 河南鞏縣

石窟寺造象 正書 延載元年八月 河南鞏縣
佛說菩薩呵色欲經 正書 延載元年 河南洛陽
達奚靜造象 正書 延載元年 河南洛陽
淨土堂銘 正書 無年月 河南洛陽
封祀壇碑 武三思撰 薛曜正書 萬歲登封元年十一月 河南登封
龍門山口龕象頌文 郭元暕撰 正書 萬歲通天元年四月 河南洛陽
馮善廓造浮圖銘 趙顒撰 姚璟正書 萬歲通天二年四月 河南長葛
珍州榮德縣丞梁師亮墓誌 正書 萬歲通天二年七月 陝西長安
岱岳觀道士孫文儁造象記 正書 萬歲通天二年 山東泰安

河東州刺史王仁求碑 子寶善正書 聖歷元年正月 雲南昆陽
鄭牛溝小石橋碑 行書 聖歷元年八月 山東滕縣
渭南令李君清德碑 李吉甫撰 正書 聖歷元年十月 浙江仁和趙氏拓本
岱岳觀道士桓道彥等造象銘 正書 聖歷元年十二月 山東泰安
中嶽體元先生潘尊師碣 王適撰 司馬承禎八分書 聖歷二年二月 河南登封
昇仙太子碑 武后撰幷行書 聖歷二年六月 河南偃師
昇仙太子碑陰 鍾紹京薛稷相王旦等正書 又武后遊仙篇薛曜書 河南偃師
武隆令閻生相元造四面象幷浮圖石幢 正書 聖歷二年 河南偃師

直隸永清
明堂令于大猷碑 正書 聖歷三年十一月 陝西三原
鴻慶寺碑 □□于撰 宮若鶩正書 聖歷□年 河南澠池
石窟寺造象 正書 久視元年二月 河南鞏縣
夏日游石淙詩幷序 諸臣撰 薛曜正書 久視元年五月 河南登封
石窟寺造象 正書 久視元年六月 河南鞏縣
秋日宴石淙序 張易之撰 薛曜正書 久視元年 河南登封
岱岳觀道士麻慈力齋醮記 正書 久視二年二月 山東泰安
博城令馬□詩 正書 久視二年 山東泰安
大雲寺皇帝聖祚碑 賈膺福撰幷八分書 大足元年五月 河南河內

聖祚碑陰 正書 河南河內
龍門山閻門冬造象 正書 大足元年 河南洛陽
岱岳觀道士趙敬造象記 正書 長安元年十二月 山東泰安
周順陵殘碑 武三思撰 相王旦正書 長安二年正月 今存三石 一在縣治 一在儒學 一在縣民賓氏 陝西咸陽
李弼徽造象記幷心經 正書 長安二年二月 山東金鄉
李弼徽造象碑陰 正書 山東金鄉
駝山任元覽造象 正書 長安二年三月 山東益都
駝山尹思貞等造象 行書 長安二年七月 山東益都
漢忠烈紀信墓碑 盧藏用撰幷八分書 長安二年七月 河南滎澤

紀信墓碑陰 八分書　河南滎澤
泗水橋十二八造象 正書 長安二年十二月　山東曲阜
泗水橋造象碑陰 正書　山東曲阜
大雲寺聖祚碑陰 蕭懷素正書 長安二年　河南河內
大通禪師碑 張說撰 盧藏用八分書 缺年月　湖北當陽
華塔寺王璿造象記 王無感正書 長安三年七月　陝西長安
華塔寺高延貴造象贊 正書 長安三年七月　陝西長安
華塔寺韋均造象銘 正書 長安三年九月　陝西長安
華塔寺蕭元昚造象記 正書 長安三年九月　陝西長安
華塔寺李承嗣造象記 正書 長安三年九月　陝西長安
華塔寺姚元之造象記 正書 長安三年九月　陝西長安
華塔寺僧德感造象記 正書 長安三年九月　陝西長安
華塔寺梁義深等造象記 正書 無年月似亦同時所刻　陝西長安
駝山李懷膺造象記 高懷熊正書 長安三年十月　山東益都
杜夫人墓誌 行書 長安三年十月　陝西長安
信法寺張黑刀等造眞容象碑 行書 長安三年　直隸元氏
城北社施門記 正書 長安三年　山東益都
中山郡王隆業造觀世音象 正書 長安四年三月　河南洛陽
衛州共城縣百門陂碑 辛怡諫撰文張元琮記孫去煩行書 長安四年九月　河南輝縣

百門陂碑陰 正書　河南輝縣
百門陂碑側 正書　河南輝縣
岱岳觀道士周元度等題名 正書 長安四年九月　山東泰安
姚元景光宅寺造象銘 正書 長安四年九月　陝西長安
岱岳觀阮孝波等題名 正書 長安四年十一月　山東泰安
龍門山口楷造象 正書 長安四年　河南洛陽
陳昌宗造象 正書 長安四年　河南洛陽
魏懷靜造象 正書 長安四年　河南洛陽
陳暉造象 正書 長安四年　河南洛陽
宋婆造象 正書 長安四年　河南洛陽
區季昌造象 正書 長安四年　河南洛陽
轉寄生造象 正書 長安四年　河南洛陽
殘碑 正書 無年月中有武后制字　河南魯山
風峪石經 正書 無年月中有武后制字　山西太原
金剛經幷心經 正書 無年月中有武后制字　河南洛陽
尊勝陀羅尼經幢 正書 年月泐首三面有武后制字餘俱後時補刻下存戊午歲三月等字末有大順時題　陝西西安
陀羅尼經殘碑 正書 年月泐中有武后制字僅存上截　陝西涇陽
沙門智運造象記 正書 無年月中有武氏天皇天后語

浙江仁和趙氏拓本

香山洞壁涅槃經 正書 無年月 河南洛陽

龍門山崔二孃造象 正書 無年月 河南洛陽

大德寺碑 正書 無年月 河南澠池

法門寺千佛象碑 正書 無年月 陝西扶風

千佛象碑陰 正書涅槃經 陝西扶風

千佛象碑側 正書涅槃經 陝西扶風

駝山僧法詔造象 正書 無年月 山東益都

駝山張眞妙造象 正書 無年月 山東益都

駝山口忽造象 正書 無年月 山東益都

駝山馬摩耶造象 正書 無年月 山東益都

駝山僧供奮造象 正書 無年月 山東益都

駝山尼道仁造象 正書 無年月 山東益都

駝山都僧蕰造象 正書 無年月 山東益都

駝山平桑公造象 正書 無年月 山東益都

駝山潘乂造象 正書 無年月 山東益都

駝山潘乂妻王氏造象 正書 無年月 山東益都

駝山尼先等造象 正書 無年月 山東益都

駝山趙艮造象 正書 無年月 山東益都

岱岳觀造象記 正書 神龍元年三月 山東泰安

寶林寺口口社義碑 正書 神龍元年九月 河南登封

龍門山尼思恩造地藏象 正書 神龍元年 河南洛陽

王三孃墳記 正書 神龍二年二月 陝西長安

馬青村范洪恩造象 正書 神龍二年九月 山東滋陽

太清觀殘碑 正書 神龍二年九月 山東蒙陰

相王旦刻石記 正書 神龍二年

聖容寺造象記 正書 神龍二年 上二種青浦王氏拓本

中興三藏聖教序 中宗御製唐奉一八分書 神龍三年五月 山東長清

滎陽縣令盧正道清德碑 劉穆之撰王守晢八分書 神龍三年五月 河南滎陽

龍門山魏奴子造象 正書 神龍三年 河南洛陽

口部將軍功德記 郭謙光撰并八分書 景龍元年十月 山西太原

賜盧正道勅 中宗御書正書 景龍元年十一月 河南滎陽

神通寺僧无畏造象記 正書 景龍元年七月 山東歷城

龍興觀道德經 正書 景龍二年正月 直隸易州

道德經碑側題名 正書 直隸易州

岱岳觀乾封令張懷貞等設醮記 正書 景龍二年二月 山東泰安

句容縣令岑君德政碑 張景毓撰釋翹微正書 景龍二年二月

西里平律寺石幢題名 正書 景龍二年 上二種仁和趙氏拓本

岱岳觀修醮記 正書 景龍二年 山東泰安

岱岳觀道士杜太素等設醮記 正書 景龍二年三月 山東泰安

比邱尼法琬碑 僧承遠撰劉欽旦正書 景龍三年五月 陝西長安
鄧村造塔記 正書 景龍三年五月 山東益都
澧州司馬魏體口墓誌 八分書 景龍三年十一月 河南伊陽
龍門山啟吉造象記 正書 景龍三年 河南洛陽
尼無畏造彌陀象碑 正書 景龍三年 山東泰安
許公蘇瓌神道碑 張說撰銘盧藏用撰序并八分書 景雲元年十一月 陝西武功
天齊廟紀元大造象碑 正書 景雲元年十一月 山東鄒縣
石佛寺王思恭等造石浮圖銘 正書 景雲元年 河南郟縣
龍門山路州銅鞮令任延造象銘 正書 景雲元年 河南洛陽
行兗州都督上護軍獨孤仁政碑 劉侍賈撰劉珹正書 景雲二年二月 河南孟縣
岱嶽觀楊太希題名 正書 景雲二年六月 山東泰安
呂皓仙題名 正書 景雲二年八月 山東泰安
長安縣丞蕭思亮墓誌 顏惟貞撰正書 景雲二年九月 陝西咸寧
孝子郭思訓墓誌 正書 景雲二年十二月 河南洛陽
景雲皇帝祈福記 正書 景雲二年 河南濟源
王璬造石浮圖記 寗思道正書 景雲二年 直隸房山
平昌寺造象 正書 景雲二年 山東益都
大雲寺碑 劉秀撰正書 景雲二年 江蘇青浦王氏拓本
宿亳二州刺史鄭仁愷碑 崔融撰口暹正書 景雲口年 浙江仁和趙氏拓本
田義起浮圖頌 王利貞文行書 太極元年四月 直隸房山
將軍杜國史公石象銘 正書 延和元年七月 陝西長安
龍門山僧法寂造象 正書 延和元年 河南洛陽
亳州錄事參軍馮本紀孝碑 閻朝隱撰子敦直八分書 先天元年十一月 陝西高陵
涼國公契苾明碑 婁師德撰殷元祚正書 先天元年十二月 陝西咸陽
龍門山杜曙同妻裴口造象 正書 河南洛陽
興隆寺僧九定等造象 正書 先天二年九月 山東滋陽
造彌勒石象記 正書 先天二年十二月 河南偃師
郭巨石室口口題字 正書 先天二年 山東肥城
周公祠碑 賈大義撰正書 開元二年十二月 河南偃師
龍門山僧眞性造象 正書 開元二年 河南洛陽
杜濬輝造象 正書 開元二年 河南洛陽
虞鄉縣令劉行忠碑 正書 開元三年正月 山西永濟
馮十一孃墓誌 孟友直撰正書 開元三年四月 陝西寶雞
嶲州都督文獻公姚懿碑 胡皓撰徐嶠之正書 開元三年十月 河南陝州
處士胡佺墓誌 行書 開元三年十月 山西介休
醴泉寺誌公碑 正書 開元三年十月 山東鄒平
龍門山杜十四孃造象 正書 開元三年 河南洛陽
龍門山造象贊 僧邱悅贊利涉正書 開元三年 河南洛陽

內侍高力士等造象功德碑 明皇御製并正書 開元□年 河南洛陽

淨域寺法藏禪師塔銘 田休光撰正書 開元四年五月 陝西長安

協律郎裴公故妻賀蘭氏墓誌 正書 開元四年十二月 陝西□□

殘墓誌 正書 開元四年 河南偃師

有道先生葉國重神道碑 李邕撰并行書 開元五年三月重刻本俗呼追魂碑 浙江松陽

光祿少卿姚彝碑 崔沔撰徐嶠之正書 開元五年四月 河南洛陽

歙州刺史葉慧明神道碑 李邕撰韓擇木八分書 開元五年七月 浙江仁和趙氏拓本

宗聖觀主尹尊師碑 員半千撰八分書 開元五年十月元八重摹 陝西盩厔

幽棲寺尼正覺浮圖銘 正書 開元六年七月 河南汜水

唐興寺碑 許景先撰僧□□八分書 開元六年九月 山西聞喜

柏梯寺碑 徐彥伯文胡轄之記并篆書 開元六年十月 浙江仁和趙氏拓本

鬱林觀東巖壁記 崔逸撰八分書 開元七年正月 江蘇海州

兗州都督于知微碑 姚崇撰正書 開元七年六月 陝西三原

萊州刺史唐貞休德政碑 八分書 開元七年七月 山東掖縣

贈太尉祁國公王仁皎碑 張說撰明皇御書八分書 開元七年十月 陝西大荔

修孔子廟碑 李邕撰張廷珪八分書 開元七年十月 山東曲阜

修孔子廟碑陰 正書 山東曲阜

修孔子廟碑側 宋金元題名正書 山東曲阜

龍門山吳藏師造象 正書 開元七年 河南洛陽

雲麾將軍李思訓碑 李邕撰并行書 開元八年六月 陝西蒲城

岱嶽觀內給事梁思陀等題名 行書 開元八年七月 山東泰安

王元度造象銘 正書 開元八年 河南鄭州

華嶽精享昭應碑 咸廙撰劉升八分書 開元八年 陝西華陰

李北海殘碑 行書 無年月 山東益都

龍興之寺四大字 李邕正書 無年月 山東益都

北嶽府君碑 韋虛心撰陳懷志行書 開元九年三月 直隸曲陽

北嶽廟碑陰 行書 直隸曲陽

北嶽廟碑側 行書 直隸曲陽

龍興寺陀羅尼經幢 八分書 開元九年六月 山東淄川

鎮軍大將軍吳文殘碑 僧大雅集晉王羲之行書 開元九年十月俗呼半截碑 陝西長安

常熟縣令郭思謨墓誌 孫翌撰正書 開元九年十一月 河南洛陽

龍門山程奉造象 正書 開元九年 河南洛陽

尊勝陀羅尼經幢 正書 開元九年 直隸獲鹿

洪福寺陀羅尼經幢 正書 開元九年 山東新城

雲居寺李公石浮圖銘 梁高望行書 開元十年四月 直隸房山

奉先寺大盧舍那象龕記 殷仲容撰正書 開元十年十二月

河南洛陽
奉先寺牒 正書 開元十年 河南洛陽
玉泉寺大通禪師碑 張說撰盧藏用八分書 開元十年 湖北荊門
錦屏山磨崖石刻 王翼八分書 開元□年 山西吉州
秦望山法華寺碑 李邕撰并行書 開元十一年二月重刻本 浙江山陰
京苑總監茹守福墓誌 正書 開元十一年八月 陝西咸寧
老子孔子顏子讚 睿宗御製八分書 開元十一年八月 山東金鄉
娑羅樹碑 李邕撰并行書 開元十一年十月明人重刻本 江蘇淮安
沁州刺史馮公碑 崔尚撰郭謙光八分書 開元十一年十一月 陝西咸陽

太宗賜少林寺柏谷塢莊碑 明皇御書正書 開元十一年十一月 河南登封
少林寺賜田勅 正書 開元十一年十二月即前碑陰 河南登封
御史臺精舍碑 崔湜撰梁昇卿八分書 開元十一年 陝西長安
精舍碑陰 八分書及正書 陝西長安
精舍碑側 正書 陝西長安
閑居寺元珪禪師塔記 八分書 開元十一年 河南登封
內侍高福墓誌 孫翌撰正書 開元十二年正月畢秋帆制軍得於咸寧檇歸靈巖山館 江蘇吳縣
香積寺主淨業法師塔銘 畢彥容撰正書 開元十二年六月

陝西長安
太子舍人王無競墓誌 正書 開元十二年十月 山東掖縣
楊將軍新莊象銘 正書 開元十二年十月 陝西咸寧
虢國公楊花臺銘 申屠液撰正書 無年月與前碑同篇而分刻之 陝西咸寧
涼國長公主神道碑 蘇珽撰明皇八分書 開元十二年十一月 陝西蒲城
華山銘殘字 元宗撰并八分書 開元十二年十一月 陝西華陰
唐仲烈墓誌銘 王無競撰正書 開元十二年 山東掖縣
石佛堂記 孫義撰行書 開元十二年 直隸臨城
右武衛大將軍乙速孤行儼碑 劉憲撰白義晊八分書 開元十三年二月 陝西醴泉

鄎國長公主神道碑 張說撰明皇八分書 開元十三年四月 陝西蒲城
光業寺大佛堂碑 楊晉撰行書 開元十三年六月 直隸隆平
述聖頌 達奚珣序呂向頌并正書 開元十三年六月 陝西華陰
明皇行次成皋詩 史敘行書 開元十三年十月 河南汜水
後魏大司農鄭公碑 史承節撰正書 開元十三年閏十二月金承安五年重刻 山東高密
古義士伯夷叔齊碑 梁昇卿撰并八分書 開元十三年 陝西蒲城
華岳推官劉繼元等題名 正書 開元十三年 陝西華陰
紀太山銘 元宗御製并八分書 開元十四年九月 山東泰安
太山銘後諸臣題名 八分書 山東泰安
徙谷寺衆姓建塔記 正書 開元十四年十月 河南林縣

銀青光祿大夫陳憲墓誌 八分書 開元十四年十一月 河南偃師
薦福寺思恆律師誌文 常口口撰并正書 開元十四年十二月 陝西咸寧
龍門山口文矩造象 正書 開元十四年 河南洛陽
端州石室記 李邕撰正書 開元十五年正月 廣東高要
七星巖景福二字 正書相傳李邕書 廣東高要
雲居寺石浮圖頌 王大悅撰正書 開元十五年二月 直隸房山
恆山祠碑 張嘉貞撰并行書 開元十五年八月 直隸曲陽
道安禪師碑 宋儋撰并行書 開元十五年十月 河南登封
嵩嶽少林寺碑 裴漼撰并行書 開元十六年七月 河南登封
開元寺尊勝陀羅尼經幢 楊溪造僧佛陀波利正書 開元十六年十一月末有宋紹聖閒題名 陝西隴州
龍角山元元宮碑 崔明元撰史惟則八分書 開元十六年 山西浮山
本願寺造舍利塔并北堂石象碑 行書 開元十七年二月 江蘇青浦王氏拓本
靈運禪師功德塔銘 崔琪撰正書 開元十七年五月 河南登封
敬節法師塔銘 正書 開元十七年七月 陝西咸寧
慶唐觀紀聖銘 明皇御製八分書 開元十七年九月 山西浮山
興唐寺主尼法澄塔銘 嗣彭王志暕撰并正書 開元十七年十一月 陝西咸寧

陳法明等造象銘 正書 開元十八年四月 山東嘉祥
岳麓寺碑 李邕撰并行書 開元十八年九月 湖南長沙
岳麓寺碑陰 李邕行書 湖南長沙
王禪成造石浮圖記 行書 開元十八年 山西太原
廬山東林寺碑 李邕撰并行書 開元十九年七月立元延祐七年重摹 江西星子
三尊眞容象支提龕銘 蔡景撰正書 開元十九年九月 河南林縣
石窟寺陀羅尼經幢 正書 開元十九年十一月率府長史王元明立後有大中八年及漢乾祐元年重立題字 河南鞏縣
岱岳觀道士張遊霧題名 正書 開元十九年十一月 山東泰安
雲門山功德記 正書 開元十九年 山東益都
岱岳觀乾封縣尉王元口等題名 正書 開元二十年二月 山東泰安
開元石幢 甯思簡正書 開元二十年 河南孟縣
比邱尼堅行禪師塔 正書 開元二十一年閏三月 陝西長安
大忍寺門樓碑 楊邈撰裴抗八分書 開元二十一年 直隸深澤
門樓碑陰 八分書 直隸深澤
贈太師忠獻口公碑 裴耀卿撰明皇御書正書 開元二十一年
代國長公主碑 鄭萬鈞撰并行書 開元二十二年十二月 陝西蒲城

華嶽廟鄭虔題名 八分書 開元二十三年四月 陝西華陰
謁郭巨祠堂記 楊傑撰李皋八分書 開元二十三年七月 山東肥城
北岳神廟碑 鄭子春撰崔鐶八分書 開元二十三年閏十一月 直隸曲陽
北岳神廟碑陰 八分書 直隸曲陽
道士董靈寶投龍設醮題名 正書 開元二十三年 山東泰安
元氏令龐履溫碑 邵混之撰蔡有鄰八分書 開元二十四年二月 直隸元氏
龐履溫碑陰 崔仲海正書 直隸元氏
慈州刺史鄭曾碑 梁昇卿撰并八分書 開元二十四年五月 河南滎澤
華嶽廟李憕題名 正書 開元二十四年六月在後周天和碑側 陝西華陰
大智禪師碑 嚴挺之撰史惟則八分書 開元二十四年九月 陝西長安
齊州神寶寺碑 李寰撰并八分書 開元二十四年十月 山東長清
神寶寺碑側心經 行書 山東長清
左輔頓察西嶽廟中刻石記 權倕文杜澤八分書 開元二十四年十月 陝西華陰
美原縣尉張昕墓誌銘 正書 開元二十四年十月畢秋帆制軍得於陝西長安攜歸靈巖山館 江蘇吳縣
令長新誡 元宗御製韋堅正書 開元二十五年二月 陝西大荔
臨高寺重修菩碑 常允之撰常演之行書 開元二十五年四月 河南閿鄉
大溫國寺進法師塔銘 陳光撰僧智祥正書 開元二十五年七月 陝西長安
會善寺景賢大師石塔記 羊愉撰僧溫古行書 開元二十五年八月 河南登封
廣化寺無畏不空法師碑 正書 開元二十五年八月宋人重刻本 河南洛陽
濟度寺尼惠源和上神空誌 楊休烈撰蕭定正書 開元二十五年九月 陝西咸寧
檻山浮圖銘 張名衿撰解莊正書 開元二十五年十月 浙江仁和趙氏拓本
檀法師塔銘 姜立祐撰正書 開元二十五年 陝西長安
周太師蜀國公尉遲迥廟碑 閻伯璵撰序顏眞卿撰銘蔡有鄰八分書 開元二十六年正月 河南安陽
尉遲迥碑陰 八分書 河南安陽
靜山庵尊勝陀羅尼經 正書 開元二十六年二月 江蘇宜興
開元寺貞和尙塔銘 沈興宗撰八分書 開元二十六年七月 河南汝州
錢塘縣丞殷履直妻顏氏碑 顏眞卿撰并正書 開元二十六年七月 河南洛陽
華岳廟蘇穎題名 正書 開元二十六年八月在後周天和碑側 陝西華陰
華岳廟蘇炎題名 正書 開元二十六年八月 陝西華陰
任城縣橋亭記 游芳撰王子言八分書 開元二十六年閏八月 山東濟寧
元宗御注道德經 正書 開元二十六年十月 直隸易州

景福寺尼靈覺龕銘 行書 開元二十六年十月 河南洛陽
本願寺銅鐘銘碑 撰書人名缺 無年月 直隸獲鹿
銅鐘碑陰 前二行八分書餘正書 開元二十六年 直隸獲鹿
易州鐵象頌 王端撰蘇靈芝行書 開元二十七年五月 直隸易州
劉光等建立經幢記 正書 開元二十七年 河南偃師
龍光寺舍利塔記 正書 開元二十八年七月 陝西扶風
易州刺史田仁琬德政碑 徐安貞撰蘇靈芝行書 開元二十八年十月 直隸清苑
祠部員外郎裴稹墓誌 裴朏撰并正書 開元二十八年十二月 陝西長安
陀羅尼經幢 正書 開元二十八年 河南孟縣
山頂石浮圖後記 王守泰行書 開元二十八年 直隸房山
莒國公唐儉碑 正書 開元二十九年二月 陝西醴泉
大智禪師碑陰記 陽伯成撰史惟則八分書 開元二十九年五月 陝西長安
石壁寺鐵彌勒象頌 林諤撰房嶙妻高氏行書 開元二十九年六月 山西交城
夢眞容碑 張九齡奏蘇靈芝行書 開元二十九年六月重摹本 陝西盩厔
夢眞容碑 牛仙客奏蘇靈芝行書 開元二十九年六月 直隸易州
口口縣令盧口志銘 正書 開元二十九年 河南洛陽
金仙長公主神道碑 徐嶠之撰明皇御書行書 開元口口口年 陝西蒲城

龍門山內侍高力士等造象碑 行書 開元口年 河南洛陽
龍門山虢國公造象記 徐浩行書 開元口口年 河南洛陽
隴西縣君牛氏象龕記 張九齡撰八分書 開元口口口年 河南洛陽
後漢徵君徐君碣銘 正書 無年月僅上截題下有唐曲江張字 浙江仁和趙氏拓本
龍門山楊安造象 正書 開元口口口年 河南洛陽
尊勝陀羅尼經幢石 正書 開元口口口年 河南孟縣
華嶽廟宮眞亭題名 八分書 年月泐以碑內有史子華刻字 開元末 陝西華陰
陀羅尼經幢 正書 無年月首面有上爲開元神武皇帝字 浙江仁和趙氏拓本
宋定方等造東西二佛塔題字 一行書一正書 無年月 河南孟縣
華嶽廟殘碑 權倕撰杜縡八分書 缺年月共三石 陝西華陰
雲麾將軍李秀殘碑 李邕撰并行書 天寶元年正月 直隸宛平
鄂州刺史盧正道碑 李邕撰并行書 天寶元年二月 河南洛陽
裒封四子勅 正書 天寶元年二月 陝西盩厔
告華嶽府君文 韓賞撰韓擇木八分書 天寶元年四月 陝西華陰
兗公之頌 張之宏撰包文該正書 天寶元年四月 山東曲阜
兗公頌碑側 正書 山東曲阜
元元靈應頌 戴璇撰序劉同升撰頌戴伋八分書 天寶元年七月 陝西盩厔

吏部南曹石幢 左光允撰序尹匡祚撰頌正書天寶元年九月後有梁貞明開題字 陝西鄠縣

賜張說勅 行書天寶元年 山西聞喜

左金吾將軍張嘉祐墓誌銘 正書天寶元年 河南洛陽

靈巖寺碑 李邕行書天寶元年石在山東長清今佚 浙江錢塘黃氏拓本

大照禪師碑 李邕撰并行書天寶元年 江蘇嘉定錢氏拓本

慶唐觀金籙齋頌 崔明允撰史惟則八分書天寶二年十月 山西浮山

隆闡大法師懷惲碑 行書天寶二年十二月 陝西長安

法昌寺主身塔銘 韓詮撰董光朝正書天寶二年十二月 江蘇嘉定錢氏拓本

玉眞公主受道靈壇祥應記 蔡瑋撰元丹邱正書天寶二年

河南濟源

造象殘碑 行書天寶二年 山東寧陽

嵩陽觀紀聖德感應頌 李林甫撰徐浩八分書天寶三載二月 河南登封

騎都尉薛良佐塔銘 薛鈞撰薛良史正書天寶三載閏二月 陝西長安

張尊師探元遺烈碑 蔡瑋撰韓贇行書天寶三年六月 河南濟源

臧公鑿井造象碑 正書天寶三載 山東寧陽

龍門山尚識造象 正書天寶三載 河南洛陽

石佛閣上劉氏等造象 正書天寶三載 山東濟寧

石臺孝經 元宗註并八分書天寶四載九月 陝西長安

荊州法曹參軍趙思廉墓誌 正書天寶四載十月

浙江仁和趙氏拓本

琵琶淀詩并序 權澈撰王紓正書天寶五載五月 山西鳳臺

昭慶縣令王璠德政碑 李大亮撰宋口口正書天寶五載九月

直隸隆平

尊勝陀羅尼經幢 正書興聖寺尼決定等造天寶五載九月 陝西長安

嵩山淨藏法師身塔銘 行書天寶五載十月 河南登封

石門房山李要妻王十一孃造象 正書天寶六載正月 山東寧陽

天竺山監察御史源少良等題名 正書天寶六載正月 浙江錢塘

逸人竇居士神道 李邕撰段淸雲行書天寶六載二月 陝西三原

石門房山口口造象 正書天寶六載三月 山東寧陽

石門房山守志造象 正書天寶六載三月 山東寧陽

石門房山監希莊造象 正書天寶六載三月 山東寧陽

石門房山盧大孃等造象 正書天寶六載三月 山東寧陽

石門房山王克勤造象 正書天寶六載三月 山東寧陽

石門房山口口造象 正書天寶六載三月 山東寧陽

石門房山車懷璧造象 正書天寶六載四月 山東寧陽

石門房山孟士口造象 正書天寶六載五月 山東寧陽

衞府君劉夫人合葬銘 正書天寶六載七月 浙江仁和趙氏拓本

石門房山口口妻口口造象 正書天寶六載九月

山東寧陽
義興周夫人墓誌銘正書天寶六載十月　陝西長安
石門房山口昇造象正書天寶六載十月　山東寧陽
石門房山杜二朗造象正書天寶六載十一月　山東寧陽
石門房山李口賓造象正書天寶六載十二月　山東寧陽
宴濟瀆序達奚珣撰薛希昌八分書天寶六載十二月　河南濟源
遊濟瀆記達奚珣撰薛希昌八分書即前碑陰　河南濟源
尊勝陀羅尼經幢正書司馬霜讚天寶六載十二月　陝西咸寧
石門房山口房造象正書天寶六載　山東寧陽
青帝觀朝請大夫口口造象正書天寶六載　山東泰安
傔人畫象題名正書　山東泰安

獨秀峯三字相傳李白正書無年月　山東泰安
開元寺陀羅尼經幢正書天寶七載二月後有駱齊休重建題字　陝西咸寧
石門房山韓嘉昕造象正書天寶七載二月　山東寧陽
李家村金剛經幢蔣圖撰序張賁行書天寶七載三月　陝西咸寧
石門房山錢口口造象正書天寶七載四月　山東寧陽
崇聖寺尊勝陀羅尼經幢張少悌行書天寶七載五月　陝西長安
北岳恆山封安天王銘李佺撰戴千齡八分書天寶七載五月　直隸曲陽
安天王碑陰八分書　直隸曲陽
吏部常選潘智昭墓誌行書天寶七載七月　陝西長安

石門房山口仁造象正書天寶七載九月　山東寧陽
東平太守章仇元素碑韋述撰蔡有鄰八分書天寶七載十月　山東濟寧
香山寺陀羅尼幢八分書天寶七載　河南洛陽
雲門山投龍詩趙居貞撰吳口書天寶七載　山東益都
子產祠殘碑八分書天寶七載黃本誠任新鄭令時攜歸　浙江嘉興
崇聖寺丁思禮造象并心經正書天寶八載七月　江蘇沛縣
崇聖寺造象碑側　江蘇沛縣
石門山郭密之詩正書摩崖天寶八載八月志失載臨海令華瑞潢搜剔出　浙江青田

石門山郭密之永嘉懷古詩正書年月同上亦華瑞潢搜剔出　浙江青田
經幢殘石正書天寶八載　河南孟縣
經幢正書天寶八載　河南孟縣
滎陽縣尉盧重華題名正書天寶八載　河南滎陽
石門房山王道成造象正書天寶九載三月　山東寧陽
少林寺靈運禪師功德塔銘崔琪撰僧勤口行書天寶九載四月　河南登封
永泰寺尊勝陀羅尼幢楊慎行正書天寶九載八月　河南登封
晉陽山薛待伊造石浮圖銘正書天寶九載十月

山東濟寧

造石浮圖碑側　正書　山東濟寧

平遙縣尉王君墓誌銘　正書天寶九載　河南孟縣

華嶽廟張懷彬題名　正書天寶九載　陝西華陰

石門房山口行廉造象　正書天寶九載　山東寧陽

少林寺尊勝經呪　高岑正書　河南登封

尊勝經呪兩側畫象　河南登封

靈都觀口尊師碑　翟灦行書天寶十載二月　河南濟源

修殷太師比干廟碑　李翰撰宋張琪正書天寶十祀　河南汲縣

淨因寺梁懷貞造象記　正書天寶十一載二月　河南汝州

王屋山劉尊師碑　齊莊文翟口行書天寶十一載二月　浙江仁和趙氏拓本

中嶽永泰寺碑　僧靖彰撰荀望正書天寶十一載閏三月　河南登封

千福寺多寶塔感應碑　岑勳撰顏眞卿正書天寶十一載四月　陝西長安

普照寺常董生等造象碑　正書天寶十一載八月　山東濟寧

雲門山季思敬造象　正書天寶十一載十二月　山東益都

雲門山季思敬題名　正書天寶十一載　山東益都

贈武部尚書楊珣碑　元宗御製并八分書天寶十二載二月　陝西扶風

雲門山淸信仕造象　正書天寶十二載二月　山東益都

雲門山李棲梧造象　正書天寶十二載二月　山東益都

雲麾將軍劉感墓誌　李震撰席彬行書天寶十二載十月　陝西咸寧

雲門山淸信士口口造象　正書天寶十二載十一月　山東益都

比邱尼世僧造象　正書無年月　山東益都

題安期生詩石刻　李白撰正書無年月　山東掖縣

隱靜寺詩　李白撰正書無年月　安徽繁昌

香積寺施燈功德幢　行書姜如珍等造天寶十三年正月　陝西長安

內常侍孫思廉墓誌　申屠權撰韓獻之行書天寶十三載六月碑在陝西長安洒于霸水畢秋帆尚書訪得攜歸靈巖山館　江蘇吳縣

興國寺碑　正書天寶十三載十月　山東滕縣

雲麾將軍劉元尚墓誌　賓忻撰田穎正書天寶十三載十一月　浙江仁和趙氏拓本

興文鎮高乾式造象　正書天寶十三載閏十一月　山東濟寧

高乾式造象碑側　正書　山東濟寧

東方先生畫象讚　夏侯湛撰顏眞卿正書天寶十三載十二月　山東陵縣

畫象讚碑陰　顏眞卿撰并正書　山東陵縣

龍門山張曙造象　正書天寶十三載　河南洛陽

龍門山尼淨元等造象　正書天寶十三載　河南洛陽

大忍寺僧宗福等題字　正書天寶十三載　直隸深澤

雲麾將軍張安生墓誌　正書天寶十四載二月　陝西長安

少林寺還神王師子勅　八分書天寶十四載八月　河南登封

麗履溫碑陰崔仲誨題記 行書天寶十四載 直隸元氏
荊府法曹趙思廉墓誌銘 正書天寶十四載 河南南陽
朱五孃造象題字 正書天寶十五載三月 山東鄒縣
折衝都尉張希古墓誌 田穎行書天寶十五載四月畢秋帆制府得於陝西長安攜歸靈巖山館 江蘇吳縣
興文鎮佛寺殘碑 正書年月泐文中有長沙太守及夫人不負松筠語 山東濟甯
哥舒翰紀功碑 八分書無年月 浙江仁和趙氏拓本
心經 張旭草書無年月 陝西長安
肚痛帖 張旭草書無年月宋時摹刻 陝西長安
千文斷碑 張旭草書無年月 陝西長安
房史君題記 正書無年月以文內有天寶字故附于此 江蘇青浦王氏拓本
南詔蠻頌德碑 正書無年月王少寇昶攷為天寶間刻 雲南太和
南詔摩崖題名 正書無年月 雲南太和
雲門山口性造象 正書無年月 山東益都
雲門山王忻等造象 正書無年月 山東益都
雲門山尼世僧造象 正書無年月 山東益都
石門房山李令璋妻呂造象 正書無年月 山東甯陽
石門房山山石造象記 正書無年月 山東甯陽
石門房山李口口妻王氏造象 正書無年月 山東甯陽
石門房山口口造象 正書無年月 山東甯陽
石門房山孫口造象 正書無年月 山東甯陽
石門房山口口造象 正書無年月 山東甯陽
石門房山郭德禮造象 正書無年月 山東甯陽
石門房山武令本造象 正書無年月 山東甯陽
石門房山存男難金造象 正書無年月 山東甯陽
石門房山李思口造象 正書無年月 山東甯陽

光緒歲在閼逢涒灘國子監肄業生吳縣朱記榮校刊

寰宇訪碑錄卷第三

寰宇訪碑錄卷第四

賜進士及第署山東提刑按察使分巡兗沂曹濟黃河兵備道陽湖孫星衍
賜進士出身浙江湖州府長興縣知縣階州邢澍 同撰

唐

憫忠寺寶塔頌 張不矜撰蘇靈芝行書至德二載十一月　直隸大興

謁金天王神祠題記 顏真卿正書乾元元年十月在後周天和碑側　陝西華陰

華嶽廟王宥等題名 八分書乾元元年十二月　陝西華陰

華嶽廟秦州別駕殘題名 正書無年月　陝西華陰

華嶽廟張惟一祈雨記 李權八分書乾元二年二月　陝西華陰

施燈功德經 正書乾元二年二月後附尊勝咒　陝西長安

通微道訣碑 肅宗御製行書乾元二年六月元人重刻　陝西三原

城隍廟碑 李陽冰撰并篆書乾元二年八月宋宣和間重刻　浙江縉雲

佛峪遇緣造象記 乾元二年　山東歷城

威神寺大德禪師墓誌 正書乾元二年　江蘇青浦王氏拓本

尊勝陀羅尼經幢 僧志遠造正書有宗光賓等名乾元二年　陝西乾州

華岳廟邱據題名 正書寶應二年六月　陝西華陰

華岳廟劉士深等題名 正書廣德元年三月　陝西華陰

李懷讓題名 正書無年月　陝西華陰

贈工部尚書臧懷恪碑 顏真卿撰并正書廣德元年十月　陝西三原

華岳廟延州都督章月題名 正書廣德二年二月

華岳廟華陰縣令李仲昌等題名 正書廣德二年三月　陝西華陰

華岳廟李仲昌等題名 韋滸正書廣德二年三月在後周天和碑側　陝西華陰

華岳廟孫廣等題名 正書廣德二年六月在後周天和碑側　陝西華陰

臨淮王李光弼神道碑 顏真卿撰張少悌行書廣德二年十一月　陝西富平

與郭僕射書 顏真卿撰草書無年月王虛舟云當在廣德二年十一月　陝西長安

贈太保郭敬之家廟碑 顏真卿撰并正書廣德二年十一月　陝西長安

郭氏家廟碑陰 正書　陝西長安

秋官尚書河間公碑 八分書永泰元年二月　陝西高陵

左武衛大將軍白道生神道碑 于益撰□摯宗正書永泰元年三月　陝西咸甯

怡亭銘并序 李陽冰篆書序李莒八分書銘永泰元年五月　湖北江夏

華岳廟焦鍰題名 正書永泰元年　陝西華陰

尊勝陀羅尼經幢 元眞正書沙門譚素述記贊爲大德尼作文中有永泰年號　陝西長安

陽華巖銘 元結撰瞿令問正篆隸三體書永泰二年五月　江蘇嘉定錢氏拓本

成德軍節度使李寶臣紀功頌 王佑撰王士則行書 永泰二年七月 直隸正定

紀功頌碑陰 正書 直隸正定

承天軍城記 胡伯成行書 無年月 直隸井陘

華嶽廟蔣羅漢等題名 正書 無年月 陝西華陰

峿臺銘 元結撰瞿令問篆書 大歷二年六月 湖南祁陽

光祿卿王訓墓誌 王德撰并正書 大歷二年八月 陝西咸甯

嵩嶽會善寺戒壇勅牒 正書下有代宗行書批荅二十四字 大歷二年十一月 河南登封

孔子廟殘碑 程浩撰顏眞卿正書 大歷二年 陝西華陰

李氏遷先塋碑 李季卿撰李陽冰篆書 大歷二年 陝西長安

先塋碑側 碑正面是宋大中祥符三年重刻惟側有口州防禦使獨孤密營舉正書三行猶唐刻也 陝西長安

李氏三墳記 李季卿撰李陽冰篆書 大歷二年 陝西長安

謙卦爻辭 李陽冰篆書 無年月按謙卦爻辭二種一在太平府學 安徽蕪湖

聽松二字 篆書 無年月 江蘇無錫

生公講臺四字 篆書 無年月 江蘇吳縣

倪翁洞三字 篆書 無年月 浙江縉雲

黃帝祠宇四字 篆書 無年月 浙江縉雲

天地淸甯四字 篆書 無年月按上五種未署年月相傳爲李陽冰所書故附于此 浙江金華

張禪師義琬墓誌 正書 大歷三年二月 河南洛陽

營州都督李楷洛碑 楊炎撰史惟則八分書 大歷三年三月 陝西富平

浯溪銘 元結撰季康篆書 湖南祁陽

唐廎銘 元結撰袁滋篆書 大歷三年閏六月 湖南祁陽

大證禪師碑 王縉撰徐浩正書 大歷四年三月 河南登封

贈太常卿同州西河縣丞趙睿沖碑 邵說撰王瑀八分書 大歷四年五月 浙江仁和趙氏拓本

左武衛郎將元府君夫人鄭氏墓誌 鄭淙撰正書 大歷四年十一月 河南洛陽

逍遙樓三大字 顏眞卿正書 大歷五年正月 廣西臨桂

儲潭神頌 裴諝撰正書 大歷五年六月 江西贛縣

儲潭祈雨感應記 裴諝撰裴宏正書 無年月卽前碑陰 江西贛縣

本願寺造舍利塔幷北堂石象碑 行書 大歷五年六月 直隸獲鹿

本願寺金剛經 正書 無年月 直隸獲鹿

銅牙鎭福興寺碑 許登撰張從申行書 大歷五年六月 江蘇上元

華岳廟弟五琦題名 正書 大歷五年六月在後周天和碑側 陝西華陰

華岳廟裴士淹題名 正書 大歷五年六月在後周天和碑側 陝西華陰

龍邱令庾賁德政頌 李陽冰撰并篆書 大歷五年九月金貞元三年重

立　山東甯陽
左金吾衛將軍臧希晏碑　張□撰韓秀弼八分書大歷五年十月
陝西三原
華岳廟蘇敦等題名二種　正書大歷五年　陝西華陰
德政殘碑　正書大歷五年官員姓氏又有貞元三年吏民及頌文　浙江仁和趙氏拓本
華岳廟趙鄧盧綸等題名　正書大歷六年二月　陝西華陰
麻姑山仙壇記　顏眞卿撰并正書小字本大歷六年四月　江西南城
青原山祖關二大字　顏眞卿八分書無年月大興翁氏有摹本　江西吉安
吒千公三教道場文　李去泰撰正書大歷六年四月　江蘇青浦王氏拓本
茅山元靜先生李君碑　顏眞卿撰并正書大歷六年五月　浙江仁和趙氏拓本
少林寺同光禪師塔銘　郭湜撰僧靈迅正書大歷六年六月
河南登封
中興頌　元結撰顏眞卿正書大歷六年六月　湖南祁陽
又翻刻本　四川劍州
田尊師德行頌　蕭森撰田名德集王羲之行書大歷六年十月
陝西富平
尊勝陀羅尼幢　僧昔眞撰康玢行書大歷六年十月　陝西富平
華岳廟李昌題名　正書大歷六年　陝西華陰
清淨智慧觀身經銘　田名德撰正書　浙江仁和趙氏拓本
岱岳觀內侍魏成信等題名　正書大歷七年正月

山東泰安
岱岳觀公孫杲贈諸法師詩　正書大歷七年正月　山東泰安
華岳廟崔微等題名　正書大歷七年三月　陝西華陰
廣平文貞公宋璟碑　顏眞卿撰并正書大歷七年九月　直隸沙河
華岳廟韋憑題名　正書大歷七年十月　陝西華陰
八關齋會報德記　顏眞卿撰并正書大歷七年　河南商邱
般若臺題名　李陽冰篆書大歷七年　福建閩縣
黃石公祠記　李卓撰裴平八分書大歷八年七月　山東東阿
黃石公祠碑陰　八分書　山東東阿
桃源峪王大使等題名　正書大歷八年十月　山東泰安
華岳廟元澄等題名　行書大歷八年十二月　陝西華陰
文宣王廟新門記　裴孝智撰裴平八分書大歷八年十二月　山東曲阜
廟門碑陰　八分書　山東曲阜
廟門碑側　八分書　山東曲阜
岱岳觀內侍□□題名　正書大歷八年　山東泰安
干祿字書　顏元孫撰顏眞卿正書大歷九年正月宋人重刻　四川潼州
謁華嶽文　盧朝徹撰正書大歷九年三月　陝西華陰
華岳廟韋涚杜錫等題名　正書大歷七年四月　陝西華陰
華岳廟李謀等題名　正書大歷九年十月　陝西華陰
清源公王忠嗣神道碑　元載撰王縉行書大歷十年四月　陝西渭南
眞化寺尼如願律師墓誌　僧飛錫撰秦昊正書大歷十年七月

右僕射裴遵慶神道碑 楊綰撰 盧曉八分書 大歷十一年二月 陝西咸陽

妒神頌 李諲撰 行書 大歷十一年五月 河南洛陽

贈工部尚書朱公神道碑 元載撰 口昕行書 大歷十二年正月 山西平定州 浙江仁和趙氏拓本

同朔方節度副使王履清碑 侯冕撰 正書 大歷十二年二月 陝西高陵

內侍監高力士殘碑 行書 大歷十二年五月 陝西蒲城

元靖先生李含光碑 顏眞卿撰并正書 大歷十二年五月 石已裂碎 江蘇句容

解慧寺三門樓讚 李宥撰 周籝金行書 大歷十二年六月 直隸正定

開府儀同三司高力士碑 行書 大歷十二年 陝西蒲城

宋璟碑側記 顏眞卿撰并正書 大歷十二年 直隸沙河

鮮于氏里門碑 韓雲卿撰 韓秀弼正書 大歷十二年 四川成都

佛說菩薩心地戒品 高堅正書 大歷十三年正月 浙江仁和趙氏拓本

無憂王寺大聖眞身塔銘 張彧撰 楊播行書 大歷十三年四月 陝西扶風

華岳廟上官沼題名 行書 大歷十三年七月 陝西華陰

慈州文城縣令王府君并仲子楚州楚縣丞墓碣 正書 大歷十三年口月 浙江仁和趙氏拓本

尊勝陀羅尼咒并贊 口震撰并行書 大歷十三年 江蘇青浦王氏拓本

岱岳觀淄川刺史王圓題名 正書 大歷十四年二月 山東泰安

贈揚州大都督段行琛碑 張增正書 大歷十四年閏五月 陝西汧陽

改修吳延陵季子廟碑 蕭定撰 張從申正書 大歷十四年八月 江蘇丹徒

容州都督元結表墓碑 顏眞卿撰并正書 大歷口口年十一月 河南魯山

送劉太沖敘 顏眞卿撰 行書 無年月 宋人重刻本 江蘇溧水

華州孔子廟殘碑 徐浩撰 顏眞卿正書 缺年月 陝西華州

奉使蔡州書 顏眞卿行書 無年月 下方刻魯公象 有宋靖康元年重刻字 陝西大荔

天中山三字 顏眞卿正書 無年月 明人重刻 陝西大荔

岱岳觀敬謇等題名 正書 建中元年二月 山東泰安

大岯山銘 洪經綸撰 正書 建中元年四月 河南濬縣

贈太子太保顏惟貞廟碑 顏眞卿撰并正書 建中元年七月 俗呼爲四面碑 陝西長安

惟貞廟碑陰額上題字 顏眞卿正書 陝西長安

舜廟碑 韓雲卿撰 韓秀實八分書 建中元年 廣西臨桂

太常丞溫府君神道碑 裴潾正書 建中元年 浙江仁和趙氏拓本

岱岳觀兗州司馬高口題名 正書 建中元年 山東泰安

不空和尚碑 嚴郢撰 徐浩正書 建中二年十一月 陝西長安

不空和尙碑側 正書　陝西長安
易州刺史張孝忠山亭再葺記 王瑨撰行書 建中二年　直隸易州
景教流行中國碑 僧景淨撰 呂秀巖正書 建中二年　陝西長安
瀛州景城縣主簿彭浼墓誌 王諫撰正書 建中三年十一月　直隸通州
魏文侯師段干木廟銘 盧士牟撰 趙彤正書 興元元年八月　山西芮城
吳岳祠堂記 于公異撰 冷朝陽行書 興元元年十月　陝西隴州
華岳廟崔漢衡等題名 八分書 興元元年十二月　陝西華陰
華岳廟張孝孫題名 正書 無年月　陝西華陰

華岳廟崔頌鄭齊眑等題名 行書 貞元元年二月　陝西華陰
鄭播謁吳季子廟題名 正書 貞元元年五月　江蘇丹徒
瓊山東潭題字 正書 貞元元年　廣東瓊山
大伾山銘功碑 李沛撰 陳□卿行書 貞元二年五月　河南濬縣
東潭都石巖題字 正書 貞元二年　廣東瓊山
韋光輔鐫外祖信安郡王詩記 正書 貞元三年正月　浙江仁和 趙氏拓本
景昭法師碑 陸長源撰 竇泉正書 貞元三年正月　江蘇句容
贈太保張延賞神道碑 趙贊撰 歸登八分書 貞元三年十月　河南偃師

張延賞碑陰 正書　河南偃師
莫州長豐縣令李丕碑 行書 貞元三年　直隸通州
范陽主簿張載言等題名 正書 貞元四年　河南濟源
新建文宣王廟碑 韋稔撰 張澹行書 貞元五年二月　直隸涿州
尊勝陀羅尼經 郭謂正書 貞元五年八月　陝西乾州
隴右節度使李元諒懋昭功德頌 張濛撰 韓秀弼八分書 貞元五年十月　陝西華州
臥龍山題字 正書 貞元五年　浙江山陰
龍門山觀音象銘 盧徵撰 正書 貞元七年二月　河南洛陽
敬愛寺法玩禪師塔銘 李充撰 馬士瞻正書 貞元七年十月　河南登封

朝散郎李珙題名 正書 貞元七年　河南濟源
移舟河記 武少儀撰 正書 貞元七年　山西高平
殿中侍御史杜兼題名 正書 貞元七年在漢魯相謁孔廟碑側　山東曲阜
徐泗節度掌書記章子高題名 正書 貞元七年在漢魯相謁孔廟碑側　山東曲阜
姜嫄公劉廟碑 高郢撰 張誼正書 貞元九年四月　陝西邠州
東陵聖母帖 懷素草書 貞元九年五月 宋元祐戊辰刻　陝西長安
藏眞律公二帖 懷素草書 無年月 宋元祐八年刻　陝西長安
緑天菴自敘帖 僧懷素草書　湖南零陵

千字文 懷素草書 無年月明成化間刻 陝西長安
華岳廟裴𤍏等題名 正書 貞元九年七月 陝西華陰
上柱國梁思墓誌 正書 貞元九年十月 山西平遥
李抱眞德政碑 董晉撰班宏正書 貞元九年 山西長治
張載言題名 正書 貞元九年 河南濟源
濟源縣尉李坦等題名 正書 貞元九年 河南濟源
杜府君夫人韋氏墓誌 李宣撰李成均行書 貞元十年八月 陝西長安
鴻臚少卿張敬詵墓誌 薛長孺撰正書 貞元十年九月 河南洛陽
諸葛武侯新廟碑 沈迴撰元錫正書 貞元十一年二月 陝西沔縣
嵩山會善寺戒壇記 陸長源撰陸郢八分書 貞元十一祀七月在大歷勅牒

碑陰 河南登封
華岳廟鄭全濟等題名 正書 貞元十三年三月 陝西華陰
河東鹽池靈慶公神祠碑 崔敖撰韋縱正書 貞元十三年八月 山西安邑
濟瀆北海壇祭器雜物銘 張洗撰八分書 貞元十三年 河南濟源
祭器碑陰 正書 河南濟源
監察御史王仲堪碑 王林平撰正書 貞元十三年 直隸大興
澄城令鄭叔敖德政碑 陳京撰鄭雲逵行書 貞元十四年正月 陝西澄城
少林寺廚庫記 顧少連撰崔溉正書 貞元十四年 河南登封
岱岳觀任要等題名 正書 貞元十四年 山東泰安

曲阜縣尉敬叔度等題名 正書 貞元十五年正月在新門記碑陰 山東曲阜
彭王傅徐浩碑 張式撰徐峴正書 貞元十五年十一月 河南偃師
贈太傅董晉碑 行書 貞元十五年 河南偃師
東平縣尉郗來庭等題名 正書 貞元十五年 山東曲阜
濮陽卞氏墓誌 正書 貞元十五年 直隸大興
軒轅黃帝鑄鼎原銘 王顏撰袁滋篆書 貞元十七年正月 河南閿鄉
鑄鼎原銘碑陰 正書 貞元十七年二月 河南閿鄉
靳英布墓誌銘 張遇撰行書 貞元十七年 山西崞縣
追樹十八代祖晉司空太原王公神道碑 王顏撰韋縱正書 貞元十七年 山西□□

大德濱公塔銘 楊叶撰劉鈞正書 貞元十八年正書
淨土寺大德禪和尚塔銘 僧澄空撰正書 貞元十八年正月 上二種仁和趙氏拓本
佛頂尊勝陀羅尼經幢 元□清正書 貞元十八年五月下有元和十三年題字 陝西長安
浯溪杜傑題名 正書 貞元十八年 湖南祁陽
侍郎竇李吉甫題名 八分書 貞元十九年十月 湖南永興
李仙壽等紀功碑 正書 貞元二十年 江蘇青浦王氏拓本
劍州長史李廣業神道碑 鄭雲逵撰行書 貞元二十年十一月 陝西三原
楚金禪師碑 僧飛錫撰吳通微正書 貞元二十一年七月刻于多寶塔碑陰

陝西長安
鉅鹿縣令時僎墓誌 劉通明撰行書貞元二十一年　直隸薊州
御題寺天章碑 行書五言詩一首無年月　浙江仁和趙氏拓本
精嚴寺殘石幢 正書無年月　浙江嘉興
雲麾將軍張詵夫人樊氏墓誌 僧至咸撰正書永貞元年十月
河南洛陽
天竺山王澹等題名 正書永貞元年冬季　浙江錢唐
華岳廟尉旻題名 正書元和元年正月　陝西華陰
孟簡題名 正書元和元年二月　陝西華陰
朝陽巖永州刺史馮敘等題名 柳宗直正書元和元年三月　湖南零陵

賈竦謁華嶽廟詩 正書元和元年十月後有太和六年四
月賈球重修題名在後周天和碑側　陝西華陰
華岳廟郭豐等題名 正書元和元年七月在後周天和碑
側　陝西華陰
留別南溪詩 李渤撰正書元和元年　陝西華陰
廣乘禪師塔銘 劉禹錫撰正書元和二年五月　江西萍鄉
侍郎窾梁褒先題名 八分書元和二年五月　湖南永興
楊岐山禪師廣公碑 劉禹錫撰并正書元和二年五月　江西萍鄉
勃海郡王高秀巖墓碑 馮合問撰正書元和二年十一月　河南偃師武氏拓本
朝請大夫鄭君碑 韓皐撰八分書黃叔璥中州金石攷云元和二年
河南洛陽

南康郡王韋皐紀功碑 憲宗御製正書元和三年四月　浙江仁和趙氏拓本
孟再榮造象銘 行書元和三年七月　陝西長安
左拾遺舒州刺史竇叔向神道碑 羊士諤撰竇易直正書
元和三年十月　河南偃師
北岳廟高迣等題名 行書元和三年　直隸曲陽
龍泉記 張鑄撰裴少微正書元和三年　山西芮城
畫壁功德記 袁滋撰篆書元和四年二月　浙江錢塘何氏拓本
蜀丞相諸葛武侯祠堂記 裴度撰柳公綽正書元和四年二月
四川成都
尊勝陀羅尼經幢 正書僧維新等造元和四年八月後又有元和十二
年續題　浙江仁和趙氏拓本

華岳廟薛存等題名 正書元和四年九月　陝西華陰
柳開等題名 正書元和四年十月　陝西華陰
涿鹿山石經堂記 劉濟撰正書元和口年　直隸房山
麟臺碑 韋表微撰正書元和五年十一月　山東鉅野
解進墓誌銘 正書元和五年十一月　河南孟縣
尊勝陀羅尼經幢 正書衞洵贊序元和六年二月又有大中六年重
立題字　陝西長安
華岳廟張鄂等題名 正書元和六年四月　陝西華陰
智者大師修禪道場碑 梁肅撰徐放正書元和六年十一月　浙江天台
修禪道場碑陰 正書　浙江天台
晉平西將軍周孝侯碑 題云陸機撰王羲之書盖唐人僞託也

元和六年十一月　江蘇宜興
保唐寺天王燈幢贊　柳澈撰正書　元和七年五月　陝西咸甯
石壁禪寺甘露義壇碑　李逢吉撰正書　元和八年三月　元至順三年重立　浙江仁和趙氏拓本
尊勝陀羅尼經　僧不空撰正書　元和八年八月　後題女弟子那羅延建　陝西長安
張延賞碑陰　正書　元和八年十二月　河南偃師
華岳廟鄭公幹等題名　正書　元和八年　陝西華陰
華岳廟李紳等題名　正書　元和八年　陝西華陰
華岳廟王高題名　正書　元和八年　陝西華陰
內侍李輔光墓誌　崔元略撰巨雅正書　元和九年四月　陝西高陵

河南府司錄盧公夫人崔氏墓誌　竇從直撰公夔正書　元和九年十月　河南洛陽
華岳廟協律郎李口等題名　正書　元和十年五月　陝西華陰
元和御製十哲贊　孟簡正書　元和十年　浙江山陰
北岳廟周載題名　正書　元和十年　直隸曲陽
大鑒禪師碑　柳宗元撰正書　元和十一年正月　明嘉靖乙巳重刻　廣東曲江
北岳廟鄭志等題名　正書　元和十一年　直隸曲陽
員府君夫人墓誌　正書　元和十一年十二月　浙江仁和趙氏拓本
經幢　正書　元和十二年二月　陝西長安

少林寺辛祕題名　正書　元和十二年閏五月　河南登封
試院新修石幢記　高瑀撰潭藩正書　元和十二年九月　江蘇銅山
龍城柳碣　柳宗元撰并行書　元和十二年　廣西馬平
謁華岳廟記　韓常撰韋泰正書　元和十二年　陝西華陰
興國寺上座憲超塔銘　沙門元應撰并行書　元和十三年十月　陝西涫化
華岳廟容府口口題名　正書　元和十四年正月　陝西華陰
華岳廟李朝式題名　正書　元和十四年正月　陝西華陰
石窟寺大德塔銘　僧文潾撰王叔清正書　元和十四年四月　河南鞏縣
洛陽令尉遲汾題名　正書　元和十四年　河南濟源
監察御史鄭轅詩　正書　無年月　河南濟源

竇鞏殘碑　正書　無年月　何夢華攷為元和十四年　山東益都
華岳廟張常慶題名　正書　元和十五年七月　陝西華陰
南海廣利王廟碑　韓愈撰陳諫正書　元和十五年十月　廣東南海
華岳廟王璠題名　正書　元和十五年十一月　陝西華陰
朔方節度使安定郡王李光進神道碑　令狐楚撰季元行書　元和十五年　山西榆次
遊天竺寺詩　盧元輔撰正書　無年月　案元輔元和時任郡守故列此　浙江錢唐
浯溪詩　皇甫湜撰行書　湖南祁陽
忠武軍監軍使朱孝誠神道碑　蘇遇撰曹郢正書　長慶元年二月

陝西三原

華岳廟鄭𠋆之題名 行書 長慶元年二月 陝西華陰

侍郎竇韓泰題名 正書 長慶元年三月 湖南永興

靈巖寺功德佛龕李澧等題字 正書 長慶元年四月前有天禧五年題字 山東長清

佛頂尊勝陀羅尼幢 正書僧義肅義倫義端等造 長慶元年十月 江蘇青浦王氏拓本

吐番會盟碑 正書 長慶元年 □□喇薩

裴穎修華嶽中門紀石 張從本正書 長慶元年 陝西華陰

華嶽廟裴穎等題名 正書 無年月 陝西華陰

報國寺氾舟禪師塔銘 袁允撰薛穎正書 長慶二年五月 山西安邑

邠國公梁守謙功德銘 楊承和撰并正書 長慶二年十二月 陝西長安

靈巖寺功德佛龕僧神祐題字 正書 長慶二年十二月 山東長清

贈太保李良臣碑 李宗閔撰楊正正書 長慶二年 山西榆次

皇□等題名 正書 無年月 山東長清

中書令張九齡碑 徐浩撰并正書 長慶三年宋天聖八年重刻 廣東曲江

重刻張九皐神道碑 蕭昕撰蕭仲方行書 長慶三年明嘉靖二十四年重立 廣東曲江

尚書左丞孔戣墓誌銘 韓愈撰正書 長慶四年 河南汜水

白鸚鵡賦 草書 無年月題云退之或謂韓愈書也 廣東海陽

賢令山千巖表三字 韓愈正書 廣東陽山

天竺山蕭悅等題名 正書 無年月蕭悅名見白氏長慶集故列此 浙江錢唐

七星巖李紳題名 正書 寶歷元年二月 廣東高要

終南山陀羅尼經幢 行書釋惟淨等爲師應澄建 寶歷元年四月 陝西長安

修浯溪記 韋詢記羅洧正書 寶歷元年五月 湖南祁陽

主簿吳達墓誌銘 寇同撰正書 寶歷元年 陝西長安

鐵塔寺尊勝陀羅尼經幢 正書公孫超等建 寶歷二年三月 山東濟甯

靈隱龍泓洞烏重儒題名 正書 寶歷二年六月 浙江錢唐

光孝寺大悲陀羅尼幢 何宥則造僧欽造正書 寶歷二年十二月 廣東番禺

青城院建華嚴邑會碑 正書 太和元年九月 浙江仁和趙氏拓本

華岳廟方參題名 正書 太和二年八月 陝西華陰

李渤留別南溪詩 正書 太和二年十一月宋紹興間重摹 廣西臨桂

平西郡王李晟神道碑 裴度撰柳公權正書 太和三年四月 陝西高陵

狀嵩高靈勝詩 尉遲汾撰正書 太和三年六月 河南登封

大悲心陀羅尼經幢 行書徐智端刻 太和三年七月 陝西長安

華岳廟李璠題名 正書 太和三年十一月 陝西華陰
重修縣學記 徐元撰王式孟行書 太和三年 山東口口
周公測景臺五字 正書 無年月 河南登封
華嶽廟韋公式等題名 正書 無年月以續題有年號故列于前 陝西華陰
華嶽廟韋公式續題名 正書 太和四年正月 陝西華陰
東郡懷古詩 李德裕撰并八分書 太和四年六月 河南滑縣
華岳廟李虞仲題名 正書 太和四年七月 陝西華陰
石屖寺陀羅尼經幢 馬季武正書 太和四年七月 四川成都
洋王府長史吳達墓誌 寇同撰正書 太和四年十月 陝西長安
湘中紀行詩 李諒撰行書 太和四年 湖南祁陽
白樂天遊濟源詩 正書 太和五年九月金元光時重錄 河南濟源
浯溪王軒題名 正書 太和五年 湖南祁陽
北岳廟兵曹參軍薛鍛等題名 正書 太和五年 直隸曲陽
尊勝經幢 正書董瑾爲父造後有序贊 太和六年二月 陝西長安
楊岐山甄叔大師塔銘 僧至閑撰元幽行書 太和六年四月 江西萍鄉
百塔寺尊勝經幢 僧叡川撰序無可正書 太和六年四月 陝西長安
龍泉記 鄭澤撰姚全正書 太和六年七月 山西芮城
眞空寺修石幢記 張模撰并行書 太和六年八月 陝西長安
華岳廟李貽孫題名 正書 太和七年三月 陝西華陰

尊勝經幢 正書前有沙門法惠等題名 太和七年四月 陝西涇陽
青蓮寺碑 僧道振撰司徒映正書 太和七年十月 山西鳳臺
安國寺寂照和尚碑 段成式撰僧無可正書 太和七年十二月 陝西咸陽
阿育王寺常住田碑 萬齊融撰范的行書 太和七年十二月 浙江鄞縣
洪山石佛兩腋題字 正書 太和七年十二月 山東嘉祥
御史大夫溫口造先廟碑 牛僧孺撰正書 太和七年 陝西長安
義陽郡王苻璘碑 李宗閔撰柳公權正書 太和七年 陝西富平
北岳廟騎都尉薛嗣立等題名 正書 太和七年 直隸曲陽
石龍菴匠者施口口題名 正書 太和八年正月 山東嘉祥
蒼峪寺陀羅尼經石幢 正書 太和八年三月有匠人陽元慶名 河南郟縣
尊勝陀羅尼經幢 呂受撰正書田伾等造 太和八年六月 河南滑縣
北岳廟仇文義等題名 正書 太和八年 直隸曲陽
修龍宮寺碑 李紳撰行書 太和九年四月 浙江嵊縣
河南尹鄭澣宿少林寺詩 正書 太和九年六月下有會昌五年盧貞題名 河南登封
張咸謁孔廟題名 正書 太和九年六月在兗公頌碑側 山東曲阜
尊勝陀羅尼經幢 正書 太和九年六月 浙江仁和趙氏拓本
石鼓山西溪題名 正書 太和九年九月 湖南衡陽
劉夫人辛氏墓誌銘 正書 太和九年十月 山東益都

龍泉寺蔡宏願等造象題名記　正書太和九年　浙江餘姚
落星石題字　陳元錫記正書太和口年正月後有元至正朱克明題字　陝西興平
吳山青衣洞邢全等題名　諸葛鑑元八分書開成元年六月　浙江仁和
北岳廟薛廖等題名　正書開成元年　直隸曲陽
員外郎口口題名　行書開成元年八月　陝西華陰
郗宗口題名　行書開成元年閏口月　陝西華陰
龍興寺尊勝陀羅尼經幢　胡季良行書開成二年正月大中五年重建又有後梁乾化五年宋淳祐八年重修字　浙江錢唐
佛峪金剛會碑　正書開成二年四月　山東歷城

華岳廟竇存餠馮耽題名　正書開成二年四月　陝西華陰
梓州刺史馮宿神道碑　王起撰柳公權正書開成二年五月　陝西長安
九經字樣一卷　唐元度撰正書開成二年八月　陝西長安
五經文字三卷　張參撰正書開成中立　陝西長安
華岳廟口庾題名　正書開成二年九月　陝西華陰
國子學石刻十二經　正書開成二年十月　陝西長安
北岳廟李潛題名　正書開成二年　直隸曲陽
樊忠義功德碑　僧玲幽撰行書開成三年三月　山東魚臺
顧渚山明月峽楊漢公題名　正書開成口年　浙江長興
大泉寺新三門記　姚誓撰僧齊操行書開成三年十一月　江蘇句容

故李氏夫人墓誌　張元審撰正書開成四年四月　河南孟縣
大遍覺法師元奘塔銘　劉軻撰僧建初行書開成四年五月　陝西長安
慈恩寺基公塔銘　李宏慶撰僧建初正書開成四年五月　陝西咸甯
華岳廟李景讓等題名　正書開成四年六月　陝西華陰
陀羅尼經幢　正書元政等造記銘刱開成五年三月　陝西長安
贈太尉李光顏碑　李程撰郭虔正書開成五年八月　山西榆次
浯溪盧鈞題名　正書開成五年　湖南祁陽
北岳廟觀察推官薛襄等題名　行書開成五年　直隸曲陽
司直廳石幢　鄭模撰裴諸正書無年月止庚申二字當是開成五年續有會昌元年評事李口述一通　陝西長安

馬恆郝氏二夫人墓誌銘　行書開成六年正月　山西永濟
重修大像寺記　沙門義叶行書會昌元年五月　陝西隴州
陀羅尼經幢　正書會昌元年六月前題昭義軍節度要籍又云檀越主錢異姚禹等造本在戒珠寺近移蕺山書院　浙江山陰
華嶽廟陳商題名　行書會昌元年七月　陝西華陰
天甯寺尊勝陀羅尼經　胡季良行書姚文仲等造會昌元年十一月　浙江歸安
大達法師元祕塔碑　裴休撰柳公權正書會昌元年十二月　陝西長安
佛頂尊勝陀羅尼幢　沙門敬思正書會昌元年後云杜城店合村老宿等同會　陝西長安
尊勝陀羅尼經幢　口思敬正書會昌元年上截闕杜城店合村老宿

等造

金剛經殘石幢 行書止存其半 會昌二年二月 陝西長安 江蘇嘉定錢氏拓本

石龍菴李友義題名 正書 會昌二年四月旁有元慶元年題字 山東嘉祥

華岳廟崔郇等題名 正書 會昌二年六月 陝西華陰

宏郡太守謁華岳廟詩 正書 會昌二年六月 陝西華陰

洞庭包山尊勝陀羅尼經幢 正書 無年月座上有宋開禧乙丑閏中秋續刻銜名 江蘇吳縣

洞庭包山尊勝陀羅尼呪幢 僧契元正書 會昌二年九月 江蘇吳縣

洞庭包山尊勝陀羅尼經幢 正書 無年月與前幢東西相對疑同時所建 江蘇吳縣

洞庭包山尊勝陀羅尼經幢 正書 無年月座上有明僧宋庵道人法住續刻偈語稱此二幢亦會昌中刻故附此 江蘇吳縣

尊勝陀羅尼幢 僧契元正書 會昌二年九月 河南新野

鐵塔寺陀羅尼經幢 正書 會昌三年八月末有龍首鄉興臺里字 陝西西安

天甯寺尊勝陀羅尼經 僧令洪行書 會昌三年十月大中元年十一月重建後有湖州刺史令狐綯等題名 浙江歸安

處士包公夫人墓誌銘 正書 會昌三年十二月趙晉齋得於西溪山中 浙江仁和趙氏

安國寺尊勝陀羅尼經幢 行書□□記并書 會昌四年四月

浙江海甯

中文獻公塋兆碑側題名 一高元裕正書一少逸正書 會昌四年五月 陝西醴泉

疊綵山記 八分書 會昌四年六月 廣西臨桂

唐尹府君朱氏夫人墓誌 正書 會昌四年十一月 河南孟縣

北岳廟刺史鄭孜等題名 行書 會昌四年 直隸曲陽

權知州事陳去疾題名 正書 會昌四年 直隸曲陽

崔元藻等題名 正書 會昌四年 直隸曲陽

內侍王文幹墓誌 趙造撰蕭晊正書 會昌四年 陝西長安

華岳廟崔慎由等題名 正書 會昌五年二月 陝西華陰

風洞李珏題名 正書 會昌五年五月 廣西臨桂

新修高公佛堂塔碣 鄭宏裕撰正書 會昌五年 浙江仁和趙氏拓本

華岳廟李執方等題名 正書 會昌六年四月 陝西華陰

憫忠寺重藏舍利記 蔡師倫撰正書 會昌六年九月 直隸大興

華岳廟李執方題名 正書 大中元年二月 陝西華陰

常熟縣令高□度等謁孔廟題名 正書 大中元年 山東曲阜

陀羅尼經幢記 王鉉撰記向□正書于維則建 大中二年正月 陝西長安

北岳廟義武軍節度使韋損等題名 正書 大中二年二月 直隸曲陽

華岳廟楊漢公題名 正書大中二年五月 陝西華陰
蓬萊觀碑 孫謙卿撰貝靈該八分書大中二年六月 浙江象山
尊勝經幢 正書大中二年六月內侍省李文端夫人造有掖庭局宮教博士等銜 陝西長安
天甯寺六種眞言 曹巨川撰行書大中二年八月 浙江歸安
周公祠靈泉記碑 崔珙撰狀奏正書大中二年十月 陝西岐山
汝南周文遂墓誌 正書大中二年十月 浙江海甯
北岳廟義武軍節度使李公度等題名 正書大中二年十二月 直隸曲陽
重興保安禪院記 陸贄撰正書大中二年明正德間重刻 浙江嘉善

浯溪韋瓘等題名 正書大中二年 湖南祁陽
浯溪李行脩題名 正書大中二年 湖南祁陽
林夫人墓誌 褚符撰正書大中二年 福建閩縣
北岳廟節度判官禱雨題名 正書大中三年四月 直隸曲陽
華岳廟李貽孫祈雪題名 正書大中三年十二月 陝西華陰
華岳廟鄭復等題名 八分書大中四年九月 陝西華陰
陸君故夫人富春孫氏墓志銘 正書大中四年九月 浙江富陽
比邱尼正言疏 正書大中五年正月 陝西長安

勅內莊宅使牒 正書大中五年正月刻于大達法師碑陰 陝西長安
八關齋會報德記 顏眞卿撰正書大中五年正月 河南商邱
光福寺經幢 正書大中五年五月 江蘇吳縣
陀羅尼經幢 行書大中五年六月梨園店爲敬聖文思和武光孝皇帝及文武百官衆庶主造 陝西涫化
華岳廟李貽孫題名 正書大中五年七月 陝西華陰
華岳廟薛謣等送尚書□□赴滑臺題名 正書大中五年十月 陝西華陰
岳林寺塔記 僧君長撰弁正書大中五年 浙江奉化
陀羅尼經幢 行書石裂爲二大中六年正月末有寺主幼恭都維那從謹名 陝西長安

華岳廟于德晦等題名 正書大中六年三月 陝西華陰
魏博節度別奏劉公郭氏夫人墓誌 行書大中六年閏七月 浙江仁和趙氏拓本
北岳廟義武軍節度使李公度等題名 正書大中六年九月 直隸曲陽
吏部尚書高元裕碑 蕭鄴撰柳公權正書大中六年十一月 河南洛陽
魏公薵先廟碑銘 崔絢撰柳公權正書大中六年十一月 陝西□□
光福寺經幢 正書大中六年十二月與大中五年幢東西相對 江蘇吳縣
花嚴寺杜順和尚行記 杜殷撰董景仁行書大中六年

陝西長安
衞尉少卿馬承光神道碑 杜光奉撰正書無年月 河南洛陽
岳林寺塔銘 李柔撰正書大中七年正月 浙江奉化
華岳廟崔瓘題名 正書大中七年三月 陝西華陰
盧鄯幼女姚婆墓誌 正書大中七年七月 河南滎澤
崇明寺尊勝經幢 正書大中七年 江蘇句容
兗海節度推官鄭繁等題名 正書大中八年正月在兗公頌碑側 山東曲阜
靈巖寺牟瑞證明功德記 牟瑞撰正書大中八年四月 山東長清
佛頂尊勝陀羅尼經幢 正書後有鄮縣令崔幼昌名大中八年四月明洪武廿四年重立 浙江鄞縣

角直鎮保聖寺尊勝陀羅尼眞言 崔渙正書大中八年秋宋皇祐五年重立 江蘇元和
鄭畋謁昇仙太子廟詩 正書大中八年 河南偃師
僧太初淨土寺題名 正書大中八年 河南鞏縣
岱岳觀劉難陀題名 正書無年月 山東泰安
岱岳觀魏嘉禮題名 正書無年月 山東泰安
千佛巖造象 正書無年月 山東泰安
下邳郡林夫人墓誌 褚符撰正書大中九年五月 福建閩縣
圭峰定慧禪師碑 裴休撰柳公權正書大中九年十月 陝西鄠縣
襄州別駕韓昶自爲墓誌 子口正書大中九年十一月 河南孟縣

劉氏太原縣君霍夫人墓誌銘 周遐撰行書大中十年正月 河南孟縣
尊勝陀羅尼經幢 薛志顒建正書大中十載四月 陝西扶風
郭巨石室柱上題名三種 正書大中十年八月 山東肥城
康叔卿夫人墓誌銘 正書大中十年十一月 山東淄川
太子左庶子盧公墓誌 正書大中十年 河南偃師
天甯寺尊勝陀羅尼經 凌渭行書大中十一年四月後列功德主王用爲亡妣沈氏建 浙江歸安
天甯寺大佛頂首楞嚴經 凌渭行書大中十一年四月 浙江歸安
華岳廟崔彥昭題名 正書大中十一年五月 陝西華陰

華岳廟李植題名 正書大中十一年十一月 陝西華陰
金錢寺陀羅尼經幢 于知仁正書大中十一年十一月 浙江金華
張瓘題名 正書大中十一年 陝西華陰
滎陽鄭恆夫人崔氏合祔墓誌銘 秦貫撰正書大中十二年二月按此碑凡二通一在黎陽山 河南濬縣
福州侯官縣丞湯華墓誌 林珽撰正書大中十二年十一月 浙江鄞縣
郎官石柱題名 正書大中十二年十一月 陝西長安
五龍廟經幢 正書大中十二年 河南偃師
贈司空李公殘碑 正書無年月 河南偃師
淮南節度使李珏神道碑 正書無年月 河南偃師

臨平安隱寺經幢　陸宏正書　大中十四年正月宋天禧二年紹興三十年重修　浙江仁和

陀羅尼經幢　正書　大中十四年九月止存二尺許　陝西長安

大王廟記　正書　大中十四載　河南偃師

華岳廟李蠙祈雪題名　正書　咸通元年十二月　陝西華陰

覺苑寺尊勝經幢　王鐐正書　咸通二年正月上有一行云太平興國二年十一月重修　浙江蕭山

覺苑寺尊勝經幢　胡季良正書　年月泐有蕭山縣令丞尉諸八名　浙江蕭山

臥龍寺大悲心陀羅尼經　正書　咸通二年正月後有二贊口穆造　陝西咸甯

瀍河經幢　正書　咸通二年八月後贊彭城郡夫人劉氏建　陝西咸甯

虔州雩都縣福田寺三門記　楊知祈述李少鴻正書　咸通三年九月　江西雩都

雙龍洞閣省問鄭澳題名　正書　咸通三年秋　浙江金華

天甯寺陀羅尼幢　正書　咸通四年七月柳君儒建　浙江歸安

陀羅尼經幢　劉鏞正書　咸通四年八月　福建龍溪

彌陀寺經幢　正書　咸通四年　山東臨邑

心經石幢　正書張万迪等造　咸通五年七月　山東滋陽

龍華寺窣堵波塔銘　高鏞撰并正書　咸通五年八月　陝西咸陽

華岳廟溫璋題名　正書　咸通五年　陝西華陰

北岳廟易定觀察使韋絢題名　正書　咸通六年二月　直隸曲陽

龍興寺尊勝經幢　正書　咸通六年四月　山東滋陽

安國寺尊勝陀羅尼經幢　正書周珙刻字并書　咸通六年四月後有功德主鍾幹韓公允等及都維那諸名　浙江海甯

陀羅尼經幢　鄭宏口正書　咸通六年七月　河南靈寶

尊勝經幢　曹彥撰李遇正書　咸通六年八月　河南許州

太原郡處士王仲建墓誌　張魏賓撰并正書　咸通六年十月　浙江仁和趙氏拓本

蒲臺尉過訥墓誌　杜去疾撰行書　咸通六年十一月　山東益都

冉子徐侯墓題字　八分書　咸通六年　山東鄆城

開元寺尊勝陀羅尼經碑　正書　咸通七年二月李君佐建左有光化二年男繼宗題字　陝西長安

陀羅尼經幢　沙門繼遠正書　咸通七年四月　山東益都

精嚴寺陀羅尼經幢　行書朱及等造　咸通七年四月　浙江嘉興

盤山道宗禪師遺行碑　僧知宗撰梁知足正書　咸通七年　直隸薊州

石窟寺造象　正書　咸通八年二月　河南鞏縣

石窟寺造象　正書　咸通八年六月　河南鞏縣

後魏洛州刺史馮王新廟碑　十二代孫元德述弟元錫正書

咸通八年十一月　河南偃師

雲居寺主大德神道碑　何籌撰張景琮行書咸通八年十一月　直隸房山

南翔寺尊勝陀羅尼經幢　正書咸通八年十二月後題建幢主莫少卿名宋太平興國五年重修　江蘇嘉定

御史鄭漢璋題名二　正書咸通九年八月在新門記碑陰　山東曲阜

內莊宅使劉遵禮墓誌銘　劉瞻撰崔筠正書咸通九年十一月　陝西長安

宏福寺經幢　行書王口庭建咸通十年二月　陝西長安

阿育王寺加句尊勝陀羅尼經　曹訢正書咸通十年五月　浙江鄞縣

天甯寺尊勝陀羅尼經　馮卯正書咸通十年六月　浙江歸安

新修文宣王廟記　賈防撰正書咸通十年九月　山東曲阜

文宣廟碑側　正書　山東曲阜

張常洧殘碑　行書咸通十年　江蘇句容

陀羅尼幢　正書咸通十年　山東滋陽

天甯寺尊勝陀羅尼經　行書咸通十一年三月後列軍事押衙陳玨等名　浙江歸安

碧落碑釋文　鄭承規正書咸通十一年七月　山西絳州

龍興寺陀羅尼經并序　正書朱長慶等造咸通十一年十月　山東滋陽

華岳廟許環等題名　正書咸通十一年十月　陝西華陰

石經堂姚可矩題名　正書咸通十一年　直隸房山

臥龍寺大悲心陀羅尼經　正書咸通十二年正月後有比邱洪維及王元諗名　陝西咸甯

殘墓誌　正書咸通十二年二月　浙江蕭山

高憲神道功德記　正書咸通十二年八月　山東濟甯

贈左散騎常侍韓國昌神道碑　史玭正書咸通十三年三月　山東莘縣

甘泉普濟寺靈塔記　口蕭撰正書咸通十三年　直隸薊州

來佐本墓誌銘　正書咸通十四年　山東滋陽

左拾遺孔紓墓誌　鄭仁表撰并正書咸通十五年三月　河南滎澤

尊勝陀羅尼經幢　行書咸通十五年四月保壽寺僧從賢立　江蘇嘉定錢氏拓本

硤石鎮陀羅尼經幢二座　口宗厚書佛弟子方口及第日等爲先考妣造陸傳口鐫咸通十五年五月二幢年月並同　浙江海甯

贈太尉韓允忠神道碑　正書乾符二年二月　山東莘縣

石窟寺造象　正書乾符二年八月　河南鞏縣

南翔寺尊勝經幢　正書乾符二年八月後題建幢主莫少卿名宋太平興國五年元元統二年重修　江蘇嘉定

尊勝經幢記　鄭昌嗣記并正書乾符二年十月劉幼昇等造宋乾德三年重立　河南滎陽

惠山寺尊勝陀羅尼經幢　李瑞符行書乾符二年十一月

江蘇無錫

瑯玡王夫人墓幢　正書　乾符三年二月　陝西長安

宏福寺經幢　行書　乾符三年十二月內供奉陽方歲建　陝西長安

趙琮墓誌銘　正書　何夢華攷為乾符三年　山東益都

謁昇仙太子廟詩　鄭畋撰正書　乾符四年閏二月　河南偃師

崇明寺殘碑　正書　乾符四年九月　江蘇句容

修蜀主廟記　鄭鈞撰正書　乾符四年　直隸涿州

尊勝陀羅尼經　正書　乾符五年七月　江蘇昭文

陀羅尼經井讚　邢鈞撰行書陳宗列等建　乾符五年八月　河南許州

修武安君白公廟記　正書　乾符五年十二月　陝西咸陽

天甯寺尊勝陀羅尼經幢　正書　乾符五年范信爲亡妻韓州二孃子建　浙江歸安

牛頭寺陀羅尼經幢　沙門詞浩述并正書　乾符六年二月宋遙建　陝西咸甯

五龍廟尊勝陀羅尼經幢　正書　乾符六年八月　河南偃師

護國寺陀羅尼經幢　李茂彰正書　中和四年十一月　安徽亳州

北嶽廟李克用題名　正書　中和五年二月金天會十一年刻　直隸曲陽

城隍廟陀羅尼經幢　正書　光啟四年四月　山東益都

尊勝經幢　正書宗肇等建　大順□年二月　江蘇青浦王氏拓本

萬壽寺記　柳玭撰正書　景福元年八月　陝西岐山

張夫人墓誌銘　孫珦撰正書　景福元年十二月　山東益都

憫忠寺重藏舍利記　僧南敘撰知常正書　景福元年十二月　直隸大興

龍興觀道德經　王處存正書　景福二年七月　直隸易州

臥龍寺大悲心陀羅尼經幢　正書　乾甯二年後題女弟子陳氏建立　陝西咸甯

涼州司馬檢校國子祭酒兼御史中丞下闕碑　正書　乾甯元年十月　浙江仁和趙氏拓本

內樞密使吳承泌墓誌　裴庭裕撰閻湘書　乾甯二年十二月　陝西咸甯

昇仙廟興功記　李綽撰鄭玨八分書　乾甯四年正月　河南偃師

濟安侯廟記　李巨川撰柳懷素正書　光化二年四月　陝西華州

尊勝陀羅尼經幷記　沙門元秀撰正書　光化二年　江蘇嘉定錢氏拓本

侍郎竇宋祝題名　正書　光化四年五月　湖南永興

金剛般若波羅密經幢　李宗正書　天復三年七月　山西鳳臺

陀羅尼經幢　正書　天復六年三月太原郡君許氏建　陝西鳳翔

威武軍節度王審知德政碑　于兢撰王倜正書　天祐三年閏十二月　福建閩縣

梁府君墓誌　行書　天祐十年九月文中不書府君名字　江蘇嘉定錢氏拓本

修北嶽廟　劉端撰王知新行書　上半已泐惟歲在丙子十月等字尚存葢天祐十三年也　直隸曲陽

北平王再修文宣王廟院記　高諷撰并正書　天祐十五年四月

直隸定州
文宣王廟碑陰 上一列行書下一列正書 直隸定州
重修法門寺塔廟記 薛昌序撰王仁恭正書天祐十九年二月 陝西扶風
劉源等重立秦王碑題名 正書天祐二十年四月在法門寺塔廟記之側 陝西扶風
揚州長史薛府君碑 正書年月泐 浙江仁和趙氏拓本
採訪大使潤州刺史徐嶠遊石門山詩 正書年月泐 浙江青田
吳郡守兼江東採訪使張愿題石門山觀瀑布詩 正書年月泐 浙江青田
韓詩外傳殘石 正書無年月 山東滋陽
心經殘石 正書無年月 山東滋陽
南記磚文 篆書無年月 山東濟甯
商王廟碑 欒著撰八分書無年月 河南安陽
杜襄公神道碑 正書年月泐 江蘇青浦王氏拓本
馬公神道碑 杜光秦撰正書無年月 河南洛陽
敬善寺石象銘 李孝倫撰正書無年月 河南洛陽
淨住寺釋迦牟尼普賢劫象銘 八分書無年月 陝西長安
左監門衛將軍聶公神道記 正書無年月字盡漫滅 河南偃師
贈邢州刺史宋府君碑 正書無年月 直隸沙河

舒州刺史何君碑 八分書無年月 河南偃師
涼州司馬碑 正書無年月
北嶽神廟碑 八分書無年月
胡佺墓志 正書無年月 上三種青浦王氏拓本
王夫人墓誌 正書無年月僅存一片出於虎邱山中爲袁春浦鑒購得 江蘇吳縣
濟木薩殘碑 正書無年月 甘肅迪化州
葬舍利文 正書無年月 甘肅迪化州
檢校太子賓客介朱逵墓碣 程彥矩撰正書無年月 陝西郃陽
秦州都督府口口墓誌 諱瑤正書無年月
韋府君墓誌 正書無年月 上二種仁和趙氏拓本
兵部常選朱庭璋造象殘字 正書無年月 陝西長安
潤州仁壽觀魏法師碑 正書無年月 江蘇丹徒
邛州刺史狄府君碑 正書年月泐 河南洛陽
太子左庶子范陽盧君墓誌 正書缺年月 河南偃師
韋府君墓誌篆蓋 篆書無年月 陝西長安
薦福寺三階禪師碑 正書無年月 陝西咸甯
劉府君墓誌篆蓋 篆書無年月 山東滋陽
湖南觀察崔公墓誌篆蓋 篆書無年月 河南偃師
濟南郡某公墓誌蓋 正書無年月 山東益都
唐殘碑 八分書無年月有突騎施可汗字 浙江仁和趙氏拓本

盤山李從簡題名　正書無年月　直隸薊州
紀裴晉公題名詩　司空圖撰正書無年月　陝西華陰
遊龍山記四字　正書無年月　直隸元氏
崇業寺大德禪師尼眞空塔銘　正書年月泐
茅山太平觀王法主師神道碑　正書無年月　上二種仁和趙氏拓本
殘墓誌　正書無年月　河南偃師
右武衛大將軍李府君額　正書
贈太常卿趙公碑額　正書　上二種嘉定錢氏拓本
陳君去思碑額　篆書無年月　山東高唐
永仙觀田尊師碑　正書無年月碑字漫滅　陝西富平
心經　草書無年月舊傳王右軍書王弇州定爲駙馬都尉

鄭萬鈞書　陝西長安
吳道子畫鬼　正書無年月　直隸曲陽
吳道子畫觀音象　正書無年月　雲南永平
鄭恭王妃碑　正書無年月
中大夫盧正道墓碑　行書無年月　上二種嘉定錢氏拓本
樞室二大字　正書無年月相傳陸羽書　廣東樂昌
金剛經　僧懷仁集王右軍行書無年月　浙江嘉興
伯夷叔齊象刻字　篆字無年月　浙江天台
陀羅尼經殘字　正書無年月　山東濟甯
口子彥等造象　正書無年月　山東濟甯
嚴義璋等造象　正書無年月　山東濟甯

孫村造象殘碑　正書無年月　山東汶上
郭岌等造象　正書無年月　山東濟甯
張毛顏等造象　正書無年月　山東濟甯
華嶽廟嚴口題名　正書無年月　陝西華陰
華嶽廟趙宗儒題名　正書無年月　陝西華陰
華嶽廟崔恭伯題名　正書無年月　陝西華陰
華嶽廟穆準等題名　正書無年月　陝西華陰
華嶽廟李境等題名　正書無年月　陝西華陰
華嶽廟裴賁等題名　正書無年月　陝西華陰
華嶽廟獨孤愻等題名　正書無年月　陝西華陰
華嶽廟李益等題名　正書無年月　陝西華陰

華嶽廟盧舒題名　正書無年月　陝西華陰
華嶽廟韓解題名　正書無年月　陝西華陰
華嶽廟劉承口題名　正書無年月　陝西華陰
華嶽廟李賞題名　正書無年月　陝西華陰
華嶽廟李成允題名　正書無年月　陝西華陰
華嶽廟崔恭題名　正書無年月　陝西華陰
華嶽廟韋虒題名　正書無年月　陝西華陰
尊勝陀羅尼經　正書無年月後有四社邑衆名　山西澤州
興福寺尊勝陀羅尼經幢　陸展行書無年月後有女弟子徐十四孃等名及樹幢僧智峰等名　江蘇常熟
興福寺尊勝陀羅尼經幢　金貞正書無年月　江蘇常熟

尊勝經幢 正書無年月額云上爲開元神武皇帝下缺 河南新鄭

顧渚山佛寺斷經幢 正書年月泐 浙江長興

陀羅尼經殘字 正書無年月經面爲明人刊伊闕二字 河南洛陽

普照寺經幢 八分書無年月 山東淄川

法王院金剛經殘石 正書無年月 山東淄川

尊勝經幢 正書無年月 江蘇句容

冥福寺經幢 正書無年月 山東泰安

淄川經幢 正書無年月 山東淄川

西明寺尊勝陀羅尼經幢 行書無年月上下俱缺後有贊

及社官鄒元諒社錄程瞻等名 陝西三原

重興寺石柱經 正書無年月 陝西同官

石鼓尊勝經咒 行書無年月 陝西醴泉

天甯寺尊勝陀羅尼經幢 周德正書無年月後題徐師範及毋王氏等名 浙江歸安

天甯寺尊勝陀羅尼經幢 胡季良行書無年月後有贊殘缺 浙江歸安

天仙廟經幢 正書無年月有幢主張毛顏名 山東濟甯

龍興寺尊勝陀羅尼經幢 正書無年月止存下截末有龍興寺佛殿前樹立等語 江蘇長洲

鎮山寺陀羅尼經幢 行書無年月 安徽廣德州

尊勝陀羅尼經 司馬霜正書無年月 陝西長安

東隱菴經幢 正書無年月後有溫州刺史李師建造字 江蘇甘泉

尊勝陀羅尼經幷銘 張鍊撰行書銘中有三年夏四月而不見年號 陝西涇陽

尊勝陀羅尼經幷後序 行書無年月後有歲在作噩及安定皇甫賓字 陝西涇陽

彼岸寺尊勝陀羅尼經幢 王宏正書無年月 河南郾城

殘石幢 口微正書無年月後題佛弟子惠敬諸名止存下截 江蘇嘉定錢氏拓本

香積寺尊勝陀羅尼經幢 正書年月泐記云張延美自述

及眷屬題名末又有開元寺青龍院三峯石作等字 陝西咸甯

開元寺唐梵二體陀羅尼經幢 沙門海覺海梵書無年月薩字不从産唐梵者唐人梵書也當屬唐刻無疑 陝西咸甯

慈恩寺大悲心陀羅尼經幢 正書年月泐隱隱有玖月甲子朔京兆府等字末二行書體不類稱大朝丙午此爲元人磨去舊刻而書之也 陝西長安

開元寺尊勝陀羅經幢 行書年月缺上下俱失止存二尺經序自稱時三十三天起 陝西咸甯

開福寺尊勝陀羅經幢 行書年月缺上下俱失存二尺餘經序自一時薄伽梵起末記數行漫滅 陝西咸甯

尊勝陀羅尼經幢 經行書記正書無年月存下截尺許中有中散大

大試太子贊善五行末有六日建字舊在廢寺今移臬署　陝西長安

尊勝陀羅尼經幢 正書 無年月上下俱失存二尺許舊在廢寺今移臬署　陝西長安

南山尊勝陀羅尼經幢 正書 無年月高二尺濶幾二寸面各三行行十八字末有記五行　陝西長安

南山尊勝陀羅尼經幢 正書 無年月高尺餘前有李得淵書後有明季款皆僞刻　陝西長安

慈恩寺尊勝陀羅尼殘幢 正書 無年月上下俱失存一尺餘　陝西長安

法門寺尊勝陀羅尼經幢 正書 無年月凡七面面七行行六十五字　陝西扶風

大馬村尊勝陀羅尼經幢 正書 年月泐末有三聖院主僧經院主僧助緣臨酢助緣口食等字　陝西乾州

尊勝陀羅尼經幢 金貞行書 無年月 沙門淸潭等建

尊勝陀羅尼經幢 正書 年月泐僅存爲先考故江陵府等字　上二種仁和趙氏拓本

尊勝陀羅尼經幢 八分書 年月泐題名首邕州趙進及施主王宏道及眷屬等若干人八面皆遍末有宋乾德年再建字　山東□□

尊勝陀羅尼經幢 正書 年月泐凡八面面八行行各五十一字　河南登封

鐵佛寺尊勝陀羅尼經幢 行書 年月泐止存上截後存南瞻部州大唐國浙江西道湖州烏程字二行　浙江烏程

尊勝陀羅尼經幢 僧珹正書 無年月凡八面面八行行各六十二字　浙江東陽

殘經幢 正書 年月泐僅存二尺餘沙門譚素述後有序贊馬尼元眞建　陝西長安

陀羅尼經幢 正書 無年月一面題蕭國公大興善寺三藏沙門大廣智不空奉詔譯云云　河南汜水

千手千眼觀世音陀羅尼幢 董護正書 無年月　江蘇靑浦王氏拓本

安國寺尊勝陀羅尼經幢 沙門令洪正書 無年月　浙江海甯

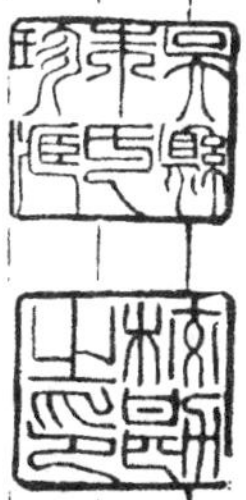

光緒歲在閼逢涒灘國子監肄業生吳縣朱記榮校刊

寰宇訪碑錄卷第四

寰宇訪碑錄卷第五

賜進士及第署山東提刑按察使分巡兗沂曹濟河兵備道陽湖孫星衍
賜進士出身浙江湖州府長興縣知縣階州邢澍 同撰

後梁

匡國軍節度使馮行襲德政碑 李宏懿正書 無年月 河南許州
崇福侯廟記 錢鏐撰行書 開平二年 浙江山陰
小蓬萊龔口等題名 正書 乾化元年 山東泰安
小蓬萊李元英等題名 正書 無年月 山東泰安
小蓬萊顏志道等題名 正書 乾化二年 山東泰安
小蓬萊孫明叔等題名 八分書 乾化三年 山東泰安

小蓬萊東元伯等題名 正書 乾化四年 山東泰安
寄邊衣詩 裴說撰僧彥脩草書 乾化四年 陝西長安
榼山大師塔銘 沙門志明述并正書 乙亥歲四月八日攺爲貞明元年 浙江仁和趙氏拓本
開元寺常清淨經 正書 貞明二年四月 山東淄川
昭義軍節度使葛從周神道碑 薛廷珪撰張𧨏行書 貞明二年十月 河南偃師
草堂寺張虔斌題名 正書 貞元二年 陝西鄠縣
造龍興寺石幢記 鄭義撰正書 貞明三年十一月 河南許州
勅使折嗣祚神道碑 正書 年月泐 陝西府谷
拜郊臺錢鏐題名 正書 龍德元年十一月 浙江錢唐

七日山聖壽寺石龕□重開題名 正書 龍德元年 山東嘉祥

後唐

首陽山廟丁約題名 正書 同光元年 山西永濟
河東監軍張承業墓碑 正書 同光元年至元間重摹 山西交城
振武節度使李存進碑 呂夢琦撰梁邕正書 同光二年十一月 山西太原
少林寺主法華鈞大德塔銘 沙門虛受撰欽緣正書 同光四年二月 河南登封
千峰禪院勅 明宗御書正書 天成元年 山西澤州

增福寺僧令欽等造象題名 正書 天成元年 河南孟縣
乾明寺尊勝陀羅尼經 劉紹正書 天成三年四月 山西澤州
重修定晉禪院千佛邑碑 僧宗仁撰正書 天成四年九月 俗名透影碑 河南武安
金剛經 扶風郡王馬賓建正書 天成間 浙江仁和趙氏拓本
石窟寺尊勝陀羅尼經幢 正書 長興三年八月 河南鞏縣
賜長興萬壽禪院額牒 正書 長興三年九月 江蘇青浦王氏拓本
西興鎮陀羅尼經幢 正書 長興三年 浙江蕭山
賜張繼祚勅 行書 無年月 河南偃師
三郎廟殘石 正書 無年月 山東泰安
特賜冥福院土地牒 正書 長興四年九月 僞齊阜昌二年

二月刻　山東泰安
染山伏羲廟碑　正書　長興四年十二月　山東滕縣
龍潭寺二經幢　正書　應順元年正月　河南濟源
淨度寺僧統慧因普光大師塔銘　正書　應順元年五月　浙江臨安
三官廟石幢記　正書　張行久造　清泰元年五月　山東益都
華嶽廟楊凝式題名　行書　清泰二年　陝西華陰
華嶽廟張希崇題名　正書　清泰二年　陝西華陰
贈太師張全義神道碑額　篆書　缺年月　河南偃師
登州刺史湻于公神道碑　正書　缺年月　山東黃縣
左僕射房公墓碑額　篆書　無年月　山東滋陽

房公心堂記額　篆書　無年月　山東滋陽
三郎君廟殘碑　正書　無年月　山東泰安

後晉

冥福寺經幢　王繼美正書　天福二年三月　山東泰安
東明寺碑　正書　天福二年七月　山東濰縣
贈太傅羅周敬墓誌　正書　天福二年十月　河南洛陽
法行寺經幢　正書　天福三年四月　河南汝州
冷求開天竺路記　李安撰正書　天福四年二月　浙江錢唐
聶公神道碑　正書　年月泐　河南偃師
聖字山崆峒巖記　僧吾閑撰正書　天福五年七月　山西鳳臺
建雄節度使相里金碑　李相撰成知訓正書　天福五年

山西汾陽
冥福寺經幢　正書　天福六年正月　山東泰安
柰河將軍廟碑　劉□撰正書　天福六年三月　山東泰安
陀羅尼經幢　陳遲正書　天福六年七月　山東益都
廣慈禪院東北兩莊地土牒　正書　天福六年八月下截一牒宋湻化三年六月　陝西咸甯
資福寺經幢　正書　天福七年　山東泰安
錢文穆王神道碑　和凝撰權令詢行書　天福八年四月　浙江錢唐
冥福院寫藏經碑　周元休撰正書　天福八年五月　山東泰安
藏經碑陰　正書　山東泰安
贈太保義成軍節度使史匡翰碑　陶穀撰閻光遠行書

天福八年六月　山西太原
李賓彥石香爐記　正書　天福八年九月　山東益都
虎跑寺經幢　經正書記行書　天福八年　浙江錢唐
高里山總持經咒幢　正書　天福九年四月　山東泰安
普安社冥福院二經幢　正書　無年月　山東泰安
福勝禪院僧惠超造象並幢　正書　開運元年　□□□□
開化寺琉巖閣記　蘇禹珪撰蘇曉行書　開運二年七月元至正八年十月重刻　山西太原
移文宣王廟記　馮道撰楊思進行書　開運三年正月　陝西大荔
水樂洞西關淨化禪院記　正書　開運三年　浙江錢唐

後漢

淨土寺開元石幢穆暹題名 正書 乾祐元年 河南鞏縣
石屋洞朱知家造觀音象記 正書 乾祐二年九月 浙江錢唐
思道和尚重修塔銘 正書 乾祐二年
重建思道和尚塔衆邑人記 正書 乾祐二年 上二種青浦王氏拓本
虎跑大慈山石幢殘字 正書 乾祐三年七月 浙江錢唐
父母恩重經 正書孟知進造 乾祐三年 山東甯陽
恩重經碑側 正書 山東甯陽

後周

龍泓洞滕紹宗造象記 正書 廣順元年四月 浙江錢唐
晉陽山摩崖題字 正書 廣順二年 山東濟甯
樂安公祭告華嶽題名 正書 廣順三年六月 陝西華陰
雲門山功德記 僧賢義撰行書 廣順三年十月 山東益都
尊勝經幢 正書 廣順三年十二月 河南脩武
華嶽廟内供奉口口題名 正書 廣順口年日月 陝西華陰
贈太常卿顔公神道碑 正書 無年月山左金石志列後周 山東曲阜
廣慈禪院殘牒 行書 廣順三年八月後刻天福四年買地券 陝西咸甯
勑修六曹軒宇記 僧應文撰正書 顯德元年八月 直隸邢臺
衛州刺史郭進屏盜碑 杜韡撰孫崇望行書 顯德二年五月 河南汲縣
郭進屏盜碑陰 正書 河南汲縣
大岯山寺準勑不停廢記 馬去非撰正書 顯德二年五月 河南濬縣
永興軍停廢無額諸院殘牒 行書 顯德二年七月 陝西長安
濟州刺史任公屏盜碑 李昉撰張光振行書 顯德二年閏九月 山東鉅野
廣慈禪院記 劉從義撰正書 顯德二年十月 陝西咸甯
龍泉禪寺記 徐綸撰王獻可撰後序并正書 顯德三年九月 山西陽城
中書侍郎平章事景範神道碑 扈載撰孫崇望行書 顯德三年十二月 山東鄒平
高陽許氏夫人墓志銘 正書 顯德四年十二月 江蘇嘉定瞿氏拓本
勑雷啟母少姨廟記 許中孚撰僧惠林正書 顯德五年 河南偃師
虎邱山陀羅尼經幢 正書高陽許氏建 顯德五年 江蘇吳縣
龍興寺經幢記 許口撰沙門惠深正書 顯德口年閏九月後列施主姓名 山東淄川
石屋洞閤門承旨梁文誼造象 正書 顯德六年 浙江錢唐
石屋洞夏保盛造象 正書 無年月 浙江錢唐

吳

尊勝陀羅尼眞言 周從建正書 天祚二年閏十一月 江蘇嘉定錢氏拓本
尋陽公主墓誌 正書危德興撰 乾貞三年三月 江蘇江都

南唐

祈澤寺殘碑　正書　保大四年十月　江蘇上元

謙公安公構造碑記　正書　保大□年　江蘇青浦王氏拓本

本業寺記　僧契□撰任德筠正書　乾德五年七月　江蘇上元

紫陽觀殘碑　徐鉉撰楊元鼎正書已未十二年後周顯德六年也按碑已亡句容駱氏家藏殘石一方祇四十餘字星行曾得全碑拓本今藏于江甯家忠愍公祠内　江蘇句容

元寂禪師塔碑　韓熙載撰張藻正書　開寶二年五月　江西吉水

鄭仲賢詩　篆書　無年月武虛谷攷爲南唐人　河南偃師

北漢

天龍寺千佛樓碑　李惲撰劉守清行書　廣運二年八月　山西太原

南漢

拓路題記　正書　大寶三年十一月　廣東潮陽

貲福院邵廷琄造石塔記　正書　大寶五年　廣東東莞

雲門山匡聖大師碑　陳守中撰僧行脩正書　大寶七年四月　廣東乳源

光孝寺造千佛寶塔記　行書　大寶十年　廣東番禺

閩

崇妙保聖堅牢塔記　林同穎撰僧无逸正書　永隆三年　福建閩縣

吳越

海會寺經幢二　吳越國王錢鏐建　寶大元年五月　浙江臨安

開慈雲嶺記　吳越國王記篆書　甲申歲六月按甲申爲吳越寶大元年　浙江錢唐

風山靈德王廟記　錢鏐撰行書　寶正六年爲相之月　浙江武康

錢武肅王排衙石詩刻　行書　年月泐　浙江錢唐

上天竺寺尊勝陀羅尼經幢　沙門彙征撰記佛弟子吳保容等爲吳越國王造供使衙書幢手錢殷承訓下列捨財題名若干人　乙未歲十二月按乙未爲文穆嗣位之三年後唐清泰二年也　浙江錢唐

上天竺寺尊勝陀羅尼經幢　沙門彙征撰記佛弟子吳保容爲吳越國王造書幢記僧義月　乙未歲十二月與前幢同時立　浙江錢唐

崇化寺西塔基記　正書首稱吳越王長舅鄭國公吳延福載興塼塔二所後題唐下元戊午七月二十八日戊午乃後周顯德五年也　浙江蕭山

煙霞洞千官塔題名　正書吳延爽等造　無年月　浙江錢唐

煙霞洞吳延爽造象　正書　無年月　浙江錢唐

吳延爽造塔殘記　行書　僅存三十五字趙秀才坦得於西湖保叔塔土中　浙江仁和趙氏

南詔

南詔德化碑　鄭回撰正書　贊普鍾十四年　雲南

崇聖寺中塔題字　正書　無年月　雲南太和

孟光墓碑　正書　無年月　雲南

石城碑　正書　明政三年四月　雲南南甯

地藏寺梵字塔幢　段進全述正書　無年月　雲南

護法明公德運碑贊　正書　年月泐　雲南

嵇肅靈峰明帝記　楊才照撰正書　元亨二年徂暑月　雲南姚州

興寶寺德化銘　楊才照撰正書　元亨二年七月　雲南姚州

淵公塔銘　趙佑撰蘇難陁智正書　天開十六年八月　雲南

吳縣朱氏槐廬校刊叢書之章
孫谿世家

寰宇訪碑錄卷第五

寰宇訪碑錄卷第六

賜進士及第署山東提刑按察使分巡兗沂曹濟黃河兵備道陽湖孫星衍　同撰
賜進士出身浙江湖州府長興縣知縣階州邢澍

北宋

飛來峰周勢□欽造象　正書　建隆元年三月　浙江錢唐

萬壽禪院牒　正書　建隆元年八月下附長興二年九月賜額牒　陝西寶雞

重修令武廟碑　毛元撰并正書　建隆元年　河南襄城

慶唐宮延生觀勅　行書　建隆二年　江蘇青浦王氏拓本

尊勝經幢　正書　建隆二年　山東蘭山

重修文宣王廟記　劉從義撰馬昭吉行書　建隆三年八月　陝西長安

鳳皇山仙人觀碑　正書　建隆三年十月　山東萊蕪

太乙宮記　正書　建隆三年　江蘇青浦王氏拓本

重修開元寺行廊功德碑　劉從義撰袁正己正書　建隆四年七月　陝西咸甯

濟州重修廳壁記　李頌撰行書　建隆四年八月原石已佚　江蘇儀徵阮氏拓本

尊勝經幢　黃麟撰記王褒正書　乾德元年三月又有一幢與此對植無年月殆同時建也　安徽亳州

龍興寺鑄象修閣記　僧惠演撰正書　乾德元年五月　直隸正定

重修中岳廟記　駱文蔚撰并行書　乾德二年八月　河南登封

中岳廟碑兩側　正書　河南登封

朱生璘經幢記 正書 乾德三年二月 河南偃師
梵天寺陁羅尼經二幢 正書 吳越國王錢淑建 乾德三年六月 浙江仁和
千字文 僧夢英篆書 袁正已正書 乾德三年十二月 陝西長安
尼山廟石幢 正書 乾德三年 山東鄒縣
京兆府重修建福禪院記 司馬壽撰 沙門道雍行書 乾德四年二月 江蘇青浦王氏拓本
陰符經 郭忠恕三體書 乾德四年四月刻於唐懷惲禪師碑陰 陝西長安
大呸山西陽明洞記 霍鏻撰 行書 乾德五年七月 河南濬縣
篆書千字文序 陶穀撰 皇甫儼正書 乾德五年九月 陝西長安
江淹擬休上人詩 僧夢英十八體篆書 詩解八分書 乾德五年 陝西長安
張仲荀抄高僧傳序 陶穀撰 僧夢英行書 無年月 陝西長安
王承慶等開雲門山石井記 正書 乾德六年二月 山東益都
摩利支天等經 袁正已正書 乾德六年十月 陝西長安
陰符經 袁正已正書 乾德六年十一月刻於摩利支天經之下方 陝西長安
殘石柱文 正書 乾德六年 山東蘭山
重修伏羲女媧神廟大殿碑 王卜撰 正書 乾德口年 山東鄒縣
靈隱寺吳越王造陁羅尼經二幢 正書 吳越國王造 開寶二年閏五月 浙江錢唐

靈隱寺陁羅尼經二幢 正書 無年月 亦開寶時造 浙江錢唐
法慶寺尊勝眞言幢 行書 開寶四年十月 山東益都
嵩山會善寺重修佛殿碑 王著撰 袁正已正書 開寶五年閏二月 河南登封
白沙闕畫象題字 正書 開寶六年三月 河南光山
重修龍池石塊記 正書 開寶六年四月 河南濟源
龍潭寺尊勝經幢 正書 開寶六年十月 河南濟源
新修周武王廟碑銘 盧多遜撰 孫崇望行書 開寶六年十月 陝西咸陽

新修周康王廟碑 黃遜淯撰 孫崇望行書 開寶六年十月 陝西咸陽
新修唐太宗廟碑銘 李瑩撰 孫崇望行書 開寶六年十月 陝西醴泉
新修南海廣利王廟碑 裴麗澤撰 韓溥行書 開寶六年十月 廣東南海
廣利王廟碑題名 正書 銜名 廣東南海
新修嵩岳中天王廟碑 盧多遜撰 孫崇望行書 開寶六年十二月 河南登封
修商王成湯廟碑 李瑩撰 張仁愿正書 開寶六年 河南滎縣
修漢光武廟碑 蘇德祥撰 孫崇望行書 開寶六年 河南孟津
修唐高祖廟碑 扈蒙撰 張仁愿行書 開寶六年 陝西□□
修商帝中宗廟碑 梁周翰撰 司徒儼行書 開寶七年四月 河南內黃

尊勝陁羅尼幢 正書 開寶七年閏七月後有京兆府開元寺慈恩院等字 陝西長安
臥佛寺金剛經幢 正書 開寶八年正月 山東昌樂
修龍興寺東塔記 正書 開寶八年四月 陝西大荔
尊勝陁羅尼幢 劉敬宣正書 開寶八年 河南滎陽
倉頡廟碑 韓從訓撰韓文正行書 開寶八年 陝西白水
倉頡廟碑陰 正書 陝西白水
倉頡廟碑側 正書 陝西白水
重修忠懿王廟碑 錢昱撰林操正書 開寶九年三月 浙江仁和趙氏拓本
相國寺金剛經幷心經 趙安仁正書 太平興國二年十月 河南祥符

十善業道經要略 趙安仁正書 太平興國二年十月 河南祥符
尊勝經幢 正書 太平興國二年 河南滎陽
法門寺浴器靈異記 正書 太平興國三年四月 陝西扶風
保甯寺牒及使縣帖 正書 太平興國三年四月刻于浴室院鐘樓碑陰 陝西興平
福嚴院牒 正書 太平興國三年五月 山西鳳臺
壽聖禪院卵石塔記 正書 太平興國三年十一月 河南偃師
飛來峯青林洞郝濬等題名 正書 太平興國三年十二月 浙江錢唐
飛來峯程□題名 正書 太平興國三年十二月 浙江錢唐

飛來峯劉與題名 正書 太平興國四年正月 浙江錢唐
老君清淨經護命經得道經 象麗仁顯正書白延琛續 太平興國五年閏三月 陝西長安
重書夫子廟堂碑 唐程浩撰夢英後序幷正書 太平興國七年六月 陝西長安
龍興寺新修三門記 王禹偁撰司徒儼行書 太平興國七年十三月按是年閏十二月故云十三月也 山東滋陽
新修三門記碑陰 正書 山東滋陽
飛來峯觀察判官劉占等題名 正書 太平興國七年 浙江錢唐
顏氏家廟碑李延襲題字 篆書 太平興國七年 陝西長安

家廟碑跋 夢英正書 太平興國七年 陝西長安
岱頂高昆監修東岳題名 正書 太平興國七年 山東泰安
造象記 正書 太平興國□年 山東城武
重修兗州文宣王廟 呂蒙正撰白崇矩正書 太平興國八年十月 山東曲阜
文宣王廟碑陰 正書凡十一段 山東曲阜
龍潭寺尊勝經幢 正書 太平興國九年 河南濟源
京兆府廣慈禪院新修瑞象記 陳摶撰楊從乂正書 雍熙二年三月 陝西咸甯
開元寺心經香幢 正書 雍熙二年五月 山東淄川
資福寺舍利石槨記 正書 雍熙二年六月 山東夏津

清涼寺經幢 正書 雍熙四年四月　山東益都
謁岳祠記 周約撰正書 雍熙四年八月　陝西華陰
新譯三藏聖教序記 太宗御製僧雲勝八分書 端拱元年　陝西長安
上清太平宮鐘口記 王化基撰趙偉行書後題皇宋耕措之元年盖端拱元年也　江蘇嘉定錢氏拓本
龍興寺鑄大悲象幷閣碑 田錫撰吳郢行書 端拱二年正月　直隸正定
善才寺觀音院記 楊畋撰梁文素行書 淳化元年五月　河南禹州
普安寺磚塔題名 正書凡七石 淳化元年　山東淄川
往生內院文 董護正書 淳化元年　江蘇青浦王氏拓本

徐休復謁聖廟文 彭晟八分書 淳化二年三月　山東曲阜
香城寺牒 正書 淳化二年六月刻香城寺地土碑下方　陝西咸甯
重修北岳安天王廟碑 王禹偁撰黃仲英正書 淳化二年八月　直隸曲陽
七日山聖壽寺香幢題字 正書 淳化二年十月　山東嘉祥
新塑觀音塔廟香幢記 武儔之撰仲舒正書 淳化二年　山東嘉祥
西京白馬寺碑 蘇易簡撰正書 年月缺　河南洛陽
北岳廟瞿靖等題名 正書 淳化三年　直隸曲陽
通判軍州崔靖題名 正書 淳化三年　直隸曲陽

轉運使李若拙題名 正書 淳化三年　直隸曲陽
呂文仲題名 正書 淳化四年正月在大智禪師碑陰　陝西長安
福昌院功德記 李用晦撰釋守文正書 淳化四年閏十月　江蘇嘉定錢氏拓本
崔承業題名 正書 淳化四年十一月在大智禪師碑陰　陝西長安
尊勝陁羅尼經幢 正書 淳化四年　江蘇青浦王氏拓本
華岳廟侯建中題名 正書 淳化五年二月　陝西華陰
仰天山大佛寺經幢 正書 淳化五年四月　山東臨朐
咒水靈石贊 正書 淳化五年五月　山東滋陽
又　山東歷城

峴山延慶寺廣惠塔銘 潘平撰僧信天正書 淳化五年　湖北襄陽
廣惠塔銘碑陰 正書　湖北襄陽
青山廟新修三門記 呂應撰薛揆行書 至道元年　山東鉅野
夏家堂經幢 正書 至道二年四月　河南汝州
雲門山佛龕鄧氏題名 正書 至道三年五月　山東益都
金山庵尊勝陁羅尼咒 正書 至道三年五月　江蘇吳縣
慧通禪院歸柔和向碑 饒光輔撰蕭賁正書 至道三年　湖北京山
寄贈夢英大師詩 陶穀等二十二人作僧正蒙正書 咸平元年正月　陝西長安

回山重修王母宮記 陶穀撰僧夢英行書咸平元年 陝西涇陽
説文偏旁字原幷自序及郭忠恕答書 字原篆書自序答書俱夢英正書咸平二年六月 陝西長安
趙昆改葬碑 子惟永撰姪嚴正書咸平二年七月 河南汝州
飛來峯瑯琊守口口題字 僧省日正書咸平二年 浙江錢唐
青林洞維恩遊二寺記 正書咸平二年 浙江錢唐
青林洞查仲題名 正書無年月何夢華云當屬咸平二年 浙江錢唐
靈巖寺禪師珦公塔銘 正書咸平二年 山東泰安
傳應大法師行狀碑 正書咸平二年 江蘇青浦王氏拓本
修夫子廟碑 李垂撰集王右軍行書咸平二年 山西絳州

七日山聖母宮任城口子恕石龕題字 正書咸平二年 山東嘉祥
修文宣王廟記 王漢撰蕭資八分書咸平三年八月 陝西臨潼
北岳定州桑守贇等題名 正書咸平三年 直隸曲陽
泰山呂公洞道士口口題名 正書咸平三年 山東泰安
謁西岳祠記 梁灝撰正書咸平三年 陝西華陰
龍湫洞儲匡贊造象 正書咸平三年 浙江錢唐
華岳廟高紳等題名 八分書咸平口年 陝西華陰
謁祠記 高紳撰正書咸平四年閏十二月 陝西華陰
謁岳祠記 江仲甫撰何淑正書咸平四年閏十二月 陝西華陰
燕譽亭三字 陳堯佐正書咸平四年刻于武溪深碑陰 廣東曲江

鷹巖寺陁羅尼經幢 正書咸平五年九月末有崑山縣慧聚寺僧及施財姓名銜 江蘇崑山
寶相寺刱修佛殿記 僧明智撰行書咸平五年九月 山東汶上
佛殿碑陰 正書 山東汶上
敕賜西岳廟乳香記 韓見素撰僧智通正書咸平六年九月 陝西華陰
靈泉廟碑 正書咸平六年十一月 山東博山
石佛院經幢 行書咸平六年十一月 山東益都
御製孔子贊 眞宗撰幷正書咸平六年 山東濟南
重眞寺買田莊記 正書咸平六年 陝西扶風
明道寺舍利塔壁記 正書景德元年閏九月 山東臨朐

青峯山萬壽禪院記 梁鼎撰僧正蒙正書景德二年正月 陝西寶雞
北岳錢惟演題名 正書景德二年七月 直隸曲陽
北岳賀遵式題名 正書景德二年十一月 直隸曲陽
修造靈寶三籙壇記 麗奎撰正書景德二年十一月 陝西華陰
祭告華岳記 口仲卿撰正書景德二年 陝西華陰
檢校太保程德元神道碑 王坦行書景德二年 陝西寶雞
翻經臺張文昌題名 正書景德三年正月 浙江錢唐
烟霞象鼻峯張文昌題名 正書景德三年二月 浙江仁和
敕修文宣王廟牒 正書景德三年二月 山東曲阜
頒行莊子詔 正書景德三年八月 江蘇嘉定錢氏拓本
北岳李允正題名 正書景德三年十月 直隸曲陽

龍奎華岳廟題名 行書景德三年十一月　陝西華陰

留題讀易亭詩 黃夢松撰并行書景德四年二月　山東益都

送交代秘丞歸闕詩 林渭夫撰行書景德四年閏五月　江蘇嘉定錢氏拓本

靈巖寺尊勝經幢 正書景德四年後五月　山東長清

邢州重修東岳天齊王廟碑 王炳撰孟得正書景德四年九月　浙江仁和趙氏拓本

景德寺中書門下牒并澤州帖 正書景德四年十一月金泰和八年刻石　山西澤州

七星巖陳捴等題名 劉起行書景德四年十一月　廣東高要

大雲寺心經幢 翟若水正書大中祥符元年正月　山東嘉祥

謁華岳記 湻于廣撰八分書大中祥符元年九月　陝西華陰

御製文宣王贊 正書大中祥符元年十月　陝西長安

周公封文憲王詔 行書大中祥符元年十月　山東曲阜

謝天書述二聖功德頌 眞宗御製并正書大中祥符元年十月　山東曲阜

張齊賢等代祀孔廟題名 正書大中祥符元年十一月　山東泰安

元聖文宣王贊 眞宗御製正書大中祥符元年十一月　山東曲阜

周文憲王贊碑 眞宗御製并正書大中祥符元年十一月　山東曲阜

廣禪侯祠祭告文碑 行書無年月聶劍光泰山道里記云大中祥符元年　山東泰安

青帝廣生帝君贊 眞宗御製正書大中祥符元年　江蘇嘉定錢氏拓本

孔廟從祀先賢先儒贊碑 正書凡四石無年月明嘉靖時重刻　山東曲阜

承天觀碑 李維撰尹熙古行書大中祥符二年二月　陝西咸甯

重修魏孝文廟碑 劉湋撰并正書大中祥符二年三月　山西鳳臺

般若多心經序 僧省言正書大中祥符二年四月　浙江仁和趙氏拓本

御賜孔廟書物敕牒二碑 前正書後行書大中祥符二年四月　山東曲阜

永興軍新修文宣王廟大門記 孫僅撰冉宗閔正書大中祥符二年六月　陝西長安

封祀壇頌 王旦撰裴瑀行書大中祥符二年七月　山東泰安

封禪朝覲壇頌 陳堯叟撰尹熙古行書大中祥符二年七月　山東泰安

高里山禪社首壇頌 王欽若撰正書無年月當與上二壇同時刻　山東泰安

晉國長公主華岳祈福記 正書大中祥符二年十月　陝西華陰

廣武原建宣聖家廟碑 王羽騰撰正書大中祥符二年十月　河南滎澤

天貺殿碑 楊億撰尹熙古行書大中祥符二年十一月　山東泰安

亭亭山廣禪侯敕并祭文 行書大中祥符二年　山東泰安

口口禪師偈 僧靜己行書大中祥符三年正月在栖先塋記後　陝西長安

華岳廟李璿題名 正書大中祥符三年二月　陝西華陰

韓國長公主祈福記及禱謝記　賈得升撰并正書　大中祥符三年二月　陝西華陰
麗房謁華岳祠記　正書　大中祥符三年九月　陝西華陰
垂遠等謁華岳祠記　八分書　大中祥符三年九月　陝西華陰
北岳廟周瑩題名　正書　大中祥符三年九月　直隸曲陽
龍泉寺普濟禪院碑　閻仲卿撰僧善儁集王右軍行書　大中祥符三年十一月　陝西汧陽
謁嶽祠記　宋垂遠張綽八分書　大中祥符三年　陝西華陰
北岳廟惠價題名　正書　大中祥符三年　直隸曲陽
重修元聖文宣王廟記　董儲撰僧嗣端八分書　大中祥符四年二月　陝西藍田

謁岳廟記　何昌齡撰正書　大中祥符四年二月　陝西華陰
泰甯宮牒　正書　大中祥符四年三月　陝西渭南
龍門銘　真宗御製并正書　大中祥符四年三月　河南洛陽
贈中書令石保吉神道碑　李宗諤撰白憲行書　大中祥符四年十一月　河南洛陽
謁岳祠記　任中正撰正書　大中祥符四年十一月　陝西華陰
棣州防禦使檢校太保石保興神道碑　楊億撰尹熙古行書　大中祥符四年十二月　河南洛陽
靈顯王廟贊　真宗御製正書　大中祥符四年　河南鄭州
汾陰二聖配享碑　真宗御製正書　大中祥符四年　河南滎陽
謁華岳廟記　陳繼昌撰陳知新正書　大中祥符四年　陝西華陰

重刊唐旌儒廟碑　唐賈至撰徐延正書　大中祥符五年五月　陝西臨潼
元聖文宣王贊并加封詔　真宗御製正書　大中祥符五年八月　廣東保昌
北岳楊永貴題名　正書　大中祥符五年十月　直隸曲陽
元聖文宣王贊並加封號詔　真宗御製并行書　大中祥符五年十一月　陝西長安
祀汾陰碑　王旦撰尹熙古行書　大中祥符五年　山西汾州
北岳康廷讓題名　正書　大中祥符六年二月　直隸曲陽
西湖山石詩　王漢撰正書　大中祥符六年二月　廣東海陽
西岳詩贊殘碑　真宗御製行書　大中祥符六年三月只存三石　陝西華陰

摹勅御書記　盛亮撰正書　大中祥符六年三月　陝西華陰
北岳呂言同題名　正書　大中祥符六年五月　直隸曲陽
東岳天齊仁聖帝碑　晁迥撰尹熙古正書　大中祥符六年六月　山東泰安
題西湖詩　王漢撰正書　大中祥符六年　浙江錢唐
空桑廟碑贊　真宗御製篆書　大中祥符七年正月　河南杞縣
保甯寺井欄題字　正書　大中祥符七年八月　江蘇寶山
中岳中天崇聖帝碑　王曾撰白憲行書　大中祥符七年九月　河南登封
賜陳堯咨疏龍首渠敕　并記陳堯咨行書　大中祥符七年九月　陝西長安
北岳嚴國禎題名　正書　大中祥符七年十月　直隸曲陽
重修淮瀆長源公廟碑　路振撰楊昭度行書　大中祥符七年十一月

先天太后贊　眞宗御製正書　大中祥符七年　河南桐栢
北岳高繼勳題名　正書　大中祥符七年　河南鹿邑
北岳醮告文　眞宗御製白憲行書　大中祥符八年二月　直隸曲陽
太極觀題字二種　吳同春正書　大中祥符八年三月　山東曲阜
重刻白居易詩　段羣玉行書　大中祥符八年閏六月　河南濟源
陳堯佐請平治太行山道劄子　正書　大中祥符八年十二月　山西絳縣
河東轉運使陳堯佐劄子　行書　大中祥符八年十二月　山西鳳臺
修路宣命碑　行書　大中祥符八年十二月　浙江仁和趙氏拓本

張懷彬投龍記　孫可久撰正書　大中祥符九年正月　陝西華陰
謁華岳記　薛田撰正書　大中祥符□年正月　陝西華陰
北岳安天元聖帝碑　陳彭年撰邢守元正書　大中祥符九年四月　直隸曲陽
王懷珪華岳廟設醮記　張緯正書　大中祥符九年六月　陝西華陽
李知常建醮記　正書　大中祥符□年六月　陝西華陰
修湯王廟碑記　張宗立撰正書　大中祥符九年七月　河南偃師
謁華岳記　麗房撰正書　大中祥符□年　陝西華陰
蓬萊觀陶眞人靈驗記　王欽若撰　年月缺　浙江象山
北岳張安世題名　正書　天禧元年正月　直隸曲陽

保甯寺浴室院鐘樓記　冉曾撰并行書　天禧二年六月　陝西興平
敎興頌　馬應撰唐英篆書　天禧三年五月　虞永興夫子廟堂碑陰　陝西長安
中岳醮告文　眞宗御製劉太初行書　天禧三年九月　河南登封
華岳廟許文德題名　正書　天禧三年十月　陝西華陰
曾保珍築牆題記　正書　天禧四年三月　浙江錢唐
七日山聖壽寺石壁邵□題字　正書　天禧四年四月　山東嘉祥
內侍鄧保□監立神迹碑石記　正書　天禧四年十月　陝西華陰
華岳廟鄧保□題名　行書　天禧四年十月　陝西華陰

后土廟記　裴瑾撰正書　天禧四年　山西猗氏
謁華岳祠記　劉鍇撰正書　天禧四年　陝西華陰
摩騰入漢靈異記　僧景遵行書　天禧五年正月　河南洛陽
潘昊書經偈語　正書　天禧五年二月　浙江錢唐
杭州放生池記　王隨撰僧思齊正書　天禧五年三月　浙江錢唐
洞庭山靈佑觀中書門下牒　徐則行書　天禧五年十月　江蘇吳縣
洞庭山靈佑觀建觀年月記　行書　天禧五年十月　江蘇吳縣
永福院彌勒閣記　正書　天禧五年十二月　河南河內
仰天山應眞造象四十八種　正書　天禧五年　山東臨朐

內侍鄧□題名 正書 天禧五年 陝西華陰
靈岩功德頌周忠告等題名 正書 天禧五年 山東長清
北岳監酒稅馬興題名 正書 天禧五年 直隸曲陽
七星巖趙勝題名 正書 乾興元年二月 廣東高要
西岳廟段微明題名 正書 乾興元年二月 陝西華陰
華岳廟段微明建醮記 正書 乾興元年二月 陝西華陰
靈隱青林洞胡承德造象 正書 乾興元年四月 浙江錢唐
靈隱飛來峰胡承德造象 八分書 無年月 浙江錢唐
靈隱飛來峰陸慶造象 正書 乾興元年四月 浙江錢唐
華岳廟陝西轉運使范雍題名 正書 乾興元年四月 陝西華陰
謁華岳祠記 范雍撰 正書 乾興元年四月 陝西華陰
華岳廟上官冲題名 正書 乾興元年五月 陝西華陰
增修中岳中天崇聖帝廟碑 陳知微撰 邢守元行書 乾興元年六月 河南登封
永定陵修奉採石記 樂輔國撰 李丕遠行書 乾興元年八月 河南偃師
七星岩趙勝等題名 正書 乾興元年十一月 廣東高要
仰天山造象十種 正書 乾興元年 山東嘉祥
虎邱山張希賢等題名 行書 天聖元年二月 江蘇吳縣
佛頂尊勝陀羅尼幢 正書 天聖元年三月 浙江仁和趙氏拓本
留題安天元聖帝廟詩并序 趙惟吉撰 正書 天聖元年八月

直隸曲陽
虎邱山王瀆等題名 正書 天聖元年九月 江蘇吳縣
再謁岳祠記 范雍撰 正書 天聖元年九月 陝西華陰
仰天山造象十種 正書 天聖元年 山東嘉祥
孔廟碑側劉炳等題名 正書 天聖元年 山東曲阜
靈巖塔院尊勝經幢 正書 天聖二年十月 山東長清
龍門山王裕題名 正書 天聖二年 河南洛陽
涇州回山王母宮頌 陶穀撰 上官佖篆書 天聖三年三月 按此碑二通其文皆同一係夢英行書 甘肅涇州
華岳廟劉巨川題名 正書 天聖三年四月 陝西華陰
濟瀆詩 張旻撰 張得一行書 天聖三年十月 河南濟源
華嶽廟宋漢臣祭禱記 正書 天聖三年 陝西華陰
尊勝經幢 正書 天聖三年 山東泰安
靈岩寺詩 杜堯臣撰 正書 天聖□年 山東泰安
龍門大象龕丁裕題名 正書 天聖四年三月 河南洛陽
蕭山昭慶寺夢筆橋記 葉清臣撰 吳則之正書 天聖四年三月 景祐五年重立 浙江蕭山
晉尚書令卞壼墓碣 葉清臣正書 無年月 江蘇江甯
浴室院鐘樓記 僧思詮撰 正書 天聖四年五月 陝西興平
七星巖賈守文題名 正書 天聖六年二月 廣東高要
勸慎刑文 晁迥撰 正書 天聖六年二月 陝西長安
重修泗州大聖殿碑 行書 天聖六年三月 河南偃師

愼刑箴并序 晁迥撰盧經正書 天聖六年五月 陝西長安
新修河亭記 文彥博正書 天聖六年 山西翼城
壽聖寺塔記 正書 天聖七年閏二月 山東諸城
虎邱山王質等題名 正書 天聖七年九月 江蘇吳縣
栖禪寺新修水磨記 僧志陞撰并行書 天聖八年八月 陝西鄠縣
虎邱山朱巽等題名 行書 天聖八年八月 江蘇吳縣
景德靈隱寺牒 行楷書 天聖八年十二月國朝丁敬以墨蹟刊書 浙江錢唐
淨惠羅漢院碑 張觀撰李九思行書 天聖八年 河南鞏縣
濟源縣令陳省華善政碑 張庚撰楊盧已正書 天聖九年四月 河南濟源

文安公牡丹詩 劉孟堅撰行書 天聖九年五月 陝西咸甯
天台山護國寺碑 錢惟演撰李端懿行書 天聖九年七月 浙江天台
護國寺碑陰 正書 浙江天台
澤州龍潭記 夏侯觀撰并正書 天聖九年七月 山西鳳臺
賜賀蘭栖眞敕書并贈詩碑 汪仲詢撰序楊虛已行書 天聖九年十月 河南濟源
謁北岳轉運使李繹題名 正書 天聖九年 直隸曲陽
太奎山摩崖 正書 天聖十年九月 山東淄川
解州鹽池新堰箴并序 集王羲之行書 天聖十年十月 山西安邑
重修昇仙太子大殿記 謝絳撰僧智晟正書 明道二年六月 河南偃師

昇仙太子廟碑陰 正書 河南偃師
昇仙太子廟碑兩側 正書 河南偃師
龍隱岩長城葆光題名 石曼卿行書 明道二年六月慶元元年刻 廣西臨桂
石曼卿等北軒題名 行書 明道二年六月
石曼卿草書千字文 殘闕存三石 上二種浙江仁和趙氏拓本
玉兔淨詩 正書 明道二年 江蘇青浦王氏拓本
長城葆光寺題名 正書 明道二年 河南宜陽
絳州重修夫子廟記 李垂撰集王羲之書 錢辛楣少詹云碑殘闕止存六月癸巳拼字山西通志以爲明道中刻 山西絳州

燕堂記 富弼撰陸經正書 明道二年 河南宜陽
新修會聖宮碑 石中立撰李孝章正書 景祐元年九月 河南偃師
靈山聞喜禪院記 許升撰許用其正書 景祐元年十二月 廣東潮陽
崇福宮殘碑 鄭如撰正書 景祐元年 河南登封
永興軍建立府學牒 僧惟悟正書 景祐二年二月刻于邠國公碑陰 陝西長安
索長宮畫象并創塑部從記 梁佐撰正書 景祐二年三月 河南密縣
孔道輔祖廟祭文 孔道輔撰張宗益正書 景祐二年六月 山東曲阜
中書劄子 正書 景祐二年十二月 陝西西安
石佛院新建寶殿記 廖偁撰僧思惠正書 景祐二年 浙江浦江

延慶禪院新修舍利塔記 馬元穎撰楊虛己行書 景祐三年六月 河南濟源
遊七星巖詩 楊備撰正書 景祐三年十月 廣東高要
遊徑山記 蔡君謨撰杜叔元行書 景祐三年十二月後有至元丙子重刊跋 浙江餘杭
文宣王廟新建講堂記 成昂撰孫正己正書 景祐四年七月 山東曲阜
華岳廟蘇舜欽等題名 正書 景祐四年九月 陝西華陰
謁華岳祠記 陳執中撰正書 景祐四年十月 陝西華陰
延慶寺詩碣 陳堯佐等撰陳學古正書 景祐四年十一月 河南濟源
淡山岩孫蒼舒題名 正書 景祐四年 湖南零陵

尊勝陁羅尼經 蔣如錫正書 景祐五年三月 直隸趙州
鄆州新學記 張瑯撰韓縝正書 景祐五年七月 山東東平
明州保安縣大界相碑 僧維白撰如顯正書 景祐五年十月 浙江鄞縣
五賢堂記 孔道輔撰行書 景祐五年 山東曲阜
陳統讀中興頌詩 鄭紘行書 景祐五年 湖南祁陽
西竺寺橋柱題字 正書 寶元元年俗名馬禪寺橋 江蘇吳縣
衛廷諤妻高氏墓誌銘 李之才撰正書 寶元二年八月 河南孟縣
陳述古題名 正書 寶元二年九月旁有治平丙午男知素題 河南濟源

左千牛衛將軍衛延諤碑 正書 寶元二年 河南孟縣
石門山王□□題名 行書 寶元二年 浙江青田
种放詩後諸人題名 行書 寶元三年 山東泰安
攝山栖霞寺碑 陳江總持撰沙門懷則行書 康定元年三月
浙江仁和
淡山岩癸酉仲夏詩 正書漫漶 康定元年九月 湖南零陵
北岳李惟賢題名 正書 康定元年十一月 直隸曲陽
南屏山張若谷等題名 正書 康定二年三月 浙江錢唐
石氏墓表 石介撰士建中正書 康定二年八月 山東泰安
淡山岩陳□田瑜等題名 行書 康定二年八月 湖南零陵
飛來峰太祝張奎等題名 正書 康定二年 浙江錢唐

邢州大安山封巒寺碑 石介撰僧紹珍正書 康定二年 直隸沙河
南海神廟中書門下牒 陸賁正書 康定二年十一月慶歷二年二月上石 廣東南海
南屏山鄭戩等題名 正書 慶歷元年十二月 浙江錢唐
興元府修文宣王廟碑 竇充撰并正書 慶歷二年正月 陝西褒城
南屏山鄭民彝等題名 正書 慶歷二年正月 浙江錢唐
興慶宮池禊宴詩并序 張子定撰序范雍等十八人詩正書 慶歷二年三月 陝西長安
七星巖周湛等題名 行書 慶歷二年三月 廣東高要
南屏山蘇舜欽等題名 正書 慶歷二年八月 浙江錢唐

翰林學士王堯臣謁華岳記 正書 慶歷二年十一月 陝西華陰

七星巖朱顯之題名 行書 慶歷二年十二月 廣東高要

蘇子美題种放詩刻 行書 慶歷二年 山東泰安

七星岩馬尋等題名 朱顯之正書 慶歷三年二月 廣東高要

龍潭寺詩 任布撰 黃孝先行書 慶歷三年五月 河南濟源

浴室院建鐘樓碑陰記 正書 慶歷三年五月 陝西興平

東海鬱林觀三言詩 祖無擇撰 蘇唐卿篆書 慶歷三年 江蘇海州

功臣山道卿等題名 正書 慶歷四年三月 浙江臨安

孔子廟記 劉子圖撰 王樂八分書 慶歷四年五月 山東朝城

泗水大聖殿記 湯維撰 正書 慶歷四年 河南偃師

謁首陽山二賢祠文 邵必撰 黃載篆書 慶歷四年 山西蒲州

通判屯田員外郎張子定等題名 安臨正書 慶歷四年 四川成都

琴臺詩 陳堯佐撰 孔叔詹正書 慶歷四年 山東單縣

普通塔銘 盧覬撰 僧可度正書 慶歷五年二月 陝西扶風

法門寺重修九子母記 張奭撰 魏戩行書 慶歷五年閏五月 陝西扶風

北岳廟王德基題名 正書 慶歷五、年 直隸曲陽

七星岩張肅題名 子才卿正書 慶歷六年正月 廣東高要

內侍省張從訓東鎮廟設醮題名 道士吳太昭正書 慶歷六年六月 山東臨朐

飛來峯李公謹等題名 正書 慶歷六年七月 浙江錢唐

北岳廟馮元輔等題名 正書 慶歷六年九月 直隸曲陽

婺州知州題名碑 關詠記 正書 慶歷六年 浙江金華

才翁等題种放詩刻 草書 慶歷六年 山東泰安

重修仙鶴觀實錄 安道卿正書 慶歷六年 河南偃師

謁華岳祠記 程琳撰 正書 慶歷七年六月 陝西華陰

華岳廟王榮題名 正書 慶歷七年八月 陝西華陰

謁華岳記 田況撰 正書 慶歷七年十一月 陝西華陰

淡山岩潘衢等題名 正書 慶歷七月十一月 湖南零陵

工部郎中口口謁華岳題名 正書 慶歷七年 陝西華陰

謁華岳祠記 施昌言撰 八分書 慶歷七年 陝西華陰

北岳碑側題名 正書 慶歷七年 直隸曲陽

禮法門寺眞身塔詩 張問撰 王定元行書 慶歷八年三月 陝西扶風

謁岳祠祀 葉清臣撰 正書 慶歷八年四月 陝西華陰

仁和學仁宗御書飛白七字 行書 慶歷八年四月 側記皇三十九四字乃碑石紀數也 浙江仁和

仁和學御書詩句殘刻 草書 側記皇二十三四字當屬仁宗以前御書以無年月姑附于此 浙江仁和

慈恩寺提點刑獄劉建勳等題名 正書 慶歷八年九月 陝西長安

雲門山富弼等題名 正書 慶歷八年十月 山東益都

閱古堂記 韓琦撰 正書 慶歷八年 直隸定州

過淮陰侯廟詩 韓琦撰 曹溉正書 慶歷八年 直隸井陘
集賢校理河南張叔文題名 正書 慶歷八年 河南偃師
北岳廟內侍高品等題名 正書 慶歷八年 直隸曲陽
玉泉寺唐人留題詩合刻 僧悟空錄正書 慶歷八年 湖北當陽
慈恩寺雷簡夫題名 八分書 慶歷□年 陝西長安
重修北岳廟記 韓琦撰并正書 皇祐元年正月 直隸曲陽
北岳廟碑陰 正書 直隸曲陽
再謁華岳祠記 程琳撰正書 皇祐元年四月 陝西華陰
重修李太尉祠堂記 王晉撰 張大中正書 皇祐元年六月 陝西富平
朱有等修路記 正書 皇祐元年六月 浙江仁和
淨源山躭石院記 余靖撰 巢玉正書 皇祐元年八月至和三年刻 廣東翁源

石龍院瑤華洞三字 蘇舜元正書 皇祐元年九月 浙江錢唐
重修扶風縣學記 姚嗣宗撰正書 皇祐元年九月 陝西扶風
七星岩宋克隆等題名 正書 皇祐元年十二月 廣東高要
王宗元題名 行書 皇祐元年刻于秦王重修法門寺啓廟碑之陰 陝西扶風
王洙題种放詩刻 八分書 皇祐元年 山東泰安
改終南山宮觀名額牒 行書 皇祐元年 江蘇青浦王氏拓本
三洲巖祖無擇題名 正書 皇祐二年二月 廣東高要
北岳廟王鼎題名 正書 皇祐二年三月 直隸曲陽
同遊汾溪石室記 余靖撰 黄昌齡正書 皇祐二年三月 廣東樂昌

石門山蘇舜元題名 正書 皇祐二年五月 浙江青田
飛來峰錢德範等題名 正書 皇祐二年六月 浙江錢唐
祖無擇謁廣利王廟題名 正書 皇祐二年七月刻於南海神廟碑陰 廣東南海
崇教寺辟支佛塔記 僧普莊撰 顧清正書 皇祐二年八月 江蘇江甯
張吉甫題名 正書 皇祐二年九月刻於沐澗魏夫人碑陰 河南河內
重修仙鶴觀記 王夷仲撰 孟咸亨正書 皇祐二年九月 河南偃師
重修仙鶴觀實錄 安道卿正書 皇祐二年九月 河南偃師
新置永通監記 余靖撰 黄昌齡正書 皇祐二年十月 廣東曲江
陽春巖祖無擇題名 正書 皇祐二年十一月 廣東高要

定山雲洞靈泉四字 元居中篆書 皇祐二年 浙江仁和
七星岩王逢題名 正書 皇祐二年 廣東高要
曹頴叔等題名 正書 皇祐二年 四川成都
北岳廟趙滋題名 正書 皇祐三年正月 直隸曲陽
北岳廟楚執中題名 正書 皇祐三年五月 直隸曲陽
南海廟朱顯之題名 正書 皇祐三年五月刻于南海廟裴麗澤碑陰 廣東南海
王珣琇等祀士題名 李中祐正書 皇祐三年六月在乾德重修中岳廟碑左側 河南登封
兵部郎中傅□謁祠題名 行書 皇祐三年七月 陝西華陰
南屏山浦咸熙題名 八分書 皇祐三年七月 浙江錢唐

旌賢崇梵縣牒 行書 皇祐三年九月大觀元年刻 河南新鄭
北岳廟劉兼濟題名 正書 皇祐三年十月 直隸曲陽
南海廟祖無擇題名 柳淇正書 皇祐三年十月在元延祐七年祀海記之側 廣東南海
華岳廟李杞題名 正書 皇祐三年十一月 陝西華陰
范氏義莊伯夷頌 范仲淹正書 皇祐三年十一月後有文彥博富弼蘇舜欽晏殊杜衍詩及賈昌朝諸人題跋元大德庚子刻 江蘇吳縣
道服贊 范仲淹撰正書 無年月 江蘇吳縣
復唯識廨院記 黃庶撰□□元正書 皇祐三年刻於皇甫君碑陰 陝西西安

衆春國記 韓琦撰正書 皇祐三年 □□□□
晉洞□禹□題名 正書 皇祐三年 山西太原
浯溪王忘壽題名 篆書 皇祐三年 湖南祁陽
岱岳觀宋禧題名 正書 皇祐四年三月 山東泰安
蘇緘遊碧落洞詩 正書 皇祐四年三月 廣東英德
岱岳觀李陟題名 正書 皇祐四年五月 山東泰安
浯溪狄青題名 行書 皇祐四年 湖南祁陽
宋禧遊青帝觀詩 正書 皇祐四年 山東泰安
蘇舜元題名 正書 皇祐五年正月 河南偃師武氏拓本
龍隱岩平南三將狄青題名 正書 皇祐五年二月 廣西臨桂

門山張宗旦題名 正書 皇祐五年三月凡五行何夢華云內有天寶十載唐人刻字惜爲此題所掩 浙江青田
泰山王母殿李若淸題名 正書 皇祐五年四月 山東泰安
崧臺石室記 陶翼撰正書 皇祐五年五月 廣東高要
南海神廟中書門下牒弁奏狀 正書 皇祐五年六月下層刻至和元年元絳記 廣東南海
石龍院梁肅心印銘 僧冲羽正書 皇祐五年七月 浙江錢唐
朝陽岩高滁題名 正書 皇祐五年八月 湖南零陵
龍潭詩刻 富弼撰正書 皇祐五年十二月 河南濟源
平儂智高將佐題名記 正書 皇祐五年 廣西臨桂
咸通碑側孔宗翰題名 正書 皇祐五年 山東曲阜

泰山道士麗歸蒙題名 正書 皇祐五年 山東泰安
慶豐堂記 祖無擇撰柳淇正書 皇祐五年 □□□
大滌洞□陳述古題名 正書 癸丑夏何夢華攷爲皇祐五年 浙江餘杭
八蜡廟觀音經 正書 皇祐六年二月 山東濟甯
草堂寺李參題名 行書 皇祐六年三月 陝西鄠縣
監察御史朱吉題名 正書 皇祐六年 江蘇銅山
浯溪柳拱宸題名 行書 皇祐六年 湖南祁陽
高之裔題种放詩刻 草書 皇祐六年 山東泰安
京兆府小學規 裴袗正書 至和元年四月 陝西長安
張子諒等題名 正書 至和元年五月在沐澗魏夫人碑陰

河南河內
乘魚橋記　釋達本述正書　至和元年八月　江蘇吳縣
玉華宮詩　唐杜甫作李元瑜題跋正書　至和元年八月　陝西宜君
崇聖寺譚清等造象記　正書　至和元年八月　山東臨朐
梅贄歐陽修倡和詩　八分書　至和元年十月　河南滑縣
野叓亭題詩　陳堯佐撰黃岳正書　至和元年十月　廣東歸善
相州集天齊廟碑　正書　至和元年十二月　山東諸城
祭南鎮昭德順應王文　行書　至和元　浙江會稽
郡守陳求古等題名　正書　至和二年六月　浙江永嘉
淡山岩柳拱辰等題名　子平正書　至和二年六月　湖南零陵
朝陽岩柳拱辰等題名　正書　至和二年九月　湖南零陵

興化寺寶乘塔碑　正書　至和二年十一月　山東菏澤
朝陽岩柳拱辰等題名　正書　至和二年十一月　湖南零陵
柳子厚祠堂記　柳拱辰撰正書　無年月　湖南零陵
金山築城磨厓碑　鄭伸撰正書　至和二年　廣東海陽
石淙南崖范純仁題名　正書　至和二年　河南登封
晉祠碑陰余藻題名　正書　至和二年　山西汾陽
北岳廟馬耿題名　正書　至和三年正月　直隸曲陽
北岳廟蘇拱之題名　正書　至和三年正月　直隸曲陽
資政殿學士文正范仲淹神道碑　歐陽修撰王洙八分書　至和三年二月　河南洛陽
題龍潭詩　何嶠陳君章等撰正書　至和三年二月　河南濟源

大滌洞陳襲古題名　正書　丙申三月　浙江餘杭
大滌洞陳求古等題名　正書　丙申二月何夢華攷爲至和三年　浙江餘杭
遊藥水寺詩　劉異撰行書　至和三年　陝西畧陽
題靈巖詩　杜堯臣撰正書　至和口年九月　山東長清
靈巖寺郭聖澤題名　正書　無年月山左金石志云嘉刻　山東長清
大閲堂記　梅摯撰楊稷行書　嘉祐元年十一月　河南滑縣
封濟民侯牒　正書　嘉祐二年二月　陝西鄠縣
興州新開白水路碑　雷簡夫撰并正書　嘉祐二年二月　陝西畧陽
靈岩寺辟支塔題名　正書　嘉祐二年三月　山東長清

白雲巖陳偁等題名　曾伸正書　嘉祐二年七月　廣東龍川
潘旦等題名　正書　嘉祐二年八月在沐澗魏夫人碑陰　河南河內
石門山張師中題名　正書　嘉祐三年二月　浙江青田
雲門山僧守忠齋僧記　李世昌正書　嘉祐三年四月　山東益都
寶相寺石幡竿題字　正書　嘉祐三年九月　山東汶上
賜教忠積慶禪院額牒　正書　嘉祐三年十月　河南偃師武氏拓本
舍利塔銘　趙抃撰愼東美正書　嘉祐三年　浙江龍游
雲門山王謐臣題名　正書　嘉祐四年正月　山東益都
華岳廟建醮記　張恭禮撰正書　嘉祐四年三月　陝西華陰
呂大防題名　正書　嘉祐四年五月在宋倉頡廟碑之上方

陝西白水
淡山岩張子諒等題名　盧藏正書　嘉祐四年五月　湖南零陵
朝陽岩吳奎等題名　正書　嘉祐四年八月　湖南零陵
朝陽岩張子諒等題名　正書　嘉祐祫享後十一日錢辛楣少詹云嘉祐四年十月祫享明堂此題當在是年十月也　湖南零陵
萬安橋記　蔡襄撰并正書　嘉祐四年十二月　福建晉江
七星岩榮諲等題名　八分書　嘉祐五年正月　廣東高要
七星岩翁彥升題名　八分書　嘉祐五年正月　廣東高要
洪山口修堤題字　正書　嘉祐五年正月　山東嘉祥
朝陽岩三大字　張子諒正書盧藏題記亦正書　嘉祐五年二月　湖南零陵

呂大忠蒼頡廟題名　正月　嘉祐五年三月　陝西白水
華岳廟种諤題名　正書　嘉祐五年四月　陝西華陰
淡山岩朱任仲等題名　正書　嘉祐五年六月　湖南零陵
翊聖眞君秘誥　正書　嘉祐五年七月　河南登封
沈文罕修塔記　正書　嘉祐五年九月瞿鏡濤秀才得於元妙觀宮巷塔中　江蘇吳縣
汾州別立摩崖碑文記　謝景初撰正書　嘉祐五年九月　山西汾陽
甯陽蔡襄題种放詩刻　正書　嘉祐五年　山東泰安
文彥博宿少林寺詩　正書　嘉祐五年　河南登封
三教碑　行書　嘉祐五年　山東鄒縣
淡山岩徐大方等題名　盧藏正書　嘉祐六年正月　湖南零陵

朝陽岩徐大方等題名　正書　嘉祐六年正月　湖南零陵
華岳廟□□題名　正書　嘉祐六年三月　陝西華陰
朝奉郎劉爽墓誌　蔡襄撰并正書　嘉祐六年四月　浙江仁和趙氏拓本
張渥題名　正書　嘉祐六年四月刻於秦王重修法門寺塔魔碑側　陝西扶風
郭忠武王碑　王彰撰行書　嘉祐六年五月明季重刻　陝西華陰
靈巖寺千佛殿記　王逵撰僧神俊正書　嘉祐六年六月　山東長清
千佛殿碑陰　正書　山東長清
淡山岩陸詵題名　正書　嘉祐六年六月　湖南零陵
靈巖寺詩　張掞撰正書　嘉祐六年七月　山東長清
重修夫子廟碑　郭瓛撰僧神俊正書　嘉祐六年閏八月　山東章邱

李□題涼軒詩　吳東之正書　嘉祐六年八月　山西芮城
周禮石經殘碑　篆正二體　嘉祐六年　河南陳留
周易石經殘碑　篆正二體　河南祥符
尚書石經殘碑　篆正二體　河南祥符
北岳廟陳知晦題名　正書　嘉祐七年正月　直隸曲陽
燕堂記　富弼撰陸經行書　嘉祐七年二月　江蘇嘉定錢氏拓本
石門山褚理題名　正書　嘉祐七年二月　浙江青田
校書郎陳遵路謁華岳廟題名　八分書　嘉祐七年三月　陝西華陰
北岳廟譙南薰等題名　行書　嘉祐七年四月　直隸曲陽
慈恩寺題名殘字　正書　嘉祐七年五月　陝西長安

東坡獨遊懷子由詩 正書 嘉祐七年九月元祐間刻 陝西□□
福津縣廣嚴院牒 正書 嘉祐七年十二月 甘肅階州
重刻醉翁亭記 歐陽修撰蘇唐卿篆書 嘉祐七年十月 山東費縣
狄武襄公神道碑 王珪撰宋敏求正書 嘉祐七年十一月 山西汾陽
韓愷墓誌 韓琦撰并正書 嘉祐七年十一月 河南安陽
龍隱岩李師中詩 正書 嘉祐七年十一月 廣西臨桂
石林亭唱和詩 劉敞等撰蘇軾等正書 嘉祐七年十二月 陝西鱗遊
浯溪詩 楊異撰行書 嘉祐七年 湖南祁陽
華岳廟殘字 八分書 嘉祐□年 陝西華陰
轉運使王純臣題名 正書 嘉祐八年正月在孔廟唐碑側 山東曲阜

韓愈五箴 李宗篆書 嘉祐八年二月 陝西西安
淡山岩宋廸題名 正書 嘉祐八年三月 湖南零陵
大滌洞韓希祖等題名 正書 嘉祐八年四月 浙江餘杭
妙德禪院明覺殿碑 雷簡夫撰劉獻正書 嘉祐八年六月 陝西耀州
先秦古器記 劉敞撰正書 嘉祐八年六月 陝西長安
雲門山張稚圭題名 正書 嘉祐八年七月 山東益都
北岳廟曹宗卿等題名 正書 嘉祐八年九月 直隸曲陽
仁宗賜陳繹飛白書碑記 吳充撰并行書 嘉祐八年十一月 河南偃師
贈太師韓國華神道碑 富弼撰王珪正書 嘉祐八年十一月 河南安陽

北岳廟單從化題名 正書 嘉祐八年十二月 直隸曲陽
北岳廟王世寶題名 正書 嘉祐八年十二月 直隸曲陽
濟州刻漏圖記 田棐撰路邁正書 嘉祐八年 山東鉅野
大滌洞富咸文等題名 正書 嘉祐八年 浙江餘杭
小蓬萊劉以道等題名 正書 嘉祐八年 山東泰安
飛來峰沈遼等題名二種 正書 癸卯重午何夢華攷爲嘉祐八年 浙江錢唐
靈隱後山沈遼等題名 行書 癸卯重午題曰睿達沈遼字也 浙江錢唐
五峰山蓮花洞張慶等題名 正書 嘉祐九年正月 山東長清

精嚴寺仁宗佛牙舍利讚 正書凡二石分嵌塔內字句皆同 無年月 浙江嘉興
草堂寺章惇題名 行書 治平元年正月紹聖二年立石 陝西鄠縣
北岳廟王世安題名 正書 治平元年二月 直隸曲陽
北岳廟靳朴題名 正書 治平元年二月 直隸曲陽
仰天山李甯等題名 行書 治平元年四月 山東益都
飛來峯趙郡李谷題名 正書 治平元年五月 浙江錢唐
李奎題太史公廟詩 正書 治平元年閏五月 陝西韓城
慈恩寺盧盛等題名 正書 治平元年六月 陝西長安
北岳鍾宗直等題名 正書 治平元年九月 直隸曲陽

樊世卿題紫微山三字 草書下刻唐章孝標遊紫微山詩正書 治平元年二月 浙江海甯
龍隱岩孔延之等題名 余藻正書 治平元年十一月 廣西臨桂
浯溪沈紳題名 行書 治平元年 湖南祁陽
龍隱巖余藻題名 正書 治平元年 廣西臨桂
越州新學記 張伯玉撰張劃行書 治平元年 浙江山陰
寄薛紹觀詩 米芾撰行書 治平元年 湖北襄陽
七星巖皇甫宗憲題名 正書 治平二年二月 廣東高要
晝錦堂記 歐陽修撰蔡襄正書 治平二年三月 河南安陽
贈太尉孫宣公神道碑 賈昌朝撰正書 治平二年三月 江蘇嘉定錢氏拓本
石鼓山薛球等題名 正書 治平二年七月 湖南衡陽
北岳王巖叟題名 正書 治平二年七月 直隸曲陽
重建醋坊橋記 道士方希辨題正書 治平二年八月 江蘇吳縣
淡山岩持正等題名 隱甫正書 治平二年九月 湖南零陵
淡山岩梁庚等題名 正書 治平二年九月 湖南零陵
淡山岩薛球等題名 正書 治平二年十月 湖南零陵
雲門山宋立仁題名 正書 年月泐山左金石志云治平二年刻 山東益都
隱賢巖記 楊傑撰正書 治平二年 安徽桐城
樂成淡山岩詩 正書 治平三年正月 湖南零陵
華岳廟內侍□□題名 正書 治平三年正月 陝西華陰
九曜石盧士宏題名 正書 治平三年二月 廣東南海
留題玉華山詩 宋球等撰冀上之正書 治平三年四月 陝西宜君
雲門山盧士宗等題名 正書 治平三年四月 山東益都
玉華山詩 張峋作冀上之正書 治平三年五月 陝西宜君
游玉華山記 張峴撰冀上之書 治平三年五月 陝西宜君
陳述古題名碑 正書 治平三年五月 河南濟源
七星岩許奇等題名 正書 治平三年七月 廣東高要
朝陽岩梁宏等題名 正書 治平三年九月 湖南零陵
華岳廟史炤題 正書 治平三年十月 陝西華陰
史炤謁華岳祠記 正書 治平三年十月 陝西華陰
朝陽岩程濬等題名 正書 治平三年十二月 湖南零陵
淡山岩范子明等題名 誠叔正書 治平三年十二月 湖南零陵
龍門峽沈紳題名 正書 治平三年 廣西昭平
盧士宏等題名 正書 題士宏等丙午仲春錢少詹以士宏治平元年知廣州此蓋治平三年所刻也 廣東□□
淡山岩沈紳題名 八分書 治平四年正月 湖南零陵
慧日院金剛經幢 正書 治平四年正月 山東臨邑
淡山岩鞠拯等題名 正書 治平四年三月 湖南零陵
淡山岩周敦頤題名 正書 治平四年三月 湖南零陵
紫微山俞鄉詩刻 行書 治平四年四月 浙江海甯
菩提寺柱礎題字 正書 治平四年四月 江蘇嘉定
蜿龍洞楊巨卿等題名 正書 治平四年七月 浙江新城
溫泉箴 唐張說撰楊方平正書 治平四年十月 陝西臨潼

重修南海廟碑 章望之撰 曹隲正書 治平四年十月　廣東南海
雲門山王繼遠題名 正書 治平四年十月　山東益都
北岳王肅題名 正書 治平四年　直隸曲陽
白龍池內供奉官李舜舉等題名 正書 治平四年　山東泰安

光緒歲在閼逢涒灘國子監肄業生吳縣朱記榮校刊

寰宇訪碑録卷第六

寰宇訪碑録卷第七

賜進士及第署山東提刑按察使分巡兖沂曹濟黃河兵備道陽湖孫星衍
賜進士出身浙江湖州府長興縣知縣陽湖邢澍 同撰

北宋

蔣之奇題淡山巖詩 正書 熙寧元年正月　湖南零陵
慈恩寺孫永等題名 正書 熙寧元年三月　陝西長安
王竦題名 行書 熙寧元年三月在醴泉銘碑側　陝西醴泉
太平州蕪湖縣新學記 黃裳撰 米芾正書 熙寧元年七月　安徽蕪湖
章峴留題龍隱巖詩 男疑正書 熙寧元年八月　廣西臨桂
謁華嶽祠記 閻詢撰 正書 戊申重陽日乃熙寧元年也　陝西華陰
竹林寺五百羅漢記 釋有挺撰 王道正書 熙寧元年十月 大定間刻

浙江鄞縣范氏拓本
覺苑寺大悲閣記 沈遼撰 正書 熙寧元年十一月　浙江蕭山
靈隱龍泓洞孫覺題名 正書 熙寧元年　浙江錢唐
盧大雅等題名 王李正書 熙寧元年在晉祠碑陰　山西太原
臨川王安禮題名 正書 熙寧元年　陝西醴泉
三洲巖題名 八分書 熙寧元年　廣東德慶州
陽春巖周茂叔題名 正書 熙寧二年正月　廣東高要
淡山巖荊延年等題名 正書 熙寧二年二月　湖南零陵
七星巖康衞等題名 正書 熙寧二年二月　廣東高要
七星巖康衞等唱和詩 寺陳釋正書 熙寧二年三月　廣東高要
七星巖周茂叔題名 正書 熙寧二年三月　廣東高要

□杭讀中興頌詩 正書 熙寍二年七月 湖南祁陽
定山祖無擇等題名 篆書 熙寍二年七月 浙江仁和
慈雲嶺佛法僧三大字 正書 熙寍二年八月 浙江錢唐
浯溪宋昭遡等題名 正書 熙寍二年十月在中興頌左 湖南祁陽
氷樂洞南舒□夫題名 正書 熙寍二年十二月 浙江錢唐
敕賜壽聖禪院額碑 正書 熙寍二年 河南偃師
遊天平山留題 王珫撰正書 熙寍二年 河南林縣
瀧岡阡表 歐陽修撰正書 熙寍三年四月 江西廬陵
瀧岡阡表碑陰 正書 江西廬陵
北嶽廟馮文顯題名 正書 熙寍三年六月 直隸曲陽
華嶽廟楊遂題名 正書 熙寍三年七月在後周華嶽廟碑正面書款之左 陝西華陰
虔州重修儲潭廟記 董慶基撰正書 熙寍三年七月 江西贛縣
重修顏神廟記 正書 熙寍三年八月 山東博山
新修晉太尉嵇公廟碑 韓琦撰并正書 熙寍三年八月 河南湯陰
朝賢送祥禪師住靈巖寺詩 王安石等撰行書 熙寍三年八月 山東長清
贈靈巖寺僧詩 張掞撰正書 熙寍三年九月 山東長清
陳繹題名 正書 熙寍三年九月刻於唐忠嗣碑陰 陝西渭南
北嶽潘孝知題名 正書 熙寍三年十月 直隸曲陽
王臨題名 行書 熙寍三年十一月刻於唐王忠嗣碑陰 陝西渭南
陳繹謁華嶽祠記 正書 熙寍三年十二月在後周華嶽廟碑正面空行下 陝西華陰
濟源廟牒 陳知儉狀正書 熙寍三年 河南濟源
臥羊山黃庭堅等題名 正書 熙寍三年 河南葉縣
石淙南崖張瑜等題名 正書 熙寍三年 河南登封
敕賜靈巖寺牒 正書 熙寍三年 山東長清
燕喜亭向宗道題名 正書 熙寍四年三月 廣東陽山
劉几田述古等題名 行書 熙寍四年三月 江蘇嘉定瞿氏拓本
謁祠記 劉忱撰正書 熙寍四年四月在後周華嶽廟碑上 陝西華陰
何延世等遊西湖題名 梁立儀正書 熙寍四年五月 廣東海陽
謁祠記 呂蕢撰正書 熙寍四年五月 陝西華陰
范育等題名 正書 熙寍四年六月在聖教序記碑陰 陝西大荔
范晉題名 正書 熙寍四年六月在聖教序碑陰 陝西大荔
謁華嶽祠記 張孝孫撰正書 熙寍四年七月 陝西華陰
宮苑副使趙□墓志銘 正書 熙寍四年九月 山東諸城
飛來峰沈立之題名 正書 熙寍四年九月 浙江錢唐
華嶽廟陳絢等題名 正書 辛亥十月爲熙寍四年 陝西華陰

華嶽廟林顏題名 正書 熙寧四年十一月 陝西華陰
郭巨石室安漢題名 正書 熙寧四年 山東肥城
知登封縣事張琬題名 正書 熙寧四年 山東登封
武侯祠吳中復等題名 篆書 熙寧四年 四川成都
梁立儀遊西湖題名 正書 熙寧四年 廣東陽山
巾山周茂叔題名 正書 無年月粵東金石略攷爲熙寧四年 廣東陽山
淨因寺孫純題名 正書 熙寧五年正月 河南汝州
靈隱龍泓洞蘇頌等題名 正書 熙寧五年二月 浙江錢唐
謁南海祠向宗道題名 正書 熙寧五年三月 廣東南海
秦王宮諸喪祔悼園記 吳道篆正書 熙寧五年五月 河南汝州

郭崇妻造象記 正書 熙寧五年五月 河南滎陽
紫微山縣令朱伯虎詩刻 正書 熙寧五年五月 浙江海甯
孝經 南軒正書 熙寧五年八月 江蘇嘉定瞿氏拓本
龍興寺佛說彌勒下生成佛經 正書 熙寧五年九月 山東滋陽
李忠信墓表 姜潛撰郭槩正書 熙寧五年 山東泰安
郭卞等造佛及十六羅漢銘 正書 熙寧五年 河南滎陽
鄆州學新田記 正書 熙寧五年 山東東平
寶成院賞牡丹詩 蘇軾撰正書 熙寧五年 浙江錢唐
石笥唱和詩 張紘張徽唱和詩正書 熙寧五年 福建邵武
齊州口口門記 曾鞏撰正書 熙寧五年 山東歷城

石鼓山劉莘老題名 正書 無年月錢辛楣少詹云後有寶祐三年九月六世孫震孫續題相去一百八十三年則莘老之題當在熙寧五年也 湖南衡陽
高士安等題名 正書 熙寧口年在蓬萊觀碑側 浙江象山
淨因寺孫固題名 正書 熙寧六年正月 河南汝州
祖無擇等題名 正書 熙寧六年正月 河南登封
騎牛酉槎二圖 劉渙撰序陳禹俞詩行書 熙寧六年正月後有何偁書跋 浙江金華
謁華嶽祠記 蔡延慶撰正書 熙寧六年正月 陝西華陰
慈恩寺吳中復等題名 八分書 熙寧六年二月 陝西長安
北嶽廟李布題名 行書 熙寧六年二月 直隸曲陽

石屋洞蘇軾等題名 正書 熙寧六年二月 浙江錢唐
大雲洞鄧君寶題名 正書 熙寧六年四月 廣東陽山
九曜石金君卿等題名 正書 熙寧六年六月 廣東南海
宗室陳國公祔葬記 馬士明正書 熙寧六年六月 河南汝州
石屋洞王廷老題名 正書 熙寧六年七月 浙江錢唐
水樂洞王廷老等題名 正書 熙寧六年七月 浙江錢唐
劉航等謁華岳祠記 正書 熙寧六年八月在後周華岳廟碑右旁 陝西華陰
靈巖寺韋驤等題名 行書 熙寧六年十月 山東長清
浯溪柳應辰題名 正書有押字 熙寧六年十月 湖南祁陽
華嶽祈雪記 盧訥撰王讜正書 熙寧六年十一月 陝西華陰

南海廟諫議程公禱雨記　正書熙甯六年十二月刻於南海廟碑陰之額　廣東南海

沕溪巖李宗儀題名　正書熙甯六年十二月　廣東樂昌

謁南海神廟富臨題名　正書熙甯六年十二月在南海神廟韓碑之陰　廣東南海

燕喜亭金傑題名　正書熙甯六年　廣東陽山

館閣校勘呂升卿題名　正書熙甯六年在孔廟唐碑側　山東曲阜

華嶽廟吳中復題名　八分書無年月按雁塔題名有吳中復故附此　陝西華陰

慈恩寺吳首禮題名　八分書無年月　陝西長安

淡山巖楊永節等題名　正書熙甯七年正月　湖南零陵

浯溪蔚宗題名　行書熙甯七年正月在中興頌左　湖南祁陽

九曜石程師孟等題名　行書熙甯七年正月　廣東南海

九曜石程師孟等題名　正書無年月在拜石左下第四段　廣東南海

敕祀南海神記　陳之方撰正書熙甯七年正月　廣東南海

九曜石李君卿等題名　正書熙甯七年二月　廣東南海

南海廟譚粹等題名　正書熙甯七年二月在南海廟裴碑之陰　廣東南海

陳紘謁華嶽祠記　正書熙甯七年二月在後周華岳廟碑正面空行下　陝西華陰

慈恩寺吳中復等題名　正書熙甯七年二月　陝西長安

開元寺重塑佛像記　李璟撰鄭强正書熙甯七年二月　廣東曲江

南山金君卿等題名　正書熙甯七年二月　廣東英德

許彥先題九曜石詩　正書熙甯七年三月　廣東南海

白龍池嵇景華等題名　正書熙甯七年三月　山東泰安

碧落洞度支郎中口口題名　正書熙甯七年五月　廣東英德

伏波巖米芾題名　正書熙甯七年五月　廣西臨桂

靈隱山晁美叔題名二種　一正書四行在青林洞一正書四字在玉乳洞熙甯八年七月　浙江錢唐

靈派侯廟王綽袞題名　正書熙甯七年八月　山東泰安

澹山巖楊巨卿等題名　八分書熙甯七年九月　湖南零陵

東潭石巖俞珹題名　正書熙甯七年九月　廣東瓊山

淡山巖楊傑英題名　正書熙甯七年十月　湖南零陵

石屋洞魯元翰題名　正書熙甯七年十月　浙江錢唐

煙霞佛手巖魯有開題名　正書熙甯七年十月　浙江仁和

南海禱雨記　蘇咸與李僮正書熙甯七年十月在南海廟裴碑之陰　廣東南海

天竺山晁端彥題名　正書熙甯七年十一月　浙江錢唐

慈恩寺趙抃等題名　吳中復八分書熙甯七年十一月　陝西長安

大滌洞張靚題名　正書熙甯七年十二月　浙江餘杭

善感院新井記 侯可撰僧慧觀正書熙寧七年 江蘇青浦王氏拓本
尚書祝惟嶽神道碑 正書熙寧七年 山東城武
定山蘇軾題名 正書無年月按年譜當是熙寧七年間刻 浙江仁和
李倪華嶽廟祈雨題名 正書甲寅三月乃熙寧七年也在後周華嶽廟碑正面空行之下 陝西華陰
大麥嶺蘇軾等題名 正書無年月 浙江錢唐
岱頂馬熙題名 正書熙寧八年二月 山東泰安
雲門山滕甫等題名 正書熙寧八年三月 山東益都
三洲巖金君卿題名 正書熙寧八年三月 廣東德慶州
石屋洞王廷老等題名 正書熙寧八年四月 浙江錢唐

訪碑七 八

南屏山王廷老題名 正書熙寧八年四月 浙江錢唐
賜廣濟寺僧文海紫衣牒 正書熙寧八年閏四月 陝西寶雞
南屏山魯元翰題名 正書熙寧八年五月 浙江錢唐
錢勰謁文宣王廟題名 正書熙寧八年五月後有錢伯言錢端已續題 山東曲阜
靈泉廟賜額敕牒 正書熙寧八年六月 山東博山
東坡游徑山詩 行書熙寧八年九月後有紹興二十八年及元大德七年重刻題字 浙江餘杭
密縣超化寺帖 行書熙寧八年九月 浙江鄞縣范氏拓本
米黻題浯溪詩 行書熙寧八年十月 湖南祁陽

魯元翰題名 正書熙寧八年十二月後有景祐四年題字 浙江錢唐
石屋洞李延老題名 正書熙寧八年 浙江錢唐
雪夜書北臺雜詩 蘇軾撰正書熙寧八年 山東諸城
北嶽潘孝知題名 正書熙寧□年 直隸曲陽
超化寺郝闐之等題名 正書熙寧九年三月 河南密縣
晁端彥等題名 正書熙寧九年四月在護國寺碑陰 浙江天台
飛來峯蘇子容等題名 正書熙寧九年八月 浙江錢唐
孔舜亮留題靈巖寺詩 釋智岸正書熙寧九年十月 浙江鄞縣范氏拓本
淡山巖秦日新等題名 正書熙寧九年十二月 湖南零陵

訪碑七 九

大慈山修塔記 正書熙寧九年十二月 浙江錢唐
胡奕澹山巖詩 正書熙寧九年 湖南零陵
刻杜甫白水縣詩記 呂昌彥撰李慥行書熙寧九年 陝西白水
臥龍山晁漢臣等題名 正書熙寧九年 浙江紹興
緱山謝絳碑側許州張昌□題名 行書熙寧九年 河南偃師
玉皇廟碑陰題名 正書熙寧九年 山西鳳臺
讀書堂三字 蘇軾正書熙寧十年二月 山東歷城
淡山巖趙揚等題名 行書熙寧十年三月 河南零陵
華嶽廟張叔卿題名 正書熙寧十年三月在後周華嶽廟碑正面款上方書 陝西華陰

嵩陽觀王紳題名　正書　熙寧十年三月在剔遲汾狀嵩嵩靈勝詩後　河南登封
華嶽廟王欽臣等題名　正書　熙寧十年三月　陝西華陰
石鼓山陸口題名　正書　熙寧十年五月　湖南衡陽
飛來峯蘇子容題名　正書　熙寧十年六月　浙江錢唐
遊碧落洞詩　許彥先撰并正書　熙寧十年八月　廣東英德
臥龍寺梵書唵字贊　太宗御製僧顯俊正書　熙寧十年八月　陝西咸甯
靈泉廟敕牒　正書　熙寧十年九月　山東博山
黃樓賦　蘇軾撰正書　熙寧十年　江蘇銅山
种明逸會眞宮詩題跋二石　胡宗回以下二十餘人　各體書　熙寧十年　山東泰安
龍泓洞子勉題名　行書　熙寧十年　浙江錢唐
鄭陶題名　正書　熙寧十年在王履溫碑陰　直隸元氏
謁華嶽蔡雄題名　正書　熙寧口年六月　陝西華陰
飛來峯高荷等題名　正書　熙寧口年　浙江錢唐
李審言題名　正書　熙寧口年在唐柳公綽碑側　四川成都
虎邱山觀世音普門品經　無曾公亮等正書　年月皆熙寧間人　江蘇吳縣
九曜石曾布等題名　正書　元豐元年正月　廣東南海
孫迥謁華嶽祠記　正書　元豐元年三月　陝西華陰
大雲洞杜公扦題名　正書　元豐元年七月　廣東陽山

表忠觀碑　蘇軾撰正書　元豐元年八月原石僅存二石明人重刻者計四石又有小字二石在郡學尚未移出　浙江錢唐
淮源廟條約　正書　元豐元年八月　河南桐栢
龍門山常景造佛象記　正書　元豐元年八月　河南洛陽
善感禪院海公壽塔記　僧慧觀撰王頤正書　元豐元年九月　陝西咸甯
俞次臯謁華岳祠記　正書　元豐元年十月　陝西華陰
階州福津廣巖院記　正書　元豐元年八月　甘肅階州
龍洞韓鐸祈雪題名　正書　元豐元年十一月　山東歷城
華嶽廟薛昌朝等題名　正書　元豐元年十一月　陝西華陰
淨因院主因贊大師墓誌銘　正書　元豐元年十二月　河南汝州
黑龍潭妙應侯廟殘碑　正書　元豐元年十二月　山東范縣
龍洞高直等題名　正書　元豐元年　山東歷城
蘇轍題靈巖寺詩　正書　元豐二年正月靖康初空明居士刻　浙江鄞縣范氏拓本
鮮于侁題靈巖寺詩　正書　元豐二年正月　浙江鄞縣范氏拓本
龍洞知齊州事韓鐸請雨題名　正書　元豐二年二月　山東歷城
渾忠武王廟記　馬唐民撰郭仲益正書　元豐二年三月　陝西宜川
龍洞誠應邑三大字　韓鐸題何拱辰篆書　元豐二年四月　山東歷城
淡山巖孫頎等題名　正書　元豐二年四月　湖南零陵

再謁華嶽祠記 蔡延慶撰正書 元豐二年五月在後周華嶽廟碑正面書款之左 陝西華陰
靈隱龍泓洞李琮等題名 正書 元豐二年五月 浙江錢唐
華嶽廟王希荷蔣之奇題名 行書 元豐二年六月 陝西華陰
靈隱龍泓洞楊景略等題名 正書 元豐二年七月 浙江錢唐
靈隱青林洞胡宗師等題名 正書 元豐二年七月 浙江錢唐
封忠武王廟敕 郭仲益正書 元豐二年八月後有崇寧元年九月王頊題記 陝西宜川

淡山巖張申等題名 正書 元豐二年九月 湖南零陵
鳳皇山排衙石□□題名 正書 元豐二年十二月 浙江仁和
龍隱巖曾布題名 篆書 元豐二年 廣西臨桂
韓忠獻公祠堂記 郭時亮撰滕中正書 元豐三年正月 直隸定州
靈隱山查應辰等題名 正書 元豐三年正月 浙江錢唐
留題坊川玉華宮詩 蔣之奇作全載正書 元豐三年正月 陝西宜君
天馬賦 米芾撰行書 元豐三年正月明人刻本 陝西長安
謁太史公家祠記 王景修撰正書 元豐三年三月 陝西韓城
相公廟新刱長腳竿記 胡元資撰裴聳正書 元豐三年三月 山東泰安

重摹郭忠恕神在二字碑 王臨草書 元豐三年四月 山東歷城
王璞題名 正書 元豐三年四月在九成宮碑側 陝西麟遊
張公舊隱讀書堂詩 王臨撰大觀正書 元豐三年五月 山東歷城
乳母任氏葬誌銘 蘇軾撰正書 元豐三年十月明隆慶時重刻 浙江仁和趙氏拓本
李公顏遊靈巖寺題記 正書 元豐三年十月 山東長清
盛陶與靈巖長老書并詩 正書 元豐三年十月 浙江鄞縣范氏拓本
曾公巖陳倩等題名 正書 元豐三年十二月 廣東臨桂
書江淹香爐峯詩 米芾行書 元豐三年 江西南康
嶽麓寺碑側米芾題名 行書 元豐三年 湖南衡陽
靈巖道境四字 王臨飛白書 元豐三年 山東長清

□□祠堂後記 馬唐民撰郭仲益正書 元豐三年 陝西宜川
遊靈巖記 李公顏撰正書 元豐三年 山東長清
靈巖詩 盛陶撰正書 元豐三年 山東泰安
神宗賜文彥博詩 御製正書下附彥博記 元豐三年 山西介休
武昌西山蘇軾題名 正書 元豐三年 湖北武昌
西山沈逵題名 正書 元豐三年 湖北武昌
法興寺新修佛殿記 王益柔撰畢仲荀正書 元豐四年正月 山西長子
龍洞范純仁題名 正書 元豐四年四月 山東歷城
普安寺幼公經幢記 正書 元豐四年四月 山東淄川
燕喜亭純中等題名 行書 元豐四年五月 廣東陽山

燕喜亭正甫等題名 正書 元豐四年五月 廣東陽山
關帝廟眞身瑞像歴年記 正書 元豐四年五月 江蘇吳縣
七星巖王洎等題名 正書 元豐四年五月 廣東高要
五臺山孫眞人祠記 王𤁅撰正書 元豐四年六月後有金大定間朱孝思跋 陝西耀州
遊碧落洞徐九思等題名 正書 元豐四年七月 廣東英德
集歸去來辭詩 蘇軾行書 元豐四年九月 陝西長安
百泉王子淵題名 正書 元豐四年九月 河南輝縣
歐陽修跋昭仁寺碑 張滄正書 元豐四年十一月 陝西長武
興教寺玉峯軒記 陳正舉記八分書 元豐四年十二月 陝西□□
浯溪劉芾題名 正書 元豐四年 湖南祁陽

陶輔等題名 行書 元豐四年□月 □□□□
劉陶謁華嶽祠記 正書 元豐五年正月 陝西華陰
耆英會圖并詩 富弼等十二人作司馬光撰并正書 元豐五年正月明天啟中刻 江蘇嘉定錢氏拓本
濟瀆廟詩 文彥博撰正書 元豐五年二月 河南濟源
龍洞閭邱孝修等題名 正書 元豐五年三月 山東歴城
飛英寺釋迦成道記 唐王劭撰僧元耀行書 元豐五年七月 浙江歸安
吳翬等題名 張覲正書 元豐五年七月在九成宮碑側 陝西麟遊
謁華嶽祠記 趙諒撰正書 元豐五年七月 陝西華陰

白龍殿記 趙合撰吳九思行書 元豐五年七月 浙江鄞縣范氏拓本
溫泉雙皁莢行 陳叔度撰子正舉八分書 元豐五年七月 陝西臨潼
蔡文忠神道之碑 張方平撰孫永正書 元豐五年七月 廣東萬州
獨秀峯高元溥題名 正書 元豐五年 山東歴城
華嶽廟張舜民題名 正書 元豐五年 陝西華陰
黃龍晦庵和尚開堂疏 黃庭堅行書 元豐五年 □□□□
玉華宮胡滄夫題名 正書 元豐六年二月在蔣之奇詩左 陝西宜君
饒益寺謝卿材題名 正書 元豐六年三月 陝西朝邑
龍井山方圓庵記 僧守一撰米芾行書 元豐六年四月明萬歴間重刻 浙江錢唐

靈隱龍泓洞彥舟等題 正書 元豐六年五月 浙江錢唐
天和寺詩 蘇軾撰行書 元豐六年六月 陝西扶風
華嶽廟薛紹彭等題名 正書 元豐六年六月 陝西華陰
華嶽廟王覯等題名 正書 元豐六年九月 陝西華陰
聖壽寺羅漢座題字 正書 元豐六年十月 山東嘉祥
加封孟子敕牒碑 正書 元豐六年十月 山東鄒縣
張炎等題名 陳琳正書 元豐六年十一月在九成宮碑側 陝西麟遊
北嶽韓跂題名 正書 元豐六年十一月 直隸曲陽
五嶽廟記 劉乳撰郝洪正書 元豐六年 直隸望都
焦山蔣之奇題名 行書 元豐六年 江蘇丹徒

龍門山留守府牒 正書 元豐六年 河南洛陽
郭巨石室楊略等奉使高麗題名 正書 元豐六年 山東肥城
南山順濟龍王廟記 黃庭堅撰并行書 元豐癸亥湻熙已亥立 浙江錢唐
南山廖君玉等題名 正書 元豐七年正月 廣東英德
名義墩石橋記 正書 元豐七年正月 山東蒙陰
報恩寺智清靈骨記幢 正書 元豐七年四月 山東益都
韓魏公祠堂記 司馬光撰蔡襄正書 元豐七年六月在晝錦堂記之陰 河南安陽
謁華嶽祠記 陳康民撰正書 元豐七年八月 陝西華陰
新注般若心經 沙門妙空注正書 元豐七年 浙江鄞縣范氏拓本
東坡楚頌帖 行書 元豐七年十月後又附元祐三年間書 浙江嘉興
又 行書 無年月 四川巴縣
呂升卿題名 正書 元豐七年在晉祠碑陰 山西陽曲
少林寺鐘樓王彥輔詩圖 行書 元豐七年 河南登封
陽曲縣令崔袞等題名 行書 元豐七年在晉祠碑陰 直隸曲陽
七星巖劉靜叔等題名 正書 元豐八年正月 廣東高要
北嶽蔡延慶題名 正書 元豐八年正月 直隸曲陽
碧落洞楊蟠題名 正書 元豐八年二月 廣東英德
淡山巖陳遘等題名 正書 元豐八年十月 湖南零陵
靈派侯廟重修木帳記 正書 元豐八年六月 山東泰安
栗子山運石題名碑 正書 元豐八年七月 河南偃師
母孝子考父墓碣銘 正書 元豐八年八月 山東安邱
惠明寺舍利塔碑 呂惠卿撰正書 元豐八年八月 山西太原
舍利塔碑陰 正書 山西太原
永安院度僧記 馬招撰馬臧正書 元豐八年九月 直隸柏鄉
東坡海市詩 正書 元豐八年十月元皇統間重刻 山東蓬萊
漢華山碑王子文題名 正書 元豐八年 浙江鄞縣范氏拓本
東山張翥等題名 正書 元豐八年十二月 廣東潮陽
吳道子畫象 蘇軾跋行書 元豐八年 山東蓬萊
眞孃墓詩 米芾行書 元豐八年 湖北襄陽
留題興安王廟詩 呂惠卿撰行書 元豐八年 直隸曲陽
朝陽巖蔣僅題名 正書 元豐八年 湖南零陵
華嶽建醮記 王子文撰正書 元豐八年 陝西華陰
開封府請靈巖確公主淨因院疏 蔡卞行書 元豐□年七月 浙江鄞縣范氏拓本
龍井神運石題名 正書 元豐□年 浙江錢唐
溫泉□希古等題名 正書 元豐□年 陝西臨潼
新甫山漢武帝廟碑 正書 元豐□年 山東新泰
黑龍潭妙應侯牒殘碑 正書 元豐□年 山東范縣

南山家人卦磨崖 司馬光八分書 無年月 浙江錢唐
南山幽居洞損卦益卦磨崖 司馬光八分書 無年月 浙江錢唐
南山艮卦磨崖 司馬光八分書 無年月 浙江錢唐
南山中庸磨崖 司馬光八分書 無年月 浙江錢唐
南山樂記磨崖 司馬光八分書 無年月 浙江錢唐
南山太子灣左傳晏子語磨崖 司馬光八分書 無年月 浙江錢唐
慈恩寺張琬等題名 正書 元祐元年閏二月 陝西長安
大中題樓觀南樓詩 薛紹彭正書 元祐元年三月 陝西盩厔
薛周晋題樓觀詩 薛紹彭正書 元祐元年三月 陝西盩厔
九曜石時仲公許積中等題名 正書 元祐元年三月在藩署米芾藥洲二字之前 廣東南海
重修孟子廟牒碑 正書 元祐元年三月 山東鄒縣
左山興化寺高永亨等題名 行書 元祐元年三月 山東曹縣
碧落洞介夫等題名 正書 元祐元年五月 廣東英德
新修昭明廟碑 正書 元祐元年七月 安徽貴池
洞庭包山丙洞許輔等題名 正書 元祐元年七月 江蘇吳縣
祭奠華嶽廟記 薛俅撰正書 元祐元年十一月 陝西華陰
惠因院賢首教藏記 章衡記 唐之問書 元祐元年十二月 按此碑在西湖集慶寺大半埋入土中何夢華始搨出之紹興府學亦有一碑行款皆同惟額作正書 浙江錢唐
京兆尹杜公墓誌銘 李昭撰 杜大中正書 元祐元年 河南輝縣
靜源甿石院記 余靖撰正書 元祐元年 □□□□
司馬文正公神道碑 蘇軾撰并正書 元祐二年正月 江蘇嘉定瞿氏拓本
白龍池貫道建欄題名 正書 元祐二年正月 山東泰安
岱頂劉袞祈雪題名 林會正書 元祐二年正月 下附蘇轍詩 山東泰安
上清宮詞 蘇軾撰并行書 元祐二年二月 陝西盩厔
九曜石李之紀題名 正書 元祐二年三月 廣東南海
光福寺銅觀音像記 黃公頤撰正書 元祐二年三月 江蘇吳縣
慈恩寺范暟題名 正書 元祐二年四月 陝西長安
浯溪陳宏題名 正書 元祐二年四月在御應辰題名旁 湖南祁陽
超化寺張子山等題名 正書 元祐二年七月 河南密縣
張汝賢等題名 正書 元祐二年七月 安徽盱眙
眞相院釋迦舍利塔銘 蘇轍撰并正書 元祐二年八月 宣和三年立石 山東長清
武溪深詩 蔣之奇撰行書 元祐二年十二月末有元祐三年李修跋及元祐癸酉移立字 廣東曲江
北嶽韓跋題名 正書 元祐二年十一月 直隸曲陽
泰山廟題名記 正書 元祐二年 河南偃師
晋題泰山詩 缺名正書 元祐二年 山東泰安

華嶽廟張舜民題名 正書 元祐二年 陝西華陰
祭告華嶽記 游師雄撰正書 元祐三年正月 陝西華陰
白雲巖譚粹等題名 正書 元祐三年二月 廣東龍川
郭祥正遊石室篇 正書 元祐三年二月 廣東高要
七星巖郭祥正等題名 正書 元祐二年三月在石室篇之前 廣東高要
游師雄游玉華宮題名 正書 元祐三年四月 陝西宜君
青峯山寶月禪師龕銘 王箴撰并行書 元祐三年四月 陝西寶雞
靈巖王撥題名 正書 元祐三年四月 山東長清
華嶽廟杜純題名 男開正書 元祐三年四月 陝西華陰
草堂寺薛紹彭題名 正書 元祐三年五月 陝西鄠縣

游師雄等題名 正書 元祐三年五月在聖教序記之陰 陝西大荔
石佛寺布袋羅漢象 崔白畫蘇軾題正書 元祐三年七月 山東益都
慈恩寺王評題名 正書 元祐三年八月 陝西長安
石鼓山西溪張公綬題名 行書 元祐三年八月 湖南衡陽
顏魯公祠堂碑 米芾撰正書 元祐三年九月 山東費縣
韓忠獻公祠堂事蹟記 衡規序劉燾正書 元祐三年十月 浙江鄞縣范氏拓本
溫泉呂義山等題名 正書 元祐三年十二月在溫泉箴右 陝西臨潼
緱氏重修太山廟碑記 梁份撰正書 元祐三年閏十二月 河南偃師

海甯縣雙仁祠二顏公碑 米芾行書 元祐三年下有天啟間鮑觀光跋 浙江海甯
臥龍山楊傑等題名 八分書 元祐三年下有呂升卿題 浙江山陰
布衾銘 司馬光撰八分書 元祐三年 山西夏縣
布袋羅漢象 崔白畫蘇軾題 元祐三年 河南輝縣
布袋眞儀贊 崔白畫蘇軾撰正書 元祐三年 山東濰縣
靈巖王攄題名 正書 元祐三年 山東泰安
贈光祿大夫羅仲宣神道碑 王□中撰蘇□□正書 元祐三年 山東淄川
李衞公神道碑陰記 游師雄撰王持行書 元祐四年二月 陝西醴泉

贈李方叔馬券 蘇軾行書 元祐四年四月後有蘇轍詩及黃庭堅跋 浙江嘉興
岱頂玉女溝陳守道等題名 正書 元祐四年四月 山東泰安
昭陵六馬像并贊 游師雄記才玠正書 元祐四年五月 陝西醴泉
刻李義山題渾忠武王祠堂詩 游師雄跋并正書 元祐四年九月後有元祐五年五月仇伯王等題 陝西乾州
賜嘉賢廟敕 附楊傑奏狀正書 元祐四年九月在孔子十字篆碑旁 江蘇丹陽
三生石陶撥題名 正書 元祐四年十一月 浙江錢唐
淮源縣杜彥則等題名 任承夫行書 元祐四年十二月 河南桐柏

煙江疊嶂圖詩 蘇軾行書 元祐四年 江蘇常熟
曹郡侯曾布題名 吳則禮正書 元祐四年在晉祠碑陰 山西太原
丹陽邵壎題名 行書 元祐四年在晉祠碑陰 山西太原
禹王廟司馬旦題名 八分書 元祐四年 山西夏縣
禹王廟司馬光題名 八分書 元祐四年 山西夏縣
相國寺尊勝加句陁羅尼眞言 正書 元祐五年二月 河南祥符
渾忠武公祠堂記 辛育撰安宜之正書 元祐五年三月 陝西乾州
龍華寺蘇軾等題名 正書 元祐五年三月 浙江仁和
謁太史公祠記 邵篪撰行書 元祐五年四月 陝西韓城
新鄉縣學記 詹文撰杜常正書 元祐五年四月 浙江鄞縣范氏拓本
過九成宮舊址詩 游師雄撰正書 元祐五年十二月閣上功跋 陝西麟遊
淡山巖林邵題名 行書 元祐五年六月 湖南零陵
北嶽廟侍其瑢題名 正書 元祐五年六月 直隸曲陽
涇陽縣重修孔子廟記 杜德機撰王驤八分書 元祐五年七月 陝西涇陽
京兆府學新移石經記 黎持撰安宜之正書 元祐五年九月 陝西長安
鄆州州學新田記 尹遷撰李伉八分書 元祐五年九月 山東東平
州學新田記碑陰 方翰行書 山東東平
韓魏公祠堂繪畫遺事記 王巖叟撰劉安世正書 元祐五年九月 直隸定州
韓魏公載祀典敕 行書 元祐五年十月 直隸定州
草堂寺轉運使杜孝錫題名 行書 元祐五年十月在唐定慧禪師碑側 陝西鄠縣
白龍池龔無黨題名 行書 元祐五年十一月 山東泰安
林慮山聖燈記 張商英撰并草書 元祐五年十一月 河南林縣
程奇遊師墪寺留題詩 正書 元祐五年十二月 陝西咸甯
懷子由詩 蘇軾撰行書 元祐五年 陝西扶風
唐凌煙閣功臣畫象幷贊 游師雄撰正書 元祐五年 陝西麟遊
濟瀆廟曾布題名 正書 元祐五年 河南濟源
武功蘇授之等題名 正書 元祐五年 河南偃師
南伊掌籍張君曰題名 正書 元祐五年在謝絳碑側 河南偃師
贈金紫光祿大夫羅公神道碑 蘇□正書 元祐五年 浙江仁和趙氏拓本
大滌洞口陳艮孫張璹等題名 正書 無年月何夢華以張璹見蘇東坡龍華寺題名故附此 浙江餘杭
阿育王寺宸奎閣碑 蘇軾撰并正書 元祐六年正月明萬歷間重刻 浙江鄞縣
北嶽郝宗臣張維周題名 正書 元祐六年二月 直隸曲陽
劉槩詩 正書 元祐六年二月 浙江鄞縣范氏拓本
半月泉詩幷題名 蘇軾撰行書 元祐六年三月明萬歷間重刻 浙江德清

與胡祠部遊法華山詩 蘇軾撰行書 元祐六年四月 明萬歷間刻 浙江烏程
焦山米芾題名 正書 元祐六年四月 江蘇丹徒
摹吳道子觀音二象 呂申贊正書 元祐六年五月 陝西長安
伯夷叔齊墓碑 黄庭堅撰并正書 元祐六年六月 江蘇青浦王氏拓本
雲門山曾布等題名 正書 元祐六年閏八月 山東益都
昭孝禪院辨證大師塔銘 王銑口撰并正書 元祐六年八月 河南鞏縣
辨證大師塔銘碑陰 正書 河南鞏縣
超化寺王景美王詵等題名 八分書 無年月 河南密縣
傳堯俞疏 李格非撰王本行書 元祐六年九月 河南濟源
修武令張埜題名 正書 元祐六年九月在沐澗魏夫人碑陰 河南河內
滿庭芳詞 蘇軾撰正書 元祐六年十月 明嘉靖間刻 湖北黄岡
醉翁亭記 歐陽修撰蘇軾行書 元祐六年十一月 安徽滁州
廬山七佛偈 黄庭堅正書 元祐六年十二月 江西星子
華嶽廟知華州陳知新題名 正書 元祐六年 陝西華陰
華堂寺張保源題名 正書 元祐六年在定慧禪師碑陰 陝西鄠縣
七星巖許珏題名 正書 元祐六年 廣東高要
社稷壇銘 梅述撰王裕民正書 元祐六年 福建侯官
金陵雜詠 黄履撰正書 元祐六年 江蘇江甯
吳天璽紀功碑胡宗師題名 行書 元祐六年 江蘇江甯
定州學王右丞陰陽竹石刻 正書 元祐六年 直隸曲陽
建後唐雅上人舍利塔記 僧口雅撰正書 元祐七年正月 河南偃師
壽陽修學記 李毅撰王可正書 元祐七年二月 山西壽陽
韓文公廟碑 蘇軾撰正書 元祐七年三月 明成化間重刻 廣東海陽
芮城縣題名記 章文炳撰正書 元祐七年四月 山西芮城
煙霞佛手巖林虙等題名 正書 元祐七年四月 浙江仁和
顏文忠公新廟記 曹輔撰秦觀正書 元祐七年四月 山東費縣
新廟記碑陰 米芾行書 山東費縣
石鼓山西溪柳韶等題名 張鈞八分書 元祐七年六月 湖南衡陽
汾州平遙縣清虛觀記 謝悰記朱處厚正書 元祐七年六月 山西平遙
重修天王堂記 馬天口撰并正書 元祐七年七月 山西鳳臺
草堂寺劉錮等十八人題名 正書 元祐七年七月在定慧禪師碑陰 陝西鄠縣
洪山項羌三校題名 正書 元祐七年七月 山東嘉祥
超化寺韓巛等題名 正書 元祐七年八月 河南密縣
朝陽巖邢恕等題名 行書 元祐七年九月 湖南零陵
靈巖詩刻 蔡安持撰正書 元祐七年十月 後有正隆二年題字 山東長清
蓮花洞張吉妻尹氏題名 正書 元祐七年 山東長清

觀音洞潁叔等題名 正書 元祐七年 山東長清
三洲巖王彭年題名 正書 元祐七年 廣東德慶州
張保源遊高驪潭題名 正書 元祐七年在唐定慧禪師碑陰 陝西鄠縣
北嶽徐震題名 正書 元祐七年 直隸曲陽
西溪張鈞題名 八分書 元祐七年 湖南衡陽
紫閣寶林寺蔡京題名 行書 元祐七年 陝西鄠縣
重書孝女曹娥碑 蔡卞行書 元祐八年正月 浙江上虞
重修郃陽縣學記 時彥撰王賁正書 元祐八年正月 陝西郃陽
北嶽徐震題名 行書 元祐八年二月 直隸曲陽
坊州刺使盛南仲遊玉華宮記 王績正書 元祐八年二月 陝西宜君
北嶽韓南仲題名 正書 元祐八年五月 直隸曲陽
廣福寺殘經幢 僧守慶正書 元祐八年六月 山東益都
攝山巖因崇報禪院牒 行書 元祐八年六月政和三年立 江蘇江甯
重書阿房宮賦 游師雄後記安宜之正書 元祐八年六月 陝西長安
碧落洞時孝孫題名 行書 元祐八年八月 廣東英德
華嶽廟祈晴記 游安民撰正書 元祐八年八月 陝西華陰
□□□周之祥等題名 正書 元祐八年八月 浙江錢唐
碧落洞范閎父等題名 正書 元祐八年九月 廣東英德
左中散大夫徐師閔墓志 蔣之奇撰黃履正書 元祐八年十一月瞿秀才中溶吳郡金石志云碑未詳所在文云葬於吳縣蒸山 江蘇嘉定錢氏拓本
邢恕題花巖巖詩 行書 元祐八年 湖南零陵
重修臧大夫廟殿記 僧海晏撰幷正書 元祐八年 山東壽光
小蓬萊巡山孫明叔題名 八分書 元祐八年 山東泰安
小蓬萊大梁張挺等題名 正書 元祐八年 山東泰安
小蓬萊南陵東元伯等題名 正書 元祐八年 山東泰安
王母池殿剏建花園記 正書 元祐八年 山東泰安
濟瀆廟張徽題名 正書 元祐八年 河南濟源
慈恩寺駙馬都尉王詵題名 行書 元祐八年 陝西長安
宣仙聖烈皇后山陵採石記 正書 元祐八年 河南偃師
龍洞潘安世題名 正書 元祐八年 山東歷城
玉泉院游師雄題名 正書 元祐九年正月 陝西華陰
中山松醪賦 蘇軾撰行書 元祐九年二月 四川巴州
洋州園池詩 蘇軾撰行書 無年月 四川巴州
陽羨帖 蘇軾撰行書 無年月與上二種合刻一石 四川巴州
溫泉游師雄題名 正書 元祐九年四月 陝西臨潼
游師雄等題名 正書 元祐九年七月在聖教序記之陰 陝西大荔
至德廟橋題字 正書 元祐九年八月 江蘇吳縣
宣仁聖烈皇后山陵採石記 吳安持撰楊仲卿正書 元祐九年十一月 河南偃師
華嶽廟游安民題名 正書 元祐九年 陝西華陰

濟瀆廟葉俊題名 正書 元祐九年 河南濟源
趙光輔觀音變相畫壁跋 游師雄正書 紹聖元年四月 陝西耀州
雪浪石盆銘 蘇軾撰并行書 紹聖元年四月 直隸定州
祈雨淮瀆記 頓起撰篆書 紹聖元年四月 河南桐柏
仰天山韓國等題名 正書 紹聖元年四月 山東臨朐
仰天山縣令陳子口祈雨題名 正書 紹聖元年四月 山東臨朐
昭陵圖并記 楊安繪游師雄撰記并正書 紹聖元年五月 陝西醴泉
草堂寺王濟叔等題名 八分書 紹聖元年五月在定慧禪師碑陰 陝西鄠縣
高陵重修縣學記 吳柔嘉記朱草正書 紹聖元年五月 陝西高陵

重修太公廟記 邢澤民撰正書 紹聖元年五月 浙江鄞縣范氏拓本
蔡安時題靈巖寺詩 正書 紹聖元年六月 浙江鄞縣范氏拓本
碧落洞方希覺等題名 正書 紹聖元年七月 廣東英德
黃山谷題石鏡溪三字 正書 紹聖元年七月 江西星子
張重題名 正書 紹聖元年七月在昭仁寺碑陰 陝西長武
曹調鼎題名 正書 紹聖元年八月在昭仁寺碑陰 陝西長武
淡山巖劉用之等題名 正書 紹聖元年九月 湖南零陵
南山蘇軾題名 正書 紹聖元年九月後有紹興七年傅雱跋 廣東英德
謁華嶽祠記 胡宗回撰正書 紹聖元年九月 陝西華陰

南山方希覺等題名 正書 紹聖元年十二月 廣東英德
重修玉皇廟象記 張寅撰正書 紹聖元年 山東鉅野
謝絳碑側濟南李格非等題名 行書 紹聖元年 河南偃師
慈雲嶺佛牙贊 仁宗御製正書 紹聖元年 浙江錢唐
南海浴日亭詩 蘇軾撰正書 紹聖元年嘉定辛巳刻下有至元間跋 廣東南海
祠山廟陳述明鐵像題字 正書 紹聖二年正月 安徽廣德州
石門賈公直等題名 正書 紹聖二年二月 陝西褒城
草堂寺朱光裔等題名 正書 紹聖二年三月在定慧禪師碑陰 陝西鄠縣
李行之題名 行書 紹聖二年四月在楊珣碑後 陝西扶風

淨土院新建釋迦殿記 鄒起撰駱閔正書 紹聖二年四月在唐慧因普光塔銘碑陰 浙江臨安
游玉華宮記 錢景允撰并八分書 紹聖二年五月 陝西宜君
溫泉薛俅等題名 正書 紹聖二年六月 陝西臨潼
華嶽廟張重題名 正書 紹聖二年八月 陝西華陰
浯溪錢呂題名 正書 紹聖二年八月 湖南祁陽
下邑縣福建漢慎令碑記 正書 紹聖二年八月 浙江鄞縣范氏拓本
薛嗣昌草堂寺詩 正書 紹聖二年九月 陝西鄠縣
李章游草堂寺詩 子百堅正書 紹聖二年九月 陝西鄠縣
蓄貍說 黃庭堅撰行書 紹聖二年九月 江蘇嘉定錢氏拓本
行香子詞 蘇軾撰正書 紹聖二年九月 湖北黃岡

曾公巖洞胡宗回等題名 正書 紹聖二年九月 廣西臨桂
淡山巖張茂先題名 正書 紹聖二年十月 湖南零陵
振衣岡上官均題名 正書 紹聖二年十月 山東泰安
重修堯廟碑 李勃 吳愿合撰 張洞正書 紹聖二年十二月 河南河內
曾逢原題名 行書 紹聖二年十二月在醴泉銘側 陝西麟遊
華嶽廟中丞李深題名 正書 紹聖二年 陝西華陰
臥龍山呂升卿題名 正書 紹聖二年 浙江山陰
虎邱山試劒石三字 呂升卿正書 紹聖二年 江蘇吳縣
雪堂二字 蘇軾正書 紹聖二年 湖北黃岡
桃源谷朝奉郎張邦茂等題名 正書 紹聖二年 山東泰安
吳道子畫孔子按几坐像 宋太祖贊 孔宗壽撰記 正書 紹聖二年 山東曲阜
夫子像贊 宋太祖 眞宗撰 孔端本正書 紹聖二年 山東曲阜
曾公巖盧約等題名 正書 紹聖二年 廣西臨桂
華嶽廟張舜民題名 正書 後八年歲乙亥在元祐二年題名下乃紹聖二年也 陝西華陰
游玉華宮記 錢景迪撰并正書 紹聖□年 陝西宜君
白龍池任紹等題名 正書 紹聖三年二月 山東泰安
鮑公巖碑 正書 紹聖三年二月 浙江仁和趙氏拓本
朝陽巖曹季明題名 行書 紹聖三年三月 湖南零陵
焦山陳安民題名 行書 紹聖三年三月 江蘇丹徒

振衣岡開封趙令緋等題名 正書 紹聖三年四月 山東泰安
南山衆樂亭詞 方希覺撰正書 紹聖三年四月 廣東英德
碧落洞方希覺題名 董粹記 李修正書 紹聖三年四月 廣東英德
淡山巖曹長倫等題名 鄒洵武正書 紹聖三年五月 湖南零陵
大安壽聖寺碑 劉覽撰 僧洪湛正書 紹聖三年六月 山西芮城
北嶽韓肖胄題名 正書 紹聖三年七月 直隸曲陽
賈使君碑陰記 溫益撰行書 紹聖三年七月又元至正十二年李彌等行書 山東滋陽
南山蕭世京題名 正書 紹聖三年九月 廣東英德
定州觀察判官仇公著墓誌 鄭子文撰 王同老正書 紹聖三年十月 山東益都
淨土寺寶月大師碑 李湘撰并正書 紹聖三年十二月 河南鞏縣
大佛寺關山月關山雪詞 宋構撰并行書 紹聖三年 陝西隴州
興國寺陁羅尼經幢 正書 紹聖三年 河南魯山
蓬萊觀吳郡丁執文等題名 正書 紹聖三年 浙江象山
新葺南山亭詩 朱伯虎撰正書 紹聖三年 廣東英德
龍興寺大悲閣記 葛蘩撰正書 紹聖四年二月 直隸正定
仰天山梁子諒等題名 正書 紹聖四年二月 山東臨朐
祠山廟鐵像題字 胡庶正書 紹聖四年三月 安徽廣德州
淡山巖朱養浩等題名 正書 紹聖四年三月 湖南零陵
虎邱山黃安仁等題名 正書 紹聖四年三月 江蘇吳縣

白龍池德光等題名 正書 紹聖四年三月 山東泰安
白龍池范陽正輔題名 正書 紹聖四年三月 山東泰安
題巢父亭詩 羅適撰正書 紹聖四年三月 河南汝州
振衣岡張泌等題名 正書 紹聖四年四月 山東泰安
淡山巖唐節等題名 行書 紹聖四年閏四月 湖南零陵
雙塔寺如意輪陁羅尼經 蘇軾正書 紹聖四年五月 安徽宣城
朝請郎柴公玉華寺詩 胡授正書 紹聖四年九月 陝西宜君
權知陝州軍府游思雄墓誌 張舜民撰邵龢正書 紹聖四年十月 陝西長安
敕賜重興戒香寺公據 僧文才正書 紹聖四年十月 陝西郃陽
賜賀藍棲眞詩幷記 眞宗撰詩張誾撰記正書 紹聖四年十月 河南濟源

祈澤寺仁壽縣君蘇氏墓誌 劉次莊撰幷正書 紹聖四年十月 江蘇上元
奉議郎施縝墓誌 李琮撰張綬正書 紹聖四年十一月 安徽宣城
呂公明父謁先聖記 正公彥撰□鶴正書 紹聖四年十二月即鄆州學新田記之陰 山東東平
重建龍祠記 危眞撰曹昇正書 紹聖四年 福建龍溪
白龍池東之題名 正書 無年月 山左金石志附紹聖四年 以文内有丁丑字也 山東泰安
薛嗣昌題名 正書 紹聖四年後有金明昌五年劉仲游題 浙江鄞縣范氏拓本

南山濳利涉等題名 李永言行書 紹聖五年正月 廣東英德
盧山延眞觀紀異詩刻 任廣撰行書 紹聖五年正月 山東黃縣
同回翁會眞宮詩 正書 紹聖五年三月 山東泰安
書將軍山廟辭 馮維寅正書 紹聖五年三月 □□□□
遊靈巖詩 李廸撰李侃正書 紹聖五年三月 山東長清
神通寺窣堵波銘 濟卞撰馮睿正書 紹聖五年三月 山東歷城
重修城隍廟記 吳賾撰王仲貞行書 紹聖五年五月刻于吳越崇禰侯記之陰 浙江山陰
承議郎慶成軍使韓宗厚墓誌銘 朱光裔撰杜紘正書 紹聖五年九月 河南許州
石壁詩 呂洞賓撰正書 紹聖五年 山東泰安

重書李白半月臺詩 正書 紹聖□年 張億等立石 山東單縣
峴山岑巖起題名 正書 元符元年六月 湖北襄陽
趙良器等題名 正書 元符元年六月 浙江錢唐
淡山巖范正思等題名 正書 元符元年十月 湖南零陵
草堂寺李諶等題名 行書 元符元年十月 陝西鄠縣
東城慈雲寺普會寶塔記 正書 元符二年正月 浙江錢唐
元始天尊說北方眞武經 宋溥正書 元符二年正月 江蘇嘉定瞿氏拓本
草堂寺崔伯宗題名 正書 元符二年三月 陝西鄠縣
華嶽廟陳知存題名 正書 元符二年三月 陝西華陰
王正臣等題名 正書 元符二年五月 陝西鄠縣
淡山巖孫欽臣等題名 正書 元符二年六月 湖南零陵

寶文閣待制韓宗道墓誌　曾肇撰趙挺之正書元符二年七月　河南許州
定山游茂先題名　正書元符二年八月　浙江仁和
大悲之傳　行書元符二年九月　浙江山陰
縣令朱子才題名　行書元符二年九月　河南汲縣
龍隱下巖張壽之題名　行書元符二年九月　廣西臨桂
李公弼題名　正書元符二年閏九月　江蘇嘉定瞿氏拓本
石門山程閎中等題名　行書己卯閏月錢竹汀詹事攷爲元符二年閏九月　浙江青田
白雲觀主利師塔記　趙宗輔撰道稚正書元符二年十月　陝西鄠縣
淡山巖蔡穀等題名　正書元符二年十一月　湖南零陵

漢太尉紀公廟木帳記　周頴撰蔡靖行書浙江仁和元符二年十一月趙氏拓本
靈巖寺湼盤經偈　蔡卞行書元符二年十二月又建中靖國元年十一月續書崇寧元年刻石　山東長清
達摩面壁之庵額　蔡卞正書無年月　河南登封
眞武經碣　宋搏正書元符二年　河南登封
州學二字　蔡卞正書元符二年　山東東平
此君堂詩　黃庭堅撰行書元符二年　安徽桐城
華嶽廟蔡挺等題名　正書元符二年　陝西華陰
南山孫叔靜題名　行書元符二年　廣東英德
白龍池口居中等題名　正書元符二年　山東泰安
謝絳碑側香山程公孫題名　正書元符二年　河南偃師

王母池劉晦叔等題名　正書元符三年正月後有政和改元三月題字　山東泰安
崇明寺大佛殿莊功德記　李潛撰并正書元符三年正月在崇明寺　江蘇句容
南山孫叔靜題名　正書元符三年二月唐碑之陰　廣東英德
草堂寺李援等題名　八分書元符三年二月　陝西鄠縣
贈太師中書令兼尙書令魏王告詞　行書元符三年三月　□□□□
虎邱山孫實等題名　正書元符三年四月　江蘇吳縣
永泰陵採石記　曾孝廉記韓恩永正書元符三年五月　河南偃師
元豐敕封順應侯牒碑　正書元符三年六月刻　山東歷城

順應侯碑陰記　李元膺撰正書　山東歷城
淡山巖韓川等題名　正書元符三年六月　湖南零陵
重修三藏鳩摩羅什塔亭記　僧祖武撰僧宗議八分書元符三年六月　陝西鄠縣
白龍池趙習之等題名　正書元符三年七月　山東泰安
靈泉觀楊質夫題字　草書元符三年八月　□□□
劉器之書杜子美義鶻瘦馬二詩　正書元符三年八月有申彥卿跋　浙江鄞縣范氏拓本
岱頂孫愐等題名　正書元符三年九月　山東泰安
溫泉程懿叔遇雪詩　正書元符三年十月　陝西臨潼
白龍池石匠呂全等題名　正書元符三年十月　山東泰安

白龍池韓存中等題名 正書 元符三年十月 山東泰安

徐端口題种放詩刻 行書 元符三年 山東泰安

題靈峯山詩 蘇軾撰 正書 元符三年 廣東南海

溫泉王純臣等題名 行書 元符口年六月 陝西臨潼

獅子山詩 李前撰 正書 無年月 粵東金石略云李前哲宗時人故附元符末 廣東澄海

寰宇訪碑録卷第七

光緒歲在閼逢涒灘國子監肄業生吳縣朱記榮校刊

寰宇訪碑録卷第八

賜進士及第署山東提刑按察使分巡兗沂曹濟黃河兵備道陽湖孫星衍
賜進士出身浙江湖州府長興縣知縣階州邢澍 同撰

北宋

重書李翰拜比干廟碑 張琪正書 建中靖國元年正月 河南汲縣

南浦黃庭堅題名 行書 建中靖國元年二月 四川忠州

蔣緯題淡山巖詩 行書 建中靖國元年二月後有四世孫務敏跋 湖南零陵

白龍池任良壽題名 正書 建中靖國元年三月 山東泰安

岱頂楊舜賓等題名 正書 建中靖國元年三月 山東泰安

白龍池王甫倆等題名 正書 建中靖國元年三月 山東泰安

草堂寺李革等題名 正書 建中靖國元年三月 在定慧禪師碑陰 陝西鄠縣

二陵採石碑 曾孝序撰 孫廱正書 建中靖國元年三月 河南偃師

草堂寺路允韜等題名 行書 建中靖國元年四月 在定慧禪師碑陰 陝西鄠縣

先聖廟記 朱之純撰 正書 建中靖國元年五月 浙江鄞縣范氏拓本 陝西鄠縣

草堂寺孫竦等題名 正書 建中靖國元年五月 陝西鄠縣

華岳廟呂至山題名 正書 無年月 案草堂寺題名至山為建中靖國時人故附此 陝西華陰

靈巖寺十二景詩 住持仁欽撰行書 建中靖國元年八月　浙江鄞縣范氏拓本

三十六峯賦 樓异撰僧曇潛行書 建中靖國元年九月　河南登封

題期思遺愛廟詩 張攷撰戴元正書 建中靖國元年九月　河南固始

石窟寺慈聖皇后賜鐘贊 宋直方正書 建中靖國元年九月　河南鞏縣

重建南山亭榭詩 譚粹撰正書 建中靖國元年十月　廣東英德

石龍院錢倩仲題名 正書 建中靖國元年十一月　浙江錢塘

靈巖寺楞嚴經偈 蔡卞行書 建中靖國元年十一月　山東長清

龍隱上巖譚掞題名 正書 建中靖國元年十二月　廣西臨桂

青原山黃庭堅詩 行書洪炎跋劉玠正書 建中靖國元年　江西廬陵

九成宮臺銘 蘇軾撰正書 建中靖國元年明嘉靖間刻石　廣東曲江

九成臺額 蘇軾正書 無年月凡二刻一刻於九成宮臺銘碑首 一刻於武溪深碑陰　廣東曲江

府廨正寶堂三字 蘇軾正書 無年月後有楊誠齋跋重摹本　廣東曲江

蘇門山湧金亭題字 蘇軾正書 無年月　河南輝縣

臨江仙詞 蘇軾撰正書 無年月　江西宜春

虎跑泉詩 蘇軾行書 無年月明季重刻　浙江錢塘

安平泉詩 蘇軾撰行書 無年月　浙江仁和

書西湖詩 蘇軾行書 無年月　浙江錢塘

慈雲寺二十四詩 蘇軾行書 無年月趙晉齋云原石已爲寺僧砌牆脚尚露字蹟　浙江仁和

本覺寺東坡贈文長老三詩刻石 行書 無年月下有慶元元年釋本覺跋　浙江嘉興

密州題名 蘇軾八分書 無年月　山東諸城

超然臺賦 蘇轍撰蘇軾正書 無年月　山東諸城

黃州謝上病稿 蘇軾撰行書 無年月　安徽當塗

東坡詩碣 行書 無年月　安徽當塗

豐樂亭記 蘇軾正書 無年月明嘉靖間重刻　安徽全椒

醉翁亭記 蘇軾正書 無年月　安徽全椒

又小字本 蘇軾行書 無年月　江蘇嘉定錢氏拓本

周孝侯斬蛟橋題字 蘇軾正書 無年月後有紹定唐寅謝采伯跋　江蘇宜興

金剛經 蘇軾行書 無年月明萬歷間重刻　江西清江

都昌縣詩 蘇軾撰正書 無年月　江西都昌

郊行詩 蘇軾撰正書 無年月　河南郟縣

次韻伯固遊蜀岡送叔師奉使嶺表詩刻 蘇軾撰正書 無年月　河南郟縣

羅池廟送迎神詩 蘇軾撰正書 無年月嘉定十年刻石　廣西馬平

柳子厚羅池銘 蘇軾正書 無年月　廣西馬平

蒲澗寺詩 蘇軾撰正書 無年月　廣東南海

三洲巖題名　蘇軾正書　廣東德慶州
浮粟泉三字　蘇軾正書無年月　廣東瓊山
洞酌亭詩　蘇軾撰正書無年月　廣東瓊山
浮粟泉二詞　蘇軾撰行書無年月近時摹本　廣東瓊山
梅花石刻　蘇軾書無年月　湖北黄岡
歸去來辭　蘇軾正書無年月　安徽當塗
歸去來辭　蘇軾行書無年月　石在江蘇鎮洋張氏
集歸去來辭字詩　蘇軾正書無年月　石在江蘇鎮洋張氏
哨遍詞　蘇軾正書無年月　石在江蘇鎮洋張氏
墨妙亭殘刻　蘇軾行書無年月已琢爲硯　浙江桐鄉某氏拓本
與佛印禪師簡　蘇軾正書無年月湻熙戊戌年刻　江蘇嘉定錢氏拓本

送正儒考功大夫出守東蜀詩　蘇軾撰正書無年月　浙江仁和趙氏拓本
黄樓賦　蘇軾正書無年月　浙江仁和趙氏拓本
天堂山詩　蘇軾撰正書無年月　山東掖縣
靈巖寺詩刻　蘇軾草書無年月　山東長清
壁巖清空世界四字　蘇軾正書無年月嘉慶庚申三月何夢華訪碑卞山始拓得之　浙江長興
玲瓏山九折巖三字　蘇軾正書無年月嘉慶元年何夢華遊臨安始搜出之　浙江臨安
靈巖寺建塔手札　蘇軾行書無年月金大定間刻　山東長清
崇恩園陵採石記　正書無年月　河南偃師

茅山蓬壺洞石豫題名　正書崇寧元年正月　江蘇句容
淡山巖張適等題名　正書崇寧元年二月　湖南零陵
王彥祖等題名　行書崇寧元年二月　安徽盱眙
太僕丞張景修等題名　正書崇寧元年二月在聖教序記之陰　陝西大荔
劉晦叔等題名　行書崇寧元年三月　安徽盱眙
白龍池董元康等題名　董直正書崇寧元年三月　山東泰安
岱頂郝樗年等題名　正書崇寧元年三月　山東泰安
七星巖鄭敦義題名　正書崇寧元年三月　廣東高要
草堂寺詩　侯澤撰崔拱正書崇寧元年三月　陝西鄠縣
茅山華陽洞陳孚先等題名　正書崇寧元年四月　江蘇句容

白龍池奉符令李珪捕蝗謁祠記　正書崇寧元年七月　山東泰安
方山李長者行蹟碑　正書崇寧元年七月　山西壽陽
建唐太宗祠碑　趙茂曾撰朱光旦正書崇寧元年七月　陝西武功
南山吳仲虎等題名　正書崇寧元年八月　廣東英德
飛來峯查應長等題名　正書崇寧元年八月　浙江錢塘
天璽紀功碑石豫正題名　正書崇寧元年八月　江蘇江寧
留題淨相寺橙軒詩　彭迪明撰正書崇寧元年九月　陝西興平
題忠武王碑記　王碩撰正書崇寧元年九月在元豐二年敕封忠武王記之上方　陝西宜川

嵩山竹林寺羅漢洞記　釋有口撰王道行書崇寧元年十月　河南登封
蕪湖縣學記　黃裳撰米芾行書崇寧元年十月　安徽蕪湖
又小字本　明萬歷間摹本　安徽蕪湖
中岳寺修五百大阿羅漢洞記　僧有挺撰王適行書崇寧元年十月金大定廿九年重立　河南登封
觀海詩　郭異撰行書崇寧元年十二月　山東掖縣
禮部尚書黃公詩　行書崇寧元年十二月　浙江鄞縣范氏拓本
賜辟雍詔　薛昂行書崇寧元年　山東陵縣
玉盆張元等題名　正書崇寧元年　陝西褒城
岱頂王宜題名　正書崇寧元年在郝楞年題名之右　山東泰安

茅山玉柱洞題名　正書崇寧元年　江蘇句容
天齊廟碑　正書崇寧二年正月　山東滕縣
口時彥留題南山詩　行書崇寧二年三月　廣東英德
虎頭巖吉老等題字　正書崇寧二年三月　山東掖縣
武功縣新作廟學碑銘　趙茂曾撰并正書崇寧二年四月　陝西武功
龍隱巖奬諭程節敕書　行書崇寧二年五月　廣西臨桂
碧落洞馮齊參題名　正書崇寧二年五月　廣東英德
龍洞張頊等題名　正書崇寧二年六月　山東歷城
褒城縣重修縣學記　蘇時撰謝寔正書崇寧二年六月　陝西褒城
終南山雜咏　李駒撰崔珙正書崇寧二年六月　陝西鄠縣

白龍池誠中等題名　正書崇寧二年八月　山東泰安
靜應廟敕并封妙應孫眞人告祠　王桀正書崇寧二年八月崇寧三年十月刻石　陝西耀州
方山太原府帖　正書崇寧二年九月　山西壽陽
普照寺彭氏等造象石柱　正書崇寧二年十月　山東濟寧
虎邱山觀音殿大悲菩薩贊　僧子英撰蔡林行書崇寧二年十月宣和壬寅季冬上石　江蘇吳縣
陝州新建府學記　張勷撰并正書崇寧二年十月　浙江鄞縣范氏拓本
乾陵無字碑王正叔題字　正書崇寧二年十二月　陝西乾州
書高適宓公琴臺詩　宋正功正書并跋崇寧二年　山東單縣

巢鶴巖口陽吉之題名　正書崇寧二年　山東長清
雲峯山魏敏中題名　正書崇寧二年　山東掖縣
朱夫人墓誌銘　李燾撰正書崇寧二年　河南洛陽
興學聖德頌　范致君撰并正書崇寧二年　直隸邢臺
進興學聖德頌表　范致君撰并行書崇寧二年　直隸邢臺
碧落洞張琬題名　正書崇寧三年正月　廣東英德
方山員逢源謁李長者祠詩　行書崇寧三年二月　山西壽陽
修東岳廟行廊記　王志道撰正書崇寧三年二月　河南魯山
浯溪詩　黃庭堅撰行書崇寧三年三月　湖南祁陽
敕賜靜應廟牒　正書崇寧三年五月　河南河內

五臺山靜應廟記 王允中撰東長孺正書 崇寧三年九月 陝西耀州
淡山巖慕容選等題名 朱炳行書 崇寧三年十一月 湖南零陵
題逍遥棲禪寺詩 唐遵撰正書 崇寧三年十一月 陝西鄠縣
蔡京題口道士墓碑 行書 崇寧三年 河南汝陽
王母池幡竿石側題字 正書 崇寧三年 山東泰安
觀音洞東京孫安靜題名 正書 崇寧三年 山東長清
鮮于侁游靈巖詩 八分書 崇寧三年 陝西略陽
賜仁濟廟牒 行書 崇寧三年 浙江安吉
大悲成道傳 韋義撰行書 崇寧三年 浙江山陰
皇帝賜辟廱詔 正書 無年月山左金石志定爲崇寧三年 山東陵縣
十一月

黃山谷搜剔浯廎銘題記 行書 無年月 湖南祁陽
少林寺初祖達摩頌 黃庭堅撰并行書 無年月 河南登封
雲亭宴集詩 黃庭堅行書 無年月 湖南安化
宋太祖戒石銘 黃庭堅行書 無年月 口口口口
秋碧堂陰眞君詩 黃庭堅行書 無年月 口口口口
此君軒詩刻 黃庭堅行書 無年月 浙江仁和趙氏拓本
狄梁公碑 黃庭堅行書 無年月延祐乙卯重刻 浙江仁和趙氏拓本
范滂傳 黃庭堅行書 無年月嘉定壬申長至日趙崇憲刊有樓鑰諸人跋 浙江鄞縣范氏拓本
淡山巖詩 黃庭堅撰行書 無年月 湖南零陵
梨花唱和詩 黃庭堅行書 無年月 口口口口

七星巖張漸題名 正書 崇寧四年二月 廣東高要
七星巖滕祐題名 正書 崇寧四年二月 廣東高要
華岳廟口擇仁謁祠記 八分書 崇寧四年五月 陝西華陰
王評題名 正書 崇寧四年六月在高宗功德頌碑陰 陝西鄠縣
淡山巖曹湜等題名 正書 崇寧四年六月 湖南零陵
草堂寺慎徽等題名 正書 崇寧四年八月在定慧禪師碑陰 陝西鄠縣
岱項趙子和等題名 正書 崇寧四年九月 山東泰安
徽宗頒縣令手詔 行書 崇寧四年十月 浙江金華
五臺山唱和詩 于弼等撰正書 崇寧四年十二月 陝西耀州

浯溪鄒告等題名 行書 崇寧四年十二月 湖南祁陽
茅山玉柱洞喬通叔題名 正書 崇寧四年十二月 江蘇句容
石門楊逵等題名 正書 崇寧四年閏月 陝西褒城
明道院慎徽子中題名 正書 崇寧四年又有彥纘若虛戊寅來遊二月初吉字 山東臨朐
石佛村陀羅尼經幢 正書 崇寧四年 河南魯山
眞宗御製文昌王贊 篆書 崇寧四年 安徽無爲州
皇帝辟雍詔 徽宗御製正書 崇寧四年 浙江山陰
濟州學記 陸藻撰蔡修正書 崇寧四年 山東鉅野
華岳廟王叙等題名 行書 崇寧四年 陝西華陰

重修北嶽廟記 韓容撰行書 崇寧五年二月　直隸曲陽
建安王公詩 東長孺正書 崇寧五年三月　陝西咸寧
靈巖寺詩刻 吳栻撰正書 崇寧五年四月　山東長清
草堂寺王仲孚等題名 篆書 崇寧五年七月在定慧禪師碑陰　陝西鄠縣
草堂寺張壽翁等題名 正書 崇寧五年七月　陝西鄠縣
同州長興萬壽禪院記 尒朱權撰楊時中正書 崇寧五年七月　陝西大荔
龍應下巖王祖道等題名 正書 崇寧五年八月　廣西臨桂
石門鮮于翔等題名 正書 崇寧五年九月　陝西褒城
慈恩寺王端等題名 行書 崇寧五年九月　陝西長安

靈巖觀音洞東川口口題字 正書 崇寧五年　山東長清
横澗華嚴經會 善應正書 崇寧五年　口口口口
張大亨米芾題名 行書 崇寧五年　安徽盱眙
修郭巨石室題記 郭革撰正書 崇寧五年　山東肥城
大乘山普巖寺碑 范致明撰并正書 崇寧五年　河南口口
元祐黨籍碑 蔡京正書 崇寧五年下有慶元戊午饒祖堯跋　廣西臨桂
元祐黨籍碑 蔡京正書 崇寧五年下有嘉定辛未沈暐跋　廣西融縣
草堂寺張素翁題名 正書 崇寧五年　陝西鄠縣
靈澤廟封敕殘碑 正書 無年月 縣志云崇寧五年

東平州學御筆手詔碑額 行書 無年月山左金石志次于崇寧之末　山東臨朐
范致沖桃源洞詩 行書 大觀元年正月　山東東平 浙江鄞縣范氏拓本
黄石公祠石香爐題字 正書 大觀元年正月　山東東阿
泰山后土殿范致君題名 正書 大觀元年正月　山東泰安
李粹老等題名 行書 大觀元年二月　安徽盱眙
慈恩寺王詠題名 正書 大觀元年三月　陝西長安
茅山華陽洞曾審言等題名 正書 大觀元年五月　江蘇句容
八行八刑條制碑 徽宗御製正書 大觀元年六月　山東觀城

又　陝西興平
濟州金鄉縣學記 胡世將撰李浩正書 大觀元年六月　山東金鄉
縣學記碑陰 正書　山東金鄉
長興萬壽寺閣圖并記 尒朱權撰楊時中正書 大觀元年七月　陝西大荔
黄輔國等謁廟題名 行書 大觀元年八月　山東曲阜
方城縣黄石山仙公觀大殿記 范致虛撰范致君正書 大觀元年九月　浙江鄞縣范氏拓本
吳道子畫先聖象記 向佐均撰正書 大觀元年閏十月興定壬午朱芾立石　浙江仁和趙氏拓本
大觀辟雍詔 正書 大觀元年　山東鉅野

辟雍詔後序 薛昂撰行書 大觀元年 山東鉅野
華岳廟席旦題名 正書 大觀元年 陝西華陰
章吉老墓表 米芾撰并行書 大觀元年 安徽無爲州
顏魯公祠碑陰記 米芾行書 無年月 山東費縣
白雀寺題字 米芾行書 無年月 水石潺湲凡十六字後人重刻 浙江烏程

三世佛名 米芾正書 無年月 廣東南海
瑞石山第一山三字 米芾行書 無年月萬歷間摹刻 浙江錢塘
第一山三字并詩 米芾行書 無年月 安徽盱眙
南屏山琴臺二字 米芾正書 無年月 浙江錢塘
鶴林寺城市山林四字 米芾行書 無年月 江蘇丹徒

寶藏二字 米芾正書 無年月 安徽無爲州
又 米芾正書 無年月 廣東英德
墨池二字 米芾正書 無年月 安徽無爲州
又 米芾正書 無年月重摹本 廣東英德
孔聖手植檜贊 米芾行書 無年月 山東曲阜
露筋祠碑 米芾撰行書 無年月 江蘇高郵
賢令山麓且看山三字 米芾草書 無年月重摹本 廣東陽山
定州學淮山雜詠 米芾行書 無年月 直隸曲陽
九曜石藥洲題字 米黻正書 無年月 廣東南海
大觀五禮記 正書 大觀二年正月 浙江仁和趙氏拓本
陳知質等題名 正書 大觀二年二月 浙江鄞縣范氏拓本

淡山巖翟鑒題名 子庭賓正書 大觀二年三月 湖南零陵
淡山巖益侗題名 行書 大觀二年三月 湖南零陵
佛慧山梁純之等題名 行書 大觀二年三月 山東歷城
王璘等題名 行書 大觀二年四月 安徽盱眙
御製學校八行八刑碑 鄭仲先正書 大觀二年四月 陝西湻化
又 正書 大觀二年四月 河南臨潁
御製學校八行八刑條 張叡行書 大觀二年五月 陝西高陵
雲門山富紹榮題名 正書 大觀二年六月 山東益都
靈巖崇興橋記 郭思撰正書 大觀二年九月 山東長清
大觀聖作碑 徽宗御製正書 大觀二年九月案此碑現有拓本河南偃師山東菏澤城武諸城泰安新泰陝西興平江蘇句容并此凡九種也

山東臨朐
御製學校八行八刑條 王電正書 大觀二年十月 陝西臨潼
修三白石渠成記 正書 大觀二年 江蘇青浦王氏拓本
浯溪錢龢題名 行書 大觀二年 湖南祁陽
游南山晞陽島詩 李丹撰正書 大觀二年 廣東英德
華岳廟董宗師題名 正書 大觀三年三月 陝西華陰
知定州梁子美劄子 行書 大觀三年四月 直隸定州
碧落洞吳可等題名 正書 大觀三年五月 廣東英德
佛說生天經 正書 大觀三年五月後有劉球跋 山東長清
游奉仙觀詩 魯自損撰正書 大觀三年六月 河南濟源
南山吳可等題名 正書 大觀三年六月 廣東英德

薛綱題名正書大觀三年七月在定慧禪師碑側　陝西鄠縣
龍泉二大字許巽篆書大觀三年七月　山西鳳臺
汝帖王宷摹大觀三年八月　河南汝州
八行八刑碑正書大觀三年八月　河南滎陽
八行八刑碑正書大觀三年八月　□□朱陽
草堂寺詩孫黿撰正書大觀三年九月　陝西鄠縣
玉皇宮肖蓬瀛記行書大觀三年九月　山東博山
常州江陰縣壽聖禪師愫像記孫沖撰并正書大觀三年十月　江蘇江陰
留題南山寺詩吳師能撰并行書大觀三年十一月　廣東英德

游七星巖詩宋述撰正書大觀三年　廣東高要
游靈巖記郭思撰正書大觀三年　山東長清
靈巖觀音洞李導等題名正書大觀三年　山東長清
溫泉李德初題名行書大觀四年正月　陝西臨潼
雒陽張輔等題名正書大觀四年二月　江蘇嘉定錢氏拓本
神通寺鄭秉德等題名正書大觀四年三月　山東歷城
高明亭孫允升等題名阮功遠正書大觀四年五月　廣東潮陽
會公巖周元吉等題名張莊正書大觀四年六月　廣西臨桂
秀州海鹽縣東岳行宮記陸周撰正書大觀四年七月　浙江海鹽
靈巖寺五苦頌僧仁欽撰正書大觀四年八月　山東長清
漢太尉紀公廟木帳記周頴撰蔡靖正書大觀四年八月　河南滎澤

梁慶祖謁華岳廟記行書大觀四年九月　陝西華陰
趙佺題名正書大觀四年九月　陝西涇陽
開元寺圓照塔記陳振撰晁詠之正書大觀四年十月　直隸邢臺
朝散郎孫覲墓誌許翰撰并正書大觀四年十月　山東泰安
李傳謁華岳廟記正書大觀四年十月　陝西華陰
嵩山崇福宮張杲題名行書大觀四年十一月　河南登封
龍隱下巖韓公輔等題名胥士顓行書大觀四年十一月　廣西臨桂
過臨潼詩李倢撰子熙民行書大觀四年十二月　陝西臨潼
吳山武義廟張臺卿題名正書大觀四年十二月　浙江錢塘

石門山張子經題名正書大觀□年十二月前有道鄉獨來四字另一題也　浙江青田
東平李景要題名正書大觀四年　山東泰安
遊超化寺詩程顓士撰行書大觀四年　河南密縣
浯溪李伯魚題名行書大觀四年七月　湖南祁陽
緱山謝絳碑側李年□題名正書大觀四年　河南偃師
靈巖寺鄭秉德等題名正書大觀四年　山東長清
顧渚山明月峽趙□等題名正書大觀四年四月嘉慶辛西三月何夢華偕瞿鏡濤遊顧渚時搜出　浙江長興
王母池王履道等題名正書大觀□□　山東泰安
留題南山聖壽寺詩馮安上撰正書無年月　廣東英德

畱題晞陽島詩 馮安上撰正書無年月粤東金石略云安上爲馮賓之子政和二年進士此碑附大觀之末 廣東英德
畱題南山詩 馮晦撰正書無年月粤東金石略云馮晦爲賓之族姪碑附安上詩後 廣東英德
謁王子喬祠鄧洵武題名 正書政和元年二月在昇仙碑陰 河南偃師
曹夫人遊靈巖題記 正書政和元年三月 山東長清
慈恩寺徐處仁等題名 正書政和元年四月 陝西長安
乾陵無字碑題字 范致明正書政和元年四月 陝西乾州
龍隱下巖朱輅等題名 正書政和元年七月 廣西臨桂
沂山趙德甫等題名 正書政和元年八月 山東臨朐

白雲洞張贇等題名 正書政和元年八月 山東臨朐
謁先聖廟題字 程振正書政和元年九月又明年四月續題 山東曲阜
程智存謁先聖廟題字 正書政和元年九月 山東曲阜
龍隱下巖陳仲宜等題名 正書政和元年九月 廣西臨桂
壽聖禪院莊田記 孫沂撰孫弗行書政和元年九月 江蘇江陰
太乙宮記 陳搏撰宋復正書政和元年十月 陝西□□
草堂寺張智周題名 正書政和元年十月在孫鼇詩左 陝西鄠縣
越州新學之碑 張伯玉撰張勸行書政和元年十月 浙江山陰
天盌寺鶴林老圃偈 正書政和元年十月 直隸定州

張智周等題名 正書政和元年十月在聖教序記之陰 陝西大荔
慈恩寺張智周題名 正書無年月 陝西長安
焦山周可南等題名 正書政和元年 江蘇丹徒
政和御製五禮記 正書政和元年 直隸元城
靈巖寺淨照和尚誠小師語 行書政和元年 山東長清
遠愛亭詩 魯百能撰正書政和元年 陝西扶風
龍門鎮口安國等題名 正書政和元年 河南洛陽
避風巖德州左獄楊武等題名 正書政和元年 山東泰安
嵩岳觀音象贊 正書政和元年 河南登封
壽昌寺殘經幢 正書政和元年 山東益都

河瀆靈源王廟碑 陳振撰王忠正書政和二年正月 陝西韓城
華岳廟席旦題名 正書政和二年二月 陝西華陰
謝门謁華岳廟記 正書政和二年二月 陝西華陰
草堂寺李逸老題名 正書政和二年三月在定慧禪師碑陰 陝西鄠縣
宋逵謁華岳廟記 正書政和二年五月 陝西華陰
虎邱山馮鎮等題名 正書政和二年五月 江蘇吳縣
龍隱上巖蕭雄等題名 正書政和二年六月 廣西臨桂
呂湘題名 正書政和二年六月在定慧禪師碑陰 陝西鄠縣
浮邱廟靈泉記 張挺撰正書政和二年六月 河南偃師

九龍山邱希仁等題名 正書 政和二年九月 山東鄒縣
龍隱巖先之等題名 正書 政和二年九月 廣西臨桂
曾公巖先之等題名 正書 政和二年九月 廣西臨桂
曾公巖楊書思題名 正書 政和二年九月 廣西臨桂
獨秀山孟元和等題名 正書 政和二年九月 廣西臨桂
尚書省指揮 正書 政和二年十月 陝西府谷
府州諸部落寨主題名 正書 刻於前碑下方 陝西府谷
鹽官縣社壇碑 正書 政和二年十月 浙江海甯
曲河鄒口題名 正書 政和二年 山東長清
緱山謝絳碑側陳畱周瓘題名 正書 政和二年 河南偃師
鄭國等題名 正書 政和二年 河南偃師
程元恭題名 行書 政和二年 河南偃師
振衣岡長樂劉詢等題名 正書 政和二年 山東泰安
佛慧山張勵題名 行書 政和二年 山東歷城
重修寶乘塔碑 錢明逸撰 正書 政和二年 山東曹縣
題賀水詩幷序 蘇轍撰 正書 無年月 按蘇轍卒於政和二年故附此 山東掖縣
淮瀆祠頓逢原題名 正書 政和三年正月 河南桐柏
岱頂王貽公趙明誠等題名 正書 政和三年閏正月 山東泰安
疊綵山石門洞建安謝勳等題名 正書 政和三年二月 廣西臨桂

龍隱下巖建安謝勳等題名 正書 政和三年二月 廣西臨桂
元豐大觀詔書後序 正書 政和三年四月 河南□□
宗城縣新學記 秦忱撰 牛直孺正書 政和三年四月 直隸大名
超化寺張戩等題名 正書 政和三年四月 河南密縣
贈魏王廷美告詞敕 李邦昌行書 政和三年五月 河南汝州
饒益寺賈炎題名 行書 政和三年五月 陝西朝邑
天慶觀時庚題名 行書 政和三年五月 山西鳳臺
范子巖墓誌銘 張个撰 權維正書 政和三年六月 陝西寶雞
御製八行八刑條 陳光庭行書 政和三年七月 江蘇崑山
穆氏先塋表 王壽卿撰幷篆書 政和三年九月 後有黃山谷跋 山東章邱
巢鶴巖杜綰等題名 沈邦傑正書 政和三年九月 山東長清
崇恩園陵採石記 行書 政和三年 河南偃師
鄭羲碑後高鄄泰峴等題名 正書 政和三年 山東掖縣
龍門鎮趙士部等題名 正書 政和三年 河南洛陽
方山政禪師行狀記 僧宗悟撰 郭瑗正書 政和三年 山西壽陽
□和子春題名 正書 政和三年 河南洛陽
麓山寺碑陰通義程暭等題名 正書 政和三年 湖南長沙
洪山報恩禪師塔銘 范械撰 □詔正書 政和三年 湖北隨州
楊可世謁華岳祠記 □藝正書 政和四年二月 陝西華陰
張子甯謁華岳祠記 行書 政和四年二月 陝西華陰

孔相祠堂記 邵昂撰馮若德正書 政和四年三月 山東濰縣
虎邱山孫端等題名 正書 政和四年四月 江蘇吳縣
論古堂記 劉杲卿撰馮若德正書 政和四年四月 山東濰縣
慈恩寺司馬朴等題名 行書 政和四年四月 陝西長安
浮邱公靈泉記 張挺撰張當世正書 政和四年五月 河南偃師
龍隱上巖雒陽馮才叔題名 正書 政和四年五月 廣西臨桂
元豐大觀詔書碑 正書 政和四年六月刻 山東東平
元豐大觀詔書後序 程振撰正書 政和四年六月 即前碑陰 山東東平
賜商湯王廟額及封山神牒 正書 政和四年六月 河南偃師 武氏拓本

三洲巖張傳題名 正書 政和四年七月 廣東德慶州
乾陵無字碑宋孝先題字 正書 政和四年十月 陝西乾州
白龍池董元康題名 正書 政和四年九月 山東泰安
金山石壁記 蔡厚撰行書 政和四年十月 山東鉅野
遊驪山詩 孫漸撰行書 政和四年十月 陝西臨潼
左丞侯蒙行記序 張晳撰正書 政和四年十月 陝西寶雞
乾陵無字碑李濟等題名 行書 政和四年十月 陝西乾州
虎邱山觀音殿釋迦文佛四大字 釋子英正書 政和四年十二月 江蘇吳縣
康口題名 正書 政和四年十二月 江蘇嘉定 瞿氏拓本

謁華岳祠記 宋雲從撰正書 政和四年 陝西華陰
神應王扁鵲廟記 董作撰康修立正書 政和四年 江蘇嘉定 錢氏拓本
錦屏山張道益等題名 正書 政和四年 山西吉州
錦屏山江染題字 篆書 政和四年 山西吉州
惠山寺張回仲題名 行書 政和四年 江蘇無錫
老君堂長清董元康題名 行書 政和四年 山東泰安
桃源谷趙茂實等題名 行書 政和四年 山東泰安
雲峯山趙仲巘等題名 正書 政和四年 山東掖縣
虎邱山觀音殿阿彌陀佛四大字 釋子英正書 政和五年正月 江蘇吳縣
草堂寺寶淵題名 正書 政和五年正月 在定慧禪師碑陰 陝西鄠縣

興教寺圓測法師佛舍利塔銘 宋復撰并正書 政和五年四月 陝西咸寧
靈巖寺縣令趙子明謝雨記 行書 政和五年四月 山東長清
饒益寺賈炎題名 行書 政和五年六月 陝西朝邑
王千詩 行書 政和五年八月 口口口口
岱頂清和張大受等題名 正書 政和五年九月 山東泰安
白龍池董自恭觀兄元康留字題名 正書 政和五年十月 山東泰安
少林寺㐌諸般科役記 正書 政和五年十月 河南登封

白龍池董自恭謁祠題名 正書 政和五年十月 山東泰安
謁華岳記 王千撰正書 政和五年十一月 陝西華陰
靈巖寺牒 正書 政和五年 山東長清
重摹唐李元禮戒殺生文 張苦柔正書 政和五年 河南登封
晉祠銘碑陰轉運使陳知存題名 正書 政和五年 山西陽曲
晉祠銘碑陰開封苗仲淵題名 行書 政和五年 山西陽曲
陳國瑞謁韓文公廟題名 正書 政和五年 廣東潮陽
呂公洞口穎達題名 正書 政和五年 山東泰安
龍門張徽口等題名 行書 政和五年 河南洛陽
希元觀妙先生碑 鄭昂撰正書 政和五年 浙江鄞縣范氏拓本

茅山乾元觀碑 陳輔撰蔡仍行書 政和五年俗呼爲雷合碑 江蘇句容
福嚴寺巒公塔銘 僧仁慶撰正書 政和六年正月 山西鳳臺
靈巖寺李堯文題記 行書 政和六年閏正月 山東長清
韓文公祠蘇廷構題名 正書 政和六年三月 廣東潮陽
龍洞東峯報恩塔記 王澄撰正書 政和六年四月 山東歷城
重修薦福寺塔記 李墍撰正書 政和六年五月 陝西咸寧
溫泉謝彥等題名弁詩 行書 政和六年五月 陝西臨潼
溫泉任知幾題名 行書 政和六年七月 陝西臨潼
慈恩寺趙耘老題名 行書 政和六年七月 陝西長安
重修光濟寺碑 張鑑撰僧洪禧正書 政和六年八月 陝西郃陽
祖天敕 正書 政和六年九月刻符篆不可識 江蘇嘉定錢氏拓本

朝散郎孫觀墓誌銘 許翰撰并正書 政和六年十月 山東泰安
濟瀆廟靈符碑 徽宗御製行書 政和六年 河南濟源
武恭公折克行神道碑 毛友撰宇文虛中正書 政和六年 陝西府谷
折武恭公碑陰 正書 陝西府谷
劉海蟾仙蹟碑 董賓卿記呂無逸正書 政和六年 河南新鄉
留題昌黎廟詩 謝彥撰行書 政和六年 廣東潮陽
題少林寺及示初公詩 李昌儒撰行書 政和六年 河南登封
莆陽陳國瑞題名 正書 政和六年在張廷珪碑側 山東曲阜
范文正公義莊規矩 范正國正書 政和七年正月元至元甲午裔孫邦瑞貴重刻 江蘇吳縣

靈巖寺濟南守張勱題名 正書 政和七年正月 山東長清
峽山寺黃叔敖題名 正書 政和七年三月 廣東清遠
靈泉廟衛元度題名 正書 政和七年三月下有政和八年二月及宣和元年二月續題 山東博山
靈巖觀音洞崔大防等題名 正書 政和七年三月 山東長清
靈巖觀音洞楊昇等題名 正書 政和七年四月 山東長清
龍洞張勱禱雨題名 正書 政和七年四月 山東歷城
龍洞張勱等題名 行書 政和七年四月 山東歷城
二仙廟記 衞尙撰王重行書 政和七年九月 山西鳳臺

王令過塘論 吳説正書 政和七年十月 浙江鄞縣范氏拓本
謁華岳記 趙伾撰正書 政和七年十月 陝西華陰
白龍池莆陽陳國瑞題名 行書 政和七年 山東泰安
靑帝觀居中效等題名 正書 政和七年 山東泰安
碧落洞黄叔敖題名 正書 政和七年 廣東英德
雲峯山舒天衢等題名 正書 政和七年 山東掖縣
乾陵無字碑建安暨唐裔題名 正書 政和八年正月 陝西乾州
寶雲寺上官革題名 正書 政和八年閏正月 陝西隴州
啟母廟王郅等題名 陳彪正書 政和八年四月 河南登封
龍洞王有道等題名 行書 政和八年五月 山東歷城
張若口高俅等題名 正書 政和八年五月 河南登封
賜李邦彥詔 御製行書 政和八年六月 山東歷城
靈巖寺王喚飯僧記 行書 政和八年六月 山東長清
七星巖程江古革等題名 正書 政和八年八月 廣東高要
崇祐觀牒 行書 政和八年九月 陝西朝邑
濬州豐澤廟勅 行書 政和八年閏九月 河南濬縣
升元觀敕 行書 政和八年九月 山東泰安
奉刻御書記 李邦彥撰并正書 政和八年十月 山東歷城
府學政和手詔碑 正書下層刻李邦彥奉刻御書記 政和八年十月
法門寺圓相觀音瑞象頌 僧彥泯撰仇章正書 政和八年十月 廣東曲江

華岳廟吳口仁題名 行書 政和口年六月 陝西扶風
御書手詔碑 行書 政和八年 陝西華陰
崇道觀牒 行書 政和八年 山東臨朐
德淸禪師碑 韓韶撰韓皓正書 政和八年 山西臨汾
修蘭陵伯荀卿廟碑 缺名行書 政和八年 湖北隨州
報恩塔記 王澄撰正書 政和八年 山東蘭山
嵩岳廟陳彪題名 正書 政和八年 山東歷城
錦屛山魏伯文題名 正書 政和八年 河南登封
王母池韓溶先題名 正書 政和八年 山西吉州
飛來峯楊庭等題名 行書 政和口年 山東泰安
 浙江錢塘
昇仙太子碑陰鄧洵武題名 正書 政和九年 河南偃師
岱頂張大受等題名 正書 政和九年 山東泰安
政和殘題 正書 政和口年 浙江錢塘
乾陵無字碑李士觀題名 正書 宣和元年三月 陝西乾州
敕賜神居洞崇道廟額碑記 趙不鈞正書 宣和元年三月 山西臨汾
超化寺王開叔題名 行書 宣和元年三月 河南密縣
靈巖寺何亭玉題名 正書 宣和元年三月 山東長清
范坦題子晉祠詩 行書 宣和元年四月 浙江鄞縣范氏拓本
萬壽宮詔 徽宗御製并行書 宣和元年八月元至順六年摹刻有王天利跋 山東泰安

龍隱上巖劉鎡等題名　行書　宣和元年八月　廣西臨桂
岳祠錢伯言題名　行書　宣和元年九月　山東泰安
洪山頂程伯常題名　正書　宣和元年九月　山東嘉祥
淮源廟蔡興宗題名　正書　宣和元年　河南桐栢
岱頂避風臺張恭文題名　正書　宣和二年三月　山東泰安
岱頂避風臺鉅野薄文叔劉子□等題名　正書　宣和二年三月　山東泰安
岱頂避風臺張買奴題名　正書　宣和二年三月　山東泰安
巢鶴巖稅戶孫東元題名　正書　宣和二年三月　山東長清
白龍池李顥道等題名　正書　宣和二年四月　山東泰安
白龍池姜子正等題名　正書　宣和二年四月　山東泰安

草堂寺呂湘題名　正書　宣和二年六月　陝西鄠縣
方山長者龕記　張商英撰幷行書　宣和二年七月　山西壽陽
黃石公祠詩刻　劉□撰草書　宣和二年九月　山東東阿
昇仙廟永定陵都監盧功裔題名　正書　宣和二年九月　河南偃師
三殿廟幡竿石座題字　正書　宣和二年十月　山東泗水
嵩山□□□盧團練題名　正書　宣和二年十□月　河南登封
黃同訪澹山偶成詩　行書　宣和二年十二月　湖南零陵
八行劉先生詩　正書　宣和二年　江蘇青浦王氏拓本
敕改寶豐縣碑　正書　宣和二年　河南寶豐

曇延法師讚　王千撰　正書　宣和二年　山西永濟
慈恩寺蒲溪眞常題名　正書　宣和二年　陝西長安
北岳王潭等祀祠題名　正書　宣和二年　山西陽曲
溫泉開封向子千等題名　行書　宣和二年　陝西臨潼
崇福宮□川僊裔題名　行書　宣和二年　河南登封
岱頂避風臺陳文錫題名　正書　宣和二年　山東泰安
岱頂京兆彥和題名　正書　宣和二年　山東泰安
岱頂保順軍□□題名　正書　宣和二年　山東泰安
太景洞題字　正書　宣和二年　浙江仁和
浯溪南陽何安世題名　正書　宣和□年　湖南祁陽
仰天山白雲洞趙璧題名　正書　宣和三年三月　山東臨朐

暨尹卿等題名　行書　宣和三年三月在聖教序記之陰　陝西大荔
長清令白彥惇詩　正書　宣和三年四月　浙江鄞縣范氏拓本
沂山盧彥承趙明誠等題名　行書　宣和三年四月　山東臨朐
沂山盧格之趙德甫等題名　行書　宣和三年四月　山東臨朐
仰天山水簾洞趙德甫題名　正書　無年月　山東臨朐
溫泉向子千題名　行書　宣和三年四月在李梴詩後　陝西臨潼
登太清閣詩　宋京作　行書　宣和三年四月　陝西高陵

左山興化禪院普同塔記李芳撰正書宣和三年四月 口口口口
慈恩寺王正叔題名行書宣和三年五月 陝西長安
武佑廟牒行書宣和三年六月建炎二年刻石 浙江蕭山
清輝閣題名唐裔行書宣和三年七月 陝西韓城
雲門山董正封等題名正書宣和三年八月 山東益都
華岳廟梁龕等題名正書宣和三年九月 陝西華陰
華岳廟梁澂題記行書宣和三年九月 陝西華陰
重修城隍土地廟記劉寘撰正書宣和三年十月 山東博平
錦屏山詩張進撰正書宣和三年 山西吉州
道士李勝之詩蔡絛行書宣和三年 河南登封
華岳廟龍圖閣殘題名正書宣和三年 陝西華陰

慈恩寺黎獻民等題名正書宣和三年 陝西長安
增福寺石佛造象題名正書宣和三年 河南孟縣
尊勝經石幢正書宣和三年 河南鞏縣
蘇門山詩劉豫撰行正書宣和四年正月 河南輝縣
準高僧舍利塔題字正書宣和四年正月佛像旁皆鐫助緣姓氏 浙江海鹽
昇仙太子碑側盧功裔題名正書宣和四年正月 河南偃師
鬬牛巖陳康年等題名正書宣和四年三月 廣東潮陽
飛來峯王競等題名正書宣和四年三月 浙江錢塘
暨唐裔等題名行書宣和四年三月在聖教序記之陰

陝西大荔
觀音洞李唐臣等題名行書宣和四年四月 山東長清
祈澤寺高逈上人詩行書宣和四年四月 江蘇上元
祈澤寺季季梵仙詩行書宣和四年四月 江蘇上元
慈恩寺范智誾五言絶句詩行書宣和四年八月 陝西長安
少林寺面壁之塔四大字蔡京正書宣和四年八月 河南登封
靈巖山寺王景仁等題名正書宣和四年九月 江蘇吳縣
先師鄒國公孟子廟記莬口撰孔端朝正書宣和四年十月 山東鄒縣
孔廟提點刑獄高士曈題名正書宣和四年十二月

山東曲阜
修鄒國公廟牓正書宣和四年 山東鄒縣
錦屏山魏伯文題名正書宣和四年 山西吉州
王雲等題名正書宣和四年在大智禪師碑陰 陝西長安
乾陵無字碑宋伸題名行書宣和五年正月 陝西乾州
乾陵無字碑劉錫等題名正書宣和五年正月 陝西乾州
靈巖寺朱濟道呈妙空禪師詩篆書宣和五年二月 山東長清
登封縣免拋科朝旨碑正書宣和五年二月 浙江鄞縣范氏拓本
下天竺路公弼等題名篆書宣和五年四月 浙江錢塘
乾陵無字碑宋京詩正書宣和五年五月 陝西乾州

乾陵無字碑張子剛詩　正書宣和五年五月　陝西乾州
白龍池甄城李僙等題名　正書宣和五年六月　山東泰安
遊百門泉詩　權邦彥撰行書宣和五年七月　河南輝縣
靈巖寺海會塔記　正書宣和五年七月　山東長清
邢恕題名　正書原題存二月六日後有恕子續題爲宣和五年八月也　河南偃師武氏拓本
孔耳石葉少蘊等題名　正書宣和五年四月　浙江長興
超化寺太原王仍施穀題名　行書宣和五年九月　河南密縣
天甯寺蘇過題名　正書宣和五年九月　直隸定州
慈恩寺宋光等題名　行書宣和五年十月　陝西長安
孔聖墓石儀記　正書宣和五年十月　江蘇嘉定瞿氏拓本
安陸四賢堂碑　張來撰薛敏功正書宣和五年　湖北應山
青帝觀眞君殿記　周顯靈撰張振正書宣和五年　山東泰安
祭汾東祠文　蔡中謙撰趙令畤正書宣和五年　山西陽曲
靈巖方山老杜書頌　行書宣和五年　山東長清
壽聖院泛海靈感觀音記　王孝竭撰并行書宣和六年二月　江蘇江陰
重修東岳廟碑　宇文粹中撰張漴正書宣和六年三月　山東泰安
東岳廟碑陰　正書　山東泰安
杜欽口靈巖行　行書宣和六年三月　浙江鄞縣范氏拓本
御筆改修孟州門頌詔廳記　正書宣和六年三月　河南孟縣
虎邱山胡少汲等題名　正書宣和六年三月　江蘇吳縣
韓退之五箴　李宋篆書宣和六年三月　陝西長安
雲門山孟仲錫題名　正書宣和六年三月　山東益都
慈恩寺灞溪眞常等題名　正書宣和六年五月　陝西長安
草堂寺解益等題名　八分書宣和六年七月在定慧禪師碑側　陝西鄠縣
靈巖寺施五百羅漢記　張克卞正書宣和六年八月　山東長清
曾公巖安撫蔡懌等題名　正書宣和六年八月　廣西臨桂
晉陽山鍾宗直等題名　正書宣和六年九月　山東濟甯
天童寺佛里老僧克勤法語　草書宣和六年十二月　浙江鄞縣
石淙詩　王績撰正書宣和六年　河南登封
增福寺李邦彥爲父造尊勝經幢　正書宣和六年　河南孟縣
焦山趙璘題名　正書宣和六年　江蘇丹徒
華岳廟杜開題名　正書宣和六年　陝西華陰
徽宗獎諭敕書碑　行書無年月山左金石志攷爲宣和七年正月　山東滋陽
鄭釋之等題名　正書宣和七年三月　安徽盱眙
曾公巖華陰楊損題名　正書宣和七年六月　廣西臨桂
龍隱上巖蔡興行等題名　正書宣和七年六月　廣西臨桂

封清源忠護王敕　正書宣和七年九月　河南濟源
玉皇宮四帝御押石刻　釋文正書宣和七年九月　山東博山
涫化縣吏隱堂記　石彥政記并行書宣和七年□月　陝西涫化
靈巖寺詩　方渠等撰行書宣和七年　山東長清
白金泉銘　徐闳中撰正書宣和七年　河南濬縣
石淙南崖王仲嶷等題名　正書宣和七年　河南登封
嵩陽觀碑陰盧漢傑題名　行書宣和七年　河南登封
大佛寺經幢　王上宗正書宣和七年　直隸永清
修仙君廟□□記　正書宣和□年　河南偃師
靈泉廟續翁婆因地記　正書無年月山左金石志列于宣和七年　山東博山

靈巖王淵等題名　正書宣和八年　山東長清
于眞庵記　任諒集諸家書年號缺關中金石記以諒於宣和間知京兆府故附此　陝西三原
崇眞宮徽宗付劉既濟手詔　御筆行書無年月紹興甲戌重刻　江蘇吳縣
崇眞宮徽宗付項舉之宸翰　御筆行書無年月紹興甲戌重刻
即前碑之陰　江蘇吳縣
邢侑詩　行書靖康元年二月　浙江鄞縣范氏拓本
新修太史公廟記　尹陽撰焦丙正書靖康元年四月　陝西韓城
顏魯公像題記　唐重撰并正書靖康元年七月　陝西大荔
拱極觀記　薛存撰權誂正書靖康元年八月紹興九年重刻　陝西華陰

浯溪黃仲堪題名　正書靖康元年十月　湖南祁陽
題十六羅漢像　吳正中撰正書靖康元年　浙江寧波
超化寺詩　邢侑撰行書靖康元年　河南密縣
靈巖寺高直臣題名　正書靖康元年　山東長清
延慶寺羅漢像記　吳正平撰正書靖康元年南渡初其子某重刻錢竹汀詹事云寺中尚有石刻初祖達摩及四祖信大師像皆有題記不著年月當亦宋刻也　浙江鄞縣
奉命觀稼謁華岳祠記　錢若水撰正書無年月攷爲靖康元年　陝西華陰
靈巖寺長清宰趙邦美題名　正書靖康二年正月　山東長清

草堂寺王頤等題名　正書靖康二年四月在定慧禪師碑陰　陝西鄠縣
草堂寺王質等題名　正書靖康二年四月在定慧禪師碑陰　陝西鄠縣
道楷法師碑　王彬撰范寅亮正書靖康二年　湖北隨州
華岳廟內侍省李懷設醮記　正書無年月　陝西華陰
華岳廟李自明題名　行書無年月　陝西華陰
華岳廟杜詵等題名　正書無年月　陝西華陰
華岳廟王韶詩　正書無年月　陝西華陰
華岳廟王正叔題名　正書無年月　陝西華陰
華岳廟蔡挺題名　正書無年月　陝西華陰

華岳廟祐晨題名　正書　無年月　陝西華陰
華岳廟麻溫舒題名　正書　無年月　陝西華陰
華岳廟劉成構題名　正書　無年月　陝西華陰
華岳廟孫昌等題名　正書　庚子孟夏十六日　陝西華陰
華岳廟益恭等題名　正書　無年月　陝西華陰
華岳廟郝隨子題名　正書　無年月　陝西華陰
華岳廟李供題名　正書　己巳孟夏二十三日　陝西華陰
華岳廟錢若水題名　正書　無年月　陝西華陰
華岳廟工部侍郎杜衍題名　正書　無年月　陝西華陰
華岳廟梁亘題　正書　口口歲九月　陝西華陰
華岳廟内謁者張口進題名　正書　無年月　陝西華陰

華岳廟蘇耆題名　正書　無年月　陝西華陰
華岳廟中丞李深等題名　正書　無年月　陝西華陰
華岳廟李侃題名　正書　甲寅三月　陝西華陰
華岳廟仲孺等題名　正書　元二月　陝西華陰
華岳廟崔鞴等題名　正書　辛酉重九　陝西華陰
華岳廟成麟等題名　正書　無年月　陝西華陰
草堂寺王蓍題名　正書　無年月　陝西鄠縣
草堂寺紫陽口口題名　正書　無年月　陝西鄠縣
草堂寺范埴等題名　王霽行書　丁丑仲夏在定慧禪師碑陰
贈中書令李昭亮神道碑　馬漢撰　王曜正書　陝西鄠縣

河南洛陽
中天大王行宫碑　正書　無年月　河南魯山
兗州博陸殘碑　正書　無年月　山東滋陽
東平府同知殘碑　八分書　無年月　山東濟甯
無佛虚空殘碑　正書　無年月　山東濟甯
游龍山記四大字　行書　無年月　直隸元氏
乾陵無字碑范益題名　正書　無年月　陝西乾州
范塡題名　王霽正書　無年月　陝西鄠縣
小蓬萊巡山李元英題名　正書　無年月　山東泰安
小蓬萊平原鄭紹先題名　正書　無年月　山東泰安
巢鶴巖濟南右獄趙口仲題名　正書　無年月　山東長清

巢鶴巖張直題名　正書　無年月　山東長清
巢鶴巖王胥老題名　行書　無年月　山東長清
巢鶴巖濟南高伯殳題名　行書　無年月　山東長清
巢鶴巖陳州李裕等題名　正書　無年月　山東長清
巢鶴巖陳宗文等題名　正書　無年月　山東長清
巢鶴二大字　正書　無年月　山東長清
巢鶴巖汝陽梁元口題名　正書　無年月　山東長清
巢鶴巖章邱口口德等題名　正書　無年月　山東長清
巢鶴巖博平李元裕題名　正書　無年月　山東長清
巢鶴巖東平宋安中等題名　正書　無年月　山東長清
巢鶴巖大名牛元直等題名　正書　無年月　山東長清

巢鶴巖頴州口奇題名 正書無年月 山東長清
巢鶴巖高唐劉生同妻索氏題名 正書無年月 山東長清
巢鶴巖欽州程口等題名 正書無年月 山東長清
巢鶴巖蔡禮題名 正書無年月 山東長清
靈巖功德龕曹積等題名 正書無年月 山東長清
蘇永叔題名 正書無年月 山東長清
頴水李顏題名 正書無年月 山東長清
齊幕仲題名 正書無年月 山東長清
雲林智興題名 行書無年月 山東長清
曹南卞齊等題名幷詩 正書無年月 山東長清
汝上趙慶題名 正書無年月 山東長清
薄陽衛口兮題名 正書無年月 山東長清
王暎題名 正書無年月 山東長清
無黨敦大題名 正書無年月 山東長清
大梁向曾卿題名 正書無年月 山東長清
口錫口叔題名 八分書無年月 山東長清
朝散大夫陳公墓誌蓋 篆書 河南偃師
經咒殘幢 正書後題大宋辛巳歲八月七字 口口口口
壽聖寺經幢 正書無年月僅載某妻左氏某妻趙氏某妻馬氏 河南偃師
王氏建經幢 正書無年月唯載大宋國河南府緱氏縣解賈村郎邪王氏數字 河南偃師

法雲寺經幢 正書無年月前題大宋國西京河南府偃縣芝田鄉陽村韋子能名 河南偃師
壽聖寺殘經幢 正書無年月僅存半截 河南偃師
南禪寺經幢 行書無年月 河南汝州
廣慧寺經幢 正書無年月 河南汝州
尊勝陀羅尼神咒幢 篆書無年月 河南孟縣
尊勝經幢 篆書無年月 河南孟縣
造象殘石 正書無年月 山東滋陽牛氏家藏
鳳凰山咒水符石刻 陰文無年月 山東博山
法雲寺石鼎文 行書無年月 河南獲嘉
洪山石佛村段藴等題名 正書無年月 山東嘉祥
仰天山白雲洞盧亮等題名 正書無年月 山東臨朐
仰天山白雲洞口希文題名 正書無年月 山東臨朐
靈巖觀音洞劉信叔等題名 行書無年月 山東長清
靈巖李長道題名 正書無年月 山東長清
靈巖趙忠同題名 正書無年月 山東長清
靈巖董以財題名 正書無年月 山東長清
靈巖開封口丁口題名 正書無年月 山東長清
靈巖禹城孫孔善等題名 正書無年月 山東長清
靈巖杜綰等題名 正書無年月 山東長清
靈巖朗公傳題名 正書無年月 山東長清
白龍池許大希祈雨題名 正書無年月 山東泰安

白龍池東平陳正題名　正書無年月　山東泰安
岱頂避風臺何子通題名　正書無年月　山東泰安
岱頂避風臺彭用等題名　正書無年月　山東泰安
岱頂避風臺王彥重題名　正書無年月　山東泰安
岱頂避風臺楊式立題名　正書無年月　山東泰安
岱頂避風臺馬祥等題名　正書無年月　山東泰安
岱頂避風臺田完等題名　正書無年月　山東泰安
岱頂避風臺賀密等題名　正書無年月　山東泰安
岱頂避風臺劉政等題名　正書無年月　山東泰安
丈人峯口原郭艮等題名　正書無年月　山東泰安
邢州石三口題名　正書無年月　山東泰安
莆陽張重等題名　正書無年月　山東泰安
鐵佛寺宋人殘碑　八分書無年月　山東濟甯
州學宋畫石刻　正書無年月　山東濟甯
殿中丞李君墓志蓋　篆書無年月　山東嘉祥
正覺寺金剛經幢　正書無年月　山東歴城
龍門山前河南尹蔡居厚題名　正書無年月　河南洛陽
石門郭仲辰題名　正書辛未清明　陝西褒城
石門段從龍題名　正書戊申春　陝西褒城
石門口桂孫題名　正書戊午秋季　陝西褒城
石門李炳文等題名　八分書無年月　陝西褒城

石門章復之題名　正書無年月　陝西褒城
石門章升之題名　正書無年月　陝西褒城
石門趙旻題名　正書無年月　陝西褒城
玉盆李龕等題名　正書無年月　陝西褒城
玉盆瑞同題句　正書無年月　陝西褒城
溫泉雍方賢題名　正書甲申正月　陝西臨潼
溫泉雍元之題名　正書乙酉閏二月　陝西臨潼
溫泉向子山等題名　行書庚子　陝西臨潼
溫泉宋口源題名　正書無年月　陝西臨潼
溫泉吳機等題名　行書無年月　陝西臨潼
慈恩寺強玉題名　正書無年月　陝西長安
慈恩寺俞希及等題名　八分書無年月　陝西長安
慈恩寺陳知益等題名　正書無年月　陝西長安
慈恩寺張智周等題名　正書無年月　陝西長安
慈恩寺杜常等題名　八分書無年月　陝西長安
乾陵無字碑范益題名　正書丁亥清明日　陝西乾州
游甘泉詩并序　正書無年月後有丙戌秋分符湻化及羽書旁午之語　陝西湻化
伏羲廟太昊陵三大字　行書無年月　河南淮甯
壽聖寺建經幢記　正書無年月　河南偃師
壽聖寺半截石幢　正書無年月　河南偃師
法雲寺經幢　韋子能正書缺年月　河南偃師

王氏建經幢 正書缺年月 河南偃師
左監門衛將軍聶章神道碑 正書無年月 河南偃師
李虔卿殘碑 正書無年月 河南偃師
朝散大夫陳公墓記蓋 篆書 河南偃師
殿中丞李君誌銘蓋 篆書 山東嘉祥
岱頂補之等題名 正書無年月 山東泰安
岱頂臨朐縣賀密等題名 正書無年月 山東泰安
白龍池三大字 正書無年月 山東泰安
龍潭二大字 正書無年月 山東泰安
白龍潭銘 正書無年月 山東泰安
許大希祈雨題名 正書無年月 山東泰安

泰山清邑劉純叔題名 正書無年月 山東泰安
崇恩園陵採石記 趙口撰正書無年月 河南偃師
溫泉雍方賢等題名 正書無年月 陝西臨潼
岱頂廣川董堯父詩殘刻 正書無年月 山東泰安
范氏義莊范家園三大字 郡守李大異正書無年月 江蘇吳縣
提舉顯謨湯公和胡仲文詩 正書無年月 陝西隴州
如空法師行業記 正書無年月 河南鞏縣
維識論三十頌 正書無年月 河南鞏縣
太廟杜詵題名 正書無年月 河南洛陽
馬仲良題名 正書無年月 陝西醴泉

南屏山晁仲舒等題名 正書無年月 浙江錢塘
龍洞潁川中和題名 正書無年月 山東歷城
邑令王詵夷等題名 八分書無年月 河南密縣
紫閣范埴題名 行書無年月 陝西鄠縣
紫閣王壽題名 行書無年月 陝西鄠縣
定慧禪師碑陰王者題名 正書無年月 陝西鄠縣
口文老題字 行書無年月 山東嘉祥
寶相寺經幢 正書無年月 山東汶上
北岳王能題名 正書無年月 直隸曲陽
宋儉等題名 正書無年月 山東長清
韓魏公過淮陰侯廟詩 曹涇正書無年月 直隸井陘

定山蘇才翁題名 正書六字無年月 浙江仁和
太安高祚等題名 行書無年月 山東長清
東京張鸞題名 行書無年月 山東長清
口君錫等修殿題名 正書無年月 河南偃師
韓魏公題觀魚軒詩 正書無年月 河南安陽
韓魏公觀种放詩題名 正書無年月 山東泰安

光緒歲在閼逢涒灘國子監肄業生吳縣朱記榮校刊

寰宇訪碑錄卷第八

寰宇訪碑錄卷第九

賜進士及第署山東提刑按察使分巡兗沂曹濟黃河兵備道陽湖孫星衍
賜進士出身浙江湖州府長興縣知縣階州邢澍　同撰

南宋

謁華嶽祠記 潘浹撰正書 建炎元年六月　陝西華陰
靈隱山青林洞胡庭等題名 正書 建炎二年三月　浙江錢塘
菩提寺柱礎題字 正書 建炎二年四月　江蘇嘉定
玉盆李□彥等題名 正書 建炎三年三月　陝西褒城
三洞記 李邦彥撰并正書 建炎三年閏八月　廣西興安
靈隱山伏犀泉連首善題名 正書 建炎三年閏八月
辛彥宗題名 正書 建炎三年九月　浙江錢塘 江蘇青浦王氏拓本
袁州城記 阮閎撰□閎式正書 建炎三年　江西宜春
寶陀巖李伯紀題名 正書 建炎三年　湖北武昌
浯溪賈仲舉題名 正書 建炎三年　湖南祁陽
淡山巖向用之呈琦老禪師詩 行書 建炎四年正月　湖南零陵
湖光巖三大字 李綱正書 無年月粵東金石略云建炎時刻　廣東遂溪
景德觀龍神勅牒碑 行書 碑有建炎字而失其年　江蘇寶山

越州顯甯廟昭祐公牒 行書 紹興元年五月　浙江山陰
顯甯廟尚書省牒 行書 紹興元年五月即前碑之陰　浙江山陰
七星巖韓敏求等題名 張達明正書 紹興元年十一月　廣東高要
浯溪薛子法等題名 行書 紹興二年二月　湖南祁陽
燕喜亭陳日華題名 正書 紹興二年五月　廣東陽山
六和塔觀世音經像碑 正書 紹興二年七月　浙江仁和
烏石山程邁等題名 正書 紹興二年八月　福建閩縣
三洲巖趙慶裔等題名 八分書 紹興二年十月　廣東高要
洞庭山無礙居士道隱園記 李彌大撰正書 紹興二年十一月　江蘇吳縣
嘉惠廟牒 行書 紹興二年十一月寶慶元年刻石　江蘇上元
淨土院新建釋迦殿記 鄒敬撰駱閎行書 紹興二年　浙江臨安
草倉詩 李綱撰行書 紹興二年　福建甯化
洞庭包山顯慶寺記 王鋌撰正書 紹興二年明嘉靖中重刻　江蘇吳縣
恤刑詔碑 正書 紹興三年正月　廣東封川
三茅觀尚書省牒 正書 紹興三年　浙江錢塘
平江府學田記 孫僃撰正書 紹興四年四月　江蘇吳縣
獨秀山孫覿題名 行書 紹興四年十月　廣西臨桂
廣福寺羅漢尊號 正書 紹興四年十二月　江蘇江陰

重修羅漢檀越名銜 正書 在前碑之陰　江蘇江陰
疊綵山似槼等題名 篆書 紹興五年閏二月　廣西臨桂
大悲菴湛泉二字磨崖 正書 紹興五年三月　浙江天台
淡山巖董令升題名 篆書 紹興五年三月　湖南零陵
鹽官縣學碑 胡琝記刁𢈘正書 紹興五年十一月　浙江海甯
北山石觀音院口口題名 正書爲近人加刻 紹興五年十一月　浙江錢塘
六和塔四十二章經 沈該等四十二人行楷書 紹興五年十一月　浙江仁和
僊蹟記 尹穡撰李彌大正書 紹興五年十一月　廣西臨桂
七星巖朱文中題名 八分書 紹興五年十一月　廣東南海

六侯碑 方漸撰正書 紹興五年　廣東南海
送張紫巖詩 岳飛撰正書 紹興五年歷城錢塘俱有此刻　河南湯陰
滿江紅詞 岳飛撰幷正書 無年月錢塘亦有此刻　河南湯陰
手牘三通 岳飛草書 無年月　河南湯陰
許侯像題字 岳飛八分書 無年月　河南湯陰
墨莊二大字 岳飛行書 紹興六年　河南湯陰
六和塔金剛經 各體行楷書智曇刻 無年月　浙江仁和
平陽臺宗孟等題名 行書 紹興七年六月　陝西沔縣
虎邱山石珵等題名 篆書 紹興八年三月　江蘇吳縣
顧渚山明月峽汪藻等題名 八分書 紹興八年二月

浙江長興
高明亭楊壽翁等題名 正書 紹興八年九月　廣東潮陽
烟霞洞尹彥明等題名 篆書 紹興八年十月　浙江仁和
虎邱石觀音殿向子諲題名 正書 紹興八年十二月　江蘇吳縣
九曜石連南夫等題名 正書 紹興八年二月　廣東南海
岳麓寺碑側襄陽曾思等題名 八分書 紹興八年三月　湖南長沙
虎邱山晁似道等題名 正書 紹興九年四月　江蘇吳縣
小天童山吳憲施財米疏 正書 紹興十年三月　浙江鄞縣
小天童山大用庵銘 僧正覺撰潘艮貴行書 紹興十年九月

浙江鄞縣
虎邱山鄭共父等題名 八分書 紹興十年九月　江蘇吳縣
岳麓寺碑陰王仁甫等題名 正書 紹興十年　湖南長沙
崇祐廟殘牒 行書 紹興十一年有知縣胡犹記　浙江海鹽
吳郡重修大成殿記 鄭仲熊撰米友仁行書 紹興十一年四月　江蘇吳縣
下天竺吳棫等題名 正書 紹興十二年　浙江錢唐
九曜石詹文舉題名 行書 紹興十三年十月　廣東南海
蕪湖縣新學記 陳長方撰幷正書 紹興十三年十二月　安徽蕪湖
府學御書石經 高宗正書凡七種 紹興十三年　浙江錢唐
金龍寺龍骨塔記 僧修信撰正書 紹興十四年三月　陝西褒城

姑熟學宮記 鄭仲熊撰何俌八分書 紹興十四年四月 □□□□
華巖巖三大字 篆書題云湻溪翁蓋汪藻也 紹興十四年 湖南零陵
南海廟六侯事跡碑 方漸撰正書 紹興十五年五月 廣東南海
淡山巖游仙詩 八分書 紹興十五年七月 湖南零陵
平江府修學記 鄭億年撰時衍之正書 紹興十五年十二月 江蘇吳縣
龍隱上巖陳杲等題名 正書 紹興十五年十二月 廣西臨桂
高宗御筆耤田詔 行書 紹興十六年三月 浙江金華
張浚登列秀亭題名 正書 紹興十七年三月 廣東陽山
勝果寺忠實二大字 高宗御書正書 紹興十七年 浙江錢塘
勅封廣惠侯誥 行書 紹興十七年六月 江蘇溧水
南劔州重建州學記 張致遠撰羅薦可正書 紹興十七年七月 福建南平
會公巖張淵道等題名 正書 紹興十八年六月 廣西臨桂
張平叔眞人歌 張仲宇正書 紹興十八年十二月 浙江鄞縣范氏拓本
歐梅亭進士題名記 正書 紹興十八年明人重刻 安徽滁州
珠明寺須菩提像 王瀚作 紹興十八年 江蘇吳縣
珠明寺天台五百尊者像 即前碑之陰瞿鏡濤云吳中舊事所載碑兩面像皆湻熙中童和尚摹刻今碑陰旁鐫晉永和年號此妄人所鑿也 江蘇吳縣
龍隱上巖叔遲等題名 八分書 紹興十九年正月 廣西臨桂

龍臺巖韓京題名 袁煥正書 紹興十九年二月 廣東龍川
周孝侯廟籖記 胡靖撰許正書 紹興十九年七月 江蘇宜興
高座寺新公塔銘 僧法永撰李布正書 紹興十九年九月 江蘇江甯
燕喜亭張浚題名 正書 紹興十九年 廣東陽山
義莊范文正公像贊 閻顯撰宋之才正書 紹興二十年五月下有曾孫直方跋元好問記至正己丑立石 江蘇吳縣
吳山甯壽觀尚書省牒碑 行書 紹興二十年六月 浙江錢塘
龍隱上巖宋景通題名 正書 紹興二十年九月 廣西臨桂
碧落洞郭正仲題名 正書 紹興二十年十月 廣東英德
茅山廣濟廟勅牒 行書 紹興二十年 江蘇句容
永州學記 汪藻撰篆書 紹興二十年 湖南祁陽
天童寺應菴和尚送傑行者頌 行書 辛未正月上元日蓋紹興二十一年也在佛果法語之下方 浙江鄞縣
昌黎公洋川詩 韓僮作正書 紹興辛未三月刻末有知洋州宋華跋 江蘇嘉定錢氏拓本
會公巖唐廷堯等題名 行書 紹興二十一年六月 廣西臨桂
九曜石呂少衞等題名 正書 紹興二十二年二月 廣東南海
碧落洞林堧仲等題名 正書 紹興二十二年三月 廣東英德

九曜石蘇少連等題名 正書 紹興二十三年三月　廣東南海
鍾離松等題名 篆書 紹興二十三年四月　安徽盱眙
慧照禪師塔碑 榮嶷撰 吳說行書 紹興二十三年四月　湖北隨州
遊東山章元振題名 正書 紹興二十三年　廣東潮陽
句容縣重修夫子廟碑 江賓王記 正書 紹興二十四年三月　江蘇句容
獨秀山呂愿忠訪顏氏讀書巖詩 八分書 紹興二十四年三月　廣西臨桂
澹川先生桂林二十四巖洞詩 正書 紹興二十四年八月　廣西臨桂
淡山巖程遯等題名 正書 紹興二十六年十一月　湖南零陵
府學宣聖及七十二弟子像贊 高宗御製并正書 李公麟畫像 紹興二十六年十二月　浙江錢塘
淨嚴大師塔銘 撰人名缺 吳記行書 紹興二十六年　湖北隨州
鶴林寺黑漆光菩薩贊 僧法永撰并正書 紹興二十六年　江蘇丹徒
妙喜泉銘 張九成撰并行書 紹興二十七年三月 在唐阿育王寺常住田碑陰　浙江鄞縣
大滌洞趙公口等題名 正書 紹興二十七年三月　浙江餘杭
顯忠廟記 魯詹撰 正書 後有詹子魯可封跋 紹興二十七年四月 明正德間重刻
南屏慧日峰三大字 正書 紹興二十七年十一月　浙江平湖
石龍院建庚申勝會記 正書 紹興二十七年　浙江錢塘
七星巖鄭安恭題名 正書 紹興二十八年正月　廣東高要
小天童山東谷無盡燈碑 正書 紹興二十八年正月　浙江鄞縣
宏智老人像贊 僧宗杲撰 行書 在前碑之陰　浙江鄞縣
浯溪劉堯題名 正書 紹興二十八年　湖南祁陽
朝陽巖亦樂堂銘 胡銓撰 正書 紹興二十八年　湖南零陵
小天童山宏智禪師妙光塔銘 周葵撰 張孝祥正書 紹興二十九年七月　浙江鄞縣
趙伯儁題名 正書 紹興二十九年九月　浙江錢塘
顧渚山明月峽韓口口等題名 正書 紹興三十二年三月　浙江長興
茅山玉晨觀錢端英題名 正書 紹興三十二年閏月　江蘇句容
剏建通元觀記 劉敖撰并正書 紹興三十二年七月　浙江錢塘
追復岳武穆告詞 正書 紹興三十二年十月 下刻嘉泰四年寶慶元年追封賜謚告詞 明隆慶間刻　浙江錢塘
通元觀劉能眞石壁記 八分書 紹興三十二年　浙江錢塘
萬松嶺石洞口錞題名 正書 紹興口年　浙江錢塘

靈湫巖林上飛等題名正書紹興□□年　廣東茂名
靈隱蓮華峰心經正書無年月湖山勝概云高宗御書故列此　浙江錢塘
賜劉能眞詩高宗御製正書無年月　浙江錢塘
高宗御製無量壽佛字正書無年月　江蘇嘉定錢氏拓本
仁和學高宗御書匾二種正書一題大成之殿一題大成殿門無年月　浙江仁和
高宗皇帝宸翰碑正書無年月　浙江烏程
浯溪秋隱里叟讀中興頌詩正書隆興元年　湖南祁陽
南劍州魯國諸圖記鮑喬撰趙彥价正書隆興二年三月　福建南平
東山重建玉皇三官殿記陳師中撰正書隆興二年五月　廣東潮陽
女弟子傅氏妙喜等修塔記正書隆興二年九月瞿鏡濤得於吳縣宮巷塔中　石在江蘇嘉定瞿氏
六和塔開化寺賜額牒碑正書隆興二年十二月第三層刻乾道元年隆興二年尚書省劄付二道第四層刻乾道元年臨安府帖　浙江仁和
焦山陸游題名正書隆興二年閏月　江蘇丹徒
過嚴子陵釣臺詩張浚撰行書隆興二年重刻本　浙江桐廬
孝宗御書徑山興聖萬壽禪寺額碑正書無年月陰刻樓鑰記　浙江餘杭
錦綉里井欄題字正書乾道元年正月　浙江海鹽
重建至德廟記曾幾撰正書乾道元年九月　江蘇吳縣
南海廟碑陳豐撰詹亹正書乾道元年十月　廣東南海

重修正顯廟碑王端朝撰并八分書乾道元年十一月　江蘇溧水
焦山陸游續題名正書乾道元年　江蘇丹徒
崑山縣校官碑范成大撰黄萬頃八分書乾道二年正月　江蘇崑山
校官碑陰袁□撰并行書　江蘇崑山
朝陽亭記張孝祥撰正書乾道二年五月　廣西臨桂
漢中府新修堰記楊絳撰并正書乾道二年六月　陝西褒城
桐柏宮行在尚書戶部帖正書乾道二年七月　浙江天台
封靈峻昭應博濟永利公勅行書乾道二年十月　浙江仁和趙氏拓本
九曜石鄔大題記行書乾道二年　廣東南海
廣惠侯廟記李衡撰并正書乾道三年正月刻於紹興誥勅之下方
重修南海廟碑康與之撰并正書乾道三年閏七月　廣東南海
重修南海廟碑陰記廖溶撰并正書乾道三年　廣東南海
光福寺軍府帖正書乾道三年九月　江蘇吳縣
晉卞公祠堂記曾肇撰韓文吉正書乾道四年三月　江蘇江甯
崇安縣學三公祠記朱熹撰八分書乾道四年五月　福建崇安
湖州府署牧守題名正書起元豐七年訖乾道四年　浙江烏程
台州白雲昌壽觀牒行書乾道四年五月下刻乾道四年乾道六年尚書省劄付二道　浙江天台
淡山巖劉董等題名正書乾道四年六月　湖南零陵
和州防禦使楊從儀墓誌袁勃撰李昌諤正書乾道五年三月

陝西城固

峽山寺葛壇陶定題字　正書乾道五年七月　廣東清遠

李北海端州記後陶定題名　正書乾道五年九月　廣東高要

定山陶挺題名　正書乾道六年六月　浙江仁和

孝宗賜皇子節度使魏王詔書　行書乾道七年二月　浙江金華

淡山巖黃彪等題名　正書乾道七年四月　湖南零陵

錢端禮般若臺詩刻　行書款落松窗道人即端禮號也乾道七年七月立石　浙江天台

龍井林景度等題名　正書乾道七年六月　浙江錢塘

浯溪王彥清題名　正書乾道七年八月　湖南祁陽

獨秀山興安蔣時題名　八分書乾道八年秋　廣西臨桂

石鼓山王光祖題名　正書乾道八年十月　湖南衡陽

定山趙汝愚題名　正書乾道九年七月　浙江仁和

復水月洞銘并序　范成大撰正書乾道九年九月　廣西臨桂

獨秀山雙清室三字　蔣時篆書乾道九年　廣西臨桂

朝陽亭記　張孝祥撰正書乾道九年　廣西臨桂

利澤廟記　陳知柔撰王仁孝八分書乾道九年　福建尤溪

盧珖廟碑　石懿撰正書乾道九年　福建尤溪

都會首李仲春等建立石門記　正書淳熙元年正月　江蘇嘉定瞿氏拓本

潼川府學宮碑　白脩撰胡鼎八分書淳熙元年六月　四川三臺

桂林鹿鳴燕詩　范成大撰行書淳熙元年九月　廣西臨桂

許口留別龍隱巖詩　八分書淳熙元年九月　廣西臨桂

高麗寺蠲免劄付碑　正書淳熙元年十月　浙江錢塘

鳳凰山排衙石燕口口等題名　行書淳熙元年十一月　浙江仁和

碧虛銘　范成大撰正書淳熙元年十二月　廣西臨桂

淳化鎮高廟李仲春題名　正書淳熙元年　江蘇上元

何叔卿朱仲晦等題名　正書淳熙二年五月　福建口口

阿育王寺般若會善知識祠記　李泳撰葉知微行書淳熙二年六月　浙江鄞縣

會公巖蔣子明等題名　行書淳熙二年六月　廣西臨桂

三洲巖詹儀之題名　正書淳熙三年二月　廣東高要

壯節堂記　朱熹撰黃銖八分書淳熙三年五月　浙江鄞縣范氏拓本

光運寺寂通證誓大師碑　孫時敏撰并正書淳熙三年八月　廣東曲江

重修英烈廟記　蕭德藻撰趙伯津八分書淳熙三年九月　江蘇宜興

陳文惠公書府學二大字　八分書淳熙三年十二月後有吉中字跋　江蘇吳縣

元妙觀三清殿石柱天尊號　正書淳熙三年　江蘇吳縣

周孝侯廟斬蛟射虎四大字　裴相如篆書淳熙四年六月　江蘇宜興

李直卿題名行書淳熙四年六月　浙江錢塘
吳山英顯武烈忠祐廣濟王像記陳思中撰正書淳熙四年六月　浙江錢塘
烟霞佛手巖何伯應等題名正書淳熙四年十月　浙江仁和
韶音洞記張式撰正書淳熙四年十月　廣西臨桂
趙廱遊七星巖詩并題名行書淳熙四年十月　廣東高要
石門張伯山等題名正書淳熙四年　陝西褒城
風洞山詹儀之題名正書淳熙五年二月　廣西臨桂
龍華寺范成大等題名正書淳熙五年三月　浙江仁和
虞山水桶記正書淳熙五年六月　廣西臨桂

廖季能等題名正書淳熙五年六月　浙江錢塘
府學蘇舜欽詩正書淳熙五年八月後有楊倓跋　安徽當塗
洞庭包山暘谷洞范至先等題名正書淳熙五年十月　江蘇吳縣
臥龍山玉皇閣威顯神君像正書淳熙五年十月　甘肅階州
金山蘇東坡與佛印書簡行書淳熙五年　江蘇丹徒
武彝山蔡杭等題名正書淳熙六年二月　福建崇安
龍華寺周子充等題名正書淳熙六年三月　浙江仁和
泉州韓忠獻公祠記梁克家撰韓彥直正書淳熙六年四月　福建晉江
三高祠記范成大撰正書淳熙六年八月　江蘇吳江
石龍淨勝院捨田記正書淳熙七年三月　浙江錢塘
魏城縣通濟橋記商彥正書淳熙七年三月　陝西口口
高麗寺蠲免劄付碑陰記周必正正書淳熙七年五月　浙江錢塘
西山李楷題名正書淳熙七年　湖北武昌
通濟橋記尹商彥撰正書淳熙七年　浙江鄞縣范氏拓本
龍華寺王希呂等題名正書淳熙八年閏三月　浙江仁和
烟霞佛手巖王廷老題名正書淳熙八年四月　浙江仁和
臨安府在城興福院記劉莊士撰周邦正書淳熙八年六月　浙江仁和

史彌大等題名八分書淳熙八年九月　安徽盱眙
焦山四明史彌大等題名八分書淳熙八年　江蘇丹徒
劉褒題名正書淳熙九年三月　江蘇嘉定瞿氏拓本
法界庵主自製塔銘釋可觀撰并正書淳熙九年至元二年立石　浙江平湖
明悟大師塔銘張淵撰行書淳熙九年　湖北隨州
龍華寺蕭璲等題名正書淳熙十年三月　浙江錢塘
龍華寺梁安世等題名正書淳熙十年六月　浙江錢塘
五龍堂靈濟廟尚書省牒行書淳熙十年九月　江蘇吳縣
烟霞佛手巖王廷老題名行書淳熙十年　浙江仁和
李衛公廟碑沈樞撰并正書淳熙十年　浙江安吉

定山梁安世題名 正書湻熙十年 浙江錢塘
增置廣州贍學田記 陳德銘撰正書湻熙十一年正月 廣東南海
茅山玉晨觀錢端英題名 正書湻熙十一年四月 江蘇句容
玉盆晏德廣等題名 八分書湻熙十一年 陝西褒城
玉盆石邵等題名 八分書湻熙十二年三月 陝西褒城
王祐造像記 正書湻熙十二年 江蘇青浦王氏拓本
愚齋詩 行書湻熙十三年正月 浙江鄞縣范氏拓本
龍華寺蕭燧等題名 正書湻熙十三年三月 浙江仁和
鳳凰山勝果二大字 王大通八分書湻熙十三年四月 浙江仁和
安民橋題字 正書湻熙十三年七月 江蘇吳縣
阿育王寺佛照禪師添穀度僧公據 行書湻熙十三年八月 浙江鄞縣
翁忱題龍虎軒詩 正書湻熙十三年十月 浙江鄞縣范氏拓本
題吳道子張文獻畫像 孝宗御贊湻熙十三年 廣東曲江
蕃署普生泉題字 八分書湻熙十三年 江蘇江甯
石門文岡等題名 正書湻熙十四年二月 陝西褒城
龍華寺蕭燧等題名 正書湻熙十四年三月 浙江仁和
勝果寺王大通題名 八分書湻熙十四年三月 浙江仁和
捨宅誓願疏文 張鎡撰行書湻熙十四年七月在慧雲寺碑陰 浙江錢塘
鳳山二大字 王大通八分書湻熙十四年 浙江仁和

慧雲寺殘經幢 張鎡行書無年月存上段尺許 浙江錢塘
七星巖趙善擇等題名 正書湻熙十五年正月 廣東高要
寶林寺柱礎題記 正書湻熙十五年二月 江蘇吳縣
石門宋之源題名 正書湻熙十五年二月又題名一通無年月 陝西褒城
福津縣廣嚴院碑 魏鯨撰并正書湻熙十五年八月 甘肅階州
拙賦 周濂溪撰向子廓八分書湻熙十五年五月有趙師俠跋 江蘇嘉定錢氏拓本
九曜石鄒飛熊等題名 八分書湻熙十五年十月 廣東南海
七星巖黃執矩題名 正書湻熙十五年 廣東高要
石湖二大字 孝宗賜范成大正書年月缺 江蘇吳縣
石門張伯山等題名 正書湻熙十六年閏月 陝西褒城
郭德麟等題名 行書湻熙十六年十一月 安徽盱眙
楊萬里等題名 行書湻熙十六年十二月 安徽盱眙
府學瑞麻贊 洪邁撰正書文有太歲在酉云云錢竹汀詹事攷為湻熙十六年 安徽當塗
御書閣記 正書湻熙十六年 安徽當塗
友石臺記 朱子撰并行書湻熙十六年 江蘇青浦王氏拓本
府學進士題名碑 行書湻熙十六年 浙江山陰
平江府學御書閣記 洪邁撰并正書無年月當在湻熙十六年 江蘇吳縣
山芝巷井闌題字 正書湻熙□年 浙江錢塘
鳳凰山南國子華題名 正書湻熙□年 浙江海鹽

書裴坦對杜黃裳語　張安國正書　無年月　湖南衡陽
招隱二字　張栻正書　無年月　廣西臨桂
書韓退之合江亭詩　張栻行書　無年月　湖南衡陽
禮義廉耻四字　張栻八分書　無年月　湖南衡陽
賢令山石壁聖傳頌　張本中撰并正書　紹熙元年正月　廣東陽山
雙塔寺壽甯萬歲禪院記　僧妙思撰八分書　紹熙元年二月　江蘇吳縣
廣壽慧雲禪寺碑　史浩撰樓鑰正書　紹熙元年陰刻捨宅誓願文　浙江錢塘
府學同年酬唱詩　袁說友等十二人撰正書　紹熙元年二月　江蘇吳縣

龍隱下巖龍圖梅公瘴說　梅摯撰石僥八分書　紹熙元年八月有朱晞顏跋　廣西臨桂
朱希顏龍隱巖詩　正書　紹熙元年十月　廣西臨桂
邕州新建貢院記　林子蒙撰林會行書　紹熙元年十月　廣西宣化
龍隱巖長孫宗旦等題名　行書　紹熙元年冬至日　廣西臨桂
袁說友等題名　八分書　紹熙二年九月　安徽盱眙
黃由等題名　行書　紹熙二年十月　安徽盱眙
鳳凰山神昭烈公廟碑　王仲記何炎正書　紹熙二年十一月　陝西口口
重修縣學記　陸游撰詹騤正書　紹熙二年　浙江會稽
水樂洞尊勝陁羅尼經幢　正書　紹熙三年三月内侍李隶

建　浙江仁和
沈友開等題名　行書　紹熙三年八月　安徽盱眙
永嘉徐誼等題名　行書　紹熙三年十二月　安徽盱眙
浯溪詩　蔡説撰正書　紹熙三年　湖南祁陽
蒙泉二大字　張詠正書　紹熙三年　湖北荆門
勅龍濟廟五龍神告詞　行書　紹熙四年五月　江蘇吳縣
石門山鄭挺題名　正書　紹熙五年二月　浙江青田
山河堰落成記　晏袤撰八分書　紹熙五年二月　陝西褒城
漢鄐君碑題記　晏袤撰并八分書　紹熙五年四月　陝西褒城
漢鄐君修道碑釋文　晏袤正書　無年月　陝西褒城
洞庭包山暘谷洞趙彦權題名　八分書　紹熙五年五月

江蘇吳縣
朱希賢龍隱洞詩　正書　紹熙五年五月　廣西臨桂
朱晞顏遊虞山韶音洞詩　正書　紹熙五年五月　廣西臨桂
定山朱仲晦題名　行書　紹熙五年閏十月　浙江仁和
龍華寺京鏜題名　正書　紹熙五年　浙江仁和
洞庭包山丙洞楊坦然題名　正書　紹熙五年　江蘇吳縣
大成坊義井題記　正書　紹熙口年五月　江蘇吳縣
玲瓏山孫季蕃詩刻　正書　無年月季蕃光宗時隱居西湖故附此　浙江臨安
燕喜亭劉乘題名　正書　慶元元年二月　廣東陽山
淡山巖王俊等題名　正書　慶元元年六月　湖南零陵

魏潘宗伯等題名釋文并跋　晏袤八分書慶元元年八月　陝西褒城
龍華寺京鏜題名　正書慶元元年九月　浙江仁和
九曜石李元口題名　正書慶元元年十二月　廣東南海
九曜石張釜等題名　八分書慶元元年十二月　廣東南海
洞庭包山暘谷洞趙希實題名　正書慶元元年十二月　江蘇吳縣
朱希顏泛舟過龍隱洞詩　正書慶元元年　廣西臨桂
吳學糧田籍記　正書慶元二年正月　江蘇吳縣
張釜遊龍隱巖七絕　行書慶元二年正月有滑懋跋　廣西臨桂

龍華寺何澹題名　正書慶元二年二月　浙江仁和
王盆閭邱資深等題名　八分書慶元二年二月上有王盆二大字亦八分書　陝西褒城
石門趙公茂等題名　正書慶元二年三月　陝西褒城
上清宮尚書省牒　行書政和三年九月牒下方蔡仍記湯純仁集歐陽詢書慶元二年三月刊　浙江鄞縣范氏拓本
南高峰大佛字　景明正書慶元二年三月　浙江錢塘
府學竹鶴二大字　蘇唐卿篆書慶元二年四月　江蘇吳縣
盧坦傳　張安國正書慶元二年郎前碑之陰　江蘇吳縣
龍華寺京鏜題名　正書慶元二年四月　浙江仁和
游山七詠　張釜撰正書慶元二年　廣西臨桂

靈泉寺碑　張商英撰鄧洵武正書慶元二年　湖北隨州
焦山張釜等題名　八分書慶元二年　江蘇丹徒
丹陽張釜等題名　八分書慶元二年　安徽盱眙
龍虎山尚書省牒　行書大觀二年政和四年五年六年各一道下方有大觀二年政和六年王道堅表二道俱正書慶元三年刊　浙江鄞縣范氏拓本
龍虎山尚書省牒　行書政和八年七月牒下方有政和八年八月王襲明表正書慶元三年刊　浙江鄞縣范氏拓本
龍華寺何澹題名　正書慶元三年二月　浙江仁和
石門宋積之等題名　行書慶元三年四月　陝西褒城
郴小學碑　莊方撰正書慶元三年五月　廣東瓊山
元妙觀蓑衣何眞人事實　胡袤撰正書慶元三年五月上有孝宗御書通神庵三大字　江蘇吳縣

范氏復義宅記　樓鑰撰并正書慶元三年七月　江蘇吳縣
石門范鼎等題名　正書慶元三年九月　陝西褒城
顧家橋記　正書慶元三年十一月　江蘇吳縣
武功縣種松碑　正書慶元三年　陝西武功
龍華寺京鏜題名　正書慶元三年　浙江仁和
龍隱上巖江西諸公題名　正書慶元四年正月　廣西臨桂
石門王還嗣等題名　正書慶元四年二月　陝西褒城
張叔信龍隱洞龍隱巖詩二首　行書慶元四年三月　廣西臨桂
南海廣利王廟額牒　正書慶元四年五月　廣東南海

龍華寺謝深甫題名 正書 慶元四年九月　浙江仁和
南山陳晷題名 慶元四年十月　廣東英德
龍華寺許及之題名 八分書 慶元四年　浙江仁和
岳麓寺碑陰王容等題名 行書 慶元四年　湖南長沙
龍華寺何澹題名 正書 慶元五年二月　浙江仁和
龍華寺京鏜題名 正書 慶元五年四月　浙江仁和
丹陽公祠堂記 朱熹撰 正書 慶元五年六月　江蘇常熟
萬壽山修觀音祠記 張寅撰 劉震正書 慶元五年六月　甘肅階州
重建華嚴寺碑 陸游撰 行書 慶元五年八月 明嘉靖間重刻　口口口口
龍華寺許及之題名 八分書 慶元五年九月　浙江仁和

玲瓏山邑令趙周尹等題名 篆書 慶元六年正月　浙江臨安
吳學義廩規約 黃由 葉適題 正書 慶元口年正月　江蘇吳縣
龍華寺京鏜題名 正書 慶元六年二月　浙江仁和
范氏義莊題名 孫應時序 正書 慶元六年閏二月 瞿鏡濤云題名起慶元二年訖開慶元年分爲四列六年以後盜後人續入也　江蘇吳縣
淡山巖王淮等題名 行書 慶元六年閏月　湖南零陵
重修長洲縣主簿廳記 黃士特撰 孫應時正書 慶元六年三月　江蘇長洲
龍華寺謝深甫題名 正書 慶元六年四月　浙江仁和
龍華寺謝深甫題名 正書 慶元六年五月　浙江仁和

龍隱巖蘇仁弼上證公禪師詩 行書 慶元六年七月　廣西臨桂
龍華寺袁說友等題名 八分書 慶元六年八月　浙江仁和
嘉澤顯應靈惠侯勅 行書 慶元六年十二月　口口口口
南翔寺義井題記 龔大雅撰 正書 慶元六年十二月　江蘇嘉定
龍華寺陳自强題名 正書 慶元六年　浙江仁和
岳王廟忠孝二字 朱子正書 無年月 明人刻　浙江錢塘
大壽字 朱子正書 無年月　浙江仁和 趙氏拓本
脫去凡近語 朱子行書 無年月　浙江仁和 趙氏拓本
書易有太極一段 朱子行書 無年月　湖南武陵
敬以直內義以方外八字 朱子行書 無年月　湖南道州

周子拙賦 朱子行書 無年月　湖南衡陽
勿求人知四句 朱子行書 無年月　江蘇嘉定 瞿氏拓本
上蔡先生語錄 朱子行書 無年月　湖南衡陽
幔亭記 朱子行書 無年月　福建崇安
滄洲歌 朱子行書 無年月　福建崇安
天風海濤四字 朱子正書 無年月　福建閩縣
石室清隱四字 朱子正書 無年月　福建侯官
蟠桃嶋三字 朱子正書 無年月　福建福清
香山洞三字 朱子八分書 無年月　福建福清
讀書處三字 朱子正書 無年月　福建長樂
蒼野題名 朱子八分書 無年月　福建莆田

白鹿洞賦 朱子撰行書 無年月 江西德化
齋居感興詩 朱子撰 無年月 廣東歸善
忠孝廉節四字 朱子行書 無年月 □□□□
文章華國忠孝傳家八字 朱子正書 無年月 □□□□
溪山第一四大字 朱子行書 無年月 嘉靖間重摹 廣東海陽
廉靜二字 朱子正書 無年月 浙江鎮海
興造物遊四字 朱子正書 無年月 浙江山陰
府學邵堯夫四絶句 朱子行書 無年月 明景泰丙子刻 江蘇江甯
泮環巷義井題記 正書 嘉泰元年正月 江蘇吳縣
龍華寺何澹題名 正書 嘉泰元年二月 浙江仁和
慧日禪院公據 正書 嘉泰元年六月 江蘇常熟
南山陳先生醉時歌刻石 朱子更書 嘉泰元年九月 廣東英德
光福寺上方教院檀越捨田銜名 彭澤譜 陳蘊跋 正書 嘉泰元年十一月 江蘇吳縣
二宋二陸新祠記 張起巖撰 正書 嘉泰元年 湖北應山
龍華寺謝深甫題名 正書 嘉泰元年 浙江仁和
龍隱上巖王止功留題乳洞詩 行書 嘉泰二年正月 有王克勤等跋 廣西臨桂
賜靈應廟牒 正書 嘉泰二年二月 浙江分水
龍華寺陳自强題名 正書 嘉泰二年四月 浙江仁和
龍華寺袁說友題名 正書 嘉泰二年九月 浙江仁和

耿與義題名 行書 嘉泰二年十月 安徽盱眙
楞伽峽題名記 葉適撰 汪之彊正書 嘉泰二年 廣東陽山
淡山巖趙仲義題名 正書 嘉泰三年二月 湖南零陵
龍華寺費士寅題名 正書 嘉泰三年四月 浙江仁和
重建徑山興聖萬壽禪寺碑 樓鑰撰并正書 嘉泰三年五月 浙江餘杭
玲瓏山邑令陳之純等題名 正書 嘉泰三年九月 浙江臨安
重修智者廣福禪寺記 陸游撰并正書 嘉泰三年十月 浙江金華
陸游寄玘公禪師八札 草書 郎前碑陰 浙江金華
復三相祠詩并序 趙師䢼撰正書 嘉泰三年 廣西馬平
錢厚遊玲瓏山詩 正書 嘉泰四年正月 浙江臨安
淡山巖李震等題名 正書 嘉泰四年三月 湖南零陵
賜常昭禪院勅牒碑 正書 嘉泰四年十月 浙江烏程
浯溪趙彥穮題名 正書 嘉泰四年 湖南祁陽
義井銘 正書 嘉泰□年 江蘇江甯
靈隱山□□造太乙天尊像記 正書 開禧元年二月 浙江錢塘
龍華寺張巖題名 正書 開禧元年二月 浙江仁和
靈隱山沈應造羅漢像記 正書 開禧元年三月 浙江錢塘
鹽官縣修學記 鍾必萬撰 鄒應龍正書 開禧元年三月 浙江海甯
重修閶橋題字 正書 開禧元年三月 江蘇吳縣

吳學糧田續記　正書　開禧元年四月　江蘇吳縣
靈隱山食飯保傳造像　正書　開禧元年四月　浙江錢塘
龍華寺錢象祖題名　正書　開禧元年四月　浙江仁和
龍華寺陳自強題名　正書　開禧元年九月　浙江仁和
汲郡孟猷等題名　行書　開禧元年十月　陝西襃城
玉盆牟節甫等題名　正書　開禧二年正月　陝西襃城
吳學續置田記一　正書　開禧二年三月　江蘇吳縣
疊綵山趙善恭題名　正書　開禧二年三月　廣西臨桂
龍華寺陳自強題名　正書　開禧二年四月　浙江仁和
吳學續置田記二　正書　開禧二年五月　江蘇吳縣
胡六八將仕開井題名　正書　開禧二年八月井在郭家巷孫秀才衡家　江蘇吳縣

武夷山章貢等題名　正書　開禧二年十月　福建崇安
龍華寺李壁題名　正書　開禧二年　浙江仁和
龍華寺陳自強題名　正書　開禧三年正月　浙江仁和
九成臺陸游書詩境二字　正書　開禧三年三月嘉定四年刻於武溪深碑陰　廣東曲江
妙巖院記　比邱道虔記正書　嘉定元年正月　陝西城固
鄭伯謙韓公釣磯題字　正書　嘉定元年二月　廣東陽山
玉盆李□熊題名　八分書　嘉定元年五月　陝西襃城
靈隱山明州比邱僧□□造像　正書　嘉定元年五月　浙江錢塘

大成坊重整義井題記　正書　嘉定元年六月即前紹興井闌之又一面也　江蘇吳縣
太學甯遠記　王介撰陳一新正書　嘉定元年九月　浙江仁和
胡彥德遊玲瓏山詩　正書　嘉定元年　浙江臨安
上泉寺劉光祖題名　行書　嘉定元年　湖北荊門
玉盆安丙等題名　正書　嘉定二年閏月　陝西襃城
石門安丙題名　正書　題云嘉定閏月蓋與前刻同時也　陝西襃城
二聖庵陀羅尼幢　正書　嘉定二年四月　浙江錢塘
郡太守齊礪等題名　行書　嘉定二年四月　安徽盱眙
第一山三字　齊礪行書　嘉定二年　安徽盱眙

鳳圖贊　八分書　嘉定二年　江蘇丹徒
參前碑　楊簡撰正書　嘉定二年　浙江仁和趙氏拓本
石門郭公緒題名　正書　嘉定三年三月　陝西襃城
石門唐安鮮于申之題名　八分書　嘉定三年三月　陝西襃城
舜祠虞泉銘　方信孺撰方眞孺八分書　嘉定三年七月　廣東曲江
平亭二大字并平亭詩　正書　嘉定三年九月額題經略殿撰侍郎李公翰墨未詳其名下有唐□跋　江蘇嘉定錢氏拓本
石門成都劉蒸題名　八分書　嘉定四年閏月　陝西襃城
玉盆何武仲等題名　正書　嘉定四年八月　陝西襃城
浯溪詩　趙善謐撰正書　嘉定四年　湖南祁陽
玲瓏山李仁永等題名　正書　嘉定五年八月　浙江臨安

光山學記 劉樞撰郭紹彭八分書 嘉定五年九月 浙江鄞縣范氏拓本
方信孺等觀張魏公遺墨題字 正書 嘉定五年九月在張跋題名碑陰 廣東陽山
忠烈廟碑 胡銓撰樓鑰正書 嘉定五年二月 江蘇江甯
西湖山趙希蓬修威惠廟題記 趙希遴撰正書 嘉定六年春 廣東海陽
曾公巖鍾大鳴等題名 正書 嘉定六年六月 廣西臨桂
潼川靈護廟碑 李璧撰范子長正書 嘉定六年十月 四川三臺
方信孺等題名 篆書 嘉定六年 浙江鄞縣范氏拓本
方信孺糖多令詞 行書 無年月 浙江鄞縣范氏拓本
玲瓏山沈鉦等題名 正書 嘉定七年二月 浙江臨安
張口口題浯溪詩 行書 嘉定七年 湖南祁陽
吳山金星洞趙時侃等題名 正書 嘉定八年正月 浙江錢塘
韶音洞古相思曲 方信孺行書 嘉定八年二月 廣西臨桂
石堂歌 行書自題元在庵主人湻熙辛亥歲作 嘉定八年二月刻 浙江鄞縣范氏拓本
浯溪趙口口題名 正書 嘉定八年七月在隆興元年秋隱里叟詩刻之側 湖南祁陽
清眞觀建昊天閣記 陳振撰鄭準正書 嘉定八年九月 江蘇崑山
蘇州學記 朱文長撰盧祖皋正書 嘉定八年十月即鄭億年修學記之陰 江蘇吳縣

七星巖陳光祖題名 正書 嘉定八年十二月 廣東高要
浯溪詩 劉用行撰并正書 嘉定八年 湖南祁陽
浯溪林伯成題名 行書 嘉定口年 湖南祁陽
淮瀆祠何友直題名 行書 嘉定九年四月 河南桐柏
長沙易口游浯溪詩 行書 嘉定九年七月 湖南祁陽
鳳凰山鍾陵等題名 正書 嘉定九年九月 浙江仁和
南翔院長懺觀堂記 僧居簡撰林英發行書 嘉定九年十二月 江蘇嘉定
瑞石山胡榘題名 正書 嘉定十年六月 浙江錢塘
龍隱下巖鄒應龍題名 正書 嘉定十年七月 廣西臨桂
題金山拙窩詩 趙清卿撰并八分書 嘉定十年九月 廣東海陽
留筠遊淡山巖詩 正書 嘉定十年十二月 湖南零陵
七星巖徐龜年題名 正書 嘉定十一年二月 廣東高要
七星巖趙汝襲題名 正書 嘉定十一年二月 廣東高要
元妙觀三清殿上梁文 龔頤正撰并正書 嘉定十一年三月後有章劼跋 江蘇吳縣
靈巖叙別記 李耆壽撰正書 嘉定十一年六月 陝西略陽
靈顯公勅 行書 嘉定十一年十一月 陝西褒城
馬鞍山麓重製義井題記 正書 嘉定十二年正月 江蘇崑山
遊浯溪詩 曾換撰正書 嘉定十二年 湖南祁陽
龍虎山尚書省牒 行書湻熙十四年十五年紹熙四年慶元二年嘉泰四年各一道下

一層則留用光表也嘉定十二年刊有王端中跋元至正六年重立　浙江鄞縣范氏拓本

方山定林寺記　朱舜庸記秦鑄行書嘉定十三年正月　江蘇上元

高宗御書禮部韻略　正草二體書嘉定十三年三月陳汶模刻於湖州墨妙亭　浙江鄞縣范氏拓本

王子申遊淡山巖詩并題名　行書嘉定十三年十月　湖南零陵

平江府添助學田詩　謝甫撰并正書嘉定十三年十二月下刻嘉定十一年軍府牒各一道　江蘇吳縣

董鴻道題浯溪詩　正書嘉定十三年十二月　湖南祁陽

藩署街南蓮花巷義井題記　正書嘉定十四年四月　江蘇吳縣

重新南新橋題記　正書嘉定十四年十一月俗名曹胡徐橋　江蘇吳縣

龍隱下巖安撫胡槻等題名　八分書嘉定十四年十二月　廣西臨桂

重建胭脂橋題字　正書嘉定十五年二月　江蘇吳縣

靈隱山青林洞趙善郯等題名　八分書嘉定十五年六月　浙江錢塘

重建德慶橋題字　正書嘉定十五年八月　江蘇吳縣

南翔寺四佛像石幢題字　正書嘉定十五年　江蘇嘉定

慧因院觀音瑞相殘碑　正書嘉定□年　浙江錢塘

建康府教授西廳記　鄭自誠撰行書嘉定十六年正月　江蘇江甯

治平寺建藏經殿記　僧寶華撰正書嘉定十六年七月　江蘇上元

大雲洞何坦等題名　正書嘉定十六年九月　廣東陽山

寒山法螺寺宋故通判趙崇雋壙誌　弟崇修撰并正書嘉定十七年三月　江蘇吳縣

征西將軍周孝公畫像石刻　洪簡撰行書嘉定十七年三月　江蘇宜興

重刊孔子廟碑　唐韓愈撰陳孔碩篆書嘉定十七年閏八月　浙江麗水

鶴林寺岳珂題古竹院僧房詩　行書嘉定十七年八月　江蘇丹徒

接待寺陁羅尼神咒幢　正書嘉定十七年十一月　浙江錢塘

西米巷義井題記　正書嘉定十七年十二月　江蘇吳縣

鄂州重修北榭記　李悳撰正書嘉定十七年　湖北江夏

玉盆李口能題名　八分書嘉定十七年下半爲李一龍磨去刻右盆如有意要洗貪者廉十字　陝西褒城

七星巖鄭起沃等題名　正書寶慶元年正月　廣東高要

英烈廟置田檀越題名記　正書寶慶元年五月　江蘇宜興

雙塔寺提舉常平司公據　正書寶慶元年六月刻紹熙壽甯萬歲禪院記之陰　江蘇吳縣

重修南海廟碑　曾噩撰留元崇正書寶慶元年七月　廣東南海

元妙觀太上混元皇帝像　吳道子畫唐元宗御贊集顏眞卿正書

寶慶元年十二月　江蘇吳縣
元妙觀重修天慶觀記 高之問撰王松正書寶慶二年二月　江蘇吳縣
府學安養院記 陳耆卿撰正書寶慶二年八月在紹熙唱酬詩碑陰　江蘇吳縣
石門趙彥吶等題名 正書寶慶二年　陝西褒城
高麗寺牒 行書寶慶三年正月　浙江錢塘
碧落洞李華題名 正書寶慶三年正月　廣東英德
宅山廟封善政侯勅牒 行書寶慶三年正月　浙江鄞縣
無盡藏巖題跋 羅當世正書寶慶三年二月　湖南臨武
七星巖景福洞鄭起沃等題名 正書寶慶三年二月　廣東高要
浯溪趙必愿題名 行書寶慶三年　湖南祁陽
縣學唐卜將軍廟記 正書紹定元年正月　江蘇崑山
給復學田公牒 正書紹定元年五月　江蘇吳縣
給復學田公牒 正書紹定元年九月　江蘇吳縣
縣學五瑞圖詩 劉宰撰行書紹定二年三月　江蘇句容
玉盆曹濟之等題名 八分書紹定二年三月　陝西褒城
石門曹濟之等題名 正書紹定二年三月　陝西褒城
嘉應侯廟記 陳夏撰陳繹正書紹定二年五月　廣東潮陽
無垢居士像贊 張九成自題正書紹定二年六月明正德間重刻　浙江海甯

嘉定縣學記 沈璞撰并正書紹定二年八月　江蘇嘉定
無上宮主訪蔣暉詩 草書蔣暉跋正書紹定二年　浙江鄞縣范氏拓本
增置養士學田記 正書郎前碑之陰　江蘇嘉定
吳學復田記 陳耆卿撰石李隆正書紹定二年八月　江蘇吳縣
瑞光寺梅影庵記 范元衡撰趙林正書紹定二年十二月　江蘇吳縣
甯海縣尹題名記 吳子良撰葛應龍正書紹定二年十二月　浙江甯海
馬鞍山下頻川怡山造井題字 正書紹定二年　江蘇崑山
淡山巖永嘉許綸題名 正書紹定三年正月　湖南零陵
淡山巖張友仁水調歌頭詞 行書紹定三年二月　湖南零陵
碧落洞夏子昂等題名 正書紹定三年二月　廣東英德
忠清粹德之碑 哲宗御製并篆書紹定三年三月　陝西略陽
淡山巖吳千能水調詞并題名 正書紹定三年三月　湖南零陵
虎邱山蔡熙國題名 正書紹定三年七月　江蘇吳縣
司馬文正公祠堂記 葉祐之撰余旦正書紹定三年八月　浙江鄞縣范氏拓本
給復學田省劄 正書紹定三年十月有汪泰亨跋　江蘇吳縣
天賜莊前義井題字 正書紹定三年十二月　江蘇吳縣
新建御書閣記 李酬伯撰正書紹定三年　湖北南漳
褚遂良祠堂記 魏了翁撰正書紹定三年　湖南湘鄉
石門趙崇齊題名 正書紹定三年　陝西褒城

廣化寺橋題記 正書 紹定四年三月 江蘇吳縣
鄰霄臺胡伯量等題名 正書 紹定四年九月 福建□□
高麗慧因教寺勅牒碑 行書 紹定四年十一月 浙江錢塘
平黎頌 游寵撰正書 紹定四年 廣東瓊山
雙塔寺提舉祕丞郎中詞翰 行書 紹定五年十二月後有普華跋 江蘇吳縣
府學朱協極中庸格言 八分書 紹定五年 江蘇華亭
重摹郙閣碑題記 田克仁撰正書 紹定五年 浙江仁和趙氏拓本
婁續祖題永州淡山巖詩 正書 紹定六年二月 湖南零陵
華亭縣蠲免安濟院苗稅公據 正書 紹定六年四月 江蘇華亭

華亭安濟院管田記 程竄撰正書 紹定六年四月 江蘇華亭
淡山巖郭三聘五言詩 行書 紹定六年八月 湖南零陵
郡侯鄒公置學田詩 鄭準撰趙琳正書 紹定六年八月下刻學田久敀 江蘇崑山
浯溪詩 衞樵撰正書 紹定六年 湖南祁陽
增置常熟縣學新田記 孫沂撰章巽亭正書 紹定六年上刻軍府使帖 江蘇常熟
南雄州新建四先生祠記 眞德秀撰田圭正書 端平元年三月 廣東保昌
元妙觀尙書省劄并部符使帖 行書 端平元年六月 江蘇吳縣

七星巖趙崇垓等唱和詩 行書 端平二年十□月 廣東高要
七星巖趙崇垓等題名 正書 端平二年十二月 廣東高要
遊碧落洞詩 李華撰正書 端平二年 廣東曲江
太學通靈廟牒 行楷書 端平三年正月 浙江仁和
南海廟彭鉉題名 正書 端平三年三月刻于南海神廟韓碑之陰 廣東南海
重建華亭縣學記 魏了翁撰趙彥㦸正書 端平三年九月 江蘇華亭
常熟縣重建學宮記 魏了翁撰袁僴正書 端平三年十月 江蘇常熟
梅巖二字 趙時正書 端平三年 湖北漢陽
華亭縣學田記 楊瑾撰行書 嘉熙元年二月 江蘇華亭

艮山門外下菩薩廟造像 正書 嘉熙元年四月 浙江仁和
學田籍碑 正書 嘉熙元年八月 江蘇常熟
明行院記 僧居簡撰楊瑾正書 嘉熙元年 江蘇華亭
鞏公增修學廩記 劉漢英撰正書 嘉熙元年 廣東南海
淡山巖王淦題名 正書 嘉熙二年二月 湖南零陵
黃龍洞程公許等題名 正書 嘉熙二年五月 浙江烏程
龍隱上巖顏頤仲題名 正書 嘉熙二年七月 廣西臨桂
常熟縣經略記 杜範撰正書 嘉熙二年八月 江蘇常熟
七星巖區永年等題名 正書 嘉熙二年九月 廣東高要
焦山李夢得等題名 正書 嘉熙□年十一月 江蘇丹徒
書杜甫畫鶻行 韓琦行書 嘉熙二年 廣西融縣

九曜石陳疇題名 正書 嘉熙三年正月 廣東南海
賜杜範勅 行書 嘉熙三年七月下有杜範跋 安徽宣城
曾公巖徐清叟等題名 正書 嘉熙三年九月 廣西臨桂
惠山趙希衮題名 行書 嘉熙三年 江蘇無錫
郡守趙與𥲅等祭慈湖楊先生祠記 正書 嘉熙四年四月 江蘇吳縣
九曜石黃朴等題名 正書 嘉熙四年七月 廣東南海
直龍圖閣曾三聘神道碑 游侶撰子宏正正書 嘉熙四年 廣西臨桂
府學司馬文正公書思無邪公生明六大字 八分書 淳祐元年正月 江蘇吳縣

府學御書聖賢十三贊 理宗御製并正書 淳祐元年正月 浙江錢塘
九曜石顧禤修題名 正書 淳祐元年正月 廣東南海
府學疏廣戒子弟語 張安國正書 淳祐元年四月郎竹字碑陰 江蘇吳縣
府學紹興手詔及陳襄熙甯經筵薦士章藁 正書 淳祐元年七月下有陳□跋 江蘇吳縣
金祝二太尉廟記 鄭文子撰彭一飛正書 淳祐元年八月明成化間重刻 浙江錢塘
息心銘 張卽之撰行書 淳祐元年九月 山東城武
廣澤廟顯慶侯新像記 楊珏撰并正書 淳祐元年十月 浙江鄞縣范氏拓本
燕喜亭劉燧叔題名 正書 淳祐二年八月 廣東陽山

遊大雲巖詩 劉燧叔撰正書 淳祐二年八月 廣東陽山
南山建亭記 繆夢遠撰正書 淳祐二年九月 廣東英德
融州老君洞勅賜眞僊巖圖并記 杜□然撰正書 淳祐二年十月 江蘇嘉定瞿氏拓本
重建南山亭詩 蕭堪之撰正書 淳祐二年 廣東英德
吳縣學記 施清臣撰鄭起潛正書 淳祐三年四月 江蘇吳縣
虎邱山潘牥等題名 正書 淳祐三年八月 江蘇吳縣
牛首山滿庭芳詞 如愚居士撰并正書 淳祐四年十月 江蘇江甯
白雲山慈聖院圓通殿記 鄭清之撰懭扶正書 淳祐四年十一月
府學韓文公符讀書城南詩 朱協極八分書 淳祐四年 浙江仁和趙氏拓本 書共四石

江蘇吳縣
重修武夷精舍記 王遂撰王鑑正書 淳祐四年 福建崇安
府學朱文公敬齋銘 朱協極八分書 郎前碑之陰 江蘇吳縣
王埜游鶴林寺二絕句 行書 淳祐五年三月 江蘇丹徒
南山英郡太守顧先生招撫峒猺歌 正書 淳祐五年 廣東英德
應夢名山四字 理宗御書正書 淳祐五年 浙江奉化
鳳凰山萬文勝題字 行書 淳祐五年 浙江仁和
碧落洞顧禤履等題名 正書 淳祐六年二月 廣東英德
南山石屏李昂英題 正書 淳祐六年三月 廣東英德
龍隱下巖桂州撤戍記 正書 淳祐六年三月 廣西臨桂

加封太學土地文忠侯勅牒 行書 淳祐六年五月下列刻 浙江仁和
寶祐四年勅牒
增修華亭縣學記 王遂撰并正書 淳祐六年五月 江蘇華亭
九疑山銘 蔡邕作李挺祖八分書 淳祐六年八月 湖南甯遠
蛻龍洞葉口口題名 正書 淳祐七年三月 浙江新城
秦亭山屠墟靈昭廟牒殘碑 正書 淳祐七年七月 浙江錢塘
靈隱山翻經臺李艮等題名 行書 淳祐七年七月 浙江錢塘
龍隱下巖長洲陳信伯等題名 正書 淳祐七年九月 廣西臨桂

府學天文圖地理圖帝王紹運圖 正書凡三石 淳祐七年十一月 江蘇吳縣
有王致遠跋
施判司宅重修井闌題字 正書 淳祐七年十二月 江蘇吳縣
洞霄宮理宗御書洞天福地四字 正書 淳祐七年 浙江餘杭
靈隱山龍泓洞陸德輿等題名 行書 淳祐八年八月 浙江錢塘
府學整後債錢榜 正書 淳祐八年七月 浙江山陰
邕州建學記 鄧容撰趙立正書 淳祐八年 廣西宣化
宅山廟封善政侯勅牒 行書 淳祐九年二月 浙江鄞縣

存悔齋十二箴 邵口跋正書 淳祐九年 浙江山陰
清眞觀理宗御書放生池勅 正書 淳祐十年正月後有項公澤跋明人重刻 江蘇崑山
龍隱上巖修經略司犒賞庫記 陳彌壽撰趙孟口正書 淳祐十年正月 廣西臨桂
朱詵游燕喜亭詩并題名 八分書 淳祐十年五月 廣東陽山
龍華寶乘禪寺管業公據碑 正書 淳祐十年九月 浙江仁和
菩提寺橋題字 正書 淳祐十年十一月 江蘇嘉定
財帛司廟前義泉題記 正書 淳祐十年 江蘇吳縣
藩署前街義井題字 正書 淳祐十年 江蘇吳縣

觀音經 行書 淳祐十年 江蘇吳縣
虞山藏一山人題名 正書 淳祐十年 江蘇常熟
三生石吳璞等題名 正書 淳祐十年 浙江錢塘
虎邱山程振父等題名 正書 淳祐十一年二月 江蘇吳縣
府學總所撥歸本學園租公據 正書 淳祐十一年二月下刻張濟之跋 江蘇吳縣
蔡杭題名 正書 淳祐十一年二月 江蘇嘉定錢氏拓本
嘉定縣修學記 林應炎撰并正書 淳祐十一年五月 江蘇嘉定
大滌洞張口題名 正書 淳祐十一年十二月 浙江餘杭
邕州重建學記 鄧容撰 淳祐十一年 廣西宣化
洞庭西山暘谷洞陳翼等題名 正書 淳祐十二年正月

重陽庵眞武像贊 理宗御書 淳祐十二年正月上列刻像贊中刻道經下刻眞武畫像 江蘇吳縣

三生石吳璞等題名 正書 淳祐十二年二月 浙江仁和

徑山興聖萬壽禪寺糶米㓾付碑 正書 淳祐十二年四月 浙江錢塘

北山黃龍洞吳口等題名 正書 淳祐十二年四月 浙江餘杭

重建南山亭詩 蕭堪之撰并正書 淳祐十二年四月 浙江錢塘

長明寺心經并大士像 謝圭正書 淳祐十二年八月 廣東英德

泰伯廟迎享送神詞 龔頤正撰陳信伯正書 淳祐十二年九月 浙江錢塘

重修至德廟記 潘凱撰趙與訔正書 淳祐十二年十二月即前碑之陰 江蘇吳縣

理宗御書妙智之閣殘碑 正書存之閣二字 淳祐十二年 江蘇吳縣

白雲寺記 僕扶撰正書 淳祐十二年 浙江海甯

周呂忠等題名 正書 淳祐十二年在周悖頤題名之後 浙江餘姚

重建巾山翠微閣記 趙與譓撰徐士袞八分書 寶祐元年二月 廣東高要

虞荘秋丁釋奠詩 正書 寶祐元年八月 浙江天台

湖南零陵

帶御器械張塡壙刻 正書子萊孫等識劉仰祖塡諱 寶祐元年十一月 浙江蕭山

勝因院碑 僧處仁撰集顏眞卿正書 寶祐元年 浙江奉化

周梅叟等題名 行書 寶祐二年正月 江蘇嘉定錢氏拓本

洞庭包山暘谷洞沈宗等題名 正書 寶祐二年三月 江蘇吳縣

西湖石陳煒等題石 正書 寶祐二年六月 廣東潮陽

焦山金剛經 張卽之行書 寶祐二年 江蘇丹徒

終南山遇仙宮于眞人碑 正書 寶祐二年 陝西長安

武夷山一線天翁泳等題名 正書 文云宋五甲寅夏閏乙末當是寶祐二年 福建崇安

石鼓山劉震孫題名 正書 寶祐三年九月在劉華老題名後 湖南衡陽

靈隱理公巖陳詩等題名 正書 寶祐三年 浙江錢塘

白泉山施若題名 正書 寶祐三年 浙江餘姚

大成坊重修義井題記 正書 寶祐四年七月卽紹熙井之又一面 江蘇吳縣

加封太學士地文忠英濟侯勅牒 行書 寶祐四年九月與淳祐六年牒同刻一石 浙江仁和

新建普賢院額給到部符公據 正書 寶祐四年十二月 江蘇吳縣

積慶敎寺碑 理宗御書正書 寶祐四年 浙江餘姚

使府蠲免安濟院苗稅公據 正書 寶祐五年九月 江蘇華亭

太白脫韡圖 牟子才贊正書 無年月錢辛楣少詹云當在寶祐五年 安徽當塗

山谷反棹圖 牟子才贊正書 無年月左方有牟應復題至正戊寅五月字 安徽當塗

光福寺祈請道場免役公據 正書 寶祐六年十二月 江蘇吳縣

西湖石郡守莆田林光世等題名 正書 寶祐六年 廣東潮陽

龍隱巖朱塏題名 行書 寶祐六年 廣西臨桂

府學吳郡鄉舉題名 正書 起紹興庚申訖寶祐戊午 江蘇吳縣

紀功銘 李曾伯撰正書 寶祐十一年 湖北襄陽

西湖石浚湖衛城局出錢記 正書 開慶元年八月 廣東潮陽

光福寺提舉寶謨袁大監題跋 正書 開慶元年十月即前寶祐公據之下方 江蘇吳縣

西湖石四言詩 林光世撰正書 開慶元年 廣東潮陽

賀祕監祠逸老堂記 吳潛撰張即之行書 開慶元年 浙江鄞縣

賀知章像并贊 吳潛撰行書 即前碑之陰 浙江鄞縣

武夷山一線天余直夫詩 正書 景定元年 福建崇安

太學通靈廟勅賜忠顯額牒碑 行書 景定元年八月 浙江錢塘

勅封忠文王及佐神張憲等牒殘碑 正書 景定二年二月 浙江錢塘

塔寺雨香堂碑 淳祐間人贈無擇禪師詩顧霆發正書凡四截 景定二年六月 江蘇常熟

茶塢山新建普賢院記 顏汝勳撰并正書 景定二年九月 江蘇吳縣

鳳凰山范文虎等題名 正書 景定二年十二月 浙江仁和

葛嶺賈似道家廟磨崖題記 八分書 景定三年正月 浙江錢塘

淡山巖鍾有大題名 正書 景定三年正月 湖南零陵

陳口張東澤題名 正書 景定三年三月 浙江錢塘

文有年題淡山巖詩 正書 景定三年四月 湖南零陵

淡山巖張孝先等題名 正書 景定三年九月 湖南零陵

北山石觀音院僧宗照題字 正書 景定三年九月 浙江錢塘

陳宗禮淡山巖詩 行書 景定三年 湖南零陵

靈巖山封劉錡爲天曹猛將勅 正書 景定四年三月 江蘇吳縣

烏鵲橋衖義井題字 正書 年月泐瞿鏡濤云景定四年四月 江蘇吳縣

華巖巖絕句 行書 景定四年七月 湖南零陵

張遣猷淡山巖詩 行書 景定四年八月後有僧紹珏詩亦行書 湖南零陵
城東慈雲寺部據府帖碑 正書 景定五年二月 浙江錢塘
三洲巖敬齋謝先生題名 王口先八分書 景定五年春 廣東德慶州
文子璋淡山巖詩 正書 景定五年十一月舊有洪彥淡山巖詩紹熙甲寅重九前二日正書文詩卽刻其上 湖南零陵
淡山巖劉錫等題名 正書 景定五年十一月舊有嘉定戊寅呂口正書劉書卽刻其上 湖南零陵
陳均鶴林寺詩 行書 景定五年 江蘇丹徒
鶴林寺判府節制與奉使總領唱和詩 行書石斷裂失其前半後有僧法心跋景定五年 江蘇丹徒

浯溪劉錫題名 正書 景定五年 湖南祁陽
文子璋題浯溪詩 正書 景定五年 湖南祁陽
黃鸝坊橋西巷義井題字 正書 景定五年 江蘇吳縣
太安人徐氏墓誌 陳鑒撰陳伯錢正書文多漫漶有景定五年字故附此石在江蘇崑山孫氏
吳山寶奎寺見滄二大字 理宗御書正書 無年月 浙江錢塘
龍隱上巖朱禩縣題名 正書 咸淳元年春 廣西臨桂
七星巖詩 蘇艮撰并正書 咸淳元年艮月 廣東高要
靈隱龍泓洞潛說友題名 篆書 咸淳元年閏月 浙江錢塘
九曜石趙口口題名 正書 咸淳元年 廣東南海
學田租記 唐夢翔撰并正書 咸淳二年七月 江蘇嘉定

薦巖寺七佛塔題記 正書 咸淳二年 江蘇崑山
玲瓏山邑令趙汝口題名 正書 咸淳二年 浙江臨安
龍泓洞賈似道等題名 正書 咸淳三年七月 浙江錢塘
石屋洞賈似道等題名 正書 咸淳三年九月 浙江錢塘
三生石賈似道等題名 八分書 咸淳三年十月 浙江錢塘
北山智果寺咸淳丁卯同班記殘刻 正書 咸淳三年 浙江錢塘
龍泓洞三字 王庭正書 無年月何夢華云庭爲賈似道門客故附此 浙江錢塘
重建觀頤堂記 黃夢高記李口虎正書 咸淳四年 浙江嘉興
杉瀆橋南井闌題記并亭泉詩 正書 咸淳四年 江蘇吳縣

城隍廟顯應閣記 周成之撰趙卯發正書 咸淳四年 江蘇溧水
重建白塔子橋題字 正書 咸淳五年三月 江蘇吳縣
北山智果寺咸淳巳巳同銓題名碑 正書 咸淳五年三月 浙江錢塘
石屋洞潛說友題名 正書 咸淳五年七月 浙江錢塘
淡山巖趙與詘等題名 正書 咸淳五年八月 湖南零陵
光孝寺大鑒禪師殿記 陳宗禮撰王應麟正書 咸淳五年十一月 廣東南海
南山口英華寺題名 正書 咸淳六年三月 廣東英德
乘魚橋衖義井題記 正書 咸淳六年十月 江蘇吳縣
元妙觀行在尙書禮部劄 正書 咸淳六年 江蘇吳縣

王仁甫題名　正書咸淳六年在唐岳麓寺碑陰　湖南長沙
龍華寺潛說友等題名　正書咸淳七年正月　浙江仁和
皇帝御製牧民銘　行書下方刻口口謝表咸淳七年五月　浙江嘉興
贛州嘉濟廟記　文天祥撰吳觀正書咸淳七年六月　浙江鄞縣范氏拓本
北山智果寺傅勉之等同班題名碑　正書咸淳八年六月　浙江錢塘
題焦山詩　口口撰行書咸淳八年六月　江蘇丹徒
趙口口淡山巖偶成詩　行書咸淳八年九月　湖南零陵
龍隱上巖熊桂巖等題名　正書咸淳八年十二月　廣西臨桂
穎川陳彥題名　行書咸淳九年三月　安徽盱眙
龍隱上巖同谷李興等題名　正書咸淳十年三月　廣西臨桂
府學宣聖像　無畫人姓名咸淳十年七月　江蘇吳縣
范氏義莊尙書省劄　正書咸淳十年九月下記田數　江蘇吳縣
玲瓏山楊棟題名　正書無年月按棟度宗朝參知政事故附咸淳之末　浙江臨安
太學忠祐廟勅封告據碑　行書德祐元年正月　浙江仁和
虎邱山天台戴覺民題名　正書德祐元年秋　江蘇吳縣
湖州府署皇帝御札碑　正書無年月中有付三省語知爲宋刻　浙江烏程

孝經　張載正書無年月　浙江山陰
禹陵窆石會稽令趙汝陞題名　八分書無年月　浙江山陰
賀祕監祠眾樂亭詩　錢公輔王安石諸人作行書無年月　浙江鄞縣
冰壺洞三字　飛白書無年月　浙江金華
雙龍洞三字幷詩　非邱子正書無年月龍字反書　浙江金華
石門山陳適中等題名　正書後書庚子十月　浙江青田
宋故孺人郎氏墓誌　正書無年月　浙江海鹽
柳甎二字　正書無年月張芑堂燕昌得於金粟山中　浙江海鹽
建康府甎文　正書無年月　江蘇嘉定瞿氏家藏
安撫使甎文　正書無年月　浙江錢塘何氏家藏
容城太玉洞天六字　正書無年月　浙江永嘉
三生石三字　篆書無年月　浙江永嘉
胥山石劍二字　正書無年月　浙江嘉興
曲阜林廟圖　正書無年月　浙江鎮海
鳳凰山杜忠可題名　正書無年月　浙江仁和
烟霞佛手巖德甫等題名　正書三年十月三日　浙江仁和
石屋洞姚原道等題名　正書丙辰季秋　浙江仁和
宋故孺人郎氏塋碣　正書年月缺　浙江海鹽
龍華寺周之祥題名　正書無年月　浙江仁和
天龍寺饒雲齋三字　行書無年月　浙江仁和

天龍寺光明石題字　正書　無年月　浙江仁和
六和塔捨錢題名　正書　無年月　浙江仁和
六和塔蔣舒行捨財修塔記　正書陽文　首題大宋國末書辛巳　浙江仁和
江干陁羅尼經　正書　無年月　浙江仁和
孤山歲寒巖三字　正書　無年月兩旁刻郭令公云云廣成子云云八分書二行　浙江錢塘
高麗慧因寺殘碑　行書　無年月有軍器監丞周□名　浙江錢塘
靈隱山青林洞直翁等題名　正書　無年月　浙江錢塘
靈隱山青林洞潛夫等題名　正書　無年月　浙江錢塘
靈隱山青林洞道宗等題名　正書　無年月　浙江錢塘
靈隱山青林洞石景衡等題名　正書　無年月　浙江錢塘
石屋洞尼口從造像　正書　無年月　浙江仁和
石屋洞俞承慶造像　正書　無年月　浙江仁和
石屋洞沈口造像　正書　無年月　浙江仁和
石屋洞羅景直造像　正書　無年月　浙江仁和
石屋洞俞仁口造像　正書　無年月　浙江仁和
定山風洞雲泉四大字　元居中篆書　無年月　浙江錢塘
南屏山少林二大字　樓鑰正書　無年月　浙江錢塘
蒼谷二大字　正書　無年月　浙江錢塘
南高峰劉公泉三字　八分書　無年月　浙江錢塘

大麥嶺浮屠殘碑　行書　無年月　浙江錢塘
大麥嶺子固等題名　正書　無年月　浙江錢塘
高不倚等題名　八分書　無年月　浙江錢塘
季端題名　正書　無年月　浙江錢塘
大慈山摩崖殘刻　正書　無年月　浙江錢塘
龍井神運石題字　行書　無年月　浙江錢塘
千佛頭建庚申會記　正書　無年月　浙江錢塘
洞庭西山暘谷洞趙明叔等題名　正書　甲辰九月　江蘇吳縣
洞庭西山暘谷洞王兌等題名　正書　無年月　江蘇吳縣
虎邱山王口等題名　正書　戊子夏五後有後四年季秋續題　江蘇吳縣
三洲巖朱嗣宗題名　正書　無年月　廣東德慶州
虎邱山章岷題名　正書　無年月　江蘇吳縣
虎邱山闞詠等題　正書　無年月下截埋入土中　江蘇吳縣
虎邱山長老清順題名　正書　無年月　江蘇吳縣
虎邱劍池四大字　正書　無年月　江蘇吳縣
虎邱三佛庵井闌題字　正書　無年月　江蘇吳縣
光福寺前街井闌題字　正書　無年月　江蘇吳縣
報恩寺香花橋記　正書　無年月　江蘇吳縣
黃鸝坊橋題記　正書　無年月　江蘇吳縣
來遠橋題記　正書　文有重九日章府一力重建字

江蘇吳縣
竹篠橋斷碑 正書 無年月 止存下截砌入城内 江蘇吳縣
王府基井闌題字 正書 無年月 江蘇吳縣
下塘街井闌題記 正書 無年月 江蘇吳縣
郭市橋北井闌題記 正書 無年月 文有大宋國兩浙西路平江府云云下半埋入土中 江蘇吳縣
吳泰伯世系圖 正書 無年月 在提點刑獄司公據碑陰 江蘇吳縣
府學平江圖 正書 無年月 江蘇吳縣
泰伯廟楊簡詩 八分書 無年月 江蘇吳縣
泰伯廟兩浙西路提點刑獄司公據 正書 無年月 江蘇吳縣
泰伯廟知府節制撰修史侍郎撥田公據 正書 無年月 江蘇吳縣
范氏義莊田契碑 正書 無年月 江蘇吳縣
光福寺碑陰 正書 無年月 郎賓祐公據之陰 江蘇吳縣
南翔寺四佛像石幢 正書 無年月 四面刻佛像佛號旁題甘子荆等姓名 江蘇嘉定
菩提寺行在尚書禮部公據 正書 無年月 江蘇嘉定
菩提寺唐興殿記 行書 年月缺 江蘇嘉定
集仙宮常懋偶成詩 行書 無年月 江蘇嘉定
三多里土地祠洪公基碣 正書 無年月 題云閤門寄班祗候 江蘇嘉定
茅山華陽洞題名 正書 丁酉歲季冬 江蘇句容
茅山華陽洞張瓌胡恢題名 正書 無年月 江蘇句容
茅山華陽洞陳輔郭徽題名 正書 無年月 江蘇句容
茅山華陽洞程迪題名 正書 無年月 江蘇句容
茅山華陽洞畢之翰等題名 正書 無年月 江蘇句容
茅山華陽洞魏中庸等題名 正書 無年月 江蘇句容
西京白馬寺碑 □簡撰□文賞正書 無年月
寇忠愍書 八分書 無年月 但知行好事不用問前程十字
游定夫詩 草書 無年月
歐陽公齊州舜泉詩 正書 無年月
虞城縣古跡序 正書 無年月
李堯文留題證明龕詩 行書 無年月
汝州香山大悲菩薩詩 蔣之奇撰蔡京書 無年月 元至正間重刻 右拓本七種見鄞縣范氏
馬鞍山石塔題字 正書 無年月 江蘇崑山
南禪寺經幢 行書 無年月 江蘇海州
廣慧寺石幢 正書 無年月 江蘇海州
朝天宮卞忠貞墓碣 正書 無年月 江蘇江甯
縣學黃履金陵雜詠 周沔正書 無年月 江蘇江甯
周孝侯廟劉宰殺虎行 行書 無年月 江蘇宜興
釆石磯詩 陳塏撰正書 無年月 安徽當塗

姑熟帖 行書無年月 安徽當塗
李璆等題名 行書無年月 安徽盱眙
太乙天尊像題字 八分書年月缺
白鹿泉劉眞人像題字 正書無年月
文丞相自贊 正書
文山忠孝二大字 正書
陳摶福壽二大字 行書
李伯時陽關圖歸去來圖并浮休居士詩 正書
右拓本六種見仁和趙氏
彼岸寺石幢 篆書有典國中字
商王廟碑 丁著撰八分書年月闕
右拓本二種見嘉定錢氏
六榕寺證道歌碑 正書年月泐 廣東南海
海門滘蓬花峰三大字 文天祥正書年月闕 廣東澄海
五羊觀古城之詩 行書無年月 廣東南海
白雲巖三大字 楊浮正書無年月 廣東歸善
逍遙巖三字 何天隱正書無年月 廣東河源
遊燕喜亭詩 正書辛卯二月不著年號錢辛楣少詹云似宋人筆法 廣東陽山
龍隱巖劉希旦題名 行書無年月 廣西臨桂
大殿增建引檐記 王易撰并正書無年月 直隸曲陽
玉虛洞三字 飛白書無年月 山東嶧縣
青原飯僧詩 李綱撰行書無年月 江西星子

石鼓山西谿三大字 正書無年月 湖南衡陽
石鼓山西谿題名 正書無年月有史熹姓名 湖南衡陽
王尚絅題名 行書乙亥八月
七十二賢贊 張齊賢諸人作正書無年月明嘉靖中重刻
右拓本二種見嘉定錢氏
朝陽巖邢恕獨遊偶題詩 行書無年月 湖南零陵
朝陽巖洪亶等題名 正書丙戌十一月 湖南零陵
元次山朝陽巖記 田山玉八分書甲寅中秋 湖南零陵
困齋銘 劉芮撰八分書無年月錢辛楣少詹云此爲方耕道作 湖南零陵
馬璟等題名 正書辛丑秋社日 湖南零陵
尹瞻淡山巖詩 正書無年月 湖南零陵
蔣穎叔淡山巖題記 行書無年月 湖南零陵
俞希孟和零陵三題詩 正書無年月 湖南零陵
潘正夫題淡山巖呈遜叔詩 後附遜叔和韻俱行書無年月 湖南零陵
送陳祕丞知永州詩 朱昂等作正書無年月 湖南零陵
東陽鎮盧君廟記 何與撰俞孜正書無年月明嘉靖中重刻 江蘇句容
四聲隸韻十卷 劉球撰正文八分書注正書無年月卷首有劉球表一道 浙江鄞縣范氏藏本
紀原一卷 劉球撰正書無年月 浙江鄞縣范氏藏本
崔清獻公要語 篆書無年月 浙江鄞縣范氏拓本

寰宇訪碑錄卷第九

寰宇訪碑録卷第十

賜進士及第署山東提刑按察使分巡兗沂曹濟黃河兵備道陽湖孫星衍
賜進士出身浙江湖州府長興縣知縣階州邢澍同撰

遼

歸義寺尊勝經幢 行書 會同九年正月後有保甯元年九月續修記　直隸大興

仙露寺葬舍利佛牙記 僧志愿撰正書 天祿三年四月　直隸大興

憫忠寺尊勝陁羅尼幢記 劉贊撰王思進正書 應歷七年六月　直隸大興

燕山雲居寺碑 王正撰鄭熙正書 應歷十四年　直隸房山

太子左衛李內貞墓誌 正書 保甯十年六月在琉璃廠　直隸大興

重修雲居寺記 僧知光撰正書 統和三年　直隸房山

重修獨樂寺碑 劉成撰正書 統和四年　直隸薊州

祐唐寺講堂碑 李仲宣撰僧德麟正書 統和四年　直隸薊州

剏建講堂碑銘 行書 統和五年　直隸薊州

奉國寺石幢記 正書 開泰二年　奉天義州

白川州陀羅尼幢記 正書 開泰六年　直隸承德

廣濟寺佛殿記 宋璋撰麗可昇正書 太平五年三月　直隸寶坻

馬鞍山石幢記 正書 景福元年　直隸大興

戒壇寺石幢記 正書 重熙二年　直隸大興

廣濟寺碑 宋璋撰正書 重熙五年　直隸寶坻

憫忠寺石幢 正書 重熙十二年　直隸大興

三座塔舍利鐵塔記 正書 重熙十六年四月　直隸灤平

大廣濟寺塔記 正書 清甯三年　奉天錦州

豆店清涼寺千佛像石幢 正書 清甯三年二月後有明成化二十年重立字　直隸良鄉

涿州白帶山雲居寺東峯續鐫成四大部經記 趙遵仁撰王詮正書 清甯四年三月　直隸房山

奉福寺石幢記 僧眞延撰正書 清甯九年　直隸大興

護國院石幢 正書 咸雍元年　直隸大興

歸義寺彌勒邑特建起院碑 正書 咸雍元年十二月　直隸大興

特建起院碑陰 正書　直隸大興

京西戒壇寺尊勝陀羅尼幢并記 王鼎撰正書 太康元年七月　直隸薊州

京西戒壇寺大悲心經密言幢并記 正書 大康三年三月　直隸薊州

感化寺澄方遺行塔銘 僧志隆正書 大安七年　直隸薊州

馬鞍山故壇主守司空大師遺行碑 王鼎撰并正書 大安七年閏八月　直隸薊州

陳宮山觀雞寺碑 僧志延撰并正書 大安九年九月　直隸豐潤

憫忠寺觀音菩薩地宮舍利函記 僧善製撰義中正書 大安十年閏四月　直隸大興

安德州敕建靈巖寺碑 耶律劭撰僧恒劬正書 壽昌元年　直隸灤平
靈巖寺碑陰記 僧恒劬撰耶律劭篆書　直隸灤平
易州興國寺太子延聖邑碑 僧方偁撰張雲正書 壽昌四年七月　直隸灤平
太子延聖邑碑陰 正書　直隸灤平
憫忠寺故慈智大德佛頂尊勝大悲陀羅尼幢 僧德麟正書 壽昌五年四月　直隸大興
三座塔玉石觀音像唱和詩 僧智化等二十五人作 僧性煦正書 壽昌五年九月　直隸灤平
報國寺尊勝經幢 正書 乾統七年　直隸大興

感化寺碑 南抃撰僧蕭回正書 乾統七年　直隸薊州
普會寺僧奉航塔記 僧善堅撰正書 乾統八年四月　直隸大興
雲居寺供塔燈邑碑 僧行鮮撰圓融正書 乾統十年九月　直隸房山
定覺寺碑 張銑撰 天慶二年　直隸安東
釋迦定光二佛舍利塔記 僧慧材撰正書 天慶二年　直隸安東
三座塔靈感寺舍利佛塔銘 張嗣初撰僧□□行書 天慶六年八月　直隸灤平
雲居寺續祕藏石經塔記 僧志才撰惟和正書 天慶八年　直隸房山
北關月城地藏菴二石幢 正書 天慶□年　直隸涿州
內興寺石幢記 正書 天定二年 按史無天定年號蓋紀載

闕畧非石刻之誤　直隸永清
憫忠寺尊勝陁羅尼經幢 正書　直隸大興

金

壽延寺石幢 正書 天會八年　直隸永清
陶然亭觀音甘露陀羅尼幢 番漢二體書 天會九年　江蘇青浦王氏拓本
智度寺邑人供塔碑銘 李端謀撰僧法諝正書 天會十年六月　直隸涿州
皇弟都統經畧郎君行記 黃應期撰女直書譯文正書 天會十二年十一月 下有政和興定正大三題名刻于乾陵無字碑　陝西乾州
重修廟學記 劉光國撰正書 天會十二年　直隸大城
北岳李克用碑後高君陳題名 正書 天會十二年　山西曲陽

蒲州榮河縣創立后土皇地祇廟像圖 正書 天會□己年正月 明嘉靖間重刻　山西□□
重修唐太宗廟碑 孫九鼎撰正書 天眷元年三月　陝西醴泉
泰山元陽子記 朱衣點正書 天眷元年　山東歷城
定雨縣水碑 楊邦行撰喬木正書 天眷二年　□□□□
華嚴寺記 段子卿撰僧法慧正書 天眷二年　□□□□
重修兖州宣聖廟碑 崔先之撰張侍問正書 天眷三年十月　山東滋陽
靈巖寺定光禪師塔銘 李魯撰高鯉正書 皇統二年十月　山東長清
靈巖寺妙空禪師塔銘 正書 皇統二年　山東長清

汾水葬枯骨記　李致堯撰并正書　皇統二年　山西平遥
龍洞白雲庵禮塔會記　穆□撰正書　皇統三年四月　山東歷城
靈峯院千佛洞碑　劉子初撰杜彥臣正書　皇統三年七月　江蘇嘉定錢氏拓本
靈巖寺妙空自題像贊　行書　皇統三年八月後有義田跋　山東長清
方山老拙庵頌　僧義田撰行書　皇統三年　山東長清
普恩寺修殿記　朱弁撰正書　皇統三年　山西大同
沂州普照寺碑　仲汝尚撰集柳公權正書　皇統四年十月　山東蘭山
仙遊觀永陽園詩　藺世一正書　太歲甲子正月癸丑朔錢竹汀少詹攷爲皇統四年　陝西麟遊
重修嵩岳廟記　隨琳撰蔡如葵正書　皇統五年十一月　浙江鄞縣范氏拓本
靈巖寺大士十勸詞并梵相石刻　正書　皇統六年八月上僧刻畫像　山東長清
晉陽山大張翟村心經造像　正書　皇統六年十月　山東濟甯
靈巖詩　任瀛撰行書　皇統七年三月　山東長清
靈巖寺觀音聖蹟碑　正書　皇統七年七月　山東長清
靈巖寺面壁像記　陳師道撰僧宗安正書　皇統七年十二月　山東長清
靈巖雲公禪師像記　陳壽愷撰正書　皇統七年　山東長清
靈巖詩　康淵撰正書　皇統八年五月　山東長清
宜州廳峪道院復藏千人邑記　徐卓撰正書　皇統八年七月　江蘇嘉定錢氏拓本

劉海蟾堂移石刻記　王庭直撰鄭執中正書　皇統八年　河南新鄉
金堆寺碑　張邦彥撰正書　皇統九年四月　山東福山
靈巖寺寂照禪師塔銘　僧正觀撰正書　皇統九年五月　山東長清
重書韓愈伯夷頌　楊漢卿正書　皇統九年七月　浙江仁和趙氏拓本
靈巖寺寶公開堂疏　夏緯正書　皇統九年八月　山東長清
棲霞庄朗然子詩　劉希岳撰王琳正書　天德二年正月　河南洛陽
洪山程康年等登高題名　前一行篆書餘正書　天德二年九月　山東嘉祥
浦公禪師塔銘　正書　天德二年　江蘇青浦王氏拓本
鳧山西麓伏羲廟碑　正書　天德三年九月　山東鄒縣
靈巖山場界至圖記　僧裕顯撰正書　天德三年　山東長清
重修微子廟記　楊漢卿撰正書　天德三年　河南商邱
福勝院神農黃帝祠堂記　朱昺撰并正書　貞元二年三月　山東滕縣
重修釋迦禪院三世佛殿碑　許申撰成允元正書　貞元三年三月　江蘇嘉定瞿氏拓本
乾陵無字碑　正書　貞元三年五月　陝西乾州
修德觀問道碑　劉文饒撰并正書　貞元三年十月　河南密縣
靈巖寺張汝爲題名　正書　正隆元年五月　山東長清
靈巖寺釋迦宗派圖　八分書　正隆元年八月　山東長清
陀羅尼幢　正書　正隆元年　河南孟縣
興福寺重修大殿三門記　張忱撰僧福崇正書　正隆元年八月

山西汾陽
重修紫虛元君殿記 韓迪簡撰韓翊正書正隆二年六月 山東泰安
京兆府重修府學記 李㮚撰潘師雄正書正隆二年十一月 陝西長安
少林寺西堂和尚塔銘 正書正隆二年 河南登封
靈巖劉懷亭題名 行書正隆二年 山東長清
宗城縣宣聖廟記 僧慎徽撰翟炳正書正隆三年四月 直隸大名
鼓山常樂寺重修三世佛殿記 胡礪撰翟炳正書正隆四年四月
河南武安
仰天山觀音洞詩 趙㴶撰正書正隆四年五月 山東臨朐
東鎮廟修瓦殿記 劉□撰正書正隆四年六月 山東臨朐
重立泰甯宮記 喬逢辰撰王仲成正書正隆四年十月 陝西渭南

重修碑院七賢堂記 曹謙撰郭孝忠正書正隆四年 陝西臨潼
重修天龍寺銘 智允迪撰任臬正書正隆四年 山西太原
洪山王整登高題名 正書正隆四年 山東嘉祥
洪山王整登高續題名 正書正隆五年 山東嘉祥
香水寺靈塔記 僧知心撰善進正書正隆六年 直隸薊州
三賢祠任君謨表海亭詩殘刻 正書無年月山左金石志列于正隆末 山東長清
禯芳亭三字 正書無年月縣志載禯芳二字妓女謝天香所書王維翰續書亭字如出一手王謝遂爲夫婦按維翰舉大定間進士故列大定之前 山東鉅野
甘露陀羅尼 正書大定元年八月 江蘇嘉定瞿氏拓本

南曾村廣嚴院記 朱阜亭撰馬致遠正書上層刻大定二年敕牒一道大定二年二月 山東城武
洪明院牒 正書大定二年二月 陝西涇陽
後峪村彼岸院記 僧冲□撰正書上層刻大定二年禮部牒文大定二年二月 山東博山
修牛巖菴題記 正書大定二年五月 河南河內
圓教院禮部牒 行書大定二年九月 □□□□
泗州禪院牒幷記 李居中撰正書大定二年十月 陝西長安
妙因院牒 正書大定二年十一月 陝西涇陽
法明院牒 行書大定二年十二月 陝西涇陽
清淨院牒 行楷書大定二年十二月 陝西長安

敕賜萬壽院牒 正書大定二年 山東長清
普恩院牒 行書大定二年 河南修武
英濟侯感應碑 史純撰正書大定二年 山西曲陽
創修朝元洞碑 井道泉撰李皡正書大定二年 陝西華陰
仙源圖 李元覽正書大定二年 陝西華陰
勝嚴院牒 行書大定三年正月 陝西長安
雍傳村福勝院記 李傑撰僧普深正書上層刻大定三年敕牒一道大定三年正月 山東滕縣
洪濟禪院牒 正書大定三年七月 江蘇嘉定瞿氏拓本
靈泉觀牒 行書大定三年九月 陝西同官
寶峯院牒 正書大定三年十一月 陝西涇陽

福嚴禪院禮部牒 正書 大定三年十二月 山西壽陽
方山王雷謁無盡居士祠堂詩 行書 大定三年 直隸永清
龍泉寺碑記 侯邢達撰正書 大定三年 山東嘉祥
洪福院記 正書 大定三年 山東濟甯
大明禪院牒 正書 大定三年 江蘇嘉定瞿氏拓本
靈感寺牒 正書 大定三年 陝西長安
洪福禪院牒 正書 大定四年四月 陝西涇陽
清涼禪院牒 正書 大定四年四月 陝西高陵
莊嚴禪院牒 行楷書 大定四年五月
褚書聖教序鄭彥文等題名 正書 大定四年六月 陝西同州

洪福院牒 正書 大定四年六月 陝西涇陽
開化寺重公大師壽塔銘 宋壽隱撰正書 大定四年七月 陝西長安
福勝禪院牒 正書 大定四年七月 陝西涇陽
龍泉院記 僧□□撰王滋正書 大定四年九月 山東濰縣
正覺寺牒 正書 大定四年十月 陝西涇陽
大雲勅黃碑 正書 大定四年 山東泰安
鞏令陽翟等題名 正書 大定四年 河南鞏縣
普照寺勅牒碑 正書 大定五年正月 山東泰安
𠛬修泉池記 李綸撰王克正書 大定五年五月 河南河內
白蓼村興國寺記 奚牟撰并正書上層刻勅牒一道 大定五年五月 山東滕縣

普安禪院牒 正書 大定五年八月 山東淄川
開元寺修圓照塔記 劉仲尹撰張天穌正書 大定五年八月 直隸邢臺
誠公戒師塔銘 僧師偉撰正書 大定五年八月 陝西興平
大雲寺華藏世界海圖碑 僧法圓撰序正書 大定五年九月 山東泰安
海圖碑陰 正書 山東泰安
壽峯寺牒 行楷書 大定五年十月 浙江仁和趙氏拓本
重修東岳廟碑 楊伯仁撰黃久約正書 大定五年 山東泰安
觀音院碑 李□命撰李居仁正書 大定六年九月 陝西隴州
萬卦山詩 史□撰正書 大定六年 山西交城

泰山石城徐鐸題名 正書 大定六年 山東泰安
三座塔改建三學記 韓長嗣撰并正書 大定七年六月 直隸灤平
廣福院尚書禮部牒 正書 大定七年八月 山西鳳臺
沃州柏林禪院三千邑衆碑記 釋行滿撰孫琏正書 大定七年九月 直隸趙州
惠濟院牒 正書 大定七年十月 陝西鄜縣
普通塔記 僧普明撰正書 大定八年三月 浙江仁和趙氏拓本
新鄉縣孔廟碑 李詠撰正書 大定八年四月 浙江鄞縣范氏拓本
重修北極觀記 鈕□撰楊孝則篆額并正書 大定八年九月 河南郟縣
長安嶺福勝院三門碑 正書 大定九年 山東益都

日照寺圓霞塔記 孫設撰正書 大定九年 直隸薊州
邱處機遇仙園石刻 草書陰題遇仙樓三字正書 無年月山左金石志列于大定九年 山東掖縣
青螺觀王重陽畫像詩刻 正書 無年月山左金石志附大定九年末 山東掖縣
迎公大師墓志 劉公植撰程轂正書 大定十年八月 浙江鄞縣范氏拓本
大雲禪寺記 姜堯仁撰孫衍正書 大定十年 直隸蔚州
萬迴和尚塔題字 正書 大定十一年八月 江蘇嘉定錢氏拓本
州署思政堂記 鄭彥文撰并正書 大定十一年十二月 陝西乾州
隴西李口墓誌銘 賈圻撰正書 大定十一年 山西安邑
文登儒學記 郭長倩撰正書 大定十二年七月 山東文登

興國寺新修大殿碑 陸秉均撰正書 大定十二年十月 山東滕縣
大天宮寺碑 趙攄撰任詢正書 大定十二年十二月 直隸豐潤
寶峯院記 正書 大定十三年五月 河南濟源
岱頂石城徐鐸等題名 正書 大定十三年 山東泰安
昌甯公廟記 王遵古撰正書 大定十三年 山西汾陽
清涼院勅牒 正書 大定十四年五月 山東平陰
靈巖寺寶公禪師塔銘 翟炳撰閻菘正書 大定十四年七月 山東長清
陁羅尼經幢 僧明辨正書 大定十四年 河南孟縣
大清觀碑 喬扆撰正書 大定十四年 山西沁源
靈泉院染公塔銘 景其撰李如珪正書 大定十四年 直隸獲鹿
造像記 正書 大定十五年四月 陝西涇陽

白馬寺舍利塔記 李中孚撰李燮正書 大定十五年五月 浙江鄞縣范氏拓本
晉先軫廟碑 趙暘撰耶律質正書 大定十五年 山西遼州
党永安等造像 正書 大定十五年 江蘇青浦王氏拓本
潭柘寺奇和尚塔銘 僧廣善撰姚亨會正書 大定十五年五月 直隸薊州
福勝院勅牒 正書 大定十六年正月 山東益都
福勝院勅牒碑陰 正書 山東益都
靈泉觀凝真大師成道記 王鎬撰季輔正書 大定十六年四月 陝西臨潼
成道碑陰兩側 正書 陝西臨潼
御題字唐德宗詩碣 許安仁撰正書 大定十六年七月 河南濟源

重修宣聖廟記 姜國器撰李坦之正書 大定十六年八月 山東章邱
宣聖廟碑陰記 尹莘撰正書 山東章邱
半巖菴刱修大明禪院牒記 僧自覺撰妙先正書 大定十六年九月 河南河內
壯義王完顏公神道碑 王彥潛撰任詢正書 大定十六年 甯古塔
重修九龍廟碑 崔昱撰正書 大定十六年 山西太原
張廷珪碑側李子易拜孔廟題名 正書 大定十七年四月 山東曲阜
權邦彥鳩摩羅什塔偈言 正書 大定十七年 江蘇青浦王氏拓本
棲巖寺沙門法言造塔記 行書 大定十八年六月

靈巖寺詩（僧惠才撰行書 大定十八年六月）　山東長淸（浙江錢唐何氏拓本）

雲門山阿魯歡等題名（雷志正書 大定十八年七月）　山東益都

眞相院重摹東坡施金帖（行書後有劉資題跋 大定十八年七月）　山東長淸

憫忠寺禮部令史題名記（党懷英撰行書 大定十八年八月）　直隸大興

大智禪師碑陰馬烜題名（正書 大定十八年八月）　陝西長安

重修東岳廟記（楊伯仁撰黃久約正書 大定十八年）　山東泰安

靈巖寺蕭守中題名（行書 大定十八年）　山東長淸

重修太史公墓記（趙振撰正書 大定十九年三月）　陝西韓城

謁華岳記（李成説撰正書 大定十九年）　陝西華陰

洪谷寶巖院金燈記（曹居一撰劉祁正書 大定十九年）　河南林縣

創建石橋記（王藏器撰史仲尹八分書 大定二十年三月）　河南濟源

三官宮存留公據碑（正書下有明昌年趙口記 大定二十年五月）　陝西高陵

勑賜存留寺碑（正書 大定二十年七月）　山東鄒縣

修應聖公廟碑（仇守中撰王綱正書 大定二十年）　山西趙城

陁羅尼石幢（正書 大定二十年）　直隸永淸

慈恩寺許沂題名（正書 大定二十年）　陝西長安

河内縣柏山村三淸院記（張夢錫撰种希德正書 大定二十一年三月）

博州重修廟學記（王去非撰王庭筠行書 大定二十一年六月）　山東聊城（浙江鄞縣范氏拓本）

廟學碑陰記（王遵古撰王庭筠行書 大定二十一年六月）　山東聊城

清涼洞記（鄧御夫正書 大定二十一年七月）　山東鉅野

丹陽子行吟圖詩（譚處端撰并正書 大定二十一年八月 明景泰重刻）　浙江鄞縣范氏拓本

修城記（靳康侯撰正書 無年月關中金石記次大定一年）　陝西鄠縣（浙江鄞縣范氏拓本）

濟源縣剏建石橋記（王藏器撰史仲尹八分書 大定二十一年）　河南濟源

重建惲國夫人殿碑（党懷英撰八分書 大定二十一年）　山東曲阜

重修靈峯寺記（陳協用撰李曦正書 大定二十一年）　陝西口口

蟄窩題字（正書 大定二十二年三月）　浙江仁和趙氏拓本

重修東岳廟碑（楊伯仁撰黃久約正書 大定二十二年四月）　山東泰安

重修中岳廟碑（黃久約撰郝史正書 大定二十二年十月）　河南登封

溫泉棲雲老人題名（八分書 大定二十二年十一月）　陝西臨潼

大相國寺碑（安仲元撰田口正書 大定二十二年十一月）　浙江鄞縣范氏拓本

超化寺題舍利塔詩（王庭筠撰行書 大定二十二年）　山東長淸

積金山通仙宮馬丹陽普救歌碑（正書 大定二十二年三月）　山東福山

重修宣聖廟記（李守純撰劉禮正書 大定二十三年四月）　山東泰安

靈巖寺滌公開堂疏（正書 大定二十三年九月）　山東長淸

奉國上將軍郭建神道碑 任詢撰正書 大定二十三年 山東益都

黃籙大醮記 馬丹陽撰正書 大定二十三年 山東福山

崑崙山白骨圖并記 譚處端撰程發正書 大定二十三年 河南洛陽

終南山重陽王真人玉花疏 程花正書 大定二十三年 陝西盩厔

萌山三清殿記 翟三俊撰翟師軻正書 大定二十四年三月 山東嘉祥

壽聖院珍公和尚塔銘 李天益正書 大定二十四年五月 江蘇嘉定錢氏拓本

杜天師忽鶯圖并詩 譚處端正書 大定二十四年七月 浙江錢塘何氏拓本

華州城隍神新廟碑 張建撰蔚文正書 大定二十四年十月 陝西華陰

四禪寺新修羅漢洞記 成丹撰王大有正書 大定二十四年十月 浙江錢塘何氏拓本

舊縣村天封寺碑 党懷英撰并正書 大定二十四年十一月 山東泰安

興教院勅牒 正書 大定二十四年 山東淄川

湆熙寺千佛殿碑 王鼎撰正書 大定二十四年 山東平原

重修伏羲廟碑 趙大鈞撰孟居簡正書 大定二十五年三月 山東滕縣

靈泉觀記 楊峻撰劉光正書 大定二十五年九月 陝西同官

石峽村王去非墓表 党懷英撰八分書 大定二十五年十一月 山東平陰

譚真人踏雲行詞 行書 大定二十五年 河南濟源

冀天寵墓表 郝大麟撰正書 大定二十五年 山西太谷

請琮公開堂演法疏 正書 大定二十五年 河南魯山

香山觀音禪院記 □師儉正書 大定二十五年 河南寶豐

岱頂徐鐸題名 正書 大定二十六年三月 山東泰安

涇陽縣令許真君詔 張秉跋并正書 大定二十六年五月 陝西涇陽

文宣王廟碑 黃久約撰李嗣周正書 大定二十七年正月 直隸涿州

重修岱岳廟記 正書 大定二十七年三月 陝西湆化

仰天山羅漢洞周林題名 正書 大定二十七年五月 山東臨朐

趙攄游百泉詩 趙暘跋正書 大定二十七年六月 河南輝縣

重修北極宮記 蕭貢撰杜萬石正書 大定二十七年七月 陝西涇陽

雲臺觀創修仙蛻塋碣 范若水撰孫肯堂正書 大定二十七年八月 陝西華陰

創修仙蛻塋碣碑陰 正書 陝西華陰

靈巖寺才公禪師塔銘 正書 大定二十七年十一月 山東長清

紀王庄玉皇觀記 張道真正書 大定二十七年 山東鄒縣

蓮峰真逸二絕句 申天祿跋正書 大定二十八年正月 陝西□□

蓮峰真逸題名 正書即多寶塔碑側 無年月姑附於此 陝西長安

潭柘寺言禪師塔銘 祖敬撰正書 大定二十八年六月 直隸薊州

劉氏祖塋寒食享祀序 正書 大定二十八年七月 山東掖縣

唐括夫人滿庭芳詞 吳似之跋正書 大定二十八年 山東濰縣

歸山操 馬丹陽撰邱處機正書 大定二十八年 山東濰縣

題李氏園詩喬扆撰正書大定二十八年　山西洪洞
大基山詩刻劉處元撰正書大定二十九年三月　山東掖縣
靈虛宮唱和詩刻劉處元正書大定二十九年四月　山東掖縣
碑陰行書　山東掖縣
劉處士墓碣楊英撰張徽八分書大定二十九年四月　江蘇青浦王氏拓本
掛金燈詞王重陽撰劉處元行書大定二十九年四月　山東掖縣
孛朮魯驃騎節使園亭記范懌撰李含德正書大定二十九年五月　山東掖縣
隆昌寺牒正書大定二十九年八月　陝西高陵
石馬村保義校尉房公墓銘正書大定二十九年十月　山東滋陽

玉華宮詩□繼祖撰行書大定二十九年　陝西□□
幽棲寺重摹范公忠智碑行書無年月山左金石志附大定本　山東肥城
忠智碑陰正書　山東肥城
岱頂皇姑濮國大長公主題名正書明昌元年三月　山東泰安
重修至聖炳靈王廟記唐處仁撰正書明昌元年四月　山東濟甯
陽翟縣主簿李公碑元王端撰梁安正書明昌元年九月　浙江鄞縣范氏拓本
祝聖壽碑党懷英八分書明昌元年　山東濟甯
棲閑居士張仲偉墓表正書明昌元年　陝西郿縣
劉家寨節度副使張商老神道碑黃久約撰高延年正書

明昌二年五月　山東日照
孔廟李機說題名正書明昌二年十月　山東曲阜
開州刺史高公葺孔廟題記赫虢撰正書明昌二年十月　山東曲阜
孔廟王肩元題名正書明昌二年十二月在唐碑側　山東曲阜
重修文宣王廟記党懷英撰正書明昌二年　山東曲阜
孟子廟安陽赫虢題名正書明昌二年　山東鄒縣
太原府學碑趙渢撰正書明昌二年　山西陽曲
奉國寺續裝兩洞賢聖題記張劭撰劉永錫正書明昌三年正月　奉天義州

威顯廟祈雨感應記馬肅撰并正書明昌三年二月　河南新安
瓦村法王院碑正書明昌三年閏二月　山東淄川
隴西開伯李槃神道碑高德裔撰正書明昌三年　直隸玉田
南辛溜大寺石幢正書明昌三年　直隸永清
游封龍山記趙時中撰王壎正書明昌三年　直隸元氏
重修天聖觀紀聖碑亭記毛麾撰孔之固正書明昌三年　山西浮山
續修太清宮記胡筠撰陳知常正書明昌三年　河南鹿邑
申村姜氏云亭房題名碑姜孝儀編石德潤正書明昌四年十月　山東泰安
修王弼廟碑鮮于淵正書明昌四年　河南偃師

多寶塔碑側劉仲游詩 行書 明昌五年二月 陝西長安
靈巖寺詩 王衎等撰正書 明昌五年二月 山東長清
重修兗國公廟記 繆昌世撰正書 明昌五年三月 山東曲阜
京兆府學提學所帖 正書 明昌五年四月 陝西長安
福勝院建石塔記 行書 明昌五年四月 山東益都
仰天山觀音洞紇石烈定速題名 正書 明昌五年九月 山東臨朐
乾陵無字碑劉仲游題武后廟詩 草書 明昌五年十月 陝西乾州
碧落寺剏修溪堂記 許安仁撰并正書 明昌五年閏十月 山西澤州
潭柘寺從顯宗皇帝幸龍泉寺詩 僧重玉撰正書 明昌五年十二月 直隸薊州
重書旌忠廟牒并記 許安仁撰正書 明昌五年 山西澤州
昌甯公廟碑 張守愚撰正書 明昌五年 山西靜樂
創修文廟記 王世元撰正書 明昌五年 河南嵩縣
靈巖詩 王衎等撰正書 明昌五年 山東長清
普照寺照公開堂疏 党懷英撰并八分書 明昌六年二月 山東濟甯
小郝村李氏祖塋碑 黃晦之撰陳度正書 明昌六年二月 山東濟甯
棣州重修廟學記 党懷英撰趙渢正書 明昌六年二月 山東惠民
州學王荊公詩刻 党懷英篆書 明昌六年四月 山東濟甯
乞伏村重修唐帝廟記 趙秉文撰并正書 明昌六年六月 河南安陽
太一靈湫詩 正書 明昌六年七月 江蘇青浦王氏拓本

許安仁游青蓮寺詩 行書 明昌六年八月 山西澤州
珪禪師影堂記 李嗣撰并正書 明昌六年九月 浙江鄞縣范氏拓本
靈巖寺田園記 周馳撰趙渢正書 明昌六年十月 山東長清
壽聖禪院牒 正書 明昌六年 山東諸城
幡竿石朱方喜等題名 正書 明昌六年 山東泰安
重修文宣王廟碑 党懷英撰并八分書 明昌六年 山東曲阜
雷公壽堂記 王昌朗撰李善治行書 明昌六年 陝西長安
潁川郡陳漸墓表 正書 明昌六年 河南孟縣
尊勝尼幢 正書 明昌六年 河南孟縣
仰天山文殊寺勅牒 正書 明昌七年正月 山東臨朐
普照寺照公禪師塔銘 趙渢撰党懷英八分書 明昌七年三月 山東濟甯
佛母準提等咒幢 正書 太平院沙門□□立 明昌七年三月 陝西長安
許州重建孔廟碑 白清臣撰呂縗正書 明昌七年五月 浙江鄞縣范氏拓本
石佛寺乞雨碑 正書 明昌七年七月 山東淄川
十方靈巖寺碑 党懷英撰八分書 明昌七年九月 山東長清
靈巖寺碑陰 正書 山東長清
洪山段在等登高題名 正書 明昌七年九月 山東嘉祥
胡蠣碑 劉仲淵撰張秖正書 明昌七年十一月 浙江鄞縣范氏拓本
重修伏羲廟記 田肇撰游茂正書 明昌七年 山東鄒縣
伏羲廟碑陰 山東鄒縣

西岳灝靈門碑 楊廷秀撰并正書 明昌□年 浙江鄞縣范氏拓本
黃樓店顯武將軍張琪墓表銘 聶柔中撰李守禮正書 承安元年 山東莘縣
孔廟劉爗等題名 八分書 承安二年三月 山東曲阜
重修文宣王廟碑 党懷英撰八分書 承安二年三月 山東曲阜
文宣王廟碑陰嚴忠洛等題名 正書凡十七段 無年月 山東曲阜
孔廟龍山口口題名 行書 承安二年五月 山東曲阜
孔廟趙充題名 正書在唐碑側 承安二年七月 山東曲阜
洪山口故縣村石匠題字 正書 承安二年七月 山東嘉祥
緱山詩 王若虛撰草書 承安二年十一月 河南偃師
梁公畫像記 郝長卿撰吳琢正書 承安二年 陝西長安
過超化寺詩 王庭筠撰行書 承安二年 河南密縣
改修唐相鄭國文貞魏公廟記 孫鎮撰牛頭祖正書 承安三年二月何夢華云此碑磨唐碑重刻碑首猶存唐字 陝西澄城
定州創建圓教院記 楊乃公撰葛濟正書 承安三年三月 □□□□
創建宣聖廟碑 陳大舉撰張□濟正書 承安三年六月 山東濟陽
莊嚴禪寺宗派圖 正書 承安三年七月 陝西高陵
會善寺請寶公長老疏 正書 承安三年七月 河南登封
孔廟杏壇二字 党懷英篆書 承安三年 山東曲阜
太原王氏墓記 雷文儒撰劉淮正書 承安四年二月 河南孟縣
戴家店成氏先塋記 鹿汝弼撰正書 承安四年二月 山東嘉祥

完顏曾祭孔廟文 後有孔元撰記並八分書 承安四年三月 山東曲阜
重修蜀先主廟碑 王庭筠撰行書 承安四年四月 直隸涿州
魏夫人賜靜應廟牒 正書 承安四年五月 河南河內
兩城山有感詩 唐子固撰徐珍正書 承安四年七月 山東濟甯
地藏院公據碑 正書 承安四年十月 山東滕縣
雲房二字題記 李□撰正書 承安四年十月 陝西臨潼
驪山有感詩 移剌霖撰孫極之正書 承安四年十一月 陝西臨潼
李氏墓誌 雷文儒撰正書 承安四年 河南孟縣
重修中岳廟圖 題銜正書 承安□年 河南登封
中岳廟圖碑陰 正書 河南登封
孔廟耿懷義等題名 正書 承安五年閏二月 山東曲阜
青蓮寺許古題名 正書 承安五年閏在石柱之側 山西澤州
華岳廟左□遠題名 行書 承安五年七月 陝西華陰
重陽子書無夢令詞 草書 承安五年九月 陝西長安
本師釋迦如來三身銘 僧雲湛撰王瓘正書 承安五年 直隸正定
蓋公和尚行狀銘 趙秉文撰并正書 承安五年 山東東昌
新修州學碑 正書 泰和元年正月 陝西綏德州
掓修宣聖廟疏 鄭贊道撰并正書 泰和元年正月 直隸隆平
老君菴詩刻 宋雄飛撰行書 泰和元年二月 陝西鄜縣

谷山寺記 党懷英撰并八分書 泰和元年五月 山東泰安
王太尉奉使降香魏夫人祠紀事碑 唐國材正書 泰和元年七月 河南河內
仰天山觀音洞黃相題名 正書 泰和元年九月 山東臨朐
鐵塔寺殘碑 行書 泰和元年 山東濟甯
武威郡侯段鐸墓表 長萬公撰正書 泰和二年四月 山西稷山
請琮公住持淨因寺疏 正書 泰和二年九月 河南魯山
劉村洪福院勑牒 正書 泰和二年 山東嘉祥
修靈澤王廟碑 王陞臣撰正書 泰和二年 山西潞城
修天壇三清廟碑 段時可撰李彬正書 泰和三年 山西猗氏
雲門山陰洞夾谷璋等題名 正書 泰和四年正月 山東益都
岱岳觀高夢得題名 正書 泰和四年三月 山東泰安
遊百家巖詩 王宏撰行書 泰和四年三月 河南輝縣
潭柘寺了公禪師塔銘 僧德潤撰正書 泰和四年四月 直隸薊州
褚書聖教序孫鋳題名 正書 泰和四年十月 陝西同州
龍興寺孫鋳題名碑陰 正書 陝西同州
首陽山弔夷齊詩 王仲通撰并行書 泰和四年十二月 山西永濟
投簡卜日碑 彭珣撰行書 泰和五年正月 河南禹州
慈恩寺虞用康等題名 正書 泰和五年二月 陝西長安
史公奕觀石經題名 正書 泰和五年二月在府學文宣王大門東側記 陝西長安

漢御史卜式祠碑 上刻墳地公據下刻記文俱張濬撰孫世京正書 泰和五年三月 山東鉅野
伏羲廟碑 石扶輗撰并正書 泰和五年六月 山東魚臺
陽石寺石幢 正書 泰和五年八月 河南魯山
重修潤國寺院記 趙艮撰義僧正書 泰和五年 河南魯山
潤國寺碑陰 正書 河南魯山
硤石山福嚴禪院記 楊庭秀撰并正書 泰和六年正月 山西澤州
泰甯宮鑄鐘記 正書 泰和六年正月 陝西渭南
荊山神泉谷后土廟記 王希哲撰劉光正書 泰和六年三月 陝西三原
豆店清涼寺女冠卜道堅昇雲幢 正書 泰和六年四月 直隸良鄉
冥福寺補塑釋迦佛舊像記 八分書 泰和六年四月 山東泰安
重修岱岳廟記 苗□撰苗卬正書 泰和六年五月 山東泰安
興國禪寺刻佛題字 正書 泰和六年八月 陝西高陵
留題法輪院詩 楊庭秀草書 泰和六年八月 山西澤州
謁華岳廟記 田曦撰正書 泰和七年四月 陝西華陰
谷山登覽詩 邸長春撰正書 泰和七年八月 山東泰安
褚書聖教序權綱等題名 正書 泰和七年九月 陝西同州
謁二賢祠 王文蔚撰李億正書 泰和七年 山西永濟
岱頂郭俁等題名 正書 泰和八年八月 山東泰安

郯城縣宣聖廟講堂記　陳賢佐撰□弼正書泰和八年十一月　浙江鄞縣范氏拓本
青石山長生子遇仙園詩刻　草書無年月山左金石志附泰和末　山東昌邑
維源廟何友直題名　行書光定六年四月　河南桐柏
遊草堂寺詩　雪巖老人撰行書大安元年二月　陝西鄠縣
歷山重修舜帝廟碑　陳恕撰劉斌正書大安元年二月　山東泗水
賈將軍墓碑　張文紀撰陳邦彥正書大安元年八月　浙江鄞縣范氏拓本
玉泉禪院牒　行書大安元年　山東長清
少林寺崇公禪師塔銘　僧□昭撰□柔正書大安元年　河南登封

六聘山天開寺塔記　王虛中撰賈瓛正書大安元年　直隸房山
北齊佛經碑題字　正書大安元年　山東鉅野
彌勒像贊　正書大安元年　河南登封
三教像贊　唐肅宗撰八分書大安元年　河南登封
邵公高疏　行書大安元年　河南登封
桂巖二大字　八分書無年月　河南登封
關帝廟趙門白氏捨地題名　正書大安二年四月　陝西興平
房家莊鄭公墓記　牟仲勗撰正書大安二年四月　山東益都
法門寺真身寶塔詩　僧師偉撰朱景祐正書大安二年七月　陝西扶風

澌公大師記錄　張繼祖撰李獻卿正書大安二年八月　浙江鄞縣范氏拓本
洞真觀敕牒并記　正書大安二年十月　山東萊蕪
洪福院後晁氏墓碣　陳度正書大安二年十月　山東嘉祥
石佛寺改塑佛像記　正書大安二年十一月　山東淄川
胡公墓二碑　正書大安□年　山東鉅野
重修中岳廟記　趙亨元撰楊仲通正書大安三年三月　浙江鄞縣范氏拓本
沂州東鎮廟禁約碑　正書大安三年七月　山東臨朐
孟氏家傳祖圖始末記　孟潤撰正書大安三年十二月　山東鄒縣
鈞州重修文宣王廟碑　趙銖撰屈師古正書大安三年十二月　河南禹州
荷福寺請琮公住淨因堂疏　行書大安三年　河南魯山

重修鄒國公廟記　趙伯成撰金源縱傑正書大安三年　山東鄒縣
地宮舍利函記　僧義中正書大安四年十月　江蘇青浦王氏拓本
重修仙鶴觀碑　武揚撰正書大安四年　河南偃師
太極宮建醮記　正書崇慶元年　陝西臨潼
兩城山興國禪院牒　正書崇慶元年　山東濟甯
投龍詩　正書崇慶元年　河南偃師
李温墓表　孟宗彥撰孫華正書崇慶元年　山東嘉祥
李策宿蘇門城樓詩　正書崇慶二年五月　浙江鄞縣范氏拓本
天齊廟彌勒像贊　正書貞祐元年四月　山東鄒縣
聖木巖玉虛觀碑　國俌撰文山正書貞祐二年五月　山東寧海州

老君菴孔朝散詩 行書 貞祐二年七月 陝西鄜縣
賜興國洪法寺額牒 正書 貞祐二年九月 河南魯山
普照禪院勅牒碑 正書 貞祐二年十月 河南郟縣
岱岳觀勅牒 正書 貞祐二年 河南偃師
楊振碑 元好問撰 張口正書 貞祐四年正月 陝西乾州
州學濟州刺史李演碑 崔禧撰 趙秉文正書 貞祐四年八月 山東濟甯
大開元寺碑 僧澄淵撰 正書 貞祐四年 浙江錢塘
重修岱岳唐碑 正書 貞祐四年 河南偃師
龍門張教等題名 行書 貞祐四年 河南洛陽
神應觀勅牒 正書 貞祐四年 河南靈寶

大智禪師碑陰長安令王公二等題名 行書 貞祐五年二月 陝西長安
貞祐寶券 正書有京兆平涼府字 貞祐口年 浙江仁和趙氏拓本
題二蘇墳詩 行書 無年月武虛谷攷爲貞祐間刻 河南郟縣
乾元寺杲公禪師塔銘 樂銑甫撰 僧性英正書 興定二年九月 河南洛陽
正陽眞人碑 正書 興定二年 浙江鄞縣范氏拓本
進士題名記 正書 始阜昌元年終興定二年皆京兆人也
敦請昭公長老祝壽文疏 李華國撰 八分書 興定三年 陝西長安

河南鞏縣
淨土寺楊雲卿題名 八分書 興定四年 河南鞏縣
香林十詠 僧淨照撰 正書 興定四年 口口口口
重興文憲王廟碑 游淑撰 商術正書 興定五年正月 浙江鄞縣范氏拓本
乾陵無字碑師具瞻等題名 張秀華行書 興定五年四月 陝西乾州
石窟寺刱建釋迦牙像塔記 郭仁撰 王芮慶行書 興定五年七月 河南鞏縣
重刻吳道子畫先師像記 正書 興定五年七月 河南魯山
重修食水圖記 高褒撰 張待舉正書 興定五年冬 陝西鄜縣
甯相食水圖碑陰 陝西鄜縣

淨土寺長老偈 正書 興定五年 河南鞏縣
重修神應觀記 正書 興定五年 河南寶豐
雪庭西舍記 李純甫撰 僧德月正書 興定六年二月 浙江鄞縣范氏拓本
重修面壁菴記 李純甫撰 僧性英正書 興定六年六月 浙江鄞縣范氏拓本
重刻白樂天游枋口詩 賈獻臣正書 元光元年九月 江蘇嘉定錢氏拓本
草堂寺印公開堂疏 行書 元光二年二月 陝西鄠縣
達摩像殘石題字 僧祖昭繪 趙秉文行書 元光二年二月 河南登封
射虎記 楊煥撰 謝良口書 元光二年十月 陝西鄠縣
游方山詩碣 王雷撰 元光二年 山西平定州
竹閣寺碑 雷淵撰 陳仲謙八分書 元光二年 湖北襄陽
汾陽王廟記 趙瑑撰 張瑑正書 元光二年 浙江鄞縣范氏拓本

布袋羅漢像贊 草書 元光二年　河南登封
乾陵無字碑許柔等題名 正書 正大元年夏　陝西乾州
唐元宗書佛勅梵文唵字贊 八分書 正大元年七月　河南登封
洪法寺陀羅尼經幢 正書 正大二年四月　河南魯山
草堂寺羅什法師詩 僧義金正書 正大二年十一月　陝西鄠縣
改建題名碑 孔叔利撰 吳聽正書 正大二年十二月　陝西長安
重修府學教養碑 劉渭撰 楊煥正書 正大二年十二月　陝西長安
陳仲謙墓志銘 元好問撰 正書 正大二年　山西臨晉
遊草堂寺詩 趙閑閑撰 行書 正大三年七月　陝西鄠縣
溫泉風流子詞 僕散汝弼作 正書 正大三年九月　陝西臨潼
鄭州超化寺帖 僧寶淨正書 正大三年九月　浙江鄞縣范氏拓本
重修孔廟碑 李春巖撰 趙鞏正書 正大三年　湖北襄陽
葉令劉從益惠政碑 趙秉文撰并行書 正大四年八月　河南葉縣
重摹唐太宗慈德寺詩刻 李文本跋 釋惠鑒正書 正大四年　陝西武功
濟瀆靈應記 韓時夆撰并正書 正大五年二月　河南濟源
重修濟瀆廟記 種竹老人撰 梁邦瑞正書 正大五年六月　河南濟源
重修中岳廟記 李子樗撰 陳忠正書 正大六年九月　浙江鄞縣范氏拓本
鄧州宣聖廟碑 趙秉文撰并行書 正大七年四月　江蘇嘉定錢氏拓本
仙遊觀永陽園詩并序 藺世一正書 甲子正月　陝西麟遊
雲房二大字 移剌松齡草書 無年月　陝西臨潼

陰符經 趙秉文行草書 無年月　山西平遙
黃花山王庭筠詩刻 草書 無年月　□□□□
古柏行 龍巖行書 無年月　□□□□
龍山頌題名 樊口公行書 無年月　直隸元氏
天王像贊 正書 無年月　河南登封
老子像贊 武羽清八分書 無年月　河南登封
湧金亭詩 元好問撰正書 無年月　河南輝縣
嵩洛軒記 高天仙撰 翟進口正書 無年月　河南鞏縣
大勝寺殘碑 正書 無年月　河南魯山
城垣趙世顯等殘碑 八分書 無年月　山東濟甯
琯公禪師之塔四字 篆書 無年月　山東濟甯
東岳行宮碑 王大任撰 口從口正書 無年月　山東益都
行宮碑陰 正書　山東益都
名泉碑 正書 無年月　山東歷城
玉清觀龜蛇二字 譚處端正書 無年月　山東濰縣
玉清觀蓬萊二字 長眞子正書 無年月　山東濰縣

僞齊

饒益寺藏春塢記 趙抃撰正書 阜昌三年九月　陝西朝邑
齊徐州觀察使孟邦雄墓誌 李果卿撰 李肅正書 阜昌四年　河南偃師
禹蹟圖 釋文正書 阜昌六年四月　陝西長安
勅祭渾忠武王文并尙書禮部牒 正書 阜昌六年

陝西宜川

勅祭渾忠武王記 王蔚撰王寵正書 阜昌七年正月在前碑下層 陝西宜川

華夷圖 釋文正書 阜昌七年十月 陝西長安

薛待伊浮圖銘側劉漢記 正書 阜昌□年 山東濟甯

訪碑十 三

光緒歲在閼逢涒灘國子監肄業生吳縣朱記榮校刊

寰宇訪碑録卷第十

寰宇訪碑録卷十一

賜進士及第署山東提刑按察使分巡兖沂曹濟黃河兵備道陽湖孫星衍
賜進士出身浙江湖州府長興縣知縣階州邢澍 同撰

元

玉清宮摹刻聖旨碑 上方刻癸未年三月九月聖旨各一道乙未年七月聖旨二道 下方刻乙巳年十月濶端太子令旨一道庚戌年十一月彌里杲帶太子令旨一道 皆正書 按癸未元太祖十八年也乙未太宗七年也乙巳太宗六皇后稱制之四年庚戌定宗皇后稱制之二年也 山東濰縣

牛頭寺長春眞人遊 正書 大朝癸未重九日乃太祖十八年也 陝西咸陽

訪碑十一 一

賜邱神仙手詔碣 李□顏□花撰正書 太祖時立 河南汝州

玉清宮摹刻馬丹陽歸山操碑 正書 無年月 山東濰縣

玉清宮摹刻馬丹陽滿庭芳詞碑 正書 無年月 山東濰縣

玉清宮摹刻王長生蓬萊二字碑 草書 無年月 山東濰縣

玉清宮摹刻邱長春遺墨跋語碑 草書 山左金石志云跋語書戊子春戊子爲太祖崩後皇子拖雷監國之年此與前歸山操等刻同爲建宮時所刻也 山東濰縣

草堂寺濶端太子令旨碑 正書 碑四層刻令旨四通一癸卯年五月一乙未年十一月一丁未四月一丁未年十月 陝西鄠縣

萬卦山天甯寺功德疏 耶律楚材撰守一道人行書 太宗三年九月 山西交城

中書省公據　行書　大宗三年十月　山西交城
僧德苑與王巨源啟　行書　無年月上下俱有衆僧題名刻於天甯寺碑陰　山西交城
平雲南碑　正書　無年月　山西交城
振衣岡劉詡等題名　正書　文稱元□己酉十一月乃太宗四年也　山東泰安
神仙洞聖旨碑　正書　太宗七年正月　山東掖縣
謁孔廟詩　謝彥寔撰　行書　太宗七年二月　山東曲阜
于家堤張公墓銘　劉贊撰并正書　太宗七年三月　山東新城
褒崇祖廟記　李世弼撰　孔摯八分書　太宗十一年三月　山東曲阜
史氏慶源碑　崔鉉撰　□平元正書　太宗十二年　直隸永清

重建柏林禪院碑　陳時可撰　沙門性英正書　太宗皇后稱制元年八月　直隸趙州
長春眞人詩詞碑　正書　太宗皇后稱制二年九月　浙江仁和趙氏拓本
重建大祐國寺之碑　趙鑄撰　沙門祥慧正書　太宗皇后稱制四年十一月　浙江仁和趙氏拓本
尙書史秉直神道碑　劉汾撰　□平元書　太宗皇后稱制四年　直隸永清
兵馬元帥史進道神道碑　殷紹先撰　□平元正書　太宗皇后稱制四年　直隸永清
興國寺舍利塔令旨碑　蒙古書譯文正書　碑稱虵兒年又云乙巳年乃太宗崩後六皇后稱制之四年也　山東朝城

五臺山闍端太子祭妙應孫眞人文　正書　定宗元年二月　陝西耀州
徂徠山光化寺碑　高詡撰　高翿八分書　定宗元年四月　山東泰安
大悲心陀羅尼呪　正書　大朝丙午仲夏卽定宗元年也　浙江錢塘何氏拓本
夢遊軒記　楊英撰　董裕正書　定宗元年七月　浙江鄞縣范氏拓本
五峰山崔先生傳碑　杜仁傑撰　高翿八分書　定宗二年正月　山東長清
五峰山崔先生像贊石刻　元好問等各體書　無年月　山東長清
潭柘寺歸云大禪師塔銘　陳時可撰　正書　定宗二年三月　直隸大興

投金龍玉冊記　楊英撰　薛元正書　定宗三年二月　浙江鄞縣范氏拓本
重修太清觀記　楊宏道撰　謝良弼八分書　定宗三年十月　山東歷城
五峰山重修洞眞觀碑　元好問撰　王萬慶正書　定宗三年十一月　山東長清
重修長春觀記　鄭起南撰　王道明正書　定宗三年　陝西寶雞
元好問湧金亭詩　正書　定宗皇后稱制元年三月　河南輝縣
劉處士墓碣　楊英撰　張徽八分書　定宗皇后稱制元年四月　陝西長安
岱頂王玉汝等題名　正書　文云己酉七月乃定宗崩後之次年皇后稱制之時也　山東泰安
洞眞觀公據碑　正書　己酉年爲定宗皇后稱制元年

山東長清
振文岡張郁等題記 正書 定宗皇后稱制元年 山東泰安
邢州開元萬安恩公碑銘 劉百熙撰并正書 定宗皇后稱制二年正月 直隸邢臺
旭烈大王令旨碑 楊聰行書 定宗皇后稱制二年五月 陝西涇陽
仰天山大佛寺石幢 正書 定宗皇后稱制二年十月 山東臨朐
存眞仙翁舊隱碑 正書 定宗皇后稱制二年 浙江鄞縣范氏拓本
創修遇仙觀碑 孟仁撰仇鑑正書 定宗皇后稱制二年 山東鄆城
重陽延壽宮碑 泰志安撰楊聰正書 憲宗元年八月 陝西涇陽

清貧寂照順化眞人王君道行記 郭時中識正書上刻眞人昇仙圖 憲宗元年八月 陝西涇陽
三眞會仙圖銘 太霞老人述李輝正書 憲宗元年九月即延壽宮碑陰 陝西涇陽
存眞詣仙翁實錄碑 李宗善正書 憲宗元年 浙江鄞縣范氏拓本
丹陽觀語錄碑 正書 憲宗三年四月 浙江仁和趙氏拓本
重陽宮聖旨碑 正書 憲宗四年七月 陝西盩厔
德州防禦泰津立先塋碑 宋貞撰董詮篆書 憲宗四年 山東歷城
龍洞靈惠公廟碑 張泰亨撰并正書 憲宗四年十月 山東歷城
太眞觀殘碑 山左金石志云碑有大朝啟祚之語知爲元初之碑又以攝提格紀歲知是寅年當爲憲宗四年甲寅歲也 山東掖縣
鄒平縣丞孫公祖考墓銘 王時可撰滕口谷正書 憲宗五年三月 山東鄒平
黌山重修鄭康成廟碑 張泰亨撰李國維正書 憲宗五年六月 山東淄川
道德經 高翿篆書 憲宗五年十月有至元辛卯李道謙跋 陝西盩厔
五泉野人詩 行書 憲宗六年九月 江蘇嘉定錢氏拓本
五臺山孫眞人福壽論 楊聰正書 憲宗六年九月 陝西耀州
五臺山楊聰題孫薛二眞人詩 行書 憲宗六年九月

五臺山唐太宗賜孫眞人頌 楊聰正書 憲宗六年九月後有邵邦用跋 陝西耀州
五臺山楊聰與李稾舟張志和書 行書 無年月 陝西耀州
雲峰眞人康泰眞碑 撰書人姓名殘缺正書 憲宗六年 江蘇嘉定錢氏拓本
集仙資福宮碑 張志本撰王士安正書 憲宗七年二月 浙江鄞縣范氏拓本
定州學中山前進士題名記 李謙撰李冶正書 憲宗七年二月 直隸定州
昇元經 楊聰草書 憲宗七年四月 陝西三原
大化觀四頌 楊聰草書 憲宗七年六月 陝西三原

王家村興仙觀碑 丁珏撰杜春正書 憲宗七年九月 山東掖縣

大化觀太上老君常清靜經 楊思聽正書 憲宗七年 陝西三原

勍公禪師塔銘 □王華撰僧從印正書 憲宗八年八月 河南林縣

大崑崙山神清觀碑 李志鼎撰高暉正書 憲宗八年十月 山東甯海州

中京副留守陳規墓志銘 段成巳撰正書 憲宗八年 山西稷山

濟南路參議段徽神道碑 張泰亨撰并正書 憲宗九年三月

山東歷城

王重陽悟眞歌 行書 無年月 山左金石志附憲宗末

山東掖縣

鎮國上將軍張弼神道碑 徐世隆撰王鏞正書 世祖元年□月按世祖于 庚申三月卽位五月始建元中統碑稱 庚申而不稱中統當在五月以前也

山東館陶

雲陽山壽聖寺記 沙門道選撰任革正書 中統元年八月 浙江鄞縣范氏拓本

祭濟瀆記 李忠國撰史芝正書 中統元年八月 河南濟源

大清宮聖旨碑 正書 中統二年四月 河南鹿邑

大開元寺聖旨碑 僧李貞正書 中統二年四月 河南靈寶

重建文宣王廟記 王處厚記馮慶正書 中統二年五月 陝西高陵

長春觀碑 元和子撰正書 中統二年七月 山東泰安

凫山麓重修伏羲廟碑 孟麒撰李醒正書 中統二年九月 山東魚臺

段氏祖塋碑 正書 中統二年九月 山東昌樂

西莊修釋迦院記 僧守顯撰草書 中統二年十月 河南河內

崇眞大師靈祠記 王麟撰正書 中統二年 山東益都

孔廟呂蒙正碑陰馬惟能題名 正書 中統二年 山東曲阜

故進公塔銘 正書 中統二年 山東歷城

希公塔銘 正書 中統二年 山東歷城

尊勝經幢 正書 中統二年 山東歷城

重修東岳廟記 王處厚記馮慶正書 中統三年五月 陝西高陵

懸鐘山覺慈寺記 李衷撰禪士正許正書 中統三年七月 河南涉縣

先天觀碑銘 呂文蔚撰陳志玉正書 中統三年閏九月 河南河內

大元重修古樓觀宗聖觀記 朱鼎撰朱象先正書 中統四年三月陰刻宮 觀觀綱目姓名 陝西盩厔

靈虛宮改額加號記 史志經撰正書 中統四年四月 山東掖縣

碑陰 行書 山東掖縣

金御史程震墓碑 元好問撰李微正書 中統四年七月 河南偃師

天門銘 杜仁傑撰嚴忠範正書 中統五年正月 山東泰安

長春眞人題虛亭詞 白懋德正書 中統五禩二月 陝西寶雞

濟祠投龍簡靈應記 李□國撰劉鐸正書 中統五年四月 河南濟源

廉訪使楊奐神道碑 元好問撰姚燧正書 中統五年四月 陝西乾州

重立孟州三城記 尚企賢撰正書 中統五年八月 河南孟縣

碑陰 正書 河南孟縣

吉里村修長春觀記 尚企賢撰楊仁正書 中統五年五月 河南孟縣

修長春觀記 姬元撰正書 中統五年 河南孟縣

宮山殘碑 正書 無年月山左金石志以碑有中鈔字附中統末 山東新泰

紫微觀碑陰　正書　無年月按觀建於中統間故附中統末　山東臨朐
帝堯廟碑　郝經撰正書　至元二年正月　直隸望都
土地祠張宣慰登泰山記　杜仁傑撰王禎正書　至元二年二月　山東泰安
萬戶孟德神道碑　張元方撰孫瑜正書　至元二年三月　山東齊東
三師祠堂碑　王磐撰正書　至元二年四月　山東掖縣
碑陰　正書　山東掖縣
北嶽廟搠塑鵲山聖像記　張本撰正書　至元元年十月　直隸曲陽
純老伯廟記　王益撰正書　至元二年　河南登封
請珪公住韶州雲門寺疏　沙門福口正書　至元二年　河南澠池

昭濟侯獻殿舞亭記　雷豫撰正書　至元二年　河南澠池
修華岳廟殘碑　孫志信正書　至元二年　陝西華陰
寶林寺善公行實碑　僧吉祥撰陳誠德正書　至元二年　湖北應山
大相國寺聖旨碑　上蒙古字中畏吾字下漢字正書　至元三年二月　浙江鄞縣范氏拓本
重修萬壽宮碑　王鶚撰商挺正書　至元三年三月　浙江鄞縣范氏拓本
高陵縣重修宣聖廟記　張鼎記正書　至元三年四月　陝西高陵
總管張公先德碑　高翿撰趙文昌正書　至元三年十月　山東濟陽
鎮撫秦公先德碑　高翿撰李敬簡正書　至元三年十一月　山東濟陽
重修大安寺記　張與撰僧悟應正書　至元三年　陝西涇陽

淄川縣學講堂詩刻　正書　至元四年正月　山東淄川
朱橋鎮重建太微觀碑　高志朴撰宋志方正書　至元四年四月　山東掖縣
五峰山洞眞觀主者王氏葬親碑　杜仁傑撰張志偉正書　至元四年五月　山東長淸
追封曾郡公許熙載神道碑　歐陽元撰趙孟頫正書　至元四年八月　河南安陽
重修天壇靈都萬壽宮碑　口或口撰史天佑正書　至元四年十月　河南濟源
默庵記　趙良弼集唐顏眞卿正書　至元四年十月　陝西咸甯
三仙洞詩　正書　至元四年　浙江鄞縣范氏拓本

會仙觀記　鹿森撰王天挺正書　至元五年正月　山東泰安
陽翟縣監縣明格公去思碑　霍復謙撰李禎正書　至元五年六月　浙江鄞縣范氏拓本
代祀中岳記　王沂撰夾谷志堅正書　至元五年七月　江蘇嘉定錢氏拓本
天寶宮明眞廣德大師道行碑　胡居仁撰并正書　至元五年七月　浙江鄞縣范氏拓本
丹陽公言子祠堂記　王鶚撰李謙正書　至元五年十一月　山東城武
務本園記　趙本撰楊守義正書　至元五年　山東泗水
金鄉縣學田記　正書　至元五年　山東金鄉
栖巖寺請師疏　正書　至元五年　山西永濟
大都城隍廟碑　任楲撰李郁正書　至元五年　直隸大興

孟州同知李鑄德政碑 賈希説撰張顒正書 至元五年 河南孟縣
定公闍黎塔銘 正書 至元五年 山東歷城
元公法師塔銘 正書 至元五年 山東歷城
李君義行碑 同穀撰薛均正書 至元六年三月 陝西三原
修太山行祠碑 行書 至元六年三月 河南魯山
單父琴堂詩 陳祐撰正書 至元六年五月 山東單縣
晉陽山重修慈雲禪寺碑 □休道人淨琇撰正書 至元六年七月 山東濟甯
至德常甯宮聖旨碑 盧德洽行書 至元六年九月 陝西寶雞
勅賜開福寺額記 僧志清撰正書 至元六年十月 陝西同官
禪定寺碑 正書 至元六年 山東菏澤
太上道德眞經序 太極左仙公撰南岷山道人正書 至元六年 河南孟縣
僉憲楊公靈應記 蘇棣撰郭居仁行書 至元七年二月 河南濟源
御香投龍簡感應記 李惟深撰正書 至元七年三月 河南濟源
長生萬壽宮披雲眞人制詞碑 正書 至元七年三月 山東掖縣
濟瀆投龍簡記 李惟深撰正書附姚樞楊果送行詩 至元七年五月 河南濟源
天壇重修北極紫微大帝廟記 薛元撰蘇珏正書 至元七年八月 河南澠池

馬蘭村李氏遷葬祖塋碑 楊宏道撰趙時中正書 至元七年閏十月 山東益都
文殊院山界公據碑 正書 至元七年 山東臨朐
副總將軍李璟墓碑 正書 無年月山左金石志附至元七年 山東平度州
文廟瑞芝記 楊成撰荆幹臣八分書 至元八年正月 河南武安
陳慶甫詩刻 正書 至元八年三月 山東陵縣
梓桐山書祥觀碑 張勵齋撰苗元正書 至元八年十二月 山東淄川
重刻大字蘭亭序 行書宋蔡挺跋 至元八年有折叔寶跋何氏栝本 浙江錢塘
萊州望祀江瀆記 正書 至元九年二月 山東掖縣
黃縣重修宣聖廟記 遲忠撰杜瑄正書 至元九年二月 山東黃縣
皇太子燕王香碑記 李惟深撰正書 至元九年二月 河南濟源
無棣尹韓佑墓碑 正書 至元九年三月 山東海豐
碑陰 正書 山東海豐
萊山月主祠詩 孔文貞撰正書 至元九年八月 山東黃縣
誠明眞人道行碑 王磐撰賈庭臣正書 至元九年九月 陝西盩厔
華嚴寺重修清涼國師妙覺塔記 僧印撰僧彧正書 至元九年九月 陝西咸甯
題清涼國師塔額 正書 至元九年九月 陝西咸甯
張志賢修行記 林和之撰李晢材正書 至元九年十二月 山東臨朐
碑陰 正書 山東臨朐
天慶寺碑 王惲撰正書 至元九年 直隸大興

白了村雲峰觀碑 茅志宣撰正書 至元九年 山東滕縣
王磐游靈源詩 耶律沃跋正書 至元十年三月 浙江鄞縣范氏拓本
長春子清天歌石刻 行書 至元十年八月 山東掖縣
碑陰 行書 山東掖縣
長春子梨花詩詞石刻 行書 無年月 山東掖縣
崆峒山廣成宮碑 成□撰正書 至元十年九月 浙江鄞縣范氏拓本
五峰山洞眞觀甯眞子墓碣 正書 至元十年十二月
山東長清
闍梨行廣塔記 翟亨正書 至元十年 河南孟縣
清眞觀碑 史天佑撰盌極子正書 至元十年作 河南孟縣
碑陰 正書 河南孟縣

重修威惠王廟記 陶師淵撰 高書訓正書 至元十一年三月 浙江鄞縣范氏拓本
重修通元宮記 張介珪撰 馮志沖行書 至元十一年三月 陝西長安
贈默庵詩 劉從政行書樂用之草書 至元十一年 五月 胡紹開行書 至元十一年八月
魏初行書 吳衍行書 至元十二年十一月
重修三元觀記 道士張志柔撰 王志靈正書 至元十一年七月 陝西咸甯
陝西高陵
希元眞人張君紀行碑 俞應卯撰 王志靈正書 至元十一年七月
陝西高陵
首陽二賢祠碑 王惲撰 五博文八分書 至元十一年九月 山西永濟
大相國寺建園牆記 宋衜撰并正書 至元十一年十一月 浙江鄞縣范氏拓本
重修崇國寺碑 沙門法禎撰 葛禋正書 至元十一年 直隸大興

栖巖寺碑 陳賡撰 王惲正書 至元十一年 山西永濟
筠溪道院記 正書 至元十一年 江蘇青浦王氏拓本
碑陰 正書 江蘇青浦王氏拓本
龍門建極宮聖旨碑 上層蒙古字 下層漢字正書 至元十二年二月 陝西韓城
代祀濟瀆投龍簡記 袁志遠撰 史芝正書 至元十二年三月 河南濟源
李公決水修街記 寇滅撰 耶律元正書 至元十二年四月 浙江鄞縣范氏拓本
泰安縣重修宣聖廟碑 李謙撰 趙文昌正書 至元十二年四月 山東泰安
終南山重陽眞人全眞教祖碑 密國公璹撰 李道謙正書 至元十二年 陝西盩厔
七月

謁孔廟碑 趙文昌行書 至元十二年 山東鄒縣
中順大夫河東廉訪使程思廉碑 王思廉撰 劉賡正書 至元十二年 河南偃師
盧山寺演公大師塔銘 正書 至元十三年三月 山東諸城
奉慈院勤蹟碑 法洪撰正書 至元十三年六月 浙江鄞縣范氏拓本
終南山重陽祖師仙蹟記 劉祖謙撰 姚燧正書 至元十三年八月 陝西盩厔
重修宣聖廟記 徐炎撰正書 至元十三年九月 陝西長安
重修靈派侯廟記 王禎撰并正書 至元十三年十月 山東泰安
府學公據 正書 至元十三年十二月 陝西長安
膠西郡王范成進殘碑 正書 至元十三年 山東濰縣

皇帝聖旨重立文廟諸碑記 孟文昌記 駱天驤正書 至元十四年正月 陝西長安
治平寺捨田記 正書 至元十四年二月 江蘇上元
采石磯祭張飛卿文 何瑋撰正書 至元十四年三月 安徽當塗
重修媧皇廟碑 高鳴撰 胡祗遹正書 至元十四年三月 浙江錢塘何氏拓本
洞明子詩 行書 至元十四年三月 浙江鄞縣范氏拓本
萃美亭記 徐琰撰 吳衍八分書 至元十四年四月 浙江鄞縣范氏拓本
萬壽宮經幢記 張履記正書 至元十四年六月 山東益都
陝西學校儒生頌德頌 孟文昌撰 僕散祖英正書 至元十四年十月 陝西長安
孚應通利王廟碑 論志元撰 李鐸正書 至元十四年十月 浙江鄞縣范氏拓本

帝堯墓碑 八分書 至元十四年十一月 山東濮州
重刊蔡京州學二字碑 正書 至元十四年十一月 山東東平
碑陰記 張郁撰 高璉正書 山東東平
玉清萬壽宮碑 姚燧撰 王元輔正書 至元十五年春 陝西汧陽
觀村老君庵詩 馮時貞撰正書 至元十五年三月 陝西鄠縣
空同山寶慶寺記 商挺撰正書 至元十五年八月 陝西平涼
臨朐縣復立縣事碑 正書 至元十五年十月 山東臨朐
浮山靈感禪院地土記 僧隔燈記正書 至元十五年十月 陝西三原
創建神清庵記 王道安撰 包志寬正書 至元十五年 河南孟縣
洛京緱山改建昇仙宮記 杜成寬撰 張瑜正書 至元十五年 河南偃師
天眞觀四至題字 正書 至元十六年正月 陝西鄠縣
知府馬公謁林廟記 孔治撰正書 至元十六年二月 山東曲阜
盧山寺堅公壽塔銘 正書 至元十六年四月 山東諸城
國學石鼓文音訓并記 潘迪記 八分書 音訓正書 至元十六年五月 直隸大興
觀樓棲雲王眞人開澇水記 薛友諒撰 孫德彧正書 至元十六年七月 陝西盩厔
石之溫墓碑 正書 至元十六年七月 山東掖縣
開元寺重建普門塔碑 王惲撰 商挺正書 至元十六年八月 直隸邢臺
范幢庄剏修河山寺碑 正書 至元十六年九月 山東益都

重修濟瀆行宮碑 趙昶撰 張致明正書 至元十六年 河南孟縣
賚戒壇碑 王磐撰 商挺正書 至元十六年 直隸邢臺
寇志靜功行碑 唐璧撰 王□正書 至元十七年二月 陝西涇陽
重修磻溪長春成道宮記 魏初撰 孫德彧正書 至元十七年五月 陝西寶雞
慈恩寺何太古題名 飛白書 至元十七年五月 陝西長安
萊蕪縣宣聖廟碑 王天挺撰并正書 至元十七年六月 山東萊蕪
范山伏義皇祠碑 趙衡正撰 文順正書 至元十七年八月 山東嘉祥
棲霞洞全眞觀記 楊璧撰 勞有吉正書 至元十七年九月 廣西臨桂
尹村崇靈應廟記 王博文撰 祖英正書 至元十七年十月 陝西渭南
鄉賢祠蔡孝子順碑陰記 鄒任志撰正書 至元十七年十月

陝西渭南
重修永慶院記 僧惠洪撰正書 至元十七年 山東諸城
重修興國院碑 僧福和撰李元興正書 至元十七年 山東諸城
樂安會記 趙謳撰正書 至元十七年 山西平遙
環詠亭詩刻 徐世隆撰正書 無年月山左金石志附在十七年
山東泰安
吏部侍郎劉傑等蘇門山題名 正書 至元十八年正月
河南輝縣
龍華寺蔡將仕捨田記 僧處棠正書 至元十八年正月 江蘇上海
碑陰 正書 計田畝之數 江蘇上海
董家莊孟公總把先塋碑 伊京撰并正書 至元十八年二月

山東鄒平
重修東岳行宮三門碑 李琏撰正書 至元十八年五月 山東歷城
四基山麓孟墓碑 篆書 至元十八年六月 山東鄒縣
重修孟州文廟三門記 甯楫撰張瑞正書 至元十八年 河南孟縣
碑陰 正書 河南孟縣
跋徐世隆穿井詩 張之行正書 至元十八年 山東歷城
浴日亭詩碣 正書 至元十八年 廣東南海
聖清廟碑 馬祖常撰正書 至元十八年 直隸盧龍
周公廟潤德泉復湧記 馮復撰正書 至元十九年四月 江蘇嘉定錢氏拓本
靈巖寺清安禪師塔銘 正書 至元十九年六月 山東長清
飛來峰徐僧録等造像記 正書 至元十九年八月

浙江錢塘
靈巖寺福公禪師塔銘 沙門淨肅述正聞正書 至元十九年十月 山東長清
重修闕里廟垣記 楊桓撰正書 至元十九年十二月 山東曲阜
蔡元帥先塋碑 王磐撰李元美正書 至元十九年十二月 山東樂安
常山祠重摹蘇東坡雩泉記碑 宋革撰正書 至元十九年 山東諸城
吳山寺地土執照碑 僧永輝立正書 至元二十年四月 陝西乾州
重陽宮無爲眞人馬宗師道行碑 王利用撰孫德彧正書 至元二十年五月 陝西盩厔
重建福業院陳山龍君行祠碑 正書 至元二十年八月

浙江海鹽
西岳廟祈雨記殘碑 正書 至元二十年九月 陝西華陰
慶元路重建儒學記 王應麟撰李思衍正書 至元二十年十月 浙江鄞縣
常山禱雨謝雨碑 趙文昌撰宋革正書 至元二十年 山東諸城
魯山縣重修孔子廟記 尚野撰喬彥澤正書 至元二十年 河南魯山
谷山寺七佛閣記 閻復撰李謙八分書 至元二十一年正月 山東泰安
觀村天慶宮詩 陳亞撰正書 至元二十一年二月 陝西鄠縣
嶽廟王惲漢柏詩 行書 至元二十一年五月 山東泰安
下邑縣令商君去思碑 李希雋撰江口正書 至元二十一年十月

浙江鄞縣范氏拓本

宗聖宮說經臺記　李道謙撰李志宗行書　至元二十一年十一月　陝西盩厔

湖州路報恩光孝禪寺置田山記　陳存撰釋悳鄰正書　至元二十一年十一月　浙江歸安

淮瀆長源廟馮岾題名　正書　至元二十一年十一月　河南桐柏

玲瓏山方暹等題名　正書　至元二十一年十二月　浙江臨安

嵩山七十五司碑　正書　至元二十一年　山東泰安

比邱尼善住等塔銘　正書　至元二十一年　山東鄒縣

孟州知州李義德政碑　甯栟撰喬道元正書　至元二十一年　河南孟縣

碑陰　正書　河南孟縣

朝元觀記　徐世隆撰劉惟一篆書　至元二十二年正月　山東泰安

嵩里七十五司神房誌　正書　至元二十二年正月　山東泰安

觀村李道謙詩　正書　至元二十二年三月　陝西鄠縣

冥福寺聖旨焚燬諸路僞道藏經碑　王磐等撰粘合璋正書　至元二十二年五月　山東泰安

劉氏先塋碑　閻復撰李謙正書　至元二十二年七月　山東益都

觀村沁園春詞　李如堅撰正書　至元二十二年夏　陝西鄠縣

衛志隱道行碑　李謙撰宼元德正書　至元二十二年十月　河南濟源

觀村冉德明詩　正書　至元二十二年十月　陝西鄠縣

淄萊路重修講堂記　姜師聖撰孫元中正書　至元二十二年十月　山東淄川

靈巖寺新公禪師塔銘　雷復亨撰耶律希逸正書　至元二十二年十二月　山東長清

濟甯路錄事廳壁記　王質撰楊仲元正書　至元二十三年正月　山東鉅野

皇子北安王降香記　傅孟踯撰正書　至元二十三年正月　河南濟源

章邱縣增修廟學記　胡祗遹撰并正書　至元二十三年正月　山東章邱

重修清涼寺碑　祁道昕撰并正書　至元二十三年二月　山東臨邑

登單父琴臺詩　王博文撰周禎正書　至元二十三年二月　山東單縣

無住禪師碑　王頤撰僧西雲子安正書　至元二十三年三月　直隸涿州

兗州學記　吳衍撰張孔孫正書　至元二十三年五月　山東滋陽

長清縣重修廟學碑　胡祗遹撰李謙正書　至元三十三年五月　山東長清

碑陰　正書　山東長清

雲門山不忽木等題名二種　正書　至元二十三年七月　山東益都

蕪湖縣重新學記　陳萬里撰并行書　至元二十三年七月　安徽蕪湖

孟州學記　傅夢踯撰正書　至元二十三年十月　河南孟縣

張氏世德第二碑　胡祗遹撰曹質正書　至元二十三年十一月　山東濟陽

左丞相忙兀臺公光昭先祖神道碑　徐世隆撰張孔孫正書　至元二十三年　山東東平州

順德府龍興院記　沙門思惟撰并正書　至元二十三年　直隸順德

故濱棣叅議張公墓碑 正書 至元二十四年閏二月 山東海豐
碑陰 正書 山東海豐
重修東方朔廟碑 閻復撰劉賡正書 至元二十四年閏二月 山東高唐州
皇子北安王降香記 秦艮佐撰徐秉忠正書 至元二十四年閏二月
河南濟源
三官廟記 李孝純撰王德政正書 至元二十四年三月 河南孟縣
碑陰 正書 河南孟縣
飛來峯題名 郭口正書 至元二十四年三月 浙江錢塘
州署望嵩樓記 尚野撰正書 至元二十四年五月 河南汝州
高唐州重建廟學碑 閻復撰商挺正書 至元二十四年七月 山東高唐

濟甯路總管府記 胡祗遹撰并正書 至元二十四年七月 山東鉅野
重修慈雲寺碑記 張應戌撰僧有宜正書 至元二十四年七月 陝西三原
重修三殿昭惠靈顯眞君廟記 岳泰撰正書 至元二十四年八月 河南虞城
濟瀆靈異記 王光祖撰并正書 至元二十四年九月 河南濟源
五指山大輪禪師碑 僧居實撰廣純正書 至元二十四年九月 江蘇嘉定錢氏拓本
太清觀碑 何意孫撰李南古正書 至元二十四年九月 山東曹縣
重修東嶽行宮碑 正書 至元二十四年十月 山東滋陽
玲瓏山趙文昌題名 正書 至元二十四年十一月 浙江臨安

靈巖寺詩 張淑等撰正書 至元二十四年冬 山東長淸
玉京觀地產記 李察撰張洪禮正書 至元二十四年 江蘇嘉定錢氏拓本
碑陰 正書 江蘇嘉定錢氏拓本
大理路新修文廟記 正書 至元二十四年 雲南太和
碑陰 正書 雲南太和
重建醋坊橋記 正書 至元二十四年 江蘇吳縣
龍泓洞三大字 王庭正書 至元二十四年 浙江錢塘
虞山王大成題名 行書 至元二十四年 江蘇常熟
重建慈湖書院記 王應麟撰黃翔龍正書 至元二十四年 浙江慈谿
岱岳行宮記 袁致遠撰呂志宗正書 至元二十四年 河南孟縣
飛來峯董口祥造像記 正書 至元二十五年三月 浙江錢塘

七星巖月忽乃題名 正書 至元二十五年三月 廣東高要
諸城縣重修廟學碑 宋革撰并正書 至元二十五年四月 山東諸城
濱州重修廟學碑 周止撰周徵正書 至元二十五年五月 山東濱州
剏建法籙堂記 陳南美撰張口正書 至元二十五年五月 河南修武
濮州學記 吳衍撰并正書 至元二十五年六月 山東濮州
碑陰題名 正書 山東濮州
飛來峯梵書摩崖 僧麻液沙里兼贊 至元二十五年八月 浙江錢塘
諭旨碑 正書 至元二十五年 浙江山陰
七星巖詩 張顯祖撰行書 至元二十五年 廣東高要
白雲眞人綦公本行碑 正書 至元二十五年 江蘇青浦王氏拓本

伏波巖王逢詩刻　正書　至元二十五年　廣西臨桂
萊州知州祭東海神廟記　史烜撰正書　至元二十六年二月　山東掖縣
青城縣廟學記　楊威撰顏中正書　至元二十六年四月　山東青城
增修縣學門垣記　宋革撰并正書　至元二十六年五月　山東諸城
重陽王祖師仙跡記　劉祖謙撰劉汾正書　至元二十六年五月　陝西咸陽
敵樓山天宮禪院記　僧顯月正書　至元二十六年五月　江蘇嘉定錢氏拓本
元順德府鼎新至聖文宣王廟記　劉惠撰董朴正書　至元二十六年七月　直隸
杭州佛國山石象記　釋淨伏撰子安正書　至元二十六年九月　浙江錢塘
劉府集東岳廟應宜兒赤獵虎記　正書　至元二十六年九月　安徽鳳陽
遊七星巖詩　王顯德撰行書　至元二十六年十一月　廣東高要
鈞州存眞宮趙公大師行實碑　方珏撰張蕭正書　至元二十六年　浙江鄞縣范氏拓本
郎村都指揮使郎簡墓志銘　正書　至元二十六年　山東掖縣
解州景福寺常住地土碑　正書　至元二十六年　江蘇青浦王氏拓本
澤州長官段直墓碑　劉囦撰并正書　至元二十七年二月　山西澤州
皇孫二太子降香記　釋德利撰妙全正書　至元二十七年三月　浙江鄞縣范氏拓本
後峪社重修白雲觀碑　丁志純撰于仲謙正書　至元二十七年三月　山東博山
觀村李眞人門下記　正書　至元二十七年三月　陝西鄠縣
祭濟瀆祠記　王光祖正書　至元二十七年四月　河南濟源
飛來峰口口造像記　正書　至元二十七年四月　浙江錢塘
剏建遇仙觀記　楊定撰并正書　至元二十七年五月　江蘇嘉定錢氏拓本
重建風后八陣圖碑　唐獨孤及撰劉道源正書　至元二十七年八月　河南密縣
長生萬壽宮碑　正書　至元二十七年九月　山東掖縣
驪山重建昊天宮碑　魏道明正書　至元二十七年十月　山東諸城
碑陰　正書　山東諸城
如堂邵家河純陽觀碑　方珏撰劉道源正書　至元二十七年十月　浙江鄞縣范氏拓本
壽陽縣新學記　元好問撰里恂正書　至元二十七年十二月　山東壽陽
靈慶公神祠碑陰解鹽司判官郭榮題名　正書　至元二十七年　山西安邑
解鹽司新修鹽池神廟碑　正書　至元二十七年　江蘇青浦王氏拓本
碑陰　正書　江蘇青浦王氏拓本
李眞人門下記　正書　至元二十七年　陝西鄠縣
滕縣重修文廟記　曹大本撰李克忠正書　至元二十八年正月　山東滕縣
加封手詔碑　上層蒙古字下層譯文正書　至元二十八年二月　直隸曲陽
增修扁鵲廟記　胡祗遹撰并正書　至元二十八年四月　河南湯陰
加封濟瀆清源善濟王記　秦艮佐撰劉伯達兒正書　至元二十八年四月　河南濟源

赤松嶺石香爐題字 正書 至元二十八年四月 浙江錢塘何氏拓本
曹州重修濟瀆廟碑 商琥撰并正書 至元二十八年六月 山東菏澤
碑陰 正書 山東菏澤
琴臺詩 陳鳳儀撰孟鋭正書 至元二十八年 山東單縣
常熟縣學殘碑 正書 至元二十九年正月 江蘇常熟
加封北海廣澤靈祐王記 郝思問撰正書 至元二十九年六月 河南濟源
飛來峰行宣政院使脱脱夫人造像題字 正書 至元二十九年閏六月 浙江錢塘
古文道德經并側題字 高翿篆書李道謙八分書 至元二十九年七月 陝西盩厔
飛來峰資政大夫楊口造像記 正書 至元二十九年七月 浙江錢塘
平江府報恩萬歲賢首教院碑 閻復撰并正書 至元二十九年八月 江蘇吳縣
金山寺碑 正書 至元二十九年十月 山東棲霞
炳靈王廟碑 張翥撰高琥正書 至元二十九年十月 山東淄川
城武縣重修文廟碑 李謙撰文智京正書 至元二十九年十二月 山東城武
懸泉寺記 董飛龍撰并正書 至元二十九年十二月 山東臨朐
商琥等超然臺詩刻 正書 至元二十九年 山東諸城
棲霞洞陳孚題名 正書 至元二十九年 廣西臨桂

天唐觀記 元好問撰王炳正書 至元二十九年 山東蘭山
梁公祈雨感應詩 張唐臣撰楊天澤正書 至元二十九年 山西平遥
伏羲廟碑 王公棟撰宋立正書 至元二十九年 山東棲霞
碑陰 山東棲霞
飛來峰萬戶楊思諒造像記 正書 至元二十口年 浙江錢塘
濟州重建大成殿碑 李謙撰楊桓八分書 至元三十年二月 山東濟寧
張氏世德碑 李槃撰正書 至元三十年二月 山東安邱
僧溥光題草堂寺詩 行書 至元三十年二月 陝西鄠縣
陳天瑞題月巖詩 正書 至元三十年二月 浙江錢塘
高唐郡王釋奠題名記 息誠撰正書 至元三十年二月 江蘇嘉定錢氏拓本
重修宣聖廟記 劉忠撰齊天祥正書 至元三十年三月 陝西澄城
御香祭南海記 王獻撰陳黄裳正書 至元三十年三月 廣東南海
完州重修孝烈將軍廟記 劉庭直撰并正書 至元三十年四月 浙江仁和趙氏拓本
韓城縣尹陳大中墓塔銘 郭汝弼撰并正書 至元三十年五月 陝西韓城
柏林寺聖旨碑 正書 至元三十年七月 直隸趙州
利津縣新建廟學碑 李師聖撰趙孟頫篆書 至元三十年八月 山東利津
樓觀先師傳碑 朱象先識并正書 至元三十年八月 陝西盩厔
碑陰 正書 陝西盩厔

慶壽寺寶公壽塔記　正書　至元三十年八月　山東滋陽
靈巖寺肅公道行碑　住持從倫撰并正書　至元三十年九月　山東長清
創建福勝院記　僧法涓撰　楊邱正書　至元三十年九月　山東鄒平
碑陰　正書　山東鄒平
修白馬寺詩　商挺撰　正書　至元三十年九月　河南洛陽
宣政院榜　正書　至元三十年十月　卽柏林寺聖旨碑陰　直隸趙州
平江路常熟縣重修文廟記　閻復撰并正書　至元三十年十二月　江南常熟
明月山新印藏經記　沙門德利撰　正書　至元三十年　浙江鄞縣　范氏拓本
般陽路重修先聖廟記　趙孟頫撰　范履道正書　至元三十年　山東淄川

碑陰　正書　山東淄川
唐李翰林酒樓記　沈光撰　楊桓篆書　至元三十年　山東濟甯
別龍川和尚詩　商挺撰　正書　至元三十年　河南洛陽
河陽李氏宅兆記　趙穆撰　李肅正書　至元三十年　河南孟縣
密州三皇廟記　張鎮撰　朱熙載正書　至元三十一年正月　山東諸城
文正范公祠記　徐琰撰　李處巽八分書　至元三十一年正月　江蘇吳縣
范文正公義莊義學蠲免科役省據碑　正書中有蒙古字　無年月　載范士貴告科擾事　當與前碑同時立　江蘇吳縣
高唐州重修廟學記　李謙撰并正書　至元三十一年四月　山東高唐
嘉興路儒學正禮堂基址本末碑　何覲正書　上刻尚書省付下刻記文　至元三十一年四月　浙江嘉興
曲阜縣廟學田地畝碑　正書　無年月　山左金石志案文內有至元三十一年四月欽奉詔書云云乃成宗卽位時故列于此　山東曲阜
通慧大師塔記　宋天祿正書　至元三十一年五月　河南汝州
靈巖寺廣公提點壽碑　左思忠撰　僧覺達正書　至元三十一年五月　山東長清
溧水縣學聖旨碑　正書　上層至元三十一年五月登極詔敕一款中層至元三十一年七月聖旨一道下層達魯花赤曲烈等跋元貞元年九月立　江蘇溧水
成宗崇奉孔子詔石刻　蒙古書　至元三十一年七月　山東曲阜

又　正書　至元三十一年七月　元貞元年三月立　江蘇吳縣
又　正書碑在府學　至元三十一年七月　江蘇吳縣
又　正書卽紹定鄭準學田記之陰　至元三十一年七月　江南崑山
又　上層蒙古書中層正書下層張之翰記正書　至元三十一年七月　江蘇華亭
又　正書下層刻安喜縣學地土數　至元三十一年七月　浙江錢塘　何氏拓本
闕里孔廟祭器碑　李淦撰　劉賡正書　至元三十一年八月　山東曲阜
濟陽縣重修廟學碑　楊文郁撰　趙孟頫正書　至元三十一年八月　山東濟陽
茌平縣重修廟學碑　李謙撰　史杞正書　至元三十一年十月　山東茌平

靈巖寺詩圓照撰正書上角有元好問遊四字至元三十一年十月　山東長清
蕭泰登過清湘棧道詩行書至元三十一年十一月　廣西全州
尼山孔子象記司居敬撰劉之美正書至元三十一年十一月　山東鄒縣
諸城廟學碑楊文郁撰楊桓八分書至元三十一年十一月　山東諸城
東塔寺八大人覺經僧溥光正書至元三十一年十二月　浙江嘉興
平陰縣學新建兩廡記李謙撰正書至元三十一年　山東平陰
碑陰正書　山東平陰
至道觀眞風殿三字張與棣正書下有王大成跋至元三十一年　江蘇常熟
衍聖公給俸牒正書至元三十一年　山東曲阜
大理府孔廟禁約諭旨碑正書至元三十一年　雲南太和
重修石哥哥廟碑正書至元三十一年　山東郯城
暴書臺題字司居敬篆書無年月山左金石志以居敬至元末爲鄒縣尹列至元末　山東鄒縣
重修烽火山神廟碑龔履簡撰李侃正書元貞元年正月　山東諸城
長社縣創建天寶宫碑張英撰程璧正書元貞元年三月　浙江鄞縣范氏拓本
萊山月主眞君靈驗記馬世英正書元貞元年三月　山東黃縣
平原縣重修廟學碑李謙撰傅夢弼正書元貞元年四月　山東平原
碑陰李思誠撰并正書　山東平原

之罘山八神陽主廟記初才撰傅汝梅正書元貞元年四月　山東福山
高密縣修建文廟碑鞠英撰正書元貞元年四月　山東高密
碑陰正書　山東高密
樓觀繫牛栢記朱象先撰并正書元貞元年四月　陝西盩厔
德平縣重修學廟碑楊桓撰并正書元貞元年五月　山東德平
碑陰正書　山東德平
重修福嚴院記老人口口撰沙門口禎正書元貞元年六月　河南鄭州
藩署土地祠石猊像贊正書元貞元年七月　山東歷城
徐世隆後唐明宗廟詩刻徐世隆撰正書元貞元年七月　山東清平
子思祠中庸精舍記張頊撰趙靖正書元貞元年八月　山東鄒縣
史杠石鼓山西谿題名正書元貞元年八月　河南衡陽
璨和尚塔銘正書元貞元年八月　陝西涇陽
重修文廟記韓擇撰并正書元貞元年十月　陝西臨潼
上海縣學記張之翰撰并正書元貞元年十二月　江蘇上海
佑聖觀重建玄武殿記元明善撰趙孟頫正書元貞元年　浙江錢塘
平江路儒學祭器碑李淦撰方文豹正書元貞元年　江蘇吳縣
夷齊廟加封號記柳謙撰趙民正書元貞元年　山西蒲州
鄒國公廟碑張頊撰趙文昌正書元貞元年　山東鄒縣
杏壇碑側東原鄧希古題名八分書元貞元年　山東曲阜

張家莊進義張公神道碑 劉敏中撰曹質正書 元貞二年正月 山東歷城
孟母墓碑 張頌撰楊秉秀正書 元貞二年二月 山東鄒縣
孟子墓碑 張頌撰楊秉秀正書 元貞二年二月 山東鄒縣
濱都宮長春眞人道行碑 王之綱撰正書 元貞二年二月 山東棲霞
崇聖寺聚公壽堂記 正書 元貞二年二月 山東臨朐
祀中岳記 盧摯撰并正書 元貞二年三月 河南登封
扁鵲廟碑 康繼禮撰劉潛德正書 元貞二年六月 直隸南宮
句容縣修學記 □文能撰正書 元貞二年七月 江蘇句容
麗水縣廟學碑陰記 王度撰并行書 元貞二年七月 浙江麗水
遊闕牛巖觀大顛古跡詩 唐古台撰正書 元貞二年八月 廣東潮陽

淇州文廟碑 張從撰竇恪正書 元貞二年八月 浙江鄞縣范氏拓本
濟州修學後記 李謙撰耶律有尚正書 元貞二年十一月 山東濟甯
碑陰 正書 山東濟甯
五峰山普光大師墓誌 萊陽道人撰并正書 元貞二年十二月 山東長清
淇州創建周府君祠碑 王撝撰劉□正書 元貞二年十二月 浙江鄞縣范氏拓本
二蘇先生墓所記 尚野撰梁遺正書 元貞二年十二月 浙江鄞縣范氏拓本
饒陽縣新遷廟學記 王構撰高源正書 元貞二年 直隸饒陽
河東山西道肅政廉訪使程思廉碑 王思廉撰劉□書 元貞二年 河南偃師

雲峰居士鄭從龍墓志 劉堅吾撰正書 元貞二年 福建閩縣
睦公善政碑 李謙撰正書 元貞二年 山東鉅野
睦公半截碑 閻復撰正書 無年月 山東鉅野
王村店炳靈王廟八不沙令旨碑 正書 元貞四年三月 山東淄川

盧山延眞官碑 正書 大德元年六月 山東黃縣
芮王廟記 何南卿撰樊彥正書 大德元年七月 山西芮城
重修令武廟記 胡芳子撰馬份正書 大德元年七月 襄城
松江南山勝地記 閻復撰傅大有正書 大德元年七月 江蘇華亭
崔公去思碑 黃雲撰正書 大德元年九月 浙江鄞縣范氏拓本
鈞州廟學記 陳天祥撰張孔孫正書 大德元年十月 浙江鄞縣范氏拓本

冠州新修廟學碑 李謙撰張孔孫正書 大德元年十一月 山東冠縣
劉賡百門山詩 正書 大德元年十二月 江蘇嘉定錢氏拓本
勅建天壇紫微大帝廟記 劉偉撰趙守玉正書 大德元年
河南澠池
琴臺詩 王高齋撰咸甯正書 大德元年 山東單縣
又 胡衡撰正書 大德元年 山東單縣
改邢州爲順德碑 宋子貞撰劉賡正書 大德元年 直隸邢臺
府學釋奠牲幣器服圖并記 魯師道撰正書 有臧夢解記 下層又 大德二年四月 廣西臨桂
雙門神祠記 □朝宗撰徐士龍正書 大德二年正月 山東諸城
東鎮廟加封詔詞并記 馬驤撰張德貞正書 大德二年二月

山東臨朐
居竹記 方回撰趙孟頫正書 大德二年二月 江蘇華亭
昭陽觀涓眞抱樸大師杜公碑 方珏撰程壁正書 大德二年三月 河南郟縣
碑陰 正書 河南郟縣
許州重修孔子廟記 盧摯撰胡居仁正書 大德二年三月 浙江鄞縣范氏拓本
重修周公廟記 王利用撰竇思永正書 大德二年三月 浙江鄞縣范氏拓本
南鎭廟加封四鎭聖旨碑 正書 大德二年三月 浙江山陰
碑陰記 也先帖木兒撰正書 浙江山陰
孔顏孟三氏免糧碑 正書 大德二年六月 山東曲阜
平江路重建文宣王廟記 燕公楠撰李世安正書 大德二年八月 江蘇吳縣
解州鹽池資寶王加號勅碑 正書 大德二年 江蘇青浦王氏拓本
曾子避席像 正書 大德二年 山東嶧縣
通明眞人道行記 汪志澗撰馬道逸正書 大德二年 河南鹿縣
重修宣聖廟碑 楊德綱撰田宗禮正書 大德二年 山東高苑
九先生像贊 吳澄撰周恒正書 大德三年正月 河南洛陽
兩城山徐氏新阡碣銘 尙毓德撰并正書 大德三年二月 山東濟甯
青山修惠濟公祠記 趙衡正撰趙之敬正書 大德三年三月 山東嘉祥
西由場新建廟學碑 傅夢弼撰喬達正書 大德三年三月 山東掖縣
月華山林泉禪寺刱建地產四至碑 僧性空正書 大德三年三月 江蘇嘉定錢氏拓本
濟瀆靈貺碑 史芝撰張秉彝正書 大德三年四月 河南濟源
州學尊經閣碑 陳儼撰楊桓正書 大德三年四月 山東濟甯
洪濟威惠王廟記 李謙撰劉賡正書 大德三年七月 浙江鄞縣范氏拓本
重建艮山廟記 沈德章撰正書 大德三年七月 浙江仁和
平江路總管祈請光福銅觀音感雨詩 行書上截李戡詩并跋下截莊山希璠同書并詩 大德三年七月 江蘇吳縣
重修嘉興路總管府記 金吾撰鄧文原正書 大德三年八月 浙江嘉興
蕭山縣學重建大成殿記 張伯淳撰趙孟頫正書 大德三年十月 浙江蕭山
碑陰記 胡長孺撰鮮于樞行書 浙江蕭山
郝天挺墓碣銘 元好問撰郝采麟正書 大德三年 山西陵川
解州鹽池惠康王加號勅碑 正書 大德三年 江蘇青浦王氏拓本
祁眞人道行碑 李謙撰不忽木正書 大德三年 直隸宣化
郝文忠墓志銘 閻復撰正書 大德三年 山西陵川
重修琴臺記 周馳撰商璋正書 大德四年三月 山東單縣
鹿臺將軍廟碑 周逢春撰張希穎正書 大德四年五月 陝西高陵
襄城縣廟學記 陳天祥撰范璹正書 大德四年六月 浙江鄞縣范氏拓本
重修興國院碑 釋空山撰陳善鑒正書 大德四年六月 山東萊蕪
館陶縣重修廟學碑 張士觀撰周馳行書 大德四年八月 山東館陶
碑陰 正書 山東館陶

衍聖公給俸牒碑 正書 大德四年閏八月 山東曲阜
王鐸重摹蘇子由超然臺賦石刻 正書後刻王鐸跋亦正書 大德四年九月 山東諸城
方元鱗遊玲瓏山詩 正書 大德四年九月 浙江臨安
重修太初宮碑 王道明撰高從謙正書 大德四年九月 河南靈寶
通仙觀披雲眞人道行碑 朱翼撰并正書 大德四年十二月 山東掖縣
張家莊鎭撫張仁神道碑 李吉撰張巨淵正書 大德四年十二月 山東歴城
浯溪杜明題名 正書 大德四年 湖南祁陽
嘉興路重修儒學記 傅光龍撰孔照正書 大德四年 浙江嘉興
重刻哀恒山公武仙詩 李孝純題正書 大德四年 山西鳳臺
神水鄉鍾都尉墓碑 正書 大德四年 陜西同官
重修漢李將軍廟碑 張遠正書 大德五年二月 河南河內
剏立興國觀記 馬光國撰王正一正書 大德五年三月 河南澠池
靈巖寺達公禪師道行碑 左思忠撰正書 大德五年三月 山東長清
雲居寺中峰懷淨土詩 僧明本撰趙孟頫行書 大德五年三月後有萬歴間温純跋 浙江錢塘
仙人觀重修安期眞人祠記 曾文秀撰卜元方正書 大德五年四月 山東萊蕪
重修宣聖廟學賢廊記 孫如登撰曹克忠正書 大德五年五月 直隸隆平

華岳廟甘澍記 楊順理撰完顏守瀹正書 大德五年九月 陜西華陰
龍華觀碑 王麟撰正書 大德五年十月 山東臨淄
大開元寺萬安恩公碑 王思廉撰并正書 大德五年十二月 直隸順德
盤石寺孫直淸題名 正書 大德五年十二月 廣西全州
重建文宣王廟碑 閻復撰劉賡正書 大德五年 山東曲阜
北寺福智庵記 沙門景瞻撰王起正書 大德五年 江蘇吳縣
予元度關圖 宋眞宗度關銘八分書四子會眞圖吳筠四子贊正書 大德五年 浙江鄞縣范氏拓本
膠州知州董進神道碑 許時獻撰翟可珍正書 大德六年二月 山東益都
寶塔寺朗公道行碑 沙門福眞撰正書 大德六年三月 山東淄川
碑陰 正書 山東淄川
老子故宅十方聖祖宮碑 高凝撰王道亨正書 大德六年三月 河南靈寶
濟瀆投龍簡記 李思誠撰栯德元書 大德六年三月 河南濟源
岠越山神祠碑 張頌撰劉之美正書 大德六年四月 山東鄒縣
氾水縣濟瀆廟碑 薛貴祖撰嚴君宏正書 大德六年四月 河南氾水
重修夏忠臣關龍逄祠堂記 熊正德撰王道亨正書 大德六年五月 河南靈寶
鄭州刺史劉公德政碑 劉黙撰徐祐正書 大德六年七月 浙江鄞縣范氏拓本
嘉興路重修儒學記 牟巘撰趙孟頫行書 大德六年七月 浙江嘉興
冠州增修廟學記 薛貞撰解子淵正書 大德六年九月 山東冠縣

馳山降御香記 馬騏撰張敬正書 大德六年十月 山東益都
錄事司王公碑 正書 大德六年 山東鉅野
立中庸書院碑 古景亮撰正書 大德六年 山東鄒縣
古陶禪院元好問題名 行書 大德六年 山西陽曲
石屋洞僧永隆造像記 正書 大德六年 浙江錢塘
加封忠孝威惠顯聖王伍公勅牒記 梅泰來撰正書上層刻勅牒一道 大德六年明成化間重刻 浙江海鹽
孔廟呂蒙正碑陰永平王磐等題名 正書 大德六年 山東曲阜
重修廟學記 姚燧撰王良嗣正書 大德六年 湖北襄陽
中書參知政事張斯立先塋碑 閻復撰張伯淳正書 大德七年正月 山東章邱
雲門山兀林荅公神道碑 方同撰張珪正書 大德七年三月 山東益都
碑陰 正書 山東益都
賜紫宏教圓通大師超公塔銘 張希顏撰沙門寶光正書 大德七年四月 陝西高陵
重修奉國寺碑 盧摯撰王遂正書 大德七年九月 奉天義州
終南山古樓觀大宗聖宮建文始殿記 杜道堅撰八分書 大德七年九月 陝西盩厔
碑陰 釋溥光正書文始之殿四大字 陝西盩厔
延津縣館驛記 權執中撰袁伯謙正書 大德七年十一月 浙江鄞縣范氏拓本

蘭穹山福仙院記 任上林撰趙孟頫行書 大德七年 浙江上虞
砌關帝廟石臺記 正書 大德七年 河南孟縣
密州創塐賢像記 李之紹撰劉賡正書 大德七年 山東諸城
石獅題識 正書 大德七年 河南孟縣
謝天吉神道碑 麻革撰正書 大德七年 山西臨晉
棲巖寺中書省牒 正書 大德七年 山西永濟
重修逍遙觀記 田道育正書 大德八年二月 江蘇嘉定錢氏拓本
濟陽縣學田記 李謙撰劉敏中正書 大德八年三月 山東濟陽
義廩記 曾鋼撰趙孟頫行書 大德八年四月 浙江會稽
新建書樓記 程珪撰武謙正書 大德八年四月 直隸隆平
儒人免役公文并記 沈天祐撰王國正書上刻免役公文 大德八年七月 浙江嘉興
歷山重修舜廟碑 孟遵撰王汝惠正書 大德八年九月 山東泗水
嘉興路儒學歸復田租記 金吾撰周馳正書郎宋咸湝牧民碑陰 大德八年九月 浙江嘉興
邢安社重修正覺禪寺碑 李誠撰朱景椿正書 大德八年九月 山東滋陽
夏侯廟徐氏先塋碣銘 楊桓撰楊守訥正書 大德八年十一月 山東鄒縣
平雲南碑 程文海撰正書 大德八年 雲南太和
有殷烈祖廟碑 郝采麟撰徐彥綱正書 大德八年 河南孟縣
少林月巖觀音像讚 正書 大德八年 河南登封

洪山口口題字　正書　大德八年　山東嘉祥
代祀北岳記　魏口撰并正書　大德九年二月　直隸曲陽
嵐山重修臥佛院碑　潘文炳正書　大德九年二月　山東日照
重修昭惠靈顯王廟碑　嚴文博撰正書　大德九年三月　山東泗水
重修城隍廟碑　王之綱撰　王構正書　大德九年三月　山東博平
元君廟建露臺題識　正書　大德九年五月　陝西咸甯
慈恩塔薛六等題名　正書　大德九年七月　陝西長安
靈都萬壽宮圖　正書　大德九年八月　河南濟源
碑陰　正書　河南濟源
南禪寺粧鑾佛像記　解澤民撰正書　大德九年九月　河南汝州
崑崙山東華宮記　焦養直撰　張仲壽正書　大德九年十月　山東文登
重立四皓廟碑　宋王禹偁撰　蕭恭八分書　大德九年十一月　陝西商州
宣差船橋都總管疏　正書　大德九年　山西永濟
元逸道人殘碑　正書　大德九年　河南登封
慈恩寺張馬等題名　正書　大德九年　陝西長安
浯溪杜康題名　正書　大德九年　湖南祁陽
宗明禪師重建寺記　鄧文元撰　賈汝舟正書　大德九年　湖北隨州
韓魏公祠漁莊記　陳儼撰　趙孟頫行書　大德十年閏正月　河南安陽
地藏庵觀世音菩薩傳略　吳興管道昇正書　大德十年三月　江蘇江甯
靈巖寺平公勤跡碑　沙門思達撰　思圓正書　大德十年三月　山東長清
靈巖寺下院聖旨碑　釋思圓正書　大德十年四月　山東長清
東平路公廨記　王構撰　張孔孫正書　大德十年四月　山東東平
碑陰　正書　山東東平
嘉興路重修儒學記　牟巘撰　趙孟頫行書　大德十年七月　浙江嘉興
重刻嵩山劉眞人傳　賈善翔編　秦志安續詩　八分書　大德十年七月　河南登封
中岳投龍簡記　王德淵撰　王道亨正書　大德十年八月　河南登封
百里嵩使君碑　高建撰　岳正正書　大德十年八月　河南封邱
汝州郟縣記　苑溟撰　劉思孝正書　大德十年八月　河南郟縣
碑陰　正書　河南郟縣
郟縣廳壁記　劉思孝記正書　大德十年九月　河南郟縣
樂安縣重修廟學碑　張孔孫撰并正書　大德十年九月　山東樂安
城隍廟碑　李誠撰　馬天駿正書　大德十年九月　山東掖縣
內鄉縣掫建宣聖廟學記　陽思文撰正書　大德十年十一月　河南內鄉
玩鞭亭詩　盧摯撰　行書　大德十年十二月　安徽蕪湖
息州重修廟學記　張珏撰　趙鼎正書　大德十年冬　江蘇嘉定錢氏拓本
王昌謁靈源詩　魏必復正書　大德十年冬　浙江鄞縣范氏拓本
通理妙明禪師雲公碑　智京撰　僧智澄巨雅正書　大德十年　山東歷城
碑陰　正書　山東歷城

棣州三學資福寺藏經碑 釋福眞撰趙孟頫行書 大德十一年正月 山東惠民
上清祠碑陰跋 嗣天師張與材跋行書 大德十一年三月 浙江仁和趙氏拓本
崑山州新建三皇廟記 潘昂霄撰杜與可八分書 大德十一年五月 江蘇崑山
仰天山白雲洞單顯卿等題名 正書 大德十一年五月 山東臨朐
洪山寺程應雷等造塔記 正書 大德十一年五月 湖北江夏
洪山寺黃彥文等造塔記 正書 大德十一年五月 湖北江夏

洪山寺汪覺龍等造塔題記 正書 大德十一年五月 湖北江夏
國學加封孔子制誥碑 正書 大德十一年七月 直隸大興
加封孔子制誥碑 篆書 大德十一年七月 山東樂安
又 正書 大德十一年七月 山東泰安
又 正書 大德十一年七月 山東滕縣
又 蒙古書譯文正書 大德十一年七月 山東曲阜
又 正書在府學 大德十一年七月 陝西長安
又 正書 大德十一年七月 陝西韓城
又 正書 大德十一年七月 陝西臨潼
又 正書下層刻徽州路儒學指揮二道 大德十一年七月至大三年四月刻 安徽績溪

又 上層蒙古書下層正書 大德十一年七月 直隸定州
又 正書石在府學 大德十一年七月下刻至大三年正月江浙行尚書省劄付後列平江路官吏姓名 江蘇吳縣
又 正書 大德十一年七月 江蘇長洲
又 正書 大德十一年七月至大二年十二月韓居仁書唐沭涯等立石 江蘇常熟
又 正書 大德十一年七月 江蘇嘉定
又 八分書石在府學 大德十一年七月 浙江錢塘
又 正書 大德十一年七月 浙江嘉興
又 邵悅古八分書 大德十一年七月元統三年刻 陝西三原
又 何德嚴正書 大德十一年七月 山東曲阜

又 正書 大德十一年七月 廣東南海
又 正書 大德十一年七月 山東樂陵
涇陽縣重修公宇記 蕭﨣撰蕭恭八分書 大德十一年八月 陝西涇陽
文廟加封孔子制詔碑 正書 大德十一年九月 山東滋陽
洪山寺陳覺富等建塔記 正書 大德十一年九月 湖北江夏
洪山寺僧智福建塔記 正書 大德十一年十月 湖北江夏
闕里宅廟落成後碑 李謙撰正書 大德十一年十月 山東曲阜
中書省榜 正書後有蒙古字一行 大德十一年十月 山東曲阜
西鎮祀香記 梁口撰正書 大德十一年十月 陝西隴州
加封至聖文宣王詔碑 正書 大德十一年十二月

江蘇華亭
又 正書年月漫漶 陝西邠州
又 正書 山東濟甯
中牟縣廟學記 張舜元撰田茂正書大德十一年 浙江鄞縣范氏拓本
普巖大師寶公塔銘 僧智澄巨源撰正書大德十一年 山東歷城
祀海記 劉光遠正書大德十一年 廣東南海
石門李貝傑題名 正書大德十一年 福建永福
重書秋風詞 董若冲行書大德十一年 山西汾陽
九候名山四字 僧无碍正書大德十一年 福建詔安
司馬溫公文潞公合像 正書大德十一年 山西夏縣
達摩渡江像 仁宗贊正書大德十一年 河南登封

子房碑記 正書大德□□年 浙江錢塘何氏拓本
冉子祠碑 王構撰正書無年月山左金石志附大德末 山東東平
碑陰 篆書 山東東平
耶律文正公塋碑 張博文八分書無年月山左金石志附大德末 山東東平
襄城縣學廡記 劉必大撰孛术魯翀正書至大元年二月 湖北襄城
玉華觀碑 王守道撰李道宗正書至大元年三月 浙江錢塘何氏拓本
尹尊師碑 聶志真識行書至大元年三月 浙江仁和趙氏拓本
碑陰 天下第一福地六大字宋吳傑書 浙江仁和趙氏拓本
密縣重修文廟記 田文澤撰李果正書至大元年四月 江蘇嘉定錢氏拓本
供山洞道糧記 南溪道隱撰并正書至道元年四月 陝西

松江寶雲寺記 牟巘撰趙孟頫行書至大元年五月 江蘇華亭
郭仙姑眞行碑 一虛叟撰正書至大元年五月 陝西
洪山寺信女賀氏等造塔記 正書至大元年五月 湖北江夏
劉君先塋碑 劉從善撰李臨正書至大元年六月 山東館陶
加封孔子聖旨及致祭先師顏孟祝文 正書至大元年七月 山東曲阜
重建留珠蘭若碑 洪喬祖撰趙孟頫正書至大元年九月 江蘇吳江
皇妹大長公主懿旨碑 正書至大元年九月 山東曲阜
皇妹大長公主魯王祭孔廟碑 正書至大元年十二月 山東曲阜

有商烈聖帝廟碑 杜天智撰師福亨正書至大元年十二月 河南孟縣
許州劉公民愛碑 孛术魯翀撰宮師可正書至大元年閏月 江蘇嘉定錢氏拓本
加封大成至聖文宣王詔碑 正書至大元年 江蘇江甯
碑陰 別速臺書記文行書題名正書 江蘇江甯
又 正書至大元年 江蘇句容
萬安寺茶牓 僧溥光撰并正書至大二年正月 河南登封
常熟知州盧侯生祠記 周馳撰趙孟頫正書至大二年正月 江蘇常熟
鎮國大將軍甯玉神道碑 閻復撰史弼正書至大二年二月 河南孟縣

石堂山重建普濟堂碑 朱曾先撰正書至大二年三月 河南內鄉
付紫微宮旨碑 正書至大二年三月 河南濟源
魏必復蘇門山詩 正書至大二年三月 河南輝縣
賈氏墓碑 劉敏中撰正書至大二年三月 山東鄒平
句容縣重建學記 王構撰潘汝勛正書至大二年五月 江蘇句容
袁州路修建郡署 杜與可撰并八分書至大二年六月 江西宜春
許文正公祠堂記 鄭冲霄撰呂士文正書至大二年八月 河南新鄭
趙孟頫書赤壁賦 行書至大二年八月 浙江仁和趙氏拓本
趙孟頫書後赤壁賦 行書無年月 浙江仁和趙氏拓本
新安洞眞觀碑 張仲壽撰并正書至大二年十月 安徽祁門
湖州路重建府治記 正書至大二年十一月 浙江烏程

重建天壇碑 李志全撰正書至大二年 河南濟源
書韓文公送李愿盤谷序 史庭玉正書至大二年 河南濟源
佑聖觀重建元武殿碑 元明善撰趙孟頫行書碑後未題年月以孟頫署銜揚州路泰州尹攷之當在至大二三年 浙江錢塘
埠上店重修三皇廟碑 畢子麟撰張仲寬正書至大三年正月 山東泰安
金澤鎭熙浩寺碑 牟巘撰僧嗣良行書至大三年正月 江蘇青浦
加封師眞聖旨碑 正書至大三年二月 浙江錢塘何氏拓本
重修昭濟侯獻殿舞亭記 雷豫撰并正書至大三年三月 河南澠池
重立東鎭廟神應記 正書至大三年四月 山東臨朐
徽州路儒學指揮碑 正書至大二年四月 安徽績溪

公主皇后付靈都宮懿旨碑 正書至大三年五月 河南濟源
欒城縣重修衆善寺碑 王之綱撰張浹正書至大三年五月 直隸正定
加封孔子制誥碑 王敬先正書至大三年六月 山東德平
天壇紫微宮結瓦殿記 李志全撰劉志口正書至大三年八月 河南濟源
建康路文廟祭器記 劉泰撰潘汝勛正書至大三年九月 河南汝甯
潁考叔祠堂記 張思敬撰并正書至大三年九月 浙江鄞縣范氏拓本
飛來峰荅失蠻布造像記 正書至大三年九月 浙江錢塘
加封孔子制誥碑 蒙古書譯文正書至元三年十月 山東曹縣

碑陰 正書 山東曹縣
中條孫氏先塋碑 口致撰趙孟頫正書至大三年 浙江錢塘何氏拓本
蘭亭十三跋 趙孟頫行書至大三年 浙江烏程
金剛般若波羅密經 趙孟頫正書至大四年二月 浙江仁和趙氏拓本
穀熟集伊尹墓祠記 張中元撰高合丹正書至大四年二月 河南商邱
太易道人書篆碑 上列八分書下列正書至大四年二月 河南內鄉
眉州青神陳氏墳道碑 口口撰趙孟頫行書至大四年四月 浙江錢塘何氏拓本
郎公墓誌 正書至大四年四月 山東掖縣
投龍簡記 周應極撰趙孟頫行書至大四年六月 浙江仁和趙氏拓本

城隍廟壁記　甯楫撰劉文煥正書　至大四年閏七月　浙江鄞縣范氏拓本
加封孔子制誥幷記　劉敏中撰并正書　至大四年八月　山東歷城
碑陰　正書　山東歷城
齊東縣新學記　李謙撰劉敏中正書　至大四年八月　山東齊東
重修福勝禪院碑　釋守恩撰□□正書　至大四年九月　山東諸城
仁宗祭告宣聖廟碑　正書　至大四年十月　山東曲阜
沂山東鎮廟祭春記　正書　至大四年十二月　山東臨朐
刱修東岳泰山廟記　張琯撰虎都魯別正書　至大四年　浙江鄞縣范氏拓本
祀孔廟碑　劉賡撰正書　至大四年　山東曲阜
江東宣慰使珊竹公神道碑　姚燧撰趙孟頫行書　至大□年　江蘇儀徵
國書二碑　畢制軍沅中州金石記云武宗時立故附　至大之末　河南林縣
濟甯廟學從祀繪塑記　陳儼撰趙璧正書　皇慶元年二月　山東濟甯
碑陰　正書　山東濟甯
平江路常熟州重修廟學記　唐泳涯記正書　皇慶元年二月　江蘇常熟
集仙宮東岳行祠記　張與材撰張與紹行書　皇慶元年三月　江蘇嘉定
集仙宮瑞竹記　張與材撰并行書　皇慶元年三月　江蘇嘉定
碑陰　元貞子詩行書并圖　江蘇嘉定

加封孔子制詔并記　劉肇撰并正書　皇慶元年四月　山東章邱
碑陰　正書　山東章邱
蔡州知州石府君墓碑　趙璧正書　皇慶元年四月　山東濟甯
河曲縣主簿石君墓碑　趙璧正書　皇慶元年四月　山東濟甯
送李愿歸盤谷序　趙孟頫行書石在州學　皇慶元年四月　江蘇鎮洋
加封孔子制詔并記　劉敏中述并正書　皇慶元年五月　山東鄒平
中岳祀香記　呂文佐撰華謙正書　皇慶元年六月　河南登封
重建南鎮廟碑　鄧文元撰并正書　皇慶元年六月　浙江山陰
碑陰　正書　浙江山陰
禹陵窆石員嶠眞逸題名　正書　皇慶元年八月　浙江山陰
靜江路修學造樂記　杜與可撰八分書　皇慶元年八月　廣西臨桂
樓觀大宗聖宮重修說經臺記并陰側　正書　皇慶元年八月　陝西盩厔
清河郡伯張公神道碑　潘昂霄撰劉賡正書　皇慶元年九月　浙江鄞縣范氏拓本
澄城縣重修縣學講堂記　岳松撰劉堯澤正書　皇慶元年九月　陝西澄城
石屋洞員嶠眞逸李倜等題名　行書　皇慶元年九月　浙江仁和
紫府洞詔文碑　正書　皇慶元年十月　山東文登
東華洞五華碑八種　正書刻至元至大各制詞　皇慶元年十月　山東文登

東華宮紫府洞碑　鄧文原撰張仲壽行書　皇慶元年十月　山東文登
東華帝君碑　鄧文原撰張仲壽行書　皇慶元年十月　山東文登
重修龍神祠碑　薛師讓撰王恭禮正書　皇慶元年十月　山東日照
廉訪苗公先塋碑銘　劉泰撰馬儆之正書　皇慶元年十月　山東城武
重修顯聖廟碑　郭秉仁撰郭淵篆書　皇慶元年十月　河南閿鄉
漢槐南谷詩　童童撰行書　皇慶元年十一月　浙江鄞縣范氏拓本
護國寺崇教大師演公碑　趙孟頫撰并行書　皇慶元年　直隸大興
重修全眞觀記　秦志安撰劉道古正書　皇慶元年　山東鄒縣
玉泉禪院唐賢留題詩序　張田撰正書　皇慶元年　湖北當陽
嶽麓寺碑陰梁全等題名　八分書　皇慶元年　湖南長沙

建康路學祭器記　胡助撰并正書　皇慶二年正月　江蘇江甯
遊仙宮丹陽眞人歸葬記　張仲壽撰并行書　皇慶二年正月　山東萊陽
加封聖號詔碑　趙世延撰正書在府學　皇慶二年正月　陝西長安
東鎮廟祭告碑　正書　皇慶二年二月　山東臨朐
吳全節中嶽投龍簡詩　謝君與行書　皇慶二年四月　河南登封
開元寺華嚴莊嚴世界海圖　釋圓覺正書　皇慶二年七月　陝西咸甯
皇太后拈香記　陳復撰沙門德演正書　皇慶二年七月　浙江鄞縣范氏拓本
采石磯蛾眉亭記　王文龍撰并正書　皇慶二年八月　安徽當塗
靈巖寺海公道行碑　孫榮嗣撰釋覺達正書　皇慶二年八月　山東長清
岐山縣復祀周公廟記　暢師文撰男蒸八分書　皇慶二年九月　江蘇嘉定錢氏拓本
加封孔子制詔碑殘石　正書　無年月山左金石志據縣志是皇慶二年九月立　山東諸城
呂梁廟碑　趙孟頫撰并行書　皇慶二年十月　浙江鄞縣范氏拓本
大都路總治碑　王構撰劉賡正書在府署　皇慶二年十月　直隸大興
洞溪先生遊玉川詩　王公孺撰王笴正書　皇慶二年十月　河南濟源
漢槐圖記并記　童童寫圖一百五記正書　皇慶二年十一月　河南滎陽
廉訪副使王信拜林廟題名　正書　皇慶二年十一月　山東曲阜

靈巖寺山門五莊記　釋覺達撰正書　皇慶二年十二月　山東長清
加封孔子制詔并記　劉敏中撰正書　皇慶二年十二月　山東濟陽
宮山漢武帝廟碑殘石三段　正書　皇慶二年　山東萊蕪
宣聖兗公小影碑　下方重摹顏魯公廟堂記正書　皇慶二年刊　廣東南海
王十一建經幢　正書　皇慶二年　河南偃師
遼陽路香嚴寺雪庵塔碑　陳景元撰史弼正書　皇慶二年　直隸承德
明照大師塔銘　正書　皇慶二年　山東歷城
景德禪院田地界碑　正書　皇慶二年　湖北當陽
漢尹宙碑陰記　李警撰王克讓正書　皇慶三年正月　河南鄢陵

名公題品碑　僧鍾山正書皇慶三年　湖北當陽
定慧禪師誦　趙孟頫撰并行書延祐元年二月　浙江仁和道氏拓本
七里店修眞宮提點王志道道行碑　思濟撰李克通正書延祐元年二月　山東淄川
陽翟馮氏先塋碑　趙孟頫撰口訓正書延祐元年三月　浙江鄞縣范氏拓本
堂邑縣尹張君去思碑　元明善撰并行書延祐元年三月　山東堂邑
州學孫氏五賢祠記　吳澄撰趙孟頫正書延祐元年閏三月　江西甯都
長興州修建東岳行宮記　孟淳撰趙孟頫正書延祐元年四月　浙江長興
碑陰　浙江長興
修太白廟記　李昶撰文禮愷正書延祐元年四月　陝西郿縣
碑陰　正書　陝西郿縣
太虛宮螭首題字　正書延祐元年五月　山東益都
重建奉仙觀記　劉大明撰姜道安正書延祐元年五月　河南內鄉
投龍簡記　周應極撰趙孟頫行書延祐元年八月　河南濟源
重修東岳廟碑　商隱撰高秉崇正書延祐元年九月　山東萊蕪
碑陰　正書　山東萊蕪
靈巖寺就公禪師道行碑　沙門覺達撰并正書延祐元年九月　山東長清
靈巖寺舉宮壽塔碑　正書延祐元年九月　山東長清
洪山寺妙全造塔記　正書延祐元年十月　湖北江夏
少林寺遇公禪師道行碑　釋思微撰義讓正書延祐元年十月　河南登封
少林寺聖旨碑　正書皇慶二年十二月雞兒年六月龍兒年正月鼠兒年三月各一道延祐元年十月　河南登封
少林寺開山大禪師裕公碑　程鉅夫撰趙孟頫正書延祐元年十一月　河南登封
謝公廟碑　陳觀撰胡菊南正書延祐元年　浙江奉化
修太白廟功德主銘　正書延祐元年　陝西郿縣
萬戶劉侯神道碑　杜質撰李好義正書延祐二年二月　山東齊河
淸河郡伯張成墓碑　元明善撰趙孟頫正書延祐二年三月　山東城武
重陽宮勅藏御服碑　趙世延撰趙孟頫正書延祐二年三月　陝西盩厔
重修玉泉觀記　潘汝劼撰并正書延祐二年四月　陝西澄城
重建海甯禪寺碑　趙孟頫撰并正書延祐二年四月延祐誤刻元祐　江蘇鎭洋
重修閶橋題字　正書延祐二年五月　江蘇嘉定
四川廉訪使梁天翔神道碑　李原道撰趙孟頫正書延祐二年七月　山西平遙
泰安州重修廟學碑　尙鏞德撰王翼正書延祐二年八月　山東泰安
碑陰　正書　山東泰安
加封聖號諭旨并記　劉敏中撰并正書延祐二年九月　山東淄川
碑陰　正書　山東淄川

靈巖寺執照碑 正書延祐二年九月 山東長清
洪山寺張國可造塔記 正書延祐二年十月 湖北江夏
投奠龍簡記 行書延祐二年十月 河南濟源
盤石鎮創修廟學碑 孫仁撰正書延祐二年十二月 山東曹縣
延祐瓷甕題字 正書延祐二年器藏縣民高氏 山東淄川
永慶寺地界施狀 正書延祐二年 河南偃師
勅賜南陽諸葛書院記 程鉅夫撰劉賡正書延祐二年 河南南陽
重修東岳廟碑 石可大撰并正書延祐三年正月 山東濰縣
五峰山松巖純眞子墓碣銘 李世傑撰蔡祐正書延祐三年二月 山東長清

翠微亭安仁甫詩刻 正書延祐三年四月 山東鄒平
慶元路廟學記 袁桷撰薛基正書延祐三年四月 浙江鄞縣
勅賜伊川書院碑 薛友諒撰趙孟頫行書延祐三年四月 河南嵩縣
柏林寺月溪大禪師碑 王思廉撰史炳正書延祐三年四月 直隸趙州
碑陰 嗣法諸弟子名正書 直隸趙州
贈集賢直學士薛玄神道碑 程鉅夫撰劉賡正書延祐三年四月 浙江錢塘何氏拓本
賀公神道碑殘石 趙孟頫撰正書延祐三年五月 山東濟陽
興國禪寺塔苑碑 林□間撰周琦八分書延祐三年五月 山東臨淄
太白樓二賢祠堂碑 曹元用撰張楷行書延祐三年六月 山東濟甯

杜道元住持中岳廟聖旨碑 蒙古字旁譯正書延祐三年六月 浙江鄞縣范氏拓本
加封孟子父母制詞碑 正書延祐三年七月 山東鄒縣
扶溝縣孔廟碑 朱融撰并正書延祐三年八月 浙江鄞縣范氏拓本
重修涇陽縣北極宮記 朱象先撰楊道遠正書延祐三年八月 陝西涇陽
石佛殿延祐石刻 李讓撰并正書延祐三年八月 山東淄川
重修濟瀆清源善濟王廟碑 王公儒撰王笴正書延祐三年九月 河南濟源
孔思晦襲封衍聖公碑 正書延祐三年九月 山東曲阜
大覺普慈帝師膽巴碑 趙孟頫撰并行書延祐三年十月 江蘇嘉定錢氏拓本

東岳行祠碑 正書延祐三年十一月 山東淄川
保東路孔子廟講堂記 元明善撰張珪正書延祐三年十一月 直隸清苑
勅封帝君詔 行書延祐三年 江蘇嘉定錢氏拓本
重修清涼院記 僧垠撰蒲忠孝正書延祐三年 陝西隴州
佑聖觀捐施題名記 胡長儒撰趙孟頫正書延祐四年正月 江蘇嘉定錢氏拓本
晉陽山重修慈雲禪寺記 顏之義撰趙孟頫正書延祐四年正月 山東濟甯
碑陰 正書 山東濟甯
貞潔堂銘 同恕撰蕭𣂏正書延祐四年正月 河南偃師武氏拓本

府學張志純遺世偈石刻正書延祐四年二月　山東泰安

集仙宮上眞殿記章嘉撰行書延祐四年三月　江蘇嘉定

祀中岳記周思進正書延祐四年春月　河南登封

校武場泰安武穆王博羅歡神道碑姚燧撰八分書延祐四年四月　山東泰安

五老堂記宮珪撰侯浩行書延祐四年四月　河南郾城

道藏銘虞集撰并八分書延祐四年四月　浙江鄞縣范氏拓本

重修宣聖廟記朱湜撰韓沖正書延祐四年五月　河南偃師

重修金口閘碑劉德智撰并正書延祐四年六月　山東滋陽

玉清宮詩刻五華道院撰羅謙正書延祐四年七月　山東濰縣

頴考叔廟碑朱融撰并正書延祐四年九月　浙江鄞縣范氏拓本

大覺寺長明燈記揭傒斯撰趙孟頫正書延祐四年十月　直隸大興

柳村郝巨卿墓銘岳崧撰曾孫惟賢正書延祐四年十月　陝西韓城

勅修比干墓碑王公儒撰劉敏中正書延祐四年十一月　河南汲縣

皇太后遣使祀中岳記李處恭撰李瓊琚正書延祐四年十一月　浙江鄞縣范氏拓本

龍興寺祝延聖主本命長生碑王思廉撰趙孟頫正書延祐四年十一月　直隸正定

祀西鎭碑莫勝撰賈幹曾思台正書延祐四年十二月　陝西隴州

重建德慶橋題字正書延祐四年十二月　江蘇吳縣

祀西岳文正書延祐四年十二月　陝西華陰

梁國文正公何瑋神道碑程鉅夫撰趙孟頫行書延祐四年□月

江蘇嘉定錢氏拓本

彭龍鎭集賢庵記正書延祐四年　江蘇崑山

重修孔廟記曹元用撰牛天麟正書延祐四年　山東金鄉

東平郡桓蕭公碑趙孟頫撰正書延祐四年　山東東阿

天開中院碑陰記魏必復撰正書延祐四年　直隸房山

武安靈溪二堰記何文淵撰趙世禎正書延祐四年　湖北襄陽

重修張文獻祠記曾三省撰正書延祐四年　廣東曲江

請漣公長老復任白雲禪寺疏正書延祐五年正月　河南

蕢塘鎭永壽禪寺記呂師說撰呂元規行書延祐五年正月　江蘇嘉定

仰天山輝公塔銘正書延祐五年正月　山東臨朐

仰天山一公塔記正書延祐五年正月　山東臨朐

摹刻比干墓銅盤銘篆書延祐五年正月　河南汲縣

勅賜貞文先生揭君碑程鉅夫撰趙孟頫八分書延祐五年二月　浙江仁和趙氏拓本

府學釋奠位序儀式圖并記曠□撰王□翼正書延祐五年三月　廣西臨桂

仰天山文殊寺無疑慧濟禪師塔銘正書延祐五年二月　山東臨朐

仰天山文殊寺翠巖長老壽塔題字正書延祐五年三月　山東臨朐

張氏官原墓表　張思明撰趙孟頫行書　延祐五年三月　浙江鄞縣范氏拓本
追封隴西郡伯李彬墓碑　元明善撰趙孟頫正書　延祐五年四月　河南許州
重摹祭殷太師文碑陰記　韓沖撰正書　延祐五年四月　河南汲縣
㧑修宏陽觀碑　魏道明撰傅道源正書　延祐五年四月　山東曹縣
朝城縣學立杏壇記　解文會撰并正書　延祐五年五月　山東朝城
請就公長老住持少林寺疏　正書皇慶二年　延祐五年六月立石　浙江鄞縣范氏拓本
盧山寺恩公講主塔銘　正書　延祐五年九月　山東諸城
盧山寺海公戒師塔銘　正書　延祐五年九月　山東諸城
安定郡伯蒙天祐新阡表　蕭𣂏撰并八分書　延祐五年九月　陝西大荔
普照禪寺靈瑞塔碑　趙孟頫撰并正書　延祐五年九月　安徽泗州
歸去來辭　趙孟頫行書　延祐五年九月　江蘇鎮洋
加封文宣王碑陰記　劉泰撰牛天麟正書　延祐五年　山東鉅野
廟學建兩廡記　張昺撰正書　延祐五年　江西豐城
龍洞造像記　僧普光撰正書　延祐五年　山東歷城
展氏先塋記　鹿因思撰李克公正書　延祐五年　山東泰安
大開元寺興致碑　正書上有元宗及勝光禪師畫像　延祐六年正月　陝西咸甯
魏必復等致祭東鎮廟碑　正書　延祐六年三月　山東臨朐
番君廟碑　元明善撰趙孟頫正書　延祐六年三月　江蘇嘉定錢氏拓本

龍虎山眞風殿記　趙孟頫撰并行書　延祐六年四月　浙江鄞縣范氏拓本
靈巖長明燈記　李之紹撰正書　延祐六年五月　浙江鄞縣范氏拓本
縣記　正書　延祐六年五月　河南郟縣
光福寺方敎院捨田記碑陰　住山了清跋行書　延祐六年五月　江蘇吳縣
劉文祭孔廟文　行書　延祐六年六月　山東曲阜
加封孔子詔書碑記　正書　延祐六年七月　浙江蘭溪
中山府增修加號碑樓記　朱德潤撰正書　延祐六年八月　直隸定州
虛照禪師明公塔銘　陳庭實撰趙孟頫正書　延祐六年八月　直隸邢臺
光國寺聖旨碑　上蒙古書下正書　延祐六年八月　陝西郃陽
大報國圓通寺碑　趙孟頫撰并行書　延祐六年十月　江蘇嘉定
錄事司新修廳壁記　國淵撰張寉正書　延祐六年十月　原石已佚州人李鉄橋藏舊拓本　山東濟甯
佛心禪師明了建橋題記　正書　延祐六年十一月　江蘇嘉定
飛英舍利塔記　孟淯撰趙孟頫行書　延祐六年十一月　浙江歸安
加封孔子制誥并記　曹元嵩撰孫興祖正書　延祐六年　山東黃縣
西湖書院增置田記　湯炳龍撰白珽行書　延祐六年　浙江錢塘
法智大師行業碑　趙忭撰趙孟頫正書　延祐六年　浙江鄞縣范氏拓本
茅山崇禧宮萬壽額勅　行書　延祐六年　江蘇句容

呂梁鎮慶眞觀碑　吳善撰趙孟頫行書延祐六年　直隸
監寺敏公壽塔記　僧智澄撰八分書延祐六年　山東歷城
祭東鎮廟碑　正書延祐六年　山東臨朐
重修季文子廟碑　王艮弼撰王作行書延祐六年　山東蘭山
創建藏峰寺碑　劉敏撰正書延祐六年　山東泰安
御祭鹽池神廟記　正書延祐六年　江蘇青浦王氏拓本
橫渠祠堂記　文禮愷撰楊粹正書延祐七年正月　陝西郿縣
重建乾明廣福禪寺觀音殿記　胡應青撰趙孟頫正書延祐七年二月　江蘇江陰
于欽告孔廟文　行書延祐七年二月在唐碑側　山東曲阜
興國忠敏公安公神道碑　鄭致遠撰薛庭益正書延祐七年二月　浙江鄞縣范氏拓本
處州萬象山崇福寺記　沙門明本撰趙孟頫行書延祐七年三月　浙江麗水
北岳廟祀岳記　杜敬祖撰正書延祐七年五月　直隸曲陽
祀南海碑　正書延祐七年六月　廣東南海
加封至聖文宣王制誥并記　曹元用撰并行書延祐七年七月　山東濟甯
碑陰　正書　山東濟甯
延祐庚申祭孔廟碑　曹元用撰并正書延祐七年七月　山東曲阜
五臺山加封師眞之碑　陳德定正書至大三年二月聖旨四通延祐七年九月刻　陝西耀州

金仙寺裕公道行碑　趙孟頫撰并行書延祐七年十月　山西翼城
延祐題門殘石　正書延祐七年十一月　山東益都
趙孟頫書三學資福禪寺額石刻　正書延祐七年十二月　山東惠民
雲南圓通寺記　正書延祐七年　江蘇青浦王氏拓本
重修廟學記　陳艮弼撰廉希貢正書延祐七年　浙江嘉興
清夏二字　幻住道者行書延祐七年　江蘇華亭
南鎮降香記　韓性撰劉洪正書延祐七年　浙江山陰
學古書院記　蕭𣂏撰向中八分書延祐七年　浙江鄞縣范氏拓本
贈參知政事張公神道碑　趙孟頫正書延祐七年　浙江鄞縣范氏拓本
龍興寺長明燈記　陽俁斯撰趙孟頫正書延祐七年　直隸正定
武昌路重修學廟記　正書延祐七年　湖北武昌
青州城門延祐殘刻　正書無年月山左金石志附延祐末　山東益都

寰宇訪碑錄卷十一

光緒歲在閼逢涒灘國子監肄業生吳縣朱記榮校刊

寰宇訪碑錄卷十二

賜進士及第署山東提刑按察使分巡兗沂曹濟黃河兵備道陽湖孫星衍
賜進士出身浙江湖州府長興縣知縣階州邢澍同撰

元

襄城學記 孛术魯翀撰溫迪罕紹基正書 至治元年正月 湖北襄城
柘城守令劉公德政碑 張道滄撰脫兒赤顏正書 至治元年二月 浙江鄞縣范氏拓本
千佛寺碑 馬希聖撰高秉崇正書 至治元年三月 山東萊蕪
碑陰 正書 山東萊蕪
長春道院記 楊載撰趙孟頫行書 至治元年四月 江蘇華亭
平江路重修儒學記 楊載撰趙孟頫行書 至治元年五月 江蘇吳縣
通濟普福橋題記 正書 至治元年六月 江蘇嘉定
王慶拜孔林題名 正書 至治元年七月 山東曲阜
寶聖禪寺長生修造局記 沙門如芝撰趙孟頫行書 至治元年十月 浙江嘉興
修眞觀長春眞人門徒王史郭公碑 聶明德撰張麟正書 至治元年十月 山東淄川
加封孔子制詞并記 張滄撰呂惟誠正書 至治元年十一月 山東觀城
碑陰 正書 山東觀城
東平忠憲王安童碑 元明善撰并正書 至治元年十二月 直隸新城
茅山崇禧萬壽宮碑 王去疾撰趙孟頫行書 至治元年 江蘇句容

創修后土廟記 馬承天撰李大功正書 至治元年 河南孟縣
碑陰 正書 河南孟縣
扶宗興教大師銘 正書 至治元年 山東歷城
重修通元觀碑 吳全節撰并正書 至治二年正月 浙江錢塘
涇縣尹承務蘇公政績記 倪震撰趙孟頫正書 至治二年二月 安徽涇縣
任城趙君墓碣銘 曹元用撰并正書 至治二年二月 山東濟甯
碑陰 正書 山東濟甯
大瀛海道院記 吳澂撰趙孟頫行書 至治二年二月 浙江象山
元遺山題超化寺詩 大顚正書 至治二年二月 河南密縣
聖旨頒降御香記 僧智明撰鮑安仁正書 至治二年二月 河南濟源
重修香城院記 孛术魯翀撰正書 至治二年五月 陝西咸陽
育山十方寺碑 沙門思微撰惠寂正書 至治二年閏五月 浙江鄞縣范氏拓本
陝州重修廟學記 王埛撰王敬先正書 至治二年六月 浙江鄞縣范氏拓本
淨慈寺姚文質等造石香爐刻字 正書 至治二年六月 浙江錢塘
鞏縣文廟記 薛友諒撰劉郁正書 至治二年七月 河南鞏縣
沂山神祐宮碑 桑居敬撰鄰道順正書 至治二年九月 山東臨朐
重修東岳行宮碑 李利用撰李世周正書 至治二年十月 山東萊蕪
碑陰 正書 山東萊蕪
靈巖寺請容公長老住持疏碑 正書 至治二年十月 山東長清

重建仙人萬壽宮碑 李之紹撰劉賡八分書至治二年十一月 山東鄒縣
驪山禱雨記 陶惟明撰并正書至治二年十一月 山東益都
東岳行宮碑 陳霄撰苟秉彝正書至治二年十二月 河南汝州
大名僧錄慶公功行碑 薛友諒撰陳廷實正書至治二年十二月 浙江鄞縣范氏拓本
太清宮鐘樓銘 虞集撰并八分書至治二年 浙江鄞縣范氏拓本
府學尊經閣記 楊載撰趙孟頫行書至治二年 江蘇吳縣
寶成寺麻曷葛剌佛相題名 伯家奴正書至治二年 浙江錢塘
神通寺師興公菩薩定慧塔銘 僧智□篆書至治二年 山東歷城

興公道德碑 邢天祐撰杜艮正書至治二年 山東歷城
莒州達魯花赤脫烈哥公壽藏碑 梁直撰明安達爾正書至治二年 山東嶧縣
劉公橋記 范士奇撰正書至治二年 湖北興國
鞏國武惠公哈剌解碑 鄧□撰趙孟頫正書無年月 河南郟縣
武惠公哈剌解祭田記 汪灝撰忽欲里赤正書無年月 河南郟縣
魏國忠懿阿剌罕碑 元明善撰趙孟頫正書無年月 湖北襄陽
閑邪公家傳 周馳撰趙孟頫正書無年月 江蘇嘉定錢氏拓本

東林寺山門疏殘碑 趙孟頫行書年月闕 江西星子
徐大僕祠舞蛟石題字 趙孟頫篆書無年月 浙江嘉興
龍津二字 趙孟頫正書無年月 福建松溪
洗墨池三字 趙孟頫正書無年月 湖北黃岡
大士象贊 趙孟頫撰正書無年月 浙江錢塘
福巖禪寺額 趙孟頫正書無年月 浙江平湖
中峰梅花詩 趙孟頫正書無年月 浙江錢塘
華不注詩 趙孟頫篆書無年月 山東歷城
研溪詩 趙孟頫正書無年月 山東歷城
臨褚河南枯樹賦 趙孟頫行書無年月 江蘇鎮洋
盤谷序 趙孟頫行書無年月 江蘇鎮洋

前後赤壁賦 趙孟頫行書無年月 江蘇華亭
普覺堂三大字 趙孟頫正書無年月 浙江歸安
天甯萬壽禪寺六字 趙孟頫正書無年月 浙江歸安
國學右軍樂毅論 趙孟頫正書無年月 直隸大興
杜詩二十三首 趙孟頫行書無年月 浙江長興
自書野竹圖詩并札 趙孟頫行書無年月 浙江長興
遊天冠山詩 趙孟頫行書無年月 陝西長安
磁州武安縣三瑞記 蕭時敏撰并行書至治三年正月 河南武安
亳州知州徐琛墓碑 衛融撰□鑑正書至治三年三月 山東新泰
浙東道宣慰使臨汝郡公神道碑 宋民望撰姜元佐正書至治三年四月 浙江鄞縣范氏拓本

歴山虞帝廟碑 張頴撰補化正書 至治三年七月 山東菏澤
泰甯宮包砌坤柔殿基記 周鶚撰并正書 至治三年八月 陝西渭南
嘉定州儒學大成樂記 周仁榮撰薩德彌實行書 至治三年八月 江蘇嘉定
董家莊勝果院僧明通勤績記 王炤撰并正書 至治三年九月 山東歴城
杭州大慈山定慧寺記 正書 至治三年十月 浙江錢塘
諭中外尊奉孔子詔 正書下層刻中山府學地畝數 至治三年十月 直隸定州
重陽延壽宮聖旨碑 行書 至治三年十月 陝西涇陽
摹刻李太白壯觀二字碑 正書 至治三年 山東金鄉

碑陰 額題天地日月天地父母八篆書上右角正統九年左角李孟正書中間至治三年馮時立正書 山東金鄉
府學太上感應篇 陳堅注仇遠跋又堅自跋俱正書 泰定元年正月 浙江錢塘
福山縣文廟學田記 張起巖撰劉遵晦正書 泰定元年二月 山東福山
碑陰 正書 山東福山
龍首鄉浙東道宣慰使荅里麻世禮墓誌銘 焦可撰并正書 泰定元年二月 陝西咸甯
外岡鎮廣慧元辨大治建橋題記 正書 泰定元年二月 江蘇嘉定

沂山代祀記 尚毓德撰呂頤正書 泰定元年三月 山東臨朐
祀南海記 陳性存撰連文質正書 泰定元年五月 廣東南海
周天大醮投龍簡記 正書 泰定元年五月 河南濟源
贈京兆郡侯杜公神道碑 張士觀撰劉賡正書 泰定元年七月 山東冠縣
西湖書院重整書目記 陳袤撰張慶孫正書 泰定元年九月 浙江錢塘
西湖書院書目 正書無年月在前碑之陰 浙江錢塘
黃山安氏退景亭記 王構撰正書 泰定元年九月 山東鄒平
孔廟段輔等題名 正書 泰定元年九月 山東曲阜
黃村劉氏昭先碑 蔡文淵撰張起巖正書 泰定元年十月 山東樂昌

東岳廟聖旨碑 正書 泰定元年十月 山東泰安
碑陰題名 正書 山東泰安
嘉興路魏塘鎮慈雲寺記 比邱宗敬撰正書 泰定元年十一月 浙江嘉善
廣州路治中舍刺甫丁墓碣 正書 泰定元年 浙江錢塘
堯帝廟碑銘 王磐撰甯若柮正書 泰定元年 山西臨汾
輝州宣聖廟外門記 王公儀撰王公孺正書 泰定二年正月 浙江鄞縣范氏拓本
代祀禱雨感應記 董艮弼撰正書 泰定二年三月 河南濟源
棣州重修廟學碑 張養浩撰張起巖八分書 泰定二年四月 山東惠民

重修慈雲禪寺記　周伯琦撰正書　泰定二年六月　明正德間重刻　浙江嘉善
大龍泉寶雲寺碑　趙孟頫撰釋德謙正書　泰定二年七月　河南汝州
嘉定州儒學教授題名記　劉德載撰正書　泰定二年七月　江蘇嘉定
紫微觀石幢題字　正書　泰定二年九月　浙江仁和趙氏拓本
皇姑庵碑　蒙古書　泰定二年十月　山東滋陽
碑陰　王天秀撰王毅正書　山東滋陽
太華山㪺建朝元洞碑　井道泉撰李暐正書　泰定二年十月　陝西華陰
仙源圖　李元覽正書　無年月在前碑之陰　陝西華陰
茌平縣重修廟學碑　梁宜撰劉淵正書　泰定二年十二月　山東茌平

碑陰　正書　陽文　山東茌平
重摹靈峰山詩　蘇軾撰行書　泰定二年　廣東南海
移建神霄玉清萬壽宮記　時天錫撰解居中正書　泰定二年　山東蘭山
孔子像　無畫人名　泰定二年　浙江山陰
存公坟主塔題字　正書　泰定二年　山東歷城
大理崇聖寺碑　正書　泰定二年　雲南太和
碑陰　正書　雲南太和
重修口口廟記　王宗道撰孔道矽正書　泰定二年　河南偃師
丹陽萬壽宮記　張仲壽撰楊光祖行書　泰定三年二月　陝西咸甯
碑陰　正書　陝西咸甯

許州天寶宮聖旨碑　正書　泰定三年三月　浙江鄞縣范氏拓本
天寶宮㪺建祖師記　吳澄文撰程璧正書　泰定三年三月　浙江鄞縣范氏拓本
南鎮廟官田記　韓性撰并正書　泰定三年三月　浙江山陰
碑陰　正書　浙江山陰
老君洞泰定平猺記　盧讓撰正書　泰定三年三月　廣西融縣
焦氏先塋碑　元明善撰劉從禮正書　泰定三年三月　山東青城
靈巖寺壽公施財修寺記　正書　泰定三年三月　山東長清
鄉賢祠記　胡炳文撰程益行書　泰定三年七月　江蘇句容
文殊寺碑　正書　泰定三年八月　甘肅肅州
碑陰　畏吾書　甘肅肅州
代祀中岳記　吳律撰李泰正書　泰定三年八月　河南登封

玉陽觀仙縷績產詠碣　正書　泰定三年九月　河南郏縣
碑陰　正書　河南郏縣
重建萬年橋題記　正書　泰定三年十二月　江蘇嘉定
高氏先塋碑　黃溍撰并行書　泰定三年　山東海豐
泰安橋題字　正書　泰定三年　江蘇鎮洋
川州重修東岳廟記　徐濟撰張質正書　泰定三年　江蘇嘉定錢氏拓本
清惠明大師敬公壽塔銘　僧智澄撰正書　泰定三年　山東歷城
重修玉皇宮碑　正書　泰定三年　山東博山
焦榮墓碣殘石　正書　無年月　山左金石志附泰定三年末
皇姊大長公主孔廟降香碑　張翰撰并正書　泰定四年三月　山東青城

山東曲阜
元應張眞人道行碑 吳澄撰王毅正書泰定四年四月 直隸涿州
敕建眞武廟碑 李泰撰正書泰定四年五月 山東鄆城
祀西鎮吳岳廟祝文 馮道安正書泰定四年五月一泰定五年四月 陝西隴州
重修關帝廟碑 託託里忽都達兒撰李偘正書泰定四年六月 山東莘縣
天妃廟迎送神曲并序 黃向撰董復行書泰定四年七月 江蘇吳縣
石門山縣尹曹用等題名 正書泰定四年七月 浙江青田
河南路重修宣聖廟記 胡宗禮撰任格正書泰定四年八月 浙江鄞縣范氏拓本

萌山閏九日詩刻 正書泰定四年九月 山東嘉祥
長安鎮胡令公廟碑 徐圓撰正書泰定四年十月明嘉靖間重刻 浙江海甯
大聶村赤琖公墓碑 周仁榮撰石口行書泰定四年十一月 山東魚臺
許州儒學田記 宮珪撰趙遵禮正書泰定四年十一月 河南許州
主簿孔公遺愛碑 曹師可撰賈彬正書泰定四年十二月 河南郟縣
光福寺捨田記 正書泰定四年十二月 江蘇吳縣
火兒赤黃頭等祀海記 呂道宏撰正書泰定四年在延祐七年祀海記之陰 廣東南海
眞武廟碑 李泰撰正書泰定四年 山東鄆城
護國寺大佛殿記 湯彌昌撰正書泰定四年 江蘇嘉定

贈禮部尚書晁公神道碑 王士熙撰巙巙正書無年月山左金石志附泰定四年之末 山東鄆城
何約張鵬霄等靈巖寺詩 恒勇正書泰定五年正月 山東長清
湖州路歸安縣建學記 鄧文原撰并行書泰定五年正月 浙江歸安
靈隱山香林洞王達等題名 八分書泰定五年二月 浙江錢塘
甯海州知州王慶神道碑 李仙撰朱泰亨正書泰定五年十一月 山東掖縣
碑陰 額題東萊儒士王公善詩并序正書 山東掖縣
郭氏祭臺石殘刻 正書泰定五年 山東淄川
府學杏壇碑 范經篆書泰定間立 廣東南海

代祀東鎮廟倡和詩刻 劉賛胡居祐撰正書致和元年三月 山東臨朐
致祭南鎮昭德順應王文 行書致和元年四月 浙江山陰
監縣大禮普化去思碑 趙璉撰林思明正書致和元年五月 浙江鄞縣范氏拓本
靈巖寺塑像題名碑 正書致和元年八月 山東長清
鞏縣尹張公神道碑 曹元用撰張珪正書致和元年 浙江鄞縣范氏拓本
東山街紫竹林井闌題字 正書致和元年 浙江錢塘
晉陽山道旁蓋榮妻許氏墓碑 正書天曆元年九月 山東濟甯
聖旨加封關王碑 正書天曆元年十月 浙江錢塘何氏拓本

祀海瀆記　黃奎撰并行書　天歷元年十二月　河南濟源
淮瀆祝祠　谷德馨正書　天歷元年十二月　浙江鄞縣范氏拓本
沂山東鎭廟陳顥等倡和詩刻　行書　天歷元年十二月　山東臨朐
靈巖寺舉公懃績施財碑　住持智久撰正書　天歷二年正月　山東長淸
萬戶王珍墓碣銘　曾孫思誠撰李好文正書　天歷二年二月　山東滋陽
集仙宮楊大倫寄南窻煉師詩　行書　天歷二年四月　江蘇嘉定
大眞人張留孫碑　趙孟頫撰并正書　天歷二年五月　浙江錢塘何氏拓本

程思茂表墓碣　尙野撰馬景道正書　天歷二年五月　河南偃師
涿郡歷代名賢碑　歐陽元撰并正書　天歷二年六月　直隸涿州
錢門塘石橋題記　孫氏妙圓題正書　天歷二年七月　江蘇嘉定
中山學田記　正書　天歷二年八月　直隸定州
力士房甯墓銘　王思誠撰高克明行書　天歷二年十二月　山東滋陽
拱星橋題記　正書　天歷二年　江蘇嘉定
峽山廣慶寺新建飛來殿記　楊觀撰并正書　天歷二年　廣東淸遠
重修文憲王周公廟記　蔡文淵撰　正書　天歷二年　山東曲阜
碑陰　正書　山東曲阜
神山牛講師碑　正書　天歷二年　山東掖縣

孔林二十七世孫孔若愚墓碑　篆書　無年月　山東曲阜
孔林四十八世孫孔端立墓碑　篆書　無年月　山東曲阜
孔林四十九世孫孔琥墓碑　篆書　無年月　上三種山左金石志附天歷二年末　山東曲阜
東岳仁聖宮昭德碑　趙世延撰并正書　天歷三年三月　浙江鄞縣范氏拓本
孔林五十二世孫孔之厚墓碑　篆書　天歷三年三月　山東曲阜
孔林五十三世孫孔浣墓碑　篆書　天歷三年三月　山東曲阜
淮源廟禿堅里不花等題名　正書　天歷三年春月　河南桐柏

祭公廟碑　彭惠亮撰遂公謹正書　天歷三年　山東嶧縣
太平路采石書院記　正書　天歷口年　江蘇靑浦王氏拓本
興飾像容碑記　孫友仁撰蘇口永正書　至順元年五月　河南郟縣
重修伏犧廟碑　李厚撰張文英正書　至順元年七月　浙江鄞縣范氏拓本
重修靈泉觀碑　李居仁撰李志善正書　至順元年八月　浙江鄞縣范氏拓本
集慶孔子廟碑　盧摯撰王叔善正書　至順元年十月　江蘇江甯
靈巖寺執照碑　正書側蒙古書無譯文　上層延祐五年三月中層至順元年十一月下層至順元年十二月　山東長淸
重修大成殿記　正書　至順元年　浙江會稽
句容縣學田地記　許良郛撰吳口文行書　至順二年二月　江蘇句容
棲霞洞都祿彌釋海涯題名　行書　至順二年三月

廣西臨桂

兩蘇先生祠中書禮部符 正書至順二年三月 浙江鄞縣范氏拓本
滕縣學田碑 虞集撰拓跋旭暾正書至順二年三月 山東滕縣
伏生祠碑 張起巖撰王居敬正書至順二年四月 山東鄒平
重修興國寺碑 趙崇撰蔡塔不歹正書至順二年五月 山東臨淄
雲巖寺泉公首座壽塔碑 住持智久撰海昌正書至順二年六月 山東長清
醴泉寺范文正公祠堂碑 張起巖撰高天祐正書至順二年六月 山東鄒平
加封孔子制詔并記 王士元撰拜住明善正書至順二年六月 山東海豐

福建廉訪使甘棠碑 徐東撰張復正書至順二年六月 浙江鄞縣范氏拓本
皇太后懿旨碑 正書至順二年六月 直隸易州
碑陰 蒙古書 直隸易州
淮瀆長源廟張策題名 正書至順二年七月 河南桐柏
靈巖寺亨公壽塔記 住持智久撰正書至順二年七月 山東長清
嘉興路重建聖廟記 張采撰徐傑正書至順二年八月 浙江嘉興
孔廟加封啟聖王制詞碑 正書至順二年九月 山東曲阜
國學加封先聖父母妻并四配制 正書至順二年九月 直隸大興
加封顏孟二子制 正書至順二年 江蘇句容
加封曾子子思制 正書至順二年九月 江蘇句容

封豫國洛國公制 正書至順二年九月 江蘇句容
加封復聖宗聖述聖亞聖四公制 正書至順二年九月 江蘇江甯
加封孟子亞聖公制詞碑 蒙古書譯文正書至順二年九月 山東鄒縣
加封啟聖王及王夫人制碑 正書至順二年九月 江蘇江甯
加封文宣王夫人幵官氏制 正書至順二年六月與上兩制合刻一碑 江蘇江甯
又 正書 江蘇句容
靈巖寺慧公禪師壽塔銘 釋覺亮撰正書至順二年十月 山東長清

相公莊贈河南行省參知政事張斯和碑 張養浩撰鄧文原正書至順二年十月 山東章邱
碑陰 張起巖撰魏誼正書 山東章邱
重修帝嚳廟記 范湞撰正書至順二年十一月 河南商邱
清化鎮廟學記 何守謙撰王昱正書至順二年十二月 河南河內
大都城隍廟碑 虞集撰巙巙正書至順二年十二月 直隸大興
重修儒學記 楚惟善撰伯顏正書至順二年 直隸威縣
重修儲潭廟記 劉棻撰正書至順二年 江西贛縣
張文忠公家訓碑 正書無年月山左金石志附至順二年後 山東歷城
碑陰 額題八分書擬雅二字中刻古詩五律俱草書後至正十四年嗣男引跋語正書

山東歷城
趙崇東鎮廟詩記石刻　正書　至順三年正月　山東臨朐
永嘉縣新學記　柳貫撰并正書　至順三年二月　浙江永嘉
羅漢院德公大師壽塔銘　正書　至順三年三月　山東臨朐
創建關王廟碑　趙德誠撰并正書　至順三年三月　河南郟縣
修蘇墳符　正書　至順三年三月　河南郟縣
謙齋朵爪忽都魯別西行記　正書　至順三年三月
陝西興平
加號至聖文宣王碑　忽欲里赤撰孫友仁正書　至順三年四月
河南郟縣
碑陰　正書　河南郟縣

重修宣聖廟題名碑　張瀚撰東野潛正書　至順三年五月　山東曲阜
眞定路加葺宣聖廟碑　李汧魯翀撰虞集八分書　至順三年六月
直隸眞定
潮州路韓山書院記　吳澂撰邢讓正書　至順三年七月　廣東海陽
冶源殘碑　正書　至順三年八月　山東臨朐
涇陽縣學田記　何希淵撰并正書　至順三年十一月　陝西涇陽
新鄉縣文宣王廟碑　蕭璘撰何守謙正書　至順三年十一月　河南新鄉
嘉定州重建廟學記　智玉成撰朱炎正書　至順三年十二月　江蘇嘉定
重修崇慶院碑　辛明遠撰姚煒正書　至順三年十二月　山東滋陽
宣聖林神門記　鄭質正書　至順三年　山東曲阜
河陽張公口夫人殘碑　韓彧正書　至順三年　河南孟縣

吳山承天靈應觀牒　正書　至順三年　浙江錢塘
賢守寺田記　黃溍撰錢良右行書　至順三年　江蘇吳縣
白馬寺長明燈記　僧福佑撰正書　至順四年正月　河南洛陽
婁門外永甯橋題字　正書　至順四年二月　江蘇吳縣
刱建湖堈門福壽橋記　王德明撰正書　至順四年閏三月　江蘇嘉定
大興題名記　李汧魯翀撰遂居敬書　至順四年春　直隸大興
武進縣學記　馮勉撰范景文行書　至順四年四月　江蘇武進
漢校官碑釋文　單禧正書并跋　至順四年五月　江蘇溧水
加封孔子制詔并記　魏中撰趙時中正書　至順四年五月　山東臨朐
交讓王廟井闌題字　正書　至順四年七月　江蘇長洲
府學附城地經界碑　正書　至順四年七月　江蘇吳縣

襄城縣重修賢廡記　劉伯眞撰亦克烈台正書　至順四年八月
浙江鄞縣　范氏拓本
白馬寺祖庭記　僧文才撰正書　至順四年九月　河南洛陽
新修平江路學記　柳貫撰于文傳正書　至順四年九月即鄉舉題名碑陰
江蘇吳縣
大別山禹廟碑　林元撰許有正行書　至順四年九月　湖北漢陽
章邱縣廟學神門記　李泂撰宋本行書　至順四年十月　山東章邱
碑陰　正書　山東章邱
武略將軍徐仁墓碑　劉賡撰并正書　至順四年十月　山東曹縣
平陰縣重修廟學碑　李庭實撰張徵禮正書　至順四年十月
山東平陰

重建都亭橋記 沙門餘澤撰正書 至順四年 江蘇吳縣
王母池臨朐縣主簿口口題名 正書 至順四年 山東泰安
太師太平王德勝廟碑 正書 缺年月當在至順間 直隸承德
欒城縣善衆寺創建方丈記 瞻思撰鄺忞正書 元統元年二月 陝西欒城
白雲崇福觀記 趙世延撰楊剛中正書 元統元年十月 江蘇句容
洪山題字 行書 元統元年十二月前有正書大德八年記 山東嘉祥
建北寺碑 行一 趙孟頫正書 元統元年 江蘇元和
泰定西隱寺建造青龍橋題記 正書 元統二年正月 江蘇嘉定

南廣壽寺僧如理重建衆安橋記 住持行滿題正書 元統二年三月今俗稱井亭橋 江蘇鎮洋
道堂巷井闌題記 正書 元統二年三月 江蘇吳縣
武略將軍總管達魯花赤先塋神道碑 胡祖廣撰晏逢亭行書 元統二年四月 山東鉅野
鄒平縣學田碑 張臨撰賈口瑞正書 元統二年四月 山東鄒平
瑯琊郡公王氏先德碑 虞集撰敬儼正書 元統二年五月 山東高唐
加封顏子父母制詞 上層蒙古書下層正書 元統二年五月 山東曲阜
孝烈將軍祠像辨正記 侯有造撰并正書 元統二年六月 河南商邱

許州呂侯去思銘 宮哇撰趙蕙禮正書 元統二年 浙江鄞縣范氏拓本
重修關帝廟碑 齊至道撰王康勇正書 元統二年八月 山東高唐
南廣壽寺僧如理重建永安橋記 正書 元統二年十月今俗稱毛家橋 江蘇鎮洋
獨秀山元統平蠻記 李震孫撰李時正書 元統二年十月 廣西臨桂
偃師伯王輔嗣墓碣 吳炳八分書 元統二年十月 河南偃師
碑陰 陳思忠記正書 元統二年十一月 河南偃師
濟甯路總管鄧衡祭孔廟文 王民望撰并行書 元統二年十二月 山東曲阜
蛾眉亭李洞月夜過采石江詩 皇慶壬子作草書 元統二年後有至元六年黃次思跋 安徽當塗

薛元卿畫像贊 陳旅撰趙宜裕八分書 元統二年 浙江鄞縣范氏拓本
勑賜孔廟田宅記 歐陽元撰揭奚斯正書 元統二年 山東曲阜
平陽郡公姚天福碑 虞集撰正書 元統二年 山東汾陽
敦武校尉張國安墓銘 董守忠撰胡祖賓行書 元統二年 山東鉅野
修兗國復聖公廟碑 歐陽元撰正書 元統二年 山東曲阜
墳憑監寺之塔 正書 元統二年 山東歷城
墳湧庫主之塔 正書 元統二年 山東歷城
文宗皇后祠宣聖廟碑 張起巖撰正書 元統三年二月 山東曲阜
重修報恩寺碑 釋善秀撰張友諒正書 元統三年三月 山東淄川
祝聖道院碑 張起巖撰并正書 元統三年三月 山東福山

飛騎尉楊君世慶碑 孛朮魯翀撰巙巙正書 元統三年三月 河南澠池
縣學聖旨碑 正書 元統三年三月 江蘇句容
代祀南鎮記 正書 元統三年五月 浙江山陰
駙馬莊齊國武敏公樂實碑 虞集撰正書 元統三年五月 山東掖縣
降香記 于克紹撰李景參正書 元統三年五月 河南濟源
佑聖觀安晚軒記 陳旅撰并正書 元統三年六月 浙江錢塘
興中州達魯花赤也先公平治道塗碑 林口撰正書 元統三年七月 直隸承德
重建清虛宮碑 伯建爾撰趙矽正書 元統三年七月 河南濟源

天后宮達魯花赤薩公去思碑 鄭元祐撰顧復八分書 元統三年八月 江蘇吳縣
告天祝壽碑 正書 元統三年八月 浙江錢塘何氏拓本
重陽宮孫德彧道行碑 鄧文原撰趙孟頫行書 元統三年九月 陝西盩厔
古緱氏縣重修泰山廟記 賈文昌撰正書 元統三年十月 河南偃師
濟州重修廟學碑 辛明遠撰并正書 元統三年十一月 山東濟甯
碑陰 正書 山東濟甯
放生池元公書院西湖田記 邵舜生撰正書 元統三年十二月 廣東潮陽
盧氏縣尹張公德政碑 楊亨撰趙惟忠正書 元統三年 河南盧氏

妙湛寺碑 正書 元統三年 江蘇青浦王氏拓本
請詮公長老二疏 正書 一元統三年一至正二年 河南偃師
玉清觀重立觀額記 上層貞祐勅牒下層明昌記續良弼撰又元統記鞏克亮撰樊彝正書 山東萊蕪
碑陰 正書 山東萊蕪
江東建康道廉訪司題名記 王士熙撰卜顏帖睦兒正書無年月以題名証之當在元統間至元以後則後人續題也 安徽甯國
代祀孔廟碑 王思誠撰周伯琦八分書 後至元元年閏十二月 山東曲阜
陳氏先塋世系碑 正書 後至元元年 河南偃師

五臺山祀大玄妙應眞人記 周德洽撰正書 後至元二年正月 陝西耀州
堂邑縣子邱公墓碑 劉允祖撰馬義容正書 後至元二年正月 山東堂邑
葛隆鎭南廣寺重建吉祥橋記 正書 後至元二年二月 江蘇嘉定
二龍山武斌墓碑 李珪撰正書 後至元二年二月 山東嘉祥
碑陰 正書 山東嘉祥
沂山代祀碑 劉思誠撰劉思文正書 後至元二年二月 山東臨朐
東平路學田記 張榦撰張溥正書 後至元二年二月 山東東平
碑陰 正書 山東東平

岳氏宗塋碑 姚燧撰劉賡正書 後至元二年三月 山東齊河
廬山東林重建興龍寺記 虞集撰并正書 後至元二年三月 江西星子
靈巖寺舉公提點塔銘 沙門古淵撰定巖正書 後至元二年四月 山東長清
祀中岳記 同撰并正書 後至元二年四月 河南登封
南鎮廟代祀記 烏馬兒撰正書 後至元二年四月 浙江山陰
祀南海祠記 劉杰撰葛元鼎正書 後至元二年四月 廣東南海
姚紱題浯溪碑詩 正書 後至元二年六月 湖南祁陽
光州知州王公去思碑 孫昭撰郭彥高行書 後至元二年八月 浙江鄞縣范氏拓本

西湖書院重修大成殿碑 陳泌撰正書 後至元二年九月 浙江仁和
追封衛郡公慕公神道題字 吳炳正書 後至元二年十一月 浙江鄞縣范氏拓本
考城縣重修宣聖廟碑 張琬撰朱融正書 後至元二年十二月 河南考城
石巖橋題記 正書 後至元二年 江蘇吳縣
輝州重修玉虛觀碑 趙孟頫行書 後至元二年 河南輝縣
成湯聖帝廟碑 周仁榮撰馬曰天正書 後至元二年 河南孟縣
鎮國將軍甯玉神道碑 閻復撰史弼正書 後至元二年 河南孟縣
安定書院夫子燕居堂碑銘 李朮魯翀撰并正書 後至元二年 浙江歸安
樓觀宗聖宮碑 正書 後至元二年卽元貞元年繫牛柏記之陰 陝西盩厔
平江路儒學范文正公祠堂記 汪澤民撰并行書 後至元三年正月 江蘇吳縣
汪民望致祭闕里題名 正書 後至元三年二月 山東曲阜
昭烈皇帝廟碑 王士元撰并正書 後至元三年二月 山東恩縣
儈情旨重建清河橋石刻 正書 後至元三年二月 江蘇嘉定
樓太師廟記 況逵撰子錡八分書 後至元三年二月 浙江鄞縣范氏拓本
清河公張思忠墓碑 宋本撰吳炳八分書 後至元三年三月 浙江鄞縣范氏拓本

石溪禪寺無一禪師塔銘 僧文質撰僧玉立正書 後至元三年三月 安徽廣德
任城郡公札忽兒解墓碣 趙世延正書 後至元三年三月 山東濟甯
李氏先塋碑 張起巖撰揭傒斯正書 後至元三年三月 山東濟陽
禪興寺橋題記 行書 後至元三年四月 江蘇吳縣
平原縣重修宣聖廟碑 王士元撰并正書 後至元三年四月 山東平原
吳全節大道歌跋 正書 後至元三年五月 浙江錢塘何氏拓本
開元寺東井闌題字 正書 後至元三年五月 江蘇吳縣
亞聖廟興造記 鄭質撰孔克欽正書 後至元三年六月 山東鄒縣
碑陰 正書 山東鄒縣

州學重修尊經閣碑 王宜振撰尚甘澍正書後至元三年六月 山東濟甯
南鎮廟代祀記 林宇撰并書後至元三年六月 浙江山陰
諸城縣重修廟學記 李泂撰并八分書後至元三年八月 山東諸城
胡居祐游大相寺詩 行書後至元三年八月 浙江錢塘何氏拓本
北海縣膏潤行祠碑 陳繹曾撰王貢正書後至元三年十月明洪武三年正統五年重立 山東濰縣
延慶寺起信閣施造千佛因緣記 僧宏濟撰陳子翬正書後至元三年十二月 浙江鄞縣
題中興頌詩 燕莫白撰正書後至元三年 湖南祁陽
重修增福院記 僧智明撰善潤正書後至元三年 河南孟縣

重修洪福院記 薩迪彌實撰正書後至元三年 山東嘉祥
碑陰 列宗派圖 山東嘉祥
孔子廟制詞 正書後至元三年 陝西鄜縣
瞻學地畝題名 正書後至元三年 陝西鄜縣
天開寺碑 僧福珪撰正書後至元三年 直隸房山
延慶寺四明祖庭世統題名記 胡世佐撰并篆書後至元四年正月 浙江鄞縣
蛾眉亭觀瀾亭記 王理撰陳肅正書後至元四年正月 安徽當塗
純陽帝君書跡 行書下方李庭實正書後至元四年二月 浙江鄞縣范氏拓本
大司徒邠國公楝公禪師塔銘 程鉅夫撰宋弼正書後至元四年三月 浙江鄞縣范氏拓本

英烈廟新殿記 汪澤民撰并正書後至元四年三月 江蘇宜興
靈巖寺容公禪師塔銘 釋德慧撰正書後至元四年三月 山東長清
三清龕復出記 盧德洽撰正書後至元四年春 陝西□□
靈巖寺揮公塔記 正書後至元四年五月 山東長清
句容縣恭刻制詞記 張起巖撰孔思立正書後至元四年五月 江蘇句容
西銘 楊益八分書後至元四年七月 浙江仁和趙氏拓本
創建洙泗書院記 宋元隆撰蔡思中正書無年月山左金石志以文有後至元戊寅八月語遂附于此 山東曲阜
碑陰 正書 山東曲阜
劉仙巖觀音奴魯山詩 正書後至元四年閏八月 廣西臨桂

南雄路文廟從祀記 易景升撰楊益八分書後至元四年九月 廣東保昌
檀州重修夫子廟碑 王思誠撰張嶼正書後至元四年十月 直隸密雲
碑陰記 崔崇禮撰劉元修書 直隸密雲
龍虎山靈星門銘 歐陽元撰張起巖正書後至元四年十月 浙江鄞縣范氏拓本
膠西郡王范成進墓碑 正書後至元四年十一月 山東濰縣
義勇武口英濟王碑 陶璹撰正書後至元四年 湖北應山
崇道眞君道行碑 揭傒斯撰周伯琦正書後至元四年 河南鹿邑
慶壽二大字石刻 任筠篆書無年月山左金石志附後至元四

年未　山東曲阜
貢副寺長生供記　比邱邵元撰正書　後至元五年正月　浙江鄞縣范氏拓本
紫虛元君廣惠碑　石瑄撰李德存正書　後至元五年二月　河南河内
岡山錦州同知李之英墓誌銘　陳繹曾撰孔之威行書
後至元五年二月　山東鄒縣
孔廟御賜尙醞釋奠碑　梁宜撰東野潛正書　無年月山左金石志以其事
在己卯上丁定爲後至元五年二月　山東曲阜
代祀記　揭傒斯撰并正書　後至元五年三月　浙江鄞縣范氏拓本
鄭州劉使君遺愛碑　元光祖撰郭郁正書　後至元五年三月　浙江鄞縣范氏拓本
新燃玉佛殿記　沙門邵元撰哲昇正書　後至元五年三月　浙江鄞縣范氏拓本
重修嘉興路總管府治記　韓興撰吳秉道正書　後至元五年四月

浙江嘉興
河南行省增修堂廡記　吳炳撰并八分書　後至元五年四月　浙江鄞縣范氏拓本
憲司幕官題名記　王成章撰并正書　後至元五年四月　浙江鄞縣范氏拓本
靜江路學記　梁遺撰姚紱正書　後至元五年四月　浙江鄞縣范氏拓本
鈞州學復田記　吳庭實撰郭秉鈞正書　後至元五年五月　浙江鄞縣范氏拓本
尼山書院碑　陳繹曾撰李彥博正書　後至元五年五月　山東曲阜
碑陰　正書　山東曲阜
臨高寺碑　邵節撰張綸正書　後至元五年六月　河南閿鄉
慶元路新修廟學記　陳旅撰王安行書　後至元五年七月　浙江鄞縣
延安鎭聖惠泉記　張養浩撰楊倍八分書　後至元五年七月　山東齊東
龍虎山長生庫記　揭傒斯撰并正書　後至元五年八月　浙江鄞縣范氏拓本

曲阜縣宣聖廟記　謝端撰祝文王守誠撰記張起巖正書
後至元五年八月　山東曲阜
監郡脫來公祀濟瀆記　姜朴撰郭安貞行書　後至元五年九月
河南濟源
濟瀆重建靈異碑記　正書　後至元五年九月　河南濟源
勅修曲阜宣聖廟碑　歐陽元功撰巙巙正書　後至元五年十一月
山東曲阜
碑陰　正書側行書　山東曲阜
齊東縣重理廟學碑　李惟彥撰正書　後至元五年十一月　山東齊東
會仙山平陰縣子龔秀神道碑　康若泰撰秦起祖正書
後至元五年十一月　山東平陰

知高唐州致仕邸楫神道碑　李輿撰口國維正書　後至元五年　山東堂邑
魏王輔墓碑　吳炳八分書　後至元五年　河南偃師
南禪寺普度禪師義公塔銘　虞集撰柳貫正書　後至元六年正月　江蘇吳縣
奉元路贍學田記　賈仁撰雷攻正書　後至元六年正月　陝西長安
碑陰碑側　正書　陝西長安
龍山鎭王氏先塋殘碑　正書　後至元六年三月　山東歷城
重修靈應觀碑　鹿思固撰田頤正書　後至元六年四月　山東章邱
碑陰　題宗派之圖　山東章邱
慕容氏先塋碑　歐陽元撰伯顏正書　後至元六年五月　山東城武

句容縣學大樂禮器碑　趙承僖撰　曹復亨八分書　後至元六年五月　江蘇句容
碑陰　正書　江蘇句容
增修濟甯路治記　孫居敬撰　正書　後至元六年七月　原石已佚　州人李鐵橋藏舊拓本　山東濟甯
孔林五十三代衍聖公孔治神道碑　蔡文淵撰　李庭實正書　後至元六年七月　山東曲阜
釋奠宣聖廟碑　周伯琦撰并正書　後至元六年八月　山東曲阜
碑陰　正書　山東曲阜
劉宗煥謁林廟題名　正書　後至元六年八月　山東曲阜
趙元炯謁林廟題名　正書　後至元六年九月　山東曲阜

贈河南行省參知政事張思忠碑　歐陽元撰　𡡾𡡾行書　後至元六年九月　浙江鄞縣范氏拓本
重修穎考叔廟記　梁棟撰并正書　後至元六年九月　明成化中重刻　浙江鄞縣范氏拓本
靈虛宮褒封劉眞君碑　元顏璧撰　姜象先正書　後至元六年十一月上層刻至大三年制詞　山東掖縣
棲霞洞必申達兒題名　行書　後至元六年十一月　廣西臨桂
萬春山眞覺禪寺記　正書　後至元六年　江蘇青浦王氏拓本
贈推誠保節功臣郝經神道碑　盧摯撰　趙穆正書　後至元六年　河南孟縣

重修嶽雲宮碑　張大謙撰　完顏貞吉正書　後至元六年　河南孟縣
碑陰　正書　河南孟縣
重書黃山谷承天書院記　僧士瑩正書　後至元六年　湖北江陵
金壇縣尹段君墳道志銘　行書　後至元六年　山東歷城
鄒縣修學碑　陳繹曾撰　張起巖正書　後至元七年二月　山東鄒縣
靈巖寺剏建龍藏殿記　張起巖撰　蒙古台行書　至正元年二月　山東長清
碑陰　正書　山東長清
也先不花祭孔林題名　正書　至正元年三月　山東曲阜
少林寺息庵禪師碑　沙門邵元撰　法然正書　至正元年三月　河南登封

重建東岳行祠碑　楚惟善撰　徐翬正書　至正元年三月　山東濰縣
贈冠州知州韓君墓誌銘　正書　至正元年三月　山東莘縣
𡡾𡡾與王由義書　行書　至正元年四月　明人重刻　陝西朝邑
付陽臺宮旨碑　正書　至正元年五月　河南□□
接駕莊鄭公墓碑　正書　至正元年六月　山東濟甯
創建崇經閣碑　王文燧撰　必申達而正書　至正元年九月　山東鄒平
靈巖寺讓公禪師道行碑　日本僧印元撰　行書　至正元年十一月　山東長清
靈巖寺提點貞公塔銘　沙門定巖撰　廣野雲正書　至正元年十一月　山東長清

杞縣主簿王公惠愛記 吳炳撰郭郁正書至正元年十二月 浙江鄞縣范氏拓本
陽翟縣學記 余闕撰曹元德正書至正元年十二月 浙江鄞縣范氏拓本
重修華嚴堂經本記 正書至正元年 江蘇青浦王氏拓本
重修岱岳廟記 完顏貞吉撰王伯顏察兒正書至正元年 河南孟縣
王氏世德碑 歐陽元撰巙巙正書至正元年 陝西朝邑
重修岳廟神門碑 李世傑撰樊彝正書至正元年 山東萊蕪
碑陰 正書 山東萊蕪
郟城縣扈下缺碑 正書年月缺武虛谷攷爲至正元年 河南郟縣
創建尼山書院碑 虞集撰孔克堅正書至正二年正月 山東鄒縣

五臺山御香記 高巘撰李拱正書至正二年正月 陝西耀州
三茅宮重建清源廟碑 李桓撰趙儼八分書至正二年三月 江蘇江甯
碑陰 戴元吉正書 江蘇江甯
滋陽縣尹房公墓誌銘 王思誠撰汪澤民正書至正二年三月 山東滋陽
房氏先塋殘碑 正書無年月山左金石志附房公墓誌後 山東滋陽
達奚將軍廟碑 林仲節撰樊嗣祖正書至正二年五月 江蘇句容
碑陰題名 正書 江蘇句容
廣化寺題記 正書至正二年五月 江蘇吳縣

鹿邑縣尹吳侯遺愛碑 正書至正二年五月 浙江鄞縣范氏拓本
鄧州重修宣聖廟碑 王睿撰楊元正書至正二年七月 河南□□
滎陽縣大覺寺藏經記 李謙撰沙門惟妙行書至正二年七月 浙江鄞縣范氏拓本
重修伏羲廟獻殿碑 楊鐸撰楊珫行書至正二年八月 山東鄒縣
碑陰 山東鄒縣
狄仁傑奏免民租疏 遂公謹正書至正二年八月後有至正四年 王國輔正書跋 浙江鄞縣范氏拓本
緱氏鎮達本長老勤跡碑 賈文昌撰乃達而海牙正書至正二年八月 河南偃師
致奠曲阜孔廟碑 郭孝基撰陳繹曾正書至正二年十二月 山東曲阜

濟南路廟學新垣記 張起巖撰文肅訥行書至正二年十二月 山東歷城
碑陰 上截正書下截行書 山東歷城
孝門銘 王思誠撰遂居敬行書至正二年 山東甯陽
崇福宮建三清殿記 □止撰閆詢正書至正二年 河南登封
崇福宮詩 張維撰孟元益正書至正二年 河南登封
陪晏太白樓詩 曹元用撰行書至正二年 山東濟甯
損庵道行碑 雪澗貞祥同撰朶兒只班正書至正二年 湖北應山
請浮山住持崇聖寺疏 正書至正二年 河南偃師
昌平山題字 正書至正三年正月 山東鄒縣

岳林寺幻住經堂記　沙門曇噩撰王元恭行書　至正三年正月　浙江奉化
覺苑寺興造記　趙篔翁撰趙宜浩行書　至正三年三月　浙江蕭山
重修寶泉寺記　正書　至正三年三月　河南澠池
重修龍山觀碑　周德治撰宋道和正書　至正三年三月　山東益都
州學重新雅樂記　王惟賢撰并正書　至正三年四月　山東東平
碑陰　正書　山東東平
重建寶峰院碑　楊宗瑞撰趙天璋正書　至正三年五月　河南濟源
滎陽令潘君治蹟碑　任栻撰楊僖八分書　至正三年五月　浙江鄞縣范氏拓本
聞韶臺重修聖廟記　王士熙撰　至正三年七月　山東濟陽

松江府重建廟學記　黃溍撰和立平正書　至正三年八月　江蘇華亭
太平廣福寺記　沈景顏撰俞伯和行書　至正三年八月　浙江海甯
吳山承天靈應觀碑　張天雨撰任處一正書　至正三年九月　浙江錢塘
碑陰　蒙古書年月住持劄付正書下附詩三首行書　浙江錢塘
孔子廟制詞　正書　至正三年九月　陝西鄜縣
碑陰　正書　陝西鄜縣
崔伯淵少林寺師碑　行書　至正三年九月　河南登封
帖謨爾普化謁召公廟詩　草書　至正三年十一月　浙江鄞縣范氏拓本

慶元路總管王元恭去思碑　朱文綱撰趙知章行書　至正三年十一月　浙江鄞縣
伏虎廟鎮守平江等處郝天麟政績碑　黃溍撰行書　至正三年十二月　江蘇嘉定
下邑縣尹薛公去思碑　謝本撰華惟禮正書　至正三年十二月　浙江鄞縣范氏拓本
二賢祠碑　汪澤民撰正書　至正三年　山東濟甯
加封宏吉烈氏相可八刺魯王元勲世德碑　胡□廣撰劉□承祖正書　山東鉅野
重修琴臺記　軒昂撰李炳正書　至正三年　山東單縣
武林弭災記　楊維貞撰陳遘正書　至正三年　浙江仁和

李梅庭詩刻　正書　至正三年　浙江於潛
九老仙都宮碑　歐陽元撰危素正書　至正三年　湖北江陵
勝像寶塔石坊題字　正書　至正三年　湖北江夏
祐文成化祠記　正書　至正三年　江蘇青浦王氏拓本
秀峰寺重興修造記　柯九思撰僧□□正書　至正四年二月　江蘇吳縣
子思書院新廟碑　潘迪撰并八分書　至正四年二月　山東鄒縣
重修宣聖廟碑　張從仁撰王昇正書　至正四年閏二月　山東泰安
碑陰　正書　山東泰安
天壇山大陽臺重修玉皇殿記　張琬撰劉告父正書　至正四年閏二月　河南□□

光福寺捨田記碑 正書 至正四年三月 江蘇吳縣
常山神祠感應碑 張恕撰 張思祖正書 至正四年三月 山東諸城
東平總管劉修德善政碑 潘迪撰 王士點正書 至正四年三月 山東東平
碑陰 正書 山東東平
方山大靈巖寺額碑 文書訥正書 至正四年四月 山東長清
重修龍祠記 程益撰 張上謙正書 至正四年四月 山東樂安
碑陰 行書 山東樂安
加修宣聖廟碑 唐懿撰 劉德修正書 至正四年四月 河南魯山
碑陰 正書 河南魯山
長葛縣尹趙侯德政碑 張繼祖撰 蕭起賢正書 至正四年四月 河南長葛

魯山縣刱建醫學講堂記 周尚文撰 劉德修正書 至正四年五月 河南魯山
碑陰 正書 河南魯山
趙子昂書道德經第五十二章 篆書 虞伯生書龔常齋銘 八分書 至正四年五月 有揭傒斯跋 浙江鄞縣范氏拓本
敕賜元教宗傳碑 虞集撰 趙孟頫行書 至正四年八月 江西貴溪
杞縣譙樓記 楊惠撰 吳炳行書 至正四年八月 浙江鄞縣范氏拓本
東岳廟聖旨碑 正書 至正四年九月 山東泰安
州學重繪賢象記 孔克亮撰 正書 至正四年十一月 山東濟甯

碑陰 正書 山東濟甯
洪山詩刻殘石 行書 至正四年 山東嘉祥
重修南鎮廟碑 貢師泰撰 泰不華八分書 至正四年 浙江山陰
上卿元教大宗師張留孫碑 趙孟頫撰并正書 至正四年 江西貴溪
學署九曜石仙掌詩并序 □敦詩撰 韋德安八分書 至正四年 廣東南海
重修五龍廟記 王宗敬撰 鮑安仁正書 至正四年 河南孟縣
仁靖眞人碑銘 趙孟頫撰行書 至正四年 江西上饒
景陵重修縣學記 景坤厚撰 完迮帖穆正書 至正四年 湖北天門

洙泗書院四大字 孔克欽正書 至正四年 山東曲阜
燕居亭至聖先師像記 僧家奴撰 張遲八分書 至正五年正月 廣東南海
司馬溫公投壺圖 刻 山東廉訪副使亦思剌瓦性吉重 至正五年二月 浙江鄞縣范氏拓本
代祀北岳記 揭傒斯撰并正書 至正五年二月 直隸曲陽
方山定林寺碑 虞集撰 王士宏正書 至正五年四月 江蘇上元
昭化院顯德忠惠王碑 僧本誠撰 殷天祐正書 至正五年四月 浙江仁和
疊綵山妥妥穆爾允中題名 正書 至正五年六月 廣西臨桂

集慶路卞將軍新廟記 虞集撰巙巙正書 至正五年十一月 江蘇江甯

顏子廟石題字 稷埜遺民八分書 至正五年十一月 山東曲阜

重修平江路儒學記 鄭元祐撰唐珙正書 至正五年十二月 江蘇吳縣

居庸關石刻佛經 蒙古畏兀女直梵漢五種字 至正五年 直隸昌平

重建儒學記 正書 至正五年 浙江會稽

重修解宇剏建譙樓記 正書 至正五年 湖北襄陽

獨秀峰夫子畫像并記 黎載識正書 至正五年 廣西臨桂

海慧院石井題字 正書 至正六年正月 江蘇吳縣

學署九曜石章德安題名 正書 至正六年正月 廣東南海

湖州路重修府治記 宇文公諒撰趙雍正書 至正六年三月 浙江歸安

水調歌頭詞 元顏思忠撰并行書 至正六年四月 浙江鄞縣范氏拓本

馬嵬詩刻 門吉台洪範撰張洵正書 至正六年六月 陝西興平

般陽府路重修學碑 張起巖撰楊宗瑞正書 至正六年七月 山東淄川

碑陰 正書 山東淄川

河南府路瑞麥頌 趙允迪撰李珩八分書 至正六年九月 浙江鄞縣范氏拓本

翻經臺楊璉等題名 正書 至正六年九月 浙江錢塘

三生石楊璉等題名 正書左行 至正六年九月與前條同時刻 浙江錢塘

三生石趙質翁等題名 正書 至正六年九月 浙江錢塘

興教釋源道派圖碑 劉文雋正書 至正六年九月 陝西□□

蘭蕙同芳圖 記行書 至正六年十月 江蘇嘉定翟氏拓本

奉元路重修廟學記 虞集撰王守誠正書 至正六年十月 陝西長安

興福院碑 張元撰并正書 至正六年十月 山東淄川

樂橋題字 正書 至正六年十月 江蘇吳縣

嘉興路太守興舉學校碑 鮑恂撰李祁正書 至正六年十二月 浙江嘉興

周伯溫遊白牛巖詩 偰列篪撰序正書 至正六年冬 廣東潮陽

麻衣子神宇銘 孛述魯翀撰孛述魯遠正書 至正六年冬 河南內鄉

嵩州重修孔聖廟碑 曹秉彝撰喬謙正書 至正六年冬 浙江仁和趙氏拓本

光福寺捨田記碑 上郎寶祐公據下刻地畝數記魏狀元劉郎中跋並正書 至正六年 江蘇吳縣

重建溪光亭記 劉沂撰李盁行書 至正六年 浙江歸安

岱廟環詠亭詩刻 賈魯撰正書 至正六年 山東泰安

淮瀆長源廟孟芾題名 正書 至正七年正月 河南桐柏

淮瀆長源廟節高題名 正書 至正七年二月 河南桐柏

仰天山照公提點塔誌 沙門普和撰賀才正書 至正七年三月 山東臨朐

太白樓泰定瑞麥圖記 汪澤民正書于左白守忠行書于右劉謙正書跋語于後 至正七年三月 山東濟甯

虎邱山雲巖禪寺興造記 黃溍撰并正書 至正七年三月 江蘇吳縣

瑞州雲溪觀碑 張道中撰白道榮正書 至正七年五月 江蘇嘉定 錢氏拓本
致道觀李王紀績碑 鄭東撰張本正書 至正七年五月 江蘇常熟
天一池記 揭傒斯撰并正書 至正七年五月 浙江鄞縣 范氏拓本
重修東岳廟記 歸大駿撰許景文正書 至正七年五月 浙江鄞縣 范氏拓本
上海縣學文昌祠記 屠性撰□霖正書 至正七年六月 江蘇上海
南陽知府莊君去思碑 正書 至正七年七月 河南魯山
石佛閣重立石佛碑記 秦本正書 至正七年七月 山東濟甯
達摩大師來往實蹟記 僧文才撰行密正書 至正七年八月 河南登封
哈剌魯虎口赤墓碑 趙孟頫撰正書 至正七年八月 河南汝州
天寶山太平興龍禪寺碑 李泂撰千文傳正書 至正七年九月 安徽廣德

重修桃源宮碑 陳思中撰王壽行書 至正七年十二月 江蘇嘉定 瞿氏拓本
北寺中書平章政事高公勳德碑 千文傳撰吳鐸正書 至正七年 江蘇吳縣
少林寺達摩大師碑 歐陽元撰巙巙正書 至正七年 河南登封
京兆郡侯宋公神道碑 正書 至正七年 山東鄒平
重書魏了翁承天院記 僧士瑩正書 至正七年 湖北江陵
重修中岳廟碑 正書 至正七年 河南登封
偃師令鎖𦂉去思碑 陳達撰正書 至正七年 河南偃師
鳳山上乘寺記 明長孺撰泰不華正書 至正七年 浙江上虞
秘書監丞陳思□墓銘 正書 至正七年 河南偃師

大明湖三大字 正書 至正七年 山東歷城
孫孤雲先生碑 虞集撰危素正書 至正八年正月 浙江鄞縣 范氏拓本
沂山東鎮廟時享記 果寅正書 至正八年二月 山東臨朐
慶源路儒學重修靈星門記 鄭弈夫撰趙孟貫行書 至正八年四月 浙江鄞縣
石屋洞施振等題名 八分書 至正八年四月 浙江錢塘
重刻鍾離權詩 正書 宋皇祐四年九月刻 至正八年四月重刻 直隸邢臺
縣學重修記 偰哲篤撰李桓行書 至正八年五月 江蘇句容
文慧大師雲麓洪公塔題字 正書 至正八年五月 陝西□□

北岳廟代祀記 周思忠撰并正書 至正八年七月 直隸曲陽
長社縣尹袁公去思碑 宮珪撰趙師正正書 至正八年八月 浙江錢塘 何氏拓本
孔廟代祀記 董立撰正書 至正八年八月 山東曲阜
重建東岳行祠碑 王廷望撰并正書 至正八年九月 山東平陰
太原郡伯王佑墓碑 歐陽元撰蘇天爵正書 至正八年九月 山東滋陽
太原郡侯王福墓碑 歐陽元撰蘇天爵正書 至正八年九月 山東滋陽
洞陽顯道忠貞眞人井公道行碑 何約撰眞聖奴正書 至正八年九月 陝西渭南

重修觀音院記孟由義撰并正書至正八年十一月　河南魯山
碑陰正書　河南魯山
校官廳記俞希魯撰吳叡八分書至正八年十一月　江蘇丹陽
丹陽縣儒學修造記正書在前碑之陰面壁未審撰書人
姓名　江蘇丹陽
重修文廟碑嵇宗偘撰正書至正八年十一月　山東臨朐
摹刻朱晦庵先生明倫堂銘正書至正八年十一月　山東臨朐
王拔彈溥化修南海祠詩正書至正八年十一月　廣東南海
餘姚州儒學新建文會堂記汪大璟撰郭文煜正書至正八年十二月後有

趙德在跋　浙江餘姚
雷山義泉四字篆書至正八年　江蘇江甯
王炳登百門山題字安子甯題并正書至正八年　浙江鄞縣范氏拓本
修朱太尉神祠碑正書至正八年　河南偃師
加封啟聖王碑呂思誠撰正書至正八年　山東曲阜
修南海王祠詩王口撰正書至正八年　廣東南海
禹廟詩歸陽撰正書至正八年　山西安邑
文正書院記李祁撰干文傳行書至正九年二月　江蘇吳縣
慶元路鄉飲酒記李好文撰許有壬正書至正九年三月　浙江鄞縣范氏拓本
鈞州長春觀碑劉信撰鄭棟正書至正九年三月　浙江鄞縣范氏拓本
少林寺雪庭宗派碑正書至正九年三月　河南登封

少林十一代珪公禪師碑蔡世貴撰僧福澄正書至正九年四月　河南登封
濟瀆潮賜記陶黃庭撰馬道蘊行書至正九年四月　河南濟源
析澤治平寺佛殿碑沙門伯元撰泰不華正書至正九年四月
江蘇上元
徐偃王廟碑唐韓愈撰黃溍後記吳叡八分書至正九年四月
陝西長安
濟瀆廟塑像題名記郝正撰并正書至正九年五月　河南濟源
超化寺僧仁公詩海演正書至正九年五月　浙江鄞縣范氏拓本
州學塑七十子象記張從仁撰孔克堅正書至正九年五月
山東泰安

碑陰正書　山東泰安
梅巖瞿先生作興鄉校記薛元德撰觀音奴正書至正九年六月　江蘇嘉定
碑陰正書　江蘇嘉定
正議大夫吳恭祖神道碑歐陽元撰王口正書至正九年六月
河南孟縣
奉元二瑞記何恭撰傅夢臣正書至正九年七月　陝西長安
頴谷書院學田記正書至正九年七月　河南登封
東祁王先生歸田興學記薛元德撰馬遂良正書至正九年七月
江蘇嘉定
重修吳縣學記干文傳撰宋文瓚正書至正九年七月　江蘇吳縣

永懷寺實際川禪師影堂逸事記　沙門正印撰并行書　江蘇崑山
至正九年八月
道山亭聯句詩　僧家奴等作任允八分書　至正九年八月　福建福州
重修鄞縣學記　段天祐撰并行書　至正九年九月　浙江鄞縣
閩海道廉訪副使寶哥去思碑　林興祖撰完則篤行書　江蘇嘉定瞿氏拓本
至正九年十月
常山神祠感應記　劉惟敬撰并正書　至正九年十月　山東諸城
復聖廟碑　歐陽元撰張起巖八分書　至正九年十一月　山東曲阜
龍井也仙帖木兒等題名　正書　至正九年十二月　浙江錢塘
何夢華于澗中搜得
壽安亭記　劉傑撰正書　至正九年　河南宜陽

重建東岳行宮上梁文　徐翊撰正書　至正九年　山東蘭山
水調歌頭唱和詞　李克誠撰正書　至正十年二月　浙江鄞縣范氏拓本
祀南海神祠記　楊舟撰正書　至正十年三月　廣東南海
靈隱山龍泓洞兀氏也仙帖木兒題名　正書　至正十年春　浙江錢塘
延慶寺重建大殿碑　沙門曇噩撰普立翰護禮正書　至正十年四月　浙江鄞縣范氏拓本
逵泉寺同樂記　孔克欽撰趙興宗八分書又詩二首克欽父思誠撰　山東曲阜
至正十年四月
曲阜縣歴代沿革志碑　石普撰李奇正書　至正十年四月　山東曲阜
密州重修廟學碑　秦裕伯撰黄翔正書　至正十年四月　山東諸城

碑陰　正書書籍目錄一百一十部　山東諸城
紫羅疃提舉劉公神道碑　崔上威正書　至正十年六月　山東掖縣
長洲縣重修學宮記　楊維楨撰危素集唐歐陽詢正書　江蘇長洲
至正十年七月
范氏義田記　錢公輔撰趙雍正書　至正十年七月　郎伯夷頌書院記之陰　江蘇吴縣
伍城村楊氏先塋碑　雅古撰王士熙同撰馬祖常正書　山東掖縣
至正十年八月
重修文山泰廟碑　朱榮瑞撰朱□正書　至正十年九月　山東文登
新建社學明德齋記　盧持中撰王林行書　至正十年十月　山東滋陽
府學山東鄉試題名碑　毛元慶撰許彧行書　至正十年十月

山東歴城
石門寺重修廟宇碑　正書　至正十年十月　山東臨朐
潮陽縣學明倫堂記　林泉生撰高若鳳正書　至正十年十一月　廣東潮陽
黄州路總管劉侯興學碑　韓炳撰拜住正書　至正十年十一月　湖北黄州
三生石斷事官閭閭定住題名　正書　至正十年十一月　浙江錢塘
漢孝子蔡順墓表　田逵行書　至正十年十二月　陝西渭南
加封孔子制詔并記　張起巖撰段弼正書　至正十年　山東利津
剏建靈濟顯聖王廟碑　李源溥撰薄哈剌八都正書　至正十年

北岳廟代祀記 劉源撰宋紹明正書 至正十一年正月 河南孟縣
長興州重修學宮記 楊維禎撰高明正書 至正十一年二月 直隸曲陽
奉元路圓通觀音寺記 幹勤海壽撰石寶金正書 至正十一年二月 浙江長興
陝西長安
仰天山文殊寺恩公塔記 住持進吉祥撰正書 至正十一年三月
山東臨朐
國學進士題名記 正書 至正十一年四月 直隸大興
柘城主簿埜先公德政碑 忽都溥化撰劉脫穎溥化正書
至正十一年夏 浙江鄞縣范氏拓本
淨相寺韓公井闌題字 陳達記正書 至正十一年五月 浙江嘉興

重修靜應廟碑 唐宗陝正書 至正十一年五月 河南河內
重修后土廟記 余闕撰李成正書 至正十一年七月 陝西渭南
泐溪巖僧懷清等題名 正書 至正十一年七月 廣東樂昌
重修郟縣公廨記 曹師可撰賈彬正書 至正十一年九月 河南郟縣
三塔寺景德禪寺記 黃溍撰周伯琦正書 至正十一年十月 浙江嘉興
靈巖寺慧公道行碑 釋法禎撰思璧正書 至正十一年十月 山東長清
重修福山院碑 勝吉祥撰張惠珍正書 至正十一年十月 山東萊陽
李西林講堂詩刻 孫郁行書 至正十一年十一月 山東臨朐
餘姚州儒學藪田記 孫元蒙撰傅常正書 至正十一年十一月 浙江餘姚
歸安縣修學記 儲惟賢撰張世昌正書 至正十一年十二月 浙江歸安
重修玉泉院碑 住持進吉祥撰口巖正書 至正十一年十二月 山東臨朐

重修曲阜景靈宮碑 周伯琦撰行書 至正十一年十二月 山東曲阜
捨田記 王好古正書 至正十一年 河南孟縣
濮院福壽寺古心禪師半葬塔銘 曹鑑撰趙孟頫正書
至正十一年 浙江桐鄉
達實帖睦爾祭廟碑 李之彥撰正書 至正十一年 山東鄒縣
乾甯儒學置書記 羅益中撰宋汝弼正書 至正十一年 廣東瓊山
祀海記 正書 至正十一年 廣東南海
追封英義武惠正應王周將軍碑 曹復亨撰蘇天爵正書
至正十二年三月 江蘇宜興
石屋洞沉嘉等題名 正書 至正十二年三月 浙江錢塘
楊氏祖塋碑 潘士文撰并正書 至正十二年閏三月 山東濟甯

碑陰 正書上有祖宗之圖四大字 山東濟甯
草堂寺詩 僧溥光撰并行書 至正十二年四月 陝西鄠縣
又 題云是日雨又書一絕句行書 至正十二年四月 陝西鄠縣
太上老君日用妙經 正書 至正十二年四月 陝西口口
關王廟碑 正書 至正十二年五月 河南許州
高密縣廟學碑 王思誠撰王文燁正書 至正十二年七月 山東高密
碑陰 正書 山東高密
中山聖廟禮器記 王秉彝撰正書 至正十二年八月 直隸定州
碑陰 中山府達魯花赤大都等題名 至正十二年九月 直隸定州
許州知州齊侯碑 張繼祖撰蔡頤正書 至正十二年九月 浙江鄞縣范氏拓本
隆平縣官吏題名兼修城池記 薛恭撰并正書 至正十二年九月

浦陽五賢贊 戴良撰危素正書 至正十二年十月 直隸隆平 浙江仁和趙氏拓本

重修雷公亞父廟記 潘懇撰并正書 至正十二年十一月 陝西白水

靈陽觀碑 李倧撰王道亨正書 至正十二年十一月 山東泰安

賈使君碑陰題名 邱鎮題行書 至正十二年十一月 山東滋陽

三蘇先生祠堂記 曹師中撰賈彬正書 至正十二年 河南郟縣

碑陰 正書 河南郟縣

天開寺碑 僧洪珪撰正書 至正十二年 直隸房山

祀孟廟碑 楊惠撰張思政正書 至正十二年 山東鄒縣

萬封山野雲行業記 郝忠撰正書 至正十二年 山西交城

太師右丞相平徐碩德碑 龔伯遂撰孫思楨八分書 至正十二年

北岳廟代祀記 宋紹明撰邢恕正書 至正十三年正月 直隸曲陽 浙江仁和趙氏拓本

沂山東鎮廟至正代祀碑 徐岳撰王思齊正書 至正十三年正月 山東臨朐

樓觀璽書碑 唐道明識正書 至正十三年正月 陝西盩厔

碑陰 正書 陝西盩厔

三原縣重修廟學記 安夢齡撰唐茂正書 至正十三年四月 陝西三原

監郡公阿察雅實禮感雨詩 元思孝撰鄭頤正書 至正十三年四月 河南濟源

平原縣移站碑 李忽都不花撰并正書 至正十三年四月 山東平原

重修東海神廟碑 盧處恭撰正書 至正十三年五月 山東掖縣

扶風郡伯萬德墓碑 趙期頤八分書 至正十三年五月 山東陽信

重建五龍堂碑 趙本撰邱世賢行書 至正十三年五月 山東歷城

平原縣重修城池記 謝文禧撰馬天驥正書 至正十三年五月 山東平原

大北庵長明燈記 正書 至正十三年七月 江蘇華亭

西門外北水溝呂義倉祭石誌 曹明道正書 至正十三年七月 山東益都

胙城縣宣聖廟碑 崔仲矩撰許有壬正書 至正十三年八月 河南延津

重立泰甯宮碑記 王璞撰并正書 至正十三年八月上刻大中祥符牒右刻金正隆四年喬逢辰記 陝西渭南

文廟禮器記 囊加歹撰楊洪基正書 至正十三年八月 山東濟甯

濟甯路重修文廟碑 孔克堅撰劉謙正書 至正十三年八月 山東濟甯

碑陰 正書 山東濟甯

慈恩塔王德成題名 正書 至正十三年九月 陝西長安

重建泰安橋記 趙文政題正書 至正十三年十二月 江蘇鎮洋

石圍山大田洞磨厓平徭記 鄭文遑撰正書 至正十三年十二月 廣東恩平

過軍橋題記 正書 至正十三年 江蘇吳縣

鼓山李世安題名 正書 至正十三年 福建閩縣

茅山元符萬甯宮碑 正書 至正十三年 江蘇句容

隆興寺勝公和尚道行碑 苔失蠻撰趙儼正書 至正十三年 直隸正定

廉訪使伯顏忽都墓碑 正書 至正十三年 河南偃師
寶珠山能仁寺碑 正書 至正十三年 江蘇青浦王氏拓本
南屏山銘 周昌撰八分書 至正十四年二月 浙江錢塘
代祀中岳記 張臨撰 陽誠正書 至正十四年二月 河南登封
重修紫虛元君靜應廟碑 唐顯宗撰并行書 至正十四年三月 浙江仁和趙氏拓本
順德路南和縣重修東岳廟碑 郝俊撰 柴登八分書 至正十四年三月 直隸□□
尼山大成殿四公配享碑 危素撰 李瓔正書 至正十四年三月 山東鄒縣
碑陰 正書 山東鄒縣

張公祠七聘堂記 上層張養浩自壽詞草書 下層記 蘇天爵撰文 諭立正書 至正十四年三月 山東歷城
碑陰 上層虞集五古一首正書 下層張養浩七絕二首草書 山東歷城
濟南郡公張宓神道碑 李國鳳撰 張景德正書 至正十四年三月 山東歷城
石屋洞奉御煥著等題名 正書 至正十四年二月 浙江錢塘
石屋洞楊朶兒只班等題名 正書 至正十四年三月 浙江錢塘
重修宣聖廟記 任惟孝撰 白好義正書 至正十四年四月 陝西宜川

重新聖水龍祠記 杜翺撰 王思齊行書 至正十四年四月 山東益都
嘉定州教授題名記 朱孔昭撰正書 至正十四年四月 江蘇嘉定
祥符院碑 方道叡撰 倪中正書 至正十四年五月 浙江秀水
龍門重修神禹廟記 李克敬撰 裴時靜行書 至正十四年五月 陝西韓城
清平縣重修廟學碑 楊惠撰 王質正書 至正十四年六月 山東清平
洪州達魯花赤黑公清德碑 林彝撰并正書 至正十四年十一月 浙江鄞縣范氏拓本
隆興寺秦王夫人施長生錢記 王訪撰并正書 至正十四年 直隸正定
護國寺聖旨碑 正書 至正十四年 直隸大興

修公廨記 劉謙撰 岳秉中正書 至正十四年 甘肅武威
麗陽神廟碑 危素撰 劉文慶八分書 至正十四年 浙江麗水
石屋洞陳昧等題名 正書 至正十四年 浙江錢塘
梅華和尚吳仲圭墓碣 八分書 至正十四年 浙江嘉善
重修祝融廟記 帖睦爾補化撰 孫瑞正書 至正十四年 直隸遼州
重修學記 郝忠撰正書 至正十四年 山西文水
牛山忠惠王廟記 黃理仙撰正書 至正十四年 陝西興安
碑陰 正書 陝西興安
圓濟禪院長住元勳碑 正書 至正十四年 江蘇青浦王氏拓本
延安路重修宣聖廟碑 正書 至正十四年 江蘇青浦王氏拓本
鎮靖明惠夫人忠烈廟碑 正書 至正十四年 江蘇青浦王氏拓本

靈巖寺詩 張自明撰正書 至正十五年正月 山東長清
郭鈞遺愛碑 常視遠撰李秀正書 至正十五年正月 陝西鄠縣
儒學教諭題名記 宇文公諒撰錢用壬正書 至正十五年閏正月 浙江歸安
臨朐縣重修廟學記 鄒惟新撰桑之善正書 至正十五年三月 山東臨朐
煙霞洞碑 崔佐撰正書 至正十五年四月 山東甯海
李氏墓門石刻 王昇正書 至正十五年四月 山東樂安
無量壽院記 釋餘澤撰文鋭八分書 至正十五年四月 浙江錢塘何氏拓本
柏林寺重建李晉王影堂碑 正書 至正十五年六月 山西五臺

代祀南海廟記 牛繼志撰黃異八分書 至正十五年六月 廣東南海
平昌寺地圖記 正書 至正十五年七月 山東益都
蒲城義門王氏先塋碑 歐陽元撰危素正書 至正十五年 陝西蒲城
杭州路重建廟學記 王大本撰康里慶童正書 至正十五年 浙江仁和
重修廟學記 孔希學撰正書 至正十五年 山東濟甯
緱山改建先天宮記 杜成寬撰張瑜正書 至正十五年 河南偃師
慶元路重修儒學記 黃溍撰正書 至正十六年三月 浙江鄞縣
靈巖寺詩 傳亨撰正書 至正十六年三月 山東長清
安慶城隍顯忠靈祐王碑 余闕撰八分書 至正十六年四月 安徽懷甯
古山感雨詩 岳登撰中岳正書 至正十六年四月 浙江鄞縣范氏拓本
縣尹李公去思碑 孟居正撰牛嘉正書 至正十六年六月 浙江鄞縣范氏拓本
嶧山太元觀碑 張世傑撰并正書 至正十六年八月 山東滋陽
清陽宮公據碑 賀道榮識正書前列中統二年公據 至正十六年十二月 陝西咸甯
清源王廟記 正書 至正十六年 河南孟縣
碑陰 正書 河南孟縣
雙忠廟董仲珪弭寇紀功碑 張煥撰陳佐爵正書 至正十七年四月 廣東潮陽
慈恩塔何太古題名 正書 至正十七年五月 陝西長安

脫脫木兒帥正堂漫成詩 行書 至正十七年夏 浙江鄞縣范氏拓本
太尉丞相祀濟瀆神應記 趙恒撰并正書 至正十七年十月 河南濟源
天一閣千字文 吳志淳八分書 至正十七年十月 浙江鄞縣
重建武祐廟記 劉基撰劉巖正書 至正十七年十二月 浙江蕭山
碑陰 正書 浙江蕭山
長春道院額 正書 至正十七年 湖北荆門
妙觀和尚道行碑 正書 至正十七年 江蘇青浦王氏拓本
琴臺詩 劉宏甫撰僕伯僚遜正書 至正十七年 山東單縣
復聖手植檜銘碑 張頍撰正書 至正十七年 山東曲阜
三生石周伯琦題名 八分書 至正十八年二月 浙江錢塘

理公巖記　周伯琦撰篆書至正十八年二月後有明人葉彬跋　浙江錢塘
青芝塢竹隱處士鄭德峻墓碣　周伯琦篆書無年月　浙江錢塘
金粟道人小像　倪瓚贊正書至正十八年八月石藏周氏　江蘇嘉定
郡署潘公政績碑　宇文公諒撰周伯琦正書至正九年五月　浙江烏程
海甯州安民碑　咬住撰王德璋正書至正十九年五月　浙江海甯
吳縣學新門銘　八分書至正十九年　江蘇吳縣
光福寺捨田記碑　正書至正二十年正月　江蘇吳縣

育王寺光公塔銘　危素撰正書至正二十年正月　浙江鄞縣
縣學續蘭亭會詩　劉仁本序并正書仁本及謝理等詩共四十二人　浙江鄞縣
至正二十年三月　浙江餘姚
賀秘監祠堂記　劉仁本撰史銓正書至正二十年七月　浙江鄞縣
國學貢試題名　張翥撰正書至正二十年　直隸大興
光福寺捨田記碑　正書至正二十年　江蘇吳縣
峩嵋蘭若記　正書至正二十年　江蘇青浦王氏拓本
嘉定州重建儒學記　楊維楨撰褚奂八分書至正二十一年二月　江蘇嘉定
平江路總管周侯興學記　鄭元祐撰錢逵正書至正二十一年三月　江蘇吳縣

育王寺東嶼海和尚塔銘　虞集撰揭傒斯正書至正二十一年四月　浙江鄞縣
本一禪院記　楊維楨撰林鏞正書至正二十一年六月　江蘇華亭
重建宣公書院記　周伯琦撰并正書至正二十一年六月　江蘇嘉定瞿氏拓本
察罕帖木爾祀文宣王碑　正書至正二十一年九月　山東曲阜
中書平章中丞祀宣聖廟記　孫翥撰完哲八分書至正二十一年十月　山東曲阜
靜江路新城記　危素撰并正書至正二十一年十一月　廣西臨桂
碑陰記　楊子春撰正書至正二十一年十一月　廣西臨桂
慶元路儒學興修記　劉仁本撰并正書至正二十一年十二月

浙江鄞縣
衍聖公孔顏致祭宣聖廟題名　行書至正二十二年二月　山東曲阜
開元寺石溪和尚瓊公道行碑　僧□洪撰朶羅台正書　陝西咸陽
至正二十二年四月　河南濟源
祀瀆記　田文舉撰鐵□行書至正二十二年八月　浙江海甯
海甯州題名碑　徐中紀撰何思誠正書至正二十二年八月　浙江海甯
拱辰水門下石刻　正書至正二十二年八月　浙江海甯
馬鞍山溫州路總管陳所學壙志　陳逢祥撰楊維楨撰諱正書
至正二十二年八月　江蘇崑山
常熟州李王廟刋刻靈籤記　正書至正二十二年十一月

官家石洞碑 正書 至正二十二年十一月 江蘇常熟
山東鄉試題名碑 孫翥撰 趙恒正書 至正二十二年 陝西三水
任忠題記 行書 至正二十二年郎後至元五年宣聖廟碑側 山東歷城
山東曲阜
虞山帝舜廟碑 劉傑撰并八分書 至正二十三年四月 廣西臨桂
崑山州重修三皇廟記 陳秀民撰 饒介行書 至正二十三年六月郎大德 潘昂霄碑陰 江蘇崑山
擴郭帖穆邇祭孔廟碑 趙壽撰正書 至正二十三年七月
東岳廟碑 孔克任撰正書題名及年號篆書 至正二十三年九月 山東曲阜

馬鞍山龍洲先生墓表 楊維楨撰 褚奐八分書 至正二十三年 陝西長武
河東運使公護廪實惠愛碑 正書 至正二十三年 江蘇崑山
江蘇青浦王氏拓本
常熟州修學記 陳基撰并正書 至正二十四年二月 江蘇常熟
杭州路重建廟學記 孟昉撰 林鏞正書 至正二十四年三月 浙江仁和
吳縣修學記 陳基撰并正書 至正二十四年五月 江蘇吳縣
奉元路修宣聖廟記 李琪撰 馬懿正書 至正二十四年八月 陝西長安
崇國寺隆安選公傳戒碑 危素撰并正書 至正二十四年九月 直隸大興

碑陰 正書 直隸大興
重修廟學記 孔希學撰 艾伯謙正書 至正二十四年十一月 山東濟甯
碑陰 正書 山東濟甯
烏石山傅好禮等題名 正書 至正二十四年冬 福建□□
修泮宮記 正書 至正二十四年 江蘇青浦王氏拓本
真覺大師證道碑 正書 至正二十四年 江蘇青浦王氏拓本
光福寺捨田記碑 正書 至正二十四年 江蘇吳縣
衛忠武王感應碑 魏志遠撰 王克明正書 至正二十五年三月 陝西宜川
周公廟潤德泉碑 孔克任撰并正書 至正二十五年三月 陝西岐山
江干昭貺神廟碑 戰惟熊撰 吳肅正書 至正二十五年七月 浙江錢塘
代祀闕里記 魏元禮撰 林儀正書 至正二十五年 山東曲阜

加封聖號宣命記 辛梓撰 吳震正書 至正二十五年 直隸大興
縣學記 正書 至正二十五年 浙江會稽
鄞縣重修儒學記 程徐撰 楊彝正書 至正二十六年二月 浙江鄞縣
重修宣聖廟記 董立撰 張沖八分書在府學 至正二十六年三月 陝西長安
碑陰 正書 陝西長安
平江路建大成殿軒記 周伯琦撰并正書 至正二十六年八月 江蘇吳縣
潘繼祖靈泉廟詩刻 正書 至正二十六月十一月 山東博山
國學公試題名記 正書 至正二十六年 直隸大興

重刻東坡韓昌黎廟記 正書至正二十七年正月 廣東海陽
重建韓山書院記略 劉嵩撰張泰正書至正二十七年正月即前碑陰 廣東海陽
白牛巖嵡雲二字 王用文篆書至正二十七年春 廣東潮陽
關帝廟碑 口口撰莊儼正書至正二十七年八月 山東掖縣
王用文白牛巖題名 八分書至正二十七年九月 廣東潮陽
七姬權厝記 張羽撰宋克正書至正二十七年原石在江蘇吳縣已佚趙晉齋藏舊拓本 浙江仁和趙氏藏本
宋克明移落星石題記 正書至正二十八年 陝西興平
五華寺碑 正書至正二十八年 江蘇青浦王氏拓本

三原縣廟學記 安夢齡撰唐茂正書至正癸口 浙江鄞縣范氏拓本
馬跑山禱雨記 口山撰蘇永正書至正口年仲冬 浙江鄞縣范氏拓本
陳氏世系圖碑 正書至正口年 河南偃師
大中祥符禪寺重興碑記 楊維楨撰正書至正年間 浙江秀水
紹興路總管府推官趙承務碑 李節撰李中立正書至正中刻 浙江山陰
紹興路總管府推官貢承務碑 正書至正中刻明成化年重立 浙江山陰
聖旨碑 正書中有大都路文殊等字虎兒年八月 浙江鄞縣范氏拓本
完顏正叔碑 王磐撰正書無年月 江蘇嘉定錢氏拓本
薩都剌天錫題紫陽勝境詩 行書無年月 浙江錢塘

王節婦碑 李孝光撰泰不花篆書無年月 浙江山陰
淸風篇 康里巎巎撰行書無年月即前碑之陰 浙江山陰
虛靖眞人像 孫士元畫元好問古文篆劉祁小篆杜仁傑八分書無年月 江蘇嘉定錢氏拓本
倪雲林小像 樂王賓銘正書無年月藏王氏家 江蘇嘉定
孔子立像 篆書像贊無年月 山東曲阜
飛來峰石洞王林帖木兒裝像題字 正書無年月 浙江錢塘
西岳廟也先帖木兒殘碑 正書只存二十字 陝西華陰
孟州郡監塔察兒德政碑 正書無年月 河南孟縣

千佛山察普華題名 正書無年月 山東歷城
元付靈都萬壽宮榜 正書無年月 河南□□
元大師祁公碑 正書無年月 山東歷城
元忠襄王張榮墓碑 正書無年月 山東歷城
元六經圖 正書無年月 江西上饒
元妙方丈通神庵記 陸元吉行書年月漫漶 江蘇吳縣
追封閔鄉等字殘碑 正書無年月 河南洛陽
祁榮寺聖壽院殘碑 正書無年月 山東歷城
普照寺聖壽院殘碑 正書無年月 山東蘭山
林縣殘碑 行書文有行中書省及打捕鷹房總管字年月缺 江蘇嘉定錢氏拓本

光福寺殘碑正書有三碑兩碑記文一碑施捨人名無年月　江蘇吳縣
洞元經殘字正書無年月　陝西長安
古之奇縣令箴殘碑八分書無年月　浙江仁和趙氏拓本
大悲陀羅尼眞言正書無年月　江蘇青浦王氏拓本
開元寺陀羅尼經幢釋海覺唐梵二體書無年月　陝西咸甯
壽聖院經幢正書無年月　山東歷城
石屋廣莫子天然洞題名篆書無年月　浙江錢塘
天師張與材重陽庵題名正書無年月　浙江錢塘
留題張許廟沁園春詞文天祥撰正書無年月　廣東海陽
西臺御史殘碑正書缺年月　陝西長安

振衣岡判官范元題名正書無年月　山東泰安
靈巖張仲子題名篆書無年月　山東長清
靈巖郭聖澤等題名行書無年月　山東長清
靈巖寺國師法旨碑梵書譯文正書無年月　山東長清
洪山題字五種正書殘缺無年月　山東嘉祥
飛來峰雷虒題名正書無年月　浙江錢塘
剪金橋井闌隨意泉題字正書無年月　江蘇吳縣
太平路丹陽書院記正書無年月　安徽當塗
廣德路修建儒學記正書後有學錄鄭禾等立石字無年月　安徽廣德
蒲察大師索海市詩邱處機行書無年月　河南登封

贈通元觀法師俞行簡詩貫雲石虞集張翥同作行書無年月　浙江錢塘
定州學李雪庵書六言四絶句正書無年月　浙江鄞縣范氏拓本
王磐詠百泉詩行書無年月　河南輝縣
王口題七星巖詩行書無年月　廣東高要
靈巖寺詩李傑撰正書無年月　山東長清
靈巖寺詩陳栝撰正書無年月　山東長清
麓臺詩張起巖撰正書無年月　山東濰縣
追封京兆郡侯宋敏墓碑正書無年月　山東鄒平
平里店汪春墓碑正書無年月　山東掖縣
孫公祖考墓銘滕口正書無年月　山東鄒平

汝州知州石抹公墓碑正書無年月　河南魯山
王氏先代記正書無年月　河南孟縣
經幢正書無年月　河南孟縣
祭祀莊田記王顥撰忽欲里赤正書無年月　浙江鄞縣范氏拓本
八仙觀劄付孟文伯立正書無年月　陝西□□
信陽州田土記正書無年月　浙江鄞縣范氏拓本
大通法寺常住上下院地產碑安思道撰并正書無年月　江蘇嘉定錢氏拓本
曲阜縣治遷徙記行書無年月　山東曲阜
龍山石壁題字正書無年月　山東黃縣
分司揆務同立孟州記正書無年月　江蘇嘉定錢氏拓本

重修玉清萬壽宮碑 姚燧撰王元輔正書年月漫漶 江蘇嘉定錢氏拓本
全眞開教秘語碑 正書無年月 浙江鄞縣范氏拓本
千佛嶺庚申勝會記 正書無年月 浙江錢塘
說經臺道德經 正書無年月 陝西盩厔
金蓮花池記 正書無年月 河南偃師
會雲觀記 王道安撰正書無年月 河南孟縣
栖元眞人門衆碑 正書無年月 河南孟縣
唐括公碑 正書無年月 河南魯山
敕賜大明禪寺牒 正書無年月 河南魯山
細林山義士夏椿碑 鄧文原撰并正書無年月 江蘇青浦
大石巖坡上石硏二字 汪澤民正書無年月 江蘇吳縣

可公塔碣 正書無年月 山東鄆城
七星巖璇璣臺三字 篆書不著年代 廣東高要
楊遵理公巖三字 篆書無年月 浙江錢塘
演易齋三字 許魯齋篆書無年月 山東新泰
山狀元墓殘碑 正書無年月 山東朝城
贅壻殘碑 正書無年月 山東青州
任公孝思碑 蕭㪺撰王彥㮣書無年月 山東高密
青羅觀主重陽詩詞石刻 正書無年月 山東掖縣
嶽麓寺碑陰康口題名 行書無年月 湖南長沙

附　僞周

湖州迎禧門碑記 饒介撰并正書天祐三年十一月按秘閣元龜政要至正十六年三月張士誠來自高郵改至正十六年爲天祐三年國號大周命潘元明爲左丞分鎮湖州故有築城建碑之事 浙江歸安

光緒歲在閼逢涒灘國子監肄業生吳縣朱記榮校刊

寰宇訪碑録刊謬

寰宇訪碑錄刊謬

孫季仇邢雨民兩先生寰宇訪碑錄採取詳備爲金石目錄諸書之冠然紕繆觸目讀者病之方春晴和齋居鮮事輟旬日之力爲之校讎匡正凡三百餘處倘若搜討未廣遺脫孔多嗣有所獲當續書之丙戌四月上虞羅振鈺叔堅甫

卷一

比干墓題字　漢隸字原引石公弼跋云上世傳爲孔子書振鈺案石氏語不可信婁氏已辨之不當用其說

祀三公山碑　八分書元初四年振鈺案元氏有兩三

公山碑一八分書光和四年立一篆書元初四年立此旣列元初四年則當云篆書不應云八分

開母廟石闕銘　金石文字記云延光二年振鈺案碑末延光二年字顯然無俟引金石文字記

淮源桐柏廟碑　元至正四年二月吳炳重書振鈺案碑作至正四年三月非二月

孔宙碑　振鈺案碑有陰此缺錄

史晨饗孔廟碑　建寧元年四月振鈺案碑與奏銘同時立此仍金石史之誤以史晨到官年月爲立石年月殊誤

陳德殘碑　振鈺案碑有陰此缺錄

鄭季宣碑　中平二年四月振鈺案碑中平三年非二年

禪國山碑　振鈺案碑蘇建書注缺

任城太守羊□夫人孫氏碑　振鈺案當依碑額書任城太守夫人孫氏碑

卷二

廣武將軍□產碑　建元二年十月振鈺案碑作建元四年非二年

蕭憺碑　振鈺案碑有陰此缺錄

始平公造象記　太和十二年振鈺案碑作廿二年非十二年

孝文皇帝弔比干墓文　八分書振鈺案碑正書非八分書

仳和寺造象　正書振鈺案碑行書非正書

大基山銘告　無年月振鈺案銘告旁署歲在壬辰建考壬辰爲延昌元年是此碑當列延昌初

大基山石人題字　無年月振鈺案碑有甲申年造乙酉年成字攷乙酉爲正始元年是此碑當列正始初

賈思伯碑　神龜二年六月振鈺案碑作己亥四月非六月

比邱慧暢造象記　正書振鈺案碑字行書非正書

李超墓志銘　泰武二年正月振鈺案碑無年月中州

金石記因碑有正光五年卒越六年葬語遂云武泰
二年立不知武泰無二年正光五年又越六年乃永
安二年耳此既承金石記之誤又訛武泰爲泰武

僧□演造象記　振鈺案演上無缺字僧演郎造象比
邱名觀碑又有比邱僧端僧曠諸名可證又碑字正
書注茲缺

岐法起造象記　正書振鈺案碑字行書非正書

司馬昇墓志　天平二年二月振鈺案碑敘昇以天平
二年二月薨其年十一月葬是此碑當列十一月不
應列二月

李仲璇修孔廟碑　振鈺案碑王長儒書注缺

濟州刺史誦德碑　武定二年八月振鈺案碑已有武
定八年二月辛巳朔字非二年八月可知又碑作冀
州刺史非濟州

李洪演造象碑　武定三年三月振鈺案碑武定二年
非三年

朱曇思等造象記　振鈺案碑在博興注缺

雲居館鄭述德題名　振鈺案碑作鄭述祖非述德

朱道威等造象頌　振鈺案碑無道威名僅有朱道延
疑威即延字之誤

徂徠山佛號摩崖　八分書振鈺案碑字正書非八分

映佛巖佛經摩崖　八分書振鈺案碑字正書非八分

馮暉賓等造象銘　振鈺案此即上董洪達造象碑誤
以爲二刻緣洪達銘內有暉賓名故也

平等寺碑　八分書武平二年振鈺案碑字正書雜篆
隸非八分書又碑武平三年非二年

參軍趙桃等造象記　振鈺案此碑爲參軍趙桃□妻
郎妻字劉造象記此訛作趙桃等謬誤可笑

南陽寺碑　振鈺案此即上臨淮王象碑金石存諸書
多稱臨淮王象碑爲南陽寺碑此又誤認爲二刻複
出當刪

等慈寺殘碑　武平五年振鈺案等慈寺據唐顏師古
等慈寺塔記稱寺乃唐太宗爲兵死士卒建武平五
年焉得有等慈寺訛謬無疑

董洪達造象記　振鈺案此碑已列上武平元年此又
列武平九年複出當刪

程憙等造七級浮圖記　振鈺案碑字正書注缺

王發生四面造象銘　正書振鈺案碑字行書非正書

華岳頌　万紐于撰振鈺案碑万紐于瑾撰此脫瑾字

趙芬碑　開皇五年振鈺案開皇五年乃芬除蒲州刺
史年月此以爲立碑年月誤

仲思那等造橋碑　八分書振鈺案碑字正書非八分

王忻造象記　開皇七年七月振鈺案碑作開皇六年
非七年

杜乾緒等造象記　開皇十二年二月振鉅案碑作十二月注脫十字
澧水石橋纍文碑　開皇十六年振鉅案碑無年月授堂金石跋云當在開皇十六年後金石萃編攷爲開皇十八年此列十六年不知何據
澧水石橋碑　開皇十六年振鉅案碑有開皇十一年經始數年乃就語不能確定何年此列十六年未詳何本
陳茂碑　開皇十八年振鉅案碑泐年月金石萃編攷爲開皇十四年此不知何據云開皇十八年
李淵爲子祈疾疏　大業元年十一月振鉅案碑作大業二年正月非元年十一月
姚辯墓志　虞世南撰振鉅案碑虞世基撰非世南

卷三

孔子廟堂碑　武德九年十二月振鉅案碑貞觀初立不應列此
隋皇甫誕碑　無年月當在貞觀初振鉅案碑貞觀十七年立非貞觀初（說詳讀碑小箋）
等慈寺碑　金石録云貞觀二年振鉅案碑立於貞觀十一年後非貞觀二年（說詳讀碑小箋）
幽州昭仁寺碑　貞觀四年十月振鉅案碑無年月金石文字記作貞觀四年十一月此作十月疑脫一字

龍門山楊僧造象　振鉅案此即上楊僧威造象複出
高士廉塋兆記　無年月振鉅案碑立於顯慶元年（說詳讀碑小箋）
於泥寺心經　振鉅案碑在京師秀峯寺注缺
張琮碑　貞觀十三年二月振鉅案碑無年月以于志寧系銜攷之當在貞觀十七年（說詳見讀碑小箋）此作十三年蓋誤以琮葬時爲立碑年月
蓋文達碑　貞觀二十三年振鉅案碑無年月以于志寧系銜攷之當立於永徽二年（說詳見讀碑小箋）此作貞觀廿三年誤
陸讓碑　貞觀二十七年振鉅案碑署貞觀□□年歲次癸卯攷癸卯爲貞觀十七年非二十七年
龍門山□威等造象　振鉅案此即上楊僧威造象複出
海禪師方墳記　顯慶二年四月振鉅案碑顯慶三年二月建此誤以起墳年月爲立碑年月
尉遲敬德碑　顯慶四年三月振鉅案碑四月非三月
紀功頌　顯慶四年十月振鉅案碑作八月非十月
平百濟碑　後半缺不見年月當在顯慶五年振鉅案碑末顯慶五年八月款顯然後半亦未缺注謬又權懷素書碑注竝脫
岱嶽觀郭行眞題名　振鉅案此乃行眞弟子陳蘭茂

等造象記非行眞題名

濟度寺尼法願墓誌　龍朔三年八月振鈺案法願八月卒十月葬此當列十月注誤

孔宣公碑陰　行書振鈺案碑字八分書惟明昌二年高德裔記行書注誤

碧落碑　李訓誼篆書振鈺案碑爲韓王元嘉子訓誼譔譔四人造天尊象記無書人名李璿以爲陳惟玉李漢以爲黄公李譔龔聖予以爲宗室璀諸説莫決孰是此云李訓誼篆書誤以訓誼爲一人名謬甚

馬周碑　上元元年十月振鈺案碑無年月金石録以爲上元二年此云上元元年不知何據

修孔子廟詔表　振鈺案此即上乾封元年贈泰師孔宣公碑陰復出

姜遐斷碑　振鈺案碑爲遐姪晞撰竝書注缺

梁師亮墓誌　萬歲通天二年七月振鈺案碑三月非七月

王仁求碑　振鈺案碑閻邱均撰注缺

劉牛溝小石橋碑　聖厤元年八月振鈺案碑作證聖元年非聖厤

李君清德碑　聖厤元年十月振鈺案渭陽縣志云當作聖厤二年作元年者訛

夏日游石淙詩竝序　諸臣撰振鈺案武曌撰諸臣和注誤

秋日宴石淙敘　久視元年振鈺案碑無年月中州金石記云是大足元年此云久視元年不知何據

聖祚碑陰　振鈺案此又列長安二年復出

華塔寺僧德盛造象記　振鈺案碑僧名德感非德盛

盧正道清德碑　王守哲八分書振鈺案碑今守下泐一字金石存作質此作哲疑郎質字之誤

賜盧正道勅　景龍元年十一月振鈺案碑十月非十一月

蘇瓌神道碑　景雲元年十一月振鈺案碑瓌以景雲元年十一月薨明年三月葬是此碑當列二年三月

蕭思亮墓誌　景雲二年九月振鈺案碑二月非九月

王璬造石浮圖記　正書振鈺案碑字行書非正書

劉行忠碑　振鈺案此當依碑額稱劉君幡竿銘

誌公碑　開元三年十月振鈺案碑作二月非十月

葉慧明碑　振鈺案碑在金鄉注缺

唐興寺碑　僧□□八分書振鈺案僧名師□上一字未泐

王仁皎碑　開元七年十月振鈺案碑十一月非十月

李思訓碑　開元八年六月振鈺案碑無年月以文內李林甫銜攷之當立於開元廿七年後此誤以葬日爲立碑年月

老子孔子顏子讚　睿宗御製八分書振鈺案老子孔子讚睿宗撰玄宗書顏子讚玄宗撰注誤

太宗賜少林寺柏谷塢莊碑　明皇御書振鈺案明皇書額碑字不知何人筆注謬

淨業法師塔銘　畢彥容撰振鈺案碑作畢彥雄非彥容

涼國長公主碑　蘇挺撰振鈺案蘇頲撰非蘇挺

後魏大司農鄭公碑　振鈺案碑後漢非後魏又書碑人□安中注竝缺

思恆律師誌文　常□□撰并正書振鈺案碑常□□撰下無并書字

嵩岳少林寺碑　行書振鈺案碑正書非行書

開元寺尊勝陀羅尼經幢　楊溪造僧佛陀波利正書振鈺案碑楊淡造非楊溪佛陀波利乃譯經人亦非書碑者

岳麓寺碑　振鈺案碑在岳麓書院故世稱爲岳麓寺碑然碑實題麓山寺不應沿俗稱作岳麓

廬山東林寺碑　元延祐七年重摹振鈺案碑至元三年重立此誤以碑燬年月爲重立年月

三尊眞容象支提龕銘　正書振鈺案碑字行書非正書

大忍寺門樓碑　楊遐撰裴抗八分書開元二十一年振鈺案碑殘泐不完據金石錄云沙門釋具撰非楊遐開元十八年非二十一年

代國長公主碑　鄭萬鈞撰竝行書振鈺案碑鄭萬鈞撰鄭聰書注誤

景賢大師石塔記　振鈺案碑作身塔非石塔

無畏不空法師碑　宋人重刻本振鈺案碑宋人僞託非重刻

殷履直妻顏氏碑　開元二十六年七月振鈺案碑泐年月以顏太師系銜攷之當在大歷七年之後十一年之前此誤以葬時爲立石年月

華岳廟蘇炎題名　振鈺案此與上蘇穎題名一刻誤析爲二

裴積墓誌　開元二十八年十二月振鈺案積開元二十八年十二月卒辛巳歲二月葬是此碑當列開元二十九年二月

山頂石浮圖後記　王守泰行書振鈺案碑王守泰記注泰下脫記字

元元靈應頌　劉同升撰頌振鈺案同升當從碑作同昇

吏部南曹石幢　正書振鈺案幢第一面行書餘七面正書注誤

趙思廉墓誌　振鈺案碑在南陽注缺

北岳恆山封安天王銘　李佺撰振鈺案碑作李荃非李佺

安天王碑陰　振鈺案碑康傑撰戴千齡書注缺

千福寺多寶塔感應碑　岑勳撰振鈺案勳當從碑作勛

楊珣碑　天寶十二載二月振鈺案碑八月非二月

香積寺施燈功德幢　振鈺案功德下脱經字

孫思廉墓誌　申屠構撰振鈺案碑作孫志廉非孫思廉又碑申堂構注誤作申屠構

劉元尚墓誌　正書振鈺案碑字行書非正書

少林寺還神王師子勅　八分書振鈺案碑字正書非八分

趙思廉墓誌　振鈺案已列上天寶四載複出

卷四

憫忠寺寶塔頌　張不務撰振鈺案碑張不矜撰非不務

威神寺大德禪師墓誌　正書振鈺案此當署思道禪師墓誌大德乃僧銜非禪師名又碑字行書非正書

尊勝陀羅尼經幢　乾元二年振鈺案碑書上元二年非乾元

臧懷恪碑　廣德元年十月振鈺案碑無年月以顏太師系銜攷之在大厤三年之後此云廣德元年沿金石文字記之誤

華岳廟李仲昌等題名　振鈺案此碑複見本葉

白道生神道碑　□摯宗正書振鈺案碑摯上無泐字

怡亭銘並序　李筥八分書銘振鈺案筥碑作莒又裴虬撰銘注缺

尊勝陀羅尼經幢　正書沙門譚素述記贊爲大德尼元眞作文中有永泰年號振鈺案碑沙門覃素述記並行書永泰元年建注誤

李寶臣紀功頌　王士則行書振鈺案碑字正書非行書

臧希晏碑　張□撰振鈺案碑張孚撰注脱孚字

比干公三教道場文　振鈺案碑任惟謙書注缺

元靜先生李君碑　振鈺案郎下大厤十二年李含光碑複出

田尊師德行頌　蕭森撰田名德集王羲之行書振鈺案碑□光行書撰文人名泐蕭森撰田名德集右軍書乃覩身經及永仙觀碑非此刻

內侍監高力士殘碑　振鈺案碑複見本葉

宋璟碑側記　大厤十二年振鈺案碑大厤十三年三月非十二年

無憂王寺大聖眞身塔銘　行書振鈺案碑字正書非行書

元結表墓碑　大厤□□年十一月振鈺案碑大厤七年十一月

華州孔子廟殘碑　振鈺案已列大厤二年複出

顏惟貞廟碑　建中元年七月振鈺案碑建中元年十月非七月

華岳廟崔漢衡等題名　振鈺案碑盧倣書注缺

李元諒懋昭功德碑　振鈺案碑明萬厤間重刻注缺

姜嫄公劉廟碑　正書貞元九年四月振鈺案碑字行書非正書貞元六年十一月非九年四月

諸葛武侯新廟碑　貞元十一年二月振鈺案貞元十一年正月非二月

靈慶公神池碑　振鈺案碑有陰劉宇撰並行書注缺

鑄鼎原銘碑陰　振鈺案碑裴宣簡書注缺

晉司空太原王公神道碑　振鈺案碑在臨晉注缺

佛頂尊勝陀羅尼經幢　元□清正書振鈺案碑元惟清書注脫惟字

李仙壽等紀功碑　正書貞元二十年振鈺案此乃韋皋紀功碑陰刻皋謝表此因碑首有李仙壽字遂訛爲李仙壽紀功碑又碑字行楷書非正書至天下輿地碑記又謂此爲開成元年皋從孫逖立此云貞元二十年亦誤

廣乘禪師塔銘　振鈺案此即下楊岐山廣公碑複出

韋皋紀功碑　憲宗御製振鈺案碑德宗撰非憲宗又順宗御書注缺

試院新修石幢記　振鈺案碑作使院非試院

浯溪詩　皇甫湜撰行書振鈺案碑皇甫湜撰並行書注脫並字

華岳廟裴穎題名　振鈺案即上裴頴脩華岳中門紀石複出

李良臣碑　長慶二年振鈺案碑當立於長慶三年非二年說詳讀碑小箋

張九齡碑　徐浩撰並正書長慶三年振鈺案舊唐書徐浩傳稱浩建中三年卒長慶三年浩死已久那得更有浩書必有誤予無此碑無從折正識疑於此

終南山陀羅尼經幢　振鈺案此幢曹□□書注缺

脩浯溪記　羅洧正書振鈺案碑羅消書非羅洧

主簿吳達墓誌銘　振鈺案此又列下大和四年複出

李晟神道碑　裴慶撰振鈺案碑裴度撰非裴慶

湘中紀行詩　行書振鈺案碑字正書非行書

尊勝經幢　正書振鈺案碑行書非正書

修龍宮寺碑　行書振鈺案正書非行書

青衣泉邢全等題名　開成元年六月振鈺案今碑邢下泐二字據癸辛雜志及李衛西湖志均作邢令聞此云邢全疑誤又碑開成五年注誤作元年

馮宿神道碑　王超撰振鋌案碑王起撰非王超
華岳廟陳商題名　行書振鋌案碑字正書非行書
宏郡太守謁華岳廟詩　振鋌案弘郡當作宏農
尊勝陀羅尼幢　振鋌案此幢與上洞庭包山幢人名
年月並同疑複出至一注吳縣一注新野乃繕寫之
誤
華岳廟李執方題名　振鋌案今此碑李下泐一字雍
州金石記作李祁方此作執方不知何本
蓬萊觀碑　貝靈該八分書振鋌案碑貝冷該書非貝
靈該
周公祠靈泉記碑　大中二年十月振鋌案碑十一月

非十月
比邱尼正言疏　大中五年正月振鋌案碑大中六年
四月非五年正月
八關齋會報德記　振鋌案此碑已列大厤七年複出
高元裕碑　大中六年十一月振鋌案碑無年月中州
金石記云大中七年十月此云六年十一月不知何
本
魏公舊先廟碑銘　崔絢撰振鋌案碑崔璵撰非崔絢
靈巖寺牟瓚證明功德記　振鋌案此當云方山證明
功德記牟瓚乃撰文人名已見旁注不應入標題
圭峯定慧禪師碑　裴休撰柳公權正書振鋌案碑裴
休撰並書柳公權篆額注誤
韓昶自爲墓誌　大中九年十一月振鋌案碑十二月
非十一月
贈司空李公殘碑　振鋌案此即下李公神道碑複出
福田寺三門記　楊知祈述振鋌案碑楊知新述非楊
知祈
宏福寺經幢　王□庭建振鋌案碑王□人非王□庭
新修文宣王廟記　咸通十年九月振鋌案當列咸通
十一年三月注誤
惠山寺尊勝陀羅尼經幢　振鋌案僧道朗撰敘注缺
牛頭寺陀羅尼經幢　振鋌案此幢刻經呪凡十種不

僅陀羅尼經似宜署牛頭寺經幢
五龍廟尊勝陀羅尼經幢　振鋌案碑僧歸肇書楊□
建注缺
李珏神道碑　振鋌案已列本卷第二十六葉複出
北岳神廟碑　振鋌案已列上開元二十三年複出
胡佺墓志　振鋌案已列上開元三年複出
永仙觀田尊師碑　振鋌案此即上大厤六年田尊師
德行頌複出
盧正道墓碑　振鋌案此已列天寶元年複出
華岳廟趙宗孺題名　振鋌案碑作趙宗儒非宗孺
華岳廟李益等題名　振鋌案此與趙宗儒一刻誤分

爲二
尊勝陀羅尼經　司馬霜正書振鈺案已列天寶三載
復出
尊勝陀羅尼經竝銘　行書振鈺案經正書銘敘行書
注誤
殘經幢　振鈺案此已列永泰元年複出

卷五

崇福侯廟記　行書振鈺案碑字正書非行書
葛從周神道碑　貞明二年十月振鈺案碑署貞元二
年十一月注缺一字
勑使折嗣祚神道碑　振鈺案勑使當作刺史

羅周敬墓誌　振鈺案碑署殷鵬撰竝書注缺
令求開天竺路記　振鈺案求碑作球
史匡翰碑　行書振鈺案碑字正書非行書
思道和尚重修塔銘　振鈺案碑僧守澄撰崔虛已書
注脫
大伾山寺準勑不停廢記　顯慶二年五月振鈺案碑
顯慶六年七月建注缺
本業寺碑　僧契□撰振鈺案撰文僧名契撫注脫撫
字
天龍寺千佛樓碑　行書振鈺案碑字正書非行書
上天竺寺尊勝陀羅尼經幢　供使衙書幢手錢殷承
訓振鈺案碑供使衙書寶幢手殷承訓注衍錢字又
書幢記僧義月注缺
南詔德化碑　正書普鐘十四年振鈺案碑字行書非
正書南詔改元贊普鐘亦非普鐘碑在大理竝有碑
陰此均缺
石城碑　正書振鈺案碑行書非正書
護法明公德運碑贊　正書振鈺案碑字行書非正書
又碑在楚雄注竝缺

卷六

萬壽禪院牒　正書建隆元年八月振鈺案行書非正
書元年二月非八月

慶唐宮延生觀勑　行書振鈺案碑正書非行書
太乙宮記　振鈺案碑陳摶撰宋復書注缺
重修忠懿王廟碑　振鈺案碑在福州注缺
老君清淨經護命經得道經　太平興國五年閏三月
振鈺案清淨經二月建護命經得道經閏三月建注
不晰
重修兗州文宣王廟　正書振鈺案標題當作兗州文
宣王廟碑誤脫碑字又碑行書非正書
徐休復謁聖廟文　湻化二年三月振鈺案碑二月非
三月
青林洞查仲題名　振鈺案此查仲道題名誤缺道字

晉國長公主華岳祈福記　大中祥符二年十月振鈺案當署二年十一月注誤

韓國長公主祈福記及禱謝記　振鈺案此當云韓國公主華岳祈福記誤脫華岳字

龍泉寺普濟禪院碑　僧善儔集王右軍行書振鈺案碑稱沙門善儔習王右軍書注誤作集

重刻唐旌儒廟碑　大中祥符五年五月振鈺案碑署大中祥符三年庚戌非五年

元聖文宣王贊竝加封號詔　振鈺案此已列祥符元年十月復出

北岳安天元聖帝碑　正書振鈺案碑字行書非正書

保寧寺浴室院鐘樓記　行書振鈺案碑正書非行書

杭州放生池記　僧思齊正書振鈺案碑僧德齊書非思齊

飛來峯陸慶造象　正書振鈺案此行書非正書

文安公牡丹詩　劉孟堅撰振鈺案碑劉孟堅撰序注脫序字

重修昇仙太子大殿記　僧智晟正書振鈺案碑僧智成非智晟

玉兎淨詩　正書振鈺案標題當作玉兎淨居詩此脫居字又碑字乃僧靜萬集王右軍行書非正書張仲尹撰注竝缺

絳州重修夫子廟記　集王羲之書振鈺案口跌望集右軍行書注未詳

淡山巖癸酉仲夏詩　振鈺案詩丁謂撰注缺

南屏山鄭民彝等題名　振鈺案今南屏無民彝題名僅有鄭民瞻題名年月竝與此同疑民彝卽民瞻之誤

重修北岳廟記　皇祐元年正月振鈺案碑皇祐二年非元年

改終南山宮觀名額牒　行書振鈺案碑字正書非行書書碑道士王全矩又碑在盩厔注竝缺

南屏山浦咸熙題名　振鈺案碑浦延熙非咸熙

柳子厚祠堂記　無年月振鈺案碑署至和三年二月非無年月

石林亭唱和詩　劉敞等撰蘇軾等正書振鈺案碑劉敞撰蘇軾和李郃書注誤

仁宗賜陳繹飛白書碑記　行書振鈺案碑字正書非行書

淡山巖持正等題名　隱甫正書振鈺案持正郎項隨字此當云項持正等題名隱甫書當作眞隱甫書

淡山巖薛球等題名　治平二年十月振鈺案碑作十一月非十月

盧士宏等題名　振鈺案此卽上九曜石盧士弘題名

複出

卷七

龍泓洞蘇頌等題名　熙寧五年二月振鈺案今拓本
僅有熙寧壬子不云二月

浯溪蔚宗題名　行書振鈺案碑字正書非行書

淡山巖楊傑英題名　振鈺案楊傑字英甫玆稱楊傑
英葢誤合名號爲一

黃樓賦　蘇軾撰振鈺案碑蘇轍非蘇軾

龍泓洞子勉題名　振鈺案卽下高荷題名複出子勉荷字

□□祠堂後記　振鈺案當稱唐閻使君祠堂后記

九曜石時仲公許積中等題名　振鈺案公許當据碑
作公詡

上淸宮祠　元祐二年二月振鈺碑六月立非二月

緱氏重修太山廟碑記　樂份撰振鈺案碑樂份書撰
八名已泐注誤

贈李方叔馬券　元祐四年四月振鈺案當列四年十
月注誤

涇陽縣重修孔子廟記　元祐五年七月振鈺案碑十
月非七月

草堂寺杜孝錫題名　行書振鈺案碑正書非行書

羅公神道碑　振鈺案此卽上光祿大夫羅仲宣碑複
出

摹吳道子觀音二像　呂申贊振鈺案呂由聖贊非呂
申

醉翁亭記　行書振鈺案碑草書非行書

朝陽巖邢恕等題名　行書振鈺案碑字正書非行書

宣仙聖烈皇后山陵採石記　振鈺案宣仙乃宣仁之
誤又碑吳安持撰楊仲卿書注缺

宣仁皇后山陵採石記　振鈺案此已列元祐八年複
出

高陵重修縣學記　朱草正書振鈺案碑作朱革非朱
草

浯溪錢呂題名　正書振鈺案碑字行書非正書

白龍池德光等題名　振鈺案德光碑作德充

重興戒香寺公據　紹聖四年十月振鈺案當列紹聖
五年四月注誤

白龍池東之題名　正書振鈺案碑作東之非東之行
書非正書

元始天尊說北方眞武經　振鈺案碑在登封注缺

白雲觀主利師塔記　振鈺案觀主碑作山主

眞武經碣　振鈺案此已列上葉複出

永泰陵採石記　曾孝廉記振鈺案碑曾孝廣非孝廉

卷八

蔣緯題淡巖山詩　建中靖國元年二月振鈺案此乃

緯四世孫作跋之年非緯題詩年月注誤
白龍池王甫僩等題名　振鈺案碑作皇甫僩非王甫
華堂寺孫竦等題名　正書振鈺案碑字行書非正書
黃樓賦　振鈺案此已列熙寧十年復出
崇恩園陵採石記　振鈺案此又列下政和三年復出
太僕丞張景脩等題名　正書振鈺案今碑字行書非
正書
草堂寺詩　正書振鈺案碑字行書非正書
終南山雜咏　正書振鈺案碑字行書非正書
草堂寺張素翁題名　振鈺案此即上張壽翁題名復
出

九曜石藥洲題字　無年月振鈺案此與元祐丙寅年
時仲公詡積中題名同時刻均米顛書此誤分爲二
刻列時仲等題名於元祐元年此列無年月殊悖
大觀聖作碑　振鈺案碑李時雍書注缺
修三白石渠成記　振鈺案碑在涇陽注缺
太乙宮記　振鈺案此已列建隆三年復出
呂湘題名　振鈺案此又列下宣和二年復出
浮邱公靈泉記　張挺撰振鈺案標題當云浮邱公廟
靈泉記此脫廟字又撰文人張梴非張挺
白龍池董元康題名　正書振鈺案碑字行書非正書
左丞侯蒙行記序　張嶜撰振鈺案張磬撰非張嶜

白龍池董自恭謁祠題名　正書振鈺案碑行書非正
書
溫泉謝彥等題名竝詩　振鈺案標題當作謝彥溫泉
詩刻無題名此誤
嵩岳廟陳彪題名　振鈺案此即下啟母廟王鄄題名
復出
白龍池李顯道等題名　正書振鈺案碑行書非正書
白龍池姜子正等題名　正書振鈺案碑行書非正書
八行劉先生詩　振鈺案此即上黃石公祠詩刻復出
乾陵無字碑宋伸題名　振鈺案碑宋仲口非宋伸
白龍池甄城李價等題名　宣和五年六月振鈺案碑

作季春非六月
靈巖方山老杜書頌　振鈺案標題當作妙空禪師頌
又方山老拙書僧淨如頌注缺
范塡題名　振鈺案此即上范埴題名復出
慈恩寺張智周等題名　振鈺案此已列上十五葉復
出
乾陵無字碑范谿題名　振鈺案此已列上三十二葉
復出
邑聖寺建經幢記　振鈺案此已列上三十四葉復出
壽聖寺半截石幢　振鈺案此已列上三十四葉復出
法雲寺經幢　振鈺案此已列上三十四葉復出

王氏建經幢　振鈺案此已列上三十四葉複出
朝散大夫陳公墓記蓋　振鈺案此已列上三十四葉
複出
殿中丞李君誌銘蓋　振鈺案此已列上葉複出
許大希祈雨題名　振鈺案此即二十五葉白龍池許
大希祈雨題名複出
崇恩園陵採石記　振鈺案此已列政和三年複出
温泉雍方賢等題名　振鈺案此已列上葉複出
定慧禪師碑陰王著題名　振鈺案此即三十二葉草
堂寺王著題名複出
韓魏公過淮陰侯廟詩　振鈺案此已列慶厤八年複

出
卷九
靈隱山伏犀泉連首善題名　振鈺案碑作連道善非
連首善
六和塔四十二章經　紹興五年十一月振鈺案署紹
興己卯乃紹興二十九年此作五年蓋誤認己卯爲
乙卯
華嚴岩三大字　題云湻溪翁蓋汪藻也振鈺案藻號
浮溪翁非湻溪
永州學記　汪藻撰篆書振鈺案此當依碑首題太學
上舍題名序注因汪藻署款有永州居住字遂署永

州學記誤又碑計四十四行前二十九行正書無書
撰人名后十五行汪藻篆書注亦未詳
浯溪劉堯題名　紹興二十八年振鈺案碑二十七年
非二十八年
淡山巖黃彪等題名　振鈺案黃彪碑作黃虨此誤
石門張伯山等題名　振鈺案此又列湻熙十六年複
出
魏城縣通濟橋記　商彥正書振鈺案碑尹商彥撰竝
書注誤
通濟橋記　振鈺案此即上魏城縣通濟橋記複出
友石臺記　朱子撰竝行書振鈺案碑劉子翬撰朱熹

書注誤又碑在建寧注竝缺
石門城都劉恭題名　振鈺案劉恭碑作劉忝此誤
王子申遊淡山巖詩竝題名　行書振鈺案碑正書非
行書
玉盆李□能題名　嘉定十七年振鈺案据拓本只云
嘉定端午不知何故云十七年
玉盆曹濟之等題名　八分書振鈺案碑字正書非八
分
浯溪詩　衞樵撰正書振鈺案碑衞樵撰竝正書注缺
竝字
九曜石陳疇題名　正書振鈺案碑字八分書非正書

虞𡵆秋丁釋奠詩　振鈺案碑刻𡵆父秋丁釋奠詩後附𡵆和作標題未明

華嚴岩絶句　景定四年七月振鈺案碑署景定癸酉中此作七月不知何据

趙□□淡山巖偶成詩　振鈺案碑無偶成字此誤

宋故孺人郎氏葬碣　振鈺案此碑復見本葉

孤山歳寒岩三字　正書振鈺案碑篆書非正書

卷十

戒壇寺大悲心經密言幢竝記　正書振鈺案經正書記行書注誤又書幢人康□注竝缺

浦公禪師塔銘　振鈺案碑在耀州温□書注竝缺

靈巖寺滌公開堂疏　振鈺案碑僧義瑄書注缺

靈岩詩　王衍撰振鈺案詩路伯達王珩撰非王衍

太乙靈湫詩　振鈺案碑在西安注缺

禹蹟圖　阜昌六年四月振鈺案碑阜昌七年非六年

卷十一

古文道德經竝側題字　高翻篆書李道謙八分書振鈺案高翻篆書經李道謙分書跋注未明曉

卷十二

上卿元教大宗師張留孫碑　振鈺案此已列天厯二年複出

南屏山銘　八分書振鈺案碑字正書非八分

光緒太歳在辛卯冬月吳縣朱記榮校刊於槐廬家塾

寰宇訪碑錄刊謬終

訪碑錄刊謬　吳縣朱氏行素堂　平津館補刊

竊聞人有言事非親歷不得其詳又言觀書未徧不得妄下雌黃以是知箸述之難校勘亦不易也吾人讀書攷古凡涉展轉傳鈔纂輯成書者不復辨證往往沿譌襲謬莫知其非是無論不足以傳信適所以滋後人之疑讀者病之曩刻孫季逑邢雨民兩先生所輯寰宇訪碑錄搜采戢孴良費苦心唯其閒所紀題額署名以及立碑年月紕繆尚多至於書體之錯誤名目之複出亦未及檢殆由當時槀本未經審勘者今讀羅君赤堅刊謬一書凡於碑版文字所得目遇者一一檢視始終爲之正譌補闕具見精心攷古遠軼前人以視鑒賞家之浮慕涉獵正非可以道里計矣因以付諸手民刻坿訪碑錄後俾世之攷訂金石者訪其出處且更循覽碑文有以覈其實焉

光緒辛卯歲季秋吳朱記榮槐廬識

朱氏行素堂
平湖會稽刊

寰宇訪碑録校勘記

寰宇訪碑錄校勘記序

學問之塗雖廣不外爲人爲己兩端湘鄉曾文正公更歷舉我朝諸儒以分隸之乃泛言學問非專指一門也金石之學自歐趙以來成爲一種風氣然求如顧亭林先生所云抉剔史傳發揮經典者百無一二習其術者大抵爲夤緣達官籠絡富人之用豈眞抱殘守闕風雅好事哉予本寠人幼無明師長無益友雖亦喜于故紙堆中尋生活猶之冥行無燭大海泛舟終爲孤陋家中除一二習字碑外無他拓本自分於此學無從問津久已絕望壬子癸丑之間寓居無事有人慫恿以校勘諸碑刻藉以消遣永日初意不欲繼思以金石爲貨利者此風如爝火久已熸矣乃假碑校錄略有成書久已置之不復省記復又有人詢及此書者因復取出而理董之刪其繁蕪及已見上虞羅參事振玉刊誤南海李明府宗灝校勘記者錄爲寰宇訪碑錄校勘記十一卷補寰宇訪碑錄校勘記二卷再續寰宇訪碑錄校勘記一卷立名與李賁石明府相同初欲避之細思除此二字外立名總覺牽強因仍之明府有明府之校勘予有予之校勘立名不嫌于同決無一語盜襲差可自信爲略序其緣由于此己巳五月廬江劉聲木十枝原名體信字述之自序

寰宇訪碑錄校勘記凡例

一羅氏刊誤無年月不便檢查李氏校勘記體例極善註明卷數頁數一覽可知惟稍嫌煩冗茲編酌中取法只記年月

一原書雖孫邢同撰編中只稱孫氏不能備舉孫氏體例不記日數因其有關考證茲就已見之碑刻爲之補錄

一編中間有記其尺寸悉以工部營造尺爲準

一所有校勘各條皆以原碑文字研索爲準引用只有刪節而無增益非同稗販如有已見他書爲所及見者仍爲註明不敢攘善

一是編遇有舛誤疏漏之處依据原碑爲之載明只云碑文原作某某訛謬等字概不登用絕無吹毛索瘢之心醜詞惡謔之毀平心靜氣但求其是而已

一孫氏于有銘無銘二種往往混淆是編一一爲之釐正有銘者稱銘庶幾名實相副于義爲安

一孫氏原編所載碑目八千八百種體例自難劃一譬如一碑之中題名者有錄有不錄有分註碑目之下或仍爲重錄引用他人之說有註明或未註明茲編就已見者爲之校勘

一孫氏于碑陰碑側亦未能一例既載本碑之後又分著各年月之中或未載本碑之後亦不能無遺漏茲編就已見者爲之載明

一考證之書不求詳備僅就已見已有者錄之

寰宇訪碑錄校勘記卷一

廬江劉聲木十枝撰

周

延陵鎭季子墓碑　唐大歷十四年蕭定重刊有張從申跋聲木謹案張從申碑文原作張從肅左旁有唐建中元年八月十二日盧國等題記正書右旁有唐貞元三年五月廿八日鄭播題記正書北宋元祐三年九月楊傑奏乞旌表疏正書張從肅跋在碑文下截碑在江陰縣申港並非丹陽

壇山刻石　太平寰宇記以爲周穆王時刻聲木謹案碑文中有北宋皇祐五年四月二十一日李中祐題記正書嘉祐四年七月望日趙玺遷廟題字正書

國學石鼓文　唐韓愈云周宣王時金馬定國云宇文周時聲木謹案碑文有元後至元五年五月甲申潘迪石鼓文音訓

秦

琅邪臺刻石　二世元年聲木謹案光緒　年碑石爲雷所擊墜入海中

泰山刻石　二世元年聲木謹案陝西長安亦有摹本不僅山東泰安

漢

魯孝王刻石　五鳳二年六月聲木謹案六月下碑文原有四日二字中有金明昌二年高德裔題記正書

漢祀三公山碑　元初四年聲木謹案石于乾隆三十九年關西王君于城外野坡搜得漢字已見前碑目上漢字應去

嵩山少室神道石闕銘　延光二年三月聲木謹案碑文無年號王澍考爲延光二年應註明三月下碑文仍有三日二字

嵩山太室潁水太守□□題名　延光四年三月聲木謹案□□江陰繆荃孫藝風堂金石文字目作楊君泰碑文楊字甚明晰此爲神道石闕後銘决非題名類

延光殘碑　延光四年八月聲木謹案八月下碑文原有廿一日三字石于康熙六十年超然臺出土

孝堂山郭巨石室邵君善題字　永建四年聲木謹案邵君善碑文原作邵善君四年下碑文原有四月廿四日五字

逍遙山會仙友題字　漢安元年四月聲木謹案四月下碑文原有十八日三字

敦煌太守武班碑　建和元年二月聲木謹案南宋洪适隸釋云紀伯允書碑二月下碑文原有廿三日三字

武氏石闕銘並畫象　建和元年三月聲木謹案石于錢塘黃易搜得

魯相乙瑛置孔廟百石卒史碑　永興元年六月聲木謹案六月下碑文原有十八日三字中有北宋嘉祐七年張稚圭題記正書

益州刺史李孟初神祠碑　永興二年六月聲木謹案六月下碑文原有十日二字

魯相韓勑造孔廟禮器碑　永壽二年聲木謹案二年下王澍錢大昕考爲七月五日

郎中鄭固碑　延熹元年四月聲木謹案四月下碑文原有廿四日三字石于乾隆四十三年後始全出土

淮源桐栢廟碑　延熹六年四月元至正四年二月吳炳重書聲

木謹案北宋僧夢英重書夫子廟堂碑列于太平興國七年六月蔡卞重書孝女曹娥碑列于北宋元祐八年正月皆從重書之年月著錄此石獨以原立石之年月著錄體例未見兩歧應仍列于元至正四年二月爲是

西嶽華山廟碑　延熹八年四月原石已佚聲木謹案說見自撰之萇楚齋續筆卷

魯相史晨饗孔廟碑　建甯元年四月聲木謹案中有唐天授二年二月廿三日馬元貞等題名正書

衛尉卿衡方碑　建寧元年九月聲木謹案碑文爲朱登所書九月下碑文原有十七日三字

史晨奏祀孔子廟碑　建寧二年三月聲木謹案碑文爲章奏體格著錄以奏銘爲順三月下碑文原有七日二字

淯于長夏承碑　建寧三年六月明嘉靖四年摹本聲木謹案原石于明嘉靖廿二年爲匠人所毁四年上應增二十二字摹本上應增唐曜二字

陳德殘碑　建寧四年三月聲木謹案碑文有郎中二字應增于陳德之上八分書下篆額二字應去以符全編體例

武都太守李翕西狹頌　建寧四年六月聲木謹案六月下碑文原有十二日三字

李翕黽池五瑞碑　建寧四年六月聲木謹案北宋曾鞏南豐集考爲六月三十日立

李翕析里橋郙閣頌　建寧五年二月聲木謹案原石久佚通行拓本爲明申如塤重刊本二月下碑文原有十八日三字寶刻類編天下碑錄均云碑文爲仇紼所書

執金吾丞武榮碑　無年月按碑文當在建寧時聲木謹案顧藹吉隸辨考爲建寧初年

司隸校尉楊淮表記　熹平二年二月聲木謹案碑文爲卞玉所撰二月下碑文原有廿三日三字

熹平斷碑　熹平二年十一月聲木謹案石于乾隆五十八年十月東關外出土

武都太守耿勳碑　熹平三年四月聲木謹案碑文爲李硜造四月下碑文原有廿日二字

聞熹長韓仁銘　熹平四年十一月聲木謹案十一月下碑文原有廿二日三字後有金正大五年趙秉文等題記正書

嵩高山請雨銘　熹平四年聲木謹案嵩高山下碑文原有季度二字

倉頡廟額衡□升題名　熹平六年五月聲木謹案衡□升藝風堂金石文字目作衛仲升五月下碑文原有廿八日三字

漢殘碑　歲在辛酉三月趙渭川大令考爲光和四年聲木謹案三月下碑文原有十五日三字

校官潘乾碑　光和四年十月聲木謹案十月下碑文原有廿一日三字

白石神君碑　光和六年聲木謹案六年碑文原作四年

神君碑陰　聲木謹案碑文原有光和六年四字

巴郡太守樊敏碑　建安七年十月原石已佚聲木謹案碑文爲劉盛息懆八分書七年十月碑文原作十年三月藝風堂金石文字目云石在四川蘆山

仙人唐公房碑　年月泐聲木謹案碑文爲居攝二年

豫州從事孔褒碑　無年月聲木謹案石于雍正三年縣東周公廟側出土儀徵阮文達公元山左金石志列目于熹平之前

華陰廟武都太守殘碑陰　無年月聲木謹案石于乾隆四十四年出土青浦王昶金石萃編列于西嶽華山廟碑後

酸棗令劉熊殘碑　無年月原石久佚聲木謹案原石在

碑陰碑側均有字詳顧燮光劉熊碑考

漢殘碑　無年月聲木謹案石于嘉慶三年四月徐方訪得移置孔廟金石萃編藝風堂金石文字目均著目子游殘碑考爲當在永初間

漢殘碑　無年月聲木謹案王昶繆荃孫均著目正直殘碑

漢高祖大風歌　無年月聲木謹案此刻有二石均在歌風臺一爲元大德間羅士學摹刻本

中嶽廟前石人頂上刻字　無年月聲木謹案石于

錢塘黃易訪得碑文只一馬字

朱君長三字　無年月聲木謹案石向在兩城山下今移置濟寧州學

劉村洪福院畫象　無年月聲木謹案洪福院當作洪福寺凡三石惟第一石有字宣統元年第二石爲日本内崛維文購得羅正鈞贖回移置山東圖書館金石保存會列爲第一畫象

顏氏樂圃畫象　無年月聲木謹案此即滋陽畫象凡二石藏曲阜顏崇榘家

射陽石門畫象　無年月乾隆間爲汪中所得聲木謹案此即孔子見老子畫象汪中得于寶應縣平家莊移置文廟碑陰亦有畫象無題字

焦城村畫象　無年月聲木謹案此即周王齋王畫象二石有字二石無字

華林村畫象　無年月聲木謹案宣統元年羅正鈞移置山東金石保存會列爲第五畫象

隋家莊畫象　無年月聲木謹案金石保存會列爲第三第四畫象凡二石

七日山畫象　無年月聲木謹案現已移置金石保存會列爲第二畫象

白楊村關帝廟畫象　無年月聲木謹案此即食齋祠園畫象石後歸滿洲托活洛氏端忠愍公方忠愍公故後石不知所在

魏

公卿上尊號奏　黃初元年聲木謹案碑陰即連刊正碑末文

受禪碑　黃初元年十月聲木謹案十月下碑文原有辛未二字大興翁方綱考爲晦日受禪碑應作受禪表

受禪碑陰　聲木謹案碑陰之字即正碑連刊末文王昶金石萃編海豐吳式芬攟古録均不列碑陰

魏封宗聖侯孔羨碑　黃初元年聲木謹案碑目上魏字應去碑末有北宋張稚圭題記正書

廬江太守范式碑　青龍三年聲木謹案石于乾隆五十四年李東琪訪得三原下碑文原有正月丙戌四字

盪寇將軍李苞開閣道碑　景元四年十二月聲木謹案十二月下碑文原有十日二字

吳

禪國山碑　天璽元年聲木謹案元年下碑文原有月次陬訾之

□日惟重光大淵獻翁方綱考爲正月
紀功碑　天璽元年八月俗稱三段碑聲木謹案碑舊在江甯府學嘉慶十年八月燬于火八月下碑文原有一日二字又俗稱天發神讖碑
衡陽太守葛祚碑　無年月聲木謹案碑文已佚此乃碑額

晉

太公呂望表　太康十年三月聲木謹案石于嘉慶四年九月李元滬訪得已斷裂臥棄府廨隙地移置學宮三月下碑文原有十九日三字太公上應以周字冠首
郭巨石室泰山高全明題名　永康元年聲木謹案高全明碑文原作高令明元年下碑文原有十月廿一日五字
郭巨石室侯泰明題名　永興二年聲木謹案二年下碑文原有

三月三日四字
征東將軍軍司劉韜墓志　無年月聲木謹案此乃神道闕並非墓志藝風堂金石文字目云石藏吳縣吳清卿中丞大徵家

前秦

廣武將軍□產碑　建元二年十月聲木謹案石于乾隆間始出土嘉慶初又佚光緒年間項城袁文誠公　督西征糧臺時使人徧訪此碑未得近日又復出後有銘文二行實爲碑銘八分書下並額二字應去
鄧太尉祠碑　建元三年六月聲木謹案碑文有馮翊護軍鄭能進等字則鄭能進所重修應增重修二字于碑目之上

燕

白石神君碑陰主簿程疵家題名　元璽三年聲木謹案三年下碑文原有正月十日四字

梁

石井欄題字　天監十五年聲木謹案石于乾隆五十年四月三日訪得舊在本邑城北城守營署後後歸滿洲托活洛氏十五年下碑文原有□月十五日等字
安成康王蕭秀墓碑　文已磨滅獨其額存聲木謹案蕭秀墓碑有二分東西立孫氏僅錄其一蕭秀卒于天監十七年立碑當在其後
始興忠武王蕭憺墓碑　年月泐聲木謹案同治七年獨山莫友芝督工自往椎拓碑文仍存二千六百六十餘字蕭憺卒于普通三年十一月八日立碑當在其後墓碑應作碑銘
焦山瘞鶴銘　聲木謹案碑文無年月汪士鋐考爲天監十三年

碑文爲上皇山樵正書

後魏

中岳嵩高靈廟碑　太安二年聲木謹案碑字上碑文原有正字後有銘文四行實爲正碑銘
嵩高靈廟碑陰　聲木謹案尚有碑側刻唐馬元貞投龍記正書
孫秋生等二百人造象記　景明三年五月聲木謹案石在龍門大佛洞碑文分二截上截紀事下截題名于太和七年起事景明三年五月廿七日訖功孫氏原註太和七年等十七字應刪去孫秋生上碑文原有新城縣功曹五字
洛州刺史始平公造象記　太和十二年九月聲木謹案碑文爲陽文應增註于朱義章正書之下九月下碑文原有十四日三字十二年碑文原二十二年已見羅振玉刊誤後不再贅

孝文帝弔比干墓文　太和十八年十一月宋元祐五年重刊聲木謹案十一月下碑文原有十四日三字五年下碑文原有九月十五日五字宋适重刊已見碑陰比干上應有殷字

比干墓碑陰　聲木謹案碑文凡四列上三列乃比干墓原有之碑陰第四列爲宋适重刊石及北宋元祐五年九月十五日吳處厚題記林舍正書碑側亦有題字正書

司馬解伯達造彌勒象銘　太和間聲木謹案碑中並無銘文孫氏往往以無銘者爲銘有銘者轉去銘字

楊大眼爲孝文皇帝造象　無年月額題邑子象錢辛楣少詹云當在宣武初年聲木謹案六朝造象中題邑子象者甚多孫氏僅于一碑下註明與全書體例有乖應去之楊大眼上碑文原有輔國將軍等字

魏靈莊薛法紹造象記　無年月額云釋迦象字體似楊大眼記聲木謹案魏靈莊碑文原作魏靈藏造象題名無論人數多寡皆以第一人名氏著錄加一等字以概其餘魏靈藏下應增一等字刪去薛法紹三字此乃造象不足稱記

郭巨石室畫象題字　景明二年聲木謹案題字應依碑文增入廣陵王三字二年下碑文原有六月十二日五字

高樹解伯都等三十二人造象記　景明三年五月聲木謹案石在龍門大佛洞碑文雖十行後六行半爲題名正文僅三行寥寥約五十字不足稱記五月下碑文原有卅日二字

比邱法生造象記　景明四年聲木謹案四年下碑文原有十二月一日五字

道民馮神育等造象記　正始二年聲木謹案碑文云二百念人應依碑文增入等字上此石拓本二紙一紙記後有題名一行一紙題名四行疑是碑陰或碑兩側

蕩寇將軍王子平等造象　正始二年聲木謹案石在龍門老君洞王子平碑文原作王史平造象原爲彌勒象二年下碑文原有四月十五日五字後有橫野將軍題名正書

楊小妃造釋迦象　正始三年聲木謹案石在龍門老君洞三年下碑文原有十二月廿二日六字

孫大□造象　正始三年聲木謹案石在龍門老君洞孫大□碑文原作孫大兆造象原爲造釋迦象三年下碑文原有六月廿日四字

護軍府吏魯衆等造石象　正始四年四月聲木謹案石在龍門老君洞碑文只魯衆一人等字應去石字亦應去

楊安族造釋迦象　正始五年聲木謹案石在龍門老君洞楊安族碑文原作楊安祥五年下碑文原有正月卅日四字

曹史張英等造象　正始五年聲木謹案石在龍門老君洞曹史上碑文原有闕□闕士四字五年下碑文原有四月廿日四字

比邱惠合造象　正始五年聲木謹案石在龍門老君洞碑文左行造象碑文原爲造釋迦象五年下碑文原有八月十五日五字

石門銘　永平二年正月聲木謹案碑文摩崖所刻碑文云王遠書並未言撰正月下碑文原有卅日二字銘後有平西壁文摩崖一段七行正書玩其詞意與石門銘同時所刻

尼法文等造象　永平二年聲木謹案石在龍門老君洞碑文本云比邱尼及造彌勒象孫氏截去比邱與彌勒四字二年下碑

文原有四月廿五日五字
比邱尼法行造定光石象　永平三年聲木謹案石在龍門老君洞石象之石字應去三年下碑文原有四月四日四字
法慶造彌勒象　永平三年聲木謹案石在龍門老君洞法慶上碑文原有比邱尼三字三年下碑文原有九月四日四字均應依碑文增入
比邱尼惠智造釋迦象　永平三年聲木謹案石在龍門老君洞三年下碑文原有十一月廿九日六字
華州刺史安定王燮造象碑　永平四年十月聲木謹案碑文長僅八寸縱僅一尺三寸刊于造象上下文字甚簡不足稱碑造象碑應依碑文更作造石窟象十月下碑文原有十六日三字
殿中將軍曹連造象　永平四年聲木謹案石在龍門老君洞造

象碑文原爲造釋迦牟尼石窟象四年下碑文原有八月廿日四字
法興造象　永平四年聲木謹案石在龍門老君洞法興上碑文原有比邱釋及造彌勒象等字四年下碑文原有九月一日四字
仳和寺尼道僧等造彌勒象　永平四年聲木謹案石在龍門老君洞四年下碑文原有十月七日四字
清信女尹伯成造觀世音象　永平四年聲木謹案石在龍門老君洞四年下碑文原有十二月十二日六字
兗州刺史鄭羲碑　永平四年聲木謹案碑文爲摩崖所刻確分上下二碑文義雖相同而中亦有互異之處類如上碑頌文三行下碑六行況下碑碑文明言永平四年歲在辛卯刊上碑在直南卌里天柱山之陽此下碑也以石好故于此刊之云云是當時刊碑之時已自分爲上下二碑又況上下碑非在一地上碑在山東平度州下碑在山東掖縣應依碑文分列上下二碑各以地址列入庶爲允協
鄭道昭論經書詩　永平四年聲木謹案碑目上已冠以鄭道昭三字下註鄭道昭撰四字實爲重複應去之
鄭道昭登雲峯山觀海詩　無年月金石錄云永平四年聲木謹案詩爲五言　詩下複註鄭道昭撰四字應去之
雲峯山鄭道昭題字九種　無年月聲木謹案題字九種應如趙氏補寰宇訪碑錄著錄鄭道昭大基山題字四種之例分註于下以便後人查考後世金石之學日益訪求搜出者又不止九種以未見拓本不敢臆斷

大基山詩　無年月聲木謹案詩爲五言　詩碑文原爲詩五言于萊城東十里與諸門徒登青陽嶺大基山上云云應依碑文增入青陽嶺三字
大基山銘告　無年月聲木謹案碑文原爲置五處仙壇之語是銘告爲置五處仙壇而起豈可截此五字應依碑文增入
白駒谷鄭道昭題名　無年月聲木謹案碑文字大逕尺只十五字石刻中罕見
劉洛眞兄弟造彌勒象　延昌元年十一月聲木謹案石在龍門老君洞十一月下碑文原有四日二字
劉洛眞造釋迦象　延昌元年聲木謹案碑文卽在造彌勒象下析出元年下碑文原有十一月朔丁亥六字
揚州長史司馬景和妻孟氏墓志　延昌三年正月聲木謹案此

石後歸滿洲托活洛氏現不知所在
信女劉□造象　延昌三年聲木謹案石在龍門老君洞劉□碑文原作劉□兒造象碑文原作造定光象三年下碑文原有四月十二日五字
白方生造釋迦牟尼佛象　延昌四年聲木謹案石在龍門老君洞白方生碑文原作白治生四年下碑文原有二月二日四字碑文上又有祝懷題名
尹顯房造象　延昌四年聲木謹案石在龍門老君洞造象碑文原作造多保象四年下碑文原有八月廿四日五字末行上段有□二娘造象
涇州刺史齊郡王佑造象記　熙平二年七月聲木謹案碑文後有銘文四行實造象銘七月下碑文原有廿日二字

雒州刺史刁遵墓銘　熙平二年十月聲木謹案石于乾隆廿七年九月劉克綸訪得右下缺一角不久即歸南皮張氏十月下碑文原有九日二字
龍驤將軍臨青男崔敬邕墓志銘　熙平二年十一月聲木謹案石于康熙年間出土移置直隸安平州學不久即佚十一月下碑文原有廿一日三字
比邱惠榮造彌勒象　熙平二年聲木謹案石在龍門老君洞二年下碑文原有四月十五日五字
惠珍造釋迦象　熙平二年聲木謹案石在龍門老君洞惠珍上碑文原有比邱二字二年下碑文原有五月廿四日五字
杜遷等廿二人造釋迦象記　神龜元年六月聲木謹案石在河南洛陽龍門大佛洞碑文寥寥四行僅三十九字不足稱記廿二人碑文原作廿三人六月下碑文原有十五日三字
兖州刺史賈思伯碑　神龜二年六月聲木謹案六月碑文原作四月已見羅氏刊誤四月下碑文原有六日二字
河間王□羅□造象　神龜二年聲木謹案石在龍門老君洞王□碑文原作王□□應依碑文增一等字截去羅□字造象碑文原作造彌勒象二年下碑文原有四月十日四字
杜匠安造象銘　神龜二年聲木謹案石在龍門老君洞杜匠安碑文原作杜民安造象銘碑中並無銘文原作造無量壽佛象二年下碑文原有四月廿五日五字
楊善常造象　神龜二年聲木謹案石在龍門老君洞二年下碑文原有七月三日四字後有李伏友造象
濟青相涼朔恒六州刺史高植墓志　神龜三年聲木謹案碑文

首行文云□陵太守高府君墓志銘應依碑文著録葬于正光二年十一月十六日建于正光元年三月初八日碑中並無神龜年月原石已久佚
邑師惠感等造彌勒象記　神龜三年聲木謹案碑文上截是記下截是題名碑文云闕□趙阿歡諸邑卌五人等云云應依碑文著録碑文字蹟不多不足稱記三年下碑文原有六月九日四字
比邱知因造象　神龜二年聲木謹案石在龍門老君洞造象碑文原作造彌勒象三年下碑文原有三月廿五日五字此種藝風堂金石文字目失載

寰宇訪碑錄校勘記卷二

廬江劉聲木十枝撰

後魏

平州刺史司馬昞碑　正光元年七月聲木謹案原石久佚七月下碑文原有廿五日三字

滎陽郡從事劉顯明造象　正光元年聲木謹案滎字下水字碑文原從火造象原爲造釋迦象元年下碑文原有九月廿日四字石在龍門老君洞

王永安造象　正光二年聲木謹案石在龍門老君洞二年下碑文原有八月廿日四字

魯郡太守張猛龍碑　正光三年正月聲木謹案碑文原爲清頌碑後有銘文五行正月下碑文原有廿三日三字

袁□靳神子等造象記　正光三年八月聲木謹案袁□碑文原作袁录靳神子疑是人名氏應去應依碑文等字上增五十人三字碑文全屬人名決非記體八月下碑文原有五日二字

大統寺比邱慧榮造象　正光三年聲木謹案石在龍門火燒窰三年下碑文原有七月十七日五字

比邱慧暢造彌勒象記　正光三年聲木謹案石在龍門老君洞實尋常造象不足種記三年下碑文原有九月九日四字碑額上有李易題名

比邱法陰造釋迦象銘　正光四年聲木謹案石在龍門老君洞比邱下碑文原有尼字碑文雖有百字並無銘文四年下碑文原有正月廿六日五字

比邱尼法照造彌勒象　正光四年聲木謹案石在龍門孝昌窰法照碑文原作法顯四年下碑文原有九月九日四字

優婆夷李□造無量壽佛象　正光四年聲木謹案石在龍門孝昌窰四年下碑文原有九月十五日五字碑文原爲亡女造象

陳氏造觀音象　正光五年聲木謹案石在龍門孝昌窰碑文云清信陳氏任陵妾爲亡夫造象五年下碑文原有七月廿三日五字

曹望憘等造象　正光六年三月聲木謹案碑文甚長中有排偶之句實爲造象記三月下碑文原有廿日二字石藏濰縣陳介祺家後有上海賈人售于通運公司運往外洋

道俗廿六人共造象　正光六年聲木謹案石在龍門老龍窩碑文原爲趙伏生等道俗廿八人造象廿六人碑文原作廿八人六年碑文原作五年五年下仍有十一月廿五日六字

胡仁等造象　正光六年聲木謹案碑文原爲蘇胡仁合邑十五人等造象胡仁碑文原作蘇胡仁六年下碑文原有五月十五日五字

造彌勒觀音藥師象記　孝昌元年七月聲木謹案石在龍門老君洞字甚磨泐碑文原爲比邱尼僧等造彌勒象造象中連造數象者甚多只應以第一象入錄七月碑文原作八月下仍有十七日三字

滎陽太守元寧造象記　孝昌二年正月聲木謹案滎字下截碑文原從火實造象類不足稱記正月下碑文原有廿四日三字

同夫蓋造無量壽佛象　孝昌二年聲木謹案石在龍門孝昌窰蓋字下碑文原有孖字當是蓋字孖名二年下碑文原有二月八日四字

比邱汪㻽造釋迦象　孝昌二年聲木謹案石在龍門孝昌窰碑文比邱下原有尼字二年下碑文原有六月廿三日五字

左藏令榮九州造象　孝昌二年聲木謹案石在龍門孝昌窰二年下碑文原有五月八日四字

丁辟邪造無量壽佛象　孝昌二年聲木謹案石在龍門孝昌窰丁辟邪碑文原作丁辟耶二年下碑文原有五月廿三日五字

比邱尼智空造象　孝昌二年聲木謹案石在龍門孝昌窰比邱尼上碑文原有乾雲寺三字二年下碑文原有五月廿三日五字

清信女黃僧造無量壽佛象　孝昌三年聲木謹案石在龍門蓮花洞三年下碑文原有正月十五日五字

清信女朱景妃造釋迦象　孝昌三年聲木謹案朱景妃碑文原

作宋景妃三年下碑文原有四月八日四字攈古錄云石在河南洛陽龍門山

高瓫生等造象　泰武元年聲木謹案漏刻正書二字臨洮王釗建元武泰並無泰武

比邱尼道慧造石浮圖銘　建義元年聲木謹案石在龍門蓮花洞元年下碑文原有十一月廿三日六字

沙門惠詅等造象　建義元年聲木謹案元年下碑文原有七月十五日五字

開國公李長壽造象　永安二年聲木謹案石在龍門樂芳窰李長壽下碑文原有妻陳暈三字造象原爲造釋迦象二年碑文原作三年三年下又有二月十三日五字

比邱尼道慧道盛造象二種　普泰元年聲木謹案石在龍門波窰一造多寶象一造觀世音象年月日皆同元年下碑文原有八月十五日五字道盛碑文原作法盛既有道慧法盛二字宜去之

比邱靜度造象　普泰二年聲木謹案二年下碑文原有閏月廿日四字

路僧妙造釋迦象　普泰二年聲木謹案石在龍門樂芳窰路僧妙上碑文原有清信女三字二年下碑文原有四月廿四日五字

陵江將軍政機樹造無量壽佛象　永熙二年聲木謹案石在龍門老君洞政機樹碑文原作段桃樹二年下碑文原有九月十日四字

孫姬造象銘二種　永熙三年聲木謹案石在龍門樂芳窰一云

爲亡息造釋迦象並無銘文三年下碑文原有五月七日四字

西魏

黨屈蜀造象　大統四年聲木謹案石在龍門樂芳窰四年下碑文原有六月六日四字

平東將軍蘇萬成造象二種　大統六年聲木謹案石在龍門老君洞一蘇萬成爲父母造象無年月一蘇萬成妻趙爲七世父母造象大統六年四月廿八日雕刻甚草率疑石工所爲下有友狟爲亡弟造象

造太上老君象記　大統十四年四月聲木謹案碑文之上平列三十字正書文云劉曜光和五年冠軍將軍關內侯平陽太守豫州刺史太尉公諱洪象碑一區云云後有銘文四行据此應依碑文著錄漢太尉□洪造太上老君象碑銘四月下碑文原

有八日二字

法顯造玉石象記　大統十七年聲木謹案碑文雖十二行寥寥僅五十字不足稱記十七年下碑文原有十二月五日五字攈古録云石藏山東諸城劉氏

法師孟猛墓志銘　無年月聲木謹案石歸滿洲托活洛氏列于陶齋藏石記東魏無年月中

田僧敬造象記　無年月聲木謹案造象碑文原作造玉象碑文雖七行寥寥四十餘字不足稱記

雝州刺史松滋公元萇振興溫泉頌　無年月聲木謹案碑有側正書

東魏

南秦州刺史司馬昇墓志銘　天平二年十二月聲木謹案十二月碑文原作十一月已見羅氏刊誤十一月下碑文原有七日二字石歸滿洲托活洛氏得于藏石記成書之後

中嶽嵩陽寺碑銘　天平二年四月聲木謹案四月下碑文原有八日二字

比邱洪寶造象記　天平二年聲木謹案造象記應依碑文作造象銘中有銘文八行實爲銘頌之體二年下碑文原有四月十一日五字

法顯等造須彌塔記　天平三年正月聲木謹案等字上應依碑文增入合邑二字此亦造象類不足稱記正月下碑文原有朔日二字

比邱尼曇會等造象記　天平三年聲木謹案石在龍門老君洞造象碑文原作造觀音象此亦造象類不足稱記三年下碑文原有五月十五日五字

信女孫思香造象　天平四年正月聲木謹案石在龍門老君洞信女碑文原作淸信女造象碑文原作造觀音象正月下碑文原有廿一日三字

龍洞王叔照造彌勒象題字　天平四年聲木謹案王叔照上碑文原有驃騎大將軍五字應依碑文增入此即造象類無所謂題字此二字應去四年下碑文原有□月廿一日等字

齊州刺史高湛墓志　元象二年十月聲木謹案十月下碑文原有十七日三字

徂來山大雲寺胡元方等造象記　興和二年聲木謹案造象經幢兩面三四面六面八面刻者甚多不可縷指僅註一處殊爲自亂其例所註四面二字應去之

敬使君顯儁碑　興和二年聲木謹案石于乾隆初年出土移置本地陘山書院碑文後有頌文三行實碑頌也

敬顯儁碑陰　聲木謹案中截有乾隆十四年十月沈靑崖題記張庚八分書

李仲璇修孔廟碑　興和三年十二月聲木謹案碑文後有頌文四行實碑頌也十二月下碑文原有十一日三字

濟州刺史誦德碑　武定二年八月聲木謹案此卽冀州刺史關勝誦德碑趙羅兩氏皆重録之

神通寺楊顯叔造象記　武定二年聲木謹案碑文字蹟寥寥實只造象不足云記楊顯叔上碑文原有冠軍將軍四字二年下碑文原有四月十四日五字石舊在四門塔內後歸滿洲托活洛氏

比邱曇靜造象二種　武定三年聲木謹案石在龍門老君洞造象碑文原爲造釋迦象三年下碑文原有十一月十日五字

邑主造石象碑　武定六年九月聲木謹案邑主下應依碑文增一等字碑文後有頌文九行實碑頌也九月下碑文原有十二日三字

延陵顯仲造白玉象記　武定七年二月聲木謹案碑文十六行每行四五字不等寥寥六十餘字不足稱記二月下碑文原有八日二字攈古録云石出陝西長安

武德于府君義橋石象碑　武定七年四月聲木謹案碑文中非只于府君一人應增一等字後有銘文五行實爲碑銘碑爲穆洛正書見于碑陰四月下碑文原有八日二字

石象碑陰　聲木謹案一橫列七行一橫列六行字多缺泐碑爲穆洛正書下截有橋主楊膺寺等造橋梁記正書碑兩側均有題名正書

法相造象　武定七年聲木謹案石在龍門敀洞文云報德寺比邱法相造□箱侍佛象七年下碑文原有四月十五日五字

修太公廟碑　武定八年四月聲木謹案碑文後有銘詞四行實爲碑銘四月下碑文原有十二日三字太公上應有周字

比邱尼僧暉造象　無年月聲木謹案石在龍門老君洞造象碑文原爲造釋迦象碑文原以辛丑二字紀年

橫野將軍吳安造象　無年月聲木謹案石在龍門老君洞

道濟造象　無年月聲木謹案石在龍門蓮花洞道濟上碑文原有比邱二字

曇宗造象　無年月聲木謹案石在龍門蓮花洞碑文曇宗上原有比邱二字曇宗下原有牛江焬等人應依碑文增一等字

強弩將軍掖庭令趙振造象　無年月聲木謹案石在龍門老君洞造象碑文原作造彌勒象

安定王爲女夫閭散騎造象　無年月聲木謹案石在龍門老君洞造象碑文原作造觀世音象

雍州王君意造象　無年月聲木謹案石在龍門雙窰碑文原爲雍州禮原王君意爲父母造彌陁象

黑瓮生造象　無年月聲木謹案石在龍門老君洞黑瓮生造象有二一爲兄弟三人爲亡父母造象一爲亡妻等造象不知孫氏當日著録何種

大統寺比邱道緣造象　無年月聲木謹案石在龍門蓮花洞造象碑文原作造無量壽佛象

淮南公主造自在王佛象　無年月聲木謹案石在龍門賓陽洞

抑常仕造象　無年月聲木謹案石在龍門蓮花洞碑文僅八字文云抑常仕爲生日造象

趙元懷造象　無年月聲木謹案石在龍門老龍洞趙元懷碑文原作趙元瓌

楊婆造象　無年月聲木謹案石在龍門老龍洞此乃唐代時刻中有武后制字地藏碑文原作埊藏造象碑文原作造地藏象

楊婆等造象　無年月聲木謹案石在龍門樂芳窰碑文云楊婆爲已身及亡女造佛菩薩象並無第二人名氏又有閏五月了四字

清信女賈敦造象　無年月聲木謹案石在龍門老龍洞造象碑文原作造彌陁象

孔文昌造象　無年月聲木謹案石在龍門老君洞字蹟類唐刻
劉金仁造象　無年月聲木謹案石在龍門雙窰碑文原爲劉金仁爲亡男造觀世音象
楊隱妻觀音造象　無年月聲木謹案石在龍門雙窰碑文僅六字
沙門惠莞造象　無年月聲木謹案石在龍門雙窰碑文僅六字
河南靈臺鄉澝于□道造石　無年月聲木謹案石在龍門雙窰澝于□道碑文原作澝于知道造象碑文原作造彌陁象
駱思忠造象　無年月聲木謹案石在龍門雙窰駱思忠上碑文原有下桂縣三字
侯李五造象　無年月聲木謹案石在龍門萬佛洞造象碑文原作造觀音象

王福昌造象　無年月聲木謹案石在龍門老龍窩造象碑文原作造彌陁象
韓婆奴造象　無年月聲木謹案石在龍門老龍窩碑文原爲韓婆奴爲有病造佛象
王婆羅門造象　無年月聲木謹案石在龍門老君洞碑文原爲王婆羅門爲亡父母造象
羅臈月等造象　無年月聲木謹案石在龍門老君洞造象碑文原作造彌勒象
王懷忠等造象　無年月聲木謹案石在龍門老君洞碑文中共六人應增六人二字于等字上後有田思貞造象正書
張大孃等造象　無年月聲木謹案石在龍門老君洞碑文只四字等字應依碑文去之

清信女楊寶勝等造象二種　無年月聲木謹案石在龍門老君洞一爲亡庫多汗王造彌勒象一爲亡女造彌勒象皆只楊寶勝一人等字應去
趙阿四造象　無年月聲木謹案石在龍門老君洞碑文僅七字在劉洛眞造象後
清信女張法香等造象　無年月聲木謹案石在龍門老君洞造象碑文原作造釋迦象碑文中只張法香一人等字應去
司馬旦等造象　無年月聲木謹案石在龍門老君洞此乃題名實非造象碑文云司馬旦鄭性田笑同來並無造象之語在孫思香造觀音象左旁碑文原有丙寅年四月六日等字東魏只武定四年歲在丙寅當爲武定四年所題名
道萇造象　無年月聲木謹案石在龍門火燒窰道萇上碑文原

有杨字疑是楊字別體孫氏當日因不識其字截去
李五德造七佛象　無年月聲木謹案石在龍門老君洞碑文只六字李五德碑文原作李立德
趙大孃造象　無年月聲木謹案石在龍門老君洞
王永安造象　無年月聲木謹案石在龍門火燒窰碑文原爲王永安爲父母造觀音象
趙二孃造象　無年月聲木謹案石在龍門樂芳窰造象碑文原作造彌陁象
李袁等造象　無年月聲木謹案石在龍門老君洞碑文字蹟甚磨泐細審李袁碑文原作李袁正只一人上仍有清信士三字又有孝昌二年六月十日八字上有造象殘字
朱伏生造象　無年月聲木謹案石在龍門老君洞下方有比邱

僧同心造象

清信女李□爲身遇時患造象　無年月聲木謹案石在龍門樂芳窰碑文李字下並無名字

比邱尼塔塋造象　無年月聲木謹案石在龍門老君洞塔塋二字字形大略相似

比邱尼智道造象　無年月聲木謹案石在龍門賓暘洞碑文僅六字字蹟頗似唐刻

楊思禮造象　無年月聲木謹案石在龍門老君洞碑文僅九字楊思禮爲父母造象

清信女趙造象　無年月聲木謹案石在龍門賓暘洞碑文原爲爲亡□造象

許阿難造象　無年月聲木講案石在龍門樂芳窰碑文僅六字

奚莫苟仁造象　無年月聲木謹案石在龍門老君洞碑文只十字

魏□仙造象　無年月聲木謹案石在龍門老君洞魏□仙碑文原作魏敬仙又原爲七世父母等造象

田道義等造象　無年月聲木謹案石在龍門蓮花洞碑文並列三種造象首一種失載造象碑文原作爲母造象

張繼漢造象　無年月聲木謹案石在龍門始牛溪碑文原作爲七世父母造地藏象

侯元貞造象　無年月聲木謹案石在龍門始牛溪碑文原作爲法界等造象

董儒智等造象　無年月聲木謹案石在龍門老君洞董儒智碑文原作董僧智造象碑文原作造彌勒象

王二孃造象　無年月聲木謹案石在龍門雙窰造象碑文原作爲母造象

樊山隱造象　無年月聲木謹案石在龍門始牛溪造象碑文原作爲七代等造象

龐守一造象　無年月聲木謹案石在龍門王祥窰造象碑文原作造觀世音象

汝州長史楊文遇造象　無年月聲木謹案石在龍門萬佛洞碑文僅十二字實爲題名碑文中並無造象字文

靖空等造象　無年月聲木謹案石在龍門萬佛洞碑文只六字

張阿四造象　無年月聲木謹案石在龍門雙窰張阿四上原有仏弟子三字

趙義成造象　無年月聲木謹案石在龍門始牛溪造象碑文原作造彌陁象

典書造象　無年月聲木謹案石在龍門敬善寺碑文云爲不誠父母造象疑石工所爲

姚祚造象　無年月聲木謹案石在龍門蓮花洞造象碑文原作造觀世音象

周有意造象　無年月聲木謹案石在龍門老龍洞文體左行造象碑文原作造觀音象

李大孃造象　無年月聲木謹案石在龍門雙窰碑文原作爲郎忠造彌勒象

楊普會造象　無年月聲木謹案石在龍門老龍洞楊普會上碑文原有蒲州安邑縣五字造象碑文原作造彌陁象碑文字蹟惡劣疑石工所爲

昌黎孫胡仁題名　無年月聲木謹案自昌黎孫胡仁題名至太
康王雙奴題名原在郭巨石室題名十八種中孫氏著錄體例
多未能畫一

後齊

張景暉造象記　天保五年七月聲木謹案碑文雖十六行每行
四字實造象類不足稱記張景暉上碑文原有平昌縣人四字
七月下碑文原有十五日三字

清河王高岳造西門豹祠碑　天保五年聲木謹案碑文後有頌
文六行實爲頌銘之體

西門豹祠碑陰　聲木謹案攟古錄云尙有碑側　書

報德象碑　天保六年七月聲木謹案碑文原爲李淸言報德象
碑銘後有銘文六行實銘頌之體七月下碑文原有一日二字

豫州刺史劉□碑　天保八年聲木謹案碑文後有銘文十七行
實爲碑銘類

靜明勸化邑義垣周等造象銘　天保八年聲木謹案八年下碑
文原有十一月廿九日六字

垣周等造象碑側　聲木謹案左右側均有字應云兩側

郭巨石室茌平劉貴等題名　天保九年聲木謹案茌平碑文原
作山茌縣九年下碑文原有四月廿七日五字

鄭述祖夫子廟碑　乾明元年聲木謹案大興翁方綱考爲樊遜
所書

鄉老舉孝義雋敬碑　皇建元年十二月聲木謹案十二月下碑
文原有廿日二字攟古錄云碑爲雋□生所書

雋敬碑陰　聲木謹案中刻維摩經見阿門佛品第十□字蹟與

王士則蘇靈芝等碑相似疑唐人所補刊决非後齊人所刊

維摩經碑　皇建元年聲木謹案此卽雋敬碑陰

維摩經碑陰　聲木謹案此卽雋敬正碑

甘泉寺卜道權等造象記　河淸二年聲木謹案碑文字蹟磨泐
字數甚少不足稱記攟古錄云仍有碑陰及碑兩側正書

比邱明空等造象記　河淸三年三月聲木謹案碑文雖十六行
每行五字寥寥七十五字不足稱記實造象類三月下碑文原
有十八日三字

重登雲峯山記　河淸三年五月聲木謹案五月下碑文原有廿
四日三字

石佛寺佛經碑　河淸□年聲木謹案佛經上碑文原有伽葉二
字□年碑文原作三年七月八日均見碑側中藝風堂金石文

字目云石在山東泗水

碑側　聲木謹案中有後魏太安元年三月十八日李安人等字
疑伽葉佛經碑係後魏所刻孫氏据碑側年月入錄終覺牽強

寰宇訪碑録校勘記卷三

廬江劉聲木十枝撰

後齊

天柱山銘　天統元年五月聲木謹案五月下碑文原有十八日三字

鄭述祖題雲居館石刻　天統元年九月聲木謹案碑文官職八行實題名類鄭述祖上應依碑文以司徒左長史五字冠首九月下碑文原有五日二字

姜纂造象碑　天統元年九月聲木謹案姜纂上碑文原有界官二字九月下碑文原有八日二字

韓永義造七佛寶堪碑　天統三年三月聲木謹案韓永義下應依碑文增合邑諸人等五字後有頌文五行實爲碑銘三月下

碑文原有十五日三字

宋買等造象記　天統三年四月聲木謹案宋買下碑文原有廿二人三字四月下碑文原有八日二字碑有兩側題名正書石後歸滿洲托活洛氏現不知所在

朱道威等造丈八大象頌　天統三年五月聲木謹案朱道威下碑文原有邑義一百人五字五月下碑文原有十五日三字

少林寺董洪達造象碑　武平元年正月聲木謹案碑文實爲銘頌之體董洪達下碑文原有邑徒卌人等五字正月下碑文原有廿六日三字

隴東王感孝頌　武平元年正月聲木謹案正月下碑文原有廿二日三字

鐫塔寺薛匡生造象記　武平二年聲木謹案碑文磨泐存十三行行二三字佛象亦僅下半不足稱記應云殘造象二年碑文原作元年石在山東新泰非濟寧

朱岱林墓志　武平二年二月聲木謹案二月下碑文原有六日二字

邑義僧道三百餘人造神碑尊象記　武平二年五月聲木謹案中有銘歌何窮之語後有銘詞四行半五月碑文原作九月十五日等字

伏波將軍石永興等造象記　武平二年聲木謹案碑文字蹟甚少不足稱記二年下碑文原有十一月廿七日六字

馮翊王高潤平等寺碑　武平二年聲木謹案碑文確爲銘頌之體二年碑文原作三年已見羅氏刊誤三年下仍有八月十五日五字

邑義一百人造靈塔記　武平三年十二月聲木謹案十二月下碑文原有十六日三字擴古錄云石藏山東滋陽湯氏家

青州刺史臨淮王象碑　武平四年六月聲木謹案碑文後有銘文四行實爲碑銘六月下碑文原有廿七日三字

等慈寺殘碑　武平五年十月聲木謹案碑文中有育生靈塔之語及後有銘文四行必係造塔殘碑銘碑有陰正書

比邱尼圓照等造彌勒象記　武平六年五月聲木謹案碑文後有比邱尼仲苑題名正書已見李氏校勘記者不錄

都邑師道興造象並古驗方　武平六年六月聲木謹案碑文在古驗方之首上一角與古驗方顯非一事造象上碑文原有合邑人等四字六月下碑文原有朔日二字造象字蹟多草率此獨十二行行十七字字畫工整

游達摩等造象　武平六年聲木謹案游達摩碑文原作游達摩石六年下碑文原有十月十一日五字石在龍門蓮花洞

會善寺宋始興等造象　武平七年十一月聲木謹案碑中文字甚長實爲造象記宋始興下碑文原有合邑一百人等等字十一月下碑文原有廿三日三字攟古錄云石在河南登封

馬天祥等造象記　武平九年聲木謹案碑文字體左行九年下碑文原有二月廿八日五字石似已佚復出近世有流傳拓本

弖祿山宇文公碑　無年月聲木謹案宇文公上碑文原有尙書左僕射并有天統五年八月三日等字

吳洛族供佛碑　無年月聲木謹案碑文原爲吳洛族十五人等造釋迦十堪象碑銘碑有陰正書

洛州鄉城老人佛碑　年月缺存大齊字聲木謹案碑文後有頌

文實爲碑頌年號雖缺猶存十七年正月廿一日等字後齊無十七年之久者惟後魏太和有十七年西魏大統有十七年金石萃編列于後魏似于西魏爲宜

水牛山佛經摩崖　無年月聲木謹案碑文僅五十二字字大逕八寸實與正書爲近碑文首行文云舍利弗汝問云何名佛應依碑文增入舍利二字

後周

王妙暉等五十人造象銘　武成二年二月聲木謹案碑文雖稍長中實無銘詞乃造象記也二月下碑文原有八日二字

王癸生四面造象銘　保定四年王昶金石萃編考爲十二月十五日石舊藏陽湖孫星衍五松園粵匪亂後不知所在

華岳頌　天和二年十月聲木謹案碑文爲万紐于瑾撰万紐于爲三字複姓與北齊侯莫陳悅同瑾乃名也趙文淵碑文原作趙文淵十月下碑文原有十日二字

合邑卌人造象記　天和二年聲木謹案碑文篆篆六行行十字不足稱記卌人下應加等字

譙郡太守曹恪碑　天和五年聲木謹案碑文後有銘文三行實爲碑銘五年下碑文原有十月二字

小鐵山匡喆刻經頌　大象元年八月聲木謹案碑文僅八十字刻于摩崖最高處字大逕五寸石刻中所無拓本亦罕見下註匡喆撰三字與碑目實複出應去之八月下碑文原有十七日三字

小鐵山摩崖殘字八種　無年月聲木謹案此卽佛經題名八種

寧朔將軍孫洽等題名　無年月聲木謹案碑文僅十五字只孫

洽一人此爲小鐵山摩崖殘字八種之一實爲複出應去之碑文亦正書爲近

隋

楊遵義造象銘　開皇三年十二月聲木謹案碑文九行題名四行半並無銘文造象碑文原作爲媳枳𢞁造象

淮安定公趙芬殘碑　開皇五年聲木謹案碑文後有銘文實爲殘碑銘卒葬年月皆泐羅氏刊誤云開皇五年乃除官年月

龍藏寺碑　開皇六年十二月聲木謹案碑額文云恆州刺史鄂國公造是鄂國公造龍藏寺後有銘文四行實爲碑銘十二月下碑文原有五日二字

龍藏寺碑陰　聲木謹案碑額陰有翊軍將軍游愔等題名正書二横列上列八行下列十一行

龍藏寺碑側　聲木謹案左右側均有字應作兩側
千佛山鄧景□造象　開皇七年聲木謹案七年下碑文原有七月十五日五字
邑子□元等造象碑　開皇八年聲木謹案碑文字蹟摩泐文亦寥寥細審實爲造象類八年下碑文原有五月十四日五字
章仇禹生等造象碑　開皇九年聲木謹案九年下碑文原有十二月三字章仇疑複姓禹生其名
造象碑陰　聲木謹案碑文刻佛在金棺上囑累經
千佛山吳□造象記　開皇十年聲木謹案碑文雖六行寥寥僅三四十字不足稱記造象碑文原作造彌陁象十年下碑文原有三月十三日五字
車騎祕書郎張景略墓銘　開皇十一年正月聲木謹案正月下碑文原有二十六日四字石現歸入安陽古蹟保存所

□照禮造象　開皇十一年正月聲木謹案碑文□照禮上原有道民二字正月下碑文原有十五日三字
許道等造象三種　開皇十一年聲木謹案內有一石許字已泐中有道徐爲思及□月十五日等字
建安公構尼寺銘　開皇十一年聲木謹案十一年下碑文原有六月辛酉四字攟古錄藝風堂金石文字目均云石在直隸南宮碑有陰有側並正書
千佛山宋僧海妻張公主造象　開皇十三年聲木謹案十三年下碑文原有四月廿一日五字
千佛山楊文蓋造象　開皇十三年聲木謹案碑文寥寥五行約六十餘字不足稱記楊文蓋下碑文原爲領都人等爲亡父母造彌勒象十三年下碑文原有九月十三日五字
陳思王曹子建廟碑　開皇十三年聲木謹案曹植乃魏人應依全編體例以魏字冠首曹子建應作曹植比干呂望皆稱名不稱字不應于曹植獨異碑文後有銘文五行實爲碑銘
廣應寺張洪亮等造象記　開皇十五年四月聲木謹案碑文雖二十八行每行六七字不等題名已佔十九行僅寥寥六十餘字不足稱記造象碑文原作造□光象四月下碑文原有八日二字
千佛山女花紅等造象　開皇十五年聲木謹案十五年下碑文原有正月十五日五字花紅攟古錄作花仁仍以花紅爲近似
邑子八十人造阿彌陀象銘　開皇十六年三月聲木謹案碑文中並無銘文三月下碑文原有三日二字

宋文彪等造澧水石橋碑　開皇十六年聲木謹案碑文後有銘文七行實爲碑銘碑文中無年月孫氏考爲開皇十六年
行參軍裴悲明等造象記　開皇十□年聲木謹案石在龍門賓陽洞碑文字蹟磨泐確爲造象不足稱記裴悲明碑文原作裴慈明十□年碑文原作十□年歲在乙卯□月四日等字乙卯爲開皇十五年
海陵郡公賀若誼碑　無年月聲木謹案碑文後有銘文四行實爲碑銘碑中著明年月爲開皇十六年八月廿二日
青州舍利塔下銘　仁壽元年十月聲木謹案石已缺右下一角青州下碑文原有勝佛寺三字十月下碑文原有十五日三字石後歸滿州托活洛氏現不知所在
鄧州舍利塔下銘　仁壽二年四月聲木謹案鄧州下碑文原有

興國寺三字四月下碑文原有八日二字

河東郡首山舍利塔碑　仁壽二年聲木謹案此碑刻本有二一二年立在河南閿鄉一四年立在山西永濟文字皆同未知當日所以立二碑之故首山下碑文原有栖巖道場四字後有頌文五行實爲碑頌

鄭州刺史李淵爲子造象記　大業元年五月聲木謹案碑文字蹟磨泐不易辨識

李淵爲子祈疾疏　大業元年十一月聲木謹案碑末有二行一云沙門壽金重刊一云鄭州刺史世亨重刊林侗考爲元寺僧重刊爲子下碑文原有世民二字石後歸滿州托活洛氏

遵德鄉磚文　大業三年聲木謹案遵德鄉下磚文原有故人郭雲銘五字

陳叔毅修孔子廟碑　大業七年七月聲木謹案碑文後有銘文　行實爲碑銘七月下碑文原有二日二字

成都李子贇造象　大業十一年聲木謹案石在龍門賓暘洞字蹟磨泐贇字未確下半是女字造象碑文原作造觀音象四月已見李氏校勘記下仍有廿五日三字

泰興梁伯仁造象記　大業十三年七月聲木謹案石在龍門賓暘洞實造象類不足稱記泰興碑文原作興泰造象碑文原作造釋迦象七月下碑文原有十五日三字

青州默曹碑陰　聲木謹案尚有碑側正書

王昨造無量壽佛象碑　無年月聲木謹案王昨上碑文原有故人二字佛字碑文原無

唐

秦王告少林寺主教　武德四年四月聲木謹案碑文刊于開元十六年七月十五日在嵩嶽少林寺碑銘上截四月下碑文原有卅日三字

宗聖觀記　武德九年二月聲木謹案此碑爲歐陽詢撰序並八分書二月下碑文原有十五日三字碑側有金元人題記

孔子廟堂碑　武德九年十二月聲木謹案此本俗呼東廟堂實爲碑銘虞世南撰正書碑文原作臣虞世南奉勅撰並書十二月下碑文原有廿九日三字

又　宋王彥超重刊聲木謹案此本俗呼西廟堂石在西安府學重刊碑文原作再建

隋皇甫誕碑　無年月當在貞觀初聲木謹案皇甫誕上碑文原有杜國宏義明公等字後有銘文　行實爲碑銘顧炎武考爲

貞觀初立碑

贈徐州都督房彥謙碑　貞觀五年三月聲木謹案碑文原有徐州刺史臨淄定公等官爵後有銘文　行實爲碑銘三月下碑文原有二日二字

房彥謙碑側　聲木謹案撰文書丹名氏及立碑年月皆刊于此

化度寺邕禪師舍利塔銘　貞觀五年十一月重摹本聲木謹案陝西長安府學海甯陳氏吳縣吳氏均有重摹本十一月下碑文原有十六日三字

九成宮醴泉銘　貞觀六年四月聲木謹案四月下碑文原有旬有六日四字

虞恭公溫彥博碑　貞觀十一年十月聲木謹案十月碑文原作六月四日

龍門山明相等造七佛二菩薩象　貞觀十一年聲木謹案石在
龍門波窰十一年碑文原作十二年八月廿六日
龍門山信女王吉祥造象　貞觀十三年聲木謹案石在龍門老
龍洞十三年下碑文原有八月五日四字
睦州刺史張琮碑　貞觀十三年二月聲木謹案碑文字蹟磨泐
額及首行字均佚後有銘文實爲碑銘二月下碑文原有十一
日三字
左屯衛將軍姜行本紀功碑　貞觀十四年閏六月聲木謹案碑
文後有銘文實爲碑銘閏六月下碑文原有廿五日三字碑左
側有題名二行
伊闕佛龕碑　貞觀十五年十一月聲木謹案石在龍門賓暘洞
撰書人名氏久泐均見北宋歐陽修集古録中

褒國公段志元碑　貞觀十六年聲木謹案十六年下碑文原有
□月十八日等字
龍門山楊僧威造象　貞觀十八年聲木謹案石在龍門賓暘洞
十八年下碑文原有八月廿四日五字
龍門山洛陽宮留守閻武蓋造象　貞觀十□年聲木謹案石在
龍門賓暘洞字蹟磨泐不易辨識造象碑文原作造彌陁象十
□年碑文原作十四年下仍有十月廿五日五字
龍門山張世相造象　貞觀二十年聲木謹案石在龍門蓮花洞
張世相碑文原作張世祖下原有夫妻兒女等字二十年下碑
文原有三月二日四字
龍門山韓文秬造石龕記　貞觀二十年聲木謹案石在龍門賓
暘洞伊闕寺韓文秬碑文原作韓文雅秬韓文疑複姓仍有及
妻唐等字並非一人二十年下碑文原有五月五日四字
龍門山嵩陽縣丞慕容敬造象　貞觀二十一年聲木謹案石在
龍門賓暘洞造象碑文原作造彌陁象二十一年下碑文原有
三月六日四字
申文獻公高士廉塋兆記　無年月碑云薨于貞觀二十一年正
月聲木謹案碑文雖云薨于貞觀二十一年二月廿□日正月
碑文原作二月而碑文中有云特令配享太宗廟廷則立碑之
時決非貞觀明矣
晉祠銘　貞觀二十一年七月聲木謹案碑額陰刻貞觀廿年正
月廿六日飛白書九字前人云亦太宗書
晉祠碑陰　聲木謹案碑左右側均有題名
屏風碑　無年月宋嘉泰間刻石聲木謹案碑文字蹟七截原文

僅三行後皆宋元人題記南宋祝寬夫言唐會要貞觀十四年
四月二十二日上自爲眞草書屏風以示羣臣云云碑爲南宋
嘉泰四年十月望日王允初摹刊本碑陰刻餘杭縣年表正書
碑兩側刻王允初年表刻石題記陳洵直八分書
龍門山思順坊老幼等造象記　貞觀二十二年四月聲木謹案
碑文後有銘文五行實銘也非記也造象碑文原作造彌勒象
二十二年碑文原作二十三年四月下碑文原有八日二字
國子祭酒孔穎達碑　貞觀二十二年聲木謹案二十二年下碑
文原有九月□八日等字南豐趙世駿藏謝安山宋拓半截本
蜀王師蓋文達碑　貞觀二十三年聲木謹案碑文字蹟磨泐藝
風堂金石文字目云碑文爲李仁和正書後有銘文實爲碑銘
蓋文達碑陰　聲木謹案碑文四面環刻陰刊人名氏

蓋文達碑側　聲木謹案左右側均有字碑銘卽在左側
晉州刺史裴□□碑　貞觀二十三年聲木謹案碑文字蹟磨泐裴□□碑文原作裴義撰書人名氏皆泐孫氏据寶刻類編錄撰文名氏漏落褚遂良正書五字
隋文州總管陸讓碑　貞觀二十七年聲木謹案碑文字蹟磨泐後有銘文實爲碑銘攟古錄于某年下增十一月廿六日六字藝風堂金石文字目云石在陝西三原
梁文昭公房元齡碑　無年月聲木謹案碑文字蹟磨泐羅振玉昭陵碑錄考爲貞觀廿□年七月□□日大興李在銛臧元翰林國史院宋拓半截本後歸吉林趙爾巽溺于川江
洛陽鄉望父老卅人等造象記　永徽元年聲木謹案石在龍門賓暘洞碑文後有銘文三行是銘非記中又有大象主王師德等字

龍門山孟惠造象　永徽二年聲木謹案石在龍門賓暘洞碑文云孟惠母侯客兒造阿彌陁象二年下碑文原有四月廿六日五字
信女朱王年造象　聲木謹案石在龍門樂芳窰碑文字小如豆甚磨泐朱王年碑文原作朱玉年造象碑文原作造彌陁象碑文原有永徽元年正月廿三日等字此碑年月不知孫氏當日何以失載藝風堂金石文字目著錄龍門造象甚完備不知何以獨遺此種
房仁裕母李夫人神道碑　永徽三年二月聲木謹案碑文上下均缺佚後有銘文實爲碑銘二月下碑文原有十五日三字攟古錄云石在陝西醴泉

龍門山王貴造象　永徽三年聲木謹案石在龍門樂芳窰碑文字蹟甚磨泐碑文原爲王貴爲七代父母造象藝風堂金石文字目亦無此種
王寶英造象　永徽三年聲木謹案石在龍門樂芳窰碑文原爲王寶英妻張造觀世音象三年下碑文原有四月八日四字
信女趙善勝造象　永徽三年聲木謹案石在龍門樂芳窰造象碑文原爲造觀世音象三年下碑文原有八月廿七日五字
楊行□造象　永徽三年聲木謹案石在龍門樂芳窰碑文原爲楊行□爲慈母造釋迦象三年下碑文原有四月二字
王師亮造象　永徽四年聲木謹案石在龍門樂芳窰碑文原爲王師亮爲亡兄造彌陁象亡字旁註四年下碑文原有八月十日四字

周智冲造象　永徽四年聲木謹案石在龍門蓮花洞造象碑文原作造彌陁象四年下碑文原有十月八日四字
三藏聖教序並記　永徽四年十二月聲木謹案碑文在慈恩寺序記原刊二碑分嵌雁塔門東西兩傍俗呼雁塔聖教太宗御製序高宗御記十二月下碑文原有十日二字
萬年宮銘　永徽五年五月聲木謹案五月下碑文原有十五日三字
萬年宮碑陰諸臣題名　永徽五年聲木謹案碑陰中並無紀年碑額陰有熙寧戊申王竦題名正書左行
信女韓敬□造象　永徽五年聲木謹案石在龍門老龍洞敬□碑文原作敬造應去之五年下碑文原有三月十四日五字
參軍辛崇敏造象　永徽五年聲木謹案石在龍門老龍洞參軍

上碑文原有行雍州司□等字五年下碑文原有五月廿日四
字
潁川定公韓仲良碑　永徽六年三月聲木謹案碑文上截字蹟
磨泐下截完好三月下碑文原有十四日三字
汾陰獻公薛收碑　永徽六年八月聲木謹案碑文字蹟磨泐八
月下碑文原有三日二字
龍門山張元德造象　永□□年聲木謹案石在龍門老龍洞中
截字磨泐碑文有及妻宋造彌陁象等字並非一人
龍門山宋海寶造象　顯慶元年聲木謹案石在龍門老龍洞碑
文原爲宋海寶妻緒造彌陁象元年下碑文原有四月十一日
五字
李智海造象　顯慶元年聲木謹案石在龍門老龍洞元年下碑

文原有二月廿三日五字
信女趙善□造象　顯慶元年聲木謹案石在龍門樂芳窰碑文
字蹟磨泐趙善□碑文原作趙善勝造象碑文原作造觀世音
象元年下碑文原有六月十日四字藝風堂金石文字目獨無
此種
化度寺僧海禪師方墳記　顯慶二年四月聲木謹案四月下碑
文原有八日二字
三藏聖教序並記　顯慶二年十二月聲木謹案十二月下碑文
原有十五日三字
封曾客造象　顯慶二年聲木謹案石在龍門波窰碑文原爲孝
子封曾客爲亡父母造釋迦象二年下碑文原有九月廿五日
五字

禮部尚書張允碑　顯慶三年正月聲木謹案碑文字蹟磨泐正
月下碑文原有七日二字葬時無年月此乃卒時年月撰文人
名氏見復齋碑録
衛景武公李靖碑　顯慶三年五月聲木謹案碑文字蹟磨泐撰
書人名氏均見游師雄題記中紀年見顧炎武金石文字記並
無五月二字碑陰有北宋元祐四年二月六日游師雄題記正
書
王居士磚塔銘　顯慶三年十月聲木謹案十月下碑文原有十
二日三字朱楓雍州金石記云石舊在西安府城南百塔寺爲
人取去云云後斷爲數塊原石復佚
信法寺彌陁象碑　顯慶三年聲木謹案碑文爲鄭萬英所撰後
有銘文五行實爲碑銘三年下碑文原有四月八日四字碑有

陰及兩側均題名正書
漁洋郡君李氏造龕銘　顯慶四年六月聲木謹案此卽爲豫州
司功參軍王有□造龕銘孫氏因碑文中有考明威將軍及妣
漁洋郡君誤錄碑文爲友方修所撰六月下碑文原有十四日
三字
紀功頌　顯慶四年十月聲木謹案十月原作八月已見羅氏刊
誤下仍有十五日三字
蘭陵長公主碑　顯慶四年十月聲木謹案碑文撰書人名氏皆
磨泐十月下碑文原有廿九日三字
夫人程氏塔銘　顯慶四年聲木謹案碑石失去一角後復佚去
顯慶四年碑文原作龍朔元年下原有十月五日四字
龍門山王行寶造象　顯慶五年四月聲木謹案石在龍門波窰

王行寶上碑文原有紀王典衛四字造象碑文原作造觀世音
象四月下碑文原有廿日二字
平百濟碑　後半缺不見年月當在顯慶五年聲木謹案石在朝
鮮國扶餘縣南二里道旁原刻石塔之上平百濟碑文原作平
百濟國碑文中明有顯慶五年八月十五日等字
龍門山劉□于等龕內造象　顯慶五年聲木謹案石在龍門波
窰劉□于碑文原作劉□□造象碑文原作造彌陁象五年下
碑文原有二月十日四字
龍門山楊君植造象　顯慶五年聲木謹案石在龍門波窰楊君
植上碑文原有禦侮副尉四字造象碑文原作造彌陁象五年
下碑文原有七月廿日四字
龍門山內侍省事王令辭等造象　顯慶五年聲木謹案內侍省

事碑文原作內侍省□事五年下碑文原有正月一日四字
龍門山信女徐大造象　顯慶五年聲木謹案五年下碑文原有
十一月廿四日六字
僧善德造彌勒象　顯慶五年聲木謹案石在龍門賓暘洞僧字
上碑文原有昭覺寺三字五年下碑文原有四月八日四字
張公敢造象　顯慶五年聲木謹案張公敢碑文原作張公嚴五
年下碑文原有三月廿三日五字
岱嶽觀郭行眞題名　顯慶六年二月聲木謹案碑文共分　截
此在第一層前截碑文中仍有陳蘭茂等人並非一人碑文原
作行道並造象記並非題名之類二月下碑文原有廿二日三
字
龍門山劉典豐造象　顯慶六年聲木謹案石在龍門波窰劉典

豐上碑文原有張道家人四字造象碑文原作造彌陁象六年
下碑文原有七月卅日四字

寰宇訪碑錄校勘記卷四

廬江劉聲木十枝撰

唐

石窟寺造象　龍朔元年四月聲木謹案碑文寥寥五十二字石窟寺下碑文原有楊元軌妻王五字造象碑文原作造釋迦无牟佛象四月下碑文原有八日二字

龍門山張□造象　龍朔元年聲木謹案石在龍門孝昌窰張□碑文原作張婆元年下碑文原有九月廿三日五字

李元弈造象　龍朔元年聲木謹案石在龍門波窰字畫甚工整不似他造象之潦草李元弈下碑文原有兄弟等三字造象碑文原作造彌陁象元年下碑文原有三月八日四字

六祖墜腰石題字　龍朔元年聲木謹案碑文大字八分書餘正

書中題七言三韵詩一首並非題字

左監門將軍許洛仁碑　龍朔二年十一月聲木謹案十一月下碑文原有十七日三字

劉元禮造象　龍朔二年聲木謹案石在龍門賓暘洞劉元禮上碑文原有周王府戶曹五字亦非劉元禮一人造象碑文原作造彌陁象二年下碑文原有正月廿日四字

李君懷造象　龍朔二年聲木謹案石在龍門老龍洞字蹟磨泐不易辨識李君懷碑文原作李君懷妻造象碑文原作造彌陁象二年下碑文原有七月十五日五字

楊□造象　龍朔二年聲木謹案石在龍門蓮花洞楊□碑文原作□□郎楊□□造象碑文原作造盧舍那象二年下碑文原有□月十四日等字

左戎衞大將軍杜君綽碑　龍朔三年二月聲木謹案碑文字蹟磨泐二月下碑文原有十八日三字藝風堂金石文字目云碑文爲李儼撰

三藏聖教序並記　龍朔三年六月碑陰有宋人題名聲木謹案碑陰有宋人題名七段元人題名三段俗稱同州聖教六月下碑文原有廿三日三字

道因法師碑　龍朔三年十月聲木謹案道因上碑文原有多寶寺三字十月下碑文原有十日二字

騎都尉李文墓志　麟德元年二月聲木謹案二月下碑文原有十八日三字

孫文才造石象記　麟德元年九月聲木謹案碑文行書非正書九月下碑文原有廿日二字

龍門山内給事馮士良造象　麟德二年聲木謹案石在龍門賓暘洞二年下碑文原有四月八日四字

陳貞□造象　麟德二年聲木謹案石在龍門賓暘洞陳貞□碑文原作陳貞存爲父母等造象二年下碑文原有七月七日四字

燕公于志甯碑　乾封元年十一月聲木謹案碑文下半磨泐撰書人名氏及年月均見顧炎武金石文字記

司列主事許大德造象　乾封元年聲木謹案石在龍門蓮花洞許大德下碑文原有並妻楊三字造象碑文原作造彌陁象元年下碑文原有七月十五日五字

紀國先妃陸氏碑　乾封元年十二月聲木謹案十二月下碑文原有□九日等字二月二字磨泐

張開疆供佛碑　乾封二年九月聲木謹案此碑文字實爲造象碑文中明言抽割衣貲造阿彌陀象又有尹氏女及女苟兒等字並非一人九月下碑文原有三日二字

孟乾緒造彌陁象　乾封三年聲木謹案石在龍門賓暘洞孟乾緒上碑文原有□□縣東面副監等字三年下原有三月二字

信女陰□造象　總章元年聲木謹案石在龍門老龍洞

王无㝵造彌陁象　總章元年聲木謹案石在龍門蓮花洞

王合造象　總章元年聲木謹案石在龍門蓮花洞造象碑文原作造彌陁象元年下碑文原有九月八日四字

王尹農造象　總章元年聲木謹案石在龍門蓮花洞造象碑文原作造彌陁象元年下碑文原有四月八日四字

信女王元□造象　總章元年聲木謹案石在龍門蓮花洞王元□碑文原作王元藏造象碑文原作造彌陁象元年下原有六月二字

法藏尙寺造地藏象　總章二年聲木謹案石在龍門老龍洞字蹟磨泐文義亦不可盡曉殆石工所爲二年下碑文原有八月八日四字

姜義琮造象　總章二年聲木謹案石在龍門老龍洞二年下碑文原有七月十五日五字

孙獨造象　總章二年聲木謹案石在龍門老君洞此種爲造象之別種碑文云孙獨爲妻魏失身失明作歎詞云云爲造象中所未見藝風堂金石文字目以孙獨歎詞四字著録二年下碑文原有十月二字

道安禪師塔銘　總章三年二月聲木謹案碑中並無銘文實爲塔志舊在長安百塔寺後歸滿洲托活洛氏二月下碑文原有十五日三字

左武衞大將軍淄川公李孝同碑　咸亨元年五月聲木謹案碑文首行大半磨泐書人名氏見金石録五月下碑文原有廿四日三字

李義豐等造象銘　咸亨元年十二月聲木謹案碑文雖十一行每行三四五字不等寥寥四五十字不足稱記並無銘文碑文中僅李義豐一人造象碑文原爲造彌勒象十二月下碑文原有廿二日三字羅氏重録此碑云上元李氏藏石

隋故騎都尉司馬興墓志　咸亨元年聲木謹案隋字下故字應去以符全編體例元年下碑文原有十月四日四字石後歸滿洲托活洛氏碑本兩面刻碑文原有文字十四行。

碧落碑　咸亨元年聲木謹案此卽李訓造大道天尊象記俗呼碧落碑訓誼原爲二人碑文云哀子李訓等篆書

內侍汶江縣侯張阿難碑　咸亨二年九月聲木謹案九月下碑文原有廿日二字僧普昌昌字已泐孫氏蓋據他書著録

龍門山王一孃造象　咸亨二年聲木謹案石在龍門老君洞王一孃碑文原作王二孃造象碑文原作造菩薩象二年下碑文原有九月二字

少林寺金剛經　咸亨三年十月聲木謹案石斷爲二十月下碑文原有三日二字

三藏聖教序記並心經　咸亨三年十二月聲木謹案碑文分三截前截爲聖教序中截爲皇帝在春宮述三藏聖記末截爲多心經明季中葉斷爲二截下截又缺佚十二月下碑文原有八

日二字
鄭惠王造石塔記　咸亨四年十月聲木謹案十月下碑文原有八日二字
龍門山僧惠簡造彌勒象　咸亨四年十一月聲木謹案石在龍門路邊僧惠簡上碑文原有西京海寺四字十一月下碑文原有七日二字
大德寺碑　上元元年秋聲木謹案石在鴻慶寺即唐之大德寺玩其文義乃造象並建彌勒閣碑銘後有銘文七行下截爲齋主題名元年下碑文原作□秋之月滿日之日八字
孝敬皇帝叡德碑　上元二年八月聲木謹案碑文下截磨泐損字幾及全碑之半八月下碑文原有十九日三字
龍門山宣義郎周遠志等造彌陁象銘　上元二年十二月聲木謹案碑中並無銘文造彌陁象銘碑文原作造彌陁象文碑十二月下碑文原有八日二字碑文末行下截有庚申年四月七日吳進題名正書

薛公阿史那忠碑　上元二年十二月聲木謹案十二月原作十月已見李氏校勘記十月下碑文原有十五日三字
信女侯□造象　上元二年聲木謹案石在龍門樂芳窰侯□碑文原作侯爲亡男造象碑文原作造觀音象二年下碑文原有正月二日四字
王仁恪造象　上元二年聲木謹案石在龍門雙窰王仁恪下原有爲七代父母等等字造象碑文原作造彌陁象二年下碑文原有三月十五日五字
攝山棲霞寺明徵君碑　上元三年四月聲木謹案四月下碑文原有廿五日三字
信女王婆造象　上元三年聲木謹案石在龍門雙窰造象碑文原作造觀音象三年下碑文原有二月日三字
趙婆造象　上元三年聲木謹案石在龍門雙窰趙婆上碑文原有淸信女三字造象碑文原作造觀音象三年下碑文原有十月廿四日四字
周豫州刺史杜□墓志　儀鳳二年五月聲木謹案碑文後有銘文一行實爲墓志銘碑文中名字皆空白原以待其曾孫善達等自行塡寫書丹勒石時在北周北齊將亡之時未及勒石迨至唐初其曾孫等當久已去世後來孫元不能知其名字故碑中如此周字上應依卷一體例增爲後周二字五月下碑文原有七日二字攟古録云石在河南葉縣未知孰是

修孔子廟詔表　儀鳳二年七月聲木謹案高祖高宗詔各一碑文中實太宗詔非高祖詔祭文一實爲高宗祭文應註明
贈太尉英貞武公李勣碑　儀鳳二年十月聲木謹案十月下碑文原有六日二字碑有陰爲王持正書
潤州仁靜觀魏法師碑　儀鳳二年十一月聲木謹案孫氏雖依碑文首行字著録然後有銘文五行實爲碑銘碑文中雖云以上元三年六月十三日安厝上元只有二年三年即儀鳳元年並非二年十一月碑文原作六月十三日張德寧碑文原作張德言攟古録藝風堂金石文字目均云石在江蘇丹徒因碑文中有潤州二字金石家所列地址類此者甚多未可爲據
龍門山蘇州長史崔元久造象　儀鳳二年聲木謹案石在龍門路邊崔元久碑文原作崔元慶並有妻盧二字二年下碑文原

有五月十五日五字

陳外生造阿彌陁象　儀鳳二年聲木謹案石在龍門樂芳窰二年下碑文原有十月二日四字

岱岳觀道士葉法善設醮記　儀鳳三年三月聲木謹案碑文在郭行眞行道並造象記第二層後截碑文原爲設醮並造象記三月下碑文原有三日二字

李萬通造彌勒象記　儀鳳三年七月聲木謹案碑文寥寥六十九字不足稱記實造象類不必盡依碑文李萬通應依碑文作李通等七月下碑文原有十七日三字

淸明寺尼八正造象　儀鳳三年聲木謹案石在龍門雙窰尼字上碑文原有比邱二字三年下碑文原有三月九日四字

劉寶妻范□造藥師象　儀鳳三年聲木謹案石在龍門樂芳窰

劉寶碑文原作劉寶散三年下碑文原有五月廿七日五字

棲霞寺講堂佛鐘經碑　儀鳳四年四月聲木謹案四月下碑文原有八日二字

龍門山元昭造象　調露二年聲木謹案石在龍門萬佛洞造象碑文原作造觀音象二年下碑文原有七月十五日五字

張感仁等造象　調露二年聲木謹案石在龍門路邊碑文雖寥寥五行字蹟甚工整造象中罕見造象碑文原作造彌陁象二年下碑文原有二月二字

胡處貞造象　調露二年聲木謹案石在龍門萬佛洞二年下碑文原有七月十五日五字藝風堂金石文字目著録龍門造象甚富此種竟失載

李君瓚造象　調露二年聲木謹案石在龍門王祥窰造象碑文原作造觀音象二年下碑文原有六月卅日四字藝風堂金石文字目亦無此種

龍門山處貞造彌勒象　永隆元年聲木謹案石在龍門萬佛洞元年下碑文原有九月卅日四字

林因□造象　永隆元年聲木謹案石在龍門萬佛洞林因□碑文原作林因果造象碑文原作造彌勒象元年下碑文原有十一月廿日五字

胡宏實造象　永隆元年聲木謹案石在龍門萬佛洞胡宏實下碑文原有合家二字造象碑文原作造菩薩象元年下碑文原有十一月廿九日六字

比邱尼眞智造觀音象　永隆二年聲木謹案石在龍門萬佛洞比邱尼上碑文原有儀鳳寺三字二年下碑文原有五月八日

四字

侯元熾造象　永隆二年聲木謹案石在龍門萬佛洞造象碑文原作造彌陁象二年下碑文原有四月八日四字

比邱尼智隱造象　永隆二年聲木謹案石在龍門萬佛洞造象碑文原作造釋迦象二年下碑文原有四月八日四字

崔懷儉造象　永隆二年聲木謹案石在龍門萬佛洞崔懷儉上碑文原有房山二字造象碑文原作造觀世音象二年下碑文原有正月廿日四字

開業寺碑　開耀二年二月聲木謹案碑文後有銘文四行實爲碑銘金石萃編云元氏縣無開業寺惟欒城縣有乃元泰定中所建二月下碑文原有八日二字

龍門山□□爲父任州北陽令造象　年月泐聲木謹案石在龍

門路邊碑文字蹟磨泐□□碑文原作蘇錥任州碑文原作任唐州造象碑文原作造釋迦象碑中並有永淳元年十二月十一日等字

覺意寺尼好因造象　永淳二年聲木謹案石在龍門萬佛洞二年下碑文原有九月八日四字

武后少林寺詩及書　永淳二年九月聲木謹案九月下碑文原有廿五日三字

乾隆述聖記　文明元年八月聲木謹案石已斷裂成爲數段明趙崡石墨鐫華云萬歷時已只存兩段俗呼上下截碑至國朝又只存上段字蹟仍磨泐撰書人名氏及年月均見金石録

龍門山趙奴子造象　文明元年聲木謹案石在龍門路邊趙奴子上碑文原有明唐縣人四字元年下碑文原有四月八日四

字

奉仙觀老君石象碑　垂拱元年十二月聲木謹案十二月下碑文原有四日二字

王徵君臨終口授銘　垂拱二年四月聲木謹案臨終口授銘即墓志銘別名碑文云季弟紹宗甄録王紹宗碑文原作季弟紹宗甄録即撰文別名

左鈐衛將軍薛國史公造象　垂拱二年聲木謹案石在龍門火燒窰薛國史公下碑文原有夫人李氏四字二年下碑文原有十二月八日五字

張師滿造象　垂拱二年聲木謹案石在龍門萬佛洞造象碑文原作造彌陁象二年下碑文原有二月十日四字

蘇伏寶造象　垂拱二年聲木謹案石在龍門雙窰碑文原作爲七世父母造象二年碑文原作三年並有二月十六日五字

劉孝光造象　垂拱三年聲木謹案石在龍門路邊造象碑文原作造彌陁象三年下碑文原有□月八日等字

戴婆造象　垂拱三年聲木謹案石在龍門雙窰碑文中非只戴婆一人三年下碑文原有二月十六日五字

僧思亮等造象　垂拱二年聲木謹案石在龍門火燒窰二年碑文原作三年並有正月十五日五字

朝請大夫劉志榮造龕　垂拱三年聲木謹案石在龍門樂芳窰碑文云劉必志榮疑必名志榮字劉必上碑文原有行台州長史五字造龕碑文原作造龕象三年下碑文原有九月廿三日五字

□孝節造阿彌陁象　垂拱三年聲木謹案石在龍門雙窰所造

非止一象應依碑文增一等于象字上三年下碑文原有四月八日四字

薛福造象　垂拱三年聲木謹按石在龍門雙窰碑文中有妻韓什柱男子右等人原爲亡父母造象三年下碑文原有二月十六日五字

兗州都督府曹路敬替造象　垂拱三年聲木謹案石在龍門敬善寺兗州都督府曹碑文原作兗州都督府戶曹路敬替碑文原作路敬潛下仍有妻范陽盧氏等字造象碑文原作造地藏象三年下碑文原有三月五日四字

魏夫人祠碑陰　刻宋元題名七段聲木謹案碑文中刻宋人題名四段金人題名一段元人題名二段均正書碑側有北宋題名二段

美原神泉詩序　垂拱四年四月聲木謹案碑文爲夏日游美原神泉詩序

美原神泉詩　垂拱四年四月卽前碑之陰聲木謹案碑文爲同韋子游美原神泉詩並序

宣州刺史陶大舉德政碑　永昌元年二月聲木謹案碑文字蹟磨泐二月下碑文原有十三日三字

朝請大夫雷府君墓志　永昌元年聲木謹案朝請大夫碑文原作朝議大夫

邛州刺史狄知愻碑　載初元年正月聲木謹案碑文下半磨泐缺損

右虞侯副率乙速孤神慶碑　載初二年二月聲木謹案碑文有歲次庚寅等字庚寅爲天授元年

岱岳觀馬元貞投龍齋醮並造象記　天授二年二月聲木謹案與長安元年十二月廿三日趙敬造象記同列一石此在碑陰第一層首段石實在山東泰安二月下碑文原有十日二字

龍門山張元福造象　天授二年聲木謹案石在龍門雙窰二年下碑文原有三月卅日四字

蔡大孃造象　天授二年聲木謹案石在龍門雙窰蔡大孃下碑文原有爲七代父母等字二年下碑文原有二月十四日五字

龍門山丁君舜造象　如意元年聲木謹案石在龍門雙窰丁君舜碑文原作丁義舜造象碑文原作造彌陁象元年下碑文原有閏五月五日五字

石窟寺造象　延載元年二月聲木謹案此卽任義和等造橋碑銘並非造象石缺上下截僅存中段復碎爲二而左右又有缺損二月下碑文原有廿五日三字

石窟寺造象　延載元年八月聲木謹案碑文首行末云西方淨土堂銘後有銘文六行並非造象碑文上截磨泐數十字八月下原有廿九日三字

達奚靜造象　延載元年聲木謹按石在龍門路邊元年下碑文原有五月十五日五字

淨土堂銘　無年月聲木謹案石窟寺造象卽西方淨土堂銘

封祀壇碑　萬歲登封元年十一月聲木謹案碑文下截磨泐亡其年月孫氏著錄蓋据寶刻類編十二月誤作十一月

馮善廓造浮圖銘　萬歲通天二年四月聲木謹按馮善廓下碑文原有廿餘人等四字碑文行書非正書四月下碑文原有拾肆日三字

珍州榮德縣丞梁師亮墓志　萬歲通天二年七月聲木謹案石碎爲四塊每塊下截各缺佚數十字末塊下截殘毁尤甚碑文後有銘文實爲墓志銘七月下碑文原有二日二字

岱岳觀道士孫文儁造象記　萬歲通天二年聲木謹案碑文在郭行眞行道並造象記第一層後截碑文原作行道並造象記二年下碑文原有肆月伍日四字

割牛溝小石橋碑　聖曆元年八月聲木謹案聖曆元年碑文原作證聖元年卽天册萬歲元年八月下碑文原有二日二字

岱岳觀道士桓道彦等造象銘　聖曆元年十二月聲木謹案碑文原爲五層此在第一層碑中並無銘文實造象類造象銘碑文原作造等身老君象十二月下碑文原有貳日二字

中嶽體元先生潘尊師碣　聖曆二年二月聲木謹案潘尊師卽

潘師正應以人名入錄以符全編體例二月下碑文原有八日二字

昇仙太子碑　聖歷二年六月聲木謹案六月下碑文原有十九日三字

昇仙太子碑陰　聲木謹案孫詿又武后游仙篇薛曜書應依碑文作薛曜正書

明堂令于大猷碑　聖歷三年十一月聲木謹案碑文字蹟磨泐大半右角上截缺佚十一月下碑文原有十二日三字

鴻慶寺碑　聖歷□年聲木謹案畢沅中州金石考考爲聖歷元年元年下碑文原有□月初三日等字

夏日游石淙詩並序　久視元年五月聲木謹案碑文摩崖刊于平樂澗之北岩五月碑文原作二月下原有十九日三字

秋日宴石淙序　久視元年聲木謹案碑文摩崖刊于平樂澗之南岩碑文中無書人名氏及年月與夏日游石淙詩並序字蹟並相同故孫氏註薛曜正書

岱岳觀道士麻慈力齋醮記　久視二年二月聲木謹案碑文在郭行眞行道並造象記第二層前截二月碑文原作正月下原有二日二字

大雲寺皇帝望祚碑　大足元年五月聲木謹案五月下碑文原有十五日三字

龍門山閣門冬造象　大足元年聲木謹案石在龍門雷鼓臺造象碑文原作造菩提象元年下碑文原有三月八日四字

岱岳觀道士趙敬造象記　長安元年十二月聲木謹案碑文在馬元貞投龍簡齋醮並造象記碑陰第二層碑文云趙敬等齋醮並造象記不止趙敬一人非僅造象十二月下碑文原有廿三日三字

周順陵殘碑　長安二年正月今存三石一在縣治二在儒學一在縣民竇氏聲木謹案原石仆于明萬歷四十三年地震後縣令取其碎石修河原石遂亡海寧查氏有宋拓本全文重摹本朱楓雍州金石記云石存三段均移置本地縣署內後有道光廿八年姚國齡題記八分書記載甚詳諸家皆未載撰書人名氏見寶刻類編

華塔寺高延貴造象贊　長安三年七月聲木謹案雍州金石記云石在西安府城內華塔寺塔上石佛座下所有華塔寺造象均在此處碑文爲四六文字乃記體決非贊頌之體造象碑文原作造彌陀象七月下碑文原有十五日三字

華塔寺韋均造象銘　長安三年九月聲木謹案韋均上碑文原有富平縣丞四字九月下碑文原有三日二字

華塔寺蕭元眘造象記　長安三年九月聲木謹案蕭元眘上碑文原有揚子縣令四字碑文後有贊文四行造象記碑文原作造彌勒象贊九月下碑文原有十五日三字

華塔寺李承嗣造象記　長安三年九月聲木謹案碑文僅八十七字後有銘文五行銘體非記體造象記碑文原作造彌陀象銘九月下碑文原有十五日三字

華塔寺姚元之造象記　長安三年九月聲木謹案姚元之上碑文原有相王府長史五字後有銘文八句實爲造象銘九月下碑文原有廿五日三字

華塔寺梁義深等造象記　無年月似亦同時所刻聲木謹案梁

義深上碑文原有鎭軍大將軍五字碑文並非記體實爲造象

杜夫人墓志　長安三年十月聲木謹案杜夫人上碑文原有司稼寺卿□□□等字後有銘文四行實爲墓志銘碑文正書非行書十月下碑文原有十五日三字石後歸滿洲托活洛氏

信法寺張黑刀等造眞容象碑　長安三年聲木謹案碑文下段磨泐有缺佚三年下碑文原有七月十五日五字

中山郡王隆業造觀世音象　長安四年三月聲木謹案石在龍門路邊三月下碑文原有廿七日三字

衛州共城縣百門陂碑　長安四年九月聲木謹案九月下碑文原有九日二字

百門陂碑陰　聲木謹案上截刻祈雨記下截刻贈詩

岱岳觀道士周元度等題名　長安四年九月聲木謹案碑文在道士桓道彦等造老君象第二層碑文實爲齋醮記並非題名

張淩撰文並正書九月下碑文原有捌日二字

姚元景光宅寺造象銘　長安四年九月聲木謹案姚元景上碑文原有司農寺丞四字九月下碑文原有十八日三字

岱岳觀阮孝波等題名　長安四年十一月聲木謹案碑文在郭行眞行道並造象記第三層碑文原爲邢虛應等投龍齋醮並造象記阮孝波名在第二亦決非題名十一月下碑文原有十五日三字

陳昌宗造象　長安四年聲木謹案石在龍門蓮花洞造象碑文原作造彌陁象四年下碑文原有□月廿三日等字

陳暉造象　長安四年聲木謹案石在龍門老君洞碑文原爲爲七世父母造象四年下碑文原有二月廿四日五字藝風堂金石文字目此種失載

金剛經並心經　無年月中有武后制字聲木謹案碑文中又有尊勝陁羅尼經正書

陀羅尼經殘碑　年月泐中有武后制字僅存上截聲木謹案陁羅尼經碑文原作陁羅尼呪碑文中並無武后制字

寰宇訪碑録校勘記卷五

盧江劉聲木十枝撰

唐

岱岳觀造象記　神龍元年三月聲木謹案碑文在馬元貞投龍齋醮並造象記第三層前截碑文原作宏道觀法師阮孝波等齋醮投龍並造象記劉琇良正書三月下碑文原有廿八日三字

馬青村范洪恩造象　神龍二年九月聲木謹案碑文范洪恩下原有内外眷屬等造七拾浮圖一所石象三軀云云九月碑文原作十月

相王旦刻石記　神龍二年聲木謹案碑文刻于昇仙太子碑陰石在河南偃師緱山仙君廟中王昶金石萃編中獨無此碑孫氏註云靑浦王氏拓本未知何故相王旦下碑文原有奉制碑三字二年下碑文原有捌月貳拾柒日六字碑文左下截有北宋政和元年二月廿九日鄧洵武等題名

中興三藏聖教序　神龍三年五月聲木謹案碑舊在四禪寺中石已中斷裂爲七塊明人複刊一石亦在内

滎陽縣令盧正道清德碑　神龍三年五月聲木謹案滎碑文下半從水五月下碑文原有八日二字

龍門山魏奴子造象　神龍三年聲木謹案石在龍門老龍窩三年下碑文原有四月廿四日五字藝風堂金石文字目中亦無此種

□部將軍功德記　景龍元年十月聲木謹案□部碑文原作勿部將軍下原有□珣等字碑文八分書名氏六字篆書十月下碑文原有十八日三字

賜盧正道勑　景龍元年十一月聲木謹案碑文刊于盧正道清德碑碑陰十一月下碑文原有十七日三字

岱岳觀乾封令張懷貞等設醮記　景龍二年二月聲木謹案碑文在馬元貞投龍齋醮並造象記第四層前截下截字缺佚碑文原作王幹等設醮投龍並造象記張懷貞名在第二二月下碑文原有廿七日三字

岱岳觀道士杜太素等設醮記　景龍二年三月聲木謹案二年碑文原作三年三月下碑文原有十九日三字

比邱尼法琬碑　景龍三年五月聲木謹案五月下碑文原有十日二字

澧州司馬魏體□墓志　景龍三年十一月聲木謹案魏體□碑文原作魏體玄墓志原作墓志銘十一月碑文原作十月下原有十一日三字

龍門山啓吉造象記　景龍三年聲木謹案石在龍門老君洞碑文原作政信人王那賤造象啓吉書文三年下碑文原有七月八日四字

行兗州都督上護軍獨孤仁政碑　景雲二年二月聲木謹案劉侍賈碑文原作劉待賈二月下碑文原有廿七日三字

岱嶽觀楊太希題名　景雲二年六月聲木謹案碑文在杜太素等岱岳觀奉勅設醮記第二層前截碑文十二行每行廿字約二百廿字文甚富麗中皆對偶雖未云記實記之體碑文原作道士楊太希名山燒香供養記六月下碑文原有二十三日四字

呂皓仙題名　景雲二年八月聲木謹案碑文在岱岳觀道士桓道彦等造象記第三層碑文原作呂皓仙卌九人等設齋醮並投龍璧記實非題名之類八月下碑文原有十四日三字

長安縣丞蕭思亮墓志　景雲二年九月聲木謹案九月下碑文原有十三日三字

孝子郭思訓墓志　景雲二年十二月聲木謹案碑文思訓字逸以一字爲字十二月下碑文原有十五日三字

王璬造石浮圖記　景雲二年聲木謹案碑文後有銘文四行是銘非記盌思道碑文原作寗思道蓋以寗爲氏非以盌爲氏二年下碑文原有四月八日四字

大雲寺碑　景雲二年聲木謹案大雲寺下碑文原有功德二字碑文中有凉州等字卽今之武威縣擴古錄藝風堂金石文字目均以甘肅武威註入未可爲據

田義起浮圖頌　太極元年四月聲木謹案田義上碑文原有石亭府左果毅都尉等字王利貞文應作王利貞撰以符全編體例四月下碑文原有八日二字

將軍杜國史公石象銘　延和元年七月聲木謹案碑文中有夫人平氏建等字七月下碑文原有十五日三字

亳州錄事參軍馮本紀孝碑　先天元年十一月聲木謹案十一月下碑文原有七日二字

凉國公契苾明碑　先天元年十二月聲木謹案十二月下碑文原有十六日三字

郭巨石室□□題字　先天二年聲木謹案二年下碑文原有十月廿五日五字

周公祠碑　開元二年十二月聲木謹案碑文後有頌文三行實爲碑頌十二月下碑文原有五日二字

龍門山僧眞性造象　開元二年聲木謹案二年碑文原作三年下原有九月八日四字

杜濬輝造象　開元二年聲木謹案石在龍門雙窰碑文云秀珪記並非一人二年下碑文原有二月九日四字

馮十一孃墓志　開元三年四月聲木謹案石于乾隆廿四年出土碑文原爲父爲女撰馮十一孃碑文原作馮貞祐妻孟十一孃四月下碑文原有九日二字

嶲州都督文獻公姚懿碑　開元三年十月聲木謹案十月下碑文原有十三日三字

龍門山造象贊　開元三年聲木謹案碑文字蹟方整碑文原作祕書少監韋利器兄弟爲亡妣造象銘三年下原有八月十日四字

內侍高力士等造象功德碑　開元□年聲木謹案明皇御製應作元宗御製以符全編體例孫氏類此者甚多

淨域寺法藏禪師塔銘　開元四年五月聲木謹案五月下碑文原有廿七日三字

協律郎裴公故妻賀蘭氏墓志　開元四年十二月聲木謹案此碑文字甚離奇疑村俗稍知字者所爲故妻故字應去十二月下碑文原有十九日三字擴古錄云石在陝西咸陽

有道先生葉國重神道碑　開元五年三月重刻本俗呼追魂碑聲木謹案此碑頗煊赫爲人所豔稱据碑文所云乃追夢中之魂非追已死之魂神道碑碑文原作墓碑銘三月下碑文原有

七日二字重刊本碑文原作淸溪觀主詹元一丁亥立藝風堂金石文字目云石在浙江宣平

光祿少卿姚彝碑　開元五年四月聲木謹案碑文字蹟磨泐撰書人名氏均見寶刻類編及中州金石記碑文原作神道碑銘四月下碑文原有廿七日三字

幽棲寺尼正覺浮圖銘　開元六年七月聲木謹案石舊在多寶院七月下碑文原有十五日三字後有邵堂等題名正書石後歸滿洲托活洛氏

唐興寺碑　開元六年九月聲木謹案碑文原作于光庭移置唐興寺碑僧□□碑文原作僧師陀九月下碑文原有二日二字

兗州都督于知微碑　開元七年六月聲木謹案碑文字蹟磨泐六月下碑文原有三日二字撰文名氏均見金石文字記

萊州刺史唐貞休德政碑　開元七年七月聲木謹案碑文字蹟磨泐右下截殘佚年月均見宋趙明誠金石錄七年趙氏原作十年攈古錄云沙門重潤八分書

贈太尉祁國公王仁皎碑　開元七年十月聲木謹案碑文字蹟磨泐名氏均殘佚明皇御書應作元宗御製十月原作十一月巳見羅氏刊誤下仍有乙丑朔三字

修孔子廟碑　開元七年十月聲木謹案十月下碑文原有十五日三字

修孔子廟碑側　宋金元題名聲木謹案左右側均有題名右側下段有唐貞元七年二月八日杜兼題名正書左行不僅宋金元三朝

龍門山吳藏師造象　開元七年聲木謹案石在龍門老龍洞七年下碑文原有正月二日四字

雲麾將軍李思訓碑　開元八年六月聲木謹案碑石僅存上截下截磨泐殘佚損失字數不少俗呼爲大雲麾原爲神道碑銘李邕撰碑文原作族子邕撰六月下碑文原有廿八日三字

岱岳觀內給事梁思陀等題名　開元八年七月聲木謹案碑文在杜太素等奉勅設醮記第三層碑文原作內給事梁思陀等投龍記並非題名碑文正書非行書七月下碑文原有廿日二字

華岳精享昭應碑　開元八年聲木謹案碑文後有銘文實爲碑銘八年下碑文原有三月庚申四字

鎭軍大將軍吳文殘碑　開元九年十月俗呼半截碑聲木謹案石存下截上截已佚後有頌文　行實爲碑頌十月下碑文原有廿三日三字

常熟縣令郭思謨墓志　開元九年十一月聲木謹案郭思謨上碑文原有孝子二字後有銘文實爲墓志銘十一月下碑文原有十七日三字潘耒金石文字補遺云石在河南洛陽城內董金甌家

龍門山程奉造象　開元九年聲木謹案石在龍門老龍窩程奉碑文原作程奉十上仍有陸渾縣三字

雲居寺李公石浮圖銘　開元十年四月聲木謹案李公碑文原作李文安上仍有淸信士易州新安府折衝都尉等字四月下碑文原有八日二字

奉先寺大盧舍那象龕記　開元十年十二月聲木謹案碑文字體左行殷仲容碑文原作郝仲容十二月下碑文原有五日二

字碑文首行下有北宋政和六年四月一日□□題名正書錢大昕潛研堂金石文字跋尾王昶金石萃編均以爲沈隱道僞作

奉先寺牒　開元十年聲木謹案碑文字體左行碑文原作龍花寺改奉先寺牒史樊宗牒十年下碑文原有十二月十二日六字末行下截有尉員狎三字正書狎疑押字尉員疑史樊宗字

老子孔子顏子贊　開元十一年八月聲木謹案碑文正書非八分書八月下碑文原有十六日三字

太宗賜少林寺柏谷塢莊碑　開元十一年十一月聲木謹案碑文在少林寺碑陰上截栢谷塢莊碑應依碑文作栢谷塢莊御書碑記碑文爲太宗御製正書元宗但御書碑額十一月下碑文原有四日二字

少林寺賜田勅　開元十一年十二月聲木謹案碑文勅牒皆有十二月下碑文原有廿一日三字下截左上有武德元年題名左下有王泮漢栢行詩行書無年月

內侍高福墓志　開元十二年正月畢秋帆制軍得于咸寧聲木謹案乾隆四十六年五月畢沅以二萬錢得于咸寧農民家後歸滿洲托活洛氏正月下碑文原有廿一日三字

香積寺主淨業法師塔銘　開元十二年六月聲木謹案碑文法師諱象字淨業六月下碑文原有十五日三字

楊將軍新庄象銘　開元十二年十月聲木謹案十月下碑文原有八日二字

涼國長公主神道碑　開元十二年十一月聲木謹案碑石于明中葉爲土人擊損缺佚十一月下碑文原有壬午二字

華山銘殘字　開元十二年十一月聲木謹案碑文只有駕如陽孕四字錢大昭金石後錄考爲開元十二年十一月

鄎國長公主神道碑　開元十三年四月聲木謹案碑文下截字蹟磨泐

光業寺大佛堂碑　開元十三年六月聲木謹案碑文有並頌二字實爲碑頌六月下碑文原有二日二字碑陰碑兩側均有題名正書

明皇行次成皋詩　開元十三年十月聲木謹案明皇應作元宗已見前十月下碑文原有十三日三字

古義士伯夷叔齊碑　開元十三年聲木謹案伯夷叔齊爲殷人應以殷字冠首以符全編體例十三年下碑文原有一月既望四字擴古錄云石在山西永濟與孫氏兩歧

紀太山銘　開元十四年九月聲木謹案碑文爲摩崖刻于泰山碧霞廟北大觀峯上下截磨泐百餘字碑文年月日正書九月下碑文原有十二日三字

泰山銘後諸臣題名　聲木謹案碑文原爲四列皆爲明人加刻所掩字蹟難辨阮元山左金石志就空隙處細爲審辨補圖一幅後人略得梗概

銀靑光祿大夫陳憲墓志　開元十四年十一月聲木謹案碑文缺一角陳憲一作柴憲見中州金石記陳憲上碑文原有太子賓客四字後有銘文實爲墓志銘十一月下碑文原有十六日三字

薦福寺思恆律師志文　開元十四年十二月聲木謹案碑文並無書丹名氏舊在長安縣開化坊南後歸滿洲托活洛氏十二

月下碑文原有十五日三字
端州石室記　開元十五年正月聲木謹案此碑流俗誤以爲李邕書碑文只云李邕撰文集古錄疑爲張庭珪書益見非李邕書正月下碑文原有廿五日三字
雲居寺石浮圖頌　開元十五年二月聲木謹案二月下碑文原有八日二字
道安禪師碑　開元十五年十月聲木謹案碑石于明萬歷年間遭雷擊斷爲兩截下截尤磨泐道安禪師上碑文原有嵩山會善寺等字十月下碑文原有廿日二字孫氏著錄係据葉弈苞金石錄補
嵩岳少林寺碑　開元十六年七月聲木謹案七月下碑文原有十五日三字

開元寺尊勝陁羅尼經幢　開元十六年十一月末有宋紹聖間題名聲木謹案僧佛陀波利係後秦姚興時奉詔譯經之人十一月下碑文原有八日二字宋紹聖間題名碑文原作紹聖三年正月廿五日雷簡夫題名正書碑首有佛說六門陀羅尼經正書七行
本願寺造舍利塔並北堂石象碑　開元十七年二月聲木謹案碑文中有越九年作噩歲春仲望乃與前塔合而爲頌宣之豐石以存萬古後有頌文二行實爲碑頌開元九年歲次辛酉正作噩歲二月下碑文原有望字一碑複列又見大歷五年六月此註青浦王氏拓本後注直隸獲鹿尚有碑陰及碑兩側均行書
敬節法師塔銘　開元十七年七月聲木謹案敬節法師上碑文原有農義寺三字七月下碑文原有十五日三字
慶唐觀紀聖銘　開元十七年九月聲木謹案碑文爲元宗御製並八分書御製御書四字張說正書年月日呂向正書九月下碑文原有三日二字碑有陰
興唐寺主尼法澄塔銘　開元十七年十一月聲木謹案興唐寺碑文原作興聖寺碑文云法師諱法澄字先所得是以三字三字又有弟子嗣彭王女尼彌多羅等云云十一月下碑文原有廿三日三字
岳麓寺碑　開元十八年九月聲木謹案碑文後段殘佚數行九月下碑文原有十一日三字
岳麓寺碑陰　李邕行書聲木謹案碑文字蹟爲明人加刻所掩原碑嵌置嶽麓書院亭壁碑陰砌于內面

廬山東林寺碑　開元十九年七月立元延祐七年重摹聲木謹案東林寺燬于元延祐七年非重摹于是年石中斷上截一石又裂爲二下截左右角均有缺佚後有銘文實爲碑銘七月下碑文原有十五日三字元至正三年四月初八日僧慶哲重摹碑首右截有裴休米黻蔣之奇等題名
石窟寺陀羅尼經幢　開元十九年十一月率府長史王元明立後有大中八年及漢乾祐元年重立題字聲木謹案十一月下碑文原有十五日三字八年下碑文原有正月廿六日五字元年碑文原作初年辛酉月五日漢應作後漢
岱岳觀道士張游霧題名　開元十九年十一月聲木謹案碑文在楊太素等奉勅設醮記第二層後截碑文原爲修齋三日三夜亦非一人應作張游霧等齋醮記並非題名之類

岱岳觀乾封縣尉王元□等題名　開元二十年二月聲木謹案碑文在杜太素等奉勅設醮記第四層後截碑文字體左行碑文首行原作勅使內侍省內謁者監胡寂等題名二月下碑文原有廿日二字王元□碑文原作王元堪

比邱尼堅行禪師塔　開元二十一年閏三月聲木謹案碑文長僅五寸五分寬四寸五分每字大不踰四分爲塔志中之最小者比邱尼上碑文原有宣化寺三字塔字下應增志字閏三月碑文原作閏六月下仍有十日二字

贈太師忠獻□公碑　開元二十一年聲木謹案此卽增太師忠獻裴光庭碑集古録云開元二十四年十一月石在山西聞喜碑石現已斷裂字蹟磨泐碑文行書非正書碑陰刻元宗賜張九齡命撰裴光庭碑勅行書

華岳廟鄭虔題名　開元二十三年四月聲木謹案關中金石記云碑只存六行共三十四字不可句讀近世通行拓本只存文五行共二十餘字然有主簿常冀尉等則非一人年月見金石錄補仍有二十三日四字

謁郭巨祠堂記　開元二十三年七月聲木謹案碑文刊于後齊隴東王感孝頌後截後有銘文六行實銘非記碑文中無書人名氏据金石録録入七月下碑文原有旬有五日四字

元氏令龐履溫碑　開元二十四年二月聲木謹案碑文碑字上原有清德二字碑文云邑老謝虔祐等立石是生時所立非卒後所立二月下碑文原有八日二字

大智禪師碑　開元二十四年九月聲木謹案碑文後有銘文實爲碑銘九月下碑文原有十八日三字

齊州神寶寺碑　開元二十四年十月聲木謹案十月下碑文原有五日二字

左輔頓寮西嶽廟中刻石記　開元二十四年十月聲木謹案碑文殘佚石碎爲三通行中段拓本只六十餘字碑文首四字係据復齋碑錄權倕文應作權倕撰杜澤畢沅王昶吳式芬均作杜繹

會善寺景賢大師石塔記　開元二十五年八月聲木謹案碑文字蹟磨泐下截尤甚八月下碑文原有廿八日三字僧溫古爲王維族弟

廣化寺無畏不空法師碑　開元二十五年八月宋人重刻本聲木謹案法師碑碑文原作法師塔記八月下碑文原有吉旦二字武億考爲宋人重刻本錢大昕定爲僞作攟古録云石在陝西咸陽

濟度寺尼惠源和上神空志　開元二十五年九月聲木謹案碑文下截缺佚一百餘字後有銘文一行神空志卽塔銘之別名蕭定上碑文原有姪字九月下碑文原有廿三日三字

檻山浮圖銘　開元二十五年十月聲木謹案浮圖銘碑文原作浮圖贊並銘張名衿碑文原作張不孤十月下碑文原有廿九日三字攟古録云石在山西沁水

周太師蜀國公尉遲迥廟碑　開元二十六年正月聲木謹案周太師應作後周太師正月下碑文原有廿□日等字碑文著明顏眞卿撰銘應作碑銘

尉遲迥碑陰　八分書聲木謹案尉遲迥碑陰碑文原作尉遲迥碑陰記元孫士良撰餘語已見李氏校勘記

靜山庵尊勝陁羅尼經　開元二十六年二月聲木謹案碑文爲
柳希昍造並正書
錢塘縣丞殷履直妻顏氏碑　開元二十六年七月聲木謹案碑
文刊于陰陽及兩側回環成誦今本往往失去兩側顏眞卿碑
文原作第十三姪男眞卿七月碑文原作正月
任城縣橋亭記　開元二十六年閏八月聲木謹案閏八月下碑
文原有五日二字
元宗御註道德經　開元二十六年十月聲木謹案此碑刊本有
三一懷州本一邢州本一易州本懷州本久佚邢州本見藝風
堂金石文字目十月下碑文原有八日二字墨林快事潛研堂
金石文字跋尾金石萃編均以爲蘇靈芝書
景福寺尼靈覺龕銘　開元二十六年十月聲木謹案碑文字蹟

磨泐正書非行書十月下碑文原有二日二字
易州鐵象頌　開元二十七年五月聲木謹案五月下碑文原有
三日二字
龍光寺舍利塔記　開元二十八年七月聲木謹案碑文後有銘
文三行實爲碑銘七月下碑文原有十五日三字石斷爲三下
截復缺佚
易州刺史田仁琬德政碑　開元二十八年十月聲木謹案碑文
後有銘文實爲碑銘十月下碑文原有十六日三字國朝
年間李文貞公光地掌教蓮池書院掘土出全碑移置書院
祠部員外郎裴稹墓志　開元二十八年十二月聲木謹案十二
月下碑文原有十六日三字
大智禪師碑陰記　開元二十九年五月聲木謹案五月下碑文
原有十八日三字
夢眞容碑　開元二十九年六月重摹本聲木謹案碑文中無重
摹字六月下原有一日二字
夢眞容碑　開元二十九年六月聲木謹案六月下碑文原有一
日二字
金仙長公主神道碑　開元□□□年聲木謹案碑文字蹟磨泐
下截尤甚王昶考爲開元二十年前後
龍門山內侍高力士等造象碑　開元□年聲木謹案碑文字蹟
磨泐細審原有□□撰元宗御製行書□年碑文原作□□
年□月十日
龍門山虢國公造象記　開元□□□年聲木謹案石在龍門
字蹟多磨泐虢國公下碑文原有楊思勗三字□□□年

碑文原作廿年下仍有四月廿三日五字
隴西縣君牛氏象龕記　開元□□□年聲木謹案碑文字蹟磨
泐下截缺佚碑字八分書銜名正書金石錄云開元中立
陁羅尼經幢　無年月首面有上爲開元神武皇帝八字聲木謹
案攈古錄云石在河南新鄭臥佛寺中
華嶽廟殘碑　缺年月共二石聲木謹按此即左輔頓寂西嶽廟
中刻石記已見開元二十四年十月實爲複出

寰宇訪碑錄校勘記卷六

盧江劉聲木十枝撰

唐

雲麾將軍李秀殘碑　天寶元年正月聲木謹案此碑俗呼小雲麾現行拓本爲二石礎名氏年月均見金石錄

鄂州刺史盧正道碑　天寶元年二月聲木謹案碑文字蹟磨泐二月下碑文原有八日二字撰書人名氏見寶刻類編

告華岳府君文　天寶元年四月聲木謹案四月下碑文原有十日二字碑額有開元十三年六月九日觀察推官劉繼元等題名正書

兗公之頌　天寶元年四月聲木謹案碑文雖原爲兗公之頌四字著錄碑目應去之字四月下碑文原有廿三日三字包世臣藝舟雙楫盛稱此碑

靈巖寺碑　天寶元年石在山東長淸今佚聲木謹案　年間復在本地訪得石已碎爲三塊碑文中本云碑頌又有邕以法有因福有象云云是碑文亦爲李邕所撰不僅書丹元年下碑文原有□月十五日等字

慶唐觀金籙齋頌　天寶二年十月聲木謹案十月下碑文原有十五日三字

隆闡大法師懷渾碑　天寶二年十二月聲木謹案十二月下碑文原有十一日三字攈古錄云石在陝西咸寧未知孰是

嵩陽觀紀聖德感應頌　天寶三載二月聲木謹案二月下碑文原有五日二字

張尊師探元遺烈碑　天寶三年六月聲木謹案碑文後有銘文三行實爲碑銘張尊師原爲道士碑文有聖眞元元兩觀主七字三年碑文原作二年六月下原有三日二字

臧公鑿井造象碑　天寶三載聲木謹按碑文字蹟磨泐造象在上截右截上段有逸士臧□供養等字

龍門山尙識造象　天寶三載聲木謹案石在龍門老龍洞尙識碑文原作弟子尙識巖亦非一人三載下碑文原有正月十日四字

石臺孝經　天寶四載九月聲木謹案元宗註應作元宗御註碑文雖八分書批荅及諸臣題名行書九月下原有一日二字

琵琶浤詩並序　天寶五載五月聲木謹案碑文字體左行王紆碑文原作王紆五月下碑文原有廿日二字石在山西平陽府浮山縣境非鳳臺

尊勝陁羅尼經幢　天寶五載九月聲木謹案陁羅尼經碑文原作陁羅尼呪九月下碑文原有十五日三字

嵩山淨藏法師身塔銘　天寶五載十月聲木謹案嵩山下碑文原有壽龍寺三字十月下碑文原有廿六日三字

石門房山李要妻王十一孃造象　天寶六載正月聲木謹案凡石門房山石刻攈古錄云石在山東臨朐並非寧陽

逸人竇居士神道　天寶六載二月聲木謹案竇居士碑文云名天生神道誤落碑字二月下碑文原有八日二字碑末有元後至元六年四月二十七日姚達禮題記正書

石門房山守志造象　天寶六載三月聲木謹案碑文字體左行守志碑文原作王守志三月下碑文原有廿六日三字

石門房山孟士□造象　天寶六載五月聲木謹案五月下碑文

原有四日二字
開元寺陀羅尼經幢　天寶七載二月後有駱齊休重建題字聲木謹案駱齊休重建碑文原在天寶十一載十二月
李家村金剛經幢　天寶七載三月聲木謹案石已斷裂僅存二段經序非一人所書張賁但行書序三月下原有廿八日三字
崇聖寺尊勝陁羅尼經幢　天寶七載五月聲木謹案碑石下截左角缺碑文正書非行書王尚客等建五月下碑文原有十五日三字
吏部常選潘智昭墓志　天寶七載七月聲木謹案碑文後有銘文三行實爲墓志銘正書非行書七月碑文原作實沉月五日也字錯落旁註于下石後歸滿洲托活洛氏
東平太守章仇元素碑　天寶七載十月聲木謹案碑石斷裂爲

三只一段有字仍磨泐葉萬金石文隨錄有是碑全文十月下原有二十日三字章仇疑復姓
石門山郭密之詩　天寶八載八月聲木謹案八月碑文原作冬仲二字
滎陽縣尉盧重華題名　天寶八年聲木謹案碑文在盧正道清德碑側八載下碑文原有十一月十八日六字碑文下有貞元十八年二月十日王深題記正書
少林寺靈運禪師功德塔銘　天寶九載四月聲木謹案四月下碑文原有十五日三字
靈都觀□尊師碑　天寶十載二月聲木謹案此卽王屋山劉尊師碑已見後天寶十一載二月實爲複出
王屋山劉尊師碑　天寶十一載二月聲木謹案碑文字蹟磨泐

首數行尤甚劉尊師碑文云名若水齊莊文碑文原作道士弟齊莊撰翟□碑文原作翟灝二月下碑文原有廿八日三字石在河南濟源
中岳永泰寺碑　天寶十一載閏三月聲木謹案閏三月下碑文原有五日二字
千福寺多寶塔感應碑　天寶十一載四月聲木謹案四月下碑文原有廿二日三字
普照寺常董生等造象碑　天寶十一載八月聲木謹案碑石舊在普照寺西校場壁間嚴可均移置玉露菴中碑正面刻佛象碑文在兩側常董生碑文原作常董氏八月下碑文原有廿六日三字
雲門山季思敬造象　天寶十一載十二月聲木謹案碑文僅十

三字十二月碑文原作十一月
贈武部尚書楊珣碑　天寶十二載二月聲木謹案二月下碑文原有十六日三字
雲門山淸信仕造象　天寶十二載二月聲木謹案淸信仕下碑文原作□□等字碑文後截有依智□爲亡父母造芝光象正書
雲麾將軍劉感墓志　天寶十二載十月聲木謹案十月下碑文原有卅日二字
雲門山淸信士□□造象　天寶十二載十月聲木謹案□□碑文原作王元恭十一月下碑文原有廿一日三字
香積寺施燈功德幢　天寶十三年正月聲木謹案石已斷裂上截佚中截復斷爲三下截又缺損三處正月下碑文原有十五

日三字
內常侍孫思廉墓志　天寶十三載六月聲木謹案石舊在咸陽縣農民家乾隆四十三年畢沅以數千錢購得後歸嘉興張廷濟六月下碑文原有八日二字
東方先生畫象贊　天寶十三載十二月聲木謹案東方先生應作東方朔以漢字冠首以符全編體例十二月下碑文原有朔一字
畫象贊碑陰　聲木謹案碑文字蹟殘缺過半
龍門山尼淨元等造象　天寶十三載聲木謹案石在龍門王祥窰造象碑文原作造觀音象碑文云書造人趙福云云十三載下碑文原有四月廿六日五字
雲摩將軍張安生墓志　天寶十四載二月聲木謹案碑文旁註

知字于亦字之下是乃添注二月下碑文原有十二日三字
少林寺還神王師子勅　天寶十四載八月聲木謹案八月下碑文原有十五日三字
折衝都尉張希古墓志　天寶十五載四月聲木謹案碑文後有銘文三行實爲墓志銘四月下碑文原有一日二字碑文無諱希古乃字石後歸張廷濟現歸吳縣蔣氏
南詔蠻頌德碑　無年月王少寇昶考爲天寶間刻聲木謹案碑文原有三千八百餘字今存約八百字雲南通志云在城北鄭回撰文杜光庭行書非正書金石萃編言在大歷元年與孫氏所載兩歧
南詔摩崖題名　無年月聲木謹案此即南詔蠻頌德碑碑陰文字四十一行下半磨泐

憫忠寺寶塔頌　至德二載十一月聲木謹案十一月下碑文原有十五日三字
謁金天王神祠題記　乾元元年十月在後周天和碑側聲木謹按碑末文云顏眞卿題記是碑文爲顏眞卿撰並正書十月下碑文原有十二日三字碑文下截有王弘撫等題名小字在第四行疑亦唐人題名
華嶽廟張惟一祈雨記　乾元二年二月聲木謹案二月下碑文原有十日二字
通微道訣碑　乾元二年六月元人重刊聲木謹案碑文爲元宗御製並非肅宗六月下碑文原有十五日三字畢沅考爲元人重刊見關中金石記
城隍廟碑　乾元二年八月宋宣和間重刊聲木謹案八月下碑

文原有既望二字後有北宋宣和五年十月朔日周明等重刊題記正書
佛峪邁緣造象記　乾元二年聲木謹案碑文僅三十三字不足稱記造象碑文原作造阿彌佛象二年下碑文原有三月五日四字趙氏又重錄列南海吳氏拓本孫氏漏註正書二字
華岳廟邱據題名　寶應二年六年聲木謹案邱據上碑文原有殿中侍御史五字碑文云再隨使主赴上都云云非止邱據一人六月下碑文原有八日二字
華岳廟劉士深等題名　廣德元年三月聲木謹案劉士深上碑文原有藍田縣尉四字
贈工部尚書臧懷恪碑　廣德元年十月聲木謹案碑文原爲神道碑銘四字碑無建立年月顧炎武考爲廣德元年錢大昕考

在大歷三年後
華岳廟延州都督韋月題名　廣德三年二月聲木謹案碑文云
時與□□□□□琇之同謁云云非止韋勝一人月右半碑文
原作券三年碑文原作二年二月下碑文原有十七日三字
臨淮王李光弼神道碑　廣德二年十一月聲木謹案碑文字蹟
磨泐臨淮王碑文原作臨淮武穆王宜與廣平文貞公宋璟碑
同例十一月下碑文原有廿七日三字
與郭僕射書　無年月王盧舟云當在廣德二年十一月聲木謹
案此即關中本在西安府學碑林中宋蘇文忠公軾云爲顔眞
卿所書
贈太保郭敬之家廟碑　廣德二年十一月聲木謹案此碑俗呼
郭家廟碑文中並無家字後有銘文實爲碑銘十一月下碑文

原有廿一日三字
左武衛大將軍白道生神道碑　永泰元年三月聲木謹案三月
下碑文原有廿四日三字王昶云石在正定府繆荃孫云石在
西安府學與孫氏所註已三處未知孰是
怡亭銘並序　永泰元年五月聲木謹案張弨云石在武昌江水
中小島上武昌人謂其地爲吳王散花灘石常爲水所沒捶拓
頗難碑文中有裴虯美而銘之云云是裴虯撰文銘序本相聯
屬並序二字應去李筥碑文原作李莒五月下碑文原有十一
日三字
尊勝陁羅尼經幢　中有永泰年號聲木謹案大德爲佛教尊稱
屢見于碑文中孫氏悉去之此處不應以大德二字註入
成德軍節度使李寶臣紀功頌　永泰二年七月聲木謹案碑文
字蹟多磨泐碑文中有淸河郡王等字七月下原有一日二字
峿臺銘　大歷二年六月聲木謹案碑文中無書人名氏六月下
原有十五日三字
光祿卿王訓墓志　大歷二年八月聲木謹案八月下碑文原有
七日二字
嵩岳會善寺戒壇勅牒　大歷二年十一月聲木謹案碑文分三
截上截載牒中截載沙門乘如上表下截載代宗批答十一月
下碑文原有一日二字
李氏遷先塋碑　大歷二年聲木謹案李季卿撰碑文原作嗣□
季卿述李陽冰篆書原作從子陽冰書
先塋碑側　聲木謹案大中祥符三年下碑文原有九月十四日
姚宗尃重刊等字

李氏三墳記　大歷二年聲木謹案碑文原無二李字
謙卦爻詞　無年月按謙卦爻詞二種一在太平府學聲木謹案
在蕪湖者後有明末張大用重刊題記正書
聽松二字　無年月聲木謹案錫山志云傳是李陽冰所書後有
正書跋十餘行磨泐難成句讀
張禪師義琬墓志　大歷三年二月聲木謹案碑文後有銘文二
行實爲墓志銘石初在乾元寺中後歸滿洲托活洛氏
營州都督李楷洛碑　大歷三年三月聲木謹案碑文字多磨泐
三月下碑文原有十七日三字
浯溪銘　聲木謹案孫氏漏註無年月三字顧炎武金石文字記
考爲大歷三年
廣廎銘　大歷三年閏六月聲木謹案廣字不見字書係元結所

自製閏六月下碑文原有九日二字碑文字體左行

大證禪師碑　大歷四年三月聲木謹案碑文字蹟磨泐三月下碑文原有二十四日四字

左武衛郎將元府君夫人鄭氏墓志　大歷四年十一月聲木謹案碑文後有銘文實爲墓志銘碑文中有年十八適河南元鏡遠云云是元府君本名鏡遠十一月下碑文原有廿六日三字

本願寺造舍利塔並北堂石象碑　大歷五年六月聲木謹案此卽本願寺造舍利塔並北堂石象碑已見開元十七年二月實爲複出

銅牙鎮福興寺碑　大歷五年六月聲木謹案碑文上截磨泐六月下碑文原有一日二字藝風堂金石文字目云石在江寧銅井村聲木又聞實在句容城外

龔邱令庾賁德政頌　大歷五年九月金貞元三年重立聲木謹案九月下碑文原有三日二字三年下碑文原有五月一日四字碑文實爲重摹本非僅重立碑文左截上下段均有題字

左金吾衛將軍臧希晏碑　大歷五年十月聲木謹案碑文首末磨泐四行十月下原有十五日三字

華岳廟蘇敦等題名二種　大歷五年聲木謹案二種均在華岳昭應精享碑下右截末段一無年月一大歷五年六月六日實題記類非僅題名

叱干公三教道場文　大歷六年四月聲木謹案四月下碑文原有十五日三字

中興頌　大歷六年六月聲木謹案碑文摩崖文體左行此碑刻本海內有四祁陽劍州四川資州北岩東岩兩本

又翻刻本　聲木謹案劍州本一名鶴鳴山本字蹟與原刻各有勝處當是唐末所翻刻

田尊師德行頌　大歷六年十月聲木謹案碑文田尊師本永仙觀道士又云內供奉□光書並題額云云是碑文本爲□光行書碑文中並無年月及撰書人名氏皆載碑陰碑陰前截刻清淨智慧觀身經銘田名德集晉王羲之行書田尊師名名德爲中宗時景龍觀所度道士

清淨智慧觀身經銘　聲木謹案卽田尊師德行頌碑陰

岱岳觀內侍魏成信等題名　大歷七年正月聲木謹案碑文在道士桓道彥等題名第四層碑文原爲修金籙齋醮及瑤池投告不僅題名正月下碑文原有廿三日三字

岱岳觀公孫杲贈諸法師詩　大歷七年正月聲木謹案碑文在第二石側第三層碑文爲徐修文撰正月下原有廿五日三字第三層有北宋政和四年重九日董元等題名正書

華岳廟崔微等題名　大歷七年三月聲木謹案碑文字體左行三月下碑文原有廿日二字

廣平文貞公宋璟碑　大歷七年九月聲木謹案碑文原爲神道碑銘九月下碑文原有二十五日四字

八關齋會報德記　大歷七年聲木謹案碑文原石毀于會昌中大中五年正月一日崔倬補刊原碑損失之字語見碑文後建石幢記中

般若臺題名　大歷七年聲木謹案碑文住持僧惠攝五字正書

黃石公祠記　大歷八年七月聲木謹案年月日均載碑陰七月下碑文原有十五日三字

華岳廟元澄等題名　大歷八年十二月聲木謹案碑文字體左行元澄上碑文原有虞部員外郎五字十二月下原有三日二字

文宣王廟新門記　大歷八年十二月聲木謹案十二月下碑文原有一日二字

岱岳觀内侍□□題名　大歷八年聲木謹案碑文字體左行字蹟甚磨泐□□題名碑文原作魏成信等齋醮記八年下碑文原有九月廿八日五字

于祿字書　大歷九年正月宋人重刊聲木謹案顏眞卿正書碑文原作第十三姪男眞卿書石爲南宋紹興十二年八月十五日句詠重刻本題記在碑文下截石在四川三臺非潼州

謁華岳文　大歷九年三月聲木謹案碑文在前段原作謁華岳

廟

清源公王忠嗣神道碑　大歷十年四月聲木謹案四月下碑文原有三日二字

眞化寺尼如願律師墓志　大歷十年七月聲木謹案七月下碑文原有十八日三字

右僕射裴遵慶神道碑　大歷十一年二月聲木謹案碑文字蹟多磨泐撰書人名氏均見寶刻類編

妒神頌　大歷十一年五月聲木謹案碑文云其神周代之女介之推之妹云云李謹碑文原作李諲五月下碑文原有十六日三字

同朔方節度副使王履清碑　大歷十二年二月聲木謹案碑文下截殘佚首行下截及書人名氏均無實神道碑銘二月下碑文原有廿日二字

内侍監高力士殘碑　大歷十二年五月聲木謹案碑文中斷下截缺佚五月下碑文原有十一日三字

元靖先生李含光碑　大歷十二年五月石已裂碎聲木謹案碑石碎爲二十三塊乾隆五十七年秋月汪志伊蒐集殘碑石移置縣學並以宋拓全本字鈎勒補刊碑末有南宋紹興七年五月十四日沈作舟扶起顏碑題記正書碑文後有銘文實爲碑銘

解慧寺三門樓贊　大歷十二年六月聲木謹案周巖金碑文原作周嬴金六月下碑文原有六日二字

宋璟碑側記　大歷十二年聲木謹案碑文年月在末行拓工往往省紙不拓十二年原作十三年已見羅氏刊誤碑文下仍有

三月二字

無憂王寺大聖眞身塔銘　大歷十三年四月聲木謹案碑文下截字蹟磨泐四月下碑文原有廿五日三字

華岳廟上官沼題名　大歷十三年七月聲木謹案上官沼上碑文原有侍御史三字七月下碑文原有廿九日三字碑文正書非行書

岱岳觀淄川刺史王圓題名　大歷十四年二月聲木謹案碑文在杜太素等奉勅設醮記第四層前截非止王圓一人碑文云樂瓖正書二月下碑文原有廿七日三字

贈揚州大都督段行琛碑　大歷十四年閏五月聲木謹案碑文實爲神道碑銘閏五月下碑文原有十三日三字

改修吳延陵季子廟碑　大歷十四年八月聲木謹案碑文原刊

于孔子篆書季子墓碑碑陰廟碑實爲廟記八月下碑文原有廿七日三字碑末有張孝思題記正書無年月

容州都督元結表墓碑　大歷□□年十一月聲木謹案碑文後有銘文實爲碑銘碑無建立年月錢大昕考爲在大歷七年後

送劉大冲叙　無年月宋人重刊本聲木謹案碑文下截有南宋慶元五年上巳日戴挍重刊題記言碑文爲顔眞卿所書

奉使蔡州書　無年月下方刻魯公象有宋靖康元年重刊字聲木謹案碑文分三截上截奉使蔡州書後有五言詩二句留剛云興元元年刊中截北宋靖康元年七月壬申唐重重摹題記正書下截魯公象應作顔眞卿撰並行書

岱岳觀敬謇等題名　建中元年二月聲木謹案是碑五層碑文原在杜大素等奉勅設醮記第五層題名碑文原爲祭岳題名

二月下碑文原有廿九日三字

大岯山銘　建中元年四月聲木謹案四月下碑文原有廿六日三字

太常丞溫府君神道碑　建中元年聲木謹案碑文字蹟磨泐碑文云府君諱佶字輔國云云是碑文原有名字攟古錄列此碑于太和七年大興方履籛云石在河南溫縣

不空和尚碑　建中二年十一月聲木謹案十一月下碑文原有十五日三字

易州刺史張孝忠山亭再葺記　建中二年聲木謹案碑文云時歲在作噩月會鶉首景戌辰云云

景教流行中國碑　建中二年聲木謹案碑文後有頌文五行實爲碑頌二年下碑文原有正月七日四字碑兩側諸僧題名正書中雜秦國字是碑後人考證甚多茲均不載

瀛州景城縣主簿彭涗墓志　建中三年十一月聲木謹案墓志碑文原作權殯志銘細繹碑文乃一文分刻兩石後一石佚通行拓本只二十八行乃碑文前截

魏文侯師段干木廟銘　興元元年八月聲木謹案碑文字體左行魏文侯時周室仍存應以周字冠首興元碑文原作貞元八月下碑文原有七日二字

吳岳祠堂記　興元元年十月聲木謹案碑文正書非行書十月下碑文原有十一日三字

華岳廟崔漢衡等題名　興元元年十二月聲木謹案碑文中有蓮華魏蒐等四字用韻有類銘頌之體題名實只一人崔漢衡上原有守兵部尚書五字盧倣所書十二月下碑文原有廿三

日三字

寰宇訪碑録校勘記卷七

廬江劉聲木十枝撰

唐

華岳廟崔頌鄭齊聃等題名　貞元元年二月聲木謹案碑文字體左行在開元八年三月庚申華岳精享昭應碑右下截碑文共三人鄭齊聃名氏應去以符全編體例崔頌上碑文原有檢校水部員外郎七字二月下碑文原有六日二字

大岯山銘功碑　貞元二年五月聲木謹案大坯山銘下碑文並無功碑二字乃并序二字亦無立碑年月

景昭法師碑　貞元三年正月聲木謹案碑文後有銘文實爲碑銘竇泉泉字即古文泉字亦不必以古文入録正月下碑文原有上元之辰四字

新建文宣王廟碑　貞元五年二月聲木謹案二月下碑文原有二十日三字

尊勝陁羅尼經　貞元五年八月聲木謹案此爲經幢碑文云宿老郭令什等建八月下碑文原有六日二字

隴右節度使李元諒懋昭功德頌　貞元五年十月聲木謹案碑石久已廢置草間明萬歷六年十一月二十一日石元麟重建立懋昭功德碑文原作懋功昭德十月下碑文原有十一日三字

龍門山觀音象銘　貞元七年二月聲木謹案石在龍門五佛洞觀音象銘上碑文原有聖善寺三字二月下原有八日二字

敬愛寺法玩禪師塔銘　貞元七年十月聲木謹案十月下碑文原有廿八日三字

殿中侍御史杜兼題名　貞元七年聲木謹案碑文字體左行七年下碑文原有二月八日四字

姜嫄公劉廟碑　貞元九年四月聲木謹案碑文末行年月日全泐

東陵聖母帖　貞元九年五月宋元祐戊辰刻聲木謹案懷素上碑文原有釋字五月碑文原作巳月北宋元祐戊辰仲春摹刻有題字篆書碑左下截有太和四年十月十二日左拾遺裴休等題名正書左行

華岳廟裴濟等題名　貞元九年七月聲木謹案七月下碑文原有廿五日三字

李抱眞德政碑　貞元九年聲木謹案碑文後有銘文四行實爲碑銘碑文有□義軍節度義陽郡王等字碑文中無年月見金石録中碑末有元至正五年冬至日張埜仙重建題記正書

鴻臚少卿張敬詵墓志　貞元十年九月聲木謹案九月下碑文原有廿四日三字

諸葛武侯新廟碑　貞元十一年二月聲木謹案諸葛忠武侯應依全編體例稱名並以蜀丞相三字冠首二月原作正月已見羅氏刊誤正月下碑文原有十九日三字

華岳廟鄭全濟等題名　貞元十三年三月聲木謹案碑文字體左行原在大歷九年謁華岳廟文中段下截三月下碑文原有廿四日三字

河東鹽池靈應公神祠碑　貞元十三年八月聲木謹案八月下碑文原有廿日二字

濟瀆北海壇祭器雜物銘　貞元十三年聲木謹案濟瀆碑文原

作新置濟瀆廟五字
監察御史王仲堪碑　貞元十三年聲木謹案碑文實爲墓志銘御史下碑文原有裏行二字王林平原作族弟叔平十三年下原有四月六日四字石藏大興徐松家外間有翻刊本
澄城令鄭叔敖德政碑　貞元十四年正月聲木謹案碑文中無撰書人名氏孫氏据金石錄入錄正月下碑文原有廿五日三字
少林寺廚庫記　貞元十四年聲木謹案廚庫記上碑文原有新造二字碑文原無年月
岱岳廟任要等題名　貞元十四年聲木謹案碑文字體左行原在馬元貞投龍齋醮並造象記碑陰第三層後截第四層後截有任要韋洪五言律詩二首據碑文所云實爲祭岳記並詩並

非題名類十四年下碑文原有十二月廿二日六字任要上碑文原有兗州刺史四字
彭王傳徐浩碑　貞元十五年十一月聲木謹案徐峴碑文原作次子峴並有表姪張平叔題諱等字十一月下碑文原有廿四日三字
軒轅黃帝鑄鼎原銘　貞元十七年正月聲木謹案碑文原爲碑銘正月下原有九日二字
鑄鼎原銘碑陰　貞元十七年二月聲木謹案碑文中分三截均正書上截爲鑄鼎原碑銘釋文中截爲王顏進玉珮上表下截爲裴□等題名裴宣簡正書二月碑文原作三月
大德澄公塔銘　貞元十八年正月聲木謹案正月誤刻正書正月下碑文原有廿二日三字碑文後截及下截均有題名

佛頂尊勝陁羅尼經幢　貞元十八年五月下有元和十三年題字聲木謹案經幢爲王忠信造五月下碑文原有十七日三字十三年下碑文原有二月廿七日移置經幢題字在下截佛頂尊勝陁羅尼經孫氏皆去佛頂二字或並尊勝二字亦去之此幢獨連書無減
劍州長史李廣業神道碑　貞元二十年十一月聲木謹案碑文下截磨泐十一月下碑文原有十三日三字
雲麾將軍張誂夫人樊氏墓志　永貞元年十月聲木謹案十月下碑文原有廿日二字後有般若波羅蜜多心經眞言四語正書
華岳廟尉旻題名　元和元年正月聲木謹案尉旻上碑文原有寧遠將軍四字正月下碑文原有卅日二字

孟簡題名　元和元年二月聲木謹案碑文字體左行孟簡上碑文原有刑部員外郎五字二月碑文原作三月下仍有三日二字謝啓昆粵西金石略云石在臨桂讀書巖
朝陽巖永州刺史馮敍等題名　元和元年三月聲木謹案碑文字體左行馮敍前尚有文字四行已磨泐不能辨識故以馮敍居首實非得已三月下碑文原有八日二字
賈竦謁華嶽廟詩　元和元年十月後有太和六年四月賈珹重修題名在後周天和碑側聲木謹案碑文字體左行十月下碑文原有二十八日四字四月下碑文原有廿六日三字賈珹碑文原作姪男珹重修題名亦正書左行
廣乘禪師塔銘　元和二年五月聲木謹案碑文爲劉禹錫撰並書五月下碑文原有二十七日四字碑陰刻捨山地四至記及

時刺校等題名正書

南康郡王韋臯紀功碑　元和三年四月聲木謹案天下輿地碑紀云順宗爲皇太子時所書翁方綱定爲貞元二十年王昶金石萃編云石在四川簡州爲王啓焜訪得碑陰刻貞元二十年十一月二十日德宗批答等文正書四月下碑文原有廿五日三字石已磨泐殘佚

孟再榮造象銘　元和三年七月聲木謹案碑文中並無銘文攟古録藝風堂金石文字目著録皆同未知其故七月下碑文原有十二日三字

左拾遺舒州刺史竇叔向神道碑　元和三年十月聲木謹案竇易直碑文原作第十一姪易直十月下碑文原有五日二字

龍泉記　元和三年聲木謹案三年下碑文原有月在高蘩十八

日等字

蜀丞相諸葛武侯祠堂記　元和四年二月聲木謹案二月下碑文原有廿九日三字碑有陰有側均題名後有明宏治十年仲春既望榮華等題記正書四行記載甚詳

尊勝陁羅尼經幢　元和四年八月後又有元和十二年續題聲木謹案八月下碑文原有三日二字十二年下碑文原有二月一日四字

華岳廟薛存等題名　元和四年九月聲木謹案碑文字體左行九月下碑文原有十九日三字

智者大師修禪道場碑　元和六年十一月聲木謹案智者大師爲隋時人應以隋字冠首十一月下碑文原有十二日三字

晉平西將軍周孝侯碑　元和六年十一月聲木謹案此碑有二本一正書一行書正書卽此碑行書爲明萬歷九年重摹本周孝侯應稱名周處以符全編體例王羲之書應作王羲之正書十一月下碑文原有十五日陳從諫重樹等字

尊勝陁羅尼經　元和八年八月後題女弟子那羅延建聲木謹案僧不空撰碑文本作僧不空奉詔譯不空乃後秦姚興時人八月下碑文原有五日二字攟古録云石歸吳縣韓崇經下亦應增一幢字

內侍李輔光墓志　元和九年四月聲木謹案碑文後有銘文實爲墓志銘巨雅上應增釋字九年碑文原作十年四月下碑文原有廿五日三字

試院新修石幢記　元和十二年九月聲木謹案九月下碑文原有十二日三字

龍城柳碣　元和十二年聲木謹案明天啓三年龔重得于柳公井中後有題記正書石右角上缺佚數字

興國寺上座憲超塔銘　元和十三年十月聲木謹案十月下碑文原有廿日二字

朔方節度使安定郡王李光進神道碑　元和十五年聲木謹案季元上碑文原有嗣子二字碑無建立年月

游天竺寺詩　無年月案元輔元和時任郡守故列此聲木謹案碑文末一行文云大唐杭州刺史盧元輔遊天竺寺詩云云此孫氏註語所本

忠武軍監軍使朱孝誠神道碑　長慶元年二月聲木謹案石于乾隆三十三年初出土文字完好後有銘文實爲神道碑銘二月下碑文原有五日二字

吐番會盟碑　長慶元年聲木謹案碑文前截正書後截吐番書石在西藏布達拉地碑陰及兩側均有字

邠國公梁守謙功德銘　長慶二年十二月聲木謹案碑文撰文名氏磨泐十二月下碑文原有一日二字

贈太保李良臣碑　長慶二年聲木謹案紀年見金石錄

皇□等題名　無年月聲木謹案王昶考爲長慶四年

終南山陀羅尼經幢　寶歷元年四月聲木謹案碑文先銘後經碑文爲曹□□所書四月下碑文原有三日二字釋惟淨等爲師應澄建亦須註釋惟淨等建以符全編體例

主簿吳達墓志銘　寶歷元年聲木謹案石于嘉慶廿三年武功縣令段嘉謨訪得移置縣署光緒年間又歸滿洲托活洛氏元年下碑文原有十月廿日四字

華岳廟方參題名　大和二年八月聲木謹案碑文字體左行實題記類非僅題名碑文男守左驍衛倉曹參軍方參侍從朝覲云云是非止一人方參且有官職八月下原有廿八日三字

平西郡王李晟神道碑　太和三年四月聲木謹案四月下碑文原有六日二字

狀嵩高靈勝詩　太和三年六月聲木謹案六月下碑文原有十日二字末有北宋熙寧十年三月王紳移置碑石題記正書孫氏未附註于下另錄入熙寧十年

華岳廟韋公式等題名　無年月以續題有年號故列于前聲木謹案太和四年上元日韋公式等續題名文云右公式頃年佐理斯邑自後向逾一紀六變官曹今者慮以官成身有所繫奔馬到此追尋舊游覽前題處豈勝感慨云云既云向逾一紀一紀爲十二年又云追尋舊遊決非目前之事必遲至十餘年之久始有此等語氣是此題名應在元和十四年以前約在元和十二三年間

華岳廟韋公式續題名　太和四年正月聲木謹案韋公式上碑文原有京兆府功曹五字中有外甥縣主簿諸人非僅一人正月碑文原作上元日三字碑文字體左行

華岳廟李虞仲題名　太和四年七月聲木謹案碑文字體左行碑文中有柳乘同來之語非止一人七月下原有十四日三字

洋王府長史吳達墓志　太和四年十月聲木謹案此卽主簿吳達墓志銘已見寶歷元年十月實爲複出

浯溪王軒題名　太和五年聲木謹案碑文原爲二人名氏篆書餘正書五年下碑文原有五月廿四日五字

楊歧山甄叔大師塔銘　太和六年四月聲木謹案僧至閑碑文原作僧至咸元幽亦僧四月下原有卅日二字碑有陰

百塔寺尊勝經幢　太和六年四月聲木謹案經幢下碑文原有後銘二字無可亦僧四月下碑文原有十日二字

安國寺寂照和尚碑　太和七年十二月聲木謹案十二月下碑文原有下弦二字

阿育王寺常住田碑　太和七年十二月聲木謹案十二月下碑文原有一日二字

義陽郡王苻璘碑　太和七年聲木謹案紀年見金石錄王昶考爲開成三年

修龍宮寺碑　太和九年四月聲木謹案四月下碑文原有廿五日二字

劉夫人辛氏墓志銘　太和九年十月聲木謹案碑文爲范可長
撰范可長全唐文作寇可長十月下碑文原有七日二字
吳山靑衣洞邢仝等題名　開成元年六月聲木謹案碑文僅三
十字邢仝碑文原作邢会会卽古陰字上仍有道士二字諸葛
鑑元碑文原作諸葛一元亦本道士碑文原爲錢華記元年碑
文原作五年六月下碑文原有十八日三字
龍興寺尊勝陁羅尼經幢　開成二年正月大中五年重建又有
後梁乾化五年宋淯祐八年重修字聲木謹案幢爲鄭徹等建
八面刻正月下碑文原有一日二字幢座有密漸邦等題名正
書
佛峪金剛會碑　開成二年四月聲木謹案碑文原在東佛峪摩
崖所刻久佚孫氏雖依据碑額字著錄未失細繹碑文乃歷城

縣劉長淸等八人造彌勒象碑
梓州刺史馮宿神道碑　開成二年五月聲木謹案碑文字蹟甚
磨泐
九經字樣一卷　開成二年八月聲木謹案經幢中稱卷數者甚
多皆未著錄此種與五經文字一種未便獨異應删去以符全
編體例
國子學石刻十三經　開成二年十月聲木謹案十月下碑文原
有日惟丁亥四字
北岳廟李濳題名　開成二年聲木謹案碑文爲艾居晦等所書
大泉寺新三門記　開成三年十一月聲木謹案碑文記下有並
序二字而碑末又有銘文三行銘文有並序記文亦有並序後
又有銘十一月下碑文原有廿六日三字

大遍覺法師元奘塔銘　開成四年五月聲木謹案五月下碑文
原有十六日三字大遍覺大字應去
慈恩寺基公塔銘　開成四年五月聲木謹案五月下碑文原有
十六日三字攟古錄云石在陝西長安
華岳廟李景讓等題名　開成四年六月聲木謹案李景讓上碑
文原有兼御史中丞等字六月下碑文原有十九日三字
陀羅尼經幢　開成五年三月聲木謹案三月下原有三日二字
贈太尉李光顏碑　開成五年八有聲木謹案碑文原爲神道碑
銘八月下碑文原有十四日三字
浯溪盧鈞題名　開成五年聲木謹案碑文字體左行五年下碑
文原有十二月十一日六字
重修大象寺記　會昌元年五月聲木謹案碑文正書非行書五

月下碑文原有拾日二字
陁羅尼經幢　會昌元年六月聲木謹案碑石下段已斷裂缺佚
碑文爲奚奬所書孫氏所註前題昭義軍節度要籍卽奚奬之
結銜六月下碑文原有二十七日四字
華岳廟陳商題名　會昌元年七月聲木謹案碑文字體左行文
僅六行碑文後二行云商題後六年自禮部侍郎出鎭分陝又
與　鄧支使同來十月十三日記云云會昌元年後六年爲宣
宗大中元年應依碑文著錄云華岳廟禮部侍郎陳商等兩次
題名下註大中元年十月十三日
大達法師元祕塔碑　會昌元年十二月聲木謹案碑文後有銘
文實爲碑銘十二月下碑文原有廿八日三字
金剛經殘石幢　會昌二年二月聲木謹案碑文原爲尊勝陁羅

尼經並非金剛經碑文分兩截上截爲經文下截爲題名上截之上下截之下均有缺佚二月下碑文原有四日闕長李公重修等字藝風堂金石文字目云石在陝西長安滿城關帝廟中

華岳廟崔郇等題名　會昌二年六月聲木謹案碑文字體左行崔郇上碑文原有守京兆尹四字六月下碑文原有十六日三字左有後唐淸泰二年十月二十三日崔恭總等題名正書左行

洞庭包山尊勝陁羅尼經幢　無年月聲木謹案石在西山寺前

洞庭包山尊勝陀羅尼咒幢　會昌二年九月聲木謹案俗呼此爲東幢爲僧文鑒等建末行上截中段又刻如來法身偈四句小字三行正書題名在碑文下截拓工往往省紙失拓

洞庭包山尊勝陁羅尼經幢　無年月與前幢東西相對疑同時所建聲木謹案俗呼此爲西幢字蹟磨泐頗難辨識

天寧寺尊勝陁羅尼經　會昌三年十月大中元年十一月重建聲木謹案碑文爲正書非行書幢爲陳榮所建十月下碑文原有九日二字十一月下碑文原有廿八日三字

處士包公夫人墓志銘　會昌三年十二月趙晉齋得于西溪山中聲木謹案碑文云夫人姓張其淸河人也云云十二月下碑文原有十二日三字攈古錄云石藏嘉興張廷濟家

申文獻公瑩兆碑側題名　會昌四年五月聲木謹案一高元裕正書碑文原作六代孫元裕一少逸正書碑文原作六代孫少逸年月皆同一四日一十五日

疊綵山記　會昌四年六月聲木謹案碑文字體左行粵西金石略云元晦撰文四年六月碑文原作三年七月

華岳廟崔愼由等題名　會昌五年二月聲木謹案碑文字體左行崔愼由上碑文原有殿中侍御史五字二月下碑文原有八日二字

華岳廟李執方題名　大中元年二月聲木謹案李執方碑文原作李執行上仍有右諫議大夫五字二月碑文原作三月下仍有三日二字碑文字體左行

陁羅尼經幢記　大中二年正月聲木謹案碑文八面刻七面經一面記正月下碑文原有一日二字

北岳廟義武軍節度使韋損等題名　大中二年二月聲木謹案碑文字體左行二月下碑文原有十三日三字

天寧寺六種眞言　大中二年八月聲木謹案碑文爲曹巨川撰並正書八月下碑文原有廿一日三字

周公祠靈泉記碑　大中二年十月聲木謹案碑文中有宣宗批答十月原作十一月已見羅氏刊誤下仍有廿日二字

汝南周文遂墓志　大中二年十月聲木謹案十月下碑文原有廿九日三字

北岳廟義武軍節度使李公度等題名　大中二年十二月聲木謹案十二月下碑文原有廿一日三字

浯溪韋瓘等題名　大中二年聲木謹案碑文十九行行十字約一百六七十字雖字多磨泐實爲題記非題名韋瓘上碑文原有太僕卿□司等字實只一人二年下原有十二月七日五字

浯溪李行修題名　大中二年聲木謹案碑文字體左行碑中共三人二年碑文原作三年下仍有四月十一日五字

林夫人墓志　大中二年聲木謹案碑文字蹟磨泐不易辨識孫

氏誤一爲二職是之故
北岳廟節度判官禱雨題名　大中三年四月聲木謹案判官碑文原作推官碑文中本有李扃等名氏四月下原有一日二字
華岳廟李貽孫祈雪題名　大中三年十二月聲木謹案碑文字體左行十二月下碑文原有八日二字
比邱尼正言疏　大中五年正月聲木謹案五年正月碑文原作六年四月下仍有廿五日三字
八關齋會報德記　大中五年正月聲木謹案已見大歷七年實爲複出
華岳廟李貽孫題名　大中五年七月聲木謹案碑文字體左行七月下碑文原有廿七日三字
岳林寺塔記　大中五年聲木謹案碑文殘佚僅有前截上下復

斷爲三
華岳廟于德晦等題名　大中六年三月聲木謹案碑文字體左行三月下碑文原有廿四日三字
北岳廟義武軍節度使李公度等題名　大中六年九月聲木謹案碑文字體左行九月下碑文原有十六日三字
吏部尚書高元裕碑　大中六年十一月聲木謹案碑文字蹟多磨泐六年碑文原作四年十一月下原有十日二字金石錄云大中七年十月立
魏公蕃先廟碑銘　大中六年十一月聲木謹案石碎爲十三塊上下均缺佚字蹟仍多磨泐碑文中無年月繆荃孫藝風堂金石文字目云石在陝西長安布政使署中
花嚴寺杜順和尚行記　大中六年聲木謹案六年下碑文原有□月二十四日等字
盧鄴幼女姚婆墓志　大中七年七月聲木謹案碑文即爲盧鄴所撰係父爲女撰文七月下碑文原有十三日三字
靈巖寺牟瑫證明功德記　大中八年四月聲木謹案碑文爲北宋人加刻字蹟幾爲所掩碑目中已著牟瑫名氏下註之字應去四月下碑文原有廿日二字
角直鎮保聖寺尊勝陁羅尼經幢　大中八年秋宋皇祐五年重立聲木謹案碑文爲崔渙撰贊並書八年下碑文原爲閏月中元日五字伍年下碑文原有正月二十八日僧惟吉等重立後有題記正書
下邳郡林夫人墓志　大中九年五月聲木謹案此即林夫人墓志已見大中二年實爲複出

圭峯定慧禪師碑　大中九年十月聲木謹案十月下碑文原有十三日三字碑陰及碑兩側碑額陰均有宋人題名孫氏雖分置于各年月錄之仍有遺漏
襄州別駕韓昶自爲墓志　大中九年十一月聲木謹案碑文中有卒葬年月日必爲後人所損益無疑細審原碑確爲其子綰所書十一月原作十二月已見羅氏刊誤下仍有十五日三字
劉氏太原縣君霍夫人墓志銘　大中十年正月聲木謹案碑文正書非行書劉氏上碑文原有行內侍省外侍伯等字正月下原有廿九日三字攟古錄云石在陝西咸寜未知孰是
尊勝陁羅尼經幢　大中十載四月聲木謹案四月下碑文原有廿二日三字
滎陽鄭恆夫人崔氏合祔墓志銘　大中十二年二月按此碑凡

二通一在黎陽山聲木謹案碑中並無銘文同時同地不知當時何以刊立二碑文字皆同惟一作鄭恆一作鄭遇二月下碑文原有廿七日三字榮字下從水

福州侯官縣丞湯華墓志　大中十二年十一月聲木謹案十一月下碑文原有廿八日三字

郎中石柱題名　大中十二年十一月聲木謹案碑文八面陰及兩側均有字十一月下碑文原有十二日三字

寰宇訪碑録校勘記卷八

盧江劉聲木十枝撰

唐

華岳廟李蠙祈雪題名　咸通元年十二月聲木謹案十二月下碑文原有廿九日三字

滏河經幢　咸通二年八月後賛彭城郡夫人劉氏建聲木謹案石在滏河田家灣實爲尊勝陁羅尼經八月下碑文原有廿五日三字

陁羅尼經幢　咸通四年八月聲木謹案石在開元寺八面刻先序後經崔㝃所造八月下碑文原有廿一日三字

心經石幢　咸通五年七月聲木謹案石中斷爲二下截復缺佚七月下碑文原有十五日三字

龍華寺窣堵波塔銘　咸通五年八月聲木謹案八月下碑文原有廿六日三字

北岳廟易定觀察使韋絢題名　咸通六年二月聲木謹案碑文字體左行碑文實爲韋絢等奉勅醮祭題名二月下碑文原有廿九日三字

大原郡處士王仲建墓志　咸通六年十月聲木謹案碑文後有銘文四行實爲墓志銘石出孟縣西河當仍在孟縣太原郡爲王姓郡望應去之碑文中無年號馮敏昌考爲咸通六年十月下碑文原有廿二日三字

開元寺尊勝陁羅尼經碑　咸通七年二月李君佐建左有光化二年男繼宗題字聲木謹案二月下碑文原有十五日三字二年下碑文原有三月十八日五字

後魏洛州刺史馮王新廟碑　咸通八年十一月聲木謹案馮王
名熙十一月下碑文原有九日二字
雲居寺主大德神道碑　咸通八年十一月聲木謹案撰書人名
氏均見碑文上截十一月下碑文原有四日二字
南翔寺尊勝陁羅尼經幢　咸通八年十二月後題建幢主莫少
卿名宋太平興國五年重修聲木謹案十二月下碑文原有五
日二字碑文後又有元元統二年移幢題字正書
內莊宅使劉遵禮墓志銘　咸通九年十一月聲木謹案碑文云
劉遵禮原封彭城縣開國子十一月下碑文原有八日二字
天寧寺尊勝陁羅尼經　咸通十年六月聲木謹案碑文八面刻
沈仕達等建六月下碑文原有廿二日三字
新修文宣王廟記　咸通十年九月聲木謹案碑文前截爲記後

截爲請修兗州曲阜縣文宣王廟牒各有年月日孫氏係依牒
文年月入錄記文年月爲咸通十一年三月十日牒文九月下
仍有廿八日三字
張常洧殘碑　咸通十年聲木謹案碑文正書非行書碑石斷爲
四塊復殘佚
碧落碑釋文　咸通十一年七月聲木謹案七月下碑文原有十
一日三字
華岳廟許環等題名　咸通十一年十月聲木謹案許環上碑文
原有鄭縣丞攝尉五字十月下原有十七日三字碑文字體左
行
卧龍寺大悲心陀羅尼經　咸通十二年正月後有比邱洪維及
王元誌題名聲木謹案碑文前段甚磨泐正月下碑文原有廿

七日三字
殘墓志　咸通十二年二月聲木謹案碑石中斷首數行已佚字
蹟復多磨泐細繹碑文尚可考見一二如中有云舉進士亟敗
于垂成又云以咸通十一年二月廿四日卜于昭元鄉昭元里
社頭村之原也庠嘗射策　春闈竊在下風又云乃爲銘曰嗚
呼公都碩學鴻儒云云是嘗舉進士字公都□庠撰墓志銘石
初藏蕭山王宗炎家繼歸無錫龔　復歸南陵徐乃昌卒歸
滿洲托活洛氏端忠敏公故後不知所在
甘泉普濟寺靈塔記　咸通十三年聲木謹案甘泉碑文原作甘
泉院碑文實爲曉方禪師靈塔記采思倫正書三年碑文原作
二年下原有閏八月十三日六字
左拾遺孔紓墓志　咸通十五年三月聲木謹案碑文後有銘文

二行實爲墓志銘碑文于將字下旁註去聲病字下註句一字
碑文中罕見
贈太尉韓允忠神道碑　乾符二年二月聲木謹案碑文下截磨
泐首數字亦是碑文爲紇干濬撰二月下原有廿五日三字
南翔寺尊勝經幢　乾符二年八月後題建幢主莫少卿名宋太
平興國五年元元統二年重修聲木謹案石在南翔寺池子中
渡架木始能達幢推拓極艱道光初年僧六舟親往推拓傳本
甚少八月下碑文原有十八日三字五年下碑文原有三月十
一日僧子湘等重修經幢題字正書二月下碑文原有四月吉
日僧妙行移幢題字正書
謁昇仙太子廟詩　乾符四年閏二月聲木謹案閏二月下碑文
原有三日二字

陁羅尼經並贊　乾符五年八月聲木謹案碑文正書非行書八面刻先經後贊邢筠撰贊八月下碑文原有十五日三字

牛頭寺陁羅尼經幢　乾符六年二月聲木謹案沙門詞浩述碑文原作沙門詞浩撰贊二月下碑文原有十三日三字宋遙碑文原作宋瑤

護國寺陁羅尼經幢　中和四年十一月聲木謹案碑文中分三段文在上段碑文後截亦中分三段上段有立幢題記李茂彰正書碑文原作僧崇厚正書十一月下原有六日二字

張夫人墓志銘　景福元年十二月聲木謹案碑文爲夫孫珦撰十二月下碑文原有二十日三字

憫忠寺重藏舍利記　景福元年十二月聲木謹案知常亦僧應加僧字十二月下碑文原有十八日三字

龍興觀道德經　景福二年七月聲木謹案此碑拓本兩大張疑兩面刻七月下碑文原有中元日三字

臥龍寺大悲心陁羅尼經幢　乾寧二年後題女弟子陳氏建立聲木謹案二年碑文原作元年下仍有七月廿八日五字

威武軍節度王審知德政碑　天祐三年閏十二月聲木謹案閏十二月下碑文原有一日二字

修北岳廟　上半已泐惟歲在丙子十月等字尚存蓋天祐十三年也聲木謹案碑文實爲北平王重修北岳廟碑銘與十五年四月廿一日重修文宣王廟院記同爲北平王王處直事趙魏竹崦菴金石目辨論此碑甚詳並云丙子爲後梁貞明二年王昶從其說十月下碑文原有十九日三字

北平王再修文宣王廟院記　天祐十五年四月聲木謹案四月下碑文原有廿一日三字

重修法門寺塔廟記　天祐十九年二月聲木謹案重修上碑文原爲秦王二字二月下原有二十六日四字

淨住寺禪迦牟尼普賢刧象銘　無年月聲木謹案此即淨住寺賢刧功德碑碑陰存上截碑陽造象十二列無題字釋迦牟尼普賢碑文原作釋迦文賢四字

韋府君墓志篆蓋　無年月聲木謹案下註篆書二字上篆字重複劉府君崔公墓志篆蓋之篆字均應去

興福寺尊勝陁羅尼經幢　無年月聲木謹案常熱俗呼此爲東幢金貞所書者爲西幢

東隱庵經幢　無年月聲木謹案石在揚州城内萬壽寺石已中斷適在紀年之處李師碑文原作李師簡又有□□□年二月

廿七日等字

後梁

崇福侯廟記　開平二年聲木謹案碑文中有大字勅文六行

寄邊衣詩　乾化四年聲木謹案石在西安府學缺碑首十六字裴說撰上應加唐字後有北宋嘉祐戊戌十月九日李丕緒刻石題記及張旭肚痛帖

昭義軍節度使葛從周神道碑　貞明二年十月聲木謹案碑文字多磨泐十月原作十一月已見羅氏刊誤下仍有十二日三字

造龍興寺石幢記　貞明三年十一月聲木謹案碑文原爲造陁羅尼幢十一月下碑文原有二十六日四字鄭義字下泐

後唐

振武節度使李存進碑　同光二年十一月聲木謹案碑文下截字蹟磨泐十一月下碑文原有八日二字此碑王昶陸耀遹繆荃孫皆不載

增福寺僧令欽等造象題名　天成元年聲木謹案元年下碑文原有九月十八日五字

賜長興萬壽禪院額牒　長興三年九月聲木謹案九月下碑文原有三日二字攈古錄云石在陝西寶鷄

後晉

贈太傅羅周敬墓志　天福二年十月聲木謹案十月下碑文原有六日二字

聖字山崆峒巖記　天福五年七月聲木謹案聖字山上碑文原有淑建二字中無撰書人名氏七月下碑文原有七日二字

開化寺瑤巖閣記　開運二年七月元至正八年十月重刻聲木謹案開化寺上碑文原有重修蒙山四字七月下原有十三日三字十月下原有吉日二字

移文宣王廟記　開運三年正月聲木謹案碑文末行馮道銜名正書正月下碑文原有十五日三字

後漢

父母恩重經碑側　乾祐三年聲木謹案碑文左右側均有字

後周

大岯山寺準勑不停廢記　顯德二年五月聲木謹案碑文爲顯德六年七月末旬建立

濟州刺史任公屏盜碑　顯德二年閏九月聲木謹案任公之名諸家著錄均無因碑文拓本太大不易繙閱細心檢查之故閏九月下碑文原有一日二字

龍泉禪寺記　顯德三年九月聲木謹案龍泉禪寺碑文原作龍泉禪院九月下碑文原有七日二字

中書侍郎平章事景範神道碑　顯德三年十二月聲木謹案碑文字蹟磨泐下截不見字蹟十二月下碑文原有朔一字

虎邱山陁羅尼經幢　顯德五年聲木謹案五年下碑文原有龍集戊午日躔南等字

石屋洞閣門承旨梁文誼造象　顯德六年聲木謹案六年下碑文原有十一月三字

石屋洞夏保盛造象　無年月聲木謹案碑文中有丙辰歲三月三日等字丙辰羅氏刊誤云爲顯德三年

閩

崇妙保聖堅牢塔記　永隆三年聲木謹案石在南澗寺東石塔寺塔凡十層每層均有佛象題字正書六面刻記在第六層首行有廖迁僊題名侯官閩縣雖屬同城石實在侯官縣地

吳越

崇化寺西塔基記　後題唐下元戊午七月二十八日戊午乃後周顯德五年也聲木謹案下元年號不見紀元書中吳越已亡于後晉天福二年時已二十年何以仍稱吳越王紀元又稱唐下元殊不可解

南詔

南詔德化碑　普鐘十四年聲木謹案此卽南詔蠻頌德碑已見天寶十五載後無年月中實爲複出更不應著外國年號

北宋

重修文宣王廟記　建隆三年八月聲木謹案八月下碑文原有二十五日四字

重修中岳廟記　乾德二年八月聲木謹案八月下碑文原有十五日三字

江淹擬休上人詩　乾德五年聲木謹案碑文上截爲贈僧夢英詩右旁爲沙門惠休詩左旁爲郭忠恕達僧夢英書江淹本梁時人應以梁字冠首八分書下應依碑文增註餘正書三字

摹利支天等經　乾德六年十月聲木謹案碑文本分五截摩利支天經在上三截首面有李奉珪畫象經爲施主徐知舜建十月下碑文原有十五日三字

陰符經　乾德六年十一月刻于摩利支天經之下方聲木謹案在前碑第四五截首面有翟守素畫象爲施主王處能建十一月下碑文原有九日二字

新修周武王廟碑銘　開寶六年十月聲木謹案十月下碑文原有十五日三字

新修周康王廟碑　開寶六年十月聲木謹案十月碑文原作二月下仍有十五日三字

倉頡廟碑　開寶八年聲木謹案碑文原爲歲當乙亥大呂律蓂生十葉繆荃孫考爲二月十日

法門寺浴室靈異記　太平興國三年四月聲木謹案碑文中有毛文恪文而識之云云識字下並註云音至是碑文爲毛文恪所撰

福巖院牒　太平興國三年五月聲木謹案五月下碑文原有二十五日四字

飛來峯青林洞郝濬等題名　太平興國三年十二月聲木謹案十二月下碑文原有二日二字碑字在龍泓洞內

飛來峯程□題名　太平興國三年十二月聲木謹案程□碑文原作程道首仍有節推王昭遠等二人程道首上碑文原有殿前承旨四字十二月下碑文原有四日二字

老君清淨經護命經得道經　太平興國五年閏三月聲木謹案碑文與象分爲四截刊象在首截繪象三經各有年月護命得道二經年月篆書白廷璨續象續字當是繪字刻本之誤閏三月下碑文原有二十一日四字孫氏已得道經年月著錄

重書夫子廟堂碑　太平興國七年六月聲木謹案夢英本僧應加僧字六月下碑文原有廿五日三字

重修兗州文宣王廟　太平興國八年十月聲木謹案碑文十月下原有十六日三字

謁岳祠記　雍熙四年八月聲木謹案碑文字體左行實爲題名類不足云記八月下碑文原有十一日三字

往生內院文　淳化元年聲木謹案此乃鋟塔柱文金類非石類舊在湖南長沙縣鋟佛寺中王昶考記甚詳

寄贈夢英大師詩　咸平元年正月聲木謹案碑分六截刻正月下碑文原有三日二字

飛來峯瑯琊守□□題字　咸平二年聲木謹案碑文字蹟磨泐不易辨識二年下碑文原有二月五日四字

修文宣王廟記　咸平三年八月聲木謹案三年碑文原作貳年八月下原有貳日二字年月日甚磨泐

華岳廟高紳等題名　咸平□年聲木謹案碑文字蹟殘佚裂爲

三塊字體左行□年下碑文原有□月廿一日等字

謁祠記　咸平四年閏十二月聲木謹案碑文字體左行寥寥廿餘字實題名類高紳上碑文原有□司諫直史館等字閏十二月下碑文原有十五日三字

勅賜西岳廟乳香記　咸平六年九月聲木謹案九月下碑文原有十五日三字

修造靈寶三籙壇記　景德二年十一月聲木謹案碑文實爲華岳廟而作修造碑文原作營築十一月下原有五日二字

祭告華岳記　景德二年聲木謹案碑文寥寥四十餘字不足稱記實題名類二年下碑文原有七月二十四日立秋等字第五行下截有吳中復等題名正書左行無年月末行下截有郝隨子題名呂康成正書無年月

勅修文宣王廟牒　景德三年二月聲木謹案二月下碑文原有十六日三字

大雲寺心經幢　大中祥符元年正月聲木謹案幢爲王懷信等建正月下碑文原有二十九日四字

元聖文宣王贊　大中祥符元年十一月聲木謹案碑文爲眞宗御製並正書十一月下碑文原有一日二字

般若多心經序　大中祥符二年四月聲木謹案四月下碑文原有一日二字石在陝西長安

御賜孔廟書物勅牒二碑　大中祥符二年四月聲木謹案碑文中明言是太宗非眞宗應以太宗二字冠首

永興軍新修文宣王廟大門記　大中祥符二年六月聲木謹案六月下碑文原有十一日三字文宣王上原有元聖二字

□□禪師述　大中祥符三年正月在栖先塋記後聲木謹案碑文爲僧鐘首撰正月下碑文原有一日二字

龍泉寺普濟禪院碑　大中祥符三年十一月聲木謹案龍泉寺碑文原作龍泉山碑本云晉右將軍王羲之書云云王右軍應依碑文云晉王羲之十一月下碑文原有九日二字

賜陳堯咨疏龍首渠勅　大中祥符七年九月聲木謹案碑文十九行十八行是勅末行爲年月日銜名勅行書年月日銜名正書九月下碑文原有九日二字

北岳醮告文　大中祥符八年二月聲木謹案二月下碑文原有二十五日四字

中岳醮告文　天禧三年九月聲木謹案碑文末行正書

摩騰入漢靈異記　天禧五年正月聲木謹案碑文正月下原有七日二字

華岳廟陝西轉運使范雍題名　乾興元年四月聲木謹案四月下碑文原有七日二字

華岳廟上官冲題名　乾興元年五月聲木謹案碑文字體左行中有進士周愼名氏上官冲上碑文原有□奉職等字五月下碑文原有初六日三字

虎邱山王賁等題名　天聖元年九月聲木謹案碑文字體左行九月下碑文原有十四日三字

再謁岳祠記　天聖元年九月聲木謹案碑文實爲題名類不足稱記九月下碑文原有十四日三字

龍門六象龕丁裕題名　天聖四年三月聲木謹案石在龍門萬佛洞碑文字體左行碑文有同弟祐及子覿等人丁裕上碑文

原有三班供職四字三月下原有二十六日四字末行下截有李遇題名

勸慎刑文　天聖六年二月聲木謹案勸慎刑文下碑文原有並序二字碑文無年月日及書人名氏因慎刑箴並序同爲晁迴所撰故亦列于天聖六年

慎刑箴並序　天聖六年五月聲木謹案石立于永興軍文宣王廟中五月下碑文原有十二日三字

虎邱山王質等題名　天聖七年九月聲木謹案此刻俗稱點頭石題名已佚九月下碑文原有廿日二字

棲禪寺新修水磨記　天聖八年八月聲木謹案八月下碑文原有二十五日四字

虎邱山朱巽等題名　天聖八年八月聲木謹案碑文字體左行

正書非行書朱巽上碑文原有給事中新知揚州七字八月下碑文原有廿二日三字

絳州重修夫子廟記　錄辛楣少詹云碑殘闕止存六月癸巳朔字山西通志以爲明道中刻聲木謹案王昶考爲天聖十年癸巳碑文原作癸未碑文又有二十八日庚戌重立等字

孔道輔祖廟祭文　景祐二年六月聲木謹案碑文原爲四十五代孫道輔云云既註撰文名氏碑目孔道輔三字實爲複出應去六月下碑文原有九日二字

延慶禪院新修舍利塔記　景祐三年六月聲木謹案碑文云楊虛已習晉王羲之書即集晉王羲之書六月下碑文原有廿七日二字

謁華岳祠記　景祐四年十月聲木謹案碑文實題名類不足稱

記原在唐大歷九年謁華岳廟文後段十月下原有五日二字

衛廷諤妻高氏墓志銘　寶元二年八月聲木謹案此與左千牛衛將軍衛廷諤墓志銘本屬一碑碑陽刻夫墓志碑陰刻其妻墓志碑文字蹟甚磨泐高氏碑文原作徐氏八月下碑文原有十三日三字碑文次行末行下截有八分書題字字蹟更難識

左千牛衛將軍衛延諤碑　寶元二年聲木謹案衛延諤碑文原作衛廷諤當是刊本之誤二年下碑文原有八月十三日五字

种放詩後諸人題名　寶元三年聲木謹案碑文中題名甚多年月日在曼卿題名之下字蹟亦相類三年下碑文原有正月廿五日五字

攝山棲霞寺碑　康定元年三月聲木謹案碑文原爲陳韋霈書僧懷則重行書三月下碑文原有十七日三字

七星巖周湛等題名　慶歷二年三月聲木謹案碑文正書非行書周湛上碑文原有提點刑獄四字三月下原有初九日三字

翰林學士王堯臣謁華岳記　慶歷二年十一月聲木謹案碑文字驗左行碑文寥寥數語實爲題名類亦非王堯臣一人謁華岳碑文原作謁金天祠十一月下碑文原有五日二字

蘇子美題种放詩刻　慶歷二年聲木謹案碑文正書非行書原在祕演題名下二年下碑文原有正月四日四字

通判屯田員外郎張子定等題名　慶歷四年聲木謹案碑文字體左行在唐柳公綽蜀丞相諸葛亮祠堂記碑左側下截四年下碑文原有十一月十五日六字員外郎碑文原無員字

才翁等題种放詩刻　慶歷六年聲木謹案碑文僅才翁一人在上截次段並無年月

華岳廟王棨題名　慶歷七年八月聲木謹案碑文非止王棨一人八月下碑文原有十四日三字
謁華岳記　慶歷七年十一月聲木謹案碑文字體左行實題名類不足稱記碑文原爲樞密直學士田況等謁華岳題名十一月下碑文原有望日二字
工部郎中□□謁華岳題名　慶歷七年聲木謹案碑文字體左行碑文仍有前隴州汧陽縣事□□七年下碑文原有仲冬十一日五字
再謁華岳祠記　皇祐元年四月聲木謹案碑文在華岳廟石幢第七面實題名類亦並無再謁字程琳上碑文原有同中書門下平章事四月碑文原作三月下仍有二十八日四字
王洙題种放詩刻　皇祐元年聲木謹案此是會眞宮种放詩刻題跋在下截首段文僅八字文云皇祐元年夏王洙觀實題名類

張吉甫題名　皇祐二年九月刻于沭澗魏夫人碑陰聲木謹案碑文在碑陰上中截中段後九月下碑文原有朔字
曹穎叔等題名　皇祐二年聲木謹案碑文在唐柳公綽諸葛亮祠堂記碑右側中段碑文云華參子高志云云是碑文爲華參所書二年下碑文原有仲春廿六日五字
兵部郎中傅□謁祠題名　皇祐三年七月聲木謹案碑文正書非行書七月下碑文原有廿九日三字
岱岳觀宋禧題名　皇祐四年三月聲木謹案碑文云張周偕行非止一人三月下碑文原有二十二日四字
岱岳觀李陟題名　皇祐四年五月聲木謹案碑文中有何懷智等人五月下碑文原有十一日三字
浯溪狄靑題名　皇祐四年聲木謹案碑文正書非行書狄靑上碑文原有彰化軍節度使六字四年碑文原作五年下仍有季春朔三字
門山張宗且題名　皇祐五年三月凡五行聲木謹案門山原作石門山碑文以太常博士王起居首張宗且名列第三三月碑文原作寒食日三字
咸通碑側孔宗翰題名　皇祐五年聲木謹案碑文孔宗亮名居首孔宗翰名在第二五年下碑文原有六月日三字
慶豐堂記　皇祐五年聲木謹案五年下碑文原有十月二十日五字石在袁州府署儀門內實江西宜春縣地
草堂寺李參題名　皇祐六年三月聲木謹案碑文字體左行同游七八人李參上碑文原有司封郎中四字碑文行書年月日正書三月碑文原作上巳日三字

監察御史朱吉題名　皇祐六年聲木謹案碑文在試院新修石幢記文末一行六年下碑文原有二月二日四字
高之裔題种放詩刻　皇祐六年聲木謹案碑文原在下截次段皇祐甲午卽至和元年三月改元碑文當在未改元以前六年下碑文原有季春□□□等字
京兆府小學規　至和元年四月聲木謹案碑文四截刻兼有註
張子諒等題名　至和元年五月在沭澗魏夫人碑陰聲木謹案碑文在碑陰上中截中段五月下碑文原有廿四日三字
晉祠詩陰余藻題名　至和二年聲木謹案碑文字體左行原在晉祠碑左側第二截非碑陰碑文云邢佐臣余藻同來云云是

余藻名在第二二年下碑文原有四月十日四字石在山西太原並非汾陽

題龍潭詩　至和三年三月聲木謹案碑文原作留題龍潭詩詩爲五言古六句何嶠等撰陳君章名氏應去三月碑文原作閏三月下仍有十一日三字

游藥水寺詩　至和三年聲木謹案碑文本七言律詩三年下碑文原有閏三月望日五字

寰宇訪碑録校勘記卷九

廬江劉聲木十枝撰

北宋

潘旦等題名　嘉祐二年八月在沭澗魏夫人碑陰聲木謹案碑文在碑陰上中截後段八月下碑文原有廿三日三字

石門山張師忠題名　嘉祐三年二月聲木謹案碑文中有翁日新名氏非僅一人二月下碑文原有十八日三字

呂大防題名　嘉祐四年五月在宋倉頡廟碑之上方聲木謹案碑文實在倉頡廟碑額陰文體左行呂大防上碑文原有著作佐郎四字

萬安橋記　嘉祐四年十二月聲木謹案十二月下碑文原有辛未訖功四字

呂大忠蒼頡廟題名　嘉祐五年三月聲木謹案碑文中原有喬岳名氏三月碑文原作五月

莆陽蔡襄題种放詩刻　嘉祐五年聲木謹案碑文在會眞宮种放詩刻上截三段五年下碑文原有三月四日四字

校書郎陳遵路謁華岳廟題名　嘉祐七年三月聲木謹案碑文字體左行三月下碑文原有十四日三字

重刻醉翁亭記　嘉祐七年十月聲木謹案石在瑯琊山碑文云蘇唐卿上石楊思題記並未言蘇唐卿所書十月下碑文原有庚寅二字

龍隱岩李師中詩　嘉祐七年十一月聲木謹案碑文云留詩四章以志歲月即後世地方官留別詩每詩下皆有自註之語

石林亭唱和詩　嘉祐七年十二月聲木謹案碑文即劉敞蘇軾

倡和詩十二月下碑文原有十五日三字
贈太師韓國華神道碑　嘉祐八年十一月聲木謹案國華即韓琦之父十一月下碑文原有十四日三字
濟州刻漏圖記　嘉祐八年聲木謹案碑文本刻于濟州重修廳壁記碑陰文分三截上截圖中截用箭式下截記孫氏于廳壁記註久佚同屬一碑想亦同佚刻漏圖記碑文原作新蓮花漏圖記田棐碑文原作田棐八年下碑文原有六月初四日五字
草堂寺章惇題名　治平元年正月紹聖二年立石聲木謹案碑文實爲題記非僅題名正月下碑文原有二十三日四字二年下碑文原有十二月初八日僧□□立石等字
慈恩寺盧盛等題名　治平元年六月聲木謹案碑文字體左行盧盛上碑文原有康定軍使四字六月下原有三日二字
九曜石盧士宏題名　治平三年二月聲木謹案碑文中共四人二月下碑文原有十五日三字
華岳廟史炤題名　治平三年十月聲木謹案碑文字體左行史炤上碑文原有常少卿三字十月下原有廿三日三字題名題字下誤落名字
溫泉箴　治平四年十月聲木謹案十月下碑文原有朔字
慈恩寺孫永等題名　熙寧元年三月聲木謹案碑文字體左行孫永上碑文原有都轉運使四字三月下原有十三日三字
盧大雅等題名　熙寧元年在晉祠碑陰聲木謹案碑文在碑陰首截末下段王李碑文原作王杢係本字元年下碑文原有九月十四日五字
瀧岡阡表　熙寧三年四月聲木謹案碑文爲歐陽修自撰自書碑文原作男修撰並書江西通志云石在吉安府永豐縣鳳凰山側並非廬陵四月下碑文原有十五日三字
華嶽廟楊遂題名　熙寧三年七月聲木謹案四月下碑文原有廿七日三字
贈靈巖寺僧詩　熙寧三年九月聲木謹案九月下碑文原有十三日三字
陳繹謁華岳祠記　熙寧三年十二月聲木謹案碑文寥寥七八十字不足稱記實題名類陳繹上碑文原有京東轉運使五字十二月下原有三日二字
謁祠記　熙寧四年四月在後周華岳廟碑上聲木謹案碑文在正面書款之左下方碑文字體左行四月下原有二十日三字碑文寥寥四十一字不足稱記劉忱上原有職方郎中四字
范育等題名　熙寧四年六月在聖教序記碑陰聲木謹案碑文在龍興寺聖教序記碑陰首截中段碑文字體左行六月下碑文原有二十三日四字
范晉題名　熙寧四年六月在聖教序記碑陰聲木謹案此即范育等題名碑文中並無范晉名氏實爲複出
謁華岳祠記　熙寧四年七月聲木謹案碑文與邱據題名同在一石碑文雖五行張孝孫官職已居四行實爲題名不足稱記碑文字體左行張孝孫上碑文原有殿中監將軍五字七月下碑文原有中元日三字
華岳廟陳絢等題名　辛亥十月爲熙寧四年聲木謹案碑文字體左行
知登封縣事張琬題名　熙寧四年聲木謹案碑文在唐嵩陽觀

碑陰碑文字體左行碑文云會飲天封觀和養莽云云決非一人四年下碑文原有十月十日四字

武侯祠吳中復等題名　熙寧四年聲木謹案碑文在唐柳公綽武侯祠碑右側上截碑文八分書三行並非篆書四年下碑文原有九月二字

謁華岳祠記　熙寧六年正月聲木謹案碑文寥寥六十餘字實題名類蔡延慶上碑文原有天章閣待制五字正月下碑文原有二十九日四字

慈恩寺吳中復等題名　熙寧六年二月聲木謹案吳中復上碑文原有知府事三字二月下碑文原有九日二字

九曜石金君卿等題名　熙寧六年六月聲木謹案金君卿上碑文原有轉運使度支郎中七字六月下原有中伏二字

劉航等謁華岳祠記　熙寧六年八月在後周華岳廟碑右旁聲木謹案碑文係磨滅前人遺蹟所加刻寥寥僅三十四字不足稱記實題名類劉航上碑文原有河南監牧使五字八月下碑文原有十七日三字

浯溪柳應辰題名　熙寧六年十月聲木謹案碑文云全家游此云云決非一人十月下碑文原有十九日三字

浯溪蔚宗題名　熙甯七年正月在中興頌左聲木謹案碑文在柳應辰等題名下

九曜石程師孟等題名　熙寧七年正月聲木謹案正月下碑文原有上元日三字

陳紘謁華岳祠記　熙甯七年二月在後周華岳廟碑正面空行下聲木謹案碑文寥寥四五十字不足稱記實題名類陳紘上原有開封令三字碑文中有房默等三人侍行二月碑文原作三月下仍有二十二日四字

南山金君卿等題名　熙寧七年二月聲木謹案碑文年月日左行二月下碑文原有上巳二字

烟霞佛手巖魯有開題名　熙寧七年十月聲木謹案烟霞應作烟霞洞十月下碑文原有廿五日三字

慈恩寺趙抃等題名　熙寧七年十一月聲木謹案趙抃上碑文原有資政殿大學士六字十一月下原有貳拾貳日四字

李侃華岳廟祈雨題名　甲寅三月乃熙甯七年也在後周華岳廟碑正面空行之下聲木謹案碑文在陳繹等題名之下碑文原爲奉勅祈雨三月下碑文原有晦日二字

米黻題浯溪詩　熙甯八年十月聲木謹案詩爲五言絶句十月下碑文原有既望二字

飛來峯蘇子容等題名　熙寧九年八月聲木謹案八月下碑文原有癸巳二字

華岳廟張叔卿題名　熙寧十年三月聲木謹案碑文中有男康伯侍行之語三月下碑文原有十九日三字

嵩陽觀王紳題名　熙寧十年三月聲木謹案碑文原爲移置碑石題記實非題名

臥龍寺梵書唵字贊　熙寧十年八月聲木謹案碑文名雖爲贊實與五言絶句詩無異八月下碑原有二十六日四字

黄樓賦　熙寧十年聲木謹案石無建立年月賦文中有熙寧十年之語

李審言題名　熙寧□年在唐柳公綽碑側聲木謹案碑文在碑

左側上截碑文字體左行字蹟雖有磨泐碑文中有六人同游名氏決非一人

九曜石曾布等題名　元豐元年正月聲木謹案曾布上碑文原有□東經略安撫使七字正月下原有晦日二字

逕迴謁華岳祠記　元豐元年三月聲木謹案碑文寥寥二十餘字字蹟復多殘佚實題名類碑文字體左行三月下碑文原有二十七日四字

善感禪院海公壽塔記　元豐元年九月聲木謹案碑文刊于東北兩莊地土牒碑陰九月下碑文原有重陽前一日五字

俞次臯謁華岳祠記　元豐元年十月聲木謹案碑文寥寥三十餘字不足稱記實題名類碑文字體左行中又有與友人鮮于溱等恭謁之語十月下碑文原有十三日三字

蘇轍題靈巖寺詩　元豐二年五月靖康初空明居士刻聲木謹案碑文中不僅有詩蘇轍復自記四行在詩後五月下碑文原有五日二字空明居士刻石有題記在後截石在山東長清

鮮于侁留題靈巖寺詩　元豐二年正月聲木謹案碑文與蘇轍題靈巖寺詩同一石此詩猶在前碑文中並無年月

再謁華岳祠記　元豐二年五月聲木謹案碑文僅一行寥寥廿九字不足稱記蔡延慶上碑文原有龍圖閣直學士六字五月碑文原作夏日二字

華岳廟王希蒨蔣之奇題名　元豐二年六月聲木謹案碑文字體左行正書非行書王希蒨碑文原作王希倩上有判官二字蔣之奇名氏不應列入六月下碑文原有四日二字

靈隱青林洞胡宗師等題名　元豐二年七月聲木謹案碑文以楊景略名氏居首胡宗師名在第二七月下原有十三日三字

龍隱巖曾布題名　元豐二年聲木謹案碑文云盡室泛舟云云決非一人二年下碑文原有上巳二字

王璞題名　元豐三年四月在九成宮碑側聲木謹案碑文在碑左側中截碑文字體左行碑文中有弟琢同來之語四月下碑文原有旦日二字

岳麓寺碑側米芾題名　元豐三年聲木謹案碑文字體左行碑文中非止一人三年下碑文原有元日二字

武昌西山蘇軾題名　元豐三年聲木謹案地址已註武昌碑目上又有武昌二字實爲重複三年下碑文原有四月十三日五字

西山沈遼題名　元豐三年聲木謹案碑文字體左行碑文中有甥孫儆雅子修從之語三年下碑文原有十月六日四字

集歸去來辭詩　元豐四年九月聲木謹案碑文云予喜歸去來詞因集字爲詩六首云云是詩爲蘇軾所撰幷書九月下碑文原有廿二日三字

劉陶謁華岳祠記　元豐五年正月聲木謹案碑文在華岳精享昭應碑右下截碑文字體左行寥寥十八字不足稱記劉陶上碑文原有通直郎三字正月下碑文原有十九日三字

吳鞏等題名　元豐五年七月在九成宮碑側聲木謹案碑文在碑左側上截碑文字體左行七月碑文原作秋季月下仍有二十九日四字

謁華岳祠記　元豐五年七月聲木謹案碑文中有押字寥寥廿七字不足稱記實題名類趙諒上碑文原有文恩副使四字

龍井山方圓庵記　元豐六年四月聲木謹案四月下碑文原有九日二字

華岳廟薛紹彭等題名　元豐六年六月聲木謹案六月下碑文原有十六日三字

華岳廟王靚等題名　元豐六年九月聲木謹案九月下碑文原有十七日三字

張炎等題名　元豐六年十一月在九成宮碑側聲木謹案碑文在碑左側中截張炎上碑文原有府從事三字十一月下碑文原有八日二字

郭亘石室楊略等奉使高麗題名　元豐六年聲木謹案楊略碑文原作楊景略六年下碑文原有十二月十七日六字

東坡楚頌帖　元豐七年十月聲木謹按全書體例人皆稱名東坡二字應易蘇軾十月下碑文原有二日二字

又　無年月聲木謹案碑文分五截刻中有中山松醪賦寄題與可學士洋州園池三十首詩陽羨帖等同刊楚頌帖後二石相同年月日亦同石在巴縣文廟

呂升卿題名　元豐七年在晉祠碑陰聲木謹案碑文在碑左側第三截並非碑陰碑文字體左行碑文中共有五人亦非一人七年下碑文原有六月十七日五字石在山西太原非直隸陽曲

陽曲縣令崔衮等題名　元豐七年在晉祠碑陰聲木謹案碑文在碑陰首截第二段七年下碑文原有正月八日四字石在山西太原非直隸陽曲

東坡海市詩　元豐八年十月元皇統間重刊聲木謹案東坡應稱名氏詩本七言古十月下碑文原有晦日二字碑文中並無重刊題字

留題興安王廟詩　元豐八年聲木謹案碑文正書並行書八年下碑文原有十二月十二日六字

慈恩寺張琬等題名　元祐元年閏二月聲木謹案碑文字體左行閏二月下碑文原有五日二字

重修孟子廟牒碑　元祐元年三月聲木謹案孟子碑文原作鄒國公三月下碑文原有初一日三字

洞庭包山丙洞許輔等題名　元祐元年七月聲木謹案七月碑文原作季秋下仍有十九日四字

祭奠華岳廟記　元祐元年十一月聲木謹案碑文在岳華精享昭應碑下左截碑文寥寥二十六字不足稱記實題名類薛俅上碑文原有中大夫三字十一月下原有十日二字

九曜石李之紀題名　元祐二年三月聲木謹案碑文中共有四人三月下碑文原有十六日三字

浯溪陳宏題名　元祐二年四月在柳應辰題名旁聲木謹案碑文云陳宏十過此云云四月下碑文原有中休二字常郎中辭二字

草堂寺薛紹彭題名　元祐三年五月聲木謹案碑文在定慧禪師碑側次截末段碑文字體左行碑文中有同曹樸遊等字五月下碑文原有初一日三字

游師雄等題名　元祐三年五月在聖教序記之陰聲木謹案碑文在龍興寺聖教序記碑陰第三截首段碑文字體左行五月下碑文原有廿九日三字

慈恩寺王評題名　元祐三年八月聲木謹案碑文字體左行王評上碑文原有通守清江郡事六字八月下原有上澣二字

溫泉呂義山等題名　元祐三年十二月在溫泉箴右聲木謹案碑文在溫泉箴右首二行三字之下碑文字體左行十二月下碑文原有十一日三字

李衞公神道碑陰記　元祐四年二月聲木謹案碑文首云唐太子太師英國公李勣云云是唐英公李勣非衞公李靖碑文爲游師雄撰並正書並無王持書丹之字二月下原有六日二字

贈李方叔馬券　元祐四年四月後有蘇軾詩及黄庭堅跋聲木謹案碑文用意所在緣係以賜馬贈人故鄭重出之若去賜字毫無義例四月下碑文原有十五日三字

刻李義山題渾忠武王祠堂詩　元祐四年九月後有元祐五年五月仇伯玉等題聲木謹案李義山碑目著錄應作唐李商隱以符全編體例九月下碑文原有九日二字五月下碑文原有望日二字

曹郡侯曾布題名　元祐四年在晉祠碑陰聲木謹案碑文在晉祠碑左側首截並非碑陰四年下碑文原有五月丙申四字曹郡侯碑文原作魯郡侯吳則禮上碑文原有子婿二字

丹陽邵壎題名　元祐四年在晉祠碑陰聲木謹案碑文在晉祠碑陰中截第三段四年下碑文原有仲春二日四字

渾忠武公祠堂記　元祐五年三月聲木謹案碑文爲新修唐渾瑊祠堂記辛育上碑文原有門生二字三月原爲清明日三字

新鄉縣學記　元祐五年四月聲木謹案四月下碑文原有辛巳二字石在河南新鄭文廟中碑陰爲元祐五年七月二十八日修圜橋記正書

京兆府學新移石經記　元祐五年九月聲木謹案九月下碑文原有二十日三字

鄆州州學新田記　元祐五年九月聲木謹案九月下碑文原有十五日三字

草堂寺轉運使杜孝錫題名　元祐五年十月在唐定慧禪師碑側聲木謹案碑文在碑側首截孝錫爲杜純字非名碑文末又有男開孫君匯侍行非僅一人十月下碑文原有十日二字

程奇游師崆寺留題詩　元祐五年十二月聲木謹案十二月下碑文原有中澣二字

濟瀆廟曾布題名　元祐五年聲木謹案碑文在濟瀆廟北海壇新置祭器雜物銘碑左側上截碑文中有緣紆侍行之語非止一人五年下碑文原有五月乙酉五字

劉槩詩　元祐六年二月聲木謹案二月下碑文原有五日二字

焦山米芾題名　元祐六年四月聲木謹案石在焦山浮玉嵓碑文字體左行碑文仲宣名氏居首米芾名在第三

修武令張韭題名　元祐六年九月在沐澗魏夫人碑陰聲木謹案碑文在碑陰中截前段碑文字體左行碑文中有王耆老張垕名氏並非一人九月下碑文原有元日二字

顏文忠公新廟記　元祐七年四月聲木謹案四月下碑文原有廿七日三字顏文忠公應作唐顏眞卿四字以符體例

新廟記碑陰　聲木謹案碑文爲米芾撰並行書王昶著錄爲魯公仙蹟記

草堂寺劉鋼等十八題名　元祐七年七月在定慧禪師碑陰聲

木謹案碑文在碑陰上次截首段碑文字體左行碑文中雖有十人同宿紫閣過此之語題名中無十人數十人二字應去以符全編體例七月下碑文原有秋社後一日五字

靈巖詩刻　元祐七年十月後有正隆二年題字聲木謹案十月下碑文原有中澣二字正隆上應加金字二年下碑文原有三月十七日五字題字爲劉德亨

張保源游高驪潭題名　元祐七年在唐定慧禪師碑陰聲木謹案碑文與劉銅等題名同在一碑著錄各異碑文字體左行碑文有僧紹蒙等名非止張保源一人

重書孝女曹娥碑　元祐八年正月聲木謹案孝女上應加後漢二字碑文本爲後漢邯鄲淳撰亦應註入

重書阿房宮賦　元祐八年六月聲木謹案阿房宮賦上應增唐杜牧三字六月下碑文原有二十日三字

左中散大夫徐師閔墓志　元祐八年十一月聲木謹案十一月下碑文原有初十日三字

濟瀆廟張微題名　元祐八年聲木謹案碑文在新置祭器雜物碑左側中下截八年下碑文原有八月二十九日六字

游師雄等題名　元祐九年七月在聖教序記之陰聲木謹案碑文在龍興寺聖教序記碑陰次截中段碑文字體左行七月下碑文原有中和節後一日六字

草堂寺王濟叔等題名　紹聖元年五月在定慧禪師碑陰聲木謹案碑文在碑陰下截末段碑文字體左行五月下碑文原有廿八日三字

重修玉皇廟象記　紹聖元年聲木謹案碑文重修上原有天慶觀三字元年碑文原作二年下仍有正月甲辰日五字碑文並無張寅撰文字

祠山廟陳迯明鋟象題字　紹聖二年正月聲木謹案此乃金類非石類應去

草堂寺朱光裔等題名　紹聖二年三月在定慧禪師碑陰聲木謹案碑文在碑陰三截末段碑文字體左行朱光裔上碑文原有通判府事四字三月下碑文原有十二日三字

華岳廟張重題名　紹聖二年八月聲木謹案碑文字體左行八月下碑文原有七日二字

薛嗣昌草堂寺詩　紹聖二年九月聲木謹案九月下碑文原有二十二日四字

李章游草堂寺詩　紹聖二年九月聲木謹案碑文中子百忍跋有恐詩與手蹟久而湮沒故刊于石之語据碑文所言李章五言律詩乃据手蹟所刊非子百忍所書明甚後有子百忍題記並正書

曾逢原題名　紹聖二年十二月在醴泉銘側聲木謹案碑文在碑右側上截碑文正書非行書十二月下原有十九日三字

焦山陳安民題名　紹聖三年三月聲木謹案石在浮玉嵓碑文正書非行書碑文中仍有曹德符等三人名氏三月下碑文原有廿三日三字

淡山巖朱養浩等題名　紹聖四年三月聲木謹案碑文行書非正書朱養浩碑文原作朱養源三月下碑文原有十二日三字

淡山巖唐節等題名　紹聖四年閏四月聲木謹案閏四月下碑文原有九日二字

權知陝州軍府游思雄墓志　紹聖四年十月聲木謹案十月下碑文原有丁酉二字石在西安府學碑林中

賜賀藍棲眞詩並記　紹聖四年十月聲木謹案碑文分三截刻上截詩中截前段道士畫象後段奉仙觀四至田賦無稅題字下截御製詩並記賀藍棲眞本奉仙觀道士十月下原有一日二字張閭上碑文原有臣字

游靈巖詩　紹聖五年三月聲木謹案三月下碑文原有十五日姪曾孫重刊石等字

神通寺窣堵波銘　紹聖五年三月聲木謹案三月碑文原作二月下仍有初十日三字

草堂寺李譓等題名　元符元年十月聲木謹案碑文在定慧禪師碑側第三截後段十月下碑文原有乙未日三字

草堂寺崔伯宗題名　元符二年三月聲木謹案碑文在定慧禪師碑側第四截首段碑文字體左行碑文中有挈家同來之語三月碑文原作七月下仍有初四日三字

王正臣等題名　元符二年五月聲木謹按碑文在草堂寺定慧禪師碑額陰五月下碑文原有十五日三字

白雲觀主利師塔記　元符二年十月聲木謹案利師碑文原作得利師道雅原爲僧人

靈巖寺涅盤經偈　元符二年十二月聲木謹案盤碑文原作槃十二月下碑文原有十三日三字

崇明寺大佛殿莊功德記　元符三年正月聲木謹案正月下碑文原有望日二字

草堂寺李挼等題名　元符三年二月聲木謹案碑文在定慧禪師碑側碑文字體左行

虎邱山孫實等題名　元符三年四月聲木謹案碑文字體左行四月下碑文原有三十日三字

元豐勅封順應侯牒碑　元符三年六月刻聲木謹案刻字誤書應去以符全編體例六月下碑文原有十三日三字

順應侯碑陰記　聲木謹案碑文中有李敬簡摹寫並篆額之語是碑文爲李敬簡正書

徐端□題种放詩刻　元符三年聲木謹案碑文在會眞宮种放詩刻後截皇甫遘題詩下段碑文中共四人三年下碑文原有重陽日三字

寰宇訪碑錄校勘記卷十

廬江劉聲木十枝撰

北宋

重書李翰拜比干廟碑　建中靖國元年正月聲木謹案李翰上應增唐字比干上應增殷字以符全編體例

草堂寺李革等題名　建中靖國元年三月在定慧禪師碑陰聲木謹案碑文在碑側次截首段非碑陰三月下碑文原有十四日三字

草堂寺允韜等題名　建中靖國元年四月在定慧禪師碑陰聲木謹案碑文在碑陰第三截次段上列碑文字體左行四月下碑文原有廿三日三字允韜碑文原作元韜

草堂寺孫竦等題名　建中靖國元年五月聲木謹案碑文字體

左行五月下碑文原有九日二字

石窟寺慈聖皇后賜鐘贊　建中靖國元年九月聲木謹案石窟寺碑文原作十方淨土寺宋直方上碑文原有臣字此疑金類非石類

龍隱上巖譚掞題名　建中靖國元年十二月聲木謹案碑文六行行九字碑文字體左行十二月下碑文原有廿日二字

太僕丞張景修等題名　崇寧元年二月在聖教序記之陰聲木謹案碑文在龍興寺聖教序記碑陰第四截首段碑文字體左行二月下碑文原有廿三日三字

草堂寺詩　崇甯元年三月聲木謹案崔拱碑文原作崔珙三月下碑文原有十四日三字

蕪湖縣學記　崇甯元年十月聲木謹案年月雖亦見于碑文中錢大昕考爲崇寧三年

終南山雜詠　崇寧二年六月聲木謹案六月下原有一日二字

虎邱山觀音殿大悲菩薩贊　崇寧二年十月宣和壬寅季冬上石聲木謹案碑文上有畫象下乃象贊贊字上應增畫象二字十月下碑文原有初四日三字季冬原作十二月下仍有辛卯□□淵等字

浯溪詩　崇甯三年三月聲木謹案碑文原爲黃庭堅撰並書三月下碑文原有己卯二字

五臺山靜應廟記　崇甯三年九月聲木謹案九月下碑文原有二十日三字

題逍遙栖禪寺詩　崇寗三年十一月聲木謹案十一月下碑文原有冬至前二日五字

五臺山唱和詩　崇寗四年十二月聲木謹案十二月下碑文原有二十三日四字碑文分三截刻

浯溪鄒告等題名　崇甯四年十二月聲木謹案碑文正書非行書鄒告碑文原作鄒浩十二月碑文原作正月下仍有五日二字碑文後有崇甯四年十二月二十八日高衛題名正書字甚磨泐

眞宗御製文昌王贊　崇甯四年聲木謹案文宣王刻作文昌王係刻本之誤碑文云臣米芾書碑文原爲崇寗乙卯崇甯無乙卯乃乙酉之訛石于光緒二十餘年于城內觀正潮水中復得移至米芾祠中

草堂寺王仲孚等題名　崇甯五年七月在定慧禪師碑陰聲木謹案碑文在碑陰第三截首段上列碑文字體左行七月下碑

文原有貳日二字
慈恩寺王瑞等題名　崇甯五年九月聲木謹案碑文字體左行九月下碑文原有重九日三字
張大亨米芾題名　崇甯五年聲木謹案題名中例無第二三人名氏米芾二字應去碑文只有丙戌歲三字以米芾事蹟考之當在是年
修郭巨石室題記　崇甯五年聲木謹案碑文寥寥三十字不足稱記實題名類五年下碑文原有七月初三日五字
元祐黨籍碑　崇甯五年下有慶元戊午饒祖堯跋聲木謹案此本爲黨人梁燾曾孫律重摹本後截六行前二行爲林氏始獲題記後四行爲慶元戊午歲九月旦日饒祖堯題記
元祐黨籍碑　崇甯五年下有嘉定辛未沈暐跋聲木謹案此本

爲黨人沈千曾孫暐重摹本辛未下碑文原有八月既望四字
華岳廟席旦題名　大觀元年聲木謹案碑文字體左行上下均磨泐
章吉老墓表　大觀元年聲木謹案碑文字蹟雖似爲米芾手蹟碑文中並無並書等字元年下碑文原有十月朔丙戌日六字
薛絅題名　大觀三年七月在定慧禪師碑側聲木謹案碑文在碑側次截中段碑文字體左行薛絅碑文原作薛綱七月下原有中元二字
草堂寺詩　大觀三年九月聲木謹案碑文詩本七言絶句九月下碑文原有廿九日三字
嵩山崇福宮張杲題名　大觀四年十一月聲木謹案十一月下碑文原有廿九日三字

謁王子喬祠鄧洵武題名　政和元年二月在昇仙碑陰聲木謹案碑文在相王旦刻石記左下截即昇仙太子碑碑陰碑文中有率僚屬之語非止一人鄧洵武上碑文原有西京留守四字二月下碑文原有廿九日三字
龍隱下巖朱輅等題名　政和元年七月聲木謹案七月下碑文原有既晦二字
謁先聖廟題字　政和元年九月又明年四月續題聲木謹案碑文在唐開元七年十月十五日修孔子廟碑右側第一層碑文字體左行九月下碑文原有廿六日三字四月下原有十二日三字續題字亦正書左行
程智存謁先聖廟題字　政和元年九月聲木謹案碑文在唐開元七年修孔子廟碑右側第二層後段碑文字體左行九月下

碑文原有廿八日三字程智存碑文原作程知存
龍隱下巖陳仲宜等題名　政和元年九月聲木謹案九月下碑文原有十三日三字
草堂寺張智周題名　政和元年十月在孫龕詩左聲木謹案碑文字體左行十月碑文原作十一月下仍有廿七日三字
張智周等題名　政和元年十月在聖教序記之陰聲木謹案碑文在龍興寺聖教序記碑陰第三截末段碑文字體左行十月下碑文原有望日二字
河瀆靈源王廟碑　政和二年正月聲木謹案碑文撰書人名氏上均加臣字正月下碑文原有之甲子三字
華岳廟席旦題名　政和二年二月聲木謹案席旦上碑文原有顯謨閣直學士六字碑文中有奎益從三字二月下原有二十

三日四字

謝□謁華岳廟記　政和二年二月聲木謹案碑文在石幢第七面謝□碑文原作謝璘碑文中並有同謁祠下之語非僅一人謝璘上碑文原有知涇陽縣事五字碑文字體左行實題名類不足稱記

草堂寺李逸老題名　政和二年三月在定慧禪師碑陰聲木謹案碑文在碑陰下截首段碑文字體左行三月下碑文原有上巳後一日五字

虎邱山馮鎭等題名　政和二年五月聲木謹案馮鎭碑文原作馮鎭順復本疑鎭順名復本乃字碑文爲劉□濟正書五月碑文原作三月下仍有十九日三字

龍隱巖先之等題名　政和二年九月聲木謹案碑文在龍隱下巖摩崖所刻九月下碑文原有丙子日三字

曾公巖楊書思題名　政和二年九月聲木謹案碑文與孟簡題名同在一石碑文字體左行九月下碑文原有晦日二字楊書思上碑文原有通判桂州軍州事七字

疊綵山石門洞建安謝勳等題名　政和三年二月聲木謹案碑文字體左行二月下碑文原有廿九日三字

鄭羲碑後高郵秦峴等題名　政和三年聲木謹案三年下碑文原有十月晦日四字

虎邱山孫端等題名　政和四年四月聲木謹案四月下碑文原有二十五日四字

龍隱[illegible]巖雒陽馮才叔題名　政和四年五月聲木謹案碑文中有携家游龍隱之語五月下碑文原有二十五日四字

白龍池董元康題名　政和四年九月聲木謹案碑文字體左行碑文中有同王彥文游之語九月下碑文原有重九日三字

草堂寺寶淵題名　政和五年正月在定慧禪師碑陰聲木謹案碑文在碑陰次截中段下列碑文中有浦瀅同游等字碑文字體左行正月原作初春

靈巖寺縣令趙子明謝雨記　政和五年四月聲木謹案四月下碑文原有廿一日三字

晉祠銘碑陰轉運使陳知存題名　政和五年聲木謹案碑文在碑陰中截第二段碑文中有姪銳從行之語五年下碑文原有六月十二日五字石在山西太原非直隸陽曲

晉祠銘碑陰開封苗仲淵題名　政和五年聲木謹案碑文在碑陰中截末段苗仲淵原官湖南提刑並有男丕侍等字五年下碑文原有十月晦三字石仍在山西太原

福巖寺巒公塔銘　政和六年正月聲木謹案正月下碑文原有二十日三字

重修薦福寺塔記　政和六年五月聲木謹案五月下碑文原有二十七日四字

重修光濟寺碑　政和六年八月聲木謹案八月下碑文原有十五日三字

莆陽陳國瑞題名　政和六年在張廷圭碑側聲木謹案即修孔子廟碑右側第四層前段碑文字體左行六年下碑文原有浴沂之月四字

濬州豐澤廟勅　政和八年閏九月聲木謹案碑文分六截上三截勅文四五截奉勅牒六截乃禱雨請封記閏九月下碑文原

有八日二字

飛來峯楊庭等題名　政和□年聲木謹案碑文上截爲元人剷去數字加刻金湧船象原在龍泓洞□年下碑文原有□月廿九日等字

崇山□□□盧團練題名　宣和二年十□月聲木謹案碑文在首截□□□碑文原作崇福宮十□月下碑文原有冬至後三日五字

崇福宮□川偎裔題名　宣和二年聲木謹案此與盧團練題名同在一石此在次行碑文正書非行書二年下碑文原有冬至後三日五字□川偎裔碑文原作玉川偎裔

暨尹卿等題名　宣和三年三月在聖教序記之陰聲木謹案碑文在龍興寺聖教序記碑陰第三截中段碑文字體左行三月

下碑文原有清明前二日五字

沂山盧格之趙德甫等題名　宣和三年四月聲木謹案碑文正書非行書題名只列一人何况趙德甫名居第三四月下碑文原有廿六日三字

登太清閣詩　宣和三年四月聲木謹案宋京作應作宋京撰四月下碑文原有二十九日四字碑文後截有蜀宋七言絕句二首

慈恩寺王正叔題名　宣和三年五月聲木謹案碑文中有同游五人名氏

武佑廟牒　宣和三年六月建炎二年刻石聲木謹案碑文中勅牒皆有勅行書牒正書有押字六月下碑文原有二十三日四字二年下碑文原有正月日三字

道士李勝之詩　宣和三年聲木謹案碑文後有蔡絛題記並云此詩家公元祐庚午帥雍時作碑文原作送道士李勝之詩詩本爲蔡京所撰去一送字儼然爲李勝之詩蔡絛上碑文原有小子二字蔡京本爲七律詩在中截李勝之贈張授經詩在後截三年下碑文原有十月二十日五字

增福寺石佛造象題名　宣和三年聲木謹案題名在末截三年下碑文原有三月廿三日五字

昇仙太子碑側盧功裔題名　宣和四年正月聲木謹案正月下碑文原有上元日三字

暨唐裔等題名　宣和四年三月在聖教序記之陰聲木謹案碑文在龍興寺聖教序記碑陰首截末段三月下碑文原有上巳後三日五字

祈澤寺季季梵仙詩　宣和四年四月聲木謹案碑文中季季之詩在大觀戊子暮春梵仙之詩在政和癸巳四月廿四日本各撰各詩並非唱和宣和四年四月旦日僧道昇刻石碑文行書末二行正書

慈恩寺范智間五言絕句詩　宣和四年八月聲木謹案范智間碑文原作范智聞八月下碑文原有旦一日

游百門泉詩　宣和五年七月聲木謹案碑文云權邦彥有詩刻石因用其韻書之兼律詩奉呈云云碑文明言和權邦彥詩而和詩之人並無名氏七月下碑文原有初一日三字攈古錄藝風堂金石文字目均以爲權邦彥殊不可解

壽聖院泛海靈感觀音記　宣和六年二月聲木謹案碑文中有云王孝竭稽首爲記以書事實乃言撰文非言書丹二月下碑

文原有二十二日四字
虎邱山胡少汲等題名　宣和六年三月聲木謹案碑文字體左行六年下碑文中並無三月二字
慈恩寺灞溪眞常等題名　宣和六年五月聲木謹案碑文字體左行灞溪碑文原作㶚溪六年下碑文中並無五月二字
草堂寺解益等題名　宣和六年七月在定慧禪師碑側聲木謹案碑文在碑側第四截末段七月下碑文原有二十五日四字
龍隱上巖蔡興行等題名　宣和七年六月聲木謹案碑文字體在行碑文□觀國名居首蔡興行名在第二六月下碑文原有旦日二字
新修太史公廟記　靖康元年四月聲木謹案太史公應作漢司馬遷四月下碑文原有甲辰二字

顏魯公象題記　靖康元年七月聲木謹案碑文分三截刻上截顏魯公奉使李希烈絕命書並詩二句行書十一行中截唐重刊石題記正書十二行下截顏魯公畫象顏魯公應作唐顏眞卿七月下碑文原有壬申二字
浯溪黃仲堪題名　靖康元年十月聲木謹案碑文中有子鎰等侍行之語十月下碑文原有廿九日三字
草堂寺王頤等題名　靖康二年四月在定慧禪師碑陰聲木謹按碑文字體左行原在碑陰下截中段上列四月下碑文原有十日二字
華岳廟杜詵等題名　無年月聲木謹案碑文字體左行杜詵上碑文原有奉禮郎三字
華岳廟蔡挺題名　無年月聲木謹案皇祐元年三月十六日程琳等題名中有太常博士蔡挺名氏乃仁宗時人不應置于欽宗之時應附于程琳題名後碑文蔡挺二字飛白書
華岳廟龐溫舒題名　無年月聲木謹案龐溫舒上碑文原有尚書職方員外郎七字又原作□□□立秋日等字藝風堂金石文字目云龐溫舒爲眞宗時人應附于乾興後
華岳廟梁亘題　□□歲九月聲木謹案碑目誤脫名字梁亘原爲趙王府司馬九月下碑文原有廿二日三字
華岳廟內謁者張□進題名　無年月聲木謹案張□進碑文原作張懷進原爲監軍判官
華岳廟中丞李深等題名　無年月聲木謹案碑文中無第二人名氏
華岳廟成鱗等題名　無年月聲木謹案碑文中成鱗原官夏陽縣尉

南宋

謁華岳祠記　建炎元年六月聲木謹案碑文寥寥十餘字不足稱記實題名類六月下碑文原有旦日二字
靈隱山青林洞胡庭等題名　建炎二年三月聲木謹案碑文字蹟磨泐不易辨識三月下碑文原有十四日三字
玉盆李□彥等題名　建炎三年三月聲木謹案碑文字體左行碑文原爲河南李□彥粹遊石門三月下碑文原有淸明前一日五字
袁州城記　建炎三年聲木謹案□閭式正書碑文原作閭式三年丁碑文原有三月吉日四字石在袁州府署儀門內
浯溪賈仲舉題名　建炎三年聲木謹案賈仲舉碑文原作賈時

舉本三人同遊三年下碑文原有二月十七日五字

六和塔觀世音經象碑　紹興二年七月聲木謹案碑文共分兩截首截上段李伯時觀音畫象首截下段刊董仲永佛說觀世音經象贊後截刊經象經分四列首列首段有觀世音圓月式半截畫象碑爲董仲永施金刻石七月下原有中元日三字

獨秀山孫覿題名　紹興四年十月聲木謹案碑文中有董弇等四人名氏十月下碑文歷有十七日三字

淡山巖董令升題名　紹興五年三月聲木謹案碑文爲董令升等四人觀唐釋懷素千文墨本題字共一百餘字可稱題記三月下碑文原有戊寅二字

送張紫巖詩　紹興五年歷城錢塘俱有此刻聲木謹案碑文行書非正書原爲北伐送張紫巖詩五年下原有秋日二字首行

下有明嘉靖乙未員外郎張鏜重勒題字又有明萬歷丁丑主事陳邦彥重立題字

墨莊二大字　紹興六年聲木謹案六年下碑文原有良月二字良月即十日

虎邱山石珵等題名　紹興八年三月聲木謹案碑文字體左行碑文石恮石珵石恮名居首三月下原有淸明日三字

九曜石連南夫等題名　紹興八年二月聲木謹案八年碑文原作九年二月下碑文原有初吉二字

岳麓寺碑側襄陽曾思等題名　紹興八年三月聲木謹案三月下碑文原有晦日二字

虎邱山鄭共父等題名　紹興十年九月聲木謹案鄭共父碑文原作鄭共老九月下碑文原有望日二字

吳郡重修大成殿記　紹興十一年四月聲木謹案四月下碑文原有朔字

下天竺詹文舉題名　紹興十三年十月聲木謹案碑文中有袁太初等人名氏

平江府修學記　紹興十五年十二月聲木謹案十二月下碑文原有辛丑朔建四字

龍隱上巖陳杲等題名　紹興十五年十二月聲木謹案十二月下碑文原有臘前一日四字

吳山甯壽觀尚書省牒碑　紹興二十年六月聲木謹案碑文正書非行書仍有押字

龍隱上巖宋景通題名　紹興二十年九月聲木謹案碑文中有黃繼道等人名氏九月下碑文原有既望二字

九曜石呂少衞等題名　紹興二十二年二月聲木謹案碑文字體左行二月下碑文原有二十二日四字

九曜石蘇少連等題名　紹興二十三年三月聲木謹案碑文字體左行碑文中並無蘇字只有癸酉淸明前二日等字

獨秀山呂愿忠訪顏氏讀書巖詩　紹興二十四年三月聲木謹案三月下碑文原有貳十七日四字

府學宣聖及七十二弟子象贊　紹興二十六年十二月聲木謹案碑文後舊有秦檜記爲明宣德二年七月朔日吳訥磨去碑文分刊十五石舊在仁和縣學順治九年十月朔日王元宰移置府學

鶴林寺黑漆光菩薩贊　紹興二十六年聲木謹案碑文分上下二截四段贊在上截後段並無撰文書丹名氏其餘三截文字

未載二十六年下碑文原有十二月十五日六字
浯溪劉堯題名　紹興二十八年聲木謹案碑文八分書非正書劉堯碑文原作劉堯並有三來于此之語碑文丁丑下原有季夏七日四字
顧渚山明月峽韓□□等題名　紹興三十二年三月聲木謹案碑文字體左行韓□□碑文原作韓允寅三月下碑文原有辛酉來三字
六和塔開化寺賜額牒碑　隆興二年十二月第三層刻乾道元年隆興二年尚書省劄付二道第四層刻乾道元年臨安府帖聲木謹案碑文共分四截首二截勅行書牒正書二截題名有押字三四截劄付並帖乾道元年下碑文原有七月二十七日六字隆興二年下碑文原有十二月一日五字

焦山陸游題名　隆興二年閏月聲木謹案石在浮玉嵓同游共四人閏月下碑文原有廿九日三字
過嚴子陵釣臺詩　隆興二年重刊本聲木謹案二年下碑文原有五月二十二日六字後截有南宋汪應辰明蔣承恩二跋均未言及重刊之事蔣氏並謂得此刻于瓦礫中
焦山陸游續題名　乾道元年聲木謹案石在浮玉嵓自題名後元年下碑文原有二月壬午四字
漢中府新修堰記　乾道二年六月聲木謹案碑文摩崖所刻楊絳上碑文原有門生二字六月下碑文原有十五日三字漢中府碑文原無府字
九曜石鄔大題記　乾道二年聲木謹案碑文正書非行書實題名類不足稱記

和州防禦使楊從儀墓志　乾道五年三月聲木謹案三月下碑文原有甲申二字
李北海端州記後調定題名　乾道五年九月聲木謹案李北海應作唐李邕以符全編體例九月下碑文原有乙丑日三字
復水月洞銘並序　乾道九年九月聲木謹案並序二字應去九月下碑文原有初吉二字
潼州府學宮碑　湻熙元年六月聲木謹案碑文撰書人名氏上皆有門生二字六月下碑文原有既望二字
重修英烈廟記　湻熙三年九月聲木謹案九月下碑文原有十日二字
周孝侯廟斬蛟射虎四大字　湻熙四年六月聲木謹案周孝侯應作晉周處碑文首末二行正書六月下原有望日二字

吳山英顯武烈忠祐廣濟王象記　湻下四年六月聲木謹案碑文記在上截象在下截象首截下段另有題字陳思中碑文原作陳師中
韶音洞記　湻熙四年十月聲木謹案碑文在虞山十月下碑文原有戊子二字
龍華寺梁安世等題名　湻熙十年六月聲木謹案碑文字體左行六月下碑文原有初四日三字
愚齋詩　湻熙十三年正月聲木謹案碑文在福建閩縣鼓山詩爲五言古正月下碑文原有四日二字
題吳道子張文獻畫象　湻熙十三年聲木謹案碑文本分屬二石皆行書吳道子上應加晉字張文獻應作唐張九齡張九齡畫象右有陳□□題記九行正書年月名氏均泐十三年下碑

文原有二月己酉四字
濊署普生泉題字　淳熙十三年聲木謹案碑文有邵永泉建四字
勝果寺王大通題名　淳熙十四年三月聲木謹案石在鳳凰山麓碑文中原有楊□卿名氏
寶林寺柱礎題記　淳熙十五年二月聲木謹案二月下碑文原有八日二字
九曜石鄒飛熊等題名　淳熙十五年十月聲木謹案十月下碑文原有丁卯二字
龍隱下巖龍圖梅公瘴説　紹熙元年八月聲木謹案八月下碑文原有中秋日三字
朱希顔龍隱巖詩　紹熙元年十月聲木謹案十月下碑文原有吉日二字

水樂洞尊勝陁羅尼經幢　紹熙三年三月内侍李隶建聲木謹案石今在點石菴三月下碑文原有二十二日四字
山河堰落成記　紹熙五年二月聲木謹案碑文末云查沆貫嗣祖晏袤張柄實董其事云云並無撰文之言下段又有竟復等字蓋削去前人題字以自刊二月下碑文原有丙辰二字
漢鄐君碑題記　紹熙五年四月聲木謹案四月下碑文原有旬有六日四字
漢鄐君修道碑釋文　無年月聲木謹案碑文先有釋文後有題記應在題記之前碑文原有紹熙五年三月六字
洞庭包山暘谷洞趙彥權題名　紹熙五年五月聲木謹案趙彥權上碑文原有知縣事三字並有陳珣姚熹同來之語五月下碑文原有十二日三字
龍華寺京鏜題名　紹熙五年聲木謹案碑文分三截刻此在首截前段京鏜題名有六咸在一石京鏜上碑文原有簽書樞密院事六字並有同拜二人名字五年下碑文原有冬至二字
洞庭包山丙洞楊坦然題名　紹熙五年聲木謹案碑文中非止一人五年下碑文原有下元日三字
大成坊義井題記　紹熙□年五月聲木謹案五月下碑文原有十日二字

寰宇訪碑錄校勘記卷十一

盧江劉聲木十枝撰

南宋

魏潘宗伯等題名釋文並跋　慶元元年八月聲木謹案碑文跋
八分書釋文正書八月下碑文原有中秋日三字
龍華寺京鏜題名　慶元元年九月聲木謹案碑文在前題一石
上截中段京鏜上碑文原有知樞密院事五字並有再齋宿于
此之語
九曜石李元□題名　慶元元年十二月聲木謹案李元□上碑
文原有阜通坊醫士五字
南高峯大佛字　慶元二年三月聲木謹案碑文中並無書人名
氏及年月

龍華寺京鏜題名　慶元二年四月聲木謹案碑文在前題一石
上截後段京鏜時以右丞相爲初獻
石門范翛等題名　慶元三年九月聲木謹案九月下碑文原有
重陽後一日五字
顧家橋記　慶元三年十一月聲木謹案碑文有重建二字
龍華寺京鏜題名　慶元三年聲木謹案碑文在前題一石中截
前段京鏜時以右丞相充雩祀初獻
張叔信龍隱洞龍隱巖詩二首　慶元四年三月聲木謹案碑文
張叔信名埏正書非行書三月下碑文原有上澣二字
龍華寺許及之題名　慶元四年聲木謹案碑文在京鏜題名一
石下截後段許及之時以同知密院事充初獻四年下碑文原
有冬至日三字

龍華寺京鏜題名　慶元五年四月聲木謹案碑文在前題一石
中截中段京鏜時仍以右丞相充初獻
丹陽公祠堂記　慶元五年六月聲木謹案四庫全書提要于宋
之五子稱子不稱名最爲矜愼朱□撰應作朱子撰以符昭代
尊賢重儒制度
萬壽山修觀音祠記　慶元五年六月聲木謹案六月下碑文原
有朔旦二字
龍華寺許及之題名　慶元五年九月聲木謹案碑文在京鏜題
名一石下截後段許及之時仍以同知密院事祀上帝充初獻
九月下碑文原有十二日三字
龍華寺京鏜題名　慶元六年二月聲木謹案碑文在前題名一
石中截後段京鏜時仍以右丞相充初獻

龍隱巖蘇仁弼上證公禪師詩　慶元六年七月聲木謹案碑文
正書非行書證公碑文原作澄公
書易有太極一段　無年月聲木謹案碑文爲朱子所書蔡元定
刊石
溪山第一四大字　無年月嘉靖間重摹聲木謹案碑文中並無
明嘉靖重摹等字
鹽官縣修學記　開禧元年三月聲木謹案三月下碑文原有甲
子二字石在海寧州學
吳學續置田記一　開禧二年三月聲木謹案碑文中有押字三
月碑文原作十月
胡六人將仕開井題名　開禧二年八月廿在郭家巷孫秀才衡
家聲木謹案孫氏所註用意甚佳使後人易于訪求惟惜所註

僅此一日碑文爲觀門正書
大成坊重整義井題記　嘉定元年六月卽前紹興井闌之又一面也聲木謹案六月下碑文原有朔吉日三字紹興當作紹熙
石門郭公緒題名　嘉定三年三月聲木謹案碑文字體左行碑文中原有三人名氏三月下碑文原有淸明前一日五字
石門唐安鮮于申之題名　嘉定三年三月聲木謹案碑文中有幕客史明等五人偕來等字三月下碑文原有辛丑二字
玉盆何武仲等題名　嘉定四年八月聲木謹案八月下碑文原有中秋後十日五字
曾公巖鍾大鳴等題名　嘉定六年六月聲木謹案六月下碑文原有晦字
南翔院長懺觀堂記　嘉定九年十二月聲木謹案碑文字蹟磨泐撰書人名氏難辨識
靈顯公勅　嘉定十一年十一月聲木謹案靈顯公碑文原作顯靈公十一月下碑文原有二十一日四字
馬鞍山麓重甃義井題記　嘉定十二年正月聲木謹案碑文字蹟甚磨泐碑文中有今邑人馬行□等卽是馬行□等所建正月下碑文原有立春日三字
平江府添助學田詩　嘉定十三年十二月下刻嘉定十一年軍府牒各一道聲木謹案碑文分五截刻上一截記下四截爲軍府牒府學文二通牒文中有押字學田詩應作學田記疑刻字之誤謝甫碑文原作謝南
藩署街南蓮花巷義井題記　嘉定十四年四月聲木謹案碑文上截字蹟磨泐四月下碑文原有中澣二字

靈隱山青林洞趙善郊等題名　嘉定十五年六月聲木謹案碑文並無第二人名氏六月下碑文原有末伏日三字
征西將軍周孝公畫象石刻　嘉定十七年三月聲木謹案碑文應以晉字冠首周孝公應作周處洪簡碑文原作洪僩三月下碑文原有二十有七日五字
鶴林寺岳珂題古竹院僧房詩　嘉定十七年八月聲木謹案碑文正書非行書八月下碑文原有廿二日三字碑文後有釋慧曦題記正書朱承祖次韻詩正書
玉盆李□能題名　嘉定十七年下半爲李一鼇磨去刻石盆如有意要洗貪者廉十字聲木謹案李□能碑文原作李中熊十七年下碑文原有端午□壹日等字石盆如有意原作石盆應有意碑文後又有虞甡等題名正書
府學安養院記　寶慶二年八月聲木謹案八月下碑文原有旣望二字
石門趙彦呐等題名　寶慶二年聲木謹案二年下碑文原有前熟食五日五字
縣學唐卜將軍廟記　紹定元年正月聲木謹案碑文云卜將軍名珍字文超云云應云唐將軍卜珍廟記碑文末行下截有邑人陸顯發心重刊立石等字
給復學田公牒　紹定元年五月聲木謹案碑文公牒下原有一字中有押字五月碑文原作七月
給復學田公牒　紹定元年九月聲木謹案碑文公牒下原有二字中有押字甚多九月碑文原作十一月下仍有初三日三字
玉盆曹濟之等題名　紹定二年三月聲木謹案碑文中有八分

書玉盆二大字三月下碑文原有清明日三字
玉盆曹濟之等題名　紹定二年三月聲木謹案三月下碑文原有熟食日三字
馬鞍山下潁川怡山造井題名　紹定二年聲木謹案井在山王廟前石已斷爲數塊
虎邱山蔡熙國題名　紹定三年七月聲木謹案碑文中有偕弟得一得端來游等字七月下碑文原有望後二日四字
給復學田省劄　紹定三年十月有汪泰亨跋聲木謹案碑文分三截一截中有省劄二一紹定元年拾月叁拾日一紹定叁年玖月　日三截汪泰亨跋碑文中有四押字十月原作玖月碑文原爲給復學田二省劄非止一省
增置常熟縣學新田記　紹定六年上刻軍府使帖聲木謹案六

年下碑文原有十二月既望五字軍府使帖爲紹定六年七月廿九日
太學通靈廟牒　端平三年正月聲木謹案碑文爲正書非行楷書中有押字正月下碑文原有十四日三字
華亭縣學田記　嘉熙元年二月聲木謹案楊瑾碑文原作揚瑾二月下碑文原有既望二字
焦山李夢得等題名　嘉熙二年十一月聲木謹案碑文在浮玉嵓陸游題名後十一月下碑文原有晦字
九曜石陳疇題名　嘉熙三年正月聲木謹案陳疇上碑文原有九仙墅使四字三年下碑文原爲己亥元巳四字
曾公巖徐清叟等題名　嘉熙三年九月聲木謹案九月下碑文原有重九日三字

惠山趙希衮題名　嘉熙三年聲木謹案碑文中有攜家過此之語非止一人
九曜石顧孺修題名　淳祐元年正月聲木謹案碑文中有劉行甫等人名氏正月下原有壬辰二字
虎邱山潘枋等題名　淳祐三年八月聲木謹案八月下碑文原有中秋二字碑文後有錢舜選繼至題名正書
加封太學土地文忠侯勅牒　淳祐六年五月下列刻寶祐四年勅牒聲木謹案碑文分六截刻首截勅正書二三截牒正行書五月下碑文原有二十一日四字
靈隱山翻經臺李艮等題名　淳祐七年七月聲木謹案碑文在翻經臺神塔下碑文正書非行書七月下碑文原有立秋二日四字

龍隱下巖長洲陳信伯等題名　淳祐七年九月聲木謹案碑文字體左行九月下碑文原有中澣二字
府學天文圖地理圖帝王紹運圖　淳祐七年十一月有王致遠跋聲木謹案碑文中三圖皆上圖下說地理圖說末截有王致遠題記行書四行四圖本爲黃兼山所進嘉邸之本王致遠因以刻石今僅存三圖
靈隱山龍泓洞陸德輿等題名　淳祐八年八月聲木謹案碑文正書非行書八年下碑文原有中伏後一日五字
龍隱上巖修經略司犒賞庫記　淳祐十年正月聲木謹案碑文撰書人名氏上皆有門生二字十年正月碑文原作九年二月
虞山藏一山人題名　淳祐十年聲木謹案碑文中有左緜山鄧道樞鼓琴論詩等語十年下碑文原有三月既望四字

虎邱山程振父等題名　湻祐十一年二月聲木謹案碑文加刻前人文字之上二月碑文原作春分

大成坊重修義井題記　寶祐四年七月即紹熙井之又一面聲木謹案重修碑文原作重新七月原作中元後五日五字

加封太學土地文忠英濟侯勅牒　寶祐四年九月與湻祐六年牒同刻一石聲木謹案碑文勅行書牒正行書九月下碑文原有十二日三字湻祐六年亦勅牒皆有勅在碑文第四截牒在五六截

太白脫韡圖　無年月錢辛楣少詹云當在寶祐五年聲木謹案太白應作唐李白

龍隱巖朱埴題名　寶祐六年聲木謹案埴碑文原作埴並有侍二親來之語六年下原有冬字

府學吳郡鄉舉題名　起紹興庚申訖寶祐戊午聲木謹案題名下碑文原有一字庚申爲紹興十年戊午爲寶祐六年

賀祕監祠逸老堂記　開慶元年聲木謹案碑文正書非行書賀祕監應作唐賀知章元年下碑文原有七月朔日四字

太學通靈廟勅賜忠顯額牒碑　景定元年八月聲木謹案碑文勅牒皆有勅行書牒正書

勅封忠文王及佐神張盡等牒殘碑　景定二年二月聲木謹案碑文正行書銜名正書

烏鵲橋衖義井題字　年月泐瞿鏡濤云景定四年四月聲木謹案碑文雖磨泐猶可辨識碑文十行約一百九十餘字不僅題字可云題記內有重新修□等語井在烏鵲橋南衖中

浯溪劉錫題名　景定五年聲木謹案碑文在柳應辰大押字中截右段碑文中偕行有吳宗玉等三人名氏後有七言絕句詩一首五年下碑文原有十一月壬辰五字

文子璋題浯溪詩　景定五年聲木謹案碑文在柳應辰大押字中截後段五年下碑文原有仲冬壬寅四字

薦嚴寺七佛塔題記　咸湻二年聲木謹案題記共十一段孫氏僅錄其一洪山塔題記亦十一段孫氏僅錄其七

石屋洞賈似道等題名　咸湻三年九月聲木謹案九月下碑文原有二十四日四字

題焦山詩　咸湻八年六月聲木謹案石在關帝廟佳處亭六月下碑文原有十九日三字

太學忠祐廟勅封告據碑　德祐元年正月聲木謹案此即岳武穆祠改定廟額之文勅行書據正書

虎邱山天台戴覺民題名　德祐元年秋聲木謹案碑文中共有八人名氏

虎邱山王□等題名　戊子夏五後有後四年季秋續題聲木謹案潘鍾瑞虎阜石刻僅存錄考山陰王英孫宋英宗之元孫戊子非乾道四年即紹定元年後四年非乾道八年即紹定五年碑文在二仙亭續題爲趙潤之等亦正書

遼

涿州白帶山雲居寺東峯續鐫成四大部經記　淸寧四年三月聲木謹案孫氏著錄多裁翦碑文首行字亦著錄體例如此此獨依碑文首行字不加損碑額文云四大部經成就碑記三月下碑文原有一日二字碑額有吳志全等題名正書

憫忠寺觀音菩薩地宮舍利函記　大安十年閏四月聲木謹案

此亦依据首行字入錄義中正上碑文原有門人二字閏四月
下碑文有二十二日四字
憫忠寺故慈智大德佛頂尊勝大悲陁羅尼幢　壽昌五年四月
聲木謹案慈智上故字應去此乃咒幢非經幢四月下碑文原
有十三日乙時五字呪後有慈智大德幢記正書
雲居寺續祕藏石經塔記　天慶八年聲木謹案石在涿鹿山惟
和亦僧人八年下碑文原有五月十七日五字

金

沂州普照寺碑　皇統四年十月聲木謹案柳公權上應加唐字
十月下碑文原有二十日三字
京兆府重修府學記　正隆二年十一月聲木謹案十一月下碑
文原有十五日三字
洪濟禪院牒　大定三年七月聲木謹案碑文中勅牒皆有勅行
書牒正書有押字碑文分兩截此在上截下截爲大定十五年
六月十五日僧惠宗等立石題字正書石在陝西富平
褚書聖教序鄭彥文等題名　大定四年六月聲木謹案碑文在
龍興寺聖教序記碑陰第四截中段碑文字體左行六月下碑
文原有既望二字石在陝西大荔同州乃府名非縣名
開化寺重公大師壽塔銘　大定四年七月聲木謹案碑文下截
缺佚開化寺碑文原作開法寺宋壽隱碑文原作宋壽隆
誠公戒師塔銘　大定五年八月聲木謹案碑文云戒師名德誠
字信之云云八月下碑文原有十日二字
新鄉縣孔廟碑　大定八年四月聲木謹案碑文原爲重修孔廟
記李秩正書四月下碑文原有十九日三字碑陰爲官吏等人
題名正書丹名氏載于碑陰孫氏未見碑陰故失載石在河
南新鄉文廟
眞相院重摹東坡施金帖　大定十八年七月聲木謹案東坡應
作宋蘇軾劉資題跋正書七月下碑文原有六日二字
憫忠寺禮部令史題名記　大定十八年八月聲木謹案碑文正
書非行書禮部令史應刊于禮部乃轉刊于憫忠寺未知其故
八月下碑文原有三日二字
重修太史公墓記　大定十九年三月聲木謹案太史公應作漢
司馬遷三月碑文原作清明後三日五字
博州重修廟學記　大定二十一年六月聲木謹案年月日載于
碑陰六月下原有晦日二字
廟學碑陰記　大定二十一年六月聲木謹案王庭筠碑文原作
男庭筠六月下碑文原有晦日二字
溫泉棲雲老人題名　大定二十二年十一月聲木謹案碑文在
溫泉頌碑側
崑崙山白骨圖並記　大定二十三年聲木謹案碑文上截白骨
圖畫象下截七律詩一首並無記廿三年下碑文原有甲子月
望日五字
雲臺觀創修仙蛻塋碣　大定二十七年八月聲木謹案八月下
碑文原有望日二字
孔廟李機說題名　明昌二年十月聲木謹案碑文在開元七年
十月十五日修孔子廟碑右側第三截後段李機說碑文原作
李幾說十月下碑文原有初七日三字
多寶塔碑側劉仲游詩　明昌五年二月聲木謹案碑文在碑右

側原爲六言詩二首劉仲游行書年月日官職名氏正書二月下碑文原有八日二字

京兆府學提學所帖　明昌五年四月聲木謹案碑文中有押字四月下碑文原有初一日三字

普照寺照公開堂疏　明昌六年二月聲木謹案碑文後一行缺佚撰書人名氏及年月皆不見

重修文宣王廟碑　承安二年三月聲木謹案碑文爲黨懷英撰並書丹三月下碑文原有旦日二字年月日見碑陰

孔廟杏壇二字　承安三年聲木謹案碑文爲門生黨懷英篆書餘八分書後有五十一世孫元措立石題字亦八分書

褚書聖教序孫鑄題名　泰和四年十月聲木謹案碑文在龍興寺聖教序記碑陰首截首段十月下原有上休日三字石在陝西大荔同州乃府名

龍興寺孫鑄題名碑陰　聲木謹案此即前一行題名實爲複出

慈恩寺虞用康等題名　泰和五年二月聲木謹案五年下碑文原作春四十日四字

冥福寺補塑釋迦佛舊象記　泰和六年四月聲木謹案碑文下截缺佚四月下碑文原有十四日三字山左金石志云碑文爲黨懷英撰並書篆額

褚書聖教序權綱等題名　泰和七年九月聲木謹案碑文在龍興寺聖教序記碑陰次截末段九月下碑文原有重九日三字

游草堂寺詩　大安元年二月聲木謹案碑文中共二人詩僧普定所書二月下碑文原有初十日三字

布袋羅漢象贊　元光二年聲木謹案碑文贊在上截畫象在下截碑文原爲法王寺長老昭公傳贊僧昭公撰

唐元宗書佛勅梵文唵字贊　正大元年七月聲木謹案碑文分前後截各二段孫氏僅著錄前截上段七月下碑文原有中元日祖昕立石等字

草堂寺羅什法師詩　正大二年十一月聲木謹案碑文原爲唐太宗贊後秦羅什法師詩僧義金重錄入石十一月下碑文原有望日二字

重修府學教養碑　正大二年十二月聲木謹案十二月下碑文原有中澣日三字

游草堂寺詩　正大三年七月聲木謹案碑文年月日正書七月下碑文原有立秋日三字詩後有方亨跋十一行正書

僞齊

齊徐州觀察使孟邦雄墓志　阜昌四年聲木謹案齊字應去以免重複李果卿碑文原作李杲卿四年下碑文原有七月二十日五字

元

草堂寺闊端太子令旨碑　碑四層刻令旨四通一癸卯年五月一乙未年十一月一丁未四月一丁未十月聲木謹案碑文四層均有押字五月下原有十七日三字十一月下原有十日二字四月下原有初十日三字十月下原有廿八日三字丁未年藝風堂金石文字目考爲定宗二年

大悲心陀羅尼呪　大朝丙午仲夏即定宗元年也聲木謹案碑文後有京大慈悲寺僧貴戒師于丙午正月初八日圓寂一行明言石在直隸大興仲夏下碑文原有初旬前六日五字

元好問湧金亭詩　定宗皇后稱制元年三月聲木謹案元好問
本爲金人碑文在百泉上碑文中無年月及甲子
邢州開元萬安恩公碑銘　定宗皇后稱制二年正月聲木謹案
正月下碑文原有中澣日三字
重陽宮聖旨碑　憲宗四年七月聲木謹案碑文分兩截上截蒙
古字下截正書重陽宮碑文原作重陽萬壽宮碑文以虎兒年
紀年七月下碑文原有二十八日四字
懸鐘山覺慈寺記　中統三年七月聲木謹案七月下碑文原有
旦日二字
長春眞人題虚亭詞　中統五年二月聲木謹案碑文前詞後記
眞人碑文原作邱眞人白懋德原作白德懋
清珪公住韶州雲門寺疏　至元二年聲木謹案碑文有押字住
韶州碑文原作復住韶山
高陵縣重修宣聖廟記　至元三年四月聲木謹案四月下碑文
原有望日二字
至德常寧宮聖旨碑　至元六年九月聲木謹案碑文中有押字
僉憲楊公靈應記　至元七年二月聲木謹案碑文爲友雲子蘇
棣撰以別號加入二月下碑文原有初二日三字
文廟瑞芝記　至元八年正月聲木謹案楊成碑文原作楊威正
月下碑文原有初五日三字文廟上原有重建二字碑文下截
有涇道栱題字正書
終南山重陽眞人全眞教祖碑　至元十二年七月聲木謹案密
國公璹應作金源璹七月下碑文原有中元日三字
治平寺捨田記　至元十四年二月聲木謹案碑文下截有至順
二年九月初二日亨公等捨田地山塘畝數地址記正書
觀村老君葊詩　至元十五年三月聲木謹案碑文本爲至元戊
寅後至元四年亦歲在戊寅三月下碑文原有旦日二字
觀棲棲雲王眞人開湧水記　至元十六年七月聲木謹案七月
下碑文原有中元日三字
浴日亭詩碣　至元十八年聲木謹案十八年下碑文原有十月
一日四字
谷山寺七佛閣記　至元二十一年正月聲木謹案正月下碑文
原有望日二字
觀村天慶宮詩　至元二十一年二月聲木謹案二月下碑文原
有望日二字
宗聖宮說經臺記　至元二十一年十一月聲木謹案碑文兩面
分六截刻說經臺上碑文原有重修二字十一月下原有陽復
日三字碑末爲題名八分書
皇子北安王降香記　至元二十四年閏二月聲木謹案徐秉忠
碑文原作徐秉中閏二月下碑文原有七日二字
叔建法籙堂記　至元二十五年五月聲木謹案五月下碑文原
有初六日三字
濮州學記　至元二十五年六月聲木謹案年月日在碑文後截
拓本往往無有六月下碑文原有望日二字
壽陽縣新學記　至元二十七年十二月聲木謹案元好問上應
加金字十二月碑文原作季冬既望四字
僧溥光題草堂寺詩　至元三十年二月聲木謹案碑文詩後又
書一絕句二月下碑文原有之晦二字碑文爲後至元十二年

四月望日沙門志通刊石
唐李翰林酒樓記　至元三十年聲木謹案李翰林應作李白碑文石二行正書
成宗崇奉孔子詔石刻　至元三十一年七月聲木謹案石刻二字應去碑文原作臣張之翰記並書七月碑文原作九月下仍有望日二字
藩署土地祠石狻猊象贊　元貞元年七月聲木謹案七月下碑文原有朔日二字
麗水縣廟學碑陰記　元貞二年七月聲木謹案七月下碑文原有既望二字
芮王廟記　大德元年七月聲木謹案七月下碑文原有中元日三字

重修令武廟記　大德元年七月聲木謹案七月下碑文原有二十七日四字
勅建天壇紫微大帝廟記　大德元年聲木謹案勅建碑文原作修建元年下碑文原有庚戌月望日五字
府學釋奠牲幣器服圖並記　大德二年四月聲木謹案碑文三截上圖中記下臧夢解記原有大德元年八月白露節等字
居竹記　大德二年二月聲木謹案二月下原有初八日三字
西由場新建廟學碑　大德三年三月聲木謹案碑文原爲膠萊莒密鹽使司新建廟學記
月華山林泉禪寺剏建地產四至碑　大德三年三月聲木謹案碑文云武陵氏對衲義性空書丹以三字爲名三月下碑文原有十五日三字石在直隸建昌

涪溪杜明題名　大德四年聲木謹案杜明上碑文原有監察御史四字碑文中有四人名氏前並有七絕詩三行四年下原有冬至後一日五字
重修漢李將軍廟碑　大德五年二月聲木謹案李將軍應作將軍李廣二月下碑文原有二十一日四字
剏立興國觀記　大德五年三月聲木謹案碑文爲太淸宫道士完顏王正一書丹三月下碑文原有辛丑日三字
大開元寺萬安恩公碑　大德五年十二月聲木謹案恩公名廣恩石在直隸邢臺順德乃府名十二月下原有初吉二字
少林月巖觀音象贊　大德八年聲木謹案畫象在上截贊在下截八年下碑文原有四月二字
慈恩塔薛六等題名　大德九年七月聲木謹案薛六碑文原作馬□六七月下碑文原有七日二字

韓魏公詞漁莊記　大德十年閏正月聲木謹案韓魏公應作宋魏公韓琦閏正月下碑文原有中澣日三字
上淸祠碑陰跋　大德十一年三月聲木謹案碑文在北宋元祐二年上淸宫詞碑陰中分兩截下截刻廣微子寄題終南山上淸太平宫詩三月下原有廿八日三字石在陝西盩厔
洪山寺程應雷等造塔記　大德十一年五月聲木謹案碑文冢冢數十字實題名類不足稱記
洪山寺黃彥文等造塔記　大德十一年五月聲木謹案碑文冢冢七十餘字實題名類碑文云僧山門謹題云云山門爲僧之名覲蔫巖寺七佛塔題字卽知五月下原有初九日三字
洪山寺汪覺龍等造塔題記　大德十一年五月聲木謹案造塔

碑文原作重建塔又有僧山門題四字

加封孔子制誥碑　大德十一年七月聲木謹案杭州府學一石下截有後至元二年九月陳泌題記十六行正書

文廟加封孔子制詔碑　大德十一年九月聲木謹案碑文上截爲蒙古文

洪山寺陳覺富等建塔記　大德十一年九月聲木謹案碑文實題名類爲僧山門所撰

洪山寺僧智福建塔記　大德十一年十月聲木謹案碑文實題名類爲僧山門撰並有重建二字

中書省榜　大德十一年十月聲木謹案碑文後有蒙古字三行非一行碑文云照得亞聖兗國公廟宇亦合一體禁約違犯之人嚴行治罪須至榜者云云

加封至聖文宣王詔碑　大德十一年十二月聲木謹案十二月下碑文原有十三日三字

襄城縣學廡記　至大元年二月聲木謹案二月下碑文原有既望二字

洪山寺信女賀氏等造塔記　至大元年五月聲木謹案碑文實題名類造塔碑文原爲添造塔

加封孔子聖旨及致祭先師顏孟祝文　至大元年七月聲木謹案碑文祝文在後末三行王德淵親爲祝文五十二代孫曹州教授之明書丹七月下碑文原有十九日三字

常熟知州盧侯生祠記　至大二年正月聲木謹案碑文云盧侯名克治字仲叔云云正月下碑文原有七日二字

穀熟集伊尹墓祠記　至大四年二月聲木謹案伊尹上應加殷阿衡三字張中元碑文原作張元中二月下原有初四日三字

郎公墓志　至大四年四月聲木謹案石在西郎村碑文字蹟磨泐前段尤甚

江東宣慰使珊竹公神道碑　至大□年聲木謹案碑文中字多磨泐

集仙宮瑞竹記　皇慶元年三月聲木謹案元年下碑文原作寎月望日四字

碑陰　聲木謹案上截畫象題云集仙宮倒插竹下截詩

重建南鎮廟碑　皇慶元年六月聲木謹案鄧文元碑文原作鄧文原六月下碑文原有三日二字

加封聖號詔碑　皇慶二年正月聲木謹案趙世延撰應作趙世延撰跋正月碑文原作五月下仍有十三日三字

釆石磯蛾眉亭記　皇慶二年八月聲木謹案碑文原有重修二字八月下碑文原有十五日三字

廉訪副使王信拜林廟題名　皇慶二年十一月聲木謹案碑文中有冀盤同行之語十一月下碑文原有初五日三字

長興州修建東岳行宮記　延祐元年四月聲木謹案四月下碑文原有十一日三字

洪山寺妙全造塔記　延祐元年十月聲木謹案碑文寥寥數十字不足稱記實題名類

少林寺開山大禪師裕公碑　延祐元年十一月聲木謹案十一月下碑文原有十日二字

洪山寺張國可造塔記　延祐二年十月聲木謹案碑文寥寥數十字不足稱記張國可上碑文中原有作頭二字並云僧山門

題
晉陽山重修慈雲禪寺記　延祐四年正月聲木謹案碑文云里人李玉書並篆並非趙孟頫字蹟亦不類正月下碑文原有十日二字
五老堂記　延祐四年四月聲木謹案四月下原有既望二字
大覺寺長明燈記　延祐四年十月聲木謹案碑文原作長明燈臺記
祀西鎮碑　延祐四年十二月聲木謹案碑文原爲特祀西鎮碑十二月下碑文原有廿六日三字
安定郡伯蒙天祐新阡表　延祐五年九月聲木謹案九月下碑文原有十三日三字
普照禪寺靈瑞塔碑　延祐五年九月聲木謹案碑文字蹟磨泐九月下碑文原有廿四日三字
光國寺聖旨碑　延祐六年八月聲木謹案聖旨碑上碑文原有御寶二字並云白克中譯並書云云
金仙寺裕公道行碑　延祐七年十月聲木謹案碑文和尚名廣裕十月下碑文原有小春日三字
平江路重修儒學記　至治元年五月聲木謹案五月下碑文原有十三日三字
磁州武安縣三瑞記　至治三年正月聲木謹案正月下碑文原有廿七日三字
西湖書院重整書目記　泰定元年九月聲木謹案碑文上爲書目橫列八層經三列史二列子一列集二列均正書下記
西湖書院書目　無年月在前碑之陰聲木謹案書目已見碑陽並未見碑陰書目疑爲複出
東岳廟聖旨碑陰題名　泰定元年十月聲木謹案碑文分四截刻首云河南等處行中書省平章山東寶司云云
仙源圖　無年月在前碑之陰聲木謹案此即金大定二年仙源圖實爲複出
移建神霄玉清萬壽宮記　泰定二年聲木謹案解居中碑文原作解居仁二年碑文原作三年下仍有八月二字
湖州路歸安縣建學記　泰定五年正月聲木謹案正月下碑文原有人日二字
祀海瀆記　天歷元年十二月聲木謹案碑文原作龍飛祀海瀆記黃奎碑文原作臣貢奎記並書十二月下原有甲午二字
大眞人張留孫碑　天歷二年五月聲木謹案碑文兩面刻碑陰即碑陽正文石在朝陽門外東岳廟内即直隸大興縣地
句容縣學田地記　至順二年二月聲木謹案二月下碑文原有十五日三字
加封曾子子思制　至順二年九月聲木謹案碑文中曾子子思各有制文
封豫國洛國公制　至順二年九月聲木謹案碑文各有封爵制文河南伯追封豫國公伊陽伯追封洛國公
張文忠公家訓碑　無年月山左金石志附至順二年後聲木謹案張文忠公應作張養浩石在張公祠内後有後學諭立題記並正書
河陽張公□夫人殘碑　至順三年聲木謹案碑文云韓彧立石並無書丹等字三年下碑文原有二月十二日五字

吳山承天靈應觀牒　至順三年聲木謹案三年下碑文原有十二月二十二日七字下截有王　等倡和詩

白馬寺長明燈記　至順四年正月聲木謹案至順無四年卽元統元年孫氏列至順四年正月至十月又列元統元年二月至十二月實爲複出正月下碑文原有十五日三字

偃師伯王輔嗣墓碣　元統二年十月聲木謹案此乃墓碑碑額並非墓志文

碑陰　元統二年十一月聲木謹案十一月下原有至日二字

西湖書院重修大成殿碑　後至元二年九月聲木謹案九月碑文原作夏五月朔四字

考城縣重修宣聖廟碑　後至元二年十二月聲木謹案十二月碑文原作十一月

樓觀宗聖宮碑　後至元二年卽元貞元年繫牛栢記之陰聲木謹案碑文刊于碑陰末四行刊于碑側碑文爲元明善撰趙孟頫正書以書人名銜考之確爲趙孟頫書丹二年碑文原作丙子正月上旬六字

監郡脫來公祀濟瀆記　後至元五年九月聲木謹案姜朴上碑文原有從吏二字九月下碑文原有廿有六日四字

劉宗煥謁林廟題名　後至元六年八月聲木謹案碑文在開元七年修孔子廟碑右側第三截後段八月下原有十三日三字

也先不花祭孔林題名　至正元年三月聲木謹案碑文也先不花官都水監丞並有陳居仁等從行名氏三月下碑文原有二十二日四字

重修寶泉寺記　至正二年三月聲木謹案碑文字蹟多磨泐碑文爲釋□述撰松奄正書

長葛縣尹趙侯德政碑　至正四年四月聲木謹案蕭起賢碑文原作蕭處賢四月下碑文原有二十一日四字

東岳廟聖旨碑　至正四年九月聲木謹案碑文中有大都有時分寫來云云實爲鄉曲愚氓所爲四年下碑文原有猴兒年三字九月下原有廿九日三字

重修南鎮廟碑　至正四年聲木謹案碑文云經始于春告成于夏四年春下又有閏三月工師告成云云

學署九曜韋德安題名　至正六年正月聲木謹案正月下碑文原有望日二字

道山亭聯句詩　至正九年八月聲木謹案八月下碑文原有望日二字石在福建閩縣福州乃府名

長洲縣重修學宮記　至正十年七月聲木謹案學宮碑文原作學官七月下原有朔日二字

范氏義田記　至正十年七月卽伯夷頌書院記之陰聲木謹案碑文末行下截有范文正公八世孫文英題記中有云任湖州安定山長請趙雍書此本刊于書院忠厚堂以永其傳云云是石在浙江歸安非江蘇吳縣明甚七月下碑文原有望日二字趙雍字仲雍孟頫子亦工書

三塔寺景德禪寺記　至正十一年十月聲木謹案十月下碑文原有十五日三字

餘姚州儒學歲田記　至正十一年十一月聲木謹案十一月下碑文原有朔記二字

歸安縣修學記　至正十一年十二月聲木謹案十二月下碑文

原有望日二字

草堂寺詩　至正十二年四月聲木謹案此卽至元三十年仲春晦日草堂寺詩實爲複出

中山聖廟禮器碑陰　至正十二年九月聲木謹案碑文正書漏未及註九月下碑文原有朔辛未吉日五字

太師右丞相平徐碩德碑　至正十二年聲木謹案碑文字蹟甚磨泐十二月下碑文原有十月二十三日六字

石闔山大田洞摩崖平猺記　至正十三年十二月聲木謹案碑文字蹟甚磨泐不易辨識鄭文趨碑文原作鄭文輝

嘉定州教授題名記　至正十四年四月聲木謹案四月下碑文原有朔日二字

龍門重修神禹廟記　至正十四年五月聲木謹案五月碑文原作仲夏既望四字

儒學教諭題名記　至正十五年閏正月聲木謹案閏正月下碑文原有既望二字

栢林寺重建李晉王影堂碑　至正十五年六月聲木謹案碑文中撰書人名氏磨泐

慈恩塔何太古題名　至正十七年五月聲木謹案碑文字體雙鈎五月下碑文原有中旬五日四字

海寧州安民碑　至正十九年五月聲木謹案石于　　庚寅秋月僧六舟訪得移置州學

縣學續蘭亭會詩　至正二十年三月聲木謹案碑文中不僅有詩彙有序上中有圖畫一截今本僅存十二人詩錢大昕云意當時刊二碑今亡其一

察罕帖木爾祀文宣王碑　至正二十一年九月聲木謹案碑文中有遣尹師彥之語非止一人帖碑文原作炶九月下碑文原有九日二字

山東鄉試題名碑　至正二十二年聲木謹案廿二年下碑文原有九月朔旦四字石在濟南府學明倫堂

補寰宇訪碑録

補寰宇訪碑録

同治三年甲子孟陬之月胡澍題耑

記

之謙十七歲始爲金石之學山陰沈霞西布衣復粲第一導師也先後同志則有長洲顧湘舟叅軍沅績谿胡荄甫同年澍溧陽繆稺循太守星遹仁和諸生曹葛民丈籀魏稼孫錫曾太谷温元長比部忠善大興樊文卿大令彬劉子重比部銓福吳潘伯寅中丞祖蔭南滙沈均初同年樹鏞又江陰石工方可中可中爲余搜訪得最多余識可中因霞西舊稾半取之可中今茲成書則均初力也二十年得失聚散已屢易此書始末由兩沈君有因有緣曷可無記

滄州王佀樵秀才國均嘗手編滄州金石志甲子六月相見都中贈我墨本皆向未箸錄者因取續得數十種合題爲失編坿卷末

箸錄家書年月或不書日茲間書日且及甲子稱舉異箸之文字異箸之間爲攷證碑之刻文先而書後其傳于世書存斯文存茲錄先書後文視原書迥小變

朝鮮自漢以來臣附中國國人能讀書同文字今日來者尙攜其國金石墨本以爲投贈在昔翁劉諸君皆爲

箸錄平湖韓氏韻海有海東金石存攷未刻近潘伯寅
中丞饔東瀛貞石志搜采尤富然墨本皆燬于庚申僅
存目錄原書載平百濟碑未箸其地茲舉及見碑本依
時代先後錄數十種不復分列題曰寰宇故無外也
陳金石傳者絕少聞有得臨春閣專文爲至德四年今
詢人無知者福建金門島一古碑在樹腹字不可識劉
子重言劉智廟郚落壁間多漢專太谷溫元長述其鄉
驛路旁石崖凡目所及皆古造象一篆書摩崖磨滅大
半見有皇帝字同秦刻石向無拓者丙辰從軍衢州友

人蜀中來言嘗舟行仰視絕壁上有二碑不知何代物
凡此類者聞不勝記姑舉一二近者俟振奇鑿空之士
索焉

刻既竣魏稼孫自閩中寄書來言孫氏錄漢孔宙碑不
及碑陰君補孫書仍不及也務多之弊必忽近圖遠是
一大罅漏願後倣戒他弗類是爲之憮然謹記以志吾
過

京都琉璃厰含英閣藏板

序

陽湖孫先生饔寰宇訪碑錄二十年爲書十二卷目七
千八百四十有九書成之歲當嘉慶壬戌之謙後先生
四十一年始求補錄亦十九年今計所得及一千八百
二十有三蓋四無一焉舊槀再易辛酉難後已弃去剩
碑目四五紙斷闕訛羼略具年月結習未盡恒以自隨
癸亥入都太谷溫元長見之以爲尙可爲既盡發所藏
畀校錄同歲生沈均初亦爲此學者畢力助搜討寒暑
風雨奔走告語終八閱月又得此數希倖有成非取自

足而是年秋元長暴卒感歎輟業將恐將懼鄭重毀弃
甚負良友因謀刻之均初謂然遂釐定爲五卷舊槀箸
錄唐以後大備今茲詳者在隋以前及身所事遺忘滋
多况力薄才拙聞見隘陋中更患難莫收餘燼瞻卬前
修豈惟涯分懸絕問學不逮迹其遭遇亦非等倫存斯
文字爾用心苦以言續成猶願來者固孫先生志也同
治三年甲子正月會稽趙之謙書

補寰宇訪碑錄五卷

補寰宇訪碑錄卷一

會稽趙之謙纂集
南匯沈樹鏞覆勘

無年月古碑

紅崖古字　貴州永甯

是刻俗稱諸葛誓苗碑新化鄒漢勳釋爲殷高宗伐鬼方刻石獨山莫友芝復辨爲三危禹蹟之謙借潘光祿祖蔭所藏原拓本及黔中棗木本陽湖呂氏縮刻本詳校次第旣紊且點畫文義莫能辨析疑是苗民古書代遠失攷夏后殷周未容肊斷姑從闕焉列之首簡猶原書錄岣嶁石鼓例也

錦山摩崖　朝鮮南海

字奇古不可識朝鮮人傳爲秦徐福題名或釋爲殷箕子書之謙又藏一古篆碑係出蜀中一筆斜出屈曲轉折盡五尺餘不斷向無識者疑皆石裂文坿記

秦

佐弋瓦 篆書 據秦本紀佐弋竭定爲秦瓦 浙江海甯蔣氏家藏

衛字瓦范 篆書陰文 鑄金有范埏埴造瓦舊無稱今依通俗文規模爲范義仍作范 江蘇上海趙氏家藏

漢

羣臣上壽刻石 篆書 趙廿二年八月丙寅大興劉位坦攷爲西漢文帝後元六年左側有口口判官郁久閭明達題名乃北魏人書之謙按此漢祖刻疑爲石趙者非 直隸永年

日華宮專文 篆書 無年月據西京雜記宮作于河間獻王當在景武間大興劉銓福校官肅甯得於土中 直隸肅甯

君子館專文 八分書 無年月攷在景武間館亦獻王所置也大興劉氏藏十枚字無同者又有作君子長生四字者 直隸肅甯

建元專文 篆書 建元二年 江蘇南匯沈氏拓本

元鼎專文 篆書 元鼎建元 浙江會稽趙氏拓本

甘泉山元鳳刻石殘字 篆書 大興翁方綱攷爲昭宣之間同治二年之謙從大興劉氏藏精拓本審定橫石上元鳳兩字 江蘇江都

巴州民揚量買山記 八分書 地節二年口月石近歸平湖吳重光家此僞作 四川巴縣

五鳳專文 篆書 五鳳二年十月廿二日 浙江海甯

甘露專文 八分書 甘露二年 江蘇南匯沈氏拓本

上虞王元方專文 八分書 黃龍元年八月十五日 浙江山陰沈氏家藏

永始殘瓦　篆書　永始四年　湖南長沙

美子侯刻石　八分書　始建國天鳳三年二月嘉定瞿中溶釋爲萊子侯封冢記　山東鄒縣

建武專文　八分書　建武元年　江蘇南匯沈氏拓本

建武殘玉刻字　八分書　建武三年　江蘇江都汪氏家藏

侍御史李業闕　八分書　東漢初　四川梓潼

三老諱字忌日記　八分書　無年月以記中忌日皆在建武年坿於末　浙江餘姚

臧伯著碑　八分書　無年月拓本藏陽湖孫氏近已不可知矣因補此存其遺　山西太谷溫氏摹本

大吉買山地記　八分書　建初六年　浙江會稽

南武陽平邑皇聖卿闕畫象題字　八分書　元和三年八月　山東蘭山

南武陽功曹鄉嗇夫鄉文學掾平邑君郎闕畫象題字　八分書　章和元年二月十六日　山東蘭山

永元食堂記　八分書　永元八年二月十日　山東魚臺

永初專文　八分書　永初元年三口　直隸大興劉氏拓本

嵩山少室闕下伊字　篆書　嘉慶九年錢塘黃易訪得在蔵林

一行下隔二層石四傍皆無字蹟　河南登封

孝堂山食堂畫象題字　八分書　永建五年　山東濟甯

沙南侯碑　八分書　永和五年六月十五日甲辰　甘肅鎮西

壽貴里文叔陽食堂畫象題字　八分書　建康元年八月口丑朔十九日丁未　山東魚臺

三公山神碑　八分書　口初元年二月八日海豐吳式芬攷爲本初元年　直隸元氏

三公山神碑陰　八分書　直隸元氏

上余專文　八分書　建和元年五月　安徽桐城吳氏家藏

右扶風丞李禹表　八分書　永壽元年　陝西褒城

延熹專文　八分書　延熹二年　江蘇南匯沈氏拓本

封龍山頌　八分書　延熹七年　直隸元氏

沛相楊統碑　八分書　石久毀世亦無傳本此據金石萃編所録宋拓四楊碑補目近聞楊著楊震兩碑尚存濰縣陳介祺家　江蘇青浦王氏藏本

高陽令楊著碑　八分書　建甯元年　江蘇青浦王氏藏本

沇州刺史楊叔恭殘碑　八分書　建甯四年七月六日甲子　山東鉅野

楊叔恭殘碑陰　八分書　山東鉅野

楊叔恭殘碑側 八分書 山東鉅野

太尉楊震碑 八分書 江蘇青浦王氏藏本

東海廟殘碑 八分書熹平元年石在海州久佚 江蘇長洲顧氏藏本

東海廟殘碑陰 八分書 江蘇長洲顧氏藏本

繁陽令楊君碑 八分書熹平二年三月 江蘇青浦王氏藏本

建安瓦 八分書建安三年此疑僞作 直隸大興劉氏拓本

吹角壩摩崖 八分書建安六年二月丁丑朔廿二日石歸遵義鄭珍辨爲建安七年盧豐碑今審拓本石係斷闕且首行明是六年次行有嚴季男名六行有以災致祀字必非盧碑仍依王象之輿地碑目書此 四川綦江

益州太守高頤碑 八分書建安十四年 四川雅安

益州太守武陰令上計吏舉孝廉諸部從事高頤東闕 八分書無年月 四川雅安

益州太守陰平都尉武陽令北平丞舉孝廉高頤西闕 八分書無年月 四川雅安

建安瓦 八分書建安十五口 浙江平湖朱氏家藏

破張郃銘 八分書事在建安二十年之謙按銘文字皆失古法疑僞作 四川渠縣

謁者北屯司馬沈君神道右闕 八分書無年月 四川渠縣

新豐令交阯都尉沈君神道左闕 八分書無年月 四川渠縣

尚書侍郎河南京令豫州幽州刺史馮煥神道闕 八分書無年月 四川渠縣

益州牧楊宗墓闕 八分書無年月 四川夾江

李君石闕殘字 八分書無年月仁和徐楙疑爲李鰲石刻 江蘇吳江王氏藏本

中牟魯君魏公闕 八分書無年月 湖北漢陽葉氏藏本

石廥郙石刻 八分書無年月 山東鄒縣

四老神坐神祚机題字 八分書無年月 江蘇吳江楊氏藏本

雒陽長史殘石 八分書無年月疑非漢刻 浙江仁和韓氏拓本

司徒殘碑 八分書無年月疑非漢刻 直隸大興翁氏摹本

張君碑額 篆書無年月 江蘇吳江王氏藏本

司農公碑額 篆書無年月 湖北漢陽葉氏藏本

漢并天下瓦 篆書 直隸大興劉氏家藏

丰字瓦 篆書文作丰與原書所載丰字瓦異 直隸大興劉氏家藏

車字瓦 篆書按鐘鼎款識有車宮承燭槃此或是車宮瓦 江南上元張氏家藏

鼎胡延壽宮瓦 篆書 直隸大興劉氏家藏

千秋長安瓦　篆書　浙江海甯許氏家藏

駘湯萬年瓦　篆書　浙江海甯許氏家藏

鉤弋祠專文　八分書　一宜字劉銓福得于祠址　直隸大興劉氏家藏

吉祥專文一　八分書　千石公侯壽貴六字　浙江會稽趙氏拓本

吉祥專文二　篆書　位至公輔　浙江會稽趙氏拓本

吉祥專文三　八分書　功曹傳送下出銀艾　浙江會稽趙氏拓本

吉祥專文四　八分書　傳送下出富貴　浙江會稽趙氏拓本

吉祥專文五　篆書　萬歲不敗　浙江會稽趙氏拓本

吉祥專文六　篆書　萬歲萬歲永藏永藏　浙江會稽趙氏拓本

吉祥專文七　八分書　長樂　浙江會稽趙氏拓本

吉祥專文八　篆書　旣壽考宜孫子六字之謙所得吉祥專文凡三十三種已燬於賊兹以所記無誤者錄八種　浙江會稽趙氏拓本

舞陽專文一　八分書　萬歲二字左行反文　直隸大興劉氏拓本

舞陽專文二　八分書　畫覆屋形中萬歲二小字　直隸大興劉氏拓本

舞陽專文三　八分書　平昌　直隸大興劉氏拓本

舞陽專文四　八分書　大吉　直隸大興劉氏拓本

舞陽專文五　八分書　畫雲雷文中一富字　直隸大興劉氏拓本

舞陽專文六　八分書　畫一人乘車前行二人乘馬在後左千秋萬世四字以上六專皆出河南舞陽故繫之　直隸大興劉氏拓本

畫象殘專文　八分書　年月皆泐僅存二氏字畫一人方面正立形與亭長畫象相類　安徽績溪胡氏家藏

尚方鏡范　篆書陰文　嘉慶壬戌長安人掘地得之　山西安邑宋氏家藏

五銖泉土范　篆書陽文　浙江海甯蔣氏家藏

代郡太守章范　篆書陽文　廣東南海吳氏家藏

剛羝右尉印范　篆書陽文　浙江仁和龔氏家藏

雒左尉印范　篆書陽文　浙江仁和龔氏家藏

嚴道橘丞印范　篆書陽文　浙江仁和龔氏家藏

嚴道橘園印范　篆書陽文　浙江仁和龔氏家藏

牛鞞長印范　篆書陽文　之謙按印范爲向來金石家所未載道光初蜀中出土凡百餘枚劉方伯喜海亦有藏者兹據所見錄入此外蔣氏尚有弩范無字劉方伯家金吾范上有尹字係僞作均不錄　浙江仁和龔氏家藏

千秋萬歲長樂未央鹿專文　篆書　安徽歙縣項氏家藏

未央鹿專文　篆書　樹鏞按鹿專或攷爲覲禮方明之遺　浙江仁和徐氏家藏

兩城山畫象　八分書凡二石無年月畫亭橋男婦數人一題周文王伯英一題二侍郎王夫人道光廿九年出土　山東濟甯

蜀漢

丞相諸葛武侯廟石琴題字 八分書 章武元年 按此與後唐李崧殘字一類疑僞託 廣東南海吳氏拓本

魏

孫二娘等題名 八分書 黃初元年三月十九日 江蘇吳江王氏藏本

王五娘等題名 八分書 黃初元年三月廿六日 按以上兩刻皆疑僞作 江蘇吳江王氏藏本

黃初專文 八分書 黃初二年四月一日 直隸大興劉氏拓本

大將軍曹眞殘碑 八分書 大興徐松攷爲太和間 陝西長安

曹眞殘碑陰 八分書 陝西長安

濟陰陳祚冢中記 八分書 青龍二年 河南許州

從掾鉅鹿魏昕冢中記 八分書 二年四月九日 河南許州

後殿虎賁第口梁國張輿口冢中記 八分書 二年六月廿一日 河南許州

武勇掾樂安肥範冢中記 八分書 二年八月九日 河南許州

高陽北新城邵巨冢中記 八分書 八月三日 以上五種皆刻專上道光廿六年穿井得之蓋造冢時記亾年者與三老忌日記相似魏昕一專近藏大興劉銓福家 河南許州

吳

赤烏專文　八分書　赤烏二年三月　浙江會稽

赤烏專文　八分書　赤烏六年　江蘇南匯沈氏拓本

蕭二將祠堂記　正書　太元年濮陽興立按此乃僞作　浙江上虞

太平專文　八分書　太平元年　浙江山陰沈氏家藏

施氏專文　八分書　鳳皇三年　直隸大興劉氏家藏

天紀專文　八分書　天紀二年　浙江會稽趙氏家藏

晉

明威將軍郛休碑　八分書　泰始六年二月　[illegible]

郛休碑陰　八分書　浙江山陰沈氏家藏

陳黑專文　篆書　泰始十年　山東黃縣

咸甯專文　八分書　咸甯四年　江蘇南匯沈氏拓本

上元王專文　八分書　太康元年　江蘇南匯沈氏拓本

番公行專文　八分書　太康元年　浙江會稽趙氏家藏

太康專文　篆書　太康元口道光庚戌得于梅山　江蘇南匯

蜀師專文　八分書　太康三年七月廿日　沈氏拓本

蜀師專文　八分書　無年月　江蘇儀徵阮氏家藏

山陰專文三種　八分書　一太康四年癸卯一四年八月一五年七月五日　江蘇陽湖呂氏家藏

張異專文　八分書　太康七年　江蘇陽湖呂氏家藏

葛作專文　八分書　太康七八年按紀年連書北齊馮暉賓造象有之此更在前　江蘇陽湖呂氏家藏

高平檀君專文　八分書　太康八年二月七日　山東[illegible]

馬皐麋專文　八分書　太康口年　山東[illegible]

褚孝漢專文　八分書　太康八年　山東[illegible]

太歲在申專文　八分書　太康九年二月十七日　江蘇陽湖呂氏家藏
鳳作專文　八分書　太康九年七月五日　江蘇陽湖呂氏家藏
鳳形專文　八分書　太康九年八月十日　江蘇陽湖呂氏家藏
湯氏葬專文　八分書　太康九年八月　直隸大興劉氏拓本
鮑宅山鳳凰畫像題名　八分書凡三石　元康　三月七日　山東蘭山
談孝廉專文　八分書　元康元年　江蘇陽湖呂氏家藏
元康專文　八分書　元康二年十二月　江蘇陽湖呂氏家藏
逢將軍專文　八分書　元康口口九月　山東[redacted]
其年建辰專文　八分書　元康六年六月卅日　安徽桐城吳氏家藏

傅家專文　八分書　元康八年戊午八月廿日　安徽桐城吳氏拓本
黃平專文　八分書　元康八年　江蘇陽湖呂氏家藏
永甯專文　八分書　永甯元年　江蘇陽湖呂氏家藏
永甯專文　八分書　永甯元年六月　江蘇陽湖呂氏家藏
膠東令王君專文　八分書　永嘉二年八月　山東[redacted]
子孫百年專文　八分書　永嘉六年　江蘇南匯沈氏拓本
子孫君侯專文　八分書　永嘉七年　江蘇南匯沈氏拓本
永嘉專文　八分書　永嘉八年　江蘇陽湖沈氏拓本
盧悤專文　八分書　建興二年十月　呂氏家藏

建興專文　八分書　建興　江蘇陽湖呂氏家藏
皆封侯位專文　八分書　建興二年甲戌　江蘇南匯沈氏拓本
鄧周行思專文　八分書　建興四年八月　浙江甯波
徐氏專文　八分書　建興六年六月廿三日之謙按建興無六年當是東晉初南中未知改元時作　浙江甯波
咸和專文　八分書　咸和二年丁亥　江蘇南匯沈氏拓本
咸康專文　八分書　咸康三年　江蘇陽湖呂氏家藏
咸康專文　八分書　咸康三年八月廿日　江蘇陽湖呂氏家藏
咸康專文　八分書　咸康四年　浙江海甯許氏家藏

咸康專文　八分書　咸康五年　江蘇陽湖呂氏家藏
故民專文　八分書　建元二年七月八日　浙江海鹽朱氏家藏
永和專文　八分書　永和二年　江蘇陽湖呂氏家藏
永和專文　八分書　永和五年　江蘇陽湖呂氏家藏
大吉祥宜子孫專文　八分書　永和五年　江蘇南匯沈氏拓本
永和專文　八分書　永和六年　江蘇陽湖呂氏家藏
莫龍編專文　八分書　永和六年庚戌　江蘇陽湖呂氏家藏
永和專文　八分書　永和九年　江蘇陽湖呂氏家藏
永字專文　八分書　永和十一年七月十三日專背大永字徑四

寸正書陰文咸豐戊午得于梅里尖琢爲研　浙江會稽　趙氏家藏

晉時年專文　八分書　口和十一年七月側書晉時年三字　江蘇松江　沈氏拓本

永和右軍專文　正書　無年月　江蘇上元　甘氏家藏

宋駙子專文　正書陰文　永和年出淨土寺二十八宿井中鴨字始見於此　浙江臨海

升平專文　八分書　升平二年　江蘇松江　沈氏拓本

周暹專文　八分書　隆和元年八月十八日　江蘇陽湖　呂氏家藏

興甯專文　八分書　興甯二年八月　江蘇陽湖　呂氏家藏

黃民專文三種　八分書　一泰和元年一三年戊辰七月一六年辛未　江蘇陽湖　呂氏家藏

咸安升平兩紀年專文　八分書　咸安元年側書升平五年四月口口日疑舊范歟製者得於何山　浙江會稽　趙氏家藏

錢師專文二種　八分書　一甯康元年一二年甲戌　浙江海甯　許氏家藏

一尺五寸專文　八分書　甯康二年七月　浙江海甯　許氏家藏

嚴君墓專文　八分書　太元二年　江蘇南匯　沈氏拓本

太元專文　八分書　太元二年　江蘇南匯　沈氏拓本

太元專文　八分書　太元九年　江蘇南匯　沈氏拓本

卜氏槨專文　八分書　太元廿二年　浙江會稽　趙氏拓本

太元專文　八分書　太元廿五年　江蘇南匯　沈氏拓本

振威將軍建甯太守爨寶子碑　八分書　太亨四年四月按大亨無四年詳碑側鄧爾恒跋　雲南南甯

爨寶子碑陰　八分書　雲南南甯

義熙專文　八分書　義熙二年　江蘇南匯　沈氏拓本

魯文粲孝廉專文　八分書　無年月　浙江甯波

大吉千秋專文　八分書　無年月　山東掖縣

蜀中書賈公闕　八分書　無年月闕左宋人題名攷爲賈夜宇李雄拜行西將口口口部尙書故坿東晉末　四川梓潼

宋

元嘉專文 正書 元嘉二年　安徽績溪胡氏家藏

高句驪故城刻字二種 正書 皆己丑年三月廿一日宋元嘉二十六年　朝鮮平壤

龍驤將軍護鎮蠻校尉甯州刺史邛都縣侯爨龍顏碑 正書爨道慶文 大明二年九月壬子朔　雲南陸涼

爨龍顏碑陰 正書　雲南陸涼

齊

吳郡造維衛尊佛記 正書 永明六年　浙江會稽

梁

侍中司空永陽昭王蕭敷墓志　正書徐勉文　普通元年十一月廿八日　江蘇吳縣潘氏藏本

永陽敬太妃王氏墓志　正書徐勉文　普通元年十一月廿八日戊戌　二石久佚此初拓孤本　江蘇吳縣潘氏藏本

侍中大將軍臨川靖惠王蕭宏神道二闕　正書　其一左行按宏卒以普通四年七月贈官謚　江南上元

大同專文　正書　大同九年癸亥　江蘇南匯沈氏拓本

大同專文　正書　大同十年　江蘇南匯沈氏拓本

陳

新羅眞興王定界碑　正書　戊子秋八月陳光大二年碑舊在黃草嶺咸豐壬子觀察使尹定鉉移置中嶺鎮廨　朝鮮咸興

補寰宇訪碑録卷一　三三

錢式校字

補寰宇訪碑錄卷二

會稽趙之謙纂集

南匯沈樹鏞覆勘

後魏

王銀堂造象碑 正書 三年丙午四月十五日青陽吳式訓攷爲道武帝天賜三年 河南

造象碑陰 正書 河南

造象碑兩側 正書 河南

鞏伏龍造象 正書 延和元年六月疑僞 直隸正定

□□□造象 正書 延和二年舊藏姚總憲元之家今佚 山西太谷溫氏拓本

西王美好造象 正書 太和二年 安徽青陽吳氏拓本

張賣造象 正書 太和二年 安徽青陽吳氏拓本

司空公長樂王邱穆陵亮夫人尉遲爲牛橛造象 正書 太和十九年十一月之謙按邱穆陵亮見孝文弔比干文碑陰彼書穆作目金石錄据以疑魏書官氏志後改穆氏之誤今此正作穆書穆爲日或字通借非誤 河南洛陽

步轝郎張元祖造象 正書 太和廿年 河南洛陽

鄭長猷造象 八分書 景明二年 河南洛陽

郙龍姬造象 正書 無年月附鄭長猷上列 河南洛陽

馬振拜等造象碑 正書 景明四年八月五日 河南洛陽

宮內作大監賞法端生資造象 正書 正始三年三月十九日按以生時資爲亡者造象僅見此種 河南洛陽

比邱法轉造象 正書 正始四年六月 河南洛陽

張□奴樊文保等造象 正書 正始五年六月廿四日 浙江仁和魏氏藏本

清州□泉寺造象 正書 永平元年

□慶造象 正書 永平二年

比邱法行造象 正書 永平五年 河南洛陽

鄭義石象 無年月在鄭義碑側象左右有宋人題名 山東掖縣

鄭道昭中明壇題字 正書 無年月 山東掖縣

鄭道昭詠飛仙室詩 正書 無年月 山東掖縣

鄭道昭大基山題字四種 正書 無年月一歲在壬辰建一其居所號白雲鄉青煙里也一安期子駕龍栖蓬萊之山一王子晉駕鳳栖太室之山在山左金石志所載九種之外原書失訪 山東掖縣

法興造象 正書 延昌二年八月二日 河南洛陽

清信女尹靜妙造象記 正書 延昌四年八月辛未朔廿九日

江蘇青浦王氏拓本
梁鑒碑 正書 延昌四年十月 廣東南海吳氏藏本
孫永安造象 正書 熙平元年十月十五日 河南
張口安造象 正書 神龜二年四月廿五日 河南
女膚斯姜造象 正書 神龜二年七月七日 河南洛陽
比邱尼慈香慧政造象記 正書 神龜三年三月廿日 河南洛陽
維那主葆張碩等碑陰題名 正書 正光三年正月廿六日 山西太谷温氏拓本

口口妻公孫氏造象 正書 正光三年九月 河南洛陽
鎮遠將軍後軍將軍鄭道忠墓志 正書 正光三年十二月己未朔廿六日甲申 河南洛陽
于氏造象 正書 正光四年正月廿六日 河南洛陽
馬鳴寺根法師碑 正書 正光四年二月三日
驃騎將軍懿侯高貞碑 正書 正光四年十一月六日 山東德州
魏始歡等造象 正書 正光五年六月
李口達造象 正書 正光口年

太和寺趙清女造象 正書 正光口年
吳高黎墓志 正書 孝昌二年正月十三日 河南洛陽
傅口口造象 正書 孝昌二年五月廿九日 河南洛陽
黃石崖法義卅五人造象 正書 孝昌二年九月八日 山東歷城
比邱明勝造象 正書 孝昌三年五月
張神龍等百餘人造象 正書 孝昌三年七月十日
黃石崖法義百餘人造象 正書 孝昌三年七月十日 山東歷城

咸陽太守劉玉墓志 正書 孝昌三年十一月廿四日 江蘇南匯沈氏拓本
比邱道林造象 正書 孝昌三年
王僧歡造象 正書 建義元年五月四日 山東歷城
李興造象 正書 建義元年七月十五日
史同百餘人造象造經記 正書 永安二年六月
高柳郝比邱僧詳等一百午十八造象 正書 永安三年八月甲辰朔九日壬子 山東臨清
張神遠造象 正書 永安三年 山東臨淄

法雲等造象 正書 普泰元年

南陽張元墓志 正書 普泰元年十月一日 湖南道州何氏藏本

好服造象 正書 永熙二年七月

法義廿餘人造象 正書 永熙二年八月廿日

殘造象 正書 年月泐存晉故正口口口口月乙酉朔廿一日 辛酉字半磨滅下書基地步界末三行別書口口達爲亾父造象太谷温忠善定爲正光一年刻然首行晉故二字甚顯則未可信且廿一日書辛酉亦誤温定後爲常須達造象記前爲常仵墓地記以仵爲須達父姑坿此以諗來者 河南洛陽

郁久閭明達題名 正書 無年月 直隸永年

姜口達丁大孃造象 正書 隆緒二年正月廿八日之謙按隆緒爲蕭寶寅僭號當孝昌三年茲坿魏末 浙江會稽趙氏拓本

西魏

車枕洛等造四面佛象 正書 大統元年四月 陝西

李顩樹造象碑 正書 大統二年十月

造象碑陰 正書

造象碑兩側 正書

侯逸造石象卅區記 正書 大統十年二月八日 山東諸城劉氏拓本

侯子口等造象 正書 大統十五年七月十日 山東諸城劉氏拓本

始平縣伯造象記 正書 大統十七年 山東諸城

東魏

張白奴造象　正書　天平二年

驃騎將軍滄州刺史王僧墓志　正書　天平三年三月十三日　直隸滄州
石藏王國均家

張僧安造象　正書　天平四年　[redacted]

靳逢受等造四面玉象記　正書　天平四年六月　安徽歙縣

王全泰造師子記　正書　元象元年二月　安徽績谿胡氏拓本

杜收虎造象　正書　元象元年六月卅日　浙江仁和韓氏家藏

劉壽君造象　正書　元象元年十二月廿一日　直隸正定

凝禪寺三級浮圖碑頌　正書　元象二年二月乙未朔□五日己酉　直隸元氏

三級浮圖碑陰　正書　直隸元氏

三級浮圖碑兩側　正書　直隸元氏

伏波將軍姚敬遵造象　正書　元象二年三月廿三日　山東歷城

程榮造象記　正書　興和二年今歸嘉興沈氏　直隸長垣

太尉公劉懿墓志　正書　興和二年正月廿四日　河南安陽

清信女趙勝習仵二人造象　正書　興和二年九月十七日向來著録家作習牛或作習生或作趙勝習皆誤今正　山東歷城

僧道山造象　正書　興和三年四月十五日　直隸正定

趙郡太守殘造象　正書　興和三年六月　[redacted]

造象殘記　正書　興和四年四月八日　直隸正定

劉目連夫妻造象　正書　興和五年正月二日　江蘇南匯沈氏拓本

邑義九十人造象　正書　武定元年　河南河內

王僧敬造象　正書　武定二年十二月　[redacted]

僧熾僧惠等造象　正書　武定三年七月十五日

王氏女張恭敬造象　正書　武定三年九月三日　直隸正定

劉明感造象　正書　武定三年　浙江海甯

比邱尼惠超造玉象記　正書　武定四年二月八日　浙江海甯

邑義道俗造象治路碑　正書　武定七年四月八日　[redacted]

冀州刺史關勝誦德碑　正書　武定八年二月四日于司直天下金石志收入山西太原嘉定錢氏藏本原書録作濟州年月皆誤今正　直隸涿州李氏藏本

嚴雙珍尹文和造象　正書　無年月此北魏人書茲統附東魏末　河南洛陽

法勝造象　正書　無年月　河南洛陽

張貴與及都唯那尼道等造石龕記 正書 無年月在趙桃枒 河南洛陽
妻造像上列 原書失載
傅鑾造象題名 正書 無年月 河南洛陽
殫官劉阿歡等造象 正書 無年月 河南洛陽
邑子劉神蔭造象 正書 無年月 河南洛陽
龍門山畫象 無題字一人執戈立旁禽馬形 河南洛陽
蘇暈夫妻造象銘 正書 無年月
任寄生造象 正書 無年月
比邱仁義等造象 正書 庚辰疑景明元年

陽信縣令元口造象 正書 無年月
道安法造象 正書 無年月
周氏造象 正書 無年月
大涅槃經偈 正書 無年月 山東歷城
吳文祥造象 正書 無年月
平乾虎造象 正書 無年月
王賓殘造象 正書 無年月 河南洛陽
田果造象 正書 無年月 河南洛陽
比邱道匠造象 正書 無年月 河南洛陽

令遊祖造象二種 正書 無年月 河南洛陽
朱顯造象 正書 無年月 河南洛陽
盪寇將軍南口造象 正書 口口元年十二月戊戌 河南洛陽
普光師造象 正書 無年月 河南洛陽
劉僧濟造象 正書 無年月 河南洛陽
爲苦惚衆生殘造象 正書 無年月 河南洛陽
任右藏丞造象 正書 無年月 河南洛陽
李伏造象 正書 無年月 河南洛陽
王惠悆妻蔡造象 正書 無年月 河南洛陽

洛州陳泰初等造象 正書 年月泐存庚辰癸酉朔日丁丑字 河南洛陽
比邱僧力僧恭造象 正書 無年月 河南洛陽

北齊

張龍伯造象 正書 天保元年十月八日 [redacted]

王口口造象 正書 天保二年九月壬申朔 山東蘭山

王媚暉造象 正書 天保二年九月廿三日 [redacted]

韓世榮造象 正書 天保三年五月五日 浙江仁和韓氏家藏

開府參軍崔頠墓志 正書 天保四年二月廿九日 山東益都

朱氏女姜瑞雲造象 正書 天保四年 直隸正定

平西將軍金門太子桒買造玉佛記 正書 天保五年正月十五日今歸馬氏 河南洛陽

伯辟寺尼惠暈造象記 正書 天保五年正月二十九日 直隸正定

張天恩造象 正書 天保五年十二月廿一日 直隸正定

江阿歡造象 正書 天保六年 山西陽曲

比邱法弘廿五人等造象 正書 天保七年五月乙亥朔十五日己丑 山東費縣

陶長貴造象 正書 天保七年 山東益都

殘造象 正書 天保七年 山西太谷温氏拓本

趙郡王高叡造无量壽佛象 正書 天保七年閏月癸巳朔十五日丁亥按是年閏八月爲癸酉朔無癸巳朔三象皆誤 直隸靈壽

高叡造釋迦象 正書 天保七年閏月十五日 直隸靈壽

高叡造阿閦象 正書 天保七年閏月十五日阿閦佛名見法華明度無極兩經造象中僅見 直隸靈壽

定國寺慧照爲趙郡王修寺頌記 正書 天保八年四月八日 直隸靈壽

闕名殘象 正書 天保八年十一月十一日 山東[redacted]

趙郡王常侍房紹興造象 正書 天保十年四月八日 直隸靈壽

僧道潤等造象 正書 天保十年 廣東南海吳氏拓本

孔先王造彌勒下生象殘記 正書 年月泐嘉興沈濤攷爲趙郡府僚作 直隸靈壽

高陽康穆王高湜墓志 八分書 乾明元年四月十六日石在河陽久佚此宋拓本 江蘇嘉定瞿氏藏本

比邱僧邑義口口造象殘碑 正書 乾明元年七月十五日石近藏伏氏 山東蘭山

靈泉寺經幢 正書 乾明元年 河南安陽

華嚴經偈讚 八分書 乾明元年 河南安陽

道顯造釋迦象碑 正書 皇建元年十月 河南
成貴珍造石浮圖記 正書 皇建二年正月廿九日 直隸正定
雲門寺法懃禪師塔銘 正書 太甯二年正月五日 山東益都
龍道果造象記 正書 太甯二年 山東益都
朱口等造彌勒象碑 正書 河清二年三月
嚴口順造象 正書 天統元年五月十五日
郗氏子爲父母造象 正書 天統二年二月十九日此像字半磨滅僅年月及姓可辨 浙江會稽趙氏拓本
劉玉輝造象 正書 天統二年五月

孫昨世人等造象殘碑 正書 天統五年四月十五日 山東蘭山
造象殘碑陰 正書 山東蘭山
陑赤齊等造象碑 正書 天統五年九月十四日 山東蘭山
造象碑兩側 正書 山東蘭山
范陽義坊頌石幢 正書 天統十年 直隸良鄉
殘造象 正書 武平元年四月
河東郭阿九造象 正書 武平二年四月八日
永顯寺法師道端造象 正書 武平二年七月

僧練造象 正書 武平二年 山東益都
興聖寺都維那王子口道俗邑義卌人造四面像碑 正書 武平三年三月十八日 山東費縣
晉昌郡開國公唐邕寫經碑 正書 武平三年五月廿八日 安徽青陽吳氏拓本
殘造象 正書 武平三口口口口己朔月四日 浙江會稽趙氏拓本
尼汰行等造象 正書 武平四年五月十七日 直隸曲陽
蘭陵武王高長恭殘碑 八分書 年月闕係從蒴禨本雙鉤先後失序史稱長恭文襄四子碑作三子其敘官及封爵皆未盡合長恭卒以武平四年故列此 江蘇南匯沈氏藏本

功曹李琮墓志 正書 武平五年正月十二日 直隸元氏
鞏舍合邑廿二人造象 正書 武平六年三月 河南洛陽
北徐州興福寺造象碑 正書 年月泐 山東蘭山
造象碑陰 正書 山東蘭山
造象碑兩側 正書 山東蘭山
常岳等邑義百餘人造象 正書 無年月 山東蘭山
清河張老曰河間尹道賢等造四面象碑 正書 無年月 山東蘭山

造象碑左側正書右側及陰陷土中　山東蘭山
北門護城隄上呂世撙等造象殘石正書無年月　山東蘭山
昭忠祠趙僧池武洪妃造象殘石正書無年月　山東蘭山
白衣庵度碑齋主口明主殘造象二石正書無年月以上凡蘭山諸刻皆日照許瀚近訪得者　山東蘭山
楊懷璨造象碑正書無年月
造象碑陰正書
造象碑兩側正書
寶山寺石洞造象碑正書無年月　河南安陽

李寶造象殘石正書年月泐
造釋迦彌勒象殘記正書無年月
董方造象正書無年月
殘造象正書無年月
楊顯造象正書無年月
清信女田昭照造象正書無年月
玉奴女造象正書字半磨滅不可辨
涿鹿寺雷音洞佛經正書無年月按唐元和間劉濟石經記言洞中石經刻自北齊茲坿齊末　直隸房山

智超等造象碑正書大口口口口口年八月丁卯口口口口丙戌金石萃編所載止一面坿魏末今諦視首行大下三字似齊河清因坿齊末
造象碑陰
造象碑兩側

北周

開國伯强獨樂爲文皇帝造象碑 正書 元年丁丑按北周明帝以三年始改號武成 四川簡州

何周造釋迦觀世音二象 正書 無年月在碑下列 四川簡州

盧猛造象 正書 武成元年 [illegible]

趙和等造象碑 正書 三年己卯六月丁巳朔十五日辛巳之 謙按三年己卯爲北周明帝武成元年當陳武帝永定三年改元在八月故不書史於是年陳閏四月五月書丙辰朔周閏五月五月大建閏五月正得丁巳朔此六月朔即閏月朔也陳紀閏四月有甲午六月有戊子周紀五月六月皆有戊子推之悉合朔爲丁巳十五日是辛未今書辛巳亦誤 陝西

造象碑陰 正書 陝西

造象碑兩側 正書 陝西

楊疉景造象 正書 保定四年三月十九日 陝西

開府儀同賀屯公墓志 正書 保定四年四月 陝西三水

梁顯菓等造象 正書 保定四年按菓或業之別體 [illegible]

李明顯造象 正書 保定五年八月

張興造象 正書 天和元年十一月廿日

處士王通墓志 正書 天和二年 直隸河間

比邱法顯等造象 正書 天和二年十一月十六日前有許桃攀劉聰明等侍佛象 陝西

薛迴顯造象 正書 天和三年四月八日 [illegible]

高邑侯裴鴻碑 八分書 天和三年 江蘇青浦王氏拓本

劉敬愛造象 正書 天和五年四月十一日 陝西

陳歲造象 正書陽文 天和六年六月丙戌朔 湖北漢陽葉氏家藏

武容造二菩薩象 正書 建德元年壬辰四月癸酉朔按象建字僅存其半德字全泐惟元年壬辰字可辨 直隸正定

比邱尼曇樂等造象 正書 建德元年四月十五日石歸揚州

邵道生造象 正書 建德元年六月廿日 阮氏置文選樓壁間已燬 陝西長安

開化寺白玉石柱礎題名二種 正書 年月泐嘉興沈濤攷爲北周時刻 直隸元氏

功曹習□和等四面象碑 正書 無年月 直隸行唐

房姜子道民造老君象 正書 年月泐 湖北漢陽葉氏家藏

宇文眞等造象題名 正書 無年月 [illegible]

尼法恩爲阿闍利攀公和上造象 正書 無年月

永樂縣造象殘字 正書 無年月 直隸滿城

隋

累初石塔題名 王仁篆書 開皇二年 江蘇吳江 王氏藏本

比邱法口惠感殘造象 正書 開皇三年五月十五日 江蘇青浦 王氏拓本

王伏女造象 正書 開皇三年 江蘇青浦 王氏拓本

李惠猛妻楊靜太造象 正書 開皇四年八月辛卯朔十日庚子 山東益都

段元暉造象 正書 開皇四年八月廿二日 陝西

王有艮造象 正書 開皇四年八月 安徽績谿 胡氏拓本

翊軍將軍安口口造象 正書 開皇四年 直隸磁州

夏樹造象 正書 開皇五年七月七日 山東益都

口太造象 正書 開皇五年七月

王子華題名 八分書 開皇七年 山東東平

鄭敬希題名 正書 開皇七年

袁子才造象記 正書 開皇八年四月八日 直隸磁州

鬲山王輝兒造象記 正書 開皇八年 直隸磁州

王蘭茺造象 正書 開皇八年八月

故民楊虎族正釗術下銘 正書 開皇九年正月十二日銘刻

專上文義不可曉 陝西長安

兩邨法義廿一人造象殘碑 正書 開皇九年二月 山東蘭山

張暉造象 正書 開皇九年七月廿九日

暉造象 正書凡三石無年月字蹟相類或是一人所作

造象殘碑 正書彭道愸文 開皇九年 山東蘭山

寶山寺造諸佛象碑 八分書 開皇九年 河南安陽

曇獻造象 正書 開皇十年

東宮右親衛元仁宗墓志 正書 開皇十年十二月二日 陝西長安

宋叔敬造象 正書 開皇十一年五月廿三日 山東歷城

嚴僊子等造象 正書 開皇十二年

烏容女造象 正書 開皇十二年十二月一日象已斷闕僅其文存 直隸正定

佛弟子口口口造象記 八分書 開皇十二年 直隸磁州

劉逢容造象碑 正書 開皇十三年三月三日 山東蘭山

造象碑陰 正書 山東蘭山

吳口造象 正書 開皇十三年三月

諸葛子恒造象碑 正書 開皇十三年四月十五日 山東泰安

造象碑陰　正書　山東泰安
羅寶奴造象　正書　開皇十三年五月二日　山東益都
楊小口造石浮圖記　正書　開皇十三年五月廿八日　直隷行唐
惠雲法師賈氏墓志　正書　開皇十四年三月　[redacted]
僧信行塔銘　正書　開皇十四年　陝西長安
金勝女造象　正書　開皇十五年正月十二日　安徽青陽吳氏拓本
維那孟清等造象　正書　開皇十五年四月八日　山東益都
周右光祿大夫開國男鞏賓墓志　正書　開皇十五年十月廿

四日　陝西武功
澧水石橋纍文碑陰　正書　開皇十六年原書失載　直隷南和
李鍾葵妻馬恰造象　正書　開皇十六年四月八日象今歸諸城劉氏　直隷正定
大將軍昌樂公府司士行參軍張通妻陶貴墓志　正書　開皇十七年三月廿六日　陝西咸甯
美人董氏墓志　正書蜀王楊秀文　開皇十七年十月甲辰朔十二日乙卯　石藏上海徐氏　陝西長安
安濟橋下唐山石工李通題名　正書　開皇十口年　直隷趙州

吳敬造象　正書　開皇廿年二月十三日　山東歷城
孫先造象　正書　開皇廿年七月廿五日　山東益都
張峻母桓造象　正書　開皇廿年十月八日　山東益都
寄長盛逢盡堅等造橋殘碑　正書　開皇廿年十月　山東蘭山
造橋殘碑陰　正書　山東蘭山
龍山公墓志　正書　開皇廿年十二月丙辰朔四日己未志不詳姓氏但云諱質固始吳羨梅攷爲臧熹之子咸豐九年夔府修城得之城下今移置試院壁間　四川奉節
闕名殘造象　正書　開皇口口年　河南洛陽

解省躬記妻鄧同禮造象碑　正書　開皇間　山東歷城
臥佛寺碑　正書　開皇口口年　直隷易州
靡山大字佛經　八分書　開皇口口後有唐僧永度題名　直隷磁州
靡山法華經　八分書　開皇口年　直隷磁州
魯司寇鄒國公孔宣文靈廟碑　八分書寇文約立　仁壽元年四月甲寅朔口口日甲子碑側有唐人題名　直隷完縣
番州弘教寺舍利塔銘　歐陽詢書丹　仁壽元年五月朔　佚書丹二字始見於此　石在廣州今江蘇長洲葉氏藏本

龍池寺舍利塔銘 正書 仁壽元年十月十五日太谷温忠善審爲僞作按隋世舍利塔銘如青州大荔岐山年月皆同此或後人重刻 陝西長安

鳳泉寺舍利塔銘 正書 仁壽元年十月十五日 陝西岐山

鳳泉寺天王象碑 正書 仁壽元年 陝西岐山

范陽郡正陽瑾墓志 正書 仁壽元年十一月廿九日 直隸涿州

大都督齊口洛造象 正書 仁壽元年十一月

王臣睞智泉寺舍利塔碑 正書 仁壽元年 直隸房山

舍利感應王邵碑 正書 仁壽元年 直隸房山

李領万造象 八分書凡四石 仁壽二年正月十日 陝西

新城井口記 正書 仁壽二年六月廿日 山東

段市𢀖造象 正書 仁壽三年三月七日

安樂鄉彭鍫生等造象 正書 仁壽三年十月十七日 山東蘭山

文皇帝造龍華碑 正書 仁壽三年 陝西

行軍長史劉珍墓志 八分書 大業二年石藏董氏 直隸獻縣

張武息君卿爲夫高洪恒造雙觀音象 正書 大業四年八月十五日 直隸正定

朱明造象 正書 大業四年八月疑僞 安徽績谿胡氏拓本

和彥造象 正書 大業四年

三洞道士黃法暾造天尊象 正書 大業六年十二月廿八日 四川綿州

樂威直爲父母眷屬造象 正書 大業七年五月廿日

甯越郡欽江縣正議大夫甯贙碑 正書 大業　年　月之謙按此碑文字不古疑僞作仁和魏錫曾力辨爲眞 廣東欽州

遲杼專文 正書 大業九年 江蘇松江沈氏拓本

西山觀文託生母造天尊象 正書 大業十年正月八日 四川綿州

前進士王甫爲女文如百花造蒲薛象 正書 大業十年三月廿日舊藏錢塘錢松家松殉難後爲賊毀失之謙按此象記文皆有古法而字體庸劣刀刻拙滯不類六朝人作疑好事者假託也 浙江錢塘

朝請大夫夷陵太守太僕卿元公墓志 正書 大業十一年八月辛酉朔廿四日甲申 陝西長安

太僕卿夫人姬氏墓志 正書 大業十一年八月廿四日兩志

文字皆工安吳包世臣定爲歐陽詢書 陝西長安

左禦衛府長史宋永貴墓志 正書 大業十二年十一月癸丑朔廿一日癸酉 陝西長安

車侍等造象 正書 大業十二年 江蘇吳江王氏拓本

石經山般若經碑 僧靜琬正書 大業十二年 直隸房山

小西天洞藏舍利石函記 僧靜琬正書 大業十二年 直隸房山

崇因寺造彌勒大象記 八分書 年月泐中有開皇二載字或疑卽寶刻叢編所錄之正解寺碑 直隸正定

碑陰僧洪昇等造象題名 八分書題名正書 年月泐 直隸正定

順昌令李處落造象 正書 無年月 山東東平

張遂造藥王藥上菩薩象 正書 無年月

男囗造像 正書 無年月

宋元長妻造象 正書 無年月

鎮西大將軍造象 正書 無年月 河南洛陽

禹城王貴造象 正書 無年月 山東德州

邑子劉囗造釋迦四龕記 正書 無年月有仰爲大隋皇字

山東

佛座殘字 正書 無年月 陝西

長安寶慶寺瓦 篆書 陝西咸甯

十二字瓦 篆書 瓦徑七寸文曰五嶽朝宗四方來同天子萬年字薄拙不類漢魏當是六朝人製姑坿隋末 直隸大興劉氏拓本

沈毓清校字

補寰宇訪碑録卷三

會稽趙之謙纂集
南匯沈樹鏞覆勘

唐

女子蘇玉華墓志　歐陽詢正書　武德二年五月　陝西長安
祁瑛造像記　八分書　貞觀元年六月十日　直隸正定
僧靈琛灰身塔銘　正書　貞觀三年四月　河南安陽
涼州刺史郭雲墓志　歐陽詢正書　貞觀五年十月此疑僞作　陝西咸甯

隋益州總管府司馬裴鏡民碑　殷仲容正書　李百藥文　貞觀十一年十月　山西聞喜
濮陽令于孝顯碑　正書　貞觀十四年十一月　陝西三原
陳元瑜等和羅窨專刻　正書　貞觀十四年十二月　廣東南海吳氏藏本
曇徹共鄉人造舍利塔記　正書　貞觀十八年十月
殘造象碑　正書　貞觀十九年□月□三日己刻明天順壬午進士題名　河南洛陽
盤山雙泉寺地址記　正書　貞觀二十年正月石歸正定唐氏　直隸宛平

楊叔㮚妻王造象　正書　貞觀廿年十月　河南洛陽
文安縣主墓志　正書　貞觀二十二年三月廿二日　陝西醴泉
佛祖巖辨法遷造象　正書　貞觀廿二年四月八日　四川綿州
益州學館廟堂記　顏有意正書賀遂亮文　永徽元年二月庚午朔卅日己亥　四川華陽
益州學館廟堂記碑陰　正書　四川華陽
左監門大將軍樊興碑　正書　永徽元年七月九日　陝西三原
劉元墓志　正書　永徽元年十月
龍門山闕名造象　正書　永徽元年　河南洛陽

蜀王西閤祭酒蕭勝墓志　正書　永徽二年八月甲申志後署刺史褚遂良書六字乃僞作　山西
樊慶造象　正書　永徽二年　河南洛陽
莘師祖妻孫造象　正書　顯慶元年五月四日　河南洛陽
崔慈等造象　正書　顯慶二年八月
舍利函記　正書　顯慶二年十一月　陝西臨潼
心經　正書　顯慶二年　江蘇吳縣
蘇伏奴造象　正書　顯慶四年二月十七日　浙江嘉興沈氏家藏
甗君協造優塡王象銘　正書　顯慶四年二月　河南洛陽

善興寺造塔藏舍利記　正書　顯慶四年四月八日　河南安陽

駙馬都尉豆盧遜墓志　正書　顯慶四年八月廿八日　陝西咸甯

豫州參軍造象　正書　顯慶四年　河南洛陽

石靜業造象　正書　顯慶四年　河南洛陽

王仁基造象　正書　顯慶五年正月廿三日原書有龍門山造象一條注顯慶五年無姓氏月日不知是否一種　河南洛陽

韓通碑　正書　龍朔元年　山西浮山

張興墓志　正書　龍朔元年　陝西臨潼

李汪墓志　正書　龍朔元年　甘肅隴西

金剛般若經　正書　龍朔三年四月　江蘇吳江王氏拓本

智旭造象　正書　龍朔三年十二月庚辰

上柱國黎陽縣開國公劉仁願殘碑　正書　年月泐吳潘祖蔭攷爲唐龍朔三年　朝鮮扶餘

新羅武烈王碑額　篆書　朝鮮趙義卿海東金石存云碑爲唐龍朔間金仁問撰書今佚　朝鮮慶州

梁□素妻成氏墓志　正書　麟德元年　陝西長安

梁侔朗造象　正書　麟德二年正月五日　浙江仁和韓氏家藏

張對墓志　正書　乾封二年正月廿五日　河南洛陽

朱景徽造象　正書　總章元年　河南洛陽

白佛山楊棫題名　正書　咸亨元年　山東東平

韓寶才墓志　正書　咸亨四年十一月　陝西長安

王扎等造浮圖銘　正書　咸亨四年　陝西長安

趙仁珪造釋迦象記　正書　咸亨間年月泐僅亥朔廿日四字可辨　直隸晉州

文林郎王君妻柏氏墓志　正書　上元元年八月廿九日　陝西長安

無量壽佛經　正書紀王造　上元元年十月

代州都督許洛仁妻襄邑縣君宋氏墓志　正書　攷爲儀鳳元年五月廿四日石歸臨海宋氏　陝西長安

王畱墓志　正書　儀鳳四年五月　山東

亾宮六品墓志　正書　儀鳳四年六月十二日志無姓名據文有粤以良家言充永巷蓋宮嬪未選充而給事宮中者詳嘉定瞿中溶古泉山館集　陝西長安

□爲陳七□及子□造地藏象　正書　永隆元年十二月卅日　河南洛陽

强三孃造心經記 正書 永隆二年五月 陝西乾州
王思遠造象 正書 永隆二年六月廿八日
新羅文武王陵殘碑 韓訥儒書金□□文 開耀間 朝鮮慶州
蘭師墓志 正書 永淳元年 河南洛陽
蘇銆爲弟越金造象 正書 永淳二年九月八日 河南
蘇銆爲乳母造象 正書 永淳二年九月八日 河南
田玄敏墓誌 正書 嗣聖元年 直隸任邱
八都壇神君實錄 正書 垂拱元年十月一日 直隸元氏
王君意造象 正書 垂拱二年七月十三日原書失攷年月誤

入東魏末今正 河南洛陽
上護軍龐德威墓志 正書 垂拱三年十一月廿二日志稱德威字二哥哥字碑版文中此爲僅見 陝西咸甯
朝請大夫陳護墓志 正書 垂拱四年正月廿三日 陝西長安
佛頂尊勝陀羅尼經幢 正書 垂拱四年三月 陝西
法如禪師墓志 正書 永昌元年 河南登封
陀羅尼經幢 正書 永昌元年八月 浙江烏程
張元弼墓志 正書子東之述李行廉銘 永昌元年九月 湖北襄陽
劉大弊妻姚造象 正書 載初元年六月三日

願孝寺神瞻塔銘 正書 載初二年 河南安陽
處士張景之墓志 正書 天授三年正月 河北襄陽
龍門山陀羅尼經 正書 如意元年四月經已剷盡刻伊闕二字原書失考年月茲重錄補之 河南洛陽
隆唐觀造元始天尊象記 正書 長壽二年十月十五日 河南洛陽
處士程元景墓志 正書 長壽三年正月廿二日 陝西長安
孔思義造象 正書 萬歲通天元年五月廿三日 河南洛陽
焦知慶供佛記 正書 萬歲通天二年 山西鳳臺

安陽縣田□造象 正書 聖歷元年 直隸磁州
邱道安造象 正書 聖歷元年 直隸磁州
比邱二娘造象 正書 聖歷元年 直隸磁州
令狐勝造象 正書 聖歷元年 直隸磁州
龍龕道場銘 正書陳集原文 聖歷二年正月 廣東羅定
宏安造象 正書 聖歷二年 直隸磁州
王大貞造象 正書 聖歷二年 直隸磁州
高沖子造象 正書 聖歷二年 直隸磁州
董智力造象 正書 聖歷二年 直隸磁州

袁氏墓碣 正書 聖歷三年正月十五日 陝西長安
薛剛墓志 正書冉元一文 久視元年五月 陝西長安
馮慶墓志 正書 久視元年 直隸冀州
石堂山高凉靈泉記 正書 久視元年十一月三日 四川綿州
心經 正書僧有晦立 大足口年 直隸大興
趙守訥造象 正書 大足元年 直隸磁州
趙思現造象 正書 大足元年 直隸磁州
口海造象 正書 大足元年 直隸磁州
本願寺尊勝經密多心經幢 正書 長安二年 直隸獲鹿

本願寺石幢 正書 長安二年 直隸獲鹿
涇陽縣口口造象 正書 長安二年 直隸磁州
前成均造象 正書 長安二年 直隸磁州
殘造象 正書 長安二年 直隸磁州
王美暢妻長孫氏墓志 正書 長安三年 河南洛陽
元恭母造象 正書 長安三年 直隸磁州
郭方固造象 正書 長安三年 直隸磁州
居士蘆洲巢縣令息尚眞墓志 正書 長安三年 陝西鄠縣
裴琳德政記 正書 長安三年在本願寺經幢弟三面 直隸獲鹿
長州夫人墓志 正書 長安三年 河南洛陽
裴挺之妻鄭氏墓志 正書 長安四年 河南洛陽
趙祖福造象 正書 神龍元年 直隸磁州
內玉師道造象 正書 神龍元年 直隸磁州
弟子妻燕造象 正書 神龍元年 直隸磁州
弟子妻口造象 正書 神龍元年 直隸磁州
戒娘造象 正書 神龍元年 直隸磁州
李敬忠造象 正書 神龍元年 直隸磁州

本願寺陀羅尼經幢 正書 神龍口年 直隸獲鹿
思敬忠造象 正書 神龍二年 直隸磁州
蕭爲男和晦造象 正書 神龍二年 直隸磁州
翟修意造象 正書 神龍二年 直隸磁州
楊氏合葬殘碑 正書 景龍三年七月 陝西長安
殘墓志 李爲仁正書柳紹先文 景龍三年七月 陝西長安
梁嘉運墓志 正書 景龍三年十月 湖北襄陽
秦州都督府口顏瑤墓志 正書 景龍四年四月 陝西咸甯
像主郗大娘心經殘刻 正書 唐隆元年 浙江會稽趙氏拓本

嬀州參軍趙踐冰墓志 正書 景雲二年正月口一日 直隸晉州
陸元感墓志 正書 景雲二年 江蘇崑山
僧九定造浮圖記 正書 景雲二年 山東滋陽
但大娘造象 正書 景雲二年 直隸磁州
吳四妹造象 正書 景雲二年 直隸磁州
日本國片罡緣野甘良三郡題名殘碑 正書 和銅四年三月九日甲寅攷爲景雲二年辛亥舊題多胡郡碑傳爲日本人平鱗得之士中後藏朝鮮成氏 湖北漢陽葉氏摹本

弟子口法造象 正書 太極元年 直隸磁州
殘造象 正書 先天元年 直隸磁州
慕容元等造象 正書 先天二年 直隸定州
郭正禮等造象 正書 先天二年 直隸定州
李石頭妻造彌陀象記 正書 先天二年八月廿八日 直隸元氏
少林寺戒壇銘 李邕書 僧義淨文 開元三年正月 河南登封
大理寺卿崔昇妻滎陽縣君鄭氏墓志 姪翏書 馬懷素文 開元三年十月廿五日 直隸正定

開元專文 正書 開元三年 江蘇松江沈氏拓本
修定寺碑 正書 開元三年 河南安陽
韋氏造象贊 韋利涉正書 郎悅文 開元三年八月十日原誤今正 河南洛陽
孟友直女墓志 正書 開元四年
殘造象 正書 開元四年 直隸磁州
僧求度題名 正書 開元五年在隋刻石經後 直隸磁州
薛宏道造象 正書 開元五年 直隸磁州
郭方山造象 正書 開元五年 直隸磁州
河南府大開國口口造象 正書 開元五年 直隸磁州

李希誕造象 正書 開元五年 直隸磁州
華岳廟張嘉貞題名 正書 開元六年 陝西華陰
秘書監馬懷素墓志 正書 開元六年十月十三日 江蘇嘉定瞿氏拓本
鄴縣修定寺傳記 八分書 開元七年 河南安陽
金剛經碑 杜嘉旭正書 開元七年四月八日 直隸元氏
金剛經贊序并鄉望經主題名 孫嘉僊正書 開元七年九月十七日 直隸元氏
本願寺舍利塔碑 正書 開元九年二月 刻金剛經碑陰 直隸元氏
行登州司馬王慶墓志 正書 開元九年十一月甲辰朔六日 直隸獲鹿

己酉 山東掖縣

千佛崖彭景宣造象 正書 開元十年二月癸酉朔八日庚辰 四川廣元

劍南道按察使益州長史韋抗功德碑 正書年月八分書

開元十年六月七日碑側有段文昌李景讓鄭愚題名 四川廣元

尉行忠造象 正書 開元十一年五月

突厥賢力毗迦公主阿那氏墓志 正書 開元十一年十月十日 湖南長沙

析府君妻曹氏墓志 正書 開元十一年十一月廿三日 陝西長安

襄州刺史靳恆碑 高慈正書張九齡文 開元十一年 湖北襄陽

開業寺石佛堂碑 孫義隆文行書 開元十二年三月 直隸元氏

唐昭女端墓志 正書 開元十二年六月廿六日 陝西咸甯

安眾寺經幢 正書 開元十二年七月十五日 直隸元氏

石浮圖記 孫銑正書 開元十二年 直隸冀州

元宗賜青成山張敬忠勅 行書前後題記八分書 開元十三年正月三日 四川灌縣

益州大都督張敬忠表 行書 開元十三年正月十七日 四川灌縣

尙舍直長薛府君妻裴氏墓志 正書 開元十四年二月廿三日 河南洛陽

趙大問造象 正書 開元十四年三月

憫忠寺陀羅尼經幢 正書 開元十四年 直隸大興

聖容院碑 正書 開元十四年 河南長葛

豐義縣令鄭溫球墓志 正書 開元十五年七月 陝西鄠縣

膚施縣令于履楫墓志 正書 開元十五年七月 陝西長安

花塔寺玉石佛座題字 正書 開元十六年座刻唐諸帝后忌辰末有貞元十一年移置記 直隸正定

花塔寺佛座題名 正書 年月泐中有蛇氏二人名 直隸正定

守利州刺史屈突季將造象記 正書 開元十八年 四川廣元

金仙長公主譯經施剛奏 王守泰正書 開元十八年 直隸房山

石亭記千秋亭記 郭延行書趙演文崔文邕詩 開元十九年五月五日原刻標題連寫仍之 四川中江

開元殘碑 正書 開元二十年 陝西咸陽

智元墓志 正書 開元二十年 河南洛陽

董靈寶投龍記 正書 開元廿一年此在原書所載泰安一種

之先　直隸肅甯

李仁德墓志　正書　開元廿一年四月　陝西醴泉

河南府叅軍張軫墓志　正書　開元廿一年十月　湖北武昌

白鹿泉神祠碑　裴抗八分書韋濟文　開元二十四年三月　直隸獲鹿

白鹿泉神祠碑側神主題名　八分書　碑左側及右側之上有宋金人詩字　直隸獲鹿

僧義福塔志　正書　開元廿四年七月甲申朔六日己丑　河南洛陽

裴光庭碑　行書　開元廿四年十一月

崔無詖石龕象銘　正書　開元廿五年十月辛丑朔十四日甲寅　四川南江

僧惠隱塔志　正書　開元廿六年二月　河南洛陽

了緣和尚塔銘　王叔通文并正書　開元廿六年七月既望　浙江鄞縣

郾城縣丞張孚墓志　正書姪纁述　開元廿八年六月　湖北襄陽

張令該造象　正書　開元廿八年二月　四川巴州

党守業造象　正書　開元廿八年十二月一日　四川巴州

多寶塔銘　正書　開元廿九年閏四月辛巳朔十八日戊戌　陝西

潤州雲陽觀桓尊師碑　正書　開元二十九年十月　江蘇丹徒

金河郡公裴崇墓志　正書徐堅文　開元□□年　江蘇吳江王氏拓本

本願寺三門碑　行書　年月泐攷爲開元間　直隸獲鹿

本願寺陀羅尼經幢　正書　年月泐攷爲開元間　直隸獲鹿

田榮上塔專記　正書　開元間　江蘇南匯沈氏拓本

雷音洞心經　陳令望正書　天寶元年四月　直隸房山

天寶專文　正書　天寶二年專出府君山瑞郡王藏　直隸遵化

范夫人墓志　正書　天寶三載四月十六日　河南洛陽

李璿墓志　正書　天寶四載　陝西咸陽

隴關道遊奕使任令則神道碑　正書　天寶四載十月廿八日　陝西武功
石已爲宋人刻大觀聖作碑文在碑陰磨滅過半

宜祿府折衝都尉□君墓志　正書　天寶五載十月　陝西長安

張軫第二志　正書呂說巖文　天寶六載十月　湖北武昌

成□墓志　正書　天寶六載　陝西長安

杜昆吾石龕象銘　武鶯遷行書　天寶七載十月　四川南江

丁思禮心經　正書　天寶八載　江南沛縣

僧元林碑　正書陸長原文　天寶八載八月　河南安陽

縣尉盧重華移石記　正書　天寶八載十一月十八日在裴琳

德政記後　直隸獲鹿
殷審續造石浮圖記　正書　天寶十一載三月二十八日　直隸元氏
石鐙臺頌并題名　張尹文子希雅行書　天寶十一載八月十三日　直隸元氏
董日進造石浮圖記　行書　天寶十一載八月十三日　直隸元氏
孫氏造象　正書　天寶十二載　直隸房山
新定太守張朏墓志　正書　天寶十二載八月　湖北襄陽
張口妻令孤氏墓志　行書　天寶十二載十二月　陝西長安
韋君墓志　正書　天寶十二載　陝西長安
優婆夷段常省塔銘　正書　天寶十二載　陝西長安
襄城縣令鄭逞墓志　正書　天寶十三載正月廿五日　陝西長安
山西
武部常選韋瓊墓志　正書范朝文　天寶十四載五月　陝西[illegible]
張公口造象記　行書　天寶十五載二月廿一日　四川達縣
劉智墓志　蘇靈芝正書　天寶十五年五月　陝西長安
開元寺三門樓石柱梁刻經象題名　正行兩體書　自乾元元年至大歷十二年止凡八十六段中惟解慧寺三門樓贊原書已錄　直隸正定

巴州刺史嚴武造象銘　正書韓濟文　乾元二年正月十三日　四川巴州
造象記　正書　乾元二年三月　廣東南海吳氏拓本
巴州佛龕記　正書　乾元三年四月十三日　四川巴州
光福寺楠木歌　正書嚴武史俊詩　無年月　四川巴州
修寺鑄鐘殘碑　正書　上元元年正月六日　直隸晉州
華岳廟縣令王宥題名　李樞八分書　上元二年二月　陝西華陰
鮮于氏離堆記殘石　顏眞卿文并正書　據集爲寶應元年四月十五日　四川南部
石鐙庵心經　正書　廣德二年　直隸大興
周七奴施山田記　正書　永泰元年三月一日　四川簡州
新平郡王儼墓志　正書　永泰元年　陝西咸甯
庈尊銘　元結文瞿令問八分書　永泰二年十一月廿日　湖南道州
太子詹事李㫐金墓志　正書　大歷三年十一月廿六日　山西臨汾
趙城縣廣勝寺牒　正書　大歷四年宋治平元年重刻　江蘇吳江王氏拓本
靈泉寺詩　行書　大歷六年　河南安陽

右堂銘 正書元結文 大歷六年閏三月十五日 湖南祁陽
中興頌翻刻本二種 原書僅載劍州一種 一在東巖一在北巖 四川資州
香山党煜等題名 正書 大歷七年 河南洛陽
僧肅然禪房記 行書 大歷七年 河南河內
趙州刺史何公德政碑 齊論述并書 大歷九年 直隸趙州
王景秀墓志 正書 大歷十年 [redacted]
滑臺新驛記 李陽冰篆書李勉文 大歷九年八月 河南滑縣
大原司錄盧奕碑 子杞書 大歷十一年 江蘇吳江王氏拓本
盧濤墓志 正書 大歷十一年 河南洛陽

法雨寺殘石 正書 大歷十二年二月十五日 四川簡州
浮玉二字 顏眞卿正書 無年月 浙江歸安
左巖龕銘 郭囗正書趙傳說文 建中元年二月十五日 四川資州
獨秀峯石室記 正書 建中元年 廣西臨桂
宣城尉李君妻賈氏墓志 從子文則正書 建中二年三月廿三日 碑末書一行云後一千三百年爲劉黃頭所發石以道光三年出土實一千百三年 直隸元氏
涇王妃韋氏墓志 李紓行書張周文 建中三年二月庚申 陝西長安
史超造象碑銘 正書 年月泐 四川簡州

造象殘碑 正書 年泐存十一月五日字兩種附建中末 四川簡州
西顧山刺史袁高題名 正書 興元甲子立春十日 浙江長興
女冠王貞淑銘 女弟子朱瑤文并正書 天寶後乙丑改爲興元二年 江蘇嘉定瞿氏拓本
張希超墓志 正書 貞元元年 浙江海甯
淮南節度兼泗州長史北平開國伯田侁墓志 正書 貞元三年八月四日 江蘇甘泉
下邽縣丞韋端妻王氏墓志 子韋縝文并正書 貞元六年二月十九日 陝西咸甯

王囗題名 正書 貞元八年二月十日在裴琳德政記後 直隸獲鹿
西顧山于頔最高堂題名 正書 貞元八年三月 浙江長興
清河郡張夫人墓志 外孫子聳劉釗書楊暄文 貞元八年五月十八日 陝西扶風 石歸臨海宋氏
張維岳碑 正書 貞元八年 陝西高陵
王庭湊妻馮氏墓志 正書 貞元八年 陝西長安
左果毅都尉樊囗言墓志 正書 貞元九年 陝西長安
李承訓移碑記 正書陽象初文 貞元十年在淯孔廟碑側 直隸完縣

扶風郡夫人馮氏墓志　正書史恆文　貞元八年十月廿七日
江蘇長洲葉氏藏本

泗州長史試殿中監京兆田侁墓志　正書　貞元十一年八月
廿七日此田君妻冀合祔之志　江蘇甘泉

移佛座記　正書　貞元十一年三月廿八日　直隸正定

于昌嶠墓志　正書　貞元十一年　直隸密雲

北岳廟公孫果詩刻　正書　貞元十四年　直隸曲陽

無垢淨光塔銘　正書　貞元十五年　福建侯官

朝請郎守滎陽縣令闞士約題名　正書　貞元十九年二月廿

五日在裴琳德政記後　直隸獲鹿

畢遊江墓志　正書　貞元十九年七月一日　直隸正定

左驍衛將軍陳義墓版文　邱頵書侯鎔文　永貞元年十二月廿五日石
歸諸城劉氏　陝西長安

功德碑校書郎段文昌等題名　正書　元和二年四月
四川廣元

裴復墓志　正書　元和二年　河南洛陽

萬仁泰墓志　正書　元和二年　陝西

盧永題名　正書　元和三年　陝西

崔文公魏成縣靈泉記述　正書沈超文　元和四年三月三日
四川綿州

高涼泉記　正書李洳文　元和四年閏三月十二日　四川綿州

施昭墓志　正書　元和四年　廣東南海吳氏拓本

石經洞劉可大等題名　正書　元和四年　直隸房山

闞名心經　正書　元和五年正月　山西甯武楊氏家藏

零陵寺石闌贊　正書　元和六年五月　湖南祁陽

殿中監石神福墓志　正書　元和八年正月十七日　直隸正定

僧神行碑　沙門靈業書金獻貞文　元和八年九月　朝鮮晉州

李衎墓志　正書姪翺文　元和九年正月十九日志不及葬地述事亦
略瞿中溶謂金石文例至唐而失非無故也　江蘇嘉定瞿氏拓本

彌勒象贊　正書　元和十年　山東東平

宣州司功叅軍魏邈墓志　子匡贊文并艸書　元和十年四月八日
陝西咸甯

侍郎竅安政興題名　正書　元和十三年二月六日　湖南永興

尊勝陀羅尼經幢　正書　元和十三年七月　廣東南海吳氏拓本

龍華寺韋和尚墓志　正書從父弟同翊文　元和十三年七月乙酉　江蘇嘉定瞿氏拓本

宮闈令威遠軍監軍西門珍墓志　正書王元佐文　元和十三年七月廿

日王元佐署名從姪稱舉不可曉　陝西長安
尼義契墓志　正書　元和十三年　陝西咸甯
崔載墓志　正書成表微文　元和十四年　直隸宛平
薛平題名殘碑　正書　元和十四年　山東益都
孔雀洞佛本行集經并題名　正書劉總造　元和十四年　直隸房山
冀王事右親事典軍邵才墓志　魏瓊正書尉仲方文　元和十四年十一月十六日　陝西咸甯
朝散大夫韋端元堂志　第四子紓文并正書　元和十五年五月一日志不稱墓變書元堂碑版創例　陝西長安

鳳州司倉參軍司馬宗妻孫氏墓志　正書賈中立文　元和十五年十一月廿二日　陝西長安
趙全泰妻武氏墓記　正書夫全泰文　寶歷元年十月十六日　直隸
皇澤寺轉運使崔口造象殘碑　正書　寶歷二年　四川廣元
皇澤寺造象殘碑　正書　年月泐存父猛母雍氏字　四川廣元
河南府司録參軍盧士瓊墓志　外孫歐陽溪正書　太和元年
陝西長安
張遵墓志　正書　太和元年　廣東南海吳氏拓本
龍潭王師閔詩　正書　太和二年正月七日　四川資州

處州孔子廟碑　任迪篆書韓愈文　太和三年六月　浙江麗水
汭王府諮議參軍張侔墓志　八分書盧從儉文　太和三年十月廿三日　陝西長安
楚州刺史石杜題名　正書　太和三年至會昌三年　陝西山陽
兵曹鄭準墓志　正書　太和四年八月廿五日　江蘇宜興
左監門衛將軍劉英潤妻楊珽墓志　李約書魏則之文　太和四年十月廿九日　陝西長安
裴休題名　正書　太和四年　陝西長安
攝無極令趙全泰墓志　正書　太和五年正月廿七日

直隸
馮翊聚慶墓志　正書諸葛巽文　太和六年十月廿六日志刻專上藏嘉興張廷濟家　浙江秀水
內供奉法師晉空塔銘　田復正書王冲伯文　太和七年　陝西長安
硤石寺法華會記　正書　太和七年　山西鳳臺
登封縣令上杜國崔蕃墓志　正書趙傅口文　太和七年十一月八日　陝西長安
同州司兵參軍杜行方墓志　弟述甫正書鄭澥文　太和七年十一月甲寅　嘉定瞿中溶釋為杜行力　陝西咸甯

瓌府君妻程氏墓志 正書 太和八年 陝西鄠州

楚州兵曹劉峜墓志 正書景炎文 太和八年十一月 陝西長安

徐府君劉夫人合祔銘 正書 太和九年十月廿八日銘後記墓地步界及立契用錢地主保人數目姓名共七行 江蘇嘉定瞿氏藏本

吳伯倫造象記 正書 太和九年 [redacted]

張源墓志 呂通正書周口文 太和十二年十月 陝西咸甯

劉源墓志 正書 開成元年 浙江海鹽

武功男子藏諸尋菖蒲澗記 正書 開成四年十月廿三日 四川南江

開東嶺路記 正書左行 開成四年十一月九日 四川南江

井闌題字 正書 開成口年五月今在慈仁寺 直隸大興

趙府君妻夏侯氏墓志 正書 開成五年 湖北襄陽

華嚴岩李坦題名 正書 開成五年 湖南零陵

鳳光寺俊禪和尚墓志 正書 會昌元年五月廿六日 江蘇常州

薛行周等題名 篆書 會昌二年二月十六日 江西[redacted]

華岳廟強崟題名 正書 會昌二年六月廿二日立秋 陝西華陰

趙口妻張氏墓志 安子正書沈櫓文宜郎篆額開郎刻 會昌三年五月廿六日志中書篆刻三人書名甚異著之 陝西長安

朝陽岩李坦題名 正書 會昌四年 湖南零陵

浯溪房魯題名 正書 口昌五口中冬六日攺爲會昌五年 湖南祁陽

魏邈妻趙氏墓志 行書王儔文 會昌五年十一月廿三日 陝西咸甯

朱氏九娘子墓志 正書 會昌六年正月十九日 陝西[redacted]

滎陽鄭公新建天王記 王富行書蕭珦文 會昌六年十二月廿二日 四川巴州

三天洞宣歙池等監軍使蘇道淙題名 正書 大中元年口月廿七日 安徽休甯

陀羅尼經幢 正書王鉉文 大中三年正月丙辰朔 陝西長安

內府局丞王守琦墓志 正書劉景夫文 大中四年正月廿三日志書崩俗士不檢 陝西長安

祇園寺經幢 正書 大中五年五月 浙江歸安

安國寺悟空禪師祖堂記 正書 大中六年十月一日石已斷裂寺僧分爲柱礎矣 浙江海甯

萬夫人墓志 正書 大中六年十二月 江蘇江都

石經山大石井碑　正書　大中六年　直隸房山

西山觀造象題名　正書　大中七年　四川綿州

趙君平墓志　正書　大中七年　河南安陽

盧楷墓志　正書　大中七年　河南偃師

無礙大悲心陀羅尼經幢　正書　大中九年十二月四日　廣東南海吳氏拓本

功德碑李景讓等題名　正書　無年月諸城劉喜海攷爲大中十一年　四川廣元

後東林禪寺碑　柳公權正書　大中十一年　江蘇吳江王氏拓本

功德碑員外郎鄭愚題名　正書　大中十三年六月三日　四川廣元

袁口妻王氏墓志　正書　大中十四年　陝西咸甯

藥師象贊　正書　咸通二年　河南河内

滎王府長史程修己墓志　子進思正書温憲文　咸通二年四月十七日　陝西咸甯

尊勝陀羅尼經幢　劉鏞正書　咸通三年九月原書僅載四年八月一種　福建龍溪

隋河陰太守皇甫興墓志　正書　咸通三年　直隸武强

節度隨使押衙王公晟妻張氏墓志　子宏泰書李元中文　咸通四年　直隸宛平

集州開元寺塔記　正書左行　咸通四年五月十五日　四川南江

扶風馬氏夫人張墓志　李直文并書刻　咸通四年五月廿七日墓在安國寺址志刻專上出土時寺僧甫拓一二而鬼爲厲遂懼而埋之　浙江海甯

國子祭酒嚴密墓志　正書王兹文　咸通五年八月十八日　[redacted]

楊籌妾王氏墓志　正書　咸通五年　陝西咸甯

青龍鎮朱氏石幢記　正書　咸通六年四月五日　江蘇華亭

咸通專文　正書　咸通六年五月得于恠山塔下　浙江山陰

中岳廟記　正書李方郁文　咸通六年　河南登封

徐州功曹劉仕備墓志　張元勿文并正書　咸通八年正月　陝西長安

王夫人宇文氏墓志　楚封正書夫李彬文　咸通八年八月　陝西長安

邑子廿八人造象專　正書陽文　咸通十一年七月十五日　浙江會稽趙氏家藏

王公晟墓志　正書許舟文　咸通十一年　直隸宛平

修北岩院記　行書左行　咸通十二年八月一日　四川資州

尊勝陀羅尼咒幢　正書　咸通十三年七月　廣東南海吳氏拓本

千佛崖李諷造象　正書　咸通十四年二月十五日　四川廣元

魏王府叅軍李纓妻楊氏墓志 正書纓自撰文咸通十四年十一月廿三日 陝西咸甯
顧謙墓志 正書咸通十四年 江蘇華亭
雲居寺殘經 正書咸通十五年 直隸房山
崇因寺陀羅尼眞言幢 正書咸通十五年三月十三日 直隸正定
重建大寶光塔碑 僧覺顯書唐枝文咸通十五年二月八日 浙江海甯
吉祥寺殘經幢 正書乾符元年九月 浙江長興
河南府錄事趙虔章墓志 孫濬正書姚𨚗文乾符三年九月廿日

陝西咸甯
成君信墓志 正書乾符五年 山東益都
寶禪院造象 正書乾符四年□月二日 四川綿州
北山院圓照造象 正書乾符六年十二月十四日 四川綿州
佛頂贊 正書廣明二年 河南唐縣
田匡祚造象 正書廣明二年六月一日 四川廣元
王何造象 正書左行廣明二年十月 四川廣元
淨土寺毗沙門天王碑 正書中和二年 河南鞏縣
戴昭墓志 正書中和二年 [redacted]

幽州隨節度押衙敬延祚墓志 正書張賓文中和二年 直隸昌平
骨肉平善造象記 正書左行中和二年五月 四川廣元
行利州錄事造象記 正書中和三年八月 四川廣元
北海處士墓志 正書趙玭文中和三年十月 [redacted]
王四娘爲國夫人造象記 正書中和四年正月廿八日 四川廣元
張禕題名 正書中和四年二月八日 四川巴州
寶林寺普照禪師碑 金薳書七行以下金彥卿書金頴文中和四年九月 朝鮮長興

封崇寺經幢 史歸舜正書光啟二年四月八日 直隸行唐
佛象贊殘刻 正書光啟四年正月八日 直隸正定
隴西公修化城龕記 行書左行光啟四年正月十八日 四川巴州
化城縣造象記 楊縮正書左行張萬餘繪文德元年十二月十五日 四川巴州
雙溪寺眞鑑禪師碑 崔致遠文并書僖昭閒朝鮮趙義卿攷崔致遠入唐求學登乾符二年第光啟年歸國謚文昌侯從祀高麗文廟 朝鮮晉州
聖住寺朗慧和尚白月葆光塔碑 崔仁渷書崔致遠文無年月諸城劉喜海攷爲大順元年 朝鮮藍蒲
鳳巖山寺智證大師寂照塔碑 釋慧江書崔致遠文無年月

雙溪石門四字 崔致遠書 無年月 朝鮮晉州

洗耳喦三字 崔致遠書 無年月 朝鮮晉州

三神洞三字 崔致遠書 無年月 朝鮮晉州

□節度相國生祠碑 王摩正書 景福元年十二月 浙江山陰

索勲殘碑 正書 景福元年樊彬攷勲爲靖曾孫 甘肅新疆

光祿大夫靜南軍使扶風縣開國男韋君靖碑 正書左行胡密文 乾甯二年二月癸未朔十九日 四川大定

道宗常寶二僧碑 正書 乾甯二年 直隸薊州

羅漢寺碑 行書 光化三年二月十五日道光二十年出土碑末載誓辭云當受百牛大病不可曉然蜀碑數見疑當時方言也 四川樂至

觀音寺舍利碑 裴禂文并正書 天祐二年 直隸大名

閩主作菴池記 正書 天祐二年 福建侯官

善業埿 正書 無年月諸城劉喜海遊慈恩寺塔下始訪得之 陝西長安

柱國德陽郡公碑 正書 年月泐 陝西醴泉

趙偃心經 正書 無年月

闕名心經 正書 無年月 山東滋陽

羅漢寺殘碑 正書 無年月 四川樂至

菩提瑞象頌 正書 無年月 四川廣元

瑞象頌碑側題名 正書 無年月 四川廣元

□峯塔院銘 正書文器篹 無年月 四川彭縣

龍日寺題字二種 正書 無年月 四川巴州

麴氏蓮花佛座題字 正書 無年月 直隸獲鹿

建大殿殘碑 正書 無年月 山東益都

王進思碑 正書 無年月 河南安陽

柳峴墓志 正書 無年月 直隸通州

殘墓碣 正書 無年月字已磨滅且爲人刻岳壹吾在此字於上 河南洛陽

金仙公主墓中符篆告文石刻 正書 無年月 河南洛陽

殘經幢 張巖正書 無年月 廣東南海吳氏拓本

侍郎竅楊於陵題名 正書 無年月 河南祁陽

鄎君墓志 正書 無年月

陳環墓志 正書 無年月

李公夫人殘志 正書 無年月 直隸正定

尼韋提墓志 正書 無年月

路君墓志蓋 正書 無年月 河南孟縣

姜氏墓志蓋 篆書 無年月 河南孟縣

深州刺史殘志蓋 篆書 無年月已爲明人鑿作金牛禪師塔碑趺 山西汾陽

處士張君墓志蓋 篆書 無年月 山西汾陽

華陽三洞景昭大法師碑額 篆書陽文 無年月

汝南周君碑額 篆書 無年月舊釋爲漢碑額非 湖北漢陽葉氏藏本

三階大德禪師碑額 正書 無年月 陝西長安

智運爲天皇天后太子造象 正書 無年月之謙按龍門山造象唐人刻者甚多原書皆以無年月列後魏末且有失攷年月而誤入者茲爲補正并審定時地書跡分載前後續借介休馬氏所藏校補二十四種此外計尚有遺者留俟續訪并願同志者有助焉 河南洛陽

僔法師造象 正書 無年月 河南洛陽

內西頭供奉余祺造象 正書 無年月 河南洛陽

太州鄭縣王思業造象 正書 無年月 河南洛陽

都河間寺眞儒造象 正書 無年月 河南洛陽

徐囗爲息扈從還京造象 正書 無年月 河南洛陽

劉天鹿爲流端州造象 正書 無年月 河南洛陽

李保妻楊造象 正書 無年月 河南洛陽

雍州囗法智造象 正書 無年月 河南洛陽

李哲造象 正書 無年月 河南洛陽

淨如造象 正書 無年月 河南洛陽

眞行造象 正書 無年月 河南洛陽

德觀造象 正書 無年月 河南洛陽

范陽殘字 正書 無年月 直隸大名

尉遲氏殘字 正書 無年月 直隸晉州

念德寺殘字 正書 無年月 直隸晉州

元寂經幢二種 正書 無年月 直隸趙州

古佛題字 正書 無年月 直隸通州

石浮圖殘字 正書 無年月 直隸元氏

八佛象石幢 正書 無年月 直隸正定

殘經幢二種 正書 年月泐一在開化寺一在臨濟寺 直隸正定

開法寺經幢 正書 無年月 直隸滿城

雷音洞石經二十七種 正書 無年月凡二千三百餘石中兜率陀天經爲高麗僧達牧書大典樊彬言洞中經無一闕佚惟拓本希見藏家蒐訪各得

一二而已石經全目已載樊氏畿輔古
古刻錄中茲舉總數俟有力者訪之　直隸房山
柏鹿寺小浮屠六面石幢 正書 無年月　朝鮮慶州
掛陵十二神圖象 無題字 無年月　朝鮮慶州
角干墓十二神圖象 無題字 無年月　朝鮮慶州
楊府君志蓋 篆書 無年月題爲大燕乃安史時人茲坿唐末　直隸正定

魏本存校字

補寰宇訪碑錄卷四

會稽趙之謙纂集
南匯沈樹鏞覆勘

後梁

尊勝陀羅尼經幢 正書 開平二年七月十五日　直隸正定
樂□安徐氏墓志 正書 乾化四年　浙江鄞縣
王彥回墓志 正書 乾化五年　浙江鄞縣
李琮造象 正書 乾化五年六月三日　河南洛陽
朗空大師白月栖靈塔碑 釋端目集金生書崔仁渷文 貞明三年　朝鮮榮川
觀音經幢 程延暉正書 貞明五年　山東東平
鳳林寺眞鏡大師寶月凌空塔碑 釋幸期書朴昇英文 龍德四年四月　朝鮮昌原

後唐

兼中書令王鎔墓志 任□正書盧質文 天祐十九年十二月廿□日 舊唐書鎔以光化元年加中書令僞梁加尚書令後去僞號志書中書令與史合天祐十九年爲梁龍德二年當時奉舊號者僅莊宗及後晉武帝吳楊隆演然隆演無十九年且撰文盧質兩五代史有傳以莊宗十六年轉禮部尚書與志結銜合因列後唐之首 直隸正定

劉安文造象 正書 同光四年六月景戌朔十六日辛丑 四川簡州

東川官告使劉處讓造象 正書 天成二年十二月一日 四川廣元

毗沙門佛龕碑 正書 天成四年十月 四川資州

碑右側 正書 四川資州

石臺記 正書 長興三年 河南河內

錢元瓘造經幢記 正書 長興四年 浙江蕭山

僧遇恩等題名 正書 清泰二年 山東長清

殘經幢 正書 清泰三年 山東東平

廣照寺眞澈禪師碑 李奐相書崔彥撝文 清泰四年十月 朝鮮海州

□君墓志 正書 無年月 河南河內

東谷二字 傳爲羅隱書 無年月 浙江象山

後晉

孫紹宗經幢 正書 天福二年　浙江天台

榼山大雲禪院記 正書 天福三年宋元祐間刻　山西沁水

張彥美經幢 正書 天福五年二月三日丙□　山西絳州

斛律王廟記 正書張桑文 天福五年二月　山西絳州

興法寺忠湛塔碑殘石 崔光允集唐太宗書王建文 天福五年七月　朝鮮原州

地藏禪院朗圓國師悟眞塔碑 仇足達書崔彥撝文 天福五年七月　朝鮮

悟眞塔碑陰 正書　朝鮮

祖温經幢 正書 天福五年　河南鄭州

淨土寺法鏡大師慈燈塔碑 仇足達書崔彥撝文 天福八年六月　朝鮮忠州

五龍寺法鏡大師普照慧光塔碑 正書 天福九年五月　朝鮮長湍

新建瑞象保安禪院記 正書 天福九年七月十七日　浙江錢塘

石屋洞費十娘造象 正書 天福九年七月廿八日　浙江錢塘

闕名造象 正書 天福九年七月廿八日　浙江錢塘

沈思□造象 正書 天福九年十月　浙江錢塘

張一娘造象 正書 天福九年十月　浙江錢塘

錢敬造象 正書 天福九年十月　浙江錢塘

吳寶造象 正書 天福九年十一月　浙江錢塘

闕名造象 正書 天福九年十一月二十四日　浙江錢塘

寶錢禪院比邱尼智造象 正書 天福九年　浙江錢塘

虞候何景安造象 正書 開運元年七月四日　浙江錢塘

天龍軍虞候方承福造象 正書 開運元年七月十五日

衛州仁化寺經幢 正書 開運二年二月廿九日　河南汲縣

石屋洞朱□□造象 正書 開運三年四月十五日　浙江錢塘

弓敬安等造象并回向咒 正書 開運二年四月日乙巳歲按此刻書年月傎到卒略回向咒佛書亦罕見　浙江錢塘

無爲岬寺先覺大師徧光靈塔碑 柳勳律書崔彥撝文 開運三年五月　朝鮮康津

闕名造象 正書 無年月　浙江錢塘

宿明造象 正書 無年月　浙江錢塘

孫鄧□造象 正書 無年月 浙江錢塘

徐步行造象 正書 無年月 浙江錢塘

朱七娘造象 正書 無年月 浙江錢塘

壽干春造象 正書 無年月 浙江錢塘

孫十娘造象 正書 無年月 浙江錢塘

余十二娘造象 正書 無年月 浙江錢塘

中直都副將姚□造象 正書 無年月 浙江錢塘

金珂造象 正書 無年月 浙江錢塘

陸一娘造象 正書 無年月 浙江錢塘

沈連造象 正書 無年月 浙江錢塘

陸大造象 正書 無年月 浙江錢塘

陳德安造象 正書 無年月 浙江錢塘

吳逢奉造象 正書 無年月 浙江錢塘

沈八娘造象 正書 無年月 浙江錢塘

後漢

奉宣祭瀆記 正書 乾祐二年 河南濟源

左武衛中郎將石映墓志 朱仲武文并行書 年月泐額題大漢南海吳榮光據文中甲子字疑爲宋乾德二年 陝西長安

後周

石屋洞章二娘造象 正書 廣順元年十月七日 浙江錢塘

曹德馴造象 正書 廣順二年九月十二日 浙江錢塘

判官堂塑象記幢 正書 廣順三年七月一日 直隸正定

石南山寺國師碑後記 釋純白文并書 顯德元年七月 朝鮮榮川

李訶妻徐墓志 正書 顯德元年樹鏞按訶吳越時人 江蘇吳縣

玉兔寺禪師遺屬 行書 顯德五年 江蘇吳江王氏拓本

雲門辨才塔專文 正書 顯德□年四月 浙江會稽

匡國軍節度使白延遇神道碑 正書 顯德六年七月甲辰朔十二日 江蘇嘉定瞿氏拓本

鎖山安國寺殘經幢 正書 無年月瞿中溶攷爲南唐保大八年以前茲坿周末 安徽廣德

壬午歲僧寄愿殘專 正書 瞿中溶攷爲五代時坿周末 江蘇嘉定瞿氏拓本

大安寺廣慈大師碑 正書 高麗光宗光德二年七月攷當在顯德間茲坿周末 朝鮮谷城

吳越

謝客巖題字 錢鏵正書 甲申攷爲寶大元年 浙江永嘉

朱行光墓志 正書 寶大元年 浙江海鹽

寶正瓦文 八分書 寶正六年 浙江海鹽

蜀

六十戸造象　正書左行　武成三年十一月廿六日　四川大足

种審能造地藏菩薩龕記　正書左行　永平五年四月　四川資州

蹇知進造象　正書左行　天漢元年二月十五日　四川大足

越國夫人四十二娘造象　正書左行　乾德六年七月十五日　四川廣元

越國夫人路氏造象　正書　無年月　四川廣元

後蜀

千佛崖尊勝陀羅尼石幢　正書　明德四年九月　四川廣元

龍興寺塔記　正書左行　廣政四年正月十九日　四川南江

劉恭造象　正書左行　廣政十七年二月丙午朔十一日丙辰　四川大足

王承秀造象記　正書左行　廣政十八年二月廿四日　四川大足

普慈縣永封里王董龕報國院碑記　沙門紹□正書　廣政二十年十一月二十七日　四川樂至

報國院西方并大悲龕記　正書左行　廣政二十六年五月十五日　四川樂至

石經毛詩殘本　正書　浙江錢塘黄氏藏本

北宋

温室洗浴衆僧經　正書，建隆二年　河南洛陽

姜女廟記　張靄行書李瑩文　建隆三年　甘肅涇州

鳳岩寺靜眞大師圓悟塔碑　張端說書李夢游文　乾德三年五月　朝鮮尙州

玉龍寺道詵國師碑　行書崔惟清文　年月泐韓韻海攷爲乾德間　朝鮮光陽

開化寺心經幢　正書　乾德四年正月十五日　直隸元氏

修後周太祖廟碑　張仁愿行書趙甯文　開寶六年八月　陝西長安

修女媧廟碑　張仁愿行書裴麗澤文　開寶六年十一月　山西趙城

普願寺法印大師寶乘塔碑　韓允書金延彥文　太平興國三年四月　朝鮮瑞山

王進思祠碑　八分書　太平興國三年　河南安陽

石堂院帖　正書　太平興國五年十二月　四川綿州

造塔功德經　行書　端拱二年三月壬午朔　四川簡州

廣慈院莊地碑　正書　淳化三年　陝西咸甯

咸平殘碑　八分書　咸平二年　四川梓潼

千佛崖王欽若題名　正書　咸平四年四月　四川廣元

王承秀造象 正書 咸平四年四月十八日在廣政十八年記後　四川大足
龍泓洞相福造羅漢象記 正書 咸平六年石爲江陰方可中所得製爲硏　浙江錢塘
重刻絳守居園池記序 薛珙正書孫沖文 景德元年九月　山西絳州
陀羅尼經幢 翟若水書 大中祥符元年　山東嘉祥
重修元聖文宣王廟記 劉虞卿書徐晟文 大中祥符二年　直隸藁城
文宣王廟碑側 正書　直隸藁城
賜甯國寺牒 行書 大中祥符四年二月二十日　四川中江

賜甯國寺牒 沙門中懿正書 大中祥符四年八月　四川中江
元聖文宣王贊并加封號詔 王嗣忠書 大中祥符五年八月　直隸正定
御製元聖文宣王贊 趙航書 大中祥符六年　直隸趙州
高□裕神道碑 正書 大中祥符六年　河南洛陽
千佛崖鄧雅等題名 正書左行 祥符八年八月十一日　四川廣元
榮梨山亭子記 正書魯清文 大中祥符八年　四川榮縣
勅賜封崇寺額牒并記 正書 大中祥符九年八月五日　直隸行唐

資州法華院記 行書謝用文 大中祥符九年十月十二日　四川資州
勅賜慶成院額牒并記 正書 大中祥符九年　陝西井陘
御製元聖文宣王贊加詔 八分書 大中祥符九年　四川綿州
淨土寺宏法大師碑 正書 年月泐韓韻海改爲天禧元年丁巳　朝鮮忠州
興福寺塔記 姜邯瓚書 天禧五年五月　朝鮮開城
大慈恩元化寺碑 蔡忠順書周仁文 天禧五年七月　朝鮮開城
靈岩功德題名 正書 天禧五年　山東長淸
新修碑樓記 正書 天禧五年　河南滎陽

富樂山賈同知等題名 正書 天聖元年九月十四日　四川綿州
華嚴岩徐陟題名 正書 天聖三年八月十五日　湖南零陵
紫薇山廣福院柱礎題名 正書 天聖三年　浙江海甯
僧惠深碑 □書 天聖三年　河南鞏縣
保甯寺牒 正書 天聖四年　陝西興平
重修郭進屏盜碑記 正書 丙寅天聖四年　河南汲縣
王曙香山詩 行書 天聖五年　河南洛陽
魏威信碑 正書 天聖六年　河南洛陽

法喜寺康一郎捨井專記 正書 天聖七年四月二日 浙江海鹽
雨水調云稻高低大熟專記 正書陰文 天聖八年 安徽桐城吳氏家藏
浯溪盧察詩 正書 天聖九年八月 湖南祁陽
浯溪盧察題名 正書 明道二年以上二種皆嘉祐二年刻 湖南祁陽
慈雲寺碑 集王羲之行書 明道二年 [redacted]
奉聖寺齋廳記 李睿行書藺融文 景祐三年六月十八日 四川簡州
奉甯推官知乾州奉天縣事文彥若墓志 正書 景祐四年十月七日乙酉 河南洛陽

華嶽廟仲孺殘字 正書 □元二年三月瞿中溶攷爲寶元 陝西華陽
甯國寺響畫贊 白愼言書萬當世文 康定元年七月十四日 四川中江
華嚴岩王文恩題名 正書 康定元年八月廿一日 湖南零陵
龍華寺司馬池等題名 正書 康定元年 [redacted]
南海廟牒 正書 慶歷二年 廣東番禺
桃源洞韋詔等題名 正書 慶歷四年正月 四川綿州
趙立題名 正書 慶歷六年 四川簡州

本路轉運使崔嶧造象 八分書 慶歷六年正月 四川廣元
賜龍昌期勑并文彥博劄子 僧惟悟正書 慶歷六年六月廿五日 四川華陽
聖王殿記 正書 慶歷六年 河南河內
華嚴岩洪亶等題名 正書 丙戌十一月一日當慶歷六年 湖南零陵
峴山石柱記并詩 書不等 慶歷七年十一月二十日至嘉祐六年十月四日 湖北襄陽
華岳廟東川轉運使殘題名 正書 慶歷七年十一月十□日 陝西華陰

扶風夫子廟記 正書 慶歷八年 陝西扶風
蒼玉洞王稷題名 正書 慶歷八年二月十五日 福建汀州
淮陰侯廟碑 王孝孫書陳薦文 慶歷八年四月 直隸獲鹿
淮陰廟碑陰 正書 直隸獲鹿
大雲寺崔嶧等題名碑 正書 慶歷□□ 四川廣元
碑側李康伯題字 正書 無年月 四川廣元
蒼玉洞朝賢詩 正書 皇祐元年十一月十五日 福建汀州
劉諷等題名 行書 皇祐二年閏十一月 四川資州

教忠積慶禪院牒 正書 皇祐三年 [illegible]
新建縣學記 楊務民書 曾宏文 皇祐五年二月十五日 直隸元氏
浮石寺圓融國師碑 林顥書 高聽文 無年月 韓韻海攷爲皇祐六年二月 朝鮮順興
南海廟牒 正書 至和元年 廣東番禺
唐宋加號文宣王詔贊 楊遵甫正書 至和元年十二月望日 四川中江
盧藏永州三岩詩 正書 嘉祐二年六月六日 湖南零陵
宋宗諤孟姜廟詩 正書 嘉祐二年 陝西同官

張掞孟姜廟詩 正書 嘉祐三年 陝西同官
李先淵等題名 正書 嘉祐五年三月二十三日 四川廣元
大雲寺段綽題名 正書 嘉祐五年九月在崔嶧碑側 四川廣元
彭州堋口鎮新修塔記 沈純正書 王素文 嘉祐五年十月十二日 四川彭縣
修塔記碑陰 正書 四川彭縣
富樂山文同題名 行書 嘉祐六年三月十七日 四川綿州
富樂山口公長老塔銘 正書 嘉祐六年三月十七日

四川綿州
龍水縣龍潭記 牟天益書 任輔文 嘉祐八年九月 四川資州
游寶山院記 正書 嘉祐口年七月 四川綿州
梁軌祠記 正書 治平元年 山西絳州
趙佝等題名 正書 治平二年九月 四川綿州
萬州西亭記 正書 治平三年二月 四川萬縣
中山寺修塔題名 正書 治平三年 河南唐縣
楊道卿等題名 篆書 治平四年四月十九日 四川廣元
鶴鳴山張肅等題名 正書 治平四年四月 四川劍州

蒼玉洞徐沖道題名 正書 熙甯元年十一月 福建汀州
浯溪口曼卿題名 正書 熙甯元年十二月 湖南祁陽
報恩寺朱安石幢 正書 熙甯二年 山東東平
報恩寺呂則石幢 正書 熙甯三年 山東東平
蒼玉洞東禪寺詩 正書 熙甯三年十月廿二日 福建汀州
韓恬墓志 正書 熙甯四年 河南安陽
趙口墓志 正書 熙甯四年 山東諸城
趙宗道墓志 正書 熙甯四年 河南洛陽
趙宗道妻崔氏墓志 正書 年月泐 河南洛陽

蒼玉洞唐公謹等題名　正書　熙寧四年十月廿八日　福建汀州
舍利寺殘經幢　正書　熙寧五年十一月四日　直隸正定
浯溪丁嶠題名　正書　口寧五年七月口五日瞿中溶攷爲熙寧　湖南祁陽
浯溪詩刻　正書　熙寧七年三月十五日　湖南祁陽
柳應辰淡山岩記　正書　熙寧七年九月十五日　湖南零陵
恭世子廟碑　張傑正書　熙寧八年　江蘇吳江王氏拓本
火星岩李士燮等題名　正書　熙寧八年十二月十一日　湖南零陵

淡山岩柳應辰題名　正書　熙寧九年十月廿七日　湖南零陵
浯溪柳應辰題名　正書　熙寧九年十一月十五日　湖南祁陽
段擴等題名　正書　熙寧九年十二月廿一日　四川綿州
榮梨山二祠封賜勅書記　正書　熙寧十年八月戊寅朔　四川榮縣
越王樓詩并序　段緘書唐樊宗師文　元豐元年正月戊申　四川綿州
梁沂六洞題名　正書　元豐二年　陝西白水
開業寺石幢　正書　元豐二年七月一日　直隸元氏

晉祠龐京孫題名　正書　元豐三年八月　山西太原
興教禪院使帖并開堂記　正書　元豐四年四月　四川綿州
西山觀霍中謹等題名　正書　元豐四年六月　四川綿州
蒼玉洞郭方進詩　正書　元豐四年八月　福建汀州
重陽亭題記　郭子皐正書　元豐六年　四川劍州
張行贈北岩僧詩　正書　元豐七年四月　四川簡州
等慈寺碑側題名　正書　元豐八年　河南汜水
成德軍修虖池河記　正書石亙文　元豐八年三月廿五日　直隸正定
富樂山詩　正書　元豐八年九月　四川綿州

蒼玉洞蕭佐等題名　正書　元豐九年正月十七日　福建汀州
趙明造石香鑪題字　正書　元祐元年四月十四日　直隸行唐
曾布禱雨題名　正書　元祐元年七月十三日　山西太原
白崖詩　篆書　元祐元年八月十五日　四川樂山
浯溪孫欽臣題名　正書　元祐元年八月十五日　湖南祁陽
龍穴魯元翰題名　正書　元祐元年　河南濟源
龍穴唐仲容題名　正書　元祐二年　河南濟源
安宗説等題名　正書　元祐三年正月廿日　四川廣元
越州朱儲斗門記　正書　元祐三年　浙江山陰

吳季子廟記 正書 元祐三年　江蘇丹徒
呂昌明題名 正書 元祐四年　四川樂山
石篆山佛惠寺記 僧希書書嚴遜文 元祐五年二月　四川大足
重修淮陰侯廟碑 杜希□書鄭晴文 元祐五年七月　直隸獲鹿
重建廟學碑 曹景文并書 元祐五年八月　直隸元氏
新遷文宣王廟堂記 正書 元祐六年八月二日　直隸藁城
寶林寺蔡京題名 正書 元祐六年　陝西鄠縣
銀青光禄大夫謚懿簡趙瞻碑 蔡京行書范祖禹文 元祐七年五月癸未朔
二十五日丁未　四川大足

張弼直題名 正書 元祐八年　四川樂山
二大士贊 正書 元祐八年　陝西長安
泰觀淄石研記 行書 元祐八年　山東鉅野
僧靈裕塔銘并傳序 正書 紹聖元年　河南安陽
蒼玉洞林可等題名 正書 紹聖元年十一月九日　福建汀州
開元寺經幢雷簡夫題名 正書 紹聖三年　陝西隴州
張旨碑 正書 紹聖三年　河南河內
孫元鈞等題名 正書 紹聖四年二月　四川綿州
頓起等題名 正書左行 紹聖四年十一月己卯　四川綿州

宋岳等題名 正書 紹聖五年三月廿四日　四川樂山
將軍廟辭 馮惟寅書 紹聖五年　浙江蕭山
象耳山三大字 正書 元符元年　四川彭山
虛鑒岑眞人贊 李膺正書岑象求文 元符元年九月十日　四川萬縣
龐其章詩刻 正書 元符二年八月　四川樂山
馬中行等題名 正書 元符三年五月在武侯廟碑陰　四川成都
高元龍等朝元閣題名 正書 元符三年
會善寺戒壇碑側題名 正書 元符三年　河南登封

傅耆等題名 正書 元符三年　四川資州
裴億題名 正書 元符三年九月　四川廣元
蒼玉洞蔡元題名 正書 建中靖國元年正月□五日　福建汀州
岑公洞黃庭堅題名 行書 建中靖國元年二月　四川萬縣
劉唐□等題名 正書 建中靖國□□□□□□一月初二日　四川樂山
段𪖙等造石香鑪記 正書 崇寧元年三月　直隸行唐
湘南樓記 正書 崇寧元年　廣西臨桂

陳崇禱雨記 正書 崇甯二年 河南河内

中山寺徐澤等題名 正書 崇甯二年 河南唐縣

蒼玉洞臧子常等題名 正書 崇甯二年 福建汀州

九仙居士陳口殘題名 正書 崇甯二年臘月 福建汀州

重刻漢車騎將軍馮緄碑 八分書 崇甯三年三月五日 四川渠縣

馮緄碑後序 任忠亮書 張稟文 四川渠縣

封漢車騎將軍馮公濟遠廟牒 八分書 崇甯三年九月二十六日 四川渠縣

劍南東川靈護廟記 正書 崇甯三年口月二十三日 四川三臺

靈棗二字 沈博毅正書 崇甯四年九月十四日 四川榮縣

華嚴經會序 正書 崇甯五年

蒼玉洞章仲甯等題名 正書 大觀元年正月十四日 福建汀州

開元寺文軫等題名 正書 大觀元年 四川綿州

二老峯題名 正書 大觀二年十一月 福建汀州

僧普恵塔銘 正書 大觀二年 河南河内

宋京詩刻 正書 大觀四年冬 四川簡州

元氏縣社壇圖并省牒 正書 政和元年七月三日 直隸元氏

唐裔等清輝閣題名 正書 政和元年 山東長清

玉環臺瓦 正書陽文 政和元年 按河間志臺爲楊延昭妻所築大興劉氏藏其一 直隸肅甯

平鹵寨雷二種 正書陽文 政和元年楚明一政和三年萬安之謙 按雷者守城以石擊賊見左傳注及一切經音義埤蒼漢書司馬相如傳文選馬汧督誄用土爲之大徑六寸有方員二種此皆員者大興劉銓福校官肅甯時凡得四五枚餘字磨滅不可辨 直隸肅甯

菖蒲澗題名 行書 政和元年 四川南江

張康時等題名 行書 政和二年三月 四川資州

宋京題周文王廟詩 行書 政和二年五月 四川簡州

藏眞崖銘 康肅書龐適文女季循篆額 政和三年八月二十九日 四川資州

張子言題名 正書 政和三年十二月 四川簡州

鄭義像側題字 正書 政和癸巳 山東掖縣

蒼玉洞盛景仲題名 正書 政和甲口春十八日 福建汀州

解口造羅漢記 正書 政和四年五月十五日 直隸行唐

重修白崔觀記 李騰書 何軫文 政和四年六月二十六日 四川簡州

龍洞碑 正書 政和五年正月十五日 四川資州

文正倫題名 正書 政和五年 四川綿州

龍洞碑 正書 政和□年十月十五日 四川資州

龍洞殘碑 行書趙宗堯文 政和六年正月望日 四川資州

知縣程公政事記 正書劉時行文 政和六年五月十五日 四川蓬溪

鶴鳴山孫汾題名碑 正書 政和八年正月十六日 四川劍州

龍隱橋記 正書 政和八年 廣西臨桂

布袋和尚象題字 正書 政和八年 山東益都

神霄玉清萬壽宮碑 正書 政和九年 河南祥符

香城宮五百羅漢堂記 劉湜書趙宗堯文 宣和二年正月二十二日 四川閬中

朝散郎李洵直妻鄭氏墓志 李隅正書任忠厚文 宣和二年三月九日 四川綿州

碑側鄭宜人眞贊 張晦八分書郭黄中文 無年月志銘之外復有贊爲碑版中僅見 四川綿州

珠山佛現記 正書 宣和二年八月 四川渠縣

僧惠清塔記 正書 宣和二年 河南河内

封崇寺鑄鐘記 繼重文并書 宣和二年四月二十四日 直隸行唐

新修淨戒院記 馮耘書李孝端文 宣和五年六月十八日 四川蓬溪

贈通議大夫王夢易墓表 李邦彦書張商英文 宣和五年六月二十一日 四川榮縣

雙溪記 行書 宣和五年 四川榮縣

熊倩題名 行書 宣和五月十二月 四川巴州

李定因題名 正書 宣和□□仲春 四川巴州

宋全等施石床記 正書 宣和六年 河南河内

裴僑題名 正書 宣和六年 直隸沙河

水涤菩薩三娘子廟石香鑪記 正書 宣和六年閏三月十八日 按此刻記文鄗里神名荒誕蓋當時鄗俗濫祀之區 直隸元氏

蒼玉洞魏允道題名 正書 乙巳四月廿五日當宣和七年 福建汀州

祭眞樂公文 釋坦然書慧素述 乙巳八月劉喜海攷爲宣和七年 朝鮮春川

御製北岳醮告文 白憲書 宣和八年 直隸曲陽

安天北聖帝碑 邢守元書陳彭年文 宣和九年 直隸曲陽

北岳廟王能題名 正書 宣和九年 直隸曲陽

蒼玉洞于彦仁等題名 正書 靖康元年十月十六日

福建長汀

南宋

蒼玉洞薛敏等題名 正書 建炎元年七月廿四日 福建長汀

郡守蘇公才題名 正書 建炎二年正月廿六日 福建長汀

王壽民題名 正書 建炎二年 四川巴州

何子游等題名 正書 建炎三年五月二十八日 四川樂山

李修仲題名 正書 建炎四年六 四川巴州

眞樂公文殊院記 正書 建炎四年 朝鮮春川

趙仲湜西禪寺題名 正書 建炎四年 [illegible]

清涼泉毛熻題名 正書 紹興元年八月 四川資州

仙鳳寺大覺國師碑 釋麟書林存文 紹興元年八月 朝鮮仁同

陳揖等題名 正書 紹興二年五月 四川巴州

重摹泰山壽字 正書 紹興三年十月後有文安趙□□後儀趙□□二跋 福建長汀

惠因寺維摩詰畫象題字 正書 紹興四年九月 四川大足

李若虛浯溪詩 正書 紹興五年 湖南祁陽

孫晉卿題名 正書 紹興六年四月 四川巴州

俞周卿題名 正書 紹興六年八月 四川巴州

王景道妻賈氏墓志 八分書 紹興六年十月 四川犍爲

何麒龍多山詩 正書 紹興七年二月三十日後有李撝跋羅德麟馮麟晏者題名 四川蓬溪

裴淵等題名 正書 紹興十年正月 四川巴州

右朝請大夫李洵直墓志 任續正書李安仁文 紹興十二年十一月十四日王寅 四川綿州

李洵直眞贊 張晦八分書楊軾文 無年月 四川綿州

蒼玉洞范智聞詩 正書 紹興十三年 福建長汀

程仲淵等題名 正書 紹興十三年四月五日後有鄒兄某會觀題字 福建長汀

縣學御書孝經 行書 紹興十四年七月辛未 四川遂甯

黃永之等題名 正書左行 紹興十五年閏十一月 四川巴州

知府宋學士勸農事實碑 正書 紹興十六年三月 四川巴州

北城縣同日勸農事實碑 正書 年月泐 四川巴州

蔣城等題名 正書 紹興十八年九月 四川南江

魏城縣通濟橋記 正書 紹興十八年十月 四川綿州

唐居士柳本尊傳碑 正書 紹興□□年 四川大足

御書傳忠廣孝寺碑 正書 紹興十八年 浙江會稽

唐秬等題名　正書　紹興十九年　四川彭山
靈峯院鐘樓記　鄧良能正書王咸久文　紹興二十年正月　四川三臺
李集妻楊氏墓志　正書　紹興廿一年　湖北咸甯
雙筍石銘　王克貞八分書　無年月　四川三臺
雙筍石詩　篆書　無年月　四川三臺
雙筍石沈該題字　行書　紹興二十二年十二月　四川三臺
石隣等題名　正書　紹興二十三年九月　四川彭山
請能公開堂疏　行書　紹興二十五年　四川渠縣
岑公洞何俔題名　正書左行　紹興二十五年二月　四川萬縣

温陵蘇□題名　正書　紹興二十五年十一月　四川巴州
福昌院勸農記　八分書　紹興二十六年二月丙戌　四川閬中
清涼泉三大字　趙季友八分書　紹興二十六年　四川資州
董茂先等題名　正書　紹興二十六年九月　四川資州
董茂先清涼泉詩　行書　紹興二十七年　四川資州
□彬墓志　正書　紹興廿八年　湖南辰溪
文序世等題名　八分書　紹興二十九年二月　四川達縣
何俔題名記　陳銳正書　紹興廿九年四月望日　四川巴州
王朝宗等題名　正書　紹興二十九年　四川綿州

王正叔等題名　行書　紹興二十九年五月　四川資州
孫子彬等題名　行書　紹興二十九年閏六月　四川資州
王芹等題名　行書　紹興三十年　四川南江
白崖三洞詩　行書　紹興三十年二月　四川樂山
岑公洞三大字　何棨正書　紹興三十一年三月旦日　四川萬縣
東巖寺雍大椿等詩刻　正書　紹興三十一年四月　四川閬中
甄以道等題名　正書左行　紹興三十一年九月　四川廣元
郡守斛繼善等題名　正書　紹興三十一年重九日　福建長汀
唐秬呂勳伯等題名　正書　隆興元年六月　四川彭山

游仙觀玉皇殿碑　八分書　無年月劉喜海考爲隆興間　四川巴州
楊百藥題名　八分書　隆興二年四月　四川巴州
又題名二種　八分書　乾道元年　四川巴州
開化寺牒　正書　乾道元年　浙江天台
也足軒記　八分書　乾道二年五月十五日　四川簡州
李皦如等題名　正書　乾道二年　四川綿州
范伯文等題名　正書　乾道二年五月　四川資州
石申光等題名　八分書　乾道三年　四川彭山

馮允之等題名 行書 乾道三年 四川彭山
劉子式等題名 正書 乾道三年三月 四川資州
李善持等題名 正書 乾道四年七月 四川資州
崇道觀牒 正書 乾道四年 浙江天台
重修大晟樂記 八分書 乾道六年三月二十七日 四川彭縣
楊夫人權厝志 正書 乾道七年六月庚申 四川樂至
□聖用題名 正書 乾道七年九月 四川資州
楊甲等題名 正書左行 乾道七年十月三日 四川綿州
遂甯府旌忠廟牒 正書 乾道八年 四川遂甯

神君李洪碑 行書 乾道八年 四川蓬溪
鄧椿大佛寺詩 八分書 乾道八年三月十日 四川閬中
蒼玉洞林元等題名 八分書 乾道八年七月廿一日 福建長汀
開封鄭□殘題名 正書 乾道八年十月 福建長汀
陳齊正題名 篆書 乾道八年 四川閬中
張夫人夢佛記 正書 乾道九年五月 四川蓬溪
何濱之題名 正書 乾道九年 四川巴州
劉□等題名 正書 淳熙元年 四川巴州
廣利寺龍圖碑 正書 淳熙元年 四川遂甯

梁仲元等題名 正書左行 淳熙乙□年 四川彭山
馮運之題名 行書 淳熙三年 四川中江
楊□富樂山詩 正書 淳熙四年三月 四川綿州
范若叔等題名 正書 淳熙四年六月 四川彭山
玉城山醮壇詩 行書下列正書 淳熙五年六月十二日後有鄧早跋 四川大足
張能應題名 八分書 淳熙五年 四川萬縣
趙善期和嚴武古柟詩 行書 淳熙六年九月 四川巴州
南山順濟廟記 正書 淳熙六年 浙江仁和

雷峯寺李叔永題名 正書八分書 淳熙七年五月 四川廣元
知忠州王典孫墓表 黃然行書馬騏文 淳熙七年十月十三日 四川榮縣
興福院記 正書 淳熙八年 浙江仁和
嘉禾堂三大字 張玹八分書 淳熙八年七月 四川巴州
趙善期題名 正書 淳熙八年七月 四川巴州
朝陽巖三大字 李□篆書 淳熙八年八月 四川巴州
蒼玉洞呂大猷等題名 正書 淳熙八年十月 福建長汀
閻才元題名 正書 淳熙九年四月 四川萬縣
白鹿洞趙昌言等題名 正書 淳熙九年 湖南郴州

石門洞詩 鄧櫶八分書 淳熙九年　四川大足
趙子直題名 正書 淳熙十年　■
李潩等題名 行書 淳熙十一年正月　四川南江
寶梵寺碑 王鉉正書陳祖仁文 淳熙十一年十一月　四川蓬溪
集古堂記 八分書 淳熙十二年　四川綿州
楊□題名 正書 淳熙十三年　四川綿州
何仲明等題名 正書 淳熙十四年　四川綿州
贈光祿大夫黃仲美神道碑 朱子撰并書 淳熙十五年正月甲子　福建邵武
右史檢討費公紀夢殘刻 行書 淳熙十五年四月　四川簡州
三大士號并贊 李大正正書李延智贊八分書 淳熙十五年七月　四川中江
夾江縣酒官碑 八分書 淳熙十六年八月己亥　四川夾江
袁倚象耳山詩 行書 淳熙十六年　四川彭山
絳溪薛公肅題名 行書 淳熙□□□月十九日　四川簡州
馮伯規題名二種 八分書 一淳熙十六年一紹熙元年　四川巴州
顯甯廟牒 行書 紹熙元年　浙江山陰

朱時題名 正書 紹熙二年　四川綿州
宇文君等題名 正書 紹熙二年八月　四川綿州
興龍山呂升卿題名 正書 紹熙二年　浙江山陰
甘露祖師行狀并畫象 正書 紹熙三年二月二十六日　四川名山
富樂山師公詩 正書 紹熙三年五月　四川綿州
李璽重立放生池殘字 正書 紹熙三年十月　四川中江
石堂院題名并詩 行書 紹熙五年三月　四川綿州
高州石屏記 正書 慶元元年　廣西臨桂
蒼玉洞長□等題名 八分書 慶元二年十月　福建長汀
象耳山詩 行書 慶元二年　四川彭山
又詩二種 行書 無年月　四川彭山
陳昭文等題名 行書 慶元二年十月　四川樂山
富樂山王沇題名 行書 慶元□年　四川綿州
紹興府進士題名二碑 正書 慶元二年　浙江山陰
張行儉等題名 正書 慶元三年十月　福建長汀
富樂山范令聞詩 正書 慶元三年十一月　四川綿州
武連種松碑 正書 慶元三年　四川劍州

辟歷巖郡將陳暁題名 正書 慶元四年正月廿七日 福建長汀

銅山縣三大字 章駒篆書 慶元五年正月八日 四川中江

郭口水調歌頭詞 正書 慶元五年 四川巴州

李文卿等題名 行 慶元六年 四川資州

大佛寺景西仲題名 正書 慶元六年五月 四川閬中

蒼玉洞陳映題名 行書 嘉泰元年三月下潘七日之謙按以潘爲澣或取左傳遺之潘沐意 福建長汀

大士閣陳映等題名 行書 嘉泰二年九月 福建長汀

崇德廟財帛庫記 李言之正書 嘉泰二年 四川綿州

王寬中等題名 行書 嘉泰二年五月 四川綿州

白叔立題名 行書 嘉泰二年九月 四川資州

修佛龕記 行書 嘉泰二年閏十二月辛酉 四川簡州

蒼玉洞趙彥橚題名 八分書 嘉泰三年三月八日 福建長汀

妙濟眞人勅 行書 嘉泰四年八月二十二日 四川中江

涌泉寺碑 席震炎正書史漸文 嘉泰四年九月庚申朔二十三日甲申 四川綿州

費士戣等題名 行書 開禧元年二月 四川樂山

榮王儼牓 行書 開禧元年五月 四川榮縣

紫府飛霞洞記 行書 開禧三年六月十八日 四川名山

蜀頌 正書 嘉定元年十月 四川綿州

玉泉山詩 正書 嘉定元年十一月 四川綿州

玉泉山三大字 楊叔蘭正書 嘉定元年 四川綿州

大雄眞聖象 正書 嘉定二年八月 四川中江

楊叔蘭題字四種 正書 嘉定二年 四川中江

楊瓘題名 行書 嘉定三年三月 四川綿州

千福巖陳景南題名 行書 嘉定三年十二月 四川綿州

張子有等題名 正書 嘉定四年二月 四川綿州

郭仲深等題名 正書 嘉定五年二月 四川南江

挂金魚橋記 正書 嘉定五年四月 四川中江

宋棋題名 正書 嘉定五年五月 四川巴州

牟桂口等題名 行書 嘉定五年九月 四川資州

潼川府修學記 文彪正書在炎佐 嘉定六年十二月 四川三臺

芭蕉橋記 正書 嘉定七年 湖南湘鄉

潼川府修學記殘石 正書 嘉定八年 四川三臺

于季文等題名 行書 嘉定十年九月 四川資州

清境二大字 宋卿名正書 嘉定十年九月十二日 四川萬縣

董日等題名 正書 嘉定十一年正月 四川綿州

蘇州府學蠲免田租牒 正書 嘉定十一年 江蘇吳縣

廟山新開三伯佛記 正書 嘉定十一年五月 四川梓潼

修中江縣學記 范良孫正書度正文 嘉定十四年二月 四川中江

浴日亭詩 行書 嘉定十四年 廣東南海

費伯矩等題名 正書 嘉定十五年正月 四川綿州

程公洞三大字 行書 嘉定十五年六月 四川樂山

北巖趙希濬等題名 行書 嘉定十六年 四川資州

石盆李榮題字 正書 嘉定□□年 四川綿州

壽祿二大字 趙夷夫篆書 寶慶三年閏五月 四川中江

當陽勝境四大字并詩 趙夷夫正書 寶慶三年六月 四川中江

家人卦摩崖 司馬光八分書 寶慶三年七月温公家人卦石刻凡四一在浙江一在四川一在陝西一在廣西陝西本未見 四川中江

錢元忠等題名 正書 寶慶三年九月八日 福建長汀

張信復等題名 行書 紹定元年正月 四川綿州

高凉洞冊木題名記 正書 紹定二年四月 四川綿州

王子誼等題名 行書 紹定三年三月 四川綿州

釋迦舍利寶塔禁中應見圖記 僧道權正書 紹定四年 四川大足

紹興府進士題名碑 正書 紹定五年 浙江山陰

李伯珍等題名 行書 紹定六年九月 四川綿州

劉□題名 正書 紹定□年 四川資州

杜陵正仲題名 正書 年月泐 四川資州

西山巖朱乙午詩 行書 端平二年正月十二日 四川梓潼

建安社稷壇記 正書 嘉熙元年 福建建安

曹濟之題名 八分書 嘉熙三年九月 四川萬縣

善應廟勅 行書 湻祐五年 福建候官

大足令何光震餞郡守王夢應記 正書 湻祐七年十月屬吏於長官稱門生此爲僅見 四川大足

林華浯溪詞 正書 湻祐九年 湖南祁陽

徐霖爛柯山詩 正書 湻祐九年 浙江西安

劉叔等題名 正書 湻祐十一年正月 四川資州

君子泉李申子等題名 正書 湻祐十一年 四川資州

平梁城題名 正書 湻祐十一年 四川巴州

岑公洞趙善浥詩 正書 湻祐十二年正月 四川萬縣

登科題名碑 正書 湻祐十二年 湖南黔陽

狄仁傑廟碑 黃庭堅正書 寶祐三年十一月 江蘇吳江 王氏藏本
張鎡捨宅誓願文 正書 景定三年 浙江錢塘
廣壽慧雲寺記 正書 景定三年 浙江錢塘
濂溪書院碑 正書 景定四年 湖南道州
秦觀踏莎行詞 行書 咸淳二年 湖南郴州
通靈廟牒 正書 德祐二年 浙江[illegible]
保信軍節度使趙與𥲤妻義國夫人虞氏墓志 正書 此志道光己酉江陰方可中得于會稽卅二都昌原水中余曾爲之跋并願購置家廟以貧無貲中止後可中移至杭州庚申以後無從問矣年月遺志姑書其目以俟見者

浙江會稽
寶頂山三大字 魏了翁正書 無年月 四川大足
毗盧菴三大字 魏了翁篆書 無年月 四川大足
藏真泉三大字 正書 無年月 四川簡州
唐秬楊拨庭題名 八分書 年月泐 四川彭山
滎州推官殘題名 正書 年月泐 四川萬縣
多功城石刻 正書 無年月 四川巴縣
唐秬等題名 八分書 年月泐 四川彭山
閻孝周題名 八分書 無年月 四川彭山

遊象耳山詩 行書 無年月 四川彭山
陳咸等題名 八分書 壬戌當在嘉泰間 四川資州
任約西龕詩 正書 無年月 四川巴州
邵叶等題名 正書 無年月 四川巴州
萬公九日南山詩 行書 無年月 四川巴州
家彬南龕寺詩 正書 無年月 四川巴州
楊庭傑詩 正書凡二石 無年月 四川巴州
水調歌頭詞 行書 無年月 四川巴州
君子泉三字 篆書 無年月 四川巴州

蒙泉二字 正書 無年月 四川巴州
南龕泉三字 正書 無年月 四川巴州
流杯池三大字 正書 無年月 四川巴州
古珍泉三字 正書 無年月 四川巴州
馮判府詩什 正書 無年月 四川巴州
提點將官口專文 正書 無年月 江蘇上元 甘氏家藏
前鋒朱專文 正書 無年月 江蘇上元 甘氏家藏
淮陰水軍專文 正書 無年月 甘氏於淮上得宋專凡三十餘種茲據所見拓本錄其三 江蘇上元 甘氏家藏

戒石銘 正書 無年月　湖南道州
戒石銘二 正書 無年月　廣西蒼梧
六和塔刻經布施題名 正書 無年月　浙江仁和
蒼玉洞殘詩刻 正書 無年月　福建長汀
葉夢得等題名 正書 無年月　福建長汀
潘天隨題名 行書左行 無年月　福建長汀
蘇才老等題名 正書 無年月　福建長汀
朱桃椎洞記 正書 無年月　四川簡州
文正倫墓志 □法正書 蹇汝明文 年月泐　四川綿州
鄉賢堂記 李時雍正書 陳鵬文 無年月　四川三臺
楊次公證道牧牛頌 行書 無年月　四川大足
清平息菴四大字 李資元書 無年月　朝鮮春川

馮燦校字

補寰宇訪碑録卷五

會稽趙之謙纂集
南匯沈樹鏞覆勘

遼

大慈恩元化寺碑陰記 蔡忠順文并書 太平二年　朝鮮開城
圓空國師勝妙塔碑 金巨雄書 崔沖文 太平五年七月　朝鮮原州
奉先宏慶寺碣 白元禮書 崔沖文 太平六年四月　朝鮮稷山
唐心經碑側題名 正書 咸雍二年　直隸房山
智光國師元妙塔碑 安民厚書 鄭惟產文 咸雍三年十一月　朝鮮原州
賜臺山清水院藏經記 李克忠正書 志延文 咸雍四年三月癸酉朔四日丙子　直隸宛平
元妙塔碑陰 安民厚書 大安元年　朝鮮原州
通度寺長生石標記 正書 大安元年十二月　朝鮮梁山
雲居寺經幢 正書 乾統十年　直隸房山
慧德王師眞應塔碑 鄭□先書 李瀕文 乾統十年　朝鮮金溝

西夏

感通塔碑 正書 天祐民安五年 甘肅武威

感通塔番字碑 無年月 甘肅武威

金

護國顯應王廟記 正書 天會七年 河南河内

重建文宣王廟記 焦促正書 賈葵文 天會十二年 直隸趙州

湯廟記 正書 天會十四年 河南河内

奇石山摩崖 王綰正書 鞏伯勲文 天會十五年十月十五日 直隸獲鹿

普賢寺碑 文公裕書 金富軾文 皇統元年七月 朝鮮甯邊

碑陰探密宏廓二禪師記 文公裕書 皇統元年七月 朝鮮甯邊

圓應國師碑 正書 尹彦頤文 皇統元年 朝鮮清道

淨如靈巖詩 正書 皇統三年 山東長清

神琳菴四面刻字 正書 皇統四年 朝鮮淮陽

定林通法禪師塔碑 王綰并書 貞元元年四月廿五日 直隸正定

僧文海塔銘 李口文并書 貞元元年十月十五日 直隸元氏

崔皐等石香鑪記 正書 貞元二年十二月十日 直隸元氏

僧崇遠塔銘 正書 貞元三年 陝西長安

邸郵王石氏造玉石羅漢記 正書 正隆三年九月 直隸正定

温富等造石香鑪記 正書 大定三年九月廿一日 直隸元氏

廣濟寺牒 正書 大定二年十一月 江蘇吳江王氏藏本

趙同郵福祥院牒并記 正書 大定四年 直隸元氏

林公倚等嵩嶽題名　正書　大定四年　河南登封
吉祥院牒　正書　大定四年　陝西武功
七佛偈坿珪公居士塔銘　釋洪道行書　大定十年正月十五日　直隸寶坻
舍利塔銘　正書　大定十年內有大安殘字　直隸獲鹿
萬壽院牒　正書　大定十年　山東長清
大鑑國師碑　釋機俊書李之茂文　大定十二年正月　朝鮮晉州
洪福院牒記　正書　大定十三年七月十五日　直隸元氏
修象施錢記　正書　大定十四年　直隸元氏

福嚴院牒　正書　大定十四年　陝西醴州
關大王祖宅塔記　正書　大定十七年　山西解州
居士張淨宇塔銘　洪道書韓伯達文　大定十七年三月十七日　直隸獲鹿
瓣香菴崇公靈塔記　正書　大定二十年　直隸房山
修龍門寺記　淵懿書李知命文　大定廿三年四月　朝鮮醴泉
允公長老塔銘　道信書蘇獻可文　大定廿三年九月九日　直隸獲鹿
勑賜顯慶寺額碑　正書　大定二十四年三月上列禮部牒文大定二年　浙江仁和魏氏拓本
龍泉院牒并記　正書　大定廿四年　直隸元氏

元悟國師碑　柳□□書李知命文　大定廿五年二月　朝鮮龍仁
□處仁同山碑陰題名　正書　大定廿五年　甘肅涇州
報先寺尼淨墳幢　裕賢正書　大定廿五年　直隸房山
問山堂記　崔虎書馬翼文　大定廿六年五月　直隸無極
竹林寺羅漢洞記　正書　大定廿九年　河南登封
振衣岡范元題名　正書　大定廿九年原誤坿元末今正　山東泰安
開化寺經幢　正書　明昌二年六月　直隸元氏
三官宮存留公據碑　正書　明昌二年八月一日　陝西高陵

治平院山堂記　正書　明昌二年　山西鳳臺
僧惠眞誠庖廚頌　正書　明昌二年　山東東平
依止大師殘碑　正書　明昌三年碑在朝鮮趙寅永得之琢為研贈劉方伯喜海　山東諸城劉氏家藏
高陵縣張翺去思碑　楊庭秀書張建文　明昌五年　陝西高陵
榮國公時立愛墓碑　趙渢書李宴文　明昌六年　直隸新城
玉祖堂記　正書　明昌六年　河南河內
團城寺碑　正書　明昌六年　山東泰安
通鑒大師塔銘并陀羅尼眞言幢　圓照書善慶文　明昌七年十月一日

直隸正定

東海徐氏墓碣 正書 承安四年　河南濟源

元氏重修社壇記 正書 泰和二年刻政和九年碑陰　直隸元氏

廣公塔記 正書 泰和二年　直隸房山

勍公和尚塔記 董口口正書 泰和二年二月　直隸欒城

高仲倫德政碑 崔金甌行書呂鑑文 泰和二年三月廿日　直隸元氏

玉皇象座上題字 正書 泰和五年六月十二日　直隸行唐

玉泉寺勤跡檀那銘 正書 泰和七年　山東長清

眞清觀牒 正書 大安元年五月下列刻買地文契　山東東平

大安專刻 正書 大安二年四月三十日未時下有老爺感化云云　江蘇青浦王氏拓本

勝公法師塔銘 正書 大安二年五月廿七日　直隸獲鹿

理公和尚塔銘 正書 大安三年四月廿一日　直隸獲鹿

開化寺羅漢院重修前殿記 崇甯行書劉夔文 大安三年九月九日　直隸元氏

方丈二大字 趙口正書 興定四年

教元塔額 正書 元光二年　河南登封

寶鏡寺元眞國師碑 金孝印書李宏孝文 甲申五月舊題貞祐間韓顗海定爲正大元年　朝鮮清河

道士鄭居澄篆作墓志 正書 正大六年　河南鹿邑

劉章墓碣 正書 無年月

宴臺國書碑 女眞字 在明宣德修廟記陰無譯文不可識額題馬刹也皮矢芟丟奥夸朵十二字　河南祥符

獜角寺普賢國師殘碑 集王羲之書閔漬文 無年月　朝鮮義興

獜角寺殘碑陰 集王羲之書釋山立文 無年月　朝鮮義興

石臺寺地藏像碑 行書閔漬文 無年月　朝鮮鐵原

眞覺寺碑 正書 無年月　朝鮮康津

沙林寺宏覺國師殘碑 沙門靈澈集王羲之書 無年月以上五種據海東金石文存蚶　朝鮮襄陽

金末

僞齊

永慶寺大殿記　正書　阜昌五年　廣東南海吳氏拓本

[illegible]本

元

尊勝陀羅尼眞言幢　正書　憲宗二年四月十八日　直隸正定

善應儲祥宮聖旨碑　正書　憲宗四年　河南安陽

太淸宮令旨　正書　憲宗七年　河南鹿邑

重修大龍興寺功德記　印從書趙從證文　憲宗九年四月廿八日　直隸正定

經幢　正書　中統二年　山東泰安

五嶽觀碑　朱文禮書任毅文　中統四年九月　直隸晉州

知中山府事王善神道碑　李治文并行書　至元五年三月廿六日　直隸藁城

妙香院記　正書　至元五年　陝西城固

太極觀記　酈居敬文并書　至元八年七月廿一日　直隸欒城

無極縣廳事題名記　馮崧并書　至元九年七月十五日　直隸無極

重修水仙菩薩題字　正書　至元十三年　直隸元氏

建福院記　裴震文并書　至元十四年二月十九日　直隸元氏

樞密院牓文　正書　至元十四年十二月　直隸贊皇

胥城石柱題字七段　正書　至元十六年　山東東平

佛峪寺化緣疏　正書　至元十九年　山東泰安

重修廟學記 李治文男玩復書 至元十九年七月十五日 直隸元氏
碑陰 正書 直隸元氏
趙文昌孟廟題名 正書 至元廿年 山東鄒縣
華嶽祭告殘碑 正書 至元廿二年 陝西華陰
本願寺遇公經幢 正書 至元廿二年四月八日 直隸獲鹿
文廟四至記 馬仲璉書趙琦文 至元廿二年八月 直隸無極
衛志隱碑 正書 至元廿三年 [illegible]
望嵩樓記 正書 至元廿五年 河南汝州
天開寺碑 正書 至元廿八年 直隸房山

張圮澹山巖詩 行書 至元廿九年 湖南零陵
元氏重建土地堂并石香鑪記幢 正書 至元三十一年 直隸元氏
加封廣祐王聖旨碑 正書 元貞元年二月 直隸井陘
修白鹿泉亭記 正書周義文 元貞三年四月十五日 直隸獲鹿
重修神應王廟記 陳絢禮書 大德元年三月陳自署苗荘晚學二字僅見 直隸元氏
祁林院聖旨碑 正書 大德元年十月 直隸靈壽
龍華寺宏眞國尊碑 金恂書金晅文 大德二年 朝鮮大邱

知中山府事王善夫人李氏墓志 王惲書李謙文 大德四年十月八日 直隸藁城
北獄行宮聖蹟碑 陳弼書張楫文 大德四年十月 直隸無極
欒巴廟記 正書 大德五年 河南安陽
重修廟學記 張泱書郝采麟文 大德五年六月 直隸欒城
重修大覺六師殿記 顯仁書永住文 大德五年九月 直隸正定
碑陰 正書 直隸正定
重修廟學記 段孚書王思廉文 大德五年十月 直隸元氏
碑陰 正書 直隸元氏

祁林院聖旨碑二 正書 大德六年二月八日 直隸靈壽
威儀覺悟等頌 正書 大德六年 河南登封
韓氏新塋世德碑 正書 大德七年 河南安陽
碑陰 正書 河南安陽
横山重修聖母祠記 王思廉文并書 大德八年十月十日 直隸獲鹿
遷修文廟記 王烴書劉源文 大德十年三月六日 直隸井陘
碑陰 正書 直隸井陘
榮祿大夫王慶端神道碑 劉賡書閻復文 大德十年七月廿二日 直隸藁城

開化寺重修佛殿記 趙叔能書賀宗儒文大德十年十二月乙巳 直隸元氏
碑陰 正書 直隸元氏
加封孔子制誥碑 正書大德十一年七月 直隸靈壽
文 正書大德十一年七月 直隸藁城
壽國文貞公董文忠墓碑 蕭𣶒八分書無年月 直隸藁城
追封董士元聖旨殘碑 正書至大元年閏十一月 直隸藁城
拔不忽碑 正書至大二年 江蘇宜興
學田記 張湊書王思廉文至大二年七月十五日 直隸欒城
三日浦埋香碑 正書至大二年八月 朝鮮高城

追贈董俊聖旨碑 正書至大三年十□月 直隸藁城
碑陰并兩側 正書袁明善文至大三年十□□文載元文類爲元明善撰碑書袁誤 直隸藁城
董士元碑陰 正書至大三年 直隸藁城
趙郡忠愍公董士元墓碑 正書無年月 直隸藁城
圓通寺記 正書皇慶元年 江蘇嘉定
全眞觀記 正書皇慶元年 [redacted]
藁城令董文直神道碑 第十八姪男士廉書元明善文皇慶元年十一月十九日 直隸藁城

藁城王氏宗系圖碑 歐陽長孺文并書皇慶二年 直隸藁城
杜榮季碑 正書延祐元年 河南安陽
順應侯廟碑 正書延祐元年 山東歷城
碑陰 正書 山東歷城
碑兩側 正書 山東歷城
重修縣廨廳壁記 李託書王思廉文延祐改元三月 直隸無極
祁林院歷代聖主恩慧撫護碑 正顯書明亮文延祐元年三月 直隸靈壽
碑陰 正書 直隸靈壽

加號孔子詔書碑 許維則書王思廉記延祐二年四月 直隸正定
碑陰題名 正書 直隸正定
加號孔子詔書碑 正書延祐二年四月十五日 直隸元氏
碑陰 正書 直隸元氏
李淯道題名 正書延祐三年四月 四川樂至
積菴記 趙孟頫書黃超然文延祐四年三月十日咸豐庚申魏錫曾移家台州始訪得之 浙江黃巖
增修廟學記 張珪書王思廉文延祐四年五月 直隸正定
碑陰 正書 直隸正定

白佛殿記 正書 延祐四年 山東東平
碑陰 正書 山東東平
程鉅夫妻徐氏碑 正書 延祐五年 福建建安
龍興寺長明鐙錢記 永恩書 延祐五年七月 直隸正定
追崇聖號之碑 長彬書 延祐六年四月 直隸元氏
碑陰 正書 直隸元氏
大成殿記 正書 至治元年 浙江山陰
功臣平章鄭溫神道碑 鄧□原文并書 至治三年 直隸靈壽
趙文正公興學詩 賈垕書 至治三年閏五月望日 直隸贊皇

滹南先生祠記 虞集書吳澄文 泰定元年三月 直隸藁城
碑陰題名 正書 直隸藁城
加號大成詔書碑 陳觀書 泰定元年十月 直隸獲鹿
碑陰 上列陳觀書閣復文中列趙開書贍思文 泰定元年十月 直隸獲鹿
加號孔子詔書碑 張友直書 泰定二年閏正月二十日 直隸井陘
碑陰題名 正書 直隸井陘
僧顯和碑 正書 泰定二年 直隸房山
新建府署記 田元亨書郭士文文 泰定二年五月 直隸正定

魯柏山禪定字施緣銘記三種 正書 二泰定三年正月一至 正癸巳丙辰月庚辰日文極里鄙有鈔五十 定杰粟叅伯拾碩語定郎一貫杰疑黍字 直隸靈壽
文殊院藏經碑 李君倰書李齊賢文 泰定四年五月 朝鮮春川
新建淮陰侯廟記 孛术魯翀書楊□韓文 致和元年□月十七日 直隸獲鹿
趙國正獻公董文忠墓碑 張晏書 無年月 直隸藁城
碑陰董正獻世系圖 正書 直隸藁城
加贈趙國正獻公董文忠墓碑 張晏書 無年月 直隸藁城
趙國清獻公董士珍墓碑 張晏書 無年月 直隸藁城

恒山忠武王王慶端墓碑 正書 無年月 直隸藁城
策公塔造經題名 正書 天歷二年五月 直隸靈壽
慶公塔銘 龍山文并書 天歷二年六月十九日 直隸元氏
十方萬歲禪寺莊產碑 虞集書 至順元年十月 直隸正定
武安王封號石刻 正書 至順二年 直隸正定
御史中丞董士恭墓碑 正書 無年月 直隸藁城
榮祿公哈珊神道碑 贍思文并書 至順三年十二月 直隸欒城
中順大夫董文毅墓碑 正書 至順四年二月 直隸藁城
趙國忠穆公董文用神道碑 張起巖書閻□文 年月泐

寄靈巖偕詩 正書 至順四年 直隸藁城
普陀大士象碑 正書 元統元年 山東長清
開化寺重修聖象法堂記 正書 元統二年二月 江西宜春
碑陰 正書 直隸元氏
宣武將軍阜毅墓碑 蘇□書虞□文 元統二年二月 直隸元氏
皇毅墓碑 正書 無年月 直隸藁城
贈京兆郡伯皇慶墓碑 正書 無年月 直隸藁城
皇讓墓殘碑 正書 無年月首題有元故漢人五字 直隸藁城

善衆寺創建方丈記 酈忞書贍思文 元統三年二月 直隸欒城
江南湖北道廉訪副使董公墓碑 張國維書 元統三年三月
直隸藁城
提舉天賜場鹽使司事董公墓碑 董守庸書 元統三年三月 提舉
鹽使及天賜場官名元史無攷 直隸藁城
頤貞宮聖旨碑 正書 元統三年 河南輝縣
伊彥埋香碑 正書 元統三年三月 朝鮮定州
龍興寺重修大悲閣碑 張國維行書法洪文 後至元元年十二月 直隸正定
碑陰 正書 直隸正定

千戶鄭銓神道碑 王士熙正書蘇天爵文 後至元二年四月 直隸靈壽
雲居寺藏經記 正書 後至元二年 直隸房山
中順大夫安贇神道碑 張澍書逸民嚴□文 後至元三年五月十三日
直隸欒城
張繼先道行記 正書 後至元三年
興龍寺記 正書 後至元三年 德化
眞定路學樂戶記 李𢡟書歐陽文 後至元四年閏八月 直隸正定
碑陰 正書 直隸正定
彰德路廳壁記 正書 後至元五年 河南安陽

王彬石香鑪題名 子克巳書 後至元六年七月一日 直隸正定
夫子廟堂記 正書 至正元年 安徽當塗
李文珍孝行碑 正書 至正元年 湖南東安
法住寺慈淨國尊碑 全元發書李叔琪文 至正二年三月 朝鮮報恩
宋文瓚去思碑 行書 至正二年 浙江山陰
重修佛堂院記 王彝文并書 至正三年二月八日額題郭鑾壽鄭賓香疑即重修佛堂院記六字 直隸元氏
碑陰 正書 額題毓珉巍墅四字不可識 直隸元氏
內供奉董公墓碑 正書 無年月款題肅齋公爲姪□書僅見

直隸藁城
御史中丞董守簡墓碑 張起巖書 無年月 [illegible] 直隸藁城
賈魯謁岱祠詩 正書 至正五年 山東泰安
陶福之烏山洞題記 正書 至正六年 湖南長沙
郭郁嵩陽石柱題名 正書 至正六年 河南登封
龍興寺鈔主通照大師碑 威茂氏安童書瞻思文 至正六年八月
直隸正定
碑陰 正書 直隸正定
龍興寺住持佛光宏教大師碑 威茂氏安童書瞻思文 至正六年八月

直隸正定
碑陰 正書宗緒記 直隸正定
趙國清獻公董士珍神道碑 張起巖書歐陽元文 至正七年二月朔
直隸藁城
隴西靖獻公董守中墓碑 子鑰八分書 無年月 直隸藁城
封崇寺圓明了性大師行業碑 張濤書董珪文 至正七年四月
直隸行唐
旌忠廟記 正書 至正七年 浙江山陰
朱守諒秋夜偶成詩 正書 至正八年 湖南黔陽

偰世玉蒙巖詞 正書 至正八年 湖南宜章
少林寺詩 正書 至正八年 河南登封
貢師泰去思碑 正書 至正八年 浙江山陰
趙叔遜去思碑 正書 至正八年 浙江山陰
昭勇大將軍武獻侯董士表神道碑 揭傒斯文并書 至正八年九月
直隸藁城
武獻侯董士表墓碑 弟士廉書 無年月 直隸藁城
隴西昭懿侯董守義神道碑 王守誠書虞集文 至正八年九月
直隸藁城

昭懿侯董守義墓碑 正書 無年月 直隸藁城
冀國忠肅公董守簡神道碑 蘇天爵書虞集文 至正八年十一月
直隸藁城
奉議大夫吉州知州董公墓碑 正書 無年月 直隸藁城
周從進等朝陽巖題名 正書 至正九年 湖南零陵
洙泗書院四字 孔克欽書 至正十年 山東曲阜
重陽宫聖旨 正書 至正十一年 陝西盩厔
修韓太保墓記 正書趙哲文 至正十二年七月十五日 直隸靈壽
宣聖廟繪塑記 趙庸中書楊俊民文 至正十二年六月 直隸藁城

汝南郡伯齊守忠墓碑 韓華卜書 至正十二年九月 直隸晉州
杜瑛碑 正書 至正十三年 河南安陽
太白酒樓記 篆書 至正十三年 山東濟甯
秦王夫人施長生錢記 王訪文并書 至正十四年三月 直隸正定
張養浩家訓 正書 至正十四年 山東歷城
濱川漁逸何體仁墓碣銘 符思衷書薛泰文 至正十五年四月五日 直隸無極
黑軍元帥何瑨墓碑 正書 無年月 直隸無極
敦武校尉何伯川墓碑 武從□書 至正十五年四月五日

直隸無極
從仕郎何淵墓碑 正書 無年月 直隸無極
陝西行省平章董士選墓碑 楊俊民書 至正十□年四月 直隸藁城
中奉大夫董守懿墓碑 楊俊民書 至正十□年四月 直隸藁城
劉靜修題淮陰侯廟詩 李擴書 至正十五年六月十五日 直隸獲鹿
中山判官董公墓碑 趙興宗書 至正十六年三月 直隸藁城
直學士董公墓殘碑 張驀書 無年月 直隸藁城

董顯肅侯墓碑 篆書 無年月 直隸藁城
邵堯夫題淮陰侯廟詩 高健書 至正十六年六月 直隸獲鹿
重修亞嶽廟碑 任□書李中文 至正十六年十月 直隸井陘
重修鹿泉神應廟碑 丁士常書王得義文 至正十七年二月 直隸獲鹿
碑陰 正書 刻至正十五年四月丁巳朔廿一日丁丑奥魯祭文 直隸獲鹿
增修學廟記 李中書楊俊民文 至正十七年六月廿日 直隸井陘
宣聖廟塑像記 王恪書楊俊民文 至正十七年八月 直隸正定
授焦德潤勅 正書 至正十八年 陝西盩厔

普光禪寺碑 楊鉉書危素文 至正十八年 朝鮮林川
魯國大長公主正陵碑 正書李穡文 至正二十五年□□□ 朝鮮開城
僧通慧塔記 正書 至正二十一年 河南汝州
渾忠武王祠記 正書 至正二十五年 陝西宜川
僧蒲速眞繪造象 正書 無年月 浙江錢塘
無量壽院記 正書 無年月 江蘇吳縣
開化寺端公終身錢記殘石 正書 無年月 直隸元氏
轉大藏經碑記 正書 無年月 直隸元氏
朱裴中秋懷友詩 正書 無年月 陝西鳳翔

貧樂巖三字 正書 無年月 山東新泰

燕谷二大字 正書 無年月 浙江錢塘

吳山第一峯五大字 正書 無年月 浙江錢塘

無錫州造專文 正書 無年月 江蘇南匯沈氏拓本

松壑二大字 行書 無年月在花園奧石壁下 浙江會稽

普德窟佛經殘字 正書 無年月 朝鮮淮陽

朱志復校字

補寰宇訪碑錄失編

無年月古碑

盧氏古摩崖 傳爲夏禹書刻峯頂止一字或釋爲洛 河南盧氏

漢

永元專文 八分書 永元六年 江蘇長洲朱氏家藏

白楊邨店畫像 八分書 無年月題楚□□平諸從官 山東曲阜

吳

天冊專文 八分書 天冊元年背有手掌痕 江蘇揚州阮氏家藏

晉

大興專文 正書陰文 大興三年八月葛洪八分書 江蘇揚州阮氏家藏

靈崇二大字 無年月 浙江臨海

後魏

惠壽盧成□造象 正書 景明元年 河南洛陽

馬慶安造象 正書 景明二年八月二日 河南洛陽

趙雙拓造象 正書 景明三年五月卅日 河南洛陽

尹愛姜等造象 正書 景明三年六月廿三日 河南洛陽

殘造象 正書 景明四年十月 河南洛陽

賈□嬰造象 正書 景明四年十一月 河南洛陽

北坊民張買田記 行書 正始四年九月十六日刻專上潦艸多不可辨 山東諸城劉氏拓本

定州趙郡平力縣范國仁造象 正書 普泰二年四月甲子朔三日丙寅 直隸滄州

後齊

崔氏女張華為亡父母造玉象記 正書 天保三年正月十四日 湖北漢陽葉氏家藏

合邑十五口造釋迦象 正書 天統四年九月十五日 河南

僧□為國造石堪記 正書 天統四年

邑義六十八造象碑頌 八分書 尚孝舉文 天統五年九月丁亥朔十□□卯 浙江仁和魏氏拓本

王居馬造象 正書 武平三年十一月乙卯朔

高臺造象 正書 武平三年十一月乙卯朔

安亭寺張思伯造象 正書 武平五年十月十二日 河南扶溝

後周

西京咸陽王祥造象 正書 武成二年三月八日 直隸正定

隋

于志起等題名 正書 開皇十九年五月廿三日 江蘇南滙沈氏拓本

啟法寺碑 丁道護正書 仁壽二年十二月 宋拓孤本 江西臨川李氏藏本

樊和造象 正書 大業七年正月

邑義周明月等殘題名 正書 無年月 魏錫曾審為隋刻 浙江仁和魏氏拓本

唐

齊士員為太武皇帝穆皇后造象 正書 貞觀十三年正月一日 浙江仁和魏氏写本

樊慶造象 正書 永徽二年九月卅日

雷大岑造象 正書 龍朔元年□月甲午朔廿三日丙辰前半襲聖教序文

張氏趙氏女造彌勒佛座題字 正書 總章元年九月壬午朔八日己丑 石藏劉氏 直隸滄州

行內侍省內侍伯劉奉芝墓志 從姪泰書 趙昂文 上元三年正月丁亥朔十一日丁酉

左衛翊衛武騎尉王行威墓志 正書 僧彥琮文 垂拱二年九月五日

段沙彌造象碑 正書 垂拱四年四月八日 山東諸城劉氏家藏

段沙彌造義堂象碑銘 正書 載初元年九月四日

國子律學直講仇道朗墓志 正書 萬歲通天元年五月廿六日 山東諸城劉氏家藏

王二娘造象 正書 久視元年□月乙巳朔廿三日丁卯

上柱國馬舉墓志 正書 長安二年十一月廿二日 山東

楊敬澄造象 正書 景龍三年四月十五日

殘墓碑 李爲仁正書 景龍三年七月十九日魏錫曾以文中有讓帝平恩貴戚字攷爲許氏 浙江仁和魏氏拓本

鄭元果墓志 正書 開元二年十一月廿九日

尊勝陀羅尼咒 正書 天寶三載二月十五日

處士陪戎副尉雷詢墓志 正書 天寶五載蓋晝十二辰題夜半子雞鳴丑等字 直隸大興樊氏拓本

何知猛墓志 正書 天寶七載五月 山西

黃府君妻劉龕銘 正書弟庭玠文 天寶十三載

恒王府典軍王景秀墓志 行書 大歷十八年八月丙辰朔廿九日甲申 直隸薊州

涿州司馬劉建墓志 正書 貞元十四年 直隸

裴琚墓志 郎于方文 正書 元和元年十一月廿六日 湖北襄陽

范女阿九墓志 兄瓚文 正書 長慶四年四月十三日

柳仲郢妹老師墓志 兄仲郢文并正書 會昌五年六月廿一日

馮廣清墓志 劉南仲文 正書 大中元年十二月壬辰下旬七日石藏呂氏 直隸滄州

兵曹參軍陳立行墓志 于仝益書李儉文 唐甲子四周歲在丁丑樊彬攷爲大中十一年

宣義郎李從証墓志 林言正書尹振鐸文 大中五年正月廿三日 陝西咸甯

姚夫人權葬石表 李坤書子劉蛻文 大中十一年 直隸大興樊氏拓本

檢校太子賓客□史中丞閻好問墓志 周彥恭文 正書 咸通十四年仲秋廿八日此志出土僅拓數紙土人埋之遂不可得 直隸正定

幽州節度要籍祖君妻楊氏墓志 從白正書徐膠文 中和元年十一月八日石藏龐氏 直隸滄州

戚高墓志 正書趙璞文 中和三年十月廿七日 浙江諸暨

台州刺史杜雄墓志 正書 乾甯四年十一月 浙江臨海

清河長公主碑 正書 年月泐存字德□及駙馬任光巡字 陝西

殘經幢二種 正書 無年月 浙江仁和魏氏拓本

牛秀殘碑 正書 無年月 [redacted]

辛仲連妻盧十二娘墓石 正書 無年月 直隸大興樊氏拓本

十國吳

光化大師塔銘 滐茂成書歐陽熙文 天祚二年七月丁亥朔二十七日壬子 江西南昌

南唐

大明寺殘碑 正書 保大七年四月廿一日 江蘇江都

北宋

任城錢萬題名 正書 大平興國七年七月廿六日 [redacted]

新州劉榮造象 正書 端拱元年四月五日 直隸滄州

宋瓊嗣造象 正書 淳化二年五月丙子朔十二月乙巳 直隸滄州

比邱尼審定大師塔銘 正書 景德二年九月 浙江仁和魏氏拓本

羅漢洞杜叔元等題名 正書左行 嘉祐八年三月 四川資州

南宋

烏石山趙子直朱子題名 正書 淳熙十年十一月丙子 福建侯官

烏石山唐民題名 正書 嘉定十七年四月 福建侯官

殘碑二十二字 正書 汚毀者云云凡五行 [redacted]

殘經六十字 正書 可毀云云凡九行魏錫曾疑爲唐刻茲附

宋末 [redacted]

附

橋亭卜卦研 篆書程文海銘行書 無年月後有明永樂間趙元跋舊藏查氏今歸劉太守位坦家 直隸大興劉氏家藏

跋

物之壽無過金石然惟藏也歷久不敝故千載前物日出而不窮及出之則天時人事得而成敗之轉不能自存其能存者在箸錄家宋以前箸錄之碑近數十年所出之碑或皆不可見其名可道也箸錄存之故也世不及見宋以來箸錄之碑今時所出宋以前人亦有不克見者有宋後若元若明皆不克見今復見者曷以知之箸錄存之故也撝叔集近六十年中所出所及見碑版文字箸之以補孫氏訪碑之錄爲之十餘年復失之失而再爲之未敢自爲成書余既促成之且決之刻之以其出不窮錄必無盡也雖然凡此所錄更數十百年石之存否且不可知惟箸其名乃以長存則可知也同治

甲子四月南匯沈樹鏞均初甫跋于漢石經室

補寰宇訪碑録刊誤

補寰宇訪碑錄刊誤

光緒丙戌玉校孫季仇先生寰宇訪碑錄既卒業擬並校吾鄉趙益甫司馬補寰宇訪碑錄人事牽阻匆匆未暇癸巳夏反自越中簡棄煩促盡發篋中碑版並从儕輩稽漢晉以後石墨爲先兄佩南先生校寫碑別字夏多霖雨渠竇生魚不出戶庭者逾月因得並校勘是書其書撰人名及時地有奪譌舛誤者一一刊正得三百餘則成刊誤一卷寫坿趙錄之後詎謂遂有功於金石之學亦用償夙志云爾上虞羅振玉

漢

羣臣上壽刻石　直隸永平振玉案碑在永年

大吉買山地記　建初六年振玉案碑乃建初元年

沙南侯碑　振玉案當作沙南侯獲碑

沇州刺史楊叔恭殘碑　山東鉅野振玉案石今在魚臺馬氏

東海廟殘碑　江蘇長洲顧氏藏本振玉案拓本今歸歸安吳平齋觀詧觀詧有復刻本在焦山

益州太守高頤碑　振玉案碑有陰八分書此失錄

中牟魯君魏公闕　振玉案此碑拓本僅中牟魯君四字

吳

蕭二將祠堂記　正書太元年振玉案碑行書太元二年

晉

明威將軍郛休碑　泰始二年六月振玉案碑乃泰始六年二月

莫龍編專文　振玉案專文云永和六年太歲庚戌莫龍編侯之墓蓋莫氏封龍編侯此稱莫龍編專文誤又專出廣西蒼梧注亦未詳

後魏

鄭長猷造象　八分書振玉案碑正書

□慶造象　永和二年振玉案此即孫錄之永平三年法慶造象複出當刪

馬鳴寺根法師碑　河南洛陽振玉案碑在山東樂安大王橋此誤

高柳村比邱僧詳等一百午十人造象　山東臨清振玉案碑在益都

郁久閭明達題名　直隸永平振玉案在羣臣上醻碑陰在永年

西魏

始平縣伯造象記　振玉案此即孫錄畢秋颿先生所藏法顯造玉石象記複出當刪

東魏

張僧安造象　振玉案碑在山東樂安此未詳
杜收虎造象　振玉案吳荷屋先生筠清館金石録目云碑在漢陽葉氏
劉壽君造象　振玉案沈氏濤常山貞石志云此石歸仁和韓氏
太尉公劉懿墓志　河南安陽振玉案此碑道光初年出土在山西忻州焦丙照家後爲太谷温氏所得
王僧敬造象　振玉案碑在山東陵縣
僧熾僧惠等造象　振玉案碑在河南河内
王氏女張恭敬造象　振玉案碑三面有字石藏嘉興沈氏

邑義道俗造象治道碑　振玉案碑在山西盂縣
平乾虎造象　振玉案碑在河南洛陽

北齊

開府參軍崔頠墓志　山東益都振玉案筠清館金石録目云在直隸清河
道顯造釋迦象記　河南振玉案碑在山東范縣
雲門寺法懃禪師塔銘　山東益都振玉案筠清館金石録目云碑在安昜
陃赤齊等造象碑　振玉案碑乃道光二十四年許瀚訪出在沂州府學宮
尼法行等造象　振玉案當作尼法元等造象此作法行誤又石藏嘉興沈氏
功曹李琮墓志　振玉案碑側有字四行今人多失拓
常岳等邑義百餘人造象　山東蘭山振玉案碑有臨伊闕之右語是此刻當在洛陽龍門又此碑題名內有張樹生齊神武之父正名樹生不應絕不避諱此刻恐非北齊時造此列入北齊未確
北門護城隄上呂世擣等造象殘石　振玉案呂世擣碑作呂世樹
李寶造象殘石　振玉案此碑亦許印林訪得今在山東沂州王右軍祠

北周

陳歲造象　天和六年六月丙戌朔振玉案碑乃天和六年六月丁丑朔日丙戌

隋

□太造象　開皇五年七月振玉案此即上夏樹造象碑題□太妻夏樹複出當刪
鄭敬希題名　振玉案碑在山東東平州此未詳
張暉造象　振玉案碑在山東蘭山此未詳
寶山寺造諸佛象碑　八分書振玉案筠清館金石録目作正書
曇獻造象　振玉案碑在山東東平州白佛山此未詳
吳□造象　振玉案碑在山東麻城此未詳

金勝女造象　振玉案碑在山東麻城此未詳
周右光祿大夫開國男犖賓墓志　振玉案開國男當作雲陽縣開國男
孫先造象　山東益都振玉案碑在山東麻城九塔寺
張峻母桓造象　山東益都振玉案碑在山東麻城玉函山
密長盛逢盡豎等造橋殘碑　振玉案逢盡豎碑作逢盡⿳亡立土　⿳亡立土卽望之別字
魯司寇鄒國公孔宣文靈廟碑　寇文約立振玉案筠清館金石錄目作寇文豹
甯越郡欽江縣正議大夫甯贙碑　此碑文字不古疑僞作振玉案此碑文字樸拙然絕非僞託又此碑當列黃法𣰰造象前錯列當改正

朝請大夫夷陵太守太僕卿元公墓志　振玉案此碑及下姬氏墓志原在陽湖陸劭聞先生家今歸南皮張香濤制軍
順昌令李處落造象　山東東平振玉案在白佛山共題名四十七種皆無年月

唐

女子蘇玉華墓志　振玉案此僞託
文安縣主墓志　振玉案此碑原在醴泉後歸乾州一士人家近爲吳縣吳愙齋撫軍所得

舍利函記　顯慶二年十一月陝西臨潼振玉案此卽桂州舍利函記顯慶二年十一月建塔四年四月八日安舍利在廣西臨桂此誤
駙馬都尉豆盧遜墓志　振玉案此當依碑題作駙馬都尉息豆盧遜墓志遜乃駙馬都尉子也此誤以駙馬都尉爲遜職
張興墓志　陝西臨潼振玉案碑在河南臨漳
金剛般若經　龍朔三年四月振玉案碑常才造在河南洛陽
新羅武烈王碑額　碑爲唐龍朔閒金仁問撰書振玉案仁聞當作仁問

張對墓志　乾封二年正月振玉案碑作乾封三年
韓寶才墓志　振玉案碑今在京都端午橋工部家
新羅文武王陵殘碑　韓訥儒書振玉案當作韓訥儒正書
法如禪師墓志　正書振玉案碑八分書
處士程元景墓志　長壽三年正月廿二日振玉案碑作廿一日
龍龕道場銘　聖厤二年正月振玉案碑作二匝二十三日
薛剛墓志　振玉案碑歸陽湖董氏
馮慶墓志　振玉案碑乃王博撰注缺

居士蘆洲巢縣令息尙眞墓志　振玉案蘆洲碑作蘆
州
裴挺之妻鄭氏墓志　正書振玉案筠清館金石録目
作八分書
楊氏合葬殘碑　振玉案碑柳紹先撰李爲仁書注缺
殘墓志　李爲仁正書柳紹先文振玉案此卽上楊氏
合葬殘碑複出當删
陸元感墓志　振玉案碑蘄翰撰注缺
僧九定造浮圖記　景雲二年振玉案此碑已見孫録
列先天二年複出當删
修定寺碑　正書振玉案筠清館金石録目作八分書

祕書監馬懷素墓志　正書振玉案筠清館金石録目
作八分書
金剛經讚序並鄉望經主題名　孫嘉儁正書振玉案
碑作孫文儁又碑乃僧了空撰注缺
本願寺舍利塔碑　振玉案此碑已見孫録列大厤五
年複出當删
行登州司馬王慶墓志　正書振玉案碑行書非正書
開業寺石佛堂碑　孫義隆文行書振玉案碑孫義龍
文並行書
益州大都督張敬忠表　振玉案此卽上賜張敬忠勅
碑陰又碑常道觀主甘榮書注缺

聖容院碑　開元十四年振玉案筠清館金石録目作
十八年三月
豐義縣令鄭溫球墓志　振玉案碑盧兼愛撰此缺又
石藏陽湖董氏兵燹後不知存否
智元墓志　正書振玉案碑行書非正書
河南府參軍張軫墓志　開元二十一年十月湖北武
昌振玉案碑在襄陽此誤又碑吕說嚴撰注缺
白鹿泉神祠碑　振玉案此碑二面刻字碑陽十五行
碑陰十二行
僧義福塔志　振玉案碑杜昱撰注缺
裴光庭碑　振玉案碑張九齡撰在山西聞喜注缺

僧惠隱塔志　振玉案惠隱乃尼非僧
本願寺三門碑　年月泐考爲開元間振玉案沈西雍
先生考爲開元十三年以後
雷音洞心經　振玉案此碑今歸京都端午橋工部
李瑢墓志　陜西咸陽振玉案筠清館金石録目作在
順天文安
隴關道游奕使任令則神道碑　天寶四載十月正書
振玉案碑李邕撰並行書天寶四載十二月此誤
張軫弟二志　天寶六載十月吕說嚴文湖北武昌振
玉案碑丁鳳撰在襄陽此誤
丁思禮心經　天寶八載振玉案此碑已見孫録複出

當删

僧元林碑　陸長原文河南安縣振玉案碑陸長源文
在安陽此誤

縣尉盧重華移石記　振玉案此郎孫録之滎陽縣尉
盧重華題名複出當删

劉智墓志　蘇靈芝正書振玉案一本與此字畫行款
並同有張遘撰款無靈芝書款其字畫校精疑此本
乃碑賈從彼翻刻以字畫類靈芝書遂增蘇款耳

新平郡王儼墓志　振玉案碑韓述撰注缺

右堂銘　振玉案碑字已不可辨墨池編云高重明書

僧肅然禪房記　振玉案碑宋叔鈞撰注缺

王景秀墓志　大厤十年振玉案碑乃十一年在宛平

盧濤墓志　大厤十一年振玉案碑乃十年十一月又
子杞撰並書注缺

浮玉二字　無年月振玉案筠清館金石録目作大厤
八年

獨秀峯石室記　振玉案碑鄭叔齊撰注缺

宣城尉李君妻賈氏墓志　從子文則正書振玉案碑
乃從子文則撰並書

涇王妃韋氏墓志　李綖行書張同文陝西長安振玉
案碑無書人名綖疑侹之誤李侹即涇王也張同碑
作張周又碑正書非行書石藏南海吳氏

淮南節度兼泗洲長史北平開國伯田侁墓志　振玉
案碑桒叔文撰儲彦琛正書注缺石原在揚州梅蘊
生先生家今歸張午橋觀詧

王口題名　貞元八年二月十日在裴琳德政記後振
玉案碑乃貞元十八年在盧正道碑側

清河郡張夫人墓志　劉釗書振玉案當作劉釗正書

王庭湊妻馮氏墓志　振玉案王庭湊碑作王庭褒又
史恆撰注缺

畢遊江墓志　正書振玉案碑行書

盧永題名　陝西振玉案碑在曲陽北嶽廟

施昭墓志　振玉案碑在涇縣華口撰此未詳

零陵寺石闕贊　振玉案當作石井闌贊

殿中監石神福墓志　元和八年正月十七日振玉案
當作二月十八日

李術墓志　振玉案此僞託

尊勝陀羅尼經幢　元和十三年七月振玉案碑在陝
西咸甯韋元同撰記此未詳

尼義契墓志　振玉案碑乃从父弟同翊撰注缺

冀王事右親事典軍邵才墓志　尉仲方文振玉案碑
从姪仲方文此誤

張遵墓志　太和元年振玉案太和當作大和以下同
又碑王勸撰注缺

沔王府諮議參軍張倂墓志　振玉案碑韓逵書注缺
楚州刺史石柱題名　陜西山陽振玉案碑在江蘇山
陽
兵曹鄭準墓志　振玉案碑陳齊之撰注缺
左監門衞將軍劉英潤妻楊𤦺墓志　李約書振玉案
當作李約行書劉英潤碑作劉洪潤
馮翊聚慶墓志　振玉案此磚今歸歸安陸存齋觀詧
硤石寺法華會記　振玉案碑僧道振撰司徒曉正書
注缺
登封縣令上柱國崔蕃墓志　趙博口文振玉案瞿木
夫先生云趙博齊文

環府君妻程氏墓志　振玉案碑王玠撰注缺
徐府君劉夫人合祔銘　振玉案碑在江都
劉源墓志　振玉案碑潘圖撰注缺
趙府君妻夏侯氏墓志　振玉案碑唐正辭撰注缺
三天洞宣歙池等監軍使蘇道淙題名　安徽休甯振
玉案碑在宣城此誤
內府局丞王守琦墓志　振玉案碑歸陽湖董氏
祇園寺經幢　大中五年五月振玉案碑沈宏斌書計
二幢年月書人並同
萬夫人墓志　江蘇江都振玉案此碑藏汪孟慈先生
家孟慈先生附糧艘入都糧艘失火石已燬

盧楷墓志　振玉案此即孫録之太子左庶子盧公墓
志複出當刪又古誌石華定盧公爲盧鍇此作盧楷
亦誤
袁口妻王氏墓志　振玉案碑乃王孟諸撰注缺
藥師象贊　振玉案碑乃郭崧撰並書注缺
滎王府長史程脩已墓志　咸通二年振玉案碑乃咸
通四年
節度隨使押衙王公晟妻張氏墓志　子宏泰書振玉
案當作子宏泰正書
國子祭酒嚴密墓志　振玉案碑在壽州
青龍鎮朱氏石幢記　振玉案碑在青浦裴南口撰

徐州功曹劉仕俌墓志　振玉案碑今歸太倉錢伊臣
大令
王夫人宇文氏墓志　振玉案王夫人碑作李夫人
尊勝陁羅尼咒幢　咸通十三年七月振玉案碑在嘉
興
雲居寺殘經　振玉案碑楊元宏書注缺
河南府錄事趙虔章墓志　孫溶正書姚紃文振玉案
碑孫溶撰姚紃書此誤
淨土寺毗沙門天王碑　振玉案碑王札撰韋藁書注
缺
戴昭墓志　振玉案碑許棠撰注缺

幽州隨節度押衙敬延祚墓志　中和二年振玉案碑在海豐吳氏乃中和三年
北海戚處士墓志　振玉案碑原在浙江諸暨後歸蕭山王氏
封崇寺經幢　史歸舜正書振玉案碑乃史歸舜撰贊正書
雙溪寺眞鑑禪師碑　振玉案碑正書
聖住寺朗慧和尚白月葆光塔碑　振玉案碑正書
口節度相國生祠碑　王摩正書振玉案此即董昌生祠記未見王摩書款
光祿大夫靜南軍使扶風縣開國男韋君靖碑　乾甯

二年二月四川大定振玉案二月當作十二月大定當作大足
道宗常寶二僧碑　乾甯二年振玉案當作乾甯元年又碑王睞撰注缺
王進思碑　無年月正書振玉案此碑安陽志列開元末又田景志八分書韓郉卿撰
尼韋提墓志　振玉案碑辛溥撰在陝西咸甯此未詳
深州刺史殘墓蓋　山西汾陽振玉案碑在直隸正定
華陽三洞景昭大法師碑額　無年月振玉案韋景昭碑在句容已見孫録此又單箸其額何耶

後梁

王彥冋墓志　振玉案碑蔣鹽玄撰注缺

後唐

石臺記　振玉案碑乃僧德徽撰惠臻書注缺

後晉

淨土寺法鏡大師慈鐙塔碑　仇足達書振玉案碑作具足達書
石屋洞朱口口造象　開運三年四月十五日振玉案當作開運二年
弓敬安等造象並同囘咒　振玉案鈞清館金石錄目作張敬安
徧明造象　無年月振玉案以下無年月諸造象皆題

甲辰歲乃天福九年

後漢

奉宣祭瀆記　振玉案碑柴自牧撰注缺

後周

石南山寺國師碑後記　釋純白文並書振玉案碑正書注未詳
李詷妻徐墓志　顯德元年振玉案鈞清館金石錄目作顯德三年丙辰十月庚申朔十四日此誤又碑李濤撰注並缺
玉兎寺禪師遺屬　振玉案碑在山西浮山
大安寺廣慈大師碑　高麗光宗光德二年七月考當

在顯德閒振玉案碑稱光德二年庚戌十月考庚戌乃漢乾祐三年此列周末誤又碑乃孫紹撰注缺

吳越

謝客巖題字　錢鏵正書浙江永嘉振玉案碑字篆書在錢唐

朱行先墓志　振玉案碑乃謝鶚撰注缺

宋

元聖文宣王贊並加封號詔　王嗣忠書振玉案碑乃王嗣忠行書此誤

勅賜封崇寺額牒並記　大中祥符九年八月五日振玉案碑乃八月二十五日童蒙亨撰男貽孫書此未

詳

勅賜慶成院額牒並記　大中祥符九年振玉案碑乃大中祥符七年又碑陰刻陀羅尼咒正書此缺錄

興福寺塔記　姜郜攢書振玉案姜郜瓚撰並書此未詳

大慈恩元化寺碑　周仁文振玉案碑作周仕文

新修碑樓記　河東榮陽振玉案此刻在河南榮陽盧正道碑側又王鑑撰此未詳

保甯寺牒　振玉案此碑在浴室院鐘樓碑陰僧惠詮行書此未詳

重修郭進屏盜碑記　振玉案碑胡戢撰注缺

魏威信碑　振玉案碑李維撰注缺

南海廟牒　慶厤二年振玉案此即南海神廟中書門下牒已見孫錄複出當刪

聖王殿記　振玉案碑宋明書注缺

淮陰廟碑陰　振玉案碑乃王孝孫書許扶述大淵獻十二月此未詳

張揆孟姜廟詩　振玉案碑宋宗諤書注缺

梁軌祠記　振玉案碑薛宗儒撰鄭輔書注缺

韓恬墓志　振玉案碑乃叔祖琦撰弟跋書注缺

趙□墓志　振玉案碑乃姪孫旻書注缺

趙宗道墓志　振玉案碑乃韓琦撰李中師書注缺

趙宗道妻崔氏墓志　年月泐振玉案碑張吉撰張曜書熙甯二年十一月注缺

晉祠龐京孫題名　振玉案此在晉祠銘碑陰

成德軍修虖沱河記　振玉案碑石亘撰注缺

曾布禱雨題名　振玉案在晉祠銘碑陰

越州朱儲斗門記　振玉案碑邵權撰江嶼書注缺

重修淮陰侯廟碑　杜希□書振玉案碑無書人名杜希□乃篆額人也又碑字正書注缺

重修廟學碑　振玉案碑字正書注缺

新遷文宣王廟堂記　振玉案碑齊孝先撰碑側有字注缺

僧靈裕塔銘並傳序　振玉案塔銘師嚴正書傳釋德
殊撰小童師慶正書注未詳
張旨碑　振玉案碑乃男平秩立呂陶撰注缺
頓起等題名　紹聖四年振玉案紹聖當作紹興
將軍廟辭　振玉案此即孫録書將軍山廟辭複出當
刪
高元龍等朝元閣題名　振玉案碑楊質夫題行書注
缺又高元龍碑作高元龍
湘南樓記　振玉案碑李彥弼記周冕書注缺
陳崇禱雨記　振玉案此刻沐淵靜應廟唐碑側
九仙居士陳□殘題名　振玉案陳□乃陳疇九曜石

有疇題名稱九仙野叟
華嚴經會序　振玉案此即孫録橫淵華嚴經會複出
當刪
僧普惠塔銘　振玉案碑乃沙門惪□撰並書注缺
唐裔等清輝閣題名　振玉案當作暨唐裔等
龍隱橋記　振玉案碑李坦題李墀書注缺
神霄玉清萬壽宮碑　振玉案碑乃御製御書注缺
僧惠清塔記　振玉案碑李世美撰注缺
封崇寺鑄鐘記　繼重文並書振玉案當作僧繼重文
並正書
宋全等施石牀記　振玉案碑乃張先孺筆注缺

北岳廟王能題名　宣和九年振玉案吳氏筠清館金
石録目考爲大中祥符八年以前緣王能於八年入
覲此列宣和九年後大中祥符百餘年誤甚
南宋
眞樂公文殊院記　振玉案碑乃金富轍撰坦然書注
缺
御書傳忠廣孝寺碑　振玉案當作御書傳忠廣孝寺
額碑
李集妻楊氏墓志　振玉案筠清館金石録目云此碑
道光十年出土湘潭劉詒孫旋納石墓中
南山順濟廟記　振玉案黃庭堅撰書注缺

趙子直題名　振玉案在福建烏石山
高州石屏記　振玉案碑洪邁撰朱希顔跋注缺
紹興府進士題名　振玉案碑王介書並序題名八分
書記文正書注缺
浴日亭詩　振玉案碑蘇軾撰注缺
廣壽慧雲寺記　景定四年振玉案碑乃景定三年又
史浩撰樓鑰書注缺
秦觀踏莎行詞　湖南彬州振玉案當作郴州
遼
雲居寺經幢　振玉案李樞撰呂嗣宗書注缺
西夏

感通塔番字碑　無年月振玉案此郎上感通塔碑之
陰

金

護國顯應王廟記　振玉案碑周庭撰並書注缺
湯廟記　振玉案碑王定國撰張齊古正書注缺
奇石山摩崖　王縮正書鞏伯勳文振玉案碑乃王瑨
書鞏伯壎文注誤
圓應國師碑　皇統元年振玉案海東金石苑作皇統
五年
定林通法禪師塔碑　王縮升書振玉案碑乃王瑨撰
並正書
崔皋等石香鑪記　振玉案碑乃釋惠海正書注缺
僧崇遠塔銘　振玉案碑乃釋普明撰僧了性正書注
缺
廣濟寺牒　大定三年十一月振玉案三年牒七年八
月立石在陜西醴泉此未詳
七佛偈坿圭公居士塔銘　釋洪道行書振玉案偈乃
釋洪道分書塔銘乃沙門智深撰宋義行書注誤
萬壽院牒　大定十年振玉案碑乃蘇綬書注缺
洪福院牒記　振玉案碑乃楊震撰口璧書注缺又碑
有陰中統四年正月正書
修象施錢記　振玉案在唐陳令望心經碑陰

關大王祖宅塔記　振玉案碑張開撰注缺
居士張淨宇塔銘　洪道書振玉案當作釋洪道正書
修龍門寺記　淵懿書振玉案當作釋淵懿正書
允公長老塔銘　道信書振玉案當作釋道信正書
龍泉院牒並記　振玉案碑有陰正書此缺錄
口處仁回山碑陰題名　振玉案當作口處仁回山宮
碑陰題名
竹林寺羅漢洞記　大定廿九年振玉案碑乃釋有挺
撰王道書宋崇寧元年十月刻大定廿九年重刻注
未詳
治平院山堂記　明昌二年振玉案碑乃許安仁撰並
書明昌五年閏十月注未詳
玉祖堂記　振玉案當作五祖堂記又李俊民撰王一
飛正書注缺
東海徐氏墓碣　河南濟源振玉案碑乃唐子固撰徐
珍書注未詳又碑在山東濟甯注缺
元氏重脩社壇記　刻政和九年碑陰振玉案此刻在
政和元年社壇圖碑陰又碑劉夔撰宋泰書注缺
高仲倫德政碑　振玉案碑有陰正書此缺錄
玉皇象座上題字　振玉案王仁祐書注缺
方丈二大字　趙口正書振玉案碑乃趙秉文書在鞏
縣

寶鏡寺元眞國師碑　振玉案元眞海東金石苑作圓
眞
道士鄭居澄豫作墓志　振玉案碑劉寇撰注缺
劉章墓碣　正書無年月振玉案碑有己酉歲字吳荷
屋先生考爲湻祐九年關中金石志列入元初非又
碑乃楊英撰張徽分書注缺
僞齊
永慶寺大殿記　振玉案碑在長清僧智江撰注缺
元
重脩大龍興寺功德記　印從書振玉案當作釋印從
正書

知中山府事王善神道碑　李治文振玉案當作李冶
妙香院記　振玉案碑比邱道虔撰注缺
無極縣廳事題名記　馮崧升書振玉案碑馮崧撰並
正書
重脩廟學記　李治文振玉案當作李冶
衞心隱碑　振玉案此卽孫錄衞志隱碑復見當刪
望嵩樓記　振玉案此碑已見孫錄復出當刪
天開寺碑　振玉案碑魏必復撰並正書注缺
元氏重建土地堂並石香鑪記幢　振玉案賀宗儒撰
注缺
重脩神應王廟記　陳絢禮書振玉案碑作陳徇禮

欒巴廟記　振玉案碑劉賡撰並正書注缺
韓氏新塋世德碑　振玉案碑胡祗遹撰胡持正書注
缺
壽國文貞公董文忠墓碑　振玉案文忠公碑作忠貞
公
拔不忽碑　振玉案此卽孫錄之至大口年珊竹公神
道碑復出當刪
追贈董俊聖旨碑　至大三年十口月振玉案當作至
大元年閏十一月
全眞觀碑　振玉案此碑已見孫錄復出當刪
杜榮季碑　振玉案碑祝儲撰韓從益書注缺

順應侯廟碑　振玉案宋元豐二年牒陰刻元符三年
李元膺記注缺
祁林院歷代聖主恩慧撫護碑　正顯書明亮文振玉
案碑僧正顯書碑陰僧明亮撰此未詳
白佛殿記　振玉案碑張口記張東書注缺
程鉅夫妻徐氏碑　振玉案碑熊朋來撰貢本書注缺
追崇聖號之碑陰　振玉案王朴書注缺
大成殿記　振玉案碑韓性撰注缺
功臣平章鄭溫神道碑　鄧口原文振玉案碑作鄧文
原
趙文正公興學詩　賈屋書振玉案當作賈屋行書

魯柏山禪定字施緣銘記三種　振玉案禪定字當作
禪定寺
十方萬歲禪寺莊產碑　虞集書振玉案碑虞集行書
碑有陰注未詳
榮祿公哈珊神道碑　振玉案碑八分書注未詳
普陀大士象碑　振玉案碑徐子邁記李元奎書注缺
開元寺重脩聖象法堂記　振玉案碑昔里改牙撰僧
善壽書注缺
宣武將軍皇毅墓碑　慶口文振玉案當作虞口文
雲居寺藏經記　振玉案碑沙門法禎撰並書注缺
興龍寺記　振玉案碑虞集撰並正書注缺
補寰宇訪碑錄刊誤　朱氏槐廬校刊
彰德路廳壁記　振玉案碑趙時敏記王思義正書注
缺
宋文瓚去思碑　振玉案碑黃溍撰趙宜浩書注缺
重脩佛堂院記　額題郛鄒囂鄭竇看振玉案鄒碑作
鏅
碑陰　額題粃坦巖壂四字振玉案坦巖碑作珇巍
賈魯謁岱祠詩　振玉案此即孫錄之至正六年岱廟
環詠亭詩刻復出當刪
陶福之烏山洞題記　至正六年振玉案當作至正五
年
龍興寺住持佛光宏教大師碑　振玉案碑行書注未
詳
貢師泰去思碑　振玉案此碑已見孫錄復出當刪
趙叔遜去思碑　振玉案此碑已見孫錄復出當刪
周從進等朝陽巖題名　振玉案李次皋書注缺
杜瑛碑　振玉案馬祖常撰胡彝書注缺
太白酒樓記　振玉案此即孫錄之至元三十年唐李
翰林酒樓記復出當刪
秦王夫人施長生錢記　振玉案此碑已見孫錄復出
當刪
張養浩家訓　至正十四年振玉案此碑已見孫錄列
至順三年從山左金石志也此因跋語有至正十四

年字故列此復出當刪
增修學廟記　振玉案碑有陰此失錄
普光禪寺碑　楊鉉撰振玉案海東金石苑作揭竑撰
僧通慧塔記　振玉案碑宋天祿書注缺
渾忠武王祠記　振玉案碑魏志遠撰王克明書注缺
無量壽院記　無年月振玉案此碑已見孫錄列至正
十五年復出當刪
吳
天冊專文　振玉案此專今已不存
晉
靈崇二大字　浙江臨海振玉案二字在浙江處州南

明山後有宋紹聖丁丑劉涇書贊此誤

隋

啟法寺碑　振玉案碑周彪撰注缺

唐

范女阿九墓志　兄瓚文振玉案當作兄鄧文

戚高墓志　振玉案此碑即卷三之北海戚處士墓志

復出當删

牛秀殘碑　振玉案碑在陝西醴泉此未詳

南宋

橋亭卜卦硯　直隸大興劉氏家藏振玉案今在京都

謝公祠

補寰宇訪碑録刊誤畢

光緒二十年歲在甲午春王月古吳槐廬家塾補校刊

補寰宇訪碑録校勘記

補寰宇訪碑錄校勘記凡例

一孫錄于年月中所紀支干等字去之以入錄體例本善趙氏故違其例然亦有時失錄體例紊亂玆編于趙氏所去支干字悉爲著明

一孫錄于碑目下註云某某撰某某書體例亦善趙氏故違其例易之曰某某某書某某文此等無義例之改易不過顚倒撰書人名氏前後殊可不必

補寰宇訪碑錄校勘記卷一

廬江劉聲木十枝撰

漢

甘泉山元鳳刻石殘字　大興翁方綱考爲昭宣之間聲木謹案石于嘉慶十一年五月儀徵阮文達公元于惠照寺訪得移置揚州府學

巴州民揚量買山記　地節二年□月聲木謹案揚量又有作揚量者攈古錄云石在歸安錢氏家

孝堂山食堂畫象題字　永建五年聲木謹案石于道光十九年馬星垣于兩城訪得移置州學五年下碑文原有二月廿三日五字

壽貴里文叔陽食堂畫象題字　建康元年八月□丑朔十九日丁未聲木謹案碑文字蹟磨泐不易辨識□丑朔碑文原作乙丑朔石後歸滿洲托活洛氏端忠愍公方忠愍故後不知歸于何所

三公山神碑　□初元年二月八日海豐吳式芬考爲本初元年聲木謹案碑文石質甚粗字蹟不易辨識藝風堂金石文字目云是篆書建初四年八月細審碑文繆氏所題差爲近似

三公山神碑陰　八分書聲木謹案繆荃孫考爲掾琦□國篆書

沇州刺史楊叔恭殘碑　建寧四年七月六日甲子聲木謹案石于嘉慶廿一年四月十六日魚臺馬邦玉于鉅野城南昌邑聚訪得後歸滿洲托活洛氏

吹角壩摩崖　建安六年二月丁丑朔廿二日聲木謹案石于光緒　年南皮張文襄公之洞督學四川時移置成都試院趙

氏沿北宋王象之輿地碑目名名之藝風堂金石文字目因碑文中有嚴季男等字故名嚴季男殘碑實即此碑

益州太守高頤碑　建安十四年聲木謹案碑文中有八月卒于官之語

益州太守武陰令上計吏舉孝廉諸部從事高頤東闕　無年月聲木謹案上計吏碑文原作上計史碑文云高君字貫方無高頤字

益州太守陰平都尉武陽令北平丞舉孝廉高頤西闕　無年月聲木謹案北平丞碑文原作北府丞碑文云高君字貫光無高頤字

謁者北屯司馬沈君神道右闕　無年月聲木謹案兩闕官職不同字蹟亦異未必爲一人一時所立不必强分爲東西闕司馬下碑文原有左都侯三字

益州牧楊宗墓闕　無年月聲木謹案輿地碑目云楊宗德仲墓道闕

李君石闕殘字　無年月聲木謹案此碑殘字有二石一文云李公二字一文云李公祠里不焉河上八字石質甚粗趙氏以石闕殘字著録不知何据

石廧村石刻　無年月聲木謹案石于道光十八年十月望日移置孟子廟字蹟甚磨泐石上下均缺佚石刻當作殘碑

兩城山畫象　無年月聲木謹案孫録雖亦有兩城山畫象然非一石趙氏所註恐與孫録相混頗有辨明之意亦有題周文王伯英等畫象者石舊在魚臺王氏家後歸福山王文敏公懿榮文敏故後不知所在

魏

大將軍曹眞殘碑　大興徐松考爲太和間聲木謹案石于道光間長安南門外十里許出土僅存中段乃州民頌德碑後歸滿洲托活洛氏

曹眞殘碑陰　聲木謹案碑文爲皇甫□等題名

晉

明威將軍郛休碑　泰始二年六月聲木謹案二年六月原作六年二月已見羅氏刊誤二月下碑文原有丙子二字石後歸滿洲托活洛氏

振威將軍建寧太守爨寶子碑　太亨四年四月按太亨無四年詳碑側鄧爾恆跋聲木謹案石于乾隆四十三年在南寧城南七十里揚旗田出土四月下碑文原有上恂二字年月中原有支干字爲趙氏删去

宋

龍驤將軍護鎭蠻校尉寧州刺史邛都縣侯爨龍顏碑　大明二年九月壬子朔聲木謹案石于嘉慶　年阮文達公元于陸涼州東南二十里貞元堡訪得趙氏删去年下支干字

齊

吳郡造維衞尊佛記　永明六年聲木謹案碑文寥寥十八字不足稱記實題名類趙氏删年下支干字

梁

侍中大將軍臨川靖惠王蕭宏神道二闕　其一左行聲木謹案高頤沈府君皆分著東西左右闕此獨並著未喻其意二闕文字皆同惟西闕左行

後魏

司空公長樂王邱穆陵亮夫人尉遲爲牛橛造象　太和十九年十一月聲木謹案趙氏所註頗似金石文跋尾不宜錄于碑目下

步輦郎張元祖造象　太和廿年聲木謹案碑文原爲爲亡妻一弗造象

鄭長猷造象　景明二年聲木謹案石在龍門大佛洞鄭長猷官前太守護軍長史碑文中非一人造象原爲造彌勒象二年下碑文原有九月三日四字

鄯龍姬造象　無年月坿鄭長猷上列聲木謹案碑文字蹟甚磨泐碑文原爲亡父母造象

比邱法轉造象　正始四年六月聲木謹案石在龍門老君洞碑文原爲爲亡父母等造彌勒象六月下碑文原有一日二字趙氏去年下支干四字

清州□泉寺造象　永平元年聲木謹案此卽孫氏著錄□府人等造彌勒象實爲複出

鄭道昭中明壇題字　無年月聲木謹案碑文實爲題名類並非題字鄭道昭上碑文原有中岳先生四字

鄭道昭大基山題字四種　無年月聲木謹案趙氏于註中著明每種之字體例較孫氏爲善不如分錄更爲明晰

法興造象　延昌二年八月二日聲木謹案石在龍門老君洞碑文原爲比邱尼法興造釋迦象

清信女尹靜妙造象記　延昌四年八月辛未朔廿九日聲木謹案石在河南洛陽龍門老君洞碑文僅廿五字不足稱記碑文原爲爲一切衆生造象趙氏刪月下支干字

比邱尼慈香慧政造象記　神龜三年三月廿日聲木謹案慈香慧政爲兩尼名應去下名加一等字造象碑文原作造石窟象廿日碑文原作廿□日

維那主葆張碩等碑陰題名　正光三年正月廿六日聲木謹案石雖不知所在行世拓木甚多

□□妻公孫氏造象　正光三年九月聲木謹案石在龍門火燒窰□□碑文原作郟合公孫下碑文原爲□姬爲亡父母造无量壽佛象九月下碑文原有廿日二字

鎭遠將軍後軍將軍鄭道忠墓志　正光三年十二月己未朔廿六日甲申聲木謹案碑文實爲墓志銘石似已佚復出終不知其地址所在

驡驤將軍懿侯高貞碑　正光四年十一月六日聲木謹案十一月六日碑文原作六月八日

吳高黎墓志　孝昌二年正月十三日聲木謹案趙氏去月下支干字石後歸滿洲托活洛氏

黃石崖法義卅五人造象　孝昌二年九月八日聲木謹案法義上碑文原有帝主元氏四字造象原作造彌勒象趙氏又去支干字

張神龍等百餘人造象　孝昌三年七月十日聲木謹案石在山東歷城黃石崖碑文十一行記事五行半題名五行等字上碑文原有法義兄弟四字造象原作石窟象

黃石崖法義百餘人造象　孝昌三年七月十日聲木謹案此卽張神龍等百餘人造象實爲複出

比邱道林造象　孝昌三年聲木謹案林碑文原作𠈃三年下碑文原有二月十五日五字

王僧歡造象　建義元年五月四日聲木謹案碑文在黃石崖張神龍等造象後黃石崖卽古歷山碑文原爲雍州亡安人王僧歡造尊嚴象

李興造象　建義元年七月十五日聲木謹案此卽孫氏著錄沙門惠詥等造象實爲複出

高柳村比邱僧詳等一百午十人造象　永安三年八月甲辰朔九日壬子聲木謹案碑中文字甚長非僅寥寥數十字可比應作造象記碑文中惠輔名居首僧詳名列第二

南陽張元墓志　普泰元年十月一日聲木謹案南陽下碑文原有太守二字原石拓本舊藏道州何太史紹基家紹基摹刻一本置于山東省城濼源書院

東魏

驃騎將軍滄州刺史王僧墓志　天平三年二月十三日聲木謹案碑文後有銘文六行實爲墓志銘趙氏刪年月中支干碑額正書刊于碑側

張僧安造象　天平四年聲木謹案張僧安上碑文原有辛樂縣人四字四年下碑文原有九月十九日五字此種石象似仿漢畫象摹刻筆畫更細如髮絲實爲罕見藝風堂金石文字目云石藏泰州宮氏

凝禪寺三級浮圖碑頌　元象二年二月乙未朔□五日己酉聲木謹案二年下碑文原有歲在申三字不知趙氏何故刪去□五日碑文原作二十五日

程榮造象記　興和二年今歸嘉興沈氏聲木謹案石舊藏沈濤持贈趙氏藝海樓復歸南陵徐積餘觀察乃昌碑陰畫象碑左側有施石主程昌犂等題名正書

僧道山造象　興和三年四月十五日聲木謹案碑文原作比邱僧道山造觀世音象碑有兩側正書石後歸滿洲托活洛氏

僧熾僧惠等造象　武定三年七月十五日聲木謹案碑文云邑主朱永隆七十人等造天宮象銘後有銘文五行趙氏刪年月中支干字

邑義道俗造象治路碑　武定七年四月八日聲木謹案趙氏刪年月中支干字石在山西盂縣

冀州刺史關勝誦德碑　武定八年二月四日聲木謹案此碑已見孫錄實爲複出

嚴雙珍尹文和造象　無年月聲木謹案石在龍門老君洞碑文中第二人名氏應去于上加一等字碑文云嚴雙珍尹文和侍佛時云云時字下必有年月可惜俗工未拓

王賓殘造象　無年月聲木謹案石在龍門老龍洞碑文云南陽美賓石一區云云

比邱道匠造象　無年月聲木謹案碑文云比邱道匠住與妙周造象云云

今游祖造象二種　無年月聲木謹案石在龍門老君洞一云今游祖韓富女共造釋迦牟尼佛一區云云一云今游祖爲亡父母造釋迦牟尼佛象云云

劉僧濟造象　無年月聲木謹案石在龍門老君洞碑文云清信女劉僧濟造釋迦牟尼佛象

王惠忩妻蔡造象　無年月聲木謹案石在龍門老君洞碑文云
王惠翁婕蔡阿妃造釋迦牟尼佛象
比邱僧力僧恭造象　無年月聲木謹案石在龍門老君洞造象
碑文原作造無量壽象

北齊

張龍伯造象　天保元年十月八日聲木謹案碑文原爲張龍伯
兄弟等造象趙氏刪年月中支干字石在河南洛陽
陶長貴造象　天保七年聲木謹案碑文原作爲亡妻鄧氏造象
嚴□順造象　天統元年五月十五日聲木謹案碑文原爲尚書
嚴克順兄弟等造龍華四面龕象石後歸滿洲托活洛氏匋齋
藏石記亦作嚴□順
㶊赤齊等造象碑　天統五年九月十四日聲木謹案碑文原爲
八分書非正書碑文云棲閑寺㶊赤齊邑義六十人等造象頌
造象碑兩側　正書聲木謹案右側正書左側八分書
晉昌郡開國公唐邕寫經碑　武平三年五月廿八日聲木謹案
碑文中有盡勒名山之語是刻經非寫經攈古録云石在河南
武安
蘭陵武王高長恭殘碑　武平四年聲木謹案石于光緒二十五
年直隸磁州出土武王碑文原作忠武王碑有陰碑額陰有安
德王詩八分書
功曹李琮墓志　武平五年正月十二日聲木謹案碑文後有銘
文八行實爲墓志銘
肇舍合邑廿二人造象　武定六年三月聲木謹案石在龍門蓮
花洞碑文原爲七世父母造象

常岳等邑義百餘人造象　無年月聲木謹案碑文除題名外尚
有三百餘字中多對偶實爲記事之體非僅造象石在河南洛
陽非山東蘭山

北周

薛廻顯造象　天和三年四月八日聲木謹案碑文原爲爲亡父
母造觀世音象碑有兩側正書石後歸滿洲托活洛氏趙氏刪
年月中支干字

隋

累初石塔題名　開皇二年聲木謹案碑文僅三十二字碑文云
比邱尼法相爲累叔師僧造石塔題名
李惠猛妻楊靜太造象　開皇四年八月辛卯朔十日庚子聲木
謹案碑文在山東歷城玉函山楊靜太造象有二一爲造觀世
音象無年月此乃造彌勒象趙氏刪年下支干四字
翊軍將軍安□□造象　開皇四年聲木謹案安□□碑文原作
安勇子四年下碑文原有九月廿一日五字
夏樹造象　開皇五年七月七日聲木謹案碑文在山東歷城玉
函山夏樹造象有二一無年月一即此原爲夏樹夫妻造彌勒
象趙氏刪去年月中支干字
醫山王輝兒造象記　開皇八年聲木謹案碑文寥寥九行每行
十餘字不足稱記八年下碑文原有□□廿一日等字攈古録
云石在福建閩縣鼓山藝風堂金石文字目云石在磁州南響
堂山
故民楊虎族正釗術下銘　開皇九年正月十二日聲木謹案碑
文中有長安縣住在通義坊之語故趙氏以陝西長安註入未

可爲據
曇獻造象　開皇十年聲木謹案碑文在金螺山大佛洞卽攈古
錄所載白佛山十年下碑文原有九月三日四字碑文中有劉
子仲等造阿彌陀象
東宮右親衛元仁宗墓志　開皇十年十二月二日聲木謹案趙
氏刪年月中支干字原石久佚神州國光集第十一集有石印
全張本
宋叔敬造象　開皇十一年五月廿三日聲木謹案碑文字蹟磨
泐原在千佛山宋叔敬碑文原作宋叔寂
佛弟子□□□造象記　開皇十二年聲木謹案碑文文字甚短
不足稱記十二月下碑文原有四月十四日五字
諸葛子恆造象碑　開皇十三年四月十五日聲木謹案碑文實

爲平陳獲陳叔寶紀功頌通體均頌平陳之功並無半語言及
造象二字碑文上截餘空處前段刻有左右箱菩薩主孫桃姜
等題名于碑文顯屬二事石在山東蘭山泰安乃府名趙氏刪
年月中支干字
羅寶奴造象　開皇十三年五月二日聲木謹案碑文字體左行
趙氏刪年月中支干字
周右光祿大夫開國男鞏賓墓志　開皇十五年十月廿四日聲
木謹案石于嘉慶廿四年四月偃師段嘉謨于南鄉訪得移置
武功縣署碑文後有銘文六行實爲墓志銘趙氏刪年月中支
干字石後歸滿洲托活洛氏
大將軍昌樂公主府司士行參軍張通妻陶貴墓志　開皇十七
年三月廿六日聲木謹案碑文後有銘文七行實爲墓志銘原

石後在北京久佚南陵徐積餘觀察乃昌藏竹鏡二字已泐後
覆刻之一石乃摹刻最佳之本
美人董氏墓志　開皇十七年十月甲辰朔十二日乙卯聲木謹
案碑文後有銘文六行實爲墓志銘碑文舊作蜀王製製字所
包者廣製字製文製石均可趙氏以爲撰文未可爲據趙氏刪
年下支干四字石經咸豐癸丑粵匪之亂原石久佚有謂石碎
爲數塊仍在瓦礫中者有謂流入日本者覆刻之本甚多皆惡
劣
龍山公墓志　開皇廿年十二月丙辰朔四日己未聲木謹案碑
文龍山公原官開府儀同三司趙氏刪年下支干四字
解省躬記妻鄧同禮造象碑　開皇間聲木謹案碑文僅此數字
實爲題名亦並無造象等字

魯司寇鄒國公孔宣文靈廟碑　仁壽元年四月甲寅朔□□日
甲子碑側有唐人題名聲木謹案碑文後有銘文七行實爲墓
志銘□□日碑文原作十一日碑側唐人題名卽唐貞元十年
九日哉生魄李承訓移碑記趙氏已另錄不應複註
鳳泉寺舍利塔銘　仁壽元年十月十五日聲木謹案碑文年月
日中原有支干字趙氏去之碑文云謹于歧州歧山縣鳳泉寺
奉安舍利云云趙氏遂以陝西歧山列入未可爲据石實在陝
西扶風
張試息君卿爲夫高洪忸造雙觀音象　大業四年八月十五日
聲木謹案爲夫碑文原作爲亡夫非爲生者造象石後歸滿洲
托活洛氏
寧越郡欽江縣正議大夫寧贙碑　大業五年四月聲木謹案碑

文後有銘文五行實爲墓志銘
左禦衛府長史宋永貴墓志　大業十二年十一月癸丑朔廿一
日癸酉聲木謹案碑文後有銘文六行實爲墓志銘

補寰宇訪碑錄校勘記卷二

廬江劉聲木十枝撰

唐

僧靈琛灰身塔銘　貞觀三年四月聲木謹案僧靈琛上碑文原有慈潤寺三字四月下碑文原有十五日三字碑文後截又有玉塔頌一首正書三行

隋益州總管府司馬裴鏡民碑　貞觀十一年十月聲木謹按碑文後有銘文四行實爲碑銘十月下碑文原有廿一日三字碑文云君諱鏡民字君倩河東聞喜人也云云趙氏遂以山西聞喜註入未可爲据

濮陽令于孝顯碑　貞觀十四年十一月聲木謹案碑文後有銘文五行實爲碑銘十一月下碑文原有十日二字趙氏刪年月中支干字碑文中有遷窆于三原縣之語趙氏遂以三原註入藝風堂金石文字目云石在西安府學

殘造象碑　貞觀十九年□月□三日巳刻明天順壬午進士題名聲木謹案石在龍門賓暘洞碑文原爲杜仁基造象字甚草率疑石工所爲□月□三日碑文原作八月廿三日明天順無壬午但不知當時何以刻趙氏何以著錄不加考證

文安縣主墓志　貞觀二十二年三月廿二日聲木謹案碑文後有銘文實爲墓志銘碑文中諱字皆空白未塡字

益州學館廟堂記　永徽元年二月庚午朔卅日己亥聲木謹案碑陽陰上下截均有缺佚石質粗鬆字蹟甚磨泐川省碑刻大率皆如此

左監門大將軍樊興碑　永徽元年七月九日聲木謹案石于道

光八年周貞木學使得于獻陵移置陝西學院碑文後有銘文
實爲碑銘趙氏删去年月中支干字
樊慶造象　永徽二年聲木謹案石在龍門老君洞碑文原爲爲
亡慈兄造觀世音象二年下碑文原有九月卅日四字
舍利函記　顯慶二年十一月聲木謹案碑文原爲善興寺舍利
函塔記二年十一月碑文原作四年四月下仍有八日二字
爨君協造優塡王象銘　顯慶四年二月聲木謹案石在龍門敬
善寺碑文寥寥三十四字並無銘文爨君協上碑文原有武騎
尉三字二月下原有八日二字
善興寺造塔藏舍利記　顯慶四年四月八日聲木謹案此卽舍
利函記已見著録實爲複出
駙馬都尉豆盧遜墓志　顯慶四年八月廿八日聲木謹案石已

碎爲三塊左右角各碎一角左角上殘佚數十字碑文後有銘
文六行實爲墓志銘駙馬都尉下碑文原有衛尉少卿息五字
据碑文是駙馬都尉之子非本人也趙氏删年月中支干字攟
古録云石在陝西長安
石靜業造象　顯慶四年聲木謹案石在龍門賓暘洞碑文中非
止一人石靜業實爲比邱尼四年下原有十月廿三日五字
王仁基造象　顯慶五年正月廿三日聲木謹案石在龍門敬善
寺碑文原爲爲皇帝等造象
張興墓志　龍朔元年聲木謹案碑文後有銘文實爲墓志銘張
與上原有處士二字元年下碑文原有十月廿三日五字石現
在安陽古蹟保存所中
梁□素妻成氏墓志　麟德元年聲木謹案石已斷爲前後兩截

下截缺佚數字不等碑文後有銘文實爲墓志銘梁君並無名
字見于碑文中只有功曹參軍四字元年下碑文原有十二月
十一日六字碑文中有殯于終南山梗梓谷之語趙氏遂以陝
西長安註入未可爲据
張對墓志　乾封二年正月廿五日聲木謹案趙氏删年月中支
干字碑文有殯于龍門西平原之語趙氏遂以河南洛陽註入
白佛山楊棫題名　咸亨元年聲木謹案碑文原爲十一重修題
名元年下碑文原有十月十七日五字
韓寶才墓志　咸亨四年十一月聲木謹案碑文後有銘文二行
實爲墓志銘十一月碑文原作十二月下仍有九日二字石在
西安府學碑林中
文林郎王君妻栢氏墓志　上元元年八月廿九日聲木謹案碑

文後有銘文實爲墓志銘石後歸滿洲托活洛氏
無量壽佛經　上元元年十月聲木謹案碑文字蹟甚磨泐十月
下碑文原有六日二字攟古録云石在直隸南樂
代州都督許洛仁妻襄邑縣君宋氏墓志　考爲儀鳳元年五月
廿四日石歸臨海宋氏聲木謹案碑文云宋氏諱善士字令儀
碑文中無年月黄本驥古志石華考其年月如此石出長安後
歸滿洲托活洛氏
王留墓志　儀鳳四年五月聲木謹案碑文中云諱留字留生又
云諱留生後有銘文實爲墓志銘五月下碑文原有五日二字
趙氏删年月中支干字石後歸滿洲托活洛氏
王思讜造象　永隆二年六月廿八日聲木謹案碑文在浮邱山
千佛寺碑文原爲爲亡弟造彌陁象攟古録云石在河南濬縣

蘭師墓志　永湻元年聲木謹案碑文字蹟磨泐後有銘文實爲墓志銘蘭師上碑文原有僕寺廐牧四字元年下碑文原有八月十四日五字

蘇鋗爲弟越金造象　永湻二年九月八日聲木謹案石在龍門萬佛洞爲弟碑文原作爲亡弟

蘇鋗爲乳母造象　永湻二年九月八日聲木謹案石在龍門萬佛洞爲乳母碑文原作爲亡乳母老婆

八都壇神君實錄　垂拱元年十月一日聲木謹案碑文字蹟甚磨泐碑文爲□元賀撰

王君意造象　垂拱二年七月十三日聲木謹案石在龍門老龍洞碑文字體左行王君意碑文原作王君力造象原作造彌陁象十三日原作十五日

上護軍龐德威墓志　垂拱三年十一月廿二日聲木謹案碑文後有銘文實爲墓志銘趙氏删年月中支干字碑版中奇異之字甚多只宜用于跋尾碑目中註不勝註趙氏所註未免示人以陋去之爲允攈古錄云石在江蘇陽湖

請朝大夫陳護墓志　垂拱四年正月廿三日聲木謹案石斷裂爲六大段四小段又失二小段二段上下截左右角殘佚共約百餘字碑文後有銘文實爲墓志銘

法如禪師墓志　永昌元年聲木謹案碑文下截磨泐墓志碑文原作行狀碑元年下碑文原有七月二十七日六字

陀羅尼經幢　永昌元年八月聲木謹案碑文無建立年月日及建立人名氏碑文中有至永昌元年八月于大敬愛寺之語遂以永昌年月註入

張元弼墓志　永昌三年九月聲木謹案碑文後有銘文實爲墓志銘碑文爲子東之撰序李行廉撰銘張元弼原官益州大都督府功曹參軍

劉大弊妻姚造象　載初元年六月三日聲木謹案石在龍門雙窰碑文原爲爲亡姑等造彌陁象

處士張景之墓志　天授三年正月聲木謹案碑文後有銘文實爲墓志銘正月下碑文原有六日二字

龍門山陀羅尼經　如意元年四月經已剷盡刻伊闕二字聲木謹案經文字蹟全在只伊闕二字處損失一百餘字經爲史延福造四月下碑文原有八日二字

隆唐觀造元始天尊象記　長壽二年十月十五日聲木謹案碑文字蹟殘缺寥寥僅廿六字不足稱記攈古錄云石在河南登

封

處士程元景墓志　長壽三年正月廿二日聲木謹案碑文後有銘文實爲墓志銘趙氏删年月中支干字石歸滿州托活洛氏

孔思義造象　萬歲通天元年五月廿三日聲木謹案石在龍門蓮花洞造象碑文原作造彌勒象

令狐勝造象　聖歷元年聲木謹案石在鼓山與趙守訥同一石字蹟亦磨泐碑文原爲爲亡兄造藥師等象元年下碑文原有六月廿八日五字

袁氏墓碣　聖歷三年正月十五日聲木謹案碑文原爲夫人袁氏墓志石于某年長安新出土

薛剛墓志　久視元年五月聲木謹案碑文後有銘文實爲墓志銘五月下碑文原有廿四日三字碑文有葬于長安龍首原之

語趙氏遂以長安註入攟古錄云石歸陽湖董方立
趙守訥造象　大足元年聲木謹案碑文字蹟磨泐難識碑文原爲趙守訥妻陳四娘爲母造彌陁象元年下碑文原有二月廿四日五字
居士蘆洲巢縣令息尚眞墓志　長安三年聲木謹案碑文後有銘文實爲墓志銘三年下碑文原有八月二字趙氏删年下支干字碑爲外孫弘福寺僧定侍建碑文中有逝于鄠縣修德之里及終南山雲居寺之語趙氏遂以鄠縣註入攟古錄云石在長安皆未可爲據
秦州都督府□顏瑤墓志　景龍四年四月聲木謹案碑文字蹟磨泐碑文後有銘文二行實爲墓志銘都督府下碑文原有士曹參軍四字四月下原有四日二字

少林寺戒壇銘　開元三年正月聲木謹案原石久佚此乃後人重摹本碑爲李邕行書正月下碑文原有十五日三字
行登州司馬王慶墓志　開元九年十一月甲辰朔六日己酉聲木謹案碑文後有銘文四行實爲墓志銘碑文中有合葬于掖城東南五里罡掖山之陰之語趙氏遂以掖縣註入
突厥賢力毗迦公主阿那氏墓志　開元十一年十月十日聲木謹案石于長安出土後不知所在
析府君妻曹氏墓志　開元十一年十一月廿三日聲木謹案碑文後有銘文三行實爲墓志銘析府君碑文原作折府君上仍有左驍衞將軍五字
唐昭女端墓志　開元十二年六月廿六日聲木謹案碑文後有銘文五行實爲墓志銘玩其詞意卽唐昭撰文碑文原爲殿中少監唐昭三女端墓志銘石出長安攟古錄云石後藏陽湖董祐誠家
元宗賜靑城山張敬忠勅　開元十三年正月三日聲木謹案碑文云常道觀主甘遺榮勒石及題云云是前後題記爲道士甘遺榮所撰並書三日碑文原作一日
益州大都督張敬忠表　開元十三年正月十七日聲木謹案碑文正書非行書大都督下碑文原有府長史三字
尙舍立長薛府君妻裴氏墓志　開元十四年二月廿三日聲木謹案碑文中有族孫良備覽休蹟敢序而爲銘之語是碑文爲族孫良所撰實爲墓志銘又有葬于河南龍門山菩提寺後崗之語趙氏遂以洛陽註入
聖容院碑　開元十四年聲木謹案碑文實爲碑銘十四年下碑

文原有三月廿八日五字碑陰刊佛說般若波羅密多心經正書廿三行
膚施縣令于履楷墓志　開元十五年七月聲木謹案碑文于君名士恭字履楷後有銘文實爲墓志銘
花塔寺玉石佛座題字　開元十六年聲木謹案十六年碑文原作十五年下仍有七月二字攟古錄云石出長安後歸南海吳荷屋中丞榮光
河南府參軍張軫墓志　開元廿一年十月聲木謹案石于道光廿二年春月席介石得于襄陽臨漢門外移置張公祠碑文實爲墓志銘十月下碑文原有六日三字
裴光庭碑　開元廿四年十一月聲木謹案此卽孫氏著錄開元廿二年贈太師忠獻□公碑實爲複出

僧惠隱塔志　開元廿六年二月聲木謹案碑文云俗姓榮其家第四女云云是非僧乃尼也後有銘文實爲塔銘二月下碑文原有六日二字碑文中又有並在龍門之語趙氏遂註洛陽

鄜城縣丞張孚墓志　開元廿八年六月聲木謹案六月下碑文原有廿八日三字趙氏刪年下支干字

多寶塔銘　開元廿九年閏四月辛巳朔十八日戊戌聲木謹案碑文中有爰有郭楚貞兄弟人等云云是郭楚貞等所建趙氏刪年下支干四字

潤州雲陽觀桓尊師碑　開元二十九年十月聲木謹案碑文字蹟甚殘佚後有銘文三行實爲碑銘十月下碑文原有廿三日三字趙氏刪年月中支干字碑有陰行書

范夫人墓志　天寶三載四月十六日聲木謹案碑文後有銘文實爲墓志銘碑文云夫人諱范名如蓮花懷河内人也云云趙氏刪年月中支干字

隴關道游奕使任令則神道碑　天寶四載十月廿八日聲木謹案碑文行書非正書上截磨泐下截字蹟鋒穎宛然後有銘文五行實爲神道碑銘石于嘉慶二十年七月段嘉謨于武功文廟訪得後有題記並云碑文爲李邕撰並書

張軫第二志　天寶六載十月聲木謹案碑文後有銘文實爲墓志銘十月下原有十二日三字石在湖北襄陽張公祠内

成□墓志　天寶六載聲木謹案碑文前截磨泐十餘字以致名氏不見後截有庚寅年李偀等題名正書無年月碑文原有振威副尉及後有銘文六載下原有十月廿八日五字又有葬長安高原之語趙氏遂以長安註入

僧元林碑　天寶八載八月聲木謹案碑文原爲靈泉寺僧元林神道碑八月原作二月已見羅氏刊誤下仍有十五日三字碑陰及碑兩側有宋金人題字安陽誤刻安縣

新定太守張朏墓志　天寶十二載八月聲木謹案石于道光廿二年席介石得于襄陽移置張公祠後有銘文實爲墓志銘八月下碑文原有廿六日三字

張□妻令狐氏墓志　天寶十二載十二月聲木謹案張公名元忠官行内侍員外置同正員後有銘詞四行實爲墓志銘十二月下原有四日二字

優婆夷段常省塔銘　天寶十二載聲木謹案碑文有女劉三娘建五字石初藏大興劉子重家後滿洲托活洛氏

武部常選韋瓊墓志　天寶十四載五月聲木謹案碑文後有銘文實爲墓志銘正月下碑文原有十三日三字石後歸滿洲托活洛氏

劉智墓志　天寶十五年五月聲木謹案碑文實爲合葬墓志銘五月下碑文原有十九日三字

造象記　乾元二年三月聲木謹案此即孫氏著録佛峪過緣造象記實爲複出

華岳廟縣令王宥題名　上元二年二月聲木謹案碑文在述聖頌碑右側上截年月日篆書下截名氏八分書縣令碑文原作華陰縣令並有同謁岳祠之語非止王宥一人李楓實八分書並篆書二月碑文原作十二月下仍有十一日三字上截三四行之間有鄭縣丞鄭翊題名正書無年月

鮮于氏離堆記殘石　據集爲寶應元年四月十五日聲木謹案

現行拓本只有三石一石廿二字一石十二字一石八字共四十二字攟古録云現存殘石有五塊未見拓本

右堂銘　大歴六年閏三月十五日聲木謹案明朱長文墨池編云序銘僅存十餘字云云現世流行拓本只有右堂銘篆書碑額

趙州刺史何公德政碑　大歴九年聲木謹案碑文無名氏碑文末云兼諸官屬具紀碑陰云云碑陰惜爲宋人摹刻八行八刑碑以致原碑文字遺佚九年下碑文原有七月廿七日五字

王景秀墓志　大歴十年聲木謹案碑文實爲墓志銘王景秀原官恆王府典軍十年原作十一年已見羅氏刊誤碑文下仍有八月二十九日六字石後歸滿洲托活洛氏

宣城尉李君妻賈氏墓志　建中二年三月廿三日聲木謹案碑文後有銘文四行實爲墓志銘碑文云從子文則哀迫懇切寄詞于右云云則撰文非書丹也

西顧山刺史袁高題名　興元甲子立春十日聲木謹案西顧山刺史碑文原作西顧渚山州刺史碑文原爲八分書非正書興元甲子本爲興元元年立春三日碑文原作三春十日

淮南節度兼泗州長史北平開國伯田侁墓志　貞元三年八月四日聲木謹案北平原作北平縣石後歸滿洲托活洛氏在陶齋藏石記成書之後碑文後有銘文實爲墓志銘

清河郡張夫人墓志　貞元八年五月十八日聲木謹案碑文後有銘文實爲墓志銘碑文云夫人既笄之後嬪于閻氏云云是閻氏妻矣碑文詞甚鄙陋想鄉曲士所爲

張維岳碑　貞元八年聲木謹案碑文實爲文安郡王張維岳神道碑銘碑文爲邵説撰游□正書八年下碑文原有三月十日四字

王庭湊妻馮氏墓志　貞元八年聲木謹案王庭湊碑文原作王庭瓌官行内侍省内侍員外置同正員八年下碑文原有十月廿七日五字碑文又有合祔于長安縣龍首原之語趙氏故以長安註入

李承訓移碑記　貞元十年聲木謹案李承訓原官守易州長史十年下碑文原有九月哉生魄五字

泗州長史試殿中監京兆田侁墓志　貞元十一年八月廿七日聲木謹案石于道光十六年正月揚州灣頭鎭出土共四石爲江都梅植之所得碑文後有銘文三行實爲墓志銘

無垢淨光塔銘　貞元十五年聲木謹案碑文爲庾承宣撰梁克家三山志王昶金石萃編均言爲栁冕所書

朝請郎守滎陽縣令關士約題名　貞元十九年二月廿五日聲木謹案碑文在裴正道淸德碑碑側與新修碑樓記同刻

畢游江墓志　貞元十九年七月一日聲木謹案石于道光九年八月九日于正定府城十里斜角頭白雀寺出土沈濤移置府署後又歸滿洲托活洛氏碑文後有銘文實爲墓志銘

裴復墓志　元和二年聲木謹案碑文裴復原官河南少尹實爲墓志銘二年碑文原作三年下仍有四月壬寅四字

闕名心經　元和五年正月聲木謹案正月下碑文原有一日二字攟古録云石在陝西長安

零陵寺石闕贊　元和六年五月聲木謹案井闌在江蘇溧陽東門外嘉慶十八年九月吳縣鈕樹玉訪得碑文共九十一字郭

通撰僧澄觀造石闕應作井闕

李術墓志　元和九年正月十九日聲木謹案趙氏刪去年月內支干字此文不見李文公集必爲依托攟古錄云石在長安

龍華寺韋和尙墓志　元和十三年七月乙酉聲木謹案碑文云姓韋氏法號契義云云後有銘文三行實爲墓志銘吳式芬云石在陝西長安

宮闈令威遠軍監軍西門珍墓志　元和十三年七月廿日聲木謹案碑文後有銘文五行實爲墓志銘王元佐碑文原作從姪鄉貢進士佐上云石已斷裂六塊字蹟殘佚者尙少

孔崔洞佛本行集經幷題名　元和十四年聲木謹按此碑呼俗劉相公碑因碑文爲劉總所造十四年下碑文原有四月八日四字碑陰續刊經文攟古錄云石在直隸文登藝風堂金石文字目云石在宛平石景山當以繆說爲是

冀王事右親事典軍邵才墓志　元和十四年十一月十六日聲木謹案碑文後有銘文四行實爲墓志銘尉仲方碑文原作從姪將仕郎試太常寺奉禮郎飛騎尉仲方撰攟古錄云石出長安山東諸城劉氏藏石

河南府司錄參軍盧士瓊墓志　太和元年聲木謹案石已斷裂後截碎爲四塊下截字蹟又磨泐碑文實爲墓志銘元年下碑文原有九月庚申四字

處州孔子廟碑　太和三年六月聲木謹案此碑爲南宋嘉定十七年閏八月王夢龍重立石明嘉靖二年三月王倖校補並非唐時所立任迪篆書應作宋陳孔碩重篆書明王倖校補六月下碑文原有廿五日三字碑文後有諸人題記記載甚明

馮翊聚慶墓志　太和六年十月廿六日聲木謹案碑文實爲墓志銘石後歸滿洲托活洛氏

內供奉法師晉空塔銘　太和七年聲木謹案碑文中有比邱智亮等建數字七年下碑文原有八月十五日五字

登封縣令上柱國崔蕃墓志　太和七年十一月八日聲木謹案碑文實爲墓志銘趙博□碑文原作趙博齊中有博齊與公少相狎長相愛乃泣而銘曰之語

同州司兵參軍杜行方墓志　太和七年十一月甲寅聲木謹案碑文實爲墓志銘弟迊甫原作堂弟迊甫鄭澣上有姨弟二字

張源墓志　太和十二年十月聲木謹案碑文實爲墓志銘張源官雲麾將軍十月下碑文原有朔日二字

井闌題名　開成□年五月今在慈仁寺聲木謹案石本在京城城垣下道州何紹基移置慈仁寺內顧亭林祠五月下碑文原有十五日三字開成□年原作開成陸年

趙府君妻夏侯氏墓志　開成五年聲木謹案石于道光元年出土實爲墓志銘趙府君官檢校太子賓客五年下碑文原有十一月廿四日六字

魏邈妻趙氏墓志　會昌五年十一月廿三日聲木謹案碑文後有銘文四行實爲墓志銘魏邈原官宣功參軍碑文中旁加小字十六字係悞落二句

朱氏九娘墓志　會昌六年正月十九日聲木謹案碑文字蹟磨泐不易辨識朱氏碑文原作米氏光緒八年石爲儀徵張丙炎𥻳藏榕園後歸滿洲托活洛氏

滎陽縣鄭公新建天王記　會昌六年十二月廿二日聲木謹案

碑文字體左行正書非行書天王記碑文原作天王院記碑末
文云大中元年八月三日記係訖功年月日碑右有天王贊文
體亦左行長男□□□字蹟與記同當爲一人所書
節度隨使押衙王公晟妻張氏墓志　咸通四年聲木謹案子宏
泰書應作哀子宏泰行書四年下碑文原有七月十三日五字
石于道光辛卯京師西直門外出土後歸山東棲霞牟房
楊籌妾王氏墓志　咸通五年聲木謹案五年下碑文原有午月
四日四字
青龍鎮朱氏石幢記　咸通六年四月五日聲木謹案碑文上截
刻記行書下截刻經正書只存三面朱氏名從直趙氏刪年月
中支干字繆荃孫云石在青浦朱家角
徐州功曹劉仕倘墓志　咸通八年正月聲木謹案正月下碑文

原有廿五日三字碑文實爲墓志銘山東諸城劉氏藏石
千佛崖李諷造象　咸通十四年二月十五日聲木謹案碑文只
云修當陽佛龕並無造象字並有挈家赴郡之語
骨肉平善造象記　中和二年五月聲木謹案石在千佛崖碑文
只三十二字並無造象字五月下碑文原有九日二字
行利州錄事造象記　中和三年八月聲木謹案碑文左行寥寥
六行不足稱記字已磨泐八月下碑文原有廿六日三字
北海戚處士墓志　中和三年十月聲木謹案十月下碑文原有
廿七日三字石後歸滿洲托活洛氏
閩主作莽池記　天祐二年聲木謹案碑文左行寥寥廿餘字不
足稱記碑文刊于枯木莽大榕樹上本非石類後仍有宋元人
題名

後晉
錢敬造象　天福九年十月聲木謹案十月碑文原作二月
宿明造象　無年月聲木謹案宿明原爲寶錢禪院尼
北宋
新修碑樓記　天禧五年聲木謹案五年下原有七月五日四字
劍南東川靈護廟記　崇寧三年□月二十三日聲木謹案□月
二十三日碑文原作十月朔旦四字
南宋
鄧椿大佛寺詩　乾道八年三月十日聲木謹案碑文正書非八
分書原爲倡和詩十日碑文原作十七日三字
朱時題名　紹熙二年聲木謹案石在富樂山碑文中共有六七
人名氏二年下碑文原有季夏望日四字

榮王儼牓　開禧元年五月聲木謹案碑文官職結銜及牓後二
行正書有字五月下碑文原有二日二字
金
廣濟寺牒　大定三年十一月聲木謹案碑文在唐姜遐碑陰敕
批咨行書牒正書有押字石在陝西醴泉
道士鄭居澄豫作墓志　正大六年聲木謹案六年下碑文原有
三月望日四字豫作墓志原作豫志碑文
元
程鉅夫妻徐氏碑　延祐五年聲木謹案五年下原有七月二字
原有楚國夫人四字

續補寰宇訪碑録

續補寰宇訪碑錄序

歲在壬子癸丑之間假碑校勘寰宇訪碑錄及補錄再續錄當時竊見三氏所錄類如碑陰碑兩側大半刻後人題名有全錄亦有不全錄者實爲遺漏或有碑刻爲三氏所未及見者龍門造象亦後出者日多均以另紙記之積久成帙約可得叁千柒百餘種因編爲廿五卷題曰續補庶爲名稱其實雖僅就已見者錄之遺逸必多亦有足資考證者不復旁搜遠紹力求詳備以天下之大出土之衆研究之多固非一人一家所得網羅自光緒末年各省修造鐵路及河南莠民專掘古人墳墓出土碑石約有數百種其藏于公家者拓本價值甚巨仍不能時有私家更無從問津區區一端搜羅已不易如此予本寠人亦惟抱殘守闕而已矣己巳五月廬江劉聲木十枝原名體信字述之自序

續補寰宇訪碑錄凡例

一三錄所註地址不盡確實譬如碑文中有潤州二字卽註丹徒有平江二字卽註吳縣終南山卽註長安石質粗鬆卽註四川難以枚舉訪碑者勿爲所愚

一滿洲托活洛氏端忠愍公方藏石陸百　餘塊故後散佚不知流落何所編中仍註滿洲托活洛氏藏石實非得已

一重刻重書碑石沿三錄著錄之例僅就已見者入錄木刻本不錄

一三錄所載例重文字畫象著錄頗爲草草海豐吳子苾侍郎式芬擴古錄中已略爲區別江陰繆筱珊京卿荃孫藝風堂金石文字目變更體例每一事爲一石甚爲詳備今時異境遷畫象與文字並重繆氏立意甚善惜仍有未盡者此編踵吳繆之例分列更詳惟漢以後仍不錄入因析出畫象另爲一卷附後庶于三錄著錄宗旨不悖

一河南洛陽龍門造象約有拾萬種有文字者約有數千種近數十年搜剔日多以予所見者龍門路邊叁拾貳種火燒窰貳拾伍種王祥窰貳拾壹種雷鼓台拾肆種跋洞拾肆種樂芳窰陸拾肆種敬善寺陸拾柒種孝昌窰肆拾陸種波窰肆拾貳種始牛溪肆拾柒種老龍窩伍拾貳種老君洞貳百零捌種賓暘洞壹百貳拾陸種萬佛洞伍拾叁種蓮花洞肆拾玖種雙窰捌拾壹種老龍洞壹百零柒種大佛洞　種合之僅壹千零肆拾捌種實仍有未盡者繆氏著錄最多亦不能完備凡繆目所無者加繆氏失載四字以識之晚出之碑目以吳繆二氏爲最富然亦有二氏所未載者間亦著吳氏失載四字以便後人考

查

一造象大半愚夫婦所爲若無年月即無從考證趙氏以字蹟辨別時代分置各年月中差爲近似此編實師其意並爲註明以便後人按字研索時代正其錯誤

一著錄碑目各有義例攟古錄不盡同于孫氏趙羅二氏不盡同于吳氏繆氏亦然雖大旨不甚相遠實間有異同之處綜言之要以吳繆二氏著錄較爲詳善此編實師其意惟學薄識卑聞見極隘頗慚蝨負

一造象恆有三四字題名恆有五六字已見其例于校勘記中非細心校錄每易失落

一三錄中雖錄磚瓦文字磚瓦乃土屬實非石類此編概從芟削以祛煩冗造象中有言造白玉象者亦爲石類仍爲錄入

一此編本年經月緯編輯之時偶一不慎極易漏落茲援趙氏失編之例錄補遺一卷于畫象之後

一此編周秦漢季漢魏吳晉成宋梁成後魏爲一卷後魏二卷西魏附東魏四卷附後齊後齊後周隋僞鄭唐爲一卷唐七卷唐五代一卷北宋三卷南宋二卷遼金一卷元一卷畫象一卷補遺一卷共爲廿五卷

續補寰宇訪碑錄卷一

廬江劉聲木十枝撰

周

延陵鎭季子墓碑　孔子篆書　北宋崇甯二年四月十五日朱彥重摹刻　江蘇江陰

延陵鎭季子墓碑　孔子篆書　明正德十五年八月朔李璧重刻有李璧跋　江蘇丹陽

壇山刻石　篆書　無年月張廷濟重摹本　浙江嘉興張氏藏石

石鼓文　篆書　無年月阮元重摹刻于甘泉縣學　江蘇甘泉

石鼓文　篆書　無年月阮元重摹刻于錢塘縣學　浙江錢塘

秦

鈞權刻石　篆書　始皇廿六年石歸周明　季木出土　安徽建德周氏藏石

鈞權碑陰　篆書　安徽建德周氏藏石

琅玡臺刻石　李斯篆書　二世元年光緒末年碑爲雷擊沉于海同治十年十月番禺陳澧以孫星衍所拓十二行本並他十二行三本參互審定摹刻一石于學海堂並將宋蘇軾國朝翁方綱阮元三跋刊板附後因原石已沉援三錄之例列此　廣東番禺

泰山刻石殘字　李斯篆書　二世元年今僅存十字計二石道光十二年四月東嶽廟原嵌石處西室壁圮崇川徐宗幹于瓦礫中尋得殘石屬道士劉傳業嵌置山下道院壁間下有徐氏題記張鷹粢八分書　山東泰安

泰山刻石　李斯篆書　二世元年乾隆五年燬于火嘉慶二十年常熟蔣因培復得殘石于玉女池僅存十字嘉慶十五年上元日孫星衍以舊拓二十九字本屬嚴可均雙鉤摹刻于高貞碑陰置于德州學內有孫星衍跋　山東德州

泰山刻石　李斯篆書　二世元年聶鈫重摹本在縣署土地祠

泰山刻石　李斯篆書　二世元年孫星衍重摹本

泰山刻石　李斯篆書　二世元年徐宗幹重摹本

泰山刻石　李斯篆書　二世元年阮元重摹本在北湖阮氏祠塾

泰山刻石　二世元年梁章鉅重摹本在偕廟公榆子祠側　江蘇甘泉

泰山刻石　李斯篆書　二世元年嵩蘭皋重摹本

泰山刻石李斯篆書　二世元年吳雲重摹明本咸豐八年六月吳熙督刊校警置焦山寺壁　江蘇丹徒
嶧山刻石李斯篆書　二世元年唐徐鉉摹本宋淳化四年八月十五日鄭文寶摹刻于長安國學有鄭文寶跋正書孫録載三處摹本未及此刻　陝西長安
碣石頌篆書　端拱元年三月徐鉉臨本同治六年七月常熟楊詠春沂孫雙鈎刻本

漢

魯孝王刻石八分書　五鳳二年六月高鳳翰摹張　刻木　浙江餘姚張氏
北每昌死罪墓碣八分書　章和元年凡二行
左章死罪墓碣八分書　和元年九月廿七日凡三行
安莫死罪墓碣八分書　章和二年二月　日凡三行
連宗鬼死罪墓碣八分書　和二年二月廿五日凡三行
章宜春死罪墓碣八分書　永元元年十一月八日凡二行

留酸死罪墓碣八分書　永元元年凡三行
靳春司寇死罪墓碣八分書　永元二年九月七日凡三行
潁川武陽死罪墓碣八分書　永元二年九月廿日凡三行
河南宋死罪墓碣八分書　元二年凡三行
典任□鉛門死罪墓碣八分書　永元三年六月十□日凡三行
宛完死罪墓碣八分書　永元四年二月十九日凡三行
河內山陽胡死罪墓碣八分書　元四年二月凡三行
南平陰死罪墓碣八分書　□□□□月十日凡三行
日無死罪墓碣八分書　無年月凡三行
日季建死罪墓碣八分書　無年月凡一行
上宮掾功死罪墓碣八分書　無年月凡三行
苞仲死罪墓碣八分書　無年月凡二行

京兆瓬鉗死罪墓碣八分書　無年月凡四行　直隸青縣姚氏藏石
子游殘碑下段八分書　元初二年六月
賢良方正殘碑八分書首云賢良方正云云凡十二行行七八字　元初二年六月卯
永建五年墓石題字八分書　永建五年二月　日　滿洲托活洛氏藏石
禹伯石題字八分書　陽嘉元年十一日下截缺佚　滿洲托活洛氏藏石
孟陽爲父塋壙碑八分書　永和二年七月下旬石在馬頭山下　山東嶧縣
敦煌太守裴岑紀功碑隸書　永和二年八月長洲顧重摹本
敦煌太守裴岑紀功碑隸書　永和二年八月申　重摹本　山東濟寧
敦煌長吏武斑碑陰正書　建和元年二月廿三日碑陰雖爲後人所書例應附後石首有休甯榮壽生長洲龔會等題名八分書　山東嘉祥
孝子武始公等石闕銘碑側正書　建和元年三月四日　山東嘉祥
孝堂山石室武陽孟世雍題字八分書　永興二年二月三日　山東肥城

徐州刺史邵丘墓碣八分書　延熹元年二月此碑道咸年間新出土疑是贋作
郎中鄭固碑殘石八分書首文云德云云凡八行行一二三字不等　延熹元年四月雍正六年州人李鵾得于泮池實爲下段　山東濟寧
倉頡碑側衙令孫羨自紀到官出錢題記八分書　延熹五年正月在右側上截首段　陝西白水
泰山都尉孔宙碑陰八分書　延熹七年七月孫録不及碑陰魏稼孫議之趙羅二録仍未補列于此　山東曲阜
封龍山頌碑陰□公佐題名八分書　延熹七年　直隸元氏
西嶽華山碑八分書　延熹八年四月雍正初姜任修重摹本　江蘇甘泉
西嶽華山碑八分書　延熹八年四月曲阜孔繼涑重摹本
西嶽華山廟碑八分書　延熹八年四月阮元重摹本　江蘇儀徵阮氏藏石
淳于長夏承碑八分書　建甯三年六月葉志詵雙鈎重摹本

陳德殘碑陰　八分書　建甯四年三月原石已佚褚峻手拓數本海内金石家有藏本孫録不及碑陰故列此　山東蘭山

弟九百殘碑　八分書　建甯五年匋齋藏石記列目建寧殘石今易之以弟九百殘碑似較確切　滿洲托活洛氏藏石

受黃腸□主條主刻石　八分書　熹平元年十月廿九日　季木　縣出土石歸周明□　安徽建德周氏藏石

元儒先生婁壽碑　八分書　熹平三年正月葉志詵雙鉤重摹本

熹平石經尚書論語殘字　八分書　熹平三年四月　錢泳重摹本

熹平石經尚書論語殘字　八分摹　熹平三年四月大興翁方綱重摹本在南昌縣學　江西南昌

三體石經殘石　古篆今篆八分三體書　無年月光緒廿二年河南洛陽新出土石藏黃縣丁氏　山東黃縣丁氏藏石

張□造石虎題字　八分書　光和六年十二月廿一日石藏邑人林氏　山東東平

白石神君碑陰馮巡等題名　八分書　光和六年　直隸元氏

郃陽令曹全碑陰處士皮歧茂題名　八分書　中平二年十月孫錄未分列補錄于此　陝西郃陽

郃陽令曹全碑陰縣三老商量等題名　八分書　中平二年十月　陝西郃陽

領校巴郡太守樊敏碑　劉盛息懆八分書　建安十年三月上旬孫錄云原石已佚近世傳本甚多文字甚古恐非贗作　四川蘆山

樊敏碑陰　上截八分書下截正書　四川蘆山

益州太守高頤碑陰　八分書　建安十四年八月趙錄失載　四川雅安

□郡太守殘碑　八分書　無年月匋齋藏石記考爲初平元年孟春近年山東滕縣出土　滿洲托活洛氏藏石

酸棗令劉熊殘碑陰　八分書　無年月乙卯　夏會稽顧燮光鼎梅于延津縣學宮訪得殘石　河南延津

劉熊碑側　王許等題名正書　無年月　河南延津　滿洲托活洛氏藏石

王氏五子殘碑　八分書　無年月首云昊爲姓云云凡四行

兗州刺史紹州□□□□闕　八分書　無年月

惠安西表題字　篆書　無年月繆荃孫考爲必非西狹頌碑額故另列之　甘肅成縣

劉君殘碑側　八分書　歲在辛酉三月十五云云孫氏著錄遺側　河南安陽

蘭臺令史殘碑　篆書　□□□□十月丁酉首文云器曰云云凡九行每行自一二字至四五字不等碑文第三行爲蘭臺令史四字第四行爲議郎年七四字匋齋藏石記以議郎二字著錄蘭臺令史與議郎在漢時秩皆六百石品職相若而蘭臺令史四字在前自應以在前之字入錄而匋齋藏石記以議郎二字著錄未知何意也　滿洲托活洛氏藏石

孟璇殘碑　八分書　無年月光緒二十七年九月在昭通郡南十里白泥井馬氏舍旁出土移置鳳池書院嵌諸藏書樓壁間碑未有郡人謝崇基題記正書　雲南昭通

隆命□載殘碑　八分書首文云漢□隆命□載云云凡五行每行十二三字不等無年月字蹟漫漶不易辨識　滿洲托活洛氏藏石

西鄉侯兄張君殘碑　八分書　無年月端忠愍公方考爲東漢季年碑文首云西鄉之兄云云凡九行行十七八字　河南縣民治土得之此右半下截　滿洲托活洛氏藏石

楊君銘碑　八分書　無年月咸豐中錢塘韓泰華訪得　四川滎經

楊君銘碑陰　八分書　四川滎經

益州太守高貫光闕右側題字　八分書　無年月　四川雅安

劉君殘碑　篆書　無年月光緒廿三年重訪出　山東濟南

履和純殘字　八分書首文云履和純云云凡二行行六字　無年月　滿洲托活洛氏藏石

昌陽嚴□石闕題字　篆書　無年月　山東文登

魯王墓右側石人樂安太守麃君亭長題字　篆書　無年月　山東曲阜

李公殘字　八分書　無年月

李公祠里殘字　八分書　無年月

李京黽池五瑞碑題字　八分書　無年月　甘肅成縣

上官正等黽池五瑞碑題名 八分書 無年月　甘肅成縣

白石神君碑陰額務城神君等義錢題字 八分書　直隷元氏

白石神君碑陰主簿□音叔道等題名 八分書　直隷元氏

孝堂山石室中□題字 八分書 □□□年後三月廿九日　山東肥城

孝堂山石室□□題字 正書 □□七年十月　山東肥城

孝堂山石室中山國□神寶題名 八分書 無年月　山東肥城

孝堂山石室天門題字 八分書 無年月　山東肥城

孝堂山石室大王丰題字 八分書 無年月　山東肥城

孝堂山石室小山一斿題字 八分書 無年月　山東肥城

孝堂山石室山陽題字 八分書 無年月　山東肥城

孝堂山石室胡王題字 八分書 無年月　山東肥城

孝堂山石室北十里題字 八分書 無年月　山東肥城

孝堂山石室青州二千戶題字 八分書 無年月　山東肥城

孝堂山石室孫相題字 八分書 無年月　山東肥城

孝堂山石室室弋主題字 八分書 無年月　山東肥城

孝堂山石室成王題字 八分書 無年月　山東肥城

孝堂山石室王豫璋題字 八分書 無年月　山東肥城

孝堂山石室旡日題字 八分書 無年月　山東肥城

孝堂山石室河間汞縣軍題字 八分書 無年月　山東肥城

孝堂山石室主夫以少子題字 八分書 乙巳年十一月十四日　山東肥城

孝堂山石室李休叔題字 八分書 無年月　山東肥城

孝堂山石室北海郡下丕縣令題字 八分書 無年月　山東肥城

孝堂山石室定州中山安十老等題字 八分書 無年月　山東肥城

孝堂山石室王□題字 八分書 無年月　山東肥城

孝堂山石室王回題字 八分書 無年月　山東肥城

孝堂山石室一心如日月題字 八分書 無年月　山東肥城

孝堂山石室□□題字 八分書 延昌元年四月廿七日　山東肥城

孝堂山石室齊州刺史題字 八分書 無年月　山東肥城

孝堂山石室河間汞縣題字 八分書 無年月　山東肥城

孝堂山石室薛聖題字 八分書 無年月　山東肥城

孝堂山石室王雙題字 八分書 無年月　山東肥城

孝堂山石室安□題字 八分書 無年月　山東肥城

孝堂山石室安吉題字 八分書 無年月　山東肥城

孝堂山石室山東濟南府郭祥題字 八分書 無年月　山東肥城

孝堂山石室南陽張□題字 八分書 無年月　山東肥城

孝堂山石室南陽□侚題字 八分書 無年月　山東肥城

孝堂山石室泰山安德興題字 八分書 無年月　山東肥城

季漢

將軍張飛八濛題名 八分書 無年月　四川

吞吳二殘字 八分書 無年月疑係後人贋刻

魏

上尊號碑陰 八分書 黃初元年郎奏文之後十行書之碑陰吳氏攈古錄析出爲碑陰孫氏漏未及此故補錄之碑陰例無年月此因無碑陽故仍著年號　河南臨潁

廬江太守范式碑 八分書 青龍三年正月乾隆四十八年黃易得泰安趙相國家藏宋拓本雙鈎摹刻　浙江錢塘

白馬寺光祿勳高堂隆造象 八分書 青龍四年八月

高堂碑陰

高堂隆碑　側

宣鄉文里墓碣 八分書 無年月丁巳秋間河南縣出土石歸周明 季木 安徽建德周氏藏石

宣鄉文里碑陰 八分書 安徽建德周氏藏石

皇女墓碣殘石 八分書 無年月乙卯春初洛陽出土石歸周明 季木 安徽建德周氏藏石

吳

赤烏三年殘字 八分書 赤烏三年光緒廿年邑人盧國華在金牛山廟中搜得 安徽廬江

紀功碑 篆書 天璽元年八月俗稱三段碑嘉慶十四年春阮文達公元以家藏舊拓本合之繁昌鮑氏舊拓本共得二百二十一字摹刻一石于文選樓阮氏題記八分書 江蘇甘泉

紀功碑 篆書 天璽元年八月俗稱三段碑林鳳年重摹本 四川

晉

王泰死罪墓碣 八分書 泰始七年凡二行

趙國高已導宮令大中大夫馮恭闕題字 八分書 太康三年二月三日直隸高邑縣出土石歸周明 季木 安徽建德周氏藏石

烈老穆神道 八分書 太康□年匋齋藏石記失載 滿洲托活洛氏藏石

黃庭經 王羲之正書 永和十二年五月廿四日

百塔寺心經 草書相傳王羲之書 無年月後藏有明成化七年九月既望孫仁題記移至西安府學 陝西長安

陸機泰山吟 篆書 無年月此疑後人追書補刊石因三錄編中有此例故仍列之于晉

武威將軍魏郚柩志銘 八分書 無年月 縣出土石歸 鄒 景叔

魏郚碑陰 八分書

馮恭闕石楣題字 八分書 無年月 安徽建德周氏藏石

成

蜀侍中楊公闕 八分書 無年月 四川梓潼

宋

□熊造象記 正書 元嘉廿五年七月廿三日此雖南石字蹟殊似北朝

建威將軍笠鄉侯東陽城主劉懷民墓志銘 正書 大明八年正月甲申 滿洲托活洛氏藏石

梁

司空安成康王蕭秀墓西碑 正書 無年月文已磨滅獨其額存蕭秀墓碑有二分東西立曾孫氏僅錄其一故補錄西碑于此蕭秀卒于天監十七年應在天監之末 江蘇上元

司空安成康王蕭秀西闕 正書反刻只存故散二字 無年月 江蘇上元

焦山瘞鶴銘 無年月國朝康熙元年二月既望武鄉程康莊以玉煙堂本重摹刻置海雲堂南廡 江蘇丹徒

焦山瘞鶴銘 無年月海鹽張 重摹楊賓藏本

焦山瘞鶴銘 無年月林曙牛東雲重摹本

宋

益州牧楊宗闕陰楊仲脩題詩 無年月 四川夾江

陳

江總殘碑 行書 無年月計二石一石字十行一石字三行光緒十七年九月上元陳鶴浦等訪獲于山東歷城千佛岩有陽湖范松濤等題記行書在三行石前截 江蘇上元陳氏藏石

後魏

比邱尼僧□□爲師僧父母等造彌勒象 正書 登國二年九月八日石在龍門孝昌窟繆目失載 河南洛陽

龍門□□□翟僧刂題名 正書 天興□年□□□□在永平三年閏月五日翟僧虔等造彌勒象末二行下段藝風堂金石目失載 河南洛陽

常山鮑綦造象 正書 太平眞君三年正月十八日 江蘇吳縣潘氏藏石

永昌王常侍鮑綦爲父母造石浮圖涅槃經記 正書 太平眞君三年正月十八日 滿洲托活洛氏藏石

□□□造如來佛象 正書 聖君元年七月八日卽興安二年

嵩高靈廟碑側 正書刊唐馬元貞投龍記 太安二年　河南登封
清信女□知德爲亡父母造象記 正書 皇興五年六月卅日　滿洲托活洛氏藏石
崔承宗爲亡父母造釋迦象 正書 太和七年十月一日
白景造觀世音象記 正書 太和八年十月廿六日匋齋藏石記列入後周之末無年月中碑文原作丿禾確爲天和太和等字無疑而天和無八年又確爲太和八年無疑匋齋藏石記疏漏之處甚多當別撰校勘記以載之　滿洲托活洛氏藏石
弟子席伯仁造彌勒佛象 正書 太和十二年四月十五日　滿洲托活洛氏藏石
席伯仁造象記 正書 無年月　滿洲托活洛氏藏石
劉興□爲□□造象 正書 □□十六年二月廿七日碑文模泐不易辨識後魏只有太和十六年姑置之于是年內匋齋藏石記失載　滿洲托活洛氏藏石
道人僧暈爲七帝達二丈八珎勒象 正書 太和十六年文在佛座
大佛洞高楚爲七世父母等造彌勒象 正書 太和廿二年二月十日　河南洛陽
比邱僧欣爲生緣父母等造彌勒象記 正書 太和廿三年十二月九日在下截

滿洲托活洛氏藏石
楊君雅造象 正洛 太和廿三年十二月廿一日字蹟確是六朝人年號二字泐考太和有廿三年他無廿三年者石在龍門樂芳窰　河南洛陽
孝堂山石室廣陵王太妃題字 八分書 大和廿三年十二月廿五日　山東肥城
孝堂山石室廣陵王題字 八分書 太和廿三年十二月二十五日　山東肥城
□烈將軍林衞大臣樊道德爲忘妻張造釋迦象 正書 □□二年七月十日字蹟確似魏初人石在龍門波窰　河南洛陽
龍門□□□李敬等四十人造象題名 正書 無年月字蹟酷似楊大眼魏靈莊諸造象　河南洛陽
龍門比邱慧敢等造象 正書 無年月碑文十五行行廿字字蹟酷似楊大眼魏靈莊等造象附于太和年後　河南洛陽
邑師僧智元乱等造象 正書 無年月碑文十六行行六字至十二字不等字蹟確似楊大眼魏靈莊等造象　河南洛陽
吳道奴爲忘妹造象 正書 無年月字蹟方整與楊大眼魏靈莊極似殆北朝宣武初年一時字體如此石在龍門老君洞字後有一立佛象　河南洛陽
清信女女王光爲亡夫造象 正書 無年月字蹟方整健棱與楊大眼魏靈莊極似當是一時字體大約太和年間石在龍門老君洞　河南洛陽
程訛廉神龍造象 正書 無年月字蹟確似太和時人與始平公楊大眼等如出一手石在龍門共有人名二百五十一種　河南洛陽
尙樹孫王承周造象 正書 無年月字蹟確似太和時人石在龍門　河南洛陽
闕□邏隊主和道造象 正書 無年月字蹟確似太和時人繆目云太和年造是也石在龍門老君洞　河南洛陽
范天明造象 正書 無年月字蹟確似太和時人石在龍門　河南洛陽
藥明騂發願造象 正書 無年月字蹟確似太和時人石在龍門　河南洛陽

黃安興造象 正書 無年月字蹟確似太和時人石在龍門　河南洛陽
馬德來造象 正書 無年月字蹟確似太和時人石在龍門　河南洛陽
楊方秀造象 正書 無年月字蹟確似太和時人石在龍門　河南洛陽
侯虋造象 正書 無年月字蹟確似太和時人石在龍門　河南洛陽
張褱生造象 正書 無年月字蹟確似太和時人石在龍門　河南洛陽
陽成黽槉造象 正書 無年月字蹟確似太和時人石在龍門　河南洛陽
孫子支注生造象 正書 無年月字蹟確似太和時人石在龍門　河南洛陽
吕琅珠造象 正書 無年月字蹟確似太和時人石在龍門　河南洛陽
焦寶姜造象 正書 無年月字蹟確似太和時人石在龍門　河南洛陽
妻萷娥姬造象 正書 無年月字蹟確似太和時人石在龍門　河南洛陽
比邱尼僧妙爲父兄造象 正書 無年月字蹟確似太和時人石在龍門　河南洛陽
張石子造象 正書 無年月字蹟確似太和時人石在龍門　河南洛陽

陽戊狗洛造象 正書 無年月字蹟確似太和時人石在龍門 河南洛陽
輔小造象 正書 無年月字蹟確似太和時人石在龍門 河南洛陽
比邱僧歡造象 正書 無年月字蹟確似太和時人石在龍門 河南洛陽
丁黑□造象 正書 無年月字蹟確似太和時人石在龍門 河南洛陽
王女兒造象 正書 無年月字蹟確似太和時人石在龍門 河南洛陽
陽成叔兒造象 正書 無年月字蹟確似太和時人石在龍門 河南洛陽
侯法仵造象 正書 無年月字蹟確似太和時人石在龍門 河南洛陽
張景興造象 正書 無年月字蹟確似太和時人石在龍門 河南洛陽
閻樹捧造象 正書 無年月字蹟確似太和時人石在龍門 河南洛陽
張石子造象 正書 無年月字蹟確似太和時人石在龍門 河南洛陽
□□□爲父母造象 正書 無年月字蹟確似太和時人石在龍門 河南洛陽
南王造象 正書 無年月字蹟確似太和時人石在龍門 河南洛陽

王省會造象 正書 無年月字蹟確似太和時人石在龍門 河南洛陽
高霝熹造象 正書 無年月字蹟確似太和時人石在龍門 河南洛陽
張雙仁造象 正書 無年月字蹟確似太和時人石在龍門 河南洛陽
高楚造象 正書 無年月字蹟確似太和時人石在龍門 河南洛陽
宋愛姫造象 正書 無年月字蹟確似太和時人石在龍門 河南洛陽
父范惠興造象 正書 無年月字蹟確似太和時人石在龍門 河南洛陽
潁川人陳良期造象 正書 無年月字蹟確似太和時人石在龍門
比邱慧南造象 正書 無年月字蹟確似太和時人石在龍門 河南洛陽
張文景造象 正書 無年月字蹟確似太和時人石在龍門 河南洛陽
鄭伯愫造象 正書 無年月字蹟確似太和時人石在龍門 河南洛陽
杜眞興造象 正書 無年月字蹟確似太和時人石在龍門 河南洛陽
比邱僧護造象 正書 無年月字蹟確似太和時人石在龍門 河南洛陽

畢法興造象 正書 無年月字蹟確似太和時人石在龍門 河南洛陽
陳曇榮造象 正書 無年月字蹟確似太和時人石在龍門 河南洛陽
冬捕叅軍遽劉伯大伯榮造象 正書 無年月字蹟確似太和時人石在龍門 河南洛陽
□□□爲一切尔生造象 正書 無年月字蹟確似太和時人石在龍門 河南洛陽
汲郡侑征蠻軍主樂法壽爲父母造佛象 正書 無年月字蹟確似太和時人石在龍門 河南洛陽
比近僧憘造象 正書 無年月字蹟確似太和時人石在龍門 河南洛陽
佛弟子趙瓫生宴曹門容爲養□造擇加聞佛象 正書 無年月字蹟確似太和時人石在龍門 河南洛陽
比邱僧照等三人造象 正書 無年月字蹟確似太和時人石在龍門 河南洛陽
父趙思祖造象 正書 無年月字蹟確似太和時人石在龍門 河南洛陽

續補寰宇訪碑録卷二

盧江劉聲木十枝撰

後魏

比邱僧隆爲師僧父母造象　正書　無年月字蹟確似太和時人石在龍門　河南洛陽
萁仁造象　正書　無年月字蹟確似太和時人石在龍門　河南洛陽
劉芶生造象　正書　無年月字蹟確似太和時人石在龍門　河南洛陽
范□□造象　正書　無年月字蹟確似太和時人石在龍門　河南洛陽
淸河慾造象　正書　無年月字蹟確似太和時人石在龍門　河南洛陽
杜蕞敉造象　正書　無年月字蹟確似太和時人石在龍門　河南洛陽
陽□僧容造象　正書　無年月字蹟確似太和時人石在龍門　河南洛陽
緱奴孟造象　正書　無年月字蹟確似太和時人石在龍門　河南洛陽
女猨造象　正書　無年月字蹟確似太和時人石在龍門　河南洛陽

尼道昌値造象　正書　無年月字蹟確似太和時人石在龍門　河南洛陽
俞固眘行造象　正書　無年月字蹟確似太和時人石在龍門　河南洛陽
欒□眞造象　正書　無年月字蹟確似太和時人石在龍門　河南洛陽
杜美造象　正書　無年月字蹟確似太和時人石在龍門　河南洛陽
母王嬰造象　正書　無年月字蹟確似太和時人石在龍門　河南洛陽
陃文愭造象　正書　無年月字蹟確似太和時人石在龍門　河南洛陽
父張共造象　正書　無年月字蹟確似太和時人石在龍門　河南洛陽
尼道慧焆造象　正書　無年月字蹟確似太和時人石在龍門　河南洛陽
周子龍造象　正書　無年月字蹟確似太和時人石在龍門　河南洛陽
王方始造象　正書　無年月字蹟確似太和時人石在龍門　河南洛陽
王德明造象　正書　無年月字蹟確似太和時人石在龍門　河南洛陽
杜丹造象　正書　無年月字蹟確似太和時人石在龍門　河南洛陽

劉定鄉造象　正書　無年月字蹟確似太和時人石在龍門　河南洛陽
德濱造象　正書　無年月字蹟確似太和時人石在龍門　河南洛陽
臶雙洛造象　正書　無年月字蹟確似太和時人石在龍門　河南洛陽
夏侯雙詘造象　正書　無年月字蹟確似太和時人石在龍門　河南洛陽
藉始伯造象　正書　無年月字蹟確似太和時人石在龍門　河南洛陽
賈靄需造象　正書　無年月字蹟確似太和時人石在龍門　河南洛陽
景雙光造象　正書　無年月字蹟確似太和時人石在龍門　河南洛陽
母孫惟姜造象　正書　無年月字蹟確似太和時人石在龍門　河南洛陽
劉洪朗造象　正書　無年月字蹟確似太和時人石在龍門　河南洛陽
侯德樹造象　正書　無年月字蹟確似太和時人石在龍門　河南洛陽
吳安仁造象　正書　無年月字蹟確似太和時人石在龍門　河南洛陽
尼道力造象　正書　無年月字蹟確似太和時人石在龍門　河南洛陽

向方遷造象　正書　無年月字蹟確似太和時人石在龍門　河南洛陽
劉頥得造象　正書　無年月字蹟確似太和時人石在龍門　河南洛陽
父劉洪暢造象　正書　無年月字蹟確似太和時人石在龍門　河南洛陽
張万猥造象　正書　無年月字蹟確似太和時人石在龍門　河南洛陽
張陽勝造象　正書　無年月字蹟確似太和時人石在龍門　河南洛陽
父傳毦造象　正書　無年月字蹟確似太和時人石在龍門　河南洛陽
高法先造象　正書　無年月字蹟確似太和時人石在龍門　河南洛陽
母張�女造象　正書　無年月字蹟確似太和時人石在龍門　河南洛陽
傳靈珎造象　正書　無年月字蹟確似太和時人石在龍門　河南洛陽
荒安世造象　正書　無年月字蹟確似太和時人石在龍門　河南洛陽
弟仵留生造象　正書　無年月字蹟確似太和時人石在龍門　河南洛陽
陳文稞造象　正書　無年月字蹟確似太和時人石在龍門　河南洛陽

楊肅通造象 正書 無年月字蹟確似太和時人石在龍門 河南洛陽
宋光明造象 正書 無年月字蹟確似太和時人石在龍門 河南洛陽
陳隆興造象 正書 無年月字蹟確似太和時人石在龍門 河南洛陽
路定興造象 正書 無年月字蹟確似太和時人石在龍門 河南洛陽
脊阿安造象 正書 無年月字蹟確似太和時人石在龍門 河南洛陽
祝阿敬造象 正書 無年月字蹟確似太和時人石在龍門 河南洛陽
千龍勝造象 正書 無年月字蹟確似太和時人石在龍門 河南洛陽
胡荊龍造象 正書 無年月字蹟確似太和時人石在龍門 河南洛陽
王法妙造象 正書 無年月字蹟確似太和時人石在龍門 河南洛陽
李全成造象 正書 無年月字蹟確似太和時人石在龍門 河南洛陽
王保勝造象 正書 無年月字蹟確似太和時人石在龍門 河南洛陽
孫君生造象 正書 無年月字蹟確似太和時人石在龍門 河南洛陽
比邱絹藏造象 正書 無年月字蹟確似太和時人石在龍門 河南洛陽
張龍高造象 正書 無年月字蹟確似太和時人石在龍門 河南洛陽
妻皇甫造象 正書 無年月字蹟確似太和時人石在龍門 河南洛陽
李豊德造象 正書 無年月字蹟確似太和時人石在龍門 河南洛陽
宋雙明造象 正書 無年月字蹟確似太和時人石在龍門 河南洛陽
趙龍廣造象 正書 無年月字蹟確似太和時人石在龍門 河南洛陽
麥伏歡造象 正書 無年月字蹟確似太和時人石在龍門 河南洛陽
苗文度造象 正書 無年月字蹟確似太和時人石在龍門 河南洛陽
張仲和造象 正書 無年月字蹟確似太和時人石在龍門 河南洛陽
賈伯夫造象 正書 無年月字蹟確似太和時人石在龍門 河南洛陽
張洛都造象 正書 無年月字蹟確似太和時人石在龍門 河南洛陽
劉法容造象 正書 無年月字蹟確似太和時人石在龍門 河南洛陽

公孫思組造象 正書 無年月字蹟確似太和時人石在龍門 河南洛陽
比邱德玩造象 正書 無年月字蹟確似太和時人石在龍門 河南洛陽
公孫伏保造象 正書 無年月字蹟確似太和時人石在龍門 河南洛陽
宮禺全造象 正書 無年月字蹟確似太和時人石在龍門 河南洛陽
公孫蕖造象 正書 無年月字蹟確似太和時人石在龍門 河南洛陽
張榮筆造象 正書 無年月字蹟確似太和時人石在龍門 河南洛陽
張延程造象 正書 無年月字蹟確似太和時人石在龍門 河南洛陽
張顯造象 正書 無年月字蹟確似太和時人石在龍門 河南洛陽
呂田縜樹造象 正書 無年月字蹟確似太和時人石在龍門 河南洛陽
稍樹生造象 正書 無年月字蹟確似太和時人石在龍門 河南洛陽
楊消洼造象 正書 無年月字蹟確似太和時人石在龍門 河南洛陽
陳文達造象 正書 無年月字蹟確似太和時人石在龍門 河南洛陽
宋繼伯造象 正書 無年月字蹟確似太和時人石在龍門 河南洛陽
董都造象 正書 無年月字蹟確似太和時人石在龍門 河南洛陽
仇僧成造象 正書 無年月字蹟確似太和時人石在龍門 河南洛陽
仇僧到造象 正書 無年月字蹟確似太和時人石在龍門 河南洛陽
仇僧膿造象 正書 無年月字蹟確似太和時人石在龍門 河南洛陽
仇文慶造象 正書 無年月字蹟確似太和時人石在龍門 河南洛陽
父仇樂祖造象 正書 無年月字蹟確似太和時人石在龍門 河南洛陽
母楊女腸造象 正書 無年月字蹟確似太和時人石在龍門 河南洛陽
稍黑太造象 正書 無年月字蹟確似太和時人石在龍門 河南洛陽
續祖溫造象 正書 無年月字蹟確似太和時人石在龍門 河南洛陽
父仇敬造象 正書 無年月字蹟確似太和時人石在龍門 河南洛陽
尼道僧造象 正書 無年月字蹟確似太和時人石在龍門 河南洛陽

比邱𩯀安造象 正書 無年月字蹟確似太和時人石在龍門 河南洛陽

維珎保造象 正書 無年月字蹟確似太和時人石在龍門 河南洛陽

僧菀造象 正書 無年月字蹟確似太和時人石在龍門 河南洛陽

僧粮造象 正書 無年月字蹟確似太和時人石在龍門 河南洛陽

公孫天興造象 正書 無年月字蹟確似太和時人石在龍門 河南洛陽

土天妖造象 正書 無年月字蹟確似太和時人石在龍門 河南洛陽

程香靍造象 正書 無年月字蹟確似太和時人石在龍門 河南洛陽

劉伯周造象 正書 無年月字蹟確似太和時人石在龍門 河南洛陽

皇甫邜俱造象 正書 無年月字蹟確似太和時人石在龍門 河南洛陽

宋建興造象 正書 無年月字蹟確似太和時人石在龍門 河南洛陽

李天生造象 正書 無年月字蹟確似太和時人石在龍門 河南洛陽

仇雙保造象 正書 無年月字蹟確似太和時人石在龍門 河南洛陽

王金安造象 正書 無年月字蹟確似太和時人石在龍門 河南洛陽

樊靇沛造象 正書 無年月字蹟確似太和時人石在龍門 河南洛陽

騫天明造象 正書 無年月字蹟確似太和時人石在龍門 河南洛陽

張蘭柣造象 正書 無年月字蹟確似太和時人石在龍門 河南洛陽

楊天起造象 正書 無年月字蹟確似太和時人石在龍門 河南洛陽

宋伯勝仁造象 正書 無年月字蹟確似太和時人石在龍門 河南洛陽

任谷任文宗造象 正書 無年月字蹟確似太和時人石在龍門 河南洛陽

楊光仁造象 正書 無年月字蹟確似太和時人石在龍門 河南洛陽

陽文遠造象 正書 無年月字蹟確似太和時人石在龍門 河南洛陽

翟次象造象 正書 無年月字蹟確似太和時人石在龍門 河南洛陽

妙音寺尼李□爲亡母造釋迦象 正書 無年月字蹟確似太和時人石在龍門 河南洛陽

人間王壽予孫爲嶞三陰造象 正書 無年月字蹟確似太和時人石在龍門 河南洛陽

淸信士張恵㡯爲父母妻子等造象 正書 無年月字蹟確似太和時人石在龍門 河南洛陽

騎官周恵壽爲亡父等造諸佛象 正書 無年月字蹟確似太和時人石在龍門 河南洛陽

□□□爲叔母呈雨造象 正書 無年月碑文僅爲叔母呈雨五字字蹟確似太和時人石在龍門 河南洛陽

□□□爲朱叔母造象 正書 無年月碑文僅爲朱叔母四字字蹟確似太和時人石在龍門 河南洛陽

□□□爲訣伯造象 正書 無年月碑文僅爲訣伯三字字蹟確似太和時人石在龍門 河南洛陽

□□□爲阿磨兀仁造象 正書 無年月碑文僅爲阿磨兀仁四字字蹟確似太和時人石在龍門 河南洛陽

□□□爲外祖母造象 正書 無年月碑文僅爲外祖母四字字蹟確似太和時人石在龍門 河南洛陽

□□□爲小叔季明造象 正書 無年月碑文僅爲小叔季明五字字蹟確似太和時人石在龍門 河南洛陽

□□□爲弟次世造象 正書 無年月碑文僅爲弟次世四字字蹟確似太和時人石在龍門 河南洛陽

□□□爲母仲英造象 正書 無年月碑文僅爲母仲英四字字蹟確似太和時人石在龍門 河南洛陽

□□□爲亡父亡姊妹造象 正書 無年月字蹟確似太和時人石在龍門 河南洛陽

春沽爲仲㝔造象 正書 無年月字蹟確似太和時人石在龍門 河南洛陽

□□□爲亡次女造象　正書　無年月字蹟確似太和時人石在龍門　河南洛陽

□□□爲師父昝□造象　正書　無年月字蹟確似太和時人石在龍門　河南洛陽

吳初木相造象　正書　無年月字蹟確似太和時人石在龍門　河南洛陽

□□□爲諸旁母造象　正書　無年月碑文係爲諸旁母四字字蹟確似太和時人石在龍門　河南洛陽

妙音寺比邱尼立湅爲亡父母造釋迦象　正書　無年月字蹟確似太和時人石在龍門　河南洛陽

王銀安造象　正書　無年月字蹟確似太和時人石在龍門　河南洛陽

韓良社造象　正書　無年月字蹟確似太和時人石在龍門　河南洛陽

□□□爲老七世所生父母造象　正書　無年月字蹟確似太和時人老七世三字頗費解石在龍門　河南洛陽

□□□爲妹亥上生旡幸生造象　正書　無年月字蹟確似太和時人碑文妹亥上生旡幸生七字頗費解石在龍門　河南洛陽

張龍保造象　正書　無年月字蹟確似太和時人石在龍門　河南洛陽

郝社生一心造象　正書　無年月字蹟確似太和時人石在龍門　河南洛陽

程天養造象　正書　無年月字蹟確似太和時人石在龍門　河南洛陽

張養息造象　正書　無年月字蹟確似太和時人石在龍門　河南洛陽

晁僧縚一心造象　正書　無年月字蹟確似太和時人石在龍門　河南洛陽

父晁文愼爲□□造象　正書　無年月字蹟確似太和時人石在龍門　河南洛陽

河北郡吏殷高造象　正書　無年月字蹟確似太和時人石在龍門　河南洛陽

任寄生爲亡父母造象　正書　無年月字蹟確似太和時人石在龍門　河南洛陽

任吉生爲合門大小造象　正書　無年月字蹟確似太和時人石在龍門　河南洛陽

何僧安造象　正書　無年月字蹟確似太和時人石在龍門　河南洛陽

宋榮茂造象　正書　無年月字蹟確似太和時人石在龍門　河南洛陽

夏侯道懽造象　正書　無年月字蹟確似太和時人石在龍門　河南洛陽

比邱縚和爲皇帝造象　正書　無年月字蹟確似太和時人石在龍門　河南洛陽

比邱曇義爲忘母造象　正書　無年月字蹟確似太和時人石在龍門　河南洛陽

比邱法縚爲李傑射造象　正書　無年月字蹟確似太和時人石在龍門　河南洛陽

佛弟子王□□造象　正書　無年月字蹟確似太和時人石在龍門　河南洛陽

河南令魏雙市造象　正書　無年月字蹟確似太和時人石在龍門　河南洛陽

清仕孫法力造彌勒象　正書　無年月字蹟確似太和時人石在龍門　河南洛陽

李懫妻張合資造象　正書　無年月字蹟確似太和時人石在龍門　河南洛陽

□□□爲三姨造象　正書　無年月字蹟確似太和時人石在龍門　河南洛陽

□□□造女金剛象　正書　無年月字蹟確似太和時人石在龍門　河南洛陽

比邱僧隆造象　正書　無年月字蹟確似太和時人石在龍門　河南洛陽

□□□爲尊師十九人造象　正書　無年月字蹟確似太和時人石在龍門　河南洛陽

比邱僧朗造象　正書　無年月字蹟確似太和時人石在龍門　河南洛陽

佛弟子千羅造象　正書　無年月字蹟確似太和時人石在龍門　河南洛陽

□□□爲兄弟姊妹造象　正書　無年月字蹟確似太和時人石在龍門　河南洛陽

□隆爲亡父母造象　正書　無年月字蹟確似太和時人石在龍門　河南洛陽

王洸奴造象　正書　無年月字蹟確似太和時人石在龍門　河南洛陽

朱龍與爲父造象　正書　無年月字蹟確似太和時人石在龍門　河南洛陽

□□□爲一切設者造象　正書　無年月字蹟確似太和時人石在龍門　河南洛陽

尉遲弘可悉頹造象　正書　無年月字蹟確似太和時人石在龍門　河南洛陽

父張懅嫭狚造象　正書　無年月字蹟確似太和時人石在龍門　河南洛陽

張豐生爲亡母造象　正書　無年月字蹟確似太和時人石在龍門　河南洛陽

路叔定造象　正書　無年月字蹟確似太和時人石在龍門　河南洛陽

□□□爲伯叔眷屬造象　正書　無年月字蹟確似太和時人石在龍門　河南洛陽

□□□爲外舅李□屬造象 正書 無年月字蹟確似太和時人石在龍門 河南洛陽
□□□爲亡子造象 正書 無年月字蹟確似太和時人石在龍門 河南洛陽
郎思祖造象 正書 無年月字蹟確似太和時人石在龍門 河南洛陽
邵□□造象 正書 無年月字蹟確似太和時人石在龍門 河南洛陽
□□□爲一切苦惚衆生造象 正書 無年月字蹟確似太和時人石在龍門 河南洛陽
□□□爲諸同學等造象 正書 無年月字蹟確似太和時人爲諸同學等造象僅見此種石在龍門 河南洛陽
惠蓥爲父母造象 正書 無年月字蹟確似太和時人石在龍門 河南洛陽
道欽李造九□象 正書 無年月字蹟確似太和時人石在龍門 河南洛陽
張神房爲父母造象 正書 無年月字蹟確似太和時人石在龍門 河南洛陽
郝副鳳一心造象 正書 無年月字蹟確似太和時人石在龍門 河南洛陽

□□□爲身造象 正書 無年月字蹟確似太和時人石在龍門 河南洛陽
春乜爲六子上生天叿造象 正書 無年月字蹟確似太和時人石在龍門 河南洛陽
法濱造象 正書 無年月字蹟確似太和時人與法濱實爲二人石在龍門 河南洛陽
張及棍造象 正書 無年月字蹟確似太和時人石在龍門 河南洛陽
劉雙仁造象 正書 無年月字蹟確似太和時人石在龍門 河南洛陽
比邱僧帹爲羕□造彌勒象 正書 無年月字蹟確似太和時人石在龍門 河南洛陽
□□造法貞象 正書 無年月字蹟確似太和時人石在龍門 河南洛陽
佛弟子□僉造象 正書 無年月字蹟確似太和時人石在龍門 河南洛陽
日光小弟□像 正書 無年月字蹟確似太和時人石在龍門 河南洛陽
白大□仁□象 正書 無年月字蹟確似太和時人石在龍門 河南洛陽
春佑爲父母造象 正書 無年月字蹟確似太和時人石在龍門 河南洛陽
□□爲諸舅造象 正書 無年月字蹟確似太和時人石在龍門 河南洛陽

劉吳吳椟造象 正書 無年月字蹟確似太和時人石在龍門 河南洛陽
阿禘馬財造象 正書 無年月字蹟確似太和時人石在龍門 河南洛陽
佛弟子張始興造象 正書 無年月字蹟確似太和時人石在龍門 河南洛陽
甘廣興爲父母造象 正書 無年月字蹟確似太和時人石在龍門 河南洛陽
□□□爲□勝造象 正書 無年月字蹟確似太和時人石在龍門 河南洛陽
□□□造靈瓷象 正書 無年月字蹟確似太和時人石在龍門 河南洛陽
父張備宗息張貴造象 正書 無年月字蹟確似太和時人石在龍門 河南洛陽
□□□爲舅娃造象 正書 無年月字蹟確似太和時人石在龍門 河南洛陽

續補寰宇訪碑録卷三

盧江劉聲木十枝撰

後魏

王初興造象 正書 景明元年二月八日 滿洲托活洛氏藏石

孝堂山石室廣陵王題字 八分書 景明二年六月十三日 山東肥城

清信士佛弟子馬慶安爲□造象 正書 景明二年八月二日年號二字漫漶修録作景明姑仍之石在龍門老君洞繆録以爲在大佛洞 河南洛陽

袁超爲父母造彌勒象 正書 景明三年四月六日

大佛洞比邱惠感爲亡父母造彌勒象 正書 景明三年五月四日 河南洛陽

比邱惠感爲亡父母造彌勒象 正書 景明三年五月廿日 河南洛陽

大佛洞佛弟子趙雙哲父母輔石造象 正書 景明三年五月卅日佛象在後段略具形似殊爲草率 河南洛陽

佛弟子趙雙哲母輔石造象 正書 景明三年五月卅日石在龍門老君洞 河南洛陽

大佛洞唯郙尹愛姜等廿一人各爲七世父母等造彌勒象 正書 景明三年六月廿三日 河南洛陽

弟子劉未等四人造弥勒象記 正書 景明三年十一月十一日 滿洲托活洛氏藏石

劉未等造象碑兩側 正書劉堆妻張侍佛時等題名 滿洲托活洛氏藏石

中散大夫榮陽太守孫道務題名 正書 無年月在景明三年五月廿七新城縣功曹孫秋生二百人等造象碑額邑子象旁 河南洛陽

顯祖獻文皇帝第一品嬪侯夫人墓志銘 正書 景明四年三月廿一日

□□□造象 正書 景明四年歲次癸未十月二十□日碑文中有歲次癸未四字爲他景明四年所無故著録此四字以別之石在龍門老君洞 河南洛陽

清信女賈光明女爲亡夫等造彌勒象 正書 景明四年十一月二日石在龍門 河南洛陽

國常侍臣王神秀爲太妃廣川王造釋迦牟尼象 正書 無年月繆目列入景明四年後字蹟實是當時人石在龍門老君洞 河南洛陽

國學官令臣平乾虎爲太妃等造釋迦牟尼佛象 正書 無年月字蹟酷似楊大眼魏靈莊諸造象藝風堂金石目列目在景明四年後 河南洛陽

國常侍臣王神秀爲太妃等造釋迦牟尼亻象 正書 無年月字蹟酷似楊大眼魏靈莊諸造象佛象在上段藝風堂金石目列目在景明四年後 河南洛陽

大佛洞比邱法寗爲亡父母造象 正書 無年月在景明三年五月四日比邱惠感爲亡父母造彌勒象後 河南洛陽

北海王國太妃高爲孫保造象 正書 無年月 河南洛陽

司徒端等共造優填王南龕象 正書 無年月 河南洛陽

韓曳雲等共造優填王北龕氏 正書 無年月 河南洛陽

甯遠將軍潁川太守安城令衞白犢題名 正書 無年月 河南洛陽

佛弟子王雙恩造象 正書 無年月石在龍門 河南洛陽

楊阿眞造象題字 正書佛象旁刻丙子歲之太清六小字不解所謂 滿洲托活洛氏藏石

老君洞法護等題名 正書 無年月與上碑同一石在左方其字蹟亦一時人所爲 河南洛陽

老君洞張妙來題名 正書 無年月與上碑同一石在右方其字蹟亦一時人所爲 河南洛陽

老君洞孫洪仰李徽祖等題名 正書 無年月與上碑同一石在下截其字蹟亦一時人所爲 河南洛陽

御史左丞　墓志銘 正書 正始元年正月二十一日此種金石各書未載 滿洲托活洛氏藏石

湪縣當陌村維那高洛周七十人等造釋迦石象碑陰 正書 正始元年三月九日羅氏訪碑録失碑陰及兩側首文云高欣妻審香珠侍佛云云 滿洲托活洛氏藏石

高洛周碑兩側 正書首文云淸信士高詳妻倪殆男侍佛云云 滿洲托活洛氏藏石

高洛周碑額高次文眷屬等題名 正書 滿洲托活洛氏藏石

佛弟子□宏造象 正書 正始元年四月廿四日碑文有甲申二字惟正始元年歲在甲申 滿洲托活洛氏藏石

佛弟子□□□造象 正書 正始元年五月 直隸青縣姚氏藏石

佛弟子承之因造象 正書 正始元年五月藏姚貴昉家其女湘雲女史拓本 直隸天津姚氏藏器

比邱道仙造□□象 正書 正始元年十一月三日石在龍門老君洞 河南洛陽

馮蒙題名 正書 無年月在正始元年十一月三日比邱道仙造□□象前一行石在龍門老君洞 河南洛陽

大佛洞清信女高思朔爲亡子苻四品等造釋迦文象 正書 正始元年十一月四日 河南洛陽

光州刺史貞侯高慶碑 正書 正始元年 山東德州

清信士佛弟子敦煌爲皇帝等造象 正書 正始二年正月十二日石在龍門老君洞

銘百三州教化大象 正書 正始二年二月四日與道人僧暈造象同一佛座銅佛石座 河南洛陽

比邱尼法惠爲亡祖父母造象 正書 無年月在正始二年正月十二日清信士佛弟子敦煌爲皇帝等造象前三行下段字蹟相似一時所刻石在龍門老君洞 河南洛陽

橫野將軍鉤楯署洪池丞權六煩題名 正書 無年月在正始二年四月十五日盪寇將軍領鉤楯令王史平吳合曹人爲今王上造彌勒象後一行繆目析出另錄因碑文字難以中截悉以原文錄入無所增損立意至爲矜慎今悉仍之橫野將軍題名之字字體與盪寇將軍造象方整開蕩相同決爲一時之人無疑也石在龍門老君洞 河南洛陽

比邱□光爲亡父母等造象 正書 正始三年四月十日石在龍門老君洞繆錄失載 河南洛陽

大佛洞咸同斯福等殘字 正書 無年月在正始三年三月十九日宮內作大監㲃法端造釋迦及二菩薩象前行下段藝風堂金石目失載 河南洛陽

佛弟子許埴之爲師僧父母等造象 正書 正始四年二月廿一日石在龍門老君洞繆目失載 河南洛陽

□□吏史市榮爲七世父母等造釋迦象 正書 正始五年四月廿日石在龍門老君洞繆目失載 河南洛陽

逸人陳峻巖墓志銘 正書 正始五年八月二十四日 河南洛陽

營州刺史貞侯高慶碑 正書 正始五年八月日光緒廿六年出土 山東德州

平西壁文 正書摩崖 永平二年正月卅日在石門銘後 陝西褒城

固安縣胡儆貴造象銘 正書 永平二年五月十四日 河南洛陽

□□□爲七世父母等造象 正書 永平二年六月廿四日石在龍門老君洞繆目失載 河南洛陽

清信士佛弟子賈元美爲父母兄弟等造釋加象 正書 永平二年十一月十□ 河南洛陽

邑師道暈廿二人等爲國造彌勒象 正書 永平二年十一月十六日石在龍門老君洞 河南洛陽

優婆姨媛寠華氏造象 正書 建平元年二月十二日

□弟子□□□造阿佛象 正書 建平二年八月八日建平爲京兆王愉年號卽宣武帝永平二年

翟僧嬳邑子等廿三人爲七世父母等造彌勒象 正書 永平三年閏月五日佛象二區中間一香爐在前段藝風堂金石目失載 河南洛陽

道人惠癟造世加文象 正書 永平三年五月十日石在龍門老君洞 河南洛陽

奉車都尉定州刺史陸章墓志銘 正書 永平三年十月六日

□虜將軍姚縣令周于墓志 正書 永平三年十月十七日 直隸青縣姚氏藏石

靜虜將軍杞縣令周午紀墓銘 正書 永平三年十月十七日

龍門□□□唯郙王方等造象 正書 無年月佛象在後段在永平三年閏月五日翟僧嬳等造彌勒象前段 河南洛陽

正五品□賈元德等造彌勒象 正書 永平四年三月十日石在龍門老君洞

河南洛陽
比邱法僧造釋加象　正書　永平四年十月三日石在龍門　繆目失載　河南洛陽
比邱法侑造釋加象　正書　永平四年十月三日石在龍門　繆目失載　河南洛陽
釋法陵爲同生父母師僧等造象　正書　永平五年正月中字蹟惡劣模泐石在龍門老君洞　河南洛陽
使持節驃騎將軍安樂武康王元診墓志銘　正書　永平五年八月廿六日
鄭道昭雲峯山右闕題字　正書　無年月　山東掖縣
雲峯山鄭道昭羨門子駕日栖崑崙山題字　正書　無年月　山東掖縣
雲峯山中岳先生鄭重昭玄靈官題名　正書　無年月　山東掖縣
雲峯山鄭道昭白雲堂中解易題名　正書　無年月　山東掖縣
雲峯山中岳先生鄭道昭白雲堂題名　正書　無年月　山東掖縣
雲峯山鄭道昭道士扳霞題字　正書未見著錄　無年月　山東掖縣

雲峯山鄭道昭白雲堂題字　正書雙鈎　無年月　山東掖縣
鄭道昭棲息雲峯山右闕題字　正書　無年月　山東掖縣
雲峯山鄭道昭潛邱子駕鴻栖月邱山題字　正書　無年月　山東掖縣
雲峯山鄭道昭山有九仙名題字　正書　無年月　山東掖縣
雲峯山鄭道昭石巫于仙人題字　正書　無年月　山東掖縣
雲峯山中岳先生鄭道昭青烟寺題名　正書　無年月　山東掖縣
雲峯山鄭道昭當門石坐題字　正書　無年月　山東掖縣
雲峯山鄭道昭赤松子駕月栖玄題字　正書　無年月　山東掖縣
雲峯山鄭道昭耿伏奴從駕題字　正書　無年月　山東掖縣
雲峯山鄭道昭雲峯山題字　正書　無年月　山東掖縣
雲峯山中岳先生鄭道昭朱陽臺題名　正書　無年月　山東掖縣
雲峯山鄭道昭游止山門題名　正書　無年月　山東掖縣

雲峯山鄭道昭倉匹子仙題字　正書　無年月
天柱山東堪石室銘　鄭道昭作正書　無年月　山東平度
鄭道昭雲峯山左闕題字　正書　無年月　山東掖縣
鄭道昭東字題字　正書　無年月　山東掖縣
鄭道昭仙壇北山門題字　正書　無年月　山東掖縣
鄭道昭上游天柱下息雲峯題字　正書　無年月　山東平度
鄭道昭石門題字　正書　無年月　山東掖縣
鄭道昭山門題字　正書　無年月　山東掖縣
鄭道昭棲息于此題名　正書　無年月　山東掖縣
鄭道昭此白駒谷題字　正書　無年月　山東益都
鄭道昭于此游止題記　正書　無年月　山東掖縣
鄭道昭天柱山題字　正書　無年月　山東平度

天柱山銘頌殘刻　八分書　無年月　山東平度
夫制盞㝅文素造象　正書　無年月字蹟確似魏初時人頗與雲峯山中刻石相近石在龍門孝昌窟　河南洛陽
衛尉少卿梁州刺史元演墓志銘　正書　延昌二年三月七日石藏姚貴昉家其女湘雲女史拓本　直隸天津姚氏藏石
□□將軍左中郎將元颺妻王夫人墓志銘　正書　延昌二年十二月四日
劉腜安造象記　正書　延昌三年七月九日　滿洲托活洛氏藏石
劉腜安造象碑陰　正書　匋齋藏石記失載其文　滿洲托活洛氏藏石
劉腜安造象碑側　正書　滿洲托活洛氏藏石
張強伯十四十等造彌勒象　正書　延昌三年八月二日石在龍門老君洞　河南洛陽
使持節冠軍將軍燕州刺史元颺墓志銘　正書　延昌三年十一月四日宣統　年洛陽出土

□□將軍左中郎將元颺妻王夫人墓志 正書 延昌二年十二月四日

定州□令姚纂墓志 正書 延昌四年正月十六日

輔國將軍徐州刺史昌國縣開國侯王紹墓志序 正書 延昌四年閏十月廿二日碑文第廿三行扇清風三字字蹟較碑文他字小弱疑後人所追加

□二娘造象 正書 無年月在延昌四年八月廿四日清信士佛弟子尹顯房爲父母等造多保象末文上段石在龍門老君洞繆目失載 河南洛陽

延昌殘字 正書 延昌□□碑文只延昌二字在長安四年二月廿七日韓寄生造象右段石在龍門老君洞繆目失載 河南洛陽

祝懷題名 正書 無年月在延昌四年二月二日佛弟子白方生婇昇菩念造釋加牟尼佛象上段石在龍門老君洞繆目失載 河南洛陽

平東將軍濟州刺史穆循墓志銘 正書 熙平元年十一月廿二日十二世祖及六世祖等官職名諱列入銘文後郎穆公自己官職亦列入其父官職名諱後

龍驤將軍臨青男崔敬邕墓志銘 正書 熙平二年十一月 日蘇州帖賈黃徵重摹本 可亂眞石卽藏其家 江蘇無錫黃氏藏石

朱四娘造象 正書 神龜元年四月八日石在龍門始牛溪繆目失載 河南洛陽

清信女□□爲亡夫造无量壽佛象 正書 神龜元年石在龍門老龍窩 河南洛陽

持節散騎常侍幽州刺史王遷墓志 正書 神龜二年二月五日

持節督涇州諸軍事征虜將軍涇州刺史齊郡王元祐墓志銘 正書 神龜二年二月廿三日

邑師□□等造象 正書 神龜二年三月十五日石在龍門老君洞 河南洛陽

武衛將軍汾州刺史赫連儒爲七世父母等造象 正書 神龜二年六月三日石在龍門老君洞繆錄失載 河南洛陽

佛子李伏友爲七世父母等造象 正書 神龜二年七月三日在同年月日佛弟子楊善常爲七世父母等造象後截石在龍門老君洞繆目失載 河南洛陽

清信士陳子良造象 正書 神龜三年四月八日 滿洲托活洛氏藏石

萬壽寺碑記 正書 神龜三年四月十三日 滿洲托活洛氏藏石

佛弟子翟蠻爲亡父母等造彌勒象 正書 無年月匋齋藏石記列在神龜三年四月十三日萬壽寺碑記前 滿洲托活洛氏藏石

比邱尼惠澄爲七世父母等造象 正書 正光元年三月十日石在龍門始牛溪繆目失載 河南洛陽

鎭遠將軍太尉府諮議李璧墓志銘 正書 正光元年十二月廿一日宣統元年修津浦鐵路在德州北境出土羅正鈞購置金石保存會 山東歷城

李璧碑陰 正書石右有羅正鈞題記正書 山東歷城

大佛洞比邱慧榮爲亡尼剋姐及姊妹造象 正書 正光二年正月七日佛象在後約寸餘長 河南洛陽

宮弟一品張安姬墓志銘 正書 正光二年三月廿九日此乃女人墓志 直隸青縣姚氏藏石

汝成幷幽州范陽郡溫縣人墓志磚文 正書 正光二年四月卅日乾隆丙午錢唐黃易得于濟甯碑文字義不可曉

比邱慧榮爲帝祚永之等造釋迦象 正書 正光二年八月廿日石在龍門老君洞 河南洛陽

司徒公府記室李要允造象 正書 正光二年八月□日石在龍門火燒窰府記室三字依繆目錄入字蹟漫漶難辨 河南洛陽

清信士佛弟子侯䂮和爲亡父母造象 正書 正光二年十月廿二日石在龍門老君洞繆目作侯勬和實不似原字也 河南洛陽

比邱慧榮爲亡尼剋望及姊妹等造象 正書 正光二年十一月七日石在龍門老君洞 河南洛陽

清信女佛弟子祖工等及比邱尼僧造釋迦十六軀象 正書 正光二年十一

月廿九日　河南洛陽

張猛龍碑額陰郡中正爰孝伯等題名 正書 正光三年正月廿三日　山東曲阜

比邱尼道□爲亡父母造象 正書 正□三年三月廿八日石在龍門火燒窰　河南洛陽

侍中太尉公汝南王元悅造墖記 曲元賓造正書 正光三年八月十一日字蹟得刁惠公一體　滿洲托活洛氏藏石

盜遠將軍燉煌鎮將元倪墓志銘 正書 正光四年二月廿七日高祖父母諱氏官職列入銘文後他碑皆列入正文之前此爲罕見

齊郡王妃常氏墓志銘 正書 正光四年二月廿七日宣統　年洛陽出土

信男佛弟子曹伯集造象 正書 正光四年三月廿二日石在龍門火燒窰曹伯二字据繆目入錄碑文只見集字　河南洛陽

沙門惠榮爲師僧父母等造釋迦牟尼象 正書 正光四年三月廿三日石在龍門

火燒窰　河南洛陽

□□校尉王法□妻田爲亡夫造觀世音象 正書 正光四年四月十六日石在龍門孝昌窰　河南洛陽

法義黃百慶造象 正書 正光四年四月廿三日

涇州刺史陸希道墓誌盖 正書 無年月武虛谷攷爲正光四年墓誌已見孫錄墓盖于孟縣西三十四里孟張河出土後在乾隆五十四年欽州馮敏昌題記八分書　河南孟縣

李覆宗造玉象 正書 正光五年三月廿日　滿洲托活洛氏藏石

李覆宗造象碑陰 畫象無題字陶齋藏石記失載　滿洲托活洛氏藏石

比邱尼法暈曇熾二人爲己身造觀世音象 正書 正光五年四月八日石在龍門老君洞繆目失載　河南洛陽

博陵安平令譚棻墓志銘 正書 正光五年六月五日

蘭倉令孫遼浮圖銘記 正書 正光五年七月廿五日　山東黃縣

曠野將軍石窟署□□□墓志銘 正書 正光六年正月廿七日　滿洲托活洛氏藏石

仏弟子駱慈晄爲□恭妃造釋加文象 正書 正光六年二月八日石在龍門樂芳窰繆目失載　河南洛陽

□□爲承常保造象 正書 正光□年四月廿一日

洛州靈巖寺沙門□璨造石象銘 正書 正七年正月十五日正七年當是正光七年正光雖無七年必係當時人所刻比邱汪璨別有孝昌二年造釋迦象正光只有五年七年正孝昌二年疑係一人同時所刻碑文正七年下原有太歲首三字亦石刻中所罕見係趙羅繆等四家未見著錄殊不可解石在龍門孝昌窰　河南洛陽

征東將軍田壽爲父母造彌勒象 正書 孝昌元年二月十五日陶齋藏石記辨爲僞託　滿洲托活洛氏藏石

比邱尼僧逹爲亡息文殊造釋迦象 正書 孝昌元年八月八日石在龍門老龍窩　河南洛陽

中明寺比邱尼道暢等及諸貴人等造去刧千佛象 正書 孝昌元年八月十

二日石在龍門蓮花洞　河南洛陽

中明寺比邱尼道暢等造亥刧千佛等象 正書 孝昌元年八月十三日　河南洛陽

信士鄧定安爲身皂象 正書 孝昌元年八月十五日

淸信歌會爲亡女比邱尼法明造觀世音象 正書 孝昌二年二月十五日石在龍門孝昌窰　河南洛陽

王永壽造彌勒象 正書 孝昌二年八月六日

比邱尼法起造觀世音象 正書 孝昌二年四月廿二日石在龍門孝昌窰窰中孝昌造象最多即因此得名亦未可知　河南洛陽

紫田□尼爲己女尼法暉造彌勒象 正書 孝昌二年四月廿三日石在龍門孝昌窰　河南洛陽

祕書省校書郞淳于道等造象 正書 孝昌二年四月二十五日石在龍門老君洞繆目失

載

紫芮司尼爲亡弟造彌勒象 正書 孝昌二年五月八日石在龍門孝昌窰　河南洛陽

傳浪侯爲自身夫妻造觀世音象 正書 孝昌二年五月廿九日石在龍門孝昌窰　河南洛陽

比邱左法貴等爲卜□、比邱左僧明造彌勒象 正書 □昌□年五月十□日石在龍門老君洞繆目失載　河南洛陽

□□清供養題名 正書左行 □□□□三月廿日在孝昌二年六月十日清信士李袁正等爲一切有形造象上截石在龍門老君洞　河南洛陽

洪懋等卌餘人造石象銘 八分書 無年月端忠愍公方考在孝昌後石存上半截　滿洲托活洛氏藏石

景隆寺沙門曇余爲一切衆生造彌勒象 正書 武泰元年四月六日　河南洛陽

楊□寺比邱□道勇造彌勒象記 正書 建義元年六月十五日字蹟模泐

道勇造象碑右側 正書　滿洲托活洛氏藏石

司空、城局參軍陸紹墓志銘 正書 建義元年七月十七日

使持節衛大將軍冀州刺史趙郡宣恭王元毓墓志銘 正書 建義元年七月卅日石藏周養安肇祥家癸丑洛陽出土　浙江山陰周氏藏石

使市司州牧司空公鉅平縣開國侯元欽神銘 正書 永安元年十一月八日

父張歡爲長女茍汝造象 正書 永安二年三月十一日石在龍門始牛溪　河南洛陽

比邱尼僧容智等爲四恩三友造彌勒玉象 正書 永安三年七月十五日

南陽太守張元墓志誦 正書 普泰元年十月一日原石已佚道州何紹基藏一原石拓本掌教濼源書院時摹一石嵌叡書院壁間　山東歷城

散騎賈瑾墓志銘 正書 普泰元年十月十三日　滿洲托活洛氏藏石

濟信楊阿眞爲世叔父母等造象 正書 普泰二年三月十五日　滿洲托活洛氏藏石

比邱尼□逕爲峻陽王等造釋迦等象 正書 普泰二年三月十六日石在龍門火燒窰　河南洛陽

軍寧將軍殘字 正書 泰昌元年十二月十日

佛弟子楊元凱爲亡父母造多寶佛象 正書 泰昌元年十二月十二日後有佛象二區繆氏失載　河南洛陽

李四娘造阿彌陁象 正書 永熙元年四月字蹟漫漶不易辨識石在龍門波窰繆目失載　河南洛陽

汝弟子劉仁和爲三世父母造象 正書 永熙元年八月六日此石于乙卯年運滬求售聞已流入異域

王君墓志銘 正書 永熙二年碑文四周缺佚僅存中段字蹟頗似鄭道忠墓志銘陶齋藏石記列入東魏無年月中　滿洲托活洛氏藏石

法義兄弟二百人等造象記 正書 永熙三年三月五日在下截　滿洲托活洛氏藏石

寶方寺比邱道仙爲師僧父母等造彌勒象 正書 永熙三年四月十三日石在龍門蓮花洞　河南洛陽

清信女張氏樂氏爲七世父母共造象 正書 永熙五年二月廿九日字蹟甚磨泐不易辨識石在龍門老君洞繆目失載考永熙只三年或誤刻及後人所加　河南洛陽

佛弟子楊君雅爲合家造象 正書 無年月字蹟確似李仲璇張猛龍等碑石在龍門樂旁窰　河南洛陽

西魏

黨屈蜀爲己身造象 正書 無年月黨屈蜀又有大統四年六月六日造象已見孫錄石在龍門樂芳窰　河南洛陽

支狂爲亡弟同貴造象 正書 無年月字蹟惡劣確似六朝人在平東將軍池陽縣開國伯蘇万成爲父母造象下段蘇万成妻趙造象乃大統六年四月廿八日支狂造象當亦在此時石在龍門老君洞繆目失載未知何故孫氏著錄體例有不識之字照字形列入如比邱尼塔奎造象之類亦是如此造象之字疑半係石工所爲石工通文義者少宜乎文不成文字不成字也　河南洛陽

佛弟子王娼明等爲帝主臣民等造象 正書 大統九年仵月四日繆錄失載

王娼明等造象碑陰 上書象下正書

續補寰宇訪碑錄卷四

廬江劉聲木十枝撰

東魏

比邱尼□悅造象 正書 天平二年五月□□日陶齋藏石記失載 滿洲托活洛氏藏石

孔僧時兄弟等爲亡父母造彌勒象 正書 天平三年正月廿四日 滿洲托活洛氏藏石

李慧瓌等造蓮華題名 正書 天平三年十二月碑文刻蓮華形八瓣瓣各刊三字石刻中罕見 滿洲托活洛氏藏石

侍中大司馬華山武王允鷙巳公孫氏墓志銘 正書 天平四年七月十六日

唯郝冊人等爲皇帝等造象 正書 天平四年潤九月十三日 滿洲托活洛氏藏石

司空公兗州刺史張滿墓志銘 正書 天平四年十一月十二日 年磁州出土

劉䨶周造塔記 正書 天平四年十二月十九日 滿洲托活洛氏藏石

德儀六十等造釋迦象 正書 元象元年四月廿日 滿洲托活洛氏藏石

比丘尼僧愍爲亡父母造白玉象 正書 元象元年八月廿九日 滿洲托活洛氏藏石

安東將軍山茌縣令鄒盖袟銘 正書 興和二年閏五月廿一日後有空白四行銘詞未刻 滿洲托活洛氏藏石

使持節侍中司徒威武公蔡儁斷碑 正書 興和二年八月八日石下半斷缺磁州新出土 滿洲托活洛氏藏石

蔡儁碑陰 正書司徒府佐人名 滿洲托活洛氏藏石

居士廉富義率道俗等造象銘 正書 興和二年 河南汲縣

廉富義造象碑陰 佛象七層佛號正書已模泐 河南汲縣

廉富義造象碑兩側 皆佛象七層佛號正書 河南汲縣

比邱僧道山爲國王等造觀世音象碑兩側 正書 興和三年四月十五日趙氏補寰宇訪碑錄失載兩側 滿洲托活洛氏藏石

假黃鉞侍中尚書令華山武王允鷙墓志銘 友人常景撰正書 興和三年十月廿二日

清信士菀貴妻尉爲亡息灿㕑造彌勒象　正書　興和四年九月十一日　滿洲托活洛氏藏石

比邱道觀邑義八十六人造白玉象　正書　武定元年正月七日　滿洲托活洛氏藏石

維那王罽郎法義三百人等造石象碑銘　正書　武定二年二月十六日　滿洲托活洛氏藏石

王誐𨚗碑陰　正書字泐僅有數字可辨　滿洲托活洛氏藏石

散騎常侍安栗將軍安康縣開國伯孝武元均墓志銘　正書　武定二年八月廿日　磁州新出土

安西將軍梁州刺史淮南僖王元顯墓志銘　正書　武定二年八月廿日　磁州新出土

假黃鉞太傅大司馬定州刺史廣陽文獻王元湛銘　正書　武定二年八月庚申　磁州新出土

假黃鉞太傅大司馬廣陽文獻王王妃墓志銘　正書　武定二年八月庚申　磁州新出土

伏波將軍諸治令侯海墓志銘　正書　武定二年十月廿日　年磁州出土

兗州刺史臨濟縣開國武恭侯叔孫固墓志銘　正書　武定二年十一月廿九日　河南安陽

報德王爲七佛頌碑　正書　武定三年七月十五日豐碑鉅製字蹟工整似李仲璇　石在古蹟保存所　滿洲托活洛氏藏石

七佛頌碑兩側　正書都定國寺沙門慧珍等題名　滿洲托活洛氏藏石

比丘□惠詅等造象記　正書　武定五年正月廿六日　滿洲托活洛氏藏石

惠詅等造象碑兩側　正書　滿洲托活洛氏藏石

西兗州刺史晉盌縣開國公鄭君殘碑　正書　武定五年二月七日石在下半截　滿洲托活洛氏藏石

□□縣人□□□□造象　正書　武定五年二月□九日石藏姚貴昉家其女湘雲女史拓本　直隸天津姚氏藏石

佛弟子天宮主王惠略合邑五十人等造象銘　正書　武定五年七月二日石在開封圖書館　河南祥符

清信士朱舍爲亡父母捨宅造寺記　正書　武定五年七月九日　滿洲托活洛氏藏石

驃騎大將軍散騎常侍東安王陸太妃墓志銘　正書　武定五年十一月十六日　銘文末四句雙行小字刊後

太傅領太尉公假黃鉞九錫任城文宣王文靖馮太妃墓志銘　正書　武定五年十一月十六日　磁州新出土

廣武將軍清畝隊主唐小㕑爲皇帝等造彌勒象記　正書　武定六年五月三日在佛象下中段　滿洲托活洛氏藏石

像主道深曷愍等造象　正書　武定六年五月五日　滿洲托活洛氏藏石

使持節侍中太保豳州刺史安豐王妃馮恭貞墓銘　八分書　武定六年十月廿二日第二行墓銘字下補刊謚曰恭貞四字字蹟已漫漶正書字蹟與全碑亦不類或乃後人補刊亦未可知　滿洲托活洛氏藏石

豳州刺史安豐王妃馮氏墓銘　正書　武定六年十月廿二日　滿洲托活洛氏藏石

故人張伏安妻阿胡爲忘夫悲息遵業造白玉象記　正書　武定七年正月廿四日武字下原無定字　滿洲托活洛氏藏石

張伏安造象碑兩側　正書　滿洲托活洛氏藏石

清信□弟子趙顯造彌勒象　正書　武定七年二月廿日　滿洲托活洛氏藏石

陽市寺尼惠遵造彌勒玉象記　正書　武定七年三月六日　滿洲托活洛氏藏石

孫盇長爲亡妣造玉象　正書　武定七年三月廿二日陶齋藏石記失載　滿洲托活洛氏藏石

孫盇長造象碑側　正書　滿洲托活洛氏藏石

□昌遊爲□師造象　正書　武定七年八月廿日　滿洲托活洛氏藏石

佛弟子劍臺顯爲亡父母造象　正書　武定八年二月廿三日　滿洲托活洛氏藏石

驃騎大將軍徐州刺史司空公蘭陵郡開國公吳郡王蕭正表銘 正書 武定八年二月廿九日 河南汲縣
廉天長爲父廉富造義井頌 正書 武定八年三月上旬 河南汲縣
廉天長義井頌碑兩側 邑老廉迣宗等題名三層正書 河南汲縣
左將軍太原太守穆子巖墓志銘 正書 武定八年五月十三日 滿洲托活洛氏藏石
武定□□造象殘字 正書 武定□□字蹟漫漶 河南洛陽
謁者劉子道造象 正書 無年月字蹟頗似六朝人石在龍門敬善寺 河南洛陽
王惠達爲七世父母等造象 正書 無年月字蹟確似六朝人石在龍門敬善寺 河南洛陽
佛弟子楊大福造觀世音佛象 正書 無年月字蹟確似六朝人石在龍門敬善寺 河南洛陽
臈王府殘字 正書 無年月字蹟頗似李仲璇張猛龍藏寺雖㝡寋三字確是六朝人書石在龍門敬善寺 河南洛陽

淸信女宋爲平安造觀音象 正書 無年月字蹟確是六朝人石在龍門敬善寺 河南洛陽
杜法力爲太山府君造象 正書 無年月字蹟確是六朝人石在龍門敬善寺 河南洛陽
杜法力爲□□天王造象 正書 無年月字蹟甚漫漶石在龍門敬善寺 河南洛陽
杜法力爲五道將軍及夫人等造象 正書 無年月石在龍門敬善寺 河南洛陽
杜法力爲天曹地府造牛頭獄卒等象 正書 無年月石在龍門敬善寺 河南洛陽
□安縣□□□爲□中下及七世父母等造阿彌象 正書 □□元年正月廿五日字蹟確似六朝人石在龍門敬善寺 河南洛陽
薩孤弘亶爲姊造象 正書 無年月字蹟確似六朝人石在龍門敬善寺 河南洛陽
佛弟子李元哲爲亡考造阿彌陁象 正書左行 無年月字蹟確似六朝人石在龍門敬善寺 河南洛陽

陳恆山造象 正書左行 無年月字蹟確似六朝人石在龍門敬善寺 河南洛陽
孫處德爲兄處義造象 正書 無年月字蹟確似六朝人石在龍門敬善寺 河南洛陽
劉方畝爲女造象 正書 無年月字蹟確似六朝人石在龍門敬善寺 河南洛陽
司馬沙常息爾朱景母李造象 正書 無年月字蹟確似六朝人石在龍門敬善寺 河南洛陽
荊□荊州師造象 正書 無年月字蹟確似六朝人石在龍門敬善寺 河南洛陽
□孝養男安期母李女四娘造象 正書 無年月字蹟確似六朝人石在龍門敬善寺 河南洛陽
交州都督府戶曹韋尅諧及妻蕭造象 正書 無年月字蹟確似六朝人石在龍門敬善寺 河南洛陽
盧永吉爲身患造阿彌陁象 正書 無年月字蹟確似六朝人石在龍門敬善寺 河南洛陽

僧知道爲入逵兄造地藏菩薩象 正書 無年月字蹟確似六朝人石在龍門敬善寺 河南洛陽
梁文雄母韋造象 正書 無年月字蹟確似六朝人石在龍門敬善寺 河南洛陽
佛弟子張□造阿彌陁象 正書 無年月字蹟確似六朝人石在龍門敬善寺 河南洛陽
梁文雄父造象 正書 無年月字蹟確似六朝人石在龍門敬善寺 河南洛陽
王威福造象 正書 無年月字蹟確似六朝人石在龍門敬善寺 河南洛陽
使胡音造觀音菩薩象 正書 無年月字蹟確似六朝人石在龍門敬善寺 河南洛陽
劉王買母姫造象 正書 無年月字蹟確似六朝人石在龍門敬善寺 河南洛陽
王福妻郭造象 正書左行 無年月字蹟確似六朝人石在龍門敬善寺 河南洛陽
右驍衛郡曹□敏並妻造救苦觀音象 正書 無年月字蹟確似六朝人石在龍門敬 河南洛陽

善寺

迦□造觀世音菩薩象 正書 無年月字蹟確似六朝人石在龍門敬善寺 河南洛陽

弟子李象等合家爲一切衆生等造象 正書 無年月字蹟確似六朝人石在龍門敬善寺 河南洛陽

馮玄訓造象 正書 無年月字蹟確似六朝人石在龍門敬善寺 河南洛陽

張大溫造象 正書 無年月字蹟確似六朝人石在龍門敬善寺共有六十七種 河南洛陽

雍州人仰思造觀音菩薩象 正書 無年月字蹟確似六朝人石在龍門敬善寺 河南洛陽

可閑王造象 正書 無年月字蹟確似六朝人石在龍門敬善寺 河南洛陽

張玄節妻妻象 正書 無年月字蹟確似六朝人石在龍門敬善寺 河南洛陽

陳穤造象 正書 無年月字蹟確似六朝人石在龍門敬善寺 河南洛陽

張普□造象 正書 無年月字蹟確似六朝人石在龍門敬善寺 河南洛陽

清信女張爲皇帝等造阿彌陁象 正書 無年月字蹟確似六朝人石在龍門敬善寺 河南洛陽

張婆造象 正書 無年月字蹟確似六朝人石在龍門敬善寺 河南洛陽

朱武政造象 正書 無年月字蹟確似六朝人石在龍門敬善寺 河南洛陽

劉要娘造象 正書 無年月字蹟確似六朝人石在龍門敬善寺 河南洛陽

徐乙德並妻曹女大娘及七世父母等造象 正書 無年月字蹟確似六朝人石在龍門敬善寺 河南洛陽

弟子常文才女舍利爲家內鬼神不安造阿彌陁象 正書 無年月字蹟確似六朝人爲家內鬼神不安造象中僅見此品石在龍門敬善寺 河南洛陽

佛弟子皇甫文剛並妻造優塡王象 正書 無年月字蹟確似六朝人石在龍門敬善寺 河南洛陽

釋蓮造象 正書 無年月字蹟確似六朝人石在龍門敬善寺 河南洛陽

興書造象 正書 無年月字蹟確似六朝人石在龍門敬善寺 河南洛陽

潔信士爲田男子等造業道象 正書 無年月字蹟確似六朝人石在龍門敬善寺 河南洛陽

□□□爲閻羅王等及南北斗辰造象 正書 無年月姓名泐疑係杜法力所造或同時人所爲石在龍門敬善寺 河南洛陽

張休慶造象 正書左行 無年月字蹟確似六朝人石在龍門老君洞 河南洛陽

李舭樓造象 正書 無年月字蹟確似六朝人石在龍門老君洞 河南洛陽

尹別揭造象 正書 無年月字蹟確似六朝人石在龍門老君洞 河南洛陽

任永造象 正書 無年月字蹟確似六朝人石在龍門老君洞 河南洛陽

王超壬爲亡□造象 正書 無年月字蹟確似六朝人石在龍門老君洞 河南洛陽

李景佑爲亡父造象 正書 無年月字蹟確似六朝人石在龍門老君洞 河南洛陽

李忠造象 正書 無年月字蹟確似六朝人石在龍門老君洞在趙大娘造象前段 河南洛陽

淸信女李法妃造象 正書 天平四年十月十四日石在龍門老君洞繆目失載 河南洛陽

佛弟子淸信士□□□爲一切衆生造象 正書 無年月字蹟草率確似六朝石工所爲石在龍門老君洞 河南洛陽

文景綱造象 正書左行 無年月字蹟確似六朝人石在龍門老君洞 河南洛陽

□尋王造象 正書 無年月字蹟確似六朝人石在龍門老君洞 河南洛陽

邑子范惠苛造象 正書 無年月在淸信士佛弟子董僧智爲足造彌勒象右段石在龍門老君洞繆目失載 河南洛陽

邑子元惠肥造象 正書 無年月在淸信士佛弟子董僧智爲足造彌勒象右段石在龍門老君洞繆目失載 河南洛陽

沙彌法盌爲皇家師僧父母等造釋迦坐象 正書 無年月字蹟確似六朝人石在龍門老君洞 河南洛陽

田思貞造象 正書 無年月在王懷忠等造象後一行碑文上有佛象一區高僅及寸石在龍門老 河南洛陽

君洞繆日失載

邑子周桃校造象正書 無年月字蹟確似六朝人石在龍門老君洞 河南洛陽

邑子王苦沿造象正書 無年月字蹟確似六朝人石在龍門老君洞 河南洛陽

邑子韓龍回造象正書 無年月字蹟確似六朝人石在龍門老君洞 河南洛陽

唯艒郭永壽造象正書 無年月字蹟確似六朝人石在龍門老君洞 河南洛陽

邑子朱讀祖造象正書 無年月字蹟確似六朝人石在龍門老君洞 河南洛陽

邑子侯文影輝造象正書 無年月字蹟確似六朝人石在龍門老君洞 河南洛陽

道要爲忘師忘父母造象正書 無年月字蹟確似六朝人石在龍門老君洞 河南洛陽

曇貞爲身造象正書 無年月字蹟確似六朝人石在龍門老君洞 河南洛陽

邑主政惠達造象正書 無年月字蹟確似六朝人石在龍門老君洞 河南洛陽

邑子馮道娼造象正書 無年月字蹟確似六朝人石在龍門老君洞 河南洛陽

邑子馬保弈造象正書 無年月字蹟確似六朝人石在龍門老君洞 河南洛陽

邑子庣光伊造象正書 無年月字蹟確似六朝人石在龍門老君洞 河南洛陽

弟子袁直力敥造象正書 無年月字蹟確似六朝石工所爲石在龍門老君洞 河南洛陽

邑子苪全保造象正書 無年月字蹟確似六朝人石在龍門老君洞 河南洛陽

邑子吳興樹造象正書 無年月字蹟確似六朝人石在龍門老君洞 河南洛陽

邑子劉景珍造象正書 無年月字蹟確似六朝人石在龍門老君洞 河南洛陽

忠州刺史李素債妻陳造象正書 無年月字蹟確似六朝人石在龍門老君洞

常選人馬燕客造象正書 無年月字蹟確似六朝人石在龍門老君洞 河南洛陽

劉良宰造象正書 無年月字蹟確似六朝人石在龍門老君洞 河南洛陽

黑瓮爲亡妻並息虎子造象正書 無年月黑瓮生造象有二一爲兄弟三人爲亡父母造象已見孫錄石在龍門老君洞 河南洛陽

比邱尼洪明等爲父母造象正書 無年月字蹟確似六朝人石在龍門老君洞

孟二娘造象正書 無年月字蹟確似六朝人石在龍門老君洞 河南洛陽

董唐造象正書 無年月字蹟確似六朝人石在龍門老君洞 河南洛陽

夏侯叔爲合家□各造象正書 無年月字蹟確似六朝人石在龍門老君洞 河南洛陽

尹奐造象正書 無年月字蹟確似六朝人石在龍門老君洞 河南洛陽

錢顯白爲□造象正書 無年月字蹟確似六朝人石在龍門老君洞 河南洛陽

□賓爲身造象正書 無年月字蹟確似六朝人已爲當時人加刻所掩石在龍門老君洞 河南洛陽

比邱尼妙暈爲父母造象正書 □□□□三月十三日字蹟確似六朝人石在龍門老君洞 河南洛陽

清信女趙化爲父母造象正書 無年月字蹟確似魏人石在龍門老君洞 河南洛陽

□□□爲亡父母等造觀世音象正書 無年月字蹟確似六朝人石在龍門老君洞

貴伏連題名正書 無年月字蹟確似太和時人石在龍門老君洞 河南洛陽

賈明元與邑陏惠哥等造象正書 無年月字蹟確似太和時人石在龍門老君洞 河南洛陽

邑主朱安式等造象正書 無年月字蹟確似六朝人石在龍門老君洞 河南洛陽

洛飳杕母陳陸姬造象正書 無年月字蹟確似六朝人但字難認識石在龍門老君洞 河南洛陽

比邱惠遷爲忘母造象正書 無年月字蹟確似太和時人石在龍門老君洞 河南洛陽

清信士佛弟子王陽造象正書 無年月字蹟確似六朝人石在龍門老君洞 河南洛陽

佛弟子女休爲伯母造象正書 無年月字蹟確似六朝人石在龍門老君洞 河南洛陽

大奚僧信志造象正書 無年月在張大娘造象後段石在龍門老君洞繆日失載 河南洛陽

綦三娘爲十伏仙亡造象 正書 無年月在張大娘造象後段石在龍門老君洞繆目失載 河南洛陽

清信佛弟子楊道萇造象 正書 無年月字蹟確似六朝人石在龍門老君洞 河南洛陽

□□□爲万病除愈造象 正書 無年月字蹟確似六朝人石在龍門老君洞 河南洛陽

比邱僧同心造象 正書 無年月在朱伏生造象下截字蹟確似六朝人石在龍門老君洞 河南洛陽

劉三娘造象 正書 無年月字蹟確似六朝人石在龍門老君洞 河南洛陽

帣本郎造象 正書 無年月字蹟確似六朝人石在龍門老君洞 河南洛陽

佛弟子果洛本造象 正書 無年月字蹟確似太和時人石在龍門老君洞 河南洛陽

仏弟子張承爲亡□造象 正書 無年月字蹟確似六朝人石在龍門老君洞 河南洛陽

□憙殘題名 正書 無年月在仏弟子張承爲亡□造象下段石在龍門老君洞繆目失載 河南洛陽

清信佛弟子張尹□爲□造象 正書 無年月字蹟確似六朝人石在龍門老君洞 河南洛陽

清信士紓涪海爲失脚造釋迦象 正書 無年月字蹟確似六朝人石在龍門老君洞 河南洛陽

清信士三門佛弟茂子□俑男造象 正書 無年月在奚莫荀仁造象上段石在龍門老君洞 河南洛陽

清信女佛弟子褓花爲忘父母造象 正書 無年月在奚莫荀仁造象上段石在龍門老君洞 河南洛陽

趙監造象 正書 無年月石在龍門老君洞 河南洛陽

續補寰宇訪碑錄卷五

盧江劉聲木十枝撰

東魏

雁蕩山龍湫摩崖 □書 無年月摩泐字不可辨

造象殘字 正書 無年月首文云夫福□存亡云云凡三行行四字碑文下有佛象三排高僅及寸石在龍門老君洞 河南洛陽

張悲㤵爲法界終生造阿彌陁象 正書 無年月字蹟確似六朝人石在龍門老君洞 河南洛陽

清信女元八星等造象 正書 無年月字中有一佛象字蹟確似六朝人石在龍門老君洞 河南洛陽

楊無己女造象 正書 無年月碑文上有佛象四區高僅逾寸字蹟確是六朝人石在龍門老君洞 河南洛陽

魏懷靜己心造象 正書 無年月碑文後有佛象一區高僅逾寸字蹟確是六朝人石在龍門老君洞 河南洛陽

李昜題名 正書 無年月在正光三年九月九日比邱慧暢爲皇帝太后造彌勒象額上石在龍門老君洞 河南洛陽

比邱尼包氏爲父母造象 正書 無年月字蹟確似六朝人石在龍門老君洞 河南洛陽

泉常安造象 正書 無年月字蹟確似六朝人石在龍門老君洞 河南洛陽

□□□爲亡父母造觀世音象 正書 無年月碑文五行下有佛象三區高僅逾寸字蹟確似六朝人石在龍門老君洞 河南洛陽

清信士仏弟子僧清長等二人造彌勒象 正書 天平二年四月八日石在龍門老君洞 河南洛陽

鄭英川造釋加象 正書 無年月字蹟端正確似北朝石在龍門老君洞 河南洛陽

鄭天意造彌勒象 正書 無年月字蹟端正確似北朝石在龍門老君洞 河南洛陽

弟子吳嘉祖造象 正書 無年月字蹟惡劣筆畫纖手不全確似北朝石工所爲石在龍門老君洞 河南洛陽

清信士女何陳爲亡夫馮永館造象 正書 無年月字蹟惡劣確似北朝石在龍門老君洞 河南洛陽

清信女佛弟子吳文孃爲七世父母等造釋迦象 正書 無年月字蹟確似六朝石在龍門老君洞 河南洛陽

比邱去心造觀世音象 正書 無年月字蹟確似六朝人石在龍門老君洞 河南洛陽

比邱尼□仙爲七世父母等造牟尼象 正書 無年月字蹟惡劣乃六朝石工所爲石在龍門老君洞 河南洛陽

邑師惠感等造象 正書 無年月字蹟語氣確似六朝人石在龍門老君洞 河南洛陽

佛弟子趙王琳爲父母眷屬造象 正書 無年月字蹟惡劣確似北朝石在龍門老君洞 河南洛陽

劉醜爲父母造象 正書 無年月字蹟雖惡劣確似北朝石在龍門老君洞 河南洛陽

郭紹仙造釋加象 正書 無年月字蹟端正確似北朝石在龍門老君洞 河南洛陽

石闕□關□□□爲七世父母等造象 正書 無年月字蹟磨泐確似六朝人碑文後有佛象一區石在龍門老君洞 河南洛陽

清信士魯博陵造觀世音象 正書 無年月字蹟惡劣確似北朝人手筆石在龍門老君洞 河南洛陽

邑子董天順造象 正書 無年月字蹟確似六朝石在龍門老君洞字之兩旁各立一佛象共有二百零八種 河南洛陽

清信士劉血爲忘父造釋加象 正書 無年月字蹟確似六朝石工所爲石在龍門老君洞 河南洛陽

房追機爲忘父母造象 正書 無年月字蹟惡劣確似六朝人石在龍門老君洞 河南洛陽

清信女佛弟子湼□爲禾造世加文佛象 正書 無年月石在龍門老君洞 河南洛陽

比邱洪通爲□□造象 正書 無年月字蹟確似六朝人石在龍門老君洞 河南洛陽

張獨爲母造象 正書 無年月碑文只五字字蹟確似六朝人石在龍門老君洞 河南洛陽

赤虎奴造象 正書 無年月字蹟確似六朝人石在龍門老君洞 河南洛陽

溫靈慈爲張思宜造釋加文象 正書 無年月字蹟確似六朝人石在龍門老君洞 河南洛陽

□孃妃爲忘□等造象 正書 無年月字蹟確似六朝人石在龍門老君洞 河南洛陽

佛弟子朱忘愁造象 正書 無年月字蹟確似六朝人石在龍門老君洞 河南洛陽

劉高爲七世父母等造象 正書 無年月字蹟惡劣確似六朝人手筆石在龍門老君洞 河南洛陽

王馬惠暉爲國王造象 正書 無年月字蹟惡劣確似六朝人石在龍門老君洞 河南洛陽

□顯爲忘父造象 正書 無年月字蹟惡劣確似六朝人石在龍門老君洞 河南洛陽

佛弟子淸信□□□□造象 正書 無年月石在龍門老君洞 河南洛陽

阿馬造象 正書 無年月字蹟確似六朝人石在龍門老龍窩 河南洛陽

弟子咄朝爲妣奏造象 正書 無年月字蹟確似六朝人石在龍門老龍窩 河南洛陽

佛弟子王智立爲一切衆生造象 正書 無年月字蹟確似六朝人石在龍門老龍窩 河南洛陽

張法智造象 正書 無年月字蹟確似六朝人石在龍門老龍窩 河南洛陽

庚四娘造象 正書 無年月字蹟確似六朝人石在龍門老龍窩 河南洛陽

弟子蹳別永與孫孫何義二人造仏象 正書 無年月字蹟確似六朝人石在龍門老龍窩 河南洛陽

弟子韓□□造阿彌陁象 正書 無年月字蹟確似六朝人石在龍門老龍窩 河南洛陽

時顯業爲平安造仏象 正書 無年月字蹟確似六朝人石在龍門老龍窩 河南洛陽

吳光庭造象 正書 無年月字蹟確似六朝人石在龍門老龍窩 河南洛陽

弟子呂思敬爲父母及兄弟姊妹等造象 正書 無年月字蹟確似六朝人兼爲兄弟姊妹造象中罕見石在龍門老龍窩 河南洛陽

仏弟子張允□爲父母等造象 正書 無年月字蹟確似六朝人石在龍門老龍窩 河南洛陽

花和德爲母造仏象 正書 無年月字蹟確似六朝人石在龍門老龍窩 河南洛陽

于阿智造菩薩象 正書 無年月字蹟確似六朝人石在龍門老龍窩 河南洛陽

弟子張三娘造觀世音菩薩象 正書 無年月字蹟確似六朝人石在龍門老龍窩 河南洛陽

弟子杜十二娘爲五衆生造菩薩象 正書 無年月字蹟確似六朝人石在龍門老龍窩 河南洛陽

弟子王尙智爲亡父母造彌陁仏象 正書 無年月字蹟確似六朝人石在龍門老龍窩 河南洛陽

張客生爲父母等造彌陁仏象 正書 無年月字蹟確似六朝人石在龍門老龍窩 河南洛陽

王七娘造象 正書 無年月字蹟確似六朝人石在龍門老龍窩 河南洛陽

弟子任南宬爲□母□安造象 正書 無年月字蹟確似六朝人石在龍門老龍窩 河南洛陽

王宋有爲己身造菩薩象 正書 無年月字蹟確似六朝人石在龍門老龍窩 河南洛陽

宇文姿造象 正書 無年月字蹟確似六朝人石在龍門老龍窩 河南洛陽

弟子楊崇福造象 正書 無年月字蹟確似六朝人石在龍門老龍窩 河南洛陽

矶州定胡縣高善達爲父母造佛象 正書 無年月字蹟確似六朝人石在龍門老龍窩 河南洛陽

仏弟子高士茂造象 正書 無年月字蹟確似六朝人石在龍門老龍窩 河南洛陽

弟子郭阿九婁醜漢爲父母等造象 正書 無年月字蹟確似六朝人石在龍門老龍窩 河南洛陽

弟子王崇造象 正書 無年月字蹟確似六朝人石在龍門老龍窩 河南洛陽

弟子段六娘爲身平安造彌陁佛象 正書 無年月字蹟確似六朝人石在龍門老龍窩 河南洛陽

比邱尼政勤造象 正書 無年月字蹟確似六朝人石在龍門老龍窩 河南洛陽

比邱尼程期造象 正書 無年月字蹟確似六朝人石在龍門老龍窩 河南洛陽

趙懷信造象 正書 無年月字蹟確似六朝人石在龍門老龍窩 河南洛陽

都督祁迴造象 正書 無年月碑文雖寥寥五字蹟確似劉懿李仲璇等碑石在龍門老龍窩 河南洛陽

邊義忌爲父母等造彌陁象 正書左行 無年月字蹟確似六朝人石在龍門老龍窩 河南洛陽

清信士養臣恩造觀世音象 正書 □□六年四月廿日字蹟確似六朝人石在龍門老龍窩 河南洛陽

佛弟子段扶章爲患□造象 正書 無年月字蹟確似六朝人石在龍門老龍窩 河南洛陽

程局工爲父亡造象 正書 無年月字蹟確似六朝人石在龍門老龍窩 河南洛陽

劉護法樊尙兒造象 正書 無年月字蹟確似六朝人石在龍門老龍窩 河南洛陽

牛仁簡爲母造菩薩象 正書 無年月字蹟確似六朝人石在龍門老龍窩 河南洛陽

嚴大娘報仏㤅恩造仏象 正書 無年月字蹟確似六朝人石在龍門老龍窩 河南洛陽

魏大娘爲早分離造仏象 正書 無年月字蹟確似六朝人石在龍門老龍窩 河南洛陽

張達串造象 正書 無年月字蹟確似六朝人石在龍門老龍窩 河南洛陽

弟子張廷惲爲父母合家造觀世音菩薩象 正書 無年月字蹟確似六朝人石在

龍門老龍窩

林克興造象 正書 無年月字蹟確似六朝人石在龍門老龍窩 河南洛陽

張善惠爲身造仏象 正書 無年月字蹟確似六朝人石在龍門老龍窩 河南洛陽

仏弟子魋□造象 正書 無年月字蹟確似六朝人石在龍門老龍窩 河南洛陽

弟子岩靜爲母造象 正書 無年月字蹟確似六朝人石在龍門老龍窩 河南洛陽

弟子母所乙女出子李阿福等造象 正書 無年月字蹟確似六朝人文義難曉石在龍門老龍窩 河南洛陽

趙州元□縣張□貞造象 正書 無年月字蹟確似六朝人石在龍門老龍窩 河南洛陽

弟子岳□元爲父母造象 正書 無年月字蹟確似六朝人石在龍門老龍窩 河南洛陽

張大娘造象 正書 無年月字蹟確似六朝人石在龍門老龍窩 河南洛陽

弟子柳餘□造象 正書 無年月字蹟確似六朝人文字甚漫漶石在龍門老龍窩 河南洛陽

伊闕縣□□□爲亡□等造象 正書 無年月字蹟確似六朝人石在龍門老龍窩 河南洛陽

弟子甘仁仁爲平安造菩薩象 正書 無年月字蹟確似六朝人石在龍門老龍窩 河南洛陽

弟子李三娘男惠言等造象 正書 無年月字蹟確似六朝人石在龍門 河南洛陽

王懷友爲父母造象 正書 □□□□□□廿四日字蹟確似六朝人石在龍門老龍窩 河南洛陽

弟子王智　造象 正書 無年月字蹟確似六朝人石在龍門老龍窩 河南洛陽

□縣人張□漢爲□母造佛象 正書 無年月字蹟確似六朝人石在龍門老龍窩 河南洛陽

弟子史玄景爲母造象 正書 無年月字蹟確似六朝人石在龍門老龍窩 河南洛陽

甘達造象 正書 無年月字蹟確似六朝人石在龍門老龍窩 河南洛陽

比邱道匠造象記 正書 無年月 河南洛陽

郇王阿妳造象 正書 無年月字蹟甚工整頗似隋唐人但文義難曉石在龍門賓陽洞 河南洛陽

淸信女張女娘造阿彌陁象 正書 無年月字蹟雖漫漶甚工整確似六朝人石在龍門賓陽洞 河南洛陽

李之永爲亡息造象 正書 無年月字蹟雖漫漶確似六朝人石在龍門賓陽洞 河南洛陽

太子典設郎袁仲蔣造彌陁象 正書 無年月字蹟確似六朝人石在龍門賓陽洞 河南洛陽

遊淸信爲十世父母造象 正書 無年月字蹟確似隋唐人石在龍門賓陽洞 河南洛陽

董淸信爲亡夫造象 正書 無年月字蹟與遊淸信爲一時人石在龍門賓陽洞 河南洛陽

王德仁女少娘爲亡父造法華經及石橋並觀音菩薩象 正書 無年月字蹟確似六朝人並造法華經及石橋造象中罕見石在龍門賓陽洞 河南洛陽

比邱尼法明造彌陁並二菩薩象 正書 無年月字蹟確似六朝人石在龍門賓陽洞 河南洛陽

高□□監造題名 正書 無年月字蹟確似六朝人石在龍門賓陽洞 河南洛陽

習□□監造題名 正書 無年月字蹟確似六朝人石在龍門賓陽洞 河南洛陽

隴州長史韋尅己及妻楊昝屬造象 正書 無年月字蹟確似六朝人石在龍門賓陽洞 河南洛陽

賓陽洞三生石題字 八分書 無年月字蹟確似六朝人石在龍門賓陽洞 河南洛陽

劉胡仁造象 正書 無年月字蹟甚草率想係六朝時石工所爲石在龍門賓陽洞 河南洛陽

段貞段麒造象 正書 無年月字蹟確似六朝人石在龍門賓陽洞 河南洛陽

田文基母爲亡姑造阿彌陁象 正書 無年月字蹟確似六朝人石在龍門賓陽洞 河南洛陽

金文翱妻甄爲亡女造象 正書 無年月字蹟確似六朝人石在龍門賓陽洞 河南洛陽

王文倬造象 正書 無年月字蹟頗似韓曳雲等造象石在龍門賓陽洞 河南洛陽

鄭夫爲□人造象 正書 無年月字蹟確似六朝人石在龍門賓陽洞 河南洛陽

周智帛造象 正書 無年月帛字有加刻痕跡又似臭字字蹟確似六朝人石在龍門賓陽洞 河南洛陽

鄖家宋孏造象 正書 無年月字蹟確似六朝人石在龍門賓陽洞 河南洛陽

比邱尼王邧造象 正書 無年月字蹟確似六朝人石在龍門賓陽洞 河南洛陽

清信女亭爲亡夫劉仁万等造阿彌陁象 正書 無年月字蹟確似六朝人石在龍門賓陽洞 河南洛陽

十娘爲亡母造象 正書 無年月字蹟確似六朝人石在龍門賓陽洞 河南洛陽

王雪牛及弟等造象 正書 □□一年九月□□日字蹟確似六朝人石在龍門賓陽洞 河南洛陽

郢公女孏造象 正書 無年月字蹟確似六朝人石在龍門賓陽洞 河南洛陽

盧承母崔造象 正書 無年月字蹟確似六朝人石在龍門賓陽洞 河南洛陽

□□□爲亡人雲香造象 正書 無年月字蹟確似六朝人石在龍門賓陽洞 河南洛陽

弟子丁當來爲國王及七世父母等造觀世音象 正書 無年月石在龍門賓陽洞 河南洛陽

佛弟子張老爲亡女造觀音象 正書 無年月字蹟草率確似六朝人石在龍門賓陽洞 河南洛陽

薛高二人趙尊張莘嚴等造象 正書 無年月字蹟確似六朝人文義如此亦不可曉石在龍門賓陽洞 河南洛陽

高維念造象 正書 無年月字蹟確似六朝人石在龍門賓陽洞 河南洛陽

比邱尼靜山造象 正書 無年月字蹟確似六朝人石在龍門賓陽洞 河南洛陽

清信女崔文君爲一切衆生造象 正書 無年月字蹟確似六朝人石在龍門賓陽洞 河南洛陽

張刺史造象 正書 無年月字蹟確似六朝人石在龍門賓陽洞 河南洛陽

王頗爲亡父造象 正書 無年月字蹟確似張猛龍李仲璇等碑石在龍門賓陽洞 河南洛陽

清信女曹爲亡父母造象 正書 無年月字蹟確似六朝人石在龍門賓陽洞 河南洛陽

清信女張爲亡妣薛造象 正書 無年月字蹟確似六朝人石在龍門賓陽洞 河南洛陽

佛弟子惠徹造觀音象 正書 無年月字蹟頗似六朝人石在龍門蓮花洞 河南洛陽

相州內黃縣陳思爲亡父母造象 正書 無年月字蹟頗似六朝人石在龍門蓮花洞 河南洛陽

營州□□縣□□□造阿彌陁象 正書 無年月字蹟頗似六朝人石在龍門蓮花洞 河南洛陽

弟子仲大道爲父母造象 正書 無年月字蹟確似六朝人石在龍門蓮花洞 河南洛陽

梁端暉爲七代亡遝父母造阿彌陁象 正書 無年月字蹟確似六朝人石在龍門蓮花洞 河南洛陽

潘大娘造象 正書 無年月字蹟確似六朝人石在龍門蓮花洞 河南洛陽

比邱寶演爲亡妹造无量佛象 正書 無年月字蹟確似六朝人石在龍門蓮花洞 河南洛陽

汝州錄事九九思造阿彌陁象 正書 無年月字蹟確似六朝人石在龍門蓮花洞 河南洛陽

畢玄韶造象 正書 無年月字蹟確似六朝人石在龍門蓮花洞 河南洛陽

王□䧿造彌陁象 正書 無年月字蹟確似六朝人石在龍門蓮花洞 河南洛陽

石紹雅爲亡兄士則造象 正書 無年月碑文云石士則今已去世則弟紹雅爲亡兄造石象一區云云非六朝人不能有此口氣石在龍門蓮花洞 河南洛陽

比邱僧免爲師造象 正書 無年月字蹟確似六朝人在清信士田道義妻迴香爲母造象前段石在龍門蓮花洞 河南洛陽

清信士田元顯爲一切同造象 正書 無年月在淸信士田道義妻迴香爲母造象後段石在龍門蓮花洞　河南洛陽

來嗣公造象 正書 無年月字蹟頗似石淙詩刻石在龍門蓮花洞　河南洛陽

仞弟子䧺虫過爲亡父兄芓母等造象 正書 無年月字蹟確似六朝惡劣石工所爲幾于不成字體石在龍門蓮花洞　河南洛陽

比邱惠鑒爲亡父母造元受佛象 正書 無年月字蹟確似六朝人石在龍門蓮花洞　河南洛陽

清信仕夏侯迴洛等造象 正書 無年月字蹟確似六朝時人石在龍門政洞　河南洛陽

伏虎都督樂元榮等造象 正書 無年月字蹟確似六朝時人石在龍門政洞　河南洛陽

仏弟子淸信女李爲母造阿彌陁象 正書 無年月字蹟似六朝時人石在龍門政洞　河南洛陽

天大大好也題字 正書橫列 無年月字蹟確似六朝時人石在龍門政洞　河南洛陽

廝婆爲身造象 正書 無年月字蹟確似六朝時人碑文雖僅四字秀逸可愛石在龍門政洞　河南洛陽

趙懷義爲亡母冴婆造象 正書 無年月字蹟確似六朝時人字蹟甚秀健石在龍門政洞　河南洛陽

□□□爲七世父母等登三會造象 正書 無年月字蹟確似六朝時人石在龍門政洞　河南洛陽

清信女嚴三娘爲媚醜造象 正書 無年月字蹟確似六朝人爲媚醜造象僅見此種石在龍門政洞政字恐係跂字之誤帖賈所書如此未便更改只好照書如此　河南洛陽

續補寰宇訪碑錄卷六

盧江劉聲木十枝撰

東魏

孫二娘造彌陁象 正書 無年月　河南洛陽

王阿孏造觀音菩薩象 正書 無年月字蹟確似六朝人石在龍門始牛溪　河南洛陽

路州仏弟子鹿定杏爲己身造象 正書 無年月字蹟確似六朝人石在龍門始牛溪　河南洛陽

□州鄴縣張阿僧妻呂爲父母等造象 正書 無年月字蹟確似六朝人石在龍門始牛溪　河南洛陽

王漢奴爲亡過父母造象 正書 無年月字蹟確似六朝人石在龍門始牛溪　河南洛陽

高仁德爲己身平安造象 正書 無年月字蹟確似六朝人石在龍門始牛溪　河南洛陽

□□□爲己身平安造象 正書 無年月字蹟確似六朝人石在龍門始牛溪　河南洛陽

許慶三造象 正書 無年月字蹟確似六朝人石在龍門始牛溪　河南洛陽

弟子朱九娘爲身亡造觀世音菩薩象 正書 無年月字蹟確似六朝人身亡二字殊不可解碑文身字旁添于亡字右石在龍門始牛溪　河南洛陽

汝州粱縣任大娘爲亡夫造阿彌陁象 正書 無年月字蹟確似六朝人石在龍門始牛溪　河南洛陽

蒲州王仁植爲亡父母造象 正書 無年月字蹟確似六朝人石在龍門始牛溪　河南洛陽

弟子來日新爲七代父母造象 正書 無年月字蹟確似六朝人石在龍門始牛溪　河南洛陽

弟子邢自省爲父母造象 正書 無年月字蹟確似六朝人石在龍門始牛溪　河南洛陽

將軍王歡欣兄弟等爲七世父母造釋加象 正書 無年月字蹟確似六朝人石在龍門始牛溪　河南洛陽

佛弟子王歡欣爲□父母造象 正書 無年月字蹟確似六朝人石在龍門始牛溪 河南洛陽

邢州萬年縣孟□儒素及郭大娘爲七代父母等造象 正書 無年月字蹟確似六朝人石在龍門始牛溪 河南洛陽

劉思順爲孫阿幸造象 正書 無年月字蹟確似六朝人石在龍門始牛溪 河南洛陽

弟子趙二娘爲平安早見家鄉造薩薩象 正書 無年月字蹟確似六朝人薩薩碑文原作薩薩石在龍門始牛溪 河南洛陽

弟子張恆倩爲見存父母造仏象 正書 無年月字蹟確似六朝人石在龍門始牛溪 河南洛陽

弟子劉崇養造象 正書 無年月字蹟確似六朝人石在龍門始牛溪 河南洛陽

弟子衛操爲父母造象 正書 無年月字蹟確似六朝人石在龍門始牛溪 河南洛陽

馬思賢造象 正書 無年月字蹟確似六朝人石在龍門始牛溪 河南洛陽

郎溪妻扶餘臧造象 正書 無年月字蹟確似六朝人石在龍門始牛溪 河南洛陽

清信佛弟子田黑女造象 正書 正光二年七月十五日石在龍門始牛溪 河南洛陽

仏弟子田黑女爲亡夫等造象 正書 正光二年七月十日石在龍門始牛溪 河南洛陽

劉弘義及身造象 正書 無年月字蹟確似六朝人石在龍門始牛溪 河南洛陽

張仵郎爲七世父母造象 正書 無年月字蹟確似六朝人石在龍門始牛溪 河南洛陽

陳婆姆造彌陁象 正書 無年月字蹟確似六朝人石在龍門始牛溪 河南洛陽

楊大娘爲夫裴懷義患造象 正書 無年月字蹟確似六朝人石在龍門始牛溪 河南洛陽

清信士佛弟子楊山州造象 正書 無年月字蹟確似六朝人石在龍門始牛溪 河南洛陽

郭九娘爲娠身造仏象 正書 無年月字蹟確似六朝人石在龍門始牛溪 河南洛陽

佛弟子王十欣爲亡阿兒云米造世加象 正書 無年月字蹟確似六朝人世加碑文原作世加石在龍門始牛溪 河南洛陽

周行立妻聶男思恭爲合家平安造阿彌陁象 正書 無年月字蹟確似六朝人石在龍門始牛溪 河南洛陽

佛弟子□□軍保陽右□督陝璨□爲父母造象 正書 無年月字蹟確似六朝人石在龍門始牛溪 河南洛陽

朱信儉造象 正書 無年月字蹟確似六朝人石在龍門始牛溪 河南洛陽

□□□爲一切衆生造象 正書 無年月字蹟確似六朝人石在龍門始牛溪 河南洛陽

清信士佛弟子朱顕愚爲國造彌勒象 正書 無年月字蹟確似六朝人石在龍門始牛溪 河南洛陽

禊知集造象 正書 無年月字蹟確似六朝人石在龍門始牛溪 河南洛陽

仵六娘爲亡夫杜義近造象 正書左行 無年月字蹟確似六朝人石在龍門始牛溪 河南洛陽

弟子高大信爲父母造象 正書 無年月字蹟確似六朝人石在龍門始牛溪 河南洛陽

王貴留造象 正書 無年月字蹟確似六朝人石在龍門始牛溪 河南洛陽

窒知造象 正書 無年月字蹟確似六朝人石在龍門始牛溪 河南洛陽

清信女嚴三娘爲媚親造象 正書 無年月 河南洛陽

陳二娘爲亡母等造釋迦无尼佛等象 正書 □□□□九月十二日字蹟確似六朝人石在龍門雙窰 河南洛陽

僧待貢爲七世父母等造阿彌陁象 正書 無年月字蹟確似六朝人石在龍門雙窰 河南洛陽

丁義爲持道處造象 正書 無年月字蹟確似六朝人持道處三字殊不可曉石在龍門雙窰 河南洛陽

□思恭等爲身合家造象 正書 無年月字蹟確似六朝人石在龍門雙窰 河南洛陽

李永爲身合家平安造象 正書 無年月字蹟確似六朝人石在龍門雙窰 河南洛陽

雍州萬年縣人張賓爲妻王造象 正書 無年月字蹟確似六朝人石在龍門雙窰 河南洛陽

張立造象 正書 無年月字蹟確似六朝人在仏弟子張阿四造象上段石在龍門雙窰 河南洛陽

弟子曲大隱造象 正書 無年月字蹟確似六朝人石在龍門雙窰 河南洛陽

景福寺比邱尼九娘爲亡母郭等造彌陁等象 正書 無年月字蹟確似六朝人石在龍門雙窰 河南洛陽

雍州□□縣段法智爲父母造菩薩象 正書 無年月字蹟確似六朝人石在龍門雙窰 河南洛陽

清信女劉爲七代父母造阿彌陁象 正書 無年月字蹟確似六朝人石在龍門雙窰 河南洛陽

佛弟子李保妻楊爲皇帝等造浮圖並阿彌陁象 正書 無年月字蹟確似六朝人石在龍門雙窰 河南洛陽

弟子張景齊造仏象 正書 無年月字蹟確似六朝人石在龍門雙窰 河南洛陽

男百通姓史夫妻造象 正書 無年月字蹟確似六朝文義殊不可曉六朝造象恆有如此者石在龍門雙窰 河南洛陽

宗洋李趙庭等造象 正書 無年月字蹟確似六朝人石在龍門雙窰 河南洛陽

劉天庶爲流端州造救苦觀音菩薩象 正書 無年月字蹟確似六朝人石在龍門雙窰 河南洛陽

兗州金□縣令爲平安早歸還造象 正書 無年月字蹟確似六朝人石在龍門雙窰 河南洛陽

李桃□母造□道象 正書 無年月字蹟確似六朝人石在龍門雙窰 河南洛陽

李□□及大娘樹提伽造象 正書 無年月字蹟確似六朝人石在龍門雙窰

弟子張敬造阿彌陁象 正書 無年月字蹟確似六朝人石在龍門雙窰 河南洛陽

張眞士等造象 正書 無年月字蹟確似六朝人石在龍門雙窰 河南洛陽

郭□□爲亡父母合家造仏象 正書 無年月字蹟確似六朝人石在龍門雙窰 河南洛陽

趙婆造觀音象 正書 無年月字蹟確似六朝人石在龍門雙窰 河南洛陽

弟子趙伍兒造象 正書 無年月字蹟確似六朝人石在龍門雙窰 河南洛陽

田七大妻爲自身造象 正書 無年月字蹟確似六朝人石在龍門雙窰 河南洛陽

石匠范一題名 行書 無年月字蹟確似六朝人石在龍門雙窰 河南洛陽

弟子劉俊爲父母等造救苦菩薩象 正書 無年月字蹟確似六朝人石在龍門雙窰 河南洛陽

弟子張三娘爲亡父母造阿彌陁象 正書 無年月字蹟確似六朝人石在龍門雙窰 河南洛陽

歌扇造象 正書 無年月字蹟確似六朝人以歌扇爲姓名殊不可解石在龍門雙窰 河南洛陽

雍州雲陽縣張法海爲七代父母等造阿彌陁象 正書 無年月字蹟確似六朝人石在龍門雙窰 河南洛陽

甫二娘爲亡母等造釋迦无尼佛等象 正書 □□□□九月十二日字蹟確似六朝人石在龍門雙窰 河南洛陽

梁持戠爲父造佛象 正書 無年月字蹟確似六朝人戠字亦六朝碑中常見之字石在龍門雙窰 河南洛陽

三原縣史乇等劉婆等造象 正書 無年月字蹟確似六朝人乇字亦六朝碑中常見之字石在龍門雙窰 河南洛陽

弟子姚養爲母楊造象 正書 無年月字蹟確似六朝人石在龍門雙窰 河南洛陽

弟子崔公表妻郭造救苦觀世音菩薩象 正書 無年月字蹟確似六朝人石在龍門

雙窰

溧大娘爲母造佛象 正書 無年月字蹟確似六朝人石在龍門雙窰　河南洛陽

郭阿尚李阿六二人造象 正書 無年月字蹟確似六朝人石在龍門雙窰　河南洛陽

妙憘造象 正書 無年月字蹟確似六朝人石在龍門雙窰　河南洛陽

弟子常文才女舍利造阿彌陁象 正書 無年月

尼貞容造觀世音象 正書 無年月字蹟甚漫漶確似六朝人石在龍門萬佛洞　河南洛陽

杜遠志夫妻男等造象 正書 無年月字蹟確似六朝人石在龍門萬佛洞　河南洛陽

弟子高善達爲一切法界衆生造阿彌陁象 正書 無年月字蹟確似六朝人石在龍門萬佛洞萬佛洞共有五十三種　河南洛陽

弟子王文禮爲父母造象 正書 無年月字蹟確似六朝人石在龍門萬佛洞　河南洛陽

邳五娘爲亡子造象 正書 無年月字蹟頗似六朝人石在龍門萬佛洞　河南洛陽

妻張爲亡夫鄭造象 正書 無年月字蹟頗似六朝人石在龍門萬佛洞　河南洛陽

魏州莘縣人任右藏丞造觀音象 正書 無年月字蹟確似六朝人石在龍門萬佛洞　河南洛陽

弁空普爲四生俱得解脱造地藏象 正書 無年月字蹟確似六朝人石在龍門萬佛洞　河南洛陽

深解爲四恩三有等造地藏菩薩象 正書 無年月字蹟確似六朝人石在龍門萬佛洞　河南洛陽

郄五娘爲亡子造象 正書 無年月字蹟確似六朝人前有郄五娘爲亡子造象郄前作邳石在龍門萬佛洞　河南洛陽

侯大明爲亡考現在母造釋迦等象 正書 無年月字蹟甚漫漶頗似六朝人石在龍門萬佛洞　河南洛陽

石作張珂造菩薩象 正書左行 無年月字蹟確似六朝人石在龍門萬佛洞　河南洛陽

任樂尚爲亡女造象 正書 無年月字蹟確似六朝人石在龍門樂芳窰　河南洛陽

□州安喜縣□張君寶爲法界衆生等造地藏菩薩象 正書 □□三年五月六日字蹟確似六朝人字蹟漫漶石在龍門樂芳窰　河南洛陽

比邱尼德相爲累劫師僧等造觀世音象 正書 無年月字蹟確似六朝人石在龍門樂芳窰　河南洛陽

清信弟子張阿難爲阿毗地獄造菩薩象 正書 無年月字蹟確似六朝人石在龍門樂芳窰　河南洛陽

清信女徐大娘爲往生淨度造象 正書 無年月字蹟確似六朝人石在龍門樂芳窰　河南洛陽

盛玄哲母劉孫男金元等造象 正書 無年月字蹟確似六朝人字甚漫漶石在龍門樂芳窰　河南洛陽

□□□爲法界衆生造觀音象 正書 無年月字蹟確似六朝人石在龍門樂芳窰　河南洛陽

王四娘造□□象 正書 無年月字蹟確似六朝人石在龍門樂芳窰　河南洛陽

□保爲亡父造觀世音菩薩象 正書 無年月字蹟確似六朝人石在龍門樂芳窰　河南洛陽

奚四娘爲兒等造救苦觀世音象 正書 無年月字蹟確似六朝人石在龍門樂芳窰　河南洛陽

常樂我淨題字 正書 無年月字蹟確似六朝人石在龍門樂芳窰　河南洛陽

佛弟子劉仁行爲法界蒼生造象 正書 無年月字蹟粗勁確似六朝人無疑石在龍門樂芳窰　河南洛陽

徐師杜造阿彌陁象 正書 無年月字蹟確似六朝人石在龍門樂芳窰　河南洛陽

上士由山水等殘字 正書 無年月字蹟確似六朝人碑文五行行二字至五字石在龍門孝昌窰　河南洛陽

□舍裕爲父母合家等造象 正書 無年月字蹟確似六朝人石在龍門孝昌窰　河南洛陽

尼淨香造象　正書　無年月字蹟確似六朝人石在龍門孝昌窨　河南洛陽

尼淨偉造象　正書　無年月字蹟確似六朝人石在龍門孝昌窨　河南洛陽

尼脩行造象　正書　無年月字蹟確似六朝人石在龍門孝昌窨　河南洛陽

景福寺淨命爲亡□造阿□王象　正書　無年月字蹟確似六朝人石在龍門孝昌窨　河南洛陽

淨土寺主僔法師石龕彌勒象贊　正書　無年月碑文廿三行行十一字　河南洛陽

南中府主簿李□明爲父母師僧等造象　正書　□□□□四月廿二日石在龍門孝昌窨　河南洛陽

內監中尙令閻師替父造象　正書　無年月字蹟確似唐初人石在龍門孝昌窨　河南洛陽

八月廿五日伽陁忌日題字　正書　無年月字蹟確似唐初人石在龍門孝昌窨菩薩忌日題字石刻中罕見　河南洛陽

處月造象　正書　無年月字蹟雖僅處月造三字頗似六朝人石在龍門孝昌窨　河南洛陽

佛弟子吳□亂造阿彌陁象　正書　無年月字蹟確似六朝人石在龍門孝昌窨　河南洛陽

尼淨冷造象　正書　無年月字蹟確似六朝人石在龍門孝昌窨　河南洛陽

陳婆造救苦觀音象　正書　無年月字蹟確似六朝人石在龍門孝昌窨　河南洛陽

弟子張慶宗爲所生父母造地藏菩薩象　正書　無年月字蹟確似六朝人石在龍門孝昌窨　河南洛陽

弟子王仁仁妻郭妻造救苦觀世音象　正書　無年月字蹟確似六朝人石在龍門波窨　河南洛陽

□州錄事懷人養造象　正書　無年月字蹟確似六朝人石在龍門波窨　河南洛陽

□□錄事李文等題名　正書　無年月字蹟確似六朝人石在龍門波窨　河南洛陽

趙婆爲身及七代父母等造優塡王象　正書　無年月字蹟確似六朝人石在龍門波窨　河南洛陽

陳阿積爲亡父母造象　正書　□□元年字蹟確似六朝人字蹟漫漶不易辨識石在龍門波窨　河南洛陽

淸信女王爲七世父母等造象　正書　無年月字蹟確似六朝人石在龍門波窨　河南洛陽

丁士貴爲過去見存等造阿彌陁象　正書　無年月字蹟頗似六朝人字蹟漫漶不易辨識石在龍門波窨　河南洛陽

道國王母爲道王乙慶禮心中憂悴造象　正書　無年月字蹟確似六朝　河南洛陽

元㧌一心圖　草書　無年月下畫如雲頭之式石在龍門波窨　河南洛陽

郭文雅造象　正書　無年月字蹟確似六朝人石在龍門波窨　河南洛陽

弟子□□□母鴦氏等造阿彌陁象　正書　□□□□□□□□六日字蹟確似六朝人石在龍門波窨　河南洛陽

殷朋先爲康胡七人惡捺佛造象　正書　無年月字蹟確似六朝人爲他人惡捺佛造象石刻中罕見石在龍門波窨　河南洛陽

河東縣董法素爲皇帝等造彌陁象　正書　無年月字蹟確似六朝人石在龍門波窨　河南洛陽

弟子王仁仁爲亡父母造阿彌陁象　正書　無年月字蹟確似六朝人石在龍門波窨　河南洛陽

淸信士佛弟子史□□造觀帝菩薩象　正書　無年月字蹟漫漶不易辨識碑文中稱觀帝菩薩僅見此種觀帝字甚明決非虛僞石在龍門波窨　河南洛陽

淸信士佛弟子郎僧喜造象　正書　無年月字蹟確似六朝人石在龍門波窨　河南洛陽

吉婆造象 正書 無年月字蹟確似六朝人石在龍門波窰 河南洛陽

信女佛弟子王妃胡智□造釋迦象 正書 □□□年七月十五日字蹟確似李仲璇諸碑石在龍門火燒窰 河南洛陽

張元玨爲妻無愁造象 正書 無年月字蹟確似六朝人石在龍門火燒窰 河南洛陽

比邱僧紹造釋迦象 正書 無年月字蹟確似六朝人石在龍門火燒窰 河南洛陽

比邱僧仁湉等各捨𤥨瓻爲本師和上造優塡王象 正書 庚辰年 河南洛陽

汾州孫□縣□陽李用秋造象 正書 無年月字蹟確似六朝時人四圍雕花草甚工緻石在龍門火燒窰 河南洛陽

陛下□爲□母等造象 正書 無年月字蹟確似六朝時人石在龍門火燒窰 河南洛陽

清信男佛弟子陽景元造觀世音象 正書 □□四年三月廿二日字蹟確似正光時人石在龍門火燒窰 河南洛陽

比邱尼道進法明爲父母平安造象 正書 無年月字蹟確似六朝時人石在龍門火燒窰 河南洛陽

河內縣洛成鄉閭玄□爲父定襄道征造象 正書 □□二年四月十日石在龍門火燒窰 河南洛陽

李三娘爲亡女鈢大娘造象 正書 無年月字蹟確似六朝時人石在龍門火燒窰 河南洛陽

比邱僧儁爲忘夷造象 正書 □□六年四月九日石在龍門火燒窰 河南洛陽

僧善寂等造象 正書 無年月字蹟確似六朝時人石在龍門王祥窰 河南洛陽

陳荆解造彌勒象 正書 無年月字蹟確似六朝人石在龍門王祥窰 河南洛陽

南陽郡張七娘爲男岳奴造釋迦牟尼仏象 正書 無年月字蹟確似六朝時人石在龍門王祥窰 河南洛陽

太原王詞爲母苦造觀世音象 正書 無年月字蹟確似六朝時人石在龍門王祥窰 河南洛陽

社老劉龍杜宮宋應社人魏知患等造象 正書 無年月字蹟確似六朝時人石在龍門王祥窰 河南洛陽

義法造菩薩象 正書 無年月字蹟確似六朝時人石在龍門王祥窰 河南洛陽

僧惠澄造象 正書 無年月字蹟確似六朝時人石在龍門王祥窰 河南洛陽

比邱道速造象 正書 無年月字蹟確似六朝時人石在龍門雷鼓台 河南洛陽

弟子王宜利爲動患造象 正書 無年月字蹟確似六朝時人石在龍門雷鼓台 河南洛陽

密縣安万慈爲法界衆生造象 正書 無年月字蹟確似六朝時人石在龍門雷鼓台 河南洛陽

石四娘造象 正書 無年月字蹟確似六朝時人石在龍門雷鼓台 河南洛陽

□□□爲一切行者並得平安造象 正書 無年月字蹟確似六朝人石在龍門雷鼓台 河南洛陽

李二娘造象 正書 無年月字蹟確似六朝時人石在龍門路邊 河南洛陽

杜大娘爲身患造觀音象 正書 無年月字蹟確似六朝時人石在龍門路邊 河南洛陽

陪□造象 正書 無年月字蹟確似六朝時人石在龍門路邊 河南洛陽

佛弟子蔡大娘等造象 正書 無年月 滿洲托活洛氏藏石

比邱尼衍業等造象 正書 無年月碑文中有猪妻胡供養及□猪供養云云當是人名然猪妻二字他碑未見 滿洲托活洛氏藏石

造彌勒象殘字 正書首文云造彌勒象云云凡四行行四字末行二字 無年月字蹟方整頗似北齊人書 滿洲托活洛氏藏石

清信佛弟子見存宗母石氏等造象 正書 無年月文中有凱風等字又有見存仙母等字殊不可解 滿洲托活洛氏藏石

顏貳郎爲亡父等造右葙五菩薩象 正書 無年月 滿洲托活洛氏藏石

都河間寺僧眞儒等造象 正書 無年月 滿洲托活洛氏藏石

鹿市好等題名 正書在下截 無年月 滿洲托活洛氏藏石

魯靖爲亡父母造象 正書 無年月 滿洲托活洛氏藏石

弟子張平吳等造象 正書 □□□□□□廿三日 滿洲托活洛氏藏石

比丘僧蔺等造象 正書 無年月 滿洲托活洛氏藏石

□□□樂師爲年命相尅造象 正書 無年月 滿洲托活洛氏藏石

金□一身殂造象 正書 無年月 滿洲托活洛氏藏石

□□□造聞法彌勒象 正書 無年月造象本俗子所爲文字多鄙俚不經此刻更不可究詰矣 滿洲托活洛氏藏石

本村甄德音造佛羅漢象 正書刊人王得仙造記 無年月碑文只四行行四字後云刊人王得仙造記云云文義殊不可解 滿洲托活洛氏藏石

都維那主牛令香等造象 正書 無年月 滿洲托活洛氏藏石

鹿市好等題名碑陰 正書首文有張□汪等字在下截 無年月 滿洲托活洛氏藏石

續補寰宇訪碑錄卷七

廬江劉聲木十枝撰

東魏

造橋殘碑 正書十四行 無年月

鶴鳴殘碑 八分書 無年月十一行世以第六行有鶴鳴二字俗呼鶴鳴殘石

常山王及文武官僚三軍將仕等殘造象幢 正書 無年月

同官縣□□武定林造阿彌陁象銘 正書 無年月石缺下截 陝西同官

議曹掾巨鹿等殘碑陰 正書 無年月字甚剝泐

比邱法勝竭衣鉢餘爲皇帝等造彌勒象 正書 無年月佛象在字蹟當中三行上截僅有形似殊嫌草率 河南洛陽

比邱法甯爲亡□造象 正書 無年月 河南洛陽

滎陽太守孫道務題名 正書 無年月在景明三年孫秋生等造象記額右方 河南洛陽

比邱尼明賤等造象 正書 無年月龍門造象千有餘種恆有一人與合衆人各造一象者例以某某等隸之 河南洛陽

嚴大娘爲報公婆恩造象 正書 無年月 河南洛陽

淸信佛弟子孟五娘造象 正書 無年月 河南洛陽

淸信女柳爲亡姊造觀音象 正書 無年月 河南洛陽

闞□邏隊主和道造象 正書 無年月 河南洛陽

甯遠將軍潁川太守安城令衞白犢題名 正書 無年月在景明三年孫秋生等造象記額左方 河南洛陽

淸信女佛弟子那龍姬爲亡父母造象 正書 無年月字蹟酷似六朝人石在龍門老君洞 河南洛陽

任成爲亡父母等造菩薩象 正書 無年月字蹟惡劣頗似六朝人石在龍門老君洞 河南洛陽

張婆造象 正書無年月 河南洛陽

清信女徐大娘爲往生淨度造象 正書無年月 河南洛陽

司徒端等造南龕優塡王象 正書無年月 河南洛陽

北海王國太妃高爲孫保造象 正書無年月 河南洛陽

龍門□□□江德奴等三十餘人造象題名 正書無年月 河南洛陽

比邱尼法恩爲狷闍等造象 正書無年月 河南洛陽

河內郡野王孫董方祖爲父母等造釋迦象 正書無年月 河南洛陽

佛弟子康智鸞爲過往亡考造地藏菩薩象 正書無年月 河南

魂識爲錢岳夫婦造地藏菩薩象 正書無年月

刺史馬植題名 正書無年月

奉三寶信士胡六八將仕施官舍開井題記 正書無年月

冀州安武軍棗強縣千秋鄉故縣村安式家藏白玉象三尊題字 正書字蹟確似前造象題字姑附于東魏 無年月在觀世音象座上左側

西龕象主王光明等造象題名 正書無年月

樂陵郡陽信縣張道果率邑儀道俗內外七十八人等造彌勒象 正書無年月 山東樂安

張道果等造象碑陰 正書 山東樂安

佛說觀世音經 正書無年月

張延昌等造象 正書無年月

許永輔等造象 正書無年月乙酉春月袁少蘭訪得于河內清化鎮 河南河內

董大醜等爲元崇禮等五人造象 正書無年月 河南登封

河東郡合村邑子等造象 正書□□□□正月三日

終䌸等一百五十人共造釋迦象 正書□□□□八月十五日

僧寶根等造象 正書無年月

孫迭林等造象題名 正書無年月

寧遠將軍奉直都壁別將仇歡千等造象 正書無年月

象主談仁女冠光仁爲亡母造象 正書無年月

陳和等造乘車佛象 正書無年月

吳子和妻郭洪蘭等造象 正書無年月

門師法和等造象 正書無年月

象主懷州河內縣王三樂造象 正書無年月

文殊師利菩薩比邱僧元慶造象 正書無年月

阿彌陁佛主□□造象 正書無年月

阿彌陁佛主王太爲亡母董造象 正書無年月

奴主李妊國等造象 正書無年月

佛弟子趙會生妻曹阿災爲養童造釋加聞佛象 正書無年月

邑子可大郡主薄路惠顯等侍佛造象 正書無年月

施主彭晧等題名 正書無年月

趙洪進造阿彌陁佛象 正書左行無年月

增巡州刺史樊客生造象 正書無年月

僧㯲一等造象 正書無年月

洛京道士太原郭靜和題名 正書無年月 山東掖縣

弟子趙道仁爲亡考妣造象 正書無年月

殘經 正書無年月十七行首行有皆悉有□如□等字

弟子□明達爲亡父造象 正書無年月

錄事參軍李遵伯等造象 無年月

日月大光天下和平延年益壽長世無極十六字 八分書兩旁有畫象左爲人荷戈右爲犬形 無年月

女□保造象 正書 無年月石甚漫漶

張子猷等造彌勒堪象 正書 無年月

□姊造量哥佛象 正書 無年月

邑子蔣永興等侍佛時造象 正書 無年月

象主劉思琬等造象題名 正書 無年月

女劉淸女等造象 正書題名二列 無年月

平東府兼外兵參軍□□登百峯山五言詩 正書 無年月

法儀王邢果等造月明象 正書 無年月

□□爲七世父母一切衆生師徒眷屬造象 正書 無年月

瑞雲巖題字 白齊篆書 無年月

□營主高柚軍等造象 正書 無年月

文殊師利芥主甯守一母張造象 正書 無年月

藥師瑠璃光佛主姚達光母常造象 正書 無年月

普賢菩薩主甯十住造象 正書 無年月

張子昴等造象 正書 無年月

維郫秦瓌安等造象題名 正書 無年月

第一阿閦佛等名題字 正書左行 無年月自第一阿閦佛起至第十六我釋迦牟尼佛止

五十三佛名題字 正書 無年月自南旡普光佛起至南旡頣蓴鄅華光佛止凡佛名上皆冠以南旡二字

女劉淸女造象 正書 無年月佛座下刻畫象頗有武梁祠孝堂山畫象遺意他造象中罕見　四川

王三人殘字 正書凡二行 無年月　四川

馬捌伯造須菩提象 正書左行 無年月文義不可曉　四川

大般若波羅蜜經祖師頌 正書 無年月　四川

大般若波羅蜜經題字 八分書 無年月在碑首月形前後截文云普爲四恩看轉大藏八大字

大般若波羅蜜經 八分書 無年月　四川

趙法□等殘題名 正書 無年月凡七行

淸信士吳什作等造象 正書 無年月

□□郡功曹□陽令等造象 正書 無年月中有車馬如漢孝堂山郭巨石室畫象

龍門山河内郡野王縣董方祖爲父母眷屬造釋迦象 正書 無年月　河南洛陽

佛弟子同琋宏軍等造象 正書 無年月凡九列

佛弟子夫蒙士進等造象 正書 無年月凡九列

廉天長義井頌碑額像主前郡兼功曹呂安勝等題名 正書 無年月　河南汲縣

臨水堺寺僧道如等造白玉觀世音象 正書 □□□□□□□廿日

僧道如等造象碑陰 正書

僧道如等造象碑兩側 正書

□□□及妻黃造象 正書 □□□□□□月十日

女弟子林十一娘爲自身造象 正書 無年月

大象主王□景等造象 正書 無年月

邑師沙門都河間寺僧義等造象記 正書 無年月

邑田王淸女等造象 正書 無年月碑文字凡三列

西面象主幹白單等造象 正書 無年月文字凡二列

佛弟子王客女造象 正書 無年月

佛弟子楊女足造觀世音菩薩象 正書 無年月

楊女足造象碑陰 正書

□□□造觀音菩薩象 正書 無年月　四川簡州

陳咸侖造象正書無年月
王恩道妻□造觀音菩薩象正書無年月
何仳祖等造象正書無年月字蹟確似六朝時人
何仳祖等造象碑陰畫象無題字
□信女佛弟子□王妃胡智造象正書□□□年七月十□日
佛弟子淸信女古大娘等造阿彌陁佛等象正書無年月
佛苐常玄師等爲亡阿姨等造一佛二菩薩象正書無年月有年日在陰側此本漏未及拓
李言亡父爲亡息造玉象正書無年月
佛弟子千義感妻爲忘兒得除造象正書無年月
息男伏辰等造象正書無年月
孫子吳僧等造象正書無年月

社老李懷璧等碑陰題名正書名氏三列無年月
都維郍比邱道運等碑陰題名正書名氏三列無年月
殘造象正書首行云故人云云凡十二行無年月
香泉寺□大陳殘字正書無年月碑文雖僅二字字蹟頗有瘗鶴銘遺意疑係南朝陳代碑刻殘字石在香泉寺內　河南汲縣
比邱僧仁□合門徒道俗等造象正書無年月碑首有庚辰癸酉朔日丁亥等殘字
彭保爲亡考廿七郎亡妣蔡十四娘造象正書無年月
彭保造象碑陰正書刻司馬邕像四字
佛弟子宋衆敏爲亡息興□造阿彌陁象正書□□□□四月十□日
廉富義造象碑額廉醜胡等題名正書無年月　河南汲縣
佛弟子法持等造象正書無年月石在香泉寺內　河南汲縣
比邱僧興身造大象記八分書無年月石缺上截

邑長樂子暉等造象正書無年月
比邱法勝造彌勒象正書無年月

後齊

佛弟子李稚量造象正書天保二年正月九日　滿洲托活洛氏藏石
佛弟子鄭敬羡造觀音象記正書天保二年九月廿五日　滿洲托活洛氏藏石
佛苐子姬洪業爲亡父造玉象記正書天保二年十一月一日　滿洲托活洛氏藏石
延慶寺碑銘比邱㕘慧撰郭行端正書天保三年四月
宋顯昌造玉象記正書天保三年五月廿五日　滿洲托活洛氏藏石
法義等造象無題字天保三年十月八日　山東黃縣丁氏藏石
法義等造象頌正書天保三年十月八日　山東黃縣丁氏藏石
公孫村母人合卌一人等造玉象記正書天保四年二月廿日　滿洲托活洛氏藏石
公孫村造象碑兩側正書　滿洲托活洛氏藏石

佛弟子李買造象正書天保四年六月廿五日　山西
高城縣人劉思祖造玉石象正書天保四年八月廿三日　江蘇吳縣潘氏藏石
□□兒造白玉觀世音象記正書天保四年□□廿三日　滿洲托活洛氏藏石
邑儀人等造天宮頌文正書天保五年四月二日石在古蹟保存所　河南安陽
鄖樹仁爲女造寺並造祇桓精舍記正書天保五年七月十四日　滿洲托活洛氏藏石
張景林爲忘妹季妃造白玉觀音象正書天保五年八月一日石藏姚貴昉家其女湘雲女史拓本　直隸天津姚氏藏石
張景林造象兩側正書末云堂內地基八厶長八十步南可廿步北可廿步爲記正云云他造象罕見　直隸天津姚氏藏石
葛今龍爲亡女夫妻二人造玉象記正書天保五年十一月□八日　滿洲托活洛氏藏石
南宮縣人孟猗子造白玉玉觀世音象正書天保六年六月十五日　江蘇吳縣潘氏藏石
驃騎大將軍散騎常侍太府卿高建墓志銘正書天保六年十月十四日　浙江上虞羅氏藏石

邵神庿爲亡父母造象 正書 天保七年三月八日 滿洲托活洛氏藏石
邵神庿造象碑側 正書 陶齋藏石記失載 滿洲托活洛氏藏石
比丘□□造象 正書 天保七年七月十八日 滿洲托活洛氏藏石
佛弟子容遵願父母造象 正書 天保三年八月八日 滿洲托活洛氏藏石
容遵造象碑兩側 正書 滿洲托活洛氏藏石
亡女翟煞鬼造象 正書 天保七年八月八日碑文除記年月日外僅亡女翟煞鬼記六字 滿洲托活洛氏藏石
爭囯爲七世父母造觀世音象 正書 天保七年十二月十一日字蹟多有不可解者蓋當時匠氏所爲也 滿洲托活洛氏藏石
爭囯造象碑兩側 正書 滿洲托活洛氏藏石
威例將軍宋威造觀音象 正書 天保八年四月廿三日石藏姚貴昉家其女湘雲女史拓本 直隸天津姚氏藏石

宋威造象碑陰 正書 直隸青縣姚氏藏石
宋威造象碑右側 正書 直隸青縣姚氏藏石
□□□爲法界血覺造釋迦象 正書 天保八年十一月十二日石在龍門蓮花洞 河南洛陽
比邱尼僧㧾智靜等造象記 正書 天保八年十二月十二日 滿洲托活洛氏藏石
智靜等造象碑兩側 正書 滿洲托活洛氏藏石
宋敬業等造寶塔等畫象 篆書 天保九年三月六日象在額文前後前正面佛象後側面佛象又有篆文法師二字及一人面象 滿洲托活洛氏藏石
景寺僧道脇爲先親造玉象記 正書 天保九年四月八日 滿洲托活洛氏藏石
僧道脇造象碑兩側 正書 滿洲托活洛氏藏石
伽爲父造觀世音象 正書 天保九年十一月廿八日 滿洲托活洛氏藏石
寶山寺僧靈壽邑義佰十人等造象記 正書 天保十年四月廿九日碑文只第一行字清楚餘均漫漶石在古蹟保存所

文海彌妻周雙仁並邑儀七十一人等爲忘夫造象碑 正書 天保十年七月四日 河南安陽
周雙仁等造象碑陰 正書有大都邑主文士渕題名 滿洲托活洛氏藏石
楊廣仰爲亡且子等造曰王象 正書 天保年中 滿洲托活洛氏藏石
楊廣仰造象碑右側 正書 直隸青縣姚氏藏石
楊廣濟爲亡息子善造白玉象 正書 天保年中石藏姚貴昉家其女湘雲女史拓本 直隸青縣姚氏藏石
楊廣濟造象碑兩側 正書 直隸天津姚氏藏石 直隸青縣姚氏藏石
靈山寺僧方法師等率諸邑人鏤石班經記 八分書摩崖 乾明元年在華嚴經偈贊前截 河南安陽
比邱僧法延造象 正書 皇建二年四月廿三日 滿洲托活洛氏藏石

王良伯兄弟妹爲二親造觀世音象 正書 皇建二年五月十五日 滿洲托活洛氏藏石
大都督是連公妻邢夫人墓志銘 正書 皇建二年十一月十九日字蹟頗類劉懿李憲 滿洲托活洛氏藏石
雲門寺法懃禪師塔銘 八分書 大甯二年正月五日 滿洲托活洛氏藏石
宋容福爲身造及賓象 正書 河清元年二月一日
太尉府墨曹參軍梁伽耶墓志銘 正書 河清元年十月八日
樂安郡坊□業寺僧□曇欽造盧舍那象 正書 河清二年五月十七日 山東歷城
清信女孫靜爲亡女容輝造觀音象 正書 河清二年九月八日
牛永福等造白玉德唯象 正書 河清三年二月四日
樂陵良懷王高百秊墓志銘 八分書 河清三年三月二日石藏羅振玉叔韞家 浙江上虞羅氏藏石
樂陵王良高百秊戴妃斛律氏墓志銘 八分書 河清三年三月二日石藏羅振玉叔韞家 浙江上虞羅氏藏石

弟子李焆瑗等造玉象正書河清三年三月廿五日　江蘇吳縣潘氏藏石
都維那董淵等造象記正書河清三年記下截及左方缺佚　滿洲托活洛氏藏石
董淵等造象碑右側正書有後魏興和年題字五行　滿洲托活洛氏藏石
太尉府墨曹參軍梁伽耶墓志銘正書河清四年二月七日　年
王邑陆道□等造象碑八分書河清四年三月八日　滿洲托活洛氏藏石
王邑陆道□等造象碑陰八分書　滿洲托活洛氏藏石
王邑陆道□等造象碑兩側八分書　滿洲托活洛氏藏石
固城寶光寺僧道佛爲身造觀音象正書河清四年三月廿七日
法儀兄弟王惠顒廿人等造盧舍那象正書河清四年三月廿七日　滿洲托活洛氏藏石
楊榮珍爲亡女洪資造象正書河清四年四月廿四日河清原作何清造象大半俗士所爲訛謬之字往往而有　直隸青縣姚氏藏石
太尉府墨曹參軍梁伽耶墓志銘八分書河清九年十月八日　年磁州出土

母隱卯爲忘師造盧舍那象正書天統元年十月十八日陶齋藏石記失載　滿洲托活洛氏藏石
寧朔將軍張起墓志銘宗人長張景邕造正書天統元年十一月六日　四川昭化
開府從事中郎王□墓志銘正書天統元年十一月廿三日字蹟漫漶　滿洲托活洛氏藏石
母余喬陵爲一切衆生造象正書天統元年石在龍門玫洞　河南洛陽
趙劍邑儀兄弟一百人等造天宮象正書天統二年三月十五日
劉敬默爲亡女女足造玉象記正書天統二年三月廿三日　滿洲托活洛氏藏石
劉敬默造象碑兩側正書　滿洲托活洛氏藏石
佛弟子張秋等六人造象記正書天統二年四月廿日　滿洲托活洛氏藏石
張秋造象碑兩側正書　滿洲托活洛氏藏石
路阿才兄弟爲亡父母造玉象正書天統二年六月十一日　滿洲托活洛氏藏石
信士□□□等造象正書天統二年九月朔上午石藏姚貴昉家其女湘雲女史拓本

信士□□□全□等造象正書天統二年九月壬午　直隸天津姚氏藏石
宋買廿二人等造象碑兩側題名正書天統三年四月八日
佛弟子張靜儒造浮圖並素象記正書天統三年五月廿七日碑文四面刻　河南偃師
張靜儒造象碑陰正書　滿洲托活洛氏藏石
張靜儒造象碑兩側正書　滿洲托活洛氏藏石
王興國七人等作鄉葬義堂石柱頌八分書天統三年十月八日繆錄失載　滿洲托活洛氏藏石
邑義姚景郭度哲卌人等造象正書天統三年十月八日字蹟工整酷類隋碑不似他造象之草率石在開封圖書館　直隸
李福玉爲父母造玉象正書天統四年三月廿六日　河南祥符　直隸青縣姚氏藏石

呂永興爲亡父造象正書天統四年七月八日石藏周肇祥養安家　浙江山陰周氏藏石
尚書左僕射瀛州刺史　武縣開國子宇文　碑銘正書天統五年八月三日
尚書左僕射宇文長碑八分書天統五年八月日光緒廿四年出土　河南彰德
棲閑寺邑義六十人等造陁碑象頌八分書天統五年九月十一日　山東蘭山
棲閑寺造象碑兩側左側八分書右側正書　山東蘭山
佛弟子郭市和爲□子敬造象正書天統五年十月廿日　滿洲托活洛氏藏石
徂徠山般若波羅密經八分書摩崖王子椿造武平元年　山東泰安
徂徠山大般若經八分書摩崖王子椿造武平元年　山東泰安
徂徠山殘字正書摩崖僧齊大衆造武平元年　山東泰安
□□□造象正書武平元年六月十四日陶齋藏石記失載　滿洲托活洛氏藏石
宇文誠墓志銘正書武平元年六月十九日

潁川太守齊昌鎮將乞伏保達墓志銘 正書 武平二年二月十八日舊藏福山王文敏公懿榮家 滿洲托活洛氏藏石

大理卿豫州刺史遂寧縣開國子梁子彥墓志銘 正書 武平二年四月廿日在韓魏公祠中 河南安陽

劉忻墓志銘 正書 武平二年五月三日 滿洲托活洛氏藏石

永顯寺法師道端師邑義三百人造象記碑陰 正書 武平二年七月中碑本四面環刻趙氏僅列碑陽 河南河內

造象記碑兩側 正書 河南河內

大禪師光林寺法緣等造彌陁象 正書 武平二年八月五日

比邱尼道□造釋迦象殘記 正書 武平二年九月十五日 滿洲托活洛氏藏石

伏皎將軍□弗參軍石永興等造象 正書 武平二年十一月廿七日 河南登封

石永興等造象碑側 正書 河南登封

西門豹祠碑側 正書 天保五年 河南安陽

馬永祥為己身造觀音象 正書 武平三年四月五日 安徽建德周氏藏石

馬永祥碑側 正書 安徽建德周氏藏石

義州皂從事張子弘為息世託造象 正書 武平三年八月廿日石在龍門攷洞繆目失載 河南洛陽

比邱曇山合邑等造象 正書 武平三年九月十二日石在龍門攷洞 河南洛陽

太子太師侍中特進驃騎大將軍西陽王徐之才志銘 正書 武平三年十一月廿二日

馬安上為皇帝皇后等造釋迦佛象 正書 武平四年五月六日

賈市蘭為亡息阿伽造玉象 正書 武平四年八月二日 滿洲托活洛氏藏石

賈市蘭造象碑側 滿洲托活洛氏藏石

滄州刺史高建妻夏州金明郡王氏墓志銘 八分書 武平四年十月十七日石藏羅振玉叔蘊家 浙江上虞羅氏藏石

張思伯造浮圖記 正書 武平五年四月十二日字蹟頗方正秀逸 滿洲托活洛氏藏石

洛翻廣州人孫期為父母造象 正書 武平五年五月十五日陶齋藏石記失載 滿洲托活洛氏藏石

等慈寺造塔殘碑陰邑子劉壚女等題名 正書 武平五年十月孫氏只載碑陽 河南汜水

佛弟子□□□造象 正書 武平六年三月四日

佛弟子任市生造人中盧舍那象記 正書 武平六年五日十五日 滿洲托活洛氏藏石

任市生造象碑兩側 正書 滿洲托活洛氏藏石

高肅碑陰 正書 武平六年碑陽已見趙錄 直隸磁州

高肅碑額陰安德王經基興感詩 正書 直隸磁州

尼圓照等造彌勒象頌比邱尼仲莌題名 正書 武平六年五月

佛弟子王景良造白玉象記 正書 武平七年八月三日 滿洲托活洛氏藏石

劉洪安等造象記 正書 武平□年□月

張万年為亡父母造觀世音象 正書 無年月陶齋藏石記列目于武平七年後 滿洲托活洛氏藏石

周棄女等造盧舍那象 正書 無年月陶齋藏石記列目于武平七年後 滿洲托活洛氏藏石

周棄女等造象碑右側 正書李國勝題名 滿洲托活洛氏藏石

佛弟子張思文造无量壽象 正書 承光元年正月十五日乾隆辛亥諸城李仁煜得于叢祠蕪草中

張思文造象碑陰 正書

張思文造象碑兩側 正書有畫象一側和女阿醜供養云云一側象主李道和供養云云

續補寰宇訪碑錄卷八

盧江劉聲木十枝撰

後齊

胡隴東王神道碑蓋 篆書三行行三字無年月石在古蹟保存所 河南安陽

佛弟子程里退妻甘元暉爲亡母心造象 正書無年月字蹟確似六朝時人石在龍門政洞 河南洛陽

邑子孫長山等造象 正書無年月字蹟確似六朝時人石在龍門政洞 河南洛陽

尖山文殊師利題字 正書摩崖無年月首云文殊師利云云凡十行四十二字

尖山佛主僧鳳□等殘題字 正書摩崖無年月碑文爲加刻大空王佛四字所掩繆氏失載

尖山大空王佛四大字 正書摩崖無年月加刻于佛主僧鳳□等題字之上

徂徠山般若波羅蜜經 正書摩崖無年月 山東泰安

徂徠山彌勒佛等號佛名 正書摩崖無年月 山東泰安

徂徠山殘字 八分書摩崖僧眞幷造無年月字跡剝泐在大般若經後 山東泰安

徂徠山冠軍將軍梁父縣令王子椿題名 正書摩崖無年月 山東泰安

徂徠山大空王佛題字 正書摩崖無年月 山東泰安

佛弟子一人□□□殘造象 正書無年月在武平六年六月古驗方中療反胃方上截 河南洛陽

比邱道直等題名殘碑 正書無年月

鄒縣功曹李□□等碑陰題名 八分書名氏三列無年月

都維那韓浪荀等碑陰題名 正書名氏三列無年月

小銕山搜揚好人平越將軍周題名 正書摩崖無年月字大逕七八寸不等 山東鄒縣

小銕山任城郡主簿九都維那題名 正書摩崖無年月 山東鄒縣

吳洛族十五人等造象銘碑陰 正書無年月 河南偃師

驃騎將軍韓府君神道碑 八分書無年月文已久佚獨其額存

晉甯縣開國公西兗州刺史鄭君殘碑 正書年月泐

李元佑題名 正書無年月在張思伯造浮圖記首行確似當時人所加姑附于此陶齋藏石記失載 滿洲托活洛氏藏石

健兒別將田市仁等作象龕記 正書無年月陶齋藏石記考爲北齊時物 滿洲托活洛氏藏石

張大寗造象 正書無年月 武進徐壽基訪得于東平州陶齋藏石記列目後齊 滿洲托活洛氏藏石

張大寗碑陰 正書 滿洲托活洛氏藏石

仏弟子韓君相妻劉爲亡女停越造彌陁象記 正書鑒□二年歲次己亥臘涸十日按後齊無以聖□爲年號歲次己亥齊亡已二年中用鑒華臙等字爲武后所製殊不可解碑文明以齊字冠首姑附後齊之末陶齋藏石記失載 滿洲托活洛氏藏石

大教王經殘碑 正書凡十四行行八九字不等無年月 滿洲托活洛氏藏石

石柱頌徘徊並有大祖咸陽王象題字 八分書無年月吳氏失載 直隸

石柱頌寶息長賓定州軍士呂貴覲爲亡父母施地題字 八分書無年月吳氏失載 直隸

石柱頌明使君大行臺尚書令斛律荊山王題名 八分書無年月吳繆失載 直隸

石柱頌初施義園宅地主嚴僧安等園地四至記 正書無年月吳錄失載 直隸

石柱頌明使君斛律令公長息臨邑　開國子世達題名 八分書無年月吳氏失載 直隸

石柱頌明使君斛律令公第九息駙馬都尉世遷題名 八分書無年月吳氏失載 直隸

宋威造觀音象 直隸天津姚氏藏石

宋威造象保安寺題字 正書 直隸天津姚氏藏石

後周

故韋可敦比丘尼法造彌勒象記 正書 武成元年九月廿八日故韋可敦陶齋藏石記疑爲鮮卑語 滿洲托活洛氏藏石

陳僧公合七十人等造象 正書 天和二年七月廿一日陶齋藏石記失載 滿洲托活洛氏藏石

佛弟子庫汙安洛造象碑兩側 正書 天和二年九月十九日碑陽已見羅氏再續寰宇訪碑錄 滿洲托活洛氏藏石

比丘僧緒袖造天 正書 天和二年十二月十□日

薩廻顯爲亡父母造觀世音象碑兩側 正書 天和三年四月八日趙氏補寰宇訪碑錄失錄兩側 滿洲托活洛氏藏石

佛弟子嚴甍造无量壽象記 正書 天和四年正月廿三日 滿洲托活洛氏藏石

嚴甍造象碑陰畫象 正書乃夫妻二人對坐式 滿洲托活洛氏藏石

嚴甍造象碑兩側 正書 滿洲托活洛氏藏石

清信女爲皇帝等造四面象 正書 天和五年三月十日 滿洲托活洛氏藏石

邑師比邱曇貴合邑子廿八人等造觀世音象記 正書 天和六年四月十五日 滿洲托活洛氏藏石

曇貴等造象碑兩側 正書 滿洲托活洛氏藏石

前將軍邵道生造象碑陰 正書 建德元年六月廿日 滿洲托活洛氏藏石

邵道生造象碑兩側 正書 碑文云亡女寄女一心供養云云凡四行行中夾以造象 滿洲托活洛氏藏石

佛弟子本姓呂蒙太祖賜姓宇文建造象銘 正書 建德三年二月廿八日

孔道乘等造象題名 正書 無年月陶齋藏石記列目于後周宣政元年後 滿洲托活洛氏藏石

高亭爲二子造象 正書 無年月陶齋藏石記列目于後周宣政元年後 滿洲托活洛氏藏石

造鄴屠那僧者象 正書 □月陶齋藏石記列目于宣政元年後 滿洲托活洛氏藏石

小鐵山搜揚好人平越將軍周□□等題名 八分書摩崖 大象元年小鐵山摩崖佛經題名共六種 山東鄒縣

小鐵山東嶺僧安道壹書經題名 八分書摩崖 大象元年 山東鄒縣

小鐵山當朔將軍大都督任城郡守□□孫洽題名 八分書摩崖 大象元年 山東鄒縣

小鐵山閭長嵩題名 正書摩崖 大象元年吳氏攈古錄錄此與搜揚好人平越將軍周□□等題名合爲一[illegible]八分之[illegible]也 山東鄒縣

佛弟子郭魍吉等氏等造象 正書 無年月

佛弟子皇甫行淳等爲天皇大帝造石碑象 正書 無年月

右□郡押衙知衙務劉深造象 正書 無年月

大方廣佛華嚴經 八分書 無年月

妙法蓮華經 八分書 無年月

靈妙殘碑 八分書 無年月十行世以首行有靈妙二字俗呼靈妙殘石

靈妙殘碑陰 八分題名橫行四列

小鐵山東嶺僧安道壹著經題名 正書摩崖 無年月 山東鄒縣

小鐵山佛經摩崖 八分書 無年月三行前行文云面前路徑須常令寬云云 山東鄒縣

女弟子堯氏造不高佛殘象 正書 無年月陶齋藏石記列入後周 滿洲托活洛氏藏石

比丘明儁造觀世音像 正書 □□五年□月八日陶齋藏石記列後周無年月中 滿洲托活洛氏藏石

孔道乘等造象碑右側 正書 碑文云右文孔景波云云凡六行首二行五字四行二字餘三字陶齋藏石記失載 滿洲托活洛氏藏石

高亭爲二子造畫象 正書 碑文云高子昴供養云云象二子東西相對各跪一足爲供養蓮花之狀 滿洲托活洛氏藏石

張僧哲等造象 正書 無年月陶齋藏石記列日于宣政元年後 滿洲托活洛氏藏石

比邱曇利等造定光佛象 正書 無年月陶齋藏石記列日于宣政元年後以字蹟論實爲隋 滿洲托活洛氏藏石

邑主陳文伯等造象 正書 無年月疑陳僧公合七十人等造象碑陰 人書法姑依端忠愍公所定碑文首二行似爲後人鑱去增刻字 滿洲托活洛氏藏石

比邱智樹等爲一切衆生造觀世音象 正書 □□元年八月卅日端氏列入北周無年月中 滿洲托活洛氏藏石

佛弟子劉文㕭爲亡父造象 正書 □□□年七月三日 滿洲托活洛氏藏石

劉文㕭造象碑兩側 正書 陶齋藏石記失載 滿洲托活洛氏藏石

故人郭朏等造象 正書 無年月 滿洲托活洛氏藏石

隋

張□□爲□□□造象 正書 開皇元年九月廿日字蹟漫漶陶齋藏石記失載 滿洲托活洛氏藏石

使持節儀同大將軍亳州刺史昌國惠公　奉叔慕志銘 正書 開皇三年十月

佛弟子王他奴爲七世父母等造釋加先𡰥象 正書 開皇四年九月廿日陶齋藏石記失載 滿洲托活洛氏藏石

王他奴造象碑陰 正書 滿洲托活洛氏藏石

王他奴造象碑兩側 正書 滿洲托活洛氏藏石

佛弟子樊倘爲月𢍆信造釋加象 正書 開皇七年二月卅日 滿洲托活洛氏藏石

弟子□禜啟造迦象 正書 開皇八年四月八日

□禜啟碑陰 正書

□禜啟碑側 正書

仏第王蘭葾造象 正書 開皇八年八月八日 滿洲托活洛氏藏石

王蘭葾造象碑兩側 正書 滿洲托活洛氏藏石

淸信女管妃爲亡夫郭遵道造釋迦象 正書 開皇九年二月廿二日 滿洲托活洛氏藏石

洪州刺史張僧殷騎兵參軍息潘慶墓銘 八分書 開皇九年十月廿四日此父子合葬共立一墓志 滿洲托活洛氏藏石

定州刺史暴泉墓志銘 八分書 開皇九年十月廿四日字蹟一半在正書之間隸意較多故列入八分書

佛弟子耿旭爲亡夫陳聰造觀音大世至菩薩象記 正書 開皇九年十一月廿三日 滿洲托活洛氏藏石

大留聖窟大集經月藏分中言 正書 開皇九年

平西將軍浮陽郡守王曜墓銘 正書 開皇十年八月十七日王君卒年八十有八碑文中仍稱隆年不永有識同哀云云

比丘尼□捴德爲亡□母造玉象 正書 開皇十二年五月八日 滿洲托活洛氏藏石

總德造象碑兩側 正書 滿洲托活洛氏藏石

道民田胡仁爲七世父母等造老君象 正書 開皇十二年十一月廿八日 滿洲托活洛氏藏石

包儀史道暢五十人等造盧舍那象 正書 開皇十五年三月廿三日陶齋藏石記失載 滿洲托活洛氏藏石

重脩佛弟子劉醜覲爲亡息阿臭造定光佛象 正書 開皇十五年十月十三日 滿洲托活洛氏藏石

奉丰都尉淮南縣令劉明墓志銘 正書 開皇十八年五月二日 滿洲托活洛氏藏石

郇人愧爲亡女保兒造象銘 正書 開皇十八年六月六日陶齋藏石記失載 滿洲托活洛氏藏石

㐬屈齊翫敕使參軍建威將軍邱文安造白玉象 正書 仁壽元年二月三日

洛州默曹參軍　韶墓志銘 正書 仁壽元年大火月十八日

□穆與夫人李氏合葬墓志 八分書 仁壽二年十一月四日石藏方若葯雨家

佛弟子姚佰兒造釋迦象 正書 仁壽三年九月十日石藏姚貴昉家其女湘雲女史拓本　浙江定海方氏藏石

沙門僧脩□諸姓邑人等造彌陁象 劉僧顯等記趙超越隸書謹上 大業元年二月廿六日　直隸天津姚氏藏石

鄭州刺史李淵爲男世民造石碑象記 正書 大業三年正月八日元沙門壽全重刊本　滿洲托活洛氏藏石

佛弟子朱妃爲亡父母造玉象 正書 大業二年七月廿六日　滿洲托活洛氏藏石

甄大伽爲亡息同叔造玉象 正書 大業二年九月三日　滿洲托活洛氏藏石

右禦衛東陽府鷹郎將散官羊□墓志銘 正書 大業六年九月十五日　滿洲托活洛氏藏石

沙門縣主簿董穆墓志序 正書 大業六年十一月　滿洲托活洛氏藏石

蜉漠將軍甄元希墓闕 正書 大業六年陶齋藏石記失載　滿洲托活洛氏藏石

祕書監陶丘簡侯蕭瑒墓志銘 正書 大業八年八月十三日

大悲菩薩甎文 正書 無年月陶齋藏石記列于大業八年後　滿洲托活洛氏藏石

張波墓志銘 正書 大業十一年三月廿二日墓蓋篆書二行行二字文曰隋故墓銘並無張君二字他碑亦罕見石在開封圖書館　河南祥符

儀同三司兗州長史徐純墓志 正書 大業十年十一月十六日年號被鑱去隱約可辨與蘇

大留聖窟廿五佛名題字 正書 無年月自南无寶集起至南无法光明清淨開敷蓮華佛止

大留聖窟大集經月藏分法 正書 無年月

大留聖窟南无日光佛題字 正書 無年月

大留聖窟才□德佛等名題字 正書 無年月後有十方佛名題字

佛說寶梁經 正書 無年月陶齋藏石記定爲隋刊僅存沙門品第一及比邱品第二一石凡三千餘字　滿洲托活洛氏藏石

大留聖窟佛經殘字 正書 無年月首文云衆見我滅度云云凡四十三行行十字五字爲句五字下有欄紋三道若制句者然

大留聖窟略禮七□□□佛悔寺文 正書 無年月

妙法蓮華經 八分書 無年月

大留聖窟佛經殘字 正書 無年月首文云勝思□□勝嫣言世尊如來云云凡六行行廿一字

隅陽縣令王明府墓志銘蓋 正書 無年月

僞鄭

大將軍舒懿公韋匡伯墓志銘 正書 開明二年七月廿四日　滿洲托活洛氏藏石

唐

魏夫□下志等處題記 正書 大唐四年六月五日在沐澗魏夫人碑陰下截中段碑文字義殊難索解大唐年號亦不可紀元編中疑唐初年所刊　河南河內

太宗勅授少林寺百谷莊立功僧善護等題名 正書 武德四年開元時刻在少林寺碑陰下截左上段　河南登封

用筆賦 王羲之撰虞世南正書 武德九年莫春初

孔子廟堂碑 虞世南撰並正書 武德九年十二月乾隆五十八年大興翁方綱以宋拓本模刻三石共二百三十六字置曲阜縣學後有翁方綱題記正書　山東曲阜

范公忠智碑□□歌 草書 貞觀元年重刊在碑額上字蹟漫漶末句云往事付東流云云凡八行行五字并繆失載

郿州寶室寺鐘銘 正書 貞觀三年𡻕賓御律景丁統日己巳司伎　陝西郿州

慈潤寺靈琛禪師灰身塔頌 正書 貞觀三年四月十五日在塔銘文後其塔銘文已見趙錄　河南安陽

昭仁寺碑陰 正書 碑陽貞觀四年十月　陝西長武

行尚藥奉御永安男吳景達夫人劉氏墓志 正書 貞觀四年十一月廿三日　滿洲托活洛氏藏石

清信士□□□造象 正書 貞觀五年七月六日字蹟甚漫漶石在龍門賓陽洞總目失載 河南洛陽
化度寺邕禪師舍利塔銘 李伯藥撰歐陽詢正書 貞觀五年十一月十六日在西安府學重摹本 陝西長安
化度寺邕禪師舍利塔銘 李伯藥撰歐陽詢正書 貞觀五年十一月十六日吳雲雙鈎重摹 浙江歸安吳氏藏石
醴泉銘碑兩側 北宋題名正書并行書 顧炎武金石文字記云貞觀六年四月云云孫氏失載 陝西麟遊
九成宮醴泉銘 魏徵撰歐陽詢正書 顧炎武金石文字記云貞觀六年四月云云金匱秦 影宋本重刊
智明和尚塔銘 王景撰正書 貞觀七年 河南
行尚書祠部員外郎裴□墓志銘 族叔腊撰兼正書 貞觀八年十二月十九日石上截中後段漫漶 碑文云自武德之始又云遷尚書祠部□□又云□□八年十二月十九日終于長安光德里私第云云玩其文義非卒于武德八年後惟開元有八年相距太遠必貞觀八年也 陝西長安
般若波羅蜜多心經 歐陽詢正書 貞觀九年十月旦日此疑後人依託

虞恭公溫彥博碑 岑文本撰歐陽詢正書 貞觀十一年十月 日 裴 影宋本重刊
左屯衛將軍姜行本紀功碑側 正書 貞觀十四年閏六月廿五日計字二行交河道行軍總管左驍衛將軍等題名 甘肅巴里坤
魏王阿監陸叨故造象 正書 貞觀十五年五月一日石在龍門賓陽洞 河南洛陽
豫章公主□□普頭六人造塔象 正書 貞觀十五年六月二日石在龍門賓陽洞 河南洛陽
岑文本岑嗣宗造東西塔菩薩象 正書 貞觀十五年六月五日貞□作□石在龍門賓陽洞 河南洛陽
清信女石□妃造救苦觀世音象 正書 貞觀十六年三月十五日石在龍門賓陽洞 河南洛陽
前河南縣丞張君彥爲法界衆生造象 正書 貞觀十八年五月十五日石在龍門賓陽洞總目失載 河南洛陽

洪穉陰爲亡□師等造象 正書 無年月字蹟甚漫漶在貞觀十八年八月廿四日楊僧威爲師僧文智等造象後石在龍門賓陽洞總目失載 河南洛陽
王仁□爲師僧等造象 正書 無年月字蹟甚漫漶在貞觀十八年八月廿四日楊僧威爲師僧文智等造象後石在龍門賓陽洞總目失載 河南洛陽
晉祠碑陰司徒趙國公長孫無忌等題名 正書 貞觀廿年正月廿六日在首截首段 山西太原
晉祠銘碑額陰 太宗飛白書 貞觀廿年正月廿六日 山西太原
晉祠銘碑兩側 北宋人題名正書 山西太原
大□主張万等造石浮圖記 正書 貞觀廿年四月八日吳錄 河南修武
洛州河南縣崇政鄉君齊夫人墓志銘 正書 貞觀廿年五月十一日石在開封圖書館 河南祥符
齊府功曹參軍尹善幹墓志銘 正書 貞觀廿年五月廿九日石出長安後藏姜愛珊家 江蘇吳縣姜氏藏石

齊王府記室參軍李護墓志銘 正書 貞觀廿年六月一日石在開封圖書館 河南祥符
優婆塞晉州洪洞縣令孫佰悅灰身塔銘 正書 貞觀廿年十月十五日
石靜業爲七世父母等造象 正書 貞觀廿年石在龍門賓陽洞 河南洛陽
思順坊劉君解老幼百餘人等造彌勒象龕銘 正書 貞觀二十一年四月八日下截乃題名 河南洛陽
慈潤寺慧休法師灰身塔題字 弟子靈範等造正書 貞觀廿一年四月廿八日 河南安陽
梁國公府長史楊宣政並妻爲比邱僧道造阿彌陁象 正書 貞觀廿一年十一月十日石在龍門賓陽洞 河南洛陽
賈君才爲男小奴等造象 正書 貞觀廿二年五月八日石在龍門賓陽洞 河南洛陽
趙才爲亡妻公孫造彌陁並二菩薩象 正書 貞觀廿二年五月八日石在龍門賓

陽洞繆目失載　河南洛陽

上輕車都尉張通墓志銘 正書 貞觀廿二年七月廿七日石在開封圖書館　河南祥符

佛弟子清信女爲皇帝等造象 正書 貞觀廿二年九月廿八日石在龍門賓陽洞　河南洛陽

清信女張爲母見存等造彌陁象 正書 貞觀廿三年四月八日石在龍門賓陽洞　河南洛陽

清信女蕭爲亡□老子造阿彌陁象 正書 貞觀廿三年八月廿九日石在龍門賓陽洞　河南洛陽

弟子□□□本爲官家等造象 正書 貞觀廿二年十一月八日石在龍門賓陽洞　河南洛陽

佛弟子趙才爲七世父母等造象 正書 貞觀廿三年石在龍門賓陽洞　河南洛陽

弟子盧□□爲亡考造象 正書 貞觀廿□年十月一日字蹟甚漫漶難以辨識石在龍門賓陽洞繆氏失載　河南洛陽

侍郎鄭國公魏徵符錄碑 上下文正書 無年月疑僞託　河南洛陽

介州司馬陶府君殘碑銘 正書 無年月碑文僅有上截七字共三十一行半額文篆書三行 全碑文云文皇親總六軍云云當在貞觀末年

左驍衛大將軍琅邪郡開國公牛秀碑銘 正書 無年月光緒年月在醴泉縣出土繆荃孫藝風堂金石文字目考云在貞觀末　陝西醴泉

上柱國許恭公宇文士及碑 正書 光緒末年昭陵新出五碑　陝西醴泉

故臨川長公主周駙馬碑 正書 乙酉三月廿二日　陝西醴泉

續補寰宇訪碑錄卷九

廬江劉聲木十枝撰

唐

司馬王亮邑義等造靈廟塔寺等記 正書 無年月字蹟確似唐初時人石在開封圖書館　河南祥符

石行果妻王爲弟四兒身患今得除頂造救苦觀音象 正書 無年月字蹟確似唐初人石在龍門孝昌窰　河南洛陽

太子□□舍人郝造象 正書 無年月字蹟確似唐初人筆致尤近廣永興石在龍門波窰　河南洛陽

洛州□□縣弟子□弘□爲身患造地藏菩薩象 正書 無年月字蹟確似唐初人石在龍門火燒窰　河南洛陽

入內內侍省內西頭供奉官余祺造觀音菩薩象 正書 無年月字蹟確似唐人石在龍門老君洞　河南洛陽

□□縣人康懷□等造觀音世至菩薩象 正書 無年月字蹟確似唐初時人石在龍門敔洞　河南洛陽

常柱爲伽陁音造菩薩象 正書 無年月碑文字小如豆且漫漶與上同在後段石在龍門蓮花洞繆目失載　河南洛陽

伊闕縣河晏鄉清信女王爲亡女造阿彌陁象 正書 □□□□□□廿八日字蹟確似唐初人石在龍門蓮花洞　河南洛陽

弟子李偘僧夫妻爲父母造釋迦牟尼佛象 正書 無年月字蹟雖寥寥頗有礲塔銘遺意確似唐初時人石在龍門雷鼓台　河南洛陽

比邱僧雜御造象 正書 無年月字蹟確似唐初時人石在龍門雷鼓台　河南洛陽

達匯爲和上蘇達等造象 正書 無年月字畫確似唐初時人石在龍門雷鼓台　河南洛陽

佛弟子王知南等造象 正書 無年月字蹟確似唐初時人石在龍門擂鼓台　河南洛陽

朴法田爲父母造象 正書 無年月字蹟確似唐初時人石在龍門王祥窰　河南洛陽

比邱尼□□爲女十二娘造觀音象 正書 無年月字蹟確似唐初人碑文漫漶石在龍門王祥窰　河南洛陽

社老李懷璧錄事張神劍等造象 正書 無年月字蹟確似唐初人石在龍門王祥窰　河南洛陽

秦伯敬孫道子等造象 正書 無年月字蹟確似唐初時人石在龍門王祥窰　河南洛陽

泉州文水武玄造象 正書 無年月字蹟確似唐初人石在龍門王祥窰　河南洛陽

楊優婆夷爲身造象 正書 無年月字蹟確似唐初人石在龍門王祥窰　河南洛陽

□夫人爲父母造阿彌陁象 正書 無年月字蹟確似唐初人石在龍門王祥窰　河南洛陽

顧忠□造觀音菩薩象 正書 無年月字蹟確似唐初人石在龍門始牛溪　河南洛陽

前衛州司功參軍事裴沿時年卌三月廿八日生造阿彌陁象 正書 無年月司功阿彌陁象文原作司功造象中自述年歲及生年月日僅見此種金石文字體例本寬況此象又金石中最多且易者其中文理費解字蹟惡劣實居多數良由愚夫愚婦不能自書託俗工及石工代擬之故以致紛紜變幻莫可究詰矣字蹟確似唐初人石在龍門始牛溪　河南洛陽

弟子□永貞造□□□菩薩象 正書 無年月字蹟確似唐初人碑文漫漶不易辨識石在龍門始牛溪　河南洛陽

西京路品法寺□□僧造象 正書 無年月字蹟確似唐初人石在龍門樂芳窰　河南洛陽

清信女爲亡父母造觀音菩薩象 正書 無年月字蹟確似唐初人石在龍門樂芳窰　河南洛陽

王暕造象 正書 無年月字蹟確似唐初人在劉元造象上段石在龍門樂芳窰 繆目失載　河南洛陽

王□妻陳女婆等爲出家造左觀音象 正書 □□□□十月一日石在龍門樂芳窰　河南洛陽

字蹟確似唐初人甚工緻有橫直格　河南洛陽

□惠爲亡父造阿彌陁象 正書 □□□□七月六日字蹟確似唐初人石在龍門樂芳窰　河南洛陽

佛弟子張師政兄弟等爲亡父母造優塡王等象 正書 □□元年三月卅日字蹟確似唐初人石在龍門樂芳窰　河南洛陽

周王府錄事王思范妻劉造象 正書 □□二年二月字蹟確似唐初人石在龍門樂芳窰　河南洛陽

療癖方 正書 無年月字蹟確似唐初人石在龍門樂芳窰　河南洛陽

豨王府兵曹李德信造象 正書 無年月字蹟確似唐初人石在龍門賓陽洞　河南洛陽

房寶子妻張造象 正書 無年月字蹟確似唐初人石在龍門賓陽洞　河南洛陽

陳伯隴母張爲父母造象 正書 無年月字蹟確似唐初人石在龍門賓陽洞　河南洛陽

王婆爲亡妹戒靜造地藏菩薩象 正書 無年月字蹟確似唐初人石在龍門賓陽洞　河南洛陽

汪明月造象 正書 無年月字蹟確似唐初人石在龍門賓陽洞　河南洛陽

吳法藏爲七世父母等造象 正書 無年月字蹟確似唐初人石在龍門賓陽洞　河南洛陽

比邱尼眞智造象 正書 無年月字蹟確似唐初人石在龍門賓陽洞 繆目失載　河南洛陽

佛弟子崔貴造觀音菩薩象 正書 無年月字蹟確似唐初人石在龍門賓陽洞　河南洛陽

佛弟子□世正造觀音菩薩象 正書 無年月字蹟確似唐初人石在龍門賓陽洞　河南洛陽

監高智惠造象 正書 無年月字蹟甚漫漶確似唐初人石在龍門賓陽洞　河南洛陽

衆慶及妻劉造象 正書 無年月字蹟確似唐初人石在龍門賓陽洞　河南洛陽

張丙造彌勒象 正書 無年月字蹟確似唐初人石在龍門賓陽洞 河南洛陽
袁克己爲亡□造象 正書 無年月字蹟確似唐初人石在龍門賓陽洞 河南洛陽
淸信佛弟子□爲亡夫等造阿彌陁象 正書 □□□□九月三日石在龍門賓陽洞 河南洛陽
城門郎于尙範及妻韋造阿彌陁象 正書 無年月字蹟確似唐初人石在龍門賓陽洞 河南洛陽
淸信女柳爲亡妣造觀音象 正書 無年月字蹟確似唐初人石在龍門賓陽洞 河南洛陽
佛弟子李四娘爲父母造阿彌陁象 正書 無年月字蹟確似唐初人石在龍門賓陽洞 河南洛陽
潼川譚行義爲孟亭五使君題名 正書 無年月字蹟稱謂確似唐人夾石在龍門賓陽洞 河南洛陽

鄭德意造彌勒象 正書 無年月字蹟確似唐初人石在龍門賓陽洞 河南洛陽
淸信女□□□爲己身造象 正書 無年月字蹟確似唐初人石在龍門賓陽洞 河南洛陽
小光爲亡兄侯道定造觀音象 正書 無年月字蹟頗似唐初人石在龍門萬佛洞 河南洛陽
劉大娘爲亡母造觀音菩薩象 正書 無年月字蹟確似唐初人石在龍門萬佛洞 河南洛陽
淨如造觀音象 正書 無年月與小光爲亡兄侯道定造觀音象同一石字蹟確似唐初人石在龍門萬佛洞 河南洛陽
永耀寺主善相造象 正書 無年月字蹟確似唐初人石在龍門萬佛洞 河南洛陽
史敬博妻張爲夫忘造觀音菩薩象 正書 無年月字蹟甚潦潑石在龍門萬佛洞 河南洛陽

張洏貞爲兄[illegible]造救苦觀音菩薩象 正書 無年月字蹟確似六朝人石在龍門萬佛洞 河南洛陽
前相州安陽縣尉王承頴造觀世音象 正書 無年月字蹟確似唐初人石在龍門萬佛洞 河南洛陽
陳智積造福光象 正書 無年月字蹟確似唐初人石在龍門萬佛洞 河南洛陽
李德深縣姓女造藥師瑠璃光佛象 正書 無年月字蹟確似唐初人石在龍門萬佛洞 河南洛陽
李德眞造觀世音象 正書 無年月字蹟確似唐初人石在龍門萬佛洞 河南洛陽
文林郎王忩造象 正書 無年月確似唐初人石在龍門敬善寺 河南洛陽
□門州李□造象 正書 無年月字蹟確似唐初人石在龍門敬善寺 河南洛陽
衛週造觀世音菩薩象 正書 無年月字蹟確似唐初人石在龍門敬善寺 河南洛陽
王朝福妻母張婆造象 正書 無年月字蹟確似唐初人石在龍門敬善寺 河南洛陽

朝議大夫守頴州刺史宋宣明題名 正書 無年月字蹟確似唐人石在龍門敬善寺 河南洛陽
沙門知道爲孃造象 正書 無年月字蹟確似六朝人石在龍門敬善寺 河南洛陽
太子慶造地藏菩薩象 正書 無年月字蹟確似唐初人石在龍門敬善寺 河南洛陽
芮課造象 正書 無年月字蹟確似唐初人石在龍門敬善寺 河南洛陽
淸信女蔡意娘造觀音菩薩象 正書 無年月字蹟確似唐初人石在龍門敬善寺 河南洛陽
降州人懷智爲父母造象 正書 無年月字蹟確似唐初人石在龍門路邊 河南洛陽
淸信女王霙檢等造象 正書 無年月字蹟確似唐初人石在龍門路邊 河南洛陽
在下人胡機造象 正書 無年月字蹟確似唐初人石在龍門路邊 河南洛陽
衛才仁爲亡□造象 正書 無年月字蹟確似唐初人石在龍門路邊 河南洛陽
張后開等造象 正書 無年月字蹟確似唐初人石在龍門路邊 河南洛陽

王孫暵祑等造象 正書 無年月字蹟確似唐初人石在龍門路邊 河南洛陽

王威爲亡妻泉造象 正書 無年月字蹟確似唐初人石在龍門路邊 河南洛陽

□志□造藥師瑠玔光佛象 正書 無年月字蹟確似唐初人石在龍門路邊 河南洛陽

□□□造藥師瑠玔光佛象 正書 無年月字蹟確似唐初人石在龍門路邊 河南洛陽

張邱造藥師象 正書 無年月字蹟確似唐初人石在龍門路邊 河南洛陽

汴州賈本造象 正書 無年月字蹟確似唐初人石在龍門路邊 河南洛陽

汴州張邱造象 正書 無年月字蹟確似唐初人石在龍門路邊 河南洛陽

汴州張邱造象 正書 無年月字蹟確似唐初人石在龍門路邊 河南洛陽

亳州臨深縣尉左中字爲亡妻薛氏造三門阿彌陁象龕銘 正書 無年月字蹟確似唐初人石在龍門路邊 河南洛陽

弟子阿姜婆造象 正書 無年月字蹟確似唐初人石在龍門路邊 河南洛陽

淨土寺主智僔造阿彌陁象 正書 永徽元年四月八日有橫直格碑文雖寥寥三十餘字蹟甚工整石在龍門老龍洞 河南洛陽

清信士女佛弟子劉戌爲夢造阿彌陁象 正書 永徽元年十月一日字蹟端正有橫直格石在龍門老龍洞 河南洛陽

慈潤寺法瓛法師灰身塔題字 正書 永徽元年十二月八日 河南安陽

□□□爲酬慈澤造阿彌陁象 正書 永徽二年正月五日石在龍門樂芳窰繆目失載 河南洛陽

荆州松資縣令湯府君妻傷氏墓志銘 正書 永徽二年正月十五日

沙門焻觀造維衞等七佛象 正書 永徽二年六月二日字蹟尙端正楷多磨糊石在龍門老君洞 河南洛陽

清信女王爲亡母造阿彌陁象 正書 永徽二年六月五日字蹟漫漶年月日尤甚石在龍門老君洞 河南洛陽

司空襄邑王李神符碑銘 殷仲容八分書 永徽二年十月八日 陝西三原

清信女王爲亡夫期殷大去等造象 正書 永徽二年十月十三日石在龍門樂芳窰繆目失載 河南洛陽

陳通妻張爲七世父母等造阿彌陁象 正書 永徽三年三月一日石在龍門賓陽洞 河南洛陽

佛弟子范滿才夫妻男女造阿彌陁象 正書 永徽三年三月廿三日石在龍門賓陽洞 河南洛陽

劉解妻楊及兒等造象 正書 永徽三年四月廿日石在龍門賓陽洞繆錄失載 河南洛陽

李君政爲男德剅病造彌勒象 正書 永徽三年十二月九日石在龍門老龍洞 河南洛陽

李夫人摩訶造浮圖七佛象 正書 永徽三年石在龍門賓陽洞 河南洛陽

三洞弟子爲亡妻賈夫人造阿彌陁象 正書 永徽四年正月十七日石在龍門賓陽洞 河南洛陽

曹寶師合家造阿彌陁象 正書 永徽四年六月廿一日石在龍門賓陽洞 河南洛陽

清信女陳爲亡女造阿彌陁象 正書 永徽四年八月六日碑文係加刻前人造象猶有字蹟可見石在龍門蓮花洞 河南洛陽

涪州司馬息郭愛同爲亡大女造觀音菩薩象 正書 永徽四年十月八日石在龍門老龍洞 河南洛陽

右街率長史尤祕兄弟等造象 正書 永徽四年十一月廿五日字蹟楷多漫漶石在龍門老龍洞 河南洛陽

清信女□婆爲七世父母造阿彌陁象 正書 永徽五年一月三日石在龍門賓陽洞繆目失載 河南洛陽

淸信女佛弟子□□□爲母造象 正書 永徽五年二月廿九日首行字蹟今加刻所掩原文隱隱可辨石在龍門老君洞 河南洛陽

竹奴子及妻宋爲亡女造象 正書 永徽五年三月廿日石在龍門老龍洞 河南洛陽

洛陽縣鄧思孝四人等爲母梁及亡父造釋迦象銘 正書 永徽五年五月五日石在龍門[illegible]窰 河南洛陽

王寬墓志銘 正書 永徽五年五月廿八日碑文云閏五月卒五月葬必有一誤石在開封圖書館 河南祥符

劉元造阿彌陁菩薩象 正書 永徽五年五月□日石在龍門樂芳窰繆目失載 河南洛陽

佛弟子孔阿創合家造彌勒象 正書 永徽五年十一月四日程秉泉售歸日本

伏世進爲亡妾造彌陁象 正書 永徽五年字蹟惡劣漫漶石在龍門老龍洞伏繆錄作何妾繆錄作大叔形迹分明灼然可見不知何以當時舛誤若此 河南洛陽

文林郎呂夫人張須摩墓志銘 正書 永徽六年三月四日 滿洲托活洛氏藏石

王蒙爲皇帝等造象 正書 永徽六年六月十八日下已陶齋藏石記失載 滿洲托活洛氏藏石

朱㣧及姊磨利爲亡父母造象 正書 永徽六年七月十日石在龍門賓陽洞 河南洛陽

比邱□□爲亡父母造優塡王象 正書 永徽六年十月十五日石在龍門敬善寺 河南洛陽

上騎都尉行永康令杜府君夫人朱氏墓志銘 正書 □□□□□十一月廿五日 滿洲托活洛氏藏石

張善同爲淸信女翟等造象 正書 無年月應附入永徽年末石在龍門老龍洞 河南洛陽

蘥思歸殘字 正書 無年月在永徽五年二月廿九日淸信女佛弟子□□□爲母造象後一行石在龍門老君洞 河南洛陽

學造一區殘字 正書 無年月在永徽五年二月廿九日淸信女佛弟子□□□爲母造象首行即加刻原文之字石在龍門老君洞繆目失載 河南洛陽

弟予張君道等造阿彌陁象 正書 顯慶元年二月石在龍門賓陽洞繆目失載 河南洛陽

牛和祚妻王氏造象 正書 顯慶元年五月一日一日二字小字添註于月字之旁

佛弟子牛和祚妻王氏造象 正書 顯慶元年五月六日

佛弟子牛和作妻王造象 正書 顯慶元年五月九日 直隸青縣姚氏藏石

弟子陳僧受造阿彌陁象 正書 顯慶元年八月廿日字蹟惡劣石在龍門老龍洞 河南洛陽

王政則及妻支爲亡父母造象 正書 顯慶元年九月廿日石在龍門賓陽洞 河南洛陽

佛弟子□□□造優塡王象 正書 顯慶元年□月十五日字蹟頗似伊闕佛龕碑石在龍門賓陽洞 河南洛陽

薛王友行珍州榮德縣丞杜詢妻崔素墓志銘 行書 顯慶二年七月廿七日 滿洲托活洛氏藏石

般若波羅密多心經 僧玄奘譯莊寧正書 顯慶二年八月一日

□州□城縣相原府校尉杜國長上王賓爲亡父等造觀音象 正書 顯慶二年十二月六日石在龍門樂芳窰 河南洛陽

弟子權被養爲七世父母造象 正書 顯慶三年二月一日石在龍門賓陽洞繆目失載文字甚漫漶 河南洛陽

化度寺僧海禪方墳題字 正書 顯慶三年二月廿五日 浙江歸安陸氏藏石

淸信女弟子常爲過去二親造阿彌陁象 正書 顯慶三年四月三日石在龍門老龍洞 河南洛陽

信法寺彌陁象碑陰 正書 碑陽顯慶三年四月八日 直隸元氏

彌陁象碑兩側 正書　直隷元氏
王貞造觀世音菩薩象 正書 顯慶三年四月八日字蹟漫漶不易辨識石在龍門波窰繆目失載　河南洛陽
信法寺彌陁象碑額大象主雲騎尉李令撫等題名 正書 顯慶三年四月八日在碑額左截　直隷元氏
處士馬壽墓志銘 正書 顯慶三年九月十五日　滿洲托活洛氏藏石
居士王公塼塔銘 上官靈芝製文倍斐正書 顯慶三年十月十二日原石刊本已見孫録此乃翻刊本陶齋藏石記失載孫氏録翻刊本例録目　滿洲托活洛氏藏石
王居士塼塔銘 顯慶三年十月長洲鄭廷錫嶰谷重摹本
王居士塼塔銘 顯慶三年十月吳縣錢湘思贊重摹本
佛弟子楊眞藏爲七祖先翼等造阿彌陁象 正書 顯慶三年月癸丑朔日字蹟惡劣石在龍門老龍洞　河南洛陽

行內府局令上騎都尉王文詮象記 正書 顯慶三年　滿洲托活洛氏藏石
□副爲七代父母造彌陁佛象 正書 顯慶四年三月四日石在龍門樂芳窰繆目失載　河南洛陽
比邱柏素造釋加象 正書 顯慶四年四月七日石在龍門樂芳窰繆目失載　河南洛陽
□州郟城縣武上希爲己身並亡妻高氏等造象 正書 顯慶四年四月十五日石在龍門敬善寺　河南洛陽
佛弟子唐德威爲內親自身等造彌勒象 正書 顯慶四年四月十五日石在龍門敬善寺　河南洛陽
弟子馬伏陰及妻劉婆爲身平安造阿彌陁象 正書 顯慶四年五月廿一日石在龍門樂芳窰繆目失載　河南洛陽
李大娘爲亡夫期法才造優塡王象 正書 顯慶四年七月六日石在龍門敬善寺　河南洛陽

前行趙州□城縣丞輕車都尉劉弘義爲亡妣練造象 正書 顯慶四年八月朔日石在龍門波窰　河南洛陽
焦孝達爲亡女思弟造彌陁象 正書 顯慶四年十月十二日　滿洲托活洛氏藏石
盧陵縣丞皇甫弘敬墓志銘 正書 顯慶四年十月卅日　滿洲托活洛氏藏石
內侍□□□爲七世父母等造象 正書 顯慶四年十一月七日字蹟漫漶年號不易辨識石在龍門波窰繆目失載　河南洛陽
睢州涇陽縣翊衛慕容文懿爲亡父造彌陁象 正書 顯慶四年十一月十七日字蹟漫漶辨識匪易石在龍門老龍洞繆目失載　河南洛陽
□□□爲男女法界衆生等造觀世音象 正書 顯慶四年十二月十四日石在龍門波窰　河南洛陽
陪□校尉直內侍省趙玄慶爲一切衆生等造象 正書 顯慶五年正月四日石在龍門波窰　河南洛陽

阿王□女五造阿彌陁象 正書 顯慶五年四月八日字蹟刻劃甚淺前後均有花紋石在龍門老龍洞繆録失載　河南洛陽
司戶桓銳墓志銘 正書 顯慶五年七月十日石藏周肇祥養安家　浙江山陰周氏藏石
北響堂山中山郎徐□□爲存亡一切眷屬等造象 正書 顯慶五年　直隷磁州
孫冬扇祝婆大娘姊妹等爲身危脆造觀音象 正書 顯慶□□石在龍門樂芳窰　河南洛陽
北響堂山大理□郎楚之□妻裴等造象 正書 無年月與中山郎徐□□造象並列應即在顯慶五年　直隷磁州
李全題名 正書 無年月在顯慶五年二月十日劉□□于趙客師龕內造象第三行上段石在龍門波窰　河南洛陽
弟子惠雲爲皇帝太子諸王等造阿彌陁象 正書 顯慶八年十月十五日字蹟惡

劣顯慶只五年鄉曲之士未知改元故仍用舊年號紀年石
劉中多有之亦不僅此石如此石在龍門老龍洞繆錄未載
河南洛陽

續補寰宇訪碑録卷十

盧江劉聲木十枝撰

唐

聶如忠爲亡父母造觀世音佛象 弟戴兒文鶚子正書 龍朔元年三月廿四日陶齋藏石記失載
滿洲托活洛氏藏石

承議郎行皇子侍□吳吉甫造象 正書 龍朔元年四月廿日石在龍門老龍洞
河南洛陽

雲騎尉王朗及夫人魏氏墓志銘 正書 龍朔元年四月廿一日石在開封圖書館
河南祥符

韓弁智爲亡妣楊造象記 正書 龍朔元年六月十日
滿洲托活洛氏藏石

成佛弟子雷大寶造象記 正書 龍朔元年十月廿三日
陝西長安

夫人竹氏墓志銘 正書 龍朔元年九月廿三日石在開封圖書館
河南祥符

文林郎龔君墓志銘 正書 龍朔元年十月八日石在開封圖書館
河南祥符

司農寺鉤右苑吉園築□□造阿彌陀象 正書 龍朔元年　月一日字蹟惡劣文義更難曉決爲鑿工所爲無疑石在龍門老龍洞
河南洛陽

洛陽縣沈褒爲亡妻裴氏造象記 正書 龍朔元年十一月廿三日

洛陽縣沈褒爲亡妻裴氏造優塡王象 正書 龍朔元年十一月廿三日
河南洛陽

洛州人楊□□妻韓造河彌陀象 正書 龍朔元年石在龍門敬善寺
河南洛陽

石行與妻王爲兒業五身患今得除頂造阿彌陀象 正書 龍朔元年石在龍門孝昌窟繆目失載
河南洛陽

涇陽令周顯墓志 正書 龍朔二年正月卅日

□□□造阿彌陀象 正書 龍朔二年二月二日石在龍門賓陽洞
河南洛陽

□州寶貝寺造象銘 正書 龍朔二年四月朔日石在龍門樂芳繆目失載
河南洛陽

冠軍大將軍許洛仁妻宋夫人墓志銘　正書　□□□□五月廿四日碑文中不著年號因許洛仁碑刻于龍朔二年故列于許洛仁碑後石出陝西長安　浙江臨海宋氏藏石

孫君夫人宋氏墓志銘　正書　龍朔三年二月十二日石在開封圖書館　河南祥符

淸信女司馬及男馬莫劚等爲父造象　正書　龍朔三年四月八日石在龍門老龍洞繆錄失載　河南洛陽

金剛般若經一部　正書常才合家造　龍朔三年四月八日　河南洛陽

佛弟子常才合家造優塡王象　正書　龍朔三年四月八日在金剛般若經後　河南洛陽

三藏聖教序記碑陰　正書並行書宋金人題名十段　龍朔三年六月日　陝西大荔

□神遠爲父母造象　正書　龍朔三年四月年號泐朔字下小半可見字蹟確似唐初人石在龍門蓮花洞　河南洛陽

信女常住爲亡兒造阿彌陁象　正書　龍朔三年五月十四日石在龍門孝昌窰繆目失載　河南洛陽

宗夫人墓志銘　正書　龍朔三年六月二日石藏周肇祥養安家　浙江山陰周氏藏石

弟子郭常住爲□□造觀音象　正書　龍朔三年十二月一日石在龍門孝昌窰繆目失載　河南洛陽

女淨造菩尊象　正書　龍朔□□石在龍門孝昌窰　河南洛陽

王才及夫人毛氏墓志銘　正書　麟德元年三月十三日　滿洲托活洛氏藏石

弟子常住爲亡女造觀音象　正書　□□元年四月一日此種造象在龍朔三年常住造象之後疑係麟德元年石在龍門孝昌窰繆目失載　河南洛陽

嵩陽寺碑移立會善寺題記　正書　麟德元年九月十五日　河南登封

中嶽嵩陽寺碑移來會善寺立題字　正書　麟德元年九月十五日在碑文末行　河南登封

右威衞丹川府校尉邢政墓志銘　路敬淳撰文正書　麟德元年十(甲)九(乙)石藏周肇祥養安家

浙江山陰周氏藏石

淸河長公主碑銘　李儼撰暢整正書　麟德元年十月廿三日　陝西醴泉

李如可孫女爲祖婆造象　正書　麟德元年十一月十日石藏姚貴昉家其女湘雲女史拓本　直隸天津姚氏藏石

台州錄事參軍袁弘毅墓志銘　正書　麟德元年十一月十六日石在開封圖書館　河南祥符

佛弟子綦爲國計安寧等造象　正書　麟德二年八月一日

淸信女朱爲亡夫王子開造阿彌陁象　正書　麟德二年八月廿三日石在龍門敬善寺　河南洛陽

鎭軍大將軍盧國公程知節碑　許敬宗撰暢整正書　麟德二年十月十一日　陝西醴泉

楊子道妻封爲身患造彌陁象　正書　麟德二年十一月廿五日

孫官俊爲父母造玉象　正書　乾封元年四月十八日

弟子魏通造象　正書　乾封元年八月十四日石在龍門賓陽洞繆錄失載　河南洛陽

守益州導江縣主簿飛騎尉張行恭墓志銘　正書　乾封元年十月十七日光緒年河南彰德出土　滿洲托活洛氏藏石

淸信女宮爲亡夫造阿彌陁象　正書　乾封元年石在龍門老龍洞　河南洛陽

法嚴爲父母兄弟造彌陁象　正書　乾二年四月十五日乾二年應是乾封二年以年上號一字紀元者石刻中多有石在龍門孝昌窰繆錄失載　河南洛陽

兗州軍節度使裴安國來遊題名　正書　乾封二年九月

眞州楡社縣令王和墓志銘　正書　乾封□年□月十□日石在開封圖書館　河南祥符

淸信女佛弟子孫造彌陁象記　正書　乾封二年十一月廿日　滿洲托活洛氏藏石

張朗墓銘　正書　乾封二年閏十二月廿七日石在開封圖書館　河南祥符

唐夫等殘字　正書　無年月在乾封二年四月孟善應妻趙爲七世父母等造阿彌陁象後石在龍

門老龍洞

平正嚴知愼等造象 正書 無年月字蹟確似唐初人石在龍門王祥豁年月處有一乹字疑係乾封年間所刻 河南洛陽

己酉東面副監孟乾緒造象 正書 無年月孟乾緒有乾封三年三月造象石在龍門賓陽洞 河南洛陽

佛弟子王義感妻爲兒忠得除造象 正書 總章元年正月十五日 河南洛陽

張神熾張武達等造千佛象 正書 總章元年六月廿四日石在龍門路邊 河南洛陽

王櫟爲父母已身等造象 正書 總章元年九月八日石在龍門蓮花洞 河南洛陽

常柱爲忠貢造象 正書 總章元年碑文字蹟小如豆且漫漶不易辨識石在龍門蓮花洞繆目失載 河南洛陽

高昌縣側張安爲亡父造象 正書 總章二年四月十日石在龍門敬善寺 河南洛陽

孔士登稽首和南十方諸佛造象 正書 總章二年七月六日石在龍門波窰 河南洛陽

朱大娘爲平安造安還道象 正書 無年月字蹟惡劣與總章元年清信女陰造象同一石石在龍門老龍洞 河南洛陽

處士申恭志 正書 咸亨元年六月廿日石藏周肇祥養芬家 浙江山陰周氏藏石

河澗縣令樂達墓志銘 正書孫表撰 咸亨元年七月十四日 滿洲托活洛氏藏石

隋騎都尉司馬興墓志銘碑陰 正書 咸亨元年十月四日即碑文後半篇刊在背面光緒己丑曾入儀徵張丙炎家 滿洲托活洛氏藏石

佛弟子李義豐造彌勒象 正書 咸亨元年十二月廿二日 安徽廬江劉氏藏石

李義豐造象碑陰 正書 安徽廬江劉氏藏石

李義豐造象碑側 正書 安徽廬江劉氏藏石

佛弟子李義豐爲亡父母造象 正書 咸亨元年十二月廿三日陶齋藏石記失載

比邱僧法祥造優塡王象 正書 咸亨二年十月五日 滿洲托活洛氏藏石

越國燕太妃碑 許敬宗撰高正臣正書 咸亨二年十月廿七日 陝西醴泉

故濟河房忠公神道碑 崔融撰孫琳正書 二年 陝西醴泉

弟子上柱國爾朱□德造阿彌陁象 正書 咸亨二年石在龍門藥芳窰繆目失載 河南洛陽

張祖墓志銘 正書 咸亨三年二月廿二日碑文末行文云第二男基年卌六乾封二年卒葬在墓北連云云他碑罕見 滿洲托活洛氏藏石

□□□造象 正書 咸亨三年四月一日 安徽廬江劉氏藏石

比邱尼惠燀等造象 正書 咸亨三年十月三日 安徽廬江劉氏藏石

首山舍利塔碑陰五言過栖巖寺詩 高宗御製韓懷信正書 咸亨三年十一月八日 山西永濟

佛弟子孫行基爲亡父存母造象 正書 咸亨四年正月十日 滿洲托活洛氏藏石

奚行儼爲亡息慈明含造阿彌陁象 正書 咸亨四年十二月石在龍門雙窰 河南洛陽

秘閣麻生劉守忠墓志銘 正書 咸亨五年八月十三日字蹟刻痕太淺字蹟漫漶 滿洲托活洛氏藏石

比邱基爲亡父見母造象 正書 上元元年七月七日陶齋藏石記失載 滿洲托活洛氏藏石

秘閣歷生劉守忠墓志銘 正書 上元元年八月十三日石出長安後歸劉喜海 山東諸城劉氏藏石

佛弟子清信女楊十娘爲亡夫造象 正書 上元二年四月八日陶齋藏石記失載 滿洲托活洛氏藏石

佛弟子靳公舉爲先亡父母等造一佛二菩薩象 正書 上元二年十月廿四日

佛弟子牛師羨等爲亡父母造象 正書 上元二年四月廿日

司農寺盧舍那□六石象 正書 上元三年十二月卅日藝風堂金石目失載 河南洛陽

王愛墓志銘 正書 儀鳳元年十一月廿一日陶齋藏石記失載 滿洲托活洛氏藏石
齊州山茌縣劉寶嚴爲亡妻趙二娘造阿含那象 正書 儀鳳二年十月八日石在龍門樂芳窰 河南洛陽
幷州主簿□元墓志銘 正書 儀鳳二年十二月乙八日陶齋藏石記失載 滿洲托活洛氏藏石
河南縣清信女吳阿六爲七代父母造阿彌陁象 正書 儀鳳二年石在龍門賓陽洞 河南洛陽
周廣墓志銘 正書 儀鳳三年正月十四日碑文云周廣有兩妻同時來嬪卒時相距亦不遠壽齡合葬二人同穴同一墓志此誌墓石中之僅見者 滿洲托活洛氏藏石
弟子李惠妻孫爲天皇天后造阿彌陁象 正書 儀鳳三年七月三十日 滿洲托活洛氏藏石
龍門山猗氏縣令高君造阿彌象 正書 儀鳳四年六月八日 河南洛陽
太常主簿高光復等爲兄猗氏縣令造阿彌象 正書 儀鳳四年六月八日石在龍門火燒窰 河南洛陽

弟子趙爲愛兒造阿彌陁象 正書 儀鳳□□□□十五日石在龍門敬善寺 河南洛陽
御史杜秀墓志銘 正書 調露元年十月廿五日 滿洲托活洛氏藏石
王通墓志銘 正書 調元年十一月七日調下原無露字 河南洛陽
綿州昌隆令馬璘及夫人吳氏合葬墓志銘 正書 調露元年十一月廿日 滿洲托活洛氏藏石
胡貞普爲法界父母等造象 正書 調露二年七月十五日石在龍門萬佛洞 河南洛陽
□□□爲眞覺師造象 正書 調露二年七月十五日石在龍門萬佛洞 河南洛陽
比邱尼智境爲七代父母等造象 正書 調露二年石在龍門萬佛洞繆目失載 河南洛陽

陳七娘爲福師隱師造菩薩象 正書 調露二年石在龍門萬佛洞 河南洛陽
佛弟子劉同欣爲亡父母造玉象 正書 調□□年二月十日調□疑是調露二字陶齋藏石記失載 滿洲托活洛氏藏石
比邱尼光相造彌陁象 正書 永隆元年十一月八日石在龍門萬佛洞 河南洛陽
□□桓並二女李造象 正書 永隆元年十一月十四日石在龍門萬佛洞繆目失載 河南洛陽
范初爲父宣議郎獻可造象 正書 永隆元年十一月十九日石在龍門萬佛洞 河南洛陽
韓文則爲父寶仁母□氏造象 正書 永隆元年十一月廿日石在龍門萬佛洞 河南洛陽
嚴陶等造象 正書 永隆元年十二月八日字蹟甚漫漶石在龍門萬佛洞繆目失載 河南洛陽

比邱僧仁藻合門徒道俗等爲本師和上造優塡王象 正書 □□庚辰□□癸酉朔□□日丁亥考永隆元年歲在庚辰字蹟亦唐初爲近繆氏藝風堂金石目列于永隆元年茲從之石在龍門萬佛洞 河南洛陽
清信女□二娘造象 正書 永隆二年正月六日石在龍門萬佛洞 河南洛陽
侯紳照並妻張造象 正書 永隆二年正月十三日石在龍門萬佛洞繆目失載 河南洛陽
弟子侯二娘爲亡考妣造觀世音象 正書 永隆二年正月十五日石在龍門萬佛洞 河南洛陽
處貞爲法界四生造地藏菩薩象 正書 永隆二年二月二日石在龍門萬佛洞孫目有造彌勒象乃永隆元年 河南洛陽
濟度寺比邱尼法燈法師墓志銘 正書 永隆二年三月廿三日此碑與法樂墓志銘年月日同皆特進太子太保瑀之女法燈爲第五女法樂爲長女 陝西長安
許州□□縣比邱尼妙義造阿彌陁象 正書 永隆二年四月乙日石在龍門萬佛洞 河南洛陽

李德眞爲亡女大娘造象 正書 永隆二年四月八日石在龍門萬佛洞 河南洛陽
究竟莊嚴安樂淨土成佛銘記 正書 永隆二年四月廿三日如此豐碑鉅製孫趙羅吳繆五家碑目均失載實所未喻 河南洛陽
張惠哲爲出姊七娘性力造象 正書 永隆二年石在龍門萬佛洞繆目失載出姊二字殊不可解 河南洛陽
崇妙保聖堅牢塔記 林同穎撰僧无逸正書 永隆二年十一月八日 陝西長安
游擊將軍康磨伽墓志銘 正書 永淳元年四月三日字蹟可爲臨池次乘石在開封圖書館 河南祥符
游擊將軍守左淸道率頻陽府果毅康留買墓志銘 正書 永淳元年十月十四日石在開封圖書館 河南祥符
昌平尉李相墓志 正書 永淳元年十一月廿日石藏周肇祥養安家 浙江山陰周氏藏石
饗堂山郭四娘造象 正書 永淳二年九月 直隸磁州

魏州昌樂縣令孫義普墓志銘 正書 文明元年五月廿一日 陝西高陵
承議郎行內侍省宮闈局令騎都尉莫古引爲皇家造阿彌陁等象頌 正書 光宅元年九月三日碑文九行每行約廿一字頌文約居二行在造象中亦可云豐碑鉅製孫趙羅三氏旣未著錄繆錄複羅觚備亦未著錄惜碑文亦無撰書之人名氏不無遺憾石在龍門樂芳窰 河南洛陽
上柱國張貞墓志銘 正書 垂拱元年二月廿一日字蹟惜漫漶太多可見之字亦仍有 滿洲托活洛氏藏石
尼法淨爲現在師僧善知識等造佛菩薩象 正書 垂拱元年十二月石在龍門萬佛洞 河南洛陽
洛州崇陽縣尉李守德爲七代□□父母等造象 正書 垂拱二年四月廿一日石在龍門賓陽洞 河南洛陽
龍豐倫爲七代父母等造象 正書 垂拱二年五月八日石在龍門蓮花洞 河南洛陽
左衛翊衛武騎尉王行威墓志銘 僧上座彥琮撰正書 垂拱二年九月五日石出陝西長安

千佛崖權福莊殘碑象 正書 垂拱二年十一月廿五日 山東歷城劉氏藏石山東諸城
處士陳冲墓志銘 正書 垂拱二年十二月廿八日 河南鞏縣
洛州河南□□□造象 正書 垂拱二年□丑朔石在龍門老龍窩 河南洛陽
白鶴觀碑陰 正書 碑陽垂拱二年 山西長子
邵舉兒娘子盛造象 正書 無年月在垂拱二年五月十五日有□侯爲合家大小造□道象後段石在龍門敬善寺 河南洛陽
定州中山法果寺碑 正書 垂拱三年四月八日 直隸唐縣
佛弟子毋巨海深造彌勒象記 正書 垂拱三年十月卅日 滿洲托活洛氏藏石
沐澗魏夫人祠碑側 篆書北宋題名二段 垂拱四年正月五日孫錄失載 河南河內
秦弘等爲皇太后等造象 正書 垂拱四年三月廿一日石在龍門王祥窰 河南洛陽
彌陁寺太州仙掌縣長從叚沙彌造阿彌象碑 正書 垂拱四年四月八日碑陰

載叚沙彌義堂銘載初元年九月四日已見孫錄 河南鄢陵
彌陁寺造阿彌象碑兩側 正書 河南鄢陵
上柱國張君第五息安安墓志銘 正書 垂拱四年十月廿四日標題以張君第五息爲碑刻之變例 滿洲托活洛氏藏石
安多富造象 正書 永昌元年三月七日石在龍門路邊 河南洛陽
佛弟子姚仁惠及妻王氏爲子鳳兒等造官音象 正書 無年月在永昌元年三月八日市香行社社官安僧達等造象後二行下段 河南洛陽
瀛州東城縣令鄭瞻墓志銘 正書 永昌元年四月十五日石藏周肇祥養安家 浙江山陰周氏藏石
佛弟子皇甫姜仕爲女四娘造阿彌陁象 正書 永昌元年五月七日石在龍門焙牛 河南洛陽
比邱惠寂爲法界衆生等造釋迦象 正書 永昌元年九月十五日石在龍門□□□窰繆目失載

目失載

佛弟子趙則等爲聖母神皇帝等造盧舍那象 正書 永昌元年九月十五日陶齋藏石記失載　河南洛陽

高璽墓志銘 正書 載初元年正月廿二日石在古蹟保存所　滿洲托活洛氏藏石　河南安陽

雍州萬年縣張元福爲患得著造阿彌陁象 正書 載初元年五月二日石在龍門雙窰　河南洛陽

信大弟子□成縣□武□□□□爲父母造象 正書 □□元年字蹟漫漶存字不及十之一石在龍門王祥窰繆目失載　河南洛陽

善士李師廓等修遵善寺千佛堂碑銘 正書 天授元年正月十五日石甚漫漶　河南登封

項城令邢郭墓志銘 正書 天授元十年月廿九日

佛弟子崔廕爲七世父母等造象 正書 天授元年石在龍門始牛溪　河南洛陽

清信弟子李吐蕃爲父母造阿彌等象銘 正書 天授二年二月八日

李吐蕃造象銘碑陰 畫象無題字　滿洲托活洛氏藏石

李吐蕃造象銘碑兩側 正書並有畫象　滿洲托活洛氏藏石

馬元貞等謁孔廟題名 正書 天授二年二月廿三日刊史晨碑陰末　滿洲托活洛氏藏石

張乾朂妻王造阿彌陁象 正書左行 天授二年三月十二日字蹟惡劣石在龍門老龍洞　河南洛陽

願力寺故瞻法師影塔銘 正書 天授二年四月八日　河南安陽

蔡大娘生存日造藥師象 正書 天授二年四月十四日石在龍門雙窰　河南洛陽

李□□造□□象 正書 天授二年四月廿四日石在龍門雙窰繆目失載　河南洛陽

佛弟子杜文璭□□爲聖母皇帝等造藥師流離象記 正書 天授二年五月廿八日　滿洲托活洛氏藏石

杜文璭造象碑陰 正書　滿洲托活洛氏藏石

杜文璭造象碑兩側 正書　滿洲托活洛氏藏石

行司府寺東市署令張君妻田鴈門縣君墓志銘 正書 天授二年六月三日　滿洲托活洛氏藏石

河東縣壽昌鄉孝門杜山威等造觀世音菩薩象銘 正書 天授二年六月七日

王明墓志銘 正書 天授二年九月十八日

文林郎焦松墓志銘 正書 天授二年十月廿四日石在開封圖書館　河南祥符

襄州□城縣執仁方爲一切苦厄造觀音象 正書 天授二年十月字蹟惡劣石在龍門老龍洞　河南洛陽

普樂寺殘碑 正書 天授二年　山東濟寧

朝□郎行文昌□主事王昌□造阿彌陁象 正書 天授□年□月十□日石在龍門王祥窰繆目失載　河南洛陽

申屠寶墓志銘 行書 天授三年臘月十七日

葛正信爲父母造阿彌陁象 正書 天授三年二月石在龍門雙窰繆目失載　河南洛陽

豪梏義縣尉楊行嵛妻王造盧舍那象 正書 天授三年三月五日石在龍門老龍洞　河南洛陽

道士馬玄貞爲皇帝設醮造元始天尊象 正書 如意元年七月十五日

金臺觀主馬元貞五嶽四瀆投龍齋醮記 正書 如意元年□月五日

飛騎尉申屠義墓志銘 正書 如意元年建戌月十八日

騎都尉和錢墓志銘 正書 長壽二年四月二日　滿洲托活洛氏藏石

任智滿爲亡母造彌陁等象 正書 長壽二年四月廿三日石在龍門蓮花洞　河南洛陽

重修唐安寺碑頌 正書 大周癸巳之歲無射月卽長壽二年考武后長壽二年歲次癸巳後周

無癸巳歲

行豳州司馬李承基出家菩薩造象記 正書 長壽三年四月八日後有曹穎叔秀題名四大字較原碑之字大約三倍 陝西潼關

石艾縣石艾鄉楡艾村郝直溫兄弟二人造象記 正書 長壽三年五月八日 山西平定

佛弟子□□□造象記 正書 長壽□年二月十四日字蹟漫漶不易辨識石在龍門波窰繆目失載 河南洛陽

比邱神表比報阿恩等造廿五佛象 正書 證聖元年正月十四日石在龍門變窰 河南洛陽

故弟子解知塲造象 正書 證聖元年三月廿日 滿洲托活洛氏藏石

舥主□端副合邑人等爲皇帝造象 正書 證聖元年四月八日陶齋藏石記失載 滿洲托活洛氏藏石

楊固合村造象銘 韓諫忠撰幷正書 證聖元年七月十五日 直隸任縣

響堂寺尼佛弟子宜媿造象 正書 證聖元年九月十日 直隸磁州

響堂寺清信佛弟子比邱尼二娘造阿彌幷二菩薩象 正書 證聖元年九月十日 直隸磁州

處士馮操墓志銘 正書 天册萬歲二年正月二日

□□□爲三父母造阿彌陁象 正書 萬歲登封元年石在龍門萬佛洞繆目失載 河南洛陽

前滑州參軍鄭令同等爲亡考周忌造象 正書 萬歲通天元年五月十八日石在龍門樂芳窰繆目失載 河南洛陽

左豹韜衛咨調府長史李客師爲七代父母等造阿彌陁象 王文記正書 萬歲通天元年陸月石在龍門老龍窩繆目失載 河南洛陽

常大娘造觀音菩薩象 正書 無年月在萬歲通天元年五月廿三日弟子孔思義爲法界倉生錚 彌勒象六七行下段石在龍門蓮花洞繆目失載 河南洛陽

南響堂山佛弟子黃□道等爲皇王及師僧父母造象 正書 萬歲通天元年拾月貳拾捌日 直隸磁州

處士張信墓志 正書 萬歲通天貳卒貳㊊拾柒㊐石藏周肇祥養安家 浙江山陰周氏藏石

里毅都尉廖州刺史韋敬辨智城碑銘 韋敬一製正書 萬歲通天貳年肆月柒日 廣西上林

沓冥君銘 辭稷撰幷正書 神功元年拾月一日 浙江鄞縣萬氏藏石

續補寰宇訪碑録卷十一

廬江劉聲木十枝撰

唐

洛州河陽縣佛弟子馬神貴爲父母等造阿彌陁象　正書　聖歷二年正月貳拾叁日石在龍門雙窰　河南洛陽

周素墓志銘　正書　聖歷二年三月十七日陶齋藏石記失載　滿洲托活洛氏藏石

弟子裴大娘願舍平造仏象　正書　聖歷二年五月三日石在龍門敬善寺　河南洛陽

昇仙太子碑側　正書宋人題名　聖歷二年六月　河南偃師

□□□殘墓志　薛稷撰并正書　無年月錢唐吳頴甫得於嶺南移贈僧六舟達受已琢爲硯文存二十六字四行首行五字餘三行行七字中有横直格文云薛稷書并撰運用於玄宗故神窔靈化及翠倫并立行立功播流於云云

般若波羅蜜多心經　皇甫亭正書　久視元年八月廿一日石在龍門蓮花洞繆目失載　河南洛陽

右衛從善府校尉劉公綽墓志銘　正書　久視元年十一月八日

上騎都尉李買墓志銘　正書　久視元年十一月八日陶齋藏石記失載　滿洲托活洛氏藏石

馮名墓志銘　正書　久視元年達亥三月壬申之辰陶齋藏石記失載　滿洲托活洛氏藏石

岱岳觀行博城縣令馬友鹿陪勅使麻先生祭岳五言詩　正書　無年月按麻先生即麻慈力祭岳在久視二年正月二日在第一石側上截　山東泰安

□州郡□□兵曹田□惠造象　正書　大足元年石在龍門雷鼓台繆目失載　河南洛陽

首山舍利塔碑陰六絶記　韋元晨撰正書　長安二年壬寅月　山西永濟

朝□郎司馬論墓志銘　正書　長安二年正月廿八日　河南河陰

滏陽縣郭義卿等造阿彌陁象　正書　長安二年二月十四日　直隸磁州

龍思忠爲亡妻造象　正書　長安二年七月十五日字蹟惡劣石在龍門老龍洞□思忠繆錄作龍思忠實未的確姑仍之　河南洛陽

高文妻董氏造彌陁象　正書　長安二年九𠥱日石在龍門蓮花洞繆目失載　河南洛陽

發心主上柱國李弼徽爲亡考見存妣造象　正書　無年月[illegible]在長安二年

處士張嘉墓志銘　正書　長安三年二𠥱十七𡆠　滿洲托活洛氏藏石

水衡監都尉宋越客妻鹿三娘爲鑿神皇帝造象　正書　長安三年臘月廿𡆠字蹟惡劣石在龍門老龍洞　河南洛陽

□佛慈恩造象殘字　正書　長安三年十二月十二月石在龍門路邊　河南洛陽

龍門山惠景寺尼智明等造石象　正書　長安四年二月十五日　河南洛陽

佛弟子喬書昌爲七世父母造釋迦象　正書　長安四年二月廿四日石在龍門老君洞　河南洛陽

繐阿殘字　正書　無年月在長安四年二月廿四日佛弟子陳暉爲七世又造象前一行石在龍門老君洞繆目失載　河南洛陽

□二娘造象　正書　無年月在長安四年二月廿七日韓寄生造象右段上截石在龍門老君洞繆目失載　河南洛陽

響堂山李子翕及諸主等造象　正書　長安四年三月九日　直隸磁州

陪戎校尉王弘楷爲七世父母等造阿彌陁象　正書　長安四年三月三十日石在龍門路邊　河南洛陽

前始州梓潼縣丞梁的之造石龕象　正書　長安四年七月廿九日石在龍門路邊　河南洛陽

南響堂山佛弟子趙田錫爲母親□娘造象　正書　長安四年九月一日　直隸磁州

□□□造象　正書　長安四年十二月廿二日字蹟惡劣且多漫漶只有頭二字爲余以尾二字元十而巳石在龍門老龍洞繆錄失載　河南洛陽

霍三娘爲癩患得著造業道象　正書　□□□□七𠥱十五𡆠字蹟惡劣石在龍門老龍洞　河南洛陽

比邱□□爲忘兄鹿德等造盧舍郍佛象　正書　□□□□□□八日陶齋藏石

記考爲武后時所造　滿洲托活洛氏藏石

佛弟子里可萊妻王爲亡子平安造佛象　正書　□□□□□四月八日中有武后制字石在龍門路邊繆目失載　河南洛陽

佛弟子吳冲克造象　正書　無年月字蹟惡劣與裴素卍同一石石在龍門老龍洞　河南洛陽

太州鄭縣王思業爲太后皇帝等造藥師等象　正書　無年月后字爲武后制字石在龍門雙窰　河南洛陽

弟子甘大娘爲二親等造觀音菩薩等象　正書　無年月碑文中有埊字爲武后制字石在龍門雙窰　河南洛陽

佛弟子普光爲驢造埊藏菩薩象　正書　無年月埊字爲武后制字爲驢造象造象中罕見石在龍門雙窰繆目失載　河南洛陽

普光師造埊藏菩薩象　正書　無年月碑文中有埊字爲武后制字石在龍門雙窰　河南洛陽

廣慈禪院殘碑　正書　無年月碑文首行有大周二字存字十二行約六十餘字　河南洛陽

大方廣佛花嚴經　正書　無年月卷第卌七之下末行下截有佛弟子許智通妻宋十娘許五娘□女許三娘等字中有武后制字

頹力寺神贍法師影塔銘　正字　無年月中有武后制字後有塔頌四行字蹟較大

□□□造彌陁象　正書　無年月首行下字凡六行二行以下均二字中有埊藏二字地作埊當在武后時

淸信女賈爲亡夫造七佛並埊藏菩薩象　正書　無年月埊乃武后制字石在龍門路邊繆目失載　河南洛陽

佛付摩訶迦葉第一至次付師子比邱第廿五　正書　無年月中有武后製字因不知綵名細列目錄于后　河南洛陽

佛付摩訶迦葉第一

次付阿難比邱第二

郮和比邱第

次付優波　第五

次付提多　第六

次付彌　迦比邱第七　第七

次付佛陁難　比邱第八

次付佛陁蜜多比邱第九

次付脇比邱第十

次付富那奢比邱第十一

次付馬鳴菩薩第十二

次付毗羅比邱第十三

次付龍樹菩薩第十四

次付迦那提婆菩薩第十五

次付羅侯羅　第十六

次付僧伽難提比邱第十七

次付僧伽耶舍比邱第十八

次付鳩摩羅馱比邱第十九

次付闍夜多比邱第廿　中有武后制㊣字

次付婆脩槃陁第廿一

次付摩奴羅比邱第廿二

次付夜奢比邱第廿三

次付鶴勒那夜奢比邱第廿四

次付師子比邱第廿五

公士安令節墓志銘 鄭休文撰石抱璧正書 神龍元年三月五日 滿洲托活洛氏藏石

岱岳觀道士阮孝波等齋醮投龍并造元眞萬福天尊象記 劉秀良正書 神龍元年三月廿八日第一石陰三段前截 山東泰安

劉四思爲亡妻阿玉造彌陁象 正書 神龍元年六月十九日 滿洲托活洛氏藏石

用筆賦狄仁傑題記 正書 神龍元年六月在原碑末

南響堂山佛弟子天敬村李義節爲亡男德潤造彌陁象 正書 神龍元年八月日 直隸磁州

旌主義門郭楚璧女十娘爲繼母唐亡過發造象 正書 神龍元年十月廿八日

處士康悊墓志銘 正書 神龍元年十一月廿六日石在古蹟保存所 河南洛陽

佛弟子馮神鼎等爲亡考妣等造象銘 正書 神龍二年二月八日

馮神鼎等造象碑側 正書

弟子辛六娘爲兄□等造菩薩象 正書 神龍二年三月八日石在龍門火燒窰

河南洛陽

門下省行尚書省文刻石 正書 神龍二年四月六日按此卽當時制後銜名初藏大興劉子重家 滿洲托活洛氏藏石

安國相王旦奉制刻石記 鍾紹京正書 神龍貳年捌月貳拾柒日在昇仙太子碑陰 河南偃師

高思曾爲己身平安造阿彌陁象 正書 神龍三年二月廿□日石在龍門始牛溪繆目失載 河南洛陽

中興三藏聖教序 中宗御製唐奉一八分書 神龍三年五月原碑已斷爲七見孫録此全文本明人重摹刻石仍在四禪寺中 山東長清

滎陽縣令盧正道淸德碑陰 正書 碑陽神龍三年五月 河南滎陽

盧正道淸德碑側 正書 河南滎陽

尼恩恩爲七世父母造業道象 正書左行 神龍三年七月十四日石在龍門路邊

侍郎□□□捐爲功德記 正書 神龍□年文字漫漶 河南洛陽

高宗聖德頌 正書 無年月石缺上下截并前後段原周豐碑鉅製碑文云曰 聖唐之馭天又云皇大帝 廟曰 高宗顧以康廬謬承 乾陵又云聖德逾隆百行咸該云云碑中無武后製字應在高宗崩後中宗卽位初年所立 陝西長安

佛弟子王廷喜造石功德象 正書 景龍二年正月廿九日石在龍門路邊繆目失載 河南洛陽

鼓山傳大娘造觀世音菩薩象 正書 景龍二年三月二日 直隸磁州

蒲州人張延暉爲亡母呂造觀世音菩薩象 正書 景二七月景二當是景龍或景雲省文體例金石中恆有字蹟確似唐初人石在龍門老龍窩繆目失載 河南洛陽

石象銘 正書 景龍二年八月十□日

弟子□之至造石功德象 正書 景龍二年九月廿一日石在龍門路邊 河南洛陽

□見造佛象 正書 □龍三年四月十九日景龍有三年當爲景龍無疑石在龍門老龍窩繆目失載 河南洛陽

楊務勤爲亡過母造彌勒象 正書 景龍三年八月廿四日陶齋藏石記失載 滿洲托活洛氏藏石

騎尉申屠行墓志銘 行書 景龍三年十二月二日陶齋藏石記失載 滿洲托活洛氏藏石

靈泉寺元林禪師碑 源撰正書 景龍三年

嚮堂山弟子吳四娘爲父母造地藏菩薩等象 正書 景龍四年二月十日 直隸磁州

淸信女□六娘爲人家平安造救苦觀音菩薩象 正書 景龍四年三月廿八日石在龍門始牛溪繆目失載 河南洛陽

政仁王睢臧爲父母師僧天王地王仁王等造象 正書 景龍四年三月石在龍門樂芳窰繆目失載 河南洛陽

徂徠山李氏□娘造象 正書左行摩崖 景□□□在般若波羅蜜經第　行故字下段小字磨泐拓手多失 山東泰安

徂徠山□知誨造象 正書摩崖 景龍□□在般若波羅蜜經第　行菩字第　行入字二字中間下段小字磨泐拓手多失 山東泰安

帝后九忌日恆州刺史蕭議等造玉石象 正書 無年月忌日至中宗孝和皇帝爲止

趙國公殘碑 正書 無年月凡七行額有趙國公三字碑文中有中宗晏駕椒宮結黨謬纂朝□之語 四川

波斯國酋長金城郡開國公阿羅憾丘銘 正書 景雲元年四月一日國王墓志曰丘銘碑版中罕見 滿洲托活洛氏藏石

相州成安縣霍行泰浮圖銘 正書 太極元年二月十五日

南響堂山佛弟子張法好造彌勒象 正書左行 太極元年二月十九日 直隸磁州

處士王天墓志銘 行書 太極元年三月甲申 滿洲托活洛氏藏石

鼓山佛弟子蕭□直妻郭仵娘造觀世音象 正書 先天元年四月四日 直隸磁州

響堂山佛弟子范□年造象 正書 先天元年七月廿七日 直隸磁州

響堂山佛弟子□□□妻郭仵娘造□□觀世音菩薩象 正書 先天二年四月四日 直隸磁州

南響堂山佛弟子□四爲妻邢八娘造象 正書 先天二年四月卅日

南響堂山佛弟子□□爲□□造佛象 正書 先天二年四月卅日 直隸磁州

張品妻裴造象 正書 先天二年五月日石在龍門蓮花洞 河南洛陽

孝堂山石寶□□題字 八分書 先天二年十一月廿五日 山東肥城

道士楊太希爲皇帝設醮造元始天尊象銘 正書 先天二年十一月二十日

辛酉六月等殘字 正書 □□□□六月十四日在先天二年五月日張品妻裴造象下段及左旁石在龍門蓮花洞 河南洛陽

比邱尼愳愳爲亡考忌日造地藏菩薩象 正書左行 □□□□□月七日石在龍門路邊 河南洛陽

尼愳愳爲亡妣忌日造地藏菩薩象 正書左行 □□□□七月廿日石在龍門路邊 河南洛陽

雍州□□縣□田爲七代父母等造阿彌陁等象 正書 無年月字蹟惡劣漫漶石在龍門老龍洞開元元年十二月改雍州爲京兆府凡稱雍州當在此前 河南洛陽

雍州司士男造象 正書 無年月字蹟確似唐初時人雍州改京兆府在開元元年十二月此當在前石在龍門雷鼓台繆目失載 河南洛陽

雍州登□府校尉汪識爲七代父母造象 正書 無年月字蹟確似唐初人石在龍門賓陽洞繆目云開元元年十二月改雍州爲京兆府凡稱雍州刻石皆列于開元元年後所列十刻獨無此種未知何故 河南洛陽

佛弟子□□□造象 正書 開元元年四月十八日

□□□造地藏菩薩象 正書 開元二年四月一十五日石在龍門雷鼓台繆目失載 河南洛陽

□度寺侯莫陳大師壽塔銘文 崔寬撰王玄貞正書 開元二年六月十日碑文中稱書手王玄貞石在香泉寺內碑文云大師姓侯莫陳諱琰之云云以三姓爲一姓世間少見 河南汲縣

右衛中郎將同安郡開國公鄭元果墓志銘 正書 開元二年十二月廿九日石出長安 滿洲托活洛氏藏石

□宮記 賀知章撰正書 開元二年

少林寺戒壇銘 僧義淨撰李邕行書 開元三年正月十五日原石已佚趙氏所刻乃後人重摹本予家藏有原石拓本故踵孫氏等之例入錄 安徽廬江劉氏拓本

弟子安二娘爲身造救苦觀世音菩薩象 正書 開元三年三月十六日石在龍門雙窰繆目失載 河南洛陽

弟子杜十四娘爲身患得著造救苦觀世音菩薩象　正書　開元三年三月十六日與安二娘造象同一石石在龍門雙窰繆目失載　河南洛陽

比邱僧眞性爲父母等造阿彌陁象　正書　開元三年九月八日字蹟惡劣石在龍門老龍洞　河南洛陽

陝州先聖廟堂碑文　田義晊撰幷八分書　開元四年五月壹日四面環刻　河南陝州

先聖廟堂碑陰　八分書　河南陝州

先聖廟堂碑兩側　八分書　河南陝州

響堂山西國胡僧于闐三藏弟子實際寺僧承慶造象　正書　開元五年二月二十二日　直隸磁州

□□□母造地藏菩薩象　正書　無年月在開元五年三月弟子張敬琮母王婆造天尊象下段石在龍門雙窰　河南洛陽

清信女弟子張猫造五給浮圖象　正書　開元六年八月八日　江蘇海州

廣府兵曹賈黃中墓志銘　正書　開元六年十月廿四日　滿洲托活洛氏藏石

儀州遼城府左果毅劉元超墓志銘　正書　開元六年十一月十九日石在開封圖書館　河南祥符

李神琉功德廟碑　正書　開元七年二月六日　滿洲托活洛氏藏石

李神琉碑兩側　正書薛洪瓚妻李大娘等題名　滿洲托活洛氏藏石

衛州新鄉縣臨清驛長孫氏石像碑銘　正書　開元七年四月八日　河南新鄉

本願寺金剛般若石經贊　正書　開元七年四月八日在金剛經碑陰碑文三截刻　直隸獲鹿

左威衛洛汭府兵曹參軍呂文倩墓志銘　正書妻程氏立　開元七年六月十八日碑文中無卒葬年月及妻氏子女碑末一行文云開元七年歲次己未六月十八日癸酉妻程氏立云云他碑罕見意碑文卽程氏所撰因無子女故卽以妻程氏出名　滿洲托活洛氏藏石

張氏鄭夫人墓志　正書　開元七年十月七日　滿洲托活洛氏藏石

陶意志銘　正書　開元八年十月十八日

賈明墓志銘　正書　開元九年四月八日

本願寺佛頂尊勝陁羅尼經幢頌　正書唐從建　開元九年碑文三截上截經中截佛象頌在下截中段首面有爲國敬造佛頂尊勝陁羅尼幢十二字三行行四字　直隸獲鹿

蘇州常婁縣令孝子郭思謨墓志銘　正書　開元九年十一月十七日

薛宏讓爲身患造觀世音象　正書　開元十年正月

碑棲寺樊維卽等造象頌　正書　開元十年九月廿二日　河南登封

鼓山薛□讓爲身患造觀世音象　正書　開元十年□月　直隸磁州

盧舍那象龕記　郗仲容記正書左行　開元十年十二月十二日在龍花寺改奉先寺牒後段　河南洛陽

封禪朝覲壇頌　李安期撰行書摩崖　開元□年□月□日皆宗金石文字記云已佚金石文字記云明閩人林焯書忠孝節義四大字加刻其上頌文去其大半後勒御製詩原文盡爲磨去個本凡廿一行存字約五百有餘皆在廉字字旁及字中尚是未刻御製時所拓　河南登封

雍□張墓志銘　正書　開元十一年四月廿六日陶齋藏石記失載　滿洲托活洛氏藏石

御史臺精舍碑額監察御史鄭權等題名　正書　開元十一年　陝西長安

御史臺精舍碑額陰知雜侍御史孫景商等題名　正書　陝西長安

右金吾衛翊衛宋運夫人王氏墓志銘　正書　開元十二年五月十四日　滿洲托活洛氏藏石

吳善墓志銘　正書　開元十二年十一月廿六日　滿洲托活洛氏藏石

□□將軍京兆府宿衛折衝尹伏生塔銘　正書男孝忠建　開元十三年四月廿六日　滿洲托活洛氏藏石

光業寺碑陰韋延祚等題名　行書　無年月碑陽開元十三年六月二日　直隸隆平

光業寺碑兩側王難陀等題名　行書　無年月　直隸隆平

華岳廟觀察推官劉繼元等題名　正書　開元十三年六月九日在告秦華府君廟文碑額　陝西華陰

釋迦寺西聖容氵□碑陰佛說般若波羅蜜多心經 正書 無年月碑陽開元十四年三月廿八日　河南長葛
贈博州刺史鄭進思墓志 正書 開元十四年□□月廿八日　河南河陰
孔子顏子贊殘碑 容宗御製正書 開元十五年五月贊全下截缺　山東曲阜
孔子顏子贊殘碑陰 行書　山東曲阜
恆山祠碑陰 正書并行書唐宋題名 開十五年八月　直隸曲陽
北岳廟進士韋維侍奉勑冬處分題名 正書左行 無年月在恆山祠碑下截後段　直隸曲陽
鶴嚴墓志銘 正書 開元十五年十月廿八日陶齋藏石記失載　滿洲托活洛氏藏石
卜素墓志銘 正書 開元十六年三月十三日石藏姚貴昉家其女湘雲女史拓本　直隸天津姚氏藏石
開元寺佛說六門陁羅尼經幢 正書楊淡造 開元十六年十一月八日在碑首文七行　陝西隴州

佛頂尊勝陁羅尼經幢 僧去明爲皇帝等造張承福述崔慧琮正書三面刻 開元十六年十二月十五日碑文中稱書手崔榮石在香泉寺內　河南汲縣
處士范洺及夫人王氏墓志銘 行書 開元十六年十二月廿九日
處士宋感甘夫人墓志銘 正書 開元十七年九月十九日石在古蹟保存所
陳州太康縣柱國子軒轅廷盈爲亡妻孔十二娘造彌陁象 正書 開元十七年九月廿四日光緒三十四年二月徐固卿紹楨于江寧省城西國子橋寓居後圃掘出此石造象北多南少此獨南中出土與他種南造象字蹟亦相同　河南安陽
王范村興隆寺佛頂尊勝陁羅尼經幢 正書無年月篆書 閏元十八年正月拾五日開元原作閏元　滿洲托活洛氏藏石
青城山行太常少卿韋滔等投龍璧記 正書 開元十八年六月七日　河南河內　四川灌縣

岳麓寺碑 李邕文并行書 開元十八年九月十一日光緒二年閏端午新建勒方錡以吳雲藏宋拓本重摹刻　河南河陰
陪戎尉孟頭墓志銘 正書 開元十八年十月廿八日　滿洲托活洛氏藏石
劉嗣仙等造石浮圖記 蔺休祥撰并正書 開元十九年二月廿日　滿洲托活洛氏藏石
劉嗣仙碑陰 正書　滿洲托活洛氏藏石
劉嗣仙碑側 正書　滿洲托活洛氏藏石
佛弟子比丘如來造觀世音菩薩象 正書 開元十□年五月八日陶齋藏石記失載　滿洲托活洛氏藏石
京兆府斯興縣通靈寺碑銘 沈宇撰并書 開元十□□　陝西長安
居士孫節塔志銘 正書 開元廿年正月廿九日光緒年江都縣出土後歸嚴小舫觀察信厚家　浙江鄞縣嚴氏藏石
闕特勤碑銘 元宗御製并八分書御製及年月日正書 開元廿年七月七日在三音諾顏部之哲里　蒙古三音諾顏
菀西面副監孝子房惠琳墓志銘 正書 開元廿一年三月十二日

龍門西巖內道場供奉尼惠燈和和石龕銘 宗正撰正書 開元廿三年正月十一日鐫書 据碑文云字蹟卽鐫者所書据古錄藝風堂金石目均失載　河南洛陽
東萬西萬北萬三村父老一十二人等造佛頂尊勝陁羅尼經幢 正書 開元廿三年二月八日
董靜志合家等造象記 正書 開元廿三年七月卅日碑文原作唐開廿三年　滿洲托活洛氏藏石
趙壽墓志銘 正書 開元二十三年閏十一月三日字蹟漫漶　滿洲托活洛氏藏石
梁義方墓志銘 正書 開元廿三年閏十一月三日陶齋藏石記失載　滿洲托活洛氏藏石
秦望山法華寺碑銘 李邕撰并行書 開元廿三年十二月八日何子貞太史紹基藏宋拓本　湖南道州何氏藏石
秦望山法華寺碑銘 李邕撰并行書 開元廿三年十二月八日何紹基据宋拓本重刻石于濼源書院　山東歷城

令長新誡　元宗御製王良輔正書　開元廿四年二月七日舊在州署大堂東北隅壁間向無知之者光緒十年二月七日權知州事山左周銘旂搜獲得之采入志乘後有周氏題記正書光緒十三年閏四月知乾州事德清徐數翰嵌置靜樂軒東壁有徐氏題記正書　陝西乾州

大智禪師碑陰　八分書幷正行書　碑陽開元廿四年九月十八日　陝西長安

飛白碑　飛白書凡廿二字　開元廿四年九月日

邵眞及馬夫人墓志　孤子漣懷造正書　開元廿四年十月廿六日陶齋藏石記云書不成字言不成文蓋全不識丁人所爲云云良爲確論　滿洲托活洛氏藏石

侍中兼吏部尚書裴光庭碑陰　元宗賜張九齡敕行書　碑陽開元廿四年十一月　山西聞喜

西岐元貞余時□南五娘造救苦觀音菩薩象　正書　開元廿五年四月廿二日　安徽寧江劉氏藏石

京兆府好畤縣尉裴夫人元氏權殯墓銘　正書　開元廿六年九月十一日　滿洲托活洛氏藏石

元宗御註道德經碑陰　正書八面刻　開元廿六年十月八日　直隸易州

御註道德經碑兩側　正書　直隸易州

宋祖堪墓志　正書　開元廿六年十二月朔日碑文適爲銘曰後並無銘文僅刻年月日實墓志所創見石在古蹟保存所　河南安陽

佛頂尊勝陁羅尼經幢　正書　開元廿七年六月七日碑文有幢主仏弟子□□□等字

佛頂尊勝陁羅尼經幢兩側　正書並畫象　河南汲縣

檢校尚書比部員外郎崔元隱墓志銘　正書　開元廿七年十月廿六日石出河南濬縣　滿洲托活洛氏藏石

銀青光祿大夫王行果殘碑　八分書　無年月前行云銀青光祿大夫云云凡七行行字長短不等陶齋藏石記列于開元廿七年後　滿洲托活洛氏藏石

□□□北峯塔院銘　寺主文器書正書　開元廿八年碑文云詳夫甲子蓋一百廿一載焉云云自武德元年至開元廿八年適符碑文之數

尚書省郎官石記序　陳九言撰張旭正書　開元廿九年十月二日原石久佚此後人重摹本　陝西長安

潤州曲阿縣雲陽觀監齋桓尊師碑陰　行書　碑陽開元廿九年十月廿二日　江蘇丹徒

邵咸墓志銘　正書　□□□年十一月廿七日此墓志磚文出角直鎮附開元末　江蘇嘉定瞿氏藏石

續補寰宇訪碑錄卷十二

盧江劉聲木十枝撰

唐

雲麾將軍遼西郡開國公李秀殘碑 李邕文并行書 天寶元載正月朔日嘉慶四年秋翁方綱摹 宋拓殘本知宛平縣事武進胡遜重勒于古墨齋　直隸宛平

雲麾將軍遼西郡開國公李秀殘碑 天寶元載正月朔日嘉慶十年夏翁方綱手摹本毗陵胡遜校勒凡五石

陳令望造般若波羅蜜多心經碑 正書 天寶元年四月八日　滿洲托活洛氏藏石

多心經碑陰 正書金人劉天甫妻張氏等 佛題名　滿洲托活洛氏藏石

多心經碑兩側 正書遼人賈得妻史氏等題名　滿洲托活洛氏藏石

李元福妻鞏爲身瘱造阿彌佗象 書名人宋景濬正書 天寶元年十月二日碑末列書名人名氏兼及其妻一心供養亦造象中罕見　滿洲托活洛氏藏石

元宗賜張九齡撰裴光庭碑敕 行書 天寶元年在裴光庭碑陰　山西聞喜

元宗賜張九齡命撰裴光庭神道碑敕 行書 天寶元年刻于裴光庭碑陰　山西聞喜

貞元先生張探元尊師遺烈碑銘 蔡瑋撰韓賓正書 天寶二年六月三日　河南濟源

空寂寺大福和上碑銘 陸海撰沙門惟嵩行書 天寶二年八月十八日

楊瓚造浮圖頌 正書 天寶二年八月

五品孫陳周子墓志銘 正書父齊卿述 天寶二年十一月十四日　滿洲托活洛氏藏石

佛說無垢淨光大陁羅尼神呪 正書 天寶三載二月十五日在佛頂尊勝陁羅尼呪碑文 後截前截已見羅錄　陝西長安

汝南郡袁君墓志頌 正書 天寶三載二月廿六日　河南

嵩陽觀碑陰 正書宋人題名 天寶三載二月　山東登封

思印承薛文照墓志銘 正書 天寶三年三月朔日

上柱國司馬元禮墓志銘 鄭若茨撰李鈞正書 天寶四載八月十七日　河南洛陽

元宗御註孝經打本國子祭酒李齊古上表 正書 天寶四載九月一日在碑末面　陝西長安

後截上首段

元宗覽孝經親註打本批答 行書 在碑末面後截上段後段　陝西長安

石臺孝經特進行尚書左僕射晉國公李林甫等題名 正書 在碑末面下截　陝西長安

後段

石臺孝經碑陰 八分書碑本四面刻成碑側孫氏失載　陝西長安

石臺孝經碑兩側 八分書　陝西長安

周□□墓志銘 正書 天寶四載十一月廿日

處士陪戎副尉雷詢墓志銘 正書 天寶五載六月五日　陝西長安

振威副尉左金吾衛成君墓志銘 正書 天寶六載十月廿八日　陝西長安

寧遠將軍守左衛率府中郎嗣曹王李戢墓志銘 李庭堅撰駱從愆正書 天寶六載十二月廿日

大慈禪師墓志銘 正書 天寶七載十一月甲申陶齋藏石記失載　浙江上虞羅氏藏石

冠軍大將軍薛義墓志銘 正書 天寶八載七月廿八日　滿洲托活洛氏藏石

裴公夫人韋氏墓志銘 正書 天寶九載十月六日　滿洲托活洛氏藏石

李宜墓志銘 徐成撰正書 天寶九載十一月十七日李宜陶齋藏石記作李系系其字也　滿洲托活洛氏藏石

陪戎副尉崔虔延墓志銘 正書 天寶十載二月廿二日陶齋藏石記失載　滿洲托活洛氏藏石

監察御史李諶夫人崔氏墓志銘 正書 天寶十載十二月十一日　滿洲托活洛氏藏石

夫子廟堂記 程浩撰顏眞卿正書 天寶十一載四月廿二日此碑原文止二百四十六字前後題署六十八字陝西華州一石文同年月日同石已殘缺僅存七十一字大歷二年扶風刊石乃後人增益之本文幾三百字孫氏已錄　山西陽曲

夫子廟堂記殘碑 程浩撰顏眞卿正書 天寶十一載四月廿二日止存七十一字殘石右截首行文云少華探花王氏家藏云云止辭諸家未見著錄　陝西華州王氏藏石

多寶塔碑陰 行書 碑陽天寶十一載四月廿二日陰刻貞元廿一年楚金禪師碑　陝西長安

多寶塔碑兩側　正書幷行書金人題名幷詩　陝西長安

感恐文　王晉等造正書　天寶十一載六月

救尊菩薩晉長子英等題名　正書　無年月在佛象左右天寶十一載六月後　滿洲托活洛氏藏石

王晉等爲亡過父母造當來下生彌勒佛象　正書　無年月在天寶十一載六月後　滿洲托活洛氏藏石

王晉爲亡過曾父母造西方極樂世界阿彌陁佛象　正書　無年月在天寶十一載六月後　滿洲托活洛氏藏石

守歸德郡太守耆國公李時用德政記　王晉造正書　無年月在天寶十一載六月後　滿洲托活洛氏藏石

王晉爲亡過祖父母造千百億化身釋迦牟尼佛象　正書　無年月在天寶十一載六月後　滿洲托活洛氏藏石

蜜多心經石塔幢幷記　正書趙圓智等造　天寶十一載七月十五日　直隸元氏

開化寺石鐙臺頌幢碑陰　正書　天寶十一載七月十五日幢本八面刻成　直隸元氏

石鐙臺頌碑兩側　正書　山東益都

雲門山依智□爲亡父母造芝光象　正書　天寶十二載二月　河南登封

永泰寺佛頂尊勝陁羅尼經幢　正書張崇恳妻彭城劉等建　天寶十二載六月三日

棲巖寺智通禪師塔銘　沙門復珪撰行書　天寶十三載六月三日

淸信士羅壬賓爲男遷喬癘患造釋迦牟尼佛象贊　羅遷喬正書　天寶十三載六月十九日　浙江山陰周氏藏石

安鄉郡長史黃撝公夫人劉氏龕銘　少弟庭玠述正書玠　天寶十三載八月十日　河南洛陽

定州都尉知隊使崔克讓墓志銘　正書　天寶十四載二月十六日字蹟大如豆　滿洲托活洛氏藏石

劉智合葬墓志銘　張璉文正書　天寶十五載五月十九日陶齋藏石記失載　滿洲托活洛氏藏石

杜甫望岱五言古詩　草書　無年月

左武衛中郎將石暎墓誌銘　朱仲武撰幷行書　無年月中有歲次甲子四月庚午等字　陝西長安

佛勅梵文唵字　元宗御書　無年月正大元年中元日祖昕立石在後截上段　河南登封

蜀王西閣祭酒蕭勝墓志　甓熙臺熙春藏石

比邱尼靜化等造彌勒並菩薩象記　正書　天□□□當在天寶時

魏國夫人張氏墓志　西安出土

隴西郡李府君墓志銘　陳諗撰並正書　□□□□八月十一日字蹟漫漶陶齋藏石記失載　滿洲托活洛氏藏石

雲麾將軍高平郡王□㠋墓志銘　從弟郁撰行書　天寶末石已中斷佚其下截復又中裂爲前後二截　陝西咸寧

龍門山阿彌陁象文末吳進題名　正書　庚申年四月七日不著時代在碑文末一行下截　河南洛陽

溫泉頌碑側　眞淨子題名　行書　無年月　陝西臨潼

淨住寺釋迦文賢刼像銘　八分書　無年月只存上半截每行約存十九字凡廿行

文賦外兄別墅殘詩刻　正書　無年月

淸信女樂爲男造象　正書　無年月字蹟惡劣石在龍門老龍洞　河南洛陽

象主王元亮被蠱魅得老膌象　正書　無年月

象主陶而建爲亡□造象　正書　無年月

朱孝行等殘題名　正書　無年月

范公忠智碑畫象佛經重刊後記　正書　無年月在下截後段文字四行

范公忠智碑畫象佛經重刊讚　正書　無年月在下截後段文字四行下截後段下有共六件三大字

方山寺寶幢贊　胡季良幷八分書　無年月在經幢末截下段　浙江長興

鶴鳴山開元殘碑　正書　無年月第四行有開元廿三字字蹟可見者二十三行行一[illegible]字不

王文邕四面造象 正書 無年月 等碑額畫象仍在蓋碑文爲治平四年張蕭等乾道五年趙守中等辛卯梁榮叔等丁未于奧等因欲題名故將唐碑原文磨去加刻其上碑文原有之上一二三字因其無用故未磨去玩碑文一二三字可見張蕭等題名上截亦有數行字未磨淨每行亦三四字不等 四川劍州

王文邕造象碑陰

王文邕造象碑兩側 正書

開元寺石柱梁州盤和縣上輕車都尉米山德等題名 行書 無年月 直隸正定

居士趙棕墓志銘 申昕述正書 無年月後半全泐 滿洲托活洛氏藏石

劉夫人侯氏墓志銘 正書 壬申歲 滿洲托活洛氏藏石

西金城村創修功德院記 正書 庚戌年□□□□六月庚寅日 河南河內

趙毓芝等坐石題名並銘 銘李昇撰行書題名正書 無年月

胡承德并合家眷屬造下生彌勒佛親近三身象 八分書 無年月

感石浮圖贊 正書 無年月

佛弟子□□田叔澄造象 正書 無年月

木息吸妻郭爲天王王后造象 正書 無年月

郡上佐郭□□等題名 正書 己丑年寒食後一日

褐客辯端等題名 正書 無年月

女弟賢妃向氏十五娘爲自身祈福題字 正書 無年月

象主核師上騎都尉劉君操供養題名 正書 無年月

夫人余氏十三娘各爲自身祈福題字 正書 無年月

龍門山太常主董光復等造阿彌陁象 正書 無年月 河南洛陽

定州刺史段公祈嶽降雨頌 宋貢珈撰行書 無年月中云甲戌歲之又明年則歲次丙子

淨土寺僧法師石龕彌勒象贊 正書 無年月

唐興殿記殘碑 正書 無年月僅存上截在安亭鎮 江蘇嘉定

度支郎中李□□殘墓志 正書 無年月凡十一行

四望山記 元晦撰八分書左行 無年月 廣西臨桂

五佛洞石壁乢落等殘字 正書 無年月在□□大夫李□□等題名末二行之縫中藝風堂金石目失載 河南洛陽

石香爐佛偈 正書陽文首文云諸法因緣生云云凡四行行五字 無年月

沙彌尼勤策淸貞塔銘 沙門季良撰篆正書 無年月石闕左方上闕下窄 滿洲托活洛氏藏石

使持節韶州諸軍事守韶州刺史陳讜墓志銘 黃棨撰正書 無年月中有故相國裴公持節制襄川云云又云國家用兵有執政者務足國力足下註云去聲二小字墓志自加音註于下碑版中罕見 福建侯官

首山舍利塔碑陰歲隱登栖巖寺五言詩 張修憲撰正書 無年月 山西永濟

中山道院買地殘券 正書 無年月 滿洲托活洛氏藏石

首山舍利塔碑陰五言過栖巖寺詩 姚元崇撰正書 無年月 山西永濟

首山舍利塔碑陰五言詩 章元旦撰正書 無年月 山西永濟

范陽縣丞吉逾等題雲居上寺唱和詩 行書 無年月在山頂石浮圖後記下截 直隸房山

正議大夫□□□殘神道碑 僞子長撰文八分書 無年月石存前截下段一塊凡十二行碑文中有和羹鹽梅之語必當時高位之人

并州都督左領事將軍□□□殘神道碑 行書 歲次景辰六月十五日石存後截下段一塊凡十五行

太常寺協律郎李頊墓志銘 舒擇撰正書 □□□九月廿八日碑中原無紀元 江蘇甘泉

上騎都尉行永康令杜君夫人朱氏墓志銘 正書 □□□□十一月廿五日碑中原無紀元 滿洲托活洛氏藏石

范公忠智碑□□靈驗佛頂尊勝陁羅尼咒 正書 無年月在下截前段

范公忠智碑畫象佛經重刊後記 正書 無年月下截後段文字四行

陽安縣樹成鄉龍泉里□□連男允幹造阿彌陁象記 正書左行 無年月 四川簡州
沙彌尼淸眞殘塔銘 沙門季良撰兼正書 無年月石存前截
都督西南軍事原戰超將□□□德政碑 正書摩崖 無年月碑文漫漶多直紋俗呼樹皮碑
太子文學王太貞墓志銘 □有爲撰正書 □□□□五月十七日碑中原無紀元 河南安陽
涇陽縣尉歐陽瑛夫人裴氏殘墓志 白季隨撰正書 □□□□十月十□日石僅存左下角一塊凡十二行 陝西鳳翔
王泮漢栢詩 行書 無年月在少林寺碑陰下截左下 河南登封
暮春題龍日寺西龕石壁五言詩 嚴武撰正書 無年月當在天寶間 四川巴州
李元幹造象殘記 正書 無年月 四川簡州
□□殘墓志銘 正書 無年月只存下截

□□□泛舟七絕殘詩 正書首云泛舟到此紀紛華云云凡四行 無年月
蒲州□喜縣□四海爲父母造阿彌陁象 正書 無年月字蹟確似唐人石在龍門老龍洞 河南洛陽
楊二娘等三人爲家□平安造阿彌陁象 正書 無年月字蹟雖惡劣確似唐人石在龍門老龍洞 河南洛陽
張仁軌爲父母等造象 正書 無年月字蹟惡劣確似唐人石在龍門老龍洞 河南洛陽
成六娘爲父母造業道象 正書 無年月字蹟惡劣石在龍門老龍洞 河南洛陽
□□□造觀音象 正書 無年月字蹟惡劣在成六娘造象前行石在龍門老龍洞 河南洛陽
淸信女高爲亡夫造阿彌陁象 正書 無年月字蹟確似唐人石在龍門老龍洞 河南洛陽
孟大娘造阿彌陁象 正書 □□□□四月八日字蹟確似唐人石在龍門老龍洞

河南洛陽
佛象旁福德長壽題字 正書 無年月字蹟惡劣石在龍門老龍洞 河南洛陽
弟子趙行懃爲患肺造救苦觀世音菩薩等象 正書 無年月字蹟惡劣石在龍門老龍洞 河南洛陽
□□□爲七世父母造象 正書 無年月字蹟漫漶惡劣石在龍門老龍洞 河南洛陽
淸信女任王二人爲比邱尼靜行造象 正書 無年月字蹟確似唐人書法石在龍門老龍洞 河南洛陽
張任二人造象 正書 無年月碑文雖漫漶字蹟確似唐人石在龍門老龍洞 河南洛陽
三娘爲自願平安造業道象 正書 無年月字蹟極惡劣石在龍門老龍洞 河南洛陽
何萬安造象 正書 無年月字蹟極惡劣石在龍門老龍洞 河南洛陽
吳吉甫造象 正書 無年月石在龍門老龍洞 河南洛陽
淸信女簫爲亡夫鄧明府造觀音菩薩象 正書 無年月簫原作竹字頭石在龍門老龍洞

河南洛陽
淸信女樂爲身造觀音菩薩象 正書 無年月石在龍門老龍洞 河南洛陽
千牛高□儉爲亡妻尹氏造救苦觀世音象 正書 無年月字蹟確似唐人石在龍門老龍洞 河南洛陽
王元禮爲己身造阿彌陁象 正書 無年月字蹟惡劣確似唐人石在龍門老龍洞 河南洛陽
丁瞿爲法界衆生造象 正書 無年月字蹟漫漶惡劣石在龍門老龍洞 河南洛陽
楊仁爲亡妣造象 正書 無年月字蹟漫漶惡劣石在龍門老龍洞 河南洛陽
□□□爲□與身造象 正書 無年月字蹟漫漶惡劣石在龍門老龍洞 河南洛陽
梁喜王造觀世音象 正書 無年月石在龍門老龍洞 河南洛陽
佛弟子吳行軌爲父母造象 正書 無年月石在龍門老龍洞 河南洛陽
成師徒爲見存父母造象 正書 無年月字蹟惡劣頗有加刻形迹石在龍門老龍洞

王婆造象 正書 無年月字蹟惡劣寥寥六字石在龍門老龍洞 河南洛陽

清信女宋爲亡母造阿彌陁象 正書 無年月石在龍門老龍洞 河南洛陽

郭愛同爲父造象 正書 無年月字蹟僅七字石在龍門老龍洞 河南洛陽

清信女孫爲亡父母造象 正書 無年月石在龍門老龍洞 河南洛陽

趙敬福弟敬本造象 正書 無年月石在龍門老龍洞寥寥七字 河南洛陽

晉州襄陵縣崔元裕爲見存父母造佛菩薩象 正書 無年月石在龍門老龍洞 河南洛陽

李哲爲眷屬及含生造象 正書 無年月字蹟確似唐人石在龍門老龍洞 河南洛陽

佛弟子杜敬本造象 正書 無年月字蹟惡劣石在龍門老龍洞 河南洛陽

佛弟子王仁則妻杜願合家平安造業道象 正書 無年月字蹟惡劣石在龍門老龍洞 河南洛陽

佛弟子淸信女孫苐仁爲七世父母造象 正書 無年月石在龍門老龍洞 河南洛陽

蒲州程禮爲妻楊造藥師象 正書左行 無年月字蹟確似唐人石在龍門老龍洞 河南洛陽

裴素卍造象 正書 無年月字蹟惡劣石在龍門老龍洞 河南洛陽

唐永興造象 正書 無年月碑文有大唐二字石在龍門始牛溪 河南洛陽

妻張爲史敬愽在京患造觀世音菩薩象 正書 無年月字蹟頗似梦眞容碑當是開寳年間所書石在龍門萬佛洞碑文在京患三字省字無意義 河南洛陽

襄國襄陽縣尉裴敬同造觀世音象 正書 無年月後有大唐二字石在龍門賓陽洞 河南洛陽

弟子崔貴本爲國王及七世父母等造觀世音菩薩象 正書 無年月石在龍門賓陽洞 河南洛陽

果州南充縣杜穩定造象 正書 無年月字蹟頗似唐人石在龍門老君洞 河南洛陽

河內郡既王縣黃方祖爲父母眷屬造釋迦象 正書 無年月字蹟確似唐人石在龍門老君洞 河南洛陽

比邱惠密爲父母造彌勒象 正書 無年月字蹟確似唐人字左立二佛象石在龍門老君洞 河南洛陽

馮子昌造□□菩薩象 正書 無年月

陸陲等題名 正書 無年月

宣德郎□州郡邱□□造彌勒象 正書 □□三年正月十二日

江有津等造象 正書 無年月

江有津碑陰 正書

岳林寺西塔佛弟子王□造象 正書 無年月 浙江奉化

開元寺石柱造象 無題字 無年月 直隸正定

佛弟子殿中將軍□□□爲衆罪消捁造象 正書 無年月

當縣陳阿等造象 正書 無年月下有缺佚 滿洲托活洛氏藏石

息阿偷等造象 正書 無年月

定慧禪師碑陰殘字 雙鉤篆書 無年月圭峯碑陰下截有延及之寞等字字跡甚漓餘則模泐原字爲宋人加刻題名所掩 陝西鄠縣

銀靑光祿大夫殘字 八分書 無年月凡七行

續補寰宇訪碑録卷十三

盧江劉聲木十枝撰

唐

佛弟子邵道生爲亡女寄女造象記 正書 至德元年六月廿日陶齋藏　滿洲托活洛氏藏石

天和碑側李褚題名 正書 無年月在顔眞卿謁金天王神祠題記第四行下截　陝西華陰

天和碑側王弘撫題名 草書 無年月在顔眞卿謁金天王神祠題記第四行左側　陝西華陰

長孫氏杜夫人陰堂文 正書左行 聖武二年十月十七日墓志左行殊爲罕見　滿洲托活洛氏藏石

處士徐懷隱墓志銘 正書 聖武二年十月十六日　滿洲托活洛氏藏石

祭姪顔季明文 第十三叔眞卿撰并草書 乾元元年九月三日

威神寺大德思道禪師墓志銘 正書 乾元元年十二月二日　山西夏縣

楊光墓志銘 正書 順天二年十月十日順天乃史思明僞號即上元元年石在古蹟保存所　河南安陽

□□縣左清道爍□琲爲君王萬壽造阿彌陁象 正書 顯聖元年五月十五日顯聖爲史朝義僭號即上元二年石在龍門王祥鑒繆目失載　河南洛陽

千佛崖晏州長史□□□爲亡妻等造象 正書左行 寶應元年五月十九日　四川廣元

苗仁亮墓志銘 正書 寶應元年十月廿八日

京兆府美原縣丞元復業墓志銘 陳翃撰行書 廣德元年八月十四日　陝西三原

佛頂尊勝陁羅尼幢銘 林野僧昔眞撰布衣康玢行書 廣德二年十一月前潞州黎城縣尉曹秀臻爲亡女京修慈寺尼惠叡及法界蒼生造碑文首云與惟尊勝者佛也陁羅尼者法也云云釋尊勝陁羅尼五字頗覺簡明碑文惜只有首幢七行

寒亭記 元結撰瞿令問八分書 永泰二年夏　湖南江華

浯溪朝奉郎□□軍用施□□題名 正書摩崖 無年月在永州二大字左旁下截　湖南祁陽

浯溪賜紫金魚袋□□□題名 正書摩崖 無年月在永州二大字右旁下截　湖南祁陽

浯溪兼管西勸農官武騎尉孔□□題名 正書摩崖 無年月在永州二大字左旁下截　湖南祁陽

峿臺右堂路題字 八分書 無年月峿臺銘在大歷二年六月亦當在其時　湖南祁陽

浯溪浯溪二大字 正書横列在下 無年月　湖南祁陽

浯溪浯溪二大字 篆書 無年月　湖南祁陽

浯溪二大字 八分書摩崖 無年月　湖南祁陽

浯溪浯溪二大字 正書 無年月　湖南祁陽

峿臺石堂路五字 正書 無年月　湖南祁陽

石門二大字 正書 無年月

唐亭磴道四大字 正書 無年月　湖南祁陽

浯溪唐亭二大字 正書横列在上 無年月　湖南祁陽

浯溪峿臺二大字 正書横列在中 無年月　湖南祁陽

峿臺銘在内五大字 正書 無年月　湖南祁陽

谽園二大字 篆書摩崖 無年月　湖南祁陽

浯溪三吾勝覽四大字 黄焯行書摩崖横行 無年月　湖南祁陽

永州二大字 正書摩崖 無年月　湖南祁陽

北岳廟孟皞題名 王士則行書 大歷元年二月六日在恆山祠碑陰　直隸曲陽

終南山殘經幢 行書釋惟淨等建 大歷元年四月三日　陝西長安

兵部尚書王府君夫人何氏合葬殘墓志 正書 大歷元年六月廿一日首文云大唐故兵部尚書云云凡六行行十四五字　滿洲托活洛氏藏石

鋏元始贊 道士胡伯成撰行書 大歷元年在承天軍城記前截同一石　山西平定

湖南祁陽　浯溪銘釋文　正書左行　無年月孫氏附大歷三年三月後

湖南祁陽　浯溪邱存節等題名　正書　無年月在浯溪銘釋文後

行華陰縣令裴賁等題名　正書　無年月在唐昭應碑末上截

陝西富平　四尊師德行頌碑陰　行書　碑陽大歷六年十月陰前截刻清淨智慧現身純後截刻美原縣永仙觀碑文

陝西富平　京兆府美原縣永仙觀碑文　蕭森撰并集王右軍行書　無年月在檢校兩縣威儀兼永仙觀主田尊師德行頌碑陰後截

河南洛陽　黨睢等八人宿聖善寺題名　正書左行　大歷七年二月十二日在龍門五佛洞

陝西華陰　華嶽廟前鄭州陽武縣令韋涚謁祠題名　正書左行　大歷九年四月廿二日

江西萍鄉　弟子黎建喬等捨山地四至記　正書　大歷九年六月廿日在乘廣禪師碑文碑陰後段元和在後大歷在前蓋當時立碑後追記山地四至刻石也

江蘇句容　元靖先生李含光碑陰　正書　大歷十二年五月碑本四面刻成陰及兩側均有字乾隆五十七年汪志伊搜羅原石二十三片拓本成六十紙今僅存三十七紙

江蘇句容　李含光碑兩側　正書

四川富順　薛公造石阿彌象贊　侯總上楊夏正書　大歷大三年二月廿一日

滿洲托活洛氏藏石　殿中監李國清墓志銘　正書　大歷大三年四月廿七日

滿洲托活洛氏藏石　河東節度使金城郡王辛雲京妻贈肅國夫人李氏墓志銘　獨孤愐撰韓秀實八分書　大歷十三年七月廿四日韓秀實以工書鳴此碑字蹟頗工整

陝西長安　尚書左僕射挾風王馬璘新廟殘碑　程浩撰顏眞卿正書　大歷十四年七月

滿洲托活洛氏藏石　蕭俱興墓志銘　正書　大歷十五年正月十六日

河南洛陽　□□夫人李□□等題名　王造州題正書左行　大歷中在黨睢八人題名前段

張厚題名　正書　□□□年仲秋念六日

漢黃叔度墓題字　顏眞卿正書　無年月依訪碑錄例應在　年後此係孤本藏于李晦之蓍齋

安徽廬江劉氏拓本　虎邱山劍池二大字　顏眞卿正書　無年月後有萬歷甲寅二月新野馬之駿跋云虎邱劍池四字爲顏魯公書云云　中每字大幾及尺顏書亦少見

江蘇吳縣　顏眞卿殘字　正書首云吳外郎琅邪顏眞卿書云云凡八行　無年月石首截刻有少華探花王氏家藏正書一行　王氏藏石

陝西大荔　顏眞卿奉使李希烈絕命書并詩二句　行書　無年月碑分三截此在上截中截靖康元年七月壬申唐重刻石題記考此爲奉使李希烈時所書度無還期書此以自表云云今存顏魯公祠堂中

滿洲托活洛氏藏石　行京兆府涇陽縣主簿王郊墓志銘　王潤撰并正書　□□□□閏十月七日碑中原無紀元陶齋藏石記附大歷後

江蘇丹陽　延陵鎮季子墓盧國等建堂記　正書　建中元年八月十二日

江蘇丹徒　朝請郎守令盧國等遷樹并建堂題名　正書　建中元年八月十二日在延陵鎮季子墓碑左旁下截

岱岳觀鴻臚少卿□假等題名　正書　建中元年在道士桓道彥等造象第五層

山東泰安　景教流行中國碑兩側　正書呂秀巖書　建中二年正月七日兩側孫氏漏未及載補錄于此

陝西長安　華嶽廟平陰主簿杜錫等題名　正書左行　建四三月廿三日建四即建中四年碑中省文

滿洲托活洛氏藏石　雲麾將軍宋儼墓志銘　正書　建中四年四月七日昌平新出土

陝西華陰　籥二將祠堂記　正書　貞元元年三月日

陝西長安　絳州聞喜縣令楊君夫人裴氏墓誌銘　李衡撰正書　貞元元年十一月十七日蓋正書九字

浙江上虞羅氏藏石　贈尚書左僕射嗣曹王妃鄭氏墓志銘　穆員撰張勱正書　貞元二年七月己酉石于　出土爲羅叔韞振玉購得

奉佛弟子崔皐建等造象　小釋惠海正書　貞元二年十二月十日

滎陽鄭播作尉斯邑謁廟題記 正書 貞元三年五月廿八日在延陵鎮季子墓碑右旁下截　江蘇丹徒

追贈太保尚書左僕射同平章事張延賞碑頌 八分書石已中斷 貞元三年十月乙酉此碑志銘陶齋藏石記著目碑頌故仍之　滿洲托活洛氏藏石

佛名並佛經殘碑 正書 貞元六年七月一日年月日下有李垣二字不知是造碑人抑是書碑人

法界寺比邱尼正性墓志銘 正書 貞元六年十月八日　滿洲托活洛氏藏石

守永州司馬盧嶠墓志銘 趙佶撰李諫正書 貞元八年二月癸卯此碑與其夫人崔氏墓志銘同時洛陽出土　滿洲托活洛氏藏石

永州司馬盧嶠夫人崔氏墓志銘 子羿再從姪延贊撰正書 貞元九年十月三日　滿洲托活洛氏藏石

帝后九忌日造象移此題字 正書 貞元十一年三月廿八日在末截

河南府戶曹參軍陳諸墓志銘 正書 貞元十一年四月十二日陳諸爲宰相陳希烈之孫墓志之文字甚草率　滿洲托活洛氏藏石

千佛崖晏州長史左叔嚴造僧伽和上象 正書左行 貞元十一年八月卅日　四川廣元

靈慶公神堂碑陰記 五老山人劉字撰幷正書 貞元十三年七月二日　山西安邑

龍花寺實照墓志銘 陳叔向撰正書 貞元十三祀十二月十九日　滿洲托活洛氏藏石

岱岳觀任要等遊發生洞見雙白蝙蝠口號詩 正書左行 貞元十四年臘月中在馬元貞投龍齋醮幷造象記第四層後截第三層後截有任要等題名云同遊詩客京兆韋洪此云臘月中與韋戶曹同遊發生洞云云承上文而言之故列入貞元十四年孫氏失載　山東泰安

岱岳觀造車才將程日昇後到續題名 正書 無年月在馬元貞投龍齋醮幷造象記第三層後截貞元十四年十二月廿一日檢校尚書駕部郎中任要等題名右第一行孫氏失載　山東泰安

楊□□妻趙夫人墓志銘 顧方幨撰正書 元和十五年改號永新元年二月十二日永新年號未見他書蓋當時擬議未用年號　滿洲托活洛氏藏石

河南縣主簿崔程墓志銘 陸復禮述季弟棁正書 貞元十五年八月甲申　滿洲托活洛氏藏石

北岳廟節度判官趙融等題名 正書左行 貞元十六年十月十二日在恆山祠碑陰　直隸曲陽

弟子榮泰爲亡叔婆黎九娘遺書作功德記 正書 貞元十六年在乘廣禪師碑文碑陰後段　江西萍鄉

三原縣尉鄭淮墓志銘 鄭儒立撰正書 貞元十七年五月五日　滿洲托活洛氏藏石

張氏女容成殤墓志銘 伯兄安時撰正書 貞元十八年正月廿七日兄爲妹撰墓銘亦石刻中一例　滿洲托活洛氏藏石

盧正道碑側滎陽縣令王深題記 正書 貞元十八年二月十日　河南滎陽

北岳廟節度判官趙融等再題名 正書左行 貞元十八年十月四日在恆山祠碑陰二截末段　直隸曲陽

朔方節度掌書記韓弇夫人韋氏墓志銘 正書 貞元十九年正月辛酉　河南陳留

隴西李公興溫造象 正書 貞元十九年五月石在龍門老龍窩　河南洛陽

太原府都知兵馬使武珍夫人裴氏墓志銘 正書 貞元廿年七月一日　滿洲托活洛氏藏石

賜劍南西川節度副大使丁僞勅 行書 貞元二十年十一月二十日在中截吳繆失載劉喜海金石苑亦無　四川簡州

賜劍南西川節度副大使丁僞勅後記 正書 貞元二十年十一月二十日在前截　四川簡州

南康郡王韋臯紀功碑陰 德宗批答行書李仙壽謝表正書 貞元二十年十一月二十日碑陽已見孫錄　四川簡州

汜水縣尉魏和墓志銘 房寅撰正書 元和元年二月十五日　滿洲托活洛氏藏石

毛公夫人鄧氏墓志銘 正書 元和元年六月廿二日　江蘇甘泉

昭成寺尼大德三乘墓志銘 □泌撰正書 元和二年二月八日 陝西長安

楊歧山乘廣禪師碑文碑陰 時刺校等題名正書 元和二年五月二十七日 江西萍鄉

北岳廟初獻行德州長河縣丞盧侹等題名 正書 元和二年九月廿九日在恆山祠碑陰上截 直隸曲陽

河南少尹裴復墓志銘 正書 元和三年四月二十三日 河南河陰

隴西李卅三娘墓志銘 正書 元和三年五月十九日 滿洲托活洛氏藏石

殿中侍御史淄州長史崔□□墓志銘 王嗣之撰正書 元和四年正月十日 河南河陰

蜀丞相諸葛武侯祠堂碑陰 正書唐宋人題名及詩六段兩截刊 元和四年二月廿九日 四川成都

祠堂碑兩側 正書及八分書北宋題名五段 四川成都

蜀諸葛武侯祠堂碑陰殘記 正書 無年月在蜀諸葛武侯祠堂碑陰第一截横列爲明人加刻磨去上截 四川成都

劍南西川節度副大使管內支度呂頤□等題名 正書 無年月在蜀諸葛武侯祠堂碑陰第二三截横列 四川成都

磨碑寺范惟淸等題名 正書 元和四年四月八日在碑磨寺山頂石浮圖後記下截吉逾四韻詩後下段 直隸房山

妙法蓮華經 正書 元和四年五月十□日□万迪二月八日鄭十一娘六月十一日□□□

佛臨般涅槃略說教戒經一卷 正書 元和四年六月十一日

金剛般波羅蜜若經 正書 元和四年六月十一日

維摩經 正書 元和四年六月十一日

摩詰經 正書 元和四年六月十一日

大王觀世音經一卷 正書 元和四年六月十一日

佛說溫室洗浴衆僧經一卷 正書 元和四年六月十一日

无量義經 正書 元和四年六月十一日

佛說觀彌勒菩薩上生兜率陀天經 高麗衲達牧正書 元和四年六月十一日

大方廣佛華嚴經 正書 元和四年六月十一日

河南府戶曹參軍陳諸夫人河內孫君獨孤氏墓志銘 陳汭撰正書 元和四年十月廿四日 滿洲托活洛氏藏石

定山盧繽題名 正書 元和四年十月廿五日 浙江錢唐

孫素朱壙志 正書 元和四年十一月十八日 滿洲托活洛氏藏石

行樂陵縣丞何載墓志銘 李元淪撰正書 元和四年十一月庚申

北岳廟河東節度支度范希朝等題名 正書 元和五年二月六日在恆山祠碑陰二截中段 直隸曲陽

宣州司功將軍魏邈墓志銘 息孤子匡贊自撰兼行書 元和五年四月八日未見著録首云大人諱邈字仲方其大鉅鹿人云云 陝西長安

邑士韓烈等構邑藏經記 行書 元和五年歲次攝提格律中仲呂碑文有干無支少見陶齋藏石記失載 滿洲托活洛氏藏石

試院新修石幢檢校尙書左僕射襲歧國公李愿等題名 正書 元和六年十一月四日在新修試院石幢記末截 江蘇銅山

晉散騎常侍孝侯周處碑守義興縣令陳從諫重樹題記 黃□正書 元和六年十一月十五日此碑有正書行書二種此在正書碑後 江蘇宜興

晉散騎常侍孝侯周處碑 晉陸機撰晉王羲之行書 無年月蓋唐人僞託明萬歷九年五月□□□重刻本仍依孫氏之例列入元和六年此碑有正書行書二種孫氏已見孫録 江蘇宜興

北岳廟龍武軍兵曹參軍□□題名 正書左行 元和七年三月十四日在恆山祠碑陰上截後段 直隸曲陽

李景逸墓志銘 孫忠幹撰正書 元和七年十一月廿四日 湖北襄陽

守內侍省內寺伯員外置同正員朱公夫人趙氏墓志銘 崔鍔撰正書 元和七年十一月十四日未見著録 陝西長安

河陽軍節度左馬軍虞候秦士寧夫人王氏墓志銘 正書 元和八年二月廿

五日　滿洲托活洛氏藏石

劉通墓志銘　正書　元和八年十月十八日　光緒壬午儀徵張丙炎購藏旁鐫有題字一行　滿洲托活洛氏藏石

□□和上塔銘　正書姪濟文　元和八年十二月廿六日　石前缺一角　滿洲托活洛氏藏石

左千牛衞長史高承金合祔墓志銘　李說復撰並正書　元和八年十二月景申　滿洲托活洛氏藏石

滑州酸棗縣建福寺界場記　僧契真正書　元和九年二月十一日　延津縣北三十里訪得　河南延津

范陽縣向陽鄉高進臣買德地記　正書左行　元和九年九月廿七日　直隸涿州

唐州長史劉密夫人崔氏墓志銘　外甥辛劭撰正書　元和九年十月六日　碑文稱崔氏爲從母又稱之曰姨又云劭忝列外甥云云則于崔氏之親并係外甥矣　湖北襄陽

徐偃王廟殘碑銘　正書　元和九年十二月　碑亡下截書撰人皆無顯六字雙鉤篆書嘉慶二十二年土人重搜得

嵩嶽會善寺勅戒壇院臨壇大律德惠海塔銘　李師直撰正書　元和十年三月二日　道光二十八年春僧智永得于戒壇故址　河南登封

安國寺比邱尼大德劉性忠墓志銘　弟陟撰正書　元和十年七月十三日　滿洲托活洛氏藏石

檢校太子賓客上護軍臧協妻向夫人墓志銘　正書張季平述　元和十年十月十二日　滿洲托活洛氏藏石

南浦郡報善寺主曜公道行碑銘　從子太白山人鐵述王脩正書　元和十一年二月一日　以別號加于撰文書丹上碑版中罕見　四川萬縣

義武軍節度兼監察御史石默啜墓志銘　行書　元和十一祀八月廿四日　滿洲托活洛氏藏石

李岸夫人徐氏合葬墓志銘　行書　元和十一年十一月廿九日　滿洲托活洛氏藏石

河南尹上柱國賜紫金魚袋辛祕題名　正書左行　元和十二年閏五月十三日　石在龍門　雷鼓台孫錄同年月有少林寺辛祕題名羅錄同年月有香山寺辛祕題名一月之間題名三處何好名不憚煩若此少林寺香山寺皆在河南登封此種獨在河南洛

陽繆荃孫雖載此種誤元和十二年爲元和十五年　河南洛陽

萬州報善寺主覺公紀德碑銘　宇文鐵述姪虎正書　元和拾貳年漆月漆日　四川萬縣

沙彌僧蔣氏子稚子墓記　王高述正書　元和十二年九月廿九日　石藏周鑾詒養安家　浙江山陰周氏藏石

蕭子昂合祔墓志銘　周傑撰正書　元和十四年三月廿五日　滿洲托活洛氏藏石

孔雀洞佛本行集經碑陰　正書劉總造　元和十四年四月八日　碑陽已見趙錄　直隸宛平

鄭氏季妹墓志銘　堂兄崔韋述正書　元和十四年五月景申　河南河陰

左領軍衞豐州府折衝都尉員□王守廉墓志銘　正書　元和十四年十月廿八日

楊夫人趙氏墓志銘　顧方甫撰正書　永新元年二月十二日卽元和十五年碑文稱元和十五年少帝卽位二月五日改號爲永新元年云云永新年號不見他書　滿洲托活洛氏藏石

何叔平夫人劉氏墓志銘　梁撰并正書　無年月字蹟模泐約存十之一二陶齋藏石記考爲附元和

後　滿洲托活洛氏藏石

吐番會盟碑陰　番書　無年月孫錄考爲長慶元年　西藏布達拉

貞士曲系夫人蔡氏墓志銘　孫正言撰正書　長慶二祀十二月廿日

皇光祿卿范氏女墓志銘　兄鄭述正書　長慶三年四月十三日　陝西長安

北岳廟節度推官攝掌書記劉皤等題名　正書左行　長慶三年九月廿六日在恆山祠碑陰上截中段　直隸曲陽

寧遠將軍紀晉卿夫人張氏墓文　正書　寶歷元年九月三日

左武衞執戟守中武將軍諸葛澄墓志銘　韓宬撰正書　寶歷元年九月十五日　滿洲托活洛氏藏石

北岳廟節度掌書記劉皤等再題名　邢博正書左行　寶歷元年九月□八日在恆山祠碑陰二截首段　直隸曲陽

郭柳二夫人周氏趙氏墓志銘　正書　寶歷初年十一月廿五日　碑文云夫人周氏次夫人

感應寺新修記 韓文驥撰正書 寶歷二年七月三日 趙氏云陶齋藏石記失載 滿洲托活洛氏藏石

昭義節度衙前先鋒兵馬使鄭運墓志銘 史方蘧撰正書 寶歷二年十一月七日陶齋藏石記失載 滿洲托活洛氏藏石

北岳廟節度掌書記劉皤等三題名 正書左行 寶歷□年爲宣和題字所掩在恆山祠碑陰三截二段 直隸曲陽

試左金吾衞兵曹□軍武騎尉何允墓志銘 沙門惟一撰正書 大和元年五月廿五日 滿洲托活洛氏藏石

北岳廟義武軍節度參謀劉賞等題名 正書左行 大和元年十月望日在恆山祠碑陰三截三段 直隸曲陽

北岳廟義武軍節度參謀劉賞等再題名 正書左行 大和二年九月廿八日在恆山祠碑陰三截四段 直隸曲陽

北岳廟劉賞等三題名 正書左行 大和三年十月二日在恆山祠碑陰三截末段 直隸曲陽

蘇州司戶參軍王遜墓志銘 宋肅述正書 大和四年二月廿七日 滿洲托活洛氏藏石

強夫人杜氏墓志銘 杜師顏述正書 大和四年九月廿九日 滿洲托活洛氏藏石

高誠墓志銘 正書 大和四年十月一日石出江蘇甘泉 滿洲托活洛氏藏石

左拾遺裴休等同登題名 正書左行 大和四年十月十二日在東陵聖母帖第二層末北宋元祐三年仲春摹刻 陝西長安

北岳廟兼侍御史張異等題名 正書左行 大和四年十月十三日在恆山祠碑陰上截末段 直隸曲陽

靈都觀修復故渠記 胡遨撰正書 太和五年二月六日 河南濟源

李君並夫人韓氏墓志銘殘字 正書 大和五年季月嘉慶中出土于解州安邑城西十三里見所刊跋尾光緒壬午中夏儀徵張丙炎午橋復購藏榕園 滿洲托活洛氏藏石

楊岐山甄叔大師塔銘碑陰 寶光等題名行書 太和六年四月卅日 江西萍鄉

福田寺大德法師常儼置粥院記 權執柔撰裴少慶正書 大和六年□□一月 山西聞喜

左金吾衞錄事參軍崔慎經夫人李氏墓志銘 崔重撰正書 大和七年二月六日開成三年十月十三日改葬陶齋藏石記列目于大和七年二月六日是僅依捐館之日未据改葬之年碑文中于銘曰字空白下有唐開成三年十月十三日字潁陽移至此十六字碑文有卒年月無葬年月碑文中言卜葬潁陽縣萬安山南原又云自潁陽移至此必改葬矣 滿洲托活洛氏藏石

阿王寺碑後題記並酬贈詩 于季友撰行書 大和七年十二月一日在碑末後四行 浙江鄞縣

幽州節度押衙高霞寓玄堂銘 崔沂撰正書 太和八年二月三日石在開封圖書館 河南祥符

奉天定難功臣游擊將軍杜公夫人李氏墓志銘 李遇撰行書 大和九年四月十日 滿洲托活洛氏藏石

劍南西川觀察處置等使宏農縣開國伯楊嗣復謁祠題記 正書 □□九年八月八日据碑文考爲大和九年在諸葛武侯祠堂碑陰第五層前段 四川成都

始得西山宴遊記 柳宗元撰正書 無年月石刻共八記 四川簡州

鈷鉧潭記 柳宗元撰正書 無年月 四川簡州

鈷鉧潭西小邱記 柳宗元撰正書 無年月 四川簡州

至小邱西小石潭記 柳宗元撰正書 無年月 四川簡州

袁家渴記 柳宗元撰正書 無年月 四川簡州

石渠記 柳宗元撰正書 無年月 四川簡州

石澗記 柳宗元撰正書 無年月 四川簡州

小石城山記 柳宗元撰正書 無年月 四川簡州

廬山東林寺碑洪州刺史裴休題名 正書 無年月考休爲大和時人故附于大和之末 在原碑首行上截 江西星子

京兆府押衙李彥崇墓志銘 正書 開成元年七月卅日 滿洲托活洛氏藏石

太淸宮使滎陽郡開國公□覃進石經刻成賀表 正書 開成二年十月丁亥日

陝西長安

檢校吏部尙書楊嗣復五言詩 正書 無年月考爲開成二年在諸葛武侯祠堂碑陰第五層中段 四川成都

節度判官侍御史內供奉郭勤等祠祭題名 正書 丁巳歲八月繆荃孫考爲開成二年在蜀諸葛武侯祠堂碑陰第四截中段 四川成都

節度判官侍御史內供奉郭勤等祠祭題名 正書 丁巳歲八月即開成二年在諸葛武侯祠堂碑陰第五層中段 四川成都

蜀諸葛武侯祠堂碑陰楊嗣復等倡和詩 正書 無年月繆荃孫考爲開成二年十月在第四截後段 四川成都

處士陳汭墓志銘 正書 開成三年四月廿二日 滿洲托活洛氏藏石

岳林寺西塔佛弟子劉欽造象 僧元宵正書 開成三年七月廿五日僧六舟訪得 浙江奉化

博陵崔氏夫人墓志銘 李紳撰正書 開成三年七月既晦石出陝西長安後歸吳子苾侍郎式芬 山東海豐吳氏藏石

左春坊太子典膳郎衞君夫人輔氏墓志銘 王頊撰正書 開成四年八月廿七日碑末另有夫銘妻二行一墓志銘有兩銘他碑罕見碑末缺下一角 滿洲托活洛氏藏石

佛頂尊勝陁羅尼經幢 奚虛己正書 開成四年十一月十四日

顧渚山明月峽湖州刺史楊漢公等題名 正書左行 開成四年十二月十五日 浙江長興

楊澄夫人程氏墓志銘 正書 開成四年石下截缺 滿洲托活洛氏藏石

涪溪黔州刺史馬植赴任黔中過此題名 正書左行 無年月考爲開成五年十二月廿日聲木按此文刻在戶部侍郎盧鈞開成五年十二月十一日赴闕過此之左而文末云後戶部九日過此戶部卽所指盧鈞後九日爲開成五年十二月廿日 湖南祁陽

續補寰宇訪碑錄卷十四

廬江劉聲木十枝撰

唐

朱涇鎮法忍寺船子和尙泊釣船詩刻 愚公谷人記正書行書 會昌元年八月嘉慶間寺燬于火土人掘瓦礫得此石 江蘇金山

佛頂尊勝陁羅尼經碑 正書 會昌元年九月三日此碑經文約三千言乃佛頂尊勝陁羅尼經全文不少一字可据以校勘它刻字蹟大僅如大豆而字字朗晰不泐一字洵屬唐人陁羅尼經中至精之品大中十一年六月十五日崔坤造陁羅尼經碑亦屬全文楷字蹟多模泐 滿洲托活洛氏藏石

北岳廟張中慶等題名 正書 會昌元年閏九月十五日在恆山祠碑陰 直隸曲陽

處士王方徹墓志銘 程恭己撰正書 會昌元年十月十三日 滿洲托活洛氏藏石

北岳廟張述等題名 正書 會昌元年□月九日在恆山祠碑陰 直隸曲陽

元祕塔碑陰 碑陽會昌元年十二月廿八日 陝西長安

洞庭包山如來法身偈 僧契元正書僧文鑒等同建 會昌二年九月八日在佛頂尊勝陁羅尼咒幢末行中截 江蘇吳縣

趙公夫人張氏墓志銘 沈櫓撰安子正書 會昌三年五月廿六日 滿洲托活洛氏藏石

方山寺佛頂尊勝陁羅尼經幢 正書陳常進建 會昌三年十二月己卯碑額首面有佛頂尊勝陁羅尼救危濟難妙法寶之幢十六篆字 浙江長興

佛頂尊勝陁羅尼經幢 正書 會昌四年九月日首面有佛頂尊勝陁羅尼經幢九字篆書三行

柳氏長殤女老師墓志銘 兄仲郢撰正書 會昌五年六月二十一日仲郢爲柳公綽之子碑文字蹟頗得公綽之一體疑卽仲郢所書也 滿洲托活洛氏藏石

涪溪房魯題名 正書左行 昌五中冬六日會昌五年碑文原作昌五 湖南祁陽

李栖辰造彌勒象記 正書左行 會昌七載二月十日字蹟多模泐繆錄 四川榮縣

洞庭包山靈佑觀佛頂尊勝陁羅尼經幢 正書 無年月程祖慶考爲會昌時建

楊孟常等就院修□□殘字 正書凡四行 □□□□十一月十八日　江蘇吳縣
劉元簡爲亡考買地券 正書 大中元年八月廿一日　四川　滿洲托活洛氏藏石
天王贊 男□□□正書左行 無年月在新造天王院記右截記乃大中元年八月三日　四川榮縣
左衛大將軍契苾公妻何氏墓志 韋週撰正書 大中元年十月二月字蹟糢泐　滿洲托活洛氏藏石
贈工部尚書張仁憲神道碑銘 李儉撰蔡陵八分書 大中二年□□□□□癸酉　直隸文安
檢校司空同中書門下平章事川陵郡王張仁憲神道碑銘 李儉撰蔡陵八分書 大中二年　直隸文安
守湖州刺史蘇特題名 正書 無年月在大中二年八月廿一日天甯寺六種眞言末行孫氏失載　浙江歸安
華岳廟廣州刺史李行修等赴闕過此題名 正書左行 大中三年四月十一日　陝西華陰

孟州濟源縣臨濟郡南訓村買館屋契記 正書 大中三年柒月貳拾日　河南濟源
行太子舍人翟君夫人高氏墓志銘 堂叔□□正書 大中四年十月五日石出陝西鄠縣初藏陽湖呂氏　滿洲托活洛氏藏石
邵公妻盧氏夫人墓志銘 王茲撰正書 大中四年十月廿八日　滿洲托活洛氏藏石
處士范義墓志銘 郭瑒撰正書 大中四年十一月廿二日
行京兆府富平縣縣尉柳知微妻陳氏墓記 柳知微撰正書 大中四年十二月十一日　陝西長安
淮西行營粮料使勾檢官試太常寺太祝□從慶墓志銘 正書 大中四年十二月十七日　河南河陰
成都府司錄參軍劉繼墓志銘 女壻徐有章撰正書 大中四年十二月廿九日　滿洲托活洛氏藏石
顏魯公石幢事記 崔倬撰正書 大中五年正月一日在八關齋會報德記碑後截　河南商邱

行內侍省內僕局丞員外置同正員李從證墓志銘 尹震鐸撰林言正書 大中五年正月廿三日　陝西咸寧
方山寺僧南岳重校經幢題字 正書 大中五年十一月八日在經幢末　浙江長興
魏博節度別奏劉公郭氏夫人墓誌銘 正書 大中六年閏七月九日舊在大名　浙江嘉興沈氏藏石
張再清墓志銘 行書 大中六年十月廿四日　滿洲托活洛氏藏石
銕塔寺佛頂尊勝陁羅尼經幢 正書 大中六年石已斷裂爲五
佛頂尊勝陁羅尼經殘幢 正書 大中六年
趙老晟墓志銘 正書 大中七年四月十二日　河南河陰
靈巖寺修方山證明功德後記 正書 大中八年四月廿日在前記題名之後孫氏誤合爲一今析出　山東長清
鎭遏散副將趙建遂夫人董氏王氏合祔墓銘 行書 大中九年二月十七日

滿洲托活洛氏藏石
北岳廟節度知軍兼押衙張周等題名 正書左行 大中九年九月十九日在恆山祠碑陰上截首段　直隸曲陽
圭峯定慧禪師碑陰 正行篆八分書宋人題名十三段題字二段 大中九年十月十三日孫氏失載　陝西鄠縣
圭峯碑兩側 正書宋人題名　陝西鄠縣
圭峯碑額陰 正書宋人題名　陝西鄠縣
盧子蕃夫人鄭氏墓志銘 外孫鄭嗣恭撰正書 大中九年十一月十五日　滿洲托活洛氏藏石
行內侍省內侍伯劉公夫人太原孫君霍夫人墓志銘 周遇撰正書 大中十年正月廿九日陶齋藏石記失載　滿洲托活洛氏藏石
滎陽鄭氏女墓志銘 正書 大中十年四月廿五日　河南河陰
萬年縣尉直弘文館李耆墓志銘 再從叔庾撰並正書 大中十年六月　滿洲托活洛氏藏石
郭巨石室石柱史册等施材建柱記 正書左行 大中十年八月十三日　山東肥城

振武節度隨軍李□墓志銘 張元贇撰並正書 大中十年十月廿四日碑文云撰並書庄篆蓋節度要籍張元贇云云撰文書丹若是書法他碑罕見　滿洲托活洛氏藏石

聞喜縣令蘇昱德政碑銘 □克忠正書 大中□□　山西聞喜

佛頂尊勝陁羅尼經碑 哀子崔坤爲亡妣李氏造正書 大中十一年六月十五日今人父在母亡稱哀子父亡母在稱孤子父母雙亡稱孤哀子此碑只稱哀子必其父尚存唐時已有此稱　滿洲托活洛氏藏石

郎官石柱題名碑陰 正書八面刻 大中十二年十一月十二日　陝西長安

郎官石柱題名碑兩側 正書　陝西長安

河東節度推官孫徽夫人韋氏墓志銘 孫徽撰第廿叔孫綵正書 大中十三年八月廿日　河南

忠武軍節度兵馬使朱萱墓志銘 宋玗撰正書 大中十三年十月八日陶齋藏石記失載　滿洲托活洛氏藏石

李侯七墓銘 正書大兄將順志 大中十三年十一月三日　滿洲托活洛氏藏石

軍器使內寺伯祿□□夫人王氏墓志銘 行書 大中十四年四月五日碑缺下半截唐氏宦官妻娶妻有嗣子後世罕聞　滿洲托活洛氏藏石

前左武衛兵曹孫筥墓志銘 第十四姪紓撰行書 大中十四年五月十一日石藏周肇祥養安家　浙江山陰周氏藏石

尚書屯田郎中崔顏中殤亡女墓銘 崔顏撰正書 咸通二年五月十日　陝西長安

華嶽廟顏斯等謁嶽祠題名 八分書左行 咸通二年六月　陝西華陰

陁羅尼經幢 正書 大中辛巳八月乙日考大中只有十三年歲在己卯惟咸通二年歲在辛巳碑云辛巳歲則當爲咸通二年

一切如來白傘蓋佛頂陁羅尼眞言幢 張元涉等造嚴宏正書 咸通二年九月十五日八面刻　江蘇華亭

白傘蓋眞言幢碑陰 正書　江蘇華亭

白傘蓋眞言幢碑兩側 正書　江蘇華亭

馬惟良夫人王氏合祔墓志銘 正書 咸通三年正月七日　滿洲托活洛氏藏石

□□□造彌勒象 正書 □□三年正月十二日

集賢直院官榮王府長史程修己墓志銘 溫憲撰男進思正書 咸通四年四月十七日　陝西長安

幽州節度隨使押衙王公夫人張氏墓志 李玄中撰哀子弘泰行書 咸通四年七月十三日石藏周肇祥養安家道光辛卯京師西直門外農民掘土出此石及太原王公志石福山王景元文學購得之以張氏志石贈鹿春如太守太守又轉贈棲霞牟房末一行有牟庭題記二行正書　浙江山陰周氏藏石

重建磁州佛殿記殘碑 正書 咸通四載六㊊十八㊐石佚下截咸通爲懿宗建年碑文中仍用武后制字殊不可解繆氏再續寰宇訪碑錄著錄舍屋槽廠什物並造象記年月同但無日耳不知與此碑是一是二也碑陰又註云記什物及人名與此正同不知果爲一碑否　滿州托活洛氏藏石

佛殿記殘碑陰 正書記舍屋槽廠什物及邑衆人姓名　滿洲托活洛氏藏石

洞庭包山禪院再樹陁羅尼幢序 正書陸珣建 咸通四年□□二十二日　江蘇吳縣

北岳廟雁門紇干濬等有事安天官位在三獻題名 行書左行 咸通六年二月辛巳在恆山祠碑陰中截　直隸曲陽

歸義縣通眞鄉魏惟儼等題名 正書 咸通六年碑文中無一語記事僅有男女姓名逾二百人當時立此不知何用　滿洲托活洛氏藏石

歸義縣通眞鄉朱公佐妻李氏等碑額題名 正書　滿洲托活洛氏藏石

魏惟儼碑陰 正書趙万　等題名　滿洲托活洛氏藏石

楊□□墓志銘 正書 咸通七年三月八日

陝州度支院令狐紈墓志銘 堂姪澄撰上堂姪洵正書 咸通八年八月六日　陝西咸寧

三會院佛頂尊勝陁羅尼咒幢 正書僧文演造 咸通九年三月廿七日　四川新繁

永安禪院佛頂尊勝陁羅尼經幢 正書 咸通十年三月九日

天寧寺千手千眼廣大圓滿無礙大悲心陁羅尼幢 馮　等建 正書沈仕達 咸通十年六月廿二日在佛頂尊勝陁羅尼經後段　浙江歸安

請修文宣王廟牒 孔溫裕奏正書 咸通十年九月廿八日在新修文宣王廟記後截 山東曲阜
佛頂尊勝陁羅尼咒幢 正書 咸通□年
臥龍寺無量壽如來根本陁羅尼 正書 咸通十二年正月廿七日在大悲心陁羅尼後截 陝西咸寧
臥龍寺阿彌陁心真言 正書 咸通十二年正月廿七日在大悲心陁羅尼後截 陝西咸寧
□□□殘造象 正書 咸通十四年十月一日
大般若波羅蜜多經 揚元宻正書 咸通十五年四月八日經文四百七十五卷現已殘佚所存者僅四石 直隸房山
檢校國子祭酒郭宣墓志銘 謝珉撰夏廷珪正書 乾符二年十一月五日陶齋藏石記失載 滿洲托活洛氏藏石
處士戎仁詡夫人劉氏墓志銘 王頗述正書 乾符三年三月廿一日光緒丁未六月句容縣倉頭

鎮鐵路工次出土
鄉貢學究李顒墓志銘 表姪裴璟撰正書 乾符四年七月十日學究本唐科目中一名目 滿洲托活洛氏藏石
蔡府君夫人張氏墓志銘 周祁述正書 乾符五年十月八日吉辰陶齋藏石記失載 滿洲托活洛氏藏石
都勾當韓宥等五人力財題名 正書 乾符五年十月十二日在開成四年十一月十四日佛頂尊勝陁羅尼經幢後截末二行下段 滿洲托活洛氏藏石
平盧軍兵馬鈐轄□□等使耿庸合祔墓志銘 于槐撰並正書 乾符六年三月二十四日 山東益都
玉臺寺碑銘 盛隱趙撰僧靈幹行書 乾符六年七月十八日
貢象年自南越趨秦州題名 正書 廣明□年
幽州節度要籍祖夫人楊氏墓志銘 徐隰撰從白正書 中和元年十一月八日 滿洲托活洛氏藏石
王君墓志銘 正書 中和二年二月廿四日 滿洲托活洛氏藏石
佛頂尊勝陁羅尼經幢 甥鄭惟幾正書 中和二年三月十日

佛頂尊勝陁羅尼經幢後銘 甥鄭惟幾撰並八分書 中和二年三月十日
千手千眼大悲觀世音菩薩大悲心經 甥鄭惟幾八分書 中和二年三月十日
宣節校尉范寓墓志銘 田緯述正書 中和二年十一月廿八日光緒戊申三月江寧省城內無量菴左近因修城內鐵路掘出 滿洲托活洛氏藏石
宣武軍亳州南護國禪院立尊勝陁羅尼幢記 正書 中和四年十一月六日在經幢後截中分三段上段爲記文下二段爲題名經幢已見孫錄 安徽亳州
佛頂尊勝陁羅尼經殘幢 正書 中和四年
龍興寺佛頂尊勝陁羅尼殘幢 正書爲亡考建 光啓四年四月十□□在下截 滿洲托活洛氏藏石
奉聖保忠功臣左神策軍散兵馬使押兜楊公夫人李氏墓志銘 李貽厚並正書 大順二年正月廿三日 滿洲托活洛氏藏石
□□郡開國公殘佛殿記 正書 景□□□聲木按碑文只有時景二字字蹟實爲唐末唐末只有景福二年當在是 滿洲托活洛氏藏石

弟子□□□造如來象 正書 無年月文字模糊中有樂國內大聖之語唐董昌僭號大聖即昭宗乾甯元年 四川
鄭州原武縣令王□□墓志銘 強道撰正書 景福四年十月十七日景福無四年即乾寧二年 河南河陰
千佛崖節度十將賈元興造如意輪菩薩象 正書左行 乾寧三年閏正月廿四日 四川廣元
千佛崖比邱尼惠志造歡喜玉菩薩象 正書 乾寧三年五月十六日 四川廣元
千佛崖節度左押衙檢校左散騎趙師恪題名 正書 乾寧三年九月廿三日 四川廣元
千佛崖檢校司空守昌州刺史王有萠建功德題名 正書 乾寧三年九月廿三日 四川廣元
右都典座僧明悟爲拾方施主造如意輪菩薩象 正書左行 乾寧四年二月壹日

千佛崖石都典座僧明悟造如意輪菩薩象 正書 乾寧四年三月壹日　四川大足

千佛崖何七娘造救苦觀世音菩薩象 正書 無年月似亦同時所刻　四川廣元

右拾遺崔巘與鄭夫人合祔墓銘 李冉撰再房兄德雍正書 乾寧五年八月六日再房兄三字碑文中罕見　四川廣元

千手千眼觀世音菩薩廣大圓滿無礙大悲心陁羅尼經幢 正書 實成等僧造 乾符六年九月八日陶齋藏石記失載　滿洲托活洛氏藏石

孫昌盛爲合家長幼造象 正書左行 光化二年七月廿六日　四川大足

升僊廟興功記添前字題字 正書 光化三年在末行後下段　河南偃師

昇僊廟興功記添刻題字 正書 光化三年在末行下段　河南偃師

兕沙經 正書 天祐四年七月日陶齋藏石記失載原人刊石惜無姓名　滿洲托活洛氏藏石

張宗諫墓志銘 正書 天祐十三年四月朔日昭宣帝之天祐至四年唐亡後唐太祖克用奉唐天祐正朔稱至五年而止莊宗復由五年稱至十九年碑文中馬邑地屬後唐故用天祐年號以上均見陶齋藏石記　滿洲托活洛氏藏石

上淸玄都大洞三景女道士李□□墓志文 正書 無年月陶齋藏石記失載碑文似用韻語用佛典語意頗難曉　滿洲托活洛氏藏石

尚書左丞□□□殘墓志 正書首文云梁孝開國云云凡十一行行十字有横直界下截仍有十字 無年月　滿洲托活洛氏藏石

墓志銘殘字 正書 無年月字蹟殘缺約存四分之一碑文首云礻貞川翼尔云云凡十一行行十一字陶齋藏石記列之唐末無年月中　滿洲托活洛氏藏石

墓志殘石 正書首文云人傳邑在云云凡八行行三四字不等石裂爲三 無年月字蹟頗近顏魯公附天祐十三年後　滿洲托活洛氏藏石

殘碑 八分書首行文云比甲第外國相云云凡八行 □□□□□月□□□

殘碑陰 八分書首云民繕軍云云凡五行 無年月

河內宜陽二郡太守魏僧勗殘石 正書 無年月

家之基邁殘石 八分書文云家之基邁云云凡三行 無年月

孝經士人章弟五等四章 正書末行故得百姓之歡心以事止 無年月陶齋藏石記列目于天祐十三年後　滿洲托活洛氏藏石

柳李尊傳 沙門祖覺重修正書 無年月

府學張旭肚痛帖 草書張旭書三字正書 無年月在後梁乾化四年唐裴說寄邊衣詩第二石下截　陝西長安

賜寶勝禪院勅 正書 無年月在舍利陁羅尼經幢後截

瘞琴銘 顧升撰並正書 無年月以上二種僅見吳式芬攈古錄中註云眞贋不可知槃木按此二種確爲贋作瘞琴銘尤易辨

洛州伊川府隊副張仁廓爲父祖造象記 正書 無年月陶齋藏石記列目唐末　滿洲托活洛氏藏石

羅什法師悟玄序 比邱紹希行書左行 戊戌季夏望日陶齋藏石記列入無年月中　滿洲托活洛氏藏石

石溪莊買地記 正書 無年月石缺下截　四川資州

□□太守山洞謝雨記 于□撰沙門□正書 □□□□□□□□□十二日石存下截字甚漫漶　四川

刻漏銘 八分書 無年月

東莊舍前新地葬墳券 正書 無年月碑文中有亥山巳向等字與後世無異言葬之書多出唐代姑附天祐十三年後碑字確爲唐代晚季人手筆無疑　滿洲托活洛氏藏石

造彌陁龕并四至地址記 正書 無年月　四川

沙彌尼淸眞殘塔銘 沙門季良撰淑正書 無年月石存前截

雙栢行詩 周傳誦撰□人何袖之集晉王羲之行書 無年月碑文三層前後有倡和詩剝泐者多餘不備錄因唐人集右軍書刻碑者多疑亦唐人所爲

劒南東川節度使楊汝士五言和詩 正書 無年月在諸葛武侯祠堂碑陰第五層末段

侍御史皇甫湜游浯溪詠元結銘五言詩 正書 無年月當在大和間　湖南祁陽

□生一十二人造橋殘碑 正書 無年月　山東曲阜

西金城村創修功德院記 正書 庚戌年六月庚寅日 河南河內

廿五佛龕銘 沙門□□撰正書左行 無年月石已殘泐 四川

石溪庄元契四至記 正書 無年月 四川資州

張楊等殘造浮圖銘 正書書主魏嘉猷 無年月陶齋藏石記列目天祐十三年後 滿洲托活洛氏藏石

佛□□□准提陁羅尼咒幢 正書 無年月陶齋藏石記列目于天祐十三年後 滿洲托活洛氏藏石

佛頂尊勝陁羅尼經幢 正書 □□□□□廿三日上半截模泐 江蘇句容

佛頂尊勝陁羅尼經殘幢 正書 無年月首文云憶念此陁羅尼云云凡廿行行廿四字

佛頂尊勝陁羅尼經眞言殘幢 正書 無年月首行只有尼經眞言四字次行只有大唐京及詔譯等字

佛頂尊勝陁羅尼殘咒幢 沙門智甫正書 無年月存三面一面文爲造咒幢題名

佛頂尊勝陁羅尼殘咒幢 正書首云報三獲一菩薩云云凡十行 無年月

洞庭包山靈佑觀佛頂尊勝陁羅尼經幢記 正書 無年月在下截字蹟比經爲小多漫漶 江蘇吳縣

洞庭包山靈佑觀佛頂尊勝陁羅尼經幢 正書 無年月上截經下截記字多漫漶記文中有興子曾昌之運接武于咸通之時云云 江蘇吳縣

佛頂尊勝舍利陁羅尼經幢 正書朱隅等特爲清公大師建 無年月首面有特爲故講經論賜紫清公大師建舍利陁羅尼經幢廿字

佛頂尊勝陁羅尼經幢 正書唐從建 無年月碑文共三截上經中佛象下題名并建經幢頌

佛頂尊勝陁羅尼經殘幢 正書 無年月首云院主僧志因云云凡二十行

陁羅尼經大威德最勝金輪三昧咒幢 正書 無年月首面有佛說大佛頂如來放光悉怛多大神力都攝一切咒王陁羅尼經大威德最勝金輪三昧咒品上上三十八字正書四行行十字末行八字

洞庭西山寺佛頂尊勝陁羅尼經幢 正書陸榮造 無年月 江蘇吳縣

佛頂尊勝陁羅尼經殘幢 正書 無年月凡十五行行二十五字

佛頂尊勝陁羅尼經殘幢 正書 無年月字小如豆經幢中罕見每行約九十六七字

佛頂尊勝陁羅尼經殘幢 正書首云呢法郎說咒曰云云凡五十三行 無年月

佛頂尊勝陁羅尼經幢 正書 無年月首面額上有奉爲皇帝造幢六字經幢首面額上刻字如此類者孫氏置于開元之末此亦同時所立

佛頂尊勝陁羅尼經幢 正書 無年月碑文上橫列願國界安寧法輪□轉一切有情同霑利益十七字

佛頂尊勝陁羅尼經幢 周德正書仙溪里徐師範建 無年月石缺上截

佛頂尊勝陁羅尼經幢 正書母爲亡女造 無年月

佛頂尊勝陁羅尼經幢贊文 正書焦重慶等爲亡父造 無年月在母爲亡女造經幢末截後行

佛頂尊勝陁羅尼咒幢 正書 無年月首面有佛頂尊□陁羅尼六字

華藏寺佛頂尊勝陁羅尼經殘幢 正書 無年月道光十二年夏寺僧得于太平門內本寺菜園內土中 浙江錢唐

佛頂尊勝陁羅尼經殘字 尚書戶部郎中通判涿州軍事□□□等造沙門圓規正書 無年月碑末刻背計一千九百四十□□ 滿洲托活洛氏藏石

佛頂尊勝陁羅尼經幢 正書蒼□□娘子建 □□□□四月五日

佛頂尊勝陁羅尼經幢 正書 無年月

佛頂尊勝陁羅尼經幢 正書 無年月字已漫漶難辨

佛頂尊勝陁羅尼咒幢 正書 無年月

東隱菴佛頂尊勝陁羅尼經幢 正書李師簡建 □□□年二月廿七日

佛頂尊勝陁羅尼經幢 正書 無年月

開元寺佛說六門陁羅尼經幢 正書 無年月在佛頂尊勝陁羅尼經幢前面是幢本八面刻但不知此在何面 陝西隴州

天甯寺佛頂尊勝陁羅尼咒幢 正書 無年月 浙江歸安

佛頂尊勝陁羅尼咒 高岑正書 無年月

佛頂尊勝陁羅尼經幢 正書焦重慶建

佛頂尊勝陁羅尼咒幢 正書陳志心妻米七娘等建 無年月

佛頂尊勝陁羅尼經幢 正書 無年月中段數截字多漫漶

佛頂尊勝陁羅尼經幢 正書 無年月

佛頂尊勝陁羅尼經幢 正書 無年月首面有佛像一尊

嵩岳寺經幢 正書 無年月石已漫漶　河南登封

佛頂尊勝陁羅尼經殘幢 正書 無年月

佛頂尊勝陁羅尼經幢 正書 無年月六面文字蹟模泐

佛頂尊勝陁羅尼經幢 正書 無年月

佛頂尊勝陁羅尼經殘幢 正書首云照徹無不周遍云云凡十八行 無年月

佛頂尊勝陁羅眞言幢 正書信佛女弟子劉氏建 無年月

佛頂尊勝陁羅尼經幢 正書 無年月

佛頂尊勝陁羅尼殘經幢 正書 無年月

殘經幢 正書首云輸提[illegible]薩婆云云凡十二行 □□□□□□十五日下有畫象

佛頂尊勝陁羅尼經幢 高岑正書 無年月

龍華寺殘經幢 正書 無年月上截殘經下截題名文云任門信女高妻于女希娘云云

續補寰宇訪碑録卷十五

盧江劉聲木十枝撰

唐

虞山□□寺金剛般若波羅蜜經幢 行書 無年月後有康熙二十四年二月海陽趙御衆題字行書　江蘇常熟

金剛經幢 正書 無年月

金剛般若波羅蜜經幢 正書馬賓建 無年月

金剛般若波羅蜜經 正書 無年月

金剛般若經 正書 無年月

佛說金剛般若波羅蜜經殘字 正書 無年月凡八行

金剛般若經 正書 無年月

无量義經 正書 無年月

大般涅槃經 正書 無年月　山西汾陽

靜方寺般若波羅蜜多心經幢 正書 無年月字蹟甚漫漶

佛說阿閦佛陁羅尼神咒經 正書 無年月

金剛般若經 正書 無年月

佛說隨求卽得大自在陁羅尼神咒幢 原註作隨求經正書 無年月

法今利塔造象偈 正書陽文 無年月佛座下文云諸法因緣生我說是因緣因緣盡故滅我作如是說云云

次付囑摩羅馱比丘第十九殘字 正書 無年月[illegible]十二字

風雨經殘字 正書 無年月碑文云或[illegible]云云凡二十行行廿一字　山西

陁羅尼咒 正書 無年月計二石一石文云□子衆寺云云凡十四行行廿一字一石文云右□生生云云凡十五行行廿字

靈寶黃帝中元天文 正書有篆額字 無年月閻齋藏石記列目唐末　滿洲托活洛氏藏石

靈寶黑帝王炁八文 正書有符籙字 無年月陶齋藏石記列目唐末　滿洲托活洛氏藏石

□□會□□大金剛慢說 八分書 無年月在佛𡀔心□大乘妙喝刊石千記碑額下截

佛頂心觀世音菩薩經幢殘字 正書 無年月只有一面中又斷

佛𡀔心□大乘妙喝刊石千記 八分書 無年月

五十唯識頌幢 正書 無年月

佛說般若波羅蜜多心經幢 正書 無年月碑文因而刻

出林師子繼開口四句偈語 正書 無年月

□□皿經轉不轉品第五十六卷第二十五 正書 無年月陶齋藏石記列目於天祐十三年後　滿洲托活洛氏藏石

靈寶赤帝練度五仙安靈鎮神三炁天文石刻 梵書首行題字正書 無年月

佛說阿閦佛陁羅尼神咒經後記 正書 無年月後有都料匠孫普全六大字

陁波利殘經 正書 無年月

可畏殘經 正書首行可畏云云 無年月

妙法蓮花經 正書 無年月經無首尾疑拓本未全非石泐也

往生□□眞言 李志明正書並建 無年月刊於石柱

達囉尼經咒 正書 無年月

大威德熾盛光眞言幢 正書信佛女弟子劉氏題 無年月刻於石柱

焦山羅漢崖一切有爲法語 正書 無年月　江蘇丹徒

心中心呪 正書 無年月

一切佛心呪 正書 無年月

龍興觀道德經 正書 無年月　直隸易州

千臂千眼觀世音菩薩陁羅尼經幢 李心明建并正書 無年月凡八列下四列字跡漫漶

般若波羅蜜經 正書 無年月

佛說金剛般若波羅蜜經 正書 無年月

大乘瑜伽金剛性海曼殊室利千臂千鉢大教王經 正書 無年月

千臂千眼觀世音菩薩陁羅尼大身眞言 李志明正書并建 無年月刊於石柱碑文有李志明發心鐫寫云云

華嚴經 八分書 無年月

維摩詰所說經 八分書 無年月一名不可思議解脫佛國品

无量義經 正書 無年月

承天寺南無大方廣佛華嚴經 正書 無年月

大乘瑜伽金剛性海曼殊室利千臂千鉢大教王經四 正書凡十行行字至十五字 無年月　滿洲托活洛氏藏石

佛說隨求即得大自在陁羅尼神咒幢 正書 無年月

淨口業眞言 正書 無年月在佛說觀世音經前截

佛說觀世音經 正書 無年月

發願文 正書 無年月在佛說觀世音經後截

大乘瑜伽金剛性海曼殊室利千臂千鉢大教王經一 正書 無年月　滿洲托活洛氏藏石

佛說阿閦佛陁羅尼神咒經幢 正書 無年月在隨求經後

妙法蓮花經 正書 無年月

大方廣佛華嚴經 正書 無年月

瑜伽金剛性海曼殊室利千海千鉢大教王經六 正書凡十一行行十三字至十七字 無年月　滿洲托活洛氏藏石

般若波羅蜜多心經眞言 正書凡四語 無年月刊在雲麾將軍張詵夫人樊氏墓志銘後文凡二行　河南洛陽

隴西郡陁羅尼殘咒 正書 無年月　滿洲托活洛氏藏石

般若波羅蜜經殘字 正書 無年月碑文云修治般若波羅蜜云云凡十六行行廿三字

大方廣佛華嚴經卷第一殘字　正書　無年月碑文云欽喜發道意云云凡十二行行十四字

東安寺大方廣佛華嚴經菩薩問難品第六　正書　無年月

殘經幢　正書首云□方□云云凡十四行　無年月字跡類唐碑

殘經幢　正書首云空中行云云凡十行　無年月類唐碑

殘經幢　正書首云長二丈四尺云云凡十二行　無年月類唐碑

經殘字　正書　無年月首文云諸佛正遍云云凡三石三十行每行約十三四字

佛經殘碑　八分書　無年月碑文首云第一會宗戒云云凡三十五行行五十八字

佛經殘碑　八分書　無年月碑文首云貞足妙玄德云云凡五行行三十五字

佛經殘碑　八分書　無年月碑首文云淨水莫深云云凡五行行三十五字

佛經殘字　正書　無年月凡二石一石碑文云卽是阿耶云云凡十九行一石碑文云復如是智慧云云凡十八行

佛經殘字　正書　無年月碑文云自在菩薩云云凡三十一行行二十一字不等

佛經殘字　正書　無年月碑文云若常信奉於尊法云云凡十六行行五十五字下截泐

佛經殘字　正書　無年月碑文云夜菩提夜菩馱夜云云凡四行行七字

佛經殘字　正書　無年月碑文云提夜菩云云凡五行行七字

經幢殘字　正書分三段刻上段餘字甚少中段首文云養馬七日云云凡七行行十七字下段餘字三四十字蹟甚秀美的爲唐刻　無年月

佛經殘字　正書首云假使云云凡四行　無年月　四川

佛經殘字　正書首云假使千百云云凡四行　無年月　四川

經幢殘字　正書首行云漏諸佛云云凡二石七行　無年月

經幢殘字　正書首云在在處處云云凡七行　無年月

經幢殘字　正書首文云人元念想云云凡九行　無年月石碎爲三

經咒幢殘字　正書　無年月一面文云哩嚩日囉云云一面文云韈囉惹野云云一面文云他娑囀祖云云

經咒幢殘字　正書　無年月首文云抳戍馱野云云凡二行七字

經幢殘字　正書　無年月首文云屈何以故云云凡八行行五十七字

經幢殘字　正書　無年月碑文二截上截文云圀云窮滅度後一切云云凡四行行十八字下截文云資山□用云云凡四行行七字

經幢殘字　正書首文云卽是阿耶云云凡十九行　無年月

佛經殘字　正書首文云諸法藏行云云凡八行行八字　無年月陶齋藏石記列目於天祐十三年後　滿洲托活洛氏藏石

佛經殘字　正書首文云耶波羅云云凡五行行三字至六字　無年月　滿洲托活洛氏藏石

佛經殘字　正書首文云在爲亡云云凡三行行八字　無年月　滿洲托活洛氏藏石

佛經殘字　正書首文云是佛云云凡七行行二字至六字不等　無年月陶齋藏記列目於天祐十三年後　滿洲托活洛氏藏石

佛經殘字　正書首文云生死云何云云凡五行行三字至八字不等　無年月陶齋藏石記列目於天祐十三年後　滿洲托活洛氏藏石

佛經殘字　正書首文云嶽之祟云云凡九行行六七字　無年月　滿洲托活洛氏藏石

佛經殘字　八分書首文云有稽首禮云云凡八行行四五字不等　無年月　滿洲托活洛氏藏石

佛經殘字　八分書首文云華菩提樹云云凡八行行四字至十四字不等　無年月陶齋藏石記列目於天祐十三年後　滿洲托活洛氏藏石

佛經殘字　正書首文云前覺之云云凡十二行每行三四字至七八字不等　無年月　滿洲托活洛氏藏石

佛經殘字　正書首文云者此論則壞云云凡十六行半每行字多者十二三字少者八九字不等　無年月陶齋藏石記佛經殘石十七段列目於天祐十三年後此石所存字數與藏石記所載第十七段相等亦小有出入不知是一是二也　滿洲托活洛氏藏石

佛經殘字　正書首文云死不可得云云凡五行行七字　無年月陶齋藏石記列目於天祐十三年後　滿洲托活洛氏藏石

佛經殘字　正書首文云切槃具云云凡五行行八九字不等　無年月　滿洲托活洛氏藏石

經幢殘字　正書首文云伏聞素公僧云云凡十八行行四五字不等字上有花紋蓋經幢中最上一段　無年月　滿洲托活洛氏藏石

佛經殘字　正書首文云魔怨嶯諸外道云云凡十五行半每行十六七字不等　無年月　滿洲托活洛氏藏石

佛經殘字　正書首文云之所見云云凡十五行每行十一二字不等　無年月　滿洲托活洛氏藏石

佛經殘字　正書首文云耶波羅云云凡五行行三字至六字不等　無年月陶齋藏石記列目於天祐十三年後　滿洲托活洛氏藏石

佛經殘字 八分書首文云菩薩心云云凡十六行每行二字至十二字不等 無年月 滿洲托活洛氏藏石

佛經殘字 正書首文云德優婆云云凡七行行三字至七字不等 無年月陶齋藏石記列目於天祐十三年後 滿洲托活洛氏藏石

佛經殘字 正書首文云明點慧利云云凡五行行二字至六字不等 無年月陶齋藏石記列目於天祐十三年後 滿洲托活洛氏藏石

佛經殘字 正書首文云內靜云云凡四行行五六字 無年月陶齋藏石記列目於天祐十三年後 滿洲托活洛氏藏石

佛經殘字 正書首文云定勝云云凡六行字多漫漶 無年月陶齋藏石記列目於天祐十三年後 滿洲托活洛氏藏石

佛經殘字 正書首文云與不生云云凡七行行二字至七字不等 無年月陶齋藏石記列目於天祐十三年後 滿洲托活洛氏藏石

經幢維那壬欒天祐等殘題名 正書凡九行行十二三字不等 無年月 滿洲托活洛氏藏石

佛經殘字 正書首文云巳自乞云云凡七行行三字至六字不等 無年月陶齋藏石記列目於天祐十三年後 滿洲托活洛氏藏石

佛經殘字 正書首文云也夫米粟者云云凡八行行四字至六字不等首三行字蹟漫漶 無年月 滿洲托活洛氏藏石

佛經殘字 正書首文云佛言世尊云云凡四行行四字至六字 無年月 滿洲托活洛氏藏石

佛經殘字 正書首文云憂宅中云云凡三行行三字至六字 無年月 滿洲托活洛氏藏石

佛經殘字 正書首文云向上云云凡十行行二字至九字 無年月 滿洲托活洛氏藏石

佛經殘字 正書首文云聲明云云凡五行行二字至九字 無年月 滿洲托活洛氏藏石

佛經殘字 正書首文云如是知云云凡十六行行三字至十一字 無年月字蹟頗類北齊及隋書 滿洲托活洛氏藏石

佛經殘字 正書首文云何以故云云凡九行行三字至七字 無年月 滿洲托活洛氏藏石

佛經殘字 正書首文云是諸菩薩云云凡四行行七八字 無年月 滿洲托活洛氏藏石

佛經殘字 正書首文云寶不高云云凡七行行四字至六字 無年月 滿洲托活洛氏藏石

佛經殘字 正書首文云惡道中云云凡二行行七八字 無年月 滿洲托活洛氏藏石

佛經殘字 正書首文云燒不來云云凡十三行行三字至九字 無年月 滿洲托活洛氏藏石

佛經殘字 正書首文云覩照聖行云云凡十行行十七字 無年月 滿洲托活洛氏藏石

佛經殘字 正書首文云他高稼云云凡四行行六字至八字 無年月 滿洲托活洛氏藏石

佛經殘字 八分書首文云當於何求云云凡七行行二字至四字 無年月 滿洲托活洛氏藏石

佛經殘字 正書首文云欲留云云凡八行行二字至六字 無年月 滿洲托活洛氏藏石

佛經殘字 正書首文云他造惡云云凡五行行三字至六字 無年月 滿洲托活洛氏藏石

佛經殘字 正書首文云郁若子云云凡五行行三字至六字 無年月 滿洲托活洛氏藏石

佛經殘字 正書首文云于衣服中云云凡三行行七八字 無年月 滿洲托活洛氏藏石

佛經殘字 正書首文云罪除滅云云凡五行行四字至六字 無年月 滿洲托活洛氏藏石

佛經殘字 正書首文云菩提心者云云凡四行行四字至九字 無年月 滿洲托活洛氏藏石

佛經殘字 正書首文云四禪目尤畏云云凡四行行三字至六字 無年月 滿洲托活洛氏藏石

佛經殘字 正書首文云如相郎是云云凡五行行二字至五字 無年月 滿洲托活洛氏藏石

佛經殘字 正書首文云時衆生云云凡八行行六字至七字 無年月陶齋藏石記列目天祐十三年後聲木按此種字蹟極似隋代與他種異 滿洲托活洛氏藏石

佛經殘字 正書首文云樂辟如明云云凡六行行四字至九字 無年月 滿洲托活洛氏藏石

佛經殘字 正書首文云爲待其云云凡三行行三字至七字 無年月 滿洲托活洛氏藏石

佛經殘字 正書首文云不得沒云云凡六行行三字至五字 無年月 滿洲托活洛氏藏石

佛經殘字 正書首文云應到若有云云凡六行行五字至七字 無年月 滿洲托活洛氏藏石

佛經殘字 正書首文云以故人佛三昧云云凡十三行行七字至十字 無年月陶齋藏石記列目於天祐十三年後 滿洲托活洛氏藏石

佛經殘字 正書首文云應作水云云凡十行行二字至九字 無年月 滿洲托活洛氏藏石

佛經殘字 正書首文云立空大空云云凡六行行六七字 無年月 滿洲托活洛氏藏石

佛經殘字 正書首文云爲緣所生云云凡八行行四字至九字 無年月 滿洲托活洛氏藏石

佛經殘字 正書首文云與不生云云凡八行行三字至九字不等 無年月陶齋藏石記列目於天祐十三年後 滿洲托活洛氏藏石

佛經殘字 正書首文云明境界云云凡十行行三四字至九字不等 無年月陶齋藏石記列目於天祐十三年後 滿洲托活洛氏藏石

經幢殘字 正書首云聞見菩薩云云凡五行 無年月宣統元年山陰周肇祥養庵得於四川成都共七十二種攜歸安慶省城遭辛亥之亂散佚論其字蹟皆唐刻石 浙江山陰周氏藏石

經幢殘字 正書首云有比邱欲云云凡十行 無年月 浙江山陰周氏藏石

經幢殘字 正書首云德欲何所至云云凡十行 無年月 浙江山陰周氏藏石

經幢殘字 正書首云復有二種云云凡九行 無年月 浙江山陰周氏藏石

經幢殘字　正書首云悉得云云凡六行　無年月　浙江山陰周氏藏石
經幢殘字　正書首云大衆所謂云云凡十一行　無年月　浙江山陰周氏藏石
經幢殘字　正書首云羅漢人皆得做云云凡七行　無年月　浙江山陰周氏藏石
經幢殘字　正書首云五百云云凡七行　無年月　浙江山陰周氏藏石
經幢殘字　正書首云說衆生佛云云凡五行　無年月　浙江山陰周氏藏石
經幢殘字　正書首云菩薩摩訶云云凡十一行　無年月　浙江山陰周氏藏石
經幢殘字　正書首云色非无色云云凡十行　無年月　浙江山陰周氏藏石
經幢殘字　正書首云方佛國佛云云凡十二行　無年月　浙江山陰周氏藏石
經幢殘字　正書首云發大悲滅云云凡九行　無年月　浙江山陰周氏藏石
經幢殘字　正書首云故不生共云云凡十行　無年月　浙江山陰周氏藏石
經幢殘字　正書首云嚴受持一切云云凡十二行　無年月　浙江山陰周氏藏石
經幢殘字　正書首云因白佛云云凡八行　無年月　浙江山陰周氏藏石
經幢殘字　正書首云會乎爈務云云凡七行　無年月　浙江山陰周氏藏石
經幢殘字　正書首云其地衆云云凡六行　無年月　浙江山陰周氏藏石
經幢殘字　正書首云屬心星人云云凡七行　無年月　浙江山陰周氏藏石
經幢殘字　正書首云陁羅尼佛言云云凡八行　無年月　浙江山陰周氏藏石
經幢殘字　正書首云無言菩薩云云凡七行　無年月　浙江山陰周氏藏石
經幢殘字　正書首云爲洲皆悉斷滅云云凡九行　無年月　浙江山陰周氏藏石
經幢殘字　正書首云猶如猛火焚燒云云凡六行　無年月　浙江山陰周氏藏石
經幢殘字　正書首云神力故諸云云凡十行　無年月　浙江山陰周氏藏石
經幢殘字　正書首云[illegible]生所以不能識云云凡十行　無年月　浙江山陰周氏藏石
經幢殘字　正書首云生[illegible]見世云云凡十三行　無年月　浙江山陰周氏藏石
經幢殘字　正書首云志究竟故云云凡十三行　無年月　浙江山陰周氏藏石
經幢殘字　正書首云命終時無云云凡九行　無年月　浙江山陰周氏藏石

經幢殘字　正書首云一切毀[illegible]欲界衆生云云凡九行　無年月　浙江山陰周氏藏石
經幢殘字　正書首云衆生慈見菩薩云云凡五行　無年月　浙江山陰周氏藏石
經幢殘字　正書首云音聽云云凡十一行　無年月　浙江山陰周氏藏石
經幢殘字　正書首云諸[illegible]世[illegible]云云凡九行　無年月　浙江山陰周氏藏石
經幢殘字　正書首云住無所住云云凡七行　無年月　浙江山陰周氏藏石
經幢殘字　正書首云無量名云云凡九行　無年月　浙江山陰周氏藏石
經幢殘字　正書首云[illegible]闇云云凡五行　無年月　浙江山陰周氏藏石
經幢殘字　正書首云觸[illegible]云云凡六行　無年月　浙江山陰周氏藏石
經幢殘字　正書首云十六分中一云云凡五行　無年月　浙江山陰周氏藏石
經幢殘字　正書首云飲食臥具云云凡七行　無年月　浙江山陰周氏藏石
經幢殘字　正書首云空願藏云云凡八行　無年月　浙江山陰周氏藏石
經幢殘字　正書首云猶如西云云凡七行　無年月　浙江山陰周氏藏石
經幢殘字　正書首云波羅云云凡五行　無年月　浙江山陰周氏藏石
經幢殘字　正書首云一一寶憶云云凡八行　無年月　浙江山陰周氏藏石
經幢殘字　正書首云邊梨車子云云凡六行　無年月　浙江山陰周氏藏石
經幢殘字　正書首云蜜不織不云云凡七行　無年月　浙江山陰周氏藏石
經幢殘字　正書首云軻垢罪云云凡六行　無年月　浙江山陰周氏藏石
經幢殘字　正書首云子我雖知云云凡六行　無年月　浙江山陰周氏藏石
經幢殘字　正書首云音海今復値云云凡八行　無年月　浙江山陰周氏藏石
經幢殘字　正書首云是隨其云云凡四行　無年月　浙江山陰周氏藏石
經幢殘字　正書首云有緣思生于見云云凡六行　無年月　浙江山陰周氏藏石
經幢殘字　正書首云修相云云凡七行　無年月　浙江山陰周氏藏石
經幢殘字　正書首云知足既知足云云凡七行　無年月　浙江山陰周氏藏石
經幢殘字　正書首云上無閒流云云凡九行　無年月　浙江山陰周氏藏石

經幢殘字正書首云定智惠□云云凡十一行無年月　浙江山陰周氏藏石
經幢殘字正書首云學□爲受云云凡七行無年月　浙江山陰周氏藏石
經幢殘字正書首云三藐三菩提云云凡七行無年月　浙江山陰周氏藏石
經幢殘字正書首云有一男子云云凡四行無年月　浙江山陰周氏藏石
經幢殘字正書首云悉無有云云凡六行無年月　浙江山陰周氏藏石
經幢殘字正書首云知識爲云云凡八行無年月　浙江山陰周氏藏石
經幢殘字正書首云苗是云云凡七行無年月　浙江山陰周氏藏石
經幢殘字正書首云□波羅蜜多云云凡七行無年月　浙江山陰周氏藏石
經幢殘字正書首云不出云云凡六行無年月　浙江山陰周氏藏石
經幢殘字正書首云法住實際虛空界云云凡十行無年月　浙江山陰周氏藏石
經幢殘字正書首云爲作云云凡六行無年月　浙江山陰周氏藏石
經幢殘字正書首云幾大阿云云凡八行無年月　浙江山陰周氏藏石
經幢殘字正書首云羅蜜多教脩有云云凡十行無年月　浙江山陰周氏藏石
經幢殘字正書首云一咕吒云云凡四行無年月　浙江山陰周氏藏石
經幢殘字正書首云知般若波云云凡十三行無年月　浙江山陰周氏藏石
經幢殘字正書首云此神主護云云凡五行無年月　浙江山陰周氏藏石
經幢殘字正書首云得何況有彼云云凡六行無年月　浙江山陰周氏藏石
經幢殘字正書首云槃善云云凡十四行無年月　浙江山陰周氏藏石
經幢殘字正書首云經迦葉菩薩云云凡十三行無年月　浙江山陰周氏藏石
經幢殘字正書首云傷或元中云云凡十四行無年月　浙江山陰周氏藏石
靜方寺都維那道安造象正書無年月　山西汾陽
靜方寺□□郡開國公李□□殘造象正書無年月　山西汾陽
靜方寺兵部常選周甘□妻焚造象正書無年月　山西汾陽
佛弟子夫蒙士進等造象正書無年月橫列九層

佛弟子　婦宏運等造象正書無年月橫列九層
清信女楊公主爲亡夫祁文雅造象正書無年月字蹟尙端正石在龍門老龍洞　河南洛陽
女弟子馬氏爲如來重造象正書無年月文字模糊在弟子□□□造如來象上截　四川
佛弟子雷洪遷等造象正書無年月橫列八層
女弟子羅氏二娘造象正書左行□□□□十月四日　四川
女弟子林十一娘爲自身造象正書無年月

續補寰宇訪碑錄卷十六

盧江劉聲木十枝撰

唐

龍興寺佛頂尊勝陁羅尼經幢座密漸邦等題名 正書八面刻 無年月幢爲開成二年正月一日鄭徹等建 浙江錢塘

魯元翰等挈家遊此題名 正書 □□□□三月初九日

試太常寺協律郎官趙孫等碑陰題名 正書 無年月石上截爲明人磨去加刻行書十行

太子舍人皇甫繼宗等碑陰題名 正書 無年月

使持節驃騎大將軍□婁顧等碑陰題名 正書 無年月

殘碑并魯國曲如芬等題名 行書題名正書凡四石 無年月

崔寶德等石柱殘題名 正書 無年月 河南洛陽董氏藏石

司封郎中楊思謙等經幢題名 正書 無年月

□□郎裴元本等經幢題名 正書 無年月

開元寺石柱孫協泆等合家供養題名 正書 無年月 直隸正定

永慶禪院景善等經幢殘題字 □態正書李氏建 無年月

孟栅村施主孔進等經幢殘題名 正書 無年月凡十七行

樊□性等題名 正書 無年月 四川

南訓村買館屋契記村人闞宗等題名 正書 無年月在下截題名凡三列 河南濟源

馬仙等發願捨淨財江象題名 正書 無年月

岳一吾加刻題名 正書 無年月漫漶劣陋石在龍門老龍洞 河南洛陽

□□尉孟景仁等題名 正書 無年月

范氏張氏題名 正書 無年月字蹟頗似唐時人石在龍門老君洞繆目失載 河南洛陽

華岳廟太僕少卿兼太州別駕□□□題名 正書 無年月在告秦華府君祠廟文末行 陝西華陰

岱岳觀道士趙昌元等題名 正書左行 無年月在第二石側第四層 山東泰安

王弘嘉等題名 正書 無年月在唐昭應碑右上截

定山富陽令鄭暐題名 正書 無年月在盧綸題名後 浙江錢唐

定山監察御史李士□等題名 正書 無年月山陰陳廣寧搜得 浙江錢唐

陳旭泰等題名 正書 無年月在唐昭應碑右上截

岱岳觀三洞法師尹□□等題名 正書左行 無年月在第二石側第五層 山東泰安

開元寺石柱三門主版授懷州長史李師利等題名 正書 無年月 直隸正定

內常侍上柱國馮鳳翼等殘碑陰題名 正書 無年月

趙善□等殘題名 八分書 無年月

慶公碑陰戶部侍郎判度支蘇弁等題名 正書 無年月 山西安邑

北岳廟鄭懿等題名 正書左行 無年月在恆山祠碑陰 直隸曲陽

河南府參軍趙伉等題名 正書 □□□□正月八日 河南濟源

曈景臺塔感惡文并造象題名 正書 無年月 直隸房山

善人梁大成重施香亭題名 正書 無年月在舍利陁羅尼經幢後截末段

□□□□郡事殘題名 正書 無年月文凡五行中有□日修來□似箭飛等字

藥師畫象處士韋敬等貳拾壹人供養題名 正書左行 無年月在藥師象贊下截後段 河南河內

奉訓大夫□順州知州□□□等殘題名 正書 無年月

劉岳等題名 正書左行 無年月

經幢造象弟子周岳兒妻陳等合家來供養題名 正書 無年月在奉爲皇帝造幢字後

華嶽廟鄭縣丞鄭翊題名 正書 無年月在述聖頌右側王宥等題名上截三四行篆書之間　陝西華陰
施主嚴阿顯等殘題名 八分書 無年月
李孝瑞等殘題名 八分書 無年月
導師菩薩晉先等題名 正書 無年月在佛龕左右　滿洲托活洛氏藏石
押衙檢校太子賓客史□同等題名 正書 無年月在諸葛武侯祠堂碑陰第四層前段　四川成都
陳適中等題名 正書 庚子年十月二十六日
衡陽寺經幢賁棕等殘題名 正書 無年月　山東棲霞
六姨玉田榮氏男女等感怨文題名 正書 無年月在原文後截　滿洲托活洛氏藏石
劒南西川節度副大使武元衡等題名 正書 無年月在諸葛武侯祠堂碑陰第三層　四川成都

殘題記 正書 無年月磨泐大半在諸葛武侯祠堂碑陰第二層　四川成都
承天寺南無大方廣佛華嚴經柱南無多寶如來佛等名題字 正書 無年月
永鎮蜀眼李氷鑄題字 篆書 無年月
賜丁俛勅起屋立石勒碑題字 正書 無年月在後截碑文云前刺史丁公俛起屋立石勒碑云云　四川簡州
妙義供養題字 正書 無年月在造象後段石在龍門萬佛洞　河南洛陽
遊遨山東漢仙集留題洞天題字 正書 無年月在漢會仙友題字前後兩旁　四川簡州
入内内侍省内西頭供奉官余祺捨俸鎸觀音菩薩題字 正書 無年月
聖泉寺塔題字 正書 無年月字已剝泐不易辨識
因緣會遇殘字 正書首云假使千百云云凡四行 無年月

壠西等殘字 正書 無年月原碑下截存殘字四行僅有五字陶齋藏石記失載　滿洲托活洛氏藏石
邑義周明月等題名殘字 正書 無年月凡五行行八字
仏弟子智威等題名殘字 正書 無年月凡五行行十七字
仝母劉氏等題名殘字 正書 無年月凡六行行廿七字
經幢並題名殘字 正書凡四石首行云尊者云云 無年月
荆山殘字 正書 無年月首行文云荆山屬云云凡七行陶齋藏石記列目于天祐十三年後即以首二字爲標題　滿洲托活洛氏藏石
王家仕殘字 正書首文云勤于云云凡十五行行一二三字至五字 無年月字蹟雖殘缺漫漶而工整實類衞景武等碑　滿洲托活洛氏藏石
士閈等殘字 正書 無年月
廿八日道題等殘字 正書 無年月爲羅什法師悟玄序重刊磨去原文　滿洲托活洛氏藏石
淇園二大字 司馬均八分書 無年月　陝西褒城
魏王袞雪二大字 八分書 無年月　陝西褒城

嵒居水觀四大字 篆書 無年月
靈曜二字□ 八分書 無年月
考槃澗三大字 篆書 無年月
大吉和三字 八分書 無年月陶齋藏記未載　滿洲托活洛氏藏石

後梁

洛州河南郡穆君宏改葬合祔墓志銘 張峭撰正書 開平四年十月十七日原在直隸涿州　滿洲托活洛氏藏石
武順軍討擊副使俠馬將紀豐夫人牛氏合祔墓志銘 童鵬撰正書 開平四年十一月四日石藏周肇祥養芬家　直隸涿州　浙江山陰周氏藏石
𢇛建造院修佛殿功德記 正書 貞明六年九月廿五日　河南滎陽
佛頂尊勝陁羅尼經幢 正書 貞明六年九月廿五日吳繆失載　河南滎陽

後唐

懷州方市邑衆竪立生臺記 僧德徽撰和尚惠臻正書 長興三年正月廿五日在前截　河南河内

華岳廟河南府參軍崔恭總等岡謁淸廟題名 正書左行 泰二年十月二十三日泰 上原無淸字　陝西華陰

景村封四至碑 正書 無年月吳繆失載　河南河内

千手千眼觀世音菩薩大悲心陁羅尼 正書 無年月在中截　河南河内

佛頂尊勝陁羅尼眞言 正書 無年月在後截　河南河内

後晉

佛頂尊勝陁羅尼經幢 焦校正書吳賓等建 天福貳年八月廿八日　河南河内

金剛般若波羅蜜經 正書摩崖 天福三年四月十五日　河南河内

金剛經贊 正書摩崖釋希□撰 天福三年四月十五日在金剛經後截下有都料鄭延祚五字　河南河内

十力世尊經殘幢 正書 天福三年　滿洲托活洛氏藏石

超化寺舍利塔石香爐贊 僧繼莊正書僧法峰等造 天福六年四月八日　河南密縣

般若波羅蜜多心經幢 徐光裔正書王歸材等建 天福六年六月八日　浙江錢塘

弟子何承渥爲報父母恩造羅漢象 正書 天福九年七月七日　浙江錢塘

弟子胡敬安幷妻張氏造象 正書 天福九年七月十四日　浙江錢塘

弟子八娘造象 正書 天福九年中有甲辰二字　浙江錢塘

弟子沈承邽造象 正書 天福九年中有甲辰二字　浙江錢塘

集福延鴻禪院會遠爲自身保安造象 正書 天福五年中有甲辰二字　浙江錢塘

兩國都供院使李可言並妻張氏同造羅漢象 正書 天福九年十月　浙江錢塘

伏弟子陳邽保家眷平安捨淨財造羅漢象 正書 天福九年　浙江錢塘

弟子徐金爲自身造象 正書 天福九年中有甲辰記三字　浙江錢塘

□徒□弟子爲保安身位造象 正書 天福九年中有甲辰記三字　浙江錢塘

弟子徐仁秦贖爲身位及家眷造阿彌陁佛象 正書 天福九年中有甲辰記三字　浙江錢塘

女弟子黃十一娘爲自身造象 正書 天福九年後有甲辰記三字　浙江錢塘

弟子李仁遇爲亡妻達奚九娘造五身大同羅慶記 正書 天福九年中有甲辰二字　浙江錢塘

天龍軍副將潘彦並妻陳十二娘共造羅漢象 正書 天福九年中有甲辰記三字　浙江錢塘

弟子管軍察虞候何勝並妻姚二娘造羅漢象 正書 天福九年中有甲辰二字　浙江錢塘

陳大味約所林師支三人共造象 正書 □□□□四月　浙江錢塘

忠州刺史上柱國京地縣開國子食邑五百戸鄭仁安造羅漢象 正書 開運二年正月十七日　浙江錢塘

裝修摩騰大師眞身及金剛塔碑兩側 正書 碑陽開運二年三月十□日吳式芬據古録云側有田果王賓等題名是齊隋間刻細玩字跡吳氏之言甚確以無他考證姑依碑陽開運紀元　河南洛陽

女弟子朱四娘造羅一身象 正書 開運二年三月　浙江錢塘

弟子鍾延時造羅漢象 正書 開運二年四月一日　浙江錢塘

弟子鄧敬安楊彦等六人造象 正書 開運二年四月　浙江錢塘

女弟子彭城郡錢氏二娘造象 正書 開運二年五月五日　浙江錢塘

女弟子鴻陽縣君翟氏七娘造象 正書 開運二年五月五日　浙江錢塘

女弟子楊二娘爲母親朱二娘造羅漢象 正書 開運二年九月　浙江錢塘

弟子朱公示等造釋迦佛象 正書 開運二年十月十五日　浙江錢塘

扶夷侍衛都府虞候王安造羅漢象 正書 開運二年十月　浙江錢塘

女弟子王二十娘造羅漢象 正書 開運二年十月　浙江錢塘

弟子袁文鉉造羅漢象 正書 開運二年十月　浙江錢塘

弟子虞仁紹造羅漢象 正書 開運二年十月 浙江錢塘
弟子袁文璨造羅漢象 正書 開運二年十月 浙江錢塘
弟子莫仁威造羅漢象 正書 開運二年十月 浙江錢塘
男弟子楊□爲亡考楊十一郎造羅漢象 正書 開運二年十月 浙江錢塘
男弟子楊□造象 正書 開運二年十月 浙江錢塘
弟子慶□古爲亡妣俞氏夫人造羅漢象 正書 開運二年中有歲次乙巳字 浙江錢塘
奉國寺大德尼守忠爲自身保安造象 正書 開運二年中有乙巳歲記四字 浙江錢塘
滎陽郡潘氏爲自身造象 正書 開運二年 浙江錢塘
女弟子朱二娘爲亡夫楊中郎造羅漢象 正書 開運二年 浙江錢塘
□院徒弟傳原造如來象 正書 □□□□十月 浙江錢塘

弟子錢□沐等爲自身造象 正書 無年月 浙江錢塘
□娘等造象 正書 無年月 浙江錢塘
弟子虞一娘造羅漢象 正書 無年月 浙江錢塘
弟子□□爲亡妣潘氏造象 正書 無年月 浙江錢塘
女弟子宋□造羅漢象 正書 無年月 浙江錢塘
尼□□爲自身造象 正書 無年月 浙江錢塘
女弟子孫二十千造羅漢象 正書 無年月 浙江錢塘
□□郡君祝氏太夫人三十千造象 正書 無年月 浙江錢塘
弟子内殿□廂虞候鄒□爲保身位造象 正書 無年月 浙江錢塘
王□造象 正書 無年月石質粗字跡模糊 浙江錢塘
熾氏造象 正書 無年月中有甲字下泐大抵申辰年 浙江錢塘
弟子尼□果爲保安身位造象 正書 無年月 浙江錢塘

釋迦尊者一造象 正書 無年月 浙江錢塘
弟子釋迦尊者造象 正書 無年月 浙江錢塘
李□颺瞿州弟子造阿羅尊者象 正書 無年月 浙江錢塘
石屋洞弟子殘造象 正書 無年月 浙江錢塘
弟子金匡藝爲保安身位造象 正書 無年月 浙江錢塘
弟子沈宗並妻張氏二娘用安身位共造象 正書 無年月 浙江錢塘
弟子張福爲自身造象 正書 無年月 浙江錢塘
弟子沈宗爲亡妻程十娘造象 正書 無年月 浙江錢塘
弟子宋達爲自身造象 正書 無年月 浙江錢塘
女弟子徐余三娘造象 正書 無年月 浙江錢塘
弟子俞承爲保安身位造象 正書左行 無年月 浙江錢塘
弟子金馬都副將戴彥并妻沈一娘同發心造羅漢象 正書 無年月

弟子楊啓修爲保安造象 正書 無年月 浙江錢塘
弟子許珣造羅漢象 正書 無年月 浙江錢塘
弟子俞詢爲自身造象 正書 無年月 浙江錢塘
大德□歙爲自身造象 正書 無年月 浙江錢塘
集福迎鴻禪院積善大德尼興寶爲保安自身造象 正書 無年月 浙江錢塘
□國寺□子大師造象 正書 無年月 浙江錢塘
寶錢禪院尼淨超爲亡考亡妣造象 正書 無年月 浙江錢塘
女弟子河南郡呂周氏二十二娘造羅漢象 正書 無年月 浙江錢塘
集福延鴻禪院大德尼省登爲保安造象 正書 無年月 浙江錢塘
大慈白傳御緣造象 正書 無年月 浙江錢塘
尼道圓爲先師林院主造象 正書 無年月 浙江錢塘

弟子王万德造羅漢象 正書無年月 浙江錢塘

何廷堅幷妻陳氏十三娘造保狀身運象 正書無年月 浙江錢塘

弟子吳昌道造羅漢象 正書無年月 浙江錢塘

弟子王□幷妻徐三娘造象 正書無年月 浙江錢塘

弟子沈承𨛬造象 正書無年月 浙江錢塘

弟子張仁裕爲家眷保安造象 正書無年月 浙江錢塘

龍龕右二龍廟□□趙氏造羅漢象 正書無年月 浙江錢塘

夫郎司徒皇前妣王氏夫人造象 正書無年月 浙江錢塘

管軍廂虞張遇爲保安身位造象 正書無年月 浙江錢塘

羅裕捨淨財造羅漢象 正書無年月 浙江錢塘

弟子李德全爲亡考二郎造象 正書無年月 浙江錢塘

弟子錢□爲亡翁郎中亡婆會稽縣太君駱氏造象 正書無年月

山中弟子王何氏造象 正書無年月 浙江錢塘

弟子馮衍爲自身保安造象 正書無年月 浙江錢塘

弟子江廷濟並母親王十一娘妻夏六娘同發心造象 正書無年月 浙江錢塘

左軍兵馬使上柱國何廷堅爲保狀母親龔氏十一娘身運造象 正書無年月 浙江錢塘

弟子鄒延賓造象 正書無年月 浙江錢塘

尼淨堅爲保安自身造象 正書無年月 浙江錢塘

弟子宋仁佊爲亡妻錢氏造象 正書無年月 浙江錢塘

弟子俞年爲保安身位造象 正書無年月 浙江錢塘

女弟子朱一娘爲自身造象 正書無年月 浙江錢塘

妙山十二娘造象 正書無年月 浙江錢塘

女弟子俞中娘爲保安身位造象 正書無年月 浙江錢塘

東吳牟州萬造多羅尊者象 正書無年月 浙江錢塘

男志淸爲□妣段四十娘造象 正書無年月 浙江錢塘

弟子翁紹爲亡妣王二娘子造羅漢象 正書無年月 浙江錢塘

弟子□彥□並妻朱□娘爲亡妣邱氏二娘子造羅漢象 正書無年月 浙江錢塘

弟子秦邗等造象 正書無年月 浙江錢塘

弟子馬貴爲保安自身造象 正書無年月 浙江錢塘

弟子太史稷爲保安自身造象 正書無年月 浙江錢塘

西關巡檢將兼知鎭務粱安爲保安身位造象 正書無年月 浙江錢塘

弟子沈河等爲保安身位造象 正書無年月 浙江錢塘

石屋洞殘造象 正書無年月字跡剝泐只有筆畫可辨 浙江錢塘

弟子□□造象 正書無年月 浙江錢塘

隨駕都　將鄧仁蓋造天王幷□太子象 正書無年月 浙江錢塘

弟子羅億爲保安身位造象 正書無年月 浙江錢塘

應眞泉三字 正書無年月 浙江錢塘

後漢

孫思暢墓志銘 正書天福五年十一月十一日

弟子秦彥和爲父母親緣造羅漢象 正書乾祐元年五月三日 浙江錢塘

光祿寺佛頂尊勝陁羅尼經幢 正書王重威等爲父母造乾祐元年十一月四日 直隸磁州

光祿寺佛頂尊勝陁羅尼經幢銘 正書乾祐元年十一月四日在後截 直隸磁州

光祿寺經幢碑陰 正書 直隸磁州

光祿寺經幢碑兩側 正書 直隸磁州

郭張記之造象（正書 乾祐三年三月廿一日石在龍門萬佛洞繆目失載）——河南洛陽

朱□發心造觀音自在菩薩尊象記（正書 乾祐五年□月十日）——浙江錢塘

後周

多心經香臺記（張變淳造正書八面刻 廣順叁年閏正月玖日石在香泉寺内）——河南汲縣

多心經香臺記碑陰（正書）——河南汲縣

多心經香臺記碑兩側（正書）——河南汲縣

佛頂尊勝陁羅尼經幢（正書妻張氏爲夫建 顯德貳年拾月捌日）——山東商河

石佛寺殘題名（正書 宋顯德二年碑文僅有宋顯德二年立六字在台州郡城西門内當稱周而曰宋吳式芬攈古録云瞿木夫以爲宋人追刻之誤）——浙江臨海

開元寺淨一切惡道佛頂尊勝陁羅尼眞言幢（正書師比丘匡演等建 顯德五年二月三日申時）——山東惠民

開元寺宗主臨壇律大德瑯琊顔上人幢子記（劉蟠撰僧處辭正書師比丘匡演等建 顯德五年二月三日申時在眞言後截）——山東惠民

四娘造四軀聖象（正書 顯德五年十一月一日）——浙江錢塘

前蜀

富義監□□□公造彌勒殿記（正書 武成元年四月十三日）——四川富順

寵衛右飛棹都都知兵馬使王建造三聖一龕象（正書 武成元年五月十五日）——四川富順

吳越

吳越國王錢弘俶造八万四千寶塔題字（正書 乙卯歲卽後周顯德二年僅存四行共二十字）

閩

左街白塔天王院比邱師幹等開義井記（釋廷敏正書 通文三年三月十八日）——福建侯官

崇妙保聖堅牢塔廔迁僊題名（行書 無年月在閩永隆三年堅牢塔記首行下截吳繆失載）——福建侯官

弟子閩王王亞澄并室中越國夫人蔡氏十三娘等造塔題記（正書 甲辰年正月十五日卽殷王延王政天德二年）——福建

戴君匡國燮理功臣萊國公李□並妻陳氏等題名（正書 無年月碑文題名十六人夫妻皆全他碑罕見碑文三十二行夫題名每行約四十字妻題名每行約七八字卽在本人後一行吳繆失載）——福建侯官

南唐

天寧寺無盡井泉記（正書朱□桑造 己巳年七月初八日卽北宋開寳二年蓋當時奉北宋正朔故但書甲子碑分三截上截碑額中截記下截光緒己丑郡人陸鼎翰題記）——江蘇陽湖

續補寰宇訪碑錄卷十七

盧江劉聲木十枝撰

北宋

千佛禪院院主智堅和尚塔記 正書 庚申歲二月九日即建隆元年 河南洛陽

佛說溫室說經 正書 建隆二年

八娘謹捨淨財造彌勒佛象記 正書 建隆四年七月 浙江錢塘

存古閣佛頂尊勝陁羅尼咒幢 正書李仁遜爲亡考建 乾德五年夾鍾月二十日後有記文三行 河南洛陽

沙門惠休詩 正書 無年月在乾德五年僧夢英十八體書江淹擬休上人詩右旁碑文云在文選中 陝西長安

郭忠恕達僧夢英書 正書 □□□□十二月二十五日在僧夢英十八體書江淹擬休上人詩左旁 陝西長安

贈宣義大師夢英詩 馬去飛等上袁允忠正書 無年月在乾德五年僧夢英十八體書江淹擬休上人詩首截 陝西長安

定州管內僧正廣汰大師賜紫瓊環舍利幢 劉甫英撰釋鴻振正書 乾德六年三月十六日 四川珙縣

秦輝並妻王氏造羅漢象 正書 開寶三年四月初十日 浙江錢塘

女弟子王氏卅七娘爲六男亡新婦造羅漢象 正書 開寶二年四月 浙江錢塘

上尉右街龍光禪院元寂禪師塔碑 韓熙載撰張藻八分書 開寶二年仲夏月 江西吉水

維郝呂兆等造象記 正書 開寶肆年拾月拾壹日碑文中有兂朿等字殊不可曉吳繆失載

呂兆造象碑兩側 正書 吳繆失載

佛頂尊勝陁羅尼即說咒幢 正書杜永訓建 開寶七載閏十月二十八日在前截首面上有佛象一傍 河南洛陽

尊勝幢記 張汝弼撰正書 開寶七載閏十月二十八日在後截 河南洛陽

飛白碑安光之題名 正書 太平興國三年正月十九日本原碑末

佛頂尊勝陁羅尼經幢 正書 太平興國七年四月壬戌首面有佛頂尊勝陁羅尼經幢九字正書三行行三字

安喜縣隱姓賣地四至記 正書 太平興國九年正月四日陶齋藏石記失載 滿洲托活洛氏藏石

張敬德墓志銘 行書 雍熙二年十月九日 滿洲托活洛氏藏石

武勝軍節愛秦用忠懿王錢俶墓志銘 慎知禮撰□守良正書 端拱二年正月十五日 河南洛陽

石牛洞殿中侍御史知軍州事趙孚等題名 正書左行 端拱二年三月二十一日 安徽潛山

重修北岳安天王廟碑陰 正書並八分書 碑陽淳化二年八月九日 直隸曲陽

安天王廟碑兩側 正書 直隸曲陽

安天王廟碑額陰 正書 直隸曲陽

承天寺佛頂尊勝陁羅尼咒西幢 正書王乘恕等建 淳化二載十一月 福建晉江

嶧山碑鄭文寶模刻題記 正書 淳化四年八月十五日 陝西長安

淳化四年篆書隴西字殘石 隴西二字篆書餘正書 淳化四年 滿洲托活洛氏藏石

孫葆長男光洽等題名 正書 無年月在淳化四年篆書隴西字殘石前截橫列凡十行行三四六字不等陶齋藏石記失載 滿洲托活洛氏藏石

寶意寺重修裝畫彌勒佛閣記 李德用撰楊霸文行書 至道三年九月十五日 陝西武功

佛頂尊勝陁羅尼咒幢 正書 咸平二年三日二十一日造幢名氏爲加刻皇帝萬萬歲五大字所掩 福建

咸平殘字 正書 咸平四年正月二十四日

華岳廟太常丞□□□殘題名 正書 咸平□年在咸平四年閏十二月十五日高紳等題名末行下截 陝西華陰

霖落香泉寺僧建塔記 正書 景德元年二月十五日石在香泉寺內 河南汲縣

霖落香泉寺施主維那張澄弟等題名碑 正書 無年月疑景德元年同時所立石在香泉寺內 河南汲縣

北岳廟殿前都虞候廣平郡開國公曹璨等奉勅祭祠題名 正書 景德二年九月二十七日在安天王廟碑陰三截首段 直隸曲陽

李冠留題靈巖寺詩 行書 景德四年 安徽廬江劉氏拓本

開元寺加句佛頂尊勝陁羅尼呪幢 林巽正書僧元紹等建 大中祥符元年三月五日 福建晉江

元聖文宣王加號詔 行書 大中祥符元年十一月一日在下截

元聖文宣王贊 真宗御製行書 大中祥符元年十月二十四日在上截

元聖文宣王贊並加號詔後記 正書 大中祥符元年十一月日在後截

北岳廟入內內侍省內侍高品朱元宗等設醮題記 正書 大中祥符二載四月二十五日在開元九年北岳府君廟碑右側上截 直隸曲陽

李氏栖先塋記助緣僧智全等重開石題記 正書 大中祥符三年九月十四日在首行下截 陝西長安

北岳廟推誠保節宣力翊戴功臣周瑩等三獻再題名 正書 大中祥符四年十月四日在安天王廟碑陰三截前段 直隸曲陽

至聖文宣王贊並加號詔 真宗御製王嗣宗行書 大中祥符五年八月二十二日二截刻 直隸正定

至聖文宣王贊並加號詔刻石題記 王嗣宗行書 大中祥符五年八月二十二日在末截 直隸正定

敕賜漢故隱士焦光明應公詔 陳騤正書 祥符六年二月四日崇禎八年比邱道存摹刻有魯直題記正書祥符即大中祥符省文 江蘇丹徒

北岳廟入內內侍省內侍高品張茂先齋醮記 正書 大中祥符六年十二月二十七日在安天王廟碑陰三截後段下層 直隸曲陽

華岳廟知永興軍□□□□將子孫謁祠題名 正書 □□□□□□二十三日武授堂考為王曙繆荃孫考為大中祥符七年 陝西華陰

華岳廟入內內侍省內侍高品等設醮記 張綽正書左行 大中祥符九年六月十三日 陝西華陰

彭城仲渥等同遊題名 正書左行 天禧元年三月十二日石在龍門樂芳窰 河南洛陽

榮州廣志寺平盧曹氏造大藏經碑銘 薄為撰正書 天禧元年十一月十日繆錄字跡方正頗似龍門石刻宋碑罕見 四川榮縣

重建榮黎山洞門亭子記 魯清撰八分書 天禧二年吳繆失載 四川榮縣

北岳廟內侍省內侍高品康玉諒建道場題名 正書 天禧四年十月三日在滈化二年安天王廟碑陰前截中段上層 直隸曲陽

王□□府耿佺妻宮氏等造象記 正書 乾興元年一月二□□□ 滿洲托活洛氏藏石

華岳廟內侍省內侍高品段徽明設醮記 正書左行末行行書 乾興元年二月十五日 陝西華陰

三班□職鹽西京□□務□□題名 正書左行 天聖二年三月二日石在龍門樂芳窰繆目失載 河南洛陽

華岳廟尚書虞部郎中劉巨川恭謁聖容題名 正書 天聖三年四月十三日在劉承構題名下截 陝西華陰

華岳廟太廟齋郎□□□題名 正書 無年月在天聖三年四月十三日劉巨川題名後 陝西華陰

承天寺加句靈驗佛頂尊勝陁羅尼咒東幢 正書僧體明等建 天聖三年六月二十三日 福建晉江

重修至德常寧觀記 高安撰趙綱行書 天聖五年九月九日 陝西寶雞

虎邱山點石岩覺石二字 篆書 無年月在天聖七年九月廿日王質等題名旁 江蘇吳縣

虎邱山點石岩石筍二字 篆書 無年月在天聖七年九月廿日王質等題名旁 江蘇吳縣

祖廟祝文四十四代孫孔勖等門人張宗益辭孔彥輔正書天聖八年三月七日　山東曲阜
虎邱山劍池章岷等調琴試茗題名正書無年月天聖八年八月廿二日虎邱山劍池給事中新知揚州朱巽等題名末有節度推官試校書郎章岷名氏碑文云章岷於此與同游試公調琴試茗云云必是一時之事已見孫録宋末無年月中　江蘇吳縣
開元寺加句靈驗佛頂尊勝陁羅尼咒幢正書僧智賢建天聖九年十月初一日　福建晉江
虎邱山章岷等調琴試茗題名正書無年月瞿木夫中溶考為天聖間　江蘇吳縣
石牛洞宮秩監伊府郭□□題名正書左行天聖□年五月日為熙甯四年二月四日張坦之等題名加刻所掩原文在張坦之等題名中截繆録失載　安徽潛山
石牛洞李咸等題名正書天聖壬申即明道元年　安徽潛山
陳堯佐杜曲別墅七言四韻詩釋惟悟正書景祐二年六月望日　陝西鄠縣
陳堯佐杜曲別墅詩後序王舜俞撰釋惟悟正書景祐二年六月望日在詩後截　陝西鄠縣

華岳廟□部侍郎杜衍自京兆謁廟題名正書左行景祐四年九月廿五日石裂為二年月日兩行在杜純題名之左　陝西華陰
青州佛寺記殘碑正書無年月端忠愍公方考為景祐年間所立　滿洲托活洛氏藏石
會眞宮种放詩刻□曼卿題名正書寶元三年正月廿五日在方元煥題名後　山東泰安
會眞宮种放詩刻唐異題名行書無年月在寶元三年正月廿五日□曼卿題名下　山東泰安
會眞宮种放詩刻□□□題名行書無年月在寶元三年正月廿五日□曼卿題名下　山東泰安
會眞宮种放詩刻𨯳餗題名八分書無年月在寶元三年正月廿五日□曼卿題名下　山東泰安
會眞宮种放詩刻山人林逋題名行書無年月在集賢校理宋綬題名下　山東泰安

會眞宮种放詩刻方元煥題名行書無年月在集賢校理宋綬題名後　山東泰安
會眞宮种放詩刻集賢校理宋綬題名行書無年月在韓退題記後　山東泰安
會眞宮种放詩刻李孝昌題名正書無年月在韓退題記末行下段　山東泰安
會眞宮种放詩刻稷山逸民韓退題記行書無年月在首截　山東泰安
會眞宮种放詩刻翰林學士李宗諤題名正書無年月在下截首行　山東泰安
會眞宮种放詩刻權□東嶽廟如正題名草書無年月在祕演題名後　山東泰安
會眞宮种放詩刻祕演題名正書無年月在黃有題名後　山東泰安
會眞宮种放詩刻胡宗回等題名正書無年月在上截首行　山東泰安
會眞宮种放詩刻關詠淸題名正書無年月在范仲淹題名下　山東泰安

會眞宮种放詩刻周同題名正書無年月在魏閑題名下　山東泰安
會眞宮种放詩刻孫森題名正書無年月在周同題名後　山東泰安
會眞宮种放詩刻范仲淹題名正書無年月在魏閑題詩後　山東泰安
會眞宮种放詩刻□山題名行書無年月在黃有題名下　山東泰安
會眞宮种放詩刻王珍題名正書無年月在□山題名下　山東泰安
會眞宮种放詩刻李全題名正書無年月在蘇子美題名下　山東泰安
會眞宮种放詩刻皇甫遘題詩草書無年月在□不疑題名後　山東泰安
會眞宮种放詩刻廣淵題名正書無年月在上截藍田題名下截蘇檻薩題名後　山東泰安
草堂寺王霽等題名正書左行後王壇等題名三日在唐定慧禪師碑陰上截中段　陝西鄠縣
會眞宮种放詩刻□人等題名正書無年月在上截劉一㝎題名後　山東泰安
會眞宮种放詩刻周用題名行書無年月在下截蔡襄飛白書再題名後　山東泰安

會眞宮种放詩刻李學詩題名　正書　無年月在上截□人等題名後　山東泰安
會眞宮种放詩刻□學河題名　正書　無年月在下截梅堯臣題名後　山東泰安
會眞宮种放詩刻歐陽修題名　正書　無年月在下截百歲翁陸卿肴等題名後　山東泰安
會眞宮种放詩刻蔡襄再題名　飛白書　無年月在嘉祐五年三月四日蔡襄題名下截　山東泰安
會眞宮种放詩刻張伯玉題名　正書　無年月在下截□學河題名後　山東泰安
會眞宮种放詩刻藍田題名　八分書　無年月在上截沈遘題名後　山東泰安
會眞宮种放詩刻沈遘題名　正書　無年月在上截李學詩題名後　山東泰安
會眞宮种放詩刻韓琦題名　正書　無年月在下截梅堯臣題名下　山東泰安
會眞宮种放詩刻梅堯臣題名　正書　無年月在下截周用題名後　山東泰安
會眞宮种放詩刻程戡題名　正書　無年月在上截劉一莊題名下　山東泰安
會眞宮种放詩刻□不疑題名　篆書　無年月在廣淵題名後　山東泰安
會眞宮种放詩刻蕭玉題名　行書　無年月在□不疑題名下　山東泰安
會眞宮种放詩刻楊傑題名　八分書　無年月在□不疑題名下　山東泰安
會眞宮种放詩刻蘇榲隂題名　正書　戊戌孟夏在下截張伯玉題名後　山東泰安
會眞宮种放詩刻劉一莊題名　正書　無年月在下截戊戌孟秋蘇加蔭題名後　山東泰安
會眞宮种放詩刻百歲翁陸卿肴等題名　正書　無年月在下截第三段　山東泰安
會眞宮种放詩刻黄有題名　草書　無年月在□晏卿題名後　山東泰安
會眞宮种放詩刻曹□題名　正書　無年月在下截韓琦題名後　山東泰安

攝山栖霞寺碑立石刻記　僧肅澄等記正書　康定元年三月十七日在末行　浙江仁和
齊山漫岩張瓌等題名　正書　康定元年九月朔日　安徽貴池
虎邱山沈兼等題名　仙夫題正書左行　慶歷二年十月十一日　江蘇吳縣
虎邱山建法堂題字　正書　慶歷三年仲冬月甲申日　江蘇吳縣
齊山漫岩建法堂題字　正書　慶歷三年仲冬月甲申日　安徽貴池
北岳廟知縣事何仁儼等奉郡牒祭告南郊題名　正書　慶歷四年八月十六日　直隸曲陽
在安天王廟碑陰三截中段
高麗寺佛頂尊勝陁羅尼經幢　正書　□□五年五月仲□聲木考爲北宋慶歷五年　浙江錢塘
會眞宮种放詩刻周越題記　草書　慶歷六年四月廿七日在下截首段　山東泰安
會眞宮种放詩刻杭詹山題名　草書　無年月在慶歷六年四月廿七日周越題記末行　山東泰安
下段

李岩爲父母造菩薩象　正書　慶歷六年六月廿八日　浙江歸安陸氏藏石
鼓山靈源洞黄子光等題名　正書　慶歷六年九月二十二日　福建閩縣
蘇才翁等題名　正書　慶歷六年冬至日
中書省修整峴山晉太傅羊祜廟使帖　正書　慶歷七年十一月六日在峴山石幢　湖北襄陽
濟州金鄉縣魚山莊維郝許從等造石香爐記　正書　慶歷八年三月二十六日　丁氏藏石
八面刻
鼓山董淵等題名　篆書　慶歷八年春　福建閩縣
草堂寺雙檜聯句五言古詩　李周等撰正書　慶歷中在前截　陝西鄠縣
石魚倡和七言律詩　劉忠順等撰恭士夔正書　皇祐元年五月十二日　四川涪州
張□□等石魚殘題記　正書　姚録無　無年月在皇祐元年石魚倡和詩劉忠順銜名上截字跡模糊　四川涪州
僅有張劉記等字可見蓋原文爲劉忠順等剷去刻自己詩吏當在北宋時

□公執殘題字 正書 姚錄無 無年月在皇祐元年石魚倡和詩第八行下截原文爲劉忠順等劃去 四川涪州
北岳廟順安軍判官仇公綽致享岳帝題名 正書 皇祐二年四月初二日在安天王廟碑陰四截前段 直隸曲陽
中岳廟碑側勾當人廟令趙演題名 正書 無年月在皇祐三年六月四日王珣琇等題名下截 河南登封
石牛洞□□□等擁火遊見唐李翺書題名 正書 皇祐三年九月十六日繆錄 安徽潛山
晉祠碑陰□禹錫題名 正書 皇祐三年生日在中截首下段 山西太原
□立之等謁昭烈祠題名 正書 辛卯季秋繆荃孫藝風堂金石文字目考爲皇祐三年在武侯祠碑右側下截 四川成都
壇山刻石李中祐題記 正書 皇祐五年四月二十一日 直隸贊皇

硯山石幢京西提點刑獄張遵等題名 王嘉錫正書 皇祐五年重九日 湖北襄陽
浯溪石州軍事推官事機宜武緯□等題名 正書 無年月在皇祐五年季春朔日 湖南祁陽
會眞宮种放詩刻李□題名 草書 無年月在皇祐六年季春高之齋題記末行下段狄青題名後 山東泰安
石牛洞提刑主客外郎陳奉古等題名 正書左行 甲午季春十二日卽至和元年 安徽潛山
石牛洞陳奉古等題名 正書左行 皇祐甲午三月二□□卽至和元年 安徽潛山
香泉寺縣令李越等題名 正書左行 至和元年六月十九日石在香泉寺內 河南汲縣
崇德寺前主事僧子爾等捨衣錢造香花橋題字 正書 至和元年七月十日 江蘇崑山
齊山漫岩董仲英等題名 正書左行 至和元年□月四日 安徽貴池

齊山定力窟太常少卿馬尋等題名 吳中復題正書 至和二年正月十九日 安徽貴池
齊山上清巖轉運使唐介等題名 正書 至和二年四月二十三日 安徽貴池
齊山寄隱亭殿中御史吳公等題名 章友卽題正書 至和二年十一月 安徽貴池
草堂寺呂□□題名 正書 □和二年□月□□日在唐定慧禪師碑陰三截中段曰吳二大字曰字下繆錄失載 陝西鄠縣
齊山寄隱巖郡守吳中復題名 □□直篆書 至和二年 安徽貴池
宋述侍父按部題名 正書左行 至和三年閏三月十六日至和無三年卽嘉祐元年石在香泉寺內 河南汲縣
齊山寄隱巖包拯等題名 正書 至和三年七月二十二日嘉祐改元在九月以前故九月以前仍稱至和 安徽貴池
齊山蕉筆岩任信之等題名 正書左行 嘉祐元年十二月二十七日 安徽貴池
尚書虞曹外郎知郡事武陶等遊石魚題名記 正書 嘉祐二年正月八日 四川涪州

尹罝題名 正書 無年月在沐澗魏夫人碑陰中截末段在潘旦等題名嘉祐丁酉八月字左 河南河內
齊山九鼎洞集仙洞三字 許聞義正書 嘉祐三年三月朔日 安徽貴池
後梁僧彥脩草書石刻司農少卿子丕緒題記 正書 嘉祐三年十月九日在第三石後截 陝西長安
唐府學裴說寄邊衣詩刻石題記 李丕緒題正書 嘉祐三年十月九日在第二石中截後段吳繆失載 陝西長安
齊山招隱巖祝熙載等題名 正書 無年月碑文中有許聞義名氏當在嘉祐三年許聞義任貴池令時事 安徽貴池
壇山刻石趙屋遷石題字 吳東正書 嘉祐四年七月望日 直隸贊皇
會眞宮种放詩刻蘇柵蔭題名 正書 戊戌孟秋在上截嘉祐五年三月四日蔡襄題名後

山東泰安

徐家市居住陳文政造開山和尚卯塔題名 正書 嘉祐五年孟秋四日 安徽桐城

倉頡碑額萬年朱吉打牌題字 正書 無年月在北宋嘉祐五年五月呂大忠等題名之後 陝西白水

石牛洞桑景舒等題名 王祐公題正書左行 嘉祐五年 安徽潛山

北岳廟衛尉寺丞司徒顏修觀祠下題記 正書 嘉祐六年七月二十二日在安天王廟碑陰首截中段上層 直隸曲陽

峴山石幢天章閣待制劉元瑜等遊山置酒賦詩題名 安宗彝正書 嘉祐六年十月四日 湖北襄陽

浮山石溪鎮居住弟子毛知遇開修諸岩洞道路題名 正書 嘉祐六年十二月日 安徽桐城

浮山提點淮南刑獄祠部郎中田棐等題名 正書 嘉祐六年十二月十八日 安徽桐城

浮山嵓主從廣勾當題名 正書 無年月在嘉祐六年十二月日毛知遇題名後 安徽桐城

石經孝經殘碑 篆正二體書 嘉祐六年石在開封圖書館 河南祥符

華岳祠上官輔等題名 正書 辛丑冬即嘉祐六年在後周華嶽廟碑十五行十六行字中間 陝西華陰

北岳廟鄭嗣宗專謁靈祠題名 正書 嘉祐六年在安天王廟碑陰三截後段上層 直隸曲陽

白革湖新修舍利塔院記 趙忭撰慎東美正書 嘉祐七年三月景寅碑末下截有勾當男逵重立等字吳繆失載 浙江龍遊

浯溪尚書職方員外郎楊冀七言律詩 正書左行有註 嘉祐七年九月十一日吳錄

湖南祁陽

孔羨碑張雅圭按圖題記 正書 嘉祐七年 山東曲阜

田穎靈巖寺白鶴泉詩 男遵道正書 嘉祐八年二月二十二日 安徽廬江劉氏拓本

濟州新蓮華漏用箭式 正書 嘉祐八年六月初四日在中截原石已佚

北岳廟縣尉盧良臣到任拜祠題名 正書 嘉祐八年十月十五日在安天王廟碑陰二截首段 直隸曲陽

齊山齊山二大字 包拯八分書 無年月□□□□□月知府□□□刻在後截 安徽貴池

忘歸石三大字 蔡襄正書 無年月

草書論 索靖撰蔡襄行書 無年月米澍摹刻米襄陽祠堂 湖北襄陽

濂溪先生愛蓮說 周子撰八分書 無年月 湖南道州

麻姑山仙壇記歐陽修題記 正書小字本 治平元年二月六日 江西南城

尚書虞部員外郎上騎都尉王正中墓表 外孫李偰記王鄰正書外孫李偶書諱子堦李鳳立石 治平元年六月二十七日 滿洲托活洛氏藏石

慈恩寺宋三題名 正書 無年月在治平元年六月三日北曹外郎盧鑑等題名末行下 陝西長安

寄薛郎中紹彭詩 米芾行書 治平元年九月廿四日在樞子城米襄陽祠堂中國朝康熙庚戌二十世裔孫廚以祖遺感帖摹刻廿八碣黃蔡趙七碣 湖北襄陽

皇帝萬萬歲五大字 正書 無年月在治平二年三月二十一日佛頂尊勝陁羅尼咒幢末段加刻原文之上 福建

太常博士三司推勘公事騎都尉張奕墓志銘 馬仲甫撰文呂希道正書 治平三年十月初三日繆錄拓本錄額如新係新出土者 江蘇無錫

韓琦題觀魚軒七言律詩 正書 無年月當在治平年

續補寰宇訪碑錄卷十八

廬江劉聲木十枝撰

北宋

軍事判官徐莊等觀石魚題名鄭階平篆書熙寧元年正月二十日　四川涪州

夏希道等游金谷巖題名正書熙寧元年三月十三乙酉吳繆失載凡六行行六字

晉祠碑側王安禮等謁祠題名正書熙寧元年三月十四日在右側上截　山西太原

慈恩寺中國公鄧鎮等題名正書左行無年月在北宋熙寧元年三月十八日都轉運使孫永
等題名後　陝西長安

浮山路璪等題名正書左行熙寧元年三月二十五日　安徽桐城

東鎮安公行宮廟碑姚吉甫男迪撰正書熙寧元年十月二十八日午時　滿洲托活洛氏藏石

行宮廟碑陰正書記信士芳名家口數目　滿洲托活洛氏藏石

隱賢巖記僧希岳刻石題字正書熙寧元年在記後　安徽桐城

萬年宮碑陰額王竦題名正書左行熙寧元年　陝西麟游

韓魏公狎鷗亭七言律詩正書戊申吳式芬攟古錄考爲熙寧元年詩首句云亭壓東池復
壞基云云凡八行行七字　河南安陽

銅石巖轉運判官周茂叔題名正書熙寧二年正月一日吳錄　廣東陽春

石牛洞晞尹等侍親遊此題名正書左行熙寧二年三月十九日繆錄　安徽潛山

石牛洞張景倹等題名正書左行熙寧二年四月八日繆錄　安徽潛山

安平縣君崔氏夫人墓志銘張吉甫撰張曜正書熙寧二年十一月癸酉吳繆錄　河南洛陽

石牛洞張坦之等題名正書左行熙寧四年二月四日繆錄　安徽潛山

鼓山呂百能等同遊題名正書熙寧四年仲夏二十五日　福建閩縣

齊山上崎巖郡太守鄭雍等題名劉述題正書熙寧四年仲冬朔日　安徽貴池

爲亡考□卿中都公亡妣郡君鄭氏追薦書佛語孤子呂升卿正書熙寧四年十一月廿一
日文云一切有爲法如夢幻泡影如露亦如電應作如是觀云云正書三行行七字末行六字

焦山羅漢崖□□□題名孤子呂升卿正書熙寧四年十一月廿一日在一切有爲法語後吳錄失載　江蘇丹徒

焦山羅漢崖□□□等題名正書無年月中有淨土同來等字在熙寧四年十一月廿一
日□□□題名下　江蘇丹徒

堯峯山寶雲寺寶雲大師塔銘葛□□撰張□□正書熙寧二年十二月在山頂寺內大殿後廊壁間未見
著錄　葉如蘭紱之訪得在道光壬辰年　江蘇吳縣

華嶽廟蔡抗等題名正書左行熙□辛亥臘月即熙寧四年　陝西華陰

唐興寺觀薔薇花詩民長李亘刊石題記男誨民正書熙寧五年正月旦日在後截　江蘇溧陽

唐興寺觀薔薇花餞陳明府五言律詩唐孟郊撰李誨民正書熙寧五年正月旦日民長李亘刊石在
前截嘉慶間錢塘陳曼生明府鴻壽作令時訪得　江蘇溧陽

熙春臺石筍唱和詩張紘等撰正書熙寧五年仲春　福建邵武

弓箭手王友等三人造象正書熙寧五年十月一日

齊山蕉筆巖張次宗等題名正書熙寧五年十二月春日　安徽貴池

北巖花蕋夫人費氏宮詞殘字正書無年月後有嘉慶十四年二月涪陵守北平李炘題
記云按通志涪郡古迹載王安國花蕋詩序此石當爲安國熙寧五年定蜀時所刻
又云嘉慶十三年冬偶于署之艮隅瞥見殘碣數寸將原石嵌之壁間云云

齊州二堂記曾鞏記正書熙寧六年二月己丑　山東臨淄

狼山觀音巖淮東轉運副使蔣之奇觀天祚題名正書熙寧六年四月十八日
繆錄　江蘇通州

晉祠碑陰王安修等同遊題名正書熙寧六年孟夏在中截第五段　山西太原

九曜石□彥先等再游題名正書無年月在熙寧六年中伏金君卿等題名前一行吳繆
失載　廣東南海

浯溪王家二男題名正書無年月在熙寧六年十月十九日柳應辰題名後文云王家二男寄

名石山保甲寅年生貴富命長云云語意費解

河東節度使潞國公文彦博等枋□題名並游枋□詩 男及甫正書 熙寧六年十二月十四日詩乃五言律 湖南祁陽

華嶽祠王弘嘉題名 正書 無年月在後周華嶽廟碑熙寧六年天章閣待制蔡延慶題名之下亦必同時之人故附之于熙寧末 陝西華陰

天和碑側吳則禮題名 正書 無年月在顏眞卿謁金天王神祠題記第四行下截 陝西華陰

石牛洞楊冲等題名 正書左行 熙寧七年正月八日 安徽潛山

趙鼎先聖手植檜詩 正書 熙寧七年正月廿四 安徽廬江劉氏拓本

□舜□先聖手植檜詩題詩 正書 熙寧七年正月廿日 安徽廬江劉氏拓本

九曜石□□□七言絶句詩 正書年日左行 熙寧七年上巳詩云花藥氛氲海上洲云云凡四行詩在上年日在下吳繆失載 廣東南海

夔州奉節縣令權幕通川黃覺等同觀石魚題名 正書 熙寧七年孟春二十九日 四川涪州

虎邱山朱長文題名 正書 熙寧七年中秋日 江蘇吳縣

烟霞洞佛手巖胡鎮等同遊題名 正書 無年月在熙寧七年十月廿五日魯有開題名右旁 浙江仁和

烟霞洞佛手巖瞿潁山等題名 正書 丁未年九月在熙寧七年十月廿五日魯有開題名左旁 浙江仁和

水齊至此題名 正書 熙寧七年 姚録無 四川涪州

浯溪尚書都官員外郎柳應辰大押字 熙寧七年 湖南祁陽

浯溪柳應辰大押字刻石題記 正書 熙寧七年在大押字上截右段 湖南祁陽

慈恩寺宋文卿題名 正書 無年月在北宋熙寧七年仲冬貳十貳日資政殿大學士趙抃等題名下 陝西長安

熙寧殘字 八分書 熙寧七年計二石一石文云杇棟云云凡三行行四字一石文云佳亭北建云云凡二行行四字

榮棃山慈雲寺山神祠封靈應侯勅牒 吳仲正書 熙寧八年十月日在上截 四川榮縣

石牛洞陳紘等題名 正書左行 熙寧九年寒食前一日 安徽潛山

峴山石幢太守孫頎等題名 正書 熙寧九年仲春十六日 湖北襄陽

榮棃山慈雲寺五龍池祠堂封會應廟勅牒 吳仲正書 熙寧十年四月二十八日在中截 四川榮縣

會眞宮种放詩刻石題記 譚述叙正書 熙寧十年月丙午日壬戌在末截 山東泰安

龐履溫碑陰廣平宋晅等題名 正書 無年月在熙寧十年七月三日鄭陶題記下截前段廣平宋晅四字于碑陰中凡兩見又見于上獲寶符建元之十四載冬孟哉生魄縣丞崔仲溮題記末行中段非一年事一爲再題名也 直隸元氏

龐履溫碑陰廣平宋晅題名 正書 無年月 直隸元氏

石牛洞□道濟等題名 正書 熙寧十年 安徽潛山

來高才等迎得白玉象三尊並起塔寺題記 正書 元豐元年二月二十三日在李次明造象碑陰 直隸青縣姚氏藏石

石牛洞王公輔題名 正書左行 元豐元年季冬壬子 安徽潛山

宗室贈定武軍節度觀察留後博陵郡公趙仲仮墓志銘 臣蔡確撰 臣張隆正書 元豐二年五月戊寅陶齋藏石記失載 滿洲托活洛氏藏石

昆陽城賦 蘇軾行書 元豐二年九月廿五日

齊山通囪處詹適道等題名 正書左行 元豐二年立冬日 安徽貴池

黃堯允等別于峴山亭題名 胡義修正書 元豐三年仲冬癸巳在峴山詩第六截 湖北襄陽

石牛洞蘇子平侍親來游題名 正書 元豐三年清明 安徽潛山

石牛洞韓正彦等謁覺寂塔題名 正書 元豐三年仲春丙午 安徽潛山

宗室贈定武軍節度觀察留後博陵郡公仲伋夫人劉氏墓志銘 臣章惇撰臣黃傑正書 元豐三年三月癸酉陶齋藏石記失載亦未見著錄蓋新出土又後得者碑文爲姦臣所撰字跡鋒穎如新 滿洲托活洛氏藏石 安徽廬江劉氏拓本

王臨送靈巖寺確公長老詩 正書 元豐三年八月廿五日 山西太原

晉祠碑陰龐京孫等同來題名 正書 元豐三年八月在中截第四段

峴山石幢黃堯允等留別題名 胡義修正書 元豐三年仲冬癸巳 湖北襄陽

石牛洞知軍州事楊希元挈家來游題名 正書 元豐四年三月清明日 安徽潛山

啓聖院眞身瑞象歷年記 正書 元豐四年五月 日在下截字小如豆

廬山東林寺碑米黻題名 正書左行 元豐四年十月十六日在原碑首行下截 江西星子

華岳廟李道昌同至謁祠題名 正書 辛酉重九郎元豐四年在元豐元年三月二十七日孫迥再謁題名前段 陝西華陰

石牛洞孫膺題名 正書左行 元豐五年三月十日 安徽潛山

巡檢史玠後至題名 正書左行 元豐五年季秋月二十九日在九成宮碑左側上截 陝西麟遊

動靜交相養賦 米芾行書 元豐壬辰按元豐無壬辰乃壬戌之訛即元豐五年

貞孃墓歌 米芾行書 元豐五年碑文原作壬辰蓋筆誤以戌爲辰也裔孫宋澍摹刻祠堂 湖北襄陽

鐘山峽通判袁州軍州事孫伋等同登題名 篆書摩崖 元豐六年九月九日 江西宜春

造人黨□脩石道題字 正書 元豐七年七月卅日石在龍門老龍洞 河南洛陽

洋州園池詩 蘇軾撰幷行書 元豐七年十月六日與中山松醪賦楚頌帖共二石每石五截刻在第一石幷第二石首截及次截前段 四川巴縣

權知涪州鄭顗等同觀題名 吳縝題正書 元豐九年二月七日在劉忠順等倡和詩十三四五六行空白處下截 四川涪州

石作王明題名 正書 無年月在元豐九吳縝題記銜名末行下截書甚拙當是後人所加 四川涪州

石牛洞□子淸等階至此題名 正書左行 元祐元年仲秋七日碑文中三人皆無姓以郡望代之子淸名上冠以南陽二字階如字亦異文 安徽潛山

晉祠碑陰龍圖閣學士曾布等禱雨題名 盧訥正書 元祐元年七月十三日在首截末上段 山西太原

齊山上淸巖傅燮等題名 正書左行 元祐元年十月十三日 安徽貴池

慈恩寺□君魯題名 正書 無年月在元祐元年閏二月五日張琬等題名左旁 陝西長安

慈恩寺□通祥題名 正書 無年月在張琬等題名年月日下 陝西長安

上淸宮詞碑陰 上截劉天師張與才跋行書下截廣徵子寄題終南山上淸太平宮詩草書 元祐二年二月 陝西盩厔

蘇軾七言絕句詩 行書 元祐二年春日首云春風寂寂夜寥寥云云凡七行 湖南邵陽

劉獻靖瑞石帖 正書年月二一篆書一八分書 元祐三年仲春

焦山寺十六題詩刻 比邱了元撰正書 元祐三年三月宏治九年比邱都綱等重摹本後有胡紀題記正書 江蘇丹徒

靈巖寺王撰登題名 正書 元祐三年孟夏初八日在唐大中八年四月廿日修方山證明功德記文中截掩刻其上在前截 山東長淸

北岳廟石幢劉燾敬拜祠庭徧讀題刻題名 正書左行 元祐三年八月二十一日在李元蘊等題名下截 直隸曲陽

知潤州楊傑奏乞旌表賜號吳季札疏 正書 元祐三年九月在延陵鎭季子墓碑右旁中截 江蘇丹徒

延陵鎭季子墓楊傑乞封疏 行書 元祐三年九月 江蘇丹陽

北岳廟承事郎張威自眞令謁祠題名 正書左行 元祐三年十月初十日在安天王廟碑陰二截中段 直隸曲陽

焦光徵君贊 蔡邕撰正書 元祐四年正月十二日比邱義偕等立石宏治九年比邱都綱等重摹本後有胡紀題記正書 江蘇丹徒
鼓山靈源洞錢公永等題名 林公濟題草書 元祐四年七月上休 福建閩縣
蘇軾等同遊天竺過麥嶺題名 正書左行 無年月考潛說友咸淳臨安志當在元祐五年二月此在西湖僻處人跡罕經尚是祖刻 浙江錢塘
石牛洞唐裝等奉親題名 正書 元祐五年三月中旬日 安徽潛山
宛亭卞留題靈巖寺詩 王璞正書 元祐五年三月二十八日 安徽廬江劉氏拓本
石牛洞葉祖治等題名 正書 元祐五年四月初十日 安徽潛山
石牛洞過人中子等題名殘字 正書 無年月在唐裝等奉親題名第三行之中爲加刻所掩繆錄失載 安徽潛山
石牛洞馮垓等題名 正書 元祐五年五月三日 安徽潛山
王文德兄弟四人爲母親眼暗造羅漢並菩薩象 正書 元祐五年七月初四日

修圜橋記 邢澤民題正書 元祐五年七月二十八日刻新鄉縣學記碑陰 河南新鄉
後魏孝文帝弔比干墓文碑陰記 吳處厚記林舍正書 元祐五年九月十五日依孫氏例兩存之孫氏錄入太和十三年應以錄入元祐五年爲允 河南汲縣
報恩顯慶院勅牒 勅行書牒正書有押字 元祐六年正月廿八日在前截 陝西咸陽
香泉寺晏安行等題名 正書 元祐六年三月初六日 河南汲縣
報恩顯慶院勅牒題記 蒲宗孟題正書 元祐六年四月丁酉在後截 陝西咸陽
華岳廟權知華州軍州陳知新禱雨題名 正書左行 元祐六年六月十日 陝西華陰
齊山寄隱巖毛漸攜家來遊題名 正書 元祐六年六月晦日 安徽貴池
洪駒父題名 正書左行 元祐六年八月十二日字跡漫漶吳錄失載
知軍州事楊嘉言等觀唐廣德魚刻並太和題記題名 正書 元祐六年□□望日 四川涪州

草堂寺雙檜聯句詩刊石題記 □處訥撰正書 元祐七年八月甲戌在後截 陝西鄠縣
壽昌縣君胡氏墓志銘 正書 無年月前截佚繆筱珊埜孫藝風堂金石文字目列目於元祐七年後
郡守姚珏等遊覽題名 正書 元祐八年正月中澣前一日 四川涪州
大佛崖劉松茂等同瞻古刻題名 正書左行 元祐八年六月一日吳失載 四川簡州
蘇軾靈巖寺詩 正書 元祐八年八月廿日 安徽廬江劉氏拓本
王珪直踐題名 正書 姚錄無 元祐九年正月十五日在皇祐元年石魚倡和詩六七行下截原文爲劉忠順等剷去 四川涪州
四至界石員碣殘字 正書 元祐年五月日首文云者也之人里言多云云凡七行行字數不等 滿洲托活洛氏藏石
華嶽廟□子發題名 正書 無年月考□子發即王震字當在元祐年 陝西華陰
香泉寺李師賢等題名 正書 紹聖元年孟夏二十七日石在香泉寺內 河南汲縣

昭仁寺張重題名 正書 紹聖元年七月庚戌在昭仁寺碑陰 陝西長武
金剛般若波羅蜜經 朱仲起正書 紹聖元年孟秋庚子日 江蘇句容
北岳廟孫敏行隨府罷任謁祠題名 正書左行 紹聖元年八月二十八日在安天王廟碑陰二截前段 直隸曲陽
公儀等還共山過六度寺爲棊酒會題名 正書左行 紹聖元年重陽後三日石在香泉寺內 河南汲縣
定慧寺歸去來兮辭 蘇軾行書 紹聖二年三月二日正統五年十一月初吉周忱摹刻 江蘇吳縣
金剛般若波羅蜜經後記 沙門從覺撰文張熹祥正書 紹聖二年四月日 江蘇句容
北岳廟石幢郭長卿等敬拜嶽祠偏讀題刻題名 正書 紹聖二年立秋日在薛延章等題名上截首段 直隸曲陽
李章留題草堂逍遙寺詩刻石題記 男百堅題正書 紹聖二年九月在後截 陝西鄠縣

草堂寺章悙題名僧□□立石題名正書紹聖二年十二月初八日在　截　陝西鄠縣
賢刼千佛名經胡祥正書李京等造紹聖三年五月□日　江蘇句容
賢刼千佛名經後記沙門惠清撰胡祥正書紹聖三年五月□日　江蘇句容
晉祠碑側𠂤括等督役新　題名正書紹聖三年七月初二日在左側第四截　山西太原
峴山石幢賀君儀等同餞畢之進題名正書紹聖四年二月五日在峴山詩第六截　湖北襄陽
石牛洞蘇子平等題名朱才元題正書紹聖四年閏二月廿日　安徽潛山
草堂寺范埴等題名正書左行丁丑仲夏廿二日繆荃孫考爲紹聖四年在唐定慧禪師碑陰上截 末段　陝西鄠縣
北岳廟新簿司説四能題名和叔正書左行紹聖四年季夏　直隸曲陽

充慶成軍使驍騎尉韓宗厚墓志銘朱光裔撰杜紘正書紹聖四年九月廿一日碑文　滿洲托活洛氏藏石
奉儁觀四至田賦無稅題字正書紹聖四年四月一日道士郭仲琚刊石在賀蘭栖眞畫 象後段　河南濟源
峴山魏道輔等俱至題名正書左行元符元年六月十日在峴山詩第六截　湖北襄陽
石牛洞富鈞奉親來遊題名正書元符二年正月九日　安徽潛山
瑞竹謠僧徒玘述正書元符二年正月十五日　安徽桐城
大乘寺僧智寅捨錢修井題字正書元符二年正月　安徽桐城
弟子張守贇等造釋迦羅漢石座題記比邱祖演記正書元符二年二月十五日　安徽桐城
□□□造象正書元符二年四月五日字跡漫漶碑文末有斯福二字其爲造象無疑在龍門 政洞繆目失載　河南洛陽
比干墓碑側石宋等題名正書左行元符二年九月十日　河南汲縣

符載等同遊□觀三相題名正書元符三年正月十八日
草堂寺□堅之等題名正書左行無年月在唐定慧禪師碑側元符三年二月李援等題名下截　陝西鄠縣
峴山石幢吳周卿等同來題名正書左行庚辰年二月六日按紹聖四年賀君儀等題名元符元年岑巖起等題名中均有趙德麟魏道輔等名則此庚辰年當爲元符三年無疑　湖北襄陽
蜀諸葛武侯祠堂碑陰馬中行等題名正書元符三年仲夏中澣日在諸葛武侯祠堂碑陰第三截末段繆吳失載　四川成都
三洲北巖蘇軾等自海南還來遊題名正書左行元符三年九月廿四日　廣東德慶
涪翁來題名正書元符三年　四川涪州
千峯五言古詩黃庭堅草書首云千峰�
五言律二詩黃庭堅行書建中靖國元年三月望日詩首句云千峯暎碧湘云云後有姚公　跋行書米澍摹刻米襄陽祠堂　湖北襄陽

祈澤寺趙昫得仲臧詩筆題記行書靖國元年仲秋七日靖國上原無建中二字在宣和 四年高逸上人詩後截　江蘇上元
大湖郈古榕樹吳亮題名正書建中靖國元年九月十九日在上截　福建閩縣
焦山浮玉㠧賀鑄等題名正書左行建中靖國元年九月　江蘇丹徒
靈巖寺涅槃經偈胡績宗等題名正書無年月在末截建中靖國元年十一月五日蔡 卞讀書經偈題字上段　山東長清
華嶽廟呂至山等朝謁題名正書左行無年月考爲建中靖國元年　陝西華陰
唐吳道子釋迦如來畫象讚吳道子筆蘇軾正書無年月在上截
蘇軾等同遊天竺過麥嶺題名正書左行無年月　浙江錢塘
蘇軾陽羨帖行書無年月在中山松醪賦後首云軾雖已買田陽羨云云行書八行　四川巴縣
峴山石幢范準夫等再登此山題名正書崇寧元年仲秋初三日　湖北襄陽

焦山胡元質等遊普濟禪院題名 正書 崇寧元年三月九日　江蘇丹徒

焦山浮玉嵓胡師文等題名 正書 崇寧元年三月九日　江蘇丹徒

光侯碑陰眉山邱常□題記 八分書 崇寧元年三月既望在上截　四川盧山

雅州盧山縣光侯碑陰 上截八分書下截正書　四川盧山

盧山縣樊侯碑陰前記 邱常䟦八分書 崇寧元年三月既望在上截　四川盧山

遊天台七言律三詩 米芾行書 崇寧元年五月首句云樹入天台石路新云云 高茂選摹刻祠堂後有䟦正書　丙午仲呂大梁

楊元永等來觀題記 賀致中正書 崇寧元年□□中澣　湖北襄陽

南山西上閤門使黄忱等凱旋宴樂題記 正書 崇寧元年十一月望日繆失載　四川涪州

靈巖寺涅槃經偈乇垣題名 正書 無年月在崇寧元年十一月齊迅刻石題字下　廣西宜山

　山東長清

靈巖寺涅槃經偈齊迅刻石題字 正書 崇寧元年十一月在末截　山東長清

全魏□撫粹公宿六度游香泉題名 正書左行 崇寧二年季春廿六日石在香泉寺内　河南汲縣

知常州軍州飛騎尉朱彦重刻季子墓碑題記 錢景瞻正書 崇寧二年四月十五日在碑文下截　江蘇江陰

寇元宗游霖落頑石題名 正書左行 崇寧二年歲晏石在香泉寺内　河南汲縣

動静交相養賦 米芾行書 崇寧三年仲春既望裔孫米澍迅刻祠堂　湖北襄陽

黄庭堅詞 行書 無年月明嘉靖三十七年五月朔日分守河西道陝西布政司左參議甯都陳鳳摹刊

大江東詞 黄庭堅草書 無年月明嘉靖二十三年中秋日馬應龍刻本　山東嘉祥

次韵子瞻郭熙畫秋山七言古詩殘石 黄庭堅撰並行書 無年月漢陽葉東卿藏石　湖北漢陽葉氏藏石

贈邱十四七言古詩 黄庭堅撰并行書 無年月孫録於黄庭堅書無年月者置於崇寧三年之後

松風閣七言古詩 黄庭堅撰並行書 無年月

北巖鉤深堂三大字 山谷正書 無年月

少林寺殘碑頌 黄庭堅行書 無年月碑文三行文云少林九年垂一則語直至如今諸方賺舉云云張宗著立石

香泉寺吳紹之等聞鐘聲題名 正書左行 崇寧四年初春廿四日石在香泉寺内　河南汲縣

王氏雙松堂記 晁説之記晁詠之正書 崇寧四年四月十七日　河南洛陽

華嶽廟□擇仁等率屬敦古謁祠題名 八分書左行年月日右行 崇寧四年五月廿八日　陝西華陰

草堂寺景興宗等題名 正書左行 崇寧四年仲秋廿二日在唐定慧禪師碑陰次截中段上列　陝西鄠縣

徽宗御筆手詔 徽宗御製并正書 崇寧四年十二月初四日在上段在袁州府署儀門内　江西宜春

徽宗御筆手詔刻石帖文 正書 崇寧四年十二月初四日在下段　江西宜春

浯溪高衛題名 正書 崇寧四年十二月二十八日在鄒浩題名後　湖南祁陽

華岳廟提舉□□□等被召還闕拜祠題名 正書左行 崇寧四年　陝西華陰

徽宗御製文宣王贊 米黻篆書 崇寧四年碑文刊成六載後有國朝道光十八年秋孔子七十一代孫昭薰題記正書又有乾隆三十三年夏日孔繼蘭等題名聲木按眞宗御製文宣王贊當時州郡多以之刊石故安徽無爲州亦有米黻篆書眞宗御製文宣王贊後無國朝人題記字體亦非六載刻　山東曲阜

石牛洞曾孝廣等同游山谷寺題名 正書 崇寧五年四月廿七日　安徽潛山

行縣自好時過重眞寺七言殘詩 正書首句云邂逅相逢自不知云云 丙戌十二月廿五日考爲崇寧五年

焦山吳雲壑心經殘字 正書 無年月考在寧崇末向崩江中現移置於寮閣内　江蘇丹徒

續補寰宇訪碑錄卷十九

廬江劉聲木十枝撰

梁彥深留題靈巖寺詩 正書 大觀元年二月二十八日　安徽廬江劉氏拓本
麻姑山仙壇記李之儀題記 行書小字本 大觀元年十月廿二日　江西南城
東山蒼玉洞拉富軍吳仲衍得一石題名 正書 大觀元年仲冬初澣　福建長汀
太湖石通判州事林虞題記 正書 大觀元年十二月望日　浙江烏程
霍希道等題名 正書 大觀元年季冬廿三日
朱長文詩 米芾行書 無年月裔孫米澍摹刻祠堂碑文四列末列刻米澍跋正書　湖北襄陽
米芾致葛德忱書 行書 □□□□五月四日裔孫米澍摹刻祠堂　湖北襄陽
題多景樓等詩 米芾行書 無年月裔孫米澍摹刻祠堂　湖北襄陽

北山移文 撰米芾行書 無年月裔孫米澍摹刻祠堂　湖北襄陽
春賦 米芾行書 無年月裔孫米澍摹刻祠堂　湖北襄陽
錄唐韓昌黎三詩 米芾行書 無年月後有成化二年立秋日吳寬等跋裔孫米澍摹刻祠堂　湖北襄陽
陪楊次公諸公游虎邱詩 米芾行書 無年月裔孫米澍摹刻祠堂　湖北襄陽
米芾書唐人五言律詩 草書首句云天子幸新豐云云 無年月國朝雍正十一年嘉平月海上陳學洙刊石
祝壽詞 米芾撰並行書 無年月詞云薰風吹綻滿池蓮云云凡十四行後有跋行正書裔孫米澍摹刻祠堂　湖北襄陽
寄薛郎中紹彭詩後詩 徐肇顯跋行書 無年月在櫃子城米襄陽祠堂中　湖北襄陽
李白題江油尉廳五言律詩 米黻草書 無年月
第一山三字 米芾行書 無年月明崇禎伍年孟春邑庠生籍廷譽重勒聲木按第一山三字安徽盱眙陝西盩厔河南登封福建晉江浙江錢塘臨海瑞安皆有惟盱眙為原刻他皆摹本錢塘盱眙二本已見孫錄此本不知何處摹本

知涪州軍州事龐恭孫等題名 韓翾正書 大觀二年正月壬戌　四川涪州
□□□題名殘字 正書 大觀二年二月辛酉人名已泐只有年月日吳錄失載　四川
虎邱山白蓮池賀鑄等題名 正書左行 大觀二年三月辛酉辛酉二字為後人加刻白蓮池三字所掩　江蘇吳縣
虎邱山白蓮池賀鑄殘題名 正書 無年月在大觀二年三月辛酉賀鑄等題名左截碑文僅有賀方回三字方回賀鑄字　江蘇吳縣
大觀聖作碑 徽宗御製並正書 大觀二年八月二十九日孫氏列目九種當時徧天下皆立決不止此將來發見及搜出者必多　河南新鄉
齊山吳處仲等題名 正書左行 大觀二年九月十二日　安徽貴池
齊山上清巖曾孝蘊等題名 正書 大觀三年暮春改旦　安徽貴池
草堂寺權京兆府鄠縣尉蓋載題名 正書 無年月在大觀三年九月廿九日孫鼛草堂寺詩後　陝西鄠縣

草堂寺知京兆府鄠縣事吳叔畝題名 正書 無年月在大觀三年九月廿九日孫鼛草堂寺詩後　陝西鄠縣
太守張朴等同遊題名 正書 大觀三年九月晦日
石牛洞郭昌邦從行題名 正書 大觀四年孟夏十一日在虞芹奉使淮南題名後一行繆錄失載　安徽潛山
石牛洞虞芹奉使淮南題名 正書左行 大觀四年孟夏十一日　安徽潛山
姚景仁同來題記 □元題篆書 大觀四年五月十六日
浯溪藍士□等題名 正書 大觀四年仲夏廿三日吳錄失載　湖南祁陽
齊山上清巖吳儀等題名 趙鑑篆書 大觀四年閏八月廿日　安徽貴池
嵩山崇福宮知登封縣事唐懿等題名 正書左行 大觀四年十二月一日在大觀四年十一月二十九日張杲題名後截　河南登封
沂國王蕃石魚五言絕詩 正書 政和二年正旦明日　四川涪州

閬中蒲蒙亨等同觀石魚題名 正書 政和二年孟春二十三日 四川涪州
靈巖山天粹等題名 正書 政和二年四月二十九日 江蘇吳縣
大佛崖大卿宋京留題周文王廟詩 正書 政和二年仲夏月在前截 四川簡州
麓山寺碑陰通義程瞕等題名 正書左行 政和三年四月十一日 湖南長沙
□士邦等同遊題名 正書 政和三年閏四月初七日石在龍門賓陽洞 河南洛陽
北岳廟權縣尉馮澤到任拜祠題名 正書 政和三年九月二十三日在安天王廟碑陰四截後段下層 直隸曲陽
乳洞記 鄭至賓記徐昉正書 政和三年在縣南二十里彬江上會稽顧燮光訪得 江西宜春
岱岳觀董元等重遊岱嶽題名 正書左行 政和四年重九日在第二石側第二層 山東泰安
白龍池徂來山人高季良等題名 正書 無年月在政和四年重九日董元康等題名下截 山東泰安

石牛洞康澤民等題名 正書 政和四年重陽後一日 安徽潛山
石牛洞馮吉老等題名 正書 政和四年十月十四日 安徽潛山
虎邱山觀音殿釋迦文佛四大字 住山老朽子英正書 政和四年季冬望日 江蘇元和
大佛崖劉松茂泛舟題名 正書左行 政和四年吳繆失載 四川簡州
惠山寺張回仲題名 正書 政和四年在聽松二字上截字跡模糊 江蘇無錫
晉祠碑陰龍神衞四廂都指揮使王舜臣謁祠題名 行書 政和五年正月廿八日在下截中段 山西太原
韓秉則等游西山宿霖落寺題名 正書左行 政和五年三月二十日石在香泉寺內 河南汲縣
季子廟登覽之勝遙碧遠明八字 張孝祥行書 政和五年二石在上截紹興元年四月上休日刊石 江蘇丹陽
□□□題名 正書 政和六年四一日四字下原少月字在龍花寺改奉先寺牒末行末段

寺先寺大盧舍那象龕記沈隱道到此題名 正書 政和六年四一日四下原無月字在原碑首行下截 河南洛陽
夏鰭拜先聖祠題名 正書左行 政和六年中秋日 山東曲阜
陳煜墓志銘 叔宜之撰正書 政和七年四月十二日 河南洛陽 滿洲托活洛氏藏石
邢州內邱縣丞王祖年題記 正書 政和七年十月下元日在鵲山廟碑側 直隸內邱
權邦彥侍親禮鳩摩羅什舍利塔偈言 正書 丁酉仲秋晦考爲政和七年 陝西鄠縣
權邦彥宿壇山游霖落題名 行書 壬寅歲除權邦彥乃徽宗時人壬寅應是宣和四年石在香泉寺內 河南汲縣
張雍靈巖七詠詩 行書 政和八年七月七日 安徽盧江劉氏拓本
濬州豐澤廟奉勅牒 行書 政和八年閏九月九日在第三截 河南濬縣

濬州豐澤廟奉勅牒 行書 政和八年閏九月十三日在第五截 河南濬縣
虎邱山雲巖寺應逢榮等題名 正書 政和八年十月三日 江蘇吳縣
華岳廟吳□仁蒙恩復舊題名 正書左行 政和□年 陝西華陰
左藏庫副使杜宗象墓志銘 從姪公力撰並正書 滿洲托活洛氏藏石
濬州豐澤廟禱雨請封記 黃翰記並正書 宣和元年三月日在第六截 河南濬縣
浮山巖易名題記 陸宰題行書 宣和元年季冬十二日 安徽桐城
唐英濟王汪華象贊 徽宗御製正書 宣和二年三月七日
元禮夷門徐祖慶等登山讌飲題記 正書 宣和二年三月十八日
福昌縣尉符佾墓志銘 正書 宣和二年六月初三日陶齋藏石記云佾先後爲貲堉而匽塞下僚云云 滿洲托活洛氏藏石
北岳廟入內供奉官王潭題名 正書 宣和二年庚辰月丙辰日在恆山祠碑陰三截首段 直隸曲陽

黃石崖劉明叔等題名 正書 宣和三年三月廿三日 山東歷城
蜀宋七言絶詩 宋京撰行書末一行正書 宣和三年四月晦日在登太淸閣詩後截同年月 陝西高陵
石牛洞吳矩等題名 正書 宣和三年下元日 安徽潛山
蔡京送道士李勝之東歸七言律詩 小子絛行書 宣和三年十月二十日在李勝之贈張授經七言律詩前截 河南登封
齊州長淸縣眞相院釋迦舍利塔銘 蘇軾詞并正書 宣和三年十月　日住持眞教大師文立石字跡小如指頭大甚工整蘇書中所罕見
齊山寄隱巖閭邱彥如題名 正書 宣和四年淸明後一日 安徽貴池
新澤寺□□□五言絶詩 行書 宣和四年四月旦日在高逸上人詩末截 江蘇上元
新澤寺住持沙門□□題字 正書 宣和四年四月旦日繆目失載凡一行行十八字 江蘇上元
新澤寺季季梵仙二人詩沙門道昇上石題名 正書 宣和四年四月旦日在末二行 江蘇上元
浯溪吳少逸等題名 正書左行 宣和四年十月二十五日 湖南祁陽
權知軍州事吳革等共遊題記 正書 宣和四年十二月十三日 四川涪州
淡山巖刻零陵守臣爵里姓字題字 行書左行 宣和四年碑文首云豫章修水之源楚相春申之裔云云凡六行行十字 湖南零陵
知金州軍州事李緯重裝唐觀音象題記 正書 宣和五年七月十四日 陝西安康
城隍廟碑就差權縉雲縣尉周明等重刻石題記 正書 宣和五年十月朔日在碑文末左側 浙江縉雲
齊山蕉筆巖洪炎等來觀外家題名 正書 宣和六年九月一日 安徽貴池
齊山蕉筆巖癸酉仲春等殘字 正書 無年月在宣和六年九月一日洪炎等來觀外家題名後 安徽貴池

閬中毋邱兼孺等同來題名 正書 宣和七年正月八日 四川涪州
石牛洞張邦寧題名 正書左行 宣和七年八月二十五日 安徽潛山
華嶽廟王□正叔等同遊題名 正書左行 丁巳年考□正叔即王正叔宣和時人 陝西華陰
秘閣修撰唐重重摹奉使蔡州書題記 唐重正書 靖康元年七月壬申在中截 陝西大荔
空明居士靈巖寺題記 正書 靖康初年 安徽廬江劉氏拓本
蘇轍題靈巖寺詩刻石題記 空明居士跋正書 靖康初年在後截 山東長淸
天師畫象讚 泉莊居士淩燾摹錄行書 無年月在畫象上截左旁
重修東嶽天齊王廟碑銘 王炳撰孟得一正書 直隸邢臺
晉河內竹林七賢圖并史傳 正書 無年月史傳在上截圖在下截當是北宋時刻
環詠亭漢張衡四思篇 八分書 無年月
環詠亭魏曹植飛龍篇 八分書 無年月
緣父老爲同于公□紀績記 正書 無年月文義不可曉且甚糢勒 四川
辛展東萊帝君廟祀記 □迪撰賈行正書 無年月 滿洲托活洛氏藏石
開元寺經幢記 僧宗美撰林巽正書 無年月在經幢後截 福建晉江
殘碑 正書首行云山川輕重人爲天輿云云凡八行 無年月字跡糢泐中有涪翁一役之語 四川
蒼公墓記 譯古今文正書 無年月碑分二截下截題名碑文無撰書人名氏惟云譯古今文而已 陝西白水
新澤寺高逸上人五言古二詩并雲叟題記 行書 癸未中春二十六日高逸上人詩見繆錄雲叟題記繆錄失載 江蘇上元
白龍池贈諸法師五言律詩 孫杲撰正書 無年月在高季良等題名下截 山東泰安
浮山□□□五言絶句詩 正書 無年月在寓主從廣勾當題名後詩云穿石穹幽邃尋源畢已周古今無異路只此是誰修云云似詠毛知遇開修諸岩洞道路事然與毛知遇從廣題名亦跡有類應分列之 安徽桐城

浯溪登浯溪亭五言二十句詩 高支撰並行書 無年月 湖南祁陽

米芾都梁十景詩 草書 無年月崇禎丁丑五月古不夜劉樾蕃刊前有劉氏題記 安徽盱眙

五言絶句詩殘石 正書 詩云□□□□人□刼在迷津□省這箇意修行徒苦辛云云 無年月在次韵子瞻郭熙畫秋山詩上截 湖北漢陽葉氏藏石

玉盆七言絶句詩 正書 詩云凌晨走馬過花村云云 無年月 陝西褒城

王監牒七言絶句詩 八分書 首句云鑱崖剜石成大象云云 無年月

□□□七言律詩 正書 首句云松屏景殘巳無求云云 乙酉春日

華岳廟七言殘詩 正書 無年月詩云岳前大旆討淮西定此中原息鼓鼙云云在元豐六年六月十六日薛紹彰等題名後 陝西華陰

鴈宕山能仁寺七言律殘詩 正書 無年月首句云謝客開山只漫遊云云僧六舟訪得 浙江樂清

禹陵窆石從事郎吳□□等同被命拜禹陵七律詩 正書 □□□□年九月□□日在右方 浙江會稽

王珽七言古詩 正書 無年月詩首句云臥龍先生磨石幅云云凡八行行十五字

祈澤寺□□□五言絶句詩 行書 無年月詩云美綠三千盞嬌紅一萬枝云云凡二行行十字繆氏失載 江蘇上元

李應祥次韵七言律詩 草書 無年月詩中有聖代版圖今云云疑是北宋時人

大佛崖鄭城業七言絶句詩 正書左行 辛未年後四月十日詩首句云一帶波光遶翠□云云 吳繆失載 四川簡州

浯溪明明七言絶句詩 正書 無年月首句詩云浯溪石在大江邊云云在大押字上截左段 湖南祁陽

浯溪黃及翁借韵七言絶句詩 行書 辛未仲夏首句詩云滲郎文體魯公書云云在大押字首截右旁 湖南祁陽

□□□七言律詩 正書 無年月首句云花開酒美曷不醉云云凡四行行十四五字不等

縉雲令李□題阮客舊居五言絶句詩 篆書 無年月首句云阮客身何云云凡五行行七字

尚書工部員外郎王洙等覩山詩 篆書 無年月詩共五截 湖北襄陽

高應乾石雙魚五言律詩 正書 無年月

□思亮惟古亭詩 草書 無年月 安徽廬江劉氏拓本

□□殘七言律詩 正書首云聲迎客從云云凡四行 無年月

呂邦耀題殷比干墓五言古詩 正書 無年月 河南汲縣

司馬光五言古詩 正書徐雄首句云江上有奇山云云凡十行 無年月

□□□七言律詩 正書首云松屏景殘已無求云云凡九行 乙酉春日

時翁七言絶詩 行書首云眇然方寸神明舍云云凡四行 無年月

會眞宮种放詩刻魏閑題詩 草書 無年月在權□東嶽廟姻正題名後 山東泰安

權知湖軍州李秀一題名 正書 無年月

葛□溫甫李君保公巖重陽同遊題名 正書左行 無年月字蹟確似北宋時人

靈巖寺李顏等同遊題名 正書 無年月掩刻于證明功德記後截中有丁巳三月下日同游等字 山東長清

靈巖寺齊幹仲績臣等同登題名 正書 丙子年仲春十四日掩刻于證明功德記後截 山東長清

任伯和等詣六度霖落祈雨題名 正書 癸未季春十六日字跡語氣確是北宋人石在香泉寺內 河南汲縣

香泉寺提點左廂段綽率屬官等題名 正書左行 無年月字蹟確似北宋時人石在香泉寺內 河南汲縣

香泉寺鮑壽朋等同遊題名 正書左行 無年月字蹟確似北宋時人石在香泉寺內 河南汲縣

城主簿孔唐等同遊題名 正書左行 庚午九月四日字跡語氣確似北宋時人石在香泉寺內 河南汲縣
焦山羅漢崖褚厲德題名 正書 無年月在沙門顯□題名下截 江蘇丹徒
焦山羅漢崖□傳寺沙門顯□題名 正書 無年月在一切有爲法語右截上段 江蘇丹徒
浯溪□□郎兼管西勸農事□□□等題名 正書 無年月在永州二字左截下 湖南祁陽
天和碑側吳則礼題名 正書 無年月在乾元元年十月十二日顔眞卿謁金天王神祠題記末行下 陝西華陰
天和碑側李偕題名 正書 無年月在乾元元年十月十二日顔眞卿謁金天王神祠題記末行下 陝西華陰
華岳廟翰林王□等題名 正書左行 無年月碑文中有經畫西事國子監殿宜藍有□名經畫西事當在仁宗時 陝西華陰
靈巖寺蘇永叔等題名 正書左行 無年月掩刻於證明功德記中截 山東長清
靈巖寺蘇永叔曾遊題名 正書 無年月掩刻於證明功德記中截 山東長清
□□郡□明縣主簿何春季等題名 正書 無年月字甚剝泐 四川
□敬叔題名 正書 無年月 四川
□王位下僚屬段世富題名 正書左行 無年月 四川
晉祠碑側前知豐州馬仲良等謁祠題名 正書左行 壬戌孟春廿三日郎年在右側下截 山西太原
北岳廟西上閤門使高繼勳等率僚佐謁祠再題名 正書 無年月在安天王廟碑陰四截中段 直隸曲陽
北岳廟守曲陽縣主簿陳化新題名 正書 無年月在安天王廟碑陰四截中段上層繆錄失載 直隸曲陽

北岳廟右侍禁知縣事何仁儼等再題名 正書左行 無年月在安天王廟碑陰四截前段上層繆錄失載 直隸曲陽
北岳廟侍衛親軍步軍副都指揮使王能等題名 正書 無年月在安天王廟碑陰三截中段 直隸曲陽
北岳廟知曲陽縣稽省恕等題名 正書 無年月在安天王廟碑陰四截中段繆錄失載 直隸曲陽
濟瀆廟河陽三城監軍判官毛繼宗題名 官職姓正書名下篆書 無年月在濟瀆廟北海壇新置祭器雜物銘碑右側中截 河南濟源
成都文悅等題名 正書左行 無年月嘉慶四川通志云文悅宣和中進士云云 四川涪州
濟瀆廟宗甡泉曾來題名 正書 無年月在濟瀆廟北海壇新置祭器雜物銘碑右側上截 河南濟源
濟瀆廟菓俊又奉詔祈雨題名 正書 甲戌歲四月二十六日在濟瀆廟北海壇新置祭器雜物銘碑左側下截後段 河南濟源
濟瀆廟東萊藍田題名 篆書 無年月在濟瀆廟北海壇新置祭器雜物銘碑左側上截後段 河南濟源
郭巨石室李之儀題名 正書 無年月 山東肥城
郭巨石室禮賓使太原王舜封奉使題名 正書 無年月 山東肥城
左押衙充四川都指□□□等題名 正書 無年月文字模泐上截尤甚 四川
閬山寶林寺元長承事郎周東犖等題名 行書 □□□□□月一日石已中斷 四川
武定林造象銘陳炳琳築亭安護題名 正書 無年月在末行上截 陝西同官
于憊甫等題名 正書 彊圉協洽歲孟春九日 四川
□□□等殘題名 正書 無年月首文云嘉去城十里餘云云凡十行行八字八字下模泐 四川

王潤□等題名 正書 後四年季秋下澣在戊子夏五王 等題名後截
龍門銘石作史臣題名 正書 無年月在第八行中截字體劣斜蓋石作中之好名而不通文
字者 河南洛陽
濟州鉅野縣潢澗鄉龍山村維那頭李定等題名 正書 壬午年四月乙酉 山東鉅野
齊山寄隱巖陳聖脊等題名 正書 丁酉十一月十五日 安徽貴池
華嶽廟宰屬奉使陝西五路殘題名 正書左行 □□□□□秋十一日在□仲卿題記右 陝西華陰
奉訓大夫富順州知州□□□等殘題名 正書 無年月 四川富順
監涖官周歲潯題名 正書 無年月
北岳廟石幢西頭供奉官□□□等題名 正書 無年月在薛廷章等題名下截 直隸曲陽

北岳廟石幢亞獻司封郎中兼侍御史李元蘐等題名 正書左行 無年月在上截 直隸曲陽
華岳廟將軍阮易題名 正書左行 □□□□九月廿二日在張懷進題名後 陝西華陰
北岳廟石幢亞獻試大理評事薛廷章等題名 正書左行 無年月在上截後段 直隸曲陽
華岳廟校書郎知汝州龍興縣事祼□□等題名 正書左行 無年月在史炤題名前
宛邱朱昇等題名 正書 壬午歲季冬廿四日
□舒陳逸□題名 正書 無年月
漢梁伯烈士要離墓碣 正書 無年月乾隆時出土于吳門專諸巷後城下光緒十二年歲朝
春李嘉福笙魚藏石 湖南石門李氏藏石
假稱唐守李上交等遊此題名 正書 本朝祀明堂之來年入□考 宋祀明堂
華岳廟前大理寺丞劉承構謁廟題名 正書 無年月

華岳廟□林待詔郭洳題名 正書 無年月在陳絢等題名後 陝西華陰
靈巖山沙門禪鑑大師殘題名 正書 無年月在天粹等題名後 江蘇吳縣
華岳廟楊漢公題名 正書 □□□□五月在高品王懷珪設醮記前截 陝西華陰
大佛崖蔡松等題名 正書 □□□□□初二日吳繆失載 四川簡州
狼山天祚岩□智福題名 正書 甲寅十一月初十日 江蘇通州
石牛洞王宗慶題名 正書 無年月繆錄失載 安徽潛山
石牛洞王子野等題名 正書 庚午□□□三日繆錄失載 安徽潛山
石牛洞吳鎔等題名殘字 正書 無年月在上傳巖亭後來侍題名後爲加刻所掩繆錄失載 安徽潛山
華岳廟游靖等侍家君運判題名 正書左行 無年月 陝西華陰
禹陵窆石會稽令趙與陞來遊題名 八分書 無年月在左行 浙江會稽
虎邱山白蓮池陳慕道等殘題名 正書 無年月 江蘇吳縣

姪昭祖等餞別題名 正書 後一年八月十四日
倉官安子良等題名 正書 無年月
浯溪宣德郎賜紫金魚袋□□□題名 正書左行磨崖 □□□□三月五日在永州二字右截
下 湖南祁陽
白龍池乾封縣令劉難等題名 正書 無年月在贈諸法師五言律詩下截 山東泰安
虎邱山伯奇獨來題名 正書 癸卯仲冬在迎賢石三字下截 江蘇吳縣
華岳廟王惟德謁祠題名 正書 無年月 陝西華陰
華嶽廟上柱國汧國公□□□殘題名 正書 無年月 陝西華陰
華嶽廟中侍郝隨子被旨道場題名 呂康成正書 無年月考呂康成爲呂至山之子題名亦當
在北宋 陝西華陰
草堂寺王著題名 正書 無年月在圭峰碑陰下截中段 陝西鄠縣
華嶽廟吳中復等罷京兆□謁祠題名 八分書左行 無年月在□仲卿題記第五行下截空

白處

□□□王逸少等題記 閻維振記正書□□□年五月□八日碑文首云余嘗讀輿地志云云凡廿一行下截字泐　陝西華陰

橐強縣千秋鄉故縣村安式家有白玉象三尊題記 正書無年月在李次明造象碑左側　四川

直隸青縣姚氏藏石

成都句詠重刻干祿字書題記 正書壬戌年八月既望考爲北宋末年　四川三臺

孫昌等遍觀唐賢題名題記 正書□□□□孟夏十六日碑文只有歲次庚子四字未著年號當必宋人也　陝西華陰

郭巨石室當村□宣德等施牌額綽楔門題記 正書無年月　山東肥城

淡山巖樊楚等觀山谷老人二詩題字 行書左行無年月在刻零陵守臣爵里姓氏題字末行下碑文中稱九兄山谷老人必爲同時之人矣　湖南零陵

天師畫象題字 靖藩演易道人寫行書□□□□五月五日在畫象上截右旁

西美巷郭市橋朱緒井闌題字 正書無年月井闌在小市橋南下截爲土所掩碑文中有兩浙西路平江府長洲縣之語蓋北宋時刻　江蘇吳縣

浯溪仲陽縣等題字 正書無年月在篆書浯溪二字左截　湖南祁陽

浯溪永州等題字 正書無年月在篆書浯溪二字右截　湖南祁陽

文谷經涉亂流四語題字 行書無年月字跡確似北宋時人石在香泉寺內　河南汲縣

石谷樂山觀瀾四語題字 行書無年月石在香泉寺內　河南汲縣

九曜石仙掌題字 吳俱識八分書無年月在仙掌畫象上截　廣東南海

□脩經涉亂流四語題字 正書下有脩記二字無年月字跡確似北宋時人石在香泉寺內　河南汲縣

經咒殘字 正書無年月碑額題符籙書六字首文云三官昇云云凡九行每行約十一二字

華國詩殘字 行書□□□□十二月二□□碑文云山在海外云云凡七行行七字上中截均有泐字

虎邱山眞孃墓會稽等殘字 正書無年月爲淳祐十一年春分程振父等題名加刻所掩會稽二字在淳祐辛三字首截字旁　江蘇吳縣

接待寺殘經幢 正書無年月碑文云皇太后殿云云凡三行字蹟甚漫漶　浙江仁和

虎邱山上傳巖亭等殘字 正書無年月　江蘇吳縣

虎邱山白蓮池七日同題殘字 正書無年月　江蘇吳縣

終南山古樓觀道祖說經臺第一山三大字 米芾行書終南山等字正書無年月　陝西盩厔

南極老人無量壽佛八大字 八分書無年月

尊寀二大字 朱奕八分書無年月

禹穴二大字 篆書無年月　四川石泉

平政橋三大字 正書無年月

生公講臺四大字 篆書無年月

草堂寺曰吳二大字 篆書無年月在定慧禪師碑陰三截中段　陝西鄠縣

爲善最樂四大字 行書無年月　江蘇吳縣

虎邱山試劍石三字 王寶文題八分書無年月　江蘇吳縣

虎邱山迎賢石三字 正書無年月

草堂寺紫陽二字 正書無年月在下截中段曰吳二字之下　陝西鄠縣

雲風沂浴四大字 龍津八分書無年月

眠處二大字 正書無年月

續補寰宇訪碑錄卷二十

盧江劉聲木十枝撰

南宋

憲屬陳似等送别觀石魚題記 陳似正書左行 建炎三年正月二十一日 四川涪州

玉盆符旋侍題名 正書 無年月在建炎三年清明前一日李□等題名後 陝西褒城

諫議大夫閻詢等還朝謁華嶽廟金天帝題名 正書 戊申重陽日卽建炎二年九月九日在後周華嶽廟碑正面書款之左元豐二年夏蔡延慶題名之下自是元豐二年以後所題名惟建炎二年歲在戊申故依孫氏之例置之于此 陝西華陰

延陵鎭季子祠張孝祥登覽之勝四大字 行書 紹興元年四月上休日在上截下截黃尙文跋云張公所書者八字云云僅見四字 江蘇丹徒

延陵鎭季子祠張孝祥登覽之勝四大字 行書 紹興元年四月上休日在上截 江蘇丹徒

延陵鎭季子祠張孝祥登覽之勝刻石題記 黃尙文跋正書 紹興元年四月上休日在下截 江蘇丹徒

又 江蘇丹徒

季子廟張孝祥題字刊石題記 黃尙文跋正書 紹興元年四月上休日二石在下截黃氏跋語中有刻之琬琰將與宣聖十字並傳無穹云云此類貢諛當道擬不與倫 江蘇丹陽

趙子遹等觀石魚題名 正書横列五字篆書 紹興二年正月三日 四川涪州

金沙何夢與等偕來題名 正書左行 紹興二年正月四日 四川涪州

浯溪無相龕三字 薛公度篆書名氏年月日正書 紹興二年二月望日 湖南祁陽

浯溪詠唐顔眞卿七言律詩 蔡說撰正書左行 紹興二年三月旦日 湖南祁陽

劉意等游北巖及觀石魚題記 种□進題正書 紹興二年季春初六日 四川涪州

六合塔佛說觀世音經像贊 董仲永撰正書董仲永造 紹興二年中元日在首截觀世音畫像下截 浙江仁和

嘉惠廟牒 敕草書年月日行書餘正書有押字 紹興二年十一月日在首二截嘉惠廟卽靈澤夫人祠卽今祈澤寺 江蘇上元

賈公哲等觀石魚題名 正書 紹興二年十二月望日 四川涪州

白玉相好觀音象記 正書 紹興五年五月在下截記文只有五十字餘均殘缺 江蘇吳縣

石牛洞王弗等題名 正書 紹興六年四月廿八日繆錄誤紹興爲紹熙紹熙無丙辰紹興興字甚明不知何以繆誤至此 安徽潛山

虎邱山太守金世仁等題名 八分書左行 紹興六年八月晦日在劍池深處峽壁上盛漲則沒于水 江蘇吳縣

墨莊二大字 岳飛行書 紹興六年良月石在縣署下截有國朝康熙四十三年孟春張士琦題記並詩 江西永新

元靖先生李含光碑沈作舟扶起題記 正書 紹興七年五月十四日在原碑末截 江蘇句容

賈思誠等同觀石魚題名 正書 紹興七年季冬十二日 四川涪州

知軍州事澶淵賈思誠等來觀石魚題記 正書 紹興七年十二月中休日 四川涪州

邦人雙魚出淵題記 正書 紹興八年正月初六日 四川涪州

女弟子王氏重粧菩薩題字 正書 紹興八年正月廿六日 甘肅河州

呂再興三人等重粧釋迦佛題字 正書 紹興八年二月初八日 陝西大荔

柳進兄弟同粧臥如來並□□□題字 正書 紹興八年二月初八日 陝西大荔

謝元暉□使下都夜發新林至京邑五言古詩 岳飛草書 紹興八年三月既望 河南湯陰

興化軍祥應廟記 方略撰方昭正書 紹興八年孟夏朔日 福建莆田

孫氏等莊鑾觀音菩薩題字 正書 紹興八年四月二十一日 陝西大荔

北山移文米友仁進呈題字 正書 紹興八年五月四日在原文後裔孫米澍摹刻祠堂 湖北襄陽

轉運司文鐸粧鑾題字 正書 紹興九年正月十三日 陝西大荔
女弟子郝氏重粧佛題字 正書 紹興九年正月十四日 陝西大荔
邦人再造題記 正書 紹興九年正月十九日 四川涪州
張仲通等來觀題名 正書左行 紹興一百八十年二月初七日卽紹興九年 四川涪州
大佛崖大卿宋京留題周文王廟詩後記 男芡書正書 紹興九年六月望日在後截 四川簡州
新市鎭永靈廟保寧將軍封號牒 正書 紹興九年在上截 浙江德清
新市鎭永靈廟保寧將軍封號敕 行書紀事及尚書右僕射等字正書 紹興九年在下截 浙江德清
晁公武等同觀石魚題名 正書 紹興十年正月二十日 四川涪州
潘居實等遊觀石魚題名 正書 紹興十年正月念三日 四川涪州
張仲通等同觀石魚題名 正書 紹興十年正月丙申 四川涪州

郡守孫仁宅等來觀石魚題記 正書 紹興十年首春乙未 四川涪州
濟南張彥中等來觀石魚題名 正書 姚錄無 紹興十年仲春十二日 四川涪州
汝南張宗悫等來觀題名 正書 紹興十年二月癸丑 四川涪州
周詡等題名 夔馨先篆書 紹興十年二月丙午 四川涪州
張使君詩王進重立題記 正書 紹興十年孟夏上休日
虎邱山尹□德等題名 正書 紹興十年九月初十日 江蘇吳縣
橫嶼境殘字 正書 紹興十一年四月庚申
于蘇字書句詠重刻題記 正書 壬戌卽紹興十二年八月十五日在碑之下截 四川三臺
古汴李景孠等俱來題名 正書 紹興十三除前二日十三下原無年字 四川涪州
杜肇等俱來題名 正書 紹興十四年正月四日 四川涪州
李景孠等石魚全出題名 正書 紹興十四年正月晦日 四川涪州

唐安張琦等同觀瑞魚題名 正書 紹興十四年六日 四川涪州
譚善和題名 正書 姚錄無 無年月在紹興十四年唐安張琦等題名後 四川涪州
嵩山晁公遡等觀石魚題記 正書 紹興十五年正月廿八日 四川涪州
楊諤等同觀石魚題名 正書 紹興十五年仲春上休日 四川涪州
鼓山宗正倫等同遊幷觀才老人院題名 篆書 紹興十五年孟夏十三日 福建閩縣
開元寺梁安家室柳三娘造塔題字 正書 紹興十五年七月 福建晉江
李靖上西嶽文知軍州事施珪重立題字 正書 紹興十六年七月在碑文末行 廣西藤縣
齊山寄隱巖蔡撣等題名 正書左行 紹興十一年二月十一日 安徽貴池
邦人杜輿可等同觀雙魚題記 正書 紹興十八年中春望日 四川涪州
鄧子華等題名 正書左行 紹興十八年中春十□□ 四川涪州

羅浮洞蔡正叔等侍親携家納凉題名 正書左行 紹興十八年季夏念八日 四川富順
齊山寄隱巖向仲堪等題名 正書 紹興十八年閏八月二十九日 安徽貴池
齊山寄隱巖□稱等題名 正書 紹興十八年 安徽貴池
石魚倡和七言律詩 何憲等撰龐仔霑正書 戊辰年正月二十八日卽紹興十八年 四川涪州
齊山寄隱巖劉鑑詩 正書 紹興二十一年九月下澣字跡剝勒末句云况是箇中人似是五言古詩 安徽貴池
浮山時檄等題名 正書左行 紹興二十二年二月望日 安徽桐城
紹興壬申殘字 八分書 紹興二十二年
眞州長蘆崇福禪院眞歇了禪師賜塔額謚號勅牒 勅行書牒正書有押字 紹興二十三年八月　日在上截吳繆失載明崇禎甲申搭主□明重刊本 江蘇儀徵
水陸寺殘經幢 正書 紹興二十五年三月初八日凡五石在浙江省城慶春門外僧六舟訪得

清遠軍節度使隴西郡開國公贈檢校少保謚威定王德神道碑 浙江錢塘
傳雱撰楊時正書 紹興二十五年九月庚申吳繆失載碑文爲傳雱撰楊時正書皆一時名人楊時又爲講學大家如此名碑又近在鍾山繆氏竟未訪得可怪也 江蘇上元

郡幕高祁等同來題名 張綰題正書 紹興二十五年□□初五日 四川涪州

京山鶴林寺黑漆光菩薩傳 僧法永撰正書首行篆書 紹興二十六年十二月十五日在上截前段 江蘇丹徒

京山鶴林寺王常侍訪僧昫濟問答題記 道者梁□撰行書 紹興二十六年十二月十五日在下截前段 江蘇丹徒

張松兌等來觀石魚題名 正書左行 紹興二十六年 四川涪州

濮國黃仲武等同來題名 正書 紹興二十七年元宵後五日 四川涪州

齊山石鼓洞斛得元等題名 正書 紹興二十七年六月四日 安徽貴池

浯溪劉蕘題名 八分書 紹興二十七年季夏七日 湖南祁陽

羅浮洞金仁達造象 正書 紹興二十七年 四川富順

齊山寄隱巖徐柔等題名 正書 紹興二十八年二月庚戌 安徽貴池

齊山小九華胡□免題名 正書 紹興戊□三月三日 安徽貴池

齊山石鼓洞湯元識等題名 正書景德勤 紹興二十八年端午前一日 安徽貴池

浯溪李元老等題名 正書 紹興二十八年仲冬十六日 湖南祁陽

齊山壽字巖顧子固等餞別郡丞解公題名 向開叔八分書 紹興二十九年中春三日 安徽貴池

書雅州盧山縣樊侯碑陰後記 程勤撰正書 紹興二十九年九月在下截 四川蘆山

六和塔四十二章經 沈該等四十二人分書中唯賀允中錢端禮楊朴周操四人行書餘皆正書 紹興二十九年十一月旦日 浙江錢塘

六和塔沈該等分書四十二章經布衣武翊題記 正書 紹興二十九年十一月旦日在末截 浙江錢塘

羅浮洞王仁皎等造象 正書 紹興三十一年三月初五日 四川富順

浯溪和簡齋韻詩 陳從古撰正書摩崖 紹興三十一年秋 湖南祁陽

浯溪姜虎臣等題名 正書 無年月在陳從古和簡齋韻詩末行下段吳目失載 湖南祁陽

浯溪從事郎苑□立石題名 正書 無年月在陳從古用簡齋韻詩右截當在陳後 湖南祁陽

浯溪晏虎仲携男等題名 正書 無年月在陳從古用簡齋韻詩右下截當在陳後 湖南祁陽

浯溪盧何深等題名 正書 丁丑歲上元後六日在陳從古用簡齋韻詩左下截當在紹興三十一年後所刊 湖南祁陽

浯溪李逸等題名 正書 紹興三十一年九月二日 湖南祁陽

中巖張難老等避暑飲此題名 正書 紹興三十二年仲夏晦日 四川富順

道德經殘石 高宗御書正書 無年月石有大小二塊 浙江錢塘

府學御書二體孝經殘碑 高宗正草書 無年月凡五列嘉慶二十五年七月平陽儀克中搜得舊在大成殿後廢爲井牀道光元年六月十三日嘉慶吳蘭修等移至府學明倫堂東序右角下截有吳氏等題記 廣東南海

皇太子雲漢昭回之閣六大字 正書 無年月上有碑額文云皇太子書篆書二行卽孝宗也 江蘇上海

許侯象題字 岳飛八分書姓名正書 無年月文云至德顯忠繩先啓後云云 河南湯陰

齊山和武穆韵七言絕句詩 行書 無年月碑文中稱秦檜爲權檜疑爲南宋人所作 安徽貴池

府學六經圖 正書思可錄 無年月計周易尚書詩經周禮禮記春秋六經每經上下二圖石在廣信府學陸耀遹金石續編列目于紹興年後 江西上饒

□淹造釋迦牟尼佛並救苦觀世音菩薩象 正書 無年月當在紹興末 福建閩縣

雙塔銘 谷堂惟頤正書 隆興二年仲春

浯溪劉芮等題名 八分書左行 隆興二年六月戊寅　湖南祁陽
府學祕閣王公祠堂記 門生沈□撰孫兢八分書 乾道元年六月朔中下截泐　安徽當塗
開元寺柳三娘造塔王思問重修題字 正書 乙酉年卽乾道元年在後截　福建晉江
□□巖呂元錫挈家納涼題名 正書 乾道二年六月十七日吳氏失載　四川富順
中巖李深甫等喜雨飲讌記 呂元錫撰並八分書 乾道二年七月初九日　四川涪州
賈振文等來觀題名 正書 乾道三年人日　四川劍州
鶴鳴山趙守中等公事休暇遊覽題記 正書 乾道五年四月十四日　湖南零陵
郡守黄彪等祈晴並觀二父遺刻題記 行書左行 乾道五年十一月二日　安徽潛山
石牛洞張聖古等題名 八分書 乾道六年上巳日　四川涪州
攝涪陵古汴盧棠拉等讀唐鄭使君石刻驗廣德水齊題名 正書 乾道七年元日　姚錄無

鶴鳴山梁榮叔等視表兄府判題名 正書 辛卯□月念六日卽乾道七年按此在趙守中題記後梁榮叔卽趙守中之表弟也　四川劍州
靈岩山保石井闌題字 正書僧善卿建 乾道玖年十一月十三日僧六舟訪得于壬辰閏九月　江蘇吳縣
六和塔朱壽定等捨錢造塔題名 正書 無年月考在乾道間　浙江錢塘
張浚過嚴子陵釣臺詩題記 汪應辰撰並行書 湻熙元年八月十一日在隆興二年五月二十二日張浚詩後截　浙江桐廬
石牛洞計衡等題名 正書 淳熙元年九月六日　安徽潛山
富樂山右雲亭劉笴經等題名 正書 淳熙元年十月十一日　四川綿州
揚武翊運功臣太傅進封蘄王謚忠武韓世忠神道碑 趙雄撰周必大正書 王袐考爲湻熙三年二月十九日碑在靈巖山西高二丈六尺三寸梯拓爲難碑文約一萬三千九百字字小如指碑以難拓故三錄皆未載　江蘇吳縣

石牛洞吳國佐等題名 岱權識正書左行 湻熙四年寒食日　安徽潛山
吳山英顯武烈忠祐廣濟王象 正書 湻熙四年六月在下截　浙江錢塘
宜州新建學記 張栻記正書 湻熙四年十月庚子石右角上缺　廣西宜山
品山井欄題字 正書 湻熙四年
石牛洞上傅巖亭後來侍題名 正書 無年月在湻熙四年吳國佐等題名後繆錄失載　安徽潛山
陶仲卿等同觀石魚題記 正書 湻熙五年正月三日　四川涪州
郡守馮和叔等來觀石魚題記 八分書 湻熙五年人日　四川涪州
石牛洞陸世官等題名 正書左行 湻熙五年三月十一日　安徽潛山
石牛洞新浦江簿程準等謁眞源天祚題名 正書 湻熙五禩三月十六日　安徽潛山
焦山洞壁唵嘛呢叭㖿等殘字 正書 無年月爲湻熙七年正月十日李珪等題名加刻所掩　江蘇丹徒

焦山洞壁李珪等題名 正書 湻熙七年正月十日　江蘇丹徒
屏風碑後祝寬夫親摹眞本題記 行書 湻熙九年十一月在第七截前截　浙江餘杭
三公石井欄題字 正書 □熙十年嘉慶十一年儀徵阮文達公元獲于揚州新城二郎廟菜圃中移置準提閣東廂內文達揅經堂集考爲湻熙十年　江蘇甘泉
郡守夏敏彦等觀石魚題名 正書 湻熙十一年人日　四川涪州
羅漢巖遊焦山觀鶴瘞鶴銘詩 吳琚撰行書 湻熙十一年上元前三日　年　月　日張孝思重□□良補刊本　江蘇丹徒
齊山寄隱巖郡守陳良祐率屬來遊題名 正書 湻熙十一年二月癸酉碑文末有遊齊山登翠微歷小有探左史而歸之語翠微小有左史想皆齊山旁峯名　安徽貴池
齊山上清巖磐邱子訪隱靖題名 正書左行 湻熙十一年四月幾望　安徽貴池

孝宗賜少傅陳俊卿生日金器香茶並御札 行書 淳熙十一年十月戊辰在上截　安徽貴池
齊山寄隱巖張棪等題名 正書 熙十一年孟冬十日
少傅福國公陳俊卿謝賜金器香茶並御札表 正書 淳熙十二年正月辛亥在下截
焦山洞壁李珪等再題名 正書 後五年重陽前三日即淳熙十二年在後一行　江蘇丹徒
峴山石幢王厚之等被命措置郵傳餞別峴首題名 正書 淳熙十二年孟冬二日　湖北襄陽
焦山趙明叔等題名 正書 淳熙十四年正月四日　江蘇丹徒
于𢠵甫挈屬來遊題名 正書 歲疆圉協洽孟春九日犂木按即淳熙十四年歲在丁未　四川
焦山趙明叔等題名 正書 丁未正月初□日考丁未即南宋淳熙十四年　江蘇丹徒

中巖楊光奉親避暑七絶詩 八分書 淳熙十四年五月初伏　四川富順
反邱鎮聖廟石刻 仰彌高撰景東魯正書 淳熙十四年季冬望日吉旦　直隸直垣
富樂山一遊道洎等殘字 正書 無年月原文爲後人加刻所掩在淳熙十四年□月望日何仲明等題名下截　四川綿州
屏風碑後姜夔題名 正書 淳熙十四年在第七截中截　浙江餘杭
齊山蕉筆巖釋慶顯等重建法堂題名 正書 淳熙十五年五月廿五日　安徽貴池
齊山寄隱巖顧冲等題名 篆書 淳熙十六年清明前一日碑文云淳熙己卯云云考淳熙無歲在己卯者己卯蓋己酉之訛也　安徽貴池
壽州開元寺金剛經碑住湘山僧守詵募衆緣重刊題字 正書 年月應在南宋淳熙十六年間文在經文末　廣西全州
府君闕二石楊昏等題字 八分書 淳熙十六年吳繆失載　四川

于𢠵甫等題名 正書 淳熙□□□□戊午
書唐韓愈題合江亭寄刺史鄒君詩碑□知亭題名 正書 無年月在末行下截姑附載淳熙十六年後　湖南衡陽
賀鑄等題名 正書左行 無年月賀鑄爲　宋時人應附于　年末吳繹失載　四川

續補寰宇訪碑錄卷二十一

廬江劉聲木十枝撰

南宋

齊山華蓋洞秦城等題名 正書 紹熙改元孟春二十五日　安徽貴池

齊山招隱巖吳僧海奩題名 篆書 紹熙元年九月　安徽貴池

軒山居士王藺皐亭留題七言二絕句詩 行書 紹熙元年在巽歇了賜號勅牒下截前段吳繆失載　江蘇儀徵

齊山華蓋洞秦城再題名 正書 後八日在紹熙改元孟春二十五日秦城等題名後繆錄失載　安徽貴池

齊山招隱巖章德懋題名 正書 紹熙二年上元日碑文模泐　安徽貴池

齊山蕉筆巖諸孫嵤觀伯祖題名 正書 紹熙二年正月乙丑諸孫嵤即黃嵤伯祖即黃庭堅　安徽貴池

涪翁巖盧國華等題名 正書 紹熙二年二月三日吳目失載　四川宜賓

鼓山趙子直七言律詩 正書 紹熙二年九月二十日在前截　福建閩縣

鼓山趙子直等題名 正書 紹熙二年九月二十日在後截　福建閩縣

石牛洞張同之題三祖寺五言律詩 正書 紹熙二年十月二□□　安徽潛山

鳳邱山丹井欄題字 正書 紹熙二年重建字已漫漶

齊山華蓋洞章楙等題名 正書 紹熙三年二月　安徽貴池

會聖思公巖主辭世頌 釋瑞公等撰林續正書 紹熙三年端午後三日　安徽桐城

石牛洞施菴五言絕句詩 知非子正書 紹熙三年十一月廿日　安徽潛山

浮山杜頤七言絕句詩 正書 紹熙四年二月六日　安徽桐城

徽國朱文公對鏡寫真自警題詞 正書 紹熙五年孟春良日在上截

屏風碑陰餘杭知縣年表 王允初撰正書 紹熙五年九月起寧至紹熙五年向爲墻所阻道光十六年僧六舟去墻拓之亦非全文全文五□二人未載若四人列碑側　浙江餘杭

屏風碑後祝寬夫續題記 行書 紹熙五年十月丁未在第七截前截　浙江餘杭

屏風碑後姜夔題記 草書 慶元元年二月七日第七截中截　浙江餘杭

屏風碑後姜夔續題記 草書 無年月在第七截中截　浙江餘杭

史仝等題名 行書 慶元元年四月既望吳繆失載　四川

經略張釜等題名 八分書 慶元元年季冬十三日吳氏失載

浯溪朱重階永州通州題名 正書摩崖 慶元初在八分書浯溪二大字右旁　湖南祁陽

涪翁巖馮運之等題名 陳子長正書 慶元二年清明日　四川宜賓

涪翁巖陳子長等題名 陳子長正書 慶元二年清明日吳氏失載　四川宜賓

石牛洞趙由邃等題名 正書 慶元二年三月十四日　安徽潛山

府學唐盧坦對杜黃裳語 張安國正書 慶元二年孟夏　安徽當塗

齊山通幽處周南挈家題名 正書 慶元三年八月十九日　安徽貴池

郡文學掾南郡徐嘉言等觀石魚并前賢留刻題記 正書 慶元四年中和節　四川涪州

玉盆郭嗣卿等題名 正書 慶元四年嘉平月初六日　陝西褒城

元祐黨籍碑重刻題記 林岵獲識正書 慶元四年故相梁燾曾孫律重刊在碑後截孫氏誤以林氏題記紀年加于饒祖堯題記之上　廣西臨桂

元祐黨籍碑重刻題記 饒祖堯跋正書 □□□□九月旦日故相梁燾曾孫律重刊在後截末段與林氏題記同時　廣西臨桂

顏眞卿送劉太冲敘刻石題記 戴援跋行書 慶元五年上巳在下截　江蘇溧水

顏眞卿送劉太冲敘重刻題記 戴援跋秦堣正書 慶元五年上巳日在下截　江蘇溧水

成都趙宏□題名 □□之正書 慶元五年三月字跡模勒　四川宜賓

齊山寶雲巖張君宅等題名 八分書 慶元五年秋日　安徽貴池

齊山上清巖魯亚等題名 正書 慶元六年四月下澣繆錄失載　安徽貴池

齊山朱晦菴七言律詩 正書 無年月依訪碑錄之例應附于慶元六年後繆錄失載

朱子致□周卿手札 草書 □□□□十月十六日 安徽貴池

鳳邱山鳳邱二大字 朱子正書 無年月邱碑文原作丘孔子聖諱朱子不應直書並不缺筆疑依托也

仙苑二字 朱子正書 無年月 福建安溪

北巖晦翁七言絕詩 行書 無年月

讀聖賢書立修齊志八大字 朱子行書 無年月吳氏失載

北巖朱子與□周卿教授學士書 草書 無年月

石牛洞慶元題名殘字 正書 慶元□□□□後二□在紹定元年郡守聶洙等題名第二行下截字間爲加刻所掩繆錄失載 安徽潛山

洞庭包山暘谷洞趙希實等題名 正書 慶元□年□月□八日 江蘇吳縣

石牛洞陳子榮等題名 正書 嘉泰元年正月十日 安徽潛山

玉牒趙時僘等題名 正書 壬戌年仲春卽嘉泰二年 四川涪州

浮山杜頣等題名 正書 嘉泰三年二月十二日 安徽桐城

齊山壽字巖劉述師等題名 正書 嘉泰三年重陽前一日 安徽貴池

府學敬齋記 林宗放記並正書 嘉泰三年十月望日 安徽當塗

齊山壽字巖□令丞相史定之等題名 正書 嘉泰三年碑文云史魯公魯公卽定之也 安徽貴池

屏風碑後知臨安府餘杭縣王允初刻石題記 行書 嘉泰四年十月望日在第七截後截 浙江餘杭

屏風碑兩側王允初刻石餘杭知縣年表題記 陳洵直八分書 開禧元年二月上元日 浙江餘杭

羅浮洞呂元丙等題名 八分書 開禧元年二月三日 四川富順

洞庭包山靈佑觀白沙巡檢等修幢題記 正書 開禧元年閏中秋 幢後

洞庭包山□□禪院重建山前二石塔立□文 橘林野衲巖祖頌正書 開禧元年閏中秋吉辰碑文皆七字爲句若後人韵言吉示甚鄙俗吳繆失載 江蘇吳縣

石柱舉人張廷珪等題名 正書 自元符二年至開禧元年碑文二截舉人後爲武舉題名 江蘇吳縣 浙江仁和韓氏藏石

胡六八開井石記 觀門正書 開禧二年八月 滿洲托活洛氏藏石

瀼淵賈復全等來觀石魚題名 正書 開禧四年元宵前 四川涪州

判官祿幾復等來遊題名 正書 戊辰歲上元日卽嘉定元年 四川涪州

通惠威烈顯應侯殿額 楊仲修正書 嘉定元年季冬三日 四川榮縣

齊山上清巖莫子純題名 正書 嘉定三年十月三日 安徽貴池

□娃鄉吉利□三寶弟子母親尤氏修井題名 正書 嘉定三年 在婁門內隨意寺 江蘇吳縣

處士林端墓碣 何澹撰正書 嘉定四年正己酉 浙江麗水

元祐黨籍碑重刻題記 沈暐識正書 嘉定四年八月旣望在末截沈暐卽元祐黨籍人第六十三人餘官沈千之曾孫 廣西融縣

知肇慶府陸侃墓志 姪垣志正書 嘉定五年六月甲申 安徽寧國

詩境二字 陸游正書 無年月嘉定七年正月望日方信孺龍隱巖三刻本 廣西臨桂

龍隱巖方信孺三刻詩境二字題記 正書 嘉定七年正月望日在詩境二字前後截 廣西臨桂

龍隱菴張自明等題名 草書 嘉定七年十二月初六日 廣西宜山

龍隱菴張自明七言律詩 草書 嘉定七年十二月初六日首句詩云南山北北山南云云凡五行 廣西宜山

龍隱菴張自本題名 正書 嘉定八年仲春中澣在龍江釣叟詩右旁吳繆失載 廣西宜山

浯溪趙崇憲等題名 正書 嘉定八年四月廿四日 湖南祁陽

龍谿祠碑 張自明撰張自本正書 嘉定八年七月既望 廣西宜山

龍隱菴張自明七言絶句詩 正書 嘉定八年七月既望首句詩云玉玲瓏外玉崔嵬云云 凡八行吳繆失載 廣西宜山

龍谿書堂圖題記 張自明撰正書 嘉定九年人日在下截 廣西宜山

中巖王萬里等泛舟西湖幷置酒亭上題名 正書 嘉定九年五月甲子日 四川富順

中巖楊仲禹等觀蓮次韻賦詩題名 正書 嘉定九年七月乙卯 四川富順

富樂山何季力等再題名 正書 嘉定九年冬 四川綿州

石牛洞趙汝驊等題名 正書 嘉定十年正月丙午 安徽潛山

龍隱菴方信孺行部來游題名 正書 嘉定□□□月二一　吳繆失載 廣西宜山

浮山杜頤留題七言絶句二詩 正書 嘉定十一年上元 安徽桐城

卜將軍廟造義井題記 正書父徐師安題 嘉定拾二年八月　日吳繆失載 江蘇崑山

同遊開封斛逮七言古詩 董與幾行書 嘉定十二年重九日

橫嶼道會重造題字 正書 嘉定十三年人月

江東曹士中觀題名 正書 嘉定十三年 四川涪州

涪翁洞豫章黃大夫五言絶詩 八分書 嘉定十四年十月既望郡守臨邛黃申摹刻在前截與繆失載金石苑亦無 四川宜賓

涪翁洞康節邵先生語 八分書 嘉定十四年十月既望郡守臨邛黃申摹刻左後截吳繆失載金石苑亦無 四川宜賓

涪翁洞摹刻黃大夫詩等題記 正書 嘉定十四年十月既望在黃大夫詩第三行下截吳繆失載金石苑亦無 四川宜賓

石牛洞柴愿等題名 正書 嘉定十六年 安徽潛山

鶴林寺岳珂題古竹院僧房詩刻石題記 釋慧曦□正書 嘉定十七年閏八月初八日在岳珂詩後 江蘇丹徒

處州孔子廟碑王夢龍重立石題名 陳孔碩篆書 嘉定十七年閏八月初吉原碑已見趙錄 浙江麗水

中巖晁革父等携碁載酒享憩亭上題名 正書 嘉定十七年九月廿一日 四川富順

鼓山任惟明等題名 正書 嘉定十七年九月 福建閩縣

玉盆虞甡等殘題名 正書 無年月在嘉定十七年端午□重日李中熊題名李一鰲加刻於上在李一鰲三字之後蓋原文當時亦爲李一鰲剷去無疑 陝西褒城

趙宏等題名 子飛吾正書 寶慶元年三月 四川

嘉惠廟牒禱雨刻石題記 趙時僑記正書 寶慶元年七月　日在下截 江蘇上元

鄧井關太上斷除伏連碑銘 正書有符字 寶慶元年九月初六日 四川富順

太上混元皇帝畫象贊 唐玄宗皇帝御製贊臣顏眞卿正書吳道子畫象在上截 寶慶初元民歲臘日姑蘇元慶觀上清大洞道士臣馬大同摹刻本在象末一行正書卽周李老子象陶齋藏石記失載 滿洲托活洛氏藏石

郡太守唐安李公玉等觀石魚題記 八分書 寶慶二年穀日 四川涪州

中巖羅滓洞趙虞臣等携蘭圃碁小酌題名幷七絶詩 趙虞臣正書 寶慶二年仲秋前三日 四川富順

水齊題名 八分書 寶慶二年 四川涪州

趙宏□等題名 正書 寶慶□年春仲三日名氏上有成都二字 四川

齊山壽字等趙范等題名 正書 紹定改元五月廿八日 安徽貴池

石牛洞郡守聶洙等題名 正書 紹定元年重陽秋闈撤棘翼日 安徽潛山

石牛洞伯元灼等題名殘字 正書橫列 無年月在紹定元年郡守聶洙等題名第一二行字上爲加刻所掩繆錄失載 安徽潛山

石牛洞高□□題名殘字 正書 無年月在紹定元年郡守聶洙等題名首二行之下爲加刻所掩繆錄失載 安徽潛山

石牛洞陳崇古題名殘字 正書 無年月在紹定元年郡守聶洙等題名首行前截爲加刻所

掩繆錄失載

石牛洞元任題名殘字 正書 無年月在紹定元年郡守聶洙等題名第三四行之間爲加刻 所掩繆錄失載 安徽潛山

石門賈㴲等題名 正書 無年月在紹定己丑熟食日曹濟之等題名後截 安徽潛山

玉盆二字 八分書 紹定二年清明日 陝西褒城

玉盆二字 八分書 無年月在紹定二年清明日曹濟之等題名上 陝西褒城

習義鄉念三都馮宗與爲王謝氏六二娘造義井記 正書 紹定二年四月 日在葑門內葉家衖西 陝西褒城

漢中行等詩 王相悟八分書黃裳撰 紹定三年後二月朔日 江蘇吳縣

漢中行等詩題記 李璃拜手正書 紹定三年後二月朔日在後截 四川劍州

罷羅行詩 黃裳撰宋𥳑父八分書 紹定三年後二月甲子朔吳繆錄在前截 四川劍州

罷羅行詩後記 李璃拜手正書 紹定三年後二月甲子朔在末截 四川劍州

唐文獻公張九齡畫象題記 陳□撰正書 歲在庚寅年卽紹定三年七月上 末云□湘州府知府商邱陳□□云云蓋在南宋時 在畫象右旁題記 廣東曲江

焦山洞壁□□□題名 正書 紹定四年在蘇松等題名後 江蘇丹徒

□鎬等仝觀題名 正書 紹定□□正月五日 四川涪州

浮山趙與諫等題名 正書 紹定六年正月庚午 安徽桐城

唐李翰林祠記 汪嶅記正書 紹定六年三月旣望吳繆失載

新定西社孫汞通石香爐題字 正書 紹定六年十二月八日吳繆失載 安徽潛山

石牛洞趙希袞等來別山谷題名 八分書左行 端平元年正月辛丑 江蘇吳縣

府學東白蜆橋堍重修義井題記 正書 端平元年八月十四日 江蘇

新澤川產祖師軍和尙塔題字 正書 端平三年三月初二日吳繆失載

浮渡山華巖寺僧蘊道立石陸子嵩洞題名 正書 嘉熙元年八月望日 安徽桐城

惠山寺趙希袞題名 行書 嘉熙三年在聽松二字上截字跡模泐 江蘇無錫

特封粱吳二侯敕 明陸道基正書 嘉熙肆年捌月拾肆日明崇禎拾伍年拾月拾伍日遷江縣知縣陸文 燦勒石男陸道基書丹吳繆失載 廣西遷江

虎邱山錢舜選繼至題名 正書 淳祐三年中秋在潘昉等題名後 江蘇吳縣

郡太守山西張霽等來觀石魚題記 正書 淳祐三年嘉平旣望 四川涪州

鼓山臨滄亭曾孫亞夫續題名 正書 淳祐三年在乾道三年暮春廿三日王瞻叔等題名 末行下截 福建閩縣

鼓山郡別駕楊選等題名 正書 淳祐四年重陽日 福建閩縣

周王廟雲龍風虎四大字 趙孟謙草書下截年月日名氏正書 淳祐四年季春圓日碑文云淳祐甲辰季春圓日以甲龍代 甲辰圓日代十五日金石中罕見亦陋劣之士所爲耳 江蘇宜興

忠南郡幕開漢王季和等來觀石魚題記 正書 甲辰年臘月念肆日卽淳祐四年 四川涪州

鼓山應垕等來遊題名 正書 淳祐六年寒食日 福建閩縣

鼓山靈源洞□□□等題名 正書 淳祐六年良月二十五日在慶歷六年九月二十二日 黃子光等題名後 福建閩縣

涪翁岩句唐卿等題名 正書 淳祐七年正月甲□ 四川宜賓

于㥣甫挈屬來遊題名 正書 彊圉協洽歲孟春九日卽淳祐七年 四川宜賓

唐李衞公畫象題記 方應唐題正書 淳祐七年孟秋在下截 浙江安吉

鼓山鄭思問等題名 正書 淳祐七年良月二十六日 福建閩縣

葉家衖佛弟子邢□□修井題記 正書 淳祐七年十二月日在葑門內 江蘇吳縣

靈巖山叅政文穆范公假松詩殘石 行書 淳祐七年午冬臘日在上截 江蘇吳縣

靈巖山假松詩殘石重刻題記 釋智賢識正書 淳祐七年午冬臘日在下截 江蘇吳縣

郡守鄧剛等同觀石魚題記 正書 淳祐八年正月望日 四川涪州

齊山壽字巖龔基先等再題名 正書 強圉協洽繆荃孫考爲淳祐八年二日碑文模泐字

跡辨識難成文理　安徽貴池

寶藏移石□道□題記　正書　後百四十一年五月朔日即湻祐九年以大觀元年例之約當湻祐九年在碑文左下截　廣東英德

大湖村古榕樹□□□偕敬翁竹橋題名　正書　湻祐九年重陽遂九日在下截　福建閩縣

新安全國祥石魚七言律詩　正書　湻祐□年上元節　姚録無　四川涪州

□□里岳王塔橋南義井題記　正書　湻祐十年四月初五日在　門內藥市街　江蘇吳縣

祐熙法曹張德㘰等題名　正書　湻祐十一年月正念八日

浯溪淩登龍等題名　正書　湻祐十一年清明日　湖南祁陽

洞庭包山暘谷洞陳翼叟等題名　正書　湻祐十二年九月　江蘇吳縣

鼓山鄭應開七言律詩　正書　寶祐元年二月五日碑文云寶祐第一春以第一春代元年金石中罕見　福建閩縣

增封明應威聖英惠福善王勅　行書并正書　寶祐元年八月六日碑文四截　福建邵武

增封惠應廟神妻並子婦勅　行書　寶祐元年八月六日碑文四截刻成　福建邵武

別駕潼川蹇材望等石魚七言律詩并題記　正書　寶祐貳年嘉平月下澣　四川涪州

別駕潼川蹇材望等重遊題字　正書　寶祐三年人日　四川涪州

郡假守長甯劉叔子石魚題記並七言律詩　男從龍正書　寶祐三年正月乙巳　四川涪州

太平州重建學記　湯漢記葉隆禮正書　寶祐三年三月戊申湯漢有陶靖節詩註葉隆禮有契丹國志均有著述傳世　安徽當塗

府學文公朱先生白鹿書堂規　八分書　寶祐三年五月重刊本兩截刻　安徽當塗

府學文公朱先生白鹿詩堂規重刊後記　吳柔勝識正書　寶祐三年五月在下截後段

太平州進士登科題名記　牟子才記杜林正書　寶祐三年良月既望碑文分六截上截記餘題名自大中祥符八年至咸淳七年五録未截　安徽當塗

安徽當塗

虎邱山石壁林光世等劍池修禊題名　正書　寶祐四年上巳　江蘇吳縣

府學觀德二大字　趙與憲正書　寶祐四年孟夏在上截　江蘇吳縣

府學節齋觀押趙公行鄉飲記　門生馬景齊跋正書　寶祐四年孟夏在下截

虎邱山方琛七言絕句詩　正書　寶祐四年良月既望　江蘇吳縣

烏聊山忠顯廟神更封昭忠廣仁顯聖英烈王誥　正書　寶祐六年正月十一日在首截　安徽歙縣

軍事判官昌元何震午等觀石魚并涪翁遺跡題記　正書　寶祐六年正月戊寅　姚録無　四川涪州

光福寺山長兼□郎中劉□題跋　正書　開慶元年中秋前十日在祈禱道場免役公據三截中段　江蘇吳縣

光福寺檢閱大著狀元魏□賢題跋　正書　開慶元年中秋節在祈禱道場免役公據四截中段　江蘇吳縣

華景洞李曾伯等紀功碑　正書　開慶元年九月二十二日　廣西臨桂

光福寺捨田記碑　正書　無年月當在開慶元年在祈禱道場免役公據三截後段　江蘇吳縣

廣壽慧雲禪寺記並發願文重刻題記　孫張樫撰并正書　景定三年重陽後十日在記文後　浙江錢塘

道山靈源洞王鎔等題名　八分書　景定四年仲夏　福建侯官

玄妙觀東嶽行宮香爐題記　正書陽文王天□爲父母造□定甲子正月吉日碑文稱浙西道平江路應是南宋時製南宋惟景定五年歲在甲子後惟元泰定元年歲在甲子南宋建都杭州以蘇州爲浙西道也　江蘇吳縣

黃鶴坊橋西巷施明義井題記　正書　景定五年三月　江蘇吳縣

浯溪劉錫七言絕句詩 行書 景定五年十一月壬辰在題名後大押字中截右段 湖南祁陽

顯應廟封廣惠侯敕 敕行書官職名氏正書有押字 景定五年十二月二十五日碑文分三截刻 浙江縉雲

浯溪嚴應卯等題名 正書 □□□□九月一日在大押字首截咸淳庚午等殘字後 湖南祁陽

塘灣橋洞題字 正書 咸淳元年重午日僧六舟訪得于木瀆鎮 江蘇吳縣

薦嚴寺陸邦永等造七佛塔題字 募緣住山四明寶葉妙源題正書 咸淳二年四月佛誕日 江蘇新陽

薦嚴寺周府屬仁等造七佛塔題字 住山寶葉妙源題正書 咸淳二年八月　日在新陽城東題字共十一段孫氏僅錄其一 江蘇新陽

薦嚴寺□□□爲亡妻造七佛塔題字 住山寶葉妙源題正書 咸淳二年八月　日 江蘇新陽

薦嚴寺比邱□戒造七佛塔題字 住山寶葉妙源題正書 咸淳二年八月　日 江蘇新陽

薦嚴寺張侑全家眷等造七佛塔題字 住山寶葉妙源題正書 咸淳二年重陽日 江蘇新陽

薦嚴寺瞿信等造七佛塔題字 住山寶葉妙源題正書 咸淳二年九月　日 江蘇新陽

薦嚴寺比邱尼安福造七佛塔題字 住山寶葉妙源題正書 咸淳二年九月　日 江蘇新陽

薦嚴寺□□□造七佛塔題字 住山寶葉妙源題正書 咸淳二年九月　日 江蘇新陽

薦嚴寺□□□造七佛塔題字 住山寶葉妙源題正書 咸淳二年良月甲子日 江蘇新陽

浯溪楊履順等題名 行書 咸淳四年中秋 湖南祁陽

府學咸淳戊辰同舍姑熟序並題名 行書 咸淳四年十一月丙辰日南至又二日庚申 安徽當塗

浯溪咸淳庚午等殘字 正書 咸淳六年爲加刻字所掩在大押字首截□□□等訪漫郎宅殘題名後 湖南祁陽

浯溪樊炎發等題名 正書 淳午冬即咸淳庚午字省文亦即咸淳六年在大押字中截劉錫等題名下 湖南祁陽

浯溪□□□等訪漫郎宅殘題名 正書 咸淳七年八月在大押字首截左旁 湖南祁陽

浯溪承節郎朱天錫等題名 正書 咸申孟秋即咸淳壬申字省文亦即咸淳八年在大押字下截右段 湖南祁陽

薦嚴寺□□□造七佛塔題字 幹緣首座祖用題正書 咸淳九年佛降生日 江蘇新陽

浯溪趙孟端等題名 行書 咸淳九年端午 湖南祁陽

浮玉巖七言絕詩 從孫仲子□正書 咸淳九年夏閏

顯應廟加封廣惠昭應侯敕 敕行書銜名正書 咸淳十年正月二日碑文分三截刻 浙江縉雲

烏聊山忠烈廟神特封昭忠廣仁武神英聖王誥 正書 德祐元年十月十五日在中截 安徽歙縣

胡宏太極圖說 馮□修八分書 無年月在前截

太極圖說刻石後記 季□撰八分書 無年月在後截据季氏記云刻石與西銘對峙云云

石經左氏殘傳 正書 無年月 四川

敘父老爲同□于公□述紀績記 正書 無年月字甚漫漶

西霞山梁殘碑 八分書 無年月石闕前截幷上截

靈隱寺般若波羅蜜金剛經殘石 正書 無年月首行云菩薩佛說般若波羅蜜云云凡九行舊在西湖靈隱寺燬于火僧六舟拾其殘石拓以傳世 浙江錢塘

焦山松寥閣心經殘字 吳琚正書 無年月首行文云聲香味觸云云凡三行共十五字 江蘇丹徒

重修延陵季子廟殘碑 行書 無年月碑文中有世經五代年積千□之語 江蘇丹陽

玉川輕重等殘字 正書 無年月凡五行字蹟漫漶 四川

□□□殘記 正書左行 無年月凡八行末云非平日記云云字蹟漫漶 四川

廿五佛龕銘殘字 沙門法石撰正書左行 無年月凡二石四行字蹟漫漶 四川

齊山□國等殘字 正書 無年月字蹟模泐 安徽貴池

樞使王蘭詩住山鑑堂蕊芻子福刻石題記 正書 無年月在玉蘭詩後段碑文中稱王蘭爲樞使相公王稱爲福公長老必係同時之人吳繆失載　江蘇儀徵

西霞山梁碑張伯光殘題記 正書 □□□□七月癸酉碑文云唐至今無□三百年矣云云應在南宋初年在碑後截文字三行

千峯五言古詩後題記 姚公綆草書 無年月碑文中有高宗稱其書如長松出岫翠栢干霄之語蓋南宋時所刊

鳳邱山石井欄題字 正書 無年月字多漫漶中有直君淨字等字

斬龍埡殘詩 正書 無年月下截泐碑首文云濟天開郊原云云凡八行行七字　四川簡州

廲蒼□洞偶題五言律詩 草書 □□□□□□□一日詩首句云習靜來僧院云云凡八行

京山鶴林寺訪住山石隱翁懷故昂叟顒禪師七言律詩 沙門常欽撰行書 己亥三月十日卽 年在下截後段　江蘇丹徒

蘇東坡當題七言絶句二詩 盧雖八分書 無年月　四川

龍隱菴龍江釣叟七言絶句詩 正書 無年月首句詩云何年來隱洞中天云云凡二行吳繆失載　廣西宜山

□□□五言絶句詩 草書 無年月詩云勢從千里發直入江中斷嵐橫西塞雄地末驚流滿云云

鶴林寺朱承祖次韵岳珂題古竹院僧房詩 正書 無年月在釋慧曦題記後　江蘇丹徒

北巖□□□七言古詩 行書 無年月凡十七行缺前後詩中有云吾皇駐蹕浙江西努力朝中致忠烈云云

□時翁七言絶句詩 行書 無年月 首云眇然方寸神明舍云眇

東山蒼玉洞權縣令丁執功等同游題七絶詩 正書 無年月　福建長汀

辟歷巖白漏吳廷雲七言二句詩 正書 無年月　福建長汀

楊偤拜泰伯廟五言古詩 正書 無年月當在寶慶間

贔屓亭七言絶句詩 陳增撰行書 無年月詩次句云爲鎭長江立兩鼇云云疑詠金焦山事　江蘇丹徒

齊山上淸巖朱狀元華岳詩 五言律正書 無年月　安徽貴池

□□□五言律詩 草書 無年月 首云俗吏原無俗云云　福建長汀

西陵高應乾題石魚詩 正書 無年月 姚錄無　四川涪州

太守楊公留題五言古詩 正書 無年月　四川涪州

惠陽羅奎石魚七言律詩 正書 無年月 姚錄無　四川涪州

許元傑等同遊題名 正書 無年月

衢州□□□殘題名 正書 □□□□□□□□五日在前題名第二行第三行當中空白處陶齋藏石記失載　滿洲托活洛氏藏石

衢州殘題名 行書 □□□年九月廿日末云扑侍行云云陶齋藏石記列目開禧二年後　滿洲托活洛氏藏石

□□□等題名殘字 正書 無年月碑文首云畢日記云云凡十行行十四字字跡糢泐不易辨識　四川

石柱石畢題名 正書 無年月在舉人張廷珪等題名中截橫空處　浙江仁和韓氏藏石

□敬叔等題名 正書 無年月

□□縣主簿何春□等題名 正書 無年月

官順□守龍□等題名 正書 無年月

石牛洞陳棣等禱雨天祚宮再來題名 正書 後七十五日　安徽潛山

□敬叔等題名 正書 無年月字甚漫漶　四川富順

□□縣主簿何春季等題名 正書 無年月字甚漫漶　四川富順

富順郡守龍濟等題名 正書 無年月按富順宋監潼川府路既稱富順郡守當在南宋時字甚漫漶　四川富順

周□□等題名 正書 無年月字甚漫漶　四川富順

李□審等題名 正書 無年月字甚漫漶姓名上有瀘州二字 四川

工部侍郎葛禋等題名 正書左行 □□癸巳陽月晦日 四川

李思濟等題名 正書左行 □□歲壬辰月十一□之九字蹟漫漶名氏上有臨邛等字 四川

□□□等題名 正書 無年月凡六行碑首文云僕蒞官周歲云云字蹟漫漶 四川

富樂山杜陵正仲避暑題名 正書左行 乙丑六月辛巳 四川綿州

□□□等題名 正書 己未□月十三日字蹟漫漶 四川

石牛洞楊慶雲等題名 正書 無年月在張同之題三祖寺詩後繆鏉失載 安徽灊山

廬山東林寺碑蔣之奇題名 正書 無年月聲木按考之奇爲時人故附于之末 江西星子

齊山寄隱巖知府何紹正重刻包拯等題名 正書 無年月在至和三年七月二十二日包拯等題名前截 安徽貴池

鶴鳴山郡文學掾于奧挈家遊此題名 正書 丁未重九後一日郎年在趙守

忠題記右 四川劍州

中巖虞英次等同遊楊園西湖題名 衞閱正書左行 丙寅年淸明日 四川富順

焦山洞壁蘇松等題名 正書 無年月在李珪等再題名後 江蘇丹徒

鮮于端夫挈家題名 正書 □□己未八月□十日在□晞顏題名中截空白處

華岳廟進士李綏同行題名 正書左行 無年月在治平三年十月廿三日史炤題名後 陝西華陰

東山蒼玉洞郡太守吳章淸名二老峯續題名 正書 無年月文即接吳仲衍題名下云淸與祖元年相若而每至是山則徘徊于其下故命之曰二老峯云云据碑文則章淸乃吳仲衍之孫故續題名于其祖之下其時當在南宋 福建長汀

鼓山柳元禮等題名 正書 辛丑上元前七日 福建閩縣

吳興姚昌遇等親觀故跡題名 正書 無年月 四川涪州

盛芹等同來題名 正書 丙子年上元後二日 四川涪州

晴□董時彥題名 正書 無年月 四川涪州

宋亢等繼至題名 正書左行 無年月在仲通題名後 四川涪州

李可久等來觀題名 正書 戊戌年中春七日 四川涪州

中巖馬次張等載酒來遊題名 正書左行 丙寅年春 四川富順

洞庭包山暘谷洞處士王兌等題名 正書 無年月 江蘇吳縣

齊山國材等題名 □勸題正書 庚子二月十八日 安徽貴池

孫覿等蒙亭餞別題名 正書 無年月

王□□等題名 正書 戊子夏五

□晞顏等題名 正書 無復月應在慶元元年後

齊山小九華小九華三大字 篆書 無年月繆鏉失載 安徽貴池

障雲屏三大字 正書 無年月 福建長汀

留雲谷三大字 正書 無年月 福建長汀

碧雲二大字 草書 無年月 福建長汀

辟歷巖上人二大字 正書 無年月 福建長汀

度雲關三大字 正書 無年月 福建長汀

連雲座三大字 篆書 無年月 福建長汀

祝聖南池祭崇龍進八大字 正書王十朋立 無年月 福建永春

石門石扉二大字 鄭子眞八分書 無年月 陝西褒城

石門二大字 八分書 無年月石門玉盆等八分書大字相傳爲漢人書非也實南宋人所書 陝西褒城

仙嶺石棋枰畫象一磐局三字 正書 無年月

仙嶺石棋枰畫象一磐局三字 正書 無年月又一石恐是後人所加之字

淸塵二大字 王用霖題行書 無年月

龍一大字 許直字篆書 無年月龍字後有許直君諍字五小字篆書

忠愛廉三大字 正書 無年月 安徽貴池
瞻巖二大字 正書 無年月 安徽貴池
大佛字 正書 無年月 安徽貴池
齊山邑岩二大字 范志完行書 無年月 江蘇丹徒
齊山漫巖二大字 吳說正書 無年月 江蘇丹徒
齊山寄隱巖玉大字 篆書 無年月
焦山石屏二字 吳傳明正書 無年月
焦山浮玉二大字 趙孟奎正書 無年月
德有鄰堂四大字 正書 無年月
忠孝廉恥四大字 正書 無年月
鳳邱山蟄僊二大字 陳孔碩篆書 無年月
　忠愛廉三大字 正書 無年月
禮義二大字 正書 無年月
敲金戛石四大字 篆書 無年月
退思二大字 正書 無年月
忠信篤敬四大字 正書 無年月

續補寰宇訪碑録卷二十二

盧江劉聲木十枝撰

遼

盤山上方感化寺禪師智辛塔記 張明記正書 應歷二年十月廿五日 滿洲托活洛氏藏石
歸義寺佛頂尊勝陁羅尼經幢續修題記 正書 保寧元年九月十五日在會同九祀元月二十一日經幢後截 直隸宛平
佛說佛頂尊勝陁羅尼幢 董文整正書 統和廿八年七月九日晨時八面刻此在前截 直隸易州
佛說佛頂尊勝陁羅尼眞言幢 董文整正書許延密造 統和廿八年七月九日晨時此在後截 直隸易州
歸義寺佛頂尊勝陁羅尼經幢再修題記 正書 重熙六年二月一日在會同九祀元月二十一日經幢前截 直隸宛平
白帶山雲居寺四大部經成就碑記碑額吳志全等題名 正書 清寧四年三月一日 直隸房山
蕭儀置門枕題字 正書李乂造 大安叁年伍月貳拾叁日在左截 滿洲托活洛氏藏石
蕭儀置門枕題字 正書 大安三年五月二十六日在右截 滿洲托活洛氏藏石
□□□爲夫建頂幢 正書 大安三年十月三日上截渤陶齋藏石記失載 滿洲托活洛氏藏石
上方感化寺監寺孫澄方遺行銘 僧卽郗撰釋見因筆正書 大安六年季春月八日碑目已見孫星衍京畿金石考而寰宇訪碑錄失載未知何故趙羅續補二錄亦無之遼碑字跡多惡劣此獨方整秀媚類唐碑之字亦遼碑中之僅見者矣
於奻坊史尊禮爲亡耶孃建頂幢 正書 泰昌五年三月十二日酉時 滿洲托活洛氏藏石
憫忠寺慈智大德幢記 正書門人等記 泰昌五年四月十三日乙時在慈智大德佛頂尊勝大悲陁羅尼咒幢後段 滿洲托活洛氏藏石
歸仁鄉中由里郭仁孝爲考妣建頂幢 正書 天慶十年十月二十七日丙時陶齋藏 直隸大興

石記失載　滿洲托活洛氏藏石

白帶山雲居寺四大部經成就記碑額吳世準題名 正書 無年月在成就碑記二行字中　直隸房山

憫忠寺新添佛事諸物等題名 嚴甫正書 無年月在衆褐師大衆題名後截　直隸大興

憫忠寺紫褐師德大衆等題名 嚴甫正書 無年月　直隸大興

金

涿州司候司市內坊使人□□壽爲亡父母建陁羅尼頂幢 正書 天會二年四月二十一日乙時　滿洲托活洛氏藏石

講經沙門思照等造佛殿殘記 正書 皇統元年四月首行文云經承僧及數十云云凡八行行字不等　滿洲托活洛氏藏石

垤子村唐會幢寺石香爐題字 張榮正書劉在等建 皇統三年孟春初一日石藏周學齋黃安家　浙江山陰 周氏藏石

廣教寺傳法大德銳公塔銘 曲全一撰劉絢正書 天德三年九月旦日吳錄　陝西咸陽　滿洲托活洛氏藏石

永福鄉北抱玉里龐鑒建經幢記 正書 貞元初年十月五日

兗州襲縣令宋佑之重刻庾賁德政頌題記 正書 貞元三年五月一日在碑文左截上段　山東寧陽

廣教院牒 正行書有押字 大定二年二月　日吳繆失載

太平鄉郝家務孝男韓珪爲亡父建頂幢記 正書有梵文 大定三年二月二十四日寅時　滿洲托活洛氏藏石

安業鄉百花莊龍岩寺尚書禮部牒 正書有押字 大定三年二月　日吳繆失載他碑勅多行書此獨正書他碑罕見　陝西咸陽

唐姜遐碑陰文□□自名□勘會題名 正書左行 大定三年十一月　日在廣濟寺牒上截趙氏失載　陝西醴泉

安業鄉百花庄龍岩寺牒施主趙簡等題名 正書 大定四年三月初七日在碑末吳繆失載

普照禪院牒 正書 大定四年七月一日　陝西咸陽　滿洲托活洛氏藏石

崇壽觀重修三官殿記 劉稽記黨慶正書 大定五年七月十五日　陝西澄城

旺村廣教寺□記 王靖撰徐頤正書 大定六年七月十五日吳繆失載　陝西咸陽

新鄉縣重修至聖文宣王廟記碑陰 大木匠作頭楊信等題名李秩正書 大定八年四月十九日　河南新鄉

惠化鄉舊留犢里破地獄滅罪生天經幢 中有梵文堂姪天保正書母蔡氏爲亡男和兒建 大定八年丙辰月癸酉日申時　直隸東安

破地獄滅罪生天幢 正書梵文皆有堂姪天保書唐沙門瓊肅書梵母蔡氏爲亡男和兒建 大定八年丙辰月癸酉日申時

歸仁鄉君子里楊伯昌建頂幢記 正書 大定十一年二月廿一日上截泐　滿洲托活洛氏藏石

洪濟禪院牒□保等題名 正書 大定十五年六月十五日在下截孫氏失載上截已載入大定三年七月　陝西富平　滿洲托活洛氏藏石

忠顯校尉劉璋建寺畫象記 傳浹撰井正書 大定十七年七月十三日　滿洲托活洛氏藏石

歸仁鄉南相務里安琚爲亡考妣建石匣頂幢記 正書 大定十七年七月辛酉日戌時　滿洲托活洛氏藏石

破地獄滅罪生幢 正書梵文皆有弟張恕爲亡兄忠武校尉建 大定十八年四月壬申日坤時

羅什法師悟玄序 比邱紹希正書 大定十八年季夏望日吳繆失載

□邈謁宣聖廟詩 正書 大定十八年十一月二十五日　安徽廬江劉氏拓本

奉訓大夫王□□立頂幢 正書 無年月陶齋藏石記考爲大定二十年九月　滿洲托活洛氏藏石

進義校尉紀宗等建幢記 正書有梵文 大定二十一年四月十六日　滿洲托活洛氏藏石

趙慶□等建頂幢 正書有梵文 大定廿一年八月二十三日　滿洲托活洛氏藏石

孝義鄉一家店北保西疃劉瘦兒建頂幢 正書 大定二十四年二月十六日

艾宏建頂幢 正書 大定二十四年二月日 滿洲托活洛氏藏石

宣武將軍李訓墓志 男子與志正書 大定廿六年八月十六日 滿洲托活洛氏藏石

佛頂尊勝陁羅尼經幢 長女西正書杜村仕人俗姓孟造 大定廿八年三月初二日 滿洲托活洛氏藏石

尊勝陁羅尼經幢 正書 大定廿八年三月初二日沙門師政造八面刻石藏繆筱珊太史荃孫雲自在龕 江蘇江陰繆氏藏石

尊勝陁羅尼經幢記 正書 大定廿八年三月初二日沙門師政造在經後 江蘇江陰繆氏藏石

謁先師鄒國公祠七言絶詩 趙鼎撰行書 大定二十八年十二月七日在前截 山東鄒縣

伽耶□羅尼經幢 正書 大定廿八年□申月□四日八面刻王六耶耶妻薛氏造石藏繆筱珊太史荃孫雲自在龕 江蘇江陰繆氏藏石

嵩山竹林寺羅漢洞記沙門淨浩重刻題記 釋廣具正書 大定二十九年八月十五日在碑文末 河南登封

雜阿含經卷時第四十六 正書皇伯漢王爲先皇世宗聖明仁孝皇帝造無年月陶齋藏石記列目大定後 滿洲托活洛氏藏石

修孔子廟詔表開州刺史高德裔題記 行書 明昌二年九月一日 山東曲阜

提控修廟開州刺史高德裔題記 正書 昌明二年在魯孝王刻石碑陰 山東曲阜

魯孝王刻石開州刺史高德裔獲石題記 行書 明昌二年在原石後 山東曲阜

游白鹿洞歌 紫霞眞人編蒲草書 辛巳年三月重摹本

比邱尼明盛爲父母等造釋迦文佛象 正書 明昌三年五月廿四日 河南洛陽

涿州司候司□□坊倘公成爲亡母等建經幢 正書有梵字 明昌三年九月二十□日 滿洲托活洛氏藏石

蓮峯眞逸詩錄事馬釗等移置流杯亭題記 正書 明昌七年二月日在詩前截 陝西咸寧

趙鼎謁周國公祠詩刻石題記 崔景仁撰正書 承安三年立秋日在後截 山東鄒縣

鼓山慈州節度副使陳涣等題名 正書 承安四年仲秋末旬三日 直隸磁州

普惠寺蔣詮喜捨月欄題字 正書 泰和元年三月吉日 江蘇江寧

比干墓碑側范構題名 正書 泰和四年清明日 河南汲縣

劉公佐墓幢誌銘 周里張節撰並正書 泰和八年十月二十五日四面刻 滿洲托活洛氏藏石

劉公佐碑陰 正書 滿洲托活洛氏藏石

劉公佐碑兩側 正書 滿洲托活洛氏藏石

劉公佐碑陰殘字 正書 無年月文云窒□□□波你曷云云類經呪語在碑陰第四行文字側刻一行行十二字字跡模泐陶齋藏石記失載 滿洲托活洛氏藏石

元古微等題名 正書 大安元年孟冬望日

鼓山龐古□等題名 正書 大安元年孟冬□□日 直隸磁州

佛頂心陁羅尼經幢 經文番書餘正書王建忠爲亡兄建 大安二年十一月初一日石藏周肇祥養安家 浙江山陰周氏藏石

孟氏祖庭圖記 正書 大安三年十二月朔日在前截四十八代孫潤刊石 山東鄒縣

孟氏宗譜序 四十八代孫潤序正書 大安三年十二月朔日在歷代褒崇林廟事跡後 山東鄒縣

歷代褒崇林廟事蹟 正書 大安三年十二月朔日在孟氏祖庭圖記後 山東鄒縣

企公壽塔銘記 張克翼正書親侄張二榮建 崇慶元年正月初三日

佛說般若波羅蜜多心經 趙成章正書 崇慶元年十月望日 范鼎彝藏石下刻一馬形疑非當時所刻定是古刻但不知在何年

十方淨土禪寺牒 正書 興定五年七月初九日 河南鞏縣

佛勅梵文唵字七言律詩 八分書 正大元年中元日祖昕立石在後截下段 河南登封

□尉副使奥屯公留題草堂寺詩 草書首尾二行正書 正大二年孟冬三十日吳繹失載

趙閒閒游草堂寺詩題記 方亨跋正書 正大三年仲夏中伏日在後截孫氏失載 陝西鄠縣

翰林學士趙秉文韓仁銘出土題記 八分書 正大五年十一月廿一日在碑左截前段 河南滎陽

李獻能韓仁銘題記 正書 正大五年十一月廿一日藝風堂金石文字目云無月年聲木按其題記中爲趙秉文同時所立甚明 河南滎陽

滎陽縣令李天翼韓仁銘再立石題名 正書 正大六年八月在碑左截後段 河南滎陽

宴台國書碑 金國書 無年月會稽顧燮光夢碧簃石言初集定名爲宴台國書碑從之石在古蹟保存所 河南安陽

唐杜甫古栢行 草書立石二行正書 無年月應在金末碑文末行末段有古豳開碑南圭立石漆水碑房南圭立石云云文義不可曉 河南安陽

鄉賢進士□□□重刻庾賁德政頌題記 正書 無年月與上同時所刻在碑文左截下段 山東寧陽

涿州司候司内坊方實等建頂幢 正書有梵文 無年月 滿洲托活洛氏藏石

固安縣南相姚慶温與亡先靈建頂幢 正書有梵文 丑年正月五日酉時 滿洲托活洛氏藏石

合河村都維那劉天甫合家建頂幢 正書 □□□□四月十五日上有大興府永清縣等字陶齋藏石記失載 滿洲托活洛氏藏石

王無競等題名 正書左行 丁巳年三月十二日在沐澗魏夫人碑陰上截首段王無競郎王競 河南河内

蓮峯眞逸來長安東歸平陽題名 正書 □□□□七月二十三日碑有甲申紀年在多寶塔碑側 陝西長安

沐澗魏夫人祠碑陰王無競等題名 正書左行 丁巳三月十二日在上截右段 河南河内

涿州□□何晵等題名 正書 無年月在方實等建頂幢第五行後下截文云大金國涿州□□何晵問壽云云字大如指畫刻甚淺殆當時人所追加刻淺故易泐難見陶齋藏石記失載 滿洲托活洛氏藏石

續補寰宇訪碑錄卷二十三

盧江劉聲木十枝撰

龍陽觀玉眞清妙眞人本行記 李晉撰李暉正書 中統二年清明日 陝西長安

長春邱眞人題虛亭詞後記 白德懋正書 中統五禩仲春在後截 陝西寶雞

壽聖禪寺第四代住持蘭泉雲公和尚行實塔銘 僧德安撰僧圓明正書 至元六年二月十四日 直隸唐縣

壽聖禪寺碑陰 正書 直隸唐縣

壽聖禪寺碑兩側 正書 直隸唐縣

重建文廟瑞芝記湦道栱題字 正書 至元八年正月初五日在上截孫氏失載 河南武安

陳祐詩刻州學教授宋景祁題記 正書 至元八年三月上旬在陳深詩後截

順德府錄事劉潤墓碑銘 王磐撰劉瑟正書 至元十七年十一月十五日 山東陵縣

紫霞村上淸紫虛元君廟地四至記 李志希記□侶正書 至元拾玖年叁月十九日在沐澗魏夫人碑陰下截末段 直隸邢臺

沐澗魏夫人祠與元君廟分界題字 正書 大唐四年六月五日在沐澗魏夫人祠碑陰下截中段聲木按此等分界題字文義在不可知之間大唐四年尤謬其刻字年月當與元君廟地四至記相後先姑附于此繆目失載 河南河内

福昌義和尚塔碣 篆書前後文正書 至元二十年四月望日吳目失載上有龍巖等等字 河南河内

宗聖宮重修說經臺記碑陰 李道謙齋沐謹述李志宗行書 至元二十一年陽復日碑文兩面刻共分六截末一截爲題名 陝西盩厔

觀村沁園春詞 李如壁題正書 至元二十二年夏䵮賓上弦日 陝西鄠縣

新鄉縣介休村重修崇慶院記 僧德利撰冀信正書 至元貳拾陸年八月望日 河南新鄉

新鄉縣介休村崇慶院寺基銘記 正書 至元二十六年八月　日　河南新鄉

靈慶公碑陰解鹽司副使亢澤等重樹碑題記 正書 至元二十七年八月二十日　山西安邑

太平路修學記 方回撰王龍澤正書 至元三十一年三月望日石已中段　安徽當塗

崇奉孔子詔 正書 至元三十一年七月　日下層刻廟□院地條段四至末云已于大德六年增修廟學碑陰明白開寫云云吳氏失載

壇山刻石副使題名殘字 正書 至元三十□年五月五日　直隸贊皇

贈推忠宣力功臣　國趙國武毅公鄭溫眞神道碑 鄧□原撰並正書 至元

蠲免亞聖兗國公後子孫差發劄付 正書 丁酉年十一月二十六日卽大德元年在上截至順二年十月吉日家長惟恭刊石　山東鄒縣

王惲拜奠宣聖林墓詩 正書 大德二年正月二十六日　安徽盧江劉氏拓本

鼓山閩海道肅政廉訪使趙文昌七言律詩並題名 正書 大德二年正月乙未　福建閩縣

鼓山趙靖同耆宿重來題名 正書 大德二年四月初吉吳繆失載　福建閩縣

焦山松寥閣塔磚 周通造正書 大德二年　江蘇丹徒

太平路重修儒學記 楊德榮譔張燧正書 大德三年正月初吉在太平府學　安徽當塗

焦山寶墨亭童建圓悟接持菴記 釋思修記正書 大德三年正月　日吳氏失載　江蘇丹徒

天甯寺僧男淳具重修千佛塔題名 正書 大德三年二月　日道光癸巳初冬僧六舟訪得文在磚上　浙江臨海

鮮于樞御史箴 張純□臨正書 大德三年七月十七日

重修八都神廟前殿後宮兼新香爐題字 正書 大德六年孟秋中旬有四　直隸元氏

馮士安壙記 高凝記蕭蚪正書 大德七年二月辛酉　滿洲托活洛氏藏石

觀音院重三門記 僧覺春解製日圓滿題正書 大德七年　江蘇句容

御史箴元璋題記 張純□臨行書 大德八年夏孟月朔旦

涪溪史杠等題名 客謝端識正書 大德九年正月既望　湖南祁陽

慈恩寺張審題名 正書 無年月在元大德九年七月七日馬□六等題名下　陝西長安

石牛洞武林山人愛閒子吳被題名 正書 大德九年秋　安徽潛山

泉州路學大晟樂記 楊應子記林坤正書 大德十年二月　日　福建晉江

後魏嵩山登眞天師寇謙之傳 宋賈善翔編秦志安續詩八分書 大德十年七月朔日重刊本　河南登封

寄題終南山上清太平宮詩 廣瀓子撰草書 無年月在北宋元祐二年二月　日蘇軾撰並行書上清宮詞碑陰下截在元大德十一年三月廿八日嗣天師張與材上清祠碑陰跋下段　陝西盩厔

洪山寺曹天麟家眷等重建塔題字 正書山門題 大德十一年六月二十四日　湖北江夏

加封孔子制誥碑 正書 大德十一年七月十九日碑分三截此在上截　廣西宜山

詔封大成至聖文宣王碑 正書 大德十一年七月　日　直隸獲鹿

加封孔子制誥碑 李世榮正書 大德十一年七月　日孫氏列地址廿四處趙氏列二地繆氏列五地實則當時徧天下皆立雖屢經兵燹所存者應決不止此　河南新鄉

加封制誥碑陰 新鄉縣達魯花赤黑廝等列名李世榮正書左行 延祐五年七月吉日　河南新鄉

蒙古書加封孔子制誥碑 中惟等及護夫三字正書餘雙鉤正書 無年月卽大德十一年七月　日加封孔子制誥碑碑文正書三行夾在蒙古書中第六行後中有云百司官吏人等孔子之道垂憲萬世有國家者所當護夫等語

誥封大成至聖文宣王碑 正書 大德十一年七月十九日　山東利津

加封至聖文宣王制誥碑 八分書 大德十一年七月　日在上截至德二年六月吉日學吏張性等刊石吳繆失載　安徽當塗

誥封大成至聖文宣王碑 正書 大德十一年七月□□日延祐二年四月立石在上截立石記在下截　直隸正定

誥封大成至聖文宣王碑 正書 大德十一年七月□日　直隸獲鹿

誥封大成至聖文宣王碑 正書 大德十一年九月□日聲木按此碑當時刻石徧天下令傳世者尚有各縣本諸家著錄僅題加封孔子制誥碑山東利津一本額題詔封大成至聖文宣王碑篆書二行與詔文適合故改從當年刻石所題之字著錄 直隸晉州

鉅鹿縣重修廟學碑 劉廣撰并正書 大德十一年十月日 直隸鉅鹿

重修廟學碑陰記 王元亨正書 直隸鉅鹿

誥封大成至聖文宣王碑 正書 大德十一年十二月□日碑文首行七行下邊均有上天皇帝四字正書二行 直隸鷄澤

加宣聖號詔碑 正書 大德十一年 安徽廬江劉氏拓本

加封孔子制誥湖廣等處行中書省劄付文 正書 大德大二年正月在中截 廣西宜山

洪山君張日新等造靈濟塔題字 正書 至大元年六月　日 湖北江夏

追封龍虎衛上將軍董俊壽國公聖旨碑 正書 至大元年閏十一月　日

浮渡山華嚴寺地畝四至記 僧懷言題正書 至大二年三月一日 直隸藁城

柳泉鎭觀音寺殘經幢 正書僧□法語造 至大三年孟秋碑文云至大三年歲次辛亥考辛亥乃至大四年歲紀石藏繆筱珊太史荃孫寶自在堪 安徽桐城

報父母恩眞言塔幢 劉洛川正書長男傳慶等造 至大四年三月十一日八面刊首面有故父母之靈塔六字石歸繆荃孫 江蘇江陰繆氏藏石

眞言塔幢碑陰 正書 江蘇江陰繆氏藏石

眞言塔幢碑兩側 正書 江蘇江陰繆氏藏石

父母靈塔幢 劉濟身正書耶耶傅伯從等造 辛大四年三月吉日 江蘇江陰繆氏藏石

重修香泉寺記 王協九撰何守謙正書 延祐元年十月吉日 河南汲縣

洪山寺信女石氏妙修捨中統鈔題字 正書 延祐元年九月　日在前截 湖北江夏

洪山寺孔玉子淸等造塔題字 正書 延祐元年九月　日在後截 湖北江夏

蠲免亞聖兗國公判 後子孫差發正書有押字 延祐元年十一月廿一日在下截至順二年十月吉日家長惟恭刊石 山東鄒縣

誥封大成至聖文宣王碑立石記 王思廉識許維則正書 延祐二年四月□□日在下截 直隸正定

開化寺聖旨碑陰 楊孟懋楊嘉會正書 延祐二年九月初九日首云宣授奉議大夫大司農承蘇禎云云題名凡七列

天冠山題詠 趙孟頫撰並行書 延祐二年十月廿四日康熙壬戌建武鄧霖模刻本在陝西碑林

天冠山題詠 趙孟頫撰并行書 延祐二年十月廿四日嘉慶乙亥孟冬高靜夫摹勒後有翁方綱題記正書

天冠山題詠 趙孟頫撰并行書 延祐二年十月廿四日咸豐七年十月既望海寧朱鈞筱鷗師西數室石刻木 江西貴谿

屏風碑後餘杭縣尹秉勸農事王昌遷碑題記 正書 延祐三年春在第七截後截 浙江餘杭

加封孔子制誥刻石記 正書 延祐三年□月□□日在下截 廣西宜山

通微道訣碑道士楊思聰補刻題記 行書 戊午歲人日畢沅關中金石記以爲元時當是延祐五年在碑文末截 陝西三原

浯溪湖南□□僉郭友直等題名 正書 延祐六年仲春五日 湖南祁陽

太常博士敬元長墓碣銘 盧摯撰趙孟頫正書 延祐七年三月吉日吳繆失載如此豐碑鉅製又近在畿輔不知當時孫趙羅吳繆諸家何以竟未見拓本 直隸易州

張晏七言絶句詩殘字 正書無年月名氏左行 延祐□年□月戊□首文云水夢中云云凡七行吳目失載

福建閩海道肅政廉訪副使仇鍔墓志銘 趙孟頫撰并正書 延祐□年

懷遠大將軍前管軍萬戶完者等題名 正書 至治元年五月二十八日吉辰吳繆失載 江蘇崑山

承天觀天師大眞人給甲乙住持公據 正書有押字 至治元年七月望日三清殿記碑陰碑後刊有封剳樣式他碑罕見光緒二十一年仲冬出土 安徽當塗

吳山寶成寺畏吾字碑　無年月錢大昕潛研堂金石目列于至治二年　浙江錢塘

游天冠山詩　趙孟頫行書　無年月翁方綱得趙字眞跡考爲詩爲僞作　年辨陝西長安原有之游天冠山　

臨高臺古樂府　趙孟頫行書　無年月米澍摹刻米襄陽祠堂　湖北襄陽

巡行御史明安謁聖廟題記　瞻思識趙開正書　至治三年五月長至日此在大德丁未秋近臣傳中截三截題名在後半頁　直隸獲鹿

尸秀等造象　正書　紀事元年五月日查紀元無紀事年號因上文有至治十三年故列之于元至治亦僅有三年訛舛不可究詰陶齋藏石記失載　滿洲托活洛氏藏石

麻姑山仙壇記杜本題記　八分書小字本　泰定元年立夏前二日　江西南城

法界菴□修僧智觀題名　正書　泰定元年菊月　江蘇元和

大德丁未秋近臣傳　閻復述陳觀正書　泰定元年十月吉日碑文共三截此在上截　直隸獲鹿

仙遊觀題永陽園詩序　蘭世一正書　太歲甲子正月十二日甲子考爲泰定元年在上截

超然臺三大字　王符正書　泰定二年二月　日

知稼亭記　正書　乙丑夏五碑文中有繇宋端平後逮今百年之語以年計之當在泰定二年

王氏世德序　歐陽玄撰巙巙子正書　泰定四年七月十三日明裔孫一治重建碑文中凡遇抬頭之字並不空格僅于字旁加一圓圈他碑罕見　直隸鉅鹿

加號大成碑記　霍希賢撰並正書　泰定四年七月吉日　滿洲托活洛氏藏石

康公墓志銘殘碑　正書　泰定七年四面俱缺僅存中間一段　安徽當塗

太平路采石書院記　周仁榮撰□□□正書　致和元年五月

田彬等挪修牛王德勝將軍行宮廟記　正書　致和元年九月乙卯日　滿洲托活洛氏藏石

和婆婆郜氏重修玄眞觀功德記　浧匠綦德霖正書　天曆二年三月上旬日碑文爲浧匠綦德霖書丹他碑罕見亦工人中之善書者　滿洲托活洛氏藏石

□□□□殘塔銘　正書　天曆二年五月十三日

上卿輔成贊化保運元教大宗師張留孫碑陰　趙孟頫撰並正書　即原碑文後半　天歷二年五月　日

聖福橋施主李敬等題名　正書　天歷二年仲秋吉日今名田家橋在太倉州城南門內　江蘇鎭洋

安福橋昭信校尉□領太倉鎭守千戸高□等題名　正書　天歷二年十月在太倉州城內東門俗名州橋　江蘇鎭洋

監郡宣侯等游慶題記　正書　至順元年王正上元日　四川涪州

新鄉縣重修大成至聖文宣王廟碑　蕭𢀶撰何守謙正書　至順二年十一月　日　河南新鄉

重修文廟碑陰　官吏新鄉縣達魯花赤野理等題名正書　河南新鄉

陳門橋洞都勸緣安豐惠靈顯著協眞象劉郡王題字　正書　至順元年仲冬吉日在太倉州城小西門內　江蘇鎭洋

祈澤治平寺亨公等捨田地山塘畝數地趾記　正書　至順二年九月初二日在至元十四年仲春吉日治平寺捨田記下截　江蘇上元

祈澤治平寺僧亨公等捨田垂落記　正書　至順二年九月初二日在後至元三年仲春吉日祈澤治平寺僧亨公等捨田銘下截　江蘇上元

張文忠公家訓畫碑刻石題記　後學論立正書　無年月在末二行山左金石志附至順二年後在張公祠內吳錄失載　山東歷城

吳山承天靈應觀牒王禹洲等倡和詩　正行書　至順三年十二月二十二日在下截　浙江錢塘

涪守張八歹等刻木魚畫象題記　正書　至順四年仲春十三日　四川涪州

蒲坂張琳芟等題名　正書　無年月在張八歹題記後　姚錄無　四川涪州

南翔寺□□□移經幢題字　正書　元統二年四月在咸通八年十二月五日佛頂尊勝陀羅尼經幢後段　江蘇嘉定

萬權墓志　孝孫萬等謹誌正書　元統三年九月初五日　滿洲托活洛氏藏石

許文正公神道碑　歐陽元撰張起巖正書　後至元元年十一月二十六日　河南河內

樓觀繫牛柏記碑　側 元明嘉撰趙孟頫正書 後至元二年正月上旬 卽碑陰宗聖宮碑後截四行孫氏失載 書丹名氏泐其官職結銜文云翰林學士承　旨榮祿大夫知　制誥兼修　國史云云確爲趙孟頫官職碑版中多有之書跡亦爲趙字無疑　陝西盩厔

加封孔子制詔碑刻石題字 陳泌撰正書 後至元二年九月在下截石在府學　浙江錢塘

焦山□□禪寺造觀世音菩薩岩石題記 正書 後至元二年菊月吉日字蹟漫漶吳繆失載　江蘇丹徒

廬山東林寺碑僧大訢重刻石題記 正書 後至元三年二月在原碑末行下截　江西星子

加封沂國述聖公詔刊石鄒縣尹張銓題記 正書 後至元三年四月朔日在上截吳繆失載　山東鄒縣

加封沂國述聖公詔刊石鄒縣達魯花赤醜□等題名 正書 後至元三年四月朔日在下截吳繆失載　山東鄒縣

李欽嗣玄堂志 孤子攜等泣血志正書南宮礌塡諱 後至元三年十一月廿四日　滿洲托活洛氏藏石

浯溪卽景二絕句詩並記 姚紱撰正書 後至元三年仲冬廿×日吳繆失載　湖南祁陽

浯溪艤舟登眺詩 高絢等撰正書 後至元三年冬至日吳繆失載　湖南祁陽

彰德路儒學營脩記 許有壬撰趙孟頫正書 後至元四年九月吉日字跡下截漫漶　河南安陽

宣聖誕辰上壽疏 毛穎孫疏王邦瑞正書 後至元四年良月在上截　四川三臺

宣聖誕辰上壽疏祭祀陳設題名 王邦瑞正書 後至元四年良月在下截後段吳繆失載　四川三臺

宣聖誕辰上壽疏郪縣儒學教諭王儒珍等題名 王邦瑞正書 後至元四年良月在下截前段吳繆失載　四川三臺

埜素溥化修聖廟頌 李習撰劉享晉正書 後至元五年正月望日在太平府學碑缺上截　安徽當塗

三皇廟學記 王志學記趙炳正書 後至元五年三月吉日　河南新鄉

重修朱太守廟記 韓性爲文林宇正書 後至元五年仲夏上澣吳繆失載　浙江山陰

揚州路學田記 蘇天爵撰王思齊正書 後至元五年十月在揚州府學　江蘇甘泉

學田記碑陰學田圖記 程復識正書 後至元五年十月在揚州府學　江蘇甘泉

奉元路涇陽縣尹姚達禮重立逸人寶天生神道碑銘題名 正書 後至元六年四月二十七日在原碑末行　陝西三原

重修蕭山縣儒學記 倪淵譔趙孟貫正書 至正元年二月日趙孟貫貫字左旁俗人加刻兆字欲改爲頫字字跡實類孟頫　浙江蕭山

重修眞武廟施地施米題字 正書 至正元年端節日　滿洲托活洛氏藏石

毛家巷義井題字 正書 至正元年端節吉日　江蘇吳縣

烏聊山忠烈廟神改封昭忠廣仁武烈靈顯王誥 正書 至正元年閏五月初九日在後截　安徽歙縣

加封至聖文宣王制詔碑當塗縣尹□□□等刊石題名 正書左行 至正二年六月吉日在下截吳繆失載　安徽當塗

觀音寺經幢敦武校尉大都路固安州判□□□等題名 正書 至正三年孟秋

烏石山福唐劉順老等爲大祖拂塵題名 正書 至正三年重九日　福建侯官

太平路采石書院增修置田記 張兌撰許有孚正書 至正四年二月　安徽當塗

佛頂尊勝陁羅尼經幢 僧德成正書 至正五年九月吉日吳繆失載

潞州知州張埜仙重建李抱眞德政碑銘題記 正書 至正五年冬至日在碑文末行　山西長治

燕南山東道奉使　撫分命同知德州事買閭等謁林廟題記 王偉記正書 至正六年二月　山東曲阜

元氏會應記 天谷道人傅德元記柴登正書 至正七年十月吉日　直隸南和

平江路總管莫簡墓碣 正書 至正九年春　滿洲托活洛氏藏石

提舉劉性存施石柱題字 正書 至正九年三月十一日吉辰在元妙觀　江蘇陽湖

太平路儒學歸田記普達世理撰劉貞正書至正九年五月吉日　安徽當塗
壽聖院清公闍黎壽塔銘沙門海濱洮並正書至正九年仲□□賓吉日　河南密縣
石牛洞安慶路判官八兒思不花等題名正書至正九年九月日　安徽潛山
塘灣橋造橋施主光福教寺一講等題名正書至正九年十月在橋洞高處僧六舟等訪得　江蘇吳縣
勸緣光福教寺住持溪雲等題名正書至正九年仲冬吉日
國書碑文字成圜形圜形外四角又各有國書王氏金石萃編載國書碑不能譯文端忠愍公陶齋藏石記亦不能譯也此碑陶齋藏石記失載藏石記載一國書碑列目于至正九年後　滿洲托活洛氏藏石
國書碑字八行行八字無年月陶齋藏石記列入至正九年後其文字與此碑異此碑陶齋藏石記失載　滿洲托活洛氏藏石
國書碑文字成圜形圜形外四角又各有國書　滿洲托活洛氏藏石
國書碑同上三碑文字不同非一碑也　滿洲托活洛氏藏石

鼓山靈源洞憲副朵兒只班等題名八分書至正十年五月十九日　福建閩縣
湖光山色四大字八分書至正□年碑額題至正古碑四字二行篆書殆後人所加
雪菴野衲溥光題草堂寺詩沙門志通刻石題字正書至正十二年四月望日在碑文末二行　陝西鄠縣
工部侍郎葛𠥢等題名正書左行至正十三年陽月晦日　四川
台州路重建天妃廟碑周伯琦撰並正書至正十三年十一月日石在府城東門外僧六舟尋得　浙江臨海
大都路左警巡院達魯花赤忽篤祿等過鄒祀孟子記趙守寬書孟克誠正書至正十四年七月廿三日　山東鄒縣
縉雲縣主簿單郁文祈雨感應記朱安道記宋壽之正書至正十四年十月望日吳繆失載　浙江縉雲
眞定路獲鹿縣尹成益善等祀鹿泉神記正書至正十五年四月廿一日

靜修劉先生題漢淮陰侯廟七律詩題記李攜撰并正書至正十五年六月望日在末段　直隷獲鹿
重修鹿泉神應廟碑王得義撰丁士常正書至正十七年二月一日　直隷獲鹿
慶遠城池圖記紒咸記鄧仁壽正書至正十八年十二月朔日在下截吳繆失載　廣西宜山
光福寺捨田記碑正書僧□□立至正二十年三月□□日在祈禱道場免役公據三截首段　江蘇吳縣
光福寺捨田記碑正書僧斯蘊立至正二十年三月□□日在祈禱道場免役公據二截後段　江蘇吳縣
臥龍禪寺觀音堂觀音象贊□萬年撰杜革正書年月日三行八分書至正貳十七年八月十五日　陝西
□□□殘字鄭八奇記達德安八分書至正二十七年字跡漫漶不易辨識

至正修廟殘碑□□□□□□正書年月缺中有至正失馭之語後有法賜中和文德大師蒲德眞題名等字　陝西邠州
茶說頭陁溥光撰並正書無年月按頭陁溥光是至正時人
終南山古樓觀道祖說經臺道德經正書無年月　陝西盩厔
□□□殘墓志張敬祖造正書無年月碑文中有娶闞氏五子長曰誼云云字跡似趙孟頫
□□□墓志銘正書無年月碑文撰書人名氏有經筵學士行中書省等官確爲元代中又有父鄭奇打捕鷹房總管云云
平江路儒學大成殿祭器碑李塗撰方文豹正書□□□九年十二月在府學　江蘇吳縣
移置宋高宗御書石經記殘碑八分書無年月　浙江錢塘
重修大殿外護功德主題名碑正書無年月首云榮祿大夫甘肅省平章政事阿散相公幷娘子撒的斤云云疑是碑陰
九天衛房掌瘡娘娘聖母元君神位碑正書無年月陶齋藏石記失載中有社稷神

位列元末

建昌路興平縣贍學田記 正書賈仁記 無年月 陝西三水 滿洲托活洛氏藏石

社稷神位 正書 無年月碑文云大社神位大稷神位云云陶齋藏石記考爲元物因失國棄之列于元末無年月中 滿洲托活洛氏藏石

勤卦 正書 無年月國朝康熙五十六年孟秋方伯黃公葺廨舍得之土中海寧陳元龍跋云輟耕錄載元人擬易作忍默恕退四卦與此正同意亦彼時賢而官粤者所撰刻殆四五百年物矣云云 廣東

帝師喜幢 蒙古文 無年月卽大孟古碑與蒙古文字不同 江蘇嘉定錢氏藏本

鼓山喝水巖七言絕句詩 行書 無年月 福建閩縣

鼓山喝水巖七言絕句詩 斗峰雙觀道人題正書 無年月 福建閩縣

王牒德摩崖七言絕句詩 八分書首句云鑱崖刻石成大像云云 無年月

周傳誦等雙栢行詩 中有何補之集王羲之正書行書 無年月 陝西咸寧

登浯溪亭得五言二十句詩 高岐撰井草書 無年月 湖南祁陽

御史箴鄧文原題記 行書 無年月

御史箴趙孟頫題字 行書 無年月

鼓山壽爲廣成子住崆峒千二百年對語等題字 正書 無年月 福建閩縣

忠顯校尉前沂州達魯花赤火倹赤等碑陰題名 正書 無年月此乃元碑 福建閩縣

鼓山陳軍殘題名 正書 無年月姑附于此

洪山寺梅見安等題名 正書 無年月在曹天麟家眷等重建塔題字第六行下 湖北江夏

說經臺記尊宿柳志剛等題名 八分書 無年月碑文五截此在第六截 陝西盩厔

靈慶公碑陰令蘇之純等同謁祠題名 正書左行 戊寅年季冬望日 山西安邑

周明辨估修題名 正書 辛酉年

慈恩寺庵大俅題名 正書 無年月在張審題名下 陝西長安

眞定路獲鹿縣達魯花赤沙阿不丁等題名 正書左行 □□□□□□六日在大德丁

末秋近臣傳下截

仙遊觀靈寶經會趙知和等題名 正書 無年月在下截 直隸獲鹿

宗聖宮重修說經臺記尊宿柳志則等題名 八分書 無年月在碑文第五截下 陝西盩厔

慈恩寺臨邑庠生許宗一等題名 正書 無年月在元至正十七年仲夏中旬五日何太古題名下 陝西長安

□清殿施主劉淸等各捨淨財造象 正書左行 無年月

雲風沂浴四大字 龍津八分書 無年月

瓊臺二字 章天祺正書 無年月

鼓山燕唐卿三大字 正書 無年月 福建閩縣

鼓山施景仁三大字 正書 無年月 福建閩縣

鼓山國師岩三大字 正書 無年月 福建閩縣

鼓山仁知二大字 正書 無年月 福建閩縣

鼓山南極老人四大字 八分書 無年月 福建閩縣

鼓山望雲遙祝四大字 正書 無年月 福建閩縣

鼓山海晏河淸四大字 正書 無年月加刻前人題名之上海晏二字右旁之中仍有陳軍二字 福建閩縣

龍隱二大字 正書 無年月

巖瞻二大字 龍水客岳和聲題正書 無年月

□□□靈曜二字 □鵬八分書 無年月

棲霞二大字 正書 無年月

續補寰宇訪碑錄卷二十四畫象

廬江劉聲木十枝撰

漢

戟氏畫象 無題字刻男女騎虎拜跪等象 永初七年閏月十八日　滿洲托活洛氏藏石

嵩山少室神道石闕銘畫象 無題字 延光二年三月三日在銘文後亦是圓轄畫象與開母廟石闕銘後圓轄畫象相仿　河南登封

嵩山開母廟石闕銘畫象 無題字 無年月在銘文後截下段似月中兎形卽翁方所所圓轄形　河南登封

孝堂山石室畫象 八分書凡十一石第一石 無年月　山東肥城

孝堂山石室定州中山郡孫龍花題字 八分書 無年月　山東肥城

孝堂山石室□□□題字 八分書 □□□年十二月十五日　山東肥城

孝堂山石室畫象 八分書第三石 無年月　山東肥城

孝堂山石室畫象 無題字第四石 無年月　山東肥城

孝堂山石室畫象 八分書第五石 無年月　山東肥城

孝堂山石室畫象 八分書第六石 無年月　山東肥城

孝堂山石室畫象 八分書第七石 無年月　山東肥城

孝堂山石室畫象 無題字第八石 無年月　山東肥城

孝堂山石室畫象 八分書第九石 無年月　山東肥城

孝堂山石室畫象 八分書第十石 無年月　山東肥城

孝堂山石室畫象 正書續得一石窄長式大攀龍形 無年月　山東肥城

孔子擊磬遇何饋畫象 八分書一石第一層 無年月石久出土藏嘉祥軒轅氏家村民覆爲滓具同治癸酉始拓行于世金石家從未著錄　山東嘉祥

柳惠畫象 八分書第二層前截 無年月　山東嘉祥

程嬰公孫杵臼等畫象 八分書第二層後截 無年月　山東嘉祥

武氏祠圉人治馬畫象 無題字一石 無年月　山東嘉祥

武氏祠跪鹿形畫象 無題字 無年月　山東嘉祥

武氏祠雙馬畫象 無題字一石 無年月　山東嘉祥

武氏祠五足奇獸畫象 無題字 無年月　山東嘉祥

武氏祠尖首獸形畫象 無題字一石 無年月　山東嘉祥

武氏祠張□二虎對立畫象 無題字一石 無年月　山東嘉祥

武氏祠三尾長冠鳥立形畫象 無題字一石 無年月　山東嘉祥

武氏祠龟蛇四呈畫象 無題字 無年月　山東嘉祥

武氏祠張□虎形畫象 無題字一石人應在前虎應在奇獸後 無年月　山東嘉祥

武氏祠長頸尾奇獸畫象 無題字 無年月　山東嘉祥

武氏祠一人獨立畫象 無題字 無年月　山東嘉祥

武氏祠猴鳳凰並立畫象 無題字一石 無年月　山東嘉祥

武氏祠張□虎長頸尾奇獸並奔畫象 無題字一石 無年月　山東嘉祥

武氏祠二馬並奔畫象 無題字一石 無年月　山東嘉祥

武氏祠長頸尾奇獸畫象 無題字一石 無年月　山東嘉祥

武始公石闕上四人手持兵器畫象 無題字 無年月　山東嘉祥

武始公石闕上三角人首及鼉魚畫象 無題字 無年月　山東嘉祥

武氏祠重樓養馬廐圉人治馬畫象 無題字一石 無年月　山東嘉祥

武氏祠四人相拱揖畫象 無題字 無年月　山東嘉祥

武氏祠四人相拱揖畫象 無題字 無年月　山東嘉祥

武氏祠左闕二人騎馬畫象 無題字一石 無年月　山東嘉祥

武氏祠左闕二人對立畫象 無題字此在中層畫巳全泐 無年月　山東嘉祥

武氏祠左闕三角人首畫象 無題字 無年月　山東嘉祥

武氏祠前石室庖人治食畫象 無題字 無年月　山東嘉祥

武氏祠雲龍畫象 無題字白文筆畫甚細一石 無年月 山東嘉祥
武氏祠雙鳳重樓養馬廐圉人牧馬畫象 無題字 無年月 一石 山東嘉祥
武氏祠周公輔成王畫象 無題字 無年月 山東嘉祥
武氏祠車馬畫象 無題字 無年月 山東嘉祥
武氏祠雙鳳重樓養馬廐圉人牧馬畫象 無題字 無年月 一石 山東嘉祥
武氏祠三人跪侍尊者畫象 無題字 無年月 山東嘉祥
武氏祠三人騎馬手執兵器畫象 無題字 無年月 山東嘉祥
武氏祠左闕車馬導引畫象 無題字 無年月 山東嘉祥
武氏祠左闕六人相拱揖畫象 無題字 無年月 山東嘉祥
武氏祠右闕人首鳥男婦人身禽畫象 無題字 無年月 一石 山東嘉祥
武氏祠前石室三重龍鳳樓閣冠服侍尊嚴圖畫象 無題字 無年月 山東嘉祥

武氏祠前石室二人聽一人彈琴畫象 無題字 無年月 山東嘉祥
武氏祠前石室五人持樂器畫象 無題字 無年月 山東嘉祥
武氏祠前石室四人持食盒畫象 無題字 無年月 山東嘉祥
武氏祠祥瑞圖有□身長畫象 八分書 無年月 山東嘉祥
武氏祠祥瑞圖奔馬形畫象 八分書殘石孫錄未載 無年月 山東嘉祥
武氏石闕銘東闕五人相拱揖畫象 無題字 無年月 一石 山東嘉祥
武氏石闕銘東闕八首人三身人等畫象 無題字 無年月 山東嘉祥
武氏石闕銘東闕五人相拱揖畫象 無題字 無年月 山東嘉祥
武氏祠大鳥率小鳥畫象 無題字 無年月 一石 山東嘉祥
武氏石闕銘東闕五人相拱立畫象 無題字 無年月 山東嘉祥
武氏祠左闕六人持物相承接畫象 無題字 無年月 一石 山東嘉祥
武氏祠祥瑞圖銀甕畫象 八分書 無年月 山東嘉祥

武氏祠祥瑞圖□王后稷畫象 八分書 無年月 山東嘉祥
武氏祠祥瑞圖南夷乘鹿來獻巨暘畫象 八分書 無年月 山東嘉祥
武氏祠祥瑞圖渠搜氏獻裘畫象 八分書 無年月 山東嘉祥
武氏祠祥瑞圖白馬朱鬣畫象 八分書 無年月 山東嘉祥
武氏祠祥瑞圖澤馬畫象 八分書 無年月 山東嘉祥
武氏祠祥瑞圖玉勝王者畫象 八分書 無年月 山東嘉祥
武氏祠祥瑞圖有鳥如鶴畫象 八分書 無年月 山東嘉祥
武氏祠祥瑞圖赤熊畫象 八分書 無年月 山東嘉祥
武氏祠祥瑞圖木連理畫象 八分書 無年月 山東嘉祥
武氏祠祥瑞圖璧流離畫象 八分書 無年月 山東嘉祥
武氏祠祥瑞圖玄圭畫象 八分書 無年月 山東嘉祥
武氏祠祥瑞圖比翼鳥畫象 八分書 無年月 山東嘉祥

武氏祠祥瑞圖比肩獸畫象 八分書 無年月 山東嘉祥
武氏祠祥瑞圖白魚畫象 八分書 無年月 山東嘉祥
武氏祠祥瑞圖比目魚畫象 八分書 無年月 山東嘉祥
武氏祠祥瑞圖神鼎畫象 八分書 無年月 山東嘉祥
武氏祠祥瑞圖麟畫象 八分書 無年月 山東嘉祥
武氏祠祥瑞圖黃龍游池畫象 八分書 無年月 山東嘉祥
武氏祠祥瑞圖蓂莢畫象 八分書 無年月 山東嘉祥
武氏祠祥瑞圖六足獸畫象 八分書 無年月 山東嘉祥
武氏祠祥瑞圖白虎畫象 八分書 無年月 山東嘉祥
武氏祠祥瑞圖玉馬畫象 八分書第二石 無年月 山東嘉祥
武氏祠祥瑞圖玉英畫象 八分書 無年月 山東嘉祥
武氏祠左石室車馬人畫象 無題字 無年月 山東嘉祥

武氏祠左石室龍鳳樓閣冠服跪侍尊嚴圖畫象 無題字 無年月　山東嘉祥
武氏祠左石室五人相跪拜畫象 無題字 無年月　山東嘉祥
武氏祠左石室鳥棲大樹畫象 無題字 無年月　山東嘉祥
武氏祠左石室車馬人畫象 無題字 無年月　山東嘉祥
武氏祠左石室繩貫五銖錢九十枚畫象 篆書 無年月　山東嘉祥
武氏祠祥瑞圖浪井畫象 八分書凡二石 無年月　山東嘉祥
武氏祠左石室四人治蛇蝎畫象 無題字 無年月　山東嘉祥
武氏祠左石室十三人相拱揖畫象 無題字第 無年月　山東嘉祥
武氏祠左石室男婦八人拱揖拜跪畫象 無題字 無年月　山東嘉祥
武氏祠左石室齊景公二桃殺三士畫象 無題字 無年月　山東嘉祥
武氏祠左石室車馬人鳥畫象 無題字 無年月　山東嘉祥
武氏祠左石室七人拱揖拜跪畫象 無題字第 無年月　山東嘉祥

武氏祠左石室男婦八人拱揖拜跪畫象 無題字 無年月　山東嘉祥
武氏祠左石室周公輔成王畫象 無題字 無年月　山東嘉祥
武氏祠左石室男婦九人樂舞畫象 無題字 無年月　山東嘉祥
武氏祠左石室車騎人畫象 無題字 無年月　山東嘉祥
武氏祠左石室庖人治食畫象 無題字 無年月　山東嘉祥
武氏祠左石室四人一鳥畫象 無題字 無年月　山東嘉祥
武氏祠左石室荊軻刺秦始皇畫象 無題字 無年月　山東嘉祥
武氏祠左石室男婦人首蛇身雲鳥畫象 無題字 無年月　山東嘉祥
武氏祠左石室六人一蛇畫象 無題字 無年月　山東嘉祥
武氏祠左石室車馬人鳥畫象 無題字 無年月　山東嘉祥
武氏祠後石室車馬男婦屋樹畫象 無題字 無年月　山東嘉祥
武氏祠後石室男婦乘舟車水陸攻戰畫象 無題字 無年月　山東嘉祥

武氏祠後石室雲龍車馬畫象 無題字 無年月　山東嘉祥
武氏祠後石室車馬干盾畫象 無題字 無年月　山東嘉祥
武氏祠後石室人首鳥身乘雲鳥畫象 無題字 無年月　山東嘉祥
武氏祠後石室廿十人相拱挹畫象 無題字 無年月　山東嘉祥
武氏祠後石室人馬車鳥畫象 無題字 無年月　山東嘉祥
武氏祠後石室橋梁水陸攻戰畫象 無題字 無年月　山東嘉祥
武氏祠後石室神仙乘雲車畫象 無題字 無年月　山東嘉祥
武氏祠後石室雷電風雨神仙畫象 無題字 無年月　山東嘉祥
武氏祠後石室神仙駕雲鳥畫象 無題字 無年月　山東嘉祥
武氏祠後石室北斗七星神仙畫象 無題字 無年月　山東嘉祥
武氏祠後石室神仙乘雲駕鳥獸畫象 無題字 無年月　山東嘉祥
武氏祠後石室神仙眷屬乘雲畫象 無題字 無年月　山東嘉祥

武氏祠後石室神仙乘雲駕龍鳥車畫象 無題字 無年月　山東嘉祥
武氏祠後石室神仙乘雲龍駕龍鳥畫象 無題字 無年月　山東嘉祥
武氏祠後石室農家操作畫象 無題字 無年月　山東嘉祥
武氏祠後石室人衣異服搏鬭畫象 無題字 無年月　山東嘉祥
武氏祠後石室神仙乘雲畫象 無題字 無年月　山東嘉祥
武氏祠後石室神仙車馬乘雲畫象 無題字 無年月　山東嘉祥
武氏祠後石室神仙乘雲龍駕蜚鳥畫象 無題字 無年月　山東嘉祥
武氏祠後石室雷電風雨神仙畫象 無題字 無年月　山東嘉祥
武氏祠後石室奇人異獸畫象 無題字 無年月　山東嘉祥
武氏祠後石室鬭力搏獸畫象 無題字 無年月　山東嘉祥
武氏祠前石室異形人斫臺圖畫象 無題字 無年月　山東嘉祥
武氏祠前石室婦人進食畫象 無題字 無年月　山東嘉祥

武氏祠前石室婦人拱跪樹旁畫象 無題字 無年月 山東嘉祥
武氏祠前石室賊曹車畫象 八分書 無年月 山東嘉祥
武氏祠前石室車馬人物畫象 無題字 無年月 山東嘉祥
武氏祠前石室孔子荷饋畫象 八分書 無年月 新出一石 同治辛未春南武軒轅氏得之附置前石室 孫錄未載 山東嘉祥
武氏祠前石室柳惠杵臼畫象 八分書 無年月 孫錄未載 山東嘉祥
武氏祠後石室海神龍魚出戰畫象 無題字凡十石 無年月 山東嘉祥
武氏祠前石室御人車馬畫象 無題字 無年月 山東嘉祥
武氏祠前石室行亭車畫象 八分書 無年月 山東嘉祥
武氏祠前石室人獸雲龍畫象 無題字 無年月 山東嘉祥
武氏祠前石室八婦持鏡奉妝圖畫象 無題字 無年月 山東嘉祥
武氏祠前石室道吏車畫象 八分書 無年月 山東嘉祥

武氏祠前石室主簿車畫象 八分書 無年月 山東嘉祥
武氏祠前石室人首鳥身雲鳥獸畫象 無題字 無年月 山東嘉祥
武氏祠前石室蓂莢及二樹畫象 無題字 無年月 山東嘉祥
武氏祠前石室君為都□時畫象 八分書 無年月 山東嘉祥
武氏祠前石室五官掾車畫象 八分書 無年月 山東嘉祥
武氏祠前石室君為市掾時畫象 八分書 無年月 山東嘉祥
武氏祠前石室主簿車畫象 八分書 無年月 山東嘉祥
武氏祠前石室為督郵時畫象 八分書 無年月 山東嘉祥
武氏祠前石室二□畫象 八分書 無年月 山東嘉祥
武氏祠前石室行亭畫象 八分書 無年月 山東嘉祥
武氏祠前石室荊軻秦武陽畫象 八分書 無年月 山東嘉祥
武氏祠前石室人首鳥身禽獸畫象 無題字 無年月 山東嘉祥

武氏祠前石室秦王畫象 八分書 無年月 山東嘉祥
武氏祠前石室侍郎畫象 八分書 無年月 山東嘉祥
武氏祠前石室魯秋胡夫婦畫象 八分書 無年月 山東嘉祥
武氏祠前石室齊王畫象 八分書 無年月 山東嘉祥
武氏祠前石室御人車馬畫象 八分書 無年月 山東嘉祥
武氏祠前石室人首鳥身雲龍禽獸畫象 無題字 無年月 山東嘉祥
武氏祠前石室齊桓公畫象 八分書 無年月 山東嘉祥
武氏祠前石室楚宣蓋車畫象 八分書 無年月 山東嘉祥
武氏祠前石室伯游母子畫象 八分書 無年月 山東嘉祥
武氏祠前石室老萊子事父母畫象 八分書 無年月 山東嘉祥
武氏祠前石室伯邑考同母兄弟十人事文王太姒圖畫象 八分書 無年月 山東嘉祥

武氏祠前石室燕饗樂舞圖畫象 八分書 無年月 山東嘉祥
武氏祠前石室御人車馬畫象 無題字 無年月 山東嘉祥
武氏祠前石室庖人治食圖畫象 無題字 無年月 山東嘉祥
武氏祠前石室賊曹車畫象 八分書 無年月 山東嘉祥
武氏祠前石室功曹車畫象 八分書 無年月 山東嘉祥
武氏祠前石室主簿車畫象 八分書 無年月 山東嘉祥
武氏祠前石室主記車畫象 八分書 無年月 山東嘉祥
武氏祠前石室武士車馬上橋圖畫象 無題字 無年月 山東嘉祥
武氏祠前石室兵士乘船習戰圖畫象 無題字 無年月 山東嘉祥
武氏祠前石室齊將義婦畫象 八分書 無年月 山東嘉祥
武氏祠前石室孝子刑渠畫象 八分書 無年月 山東嘉祥
武氏祠前石室亭長畫象 八分書 無年月 山東嘉祥

武氏祠前石室主記車畫象 八分書無年月 山東嘉祥
武氏祠前石室君司馬畫象 八分書無年月 山東嘉祥
武氏祠前石室騎吏畫象 八分書無年月 山東嘉祥
武氏祠前石室調問二人畫象 八分書無年月 山東嘉祥
武氏祠前石室車騎攻戰畫象 無題字無年月 山東嘉祥
武氏祠前石室功曹車畫象 八分書無年月 山東嘉祥
武氏祠前石室尉卿畫象 八分書無年月 山東嘉祥
武氏祠前石室游徼車畫象 八分書無年月 山東嘉祥
武氏祠前石室門下游徼畫象 八分書無年月 山東嘉祥
武氏祠前石室主簿車畫象 八分書無年月 山東嘉祥
武氏祠前石室令車畫象 八分書無年月 山東嘉祥
武氏祠前石室門下功曹畫象 八分書無年月 山東嘉祥
武氏祠前石室門下游徼畫象 八分書無年月 山東嘉祥
武氏祠前石室門下賊曹畫象 八分書無年月 山東嘉祥
武氏祠前石室人首鳥身及雲龍禽獸昆虫畫象 無題字無年月 山東嘉祥
武氏祠前石室廿一人冠服相拱揖畫象 無題字無年月 山東嘉祥
武梁祠石室藺相如奉璧秦王畫象 山東嘉祥
武梁祠石室魏須賈跪謝范且圖畫象 山東嘉祥
武梁祠石室樓臺人物畫象 無題字無年月 山東嘉祥
武梁祠石室衆鳥棲大樹畫象 無題字無年月 山東嘉祥
武梁祠石室拜跪七人畫象 無題字無年月 山東嘉祥
武梁祠石室御車畫象 無題字無年月 山東嘉祥
武氏祠前石室十四人冠服相拱揖畫象 無題字凡十六石無年月 山東嘉祥
武氏祠前石室子路等十九人冠服相拱揖畫象 八分書無年月 山東嘉祥

武氏祠前石室□□車畫象 八分書無年月 山東嘉祥
武氏祠前石室丞相車畫象 八分書無年月 山東嘉祥
武氏祠前石室門下功曹畫象 八分書無年月 山東嘉祥
武氏祠前石室人首鳥身及禽獸昆虫畫象 無題字無年月 山東嘉祥
武氏祠前石室龍鳳樓閣冠服侍尊嚴圖畫象 無題字無年月 山東嘉祥
武氏祠前石室鳥棲大樹畫象 無題字無年月 山東嘉祥
武氏祠前石室君車畫象 八分書無年月 山東嘉祥
武氏祠前石室門下功曹畫象 八分書無年月 山東嘉祥
武梁祠石室義姑姊塗遇齊將軍畫象 八分書無年月 山東嘉祥
武梁祠石室楚昭王貞姜畫象 八分書無年月 山東嘉祥
武梁祠石室韓柏榆跪悲圖畫象 八分書無年月 山東嘉祥
武梁祠石室邢渠哺父子畫象 八分書無年月 山東嘉祥
武梁祠石室董永父子畫象 八分書無年月 山東嘉祥
武梁祠石室章孝母畫象 八分書無年月 山東嘉祥
武梁祠石室朱明母子弟妻畫象 八分書無年月 山東嘉祥
武梁祠石室忠孝李善奉李氏遺孤畫象 八分書無年月 山東嘉祥
武梁祠石室休屠騎都尉畫象 八分書無年月 山東嘉祥
武梁祠石室王慶忌捽要離畫象 八分書無年月 山東嘉祥
武梁祠石室豫讓殺身以報知己畫象 八分書無年月 山東嘉祥
武梁祠石室趙□畫象 八分書無年月 山東嘉祥
武梁祠石室聶政刺韓王畫象 八分書無年月 山東嘉祥
武梁祠石室鍾離春進諫齊王畫象 八分書無年月 山東嘉祥
武梁祠石室縣功曹塗迎處士畫象 八分書無年月 山東嘉祥
武梁祠石室梁高行援鏡操刀圖畫象 八分書無年月 山東嘉祥

武梁祠石室魯秋胡塗遇妻采桑畫象八分書無年月　山東嘉祥
武梁祠石室齊義母母子畫象八分書無年月　山東嘉祥
武梁祠石室京師節女畫象八分書無年月　山東嘉祥
武梁祠石室三州孝□人畫象八分書無年月　山東嘉祥
武梁祠石室義漿羊公畫象八分書無年月　山東嘉祥
武梁祠石室魏湯父子畫象八分書無年月　山東嘉祥
武梁祠石室孝烏畫象八分書無年月　山東嘉祥
武梁祠石室趙□睹畫象八分書無年月　山東嘉祥
武梁祠石室孝孫祖父畫象八分書無年月　山東嘉祥
武梁祠石室曾子母投杼圖畫象八分書無年月　山東嘉祥
武梁祠石室閔子騫父子車行圖畫象八分書無年月　山東嘉祥
武梁祠石室老萊子班衣事親圖畫象八分書無年月　山東嘉祥
武梁祠石室丁蘭立木事親圖畫象八分書無年月　山東嘉祥
武梁祠石室曹子刧齊桓公畫八分書無年月　山東嘉祥
武梁祠石室專諸炙魚刺吳王僚畫象八分書無年月　山東嘉祥
武梁祠石室荆軻秦武陽刺秦王畫象八分書無年月　山東嘉祥
武梁祠石室梁節姑姊遇失火畫象八分書無年月　山東嘉祥
武梁祠石室神農氏畫象八分書無年月　山東嘉祥
武梁祠石室黃帝畫象八分書無年月　山東嘉祥
武梁祠石室帝顓頊畫象八分書無年月　山東嘉祥
武梁祠石室帝俈畫象八分書無年月　山東嘉祥
武梁祠石室帝堯畫象八分書無年月　山東嘉祥
武梁祠石室帝舜畫象八分書無年月　山東嘉祥
武梁祠石室夏禹畫象八分書無年月　山東嘉祥

武梁祠石室夏桀畫象八分書無年月　山東嘉祥
武氏祠石闕題字八分書一石無年月　山東嘉祥
武氏祠石闕人首畫象無題字無年月　山東嘉祥
武氏祠石闕題字八分書一石　山東嘉祥
武氏祠石闕人首鳥身獸形畫象無題字無年月　山東嘉祥
武梁祠石室伏羲氏畫象八分書凡三石無年月聲木按武氏祠畫象題字甚繁可以考見古代制度文字孫錄僅錄畫象石數繆荃孫廣之以每石一層畫象著錄亦有未協竊謂以每一事爲一標題最善說詳寰宇訪碑錄校勘記　山東嘉祥
武梁祠石室祝誦氏畫象八分書無年月　山東嘉祥
武氏祠左石室人首鳥身乘雲鳥畫象無題字無年月　山東嘉祥
武氏祠左石室十八人相拱揖畫象無題字無年月　山東嘉祥
武氏祠左石室車馬人畫象無題字無年月　山東嘉祥
武氏祠左石室秦始皇沒水求　畫象正題字無年月　山東嘉祥

武氏祠祥瑞圖□玄畫象八分書第一石無年月　山東嘉祥
武氏祠祥瑞圖士□則畫象八分書無年月　山東嘉祥
武氏祠祥瑞圖自孰五□畫象八分書無年月　山東嘉祥
武氏祠祥瑞圖來□□奴少則至畫象八分書無年月　山東嘉祥
武氏祠祥瑞圖時□□畫象八分書無年月　山東嘉祥
武氏祠祥瑞圖汇汇如湧畫象八分書無年月　山東嘉祥
武氏祠祥瑞圖明無不衙畫象八分書第無年月　山東嘉祥
武氏祠左石室顏淑据火待乞宿婦畫象八分書凡十石第一石無年月石首有乾隆五十四年七月錢塘黃易等題記八分書左石室十石爲洪洞李克正等訪得嵌置石壁前人所未見始見孫錄　山東嘉祥
武氏祠左石室魏信陵君侯嬴朱亥畫象八分書無年月　山東嘉祥
武氏祠左石室漢王陵母伏劒畫象八分書　山東嘉祥
武氏祠左石室義士范贖等畫象八分書無年月　山東嘉祥

圖書館金石保存會甲畫象 無題字凡十石 無年月自甲至己嘉祥蔡氏園中新出土光緒三十四年十石爲日本人購得羅正鈞時任山東提學使出貲購回宣統元年移置山東圖書館金石保存會羅正鈞題記正書　山東歴城
圖書館金石保存會乙畫象 無題字 無年月　山東歴城
圖書館金石保存會丙畫象 無題字 無年月　山東歴城
圖書館金石保存會丁畫象 無題字 無年月　山東歴城
圖書館金石保存會戊畫象 無題字 無年月　山東歴城
圖書館金石保存會己畫象 無題字 無年月　山東歴城
圖書館金石保存會庚畫象 無題字陽文 無年月舊在嘉祥縣中關廟三小方　山東歴城
圖書館金石保存會辛畫象 無題字 無年月舊在肥城　山東歴城
圖書館金石保存會壬畫象 無題字 無年月壬癸不詳所目　山東歴城
圖書館金石保存會癸畫象 無題字 無年月　山東歴城
圖書館金石保存會第一畫象 無題字凡十石 無年月舊在嘉祥洪福寺宣統元年羅正鈞移置山東圖書館金石保存會　山東歴城
圖書館金石保存會第二畫象 無題字 無年月舊在嘉祥七日山聖壽寺　山東歴城
圖書館金石保存會第三畫象 無題字 無年月舊在嘉祥隨家莊關廟　山東歴城
圖書館金石保存會第四畫象 無題字 無年月舊在嘉祥隨家莊關廟　山東歴城
圖書館金石保存會第五畫象 無題字 無年月舊在嘉祥上林華村直武廟　山東歴城
圖書館金石保存會第六畫象 無題字 無年月舊在嘉祥吳家莊觀音堂　山東歴城
圖書館金石保存會第七畫象 無題字 無年月舊在嘉祥郗家莊　山東歴城
圖書館金石保存會第八畫象 無題字 無年月舊在嘉祥城小學堂　山東歴城
圖書館金石保存會第九畫象 無題字 無年月舊在嘉祥洪家廟　山東歴城
圖書館金石保存會第十畫象 無題字 無年月舊在嘉祥商村　山東歴城
孔子廟畫象題字 八分書 無年月石在城外稷山　山東益都

角樓莊畫象 無題字凡三石亦名青州畫象 無年月　山東益都
東安故城石室畫象 無題字凡四石 無年月　山東沂水
漢元帝廟周公畫象 八分書 無年月近年泰安新出土　山東曲阜
孝堂山食堂碑陰 畫象無題字　山東濟寧
畫象孔子等題字 八分書 無年月新出土後有光緒六年題記　山東濟寧
嵩山太室神道石闕銘額旁畫象 無題字龟形 無年月　河南登封
射陽孔子見老子畫象碑陰 無題字只有畫象 無年月孫氏只錄碑陽名射陽石門射象　江蘇寶應
立人畫象 無題字下似有字模糊莫辨 無年月石爲趙晉齋魏所得　浙江仁和
益州太守高貫方闕陰畫陰畫象 無年月　四川雅安
益州太守高貫方闕左側畫象 無年月　四川雅安
益州太守高貫光闕陰畫象 無題字 無年月有七石　四川雅安
益州太守高貫光闕左側畫象 無題字 無年月有五石　四川雅安
益州太守高貫光闕右側畫象 無題字 無年月有五石　四川雅安
尚書侍郎馮煥神道闕下畫象 無題字雙魚形 無年月　四川渠縣
新豐令交阯都尉沈府君神道闕右畫象 無題字龍璧形 無年月　四川渠縣
新豐令交阯都尉沈府君神道闕上畫象 無題字鳳凰形 無年月　四川渠縣
新豐令交阯都尉沈府君神道闕下畫象 無題字牛首銜環形 無年月　四川渠縣
上庸長司馬孟臺神道闕上畫象 無題字形已模糊 無年月　四川德陽
上庸長司馬孟臺神道闕下畫象 無題字形已模糊 無年月　四川德陽
孟琁殘碑下段畫象 無題字亀蛇形 無年月　雲南昭通
孟琁殘碑側畫象 無題字二龍形 無年月　雲南昭通
秦王老者等畫象 正書 無年月與武梁祠畫象相似

車馬人鳥等畫象 無題字無年月二截上截車馬下截人鳥 江蘇丹徒劉氏藏石

畫象□亭長等題字 八分書無年月

武梁祠左石室畫象 八分書無年月乾隆己酉七月洪洞李克正梅郵劉肇鏞桂僊搜得此石八分書一百六字嵌置壁間後爲東萊丁所得 山東黃縣丁氏藏石

鉤騎四人畫象 八分書無年月凡三列 山東黃縣丁氏藏石

闞龍逄等畫象 八分書無年月凡四列 山東黃縣丁氏藏石

武氏祠左石室漢王陵母漢使者畫象 八分書無年月新出一石新出一石與第一石畫象相連石首有補勒庚辰增入左室題字孫錄未載繆荃孫金石目載入陶齋藏石記亦未載 滿洲托活洛氏藏石

武氏祠左石室門亭長范躓畫象 八分書無年月 滿洲托活洛氏藏石

武氏祠左石室靈公□□□□明靈輒趙宣孟畫象 八分書無年月 滿洲托活洛氏藏石

續補寰宇訪碑錄卷二十五補遺

廬江劉聲木十枝撰

漢

豫州從事尹宙碑陰 正書碑陽熹平六年四月 河南鄢陵

劉君殘碑碑側 八分書光和四年三月十五日孫錄失載 河南安陽

三公山碑額右側封龍君題名 八分書光和四年四月朔二日 直隸元氏

三公山碑額左側靈山君題名 八分書光和四年四月朔二日 直隸元氏

□郡太守殘碑 八分書俗誤稱永壽殘碑初平元年正月光緒年山東滕縣出土 滿洲托活洛氏藏石

君子殘碑 八分書首二行文云□□君子云云凡八行無年月 直隸青縣姚氏藏石

魏

部曹侍郎史張輔國墓志銘 正書咸甯元年九月廿九日

五官掾殘碑 八分書首云五官掾云云凡三行無年月陶齋藏石記列目于曹魏以字跡似曹眞碑也 滿洲托活洛氏藏石

晉

振威將軍鬱林太守關內侯河內趙府君墓道東闕 八分書無年月 河南孟縣

振威將軍鬱林太守關內侯河內趙府君墓道西闕 八分書無年月 河南孟縣

宋

林縣仙嵒鄉申同等造明王菩薩象 正書景和元年六月八日陶齋藏石記失載 滿洲托活洛氏藏石

後魏

雲峯山鄭道昭遊槃山谷題字 正書無年月文云中岳先生滎陽鄭道昭遊槃之山谷也十五字繆錄失載 山東掖縣

秀才卜文墓志銘 正書孝昌二年二月廿四日

法義等造象殘記 正書 孝昌二年□□廿七日 滿洲托活洛氏藏石

假節征虜將軍歧州刺史富平伯于纂墓志銘 正書 孝昌三年五月十一日

比邱尼法恩爲七世魏母等造釋迦文佛象 正書 孝昌三年五月廿四日 河南洛陽

□衛將軍石窟碑 袁翻文王實纔正書 孝昌三年九月一□日聲木按此碑繆氏藝風堂金石文字目錄亦失載吳氏攈古錄載入列目如此碑文字跡漫漶讀之不能成文姑照吳氏列目錄入所存之字尚多亦甚工整此亦龍門中豐碑鉅製故應如此不似造象之草率苟陋也 河南洛陽

東魏

信弟子孟起造象 正書 天平二年正月廿日

光州刺史宇文公德政碑銘 汪記正書 無年月 山東掖縣

邑師法顯合邑等造須彌塔象 正書 天平三年正月朔日

驪驤將軍滄州刺史王僧墓志銘碑側 正書 天平三年二月十三日聲木按此即碑額題此碑刊于碑側文曰滄州刺史王僧墓志銘 直隸滄州王氏藏石

侍中黃鉞太師錄尚書事文懿公高盛殘碑 正書 天平三年五月廿八日光緒廿五年出土 直隸磁州

侍中大司馬華山王元乳崔妃公孫氏墓志銘 正書 天平四年七月十六日 直隸

司空公兗州刺史張滿墓志銘 正書 天平四年十一月十二日

侍中黃鉞太尉錄尚書事孝宣公高翻碑 正書 元象二年　月　日光緒廿四年重出土 直隸磁州

程榮造象碑陰 無題字 碑陽興和二年石初在直隸長垣繼歸嘉興沈濤以贈萩海廣主人今歸徐積餘觀察乃昌 安徽南陵徐氏藏石

程榮造象碑左側 正書 安徽南陵徐氏藏石

李氏合邑百餘人造佛象碑頌 正書 興和四年十月八日

大吳村比邱靜顒合邑一百人等造象記 正書 興和四年十一月五日

佛弟子李次明爲亡兒李冊延造觀世音象 正書 武定元年七月四日 直隸長垣

李次明造象碑陰 正書 直隸青縣姚氏藏石

李次明造象碑兩側 直隸青縣姚氏藏石

高城縣常景洛爲夫人造象 正書 武定元年十二月四日石藏潘文勤公祖蔭家 直隸青縣姚氏藏石

常景洛碑兩側 正書 江蘇吳縣潘氏藏石

王配文爲父母造玉象 正書 武定二年三月十一日 江蘇吳縣潘氏藏石

驃騎大將軍冀州刺史安康縣開國孝武伯元鈞墓志銘 八分書 武定二年八月廿日　年磁州出土

使持節都督深州諸軍事安西將軍梁州刺史散騎常侍儁

王元顯墓志銘 正書 武定二年八月廿日　年磁州出土

使持節假黃鉞侍中太傅定州刺史廣陽文獻王元湛銘 正書 武定二年八月庚申　年磁州出土

假黃鉞太傅廣陽文獻王元湛妃王氏墓志銘 正書 武定二年八月庚申

伏波將軍諸治令侯海墓志銘 正書 武定二年十月廿日 直隸

比邱僧道和共母人造觀世音象 正書 武定三年五月廿三日 直隸青縣姚氏藏石

道和造象碑兩側 正書 直隸青縣姚氏藏石

報德玉象七佛頌碑 正書 武定三年□月十五日

七佛頌碑兩側 正書

戠轅縣人劉晏孫朝脫亡過造象 正書 武定三年 江蘇吳縣潘氏藏石

蕭臺文爲忘息奉蘂造象 正書 武定四年三月廿七日

張暢之等造象題名 正書 無年月陶齋藏石記列目於東魏武定四年 滿洲托活洛氏藏石

比邱僧道請爲亡父母等造象 正書 武定五年正月廿六日 江蘇吳縣潘氏藏石

比邱僧道請碑兩側 正書 江蘇吳縣潘氏藏石

西兖州刺史□□墓誌銘 正書 武定五年二月七日俗呼石覺寺碑

□□縣人□□□造象 正書 武定五年二月十□日 直隸青縣姚氏藏石

朱同寺尼僧勝品造象 正書 武定五年三月八日

上宰侍中司徒公領尚書令太傅任城文宣王文妳太妃馮氏墓志銘 正書 武定五年十一月十六日 年磁州出土

驃騎大將軍散騎常侍東安王太妃陸氏墓志銘 正書 武定五年十一月十六日銘文末四句小字雙行刊之他碑罕見

淸信士合道俗九十人等造象贊 正書 武定六年七月廿七日 直隸

道俗九十人等造象碑兩側 正書 直隸

武德于府君等義橋石象銘碑兩側 正書 武定七年四月八日 河南河內

橋主楊膺寺諸師等造橋樑記 穆洛正書 武定七年四月八日刊在義橋石象碑銘下截 河南河內

侍中徐州刺史吳郡王蕭正表銘 正書 武定八年二月廿九日 直隸

太原太守穆子巖墓志 正書 武定八年五月十三日

僧曠割捨衣食爲切不生造四面玉石象 正書 歲次乙卯八月十□日 浙江歸安陸氏藏石

僧曠造象碑陰 正書 浙江歸安陸氏藏石

僧曠造象碑兩側 正書 浙江歸安陸氏藏石

殘經 正書 無年月三截上截首云受業云云凡四行行中截首云養馬七日云云凡七行下截首云能於生死云云凡六行 直隸青縣姚氏藏石

光明主命過牛承等爲眷屬造象 正書 無年月光明主命過五字殊不可解

菩薩主韓回等造象 無題字 無年月在上截 滿洲托活洛氏藏石

菩薩主韓回等造象題名 正書 無年月在下截文凡三列 山東丁氏藏石

隋

大施主南陳郡開國公定州刺史豆盧通寺造象記 正書 開皇元年四月八日 山西平定

王禪成造石象殘記 行書 開皇二年

開皇殘碑 八分書 開皇二年十七行

□□爲所生父母造象 正書 開皇三年二月

佛弟子馬剛爲七世父母造象 正書 開皇三年四月八日 安徽盧江劉氏藏石

馬剛造象碑陰 正書 安徽盧江劉氏藏石

馬剛造象碑兩側 正書 安徽盧江劉氏藏石

佛弟子□□□一百人等造碑象記 正書 開皇三年四月十五日 滿洲托活洛氏藏石

□□□等造碑象碑兩側 正書邑子馬要姬等題名 滿洲托活洛氏藏石

使持節儀同大將軍昌國惠公寇奉叔墓志銘 正書 開皇三年十月朔日石在開封圖書館 河南祥符

扶風郡太守濩澤縣開國伯寇遵考墓志銘 正書 開皇三年十月十九日石在開封圖書館 河南祥符

邵咸墓志銘 正書 開皇三年十一月廿七日吳式芬攈古錄載有是碑註云山東海豐吳氏拓本石雖不知所在傳世拓本甚多吳說誤

龍藏寺碑額陰翊軍將軍恆州長史游愔等題名 正書 開皇六年十二月五日 直隸正定

冠軍將軍零陽縣令任顯墓志銘 八分書 開皇八年十一月廿日石在古蹟保存所 河南安陽

闕名爲一切衆生造彌勒象 正書 開皇九年八月一日

□貴爲一切衆生造象 正書 開皇九年八月一日

大住聖窟造象記 正書 開皇九年

王夫人墓志銘 正書 歲次庚戌郎開皇十年二月廿七日

佛弟子魏比丘造彌□大象記 正書 開皇□□四月十五日

開府儀同三司陳公豆盧通等造彌勒大象記 八分書 開皇□年 直隸元氏

持節臨州諸軍事臨州刺史鄭道育墓志銘 正書 開皇十一年閏十二月九日碑文中無本人名姓只有世子德政次子德脊等字以唐宰相世系表考之知爲鄭道育然在當時撰文刻石之時未必知其子後來貴顯有宰相世系表可考見鄭道育名姓千載下誰知有鄭道育其人文章體例壞於金石非唐人之過由來已久矣 河南河陰

正覺寺開府儀同三司□南陳公豆盧通造彌勒象殘碑 八分書 無年月南宋陳思寶刻叢編所載之正覺寺碑卽此碑原註開皇十二年四月立向在定州開化寺今移正定崇因寺 直隸正定

□□等爲亡父母造玉象 正書 開皇十二年五月八日 江蘇吳縣潘氏藏石

千佛山女弟昭□爲亡父母亡弟造彌勒象 正書 開皇十二年五月十九日 山東歷城

蕭寶袟等造象題名 正書左行 無年月在開皇十三年四月十五日諸葛子恆等平陳紀功頌上截前段字跡相類蓋同時人所爲也 山東蘭山

鼓山縣令□□刻經記殘碑 正書 開皇十三年十月 直隸磁州

賓暘洞僧法空等題名 正書 無年月在開皇十五年□月初四日行參軍裴慈明等造阿彌陁龕象下截首行 河南洛陽

賓暘洞殘經字 八分書文云不常亦不斷五字 無年月在開皇十五年□月初四日行參軍裴慈明等造阿彌陁龕象末行中段 河南洛陽

大將軍昌樂公府司士行參軍張通妻陶墓志 正書 開皇十七年三月廿六日原石久佚複本至多此乃南陵徐積餘觀察乃昌藏本複刻石中至善之本世所謂二字本石幾可亂眞 安徽南陵徐氏藏石

佛弟子張信爲亡息來富造阿彌陁象 正書 開皇十七年五月一日

□□縣平正王婆羅造石窟象殘碑 正書 開皇十七年

開皇殘字 正書只存年月日字 開皇十九年五月廿三日

佛弟子魏比邱造彌陁象記 正書 開皇□□年□月十五日 山東黄縣丁氏藏石

開皇殘字弘五李光弼等題名 正書 無年月

□穆墓志銘 八分書 仁壽元年十一月四日

仏弟子闞名造象 正書 仁壽二年正月十日

東燕縣開國侯高子玉薦福造彌勒象 正書 仁壽二年三月十五日旁有貞觀十二年孜□題字此石字跡小僅四五分鏤刻甚精工非他種造象所能及無怪碑文中有曰山刊石備盡微妙之語

鄧州大興國寺舍利寶塔下銘 正書 仁壽二年四月八日石在開封圖書館 河南祥符

□□爲師保父母造无量壽佛象 正書 仁壽三年八月十五日

道民魏仲癸造天尊象 正書 仁壽三年九月七日

姚佰皃造象碑兩側 正書 仁壽三年九月十日 直隸青縣姚氏藏石

彭蚃生等造象碑兩側 正書 碑陽仁壽三年十月十七日 山東蘭山

牛頭山寺舍利塔銘 正書 仁壽四年四月八日光緒二十六年四川三臺縣牛頭山因修築練堡掘得此石移置文廟于錄碑側石後有知潼川府事鍈嶺阿麟題記正書 四川三臺

范陽夫人墓志銘 正書 歲在甲子郎仁壽四年十月廿三日石甚漫漶

佛弟子段市悳造象 正書 仁壽四年

河東郡首山栖巖道場舍利塔碑頌 賀德撰正書 仁壽四年此碑有二一仁壽二年立石在河南閿鄉已見孫錄 山西永濟

儀同三司王居孫□□墓志銘 正書 大業元年十月廿二日碑中原無名字

高士王行淹墓誌銘 正書 大業二年四月四日

淮南仡明縣丞元夫人崔氏墓志銘 八分書 大業三年十一月廿七日石在古跡保存所 河南安陽

建始縣四去界碑 正書 大業四年　四川井研
汝南縣前主簿李穆墓志 正書 大業六年十一月三日
上儀同三司歧山縣開國侯姜明墓志銘 正書 大業九年二月廿八日字蹟可爲臨池次乘石在開封圖書館　河南祥符
朝散大夫張盈墓志銘 正書 大業九年三月十日石在開封圖書館　河南祥符
朝散大夫張君夫人蕭氏墓志銘 正書 大業九年三月十日石在開封圖書館　河南祥符
金紫光祿大夫右候衛將軍豆盧威公□寔墓志銘 八分書 大業九年十月三日石在開封圖書館　河南祥符
郡功曹崔玉墓誌銘 正書 大業十一月正月廿七日
太僕卿元公墓志銘 正書 大業十一年八月日黃氏重摹本
太僕卿元公夫人姬氏墓志銘 正書 大業十一年八月日黃氏重摹本　江蘇無錫黃氏藏石

滕王長子厲墓志銘 正書 大業十二年七月十八日
青州默曹碑側 正書 無年月　山東益都
布衣李靖上西岳大王文 行書 無年月成化八年五月五日陝西左布政使桂陽朱英重摹一石置華嶽祠有朱英題記行書聲木按此文重摹本有四二宋刻二明刻孫氏僅列山西潞城陝西長安二刻尚有廣西藤縣一石宋紹興十六年七月施珪重摹　陝西華陰
李買造浮圖銘 正書 無年月
十六佛名號 正書左行 無年月
舍利殘碑 正書首云可畏云云凡九行 無年月
高王殘經 正書 無年月十二行
大集經 正書 無年月
玉陁羅尼金輪三昧咒品上上 正書 無年月

佛寺殘碑 八分書 無年月二石一四行一五行　江蘇吳縣
龍興寺陁羅尼經幢 正書 無年月
旡量殘經 正書 無年月廿五行
諸香火法義廿一人等造父龍碑象殘記 正書 □□□□二月二日廿二行
建崇寺習祖秦州都酋長呂帛冰女定羌等造象記 正書 無年月　山東蘭山
中山道院王忠信等造象 正書 無年月
世主清信女炛公玉造象 正書 無年月
清信女李華暉造觀世音象 正書 無年月
佛弟子左監門直長高子珍造象 正書 無年月
如夫唐合賓等題名 正書 無年月
比邱惠景共養題名 正書 無年月
馮子昌造阿彌陁象 正書 無年月

馮子昌造菩薩象 正書 無年月
□旡常殘字 正書 無年月凡四行十二字
昭元沙門統定禪師造六十佛象 正書 無年月
比邱法貴共養題名 正書 無年月
弟子趙□造雲自在觀音菩薩象 正書 無年月
女弟子馬氏爲自身造象 正書 無年月
維那主趙羅利法義兄弟姊妹五人等爲七世父母等造象 正書 □□□□七月□日
錢岳夫婦造地藏菩薩象 正書 無年月
佛弟子楊顯等造象記 正書 無年月
大齋主李神恩等四面都碑象 正書 無年月
白沙象主王菩提等造象 正書 無年月

邑儀邑子妻孫處驢等殘造象題名 正書六行 無年月
左相僧道都跗沙門行葸造象 正書 無年月
勾當虞侯劉露題名 正書 無年月
千佛山準提咒唵嘛呢吧彌吽六字 正書 無年月　山東歷城

唐

隋任國宏義明公皇甫誕碑 李重摹本 無年月當在貞觀初
隋任國宏義明公皇甫誕碑 裴重摹本 無年月當在貞觀初
薄夫人墓志銘 正書 貞觀十五年五月廿五日石在開封圖書館　河南祥符
姜遐碑陰 正行書 貞觀　年　月　日上刻大定三年十一月廣濟寺牒　陝西醴泉
吏部主事許思言爲母杜氏造象 正書 永徽四年四月八日字跡中有橫直格石在龍門老龍洞　河南洛陽
淸信女朱爲息造觀音菩薩象 正書 永徽四年五月五日石在龍門老龍洞

光嚴寺大正坐慧登法師灰身塔題字 正書 永徽五年正月二日　河南洛陽
有□侯爲合家大小造業道象 正書 垂拱二年五月十五日石在龍門敬善寺繆目失載　河南安陽
右威衛丹川府校尉邢政墓志銘 路敬滔撰文正書 長壽元年十㊉九㊁　河南洛陽
程仵郎墓志銘 正書 長壽二年八月十七日壽原作武后新製字穛穛原爲新製授字此用爲壽字可見武后新製之字又有通用叚借之例矣　滿洲托活洛氏藏石
國子律學直講仇道朗墓志銘 正書 萬歲通元年五月廿六日通下原無天字石出長安初藏大興劉　家　滿洲托活洛氏藏石
不通智勝大佛記 正書 無年月中有武后制字　四川
□□□□□欲經 正書 無年月碑文二截上截經下截僧玄录等題名中有武后制字
佛頂尊勝陁羅尼經 正書 無年月中有武后制字字跡甚工整在金剛經心經之間

南无殘經幢 正書 無年月中有㊁㊉等字碑文首行文云南无德方豐巖云云凡二石廿二行　河南洛陽
嚮堂山胡處機等造象 正書 無年月首有大周二字　直隸磁州
許由材等造象記 正書 明黃十六年孟夏吉晨遍查紀元書無以明黃二字紀元者疑開元之時民間稱元宋明皇又訛爲明黃造象本俗子所爲不甚通文義　滿洲托活洛氏藏石
左監門衛副率哥舒季通葬馬銘 王知敬製並正書 無年月
龍門山棣州陽信縣令元□□造釋迦石象銘 正書 無年月　河南洛陽
淨土寺僔法師石龕彌勒象贊 正書 無年月當在開元時
佛頂尊勝陁羅尼經幢 正書 無年月按孟縣志載此幢列入天寶諸幢之末　河南孟縣
廣平文貞公宋璟碑陰 正書碑本兩面刻 大歷七年九月二十五日　直隸沙河
吐番會盟碑兩側 番書 左側唐將相大臣題名右側番將相大臣題名正書幷番書　西藏布達拉
天寧寺大輪金剛直言幢 正書趙匡符建 咸通十一年三月十八日在佛頂尊勝陁羅尼經前截

試廷評蔡公夫人張氏墓志銘 周祁述正書 乾符五年十月八日　浙江歸安
王七娘子造阿彌陁佛象 正書 天祐十二年十月　江蘇甘泉
□玄弟子孫十四娘子爲亡父孫四娘亡母親沈九娘子造熾盛光佛象 正書 天祐十二年十月　浙江錢塘
□弟子沈乃爲母親造羅漢象 正書 天祐十二年　浙江錢塘
郡守崔公德政殘碑 八分書分上下兩截刻 無年月陶齋藏石記列目于天祐十三年後　浙江錢塘
佛頂尊勝陁羅尼經幢 正書哀子崔坤爲亡妣李氏建 丑六月十五日　滿洲托活洛氏藏石
釋氏慶恩爲四恩三友法界含生造彌勒佛象 正書 天祐八年中有辛歲三字　滿洲托活洛氏藏石
齊山杜牧之七言律詩 草書首句云江涵秋影鴈初飛云云 無年月在華岳詩後　浙江錢塘

北宋　安徽貴池

龍門山大象龕李遇題名 正書 無年月在天聖四年三月二十六日丁裕等題名末行下截　河南洛陽

推誠保德功臣資政殿學士汝南郡開國公范仲淹神道碑銘 歐陽修文王洙正書吳概重正書 皇祐四年十二月明成化十二年十月劉璃重立石援孫氏淮源桐栢廟碑著錄延熹六年正月之例著錄皇祐四年　江蘇吳縣

浮山□主普等題名 正書 熙寧四年孟冬念二日　安徽桐城

蒼玉洞蔣之奇題五言絕句詩 正書 熙寧四年十月二十八日　福建長汀

廬山東林寺碑蔣之奇題名 行書 無年月在原碑首行下截　江西星子

都官郎中韓震等同觀石魚題名 正書 熙寧七年正月二十四日　江西星子

東北兩莊地土碟碑陰 正書 年　月　日陰刊元豐元年九月重陽前一日書 感禪院海公壽塔記　陝西咸寧

北岳廟石幢新樂簿司詵罷題名 和叔正書 紹聖四年季夏□□日　直隸曲陽　山東丁氏藏石

二王書跋尾詩 米芾撰並草書 元符元年八月裔孫米澍摹刻祠堂　湖北襄陽

浮山吟十闋 比邱從玘撰釋隱之正書 元符元年十月　安徽桐城

大觀聖作碑 徽宗御製御書正書鄭久中刻石 大觀二年八月二十九日　直隸平鄉

南宋

涪陵郡守王擇仁等登石梁觀瑞魚題記 蔡惇記正書 紹興二年開歲十四日　四川涪州

李宜仲等同遊題名 正書 無年月當與紹興二年季春初六日劉意等題名同時所刻　四川涪州

光侯碑陰眉山程勤題記 正書 紹興二十九年九月在下截　四川蘆山

畫象補遺

漢

武氏祠左闕門畫象 無題字 無年月共三層上一有尾人中一四足獸下一立形人　山東嘉祥

王陵母等見漢使者畫象 八分書一石第一層 無年月新出土在武宅山　山東嘉祥

晉靈公嗾獒等畫象 八分書第二層 無年月

人馬車輪畫象 無題字 無年月畫分四層第一層一人屈膝對立第二層三人推一車輪第三層一人中立左右各二人拱立對之第四層兩馬對跑式酷似武梁祠畫象　滿洲托活洛氏藏石

樹葉畫象 無題字四周有二廓中僅橫直紋畫作傘式二片對立下有二小葉作傘式對立形勢古朴決爲漢畫無疑 無年月　滿洲托活洛氏藏石

蓋下立人畫象 無題字 無年月

武氏祠左石室第一石續出畫象 八分書 無年月碑石于　新出土　庚辰補入左石室第一石因其文字相連上有補勤題字橫列一行舊在山東嘉祥不知何時歸入端忠愍公畫象分兩層上層有楚將王陵母漢使者等字下層有門亭長范贖靈公趙宜孟等字又有宜孟晉卿等字二行行十四至十八字　滿洲托活洛氏藏石

畫象 無題字畫分四行第一行上截有一車輪式第二行上截有一人拱立式餘均漫漶不易辨識

無年月陶齋藏石記失載　滿洲托活洛氏藏石

置車駟使畫象 八分書 無年月陶齋藏石記失載畫象二層

光齊主也畫象 八分書 無年月陶齋藏石記失載畫象四層

吳王等畫象 八分書 無年月畫分五層第一層吳王　畫象第二層無題字第三層齊桓公畫象第四層管仲畫象第五層無題字端忠愍公當聲勢煊赫時以金石字畫號召海內當時多有盜竊地方著名重器以販賣不肖官吏購之以爲貢獻者聞武梁祠畫象亦被劙裂龍門造象多被挖鑿亦金石之浩刼也　滿洲托活洛氏藏石

門下功□等畫象 八分書 無年月畫分五層第一層一雀獨立枝上第二層似一雀立于木上第三層一馬拖車上題門下功　四字第五層似一馬立於　旁第五層畫蹟漫漶　滿洲托活洛氏藏石

再續寰宇訪碑録

再續寰宇訪碑錄二卷

面城精舍斠印

再續寰宇訪碑録敘

幼治金石學得孫季仇先生寰宇訪碑錄訝其目錄多至七千八百餘通疑宇內貞珉殆畢萃於是矣已又得吾鄉趙悲庵司馬補訪碑錄著錄又千八百餘通益有影頤之歎幾如傭耕者之觀陳涉殿屋帷帳也光緒壬午斠孫氏訪碑錄購訪古刻所得尚有孫趙未著錄者乃恍然天下之寶日出不窮固非一二人之聞見所得而盡頗擬裒輯一書以補苴兩家之闕塵俗羈縻畏作輟癸巳歸自越中得石墨數十種皆孫趙二錄所未載者炎夏尠事棖觸舊囊盡發舊藏益以同好所得晨鈔暝寫成書二卷列目將二千通玉耳目盲昧益以人事乖迕困於飢疲精力苶耗其於撰著未遑搏揖譌舛奪誤諒必不免昔季仇先生訪碑錄廿年始有成書悲翁撰補錄亦十九年乃就然玉曩斠孫先生書刊正將七百事校趙氏書亦將三百事以兩先生之淹足日力之紆且長疏桼猶復不少矧玉之闇陋歲律未更艸藳已具其散失詎可問耶大雅宏達匡我不逮它山攻錯跂余望之上虞羅振玉

再續寰宇訪碑録卷上

上虞羅振玉

秦

泰山石刻殘字　李斯篆書今僅存十字計二石嘉慶二十年常熟蔣伯生同培令泰安時得之玉女池　山東泰安

漢

建元專文　八分書建元元年八月　浙江歸安陸氏家藏

柏梁四九專文　八分書元鼎二年背有宋元豐三年呂大防題元至正二年九月李好文識並行書　陝西盩厔路氏拓本

太初專文　八分書太初二年　浙江會稽徐氏家藏

天漢專文　八分書天漢元年　浙江歸安陸氏家藏

征和專文　八分書征和元年八月三日　浙江歸安陸氏家藏

元平專文　篆書元平元年八月　浙江歸安陸氏家藏

萬歲不敗專文　八分書元康元年八月　浙江歸安陸氏家藏

五鳳專文 八分書反文 五鳳元年八月 浙江歸安陸氏家藏

潘氏專文 篆書 甘露二年八月 浙江歸安陸氏家藏

黄龍專文 八分書反文 黄龍元年七月 浙江歸安陸氏家藏

太歲壬寅專文 八分書 黄龍元年 浙江歸安陸氏家藏

河平專文 八分書 河平元年三月七日光緒十五年出於會稽西鄉 浙江蕭山魯氏家藏

麃孝禹刻石 八分書 河平三年八月 山東歷城李氏藏石

朱博殘碑 八分書 河平□年 山東諸城尹氏藏石

邢氏專文 八分書 元壽元年 浙江歸安陸氏家藏

都亭侯管君作專文 八分書 建武元年八月五日 浙江歸安陸氏家藏

永平專文 篆書 永平十六年作 浙江歸安陸氏家藏

建初專文 八分書 建初元年八月 浙江歸安陸氏家藏

司馬長元石門刻石 八分書 建初八年六月 山東文登

莫氏專文 八分書 元和三年八月 浙江歸安陸氏家藏

永元專文 篆書 永元三年 浙江歸安陸氏家藏

大吉宜孫子專文　八分書　永元六年　浙江歸安陸氏家藏

永元專文　八分書　永元三年　浙江上虞王氏家藏

口陽三老石堂題字　八分書　延平元年十二月　滿洲托活洛氏藏石

永初專文　篆書　永初四年　浙江歸安陸氏家藏

永甯專文　八分書　永甯元年八月　浙江歸安陸氏家藏

建光專文　八分書　建光乙年八月　浙江歸安陸氏家藏

延光專文　八分書　延光元年　浙江歸安陸氏家藏

延晃專文　八分書　延晃元年閏月十八日　浙江歸安陸氏家藏

延光專文　八分書反文　延光二年　浙江歸安陸氏家藏

永建專文　八分書　永建五年八月　浙江歸安陸氏家藏

陽嘉二年殘碑　八分書　光緒元年出土今歸海豐吴氏　山東曲阜

碑陰　八分書　山東曲阜

買房記　八分書　永和元年三月　近年出土文字樸陋然似非僞託　山東泰安

大吉詳宜子孫專文　八分書　永和五年八月十日　浙江歸安陸氏家藏

宋伯望殘刻 八分書 漢安二年二月戊辰朔三日庚午 山東莒州莊氏藏石

黄其專文 八分書 建康元年八月 浙江會稽徐氏家藏

永加專文 八分書反文 永加元年八月十日 浙江歸安陸氏家藏

本初專文 八分書 本初元年歲在丙戌 浙江歸安陸氏家藏

建和專文 八分書 建和二年八月七日 浙江歸安陸氏家藏

永興專文 八分書 永興元年八月 浙江歸安陸氏家藏

永壽殘石 八分書 永壽元年 山東滕縣高氏家藏

永壽專文 八分書 永壽三年 浙江歸安陸氏家藏

龜茲將軍劉平國碑 湻于伯口撰 八分書 永壽四年八月十二日 新疆阿克蘇

王氏萬年專文 篆書 永康元年 浙江歸安陸氏家藏

吴里專文 篆書反文 永康元年七月辛未朔十二日 浙江歸安陸氏家藏

吴作專文 八分書 永康二年歲在戊申 浙江歸安陸氏家藏

建寧專文 八分書 建寧元年八月 浙江會稽徐氏家藏

郭泰碑 八分書 建寧二年此碑原石久佚近年復出 山東濟甯

碑陰 無字有畫象已漫漶　山東濟寧

樊毅脩華岳廟碑 八分書 光和元年　浙江會稽徐氏藏本

三公山碑 八分書 光和四年四月　直隸元氏

碑側 八分書　直隸元氏

光和專文 八分書 光和七年　浙江歸安陸氏家藏

中平專文 八分書 中平六年　浙江歸安陸氏家藏

建安專文 八分書 建安二年八月　浙江歸安陸氏家藏

建安專文 八分書 建安廿四年三月　浙江歸安陸氏家藏

劉曜殘碑 八分書 無年月 署縣事長洲宋祖駿訪得　山東東平

伏生授經畫象 無題字 無年月 許瀚訪得　山東沂州

上庸長石闕題字 八分書 無年月　四川羅江李氏藏石

卜君之頌額字 篆書陽刻 無年月　江蘇嘉定錢氏藏本

廣平侯闕題字 篆書 無年月　江蘇嘉定錢氏藏本

富且貴至萬世專文 篆書 懷甯方朔訪得考爲西漢甄邯墓專　江蘇上元

麟元專文 八分書 漢麟元元年此專拓本乃蕭山魯卓實觀察所贈考漢無麟元年號而專字模畧絶非贋作箸之以質方疋

琴亭國李夫人墓門題字 八分書 無年月 山東蓬萊張氏藏石

魏

嘉平專文 八分書反文 嘉平二年七月 浙江海甯蔣氏家藏

孫口專文 八分書 嘉平四年

吴

黄龍專文 八分書 黄龍二年八月 浙江歸安陸氏家藏

吴家冢專文 八分書 黄龍三年 浙江歸安陸氏家藏

赤烏專文 八分書 赤烏五年 浙江歸安陸氏家藏

造作吴冢吉翔位至公卿專文 八分書 赤烏七年 浙江歸安陸氏家藏

赤烏專文 八分書 赤烏七年 浙江歸安陸氏家藏

赤烏專文 八分書 赤烏八年歲在乙丑 浙江歸安陸氏家藏

赤烏專文 八分書 赤烏十年 浙江歸安陸氏家藏

赤烏專文　八分書　赤烏十四年　江蘇吴縣蔣氏拓本

潘緒專文　八分書　泰元元年八月　浙江歸安陸氏家藏

建興專文　八分書　建興三年　浙江歸安陸氏家藏

富貴萬年專文　八分書　五鳳三年七月八日　浙江歸安陸氏家藏

太平專文　八分書　太平元年太歲在丙子　浙江歸安陸氏家藏

下邳丁潘專文　八分書反文　太平二年八月廿日　浙江歸安陸氏家藏

作之宜貴專文　八分書　太平二年九月七日　浙江歸安陸氏家藏

胡大君專文　八分書　太平三年七月八日　浙江歸安陸氏家藏

大中番君作專文　八分書反文　永安元年八月十日　浙江歸安陸氏家藏

舍人番君作專文　八分書　永安元年八月十三日　浙江歸安陸氏家藏

永安專文　八分書　永安二年七月廿日　浙江歸安陸氏家藏

兒氏造作專文　八分書　永安二年　浙江歸安陸氏家藏

丁氏造作專文　八分書　永安三年　浙江歸安陸氏家藏

富貴宜壽專文　八分書　永安四年七月十日　浙江歸安陸氏家藏

永安專文　八分書　永安五年八月　浙江歸安陸氏家藏

永安專文　八分書　永安五年八月廿四日　浙江歸安陸氏家藏

存者富貴亡者萬安專文　八分書　永安七年七月　浙江歸安陸氏家藏

甘露專文　八分書　甘露元年二月七日　江蘇吳縣蔣氏家藏

潘氏專文　八分書　甘露二年八月　浙江蕭山魯氏家藏

臨淮裴雁專文　八分書反文　寶鼎二年七月　浙江歸安陸氏家藏

徐君郭專文　八分書　寶鼎二年歲在丁亥　浙江歸安陸氏家藏

寶鼎專文　八分書　寶鼎三年歲在丙子　浙江歸安陸氏家藏

吳興烏程所立靈穴專文　八分書　寶鼎三年　浙江歸安陸氏家藏

寶鼎專文　八分書　寶鼎四年　浙江歸安陸氏家藏

常富貴宜孫子專文　八分書　建衡二年　浙江歸安陸氏家藏

建衡專文　正書　建衡三年　江蘇吳縣蔣氏家藏

吳赤專文　八分書　建衡三年八月八日　浙江歸安陸氏家藏

范氏造專文　篆書　鳳皇元年九月　浙江歸安陸氏家藏

吴興鼓口專文　八分書　鳳皇二年　浙江歸安陸氏家藏

氾宜作專文　八分書　鳳皇二年九月　浙江歸安陸氏家藏

施氏作甓專文　八分書　鳳皇三年　浙江歸安陸氏家藏

延年曾壽專文　八分書　天册元年八月乙酉朔　浙江歸安陸氏家藏

荀氏造專文　八分書　天璽元年太歲在丙申　浙江歸安陸氏家藏

史立兄弟四人葬所專文　八分書　天紀元年　浙江歸安陸氏家藏

萬歲不敗專文　八分書　天紀元年八月　浙江歸安陸氏家藏

丹陽芮氏作專文　八分書　天紀元年太歲丁酉　浙江歸安陸氏家藏

天紀專文　八分書反文　天紀二年八月十七日　浙江歸安陸氏家藏

天紀專文　篆書　天紀二年太歲在口　浙江歸安陸氏家藏

賈午井專文　八分書　天紀二年　浙江歸安陸氏家藏

萬歲專文　八分書　天紀二年　浙江歸安陸氏家藏

天紀專文　八分書反文　天紀三年閏月十七日　浙江歸安陸氏家藏

倉城專文　八分書　有倉凌天一倉陶倉談倉陳倉譚各種　江蘇上元

晉

劉氏專文　八分書反文　泰始四年八月

任氏造專文　八分書　咸寧元年八月

泰歲在冂專文　八分書　咸寧四年

吳興鄒專文　八分書　太康元年九月廿日　浙江歸安陸氏家藏

陳長所作專文　年月篆書陳長所作四字八分書　太康二年太歲辛丑　浙江歸安陸氏家藏

太康專文　篆書　太康二年九月　浙江歸安陸氏家藏

太康專文　八分書　太康二年太歲在己丑　浙江歸安陸氏家藏

施家覺專文　八分書　太康二年歲在辛丑　浙江歸安陸氏家藏

房宣墓題字　八分書　太康三年二月　山東

太康專文　八分書　太康三年歲在壬寅　浙江歸安陸氏家藏

太康專文　八分書反文　太康三年歲在寅　浙江歸安陸氏家藏

太康專文　八分書　太康三年八月　浙江歸安陸氏家藏

黃家所造作專文　八分書　太康三年　浙江歸安陸氏家藏

太康專文 八分書 太康三年十月　浙江歸安陸氏家藏

鄒造作專文 八分書 太康四年　浙江歸安陸氏家藏

太康專文 八分書 太康五年歲在甲辰　浙江歸安陸氏家藏

安邱長城陽王君神道 篆書 計二石 太康五年　山東福山王氏藏石

楊普壁專文 八分書 太康六年　浙江歸安陸氏家藏

楊氏興功專文 篆文 太康六年八月　浙江歸安陸氏家藏

陳郡殷氏專文 正書陰文 太康六年八月　浙江歸安陸氏家藏

邱季承父專文 八分書 太康七年丙午歲　浙江歸安陸氏家藏

管葬宜貴專文 八分書 太康七年　浙江歸安陸氏家藏

朱墓專文 八分書 太康七年　浙江歸安陸氏家藏

太康專文 八分書 太康七年大歲在丙午　浙江歸安陸氏家藏

太康專文 八分書 太康七年七月　浙江歸安陸氏家藏

太康專文 八分書 太康八年八月廿日　浙江歸安陸氏家藏

太康專文 八分書 太康五年九月　浙江會稽徐氏家藏

僕冢專文 八分書反文 太康八年七月 浙江歸安陸氏家藏

臨安淩獅劇專文 八分書 太康八年八月十日 浙江歸安陸氏家藏

鄒氏所造專文 八分書 太康八年八月 浙江歸安陸氏家藏

萬歲不敗專文 八分書 太康八年八月二日 浙江歸安陸氏家藏

□國君之吉宅專文 八分書 太康九年正月

吳氏專文 篆書 太康九年 浙江會稽徐氏家藏

吳造專文 八分書 太康九年又一品文同無吳造字 浙江會稽徐氏家藏

太康專文 篆書 太康九年歲在戊申 浙江歸安陸氏家藏

太康專文 八分書 太康九年八月卅日 浙江歸安陸氏家藏

汝南細陽黃訓字伯安墓專文 八分書 太康九年 浙江歸安陸氏家藏

僕家所作專文 八分書反文 太康九年 浙江歸安陸氏家藏

陳奉專文 八分書 太康九年八月 浙江歸安陸氏家藏

僕家甓專文 八分書 太康九年八月 浙江歸安陸氏家藏

太康專文 八分書 太康九年十月 浙江歸安陸氏家藏

永熙專文　八分書　永熙元年八月六日　浙江歸安陸氏家藏

永熙專文　八分書反文　永熙元年八月十一　浙江歸安陸氏家藏

永平專文　八分書　永平元年七月　浙江歸安陸氏家藏

歲在辛亥專文　八分書反文　元康元年

元康專文　八分書　元康元年八月　浙江歸安陸氏家藏

陳豨為父作專文　八分書　元康元年七月十七日　浙江歸安陸氏家藏

東萊曲成魯練墓專文　八分書　元康元年八月十日　浙江歸安陸氏家藏

陳鍾紀作富貴宜子孫壽專文　八分書　元康元年六月　浙江歸安陸氏家藏

元康專文　八分書　元康元年八月廿六日　浙江歸安陸氏家藏

常平安專文　八分書　元康二年歲壬子　浙江歸安陸氏家藏

董助作專文　八分書　元康二年九月　浙江歸安陸氏家藏

元康專文　篆書　元康二年太歲在任子　浙江歸安陸氏家藏

元康專文　八分書　元康三□　浙江會稽徐氏家藏

陳鍾紀作富貴宜孫子專文　八分書　元康三年六月廿七日　浙江歸安陸氏家藏

孝子中郎陳鍾紀作專文 八分書 元康三年六月 浙江歸安陸氏家藏

王鳳專文 八分書 元康三年 浙江歸安陸氏家藏

元康專文 八分書 元康三年七月十五日 浙江歸安陸氏家藏

元康專文 八分書 元康三年八月 浙江歸安陸氏家藏

元康專文 八分書 元康四年 浙江歸安陸氏家藏

元康專文 八分書 元康五年歲乙卯七月 浙江歸安陸氏家藏

諫議錢丕之造作專文 八分書 元康五年八月 浙江歸安陸氏家藏

萬歲專文 八分書 元康五年歲在癸卯 浙江歸安陸氏家藏

元康專文 八分書 元康五年 浙江歸安陸氏家藏

施晞年世制作先君冢專文 八分書 元康六年太歲丙戌 浙江歸安陸氏家藏

口山里施傳所作專文 八分書 元康七年八月 江蘇吳縣蔣氏家藏

元康專文 八分書反文 元康八年八月六日 浙江歸安陸氏家藏

萬歲專文 八分書 元康八年 浙江歸安陸氏家藏

元康專文 八分書反文 元康八年戊午 浙江會稽徐氏家藏

俞辰作專文　八分書　元康八年太歲壬午八月　浙江歸安陸氏家藏

孫子宣專文　篆書　元康八年八月　浙江歸安陸氏家藏

口里錢冢專文　八分書　元康九年八月十日　浙江歸安陸氏家藏

施作專文　八分書反文　元康九年七月　浙江歸安陸氏家藏

萬世不敗專文　篆書　元康九年八月　浙江歸安陸氏家藏

屠承所作專文　八分書反文　永康元年太歲在庚申　浙江歸安陸氏家藏

陳布專文　八分書　永康元年七月　浙江歸安陸氏家藏

朱暘專文　八分書　永康元年七月　浙江歸安陸氏家藏

俞卯專文　八分書　永康元年八月　浙江歸安陸氏家藏

聶祚專文　八分書反文　永康元年太歲在申八月　浙江歸安陸氏家藏

會稽山陰楊彥口專文　八分書　永康元年八月　湖南武陵趙氏家藏

永康專文　八分書　永康元年二口　浙江歸安陸氏家藏

永康專文　八分書反文　亞永康元年棨亞卽晉之婿　浙江歸安陸氏家藏

永寍專文　八分書　永寍元年七月　浙江歸安陸氏家藏

吳興東遷楊長所作專文 八分書 永寧元年 浙江歸安陸氏家藏

潘氏作專文 八分書 永寧元年太歲在辛酉 浙江歸安陸氏家藏

莫奉作專文 八分書反文 永寧元年七月 浙江歸安陸氏家藏

永寧專文 八分書 永寧元年八月丁巳朔十五日 浙江歸安陸氏家藏

永寧專文 八分書 永寧元年太歲在辛酉 浙江歸安陸氏家藏

永寧專文 八分書 永寧元年八月十日 浙江歸安陸氏家藏

汝氏專文 八分書 永寧元年太歲在辛酉 浙江歸安陸氏家藏

李瑞作大冢專文 八分書反文 永寧元年 浙江歸安陸氏家藏

孝子典南專文 八分書 永寧元年 浙江歸安陸氏家藏

永里陳□專文 八分書 永寧元年八月 浙江歸安陸氏家藏

蔡作寧作專文 八分書 永寧元年歲在辛酉 浙江歸安陸氏家藏

俞冢專文 八分書 永寧二年八月乙丑朔七日 浙江歸安陸氏家藏

施晏所作專文 八分書 永寧二年八月十八日 浙江歸安陸氏家藏

永寧專文 八分書 永寧二年八月 浙江歸安陸氏家藏

永寍專文　八分書　永寍二年太歲在壬戌　浙江歸安陸氏家藏

永寍專文　八分書　永寍二年七月戊寅朔廿四日　浙江歸安陸氏家藏

永寍專文　八分書　永寍二年太歲在壬戌七月戊寅　浙江歸安陸氏家藏

萬歲專文　八分書　永寍二年八月　浙江歸安陸氏家藏

施祀專文　八分書　永寍三年八月　浙江歸安陸氏家藏

太安專文　八分書　太安元年七月廿四日　浙江歸安陸氏家藏

太安專文　八分書反文　太安二年太歲在亥　浙江歸安陸氏家藏

施氏貴壽宜孫纍專文　八分書　太安二年歲在癸亥　浙江歸安陸氏家藏

太安專文　八分書　太安二年七月　浙江歸安陸氏家藏

永安專文　八分書　永安元年七月十一　浙江歸安陸氏家藏

建武專文　八分書　建武元年　浙江歸安陸氏家藏

長七寸專文　八分書　建武元年八月丁丑任氏　浙江會稽徐氏家藏

甞賤字士同專文　八分書反文　永興丑年　浙江歸安陸氏家藏

永興專文　八分書　永興二年　浙江歸安陸氏家藏

盛家專文　八分書　永興二年　浙江歸安陸氏家藏

光熙專文　八分書　光熙元年　浙江歸安陸氏家藏

永嘉專文　八分書　永嘉元年八月十日　浙江歸安陸氏家藏

永加專文　八分書　永加元年七月廿日　浙江歸安陸氏家藏

永嘉專文　八分書　永嘉元年歲在丁卯　浙江歸安陸氏家藏

俞道由兄弟治作專文　八分書　永嘉元年八月十日　浙江歸安陸氏家藏

萬歲不敗專文　八分書　永加元年　浙江歸安陸氏家藏

晉國司馬專文　八分書　永嘉元年歲丁卯八月一日　浙江歸安陸氏家藏

錢世專文　八分書　永嘉元年其歲在丁卯　浙江歸安陸氏家藏

永加專文　八分書　永加元年歲在丁卯八月一日　浙江歸安陸氏家藏

呂士容專文　八分書　永嘉元年八月廿日　浙江歸安陸氏家藏

下舍許望作專文　八分書　永嘉元年八月一日　浙江歸安陸氏家藏

永嘉專文　八分書反文　永嘉二年七月　浙江歸安陸氏家藏

永嘉專文　八分書　永嘉二年太歲在戊辰八月廿日　浙江歸安陸氏家藏

萬年專文 八分書 永嘉二年八月 浙江歸安陸氏家藏

永嘉專文 八分書 永嘉三年八月 浙江歸安陸氏家藏

錢烏制專文 八分書 永嘉三年九月 浙江歸安陸氏家藏

永嘉專文 八分書反文 永嘉三年八月 浙江歸安陸氏家藏

永嘉專文 八分書 永嘉三年大歲在己巳十五日 浙江歸安陸氏家藏

黃矦墓專文 八分書 永嘉三年八月廿四日 浙江歸安陸氏家藏

永嘉專文 八分書 永嘉四年 浙江歸安陸氏家藏

晉世王官滿君墓專文 八分書 □嘉四年案當是永嘉

永嘉專文 八分書 永嘉六年七月 浙江歸安陸氏家藏

永嘉專文 正書 永嘉六年九月十日 浙江會稽徐氏家藏

石作專文 八分書 永嘉七年六月廿一日 浙江歸安陸氏家藏

石作專文 八分書 永嘉七年七月卅日 浙江歸安陸氏家藏

永嘉專文 八分書 永嘉七年八月廿三日 浙江歸安陸氏家藏

建興專文 八分書 建興元年八月 浙江歸安陸氏家藏

羅燕專文 八分書反文 建興二年太歲在甲戌八月 浙江歸安陸氏家藏

管士芝手作專文 八分書 建興二年八月 浙江歸安陸氏家藏

建興專文 八分書 建興三年八月十日 浙江歸安陸氏家藏

孫氏造專文 八分書 建興三年太歲在乙亥 浙江歸安陸氏家藏

盧恕專文 八分書 建興三年 浙江歸安陸氏家藏

屠玉專文 八分書反文 建興四年八月 浙江歸安陸氏家藏

鄒邦□專文 八分書 建興四年七月丁亥朔廿 浙江歸安陸氏家藏

建興專文 八分書 建興四年八月十日 浙江歸安陸氏家藏

建興專文 八分書反文 建興四年八月 浙江歸安陸氏家藏

建武專文 八分書反文 建武元年閏月十八日 浙江歸安陸氏家藏

沈惠光作專文 八分書 建武元年太歲在丑 浙江歸安陸氏家藏

太興專文 八分書 太興元年七月己巳朔廿三日 浙江歸安陸氏家藏

大興專文 篆書反文 大興元年 浙江歸安陸氏家藏

大興專文 八分書 大興三年太歲在辰 浙江歸安陸氏家藏

諫議大夫管作專文 八分書 大興四年八月　浙江歸安陸氏家藏

吳甯送故作專文 八分書 大興四年八月　浙江歸安陸氏家藏

吳甯送故吏民作專文 八分書 大興四年　浙江歸安陸氏家藏

大興專文 八分書 大興四年八月丁亥　浙江歸安陸氏家藏

大興專文 八分書 大興四年九月二日　浙江歸安陸氏家藏

施令遠專文 八分書 永昌元年八月十五日　浙江歸安陸氏家藏

永昌專文 八分書反文 永昌元年八月廿二日　浙江歸安陸氏家藏

澤伯作專文 八分書反文 永昌元年九月廿二日　浙江歸安陸氏家藏

太寧專文 八分書 太寧元年太歲癸未　浙江歸安陸氏家藏

太寧專文 八分書 太寧元年七月丙子朔　浙江歸安陸氏家藏

太寧專文 八分書 太寧元年八月　浙江歸安陸氏家藏

莫少光專文 八分書反文 太寧元年八月　浙江歸安陸氏家藏

弘仁作專文 八分書反文 泰寧三年太歲在酉　浙江歸安陸氏家藏

弘明作專文 八分書 泰寧三年太歲在酉　浙江歸安陸氏家藏

太寧專文 篆書 太寧三年太歲在乙酉八月 浙江歸安陸氏家藏

播令專文 八分書 咸和元年七月 浙江歸安陸氏家藏

莫惠長專文 八分書 咸和元年太歲丙戌八日 浙江歸安陸氏家藏

王尚造專文 八分書 咸和元年八月六日 浙江歸安陸氏家藏

咸和專文 八分書 咸和元年八月三日 浙江歸安陸氏家藏

呂氏造作專文 八分書 咸和元年 浙江歸安陸氏家藏

咸和專文 八分書反文 咸和元年八月十五日 浙江歸安陸氏家藏

咸和專文 八分書反文 咸和四年八月一日 浙江歸安陸氏家藏

咸和專文 八分書反文 咸和五年九月七日 浙江歸安陸氏家藏

咸和專文 八分書 咸和七年八月 浙江歸安陸氏家藏

孫子宣隋專文 八分書反文 咸和七年八月廿一日 浙江歸安陸氏家藏

咸和專文 八分書反文 咸和八年歲在癸巳 浙江歸安陸氏家藏

咸和專文 八分書 咸和九年八月甲辰朔十日 浙江歸安陸氏家藏

揚國佐專文 八分書 咸康元年 浙江歸安陸氏家藏

咸康專文　八分書　咸康三年　浙江歸安陸氏家藏

咸康專文　八分書　咸康三年歲在丁酉八月十日　浙江歸安陸氏家藏

蕭氏專文　八分書反文　咸康四年太歲在戊　浙江歸安陸氏家藏

咸康專文　八分書　咸康四年八月　浙江歸安陸氏家藏

咸康專文　八分書　咸康四年九月十日　浙江歸安陸氏家藏

俞氏造專文　八分書　咸康五年　浙江歸安陸氏家藏

咸康專文　八分書　咸康六年二月　浙江歸安陸氏家藏

咸康專文　八分書　咸康六年九月三日　浙江歸安陸氏家藏

錢搖專文　八分書　咸康七年八月十日　浙江歸安陸氏家藏

咸康專文　八分書　咸康八年八月廿日　浙江歸安陸氏家藏

管候作專文　八分書　咸康八年　浙江歸安陸氏家藏

咸康專文　八分書　咸康八年七月廿　浙江歸安陸氏家藏

建元專文　八分書反文　建元元年八月十日　浙江歸安陸氏家藏

蒼梧廣信令羅專文　八分書反文　建元二年八月　浙江歸安陸氏家藏

吴君立專文　八分書　建元二年八月廿日　浙江歸安陸氏家藏

永和專文　八分書　永和元年　浙江會稽徐氏家藏

永和專文　八分書　永和元年二月十日　浙江歸安陸氏家藏

大佳人二千石專文　八分書反文　永和二年八月八日　浙江歸安陸氏家藏

包咸字士之專文　八分書反文　永和二年　浙江歸安陸氏家藏

萬歲不敗專文　八分書　永和三年　浙江歸安陸氏家藏

永和專文　八分書反文　永和三年　浙江歸安陸氏家藏

王惠平專文　八分書反文　永和三年八月　浙江歸安陸氏家藏

清公所作專文　八分書　永和四年　浙江歸安陸氏家藏

管弘作專文　八分書　永和四年八月廿二日　浙江歸安陸氏家藏

永和專文　八分書　永和四年八月一日　浙江歸安陸氏家藏

永和專文　八分書　永和五年二月太歲己酉　浙江歸安陸氏家藏

莫作專文　篆書　永和五年太歲在辛酉　浙江歸安陸氏家藏

永和專文　八分書　永和七年八月廿日　浙江歸安陸氏家藏

黃舍人專文　八分書　永和八年八月　浙江歸安陸氏家藏

永和專文　八分書　永和十年甲寅八月丙子朔廿日　浙江歸安陸氏家藏

劉愔為母口作專文　正書　永和十一年八月　浙江會稽徐氏家藏

永和專文　八分書　永和十二年八月　浙江歸安陸氏家藏

升平專文　八分書　升平元年大歲在巳　浙江歸安陸氏家藏

升平專文　八分書　升平二年太歲在午　浙江歸安陸氏家藏

升平專文　八分書　升平三年七月廿四日辛巳　浙江歸安陸氏家藏

都氏專文　八分書　升平三年　浙江歸安陸氏家藏

范韶專文　八分書　升平三年八月十三日　浙江歸安陸氏家藏

升平專文　八分書　升平四年八月十日　浙江歸安陸氏家藏

楊季專文　八分書反文　升平四年九月　浙江歸安陸氏家藏

楊仲專文　八分書　升平四年九日　浙江歸安陸氏家藏

莫故鄣專文　八分書反文　興甯元年八月　浙江歸安陸氏家藏

興甯專文　八分書反文　興甯二年八月十日　浙江歸安陸氏家藏

興寍專文　八分書　興寍二年癸亥　浙江歸安陸氏家藏

興寍專文　八分書　興寍三年　浙江歸安陸氏家藏

太和專文　八分書　太和元年八月廿日　浙江歸安陸氏家藏

太和專文　八分書　太和元年八月十日　浙江歸安陸氏家藏

泰和專文　八分書反文　泰和元年八月十日　浙江歸安陸氏家藏

黄生專文　八分書　泰和三年九月二日　浙江會稽徐氏家藏

南無莫□□墓專文　八分書　泰和四年七月廿六日　浙江歸安陸氏家藏

泰和專文　八分書　泰和五年八月一日　浙江歸安陸氏家藏

泰和專文　八分書　泰和六年歲辛未　浙江歸安陸氏家藏

丁氏專文　八分書　咸安二年□月廿五　江蘇吴縣蔣氏家藏

莫氏專文　八分書　寍康三年八月　浙江歸安陸氏家藏

施狠作專文　八分書反文　寍康三年八月一日　浙江歸安陸氏家藏

吳作專文　八分書　寍康三年歲在乙亥八月　浙江歸安陸氏家藏

太元專文　八分書反文　太元元年八月卅日　浙江歸安陸氏家藏

敀陣王專文　八分書　泰元元年歲在丙子　浙江歸安陸氏家藏

泰元專文　八分書反文　太元四年八月　浙江歸安陸氏家藏

太元專文　八分書反文　太元七年九月　浙江歸安陸氏家藏

萬歲不敢專文　八分書　太元七年　浙江歸安陸氏家藏

太元專文　八分書　太元八年歲在癸　浙江歸安陸氏家藏

泰元專文　篆書　泰元九年七月壬午朔十九日　浙江歸安陸氏家藏

孫子錢羣專文　八分書　太元十二年八月　浙江歸安陸氏家藏

大元專文　正書　大元十三年七月歲在壬子　浙江會稽徐氏家藏

泰元專文　八分書　泰元十四年仲秋之月　浙江歸安陸氏家藏

太元專文　八分書　太元十八年　浙江歸安陸氏家藏

泰元專文　八分書反文　泰元廿年　浙江歸安陸氏家藏

太元專文　八分書反文　太元廿二年　浙江歸安陸氏家藏

隆安專文　八分書　隆安元年　浙江歸安陸氏家藏

隆安專文　八分書　隆安二年戊戌仲秋月　浙江歸安陸氏家藏

龔期墓專文 八分書 隆安三年 江蘇太倉錢氏家藏

巴郡騎都尉楊君闕題字 正書 隆安三年十月 浙江歸安姚氏家藏

馬司徒作專文 八分書反文 義熙年年八月十八日 浙江歸安陸氏家藏

莫上計專文 八分書 義熙六年 浙江歸安陸氏家藏

義熙專文 八分書 義熙七年八月二十六日 浙江歸安陸氏家藏

義熙專文 八分書 義熙十一年 浙江歸安陸氏家藏

元熙專文 八分書 元熙元年太歲己未 浙江歸安陸氏家藏

好太王碑 八分書 無年月 奉天懷仁

前秦

呂憲墓表 八分書 弘始四年十二月 陝西

宋

永初專文 正書反文 永初元年 浙江歸安陸氏家藏

元嘉專文 正書反文 元嘉六年 浙江歸安陸氏家藏

元嘉專文 正書 元嘉十年 浙江歸安陸氏家藏

元嘉專文　正書反文　元嘉十三年八月　浙江歸安陸氏家藏
元嘉專文　正書　元嘉十五年　浙江歸安陸氏家藏
元嘉專文　正書反文　元嘉十六年八月　浙江歸安陸氏家藏
吳賊曹專文　正書　元嘉十六年　浙江歸安陸氏家藏
元嘉專文　正書　元嘉十八年　浙江會稽徐氏家藏
劉氏大吉專文　八分書　元嘉廿年　浙江上虞羅氏家藏
孫和造專文　正書反文　元嘉二十一年
元嘉專文　正書　元嘉廿三年　陝西盩厔路氏家藏
元嘉專文　正書　元嘉二十六年　浙江歸安陸氏家藏
孝建專文　正書　孝建三年八月　浙江歸安陸氏家藏
楊仕有造象　正書疑僞作　大明元年六月
丁廣賜專文　正書　大明三年　浙江會稽徐氏家藏
大明專文　正書　大明五年　浙江歸安陸氏家藏
泰始專文　正書　泰始三年八月十日　浙江歸安陸氏家藏

泰始專文　正書　泰始四年　浙江歸安陸氏家藏

昇明專文　正書反文　昇明元年　浙江歸安陸氏家藏

謝康樂遊石門詩刻　正書　無年月　案此疑是後人補刻姑附此　浙江青田

齊

建元專文　正書　建元三年八月　浙江歸安陸氏家藏

永明專文　正書反文　永明元年　浙江歸安陸氏家藏

桓幽州八世孫之墓專文　正書　永明三年　陝西盩厔路氏家藏

永元專文　正書　永元二年戊辰案永元二年乃庚辰此誤　浙江會稽徐氏家藏

梁

天監專文　正書　天監四年

鄱陽王題名　正書　天監十三年十二月後有宋嘉定九年鄭子思題字八分書近年搜得似非僞作　四川

普通專文　反左書　普通元年　江蘇吳縣蔣氏家藏

柳仲保造象　正書　大同九年四月案此僞作

兒中良妻冢專文 正書 大同十一年　浙江會稽 徐氏家藏

釋慧影造象 正書 中大同元年　江蘇吳縣 李氏藏石

朱异造象 八分書 太清元年 案此疑僞作　江蘇江甯 甘氏藏石

太祖神道左闕題字 正書 無年月 同治八年訪得　江蘇丹楊

太祖神道右闕題字 反左書 無年月　江蘇丹楊

侍中中軍將軍南康簡王神道東闕題字 正書 無年月 在西門外十五里石獅溝　江蘇句容

侍中中軍將軍南康簡王神道西闕題字 反左書 無年月　江蘇句容

侍中左衛將軍建安敏侯神道東闕題字 正書 無年月 在淳化鎮石柱塘　江蘇上元

侍中左衛將軍建安敏侯神道西闕題字 正書左行 無年月　江蘇上元

侍中仁威將軍新渝寬侯神道題字 正書 無年月　江蘇

陳

周文有造象 正書陽刻 永定二年 案此僞作

太建專文 篆書反文 太建元年八月

後魏

趙琱造象記 正書 皇興三年 山東黄縣丁氏藏石

光州靈山寺塔下銘 正書 太和元年十二月八日 山東黄縣

宕昌公暉福寺碑 正書 太和十三年七月

汝南縣主潘周哲墓誌 正書 太和十九年十月 河南

北海王元詳造象記 正書 太和廿二年九月 河南洛陽

著作郎韓顯宗墓誌 正書 太和廿三年十二月 河南洛陽

侯太妃造象 正書 景明三年八月 河南洛陽

廣川王造象 正書 景明四年十月 河南洛陽

滎縣當陌村高洛周等造象 正書 正始元年三月 滿洲托活洛氏藏石

安定王元燮造象 正書 正始四年二月 河南洛陽

楊安祥造象 正書 正始五年正月 河南洛陽

張榮造象 正書 永平五年正月 河南洛陽

徂徠山法堅法榮二比丘僧造象 正書 延昌元年二月 山東泰安

王忠合造象	正書	延昌元年三月	
廣樂太守柏仁男楊宣碑	正書	延昌元年十一月	直隸
涇雍二州別駕皇甫驎墓誌銘	正書	延昌四年四月	
孫寶憘造象	正書	神龜元年三月	山東樂安
趙阿歡造象	正書	神龜三年	河南洛陽
樂陵太守賈道貴造象	正書	正光元年六月	浙江會稽徐氏藏石
齊郡太守□玄墓誌	正書	正光元年□月	山東福山王氏藏石
樊可憘造象	正書	正光三年	陝西盩厔路氏藏本
蘇郡造象	正書	正光三年四月	山東平度
黃石崖法義兄弟姊妹等造象廿四軀記	正書	正光四年七月廿九日	山東歷城
鞠彥雲墓誌	正書	正光四年十一月	山東黃縣
介休縣令李謀墓誌	正書	孝昌二年二月	
青信王爲夫李遠造象	正書	孝昌二年四月	河南洛陽
法義卅五人造彌勒象記	正書	孝昌二年九月	

臨善師僧達等造象 正書 孝昌二年□月 山東

楊豐生造象 正書 孝昌三年

皆公寺造象 正書 孝昌三年二月 山東樂安

邑義六十人造象 正書 孝昌三年八月 山東益都

明威將軍劉康奴等殘造象 正書 孝昌三年 山東鄒城

鹿光熊造象 正書 孝昌四年三月甲寅朔 山東青州蘇氏藏石

樂陵太守李文遷造象 正書 永安二年十一月年月在碑側

韓顯祖造象 正書 永熙三年六月

西魏

王石足造象記 正書 大統元年八月

杜縣令杜照賢等造四面象碑 正書 大統十三年十一月廿五日 河南禹州

極州開化郡太守張始孫四面造象 正書 大魏元年丁丑二月 案碑不著元號只著甲子是時魏恭帝之四年宇文周受禪之元年碑原在山西安邑今歸吳縣蔣氏 江蘇山陽

東魏

定州刺史司空那珍碑 正書 天平元年七月　直隸

碑陰 正書　直隸

碑側 正書　直隸

恒農太守程哲碑 正書 天平元年十一月庚辰朔三日

伏波將軍曹榮宗造象 正書 天平三年二月　河南洛陽

比丘惠暉造象 正書 天平四年正月

比丘尼道□造象 正書 天平四年四月　河南洛陽

盪朔將軍為亡兄直閤造象 正書 天平四年閏月　山東

柳昭為女夫劉還遠造象 正書 元象元年五月八日

張敬等石柱造象 正書 元象元年六月凡六面　山東諸城王氏藏石

并州刺史張法樂造象 正書 元象元年九月　山西平定

親色諸母一切人造象 正書 元象元年十月丁亥朔光緒五年邑令蕭山魯燮光訪得之縣西八十里寺頭村聖壽寺　山西和順

碑陰 正書 山西和順

定州刺史文靜李公墓誌銘 正書 元象元年十二月 直隸

黄石崖齊州刺史乞伏銳造象 正書 元象二年三月 山東歷城

仏弟子仇貴貼象 正書 興和二年二月

馬都愛造象 正書 興和二年十月 山東濰縣陳氏藏石

豐樂寺比丘貞光門徒弟子造象 正書 興和三年十一月

成休祖等造象 成紹宗記 正書 興和四年

勃海太守王偃墓誌銘 正書 武定元年十月 山東陵縣

楊顯叔造象 正書 武定二年三月 山東歷城

劉世明造象 正書 武定二年十二月 今歸端午橋 山東益都

王氏女造象 正書 武定三年九月三日

道憑法師造象 正書 武定四年四月 河南安陽

安鹿交邨邑儀王法現等造象 正書 武定五年七月 直隸

王光為亡父母造象 正書 武定七年四月丙戌 山東黄縣丁氏藏石

龍山寺主比丘道瓊記　正書　武定七年四月丙戌朔四月八日癸巳

殘造象　正書　武定七年　山東福山王氏藏石

杜文雅等造象　正書　武定八年二月八日　河南禹州

方夒霈造象　正書　武定八年二月二十三日

源磨耶造象　正書　武定八年三月　山東

意瑗法義造佛國碑　正書　四面有字　武定口年　額翁有興富六年八月賈元冉立歎　滿洲托活洛氏藏石

陽城洪懋等造象　正書　年月泐　河南洛陽

田秀口造象　正書　大魏口口元年口甲十月甲子朔　山東臨朐

北齊

邢多五十人等造象　正書　天保二年七月　山西盂縣

法義孟洪賓等十六人造象　正書　天保二年七月　河南河內

宋顯伯等造象龕記銘　程洛文並正書　天保三年四月　河南河內

碑陰　正書　河南河內

碑側　正書　河南河內

惠感爲忘師造象 正書 天保四年八月

張氏郝敬造白玉象 正書 天保五年正月

諸維那等卌人造太子象 正書 天保五年二月 山東濰縣郭氏藏石

殷雙和造象 正書 天保五年四月

比丘尼靜恭等造盧舍那象 正書 天保五年五月 山東濰縣

王憐妻趙氏墓誌銘 正書 天保六年七月 江蘇吳縣吳氏藏石

陳使君造象記 正書 天保六年七月 山東掖縣

魯彥昌造越殿國象 正書 天保六年七月

比丘尼如靜爲亡師造象 正書 天保七年閏月

比丘法宏等廿五人造象 正書 天保七年五月

法義兄弟八十人造象 正書 天保八年三月今歸端午橋工部 山東昌邑

宋王仁造象 正書 天保八年三月

石同寺比丘惠教等造象 正書 天保八年六月

宋敬業等造塔記 正書 天保九年六月 山東益都房氏藏石

皇甫琳墓誌 正書 天保九年十一月 山東

王信天造象 正書 天保九年十二月 山東諸城

慧炬寺僧道閨造象 正書 天保己卯二月

比丘尼慧承靜遊等造象 正書 乾明元年八月

徐明弁造象記 正書 乾明元年 山東長清

方法師靈山寺刻石班經碑 八分書 乾明元年 河南安陽

標異鄉義慈惠石柱銘 正書 太寧二年四月十七日

阿鹿交村七十人造象 正書 河清二年二月

比丘□瓚慧徵等造象 正書 河清三年二月庚寅朔 山東濰縣郭氏藏石

處士房周陀墓誌 正書 天統元年十月 山東益都郭氏藏石

□胋墓誌 八分書 天統二年二月 山東

劉僧同邑世餘人造象 正書 天統二年四月 山東濟甯

鎮池寺李磨侯造象 正書 天統三年四月 山西孟縣

陳壇造象 正書 天統四年二月 山東

正信士法義廿人等造象 正書 天統四年九月 山東益都

信仕佛弟子逢略造象 王文青正書 天統四年九月癸巳朔四日

青淨女王豐妻□孫造象 正書 天統四年十月

郭鐵造象 正書 天統四年十二月

道俗廿人造象 正書 天統五年四月 山東濰縣郭氏藏石

薛匡生造象 正書 武平元年 山東濟甯

崔優婆夷造象銘 正書 武平元年四月

比丘尼靜深造象 正書 武平元年十一月

馬祠伯造象 正書 武平二年四月

法義兄弟等卌仁造象 正書 武平壬辰三月

邑義主一百人造象 正書 武平三年三月舊在黃石崖今歸漢軍許氏 山東歷城

傅醜聖頭姊妹二人造象 正書 武平三年五月 山東諸城王氏藏石

膠州國盆造象 正書 武平四年二月 山東日照丁氏藏石

賈思業造象 正書 武平四年十一月 山東濰縣陳氏藏石

軌禪師及法義等造象 正書 武平五年七月　山東泗水

碑側 正書　山東泗水

陽州長史鄭子尚墓誌銘 正書 武平五年十二月　滿洲托活洛氏藏石

仲和褋姓邑義卌四人殘造象 正書 無年月

王惠感造象 正書 無年月

王元感造象 正書 無年月　山東金鄉

北周

王悅生造象 正書 保定二年　江蘇江甯

法明造象 正書 天和元年六月三日

庫汗安洛造象 正書 天和二年九月

韓尊造象 正書 天和三年六月令歸宗室伯義氏　山東臨淄

比丘尼曇貴造象 正書 建德元年四月　江蘇儀徵阮氏藏石

齊安戎主時珍墓誌 正書 宣政元年十二月　山東福山王氏藏石

隋

佛陀金耶造石佛象題字 正書 開皇元年字在佛背光緒二年高郵宣鼎得之覺凡社湖西宣鼎有跋象今在旌生寺 江蘇高郵

海州刺史南陽縣侯王謨題名 正書 開皇三年四月十七日後附五絶一首 江蘇海州

玉函山劉洛造象 正書 開皇四年八月十五日 山東歷城

潁州別駕元英墓誌 正書 開皇五年七月 滿洲托活洛氏藏石

玉函山比丘尼靜遠造象 正書 開皇七年二月 山東歷城

玉函山羅沙弥造象 正書 開皇八年七月廿日 山東歷城

玉函山殷洪纂息仕寬造象 正書 開皇八年八月 山東歷城

玉函山傅朗振造象 正書 開皇八年九月五日 山東歷城

玉函山羅江海造象 正書 開皇八年十月廿日 山東歷城

玉函山王景遵造象 正書 開皇八年 山東歷城

湻于儉墓誌 正書 開皇八年十一月 山東淄川

千佛山宋去疾造象 正書 開皇十一年五月 山東歷城

易州易縣固安陵雲鄉民造象 正書 開皇十一年

皇甫鳳詳造象 正書 開皇十二年　山東諸城

宋磨侯造象 正書 開皇十二年九月八日　浙江錢唐

蘄州刺史李則墓誌 正書 開皇十二年十一月光緒八年出土　直隸深州

少容山韓長秀刻經題記 八分書 開皇十三年二月　直隸行唐

玉函山羅寶奴造象 正書 開皇十三年五月二日　山東歷城

東莞阮景暉等造象碑 正書 開皇十四年九月

女口從等造象 正書 開皇十五年正月　山東歷城

張正道為父母造象 正書 開皇十五年六月石藏仁和龔氏　直隸正定

邵孝禮墓誌 正書 開皇十五年十月　山東濰縣

陳黑闥造象 正書 開皇十六年二月十一日　山東章邱

張元象造象 正書 開皇十六年二月　山東濰縣

高登妃高賧妃等造象 正書 開皇十六年六月　山東臨淄

某縣令造象殘碑 正書 開皇十七年

馮開昌造象記　正書　仁壽元年三月辛巳朔八日　山東莘縣

寶輪禪院舍利塔記　正書　仁壽元年四月　河南閿鄉

陀羅尼經殘字　正書　仁壽元年六月在棲霞塔之第二級　江蘇上元

信州舍利塔下銘　正書　仁壽二年四月八日此碑同治癸酉僑樊城得之　四川奉節

洪州總管安平公蘇慈墓誌銘　正書　仁壽三年三月七日　山西蒲城

造如意輪觀音大士象記　正書　歲次丙辰正月狩谷望之古京遺文云丙寅乃推古天皇十四年當隋大業二年　日本大和國法隆寺

造金堂藥師象記　正書　歲次丁卯當隋大業三年　日本大和國法隆寺

邯鄲令蔡君妻張夫人墓誌銘　正書　大業二年十二月石藏端午橋二弟家　直隸

九日作專文　正書　大業四年　浙江會稽徐氏家藏

主簿吳嚴墓誌銘　正書　大業四年十月

王摩侯舍利塔記　正書　大業五年正月　陝西長安

治平寺塔盤題字　八分書　大業七年七月在上方山治平寺塔盤乾隆癸卯燬於火此

李君警造象 正書 大業七年九月 刻遂亡近歸安吳氏有重刻本 江蘇吳縣

左武衛大將軍吳公李氏女墓誌銘 正書 大業十一年五月

玉函山李惠猛妻楊靜太造觀音象記 正書 無年月 山東歷城

玉函山顏海造象 正書 無年月 山東歷城

玉函山比丘尼智定造象 正書 無年月 山東歷城

白佛山須昌縣丞李文府等造象三十七種 正書 山東東平

五峯山蓮花洞造象三十種 正書 山東長清

玉函山顏海妻展造象 正書 無年月 山東歷城

唐

千佛崖沙棟造象 正書 武德二年

上太子藏聖德太子瑪瑙石記 正書 推古二十九年辛巳當唐武德四年 日本畿內道大阪國

造釋迦佛象記 正書 法興元丗一年辛巳狩谷望之考為推古二十九年當唐武德四年 日本大和國法隆寺

法隆寺釋迦象背款識 正書 戊子年十二月乃推古三十六年當唐貞觀二年　日本大和國法隆寺

清信女妙光造象 正書 貞觀五年七月　河南洛陽

洪口在千佛堂造釋迦象記 正書 貞觀五年十二月十五日　直隸唐山

成蓁妻趙氏墓題字 正書 貞觀六年五月

大法師行記 弟子海尖集 正書 貞觀六年八月

敎倉粟窖刻字 正書 貞觀八年十二月

胜淨妙造象 正書 貞觀九年　直隸唐山

堪法師灰身塔題字 正書 貞觀十二年四月

趙州口城縣丞孟鏡玄造象記 孟鏡玄撰 正書 貞觀十二年口月　直隸唐山

輕車都尉口口造象 正書 貞觀十四年四月　直隸唐山

豫章公主造象 正書 貞觀十五年三月

慧靜禪師塔銘 正書 貞觀十五年四月

口口並妻郁久閭造象 正書 貞觀十五年十一月　河南洛陽

至德觀注主孟靜素碑 岑文本文 褚遂良正書 貞觀十六年五月　江西臨川李氏藏本

韓萬年造象 正書 貞觀十六年十月　河南洛陽

陳君約造象 正書 貞觀二十年正月　直隸唐山

慧休禪師記德文 正書 貞觀二十年三月　河南安縣

張文達造象 正書 貞觀二十年

道登建宇治橋斷碑 行書 天化二年當唐貞觀二十年　日本畿内道西京府

造弥陁佛象記 正書 貞觀二十年八月　河南洛陽

清信女為亾女造象 正書 貞觀二十年十月　河南洛陽

和籴粟窖專文 正書 貞觀二十三年十二月

李惠寬造法華經碑 李君政正書 貞觀□□□年九月　直隸唐山

二天造象記 正書 狩谷望之定為白雉元年當唐永徽元年　日本

松資令湯君妻傷氏墓誌銘 正書 永徽二年正月　江蘇吳縣吳氏藏石

殘造象 正書 永徽二年二月　直隸唐山

張善同為蔺國公造象 正書 永徽三年三月　河南洛陽

左文福造象 正書 永徽四年正月 河南洛陽

敬秋生爲妻董造象 正書 永徽四年十二月 河南洛陽

程村造橋碑 正書 永徽四年月在大吕 直隸灤城

李處岳造象 正書 永徽六年三月 河南洛陽

終南山光明寺慧了法師塔銘 正書 顯慶二年二月 陝西長安

房仁裕碑 崔融撰 房絪正書 顯慶二年 陝西醴泉

大女石□□造象 正書 顯慶四年十月 直隸唐山

清信女呂□□造象 正書 顯慶四年十月 直隸唐山

李□通造象 正書 顯慶四年四月 直隸唐山

郎楚路敬滔造象 正書 顯慶五年 河南武安

殘造象 正書 顯慶五年 河南洛陽

鼓山蔣王内人安太清造象 正書 龍朔二年七月 河南武安

鼓山蔣王内人劉媚兒造象 正書 龍朔二年七月 河南武安

張周醜等造象 正書 龍朔二年八月十五日 陝西扶風

霍妃為七世父母造象 正書 龍朔三年 直隸唐山

李古母霍造象 正書 龍朔三年 直隸唐山

比丘尼真願造象 正書 龍朔三年 直隸唐山

周村十八家造象 正書 麟德元年六月 河南脩武

梁君故夫人成氏墓誌 正書 麟德元年十二月 陝西長安

楊智積墓誌 正書 乾封二年八月

華陽觀主王軌碑 于敬之撰 王玄宗正書 乾封二年十一月 江蘇元和韓氏宋本

李鉢頭母王造象 正書 總章元年五月一日 河南洛陽

王賛墓誌 正書 總章元年九月 光緒二年黔易路墳所得 河南洛陽

船首王後銅墓誌 正書 天智七年當唐總章元年 日本河內國古市郡

敬愛寺石龕龍佛象銘 孟利貞撰 正書 總章二年七月 河南洛陽

武功口口道造象 正書 總章二年十月 直隸唐山

李義豐等造彌勒象記 正書 咸亨元年十二月 江蘇上元李氏藏石

李夫人王琬墓誌 正書 咸亨元年十二月 陝西

胜師口妻康造象 正書 咸亨二年十月一日 直隸唐山

胜當心妻游造象 正書 咸亨二年十月三日 直隸唐山

殘造象 正書 咸亨二年十月 直隸唐山

胜師仁妻宋造象 正書 咸亨三年六月 直隸唐山

栢仁縣尉周楚仁造象 正書 咸亨三年九月 直隸唐山

栢鄉縣丞牛密母張造象銘 正書 咸亨三年十月 直隸唐山

道王府典軍朱遠墓誌 正書 咸亨四年二月 陝西

裴可久墓誌 正書 咸亨四年二月 江蘇吳縣吳氏藏石

宋懿德造象 正書 咸亨四年 河南洛陽

侯無隱造象 正書 咸亨五年四月 直隸唐山

比丘尼惠畧造象 正書 咸亨五年五月八日 直隸唐山

魯萬感造象 正書 咸亨五年六月八日 直隸唐山

趙世興姊妹等造象 正書 咸亨五年 直隸唐山

蘇大雅造象 正書 上元二年二月 直隸唐山

柏仁縣主簿息張口口造象 正書 上元二年四月　直隸唐山
霍金剛為亡妻張造象 正書 上元二年六月　直隸唐山
王義弘造象 正書 上元二年七月　直隸唐山
孫智海造象 正書 上元二年七月　江南郟縣
王札等道俗一百餘人造寺記 正書 上元二年八月
周遠志造弥陀象文 正書 上元二年十二月八日　河南洛陽
劉奉芝墓誌 趙昂撰 從姪秦行書 上元二年
口伏口為亡母尚婆造象 正書 上元三年六月　直隸唐山
攝山僧用虛詩刻 正書 上元口年　江蘇江寧
臧弘儉造象 正書 儀鳳元年二月八日　直隸唐山
杜仁撫造象 正書 儀鳳二年八月　直隸唐山
小野朝臣毛人銅墓誌 正書 天武天皇六年丁丑十二月當唐儀鳳二年　日本畿内道西京府
劉通洛刻經記 正書 儀鳳三年四月山東張大令夢蓉攜歸觀城　直隸行唐
霍法雲為父母造象 正書 儀鳳三年　直隸唐山

馬君起石浮圖碑銘 正書 儀鳳四年

辰溪縣令張仁墓誌 正書 調露元年十月

管城縣令張暎墓誌 正書 調露元年十月

□□郡開國公孫管真墓誌 正書 調露元年十月 陝西

孔仁誨妻路造 正書 調露二年二月八日 直隸唐山

孔仁誨妻路造象 正書 調露二年□月□五日 直隸唐山

僧大滿造象 正書 永隆元年十二月 河南洛陽

王善相妻祿氏墓誌 正書 永隆二年二月 陝西

濟度寺尼法樂禪師墓誌 正書 永隆二年三月 河南

范陽令楊府君妻韋氏墓誌銘 正書 永隆二年八月十八日 江蘇吳縣吳氏藏石

傅黨仁等造象 正書 永隆二年九月 江蘇

李子龍造象 正書 永隆二年十月 直隸唐山

邢州□□為天皇天后造象 正書 永隆二年□月 直隸唐山

燕懷王造象 正書 開耀元年二月乙丑朔二十日

張君政墓誌銘　正書　開耀元年十一月　河南洛陽

公孫神欽造象　正書　開耀二年二月　河南洛陽

李聞禮墓誌　正書　永淳元年七月　陝西

新田部碑　正書　白鳳十一年正月當唐永淳元年　日本

王寶明造象　正書　永淳二年二月　河南洛陽

朝請大夫張懿墓誌銘　正書　永淳二年二月

范陽盧約造象　正書　垂拱元年三月　直隸唐山

李嘉慶同弟造象　正書　垂拱二年十月　直隸唐山

郭□造象　八分書陽刻　垂拱二年　江蘇山陽邱氏藏本

張仁珪為二親造象碑銘　苟智璪撰行書　垂拱三年三月

莫神扶造象　正書　垂拱三年四月八日　河南洛陽

社官安僧達等造象　正書　永昌元年三月　河南洛陽

那須直韋提碑　正書　朱鳥四年當唐永昌元年　日本下野國

王預女大娘造象　正書　永昌元年七月　直隸唐山

周行有造象　正書　天授二年　河南洛陽

李大娘造象　正書　天授二年　河南洛陽

比丘僧玄藥爲兄玄慄造象　正書　天授二年二月　河南洛陽

孝廉張慶之墓誌銘　正書　天授三年正月　湖北襄陽

張敬之墓誌銘　正書　天授三年正月　湖北襄陽

殘造象　正書　天授三年　河南洛陽

比丘僧德口造象　正書　天授三年二月　河南洛陽

張思道墓誌銘　正書　如意元年四月　陝西長武

神智造象　正書　長壽二年七月十五日

王寶泰造象記　正書　延載元年八月　河南洛陽

房懷亮墓誌　正書　延載元年十月

王楚惠爲亡妻造象　正書　萬歲通天二年五月　直隸唐山

王文幹妻造象　正書　萬歲通天二年五月十八日　直隸唐山

王嘉會兄弟爲亡妣造象　正書　萬歲通天二年　直隸唐山

馮文安妻王造象　正書　萬歲通天二年　直隸唐山

口義造象　正書　萬歲通天二年七月八日　直隸唐山

兄女阿恰造象　正書　聖歷元年臘月　直隸唐山

藥師寺東塔檫銘　正書　文武二年當唐聖歷元年　日本奈良縣大和國

張口造象　正書　聖歷二年四月　直隸唐山

董思口造象　正書　聖歷二年十一月廿三日　直隸唐山

柏仁縣高口造象　正書　聖歷三年五月八日　直隸唐山

李口愛造象　正書　聖歷三年五月八日　直隸唐山

郭信則造象　正書　聖歷三年十月　直隸唐山

尋山館仙壇山銘　道士周道賜書畫　聖歷三年上鐫天尊象　江蘇溧陽

侯口恪造象　正書　久視元年七月十五日　直隸唐山

李金玉造象　正書　久視二年二月　直隸唐山

侯足為孫女造象　正書　大足元年三月　直隸唐山

比丘尼法意造象　正書　大足元年三月　直隸唐山

倓口賓造象　正書　大足元年四月　直隸唐山

宋業爲亡妻成造象　正書　大足元年五月　直隸唐山

楊口女造象　正書　大足元年六月　直隸唐山

前左衛翊衛附成口口造象　正書　大足元年六月　直隸唐山

洺州清漳縣丞息趙口口造象　正書　大足元年　直隸唐山

比丘尼口口造象　行書　大足口年　直隸唐山

比丘尼思欣造象　正書　長安元年十二月十五日　直隸唐山

李山海妹智相具相等造象　正書　長安元年十二月十五日　直隸唐山

張處恭造象　正書　長安二年十月八日　直隸唐山

比丘僧王國寶造象　正書　長安二年口月一日　直隸唐山

尹餘烈造象　正書　長安二年口月八日　直隸唐山

遊擊將軍趙智侃墓誌銘　正書　長安三年三月

僧懷義造象　正書　長安三年四月　直隸唐山

郭口母王造象　正書　長安三年四月　直隸唐山

殘造象　正書　長安三年五月二十二日　直隸唐山

翟神衛造象　正書　長安三年八月二十日　直隸唐山

柏仁縣錄事戎衛石利涉造象　正書　長安三年八月二十一日　直隸唐山

□□為亡息造象　正書　長安三年八月二十一日　直隸唐山

比丘僧王國寶造象　正書　長安三年□月八日　直隸唐山

霍神鳳造象　正書　長安四年三月二十四日　直隸唐山

尹光兒尚為亡兄造象　正書　長安四年三月　直隸唐山

薛繚石刻殘字　正書　長安四年　江蘇上元孫氏藏石

韓阿黑造象　正書　神龍二年三月　直隸唐山

王才賓造浮圖頌　正書　神龍二年　河南洛陽

□文政墓誌　正書　神龍二年十月　山東泰安

岱岳觀高仁敬等設祭題名　正書　神龍三年　山東泰安

文忌寸祢麻呂銅墓版　正書　慶雲四年九月當唐景龍元年　日本大和國宇陀郡

威奈大村銅墓誌銘　正書　慶雲四年十一月當唐景龍元年　日本大和國葛下郡

比丘尼孫尚造象　正書　景隆元年十一月　直隸唐山

岱岳觀鮑懷口陳休貞陪祭題名　正書　景龍二年三月十三日　山東泰安

柏仁縣口口造象　正書　景龍二年八月　直隸唐山

王口口妻爲姑造象　正書　景龍三年八月　直隸唐山

穗積親王奉行碑　正書　和銅二年當唐景龍三年　日本

晉建安太守史憲神道碑　從孫嶷撰　從孫處權正書　景龍四年　江蘇溧陽

霍元約造象　正書　唐隆元年七月十日　直隸唐山

伊福吉部臣德足比賣墓誌　正書　和銅三年當唐唐隆元年　日本

奉仙觀楊太希祭告文　正書　景雲二年六月　河南濟源

齊神度造象　正書　景雲三年　直隸唐山

定樂村造象　正書　景雲口年　直隸定州

李智明造象　正書　延和元年八月一日　直隸唐山

口口造地藏象記　正書　開元二年四月十五日　河南洛陽

張貓造象　正書　開元二年十月　江蘇海州

栢人霍昌運造象　正書　開元三年七月十五日　直隸唐山

故人高應墓誌　正書　開元四年十一月廿九日光緒十六年出土　山東益都

張敬琮造象　正書　開元五年三月　河南洛陽

近江新田村碑　正書　養老元年十月當唐開元五年　日本東山道滋賀縣

薛君夫人柳氏墓誌銘　正書　開元六年四月　河南洛陽

張惟謂造象　正書　開元七年三月　河南洛陽

京兆府功曹韋希損墓誌銘　子璞玉撰正書　開元八年正月　滿洲托活洛氏藏石

梁方妻張氏墓誌　正書　開元八年十月

石浮圖銘　釋元英撰正書　開元九年四月　直隸房山

元明天皇御陵碑　正書　養老五年十二月當唐開元九年　日本大和國奈良坂

□思道墓誌　正書　開元九年十月

唐貞休德政碑　八分書　開元十年七月　山東萊州

比丘尼阿妙造象　正書　開元□年十二月　直隸唐山

比丘尼智玉造象　正書　開元十二年　直隸唐山

裴貞意造象　正書　開元十三年二月　河南洛陽

下贊鄉碑　正書　神龜三年二月當唐開元十四年　日本東山道羣馬縣

楚州安宜縣令王君夫人劉氏合葬墓誌銘　閻上亮撰正書　開元十五年十月

韓迴秀造象　正書　開元十九年三月八日　直隸唐山

菩提寺山墓記　正書　開元十九年　河南洛陽

秀士張點墓誌　正書　開元二十一年十月　湖北襄陽

太原縣丞蕭令臣墓誌　正書　開元二十三年二月

周村卅餘家鐫象記　正書　開元廿四年正月　河南脩武

寶行優婆夷未曾有功德塔銘　杜昱撰並正書　開元二十六年五月

孔水祠　張湛撰正書　開元二十七年三月

楊貴氏墓誌　正書　太平十一年八月當唐開元二十七年　日本大和國宇治郡

倪若水殘碑　八分書　無年月尚存二石以唐書本傳考之當在開元間

山名村碑　正書　太平十三年當唐開元二十九年　日本群馬郡上野國

崔君妻獨孤氏墓誌　長子季梁修並正書　天寶二年十二月　陝西

慶唐觀金籙齋頌 崔明允撰 史惟則八分書 天寶二年　山西浮山

陀羅尼呪 正書 天寶三載二月十五日　陝西西安

宇文琬墓誌銘 周琢撰 曹惟良正書 天寶三載十月　陝西

率府郎口夫人墓誌銘 徐拱撰 蕭八分書 天寶三祀　河南洛陽

敦煌索思禮墓誌 正書 天寶三載八月　陝西

太奉國寺故上座龕塋記 石鎮文 崔英正書 天寶四載九月

故人諸葛府君夫人韓氏墓誌 正書 天寶四載十月

禾山石壁龍溪二字石刻 顔真卿正書 天寶五年 每字高四尺許

王迴山造石浮圖銘 正書 天寶六載正月　山東陵縣

義興周夫人墓誌銘 正書 天寶六載　山西汾陽

翠峰亭記 房演撰並正書 天寶八載三月　陝西郘陽

馬隨王阿勝造象 正書 天寶九年二月　河南洛陽

竹野王墓碑 正書 天平勝寶三年四月 當唐天寶十年　日本大和國高市郡

張璥墓誌 張曼撰 正書 天寶十二載二月　陝西

張元忠妻令狐氏墓誌銘 行書 天寶十二載十二月 陝西長安

釋迦牟尼佛跡圖記 正書 天平勝寶五年當唐天寶十二年 日本西京府藥師寺

隴西尹公浮圖銘 辛懿撰 正書 天寶十四載八月

龍瑞宮界至記 賀知章 正書 無年月當在天寶間 浙江會稽

思道禪師墓誌 行書 乾元元年 山西夏縣

李崇珣造象 正書 順天元年五月案順天史思明偽號當唐乾元二年 直隸唐山

吏部常選上柱國李嬪造象 正書 順天二年三月當唐上元元年 直隸唐山

蜂川府長史焦璀墓誌 正書 寶應元年十二月

鑑真和尚墓誌 正書 天平寶字壬寅當唐寶應元年 日本東山道栃木縣

脩造多賀城碑 正書 天平寶字六年當唐寶應元年 日本陸奥國宮城郡

陽唐山功德銘 正書 大歷二年八月 山西壽陽

崇徽公主手痕碑 正書 大歷四年 山西靈石

杜□□為男希逸惠朗造象 正書 大歷四年八月 直隸唐山

侯門為見在母造象 正書 大歷六年閏三月 直隸唐山

茅山紫陽觀玄靜先生李君碑 柳識撰張從申正書 大歷七年八月 浙江歸安吳氏藏本

太常寺丞張銳墓誌 錢庭蓀撰張惱正書 大歷九年三月 陝西長安

高屋連枚人墓誌 正書 寶龜七年當唐大歷十一年 日本畿內道大阪府

舜廟碑 韓雲卿撰韓秀實八分書 大歷十一年 廣西臨桂

平蠻頌 韓雲卿撰韓秀實八分書 大歷十二年五月二十五日 廣西桂林

李嘉珍墓誌 正書 大厤十三年十月

一切如來心真言並記 尼心印撰記正書 大歷十三年正月

涅槃經摩崖 正書 寶龜九年當唐文歷十三年 日本大和國宇智郡

馬承光碑 杜知泰撰正書 大歷間 甘肅涇州

僧肅然造象 正書 建中元年二月 河南河內

張孝子祠殘碑 正書 建中四年 江蘇句容

紀廣純女吉繼墓誌 正書 延歷三年當唐興元元年 日本河內國石川郡

通法禪師塔銘 王縉撰正書 貞元元年四月 直隸正定

武陵縣主簿桑𩓞墓誌 劉震述正書 貞元五年八月 河南洛陽

長豐縣令李丕墓誌銘 行書 貞元六年十一月 直隷通州劉氏藏石

張公妻王氏墓誌 楊自政撰 正書 貞元八年三月 陝西

清河郡夫人張氏墓誌 裴同亮撰 正書 貞元十六年

李藩殤女墓石記 李藩記 從父湝正書 貞元十七年十二月三日

龔夫人墓誌銘 正書 貞元二十年五月 江蘇元和顧氏藏專

倪家專文 正書 永貞元年 浙江會稽徐氏家藏

晉祠新松記 正書 元和元年 山西太原

定山睦州刺史李紡清題名 正書 元和元年 浙江仁和

李昕妻姜氏墓誌 正書 元和二年二月八日

劉通妻張夫人墓誌銘 正書 元和元年八月 江蘇甘泉

銅山湖記 張西岳撰 行書 元和二年二月 浙江上虞

定山殿中侍御史鄭敦題名 正書 元和二年五月 浙江仁和

定山饒州刺史李夷簡題名 正書 元和二年 浙江仁和

東莞十人等造佛堂記 正書 大唐元二年歲次丁亥六月案元字下奪和字元和二

年大歲正是丁亥　江蘇海州

大元帥社碑　正書　大同四年當唐元和四年　日本東山道青森縣

唐彭夫人墓誌　正書　元和五年九月

靈嵩寺功德堂記　正書　元和六年三月　山西壽陽

天城山蘭若等記　正書　元和六年　河南濟源

零陵寺升闌僧澄觀題字　正書　元和六年五月　江蘇溧陽

重脩古楞伽寺碑　正書　元和六年六月　山西壽陽

沁河枋口蘭若記　口口口撰並正書　元和六年十一月　河南濟源

裴耀卿神道碑　許孟容撰歸登八分書　元和七年十一月　山西稷山

亡妻李氏墓誌　孫子符戴述並正書　元和七年八月

張曛墓誌銘　崔歸美撰丘贇正書　元和八年十一月　湖北襄陽

臨洮軍副將陳志清墓誌　步口口撰行書　元和九年十月光緒三年出土　陝西鳳翔

疊綵山馬日溫題名　正書　元和九年　廣西桂林

沙門勝道上補陀洛山碑　正書　弘仁五年九月當唐元和九年　日本東山道橡木縣

杭州刺史盧元輔天竺寺詩 正書 元和十年 浙江錢唐

張府君弥勒佛讚 正書 元和十年四月

李繼墓誌文 弟紳撰 正書 元和十一年十一月 陝西

湞陽東嶺洞谷記 元傑撰 正書 元和十一年十二月 廣東英德

慈尊院村斷碑 正書 弘仁七年當唐元和十一年 日本南海道三重縣

香山寺辛祕題名 正書 元和十二年閏五月 河南登封

太原王府君墓誌銘 王禮賢撰 耿元槊正書 元和十二年十月

臧君夫人周氏墓誌銘 張師素撰 正書 元和十三年三月

渤海王五代孫孛仍叔四歲女墓誌 仍叔撰 正書 元和十三年七月

般若波羅密多心經 李常暉正書 元和十四年三月

周珍故妻張夫人墓誌 正書 元和十四年四月

石忠政墓誌銘 正書 長慶二年八月 陝西

絳守居園池記 正書 長慶三年 山西絳州

顏永墓誌 李德芳述 正書 長慶四年 江蘇甘泉

吳興沈朝墓誌銘 胡不千撰左仇正書 寶曆元年八月十日 浙江上虞丁氏藏專

游石室新記 王化清撰正書 寶曆元年九月二十日 廣東高要

大和州益田池碑銘 沙門偏照金剛撰並行書 天長二年當唐寶曆元年 日本畿内道奈良縣

南溪詩刻 李渤撰並八分書 寶曆二年三月七日 廣西桂林

元巖銘 李涉撰並八分書 無年月涉為渤弟故列此 廣西桂林

沙門靈璨刻經 封仕清正書 大和二年四月

坐忘論 道士張宏明正書 大和三年七月

名州司兵姚君夫人李氏墓誌 正書 大和五年二月二十七日

金剛經六譯并序及鄭覃等贊 楊頵述 大和六年 楊承和集王右軍行書

王君夫人李氏墓誌 劉礎撰並正書 大和六年五月 陝西

大理司直卒幼昌墓誌銘 雎□撰正書 大和七年三月 陝西

大府寺主簿楊迴墓誌銘 賈文度撰弟道正書 大和八年八月

焦山劉崇曹□題名 正書 大和八年十一月道光甲午僧六舟得之雷廟石水中耑埋於土 江蘇丹徒

李君殘墓誌 正書 大和□年後有宋葆湻跋 江蘇甘泉
邵威墓誌銘 正書 開成元年十一月 江蘇嘉定瞿氏藏專
黄公記 正書 開成二年 山西絳州
上福寺陀羅尼經幢 奚虛己正書 開成五年三月 浙江上虞
往生碑 沙門處訥撰正書 門成五年五月 浙江會稽
頡丘李公夫人彭城劉氏墓誌銘 曹賓商撰正書 開成五祀七月二十三日 江蘇甘泉
薛贊墓誌銘 薛晌撰正書 開成五年十一月 安徽鳳臺
陳少公匕太夫人蔣氏墓誌銘 呂貞倫撰正書 會昌元年二月 江蘇甘泉
五夫陀羅尼經幢 万倓宗正書 會昌三年九月宋慶歷七年重豎 浙江上虞
寶蓋寺陀羅尼殘經幢 正書 無年月經後觀察使李及刻字張太安款與五夫幢同故列此 浙江上虞
五大夫新橋記 余球述周援行書 會昌三年立大中四年重建 浙江上虞
陀羅尼經幢 元承嗣記正書 會昌四年九月 孟縣
李氏墓誌 于濟撰正書 會昌五年正月

劉舉墓誌銘　正書　大中元年八月　江蘇甘泉

大中專文　正書　大中二年七月　浙江歸安陸氏家藏

劉沔神道碑　韋博撰柳公權正書　大中二年十一月　陝西盩厔路氏藏本

脩高公佛堂碣　鄭家裕撰　正書　大中二年　甘肅涇州

嵩鎮陀羅尼經幢　行書　大中三年　浙江上虞

冷泉關王宰題名　正書　大中三年二月　山西靈石

重刻銅山湖記　張西岳撰正書　大中三年八月　浙江上虞

重刻葉處士墓誌　康爾撰高師立正書　無年月在重刻銅山湖記碑陰與銅山湖記殆一時所立　浙江上虞

姚勖陸墉等題名　篆書　大中四年二月

董氏内表弟墓誌銘　外兄鄭敦愿撰正書　大中六稔六月　江蘇甘泉

再建圓覺大師舍利塔銘　陳寬文崔倬正書　大中七年正月

賜白雲先生詩並禁山勅碑　正書　大中八年四月　河南濟源

百巖寺重建法堂記　僧智本述正書　大中八年十月　陝西脩武

岳林寺塔銘 李柔撰 正書 大中十年正月 浙江奉化
和糸粟窖專文 正書 大中十年八月二十六日
鄭恕己墓誌 正書 大中十年十一月
潁川陳夫人墓誌銘 王珝撰 正書 大中十年十一月 江蘇
玉函山沙門義初造象 正書 大中十祀 山東
米氏女墓誌銘 正書 大中□年 江蘇甘泉
遺德廟陁羅尼殘經幢 正書 大中十一年四月 浙江上虞
和糸粟窖專文 正書 大中十一年十一月
白虎山海州刺史盧紹等題名 正書 大中十二年正月十七日 江蘇海州
唐安寺比丘尼廣惠塔銘 令狐專撰 孔□□正書 大中十三年六月十八日道光辛卯出土 陝西長安
葉處士逆修墓誌 糜蘭撰 行書 咸通二年十月 浙江上虞
咸通專文 正書 咸通四年曾達受得之甯波天甯寺 陝西盩厔路氏家藏
高道墓碑 正書 貞觀五年五月當唐咸通四年 日本東山道青森縣
隴西李扶墓誌銘 馬郁撰 正書 咸通四年道光戊戌出土今歸歸安吴氏 江蘇泰州

舍屋槽廠什物並造象記 正書 咸通四載六月
碑陰 正書 記什物及人名
女弟子黄順儀造經幢 正書 咸通七年六月　河南洛陽
盧夫人崔氏墓誌銘 李遼撰姪男嵩正書 咸通八年　河南洛陽
高壁鎮通濟橋記 蕭珙撰行書 咸通十三年四月　山西靈石
殘墓誌 正書 咸通□□□□己酉朔僅存一角　江蘇甘泉
劉阿迟墓誌 正書 乾符二年四月
劉氏室女墓誌 親叔劉從周記正書 乾符二年八月　江蘇吳縣吳氏藏石
造釈迦像記 正書 貞觀十七年當乾符二年　日本東海道東京府
北岳真君敘聖修廟記 道士崔航述甄宜教正書 乾符四年七月　直隸曲陽
嶺南節度使右常侍楊公女子書墓誌銘 正書 乾符五年十月　陝西
信州應天禪院尼禪大德塔銘 正書 廣明元年七月九日　江蘇甘泉
宣州南陵縣尉張師儒墓誌銘 蔡德章撰男濤正書 廣明元年十月
道德經幢 正書 廣明元年十一月道光丁酉出土今歸歸安吳氏　江蘇泰州夏氏藏石

開元寺石柱讚 王怵撰沙門修一正書 廣明二祀夏九月 直隸易州

魯城令張裦等造經幢 □□光撰僧□仁正書 廣明二年九月 直隸行唐

潘城道場碑 劉蜥撰陶自國正書 中和三年七月 江蘇溧水

贈工部尚書羅讓碑 公乘億撰鄭裦正書 龍紀元年三月 直隸大名

福建觀察使陳巖墓誌銘 黄璞撰胡兆社正書 景福二年八月 福建閩縣

山居洞柱鵰詩刻 張濬劉崇龜唱和張巖正書 乾寧元年三月二十九日 廣西臨桂

雲巖寺銘 正書 天祐二年十月

神福寺靈跡記 王居仁撰王崇裕正書 天祐四年五月 山西

戴叔倫神道碑 八分書 無年月 文已磨滅只存額字 江蘇金壇

雨崖二字摩崖 李邕正書 無年月 浙江處州

胡府君墓誌蓋 篆書 無年月 浙江處州

國慶寺陀羅尼呪幢 正書 無年月 浙江上虞

沙弥尼法真殘塔銘 沙門季良撰並正書 無年月

祕閣歷生劉守忠墓誌 正書 □□□年八月壬寅朔十三日庚寅

王仁哲妻造象 正書 □□三年十二月 直隸唐山

故韶州刺史孫造象 正書 無年月 直隸唐山

侯行矩造象 正書 無年月 直隸唐山

上輕車都尉李士高造象 正書 無年月 直隸唐山

李君摻妻王氏造象 正書 無年月 直隸唐山

柏鄉縣比丘尼阿任造象 正書 無年月 直隸唐山

趙義穀妻賈氏造象 正書 無年月 直隸唐山

趙州柏鄉縣孟義造象 正書 無年月 直隸唐山

比丘尼正念造象 正書 無年月 直隸唐山

霍智滿造象 正書 無年月 直隸唐山

南和縣郭行質造象 正書 無年月 直隸唐山

解至符造象 正書 無年月 直隸唐山

柏鄉縣開州刺史孫造象 正書 無年月 直隸唐山

柏鄉縣開州刺史男造象 正書 無年月 直隸唐山

李思太妻造象 正書 無年月 直隸唐山

柏鄉郝義僧造象 正書 無年月 直隸唐山

路州路城縣僧李進道造象 正書 無年月 直隸唐山

柏鄉宗□寺僧思真造象 正書 無年月 直隸唐山

趙□造象 正書 無年月 直隸唐山

信女高法受造象 正書 無年月 直隸唐山

柏鄉縣□瑞造象 正書 無年月 直隸唐山

李君操造象 正書 無年月 直隸唐山

張阿□造象 正書 無年月 直隸唐山

李二娘造象 正書 無年月 直隸唐山

曹大忿妻孟造象 正書 無年月 直隸唐山

周□順妻張造象 正書 無年月 直隸唐山

彭□諸造象 正書 無年月 直隸唐山

比丘尼慈英造象 正書 無年月 直隸唐山

張恭妻傅造象　正書無年月　直隸唐山
曹州下兵十人造象　正書無年月　直隸唐山
揚□表妻曾造象　正書無年月　直隸唐山
陳叔仁妻董造象　正書無年月　直隸唐山
比丘尼智惠造象　正書無年月　直隸唐山
趙知慈造象　正書無年月　直隸唐山
尼□行造象　正書無年月　直隸唐山
柏鄉路神□造象　正書無年月　直隸唐山
大女阿愁為亡父存母造象　正書無年月　直隸唐山
楊□九為母造象　正書無年月　直隸唐山
李承嗣造象　正書無年月　直隸唐山
李思順妻韓造象　正書無年月　直隸唐山
李菩薩造象　正書無年月　直隸唐山
安□縣尉鄭宗造象　正書無年月　直隸唐山

賈寶積造象　正書無年月　直隸唐山

柏鄉縣口更生造象　正書無年月　直隸唐山

劉海超殘造象　正書無年月　直隸唐山

智口為亾口造象　正書無年月　直隸唐山

郝義僧為亾妻造象　正書無年月　直隸唐山

平舒縣丞曹元矩妻造象　正書無年月　直隸唐山

饒陽縣孔壽隱造象　正書無年月　直隸唐山

陳孝緯造象　正書無年月　直隸唐山

皇甫令忠造象　正書無年月　直隸唐山

柏鄉縣劉思運造象　正書無年月　直隸唐山

冀州武口縣比丘善口造象　正書無年月　直隸唐山

柏仁縣令牛孔正造象　正書無年月　直隸唐山

解隱造象　正書無年月　直隸唐山

前趙州司户參軍楊山寶為父母造法華經題記　正書無年月　直隸唐山

郝義僧為男造象 正書 無年月 直隸唐山

內丘縣比丘尼堅定造象 正書 無年月 直隸唐山

李女晟真慶等造象 正書 無年月 直隸唐山

王巨忠脩塔院銘 寺主文韶篆 行書 年月泐

德州刺史殘碑 張璉撰 高肅行書 年月缺泐 道光戊申知縣沈淮訪得並搨顏書東方朔畫象贊 碑陰記內有張璉名因定為唐刻 山東陵縣

隨求陀羅尼經幢 正書 無年月 亦無朝代 宋景祐四年重建文內葉字作𦯔知為唐人書故列此

雍州同官縣張懷口造象 正書 無年月

永康令杜君夫人朱氏墓誌 正書 其年十一月葬于龍首原 以前並未見年號 附於唐末

再續寰宇訪碑錄

再續寰宇訪碑錄卷下

上虞羅振玉

後梁

葬惠光和尚舍利銘記 王溫正書 乾化五年十月八日　河南

會稽口鍾公墓誌銘 正書 年月泐

後唐

堯山縣宣務鄉修弟一尊羅漢記 正書 天成四年　直隸唐山

王立修弟五尊羅漢記 正書 天成四年三月　直隸唐山

化度禪院陀羅尼經幢 錢元瓘記 正書 長興四年三月　浙江蕭山

後晉

福祈禪院碑 張孝先撰並正書 天福四年臘月望　浙江上虞

太子左庶子蔡府君墓誌 李匡堯撰 正書 天福八年

脩塔梢佛柱並裝脩摩騰大師及金剛真身記 正書 開運二年三月

石屋洞朱四娘造象 正書 開運二年三月　浙江錢唐

石屋洞陳及造象正書開運二年三月　浙江錢唐

石屋洞傅可詢造象正書開運二年三月十五日　浙江錢唐

石屋洞馬曰並妻金一娘造象正書開運二年　浙江錢唐

白馬寺造象建墖記正書開運二年三月　河南洛陽

後漢

石屋洞張宗造象正書甲辰乃天福九年　浙江錢唐

石屋洞何景安造象正書甲辰七月　浙江錢唐

石屋洞吴室造象正書甲辰十一月　浙江錢唐

石屋洞徐安造象正書甲辰　浙江錢唐

石屋洞羅三十四娘造象正書甲辰　浙江錢唐

石屋洞符三娘造象正書甲辰　浙江錢唐

石屋洞李七娘造象正書甲辰　浙江錢唐

石屋洞朱德榮造象正書甲辰　浙江錢唐

石屋洞金君德造象正書甲辰　浙江錢唐

石屋洞汪仁勝造象 正書 甲辰　浙江錢唐

石屋洞龍彥造象 正書 甲辰　浙江錢唐

石屋洞顧君勝造象 正書 甲辰　浙江錢唐

石屋洞潘保臧造象 正書 甲辰　浙江錢唐

石屋洞夏承厚造象 正書 甲辰　浙江錢唐

石屋洞費十娘造象 正書 甲辰　浙江錢唐

石屋洞秦彥滔造象 正書 乾祐元年五月　浙江錢唐

石屋洞顧郅造象 正書 乾祐元年十月　浙江錢唐

石屋洞余一娘造象 正書 戊申十二月即乾祐元年　浙江錢唐

重立石窟寺磨幢記 行書 乾祐租歲　河南鞏縣

後周

石屋洞錢眉壽造象 正書 廣順□年　浙江錢唐

彰德軍采石題記 正書 顯德元年十二月　河南

道士楊政題名 正書 顯德二年五月　浙江會稽

現身羅漢坐化遺屬王福新撰正書顯德二年　山西浮山
棲巖寺修舍利殿記李瑩撰張霸行書顯德六年九月九日　陝西蒲州
石屋洞張万進造象正書顯德六年十一月　浙江錢唐
廣慈禪院殘碑正書無年月　陝西咸甯

南漢

新開宴石山記劉崇遠記□昭正書大寶二年九月二十四日　廣西博白
扶風郡亡人馬氏二十四娘買地券正書大寶五年十月一日　江蘇吳縣蔣氏藏本

吳

孟璠殘墓誌正書天祐十二年閏二月原在北湖今歸儀徵張午橋觀察　江蘇甘泉
李濤妻汪氏墓誌正書順義四年石藏揚州李氏　江蘇山陽
義井欄題字正書順義二年十一月　江蘇上元

南唐

清涼寺井欄題字僧廣惠正書保大三年　江蘇上元
壽州開元寺新建金剛經碑周維簡撰陳匡譽正書經文行書保大五年十月二十八日　廣西臨桂

攝山徐鉉題名 篆書 無年月　江蘇上元

攝山徐鍇題名 篆書 無年月　江蘇上元

後蜀

駙馬都尉張匡朔題名 八分書 廣政二十六年二月

宋

同州修文宣王廟碑 梁勛撰 行書 乾德二年九月　陝西大荔

重修龍池石塊記 行書 開寶六年四月　河南濟源

新修唐憲宗廟記 趙口撰 張仁愿正書 開寶六年五月十二日　陝西蒲州

碑陰 正書 羣臣題名　陝西蒲州

秦國忠懿王錢俶神道碑 李至撰 王著行書 端拱己丑正月

修弥勒象閣記 李德用撰 楊霸文行書 至道三年九月　陝西武功

鄧忠懿王錢俶墓誌銘 慎知禮撰 正書 淳化元年正月　河南洛陽

重脩白龍廟記 行書 淳化二年　陝西盩厔

法海院修舍利石塔記 張哲撰 閻羽行書 咸平四年七月

碑陰正書紀施主出錢數目

咸平專文正書反文咸平五年　浙江歸安陸氏家藏

玉兔寺寶録正書景德二年　山西浮山

曹琛等致祭北嶽題名正書景德二年九月　直隸曲陽

鶴山大王崔府君碑孟應撰和尹書景德二年十月側有政和七年十月王禃年題記

折太君碑正書大中祥符三年　山西保德

宣陽宫大殿碑正書大中祥符三年　浙江宣平

北岳廟周瑩等題名正書大中祥符四年十月　直隸曲陽

魯國閔榮墓誌銘孫子仁度正書大中祥符五年二月　江蘇吳縣

棲霞洞熊同文等題名俞獻可篆書大中祥符五年九月　廣西臨桂

御製文宣王贊並詔行書大中祥符五年　浙江會稽

御製文宣王贊並詔行書大中祥符五年　陝西耀州

北岳廟張戩先設醮題名正書大中祥符六年　直隸曲陽

陳堯佐題名行書皇宋祀汾陰之再□孟冬案祀汾陰在大中祥符四年此云再□

當是六年　浙江會稽

朔長樂亭記 陳堯咨撰並行書 大中祥符七年九月

棲霞洞俞獻可等題名 篆書 天禧二年孟秋　廣西臨桂

陽明洞張懷寶等題名 正書 天禧二年八月　浙江會稽

陽明洞高紳等題名 正書 天禧三年　浙江會稽

陽明洞投龍簡記 正書 天禧四年三月　浙江會稽

陽明洞射的潭投龍簡記 正書 天禧四年六月　浙江會稽

北岳廟康廷諒建道場題記 正書 天禧四年十月　直隸曲陽

陽明洞任布題名 正書 無年月 案嘉泰會稽志布以天禧五年移知建州此當在四五年間　浙江會稽

海清寺塔西壁柳鑾題記 正書 天聖元年十月　江蘇海州

海清寺塔紀會柳鑾題記 正書 無年月　江蘇海州

鷹遊山僧懷珪題名 正書 無年月 案海清寺塔柳鑾題記内有懷珪名故坿此　江蘇海州

海清寺塔盛延德等題記 朱湘正書 天聖三年十一月 江蘇海州

華陽洞李迪等題名 正書 天聖四年季春 江蘇句容

海清寺塔曾榮齋僧記 行書 天聖五年四月 江蘇海州

海清寺塔東海縣令蘇可久捨物記 倪文忠正書 天聖六載六月一日 江蘇海州

白水縣齋十詠並序 甯參撰吳節行書 天聖六年仲冬 山西白水

重脩白水縣獄記 甯參撰吳節八分書 天聖六年仲冬 山西白水

海清寺塔單和題記 行書 天聖十年正月 江蘇海州

寶應蓮宮門人為義從法師建尊勝經幢 沙門德政正書 明道二年

石門洞葉清臣題名 正書 寶元二年六月 浙江青田

南明山高陽洞葉道卿孫元規題名 正書 寶元二年 浙江處州

高陽洞孫沔題名 正書 寶元二年 浙江處州

顧延嗣捨石柱記 奉斌正書 寶元二年閏十二月 江蘇上元

公堂銘 張□撰正書 慶歷元年臘月

楚州新建學記 宋祁撰李仲□正書 慶歷二年中秋 江蘇山陽

王信臣題名 正書 慶曆二載季冬　浙江會稽

保寧寺牒並帖 僧惠詮正書 慶曆三年五月　陝西興平

北岳廟何儼祭告記 正書 慶曆四年八月　直隷曲陽

棲霞洞李永清等題名 孟寅正書 慶曆四年九月　廣西臨桂

縉雲縣新脩文宣王廟記 正書 慶曆四年　浙江縉雲

益州路提點刑獄官王釗文王神宇題名 正書 慶曆四年　四川

石門洞馬尋題名 正書 慶曆四年季冬　浙江青田

天開巖祖無擇題名 正書 慶曆五年三月　江蘇上元

桂州瘞宜賊首級記 孔延之記 正書 慶曆五年三月　廣西臨桂

石門洞宋純題名 正書 慶曆五年九月　浙江青田

杜杞等復鑑湖題記 正書 慶曆七年十月　浙江山陰

高陽洞李堯俞題名 正書 慶曆八年孟冬　浙江處州

魏中庸等題名 正書 皇祐元年九月十八日　江蘇上元

孫元規等題名 正書 皇祐元年十月　浙江會稽

華陽洞魏中庸方峻等題名 正書 無年月方峻以皇祐元年爲句容令故列此　江蘇句容

傅求等釋奠題名 八分書 皇祐二年正月在開成石經之後　陝西長安

龍隱巖孫沔等題名 正書 皇祐二年二月　廣西臨桂

北岳廟仇公綽題名 正書 皇祐二年四月　直隸曲陽

烏石山李上交題名 正書 皇祐二年　福建侯官

遊小隱山記 正書 皇祐三年二月　浙江山陰

知乾州奉天縣事文彦若墓誌銘 張翁撰 正書 皇祐三年十月　河南洛陽

石門洞苗振題名 正書 辛卯孟冬乃皇祐三年　浙江青田

石門洞王起題名 正書 皇祐五年寒食　浙江青田

屯村報恩寺題名殘刻 正書 至和元年　江蘇吴縣

隱山蘇安世等題名 正書 二年正月二日當是至和二年　廣西臨桂

雉山蘇安世等題名 正書 乙未三月　廣西臨桂

鐫智者大師等象記 正書 至和二年九月　廣西臨桂

靈巖寺劉異等題記 劉拱正書 至和三年三月　陝西郃陽
官山墓界碑 正書 嘉祐二年七月　浙江山陰
仙都山沈紳題名 八分書 嘉祐二年　浙江縉雲
無錫縣學記 章望之撰 正書 嘉祐三年　江蘇無錫
高陽洞舜功等題名 正書 嘉祐三年授衣日　浙江處州
華景洞蕭固等題名 行書 嘉祐三年八月　廣西臨桂
華陽洞吳組等題名 正書 嘉祐三年仲冬　廣西臨桂
僧彥脩艸書石刻 肚痛帖 寄邊衣詩 入洛詩 嘉祐三年十月 計二石　陝西長安
三賢堂贊 劉敞撰 正書 嘉祐四年重陽日
龍隱巖余靖等題名 趙璞正書 嘉祐五年　廣西臨桂
石門洞陳經題名 正書 慶歷改元後廿年乃嘉祐五年　浙江青田
石經殘碑 篆正二體書 嘉祐六年計易書詩春秋禮記周禮六經共三百十二紙每紙八行行十字　江蘇山陽丁氏宋本
石經禮記中庸殘碑 篆正二體書 嘉祐六年在東岳廟内　河南祥符

華景洞李師中題名 篆書 嘉祐六年正月　廣西臨桂

龍隱岩李師中詩刻 正書 無年月附此　廣西臨桂

石門山陳道古題名 八分書 嘉祐六年二月　浙江青田

勸農事文 正書 嘉祐六年六月　廣西臨桂

北岳廟司徒顏題名 正書 嘉祐六年七月　直隸曲陽

龍隱巖宋頌 李師中撰 陳恪正書 嘉祐七年六月　廣西臨桂

鍾信等龍門題名 孫世文題 正書 嘉祐七年十月　河南洛陽

嘉祐專文 正書 嘉祐八年　浙江雲和

山陰縣新建廣陵斗門記 張燾撰 並正書 嘉祐八年十月　浙江山陰

雉亭詩 黄照撰 正書 甲辰仲春乃治平元年　廣西臨桂

王一娘造象記 正書 治平元年五月　江蘇

雉山孔延之等題名 正書 治平元年臘後一日　廣西臨桂

黄君祥題名 正書 治平二年四月　江蘇上元

伏波巖陸詵等題名 余藻行書 治平二年立夏後二日　廣西臨桂

靈慶祠鄭惟鐵等題名	正書	治平三年八月在臨池靈慶公碑側	山西安邑
天開巖張稚圭題名	正書	治平四年	江蘇上元
自龍隱巖泛舟至稚山詩刻	章峴撰正書	治平四年季春	廣西臨桂
龍隱巖張田詩刻	正書	治平四年六月題政和甲午三月孫光祖重書	廣西臨桂
句漏洞王越石詩刻	陳階正書	治平四年十月	廣西臨桂
隱山沈起等題名	行書	治平四年仲冬十二日	廣西臨桂
大重院碑	正書	治歷三年丁未當宋治平四年	日本東山道青森縣
穆得臣等題名	正書	熙寧元年三月	浙江山陰
石門山李惟寶題名	正書	熙寧元年九月	浙江青田
孫琪等題名	正書	熙寧元年十二月	浙江會稽
孫琪等題名	正書	熙寧二年二月	浙江會稽
孫覺等題名	正書	熙寧二年二月	浙江山陰
轉度運使以下禱雨題名	行書	熙寧二年五月	
伏波山章峴崔靜唱和詩	正書	己酉仲冬乃熙寧二年	廣西臨桂

三天洞包廓等題名 正書 熙寧三年九月晦日　安徽宣城

石門洞王廷老題名 正書 辛亥三月乃熙寧四年　浙江青田

寶華山似槩等題名 正書 熙寧五年閏二月初十日　廣西臨桂

龍洞蔣之奇觀海題名 行書 壬子乃熙寧五年　江蘇海州

伏波巖達夫等題名 正書 熙寧五年八月　廣西臨桂

九曜石米黻詩刻 行書 熙寧六年七月在仙掌石旁　廣東南海

王安脩題名 正書 熙寧六年在晉祠銘碑陰　山西太原

逖武襄祭文 神宗御製宋敏求正書 熙寧六年十一月

迴穴張覲等題名 許彥先正書 熙寧六年　廣西臨桂

高陽洞沈括等題名 正書 熙寧六年十二月　浙江處州

石門洞沈括題名 正書 熙寧六年十二月　浙江青田

石門山崔堯封題名 正書 甲寅四月乃熙寧七年　浙江青田

石門山劉誼題名 正書 熙寧七年五月　浙江青田

龍隱巖周應期等題名 正書 熙寧七年六月八日　廣西臨桂

風洞張覲等題名 正書 熙寧七年六月　廣西臨桂
晁端彥題名 正書 熙寧七年九月　浙江會稽
千佛岩王荀題名 正書 熙寧七年九月　江蘇上元
天開岩韓宗厚等題名 正書 熙寧七年九月　江蘇上元
華景洞閻紳等題名 行書 熙寧七年孟冬　廣西臨桂
處士吳淡墓誌銘 堂弟卑撰 弟桓正書 熙寧七年十月　浙江雲和
林公石牀詩刻 行書 甲寅粵西金石畧考爲熙寧七年　廣西富川
三鈷寺門碑 正書 承保元年當宋熙寧七年　日本西京府西山
張百藥等題名 正書 熙寧八年四月　陝西畧陽
白龍洞李時亮詩刻 行書 熙寧八年　廣西臨桂
韓魏公墓誌銘 陳薦撰 宋敏求正書 熙寧八年　江蘇仁和韓氏藏本
南明山王廷老題名 正書 熙寧八年五月　浙江處州
石門山王廷老題名 正書 無年月 附此　浙江青田
南明山石梁霍堯封題名 正書 熙寧八年　浙江處州

高陽洞劉輔之題名 正書 乙卯六月乃熙寧八年 浙江處州

南明山晁端彦題名 正書 乙卯閏月乃熙寧八年 浙江處州

南明山石梁晁端彦題名 正書 無年月附此 浙江處州

高陽洞董經臣等題名 正書 熙寧九年五月 浙江處州

問答孫韓二真人仙客詩 艸書 熙寧九年九月 陝西耀州

姜君妻史夫人墓誌銘 胡志忠撰姚原古正書 熙寧十年九月 江蘇泰州

石門洞張靚題名 正書 無年月當在熙寧間 浙江青田

東嶽廟甃蓮盆鄭德並妻林三十一娘題字 正書 元豐元年正月兩盆題字年月並同 福建侯官

禹穴程師孟題名 正書 元豐元年清明日 浙江會稽

靈巖寺劉忱等題名 正書 元豐元年七月 陝西畧陽

陽明洞程宏等題名 正書 元豐元年 浙江會稽

龍隱巖朱子美等題名 正書 元豐初年六月 廣西臨桂

雉山張頡等題名 正書 元豐元年八月 廣西臨桂

龍隱巖張頡等題名　正書　元豐元年八月　廣西臨桂

曾公巖記並唱和詩　劉誼撰正書　元豐元年九月　廣西臨桂

黄茅岡東坡詩刻並題名　正書　元豐元年九月　江蘇銅山

陽明洞李皇臣等題名　正書　元豐二年仲春　浙江會稽

開福寺知冀州蓚縣事常諝臣修墖記　常諝臣正書　元豐元年五月十日　直隸景州

廻穴曾布等題名　正書　元豐二年五月　廣西臨桂

疊綵山曾布等題名　正書　元豐二年六月三日　廣西臨桂

伏波巖曾布等題名　正書　元豐二年六月三日　廣西臨桂

水月洞曾布等題名　正書　元豐二年中秋　廣西臨桂

中隱山劉宜父等題名　正書　元豐二年八月　廣西臨桂

金剛經　蘇軾正書　元豐三年原二石已缺其一乾隆五十三年翁方綱補書　江西臨江

雉山陳倩等題名　正書　元豐三年十二月　廣西臨桂

伏波巖陳倩等題名　王軾記正書　元豐三年十二月　廣西臨桂

劉氏義門額並記　趙抃記正書　元豐四年二月今碑字已漫滅僅存其額　浙江上虞

雉山君美等題名李時亮題行書元豐四年孟夏　廣西臨桂

豹山潛德巖三字林通正書元豐四年八月　廣西富川

石門洞三字摩崖正書元豐五月　浙江青田

第一山蔣之奇題名正書元豐六年四月十五日　安徽盱眙

留題融州老君巖詩劉誼撰正書元豐六年七月　廣西融縣

天梯嶺開路題字行者戴昌記正書元豐六歲　浙江處州

天梯嶺方便二字摩崖正書元豐六年　浙江處州

邢平等題名行書元豐七年正月八日在晉祠銘碑陰　山西太原

明州長史王說墓誌舒亶撰杜任正書元豐九年三月道光己亥出土　浙江鄞縣

丁竦等題名正書無年月案嘉泰會稽志竦以元豐二年十二月知州事四年十二月替故坿此　浙江會稽

石門洞裴維甫題名行書無年月案咸淳臨安志維甫杭人登嘉祐四年進士溫州府志職官表載維甫元豐間任永嘉令坿此　浙江青田

雉山李孝忠等題名行書元祐二年九月七日　廣西臨桂

文明寺米元章等題名 行書 戊辰暮春乃元祐三年　江蘇陽湖

安武軍節度使郝質夫人朱氏墓誌銘 朱嬰撰並正書 元祐三年十一月　河南

龍洞王華曜等題名 行書 元祐四年三月　江蘇海州

白龍洞苗子居等題名 關蔚宗題正書 元祐四年二月　廣西桂林

介神廟詩刻 張商英撰正書 元祐四年三月　山西介休

王説妻李夫人墓誌 吴黔撰樓光正書 元祐五年　浙江鄞縣

重脩周孝侯廟碑 沃彥撰劉明仲正書 元祐六年正月　江蘇宜興

雉山孫覽等題名 行書 元祐六年三月　廣西臨桂

王摩詰畫竹題字 游師雄題王箴正書 元祐六年冬至　陝西鳳翔

平鄉縣令廳壁題名碑 謝敬撰正書 元祐七年十月　直隸平鄉

鄉貢明經孔師祖墓誌銘 王若撰孔宗哲正書 元祐七年十一月　山東曲阜

太常少卿石輅墓誌 杜紘撰晁補之正書 元祐八年十月

重脩周公廟賦 王口撰並正書 元祐八年十二月　陝西岐山

耀州脩州學記 李注記俞次皋正書 元祐九年三月　陝西耀州

則功德主口塔記 正書 紹聖元年 山東日照丁氏藏本

北岳廟孫敏行題名 正書 紹聖元年八月 直隸曲陽

龍隱巖盧約等題名 正書 紹聖二年初伏 廣西臨桂

蔣頴叔詩帖 行書 紹聖二年八月 江蘇宜興

龍隱巖胡宗回等題名 正書 紹聖二年季秋 廣西臨桂

白龍洞盧潛禮等題名 正書 紹聖二年九月 廣西臨桂

晉祠王脩題名 正書 紹聖二年十月初二日在晉祠銘碑陰 山西太原

劉仙巖唐少卿遇仙記 正書 紹聖三年正月 廣西臨桂

琵琶泓詩 楊模撰 正書 紹聖三年三月

三巖寺劉涇題名 正書 紹聖三年重九 浙江處州

伏波巖胡宗回等題名 胡義脩題 正書 紹聖三年十月 廣西臨桂

廻穴梁才甫題名 正書 紹聖三年十二月 廣西臨桂

第一山呂嘉問題名 正書 紹聖四年三月 安徽盱眙

伏波巖譚掞等題名 正書 紹聖四年孟秋 廣西臨桂

石門洞程寶題名 正書 紹聖四年　浙江青田

米芾南明山題字 行書後有劉涇贊並行書 紹聖四年　浙江處州

青田縣崇道觀慕仙銘 劉涇正書 紹聖四年　浙江處州

石門洞劉涇謝雨題名 正書 紹聖四年　浙江青田

南明山石梁張康國題名 正書 紹聖□□　浙江處州

三巖方塽等題名 正書 元符元年仲秋　浙江處州

樂圃先生墓表 米芾撰並行書 元符元年　江蘇吳縣

龍隱巖雷怙等題名 正書 元符二年正月　廣西臨桂

伏波巖程子立等題名 正書 元符二年孟夏　廣西臨桂

潛珍洞許端卿等題名 行書 元符三年五月　廣西臨桂

元風洞程節題名 正書 元符三年五月　廣西臨桂

屏風巖許中甫題名 正書 庚辰六月即元符三年　廣西臨桂

清秀山柱唐臣等題名 正書 元符三年八月　廣西臨桂

列女蔣氏墢西觀寺碑 正書 元符三年中秋前刻蘇頲撰神道碑後刻王端禮記

廣西富川

龍隱巖余夢錫題名 正書 建中靖國元年仲春 廣西臨桂

伏波巖程節等題名 正書 辛巳清明前二日乃建中靖國元年 廣西臨桂

龍隱巖程節等題名 正書 建中靖國元年寒食日 廣西臨桂

冷水巖許慶等題名 正書 辛巳季春乃建中靖國元年 廣西臨桂

廻穴許元善等題名 正書 辛巳季夏乃建中靖國元年 廣西臨桂

龍隱巖米芾詩刻 行書 建中靖國元年 廣西臨桂

千佛巖趙襄杜侹題名 正書 建中靖國元年八月 江蘇上元

白虎山郡守余授等題名 正書 建中靖國元年重九日 江蘇海州

孔望山龍洞余授張勵題名 正書 建中靖國元年十月八日 江蘇海州

龍隱岩譚掞等題名 行書 辛巳臘乃建中靖國元年 廣西臨桂

第一山陳敏等題名殘字 正書 崇寧元年二月 安徽盱眙

第一山李禹行等題名 正書 崇寧元年六月 安徽盱眙

雉山程子立等題名 行書 崇寧元年季夏 廣西臨桂

雉山高士勤許賔題名　正書　崇寗元年七月　廣西臨桂

蔡卞書經偈　行書　崇寗元年十一月　山東長清

龍隱巖程節讀米南宮詩作　李彥弼正書　崇寗元年　廣西臨桂

龍隱巖程節喜神讚　李彥弼撰正書　無年月附此　廣西臨桂

王氏雙松記　晁説之撰　晁詠之正書　崇寗二年

周延陵季子碑　錢景臻行書　崇寗二年四月　江蘇江陰

石夷吾等樓觀題名　正書　崇寗二年十二月　陝西盩厔

雉山程建題名　行書　崇寗三年清明前一日　廣西臨桂

第一山盧陵毛□等題名　張□□行書　崇寗三年　安徽盱眙

第一山許彥等題名　正書　崇寗三年十月　安徽盱眙

第一山王正彥等題名　正書　崇寗四年三月　安徽盱眙

龍隱巖王若愚題名　正書　崇寗五年　廣西臨桂

孝堂山郭革脩柱及石牆記　正書　崇寗五年七月　山東肥城

富丞相登大象閣詩　于巽記並正書　大觀元年正月　陝西耀州

孫敏行等題記 正書 大觀元年三月 陝西郃陽

顯慶祠董宗師等題記 行書 大觀元年四月 山西安邑

清秀山王若愚等題名 張莊正書 大觀元年五月 廣西臨桂

楊公持題名 正書 大觀元年在鬱林觀東岩下 江蘇海州

鬱林觀東壁石曼卿詩刻 譚亨甫刻並題正書 大觀元年 江蘇海州

旌賢崇梵院牒

八行八刑條制碑 正書 大觀元年十二月山東臨朐城武章邱河南滎陽湖南常德湖北興國均有此碑 陝西藍田

雒山鄱陽程□等題名 行書 大觀二年正月 廣西臨桂

李公紀題名 行書 大觀二年孟冬 浙江山陰

方子元等探禹穴題名 行書 大觀三年季春 浙江山陰

寶勝院朱日初造塔記 正書 大觀三年六月

清秀山公輔等題名 正書 大觀四年清明前六日 廣西臨桂

屏風山程公岩記 侯彭老撰趙岍行書 大觀四年八月 廣西臨桂

武功縣男郭景脩墓誌 王允中撰趙令高正書 大觀四年閏八月 山東

龍洞蘇子駿等題名 田升之正書 大觀四年閏八月 江蘇海州

雉山張子脩等題名 正書 大觀四年九月 廣西臨桂

思武堂記 魯百能撰并行書 無年月碑紀高公純建堂事公純以大觀四年知平定州故列此 山西平定

白龍洞公輔等題名 行書 政和元年季春 廣西臨桂

第一山周可南等題名 正書 政和元年 安徽盱眙

孔望山西巖王舜文等題名 田升之正書 政和元年八月 江蘇海州

纂風鎮福聖院結界記 釋元郎記行書 政和七年十月 浙江上虞

隱山陳仲宜等題名 唐懋題正書 政和元年仲冬 廣西臨桂

白龍洞唐進德題名 行書 政和二年三月 廣西臨桂

雉山杜賢萬等題名 正書 政和二年五月 廣西臨桂

風洞王洗之等題名 正書 政和二年季秋 廣西臨桂

修普濟寺記 曹景儉撰王愻行書 政和二年孟冬 陝西澄城

雉山謝勳等題名 行書 政和三年孟春 廣西臨桂

北岳廟馮澤題名 正書 政和三年九月 直隸曲陽

口州棧閣脩橋路記 林高撰錢口正書 政和四年三月九日 廣西全州

解口造羅漢象題記 正書 政和四年五月 直隸行唐

重脩五仙祠記 張勵撰行書 政和四年十月 廣東南海

鼓山陳紹夫等題名 正書 政和五年三月 福建閩縣

第一山黄汝立等題名 正書 政和五年四月 安徽盱眙

攝山施安中題名 行書 政和五年秋 江蘇江甯

龍門江忠等題名 正書 政和五年十一月 河南洛陽

千佛巖姜安中題名 正書 政和五年孟冬 江蘇上元

千佛巖徐君瑞等題名 正書 政和五年仲冬 江蘇上元

伏波巖李端臣獨游題名 正書 乙未元日乃政和五年 廣西臨桂

清秀山端臣獨遊題名 行書 無年月坿此 廣西臨桂

建築隆兗州記 李彦弼撰並正書 政和五年八月 廣西臨桂

第一山孫彥成等題名　正書　政和六年二月　安徽盱眙

雉山李端臣題名　行書　政和六年季秋　廣西臨桂

千佛巖述夫等題名　正書　丙申中秋乃政和六年　江蘇上元

陳明叟墓誌銘　陳宜之撰　正書　政和七年四月　河南

千佛巖徐禋題名　正書　政和七年四月　江蘇上元

攝山曾和遠等題名　正書　政和七年　江蘇上元

陳寂之墓誌　兄盈之撰　正書　政和七年四月

伏波巖劉秉文題名　行書　政和七年　廣西臨桂

元風洞曹邁等題名　李彩霄行書　政和七年七月　廣西臨桂

棲霞洞曹邁等題名　行書　丁酉七夕前三日乃政和七年　廣西臨桂

李遠墓誌　胡松年撰　綦執禮正書　政和七年七月

李端臣同曹聖延遊風洞及七星觀詩　李昆甫行書　政和七年七月二十七日　廣西臨桂

冷水岩銘　李彥弼撰　李昆青行書　政和七年　廣西臨桂

神妃娘娘廟香爐題字　正書　政和七年孟秋後有元延祐元年季春刻字　直隸元氏

千佛巖項德□等題名 正書 政和八年 江蘇上元

千佛巖殘題名 正書 政和八年三月 江蘇上元

通判海州劉居實宿海清宮題名 行書 重和二年仲春十一日 江蘇海州

千佛巖龐持正題名 正書 重和二年□月十三日 江蘇上元

千佛無㝵熙叟等題名 正書 重和□年□月 江蘇上元

千佛巖彥淵等題名 正書 宣和元年四月 江蘇上元

千佛巖管邦惠等題名 正書 宣和元年 江蘇上元

千佛巖章柄王量等題名 正書 宣和元年孟夏 江蘇上元

千佛巖邵樽題名 正書 宣和元年三月 江蘇上元

伏波巖劉鎡等題名 行書 宣和元年六月 廣西臨桂

天開巖趙士驪題名 正書 宣和元年八月 江蘇上元

仙樂雲篆記 御書 政和七年，宣和元年刻 陝西耀州

千佛巖王瑒題名 正書 宣和二年正月 江蘇上元

伏波巖毛子嘉等題名 行書 宣和二年六月 廣西臨桂

白虎山知州事張叔夜題名 正書 宣和二年重陽 江蘇海州
藏春洞陽翟王元道等題名 篆書 宣和二年十二月 安徽建德
藏春洞王元道等題名 行書 宣和口口臘月 安徽建德
華巖經藏發願文 李構記 正書 宣和三年十月 陝西咸甯
三明寺妙嚴殿記 李桓撰 劉用之正書 宣和三年
碑陰 張高撰 沙門法暉正書
蘇文忠公書竹刻石 宣和三年冬至 江蘇沛縣
劉仙巖養氣湯方 呂渭記 正書 宣和四年上巳 廣西臨桂
鼓山俞師直等題名 正書 宣和四年四月 福建閩縣
天慶禪院住持達大師塔記 正書 宣和五年十一月 河南洛陽
南明山程志行題名 行書 宣和六年首夏 浙江處州
屏風山蔡懌等題名 正書 宣和六年八月 廣西臨桂
棲霞洞蔡懌等題名 正書 宣和六年八月 廣西臨桂
伏波巖蔡懌等題名 行書 宣和七年季春 廣西臨桂

勅封嘉潤侯牒 正書 宣和七年 山西浮山

伏波巖練山甫題名 正書 宣和七年 廣西臨桂

千佛巖張述夫等題名 正書 政和七年仲夏 江蘇上元

第一山高元亮題名 行書 靖康元年正月 安徽盱眙

碧雲洞詩刻 正書 靖康元年上巳 廣西富川

伏波巖呂成之題名 行書 靖康元年季夏 廣西臨桂

蒙亭唱和詩 張洵尚用之呂源季昇之葉宗諤正書 靖康改元季夏 廣西臨桂

清秀山明叔等題名 正書 靖康改元五月 廣西臨桂

米芾畫佛 行書 無年月 明知淮安府陳文刻燭 江蘇山陽

損之等遊龍興山寺殘題名 篆書 年月泐 江蘇海州

千佛巖莫伯輿題名 正書 丁酉三月 江蘇上元

千佛巖莫伯秩題名 正書 丁酉五月 江蘇上元

千佛巖林麃題名 正書 丁酉二月 江蘇上元

千佛巖曹明遠題名 正書 戊戌閏月 江蘇上元

千佛巖胡恢題名 篆書 無年月　江蘇上元

千佛岩沈述師題名 篆書 無年月　江蘇上元

道士羅拱辰題名 正書 無年月　浙江會稽

石門洞祝公明等題名 正書 無年月　浙江青田

迦諾迦伐蹉尊者象並黄庭堅書題郭熙畫秋山詩 行書 無年月 俗名放光碑

江蘇溧水

玉乳泉井闌題字 陳堯佐 八分書 無年月　江蘇丹陽

野老泉三字摩崖 正書 無年月 相傳為東坡書　江西都昌

南宋

施園地記 釋宗紹 正書 建炎二年六月　廣西臨桂

屏風山周與道等題名 行書 建炎二年十月　廣西臨桂

屏風山鄧公衍題名 行書 建炎二年天寧節　廣西臨桂

龍隱岩尹温叔題名 正書 建炎四年六月　廣西臨桂

第一山黄裳等題名 正書 建炎四年　安徽盱眙

七星岩何勉之題名 正書 紹興元年清明 廣東高要

靈泉寺碑記 王安中撰並正書 紹興二年四月 廣西柳州

戒石銘並詔諭 太宗御製銘黄庭堅正書高宗詔諭行書 紹興二年七月 廣西梧州

休甯縣明倫堂記 鄒補之記並八分書 紹興四年 安徽休甯

元風洞少隱題名 正書 紹興四年七月 廣西臨桂

冷水岩劉彦適等題名 行書 紹興四年七月 廣西臨桂

讀書岩董弅餞孫覿題名 行書 紹興四年十月 廣西臨桂

伏波岩孫覿題名 正書 紹興四年十月 廣西臨桂

龍隱岩少隱等題名 正書 紹興五年三月 廣西臨桂

高宗賜吕頤浩勅及頤浩劄子 勅行書劄子正書 無年月後有嘉定十四年吕昭亮及明永樂四年楊士奇跋稱此勅賜於紹興五年 浙江上虞連氏家藏

棲霞洞龍躍等題名 正書 紹興六年上元 廣西臨桂

雉山唐孝稱題名 正書 紹興六年重九日 廣西臨桂

朱近買地劵 正書 紹興九年十一月

贈少保汪澥神道碑 汪藻撰吳悦正書 紹興九年　安徽
禹跡圖 正書 元符三年正月紹興十二年十一月重校立　江蘇丹徒
重刻李陽冰當塗縣三大字 篆書 紹興十四年　安徽當塗
瓦版藥師經 正書 天養元年當宋紹興十四年　日本西京府山城國
龍隱岩元壽題名 正書 紹興十六年寒食前二日　廣西臨桂
無錫縣學記 李彌正撰並正書 紹興十六年十一月　江蘇無錫
七星山張淵道等題名 正書 紹興十八年六月　廣西臨桂
龍隱岩張淵道等題名 正書 紹興十八年六月　廣西臨桂
龍隱岩汪恪等題名 正書 紹興十八年六月　廣西臨桂
伏波岩劉昉等題名 正書 紹興十八年六月　廣西臨桂
冷水岩汪恪等題名 正書 紹興十八年六月　廣西臨桂
雉山劉方明題名 正書 紹興十八年六月　廣西臨桂
伏波岩劉方明題名 正書 紹興十八年十月　廣西臨桂
劉仙岩張平叔真人贈劉道人歌 張仲宇正書 紹興十八年歲除日　廣西臨桂

劉彥登等題名 八分書 紹興十九年二月 廣西臨桂

劉仙岩路質夫等題名 正書 紹興十九年二月 廣西臨桂

司馬温公書家人卦 八分書 紹興十九年重午司馬備刻並記 廣西臨桂

龍隱岩方滋題名 正書 紹興十九年 廣西臨桂

劉仙岩郭顯卜築題名 棲霞子正書 紹興十九年 廣西臨桂

劉仙岩李師中留題並曹輔梁子美和詩 正書 紹興十九年 廣西臨桂

劉仙岩郭顯砌岩記 正書 紹興二十年 廣西臨桂

伏波岩劉淪題名 行書 紹興二十年 廣西臨桂

龍隱岩唐逢堯題名 行書 紹興二十一年六月 廣西臨桂

鼓山林槐老等題名 正書 紹興二十一年重九日 福建閩縣

劉仙岩感應頌 海廣老人撰正書 紹興二十二年四月 廣西臨桂

劉仙岩佘先生還丹歌 覺真道人行書 紹興二十二年 廣西臨桂

劉仙岩贈佘公老人詩 趙發撰行書 紹興二十二年六月 廣西臨桂

龍隱岩王次張等題名 八分書 紹興二十二年 廣西臨桂

基衡室安倍宗任女墓碑　正書　仁平二年當宋紹興二十二年　日本東山道青森縣

夫子杏壇圖　正書　紹興二年十月孔宗壽記紹興二十四年上元日何先覺重刻　廣西橫州

穿雲岩題字　唐德正書　紹興二十四年二月　廣西臨桂

劉仙岩詩刻　呂愿忠撰行書　紹興二十四年季春　廣西臨桂

中隱岩呂愿忠等題名　行書　紹興二十四年季春　廣西臨桂

中隱岩呂愿忠詩刻　行書　紹興二十四年季春　廣西臨桂

白龍洞呂愿忠詩刻　行書　紹興二十四年季春　廣西臨桂

清秀岩呂愿忠詩刻　行書　紹興二十四年季春　廣西臨桂

華陽洞呂愿忠詩刻　行書　紹興二十四年季春　廣西臨桂

呂愿忠游隱山六洞詩刻　正書　紹興二十四年季春　廣西臨桂

玩珠岩任續呂愿忠唱和詩　正書　紹興二十四年　廣西臨桂

贈檢校少保王德神道碑　傅雱撰楊□□正書　紹興二十四年　江蘇上元

永州新學門記　張浚撰正書　紹興二十四年　湖南

鼓山趙仲承等題名 王叔濟題正書 紹興二十五年仲春 福建閩縣
窰戶趙成造塼文 正書 紹興二十五年四月八日 江蘇丹徒
温泉薛球題名 正書 紹興二十五年□夏十五日 陝西臨潼
孔子行教圖賛記 □宗皇帝賛何先覺記正書 紹興二十五年三月 廣西横州
冷水岩盧約等題名 行書 紹興二十五年初伏 廣西臨桂
龍洞曾孝藴題名 正書 紹興二十六年正月 江蘇海州
石門洞虞似平題名 行書 紹興二十六年季春 浙江青田
石門洞謝伋詩刻 正書 紹興二十六年 浙江青田
仙都山虞似平題名 正書 紹興二十六年 浙江縉雲
伏波岩張璩等題名 正書 紹興二十六年末伏 廣西臨桂
龍隱岩王孝先題名 正書 紹興二十六年十月 廣西臨桂
棲霞洞張好禮等題名 正書 紹興二十七年正月 廣西臨桂
劉季高題名 正書 紹興二十七年六月 江蘇上元胡氏藏石
仙都山虞似平重游題名 正書 紹興二十七年 浙江縉雲

藥水岩□欽題刻 正書 紹興二十九年二月　陝西郃陽

桂林盛事記 張仲宇記梁材正書 紹興二十九年七月　廣西臨桂

梁谿直祈雨記 正書 紹興三十二年夏　廣西茘浦

棲霞洞王輔之題名 八分書 隆興初元七月　廣西臨桂

老君洞張説詩刻 行書 隆興元年九月　廣西融縣

龍隱岩劉文舉等題名 姪思存正書 隆興元年　廣西臨桂

第一山隆興癸未殘題名 行書　安徽盱眙

適野亭記 范棨撰行書 隆興二年八月　江蘇海州

吴梓題記 正書 隆興二年　浙江山陰

伏波洞鄭子禮題名 行書 隆興二年中秋　廣西臨桂

劉仙岩張惟等題名 行書 乾道元年九月　廣西臨桂

伏波岩林得之等題名 行書 乾道元年臘月　廣西臨桂

程公岩張安國詩刻 艸書 乾道二年六月　廣西臨桂

水月洞張孝祥題名 行書 乾道二年　廣西臨桂

劉仲遠畫象贊 張孝祥撰行書 乾道二年 廣西臨桂

張孝祥朝陽亭詩 艸書 無年月 廣西臨桂

棲霞洞張孝祥張維唱和詩 行書 無年月 廣西臨桂

鼓山王瞻叔題名 行書 乾道三年暮春 福建閩縣

龍隱岩孫師聖題名 八分書 乾道三年六月 廣西臨桂

屏風山李似之題名 正書 乾道三年後有明年七月再至題字 廣西臨桂

張公洞記 張維撰八分書 乾道三年十二月 廣西臨桂

碧雲岩趙善政題字 正書 乾道五年二月 廣西富川

諸葛武侯祠記 張栻撰正書 乾道五年二月 湖南衡陽

通濟堰碑並堰規 范成大行書 乾道五年四月 浙江麗水

伏波岩宋公玉題名 行書 乾道五年六月 廣西臨桂

潛洞尹壽卿題名 正書 乾道五年中元 廣西臨桂

伏波岩劉舜舉題名 正書 庚寅三月乃乾道六年 廣西臨桂

龍隱岩朱紱等題名 正書 壬辰三月乃乾道八年 廣西臨桂

中隱山福緣寺脩造記僧祖華記僧日隆正書　乾道九年上元　廣西臨桂

靈岩山石幢題字行書　乾道九年十一月　江蘇吳縣

棲霞洞章潭等題名正書　乾道九年　廣西臨桂

屏風山范成大題名行書　淳熙元年　廣西臨桂

棲霞洞鄭少融題名行書　淳熙元年　廣西臨桂

棲霞洞萬必達題名正書　淳熙元年仲秋　廣西臨桂

中隱山鄭少融題名行書　淳熙元年仲秋後三日　廣西臨桂

屏風山夏彥鴻題名正書　淳熙元年仲秋　廣西臨桂

伏波洞秦舜卿題名正書　淳熙元年重陽　廣西臨桂

讀書岩常恭題名行書　淳熙元年冬　廣西臨桂

棲霞洞范至能題名行書　淳熙二年　廣西臨桂

水月洞張敬夫題名行書　淳熙二年中秋日　廣西臨桂

伏波岩王千秋題名行書　淳熙三年三月　廣西臨桂

白龍洞李景亨題名八分書　淳熙三年立夏日　廣西臨桂

靜江府虞帝廟碑 朱熹撰呂勝己八分書 淳熙三年四月 廣西臨桂
龍隱洞李景亨等題名 行書 淳熙四年 廣西臨桂
賈遵祖真儒岩詩刻 正書 淳熙五年中春 廣西臨桂
隱山廖重能題名 行書 淳熙五年六月 廣西臨桂
平重盛公墓誌 正書 治承三年當宋淳熙五年 日本畿內道兵庫縣
冷水岩張栻題名 行書 淳熙五年閏六月 廣西臨桂
隱山詹體仁題名 正書 淳熙五年閏月 廣西臨桂
隱山黃德琬題名 正書 淳熙五年仲秋 廣西臨桂
鄭國公何德揚神道碑 正書 淳熙六年 浙江慶元
棲霞洞楊絳詩刻 行書 淳熙七年上元 廣西臨桂
龍隱岩劉熺題名 行書 淳熙七年六月 廣西臨桂
彈子岩梁安世題名 行書 淳熙七年中秋日 廣西臨桂
棲霞洞梁安世詞 行書 淳熙七年重九 廣西臨桂
天開岩趙伯晟題名 正書 淳熙七年九月 江蘇上元

宿攝山偶成詩 趙伯晟撰正書 淳熙七年重陽後三日 江蘇上元

第一山趙師睪等題名 八分書 淳熙七年十二月 安徽盱眙

潛洞王清叔題名 正書 淳熙八年 廣西臨桂

冷水岩梁安世題名 行書 淳熙八年立秋後一日 廣西臨桂

屏風山梁安世詩刻 行書 淳熙八年立秋後一日 廣西臨桂

彈子岩徐夢莘詩刻 行書 淳熙八年仲秋 廣西臨桂

彈子岩梁安世乳牀賦 行書 淳熙八年長至 廣西臨桂

第一山洙泗時佐題名 八分書 淳熙八年季冬 安徽盱眙

儀制令刻石 正書 淳熙八年 陝西畧陽

隱山王正己題名 正書 淳熙九年六月 廣西臨桂

宗室不沴墓誌銘 楊興宗撰正書 淳熙九年

彈子岩熊飛題名 篆書 淳熙九年莫秋 廣西臨桂

讀書岩王維則題名 行書 淳熙十年七月 廣西臨桂

第一山余端禮等題名 八分書 淳熙十年 安徽盱眙

第一山臨安錢沖之等題名 行書 淳熙十年 安徽盱眙

第一山趙不流題名 正書 淳熙十年十月 安徽盱眙

第一山陳居仁等題名 行書 淳熙十一年正月 安徽盱眙

伏波岩詹儀之題名 正書 淳熙十一年季春 廣西臨桂

雉山胡彦温等題名 行書 淳熙十一年五月 廣西臨桂

第一山章森詩刻 行書 淳熙十一年十月 安徽盱眙

彈子岩詹體仁等題名 正書 淳熙十二年正月 廣西臨桂

彈子岩李滋書聯語 篆書款八分書 淳熙十二年 廣西臨桂

虞山詹體仁等題名 行書 淳熙十二年九月 廣西臨桂

龍隱岩詹儀之題名 正書 淳熙十三年十月 廣西臨桂

鼓山朱熹題名 行書 淳熙十四年 福建閩縣

隱山詹儀之題名 正書 淳熙十四年二月 廣西臨桂

上虞縣重脩學記 豐誼撰潘友端正書 淳熙十四年六月 浙江上虞

隱山詹儀之題名 正書 淳熙十四年七月 廣西臨桂

隱山劉愈題名 正書 淳熙十四年　廣西臨桂
水月洞詹儀之題名 行書 淳熙十五年四月　廣西臨桂
鍾山趙希堅等題名 正書 淳熙十六年　江蘇上元
夫子象贊 毛友贊毛紹記 正書 淳熙十六年六月　廣西融縣
慈明禪師象贊 六世孫守詵記 正書 淳熙十六年季夏　廣西全州
第一山天台謝深甫等題名 正書 淳熙十六年七月二十七日　安徽盱眙
須菩提象記 住山守詵記 正書 淳熙十六年七月　廣西全州
淳熙殘題名 正書 在玻璃泉僅存十餘字　安徽盱眙
水月洞吳宗旦等題名 正書 紹熙改元　廣西臨桂
第一山宋之瑞等題名 正書 紹熙二年四月　安徽盱眙
石門洞陳公權題名 行書 紹熙二年　浙江青田
第一山□□詩刻 行書 紹熙二年八月十二日　安徽盱眙
第一山郭正□□等題名 正書 紹熙三年　安徽盱眙
藏春洞趙□黄沐等題名 正書 紹熙四年仲春　安徽建德

第一山倪思正等題名 行書 紹熙四年 安徽盱眙

紹熙癸丑殘題名 行書 在玻璃泉 安徽盱眙

第一山□□詩刻 行書 紹熙四年四月 安徽盱眙

儀鳳橋石柱越亮夫嗣秀王等題名 正書 紹熙四年九月 浙江烏程

水月洞張釜題名 八分書 紹熙五年正月 廣西臨桂

石門洞鄭挺等題名 正書 紹熙五年 浙江青田

朱晞顏還珠洞詩刻 正書 紹熙五年重午後廿日 廣西臨桂

龍隱岩千葉梅唱和詩 朱希顏唱胡□劉衆和劉叕行書 紹熙五年長至 廣西臨桂

華陽洞游九言題名 正書 慶元元年 江蘇句容

第一山東平劉茍等題名 正書 慶元元年正月 安徽盱眙

朱希顏石木詩刻 正書 慶元元年 廣西臨桂

白龍洞朱希顏胡長卿唱和詩 行書 慶元改元 廣西臨桂

蘇文忠公贈文長老三詩 行書 慶元元年五月 浙江秀水

彈子岩朱希顏詩刻 行書 慶元改元 廣西臨桂

石屏記 洪邁撰並行書 慶元元年九月後有十月望朱希顔跋　廣西臨桂
元巖陳讜題名 行書 乙卯仲冬乃慶元元年　廣西臨桂
彈子岩陳讜題名 正書 慶元改元十一月　廣西臨桂
陳讜遊桂林諸岩洞詩刻 行書 慶元元年十一月　廣西臨桂
第一山莆田黄□開封柳□一等題名 正書 慶元元年十一月二十四日　安徽盱眙
給事中王信墓誌 洪□撰正書 慶元二年　浙江麗水
王信妻郭碩人墓誌 戴溪撰何澹行書 慶元二年　浙江麗水
石門章郤等題名 正書 慶元二年立夏前一日　陝西褒城
鼓山曹季本題名 曹磬行書 慶元二年季冬　福建閩縣
元岩王岳題名 正書 慶元三年　廣西臨桂
陸放翁詩刻 艸書 慶元三年四月杜思恭刻　廣西臨桂
水月洞張延詩刻 行書 慶元四年季春　廣西臨桂
真仙岩張錡等題名 正書 慶元四年季春　廣西臨桂
龍隱岩王子羽題名 行書 慶元四年仲秋前二日　廣西臨桂

陸放翁雲蒸露湛硯銘 八分書 歲在乙酉乃慶元五年 江西南昌彭氏家藏

元岩翟子壁題名 行書 庚申重午當是慶元六年 廣西臨桂

雄山李大異題名 正書 嘉泰改元仲春 廣西臨桂

隱山趙庚等題名 正書 嘉泰元年七月 廣西臨桂

第一山鄭臬等題名 正書 嘉泰元年九月 安徽盱眙

蔡伯尹壙記 男湖誌 正書 父執朱誠之書諱 嘉泰二年十二月 浙江宣平

第一山陳樸等題名 行書 嘉泰三年九月 安徽盱眙

隱山蔡戡題名 正書 嘉泰三年重九 廣西臨桂

第一山陳□□楊谷等餞北使題名 正書 嘉泰四年正月二十三日 安徽盱眙

辰山趙悅道題名 正書 嘉泰四年七夕前七日 廣西臨桂

第一山張嗣古等題名 正書 嘉泰四年八月 安徽盱眙

伏波岩謝夢龍等題名 正書 開禧改元季春 廣西臨桂

鼓山吳漁題名 石應孫正書 開禧改元孟秋 福建閩縣

第一山孟猷等題名 正書 開禧元年十月 安徽盱眙

第一山晉陵丁常任等題名 正書 開禧二年正月 — 安徽盱眙
彈子岩趙善蔡等題名 行書 開禧二年清明前十日 — 廣西臨桂
虎邱可中亭側周師成題名 正書 開禧二年十月 — 江蘇吳縣
三岩王庭芝題名 黄罃行書 開禧三年三月 — 浙江處州
處州應星樓記 葉宗魯撰 何澹行書 開禧三年孟秋 — 浙江麗水
等慈寺石塔題記 八分書 開禧三年九月 — 浙江上虞
如法寺碑 正書 承元二年八月當宋嘉定元年 — 日本東山道青森縣
第一山錢塘俞建等題名 正書 嘉定二年 — 安徽盱眙
冷水岩鄭子壽題名 正書 嘉定二年 — 廣西臨桂
龍隱岩黄師淵題名 正書 嘉定二年 — 廣西臨桂
真僊岩亭賦 易祓撰 鮑粹然行書 嘉定二年十二月 — 廣西融縣
廣州學額管田叚地基碑 正書 嘉定二年 — 廣東南海
井闌蔣世顯題字 正書 嘉定三年 — 江蘇甘泉
第一山口阜趙師岊等題名 行書 嘉定三年十一月 — 安徽盱眙

第一山趙汝澗等題名 行書 嘉定三年十二月 安徽盱眙

白龍洞管定夫題名 正書 嘉定四年中元後四日 廣西臨桂

隱山管湛題名 正書 嘉定五年六月 廣西臨桂

隱山管湛題名 正書 嘉定五年秋 廣西臨桂

□景武壙記 正書 嘉定五年九月 浙江處州

棲霞洞管定夫等題名 正書 嘉定六年 廣西臨桂

白龍洞崔正子等題名 正書 嘉定六年二月 廣西臨桂

方公祠堂記 吳獵記 正書 嘉定六年五月 廣西臨桂

冷水岩方信孺題名 正書 嘉定六年六月 廣西臨桂

伏波洞方信孺題名 正書 嘉定六年閏月 廣西臨桂

中隱山管定夫題名 正書 嘉定六年先重陽一日 廣西臨桂

隱山方信孺題名 正書 嘉定六年 廣西臨桂

劉仙岩管定夫題名 正書 嘉定六年 廣西臨桂

華景洞方孚若題名 正書 嘉定六年十月 廣西臨桂

寶華山方孚若等題名 正書 嘉定六年　廣西臨桂
方公祠堂迎送神曲 柯夢得撰並八分書 嘉定六年孟冬　廣西臨桂
九獅橋題字 正書 嘉定七年二月六日　浙江上虞
龍隱岩陸放翁書詩境二字 正書 嘉定七年方信孺刻　廣西臨桂
龍隱岩方信孺詩刻 正書 嘉定七年四月朔　廣西臨桂
華景洞張自明詩刻 艸書 嘉定七年夏五　廣西臨桂
清秀山方信孺題名 正書 嘉定七年　廣西臨桂
清秀山張自明題名 行書 嘉定七年　廣西臨桂
潛珍洞趙善淇題名 正書 嘉定七年　廣西臨桂
水月洞張自明詩刻 行書 嘉定七年七月　廣西臨桂
棲霞洞張誠子詩刻 艸書 嘉定七年七月　廣西臨桂
琴潭岩方孚若題名 行書 嘉定七年七月　廣西臨桂
琴潭二字 方信孺八分書 無年月附此　廣西臨桂
西山李子凝題名 行書 嘉定七年重九　廣西臨桂

雉山李子凝題名 行書 嘉定七年九月 廣西臨桂

隱山卦德亭銘 陳孔碩撰篆書 嘉定七年九月 廣西臨桂

龍隱岩野夢詩刻 行書 嘉定七年 廣西臨桂

世節堂三字摩崖 易祓正書 嘉定八年二月 廣西臨桂

西山碧桂山林四字 方信孺篆書 無年月 附此 廣西臨桂

西山方信孺詩刻 艸書 無年月 附此 廣西臨桂

伏波岩方孚若詩刻 行書 無年月 附此 廣西臨桂

方孚若再游龍隱岩追和陶商翁韻詩刻 艸書 無年月 附此 廣西臨桂

定城令趙用墓誌 正書 嘉定八年二月 嘉慶丙子陸茂才廷燦得之滸墅關仍納石墓中 江蘇吳縣

伏波岩無名氏詩刻 正書 嘉定八年八月 廣西臨桂

伏波岩米芾畫象 宋高宗贊 行書 方信孺跋 正書 嘉定八年八月 廣西臨桂

靈巖寺王守中題名 行書 嘉定八年 陝西郃陽

甘泉惠應廟勅牒碑 行書 嘉定九年 浙江處州

仙都山留元剛題名 正書 嘉定九年 浙江縉雲

仙都山田君錫等題名 正書 嘉定九年 浙江縉雲

靈鷲山石塔款識 正書 嘉定九年正月 浙江處州

靈鷲山比邱師稱建塔題名 正書 嘉定九年四月 浙江處州

龍隱岩方信孺詩刻 艸書 嘉定九年 廣西臨桂

龍隱岩曾仝題名 行書 嘉定九年十月 廣西臨桂

靈鷲山比邱師倬建塔題名 正書 嘉定九年十一月 浙江處州

華巖洞方信孺詩刻 行書 嘉定九年十二月 廣西臨桂

靈鷲山建塔題記 正書 嘉定十一年 浙江處州

三宿岩厲元範題名 行書 嘉定十年二月 江蘇上元

三岩戎鈐題名 正書 嘉定十一年仲春 浙江處州

如法寺釜堂畫象碑 正書 建保七年當宋嘉定十二年 日本青森縣陸奥國

李敏監造青平山軍倉碑記 正書 嘉定十四年十月 安徽盱眙

郡守汪綱等題名 正書 嘉定十五年二月 浙江山陽

龍隱岩葉任道題名 正書 嘉定十五年夏五 廣西臨桂

第一山劉□□等題名 正書 嘉定十六年 安徽盱眙

藥水岩趙彥呐詩刻 男洸夫正書 嘉定十六年五月 陝西畧陽

休寧縣脩學碑 程珌撰 金婺正書 嘉定十六年七月 安徽休寧

三天洞謝彙伯題名 正書 嘉定十六年 安徽宣城

黃州判官魏玠壙誌 男汝礪文並正書 嘉定十七年三月 江蘇吳縣

桑盤金城王廟石香鑪款識 於仁佑正書 嘉定十四年孟夏 江蘇吳縣

虞剛簡詩刻 正書 寶慶二年正月 陝西畧陽

重脩天慶觀記 高之問撰 王松正書 寶慶二年三月 江蘇吳縣

荀氏義井題字 正書 寶慶三年 江蘇上元

靈巖寺郭公袞題名 正書 寶慶三年六月 陝西畧陽

置融州貢士庫記 唐麟撰 毛奎正書 紹定元年孟春 廣西融縣

千佛岩張椿老等題名 正書 紹定二年 江蘇上元

千佛岩張嘉言題名 正書 紹定二年 江蘇上元

水月洞陳曉題名 正書 紹定三年五月　廣西臨桂
葉武子奏免浮財物力碑 正書 紹定三年　浙江麗水
仙都山趙立夫題名 正書 紹定四年立夏後二日　浙江縉雲
端石棋枰刻字 正書 紹定四年六月　浙江烏程
柳寬夫壙誌 子孟仁撰 正書 紹定四年七月 文後有亥山巽向四字　浙江景甯
趙德德政頌 張茂良撰 正書 紹定四年秋　廣西臨桂
磐泉題字 正書 紹定五年二月　廣西全州
齊國夫人潘氏納壙誌 孫袁子湯詵 正書 紹定五年三月　浙江麗水
陳孺人買地券 正書 紹定六年 道光已亥出土　江蘇甘泉
遺德廟記 李知先 正書 紹定六年四月　浙江上虞
報國寺告示碑 正書 紹定六年示 端平元年立　浙江烏程
第一山殘題名 行書 端平改元　安徽盱眙
延昌寺遵公捨田碑 行書 端平元年　浙江
伏波岩汪應午題名 正書 端平二年端午　廣西臨桂

老君洞唐容題名 正書 端平三年清明 廣西融縣

鼓山趙汝誗題名 正書 端平三年四月 福建閩縣

趙郎中德政碑 秦祥發撰并正書 端平三年 廣西臨桂

穿山趙師恕題名 行書 端平三年七月 廣西臨桂

中隱山鍾春伯范旂叟題名 正書 端平三年十月 廣西臨桂

中隱山蕭子蔵題名 正書 端平三年 廣西臨桂

棲霞洞趙子肅邵伯高題名 篆書 端平三年十二月 廣西臨桂

元岩呂祖昇題名 正書 嘉熙改元正月 廣西臨桂

七星岩章灤等題名 正書 嘉熙元年 廣東高要

湘山寺創庫庫本公據 正書 嘉熙元年 唐桂跋行書 廣西全州

烏青鎮酒正題名記 沈平記正書 嘉熙三年中元日 浙江烏程

鼓山趙希譙等題名 正書 嘉熙三年 福建閩縣

升闌題字 正書 嘉熙四年 江蘇甘泉

福勝廟勅牒碑 周大榮行書 嘉熙四年十月 浙江雲和

元巖黃應武詞　正書　淳祐元年五月　廣西臨桂

棲霞洞胡逵題名　正書　淳祐元年六月　廣西臨桂

中隱山羅愚題名　正書　淳祐元年中伏　廣西臨桂

王順齋琴塼款識　八分書　淳祐二年　浙江處州王氏家藏

周公墓誌　正書　淳祐三年道光己亥出土　江蘇甘泉

隱山曾宏正詩　行書　淳祐三年　廣西臨桂

水月洞曾宏正詞　行書　淳祐三年九月　廣西臨桂

伏波岩徐敏題名　行書　淳祐六年中春　廣西臨桂

屏風山翁安之題名　正書　淳祐六年　廣西臨桂

鼓山俞彌題名　正書　淳祐六年清明前三日　福建閩縣

伏波岩劉受祖題名　行書　淳祐六年　廣西臨桂

鼓山趙希裕題名　八分書　淳祐七年孟冬　福建閩縣

松楊縣進士題名碑　馬光祖記正書　淳祐八年　浙江松陽

鼓山方克昌題名　正書　淳祐八年上巳之明日　福建閩縣

鼓山趙與滂題晏國師喝水岩詩 正書 淳祐九年閏三月 福建閩縣

鼓山樓治興題名 正書 淳祐九年七月 福建閩縣

慈感渡舍利塔銘 正書 淳祐九年 浙江烏程

龍隱岩李曾伯題名 正書 淳祐十年二月 廣西臨桂

元岩李曾伯詩刻 正書 淳祐十年春 廣西臨桂

西山李曾伯題名 正書 淳祐十年四月 廣西臨桂

中隱山陳鐸題名 正書 淳祐十一年前立春二日 廣西臨桂

雉山曾原一題名 正書 淳祐十二年上巳 廣西臨桂

隱山曾原一題名 正書 淳祐十二年五月 廣西臨桂

釣臺趙東等題名 行書 淳祐十二年仲秋 江蘇海州

肇嶠增脩學廳記 行書 淳祐□□ 廣東南海

伏波岩趙立題名 行書 寶祐二年閏六月 廣西臨桂

伏波岩胡德新題名 正書 寶祐三年元宵後一日 廣西臨桂

西山悟空寺捨田記 正書 寶祐三年 浙江麗水

府判廳石刻　正書　寶祐三年九月　山西鳳臺
棲霞洞朱埴題名　正書　寶祐六年　廣西臨桂
延昌寺僧祖紹捨田碑　葉西慶撰正書　寶祐六年季春　浙江處州
諭朱廣用勅並表記　勅艸書謝表正書　開慶元年仲春　廣西臨桂
隱山李曾伯詩刻　行書　開慶元年六月　廣西臨桂
紀功摩崖　李曾伯撰行書　開慶元年　廣西臨桂
三岩安劉題名　正書　景定元年三月　浙江處州
伏波岩李曾伯題名　正書　景定元年首夏二日　廣西臨桂
白龍洞李勁題名　正書　景定五年　廣西臨桂
劉仙岩任忠益題名　正書　景定五年　廣西臨桂
九曜石趙祿等題名殘字　正書　咸淳元年　廣東南海
小蓬萊歌　王臯撰正書　咸淳元年八月　浙江處州
僊奕洞趙與霦詩刻　行書　咸淳二年　廣東馬平
華嚴樓下井闌題字　正書　咸淳二年　江蘇上元

文文山玉帶生硯 銘篆書在硯側 咸淳二年

報恩寺井闌比丘福基題字 正書 咸淳二年 江蘇上元

曹鎮盱眙守余汝疆碑記 正書 咸淳三年清明 安徽盱眙

伏波岩朱景行題名 行書 咸淳四年十二月 廣西臨桂

捨田立祠紀實碑 正書 咸淳五年 浙江處州

嘉應廟勑牒碑 正書 咸淳六年 浙江烏程

壽仙館三清殿記 盧國慶撰袁僑正書 咸淳九年 江蘇溧水

龍隱岩呂師夔題名 正書 咸淳九年夏五 廣西臨桂

第一山□□曹鎮題名 正書 咸淳九年九月 安徽盱眙

王順齋先生墓誌銘 劉澱撰潘説友正書 咸淳九年十二月 浙江青田

顯應廟牒碑 正書 咸淳十年正月 浙江縉雲

西山章時發題名 行書 咸淳十年四月 廣西臨桂

老君洞劉子薦詩刻 行書 德祐元年菊節 廣西融縣

臨賀守陳士寀修城記 正書 德祐二年三月 廣西賀縣

如法寺碑 行書 建治二年正月當宋景炎元年 日本青森縣陸奥國

陸奥山王社碑 行書 弘安元年當宋祥興元年 日本青森縣陸奥國

宋四士題名 篆書 無年月在鬱林觀唐刻後 江蘇海州

石林虞仲子題名 行書 無年月 江蘇海州

第一山□□挈家來遊殘題名 正書 無年月 安徽盱眙

第一山林介然殘題名 正書 無年月 安徽盱眙

第一山□天潤等題名 行書 無年月 安徽盱眙

第一山諸葛□□等題名 行書 無年月 安徽盱眙

第一山□德輿題名 行書 年月泐 安徽盱眙

第一山□子副等題名 篆 丙申九月之七日 安徽盱眙

碧鮮亭題字 正書 無年月 江蘇上元

石房題字 正書 無年月 江蘇上元

唐公岦題字 正書 無年月 江蘇上元

迎賢石題字 正書 無年月 江蘇上元

醒石題字 正書 無年月 江蘇上元

攝山伯奇題名 正書 癸卯仲冬 江蘇上元

攝山曲轅子題名 正書 丁未十月 江蘇上元

攝山胡亞題名 正書 壬辰正月 江蘇上元

攝山蘇桄題名 正書 五月六日 江蘇上元

攝山彥駿暘叔同無礙禪師題名 正書 無年月 江蘇上元

攝山張耘老題名 正書 己亥六月 江蘇上元

三宿岩趙伯林等題名 行書 丁丑重陽 江蘇上元

三宿岩堅瀷浚等題名 行書 重陽後三日 江蘇上元

千佛巖摩崖白乳泉試茶亭六字 正書 無年月 江蘇上元

第一山李璆馬純題名 正書 無年月 宋史有李璆登政和進士未知即此人否 安徽盱眙

第一山宋朊趙述題名 行書 己巳仲夏 安徽盱眙

第一山殘詩刻 行書 無年月 安徽盱眙

李莊簡家訓 正書 年月泐　浙江上虞
還珠洞曾宏正等詩刻 行書 無年月　廣西臨桂
清秀山張仲欽題名 正書 無年月　廣西臨桂
元岩翟子壄題名 行書 庚申重午　廣西臨桂
穿山胡仲威詩刻 行書 無年月　廣西臨桂
焦山浮玉二字 趙孟堅正書 無年月　江蘇丹徒
孟繼隆同母汪氏偕常安禪院寶塔塼記 正書 無年月　安徽宣城
郭巨石室水裏保紇首龐氏馬氏等偕石柱記 正書 乙未丑月 疑是宋人書
山東肥城
武鋒軍專文 正書 無年月　江蘇山陽
精銳軍專文 正書 無年月 又一品左行反文　江蘇山陽
御前敢勇軍專文 正書 無年月　江蘇山陽
鎮江敢勇軍專文 正書 無年月　江蘇山陽
鎮江武鋒軍專文 正書 無年月　江蘇山陽

鎮江左軍專文　正書無年月　江蘇山陽

鎮江右軍專文　正書無年月　江蘇山陽

鎮江前軍專文　正書無年月　江蘇山陽

鎮江後軍專文　正書無年月　江蘇山陽

鎮江中軍專文　正書無年月　江蘇山陽

左軍專文　正書無年月　江蘇山陽

楚州右軍專文　正書無年月　江蘇山陽

淮東轉運司塼專文　正書無年月　江蘇山陽

轉運司塼王專文　正書無年月　江蘇山陽

淮東安撫司專文　正書無年月　江蘇山陽

楚州副都統司專文　正書無年月　江蘇山陽

淮東水軍專文　正書無年月　江蘇山陽

采石水軍專文　正書無年月　江蘇山陽

采水專文　正書無年月　江蘇山陽

後軍官專文 正書反文 無年月　江蘇山陽

右軍第□將官專文 正書 無年月　江蘇山陽

鎮江遊奕軍專文 正書 無年月又一品直行反文　江蘇山陽

鎮江劉副都統造專文 正書 無年月　江蘇山陽

鎮江都統司中軍專文 正書 無年月　江蘇山陽

知縣提督專文 正書 無年月　江蘇山陽

建康府禁城塼專文 正書 無年月陰文　江蘇山陽

建康都統司專文 正書 無年月張玉案此專例皆有提點將官及作頭款玉所見者凡十八種具録於此一提點將官楊琳作頭周旺一提點將官柳世昌作頭徐德一提點將官張宏作頭吴亮川一提點將官張宏作頭吴亮目一提點將官張宏作頭吴亮六一提點將官張宏作頭吴亮九一提點將官張顯作頭□□一提點將官楊良鈞作頭□□一提點將官□良嗣作頭劉俊一提點將官□□作頭陳貴一提點將官□□作頭賈旺一提點將官郭友誠作頭王德一提點將官□顯忠作頭文貴一提點將官陳珏作頭□□一提點將官曹威作頭□□朱成一提點將官魯衢作頭□□一提點將官薛忠作頭鄭進均正書陰刻又一品提點將官□□作頭馬皋陳㮚正書陽文　江蘇山陽

口州右軍專文 正書 無年月 江蘇山陽

步一將專文 正書 無年月 江蘇山陽

步二將專文 正書 無年月 江蘇山陽

步三將專文 正書 無年月 江蘇山陽

步壹專文 正書 無年月 江蘇山陽

步一專文 正書 無年月 江蘇山陽

步二專文 正書 無年月 江蘇山陽

步三專文 正書 無年月 江蘇山陽

步四專文 正書 無年月 江蘇山陽

步五專文 正書 無年月 江蘇山陽

步四將專文 正書 無年月 江蘇山陽

步五將專文 正書 無年月 江蘇山陽

招信軍專文 正書 無年月 江蘇山陽

招信軍造專文 正書 無年月 江蘇山陽

淮陰水軍塼專文　正書無年月　江蘇山陽

淮安州新城專文　正書無年月　江蘇山陽

淮安州專文　正書無年月　江蘇山陽

淮安州造專文　正書無年月　江蘇山陽

淮安州城專專文　正書無年月　江蘇山陽

楚州專文　正書反文無年月　江蘇山陽

楚州巳酉專文　正書無年月又一品反文　江蘇山陽

寶應州專文　正書無年月　江蘇山陽

脩倉城塼專文　正書無年月　江蘇山陽

海門縣專文　正書無年月　江蘇山陽

揚州塼專文　正書無年月　江蘇山陽

建康府專文　正書無年月　江蘇山陽

池州青陽口專文　正書無年月　江蘇山陽

塩城縣專文　正書無年月　江蘇山陽

太平州專文 正書 無年月 江蘇山陽

朐山縣專文 正書 無年月 江蘇山陽

泰興縣燒造專文 正書 無年月 江蘇山陽

宝城專文 正書 無年月乃宝應城之錯文 江蘇山陽

宝造專文 正書 無年月乃宝應造之錯文 江蘇山陽

興化縣專文 正書 無年月 江蘇山陽

鎮江府官塼專文 正書 無年月 江蘇山陽

漣水軍專文 正書 無年月 江蘇山陽

真州專文 正書 無年月 江蘇山陽

滁州專文 正書 無年月 江蘇山陽

高郵軍城塼專文 正書 無年月 江蘇山陽

高郵城塼專文 正書 無年月 江蘇山陽

高城專文 正書 無年月乃高郵城專之錯文 江蘇山陽

真化縣專文 正書 無年月 江蘇山陽

池州銅陵縣專文　正書無年月　江蘇山陽
徐州城塼專文　正書無年月　江蘇山陽
楚州張春專文　正書無年月　江蘇山陽
楚州雍春專文　正書無年月　江蘇山陽
楚州工匠潘仙專文　正書無年月又一品曰楚州潘仙　江蘇山陽
高郵縣王念口專文　正書無年月　江蘇山陽
寶應陳三專文　正書無年月　江蘇山陽
寶應楊三專文　正書無年月　江蘇山陽
天長王文口專文　正書無年月　江蘇山陽
行宮窰戶張繼祖專文　正書陰文無年月　江蘇山陽
行宮窰戶徐元道專文　正書無年月　江蘇山陽
窰戶李思恭專文　正書無年月　江蘇山陽
窰戶金六專文　正書無年月　江蘇山陽
窰戶張六專文　正書無年月　江蘇山陽

作頭陳口專文 正書 無年月 江蘇山陽
作頭李口專文 正書 無年月 江蘇山陽
二十都曹五專文 正書 無年月 江蘇山陽
二十五都黄三專文 正書 無年月 江蘇山陽
窑戶城專專文 正書 無年月 江蘇山陽
口匠王口專文 正書 無年月 江蘇山陽
金口六專文 正書 無年月 江蘇山陽
包十四專文 正書 無年月 江蘇山陽
朱百四專文 正書 無年月 江蘇山陽
韓百四專文 正書 無年月 江蘇山陽
馬中專文 正書 無年月 江蘇山陽
夏成專文 正書 無年月 江蘇山陽
王立專文 正書 無年月 江蘇山陽
惠殷專文 正書 無年月 江蘇山陽

謝二專文正書無年月　江蘇山陽
包成專文正書無年月　江蘇山陽
李進專文正書無年月　江蘇山陽
金勝專文正書無年月　江蘇山陽
王振專文正書無年月　江蘇山陽
徐念占專文正書無年月　江蘇山陽
馮□專文正書無年月　江蘇山陽
王安甲專文正書無年月　江蘇山陽
張子通專文正書無年月　江蘇山陽
朱亨專文正書無年月　江蘇山陽
王都□專文正書無年月　江蘇山陽
王小專文正書無年月　江蘇山陽
郁小專文正書無年月　江蘇山陽
聞三二專文正書無年月　江蘇山陽

馮二三專文正書無年月　江蘇山陽

鮑二三專文正書無年月　江蘇山陽

馬軍司專文正書無年月　江蘇山陽

左軍甲口口專文正書無年月以上各專皆道光間淮安郡城所得一時出土甚多兹著手拓者　江蘇山陽

遼

甯鑒墓誌吳仲文撰并正書乾統二年　山西朔州

金

寶盃禪師塔銘正書皇統八年八月刻六面石幢上

唐山漁陽梁雯瞻礼題字行書貞元三年孟夏　直隸唐山

通惠院彦戒師塔銘樂說撰金汝礪正書正隆三年十月

壽輝師修明月清風庵記正書大定二年五月

清涼院牒正書大定三年　江蘇沛縣

修昭化院記王革行書貞元乙亥十二月大定五年刻　山西壽陽

開元寺觀音院記 李口撰李居仁正書 大定六年九月　陝西隴州

釣臺縣令畨幡等題名 正書 大定十四年四月　江蘇海州

洪濟禪院牒 正書 大定十五年六月　陝西富平

龍興寺廣惠大師舍利經幢銘 釋法通撰釋洪道正書 大定二十年十月　直隸正定

無極縣甃殿堂記 李嗣立撰李壁正書 大定二十四年十一月　直隸無極

勝果院惠澄公塔銘 李坦撰鄧果正書 明昌元年七月　河南河内

朐山新設山路記 正書 明昌二年三月　江蘇海州

買地券 正書 明昌七年五月十七日　陝西

白虎山戸部員外郎趙福等題名 正書 承安五年　江蘇海州

五龍聖泉題字 正書 承安二年　江蘇海州

英上人塔記 僧覺聰述並正書 承安四年正月

普惠院井闌題字 正書 泰和元年三月　江蘇上元

京兆府學教授題名記 孫通祥撰王世英正書 泰和六年三月在宋元祐移石經碑陰　陝西西安

澤州景德寺牒 正書 泰和八年十一月　山西

耀州寶鑑記 高坦撰男惟忠正書 大安元年八月 陝西耀州

永禪寺杓庵主塔記 王禧祐撰正書 大安元年仲冬 河南

湧雲樓記 正書 大安二年重陽 山西平定

圭峰古靈法語 趙秉文正書 大安二年十月 山西平定

雞澤縣文宣王廟記 董思中撰並正書 崇慶二年五月 直隸雞澤

碑陰 正書 直隸雞澤

修中嶽正殿記 張霸正書 興定六年 河南滎陽

辯正大師與公僧錄銘 僧元亨撰徐乂正書 元光二年十二月 陝西鄠縣

王重陽太清宮詩 劉思中行書 正大七年九月 河南鹿邑

金源官主專文 正書 無年月當是金代物坿此 江蘇山陽

元

太清宮執照 正書 中統元年五月 河南鹿邑

德州脩署並顏碑樓記 正書 至元八年三月 山東陵縣

濟池劉傑等題名 正書 至元十八年二月 河南濟源

燕澤碑 正書 弘安五年當元至元十九年　日本東山道宮城縣

處州路妙真觀碑 正書 至元二十年　浙江宣平

脩孔廟碑 郝經撰盧摯正書 至元二十一年　直隸

宣慰謝公述修考妣功德記 滕伯善撰畏吾詢正書 至元二十一年五月

北市橋闌題字 正書 至元二十四年　浙江山陰

縉雲縣重建學記 正書 至元二十六年正月　浙江縉雲

泳澤書院碑記 楊奭撰正書 至元二十六年　浙江上虞

新昌縣重脩儒學碑 袁應樞記石余亨正書 至元二十九年　浙江新昌

重建紹興廟學圖　浙江會稽

碑陰 正書 至元三十年良月　浙江會稽

崇奉孔子詔 上列國書下列正書 至元三十一年七月　浙江會稽

贈靈巖僧彥通偈 林泉老衲撰正書 至元三十一年　山東長清

慈雲寺碑 正書 永仁二年八月當元至元三十一年　日本東山道青森縣

太府丞史旻卿墓誌銘 范庭珪撰行書 元貞元年四月　浙江餘姚

新昌學重建大成殿記　吳天雷記朱成子正書　元貞元年六月　浙江新昌

法王寺請玉公長老疏　正書　元貞二年七月

彭城廟記　鄭桂高記並正書　大德元年六月　浙江麗水

縣尹韓公生祠記　施東撰何南一正書　大德元年八月　浙江麗水

新昌學䜿創泮池記　李華撰並正書　大德二年十二月　浙江新昌

嵊縣尹余公道愛碑　方回撰兼正書　大德三年　浙江嵊縣

宣慰使陳公祠堂記　俞浙撰趙夢解正書　大德四年六月　浙江會稽

妙音寺碑　正書　正安二年八月當元大德四年　日本青森縣陸奥國

雷塘昭佑王廟碑記　馬允中撰並正書　大德五年四月　江蘇甘泉

處州路脩儒學教授廳碑　張伯厚記李謙正書　大德五年八月　浙江處州

開元寺首楞嚴神呪幢　正書　大德五年九月　浙江會稽

定仙和尚塔碑　正書　正安四年當元大德六年　日本東海道靜岡縣

孔廟祭器經籍記　楊曲成撰葉森正書　大德七年良月　江蘇山陽

天山寺碑　行書　嘉元二年七月當元大德八年　日本青森縣陸奥國

奥州御島妙覺菴賴賢菴主行實銘　僧一山一寧撰行書　德治丙午當元大德十年　日本東山道宮城縣

萊州城隍廟碑　山東萊州

獅林寺前井闌題記　正書字小如豆　大德十年十月　江蘇吳縣

加封孔子大成詔　行書　大德十一年九月　直隸晉州

府學加封孔子大成詔　正書　大德十一年七月　浙江紹興

加封孔子大成詔　鄧綺正書　大德十一年七月　直隸雞澤

處州路詔旨碑　梅宗說正書　至大二年良月　浙江處州

句容縣重建學記　王構撰潘汝劼正書　至大二年五月　江蘇句容

加封孔子大成詔書　正書　至大二年十二月　浙江會稽

重脩麗陽廟碑　馮德秀撰鄭桂高正書　至大三年　浙江麗水

加封孔子大成詔書　正書　無年月　江蘇山陽

碑陰記　正書　至大三年八月　江蘇山陽

加封孔子大成詔書　正書　至大四年二月　浙江新昌

請就公住持少林寺疏　正書　皇慶二年　河南登封

雞澤加封孔子詔書碑陰記 鄭錡撰徐介正書 皇慶二年五月 直隸雞澤

愛宕山碑 艸書 應長二年六月 當元皇慶二年 日本青森縣陸奥國

海鹽州重脩廟學碑 李師道撰李居仁正書 皇慶二年七月 江蘇海州

碑陰 李師道正書 記捐金職官姓氏 江蘇海州

醫王寺碑 行書 正和二年十月 當元皇慶二年 日本青森縣陸奥國

石門洞馬合等題名 正書 皇慶□年 浙江青田

宣聖真影並記 蔡升正書 延祐元年五月 浙江處州

汾溪滿公道行碑 胡居祐撰法弟思徹正書 延祐元年八月二面刻

開化寺聖旨碑 楊德懋正書 直隸元氏

碑陰 楊嘉會正書 延祐二年九月 直隸元氏

月菴海公禪師道行碑 僧思徹撰子和正書 延祐三年五月 河南登封

碑陰 法嗣題名 河南登封

麗水縣教官題名 鄭士凱記正書 延祐三年十一月 浙江麗水

節孝處士祠堂記 陳庸撰趙慧正書 延祐四年六月 江蘇山陽

稚津村古墟碑 正書 文保二年當元延祐五年　日本東海道千葉縣
廣宗縣脩學記 董慶隆撰 葛鐵正書 延祐六年四月　直隸廣宗
碑陰 正書　直隸廣宗
創建洪福院記 釋永全撰 董正書 延祐六年孟冬　江蘇贛榆
馬耳山王泉庵石洞左得正建庵題字 正書 延祐七年　江蘇海州
海寧州創建小學碑 陳一鳳撰 正書 延祐□年　江蘇海州
新昌縣學祭器記 葉鐵采記 宋居敬正書 至治元年三月　浙江新昌
紹興路學脩大成殿記 韓性撰 行書 至治元年孟秋　浙江會稽
承天觀建三清殿記 馮子振撰 姚東理正書 至治元年七月　安徽當塗
如法寺碑 行書 元亨元年當元至治元年　日本北陸道新潟縣
日蓮書名號碑 行書 元亨二年當元至治二年　日本東山道橡山縣
紹興路重脩儒學記 正書 至治三年　浙江會稽
告除科派指揮碑 正書 至治三年六月　浙江諸暨
開福寺重脩釋迦文殊舍利塔專文 正書 至治三年八月　直隸景州

奈良招提寺金堂鮪題字 行書 元亨三年當元至治三年鮪如中國屋脊之鴟尾以瓦為之 日本奈良縣大和國

王婦祠記 李孝光撰泰不華篆書 至治口口 浙江會稽

新昌縣儒學大成樂記 王應及撰瞿儀行書 泰定元年二月 浙江新昌

至大報恩接待寺記 韓性撰袁桷正書 泰定元年六月 浙江山陰

天王寺碑 行書 元亨四年十一月當元泰定元年 日本青森縣陸奧國

重建天王寺碑 胡炳文撰程恭行書 泰定二年 江蘇句容

石獅題字 正書 泰定二年凡二枚

紹興路脩學殘碑 正書 泰定二年 浙江會稽

方廣院先師行蹟記 泰山撰崔文亨正書 泰定二年十月 江蘇海州

重脩上虞縣學記 戴俞撰方君玉行書 泰定二年十二月 浙江上虞

淮安路儒學脩造記 葉景伯撰王朵羅台正書 泰定三年十月 江蘇山陽

處州路崇道觀記 葉現撰邢或行書 泰定三年 浙江處州

開州玄都萬壽宮碑 朱彖先撰正書 泰定三年五月 直隸開州

碑陰 正書　直隸開州

松浦碑 正書 嘉曆二年四月當元泰定四年　日本青森縣陸奧國

平鄉縣加封孔子碑陰 董榮祖正書 泰定四年十二年　直隸平鄉

白虎山廉青山題名 高尚志正書 致和元年四月　江蘇海州

白虎山曾壽題名 高尚志正書 致和元年四月　江蘇海州

唐縣學記 口希中撰正書 致和元年四月　直隸唐縣

東山清脩院耆舊僧捨田碑 孫守逸正書 天曆二年孟春　浙江麗水

英濟王廟碑 趙孟頫正書 天曆二年　江蘇甘泉

新昌縣儒學田土記 程良貞撰趙良貴行書 至順元年十月　浙江新昌

萬佛良緣碑 文欽記復祖正書 至順元年　浙江處州

重脩通濟堰記 葉現記並行書 至順二年二月　浙江處州

無想寺招雲亭記 謝瑛撰行書 至順二年二月　江蘇溧水

茅山天王寺重建山門記 王行簡撰並行書 至順三年　浙江雲和

圓明普覺大師捨田記 彌高撰行願行書 至順四年　浙江烏程

褚天祐祠碣 褚錫瑜撰 趙由辰正書 元統元年十月 浙江烏程

平陽郡公忠肅公神道碑 虞集撰并正書 元統元年

久米部將軍冢碑 行書 元弘三年五月當元元統三年 日本東海道武藏國

周氏義行路 幹洛那台兀訥罕撰 李惟和正書 至元二年七月 直隸定州

松陽縣儒學復泮池地碑 陶澤撰 項棣孫行書 至元二年七月 浙江松陽

滸關琵琶橋井闌題字 正書 至元三年仲春 江蘇吳縣

治平寺捨田記 正書 至元三年二月 江蘇上元

王磐神道碑 張晏撰并正書 至元三年四月

崇道觀重建大殿碑 葉現撰并正書 至元三年五月 浙江青田

處州路新脩廟學碑 柳貫撰 八分書 至元三年 浙江處州

玻璃泉詩并跋 余闕撰 篆書 至元三年 安徽盱眙

瑞巖詩并跋 余闕撰 正書 至元三年 安徽盱眙

第一山高□詩刻并序 行書 至元三年九月 安徽盱眙

英烈廟殿記 汪澤民文并正書 至元四年三月 江蘇宜興

第一山馬元良謝至唱和詩並序　謝至行書　至元四年　安徽盱眙

道場山祈年碑　何貞立記　貫加解正書　至元五年二月　浙江烏程

多福院山吉野碑　正書　延元四年當元至元五年　日本東山道宮城縣

王定甃玻璃泉詩並後序　正書　至元六年十二月　安徽盱眙

第一山徐渙□等題名　行書　至正元年　安徽盱眙

空中禪師舍利塔銘　柳貫撰　正書　至正元年八月　浙江處州

縉雲縣學復田記　正書　至正二年九月　浙江縉雲

重脩晉祠廟記　王思誠撰　王九思行書　至正二年十月　山西

鄭謹之壙誌　孫子公紹誌　正書　至正二年十一月　浙江處州

開州廟學祭器記　潘□□撰　張明□正書　至正二年□月　直隸開州

第一山毛搏霄題名　正書　至正三年三月　安徽盱眙

劉克復登淮山堂詩並跋　劉克復正書　至正三年　安徽盱眙

處州湯氏義田碑　黃溍撰　班惟志行書　至正四年十二月　浙江龍泉

游晉祠詩序　僎玉立撰序並詩及李肯詞張執中詩正書　至正五年　山西

碑陰 正書石屋老人跋及規條四段 至元三年　浙江龍泉

麗陽廟加封神號劄付並記 林似祖記並正書 至正五年六月　浙江麗水

靈隱大和尚長供記 正書 至正六年十月

重建靈應廟記 林似祖文林彬祖行書 至正六年　浙江處州

梅所處士祝子和墓志 趙璉撰班惟志行書 至正七年十一月　浙江麗水

麗水學歸田殘碑 正書 至正七年　浙江麗水

第一山張鎡詩刻 正書 至正七年　安徽盱眙

修城隍廟記 口知剛撰正書 至正九年四月　直隸唐縣

崇禪師捨田碑 比丘子分記行書 至正九年　浙江麗水

張仕觀橋題記 正書 至正九年仲冬　江蘇吳縣

龍泉縣城隍廟碑 孔暘撰葉伯顔正書 至正十年十二月　浙江龍泉

龍洲先生劉過墓表 楊維楨撰褚奐八分書 至正十三年　江蘇崑山

開州大成廟造神主記 張楨文記本正書 至正十四年正月　直隸開州

碑陰 正書 本州稅務題名　直隸開州

上虞縣重建明倫堂記正書至正十四年　浙江上虞

平徐頌德碑龔伯遂撰孫思楨八分書至正十四年三月　山東東平

加封孔子大成詔並記詔旨王詮正書記商衍撰並正書至正十六年六月　浙江麗水

龍淵義塾碑宋濂撰並八分書至正十七年九月　浙江龍泉

耿公祠堂碑宋濂撰李原善八分書龍鳳九年即元至正二十三年

泗國公祠請賜教場淤地碑蘇伯衡撰劉宗保正書吳元年乃元至正二十七年　浙江處州

賀□□第一山詩篆書至正□□冬　安徽盱眙

淮安路開元寺怪石和尚塔銘正書無年月　江蘇山陽

孝友祝公墓題字篆書無年月　浙江麗水

隱士徐瑞卿墓誌銘王康撰貢師泰正書年月泐　浙江上虞

無年月古刻

埃及國古刻字分三列不可識顯似中國古篆籒

再續寰宇訪碑錄

再續寰宇訪碑録校勘記

再續寰宇訪碑錄校勘記凡例

一羅氏著錄諸碑較之孫氏趙氏體例爲善繼事者易爲功古今之通理然錯誤之處所在多有以羅氏著錄之例校勘諸碑考證加密

一孫氏之書每行廿字趙氏之書每行廿一字羅氏則每行增至三十字意在每行字數增多著錄官職及註語可以較詳立意未嘗不善然失于太簡略者仍不能免

一羅氏之書名曰再續立名未允趙氏名其書曰補未當云續羅氏意以趙氏爲續已爲再續致有此名目

再續寰宇訪碑錄校勘記

廬江劉聲木十枝撰

漢

朱博殘碑　河平□年聲木謹案石于光緒元年在東武故城出土後有膠州匡源跋稱爲琅玡太守朱博頌德殘碑

□陽三老石堂題字　延平元年十二月聲木謹案碑文云魯北鄉侯陽三老云云實爲食堂畫象題字十二月下碑文原有十四日三字碑文字小如豆漢碑中罕見

陽嘉二年殘碑　聲木謹案石在曲阜出土上下殘佚碑陽猶存文字十行碑陰十三行光緒十八年燬于火二年下碑文原有□□朔廿五日等字

龜兹將軍劉平國碑　永壽四年八月十二日聲木謹案石于光

緒五年夏月訪得碑文摩崖所刻伯□碑文原作伯隗並云淳于伯隗作此頌云云

郭泰碑　建寧二年聲木謹案此即郭有道殘碑二年下碑文原有正月丁亥四字

三公山碑　光和四年四月聲木謹案四月下碑文原有□亥朔二日甲子等字

碑側　聲木謹案碑額右側封龍君題名左側靈山君題名

劉曜殘碑　無年月聲木謹案石于同治庚午六月宋氏于東平蘆泉山土阜中訪得移置文廟跋稱爲無鹽太守劉曜殘碑

晉

房宣墓題字　太康三年二月聲木謹案此爲墓磚碑文原有征東將軍軍司關中侯九字二月下碑文原有六日二字碑後歸

滿洲托活洛氏

安邱長城陽王君神道　太康五年聲木謹案碑文篆書末一行正書十一字同刊一石石藏滿洲托活洛氏

巴郡騎都尉楊君闕題名　隆安三年十月聲木謹案碑文云君諱陽字世明十月下原有十一日三字石舊在四川巴縣鄉間後歸滿洲托活洛氏

後秦

呂憲墓表　弘始四年十二月聲木謹案弘始爲後秦姚興年號紀元編中誤列爲前秦呂憲原官遼東太守十二月下碑文原有乙未朔廿七日辛酉等字石後歸滿洲托活洛氏

梁

鄱陽王題名　天監十三年十二月聲木謹案碑文云鄱陽王任益州軍府五萬人從此過故記之云云藝風堂金石文字目云石在四川雲陽

太祖神道左闕題字　無年月聲木謹案碑文僅八字陸心源考爲天監元年

太祖神道右闕題字　無年月聲木謹案碑文正書左行反刻字大逕七八寸

侍中中軍將軍南康簡王神道東闕題字　無年月聲木謹案石于同治八年甘泉張鼒岑于句容侯家邊訪得獨山莫友芝宋元舊本書經眼錄附錄考爲大通三年

侍中中軍將軍南康簡王神道西闕題名　無年月聲木謹案碑文正書左行並不反刻

侍中左衛將軍建安敏侯神道東闕題字　無年月在滀化鎭石杜塘聲木謹案滀化鎭石杜塘爲莫友芝所引六朝事迹中語

侍中仁威將軍新渝寬侯神道題字　無年月聲木謹案碑文字體左行石在江蘇句容

後魏

宕昌公暉福寺碑　太和十三年七月聲木謹案碑文實爲碑銘十三年原作十二年七月下仍有己卯朔一日建等字攈古錄藝風堂金石文字目均云石在陝西澄城

汝南縣主簿周哲墓志　太和十九年十月聲木謹案碑文云歲在丙子當爲太和二十年

北海王元詳造象記　大和廿二年九月聲木謹案造象碑文原爲造彌勒象九月下原有廿三日三字

著作郎韓顯宗墓志　太和廿三年十二月聲木謹案碑文實爲墓志銘十二月下碑文原有壬申朔廿六日丁酉八字

侯太妃造象　景明三年八月聲木謹案侯太妃原爲廣川王祖母造象原作造彌勒象八月下碑文原有十八日三字

廣川王造象　景明四年十月聲木謹案碑文實爲廣川王祖母太妃侯造彌勒象記十月下碑文原有七日二字

涿縣當陌村高洛周等造象　正始元年三月聲木謹案碑文原爲高洛周七十人等造釋迦象三月下碑文原有戊申朔九日五字碑陰並碑兩側及碑額皆有題名正書

楊安詳造象　正始三年正月聲木謹案此即孫氏著錄楊安族造釋迦象實爲複出

涇雍二州別駕皇甫驎墓志銘　延昌四年四月聲木謹案四月下碑文原有十八日三字石後歸滿洲托活洛氏

趙阿歡造象　神龜三年聲木謹案此卽孫氏著錄邑師惠感等造彌勒象記實爲複出

齊郡太守□玄墓志　正光元年□月聲木謹案□月碑文原作十月下仍有廿一日三字石後歸滿洲托活洛氏

黃石崖法義兄弟姊妹等造象廿四軀記　正光四年七月廿九日聲木謹案碑文雖四行寥寥三十餘字不足稱記

鞠彥雲墓志　正光四年十一月聲木謹案鞠彥雲原官中堅將軍十一月下碑文原有二日二字

青信王爲夫李遠造象　孝昌二年四月聲木謹案石在龍門孝昌窰爲夫碑文原作爲亡夫造象碑文原作造彌勒象四月下碑文原廿八日三字

韓顯祖造象　永熙三年六月聲木謹案碑文原爲韓顯祖合邑

人造須彌塔象頌六月下碑文原有廿八日三字石後歸滿洲托活洛氏

西魏

杜縣令杜照賢等造四面象碑　大統十三年十一月十五日聲木謹案杜照賢下碑文原有十三人三字碑文八分書題名正書

東魏

恆農太守程哲碑　天平元年十一月庚辰朔三日聲木謹案程哲碑文原作程定宗藝風堂金石文字目云石在山西長子

比邱尼道□造象　天平四年四月聲木謹案石在龍門波窰造象碑文原作造釋迦象四月下碑文原有十二日三字

甯朔將軍爲亡兄直閤造象　天平四年閏月聲木謹案甯朔將軍碑文原作劉倡造象原作造觀世音象閏月下原有八日二字石後歸滿洲托活洛氏

柳昭爲女夫劉還遠造象　元象元年五月八日聲木謹案劉還遠下碑文原有亡妻造觀世音象數字石後歸滿洲托活洛氏

并州刺史張法樂造象　元象元年九月聲木謹案張法樂下碑文原有邑義七十一人等數字九月下碑文原有七日二字

定州刺史文靜李公墓志銘　元象元年十二月聲木謹案碑文云□諱憲字仲軌云云十二月下碑文原有廿四日三字石在直隸邢臺

黃石崖齊州刺史乞伏銳造象　元象二年三月聲木謹案刺史碑文原作長史三月下碑文原有廿三日三字

勃海太守王偃墓志銘　武定元年十月聲木謹案石于光緒元

年三月陵縣東門外三里河劉家莊出土十月下碑文原有廿八日三字

道憑法師造象　武定四年四月聲木謹案碑文八分書非正書字蹟大逕二寸五分造象中罕見四月下原有八日二字

龍山寺主比邱道瓊記　武定七年四月丙戌朔四月八日癸巳聲木謹案碑文後有頌文七行實爲造象頌年月日係依碑文照錄七年下少歲次己巳四字石在山西平定

北齊

邢多五十人等造象　天保二年七月聲木謹案碑文字蹟宏整確爲造象記邢多上碑文原有醜豎二字七月下碑文原有十五日三字

張氏郝敬造白玉象　天保五年正月聲木謹案正月下碑文原

有廿五日三字石後歸滿洲托活洛氏在陶齋藏石記成書後

比邱尼靜恭等造盧舍那象　天保五年五月聲木謹案等字上碑文原有廿餘人三字五月下碑文原有十四日三字

法義兄弟八十人造象　天保八年三月聲木謹案造象碑文原作造塔象並有塔主牟光四字三月下碑文原有廿二日三字

宋敬業等造塔記　天保九年六月聲木謹案碑文後有頌文四行非記體也六月碑文原作三月下仍有六日二字石後歸滿洲托活洛氏

皇甫琳墓志　天保九年十一月聲木謹案皇甫琳原官順陽太守碑文實爲墓志銘十一月下碑文原有廿日二字石後歸滿洲托活洛氏

比邱尼慧承靜游等造象　乾明元年八月聲木謹案靜游二字應去八月下碑文原有廿五日三字

方法師靈山寺刻石班經碑　乾明元年聲木謹案碑文靈山寺三字本在僧方法師之上中又有率諸邑人等數字

□胋墓志　天統二年二月聲木謹案石于光緒　年與乞伏保達同時在河南安陽出土後歸滿洲托活洛氏碑文原作儀同公孫胋墓志銘二月下碑文原有廿五日三字

正信士法義廿人等造象　天統四年九月聲木謹案廿人碑文原作廿餘人造象碑文原作造彌勒象九月下碑文原有十一日三字攈古録云石在山東樂安

郭銕造象　天統四年十二月聲木謹案郭銕原爲爲亡父母造象十二月下碑文原有四日二字石後歸滿洲托活洛氏

陽州長史鄭子尙墓志銘　武平五年十二月聲木謹案十二月下碑文原有廿三日三字

北周

庫汗安洛造象　天和二年九月聲木謹案庫汗碑文原作庫汗九月下碑文原有十九日三字碑兩側均正書石後歸滿洲托活洛氏

齊安戍主時珍墓志　宣政元年十二月聲木謹案碑文後有銘文二行實爲墓志銘十二月下碑文原有九日二字

隋

潁州別駕元英墓志　開元五年七月聲木謹案碑文後有銘文實爲墓志銘七月碑文原作十月下仍有一日二字

玉函山殷洪纂息仕亮造象　開皇八年八月聲木謹案開皇上碑文原有大隋楊主四字八月下原有八日二字

淯于儉墓志　開皇八年十一月聲木謹案淯于儉碑文原官後魏臨沂縣令實爲墓志銘十一月下碑文原有廿日二字

千佛山宋去疾造象　開皇十一年五月聲木謹案此卽趙氏著録之宋叔敬造象名氏三字碑文字蹟磨泐致有此悞實爲複出

皇甫鳳詳造象　開皇十二年聲木謹案碑文字蹟鄙俚難解疑俗工所爲石後歸滿洲托活洛氏

蘄州刺史李則墓志　開皇十二年十一月聲木謹案石于光緒八年在直隸安平縣出土後歸滿洲托活洛氏碑文實爲墓志銘十一月下碑文原有七日二字

信州舍利塔下銘　仁壽二年四月八日聲木謹案信州下碑文原有金輪寺三字後有呂輝題記

洪州總管安平公蘇慈墓志銘　仁壽三年三月七日聲木謹案石于光緒十四年夏月在蒲城西南鄉出土後有張榮升題記

邯鄲令蔡君妻張夫人墓志銘　大業二年十二月聲木謹案石于光緒初年出土十二月下碑文原有廿九日三字

主簿吳嚴墓志銘　大業四年十月聲木謹案石後歸滿洲托活洛氏

李君晉造象　大業七年九月聲木謹案碑文原爲爲亡妻造彌陁象九月下碑文原有廿四日三字攈古録云石在河南武安

唐

上太子藏聖德太子瑪瑙石記　推古二十九年辛巳當唐武德四年聲木謹案著錄域外碑刻當以中國紀元列前各國紀元列後爲允羅氏反是爲非

成纂妻趙氏墓題字　貞觀六年五月聲木謹案碑文僅三十字縱横約七八寸蓋墓磚也成纂原官宜君縣開國子五月下碑文原有廿九日三字

豫章公主造象　貞觀十五年三月聲木謹案石在河南洛陽龍門賓暘洞碑文原作豫章公主孄薛造塔象三月下碑文原有十日二字

□□並妻郁久閭造象　貞觀十五年十一月聲木謹案石在龍門賓暘洞□□碑文原作步大十一月下原有廿五日三字

韓萬年造象　貞觀十六年十月聲木謹案石在龍門賓暘洞韓萬年下碑文原有方立妻李四字十月下原有一日二字

張善同爲芮國公造象　永徽三年三月聲木謹案石在龍門老龍洞碑文字蹟尚端整造象碑文原作造彌陁象三月下碑文原有一日二字

左文福造象　永徽四年正月聲木謹案石在龍門孝昌窰碑文原作爲亡男造象正月下碑文原有二日二字

敬秋生爲妻董造象　永徽四年十二月聲木謹案石在龍門賓暘洞碑文原作敬桃生爲亡妻董造彌陁象十二月下碑文原有廿四日三字

程村造橋碑　永徽四年月在大呂聲木謹案碑文字蹟磨泐細審字跡實爲趙州程村村邑父老卅餘人造洨水夾橋碑

李處岳造象　永徽六年三月聲木謹案石在龍門賓暘洞造象碑文原作造釋迦象三月下碑文原有廿四日三字

鼓山蔣王內人劉娟兒造象　龍朔二年七月聲木謹案碑文中非止一人造象原作造彌勒象七月下原有十五日三字

梁君故夫人成氏墓志　麟德元年十二月聲木謹案此卽趙氏著錄梁□素妻成氏墓志實爲複出

楊智積墓志　乾封二年八月聲木謹案碑文實爲墓志銘楊智積原官咸陽府長上果毅八月下碑文原有十八日三字

李鉢頭母王造象　總章元年五月一日聲木謹案石在龍門老龍洞造象碑文原作造觀音象

李義豐等造彌勒象記　咸亨元年十二月聲木謹案此碑已見孫錄實爲複出

道王府典軍朱遠墓志　咸亨四年二月聲木謹案碑文實爲墓志銘二月下碑文原有廿八日三字

裴可久墓志　咸亨四年二月聲木謹案碑文實爲墓志銘裴可久原官左親衛二月下碑文原有廿九日三字

劉奉芝墓志　上元二年聲木謹案碑文原爲墓志銘劉奉芝原官行內侍省內侍伯二年下碑文原有正月十一日五字石後歸滿洲托活洛氏

攝山僧用虛詩刻　上元□年聲木謹案碑文字蹟磨泐不能句讀羅氏蓋据江寧嚴觀江寧金石記移錄

馬君起石浮圖碑銘　儀鳳四年聲木謹案石于同治　年在深州田內出土四年下碑文原有三月廿六日五字

辰溪縣令張仁墓志　調露元年十月聲木謹案碑文實爲墓志銘十月下碑文原有廿三日三字

管城鄉令張畦墓志　調露元年十月聲木謹案碑文實爲墓志銘十月下碑文原有二日二字石後歸滿洲托活洛氏

□□郡開國公孫管眞墓志　調露元年十月聲木謹案碑文雖

八行寥寥僅六十六字實爲墓磚之類十月下碑文原有十四日三字石後歸滿洲托活洛氏

王善相妻祿氏墓志　永隆二年二月聲木謹案碑文實爲墓志銘王善相原官大都督二月下碑文原有九日二字石後歸滿洲托活洛氏

濟度寺尼法樂禪師墓志　永隆二年三月聲木謹案碑文實爲墓志銘三月下碑文原有廿三日三字石後歸滿洲托活洛氏

范陽令楊府君妻韋氏墓志銘　永隆二年八月十八日聲木謹案碑文楊府名政本

傅黨仁等造象　永隆二年九月聲木謹案碑文原作爲七代父母造彌陁象九月下碑文原有十二日三字攈古錄云石舊在河南安陽移置焦山

李聞禮墓志銘　永淳元年七月聲木謹案碑文李君諱才仁字聞禮原官正議大夫七月下碑文原有十八日三字石後歸滿洲托活洛氏

朝請大夫張懿墓志銘　永淳二年二月聲木謹案石出長安初歸陽湖呂氏後歸滿洲托活洛氏二月下原有十五日三字

莫神扶造象　垂拱三年四月八日聲木謹案石在龍門雙窰碑文前二行加刻前人文字之上莫神扶碑文原作莫神妭造象原作造彌勒象

社官安僧達等造象　永昌元年三月聲木謹案社官上碑文原有市香行社四字三月下碑文原有八日二字碑文末二行下段仍有姚仁惠等造觀音象正書

周行有造象　天授二年聲木謹案石在龍門王祥窰周行有碑

文原作周行者造象碑文原作造觀音象

李大娘造象　天授二年聲木謹案石在龍門雙窰碑文仍有二娘二字非一人造象碑文原作佛菩薩象二年下碑文原有四月六日四字

比邱僧玄菓爲兄玄慄造象　天授二年二月聲木謹案石在龍門雙窰二月下碑文原有廿日二字

孝廉張慶之墓志銘　天授三年正月聲木謹案正月下碑文原有六日二字

張敬之墓志銘　天授三年正月聲木謹案碑文爲兄□□撰張敬之原官將仕郎正月下碑文原有六日二字

神智造象　長壽二年七月十五日聲木謹案碑文十八行每行九字皆對偶語實爲造象記神智原爲比邱碑文後有長壽三

年四月八日行幽州司馬李承基造象記

王寶泰造象記　延載元年八月聲木謹案碑文上截銘文五行下載題名非止一人實爲造彌陁象銘八月下原有朔日二字

房懷亮墓志　延載元年十月聲木謹案碑文實爲墓志銘房懷亮原官將仕郎十月下碑文原有廿三日三字石後歸滿洲托活洛氏

張貓造象　開元二年十月聲木謹案碑文原爲女弟子張貓造五拾浮圖象二年十月碑文原作六年八月下仍有八日二字

京兆府功曹韋希損墓志銘　開元八年正月聲木謹案正月下碑文原有八日二字石後歸滿洲托活洛氏

梁方妻張氏墓志　開元八年十月聲木謹案碑文實爲墓志銘梁方原爲處士十月下碑文原有廿三日三字

□思道墓志　開元九年十月聲木謹案碑文實爲墓志銘石已中斷爲三後截復斷爲二□思道碑文原作張思道官涇陽縣開國男十月下碑文原有十日二字石後歸滿洲托活洛氏

唐貞休德政碑　開元十年七月聲木謹案此碑已見孫錄列目于開元七年實爲複出

楚州安宜縣令王君夫人劉氏合葬墓志銘　開元十五年十月聲木謹案碑文王君諱詧謚康閭邱亮碑文原作閭元亮十月下碑文原有五日二字攟古錄云山東諸城劉氏藏石

秀士張點墓志　開元二十一年十月聲木謹案碑文實爲墓志銘十月下碑文原有十六日三字

太原縣丞蕭令臣墓志　開元二十三年二月聲木謹案碑文實爲墓志銘二月下碑文原有十日二字石後歸滿洲托活洛氏

實行優婆夷未曾有功德塔銘　開元二十六年五月聲木謹案碑文上截及中截各缺佚數十字不等碑文云禪師諱義福俗姓姜氏實爲義福塔銘碑文中並無未曾有功德及並書二字杜昱上原有弟子二字五月原作七月下仍有六日二字

孔水祠　開元二十七年三月聲木謹案碑文實爲大房山內供奉□□呂愼盈奉勅投龍璧孔水碑銘石舊在直隸房山後歸江陰繆荃孫

崔君妻獨孤氏墓志　天寶二年十二月聲木謹案石已斷爲前後截六七八九四行殘泐十餘字碑文原爲墓志銘崔君原官高安縣令護軍十二月碑文原作十一月下仍有二日二字石後歸滿洲托活洛氏

慶唐觀金籙齋頌　天寶二年聲木謹案此碑已見孫錄實爲複出

陁羅尼呪　天寶三載二月十五日聲木謹案碑文咒文十七行後有佛說無垢淨光大陁羅尼神呪九行

宇文琬墓志銘　天寶三載十月聲木謹案十月下碑文原有廿日二字

敦煌索思禮墓志　天寶三載八月聲木謹案碑文實爲墓志銘索思禮原官左淸道率忠武將軍八月下碑文原有十二日三字石後歸滿洲托活洛氏

太奉國寺故上座龕塋記　天寶四載九月聲木謹案碑文字蹟磨泐故字應去九月下碑文原有廿五日三字攟古錄云石在河南洛陽

故人諸葛府君夫人韓氏墓志　天寶四載十月聲木謹案碑文

云府君諱明愆十月下碑文原有廿五日三字石後歸滿洲托活洛氏
張璬墓志　天寶十二載二月聲木謹案碑文實爲墓志銘張璬原官秦州參軍事二月下碑文原有十二日三字石後歸滿洲托活洛氏
張元忠妻令狐氏墓志銘　天寶十二載十二月聲木謹案此卽趙氏著録之張□妻令狐氏墓志實爲複出
犨川府長史焦璀墓志　寶應元年十二月聲木謹案碑文實爲墓志銘十二月下碑文原有廿七日三字石初藏陽湖呂氏後歸滿洲托活洛氏
太常寺丞張銳墓志　大歷九年三月聲木謹案碑文爲張銳父張愔所書姊夫李西華題諱三月下碑文原有四日二字石後

歸滿洲托活洛氏
李嘉珍墓志　大歷十三年十月聲木謹案碑文實爲墓志銘十月下碑文原有廿五日三字石後歸滿洲托活洛氏
張公妻王氏墓志　貞元八年三月聲木謹案碑文實爲墓志銘三月下碑文原有廿三日三字石後歸滿洲托活洛氏
李昕妻姜氏墓志　元和二年二月八日聲木謹案碑文實爲墓志銘李昕妻上碑文原有昭陵縣令昭成寺尼八字本爲□泌撰文二年碑文原作元年石出長安後歸滿洲托活洛氏
劉通妻張夫人墓志銘　元和元年八月聲木謹案八月下碑文原有廿五日三字光緒壬午張丙炎購藏榕園後歸滿洲托活洛氏
唐彭夫人墓志　元和五年九月聲木謹案唐字應去九月下碑文原有十二日三字石于光緒　年在甘泉出土張丙炎購藏榕園後歸滿洲托活洛氏
亡妻李氏墓志　元和七年八月聲木謹案碑文實爲墓志銘八月下碑文原有七日二字石舊在長安後歸陽湖呂氏
張曛墓志銘　元和八年十一月聲木謹案碑文張曛上原有張文貞公曾孫穀城縣令十字崔歸美上原有子壻二字十一月下原有廿三日三字
臨洮軍副將陳志清墓志　元和九年十月光緒三年出土聲木謹案石在鳳翔城南出土後有毛氏題記已歸滿洲托活洛氏碑文實爲墓志銘步□□碑文原作步佑十月下碑文原有六日二字
臧君夫人周氏墓志銘　元和十三年三月聲木謹案三月下碑

文原有廿六日三字石在江蘇宜興
渤海王五代孫李仍叔四歲女墓志　元和十三年七月聲木謹案碑文實爲四歲女德孫墓志銘七月下碑文原有廿七日三字石出長安後歸滿洲托活洛氏
周珍故妻張氏墓志　元和十四年四月聲木謹案此乃殘墓磚周珍碑文原作周球故字應去四月碑文原作十月下仍有一日二字
石忠政墓志銘　長慶二年八月聲木謹案長慶二年應作寶歷元年八月下碑文原有九日二字石已中斷爲三塊約損失廿餘字後歸滿洲托活洛氏
顏永墓志　長慶四年聲木謹案碑文實爲墓志銘四年下碑文原有二月廿九日五字石舊藏揚州某氏光緒壬午張丙炎購

藏榕園後歸滿洲托活洛氏

王君夫人李氏墓志　太和六年五月聲木謹案碑文實爲墓志銘王君原官幽州節度衙前兵馬使劉礎上原有塉字五月下原有八日二字石初藏陽湖呂氏歸後滿洲托活洛氏

大理司直辛幼昌墓志銘　太和七年三月聲木謹案眭□碑文原作眭畚三月下碑文原有廿七日三字石出長安初藏渭南趙氏後歸滿洲托活洛氏

大府寺主簿楊廻墓志銘　太和八年八月聲木謹案八月下碑文原有廿四日三字石出長安後歸滿洲托活洛氏

李君殘墓志　太和□年聲木謹案碑文實爲殘墓志銘石于光緒壬午張丙炎購藏榕園後歸滿洲托活洛氏

陳少公亡太夫人蔣氏墓志銘　會昌元年二月聲木謹案亡字應去二月下碑文原有十三日三字光緒壬午張丙炎購藏榕園後歸滿洲托活洛氏

劉舉墓志銘　大中元年八月聲木謹案八月下碑文原有廿一日三字石于其妻張夫人墓志銘同時在甘泉縣出土同歸張丙炎復同歸滿洲托活洛氏

劉沔神道碑　大中二年十一月聲木謹案碑文實爲神道碑銘劉沔原官太子太傅彭城郡開國公十一月下碑文原有十二日三字

董氏内表弟墓志銘　大中六年六月聲木謹案碑文云弟諱惟靖字安衆云云六月下碑文原有十九日三字石初歸張丙炎後歸滿洲托活洛氏

岳林寺塔銘　大中十年正月聲木謹案碑文中截字多磨泐正月下碑文原有廿日二字

鄭恕己墓志　大中十年十一月聲木謹案碑文實爲墓志銘十一月下碑文原有九日二字石後歸滿洲托活洛氏

唐安寺比邱尼廣惠塔銘　大中十三年六月十八日聲木謹案碑文爲孔彦田書丹石初歸渭南趙氏後歸滿洲托活洛氏

嶺南節度使右常侍楊公女子書墓志銘　乾符五年十月聲木謹案碑文云女子諱芸字子書評發第七女云云碑文爲□兄檢撰並書十月下碑文原有廿八日三字石歸滿洲托活洛氏

宣州南陵縣尉張師儒墓志銘　廣明元年十月聲木謹案十月下碑文原有二日二字石後歸滿洲托活洛氏

道德經幢　廣明元年十一月聲木謹案此乃殘經幢只存下截十一月下碑文原有一日二字

福建觀察使陳巖墓志銘　景福二年八月聲木謹案碑文字甚磨泐八月下碑文原有十四日三字

神福寺靈跡記　天祐四年五月聲木謹案五月下碑文原有十四日三字藝風堂金石文字目云石在山西壽陽方山

後晉

石屋洞馬□並妻金一娘造象　開運二年聲木謹案二年下碑文原有九月二字

後漢

石屋洞何景安造象　甲辰七月聲木謹案此刻已見趙録實爲複出

石屋洞金君德造象　甲辰聲木謹案碑文與孫十娘造象相連孫有甲辰字此無金君德碑文原作金啓德

石屋洞夏承厚造象　甲辰聲木謹案碑文原有保招伴招二人甲辰下原有七月二字

石屋洞費十娘造象　甲辰聲木謹案此刻已見趙錄實爲複出

南漢

扶風郡亡人馬氏二十四娘買地券　大寶五年十月一日聲木謹案碑文中一行順讀一行倒讀有符籙字亡人二字應去碑文原爲買地六至券藝風堂金石文字目云石在廣東南海下塘村李氏家

吳

孟璠殘墓志　天祐十二年閏二月聲木謹案碑文八分書非正書實爲殘墓志銘孟璠原官馬軍都指揮使江都焦循定爲天祐十二年閏二月下碑文原有五日二字石後歸滿洲托活洛氏

南唐

清涼寺井闌題字　保大三年聲木謹案三年下碑文原有□月十五日等字藝風堂金石文字目云石在江寧石頭城後

後蜀

駙馬都尉張匡翊題名　廣政二十六年二月聲木謹案碑文中有與賓塞同屆之語二月下原有十日二字藝風堂金石文字目云石在四川雲陽

北宋

保寧寺牒並帖　慶歷三年五月聲木謹案碑文共分四截前截載中書門下帖二三截載興平縣帖三四截後段載寺僧名

黃君祥題名　治平二年四月聲木謹案碑文在天開巖係加刻前人文字之上碑文中有劉昱名氏與治平四年張稚圭題名並列

九曜石米黻詩刻　熙寧六年七月聲木謹案碑文係在九曜石池榕樹根濯出殘刻字蹟磨泐惟名氏年月尚存

樂圃先生墓表　元符六年聲木謹案樂圃即朱長文元年下碑文原有六月二字

龍隱岩譚掞等題名　辛巳臘乃建中靖國元年聲木謹案此刻已見孫錄實爲複出

千佛巖姜安中題名　政和五年孟冬聲木謹案碑文字體左行碑文非止一人孟冬下原有十八日三字

陳寂之墓志　政和七年四月聲木謹案碑文寥寥百餘字碑文中只有其兄寗之等乃舉其喪葬于某某之說並無寗之撰文字四月下碑文原有十二日三字

天慶禪院住持達大師塔記　宣和五年十一月聲木謹案碑文實爲塔銘十一月碑文原作十二月下仍有十五日三字

南宋

鼓山王瞻叔題名　乾道三年暮春聲木謹案碑文正書非行書碑文中有男銖等四人侍行之語暮春下碑文原有廿三日三字末行下有淳祐三年曾孫亞夫題名二行正書

龍隱洞李景亨等題名　淳熙四年聲木謹案碑文正書非行書四年下碑文原有中元日三字

鼓山朱熹題名　淳熙十四年聲木謹案朱子不應稱名只宜稱子以符昭代四庫全書之例

夫子象贊　淳熙十六年六月聲木謹案碑文刻于眞仙峒中分

三截上截象贊正書中截先聖先師二人畫象下截毛恕題記
並正書

鼓山吳渙題名　開禧改元孟秋聲木謹案碑文本爲奉父吳元
肅來游孟秋下碑文原有中澣十日四字

第一山趙汝澗等題名　嘉定三年十二月聲木謹案趙汝澗碑
文原作趙汶澗十二月下碑文原有腊八日三字

三天洞謝彙伯題名　嘉定十六年聲木謹案十六年下碑文原
有六月二十二日六字

金

辨正大師奥公僧錄銘　元光二年十二月聲木謹案碑文云諱
道奥字子深實爲僧錄塔銘元亨碑文原作方亨十二月下碑
文原有望日二字

元

承天觀建三清殿記　至治元年七月聲木謹案石在采石磯碑
文實爲重建姚秉理碑文原作姚里秉七月下原有既望二字
碑陰刊給甲乙住持公據正書石于光緒廿一年仲多出土碑
末有附記記載甚明